KB094110

PASSCODE

경찰 **형법각론**

정선기출 630제
선택형 | 진도별

SD에듀
㈜시대고시기획

Always **with you**

사람의 인연은 길에서 우연하게 만나거나 함께 살아가는 것만을 의미하지는 않습니다.
책을 펴내는 출판사와 그 책을 읽는 독자의 만남도 소중한 인연입니다.
SD에듀는 항상 독자의 마음을 헤아리기 위해 노력하고 있습니다.
늘 독자와 함께하겠습니다.

잠깐!

자격증 • 공무원 • 금융/보험 • 면허증 • 언어/외국어 • 검정고시/독학사 • 기업체/취업
이 시대의 모든 합격! SD에듀에서 합격하세요!
www.youtube.com → SD에듀 → 구독

머리말

해마다 증가하는 응시인원으로 인하여 갈수록 치열해지고 있는 경쟁 속에서 힘겹게 시험을 준비하는 수험생들을 위하여 「2023 PASSCODE 경찰 형법각론 정선기출 630제」를 펴내는 바이다.

본서는 경찰채용뿐만 아니라 경찰승진·간부, 국가직 5급승진·7급·9급, 법원직 9급, 해경채용·승진·간부, 법원행정고시 및 변호사시험 등 형법 과목을 포함하는 모든 국가고시에 대비할 수 있는 기출문제집으로, 주요·빈출 기출문제를 엄선하여 수록하였고(총 635문제), 부록에는 직렬별 2022년도 최신 기출문제를 진도별로 정리하여 실었다. 2023년을 대비하여 출간하는 만큼 자구수정을 제외한 가장 최근의 개정법령과 판례를 반영하여 해설하였다.

「2023 PASSCODE 경찰 형법각론 정선기출 630제」의 특징은 다음과 같다.

❶ 경찰채용·승진·간부, 국가직, 법원직, 해경채용·승진·간부, 법원행정고시 및 변호사시험 기출문제해설을 진도별로 편제하고, 출제경향 파악을 위한 기출연도를 표시하였다.

❷ 정답이해와 더불어 문제풀이에 필요한 주요논점을 빠르고 명확하게 확인하고, 반복학습(회독) 및 시험 전 마무리학습이 용이하도록 제시된 각 지문의 핵심만을 요약·제시하였다.

❸ 최신 개정법령과 판례를 완벽하게 반영하여 해설하였고, 지문의 정오를 판단함에 있어 판례해석을 요하는 경우에는, 쉽고 상세한 풀이를 첨부하여 그 이해를 돕고자 노력하였다.

❹ 필요한 경우, 지문과 직접적으로 연관된 판례뿐만 아니라 관련·비교·유사판례를 함께 수록하여 심화학습을 유도하였고, 판례원문과 동일한 지문의 해설에는 판례번호만을 적시하였다.

❺ 장·절·관별로 강조하고 있는 핵심내용을 복습하고, 부족한 부분의 이해 및 보충이 가능하도록 주요·빈출지문을 재구성한 OX문제와 요약해설을 해당 영역 말미에 배치하였다.

첨언하건대, 점차 상승하고 있는 국가고시의 난도에 수험생들이 무리 없이 대처할 수 있도록, 어려운 개수형 및 사례형 문제를 다수 수록하였음을 밝힌다. 부족한 부분은 추록과 개정판으로써 보완하여 나갈 것을 약속드리며, 본서가 수험생 여러분에게 합격을 위한 좋은 안내서가 되기를 기원한다.

2022년 11월 초
한강이 내려다보이는 연구실에서
대표편저자 안정현

이 책의 구성과 특징

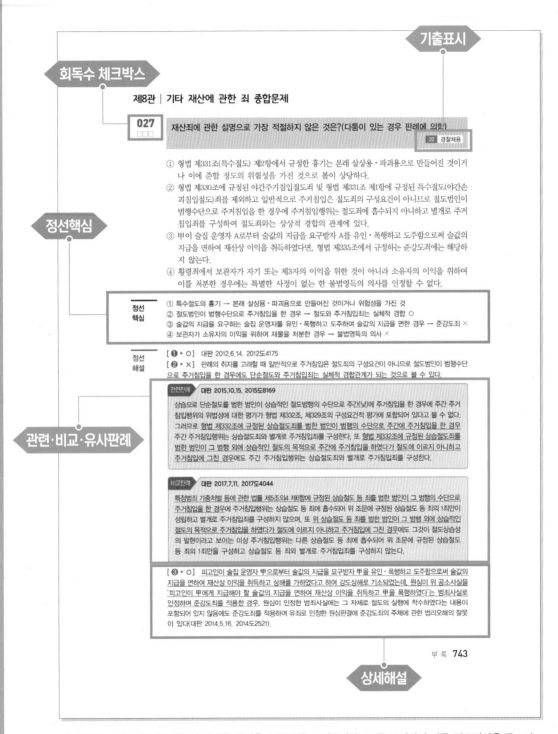

기출표시

회독수 체크박스

제8관 | 기타 재산에 관한 죄 종합문제

027

재산죄에 관한 설명으로 가장 적절하지 않은 것은?(다툼이 있는 경우 판례에 의함)

22 경찰채용

① 형법 제331조(특수절도) 제2항에서 규정한 흉기는 본래 살상용·파괴용으로 만들어진 것이거나 이에 준할 정도의 위험성을 가진 것으로 봄이 상당하다.

② 형법 제330조에 규정된 야간주거침입절도죄 및 형법 제331조 제1항에 규정된 특수절도(야간손괴침입절도)죄를 제외하고 일반적으로 주거침입은 절도죄의 구성요건이 아니므로 절도범인이 범행수단으로 주거침입을 한 경우에 주거침입행위는 절도죄에 흡수되지 아니하고 별개로 주거침입죄를 구성하여 절도죄와는 상상적 경합의 관계에 있다.

③ 甲이 술집 운영자 A로부터 술값의 지급을 요구받자 A를 유인·폭행하고 도주함으로써 술값의 지급을 면하여 재산상 이익을 취득하였다면, 형법 제335조에서 규정하는 준강도죄에는 해당하지 않는다.

④ 횡령죄에서 보관자가 자기 또는 제3자의 이익을 위한 것이 아니라 소유자의 이익을 위하여 이를 처분한 경우에는 특별한 사정이 없는 한 불법영득의 의사를 인정할 수 없다.

정선핵심

| 정선
핵심 | ① 특수절도의 흉기 → 본래 살상용·파괴용으로 만들어진 것이거나 위험성을 가진 것
② 절도범인이 범행수단으로 주거침입을 한 경우 → 절도와 주거침입죄는 실체적 경합 ○
③ 술값의 지급을 요구하는 술집 운영자를 유인·폭행하고 도주하여 술값의 지급을 면한 경우 → 준강도죄 ×
④ 보관자가 소유자의 이익을 위하여 재물을 처분한 경우 → 불법영득의 의사 × |

정선
해설

[❶ ▶ O] 대판 2012.6.14. 2012도4175
[❷ ▶ ×] 판례의 취지를 고려할 때 일반적으로 주거침입은 절도죄의 구성요건이 아니므로 절도범인이 범행수단으로 주거침입을 한 경우에도 단순절도와 주거침입죄는 실체적 경합관계가 되는 것으로 볼 수 있다.

> **관련판례** 대판 2015.10.15. 2015도8169
>
> 상습으로 단순절도를 범한 범인이 상습적인 절도범행의 수단으로 주간(낮)에 주거침입을 한 경우에 주간 주거침입행위의 위법성에 대한 평가가 형법 제332조, 제329조의 구성요건적 평가에 포함되어 있다고 볼 수 없다. 그러므로 형법 제332조에 규정된 상습절도죄를 범한 범인이 범행의 수단으로 주간에 주거침입을 한 경우 주간 주거침입행위는 상습절도죄와 별개로 주거침입죄를 구성하고, 또 형법 제332조에 규정된 상습절도죄를 범한 범인이 그 범행 외에 상습적인 절도의 목적으로 주간에 주거침입을 하였다가 절도에 이르지 아니하고 주거침입에 그친 경우에도 주간 주거침입행위는 상습절도죄와 별개로 주거침입죄를 구성한다.

> **비교판례** 대판 2017.7.11. 2017도4044
>
> 특정범죄 가중처벌 등에 관한 법률 제5조의4 제6항에 규정된 상습절도 등 죄를 범한 범인이 그 범행의 수단으로 주거침입을 한 경우에 주거침입행위는 상습절도 등 죄에 흡수되어 위 조문에 규정된 상습절도 등 죄의 1죄만이 성립하고 별개로 주거침입죄를 구성하지 않으며, 또 위 상습절도 등 죄를 범한 범인이 그 범행 외에 상습적인 절도의 목적으로 주거침입을 하였다가 절도에 이르지 아니하고 주거침입에 그친 경우에도 그것이 절도습성의 발현이라고 보이는 이상 주거침입행위는 다른 상습절도 등 죄에 흡수되어 위 조문에 규정된 상습절도 등 죄의 1죄만을 구성하고 상습절도 등 죄와 별개로 주거침입죄를 구성하지 않는다.

관련·비교·유사판례

> [❸ ▶ O] 피고인이 술집 운영자 甲으로부터 술값의 지급을 요구받자 甲을 유인·폭행하고 도주함으로써 술값의 지급을 면하여 재산상 이익을 취득하고 상해를 가하였다고 하여 강도상해로 기소되었는데, 원심이 위 공소사실을 '피고인이 甲에게 지급하여야 할 술값의 지급을 면하여 재산상 이익을 취득하고 甲을 폭행하였다'는 범죄사실로 인정하여 준강도죄를 적용한 경우, 원심이 인정한 범죄사실에는 그 자체로 절도의 실행에 착수하였다는 내용이 포함되어 있지 않음에도 준강도죄를 적용하여 유죄로 인정한 원심판결에 준강도죄의 주체에 관한 법리오해의 잘못이 있다(대판 2014.5.16. 2014도2521).

상세해설

POINT ···· 가능한 모든 지문에 상세한 해설을 수록하였고, 지문마다 OX를 표시하여 빠른 정오판단을 돕고자 하였으며, 반드시 짚고 넘어가야 할 중요한 내용은 밑줄로 강조하였습니다.

정선지문OX

▼ 제1관 명예에 관한 죄

정선지문

01 지방의회 선거를 앞두고 현역 시의회 의원이 후보자가 되려는 자에 대해서 특별한 친분관계도 없는 한 사람 한 사람에게 비방의 말을 한 경우라면 공연성이 없다. `19` 해경승진

02 명예훼손죄에 있어서의 사실의 적시는 가치판단이나 평가를 내용으로 하는 의견표현에 대치되는 개념이 아니다. `17` 경찰채용

03 이혼소송 계속 중인 처가 남편의 친구에게 서신을 보내면서 남편의 명예를 훼손하는 문구가 기재된 서신을 동봉한 경우에는 그것이 전파될 가능성이 없으므로 명예훼손죄에 있어서의 공연성이 없다. `17` 법원9급

04 동네 아줌마 및 피해자의 시어머니가 있는 자리에서 피해자에 대하여 "시커멓게 생긴 놈하고 매일 붙어 다닌다. 점방 마치면 여관에 가서 누워 자고 아침에 들어온다"는 말을 한 경우 공연성을 부정하기 어렵다. `17` 법원9급

05 목사가 예배 중 특정인을 가리켜 '이단 중에 이단이다'라고 설교한 부분은 명예훼손죄에 해당한다. `16` 법원9급

06 신문기자에게 경쟁자의 명예를 훼손하는 내용의 사실을 알려주었으나 신문기자는 기사거리가 넘쳐 이를 기사화하지 않은 경우 출판물에 의한 명예훼손죄의 미수범이 성립한다. `15` 경찰채용

07 재단법인 이사장 A가 전임 이사장 B에 대하여 재임 기간 중 재단법인의 재산을 횡령하였다고 고소하였다가 무고죄로 유죄판결을 받자 甲이 A의 퇴진을 요구하는 시위를 하면서 A가 유죄판결 받은 사실을 적시한 경우에 甲의 행위는 위법성이 조각되지 않는다. `19` 경찰간부

08 형법 제310조는 사실적시명예훼손죄와 모욕죄에 대해서 적용되지만, 출판물에 의한 명예훼손죄, 허위사실적시명예훼손죄에 대해서는 적용되지 않는다. `19` 해경채용

09 증명불가능한 가치판단이나 평가를 내용으로 하는 의견표현은 명예훼손죄의 '사실의 적시'에 해당하지 않는다. `17` 5급승진

10 인터넷 아이디는 사이버 공간 밖에서 사용되는 명성과 마찬가지로 사이버 공간 안에서 그 아이디를 사용하는 사람을 특정지우는 기능을 하는 것이므로, 그와 같은 인터넷 아이디를 가진 사람이 누구인지 알아차릴 수 없는 경우에도 아이디에 대한 모욕행위는 형법상 모욕죄를 구성한다. `18` 해경간부

요약해설

01 피고인의 판시 범행은 행위 당시에 이미 공연성을 갖추었다고 보는 것이 타당하다(대판 1996.7.12. 96도1007).

02 가치판단이나 평가를 내용으로 하는 의견표현에 대치되는 개념이다(대판 1998.3.24. 97도2956).

03 대판 2000.2.11. 99도4579

04 대판 1983.10.11. 83도2222

05 명예훼손죄에서 말하는 '사실의 적시'에 해당하지 않는다(대판 2008.10.9. 2007도1220).

06 명예훼손죄는 미수범을 처벌하지 아니한다.

07 공공의 이익에 관한 것으로 위법성이 조각된다고 볼 여지가 충분하다(대판 2017.6.15. 2016도8557).

08 모욕죄에 대하여도 적용되지 아니한다.

09 대판 1998.3.24. 97도2956

10 특정인인 청구인에 대한 명예훼손죄 또는 모욕죄가 성립하지 않는다(헌재 2008.6.26. 2007헌마461).

정답

01 ×	02 ×	03 ○	04 ○
05 ×	06 ×	07 ×	08 ×
09 ○	10 ×		

정답

안심Touch

POINT ···· 각 주제를 이해하기 위하여 필수적으로 암기하여야 할 핵심지문과, 전체를 수록하기에는 부적합한 과년도 기출문제의 주요지문만을 엄선하여 OX문제로 재구성하였습니다.

합격의 공식 Formula of pass | SD에듀 www.sdedu.co.kr

2023 PASSCODE 경찰 형법각론 정선기출 630제

총론과 각론 모두에서 균등하게 출제된 경찰채용과는 달리 국가직은 총론, 법원직은 각론의 출제비율이 높았으며, 22년도 역시 비슷한 추세를 보이고 있습니다. 나누어 살펴보면, 총론에서는 위법성론과 공범론에서 다수의 문제가 출제되었으며 특히 21년도에 비하여 위법성론의 비중이 높아진 것을 볼 수 있습니다. 각론에서는 재산에 관한 죄와 관련하여 다수의 문제가 출제되어 그 경향이 특정 주제에 편중된 것처럼 보이나, 세부목차를 기준으로 판단하건대 고루 출제되었다고 평가할 수 있습니다.

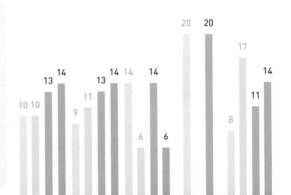

구분			경찰채용				국가9급				법원9급	
			1차		2차		검찰		철도경찰			
			21	22	21	22	21	22	21	22	21	22
형법총론	제1장 형법의 기초이론	제1절 죄형법정주의	-	1	1	1	1	1	1	1	-	
		제2절 형법의 적용범위	1	1	-	1	-	1	1	1	-	-
	제2장 범죄론	제1절 구성요건론	1	2	1	2	3	1	5	3		1
		제2절 위법성론	1	2	1	1	2	2	2	2	1	3
		제3절 책임론	2	1	-	1	2	2	2	2	1	1
		제4절 미수론	1	1	-	-	1	2	2	2	1	
		제5절 공범론	2	3	3	2	1	2	3	3	2	1
		제6절 특수한 범죄	2	1	1	2	2	2	2	3	-	1
		제7절 죄수론	-	1	2	2	1		1	1	1	1
	제3장 형벌론	제1절 형벌의 종류	-		-	1						1
		제2절 형의 양정										1
		제3절 누범										
		제4절 선고유예·집행유예·가석방						1		1		1
		제5절 기타 형벌론 종합문제					1	1	1	1	2	1
형법각론	제1장 개인적 법익에 관한 죄	제1절 생명과 신체에 관한 죄	1	1		1	1	1				
		제2절 자유에 관한 죄	1	2	2	1	1	1			3	
		제3절 명예·신용·업무·경매에 관한 죄	1	1	2	2					2	2
		제4절 사생활의 평온에 관한 죄	-	1								
		제5절 재산에 관한 죄	4	4	4	5	2	1			8	5
	제2장 사회적 법익에 관한 죄	제1절 공공의 안전과 평온에 관한 죄						1			1	
		제2절 공공의 신용에 관한 죄	1	3	1	1	1				1	2
		제3절 사회의 도덕에 관한 죄				2						
	제3장 국가적 법익에 관한 죄	제1절 국가의 존립과 권위에 관한 죄										
		제2절 국가의 기능에 관한 죄	2	2	2	2	1	1			2	4

이 책의 차례

합격의 공식 Formula of pass | SD에듀 www.sdedu.co.kr

이 책의 차례

❖ 정오표 및 추록

www.sdedu.co.kr

SD에듀 : 홈 → 학습자료실 → 정오표/노서업데이트 → "최신기출" 검색

PASSCODE

경찰 **형법각론**

정선기출 | 630제
선택형 | 진도별

SD에듀
(주)시대고시기획

개인적 법익에 관한 죄

제1절 생명과 신체에 관한 죄

제1관 | 살인의 죄

001

□□□

다음 중 가장 옳지 않은 것은?   19 법원9급

① 산부인과 의사 甲의 업무상과실로 임신 32주의 임산부 乙의 배 속에 있는 태아가 사망하였다. 甲에게 업무상과실치상죄가 성립할 수 있다.

② 甲은 조카인 乙을 살해할 것을 마음먹고 乙을 저수지로 데리고 가 미끄러지기 쉬운 제방 쪽으로 유인하여 함께 걷다가 물에 빠진 조카를 구호하지 아니하여 乙이 익사하였다. 甲에게 살인죄가 성립할 수 있다.

③ 乙은 甲과 말다툼을 하다가 '죽고 싶다', '같이 죽자'고 하며 甲에게 기름을 사오라고 하였고, 甲이 휘발유 1병을 사다 주자 乙은 몸에 휘발유를 뿌리고 불을 붙여 자살하였다. 甲에게 자살방조죄가 성립할 수 있다.

④ 甲은 7세, 3세 남짓의 어린 자식들에게 함께 죽자고 권유하여 물속에 따라 들어오게 하여 익사하게 하였다. 甲에게 살인죄가 성립할 수 있다.

정선 핵심

① 업무상과실로 임신 32주의 임산부 乙의 태아가 사망한 경우 → 업무상과실치상죄 ✕
② 조카를 물에 빠지게 한 후 구호가 없어 익사케 한 경우 → 부작위에 의한 살인죄 ○
③ '죽고 싶다', '같이 죽자'고 하며 甲이 사다 준 휘발유를 뿌리고 자살한 경우 → 자살방조죄 ○
④ 7세, 3세의 어린 자식들에게 함께 죽자고 권유하여 익사하게 한 경우 → 살인죄 ○

정선 해설

[❶ ▸ ✕] 판례의 취지를 고려하면, 태아는 아직 사람이라고 할 수 없고, 임산부의 신체의 일부라고 할 수도 없어, 甲에게 업무상과실치상죄가 성립하지 아니한다.

> 태아를 사망에 이르게 하는 행위가 임산부 신체의 일부를 훼손하는 것이라거나 태아의 사망으로 인하여 그 태아를 양육, 출산하는 임산부의 생리적 기능이 침해되어 임산부에 대한 상해가 된다고 볼 수는 없다(대판 2007.6.29. 2005도3832).

[❷ ▸ ○] 대판 1992.2.11. 91도2951

[❸ ▸ O] 피해자가 피고인과 말다툼을 하다가 '죽고 싶다' 또는 '같이 죽자'고 하며 피고인에게 기름을 사오라고 하자 피고인이 휘발유 1병을 사다 주었는데 피해자가 몸에 휘발유를 뿌리고 불을 붙여 자살한 경우, 자살방조죄가 인정된다(대판 2010.4.29. 2010도2328).

> **비교판례** 대판 2008.9.25. 2008도6556
>
> [1] 형법 제252조 제2항의 자살방조죄가 성립하기 위해서는 그 방조 상대방의 구체적인 자살의 실행을 원조하여 이를 용이하게 하는 행위의 존재 및 그 점에 대한 행위자의 인식이 요구된다.
> [2] 甲은 여자친구인 乙녀의 예전 남자친구인 丙이 몸에 휘발유를 끼얹은 채 찾아와 甲과 乙녀가 탑승한 차량을 가로 막으며 "乙녀가 차에서 내리지 않으면 보는 앞에서 죽어버리겠다" 라고 말하자 甲은 "그럼, 그냥 죽어라. 죽을 테면 죽어봐"라고 하며 소지하고 있는 라이터를 丙에게 건네주자 丙은 그 라이터로 불을 붙여 화상으로 사망한 경우, 甲(피고인)은 피해자가 실제 자살하거나 몸에 불을 붙이는 행동으로 나아갈 것을 예견하였다고 볼 수 없다.

[❹ ▸ O] 피고인이 7세, 3세 남짓 된 어린자식들에 대하여 함께 죽자고 권유하여 물속에 따라 들어오게 하여 결국 익사하게 하였다면 비록 피해자들을 물속에 직접 밀어서 빠뜨리지는 않았다고 하더라도 자살의 의미를 이해할 능력이 없고 피고인의 말이라면 무엇이나 복종하는 어린 자식들을 권유하여 익사하게 한 이상 살인죄의 범의는 있었음이 분명하다(대판 1987.1.20. 86도2395).

답 ❶

002

☐☐☐

살인의 죄에 대한 설명이다. 아래 ㄱ.부터 ㄹ.까지의 설명 중 옳고 그름의 표시(O, ×)가 바르게 된 것은?(다툼이 있는 경우 판례에 의함) `18` 경찰채용

> ㄱ. 살인죄에 있어 고의는 반드시 살해의 목적이나 계획적인 의도가 있어야 하며, 사망의 결과에 대한 예견 또는 인식이 불확정적이라면 살인의 범의를 인정할 수 없다.
> ㄴ. 피고인이 피해자를 살해하기 위하여 사람들을 고용하면서 그들에게 대가지급을 약속한 행위만으로는 살인죄의 실현을 위한 준비행위에 이르렀다고 볼 수 없으므로 살인예비죄의 성립을 인정할 수 없다.
> ㄷ. 직계존비속관계는 법률상의 관계를 의미하므로 혼인 외의 출생자가 인지하지 않은 생모를 살해하더라도 존속살해죄가 성립하지 않는다.
> ㄹ. 남녀가 사실상 동거한 관계가 있고, 그 사이에 영아가 분만되었다면 그 남자와 영아와의 사이에 법률상의 직계존비속관계가 없으므로 그 남자는 영아살해죄의 주체인 직계존속에 해당하지 않는다.

① ㄱ(O) ㄴ(O) ㄷ(×) ㄹ(×)
② ㄱ(×) ㄴ(×) ㄷ(O) ㄹ(O)
③ ㄱ(×) ㄴ(×) ㄷ(×) ㄹ(O)
④ ㄱ(×) ㄴ(O) ㄷ(×) ㄹ(×)

**정선
핵심**

ㄱ. 살인의 고의 → 미필적 고의로도 인정
ㄴ. 피해자를 살해하기 위하여 사람들을 고용하면서 대가지급을 약속한 경우 → 살인예비죄 O
ㄷ. 혼인 외의 출생자가 인지하지 않은 생모를 살해한 경우 → 존속살해죄 O
ㄹ. 사실상 동거한 관계에 있는 남자가 영아를 살해한 경우 → 보통살인죄 O

[ㄱ ▸ ✕] 살인죄에 있어서의 범의는 반드시 살해의 목적이나 계획적인 살해의 의도가 있어야만 인정되는 것은 아니고 자기의 행위로 인하여 타인의 사망의 결과를 발생시킬 만한 가능 또는 위험이 있음을 인식하거나 예견하면 족한 것이고 그 인식 또는 예견은 확정적인 것은 물론 불확정적인 것이라도 이른바 미필적 고의로도 인정되는 것이다(대판 2000.8.18. 2000도2231).

[ㄴ ▸ ✕] 甲이 乙을 살해하기 위하여 丙, 丁 등을 고용하면서 그늘에게 대가의 시급을 약속한 경우, 甲에게는 살인죄를 범할 목적 및 살인의 준비에 관한 고의뿐만 아니라 살인죄의 실현을 위한 준비행위를 하였음을 인정할 수 있으므로 살인예비죄가 성립된다(대판 2009.10.29. 2009도7150).

[ㄷ ▸ ✕] 판례의 취지를 고려하면, 생모는 인지 여부를 불문하고 당연히 법률상의 직계존속이므로 혼인 외의 출생자가 인지하지 않은 생모를 살해한 경우 존속살해죄가 성립한다.

> 혼인 외의 출생자와 생모 간에는 생모의 인지나 출생신고를 기다리지 않고 자의 출생으로 당연히 법률상의 친족관계가 생기는 것이다(대판 1980.9.9. 80도1731).

[ㄹ ▸ ○] 대판 1970.3.10. 69도2285

답 ❸

003
□□□

다음은 살인의 죄에 대한 설명이다. 가장 적절하지 않은 것은?(다툼이 있으면 판례에 의함)

`14` 경찰채용

① 피고인이 소란을 피우는 피해자를 말리다가 피해자가 욕하는 것에 격분하여 예리한 칼로 피해자의 왼쪽 가슴 부분에 길이 6cm, 깊이 17cm의 상처 등이 나도록 찔러 곧바로 좌측심낭까지 절단된 경우에 피고인에게 살인의 고의가 인정된다.

② 피고인이 살인의 범의를 부인할 경우, 범행 당시 살인의 범의가 있었는지 여부는 피고인이 범행에 이르게 된 경위, 범행의 동기, 준비된 흉기의 유무·종류·용법, 공격의 부위와 반복성, 사망의 결과 발생가능성 정도 등 범행 전후의 객관적인 사정을 종합하여 판단할 수밖에 없다.

③ 형수를 향하여 살의를 갖고 몽둥이로 힘껏 내리쳤으나 형수의 등에 업힌 조카의 머리 부분에 맞아 조카가 현장에서 즉사한 경우, 조카에 대한 살인죄가 성립한다.

④ 적재된 임산물에 대한 부정성 여부를 조사하기 위하여 화물자동차의 승강구에 뛰어올라 정차를 명하는 경찰관을 폭행하여 추락시켜 사망케 한 경우 살인의 고의가 인정된다.

① 욕하는 것에 격분하여 칼로 찔러 피해자의 좌측심낭까지 절단한 경우 → 살인의 고의 ○
② 살인의 고의 여부 → 범행 전후의 객관적인 사정을 종합하여 판단
③ 살인의 고의로 내리쳤으나 형수가 아닌 조카가 맞아 즉사한 경우 → 조카에 대한 살인죄 ○
④ 화물자동차의 승강구에서 정차를 명하는 경찰관을 폭행하여 사망하게 한 경우 → 살인의 고의 ✕

[❶ ▸ ○] 피고인이 소란을 피우는 피해자를 말리다가 피해자가 욕하는 데 격분하여 예리한 칼로 피해자의 왼쪽 가슴 부분에 길이 6cm, 깊이 17cm의 상처 등이 나도록 찔러 곧바로 좌측심낭까지 절단된 경우에 피고인에게 살인의 고의가 인정된다(대판 1991.10.22. 91도2174).

[❷ ▸ ○] 대판 2009.2.26. 2008도9867

[❸ ▸ ○] 구체적 사실의 착오 중 방법의 착오사례이다. 판례의 기본적 입장인 법정적 부합설에 의하면 방법의 착오의 경우 발생한 사실에 대한 고의기수책임을 인정하게 되므로 조카에 대한 살인죄가 성립한다.

> 소위 타격의 착오가 있는 경우라 할지라도 행위자의 살인의 범의성립에 방해가 되지 아니한다(대판 1984.1.24. 83도2813).

[❹ ▸ ✕] 경찰관이 질주하는 화물자동차의 승강구에 뛰어올라 동 차에 적재되어 있는 임산물에 대한 부정성 여부를 조사하기 위하여 정차를 명함에 있어 화주가 이를 피하기 위하여 경찰관을 폭행하여 동 차로부터 추락시킨 결과 사망하게 한 경우, 위 사실만으로는 가해자가 피해자를 살해할 것을 결의하였다고 속단할 수 없다(대판 1957.5.24. 4290형상56).

답 ❹

제1장

004
□□□

다음의 설명 중 가장 적절한 것은?(다툼이 있는 경우 판례에 의함)   21 경찰승진

① 피고인이 범행 당시 살인의 범의는 없었고 단지 상해 또는 폭행의 범의만 있었을 뿐이라고 다투는 경우에 피고인에게 범행 당시 살인의 범의가 있었는지 여부는 피고인이 범행에 이르게 된 경위, 범행의 동기, 준비된 흉기의 유무 종류 용법, 공격의 부위와 반복성, 사망의 결과 발생가능성 정도 등 범행 전후의 객관적인 사정을 종합하여 판단할 수밖에 없다.

② 형법 제250조 제2항 존속살해죄의 직계존속은 법률상 존속뿐만 아니라 사실상의 존속을 포함한다.

③ 피고인이 인터넷 사이트 내 자살 관련 카페 게시판에 청산염 등 자살용 유독물의 판매광고를 한 행위가 단지 금원 편취 목적의 사기행각의 일환으로 이루어졌고, 변사자들이 다른 경로로 입수한 청산염을 이용하여 자살한 사정 등이 있다고 하더라도 피고인의 행위는 자살방조에 해당한다.

④ 제왕절개 수술의 경우 '의학적으로 제왕절개 수술이 가능하였고 규범적으로 수술이 필요하였던 시기'를 분만의 시기로 볼 수 있다.

정선 핵심

① 살인의 고의 여부 → 범행 전후의 객관적인 사정을 종합하여 판단
② 존속살해죄의 직계존속 → 사실상의 직계존속 ✕
③ 청산염 등 자살용 유독물의 판매광고를 한 경우 → 자살방조죄 ✕
④ 분만의 시기
  → 제왕절개수술 : 의학적으로 제왕절개 수술이 가능하였고 규범적으로 수술이 필요하였던 시기 ✕

정선 해설

[❶ ▸ ○] 피고인이 범행 당시 살인의 범의는 없었고 단지 상해 또는 폭행의 범의만 있었을 뿐이라고 다투는 경우에 피고인에게 범행 당시 살인의 범의가 있었는지 여부는 피고인이 범행에 이르게 된 경위, 범행의 동기, 준비된 흉기의 유무 · 종류 · 용법, 공격의 부위와 반복성, 사망의 결과 발생가능성 정도 등 범행 전후의 객관적인 사정을 종합하여 판단할 수밖에 없는 것이다(대판 2009.2.26. 2008도9867).

[❷ ▸ ✕] 형법 제250조 제2항 존속살해죄의 직계존속은 민법에 의하여 정해지는 법률상의 개념이므로 사실상의 직계존속은 제외된다.

> **관련판례** 대판 1970.3.10. 69도2285
> 남녀가 사실상 동거한 관계가 있고 그 사이에 영아가 분만되었다 하여도 그 남자와 영아와의 사이에 법률상 직계존속, 비속의 관계가 있다 할 수 없으므로 그 남자가 영아를 살해한 경우에는 보통살인죄에 해당한다.

[❸ ▸ ✕] 피고인이 인터넷 사이트 내 자살 관련 카페 게시판에 청산염 등 자살용 유독물의 판매광고를 한 행위가 단지 금원 편취 목적의 사기행각의 일환으로 이루어졌고, 변사자들이 다른 경로로 입수한 청산염을 이용하여 자살한 사정 등에 비추어, 피고인의 행위는 자살방조에 해당하지 않는다(대판 2005.6.10. 2005도1373).

[❹ ▸ ✕] 제왕절개 수술의 경우 '의학적으로 제왕절개 수술이 가능하였고 규범적으로 수술이 필요하였던 시기'는 판단하는 사람 및 상황에 따라 다를 수 있어, 분만개시 시점, 즉 사람의 시기도 불명확하게 되므로 이 시점을 분만의 시기로 볼 수는 없다(대판 2007.6.29. 2005도3832).

답 ❶

다음 설명 중 가장 옳은 것은?(다툼이 있는 경우 판례에 의함)

① 살인예비죄가 성립하기 위해서는 살인죄의 실현을 위한 준비행위가 있어야 하는데, 여기서 준비행위는 반드시 객관적으로 보아 살인죄의 실현에 실질적으로 기여할 수 있는 외적 행위임을 요하지 아니하고 단순히 범행의 의사 또는 계획만으로 족하다.

② 대한민국 국민이 외국에서 살인죄를 범하였다가 외국법원에서 무죄 취지의 재판을 받고 석방된 후 국내에서 다시 기소되었다고 하더라도 이는 일사부재리의 원칙에 반하는 것이 아니며, 외국에서 미결 상태로 구금된 기간에 대하여도 '외국에서 집행된 형의 산입'에 관한 형법 제7조가 적용되어야 한다.

③ 사람의 시기는 규칙적인 진통을 동반하면서 분만이 개시된 때를 말하고, 제왕절개수술의 경우에는 '의학적으로 제왕절개 수술이 가능하였고 규범적으로 수술이 필요하였던 때'를 분만이 개시된 때로 보아야 한다.

④ 피해자의 재물을 강취한 직후 피해자를 살해할 목적으로 현주건조물에 방화하여 사망에 이르게 한 경우에는 강도살인죄와 현주건조물방화치사죄가 모두 성립하고 두 죄는 상상적 경합의 관계에 있다.

정선 핵심

① 살인예비죄의 성립요건
  ⋯▸ 객관적 요건 : 객관적으로 살인죄 실현에 실질적으로 기여할 수 있는 외적 행위를 필요
② 외국법원에서 살인죄로 기소되었으나 무죄판결을 받은 경우
  ⋯▸ 국내법원에 다시 기소 : 일사부재리의 원칙 위반 ×
  ⋯▸ 외국에서의 미결구금기간 : 형법 제7조 적용 ×
③ 사람의 시기
  ⋯▸ 진통설(분만개시설) : 통설·판례
  ⋯▸ 제왕절개수술 : 이 경우에도 같은 법리 적용
④ 강도살인죄와 현주건조물방화치사죄 → 상상적 경합 ○

정선 해설

[❶ ▸ ×] 형법 제255조, 제250조의 살인예비죄가 성립하기 위하여는 형법 제255조에서 명문으로 요구하는 살인죄를 범할 목적 외에도 살인의 준비에 관한 고의가 있어야 하며, 나아가 실행의 착수까지에는 이르지 아니하는 살인죄의 실현을 위한 준비행위가 있어야 한다. 여기서의 <u>준비행위는</u> 물적인 것에 한정되지 아니하며 특별한 정형이 있는 것도 아니지만, <u>단순히 범행의 의사 또는 계획만으로는</u> 그것이 있다고 할 수 없고 객관적으로 보아서 살인죄의 <u>실현에 실질적으로 기여할 수 있는 외적 행위를 필요로 한다</u>(대판 2009.10.29. 2009도7150).

[❷ ▸ ×] [1] 형사판결은 국가주권의 일부분인 형벌권 행사에 기초한 것이어서 <u>피고인이 외국에서 형사처벌을 과하는 확정판결을 받았더라도 그 외국 판결은 우리나라 법원을 기속할 수 없고 우리나라에서는 기판력도 없어 일사부재리의 원칙이 적용되지 않는다.</u>

[2] 미결구금이 자유 박탈이라는 효과 면에서 형의 집행과 일부 유사하다는 점만을 근거로, 외국에서 형이 집행된 것이 아니라 단지 미결구금되었다가 무죄판결을 받은 사람의 <u>미결구금일수를 형법 제7조의 유추적용에 의하여 그가 국내에서 같은 행위로 인하여 선고받는 형에 산입하여야 한다는 것은 허용되기 어렵다</u>(대판 2017.8.24. 2017도5977[전합]).

[❸ ▸ ×] 제왕절개 수술의 경우 '의학적으로 제왕절개 수술이 가능하였고 규범적으로 수술이 필요하였던 시기'는 판단하는 사람 및 상황에 따라 다를 수 있어, 분만개시 시점, 즉 사람의 시기도 불명확하게 되므로 이 시점을 분만의 시기로 볼 수는 없다(대판 2007.6.29. 2005도3832).

[❹ ▸ ○] 대판 1998.12.8. 98도3416

답 ❹

 정선지문OX

01 강도가 베개로 피해자의 머리 부분을 약 3분간 누르던 중 피해자가 저항을 멈추고 사지가 늘어졌음에도 계속 눌러 사망하게 한 경우 살인죄의 고의가 인정되지 않는다. `20` 해경승진　◯ | ×

02 조산원이 분만이 개시된 후 분만 중인 태아를 질식사에 이르게 한 경우에는 업무상과실치사죄가 성립한다. `15` 경찰승진　◯ | ×

03 인체급소를 잘 알고 있는 무술교관출신이 무술의 방법으로 울대(성대)를 가격하여 사망하게 한 경우, 살인의 고의가 인정된다.
`20` 해경승진　◯ | ×

04 양친자관계를 창설하려는 명백한 의사가 있고 기타 입양의 실질적 요건이 구비되었음에도 입양신고를 하지 아니한 채 친생자 출생신고를 한 이후 계속하여 자신을 양육하여 온 사람을 살해한 경우 존속살해죄가 성립한다. `19` 해경채용　◯ | ×

05 甲男은 乙女와 정교를 맺어 乙이 A를 출산하자 자신의 처인 丙 몰래 A를 자신과 丙 사이의 혼인 중의 출생자로 호적신고를 한 경우, A가 甲을 살해하였더라도 존속살해죄가 성립하지 않는다. `19` 해경채용　◯ | ×

06 살해의 목적으로 동일인에게 일시 장소를 달리하고 수차에 걸쳐 공격을 하였으나 미수에 그치다가 그 목적을 달성한 경우, 살해의 목적을 달성할 때까지의 행위는 모두 실행행위의 일부로서 이를 포괄적으로 보고 단순한 한 개의 살인기수죄로 처단할 것이지 살인예비 내지 미수죄와 동 기수죄의 경합범으로 처단할 수 없는 것이다. `13` 경찰채용　◯ | ×

07 산모가 자기가 분만한 적출영아를 사생아로 오인하고 치욕을 은폐하기 위하여 분만 직후 살해한 경우는 보통살인죄로 처벌된다.
`15` 경찰채용　◯ | ×

08 위계 또는 위력으로써 자살을 결의하게 한 때에는 형법 제252조 제2항 자살교사죄의 예에 의하여 처벌한다. `16` 경찰채용　◯ | ×

09 간첩이 간첩행동을 저해하는 자를 살해할 의도로 권총을 휴대하고 남하하였다 하더라도 살해대상인물이 결정되지 않은 이상 살인예비죄로 처단할 수 없다.　◯ | ×

01 살해의 고의가 인정된다(대판 2002. 2.8. 2001도6425).

02 대판 1982.10.12. 81도2621

03 대판 2000.8.18. 2000도2231

04 대판 2007.11.29. 2007도8333

05 혼인 외의 자에 대한 친생자신고는 인지의 효력이 있으므로(대판 1989. 10.27. 89므396), A가 甲을 살해하였다면 존속살해죄가 성립한다.

06 대판 1965.9.28. 65도695

07 영아살해죄의 동기는 특별한 책임표지이므로 이에 대한 착오는 행위자의 주관에 의하여 판단한다. 따라서 사생아로 오인하고 치욕을 은폐하기 위하여 영아를 살해한 경우는 영아살해죄가 성립한다.

08 위계 또는 위력으로써 촉탁 또는 승낙하게 하거나 자살을 결의하게 한 때에는 제250조의 예에 의한다(형법 제253조).

09 대판 1959.7.11. 4292형상154

정답

01 × **02** ◯ **03** ◯ **04** ◯
05 × **06** ◯ **07** × **08** ×
09 ◯

제1장

제2장

제3장

006
□□□

상해의 개념과 관련된 다음의 설명 중 가장 옳지 않은 것은?(다툼이 있는 경우 판례에 의함)

14 경찰간부

① 태아를 사망에 이르게 하는 행위가 임산부 신체의 일부를 훼손하는 것이라거나 태아의 사망으로 인하여 그 태아를 양육, 출산하는 임산부의 생리적 기능이 침해되어 임산부에 대한 상해가 된다고 볼 수는 없다.

② 오랜 시간 동안의 협박과 폭행을 이기지 못하고 실신하여 범인들이 불러온 구급차 안에서야 정신을 차리게 되었다면, 외부적으로 어떤 상처가 발생하지 않았다고 하더라도 생리적 기능에 훼손을 입어 신체에 대한 상해가 있었다고 봄이 상당하다.

③ 난소를 이미 제거하여 임신불능상태에 있는 피해자의 자궁을 적출했다 하더라도 그 경우 자궁을 제거한 것이 신체의 완전성을 해한 것이거나 생활기능에 아무런 장애를 주는 것이 아니고 건강상태를 불량하게 변경한 것도 아니라고 할 것이므로 상해에 해당한다고 볼 수 없다.

④ 피고인이 피해자를 강제로 눕혀 옷을 벗긴 뒤 1회용 면도기로 피해자의 음모를 반 정도 깎은 사실로 인하여 신체의 완전성이 손상되고 생활기능에 장애가 왔다거나 건강상태가 불량하게 변경되었다고 보기 어려우므로 이를 강제추행치상죄의 상해에 해당한다고 할 수 없다.

정선 핵심

상해인지의 여부
① 낙태로 태아를 사망에 이르게 하는 경우 → 임산부에 대한 상해 ×
② 오랜 시간 동안의 협박과 폭행으로 실신한 경우 → ○
③ 임신불능상태에 있는 피해자의 자궁을 적출한 경우 → ○
④ 음모의 모간(毛幹)을 일부 잘라낸 경우 → 강제추행치상죄의 상해 ×

정선 해설

[❶ ▸ ○] 태아를 사망에 이르게 하는 행위가 임산부 신체의 일부를 훼손하는 것이라거나 태아의 사망으로 인하여 그 태아를 양육, 출산하는 임산부의 생리적 기능이 침해되어 임산부에 대한 상해가 된다고 볼 수는 없다(대판 2007.6.29. 2005도3832).

[❷ ▸ ○] 대판 1996.12.10. 96도2529

[❸ ▸ ×] 난소의 제거로 이미 임신불능상태에 있는 피해자의 자궁을 적출했다 하더라도 그 경우 자궁을 제거한 것이 신체의 완전성을 해한 것이 아니라거나 생활기능에 아무런 장애를 주는 것이 아니라거나 건강상태를 불량하게 변경한 것이 아니라고 할 수 없고 이는 업무상과실치상죄에 있어서의 상해에 해당한다(대판 1993.7.27. 92도2345).

[❹ ▸ ○] 대판 2000.3.23. 99도3099

 답 ❸

다음 설명 중 옳지 않은 것은 모두 몇 개인가?(다툼이 있으면 판례에 의함) `19` 해경간부

> ㄱ. 태아를 사망에 이르게 하는 행위가 임산부신체의 일부를 훼손하는 것이라거나 태아의 사망으로 인하여 그 태아를 양육, 출산하는 임산부의 생리적 기능이 침해되어 임산부에 대한 상해가 된다고 볼 수는 없다.
>
> ㄴ. 특정강력범죄의 처벌에 관한 특례법이 2010.3.31. 개정되기 전에 단순 강간행위에 의한 강간 등 상해·치상죄가 이루어진 경우, 위 죄는 위와 같이 개정된 같은 법 제2조 제1항 제3호에 규정된 '특정강력범죄'에 해당하지 않았으나, 같은 법이 2011.3.7. 다시 개정되면서 2010.3.31. 개정 전과 같은 내용이 되었다면 '특정강력범죄'에 해당한다.
>
> ㄷ. 의료사고에 있어서 의사의 그 과실의 유무를 판단함에는 같은 업무와 직무에 종사하는 보통인의 주의정도를 표준으로 하여야 하며, 이에는 사고 당시의 일반적인 의학의 수준과 의료환경 및 조건, 의료행위의 특수성 등이 고려되어야 하나, 이러한 법리는 한의사의 경우에는 적용되지 않는다.
>
> ㄹ. 피고인이 피해자를 폭행하여 비골 골절 등의 상해를 가한 다음 강제추행한 사건에서, 폭력행위 등 처벌에 관한 법률위반죄로 처벌한 상해를 다시 결과적 가중범인 강제추행치상죄의 상해로 처벌할 수 있다.
>
> ㅁ. 상해죄에서 상해는 피해자의 신체의 완전성을 훼손하거나 생리적 기능에 장애를 초래하였는지 객관적·일률적으로 판단하여야 한다.

① 1개   ② 2개
③ 3개   ④ 4개

**정선
핵심**

ㄱ. 낙태로 태아를 사망에 이르게 하는 경우 → 임산부에 대한 상해 ✕
ㄴ. 단순 강간행위에 의한 강간 등 상해·치상죄가 이루어진 경우 → 특정강력범죄 ✕
ㄷ. 의사의 과실
  ⋯ 같은 업무와 직무에 종사하는 일반적 보통인의 주의 정도를 표준
  ⋯ 사고 당시의 일반적인 의학의 수준 등의 고려
  ⋯ 한의사의 경우에도 같은 법리 적용
ㄹ. 피해자를 폭행하여 상해를 가한 후 강제추행한 경우 → 강제추행치상죄의 상해 ✕
ㅁ. 상해가 발생하였는지 여부의 판단 → 피해자의 연령, 성별, 체격 등 신체, 정신상의 구체적 상태 등을 기준

**정선
해설**

[ㄱ ▸ ○] 대판 2007.6.29. 2005도3832
[ㄴ ▸ ✕] 2010.3.31. 법률 제10209호로 개정된 특정강력범죄의 처벌에 관한 특례법(이하 '법률 제10209호 특강법') 제2조 제1항 제3호는 형법 제301조에 관해서도 '흉기나 그 밖의 위험한 물건을 휴대하거나 2인 이상이 합동하여 범한'이라는 요건을 갖추어야 '특정강력범죄'에 해당하는 것으로 규정하였고, 이는 피고인에게 유리하게 법률개정이 이루어진 것으로서 형법 제조 제2항에 규정된 <u>범죄 후 법률의 변경에 의하여 형이 구법보다 경한 때</u>에 해당한다고 보는 것이 타당하므로 특정강력범죄의 처벌에 관한 특례법이 2010.3.31. 개정되기 전에 단순 강간행위에 의한 <u>강간 등 상해·치상죄가 이루어진 경우는 개정된 같은 법 제2조 제1항 제3호에 규정된 '특정강력범죄'에 해당하지 아니한다.</u> 한편 법률 제10209호 특강법 제2조 제1항 제3호는 2011.3.7. 법률 제10431호로 개정됨으로써 2010.3.31. 개정되기 전과 같이 단순 강간행위에 의한 상해·치상죄도 '특정강력범죄'의 범위에 포함시켰으나, <u>범죄행위 시와 재판 시 사이에 여러 차례 법령이 개정되어 형의 변경이 있는 경우에는 형법 제1조 제2항에 의하여 직권으로 그 전부의 법령을 비교하여 그중 가장 형이 가벼운 법령을 적용하여야 하므로</u>, 법률 제10209호 특강법 개정 전에 이루어진 단순 강간행위에 의한 상해·치상의 죄는 2011.3.7.의 개정에도 불구하고 <u>여전히 '특정강력범죄'에 해당하지 않는다</u>(대판 2012.9.13. 2012도7760).

[ㄷ ▸ ×] 의료사고에서 의사에게 과실이 있다고 하기 위하여는 의사가 결과발생을 예견할 수 있고 또 회피할 수 있었는데도 이를 예견하지 못하거나 회피하지 못하였음이 인정되어야 하며, 과실의 유무를 판단할 때에는 같은 업무와 직종에 종사하는 일반적 보통인의 주의 정도를 표준으로 하고, 사고 당시의 일반적인 의학의 수준과 의료환경 및 조건, 의료행위의 특수성 등을 고려하여야 한다. 이러한 법리는 한의사의 경우에도 마찬가지라고 할 것이다(대판 2014.7.24. 2013도16101).

[ㄹ ▸ ×] 피고인이 피해자를 폭행하여 비골 골절 등의 상해를 가한 다음 강제추행한 경우, 피고인의 위 폭행을 강제추행의 수단으로서의 폭행으로 볼 수 없어 위 상해와 강제추행 사이에 인과관계가 없으므로, 폭력행위 등 처벌에 관한 법률 위반죄로 처벌한 상해를 다시 결과적 가중범인 강제추행치상죄의 상해로 인정할 수 없다(대판 2009.7.23. 2009도1934).

[ㅁ ▸ ×] 상해죄의 상해는 피해자의 신체의 완전성을 훼손하거나 생리적 기능에 장애를 초래하는 것을 의미한다. 그리고 피해자의 신체의 완전성을 훼손하거나 생리적 기능에 장애를 초래하였는지는 객관적, 일률적으로 판단할 것이 아니라 피해자의 연령, 성별, 체격 등 신체, 정신상의 구체적 상태 등을 기준으로 판단하여야 한다(대판 2016.11.25. 2016도15018).

답 ❹

---

008 □□□ 상해와 폭행의 죄에 대한 설명으로 가장 적절하지 않은 것은?(다툼이 있는 경우 판례에 의함)

`19` 경찰승진

① 독립행위가 경합하여 상해의 결과를 발생하게 한 경우에 있어서 원인된 행위가 판명되지 아니한 때에는 공동정범의 예에 의한다.

② 피해자에게 상해가 발생하였는지는 객관적·일률적으로 판단할 것이 아니라 피해자의 신체·정신상의 구체적인 상태나 신체·정신상의 변화와 내용 및 정도를 종합적으로 고려하여 판단하여야 한다.

③ 직계존속인 피해자를 폭행하고, 상해를 가한 것이 존속에 대한 동일한 폭력습벽의 발현에 의한 것으로 인정되는 경우, 법정형이 더 중한 상습존속상해죄에 상습존속폭행죄를 포괄시켜 하나의 죄만이 성립한다.

④ 피해자로부터 신용카드를 강취하고 비밀번호를 알아내는 과정에서 피해자에게 입힌 상처가 극히 경미하고 일상생활에 지장을 초래하지 않았고, 그 회복을 위하여 치료행위가 특별히 필요하지 않은 경우에도 강도상해죄의 상해에 해당한다.

정선 핵심

① 독립행위가 경합하여 결과를 발생하게 하였으나 원인된 행위가 판명되지 아니한 경우 → 공동정범의 예에 의하여 처벌

② 상해가 발생하였는지 여부의 판단 → 피해자의 신체·정신상의 구체적인 상태나 신체·정신상의 변화와 내용 및 정도를 종합적으로 고려

③ 직계존속인 피해자를 폭행하고, 상해를 가한 것이 동일한 폭력습벽의 발현에 의한 것인 경우 → 상습존속상해죄 ○

④ 신용카드를 강취하고 비밀번호를 알아낼 때 경미한 상처를 입힌 경우 → 강도상해죄의 상해 ×

정선 해설

[❶ ▸ ○] 형법 제263조 참조

 법령

> **동시범(형법 제263조)** 독립행위가 경합하여 상해의 결과를 발생하게 한 경우에 있어서 원인된 행위가 판명되지 아니한 때에는 공동정범의 예에 의한다.

[**❷** ▸ ○] 대판 2017.6.29. 2017도3196

[**❸** ▸ ○] 대판 2003.2.28. 2002도7335

[**❹** ▸ ×] <u>피고인들이 피해자의 반항을 억압하고 강취한 신용카드의 비밀번호를 알아내는 과정에서 피해자를 수회 폭행하여 피해자의 얼굴과 팔다리 부분에 멍이 생긴 사실이 있으나 위 상처로 인하여 병원에서 치료를 받지도 않았고 피해자가 입은 상처는 일상생활에 지장을 초래하지 않았으며 나아가 그 회복을 위하여 치료행위가 특별히 필요하지 않은 정도이므로 강도상해죄에 있어서의 상해에 해당된다고 할 수 없다</u>(대판 2003.7.11. 2003도2313).

🔲 **❹**

009

19 국가9급

상해에 대한 설명으로 옳지 않은 것은?(다툼이 있는 경우 판례에 의함)

① 상해죄가 성립하기 위해서는 상해의 고의와 신체의 완전성을 해하는 행위 및 이로 인하여 발생하는 인과관계 있는 상해의 결과가 있어야 한다.

② 신체의 외모에 변화가 생겼다고 하더라도 생리적 기능에 장애를 초래하지 아니한 이상 강제추행치상죄에서의 상해에 해당한다고 할 수 없다.

③ 오랜 시간 동안의 협박과 폭행을 이기지 못하고 실신하여 범인들이 불러온 구급차 안에서야 정신을 차리게 되었더라도 외부적으로 어떤 상처가 발생하지 않았다면 생리적 기능의 훼손이 있다고 할 수 없으므로 상해가 인정되지 아니한다.

④ 타인의 신체에 폭행을 가하여 보행불능, 수면장애, 식욕감퇴 등 기능의 장해를 일으킨 때에는 외관상 상처가 없더라도 상해를 입힌 경우에 해당한다.

**정선
핵심**

상해인지의 여부

① 상해죄 → 상해의 고의와 신체의 완전성을 해하는 행위 필요(신체의 완전성설)

② 신체의 외모에 변화가 있으나 생리적 기능에 장애를 초래하지 않은 경우 → ×

③ 오랜 시간 동안의 협박과 폭행으로 실신한 경우 → ○

④ 보행불능, 수면장애, 식욕감퇴 등 기능의 장해를 일으킨 경우 → ○

**정선
해설**

[**❶** ▸ ○] 판례는 상해의 개념에 대해 아래처럼 신체의 완전성설을 취한 경우도 있지만, 생리적 기능 훼손설을 취하는 것이 일반적이다.

> 상해죄의 성립에는 상해의 고의와 신체의 완전성을 해하는 행위 및 이로 인하여 발생하는 인과관계 있는 상해의 결과가 있어야 한다(대판 1982.12.28. 82도2588).

[**❷** ▸ ○] 강제추행치상죄에 있어서의 상해는 피해자의 신체의 건강상태가 불량하게 변경되고 생활기능에 장애가 초래되는 것을 말하는 것으로서, 신체의 외모에 변화가 생겼다고 하더라도 신체의 생리적 기능에 장애를 초래하지 아니하는 이상 상해에 해당한다고 할 수 없다(대판 2000.3.23. 99도3099).

> 피해자의 음모의 모근(毛根) 부분을 남기고 모간(毛幹) 부분만을 일부 잘라냄으로써 음모의 전체적인 외관에 변형만이 생겼더라도, 그것이 폭행에 해당할 수 있음은 별론으로 하고 강제추행치상죄의 상해에 해당한다고 할 수는 없다(대판 2000.3.23. 99도3099).

[**❸** ▸ ×] 오랜 시간 동안의 협박과 폭행을 이기지 못하고 실신하여 범인들이 불러온 구급차 안에서야 정신을 차리게 되었다면, 외부적으로 어떤 상처가 발생하지 않았다고 하더라도 생리적 기능에 훼손을 입어 신체에 대한 상해가 있었다고 할 것이다(대판 1996.12.10. 96도2529).

[**❹** ▸ ○] 타인의 신체에 폭행을 가하여 보행불능, 수면장애, 식욕감퇴 등 기능의 장해를 일으킨 때에는 형법상 상해를 입힌 경우에 해당한다(대판 1969.3.11. 69도161).

🔲 **❸**

폭행과 관련된 설명으로 옳은 것은 모두 몇 개인가?(다툼이 있는 경우 판례에 의함)

19 경찰간부

> ㄱ. 폭행죄는 피해자의 명시한 의사에 반하여 공소를 제기할 수 없는 반의사불벌죄로서 피해자가 사망한 후에는 그 상속인이 피해자를 대신하여 처벌불원의 의사표시를 할 수 없다.
> ㄴ. 피해자의 신체에 공간적으로 근접하여 손발이나 물건을 휘두르거나 던지는 행위는 직접 피해자의 신체에 접촉하지 아니하였다고 하여도 폭행죄에 해당할 수 있다.
> ㄷ. 상대방의 시비를 만류하면서 조용히 얘기나 하자며 그의 팔을 2, 3회 끈 행위는 폭행죄의 폭행에 해당한다.
> ㄹ. 甲이 먼저 乙에게 덤벼들고 뺨을 꼬집고 주먹으로 쥐어박았기 때문에 乙이 甲을 부둥켜안은 행위는 유형력의 행사인 폭행에 해당하지 않는다.

① 1개   ② 2개
③ 3개   ④ 4개

정선 핵심

폭행인지의 여부
ㄱ. 폭행죄의 피해자의 상속인 → 피해자를 대신하여 처벌불원의 의사표시 ✕
ㄴ. 근접하여 욕설을 하면서 때릴 듯이 손발이나 물건을 휘두르거나 던지는 경우 → ○
ㄷ. 상대방의 시비를 만류하면서 그의 팔을 2, 3회 끈 경우 → ✕
ㄹ. 덤벼들고 뺨을 꼬집는 甲을 부둥켜안은 경우 → ✕

정선 해설

[ㄱ ▶ ○] 대판 2010.5.27. 2010도2680
[ㄴ ▶ ○] 대판 2003.1.10. 2000도5716
[ㄷ ▶ ✕] 상대방의 시비를 만류하면서 조용히 얘기나 하자며 그의 팔을 2, 3회 끈 사실만 가지고는 사람의 신체에 대한 불법한 공격이라고 볼 수 없어 형법 제260조 제1항 소정의 폭행죄에 해당한다고 볼 수 없다(대판 1986.10.14. 86도1796).

> **관련판례** 대판 2001.3.9. 2001도277
> 단순히 눈을 부릅뜨고 "이 십팔놈아, 가면 될 것 아니냐"라고 욕설을 한 것만으로는 피해자에게 불쾌감을 주는 데 그칠 뿐 피해자의 신체에 대한 유형력의 행사라고 보기 어려워 폭행죄를 구성한다고 할 수 없다.

[ㄹ ▶ ○] "갑"이 먼저 "을"에게 덤벼들고, 뺨을 꼬집고, 주먹으로 쥐어박았기 때문에 피고인이 상대방을 부둥켜안은 행위를 유형력의 행사인 폭행으로 볼 수 없다(대판 1977.2.8. 76도3758).

답 ❸

011

상해와 폭행의 죄에 대한 설명으로 가장 적절하지 않은 것은?(다툼이 있는 경우 판례에 의함)

21 경찰승진

① 상해죄의 성립에는 상해의 원인인 폭행에 대한 인식이 있으면 충분하고 상해를 가할 의사의 존재까지는 필요하지 않다.
② 폭행죄의 폭행이란 소위 사람의 신체에 대한 유형력의 행사를 가리키며, 그 유형력의 행사는 신체적 고통을 주는 물리력의 작용을 의미하므로 신체의 청각기관을 직접적으로 자극하는 음향도 경우에 따라서는 유형력에 포함될 수 있다.
③ 폭행죄는 피해자의 명시한 의사에 반하여 공소를 제기할 수 없는 반의사불벌죄로서 처벌불원의 의사표시는 의사능력이 있는 피해자가 단독으로 할 수 있는 것이고, 피해자가 사망한 후 그 상속인이 피해자를 대신하여 처벌불원의 의사표시를 할 수는 없다고 보아야 한다.
④ 형법 제263조(동시범)는 '독립행위가 경합하여 상해의 결과를 발생하게 한 경우 공동정범의 예에 의한다'고 규정하고 있다.

정선 핵심

① 상해죄 → 상해를 가할 의사 불요
② 청각기관을 직접적으로 자극하는 음향의 경우 → 경우에 따라 유형력 ○
③ 폭행죄의 피해자의 상속인 → 피해자를 대신하여 처벌불원의 의사표시 ×
④ 독립행위가 경합하여 결과를 발생하게 하였으나 원인된 행위가 판명되지 아니한 경우 → 공동정범의 예에 의하여 처벌

정선 해설

[❶ ▸ ○] 상해죄의 성립에는 상해의 원인인 폭행에 대한 인식이 있으면 충분하고 상해를 가할 의사의 존재까지는 필요하지 않다(대판 2000.7.4. 99도4341).
[❷ ▸ ○] 대판 2003.1.10. 2000도5716
[❸ ▸ ○] 폭행죄는 피해자의 명시한 의사에 반하여 공소를 제기할 수 없는 반의사불벌죄로서 처벌불원의 의사표시는 의사능력이 있는 피해자가 단독으로 할 수 있는 것이고, 피해자가 사망한 후 그 상속인이 피해자를 대신하여 처벌불원의 의사표시를 할 수는 없다고 보아야 한다(대판 2010.5.27. 2010도2680).
[❹ ▸ ×] 형법 제263조 참조

법령 동시범(형법 제263조) 독립행위가 경합하여 상해의 결과를 발생하게 한 경우에 있어서 원인된 행위가 판명되지 아니한 때에는 공동정범의 예에 의한다.

답 ❹

상해와 폭행의 죄에 관한 다음 설명 중 옳은 것은 모두 몇 개인가?

ㄱ. 결과적 가중범인 상해치사죄의 공동정범은 폭행 기타의 신체침해 행위를 공동으로 할 의사가 있으면 성립되고 결과를 공동으로 할 의사는 필요 없으며, 여러 사람이 상해의 범의로 범행 중 한 사람이 중한 상해를 가하여 피해자가 사망에 이르게 된 경우 나머지 사람들은 사망의 결과를 예견할 수 없는 때가 아닌 한 상해치사의 죄책을 면할 수 없다.

ㄴ. 형법 제260조에 규정된 폭행죄는 사람의 신체에 대한 유형력의 행사를 가리키며, 그 유형력의 행사는 신체적 고통을 주는 물리력의 작용을 의미하므로 반드시 피해자의 신체에 접촉함을 필요로 한다.

ㄷ. 형법은 제264조에서 상습으로 제258조의2의 죄를 범한 때에는 그 죄에 정한 형의 2분의 1까지 가중한다고 규정하고 있으므로, 형법 제258조의2 제1항에서 정한 법정형의 단기와 장기를 모두 가중하여 1년 6개월 이상 15년 이하의 징역에 처하여야 한다.

ㄹ. 낙태로 인하여 그 태아를 양육, 출산하는 임산부의 생리적 기능이 침해되므로, 태아를 사망에 이르게 하는 행위는 임산부에 대한 상해가 된다.

ㅁ. 시간적 차이가 있는 독립된 상해행위나 폭행행위가 경합하여 사망의 결과가 일어나고 그 사망의 원인된 행위가 판명되지 않은 경우에는 공동정범의 예에 의하여 처벌할 수 있다.

① 1개　　　　　　　　　　② 2개
③ 3개　　　　　　　　　　④ 4개
⑤ 5개

**정선
핵심**

ㄱ. 피해자가 상해로 사망한 때 사망의 결과를 예견할 수 있는 경우 → 상해치사죄의 공동정범 ○
ㄴ. 폭행죄 → 유형력 행사는 피해자의 신체에 접촉할 것 불요
ㄷ. 상습으로 제258조의2의 죄를 범한 경우 → 법정형의 단기와 장기를 모두 가중
ㄹ. 낙태로 태아를 사망에 이르게 하는 경우 → 임산부에 대한 상해 ×
ㅁ. 시간적 차이가 있는 독립된 상해·폭행행위의 경합 → 동시범의 특례적용 ○

**정선
해설**

[ㄱ ▸ ○] 대판 2000.5.12. 2000도745
[ㄴ ▸ ×] 폭행죄에서 말하는 폭행이란 사람의 신체에 대하여 육체적·정신적으로 고통을 주는 유형력을 행사함을 뜻하는 것으로서 반드시 피해자의 신체에 접촉함을 필요로 하는 것은 아니고, 그 불법성은 행위의 목적과 의도, 행위 당시의 정황, 행위의 태양과 종류, 피해자에게 주는 고통의 유무와 정도 등을 종합하여 판단하여야 한다(대판 2016.10.27. 2016도9302).
[ㄷ ▸ ○] 형법은 제264조에서 상습으로 제258조의2의 죄를 범한 때에는 그 죄에 정한 형의 2분의 1까지 가중한다고 규정하고, 제258조의2 제1항에서 위험한 물건을 휴대하여 상해죄를 범한 때에는 1년 이상 10년 이하의 징역에 처한다고 규정하고 있으므로 <u>형법 제264조는 상습특수상해죄를 범한 때에 형법 제258조의2 제1항에서 정한 법정형의 단기와 장기를 모두 가중하여 1년 6개월 이상 15년 이하의 징역에 처한다는 의미로 새겨야 한다</u>(대판 2017.6.29. 2016도18194).
[ㄹ ▸ ×] 태아를 사망에 이르게 하는 행위가 임산부 신체의 일부를 훼손하는 것이라거나 태아의 사망으로 인하여 그 태아를 양육, 출산하는 임산부의 생리적 기능이 침해되어 임산부에 대한 상해가 된다고 볼 수는 없다(대판 2007.6.29. 2005도3832).
[ㅁ ▸ ○] 대판 2000.7.28. 2000도2466

답 ❸

상해와 폭행의 죄에 관한 다음 설명 중 가장 적절한 것은?(다툼이 있으면 판례에 의함)

15 경찰채용

① 상해죄의 성립에는 상해의 원인인 폭행에 대한 인식만으로는 부족하고 상해를 가할 의사의 존재까지 필요하다.

② 1~2개월간 입원할 정도로 다리가 부러진 상해 또는 3주간의 치료를 요하는 우측흉부자상은 중상해에 해당하지 않는다.

③ 피고인의 구타행위로 상해를 입은 피해자가 정신을 잃고 빈사상태에 빠지자 사망한 것으로 오인하고 자신의 행위를 은폐하고 피해자가 자살한 것처럼 가장하기 위하여 피해자를 베란다 아래의 바닥으로 떨어뜨려 사망케 한 경우 포괄하여 단일의 살인죄에 해당한다.

④ 난소의 제거로 이미 임신불능상태에 있는 피해자의 자궁을 적출했다 하더라도 그 경우 자궁을 제거한 것이 신체의 완전성을 해한 것이거나 생활기능에 아무런 장애를 주는 것이 아니고 건강상태를 불량하게 변경한 것도 아니라고 할 것이므로 상해에 해당한다고 볼 수 없다.

**정선
핵심**

① 상해죄 → 상해를 가할 의사 불요

② 중상해인지의 여부

→ 1~2개월간 입원할 정도로 다리가 부러진 상해 : ×

→ 칼에 찔려 입게 된 약 3주간의 치료를 요하는 우측흉부자상 : ×

③ 구타행위로 상해를 입은 피해자를 베란다 아래로 떨어뜨려 사망케 한 경우 → 상해치사죄 ○

④ 임신불능상태에 있는 피해자의 자궁을 적출한 경우 → 상해 ○

**정선
해설**

[❶ ▸ ×] 상해죄의 성립에는 상해의 원인인 폭행에 대한 인식이 있으면 충분하고 상해를 가할 의사의 존재까지는 필요하지 않다(대판 2000.7.4. 99도4341).

[❷ ▸ ○] 대판 2005.12.9. 2005도7527

[❸ ▸ ×] 피고인의 구타행위로 상해를 입은 피해자가 정신을 잃고 빈사상태에 빠지자 사망한 것으로 오인하고, 자신의 행위를 은폐하고 피해자가 자살한 것처럼 가장하기 위하여 피해자를 베란다 아래의 바닥으로 떨어뜨려 사망케 하였다면, 피고인의 행위는 포괄하여 단일의 상해치사죄에 해당한다(대판 1994.11.4. 94도2361).

[❹ ▸ ×] 난소의 제거로 이미 임신불능상태에 있는 피해자의 자궁을 적출했다 하더라도 그 경우 자궁을 제거한 것이 신체의 완전성을 해한 것이 아니라거나 생활기능에 아무런 장애를 주는 것이 아니라거나 건강상태를 불량하게 변경한 것이 아니라고 할 수 없고 이는 업무상과실치상죄에 있어서의 상해에 해당한다(대판 1993.7.27. 92도2345).

답 ❷

폭행죄에 관한 설명으로 가장 적절하지 않은 것은?(다툼이 있는 경우 판례에 의함)

[20] 경찰채용

① 폭행죄는 반의사불벌죄로서 개인적 법익에 관한 죄이고 피해자가 사망한 후 그 상속인이 피해자를 대신하여 처벌불원의 의사표시를 할 수 있다.

② 형법 제260조에 규정된 폭행죄의 폭행이란 소위 사람의 신체에 대한 유형력의 행사를 가리키며, 그 유형력의 행사는 신체적 고통을 주는 물리력의 작용을 의미하므로 신체의 청각기관을 직접적으로 자극하는 음향도 경우에 따라서는 유형력에 포함될 수 있다.

③ 거리상 멀리 떨어져 있는 사람에게 전화기를 이용하여 전화하면서 고성을 내거나 그 전화 대화를 녹음 후 듣게 하는 경우에 특수한 방법으로 수화자의 청각기관을 자극하여 그 수화자로 하여금 고통을 느끼게 할 정도의 음향을 이용했다면 신체에 대한 유형력의 행사로 볼 수 있다.

④ 피해자에게 근접하여 욕설을 하면서 때릴 듯이 손발이나 물건을 휘두르거나 던지는 행위는 직접 피해자의 신체에 접촉하지 않았다고 하여도 폭행에 해당한다.

**정선
핵심**

폭행인지의 여부

① 폭행죄의 피해자의 상속인 → 피해자를 대신하여 처벌불원의 의사표시 ×

② 청각기관을 직접적으로 자극하는 음향의 경우 → 경우에 따라 ○

③ 전화로 청각기관을 자극하여 고통을 느끼게 할 정도의 음향을 이용한 경우 → ○

④ 근접하여 욕설을 하면서 때릴 듯이 손발이나 물건을 휘두르거나 던지는 경우 → ○

**정선
해설**

[❶ ▸ ×] 폭행죄는 피해자의 명시한 의사에 반하여 공소를 제기할 수 없는 반의사불벌죄로서 처벌불원의 의사표시는 의사능력이 있는 피해자가 단독으로 할 수 있는 것이고, 피해자가 사망한 후 그 상속인이 피해자를 대신하여 처벌불원의 의사표시를 할 수는 없다고 보아야 한다(대판 2010.5.27. 2010도2680).

[❷ ▸ ○] [❸ ▸ ○] [❹ ▸ ○] [1] 형법 제260조에 규정된 폭행죄는 사람의 신체에 대한 유형력의 행사를 가리키며, 그 유형력의 행사는 신체적 고통을 주는 물리력의 작용을 의미하므로 신체의 청각기관을 직접적으로 자극하는 음향도 경우에 따라서는 유형력에 포함될 수 있다.❷

[2] 피해자의 신체에 공간적으로 근접하여 고성으로 폭언이나 욕설을 하거나 동시에 손발이나 물건을 휘두르거나 던지는 행위는 직접 피해자의 신체에 접촉하지 아니하였다 하더라도 피해자에 대한 불법한 유형력의 행사로서 폭행에 해당될 수 있는 것이지만,❹ 거리상 멀리 떨어져 있는 사람에게 전화기를 이용하여 전화하면서 고성을 내거나 그 전화 대화를 녹음 후 듣게 하는 경우에는 특수한 방법으로 수화자의 청각기관을 자극하여 그 수화자로 하여금 고통스럽게 느끼게 할 정도의 음향을 이용하였다는 등의 특별한 사정이 없는 한 신체에 대한 유형력의 행사를 한 것으로 보기 어렵다❸(대판 2003.1.10. 2000도5716).

 답 ❶

다음 중 옳지 않은 설명은 모두 몇 개인가?(다툼이 있는 경우 판례에 의함) `12` 법원행시

ㄱ. 형법 제260조에 규정된 폭행죄는 사람의 신체에 대한 유형력의 행사를 가리키므로 음향(音響)
은 유형력에 포함될 수 없다.

ㄴ. 다방 종업원들의 숙소에 이르러 종업원 중 1인이 피고인을 만나주지 않는다는 이유로 주방문을
부수고 주방으로 들어가 방문을 열어주지 않으면 모두 죽여 버린다고 폭언하면서 시정된 방문
을 수회 발로 찬 피고인의 행위는 다른 범죄가 성립함은 별론으로 하고, 단순히 방문을 발로
몇 번 찼다고 하여 그것이 피해자들의 신체에 대한 유형력의 행사로는 볼 수 없어 폭행죄에
해당한다 할 수 없다.

ㄷ. 외국사절의 숙소 앞에서 시위를 벌이다가 숙소에서 나오던 외국사절을 태운 승용차를 발견하
고 5m도 되지 않는 거리에서 위 승용차를 향하여 연이어 계란 4개를 던져 그중 2개를 위
승용차 운전석 유리창 및 본네트에 맞힌 행위는 외국사절폭행죄에서의 폭행에 해당한다.

ㄹ. 피해자에게 근접하여 욕설을 하면서 때릴 듯이 손발이나 물건을 휘두르거나 던지는 행위를
한 경우에 직접 피해자의 신체에 접촉하지 않았다고 하여도 피해자에 대한 유형력의 행사로서
폭행에 해당한다.

① 1개   ② 2개
③ 3개   ④ 4개
⑤ 없음

**정선
핵심**

폭행인지의 여부

ㄱ. 청각기관을 직접적으로 자극하는 음향의 경우 → 경우에 따라 ○
ㄴ. 방문을 열어주지 않으면 죽여 버린다고 하며 방문을 발로 차는 경우 → ×
ㄷ. 외국사절을 태운 승용차를 향하여 계란을 던진 경우 → 외국사절폭행죄의 폭행 ○
ㄹ. 근접하여 욕설을 하면서 때릴 듯이 손발이나 물건을 휘두르거나 던지는 경우 → ○

**정선
해설**

[ㄱ ▸ ×] 형법 제260조에 규정된 폭행죄는 사람의 신체에 대한 유형력의 행사를 가리키며, 그 유형력의 행사는
신체적 고통을 주는 물리력의 작용을 의미하므로 신체의 청각기관을 직접적으로 자극하는 음향도 경우에 따라서는
유형력에 포함될 수 있다(대판 2003.1.10. 2000도5716).

[ㄴ ▸ ○] 대판 1984.2.14. 83도3186

[ㄷ ▸ ○] 피고인이 공소 외 1과 공모공동하여 2001.5.10. 외국사절의 숙소 앞에서 시위를 벌이다가 숙소에서
나오던 외국사절을 태운 승용차를 발견하고는 불과 5m도 되지 않는 거리에서 위 승용차를 향하여 연이어 계란
4개를 던져 그중 두 개를 위 승용차 운전석 유리창 및 본네트에 맞힌 경우, 피고인의 이와 같은 행위는 외국사절폭행
죄에서의 폭행에 해당한다(대판 2003.7.11. 2003도1800).

[ㄹ ▸ ○] 대판 2003.1.10. 2000도5716

답 ❶

다음 설명 중 가장 옳지 않은 것은?(다툼이 있는 경우 판례에 의함)

① 존속살해죄와 촉탁·승낙살인죄는 예비·음모를 처벌하는 규정이 없다.

② 상해죄 및 폭행죄의 상습범에 관한 형법 제264조는 "상습으로 제257조, 제258조, 제258
제260조 또는 제261조의 죄를 범한 때에는 그 죄에 정한 형의 2분의 1까지 가중한다.
규정하고 있다. 형법 제264조에서 말하는 '상습'이란 위 규정에 열거된 상해 내지 폭행행
습벽을 말하는 것이므로, 위 규정에 열거되지 아니한 다른 유형의 범죄까지 고려하여 상습성
유무를 결정해서는 아니 된다.

③ 상해는 피해자의 신체의 완전성을 훼손하거나 생리적 기능에 장애를 초래하는 것으로 반드시
외부적인 상처가 있어야만 하는 것이 아니고, 여기서의 생리적 기능에는 육체적 기능뿐만 아니
라 정신적 기능도 포함한다.

④ 폭행죄는 피해자의 명시한 의사에 반하여 공소를 제기할 수 없는 반의사불벌죄로서 피해자가
사망한 후에는 그 상속인이 피해자를 대신하여 처벌불원의 의사표시를 할 수 없다.

**정선
핵심**

① 촉탁·승낙살인죄 → 예비·음모죄 처벌규정 ×
② 형법 제264조에서 말하는 '상습' → 열거되지 아니한 다른 유형의 범죄까지 고려하여 상습성의 유무 결정 ×
③ 상해
　⋯▶ 신체의 완전성을 훼손하거나 생리적 기능에 장애를 초래
　⋯▶ 생리적 기능에는 육체적 기능과 정신적 기능 포함
④ 폭행죄의 피해자의 상속인 → 피해자를 대신하여 처벌불원의 의사표시 ×

**정선
해설**

[❶ ▶ ✕] 존속살해죄는 예비·음모처벌규정(형법 제255조)이 있지만 촉탁·승낙살인죄는 예비·음모를 처벌
하는 규정이 없다.

[❷ ▶ ○] 상해죄 및 폭행죄의 상습범에 관한 형법 제264조는 "상습으로 제257조, 제258조, 제258조의2, 제260
조 또는 제261조의 죄를 범한 때에는 그 죄에 정한 형의 2분의 1까지 가중한다."라고 규정하고 있다. 형법 제264조에
서 말하는 '상습'이란 위 규정에 열거된 상해 내지 폭행행위의 습벽을 말하는 것이므로, 위 규정에 열거되지 아니한
다른 유형의 범죄까지 고려하여 상습성의 유무를 결정하여서는 아니 된다(대판 2018.4.24. 2017도21663).

> 원심이 상습폭행죄의 상습성을 판단함에 있어 피고인의 재물손괴나 주거침입 전과까지 종합하여 판단하는
> 것에 위법이 없다는 취지로 이유 설시한 부분은 부적절하나, 기록에 의하여 알 수 있는 피고인의 범행전력,
> 범행수법, 범행횟수 등에 비추어 상습폭행죄의 상습성을 인정한 제1심판결을 그대로 유지한 원심의 결론은
> 정당하다(대판 2018.4.24. 2017도21663).

[❸ ▶ ○] 대판 2017.6.29. 2017도3196
[❹ ▶ ○] 대판 2010.5.27. 2010도2680

상해와 폭행에 관한 설명 중 옳지 않은 것은?(다툼이 있으면 판례에 의함) 　13　사시

① 피고인이 피해자의 젖가슴을 꽉 움켜잡음으로써 피해자에게 젖가슴에 약 10일간의 치료를 요하는 좌상을 입혀서 심한 압통과 약간의 종창이 생긴 피해자가 그 치료를 위해 병원에서 주사를 맞고 3일간 투약을 했다면 이는 강제추행치상죄에 있어서의 상해에 해당한다.

② 상해죄의 동시범 규정은 가해행위를 한 것 자체가 분명하지 않은 사람에게도 적용된다.

③ 폭력행위 등 처벌에 관한 법률 위반(집단·흉기 등 폭행)죄의 '위험한 물건을 휴대하여'라 함은 피고인이 폭행을 가할 당시에 범행에 사용할 의도로 위험한 물건을 소지하면 족하고 피해자가 그 사실을 인식해야 하는 것은 아니다.

④ 1~2개월간 입원할 정도로 다리가 부러진 상해 또는 칼에 찔려 입게 된 약 3주간의 치료를 요하는 우측흉부자상은 중상해에 해당하지 않는다.

⑤ 상해를 입힌 행위가 동일한 일시, 장소에서 동일한 목적으로 저질러진 것이라 하더라도 피해자를 달리하고 있다면 피해자별로 각각 별개의 상해죄가 성립한다.

**정선
핵심**

① 젖가슴을 꽉 움켜잡음으로써 약 10일간의 치료를 요하는 좌상을 입힌 경우 → 강제추행치상죄에의 상해 ○
② 가해행위를 한 것 자체가 분명하지 않은 경우 → 동시범의 특례적용 ×
③ 위험한 물건을 휴대하여
　⋯› 범행현장에서 사용하려는 의도로 흉기·위험한 물건을 소지하거나 몸에 지니는 경우
　⋯› 그 사실을 피해자가 인식하거나 실제로 범행에 사용하였을 것 불요
④ 중상해인지의 여부
　⋯› 1~2개월간 입원할 정도로 다리가 부러진 상해 : ×
　⋯› 칼에 찔려 입게 된 약 3주간의 치료를 요하는 우측흉부자상 : ×
⑤ 상해를 입힌 행위가 피해자를 달리하는 경우 → 상해죄의 실체적 경합 ○

**정선
해설**

[❶ ▸ ○] 대판 2000.2.11. 99도4794

> **비교판례** 　대판 1994.11.4. 94도1311
> 피해자를 강간하려다가 미수에 그치고 그 과정에서 피해자에게 경부 및 전흉부 피하출혈, 통증으로 약 7일간의 가료를 요하는 상처가 발생하였으나 그로 인하여 신체의 완전성이 손상되고 생활기능에 장애가 왔다거나 건강상태가 불량하게 변경되었다고 보기는 어려우므로 강간치상죄의 상해에 해당하지 않는다.

[❷ ▸ ×] 상해죄에 있어서의 동시범은 두 사람 이상이 가해행위를 하여 상해의 결과를 가져올 경우에 그 상해가 어느 사람의 가해행위로 인한 것인지가 분명치 않다면 가해자 모두를 공동정범으로 본다는 것이므로 가해행위를 한 것 자체가 분명치 않은 사람에 대하여는 동시범으로 다스릴 수 없다(대판 1984.5.15. 84도488).

[❸ ▸ ○] 대판 2007.3.30. 2007도914

[❹ ▸ ○] 1~2개월간 입원할 정도로 다리가 부러진 상해 또는 3주간의 치료를 요하는 우측흉부자상은 중상해에 해당하지 않는다(대판 2005.12.9. 2005도7527).

[❺ ▸ ○] 대판 1983.4.26. 83도524

답 ❷

상해와 폭행의 죄에 대한 설명 중 가장 적절한 것은?(다툼이 있는 경우 판례에 의함)

① 형법의 폭행죄, ~~존속폭행죄~~, 특수폭행죄는 모두 미수범 처벌규정이 없으며, 피해자의 명시한 의사에 반하여 공소를 제기할 수 없다.

② 甲과 乙이 독립하여 A를 살해하고자 총을 쏘아 탄환 하나가 A의 다리에 적중하여 A가 상해를 입었는데, 甲과 乙중 누구의 탄환인지 밝혀지지 않은 경우 甲과 乙에게 형법 제263조의 동시범이 성립하지 않는다.

③ 甲은 A와 어머니 B 사이에서 태어난 친생자로 호적부상 등재되어 있으나 사실은 A가 수년간 집을 떠나 있는 사이에 B가 C와 정교관계를 맺어 甲을 출산한 경우 甲이 A에게 상해를 가하면 甲에게 존속상해죄가 성립한다.

④ 甲이 "방문을 열어주지 않으면 죽여 버린다"고 방안에 있는 A에게 폭언을 하면서 잠긴 방문을 발로 차는 경우 폭행죄가 성립한다.

**정선
핵심**

① 폭행죄, 존속폭행죄, 특수폭행죄 → 미수범 처벌규정 ×(폭행죄, 존속폭행죄 : 반의사불벌죄 ○)
② 甲과 乙이 독립하여 A를 살해하고자 총을 쏘아 상해를 입힌 경우 → 살인미수죄 ○
③ 친생자로 등재되어 있으나 친자 아닌 甲이 A에게 상해를 가한 경우 → 존속상해죄 ×
④ 방문을 열어주지 않으면 죽여 버린다고 하며 방문을 발로 차는 경우 → 폭행죄 ×

**정선
해설**

[❶▸×] 형법의 폭행죄(형법 제260조 제1항), 존속폭행죄(형법 제260조 제2항), 특수폭행죄(형법 제261조)는 모두 미수범 처벌규정이 없다. 한편 폭행죄와 존속폭행죄는 반의사불벌죄이지만 특수폭행죄는 그러하지 아니하다.

[❷▸○] 형법 제263조의 동시범의 특례는 상해와 폭행의 죄의 경우에만 적용된다. 따라서 甲과 乙이 독립하여 A를 살해하고자 하여 A가 상해를 입은 경우, 형법 제19조에 의하여 살인미수죄가 성립한다.

[❸▸×] 판례의 취지를 고려하면, 甲과 A 사이에는 친자관계가 없으므로 甲이 A에게 상해를 가한 경우 甲에게 상해죄가 성립한다.

> 피고인은 호적부상 피해자와 모 사이에 태어난 친생자로 등재되어 있으나 피해자가 집을 떠난 사이 모가 타인과 정교관계를 맺어 피고인을 출산하였다면 피고인과 피해자 사이에는 친자관계가 없으므로 존속상해죄는 성립될 수 없다(대판 1983.6.28. 83도996).

[❹▸×] 공소외인이 피고인을 만나주지 않는다는 이유로 시정된 탁구장문과 주방문을 부수고 주방으로 들어가 방문을 열어주지 않으면 모두 죽여 버린다고 폭언하면서 시정된 방문을 수회 발로 찬 피고인의 행위는 재물손괴죄 또는 숙소안의 자에게 해악을 고지하여 외포케 하는 단순 협박죄에 해당함은 별론으로 하고, 단순히 방문을 발로 몇 번 찼다고 하여 그것이 피해자들의 신체에 대한 유형력의 행사로는 볼 수 없어 폭행죄에 해당한다 할 수 없다(대판 1984.2.14. 83도3186).

답 ❷

다음 설명 중 가장 옳지 않은 것은?

① 위험한 물건을 '휴대하여'라는 말은 소지뿐만 아니라 널리 이용한다는 뜻도 포함한다.

② 피고인이 폭력행위 당시 위험한 물건인 과도를 호주머니 속에 지니고 있었던 이상 피해자가 과도의 존재를 인식하지 못하였더라도 위험한 물건을 휴대한 경우에 해당한다.

③ 피고인이 청산염 2그램을 협박편지에 동봉 우송하여 피해자에게 도달케 하였다는 것만으로는 위험한 물건의 휴대라고 할 수 없다.

④ 甲, 乙, 丙이 흉기를 휴대하여 타인의 건조물에 침입하기로 공모한 다음, 甲, 乙은 건물로부터 30 내지 50미터 떨어진 차량에서 흉기를 보관한 채 망을 보고, 丙은 흉기를 소지하지 아니하고 건조물에 침입한 경우, 甲, 乙, 丙에 대하여 흉기 기타 위험한 물건을 휴대하여 타인의 주거 등에 침입함으로서 성립하는 폭력행위 등 처벌에 관한 법률 제3조 제1항 소정의 특수주거침입 죄가 성립한다.

정선 핵심

① · ② 위험한 물건을 휴대하여
  → 소지뿐만 아니라 널리 이용한다는 뜻 포함
  → 피해자가 과도의 존재를 인식하지 못하였더라도 휴대에 해당
③ 청산염 2그램을 피해자에게 도달케 한 행위 → 위험한 물건의 휴대 ✕
④ 건조물에 침입하기로 공모한 후 丙이 흉기 없이 건조물에 침입한 경우 → 폭처법상 특수주거침입죄 ✕

정선 해설

[❶ ▸ ○] 대판 1997.5.30. 97도597

[❷ ▸ ○] 피고인이 이 사건 폭력행위당시 판시 과도를 범행현장에서 호주머니 속에 지니고 있었던 이상 이는 위험한 물건을 휴대한 경우로서 폭력행위 등 처벌에 관한 법률 제3조 제1항 소정의 죄에 해당한다(대판 1984.4.10. 84도353).

[❸ ▸ ○] 대판 1985.10.8. 85도1851

[❹ ▸ ✕] 판례의 취지를 고려하면, 丙은 흉기를 소지하지 아니하고 건조물에 침입하였으므로 구 폭처법상 특수주거침입죄는 성립하지 아니한다. 한편 구 폭처법상 특수주거침입죄 가중처벌규정(폭처법 제3조 제1항)은 2016.1.6. 삭제되어 지문의 경우 형법상 특수주거침입죄의 성부가 문제되나 丙은 흉기를 소지하지 아니하였으므로 형법상 특수주거침입죄가 아닌 주거침입죄의 공동정범이 성립할 것으로 보인다.

> 수인이 흉기를 휴대하여 타인의 건조물에 침입하기로 공모한 후 그중 일부는 밖에서 망을 보고 나머지 일부만이 건조물 안으로 들어갔을 경우에 있어서 특수주거침입죄의 구성요건이 충족되었다고 볼 수 있는지의 여부는 직접 건조물에 들어간 범인을 기준으로 하여 그 범인이 흉기를 휴대하였다고 볼 수 있느냐의 여부에 따라 결정되어야 한다(대판 1994.10.11. 94도1991).

답 ❹

다음 중 甲의 행위가 '위험한 물건을 휴대'한 경우라고 볼 수 있는 것은 모두 몇 개인가?(다툼이 있는 경우 판례에 의함)

20 해경채용

> ㄱ. 甲이 이혼 분쟁 과정에서 자신의 아들을 승낙 없이 자동차에 대우고 떠나려고 하는 피해자들을 상대로 급하게 추격 또는 제지하던 중 소형승용차로 중형승용차를 충격한 경우
> ㄴ. 국회의원 甲이 국회 본회의 심리를 막기 위하여 의장석 앞 발언대 뒤에서 최루탄 1개를 터뜨리고 최루탄 몸체에 남아있는 최루분말을 국회부의장에게 뿌린 경우
> ㄷ. 甲이 경륜장 사무실에서 술에 취해 소란을 피우면서 소화기를 집어던졌지만 특정인을 겨냥하여 던진 것이 아닌 경우
> ㄹ. 甲이 피해자가 거짓말을 하였다는 이유로 당구큐대로 피해자의 머리 부위를 3~4회 가볍게 톡톡 때리고 배 부위를 1회 밀어 폭행한 경우

① 0개   ② 1개
③ 2개   ④ 3개

정선 핵심

위험한 물건을 휴대한 경우인지의 여부
ㄱ. 중형승용차를 충격한 소형승용차 → ×
ㄴ. 최루탄과 최루분말 → ○
ㄷ. 특정인을 겨냥하여 던진 것이 아닌 소화기 → ×
ㄹ. 머리 부위를 톡톡 때리는데 사용된 당구큐대 → ×

정선 해설

[ㄱ ▸ ×] 피고인이 이혼 분쟁 과정에서 자신의 아들을 승낙 없이 자동차에 태우고 떠나려고 하는 피해자들 일행을 상대로 급하게 추격 또는 제지하는 과정에서 이 사건 자동차를 사용하게 되었고, 이 사건 범행은 소형승용차(라노스)로 중형승용차(쏘나타)를 충격한 것 등의 여러 사정을 종합하면, 피고인의 이 사건 자동차 운행으로 인하여 사회통념상 상대방이나 제3자가 생명 또는 신체에 위험을 느꼈다고 보기 어려우므로 피고인에 대한 폭력행위 등 처벌에 관한 법률 제3조 제1항 위반죄가 성립하지 아니한다(대판 2009.3.26. 2007도3520).

[ㄴ ▸ ○] 대판 2014.6.12. 2014도1894

[ㄷ ▸ ×] 경륜장 사무실에서 술에 취해 소란을 피우면서 '소화기'를 집어던졌지만 특정인을 겨냥하여 던진 것이 아닌 점 등을 고려하면 위 '소화기'는 폭력행위 등 처벌에 관한 법률 제3조 제1항의 '위험한 물건'에 해당하지 않는다(대판 2010.4.29. 2010도930).

[ㄹ ▸ ×] 피해자가 거짓말을 하였다는 이유로 위 당구큐대로 피해자의 머리 부위를 3~4회 가볍게 톡톡 때리고 배 부위를 1회 밀어 폭행한 것이고, 그로 인하여 피해자에게 어떠한 상해가 발생하였다는 흔적도 없으므로, 위 당구큐대는 폭력행위 등 처벌에 관한 법률 제3조 제1항 소정의 위험한 물건에 해당하지 않는다(대판 2004.5.14. 2004도176).

답 ❷

021
□□□

폭력행위 등 처벌에 관한 법률 제3조 제1항(집단·흉기등)의 '행위자가 흉기 기타 위험한 물건을 휴대'한 경우라고 인정될 수 있는 사례를 모두 고른 것은?(다툼이 있는 경우에는 판례에 의함)

13 변시

> ㄱ. 甲은 주먹으로 A의 얼굴 부위를 1회 때려 그로 인하여 상해가 발생하였고, 당구대 위에 놓여 있던 당구공으로 A의 머리를 툭툭 건드렸고 그로 인하여 상해가 발생하지는 아니하였다.
> ㄴ. 甲은 자신의 승용차 트렁크에서 공기총을 꺼내어 A를 향해 들이대고 협박하였다. 공기총에는 실탄이 장전되지 아니한 상태였으나, 승용차 트렁크에는 공기총 실탄이 보관되어 있었다.
> ㄷ. 甲은 A가 식칼을 들고 나와 자신을 찌르려고 하자 이를 저지하기 위하여 그 칼을 뺏은 다음 A를 훈계하면서 칼의 칼자루 부분으로 A의 머리를 가볍게 쳤다.
> ㄹ. 甲은 A가 견인료 납부를 요구하면서 자신의 승용차 앞을 가로막고 서 있자 A의 다리 부분을 위 승용차 앞범퍼로 들이받고 약 1m 정도 진행하였고, 이로 인하여 A는 땅바닥으로 넘어졌다.
> ㅁ. 甲은 A 등과 이혼에 관한 사항을 협의하던 도중 A 등과 가벼운 실랑이를 하게 되었다. 이 과정에서 甲의 승낙 없이 A의 아버지인 B가 甲의 아들을 자신의 중형승용차에 태운 후 시동을 걸고 출발하려고 하였다. 甲은 이를 제지하기 위하여 급히 자신의 소형승용차를 출발시켜 B가 운전하던 승용차를 저속으로 가볍게 충격하였다. 이로 인하여 B는 특별한 치료를 요하지 않는 가벼운 상해를 입었으며, 甲의 차량과 B의 차량도 경미한 손상을 입게 되었다.

① ㄱ, ㄴ
② ㄱ, ㄹ
③ ㄴ, ㄷ
④ ㄴ, ㄹ
⑤ ㄹ, ㅁ

정선 핵심

위험한 물건을 휴대한 경우인지의 여부
ㄱ. 머리 부위를 툭툭 때리는데 사용된 당구공 → ×
ㄴ. 공기총 → ○
ㄷ. 훈계하면서 머리를 가볍게 치는데 사용된 식칼 → ×
ㄹ. 승용차 앞범퍼 → ○
ㅁ. 중형승용차를 충격한 소형승용차 → ×

정선 해설

[ㄱ ▸ ×] 피고인이 피해자의 얼굴을 주먹으로 가격하여 생긴 상처가 주된 상처로 보이고, 당구공으로는 피고인이 피해자의 머리를 툭툭 건드린 정도에 불과한 것으로 보여 피해자의 머리를 때린 행위로 인하여 사회통념상 피해자나 제3자에게 생명 또는 신체에 위험을 느끼게 하였으리라고 보여지지 아니하므로 위 당구공은 폭력행위 등 처벌에 관한 법률 제3조 제1항의 '위험한 물건'에는 해당하지 아니한다(대판 2008.1.17. 2007도9624).

[ㄴ ▸ ○] 대판 2002.11.26. 2002도4586

[ㄷ ▸ ×] 피해자가 먼저 식칼을 들고 나와 피고인을 찌르려다가 피고인이 이를 저지하기 위하여 그 칼을 뺏은 다음 피해자를 훈계하면서 위 칼의 칼자루 부분으로 피해자의 머리를 가볍게 쳤을 뿐이라면 피해자가 위험성을 느꼈으리라고는 할 수 없다(대판 1989.12.22. 89도1570).

> **비교판례** | **대판 1981.7.28. 81도1046**
>
> 쇠파이프(길이 2미터, 직경 5센티미터)로 머리를 구타당하면서 이에 대항하여 그곳에 있던 각목(길이 1미터, 직경 5센티미터)으로 상대방의 허리를 구타한 경우에는 위 각목은 위 법조 소정의 위험한 물건이라고 할 수 없다.

[ㄹ ▸ ○] 견인료납부를 요구하는 교통관리직원을 승용차 앞범퍼 부분으로 들이받아 폭행한 경우, 승용차는 폭력행위 등 처벌에 관한 법률 제3조 제1항 소정의 '위험한 물건'에 해당한다(대판 1997.5.30. 97도597).

[ㅁ ▸ ×] 피고인이 이혼 분쟁 과정에서 자신의 아들을 승낙 없이 자동차에 태우고 떠나려고 하는 피해자들 일행을 상대로 급하게 추격 또는 제지하는 과정에서 이 사건 자동차를 사용하게 되었고, 이 사건 범행은 소형승용차(라노스)로 중형승용차(쏘나타)를 충격한 것 등이 여러 사적을 종합하면, 피고인의 이 사건 자동차 운행으로 인하여 사회통념상 상대방이나 제3자가 생명 또는 신체에 위험을 느꼈다고 보기 어려우므로 피고인에 내린 폭력행위 등 처벌에 관한 법률 제3조 제1항 위반죄가 성립하지 아니한다(대판 2009.3.26. 2007도3520).

답 ❹

022

□□□

상해와 폭행의 죄에 대한 설명으로 가장 적절하지 않은 것은?(다툼이 있는 경우 판례에 의함)

21 경찰채용

① 태아를 사망에 이르게 하는 행위가 곧바로 임산부에 대한 상해죄를 구성하는 것은 아니다.

② 甲이 길이 140cm, 지름 4cm의 대나무로 A의 머리를 여러 차례 때려 그 대나무가 부러지고, A의 두피에 표재성 손상을 입혀 사건 당일 병원에서 봉합술을 받은 경우, 甲이 사용한 대나무는 특수상해죄에서의 '위험한 물건'에 해당한다.

③ 상해에 관한 동시범 규정은 가해행위를 한 것 자체가 분명하지 않은 사람에게도 적용되므로 상해에 대한 인과관계를 개별적으로 판단할 필요는 없다.

④ 어떤 물건이 구 폭력행위 등 처벌에 관한 법률 제3조 제1항에 정한 '위험한 물건'에 해당하는지 여부는 구체적인 사안에서 사회통념에 비추어 그 물건을 사용하면 상대방이나 제3자가 생명 또는 신체에 위험을 느낄 수 있는지 여부에 따라 판단하여야 한다.

정선 핵심

① 낙태로 태아를 사망에 이르게 하는 경우 → 임산부에 대한 상해 ×
② 대나무로 머리를 때려 봉합술을 받게 한 경우 → 위험한 물건 ○
③ 가해행위를 한 것 자체가 분명하지 않은 경우 → 동시범의 특례적용 ×
④ 위험한 물건인지의 여부
　⋯ 그 물건을 사용하면 상대방이나 제3자가 생명·신체에 위험을 느낄 수 있는지 여부로 판단

정선 해설

[❶ ▸ ○] 대판 2007.6.29. 2005도3832

[❷ ▸ ○] 대판 2017.12.28. 2015도5854

[❸ ▸ ×] 상해죄에 있어서의 동시범은 두 사람 이상이 가해행위를 하여 상해의 결과를 가져올 경우에 그 상해가 어느 사람의 가해행위로 인한 것인지가 분명치 않다면 가해자 모두를 공동정범으로 본다는 것이므로 가해행위를 한 것 자체가 분명치 않은 사람에 대하여는 동시범으로 다스릴 수 없다(대판 1984.5.15. 84도488).

[❹ ▸ ○] 어떤 물건이 폭력행위 등 처벌에 관한 법률 제3조 제1항에 정한 '위험한 물건'에 해당하는지 여부는 구체적인 사안에서 사회통념에 비추어 그 물건을 사용하면 상대방이나 제3자가 생명 또는 신체에 위험을 느낄 수 있는지 여부에 따라 판단하여야 한다(대판 2010.4.29. 2010도930).

> 경륜장 사무실에서 술에 취해 소란을 피우면서 '소화기'를 집어던졌지만 특정인을 겨냥하여 던진 것이 아닌 점 등을 종합하여, 위 '소화기'는 폭력행위 등 처벌에 관한 법률 제3조 제1항의 '위험한 물건'에 해당하지 않는다고 한 사례(대판 2010.4.29. 2010도930).

답 ❸

정선지문OX

01 피해자가 소형승용차 안에서 강간범행을 모면하려고 저항하는 과정에서 피고인과의 물리적 충돌로 인하여 입은 우측 슬관절 부위찰과상 등이 강간치상죄의 상해에 해당한다. `15` 경찰승진 ○|×

02 특수폭행죄에서 다중의 위력을 보인다는 것은 위력을 상대방에게 인식시키는 것을 말하고 상대방의 의사가 현실적으로 제압될 것을 요하지 않으며 상대방의 의사를 제압할 만한 세력을 인식시킬 정도에 이르지 않아도 족하다. `20` 경찰채용 ○|×

03 공사현장 출입구 앞 도로 한복판을 점거하고 공사차량의 출입을 방해하던 甲의 팔과 다리를 잡고 도로 밖으로 옮기려고 한 경찰관의 적법한 공무집행에 대해, 甲이 경찰관의 팔을 물어뜯어 상해를 입힌 경우 甲에게는 공무집행방해치상죄가 성립한다. `17` 경찰간부 ○|×

04 상해죄와 폭행죄는 피해자의 명시한 의사에 반하여 공소를 제기할 수 없다. `17` 경찰채용 ○|×

05 속칭 '생일빵'을 한다는 명목으로 甲이 A를 폭행하였다면 폭행죄에 해당하나, '생일빵'은 사회상규에 위배되지 아니하는 정당행위에 해당하므로, 폭행죄에 대한 위법성이 조각된다. `18` 경찰승진 ○|×

---

01 대판 2005.5.26. 2005도1039

02 상대방의 의사를 제압할 만한 세력을 인식시킬 정도는 되어야 한다(대판 2006.2.10. 2005도174).

03 피고인에 대한 공무집행방해 및 상해의 공소사실을 모두 유죄로 인정한 원심의 판단은 정당하다(대판 2013.9.26. 2013도643).

04 폭행죄와는 달리 상해죄는 반의사불벌죄가 아니다.

05 사회상규에 위배되지 아니하는 정당행위에 해당하지 않는다(대판 2010. 5.27 2010도2680).

정답

01 ○ **02** × **03** × **04** ×
05 ×

제3관 | 낙태의 죄

023
□□□

살인죄나 낙태죄에 관련된 설명으로 옳지 않은 것은 몇 개인가?(다툼이 있는 경우 판례에 의함)

14 법원9급

ㄱ. 사람의 생명과 신체의 안전을 보호법익으로 하고 있는 형법의 해석으로는 규칙적인 진통을 동반하면서 분만이 개시된 때(소위 진통설 또는 분만개시설)가 사람의 시기라고 봄이 타당하다.
ㄴ. 제왕절개 수술의 경우에는 '의학적으로 제왕절개 수술이 가능하였고 규범적으로 수술이 필요하였던 시기'를 분만의 시기로 보아야 한다.
ㄷ. 태아를 사망에 이르게 하는 행위는 태아의 사망으로 인하여 그 태아를 양육, 출산하는 임산부의 생리적 기능이 침해되어 임산부에 대한 상해가 된다.
ㄹ. 낙태시술을 하였으나 살아서 출생한 미숙아가 정상적으로 생존할 확률이 적은 경우, 그 미숙아에게 염화칼륨을 주입하여 사망에 이르게 하였다면 이는 낙태행위의 완성일 뿐 별개의 살인행위를 구성하지 않는다.
ㅁ. 소위 타격의 착오가 있는 경우라 할지라도 행위자의 살인의 고의 성립에 방해가 되지 아니한다.

① 1개   ② 2개
③ 3개   ④ 4개

**정선
핵심**

ㄱ·ㄴ. 사람의 시기
 → 진통설(분만개시설) : 통설·판례
 → 제왕절개수술 : 이 경우에도 같은 법리 적용
ㄷ. 낙태로 태아를 사망에 이르게 하는 경우 → 임산부에 대한 상해 ✕
ㄹ. 미숙아에게 염화칼륨을 주입하여 사망에 이르게 한 경우 → 업무상 촉탁낙태죄와 살인죄의 실체적 경합 ○
ㅁ. 타격(방법)의 착오 → 판례는 발생한 결과에 대한 기수책임 ○

**정선
해설**

[ㄱ ▸ ○] [ㄴ ▸ ✕] [1] 사람의 생명과 신체의 안전을 보호법익으로 하고 있는 형법의 해석으로는 규칙적인 진통을 동반하면서 분만이 개시된 때(소위 진통설 또는 분만개시설)가 사람의 시기라고 봄이 타당하다.❶
[2] 제왕절개 수술의 경우 '의학적으로 제왕절개 수술이 가능하였고 규범적으로 수술이 필요하였던 시기'는 판단하는 사람 및 상황에 따라 다를 수 있어, 분만개시 시점 즉, 사람의 시기도 불명확하게 되므로 이 시점을 분만의 시기로 볼 수는 없다❶(대판 2007.6.29. 2005도3832).
[ㄷ ▸ ✕] 태아를 사망에 이르게 하는 행위가 임산부 신체의 일부를 훼손하는 것이라거나 태아의 사망으로 인하여 그 태아를 양육, 출산하는 임산부의 생리적 기능이 침해되어 임산부에 대한 상해가 된다고 볼 수는 없다(대판 2007.6.29. 2005도3832).
[ㄹ ▸ ✕] 염화칼륨 주입행위를 낙태를 완성하기 위한 행위에 불과한 것으로 볼 수 없고, 살아서 출생한 미숙아가 정상적으로 생존할 확률이 적다고 하더라도 그 상태에 대한 확인이나 최소한의 의료행위도 없이 적극적으로 염화칼륨을 주입하여 미숙아를 사망에 이르게 하였다면 피고인에게는 미숙아를 살해하려는 범의가 인정된다(대판 2005.4.15. 2003도2780).

> 지문의 경우 종전 대법원판례는 업무상 촉탁낙태죄와 살인죄의 실체적 경합을 인정하였으나, 헌법재판소가 자기낙태죄(형법 제269조 제1항)와 의사낙태죄(형법 제270조 제1항)조항에 대해 헌법불합치결정을 하여 입법자가 개정시한을 넘긴 2021.1.1.부터 동 조항이 그 효력을 상실하였으므로 현재는 살인죄만 성립할 것이다.

[ㅁ ▸ ○] 대판 1984.1.24. 83도2813

답 ❸

01 헌법재판소는 임신한 여성의 자기낙태를 처벌하는 형법 제269조 제1항
(자기낙태죄 조항)과 의사가 임신한 여성의 촉탁 또는 승낙을 받아
낙태하게 한 경우를 처벌하는 같은 법 제270조 제1항 중 '의사'에 관한
부분(의사낙태죄 조항)이 각각 임신한 여성의 자기결정권을 침해하는
지 여부와 관련하여 헌법에 합치되지 아니한다고 선언하되, 2020.12.31.
을 시한으로 입법자가 개선입법을 할 때까지 계속적용을 명하였다.

`21` 경찰승진
O I X

01 헌재 2019.4.11. 2017헌바127

정답

01 ○

024
□□□

다음 중 유기의 죄에 대한 설명으로 가장 옳은 것은?(다툼이 있는 경우 판례에 의함)

20 해경채용

① 甲은 호텔에 함께 투숙한 애인 A녀에게 성관계를 요구하였고 A녀는 그 순간을 모면하기 위하여 甲이 전혀 모르는 사이에 7층에서 뛰어내려 중상을 입고 생명이 위독하게 되었는데 그 사실을 전혀 모르는 甲이 빈사상태의 A녀를 방치하고 혼자서 호텔에서 나온 경우 중유기죄가 성립한다.

② 형법 제271조 제1항의 죄(단순유기죄)를 범하여 사람의 생명·신체에 대한 위험을 발생하게 한 때에는 중유기죄로서 가중처벌된다.

③ 유기죄의 보호의무는 법률이나 계약에 제한되지 않고 사무관리·관습·조리에 의해서도 인정된다는 점에서 형법총칙상 부작위범의 보증인의무의 범위보다 더 넓다.

④ 형법 제271조 제1항에서 말하는 법률상 보호할 의무 가운데는 민법 제826조 제1항에 근거한 부부간의 부양의무도 포함되며, 나아가 법률상 부부는 아니지만 사실혼 관계에 있는 경우에도 법률상 보호할 의무의 존재를 긍정하여야 한다.

**정선
핵심**

① 호텔에서 뛰어내려 빈사상태에 빠진 애인을 방치하고 호텔에서 나온 경우 → 중유기죄 ✕
② 유기죄를 범하여 사람의 생명·신체에 대하여 위험을 발생하게 한 경우 → 중유기죄 ✕
③ 부진정부작위범에서의 작위의무 → 유기죄에서의 보호의무보다 범위가 넓음
④ 유기죄의 구성요건
  → 법률상 보호할 의무
    • 부부간의 부양의무도 포함
    • 혼인의 의사와 혼인생활의 실체가 있는 사실혼 관계도 인정

**정선
해설**

[❶ ▸ ✕] 판례의 취지를 고려하면, 甲에게는 보호책임의 발행원인이 된 사실을 인식하고 부조의무를 해태한다는 의식이 없으므로 중유기죄는 성립하지 아니한다고 판단된다.

> 피고인이 성류파크호텔 7층 1713호실에서 피해자에게 성관계를 요구하다가 같은 피해자가 그 순간을 모면하기 위하여 7층 창문으로 뛰어내린 것을 피고인이 전혀 알지 못하였다면 피고인의 범의를 인정할 수 없음은 더 말할 필요도 없을 것이다(대판 1988.8.9. 86도225).

[❷ ▸ ✕] 형법 제271조 제3항·제4항 참조

법령 | 중유기(형법 제271조) ③ 제1항의 죄를 지어 사람의 생명에 위험을 발생하게 한 경우에는 7년 이하의 징역에 처한다.
④ 제2항의 죄를 지어 사람의 생명에 위험을 발생하게 한 경우에는 2년 이상의 유기징역에 처한다.

[❸ ▸ ✕] 유기죄에서의 보호의무는 법률 또는 계약을 근거로 하여서만 발생(대판 1977.1.11. 76도3419)하나 부진정부작위범에서의 작위의무는 법령, 법률행위, 선행행위로 인한 경우는 물론이고 기타 신의성실의 원칙이나 사회상규 혹은 조리상 작위의무가 기대되는 경우에도 인정되므로(대판 1996.9.6. 95도2551), 전자가 후자보다 발생근거의 범위가 좁다.

[❹ ▸ ○] 대판 2008.2.14. 2007도3952

답 ❹

025

□□□

유기죄에 대한 설명으로 옳지 않은 것은?(다툼이 있는 경우 판례에 의함) `20` 경찰간부

① 유기죄에서의 '계약상 보호할 의무'는 반드시 계약에 기한 주된 급부의무에 한정되지 아니하며, 계약 상대방의 신체 또는 생명에 대한 주의와 배려라는 부수적 의무의 한 내용으로 상대방을 부조하여야 하는 경우를 배제하는 것은 아니다.

② 강간치상의 범행을 저지른 자가 그 범행으로 인하여 실신상태에 있는 피해자를 구호하지 아니하고 방치한 경우, 강간치상죄만 성립하고 유기죄는 성립하지 아니한다.

③ 유기죄의 법률상 보호할 의무 가운데는 민법상 부부간의 부양의무도 포함되며, 법률상 부부는 아니지만 사실혼 관계에 있는 경우에도 당사자 사이에 주관적 혼인의사와 객관적 혼인생활의 실체가 존재한다면 보호의무가 인정될 수 있다.

④ 유기죄를 범하여 사람의 생명 또는 신체에 대하여 위험을 발생하게 한 때에는 중유기죄로 가중처벌된다.

**정선
핵심**

①·③ 유기죄의 구성요건
　→ 계약상 보호할 의무 : 주된 급부의무 뿐만 아니라 부수적 의무 포함
　→ 법률상 보호할 의무 : 혼인의 의사와 혼인생활의 실체가 있는 사실혼 관계에서도 인정
② 강간치상죄의 범인이 피해자를 구호하지 아니하고 방치한 경우 → 강간치상죄 ○
④ 유기죄를 범하여 사람의 생명·신체에 대하여 위험을 발생하게 한 경우 → 중유기죄 ✕

**정선
해설**

[❶ ▸ ○]　유기죄에 관한 형법 제271조 제1항의 '계약상 보호할 의무'는 간호사나 보모와 같이 계약에 기한 주된 급부의무가 부조를 제공하는 것인 경우에 반드시 한정되지 아니하며, 계약의 해석상 계약관계의 목적이 달성될 수 있도록 상대방의 신체 또는 생명에 대하여 주의와 배려를 한다는 부수적 의무의 한 내용으로 상대방을 부조하여야 하는 경우를 배제하는 것은 아니라고 할 것이다(대판 2011.11.24. 2011도12302).

[❷ ▸ ○]　대판 1980.6.24. 80도726

[❸ ▸ ○]　대판 2008.2.14. 2007도3952

[❹ ▸ ✕]　형법 제271조 제3항·제4항 참조

법령　**중유기(형법 제271조)**　③ 제1항의 죄를 지어 사람의 생명에 위험을 발생하게 한 경우에는 7년 이하의 징역에 처한다.
④ 제2항의 죄를 지어 사람의 생명에 위험을 발생하게 한 경우에는 2년 이상의 유기징역에 처한다.

답 ❹

유기의 죄에 대한 설명으로 옳지 않은 것은?(다툼이 있는 경우 판례에 의함) 20 국가9급

① 사실혼 관계에 있는 사람들 사이에서 유기죄가 성립하기 위해서는 단순한 동거 또는 간헐적인 정교관계를 맺고 있다는 사정만으로는 부족하고, 그 당사자 사이에 혼인 의사가 있고 사회관념 상 혼인생활의 실체가 존재하여야 한다.

② 수혈이 최선의 치료방법이라는 의사의 권유에도 불구하고 어머니가 종교적 신념을 이유로 사망의 위험이 예견되는 딸에 대한 수혈을 거부함으로써 딸을 사망에 이르게 한 경우 유기치사 죄가 성립한다.

③ 유기죄가 성립하기 위해서는 행위자가 요부조자에 대한 보호책임의 발생원인이 된 사실이 존재한다는 것을 인식하고 이에 기한 부조의무를 해태한다는 의식이 있음을 요한다.

④ 자신의 주점에 손님으로 와서 수일 동안 식사는 한 끼도 하지 않은 채 계속하여 술을 마시고 만취한 피해자를 방치하여 저체온증 등으로 사망에 이르게 한 경우 유기치사죄가 성립하지 않는다.

정선 핵심

① 유기죄의 구성요건
  ⟶ 법률상 보호할 의무 : 혼인의 의사와 혼인생활의 실체가 있는 사실혼 관계에서도 인정
② 딸에 대한 수혈을 거부함으로써 사망에 이르게 한 경우 → 유기치사죄 ○
③ 유기죄의 구성요건
  ⟶ 보호책임의 발생원인 사실의 존재를 인식하고 부조의무를 해태한다는 의식 필요
④ 자신의 주점에서 만취한 피해자를 방치하여 저체온증 등으로 사망에 이르게 한 경우 → 유기치사죄 ○

정선 해설

[❶ ▸ ○] 대판 2008.2.14. 2007도3952

[❷ ▸ ○] 생모가 사망의 위험이 예견되는 그 딸에 대하여는 수혈이 최선의 치료방법이라는 의사의 권유를 자신의 종교적 신념이나 후유증 발생의 염려만을 이유로 완강하게 거부하고 방해하였다면 이는 결과적으로 요부조자를 위험한 장소에 두고 떠난 경우나 다름이 없다고 할 것이고 그때 사리를 변식할 지능이 없다고 보아야 마땅한 11세 남짓의 환자본인 역시 수혈을 거부하였다고 하더라도 생모의 수혈거부 행위가 위법한 점에 영향을 미치는 것이 아니다(대판 1980.9.24. 79도1387).

[❸ ▸ ○] 대판 1988.8.9. 86도225

[❹ ▸ ×] 피고인은 주점의 운영자로서 피해자의 생명 또는 신체에 대한 위해가 발생하지 아니하도록 피해자를 주점 내실로 옮기거나 인근에 있는 여관에 데려다 주어 쉬게 하거나 피해자의 지인 또는 경찰에 연락하는 등 필요한 조치를 강구하여야 할 계약상의 부조의무를 부담한다고 판단되므로 유기치사죄가 인정된다(대판 2011.11.24. 2011도 12302).

답 ❹

유기와 학대의 죄에 관한 설명 중 가장 적절하지 않은 것은?(다툼이 있으면 판례에 의함)

① 유기죄는 행위자가 요부조자에 대한 보호책임의 발생원인이 된 사실이 존재한다는 것을 인식하고 이에 기한 부조의무를 해태한다는 의식이 있음을 요한다.

② 甲이 乙에게 강간치상의 범행을 저지르고 그 범행으로 인하여 실신상태에 있는 乙을 구호하지 않고 방치하였다고 하더라도 유기죄가 성립하지 않는다.

③ 유기죄의 보호의무는 법률이나 계약에 제한되지 않고 사무관리·관습·조리에 의해서도 가능하다는 것이 판례의 태도이다.

④ 술에 취한 甲과 乙이 우연히 같은 길을 가다가 개울에 떨어져 甲은 가까스로 귀가하고 乙은 머리를 다쳐 앓다가 추운 날씨에 심장마비로 사망한 경우 甲은 무죄이다.

정선 핵심

① 유기죄의 구성요건
  ⟶ 보호책임의 발생원인 사실의 존재를 인식하고 부조의무를 해태한다는 의식 필요

② 강간치상죄의 범인이 피해자인 乙을 방치한 경우 → 유기죄 ✕

③ 유기죄의 구성요건
  ⟶ 보호의무 : 법률이나 계약에 의한 외에 사무관리·관습·조리에 의하여 인정 ✕

④ 甲과 乙이 우연히 같은 길을 가다가 개울에 떨어져 甲은 가까스로 귀가하고 乙은 머리를 다쳐 앓다가 심장마비로 사망한 경우 → 유기죄 ✕

정선 해설

[❶ ▸ ○] 대판 1988.8.9. 86도225

[❷ ▸ ○] 대판 1980.6.24. 80도726

[❸ ▸ ✕] [❹ ▸ ○] 현행 형법은 유기죄에 있어서 구법과는 달리 보호법익의 범위를 넓힌 반면에 보호책임 없는 자의 유기죄는 없애고 법률상 또는 계약상 보호할 의무가 있는 자만을 유기죄의 주체로 규정하고 있어 <u>명문상 사회상규상의 보호책임을 관념할 수 없다</u>고 하겠으니 유기죄의 죄책을 인정하려면 보호책임이 있게 된 경위 사정관계 등을 설시하여 구성요건이 요구하는 법률상 또는 계약상 보호할 의무를 밝혀야 하고 설혹 동행자가 구조를 요하게 되었다 하여도 <u>일정거리를 동행한 사실만으로서는 피고인에게 법률상·계약상 보호할 의무가 있다고 할 수 없으니 유기죄의 주체가 될 수 없다</u>(대판 1977.1.11. 76도3419).

답 ❸

유기죄와 학대죄에 대한 설명으로 옳은 것만을 모두 고르면?(다툼이 있는 경우 판례에 의함)

> ㄱ. 유기죄에서 '계약상 보호할 의무'는 계약에 기한 주된 급부의무가 부조를 제공하는 것인 경우에 한정된다.
> ㄴ. 술에 만취된 피해자가 경찰지구대로 운반되어 의자 위에 눕혀졌을 때 숨을 가쁘게 쿨쿨 내뿜고 자신의 수족과 의사도 자제할 수 없는 상태에 있음에도 불구하고 경찰관이 3시간여 동안이나 아무런 구호조치를 취하지 아니한 경우 유기죄의 범의를 인정할 수 있다.
> ㄷ. 강간치상의 범행을 저지른 자가 그 범행으로 인하여 실신상태에 있는 피해자를 구호하지 아니하고 방치하였더라도 유기죄는 성립하지 않는다.
> ㄹ. 학대죄의 '학대'란 육체적으로 고통을 주거나 정신적으로 차별대우를 하는 행위를 가리키는 것으로, 단순히 상대방의 인격에 대한 반인륜적 침해만으로는 부족하지만 유기에 준할 정도에 이를 것은 요하지 않는다.

① ㄱ, ㄷ   ② ㄱ, ㄹ
③ ㄴ, ㄷ   ④ ㄴ, ㄹ

정선 핵심

ㄱ. 유기죄의 구성요건
  → 계약상 보호할 의무 : 주된 급부의무 뿐만 아니라 부수적 의무 포함
ㄴ. 경찰관이 술에 만취된 피해자에 대해 구호조치를 취하지 아니한 경우 → 유기죄 ○
ㄷ. 강간치상죄의 범인이 피해자를 방치한 경우 → 유기죄 ×
ㄹ. 학대 → 단순히 상대방의 인격에 대한 반인륜적 침해만으로는 부족하지만 유기에 준할 정도에 이를 것 필요

정선 해설

[ㄱ ▸ ×] 유기죄에 관한 형법 제271조 제1항의 '계약상 보호할 의무'는 간호사나 보모와 같이 계약에 기한 주된 급부의무가 부조를 제공하는 것인 경우에 반드시 한정되지 아니하며, 계약의 해석상 계약관계의 목적이 달성될 수 있도록 상대방의 신체 또는 생명에 대하여 주의와 배려를 한다는 부수적 의무의 한 내용으로 상대방을 부조하여야 하는 경우를 배제하는 것은 아니라고 할 것이다(대판 2011.11.24. 2011도12302).
[ㄴ ▸ ○] 대판 1972.6.27. 72도863
[ㄷ ▸ ○] 대판 1980.6.24. 80도726
[ㄹ ▸ ×] 형법 제273조 제1항에서 말하는 '학대'라 함은 육체적으로 고통을 주거나 정신적으로 차별대우를 하는 행위를 가리키고, 이러한 학대행위는 형법의 규정체제상 학대와 유기의 죄가 같은 장에 위치하고 있는 점 등에 비추어 단순히 상대방의 인격에 대한 반인륜적 침해만으로는 부족하고 적어도 유기에 준할 정도에 이르러야 한다(대판 2000.4.25. 2000도223).

 답 ❸

01 4년여 동안 동거하기도 하면서 내연관계를 맺어온 내연녀가 치사량의 필로폰을 복용하여 부조를 요하는 상태에 있었음에도 돌보지 않아 사망한 경우 동거남에게 유기치사죄가 성립한다. [19] 해경간부 ○ | ×

02 학대죄는 자기의 보호 또는 감독을 받는 사람에게 육체적으로 고통을 주거나 정신적으로 차별대우를 하는 행위가 있음과 동시에 범죄가 완성되는 상태범 또는 즉시범이다. [18] 경찰간부 ○ | ×

03 도움이 필요한 사람이 안전하게 구조된 것을 확인하고 돌아갔다고 해도 유기죄가 성립한다고 보는 입장은 유기죄를 추상적 위험범으로 보는 견해이다. [13] 경찰간부 ○ | ×

01 내연녀가 치사량의 필로폰을 복용하여 부조를 요하는 상태에 있었음을 인식하였다는 점을 인정할 증거가 부족하므로 유기치사죄는 성립되지 아니한다(대판 2008.2.14. 2007도3952).

02 대판 1986.7.8. 84도2922

03 유기죄를 추상적 위험범으로 이해하게 되면 도움이 필요한 사람의 생명·신체에 대한 추상적 위험이 발생한 때 유기죄는 기수에 이르게 되므로 피해자에 대한 제3자의 구조가능성을 별도로 고려하지 않는다.

정답

01 × **02** ○ **03** ○

제1장

제2장

제3장

안심Touch

029

다음 설명 중 옳은 것은?(다툼이 있는 경우 판례에 의함)   `21` `국가9급`

① 살인의 실행행위와 피해자의 사망과의 사이에 다른 사실이 개재된 경우 그 개개된 사실이 치사의 직접적인 원인이 되었더라도 그와 같은 사실이 통상 예견할 수 있었다면, 살인의 실행행위와 사망과의 사이에 인과관계가 있는 것으로 보아야 한다.

② 강요된 자가 강요된 상태를 자신의 책임 있는 사유로 자초하였고 그 강제상태를 예견하였더라도 형법 제12조의 강요된 행위에 해당한다.

③ 미필적 고의가 인정되려면 결과발생의 가능성에 대한 인식이 있으면 족하고 결과발생을 용인하는 내심의 의사가 있을 것까지 요하는 것은 아니다.

④ 이시(異時)의 독립행위가 경합한 경우에 그 결과발생의 원인된 행위가 판명되지 아니한 때에는 동시의 독립행위가 경합한 경우와 달리 각 행위를 기수범으로 처벌한다.

정선 핵심

① 살인의 실행행위와 피해자의 사망과의 사이에 통상 예견할 수 있는 다른 사실의 개재된 경우 → 인과관계 ○
② 피강요자가 강요된 상태를 자초하였고 강제상태를 예견한 경우 → 강요된 행위 ×
③ 미필적 고의 → 결과발생의 가능성에 대한 인식과 결과발생을 용인하는 내심의 의사 필요
④ 이시의 독립행위가 경합하여 원인된 행위가 판명되지 아니한 경우 → 미수범으로 처벌

정선 해설

[❶ ▸ ○] 대판 2014.7.24. 2014도6206
[❷ ▸ ×] 판례의 취지를 고려하면, 자초한 강제상태를 예견하였더라도 형법 제12조의 강요된 행위에는 해당하지 아니한다고 볼 것이다.

> 어로저지선을 넘어 어로의 작업을 하면 북괴구성원에게 납치될 염려가 있으며 만약 납치된다면 대한민국의 각종 정보를 북괴에게 제공하게 된다 함은 일반적으로 예견된다고 하리니 피고인이 그 전에 선원으로 월선조업을 하다가 납북되었다가 돌아온 경험이 있는 자로서 월선하자고 상의하여 월선조업을 하다가 납치되어 북괴의 물음에 답하여 제공한 사실을 강요된 행위라 할 수 없다(대판 1971.2.23. 70도2629).

[❸ ▸ ×] 미필적 고의라 함은 결과의 발생이 불확실한 경우 즉 행위자에 있어서 그 결과발생에 대한 확실한 예견은 없으나 그 가능성은 인정하는 것으로, 이러한 미필적 고의가 있었다고 하려면 결과발생의 가능성에 대한 인식이 있음은 물론 나아가 결과발생을 용인하는 내심의 의사가 있음을 요한다(대판 1987.2.10. 86도2338).
[❹ ▸ ×] 형법 제19조 참조

> **법령** 독립행위의 경합(형법 제19조)   동시 또는 이시의 독립행위가 경합한 경우에 그 결과발생의 원인된 행위가 판명되지 아니한 때에는 각 행위를 미수범으로 처벌한다.

답 ❶

다음 설명 중 가장 적절한 것은?(다툼이 있는 경우 판례에 의함) 　17 경찰채용

① 甲이 乙을 살해하기 위하여 丙, 丁 등을 고용하면서 그들에게 대가의 지급을 약속한 경우, 甲에게 살인예비죄가 성립하지 않는다.
② 상해를 입힌 행위가 동일한 일시, 장소에서 동일한 목적으로 저질러진 것이라면 피해자를 달리 하고 있더라도 포괄하여 일죄를 구성한다.
③ 피해자(여)가 버려진 영아인 피고인을 주어다 기르고 그 부와의 친생자인 것처럼 출생신고를 하였으나 입양요건을 갖추지 아니하였다면 피고인이 동녀를 살해하였더라도 존속살인죄로 처벌할 수 없다.
④ 상해죄와 폭행죄는 피해자의 명시한 의사에 반하여 공소를 제기할 수 없다.

**정선
핵심**

① 乙을 살해하기 위해 사람들을 고용하며 대가지급을 약속한 경우 → 살인예비죄 ○
② 상해를 입힌 행위가 피해자를 달리하는 경우 → 상해죄의 실체적 경합 ○
③ 친생자로 출생신고를 하였으나 입양요건을 갖추지 아니한 피고인이 피해자를 살해한 경우 → 존속살해죄 ×
④ 상해죄 → 반의사불벌죄 ×

**정선
해설**

[❶ ▸ ×] 甲이 乙을 살해하기 위하여 丙, 丁 등을 고용하면서 그들에게 대가의 지급을 약속한 경우, 甲에게는 살인죄를 범할 목적 및 살인의 준비에 관한 고의뿐만 아니라 살인죄의 실현을 위한 준비행위를 하였음을 인정할 수 있으므로 살인예비죄가 성립된다(대판 2009.10.29. 2009도7150).
[❷ ▸ ×] 상해를 입힌 행위가 동일한 일시, 장소에서 동일한 목적으로 저질러진 것이라 하더라도 피해자를 달리 하고 있으면 피해자별로 각각 별개의 상해죄를 구성한다고 보아야 할 것이고 1개의 행위가 수개의 죄에 해당하는 경우라고 볼 수 없다(대판 1983.4.26. 83도524).
[❸ ▸ ○] 피살자(여)가 그의 문전에 버려진 영아인 피고인을 주어다 기르고 그 부와의 친생자인 것처럼 출생신고를 하였으나 입양요건을 갖추지 아니하였다면 피고인과의 사이에 모자관계가 성립될 리 없으므로, 피고인이 동녀를 살해하였다고 하여도 존속살인죄로 처벌할 수 없다(대판 1981.10.13. 81도2466).
[❹ ▸ ×] 폭행죄는 반의사불벌죄이나 상해죄는 그러하지 아니하므로 피해자의 명시한 의사에 반하여도 공소를 제기할 수 있다.

 답 ❸

다음 설명 중 가장 옳지 않은 것은?(다툼이 있는 경우 판례에 의함) 　12 법원9급

① 태아를 사망에 이르게 하는 행위는 임산부에 대한 상해가 된다.
② 분만이 개시된 때(소위 진통설 또는 분만개시설)가 사람의 시기라고 봄이 타당하다.
③ 오랜 시간 동안의 협박과 폭행을 이기지 못하고 실신하여 범인들이 불러온 구급차 안에서야 정신을 차리게 되었다면, 외부적으로 어떤 상처가 발생하지 않았다고 하더라도 생리적 기능에 훼손을 입어 신체에 대한 상해가 있었다고 보아야 한다.
④ 사람을 살해한 자가 그 사체를 다른 장소로 옮겨 유기하였을 때에는 별도로 사체유기죄가 성립하고, 이와 같은 사체유기를 불가벌적 사후행위로 볼 수는 없다.

① 낙태로 태아를 사망에 이르게 하는 경우 → 임산부에 대한 상해 ✕
② 사람의 시기
　→ 진통설(분만개시설) : 통설·판례
③ 오랜 시간 동안의 협박과 폭행으로 실신한 경우 → 상해 ○
④ 사람을 살해한 자가 시체를 다른 장소로 옮겨 유기하였을 경우 　·살인죄와 사체유기죄의 실체적 경합 ○

[❶▸✕]　태아를 사망에 이르게 하는 행위가 임산부 신체의 일부를 훼손하는 것이라거나 태아의 사망으로 인하여 그 태아를 양육, 출산하는 임산부의 생리적 기능이 침해되어 임산부에 대한 상해가 된다고 볼 수는 없다(대판 2007.6.29. 2005도3832).

[❷▸○]　사람의 생명과 신체의 안전을 보호법익으로 하고 있는 형법의 해석으로는 규칙적인 진통을 동반하면서 분만이 개시된 때(소위 진통설 또는 분만개시설)가 사람의 시기라고 봄이 타당하다(대판 2007.6.29. 2005도3832).

[❸▸○]　대판 1996.12.10. 96도2529

[❹▸○]　사람을 살해한 다음 그 범죄의 흔적을 은폐하기 위하여 그 시체를 다른 장소로 옮겨 유기하였을 때에는 살인죄와 사체유기죄의 경합범이 성립하고 사체유기를 불가벌적 사후행위라 할 수 없다(대판 1984.11.27. 84도2263).

답 ❶

032
☐☐☐

다음 설명 중 옳은 것(○)과 옳지 않은 것(✕)을 올바르게 조합한 것은?(다툼이 있는 경우 판례에 의함)　18 변시

ㄱ. 살인예비죄가 성립하기 위해서는 살인죄의 실현을 위한 준비행위가 있어야 하는데, 여기서 준비행위는 반드시 객관적으로 보아 살인죄의 실현에 실질적으로 기여할 수 있는 외적 행위임을 요하지 아니하고 단순히 범행의 의사 또는 계획만으로 족하다.

ㄴ. 대한민국 국민이 외국에서 살인죄를 범하였다가 외국법원에서 무죄 취지의 재판을 받고 석방된 후 국내에서 다시 기소되었다고 하더라도 이는 일사부재리의 원칙에 반하는 것이 아니며, 외국에서 미결 상태로 구금된 기간에 대하여도 '외국에서 집행된 형의 산입'에 관한 형법 제7조가 적용되어야 한다.

ㄷ. 피해자의 재물을 강취한 직후 피해자를 살해할 목적으로 현주건조물에 방화하여 사망에 이르게 한 경우에는 강도살인죄와 현주건조물방화치사죄가 모두 성립하고 두 죄는 상상적 경합의 관계에 있다.

ㄹ. 사람의 시기는 규칙적인 진통을 동반하면서 분만이 개시된 때를 말하고, 제왕절개 수술의 경우에는 '의학적으로 제왕절개 수술이 가능하였고 규범적으로 수술이 필요하였던 때'를 분만이 개시된 때로 보아야 한다.

ㅁ. 산부인과 의사가 임신한 부녀의 촉탁을 받아 약물에 의한 유도분만의 방법으로 낙태시술을 하였다가 태아가 살아서 미숙아 상태로 출생하자 염화칼륨을 주입하여 사망하게 한 경우에는 살인죄와 업무상촉탁낙태죄의 경합범으로 처벌된다.

① ㄱ(○)　ㄴ(✕)　ㄷ(✕)　ㄹ(○)　ㅁ(○)
② ㄱ(○)　ㄴ(○)　ㄷ(○)　ㄹ(✕)　ㅁ(✕)
③ ㄱ(✕)　ㄴ(✕)　ㄷ(✕)　ㄹ(✕)　ㅁ(○)
④ ㄱ(✕)　ㄴ(○)　ㄷ(○)　ㄹ(○)　ㅁ(✕)
⑤ ㄱ(✕)　ㄴ(✕)　ㄷ(○)　ㄹ(✕)　ㅁ(○)

정선 핵심

ㄱ. 살인예비죄의 성립요건
→ 객관적 요건 : 객관적으로 살인죄 실현에 실질적으로 기여할 수 있는 외적 행위를 필요

ㄴ. 외국법원에서 살인죄로 기소되었으나 무죄판결을 받은 경우
→ 국내법원에 다시 기소 : 일사부재리의 원칙 위반 ✕
→ 외국에서의 미결구금기간 : 형법 제7조 적용 ✕

ㄷ. 강도살인죄와 현주건조물방화치사죄 → 상상적 경합 ○

ㄹ. 사람의 시기
→ 진통설(분만개시설) : 통설·판례
→ 제왕절개수술 : 이 경우에도 같은 법리 적용

ㅁ. 미숙아에게 염화칼륨을 주입하여 사망에 이르게 한 경우 → 업무상 촉탁낙태죄와 살인죄의 실체적 경합 ○

정선 해설

[ㄱ ▸ ✕] 형법 제255조, 제250조의 살인예비죄가 성립하기 위하여는 형법 제255조에서 명문으로 요구하는 살인죄를 범할 목적 외에도 살인의 준비에 관한 고의가 있어야 하며, 나아가 실행의 착수까지에는 이르지 아니하는 살인죄의 실현을 위한 준비행위가 있어야 한다. 여기서의 준비행위는 물적인 것에 한정되지 아니하며 특별한 정형이 있는 것도 아니지만, 단순히 범행의 의사 또는 계획만으로는 그것이 있다고 할 수 없고 객관적으로 보아서 살인죄의 실현에 실질적으로 기여할 수 있는 외적 행위를 필요로 한다(대판 2009.10.29. 2009도7150).

[ㄴ ▸ ✕] 형사사건으로 외국 법원에 기소되었다가 무죄판결을 받은 사람은, 설령 그가 무죄판결을 받기까지 상당 기간 미결구금되었더라도 이를 유죄판결에 의하여 형이 실제로 집행된 것으로 볼 수는 없으므로, '외국에서 형의 전부 또는 일부가 집행된 사람'에 해당한다고 볼 수 없고, 그 미결구금 기간은 형법 제7조에 의한 산입의 대상이 될 수 없다. 또한 외국에서 형이 집행된 것이 아니라 단지 미결구금되었다가 무죄판결을 받은 사람의 미결구금일수를 형법 제7조의 유추적용에 의하여 그가 국내에서 같은 행위로 인하여 선고받는 형에 산입하여야 한다는 것은 허용되기 어렵다(대판 2017.8.24. 2017도5977[전합]).

[ㄷ ▸ ○] 대판 1998.12.8. 98도3416

[ㄹ ▸ ✕] 제왕절개 수술의 경우 '의학적으로 제왕절개 수술이 가능하였고 규범적으로 수술이 필요하였던 시기'는 판단하는 사람 및 상황에 따라 다를 수 있어, 분만개시 시점 즉, 사람의 시기도 불명확하게 되므로 이 시점을 분만의 시기로 볼 수는 없다(대판 2007.6.29. 2005도3832).

[ㅁ ▸ ○] 대판 2005.4.15. 2003도2780

답 ❺

생명과 신체에 대한 죄에 관한 다음 설명 중 옳지 않은 것은?(다툼이 있는 경우 판례에 의함)

① 산부인과 의사가 산모의 태반조기박리에 내안 내응소지로서 응급 제생실게 수술을 시행하기로 결정하였다면 이러한 경우에는 적어도 제왕절개 수술 시행 결정과 아울러 산모에게 수혈을 할 필요가 있을 것이라고 예상되는 특별한 사정이 있어 미리 혈액을 준비하여야 할 업무상주의 의무가 있다고 보아야 한다.

② 피고인이 금원 편취 목적의 사기행각의 일환으로 인터넷사이트 내 자살 관련 카페 게시판에 청산염 등 자살용 유독물의 판매광고를 한 행위만으로는 자살방조에 해당하지 않는다.

③ 살해의 의사로 위험한 저수지로 유인한 조카(10세)가 물에 빠지자 구호하지 아니한 채 방치하여 익사하게 한 경우 부작위에 의한 살인죄에 해당한다.

④ 공휴일 또는 야간에 구치소 소장을 대리하는 당직간부에게는 구치소에 수용된 수용자들의 생명·신체에 대한 위험을 방지할 법령상 내지 조리상의 의무가 있다고 할 것이고, 이와 같은 의무를 직무로서 수행하는 교도관들의 업무는 업무상과실치사죄에서 말하는 업무에 해당한다.

⑤ 낙태죄는 태아를 자연분만기에 앞서서 인위적으로 모체 밖으로 배출하거나 모체 안에서 살해함으로써 성립하므로, 산부인과 의사인 피고인이 약물에 의한 유도분만의 방법으로 낙태시술을 하였으나 태아가 살아서 미숙아 상태로 출생하자 그 미숙아에게 염화칼륨을 주입하여 사망하게 한 경우 염화칼륨 주입행위는 낙태를 완성하기 위한 행위에 해당하여 별도로 살인죄가 성립하지 않는다.

정선
핵심

① 태반조기박리로 인해 응급 제왕절개 수술을 시행하는 경우 → 혈액준비의 업무상주의의무 ○
② 청산염 등 자살용 유독물의 판매광고를 한 경우 → 자살방조죄 ×
③ 조카를 물에 빠지게 한 후 구호가 없어 익사케 한 경우 → 부작위에 의한 살인죄 ○
④ 구치소의 당직간부에게 인정되는 법령상·조리상의 의무 → 업무상과실치사죄의 업무 ○
⑤ 미숙아에게 염화칼륨을 주입하여 사망에 이르게 한 경우 → 업무상 촉탁낙태죄와 살인죄의 실체적 경합 ○

정선
해설

[**❶**▸ ○] 대판 2010.4.29. 2009도7070
[**❷**▸ ○] 피고인이 인터넷 사이트 내 자살 관련 카페 게시판에 청산염 등 자살용 유독물의 판매광고를 한 행위가 단지 금원 편취 목적의 사기행각의 일환으로 이루어졌고, 변사자들이 다른 경로로 입수한 청산염을 이용하여 자살한 사정 등에 비추어, 피고인의 행위는 자살방조에 해당하지 않는다(대판 2005.6.10. 2005도1373).
[**❸**▸ ○] 대판 1992.2.11. 91도2951
[**❹**▸ ○] 공휴일 또는 야간에는 소장을 대리하는 당직간부에게는 구치소에 수용된 수용자들의 생명·신체에 대한 위험을 방지할 법령상 내지 조리상의 의무가 있다고 할 것이고, 이와 같은 의무를 직무로서 수행하는 교도관들의 업무는 업무상과실치사죄에서 말하는 업무에 해당한다(대판 2007.5.31. 2006도3493).
[**❺**▸ ×] 지문의 경우 종전 대법원판례(대판 2005.4.15. 2003도2780)는 업무상 촉탁낙태죄와 살인죄의 실체적 경합을 인정하였으나, 헌법재판소가 자기낙태죄(형법 제269조 제1항)와 의사낙태죄(형법 제270조 제1항)조항에 대해 헌법불합치결정을 하여 입법자가 개정시한을 넘긴 2021.1.1.부터 동 조항이 그 효력을 상실하였으므로 현재는 살인죄만 성립할 것이다.

답 ❺

01 손님을 초대하여 술을 마시며 담소하다가 손님이 (청산가리)음독증세를 일으킨 경우에 즉시 병원으로 가서 치료를 받게 하지 않아 손님이 사망한 경우(즉시 병원에 옮겼을지라도 결국 사망하게 되는 것이 밝혀짐), 유기행위와 피해자의 사망 간에는 상당인과관계가 없다. `18` 해경간부   ○ | ✕

02 자기의 보호 또는 감독을 받는 16세 미만의 자를 그 생명 또는 신체에 위험한 업무에 사용할 영업자 또는 그 종업자에게 인도한 자는 형법 제274조 아동혹사죄에 해당한다. `19` 경찰승진   ○ | ✕

03 계약상 부수의무로서의 민사적 부조의무 또는 보호의무가 인정되는 경우 형법상 유기죄의 '계약상 보호할 의무'는 당연히 긍정된다고 할 것이다. `19` 경찰승진   ○ | ✕

01 대판 1967.10.31. 67도1151

02 형법 제274조

03 유기죄의 경우에는 단지 상대방의 신체 또는 생명에 대하여 주의와 배려를 한다는 부수의무로서의 민사적 부조의무 또는 보호의무가 인정된다고 해서 형법 제271조 소정의 '계약상 보호할 의무'가 당연히 긍정된다고는 말할 수 없고, 당해 계약관계의 성질과 내용, 계약당사자 기타 관련자들 사이의 관계 및 그 전개양상, 그들의 경제적·사회적 지위, 부조가 필요하기에 이른 전후의 경위, 필요로 하는 부조의 대체가능성을 포함하여 그 부조의 종류와 내용, 달리 부조를 제공할 사람 또는 설비가 있는지 여부 기타 제반 사정을 고려하여 위 '계약상의 부조의무'의 유무를 신중하게 판단하여야 한다(대판 2011.11.24. 2011도12302).

정답

01 ○   **02** ○   **03** ✕

제1관 | 협박의 죄

034
□□□

협박죄에 대한 설명으로 가장 적절한 것은?(다툼이 있는 경우 판례에 의함) `20` 경찰채용

① 권리행사나 직무집행의 일환으로 상대방에게 일정한 해악을 고지한 경우, 그 해악의 고지가 정당한 권리행사나 직무집행으로서 사회상규에 반하지 아니하는 때에도 협박죄가 성립한다.

② 공군 중사가 상관인 피해자에게 그의 비위 등을 기록한 내용을 제시하면서 자신에게 폭언한 사실을 인정하지 않으면 그 내용을 상부기관에 제출하겠다는 취지로 말한 사안에서 공군 중사에게는 군형법상 상관협박죄가 성립하지 않는다.

③ 甲이 슈퍼마켓 사무실에서 식칼을 들고 피해자를 협박한 행위와 식칼을 들고 매장을 돌아다니며 손님을 내쫓아 그의 영업을 방해한 행위는 협박죄와 업무방해죄의 상상적 경합관계에 있다.

④ 협박죄에 있어서의 협박이라 함은 사람으로 하여금 공포심을 일으킬 수 있을 정도의 해악을 고지하는 것을 의미하고, 협박죄가 성립하기 위하여는 적어도 발생 가능한 것으로 생각될 수 있는 정도의 구체적인 해악의 고지가 있어야 한다.

정선 핵심

① 권리행사의 일환으로 해악을 고지하였으나 사회상규에 반하지 아니하는 경우 → 협박죄 ✕
② 공군 중사가 폭언한 사실을 인정하지 않으면 내용을 상부기관에 제출하겠다고 한 경우 → 상관협박죄 ○
③ 슈퍼마켓에서 식칼을 들고 협박한 경우와 손님을 내쫓은 경우 → 협박죄와 업무방해죄는 실체적 경합 ○
④ 발생 가능한 것으로 생각되는 정도의 구체적인 해악을 고지한 경우 → 협박죄 ○

정선 해설

[❶ ▸ ✕] 권리행사나 직무집행의 일환으로 상대방에게 일정한 해악을 고지한 경우, 그 해악의 고지가 정당한 권리행사나 직무집행으로서 사회상규에 반하지 아니하는 때에는 협박죄가 성립하지 아니하나, 외관상 권리행사나 직무집행으로 보이더라도 실질적으로 권리나 직무권한의 남용이 되어 사회상규에 반하는 때에는 협박죄가 성립한다고 보아야 한다(대판 2007.9.28. 2007도606[전합]).

[❷ ▸ ✕] 공군 중사가 상관인 피해자에게 그의 비위 등을 기록한 내용을 제시하면서 자신에게 폭언한 사실을 인정하지 않으면 그 내용을 상부기관에 제출하겠다는 취지로 말한 경우, 상관협박죄가 인정된다(대판 2008.12.11. 2008도8922).

[❸ ▸ ✕] 피고인이 슈퍼마켓사무실에서 식칼을 들고 피해자를 협박한 행위와 식칼을 들고 매장을 돌아다니며 손님을 내쫓아 그의 영업을 방해한 행위는 별개의 행위로 협박죄와 업무방해죄는 실체적 경합관계에 있다(대판 1991.1.29. 90도2445).

[❹ ▸ ○] 대판 2011.5.26. 2011도2412

> 사채업자인 피고인이 채무자 甲에게, 채무를 변제하지 않으면 甲이 숨기고 싶어 하는 과거 행적과 사채를 쓴 사실 등을 남편과 시댁에 알리겠다는 등의 문자메시지를 발송한 사안에서, 피고인에게 협박죄를 인정하는 한편 위와 같은 행위가 정당행위에 해당한다는 주장을 배척한 원심판단을 수긍한 사례(대판 2011.5.26. 2011도2412).

답 ❹

035

□□□

다음 설명 중 가장 옳지 않은 것은?

① 협박죄에서 피해자와 밀접한 관계에 있는 제3자에 대한 해악도 포함되나 이 때 제3자에는 자연인만 해당하고 법인은 포함되지 아니한다.

② 판례에 의하면 협박죄의 기수에 이르기 위하여는 상대방이 현실적으로 공포심을 일으킬 것을 요하지 아니한다.

③ 협박죄가 성립하기 위하여는 적어도 발생 가능한 것으로 생각될 수 있는 정도의 구체적인 해악의 고지가 있어야 하나, 해악의 고지가 있다 하더라도 그것이 사회통념상 용인할 수 있을 정도의 것이라면 협박죄는 성립하지 아니한다.

④ 협박이라고 하기 위해서는 해악의 발생이 직접·간접적으로 행위자에 의하여 좌우될 수 있는 것이어야 한다.

정선 핵심

① 해악의 상대방 → 피해자뿐만 아니라 제3자(자연인, 법인)도 포함

② 협박죄의 기수 → 현실적으로 공포심을 일으킬 것 불요

③ 사회통념상 용인할 수 있을 정도의 해악을 고지한 경우 → 협박죄 ×

④ 협박 → 해악의 발생이 행위자에 의하여 좌우될 수 있는 것이어야 함

정선 해설

[❶ ▸ ×] 피해자 본인이나 그 친족뿐만 아니라 그 밖의 '제3자'에 대한 법익 침해를 내용으로 하는 해악을 고지하는 것이라고 하더라도 피해자 본인과 제3자가 밀접한 관계에 있어 그 해악의 내용이 피해자 본인에게 공포심을 일으킬 만한 정도의 것이라면 협박죄가 성립할 수 있다. 이 때 '제3자'에는 자연인뿐만 아니라 법인도 포함된다 할 것이다(대판 2010.7.15. 2010도1017).

[❷ ▸ ○] 대판 2007.9.28. 2007도606[전합]

[❸ ▸ ○] 대판 2011.5.26. 2011도2412

[❹ ▸ ○] 판례의 취지를 고려하면, 협박은 해악의 발생이 직접·간접적으로 행위자에 의하여 좌우될 수 있는 것이어야 한다.

> 조상천도제를 지내지 아니하면 좋지 않은 일이 생긴다는 취지의 해악의 고지는 길흉화복이나 천재지변의 예고로서 행위자에 의하여 직접, 간접적으로 좌우될 수 없는 것이고 가해자가 현실적으로 특정되어 있지도 않으며 해악의 발생가능성이 합리적으로 예견될 수 있는 것이 아니므로 협박으로 평가될 수 없다(대판 2002.2.8. 2000도3245).

답 ❶

협박의 죄에 대한 설명으로 가장 적절하지 않은 것은?(다툼이 있는 경우 판례에 의함)

① 정보보안과 소속 경찰관이 자신의 지위를 내세우면서 타인의 민사분쟁에 개입하여 빨리 채무를 변제하지 않으면 상부에 보고하여 문제를 삼겠다고 말한 것은 객관적으로 상대방이 공포심을 일으키기에 충분한 정도의 해악의 고지에 해당하므로 상대방이 그 의미를 인식한 이상 현실적으로 피해자가 공포심을 일으키지 않았다 하더라도 협박죄는 기수에 이른다.

② 협박죄의 미수범 처벌조항은 해악의 고지가 현실적으로 상대방에게 도달하지 아니한 경우나, 도달은 하였으나 상대방이 이를 지각하지 못하였거나 고지된 해악의 의미를 인식하지 못한 경우 등에 적용될 뿐이다.

③ 협박죄는 피해자의 명시한 의사에 반하여 공소를 제기할 수 없는 범죄이나, 존속협박죄는 그러하지 아니하다.

④ 조상천도제를 지내지 아니하면 좋지 않은 일이 생긴다는 취지의 해악의 고지는 협박으로 평가될 수 없다.

정선 핵심

① 정보보안과 경찰관이 채무를 변제하지 않으면 문제 삼겠다고 한 경우 → 협박죄 ○

② 협박죄의 미수 → 해악의 고지가 도달하지 아니한 경우나, 도달은 하였으나 지각하지 못하였거나 고지된 해악의 의미를 인식하지 못한 경우

③ 협박죄, 존속협박죄 → 반의사불벌죄 ○

④ 조상천도제를 지내지 않으면 좋지 않은 일이 생긴다는 해악을 고지한 경우 → 협박 ×

정선 해설

[❶ ▸ ○] 협박죄가 성립하려면 일반적으로 사람으로 하여금 공포심을 일으키게 하기에 충분한 것이어야 하지만, 상대방이 그에 의하여 현실적으로 공포심을 일으킬 것까지 요구하는 것은 아니며, 그와 같은 정도의 해악을 고지함으로써 상대방이 그 의미를 인식한 이상, 상대방이 현실적으로 공포심을 일으켰는지 여부와 관계없이 그로써 구성요건은 충족되어 협박죄의 기수에 이르는 것으로 해석하여야 한다(대판 2007.9.28. 2007도606[전합]).

> **비교판례** 대판 2006.12.8. 2006도6155
>
> 협박의 경우 행위자가 직접 해악을 가하겠다고 고지하는 것은 물론, 제3자로 하여금 해악을 가하도록 하겠다는 방식으로도 해악의 고지는 얼마든지 가능하지만, 이 경우 고지자가 제3자의 행위를 사실상 지배하거나 제3자에게 영향을 미칠 수 있는 지위에 있는 것으로 믿게 하는 명시적·묵시적 언동을 하였거나 제3자의 행위가 고지자의 의사에 의하여 좌우될 수 있는 것으로 상대방이 인식한 경우에 한하여 비로소 고지자가 직접 해악을 가하겠다고 고지한 것과 마찬가지의 행위로 평가할 수 있고, 만약 고지자가 위와 같은 명시적·묵시적 언동을 하거나 상대방이 위와 같이 인식을 한 적이 없다면 비록 상대방이 현실적으로 외포심을 느꼈다고 하더라도 이러한 고지자의 행위가 협박죄를 구성한다고 볼 수는 없다.

[❷ ▸ ○] 대판 2007.9.28. 2007도606[전합]

[❸ ▸ ×] 협박죄(형법 제283조 제1항)나 존속협박죄(형법 제283조 제2항)는 반의사불벌죄이므로 피해자의 명시한 의사에 반하여 공소를 제기할 수 없다.

[❹ ▸ ○] 대판 2002.2.8. 2000도3245

답 ❸

037

☐☐☐

다음 중 협박죄에 대한 설명으로 가장 옳지 않은 것은?(다툼이 있는 경우 판례에 의함)

21 해경승진

① 피고인이 혼자 술을 마시던 중 甲정당이 국회에서 예산안을 강행처리하였다는 것에 화가 나서 공중전화를 이용하여 경찰서에 여러 차례 전화를 걸어 전화를 받은 각 경찰관에게 경찰서 관할구역 내에 있는 甲정당의 당사를 폭파하겠다는 말을 한 사안에서, 피고인의 행위는 각 경찰관에 대한 협박죄를 구성하지 않는다.

② 법인은 협박죄의 객체가 될 수 없다.

③ 해악의 고지가 상대방에게 도달하였다면 상대방이 지각하지 못하거나 고지된 해악의 의미를 인식하지 못한 경우에도 협박죄의 기수를 인정할 수 있다.

④ 제3자에 대한 법익침해를 내용으로 하는 해악을 고지하더라도 피해자 본인과 제3자가 밀접한 관계에 있어 그 해악의 내용이 피해자 본인에게 공포심을 일으킬 만한 정도의 것이라면 협박죄가 성립할 수 있는데, 이때 제3자에는 자연인뿐만 아니라 법인도 포함된다.

정선 핵심

① 경찰서에 전화를 걸어 각 경찰관에게 甲정당의 당사를 폭파하겠다는 말을 한 경우 → 협박죄 ×

② 협박죄의 객체 → 법인 ×

③ 해악의 고지가 도달하였으나 지각하지 못하였거나 의미를 인식하지 못한 경우 → 협박죄의 미수범 ○

④ 해악의 상대방 → 피해자뿐만 아니라 제3자(자연인, 법인)도 포함

정선 해설

[❶ ▸ ○] 피고인은 甲 정당에 관한 해악을 고지한 것이므로 <u>각 경찰관 개인에 관한 해악을 고지하였다고 할 수 없고, 다른 특별한 사정이 없는 한 일반적으로 甲 정당에 대한 해악의 고지가 각 경찰관 개인에게 공포심을 일으킬 만큼 서로 밀접한 관계에 있다고 보기 어려우므로</u> 피고인의 행위는 각 경찰관에 대한 협박죄를 구성하지 아니한다(대판 2012.8.17. 2011도10451).

[❷ ▸ ○] 대판 2010.7.15. 2010도1017

[❸ ▸ ×] 협박죄는 사람의 의사결정의 자유를 보호법익으로 하는 위험범이라 봄이 상당하고, 협박죄의 미수범 처벌조항은 해악의 고지가 현실적으로 상대방에게 도달하지 아니한 경우나, 도달은 하였으나 상대방이 이를 지각하지 못하였거나 고지된 해악의 의미를 인식하지 못한 경우 등에 적용될 뿐이다(대판 2007.9.28. 2007도606[전합]).

[❹ ▸ ○] 대판 2010.7.15. 2010도1017).

답 ❸

협박죄에 관한 설명 중 가장 옳지 않은 것은?(다툼이 있는 경우 판례에 의함)

① 제3자에 대한 법익침해를 내용으로 하는 해악을 고지하는 것이라 하더라도 피해자 본인과 제3자가 밀접한 관계에 있어 그 해악의 내용이 피해자 본인에게 공포심을 일으킬 만한 정도의 것이라면 협박죄가 성립할 수 있다. 이 때 '제3자'에는 자연인뿐 아니라 법인도 포함된다.

② 협박죄는 자연인만을 그 대상으로 예정하고 있을 뿐 법인은 협박죄의 객체가 될 수 없다.

③ 일반적으로 사람으로 하여금 공포심을 일으킬 수 있는 정도의 해악을 고지함으로써 상대방이 그 의미를 인식한 이상, 상대방이 현실적으로 공포심을 일으켰는지 여부와 관계없이 협박죄의 기수에 이르는 것으로 보아야 한다.

④ 협박죄는 사람의 의사결정의 자유를 보호법익으로 하는 침해범이라 봄이 상당하고, 협박죄의 미수범 처벌조항은 해악의 고지가 현실적으로 상대방에게 도달하지 아니한 경우나, 도달은 하였으나 상대방이 이를 지각하지 못하였거나 고지된 해악의 의미를 인식하지 못한 경우 등에 적용될 뿐이다.

**정선
핵심**

① 해악의 상대방 → 피해자뿐만 아니라 제3자(자연인, 법인)도 포함
② 협박죄의 객체 → 법인 ×
③ 현실적으로 공포심을 일으켰는지 여부 불문하고 공포심을 일으킬 수 있는 정도의 해악의 고지로 상대방이 그 의미를 인식한 경우 → 협박죄의 기수 ○
④ 협박죄
→ 보호정도 : 위험범 ○
→ 미수 : 해악의 고지가 도달하지 아니한 경우나, 도달은 하였으나 지각하지 못하였거나 고지된 해악의 의미를 인식하지 못한 경우

**정선
해설**

[❶ ▸ ○] 대판 2010.7.15. 2010도1017

[❷ ▸ ○] 협박죄의 보호법익, 형법규정상 체계, 협박의 행위 개념 등에 비추어 볼 때, 협박죄는 자연인만을 그 대상으로 예정하고 있을 뿐 법인은 협박죄의 객체가 될 수 없다(대판 2010.7.15. 2010도1017).

[❸ ▸ ○] 대판 2007.9.28. 2007도606[전합]

[❹ ▸ ✕] 협박죄는 사람의 의사결정의 자유를 보호법익으로 하는 <u>위험범</u>이라 봄이 상당하고, 협박죄의 미수범 처벌조항은 해악의 고지가 현실적으로 상대방에게 도달하지 아니한 경우나, 도달은 하였으나 상대방이 이를 지각하지 못하였거나 고지된 해악의 의미를 인식하지 못한 경우 등에 적용될 뿐이다(대판 2007.9.28. 2007도606[전합]).

답 ❹

협박죄에 대한 설명 중 가장 적절하지 않은 것은?(다툼이 있는 경우 판례에 의함)

18 경찰채용

① 협박죄는 자연인만을 그 대상으로 예정하고 있을 뿐 법인은 협박죄의 객체가 될 수 없다.

② 협박죄의 미수범 처벌조항은 해악의 고지가 현실적으로 상대방에게 도달하지 아니한 경우나, 도달은 하였으나 상대방이 이를 지각하지 못하였거나 고지된 해악의 의미를 인식하지 못한 경우 등에 적용될 뿐이다.

③ 피고인이 혼자 술을 마시던 중 甲정당이 국회에서 예산안을 강행처리하였다는 것에 화가 나서 공중전화를 이용하여 경찰서에 여러 차례 전화를 걸어 전화를 받은 각 경찰관에게 경찰서 관할구역 내에 있는 甲정당의 당사를 폭파하겠다는 말을 한 경우, 피고인의 행위는 각 경찰관에 대한 협박죄를 구성한다.

④ 피해자 본인이나 그 친족뿐만 아니라 그 밖의 제3자에 대한 법익침해를 내용으로 하는 해악을 고지하는 것이라고 하더라도 피해자 본인과 제3자가 밀접한 관계에 있어 그 해악의 내용이 피해자 본인에게 공포심을 일으킬 만한 정도의 것이라면 협박죄가 성립할 수 있다. 이 때 제3자 에는 자연인뿐만 아니라 법인도 포함된다.

정선 핵심

① 협박죄의 객체 → 법인 ✕

② 협박죄의 미수 → 해악의 고지가 도달하지 아니한 경우나, 도달은 하였으나 지각하지 못하였거나 고지된 해악의 의미를 인식하지 못한 경우

③ 경찰서에 여러 차례 전화를 걸어 甲정당의 당사를 폭파하겠다는 말을 한 경우 → 협박죄 ✕

④ 제3자(법인 포함)의 법익침해를 내용으로 하는 해악의 고지가 피해자에게 공포심을 일으킬 만한 정도인 경우 → 협박죄 ○

정선 해설

[❶ ▸ ○] 협박죄의 보호법익, 형법규정상 체계, 협박의 행위 개념 등에 비추어 볼 때, 협박죄는 자연인만을 그 대상으로 예정하고 있을 뿐 법인은 협박죄의 객체가 될 수 없다(대판 2010.7.15. 2010도1017).

[❷ ▸ ○] 대판 2007.9.28. 2007도606[전합]

[❸ ▸ ✕] 피고인은 甲 정당에 관한 해악을 고지한 것이므로 각 경찰관 개인에 관한 해악을 고지하였다고 할 수 없고, 다른 특별한 사정이 없는 한 일반적으로 甲 정당에 대한 해악의 고지가 각 경찰관 개인에게 공포심을 일으킬 만큼 서로 밀접한 관계에 있다고 보기 어려우므로, 피고인의 행위가 각 경찰관에 대한 협박죄를 구성하지 아니한다(대판 2012.8.17. 2011도10451).

[❹ ▸ ○] 대판 2010.7.15. 2010도1017

답 ❸

협박죄에 대한 다음 설명 중 가장 옳지 않은 것은?(다툼이 있는 경우 판례에 의함)

14 법원9급

① 법인도 협박죄의 객체가 될 수 있다.

② 협박의 경우 행위자가 직접 해악을 가하겠다고 고지하는 것은 물론, 제3자로 하여금 해악을 가하도록 하겠다는 방식으로도 가능하다.

③ 피고인이 공중전화를 이용하여 경찰서에 여러 차례 전화를 걸어 전화를 받은 각 경찰관에게 경찰서 관할구역 내에 있는 甲 정당의 당사를 폭파하겠다는 말을 한 경우에는 각 경찰관에 대한 협박죄를 구성하지 아니한다.

④ 피고인이 피해자의 장모가 있는 자리에서 서류를 보이면서 "피고인의 요구를 들어주지 않으면 서류를 세무서로 보내 세무조사를 받게 하여 피해자를 망하게 하겠다"라고 말하여 피해자의 장모로 하여금 피해자에게 위와 같은 사실을 전하게 하고, 그 다음날 피해자의 처에게 전화를 하여 "며칠 있으면 국세청에서 조사가 나올 것이니 그렇게 아시오"라고 말한 경우, 협박죄에 해당한다.

정선 핵심

① 협박죄의 객체 → 법인 ×

② 협박죄의 구성요건

　→ 해악고지의 방법 : 제3자로 하여금 해악을 가하도록 하겠다는 방식으로도 가능

③ 경찰서에 여러 차례 전화를 걸어 甲정당의 당사를 폭파하겠다는 말을 한 경우 → 협박죄 ×

④ 며칠 있으면 국세청에서 조사가 나올 것이니 그렇게 아시오라고 말한 경우 → 협박죄 ○

정선 해설

[❶ ▶ ×]　협박죄의 보호법익, 형법규정상 체계, 협박의 행위 개념 등에 비추어 볼 때, 협박죄는 자연인만을 그 대상으로 예정하고 있을 뿐 법인은 협박죄의 객체가 될 수 없다(대판 2010.7.15. 2010도1017).

[❷ ▶ ○] [❹ ▶ ○]　협박죄에 있어서의 협박이라 함은 사람으로 하여금 공포심을 일으킬 수 있을 정도의 해악을 고지하는 것을 의미하고, 행위자가 직접 해악을 가하겠다고 고지하는 것은 물론 제3자로 하여금 해악을 가하도록 하겠다는 방식으로도 해악의 고지는 가능한바, 고지자가 제3자의 행위를 사실상 지배하거나 제3자에게 영향을 미칠 수 있는 지위에 있는 것으로 믿게 하는 명시적·묵시적 언동을 하였거나 제3자의 행위가 고지자의 의사에 의하여 좌우될 수 있는 것으로 상대방이 인식한 경우에는 고지자가 직접 해악을 가하겠다고 고지한 것과 마찬가지의 행위로 평가할 수 있다(대판 2007.6.1. 2006도1125).

> 피고인이 피해자의 장모가 있는 자리에서 서류를 보이면서 "피고인의 요구를 들어주지 않으면 서류를 세무서로 보내 세무조사를 받게 하여 피해자를 망하게 하겠다"라고 말하여 피해자의 장모로 하여금 피해자에게 위와 같은 사실을 전하게 하고, 그 다음날 피해자의 처에게 전화를 하여 "며칠 있으면 국세청에서 조사가 나올 것이니 그렇게 아시오"라고 말한 경우, 위 각 행위는 협박죄에 있어서 해악의 고지에 해당한다고 한 사례(대판 2007.6.1. 2006도1125).

[❸ ▶ ○]　대판 2012.8.17. 2011도10451

답 ❶

협박의 죄에 대한 설명으로 옳은 것은?(다툼이 있는 경우 판례에 의함) `14` 국가9급

① 협박죄에서의 고의는 해악을 고지하여 상대방에게 공포심을 일게 할 의사 및 그 해악을 실현시킬 의사를 포함한다.

② 협박죄의 보호법익 및 형법 규정의 체계 등에 비추어 볼 때 법인은 협박행위의 객체가 될 수 없다.

③ 甲정당의 국회 예산안 강행처리에 화가 나서 경찰서에 전화를 걸어 경찰관에게 관할구역 내에 있는 甲정당의 당사를 폭파하겠다고 말한 행위는 공무집행방해죄뿐만 아니라 그 경찰관에 대한 협박죄를 구성한다.

④ 협박이란 그 상대방이 된 사람으로 하여금 공포심을 일게 하기에 충분한 정도의 해악을 고지하는 것으로서, 그 해악이 제3자의 법익을 침해하는 것을 내용으로 하는 때에는 협박죄가 성립될 여지가 없다.

정선
핵심

① 협박죄의 구성요건
→ 고의 : 해악을 고지한다는 것을 인식, 인용하는 것을 내용으로 하나 고지한 해악을 실제로 실현하겠다는 의도나 욕구 불요

② 협박죄의 객체 → 법인 ×

③ 경찰서에 여러 차례 전화를 걸어 甲정당의 당사를 폭파하겠다는 말을 한 경우 → 협박죄 ×

④ 해악의 상대방 → 피해자뿐만 아니라 제3자(자연인, 법인)도 포함

정선
해설

[❶ ▸ ×] 협박죄에 있어서의 협박이라 함은, 일반적으로 보아 사람으로 하여금 공포심을 일으킬 수 있는 정도의 해악을 고지하는 것을 의미하므로 그 주관적 구성요건으로서의 고의는 행위자가 그러한 정도의 해악을 고지한다는 것을 인식, 인용하는 것을 그 내용으로 하고 고지한 해악을 실제로 실현할 의도나 욕구는 필요로 하지 아니한다고 할 것이다(대판 2006.8.25. 2006도546).

[❷ ▸ ○] 대판 2010.7.15. 2010도1017

[❸ ▸ ×] 피고인은 甲 정당에 관한 해악을 고지한 것이므로 각 경찰관 개인에 관한 해악을 고지하였다고 할 수 없고, 다른 특별한 사정이 없는 한 일반적으로 甲 정당에 대한 해악의 고지가 각 경찰관 개인에게 공포심을 일으킬 만큼 서로 밀접한 관계에 있다고 보기 어려우므로 피고인의 행위는 각 경찰관에 대한 협박죄를 구성하지 아니한다(대판 2012.8.17. 2011도10451).

[❹ ▸ ×] 피해자 본인이나 그 친족뿐만 아니라 그 밖의 '제3자'에 대한 법익침해를 내용으로 하는 해악을 고지하는 것이라고 하더라도 피해자 본인과 제3자가 밀접한 관계에 있어 그 해악의 내용이 피해자 본인에게 공포심을 일으킬 만한 정도의 것이라면 협박죄가 성립할 수 있다. 이 때 '제3자'에는 자연인뿐만 아니라 법인도 포함된다 할 것이다(대판 2010.7.15. 2010도1017).

답 ❷

다음은 협박죄에 대한 설명이다. 옳지 않은 것은 모두 몇 개인가?(다툼이 있는 경우 판례에 의함)

13 경찰채용

ㄱ. 피고인이 혼자 술을 마시던 중 甲정당이 국회에서 예산안을 강행처리하였다는 것에 화가 나서 공중전화를 이용하여 경찰서에 여러 차례 전화를 걸어 전화를 받은 각 경찰관에게 경찰서 관할 구역 내에 있는 甲정당의 당사를 폭파하겠다는 말을 한 사안에서, 피고인의 행위는 각 경찰관에 대한 협박죄를 구성한다.

ㄴ. 협박죄는 자연인만을 그 대상으로 예정하고 있을 뿐 법인은 협박죄의 객체가 될 수 없다.

ㄷ. 제3자에 대한 법익침해를 내용으로 하는 해악을 고지하는 것이라고 하더라도 피해자 본인과 제3자가 밀접한 관계에 있어 그 해악의 내용이 피해자 본인에게 공포심을 일으킬 만한 정도의 것이라면 협박죄가 성립할 수 있다. 이때 제3자에는 자연인뿐만 아니라 법인도 포함된다.

ㄹ. 협박죄의 고의는 행위자가 해악을 고지한다는 것을 인식, 인용하는 것과 고지한 해악을 실제로 실현하겠다는 의도나 욕구가 필요하므로, 행위자의 언동이 단순한 감정적인 욕설 내지 일시적 분노의 표시에 불과하여 주위사정에 비추어 가해의 의사가 없음이 객관적으로 명백한 때에는 협박행위 내지 협박의 의사를 인정할 수 없다.

ㅁ. 협박죄는 사람의 의사결정의 자유를 보호법익으로 하는 위험범이라 봄이 상당하고, 협박죄의 미수범 처벌조항은 해악의 고지가 현실적으로 상대방에게 도달하지 아니한 경우나 도달은 하였으나 상대방이 이를 지각하지 못하였거나 고지된 해악의 의미를 인식하지 못한 경우 등에 적용될 뿐이다.

① 1개
② 2개
③ 3개
④ 4개

**정선
핵심**

ㄱ. 경찰서에 여러 차례 전화를 걸어 甲정당의 당사를 폭파하겠다는 말을 한 경우 → 협박죄 ×

ㄴ. 협박죄의 객체 → 법인 ×

ㄷ. 제3자(법인 포함)의 법익침해를 내용으로 하는 해악의 고지가 피해자에게 공포심을 일으킬 만한 정도 → 협박죄 ○

ㄹ. 협박죄의 구성요건
→ 고의 : 해악을 고지한다는 것을 인식, 인용하는 것을 내용으로 하나 고지한 해악을 실제로 실현하겠다는 의도나 욕구 불요

ㅁ. 협박죄의 미수 → 해악의 고지가 도달하지 아니한 경우나, 도달은 하였으나 지각하지 못하였거나 고지된 해악의 의미를 인식하지 못한 경우

**정선
해설**

[ㄱ ▸ ✕] 피고인은 甲 정당에 관한 해악을 고지한 것이므로 각 경찰관 개인에 관한 해악을 고지하였다고 할 수 없고, 다른 특별한 사정이 없는 한 일반적으로 甲 정당에 대한 해악의 고지가 각 경찰관 개인에게 공포심을 일으킬 만큼 서로 밀접한 관계에 있다고 보기 어려우므로 피고인의 행위는 각 경찰관에 대한 협박죄를 구성하지 아니한다(대판 2012.8.17. 2011도10451).

[ㄴ ▸ ○] 대판 2010.7.15. 2010도1017

[ㄷ ▸ ○] 대판 2010.7.15. 2010도1017

[ㄹ ▸ ✕] 협박죄에 있어서의 협박이라 함은, 일반적으로 보아 사람으로 하여금 공포심을 일으킬 수 있는 정도의 해악을 고지하는 것을 의미하므로 그 <u>주관적 구성요건으로서의 고의는 행위자가 그러한 정도의 해악을 고지한다는 것을 인식, 인용하는 것을 그 내용으로 하고 고지한 해악을 실제로 실현할 의도나 욕구는 필요로 하지 아니한다고 할 것이고</u>, 다만 행위자의 언동이 단순한 감정적인 욕설 내지 일시적 분노의 표시에 불과하여 주위사정에 비추어 가해의 의사가 없음이 객관적으로 명백한 때에는 협박행위 내지 협박의 의사를 인정할 수 없다 할 것이다(대판 2006.8.25. 2006도546).

피고인이 공소사실 기재 일시, 장소에서 자신의 동거남과 성관계를 가진 바 있던 피해자에게 "사람을 사서 쥐도 새도 모르게 파묻어 버리겠다. 너까지 것 쉽게 죽일 수 있다."라고 한 말에 관하여 이는 언성을 높이면서 말다툼으로 흥분한 나머지 단순히 감정적인 욕설 내지 일시적 분노의 표시를 한 것에 불과하고 해악을 고지한다는 인식을 갖고 한 것이라고 보기 어렵다(대판 2006.8.25. 2006도546).

[ㅁ ▶ ○] 대판 2007.9.28. 2007도606[전합]

답 ❷

043
□□□

협박죄에 대한 설명 중 가장 옳지 않은 것은?(다툼이 있는 경우 판례에 의함)

`19` 경찰간부

① 해악의 고지가 있다 하더라도 그것이 사회의 관습이나 윤리관념 등에 비추어 볼 때 사회통념상 용인할 수 있을 정도의 것이라면 협박죄는 성립하지 않는다.

② 제3자에 대한 법익침해를 내용으로 하는 해악을 고지하더라도 피해자 본인과 제3자가 밀접한 관계에 있어 그 해악의 내용이 피해자 본인에게 공포심을 일으킬 만한 정도의 것이라면 협박에 해당한다.

③ 협박죄는 사람의 의사결정의 자유를 보호법익으로 하는 위험범이라 봄이 상당하므로, 해악의 고지가 상대방에게 도달은 하였으나 상대방이 이를 지각하지 못하였거나 고지된 해악의 의미를 인식하지 못한 경우라도 협박죄의 기수를 인정할 수 있다.

④ 형법 제284조(특수협박죄)에 대하여는 형법 제283조 제3항(반의사불벌규정)이 적용되지 않는다.

정선 핵심

① 사회관습이나 윤리관념 등에 비추어 용인될 정도의 해악을 고지한 경우 → 협박죄 ×
② 해악의 상대방 → 피해자뿐만 아니라 제3자(자연인, 법인)도 포함
③ 해악의 고지가 도달은 하였으나 지각하지 못하였거나 해악의 의미를 인식하지 못한 경우 → 협박죄의 미수 ○
④ 특수협박죄 → 반의사불벌죄 ×

정선 해설

[❶ ▶ ○] 대판 2011.5.26. 2011도2412
[❷ ▶ ○] 피해자 본인이나 그 친족뿐만 아니라 그 밖의 '제3자'에 대한 법익침해를 내용으로 하는 해악을 고지하는 것이라고 하더라도 피해자 본인과 제3자가 밀접한 관계에 있어 그 해악의 내용이 피해자 본인에게 공포심을 일으킬 만한 정도의 것이라면 협박죄가 성립할 수 있다. 이 때 '제3자'에는 자연인뿐만 아니라 법인도 포함된다 할 것이다(대판 2010.7.15. 2010도1017).
[❸ ▶ ×] 협박죄는 사람의 의사결정의 자유를 보호법익으로 하는 위험범이라 봄이 상당하고, 협박죄의 미수범 처벌조항은 해악의 고지가 현실적으로 상대방에게 도달하지 아니한 경우나, 도달은 하였으나 상대방이 이를 지각하지 못하였거나 고지된 해악의 의미를 인식하지 못한 경우 등에 적용될 뿐이다(대판 2007.9.28. 2007도606[전합]).
[❹ ▶ ○] 협박죄와 존속협박죄는 반의사불벌죄이나 특수협박죄와 상습협박죄는 반의사불벌죄가 아니므로 반의사불벌규정(형법 제283조 제3항)이 적용되지 않는다.

답 ❸

01 채권추심회사의 지사장이 자신의 횡령행위에 대한 민·형사상책임을 모면하기 위하여 회사 본사에 '회사의 내부비리 등을 관계 기관에 고발하겠다'는 취지의 서면을 보내는 한편, 위 회사 대표이사의 처남으로서 경영지원본부장인 피해자 A에게 전화를 걸어 위 서면의 내용과 같은 취지로 발언한 경우 회사 본사와 A 모두에 대해서 협박죄가 성립한다. **20** 경찰승진 ○ㅣ×

02 피해자와 언쟁 중 "입을 찢어 버릴라"라고 한 말은 당시의 주위사정 등에 비추어 단순한 감정적인 욕설에 불과하고 피해자에게 해악을 가할 것을 고지한 행위라고 볼 수 없어 협박에 해당하지 않는다. **16** 경찰승진 ○ㅣ×

03 "앞으로 수박이 없어지면 네 책임으로 한다"는 말은 정당한 훈계의 범위를 벗어났으므로 해악의 고지에 해당하여 협박죄가 성립한다. **15** 경찰승진 ○ㅣ×

04 피고인이 피해자인 누나의 집에서 온 몸에 연소성이 높은 고무놀을 바르고 라이터 불을 켜는 동작을 하면서 이를 말리려는 피해자 등에게 가위, 송곳을 휘두르면서 '방에 불을 지르겠다', '가족 전부를 죽여 버리겠다'고 소리친 경우 피고인에게 협박의 고의가 있다. **14** 경찰승진 ○ㅣ×

05 甲은 乙녀에게 '자동차에 타라. 타지 않으면 가만있지 않겠다'고 협박하면서 乙녀를 자동차 뒷좌석에 강제로 밀어 넣고 자동차를 운전한 경우 감금죄 외에 협박죄는 성립되지 아니한다. **14** 경찰승진 ○ㅣ×

01 법인은 협박죄의 객체가 될 수 없으나, 위 회사 경영지원본부장이자 상무이사에 대한 협박는 인정된다(대판 2010.7.15. 2010도1017).

02 단순한 욕설에 지나지 않아 협박에 해당하지 않는다(대판 1986.7.22. 86도1140).

03 정당한 훈계의 범위를 벗어나는 것이 아니어서 사회상규에 위배되지 아니하므로 위법성이 없다(대판 1995.9.29. 94도2187).

04 대판 1991.5.10. 90도2102

05 대판 1982.6.22. 82도705

정답

01 × **02** ○ **03** × **04** ○
05 ○

제2관 | 강요의 죄

044
□□□

강요의 죄에 대한 설명 중 가장 적절한 것은?(다툼이 있는 경우 판례에 의함)

20 경찰승진

① 인질강요죄에서 강요의 상대방에 '인질'은 포함되지 않으며, 인질강요죄를 범한 자가 인질을 안전한 장소에 풀어준 때에는 그 형을 감경한다.

② 폭행 또는 협박으로 '법률상 의무 없는 일' 뿐만 아니라, '법률상 의무 있는 일'을 하게 한 경우에도 강요죄가 성립한다.

③ 환경단체 소속 회원들이 마치 단속의 권한이 있는 것처럼 축산농가들의 폐수배출 단속활동을 벌이면서, 폐수배출 현장을 사진촬영하거나 폐수배출 사실확인서를 징구하는 과정에서 이에 서명하지 아니하면 법에 저촉된다고 겁을 주는 등의 행위를 한 경우 강요죄에 해당한다.

④ 투자금 회수를 위해 피해자를 강요하여 물품대금을 횡령하였다는 자인서를 받아낸 뒤 이를 근거로 돈을 갈취한 경우에는 강요죄와 공갈죄의 실체적 경합이 된다.

**정선
핵심**

① 인질강요죄
 ···→ 강요의 상대방에 인질은 포함 ×
 ···→ 인질을 안전한 장소에 풀어준 경우 : 임의적 감경
② 폭행·협박으로 법률상 의무 있는 일을 하게 한 경우 → 폭행 또는 협박죄 ○
③ 환경단체 소속 회원들이 폐수배출 사실확인서를 징구하는 과정에서 겁을 주는 행위를 한 경우 → 강요죄
④ 물품대금을 횡령하였다는 자인서를 받아낸 뒤 돈을 갈취한 경우 → 공갈죄 ○

**정선
해설**

[❶ ▸ ×] 인질강요죄에서 강요의 상대방은 제3자를 의미하므로 인질에 대한 강요는 본죄에 해당하지 아니하며, 인질강요죄를 범한 자가 인질을 안전한 장소에 풀어준 때에는 그 형을 감경할 수 있다(형법 제324조의6).

[❷ ▸ ×] 대판 2008.5.15. 2008도1097

[❸ ▸ ○] 판례의 취지를 고려하면, 환경단체 소속 회원들에게는 폭처법 제2조 제2항 제2호의 공동강요죄가 성립할 것으로 보인다.

> 환경단체 소속 회원들이 축산 농가들의 폐수 배출 단속활동을 벌이면서 폐수 배출현장을 사진촬영하거나 지적하는 한편 폐수 배출사실을 확인하는 내용의 사실확인서를 징구하는 과정에서 서명하지 아니할 경우 법에 저촉된다고 겁을 주는 등 행한 일련의 행위는 '협박'에 의한 강요행위에 해당한다(대판 2010.4.29. 2007도7064).

[❹ ▸ ×] 피고인의 주된 범의가 피해자로부터 돈을 갈취하는 데에 있었던 것이라면 피고인은 단일한 공갈의 범의하에 갈취의 방법으로 일단 자인서를 작성케 한 후 이를 근거로 계속하여 갈취행위를 한 것으로 보아야 할 것이므로 위 행위는 포함하여 공갈죄 일죄만을 구성한다고 보아야 한다(대판 1985.6.25. 84도2083).

답 ❸

협박죄 및 강요죄에 대한 설명으로 옳지 않은 것은?(다툼이 있는 경우 판례에 의함)

20 국가7급

① 정보보안과 소속 경찰관이 자신의 지위를 내세우면서 타인의 민사분쟁에 개입하여 빨리 채무를 변제하지 않으면 상부에 보고하여 문제를 삼겠다고 말한 경우, 객관적으로 상대방이 공포심을 일으키기에 충분한 정도의 해악의 고지에는 해당하더라도 현실적으로 피해자가 공포심을 일으키지 않았다면 협박죄의 미수가 된다.

② 피고인이 혼자 술을 마시던 중 A정당이 국회에서 예산안을 강행처리하였다는 것에 화가 나서 공중전화를 이용하여 경찰서에 여러 차례 전화를 걸어 전화를 받은 각 경찰관에게 경찰서 관할구역 내에 있는 A정당의 당사를 폭파하겠다는 말을 한 경우, 특별한 사정이 없는 이상 각 경찰관에 대한 협박죄를 구성하지 아니한다.

③ 공무원인 행위자가 상대방에게 어떠한 이익 등의 제공을 요구하였더라도 그 과정에서 객관적으로 의사결정의 자유를 제한하거나 의사실행의 자유를 방해할 정도로 겁을 먹게 할 만한 해악의 고지가 있었다고 할 수 없다면, 직권남용이나 뇌물요구 등이 될 수는 있어도 협박을 요건으로 하는 강요죄가 성립하기는 어렵다.

④ 피고인이 투자금을 회수하기 위하여 피해자를 강요하여 물품대금을 횡령하였다는 자인서를 받아낸 뒤 이를 근거로 돈을 갈취한 경우, 주된 범의가 피해자로부터 돈을 갈취하는 데 있었던 것이라면 위 행위는 포괄하여 공갈죄 일죄만을 구성한다.

**정선
핵심**

① 정보보안과 경찰관이 채무를 변제하지 않으면 문제 삼겠다고 말하였으나 현실적으로 공포심을 일으키지 않은 경우 → 협박죄 ○

② 경찰서에 여러 차례 전화를 걸어 甲정당의 당사를 폭파하겠다는 말을 한 경우 → 협박죄 ×

③ 공무원이 이익의 제공을 요구하였더라도 해악의 고지가 없었던 경우 → 강요죄 ×

④ 물품대금을 횡령하였다는 자인서를 받아낸 뒤 돈을 갈취한 경우 → 공갈죄 ○

**정선
해설**

[❶ ▸ ×] 판례(대판 2007.9.28. 2007도606[전합])의 취지를 고려하면, 객관적으로 상대방이 공포심을 일으키기에 충분한 정도의 해악의 고지에 해당하므로 현실적으로 피해자가 공포심을 일으키지 않았다 하더라도 협박죄는 기수가 된다.

[❷ ▸ ○] 대판 2012.8.17. 2011도10451

[❸ ▸ ○] 공무원이 자신의 직무와 관련한 상대방에게 공무원 자신 또는 자신이 지정한 제3자를 위하여 재산적 이익 또는 일체의 유·무형의 이익 등을 제공할 것을 요구하고 상대방은 공무원의 지위에 따른 직무에 관하여 어떠한 이익을 기대하며 그에 대한 대가로서 요구에 응하였다면, <u>다른 사정이 없는 한 공무원의 위 요구 행위를 객관적으로 사람의 의사결정의 자유를 제한하거나 의사실행의 자유를 방해할 정도로 겁을 먹게 할 만한 해악의 고지라고 단정하기는 어렵다</u>(대판 2019.8.29. 2018도13792[전합]).

[❹ ▸ ○] 대판 1985.6.25. 84도2083

 답 ❶

01 상관이 직무수행을 태만히 하거나 지시사항을 불이행하고 허위보고 등을 한 부하에게 근무태도를 교정하고 직무수행을 감독하기 위하여 직무수행의 내역을 일지 형식으로 기재하여 보고하도록 명령하는 행위는 직무권한 범위 내에서 내린 정당한 명령이므로 부하는 명령을 실행할 법률상 의무가 있고, 명령을 실행하지 아니하는 경우 군인사법 제57조 제2항에서 정한 징계처분이 내려진다거나 그에 갈음하여 얼차려의 제재가 부과된다고 하여 그와 같은 명령이 형법 제324조의 강요죄를 구성한다고 볼 수 없다. **19** 해경채용 O | X

02 골프시설의 운영자가 골프회원에게 불리하게 변경된 내용의 회칙에 대하여 동의한다는 내용의 등록신청서를 제출하지 아니하면 회원으로 대우하지 아니하겠다고 통지한 것이 강요죄에 해당한다. **19** 해경채용 O | X

03 강요죄의 수단인 협박은 일반적으로 사람으로 하여금 공포심을 일으키게 하는 정도의 해악을 고지하는 것으로 그 방법은 통상 언어에 의하는 것이나 경우에 따라서 한마디 말도 없이 거동에 의하여서도 할 수 있다. **13** 경찰간부 O | X

01 대판 2012.11.29. 2010도1233

02 대판 2003.9.26. 2003도763

03 대판 2010.4.29. 2007도7064

정답

01 ○ **02** ○ **03** ○

046
□□□

감금죄에 대한 설명으로 가장 적절한 것은?(다툼이 있는 경우 판례에 의함) `18` 경찰채용

① 감금을 하기 위한 수단으로서 행사된 단순한 협박행위는 감금죄에 흡수되지 아니하고 따로 협박죄를 구성한다.
② 감금행위가 강간죄의 수단이 된 경우라면 그 감금행위는 강간죄에 흡수되어 별죄를 구성하지 아니하므로 감금죄와 강간죄의 상상적 경합이 성립할 여지는 없다.
③ 감금행위가 단순히 강도상해범행의 수단이 되는 데 그치지 아니하고 강도상해의 범행이 끝난 뒤에도 계속된 경우 그 감금행위는 강도상해죄에 흡수되지 아니하고 별죄를 구성하며 양 죄는 실체적 경합의 관계에 있다.
④ 중감금죄가 성립하려면 사람을 감금하여 생명에 대한 위험을 발생시켜야 한다.

**정선
핵심**

① 감금하기 위한 수단으로 협박한 경우 → 협박행위는 감금죄에 흡수
② 감금행위가 강간죄나 강도죄의 수단이 된 경우 → 감금죄와 강간죄나 강도죄의 상상적 경합 ○
③ 감금죄와 강도상해죄 → 실체적 경합 ○
④ 중감금죄 → 사람의 생명에 대한 구체적 위험 발생 불요

**정선
해설**

[❶ ▸ ✕] 감금을 하기 위한 수단으로서 행사된 단순한 협박행위는 감금죄에 흡수되어 따로 협박죄를 구성하지 아니한다(대판 1982.6.22. 82도705).
[❷ ▸ ✕] 판례의 취지를 고려하면, 감금행위가 강간죄의 수단이 된 경우라면 감금죄와 강간죄는 상상적 경합관계에 있다고 판단된다.

> 감금행위가 강간죄나 강도죄의 수단이 된 경우에도 감금죄는 강간죄나 강도죄에 흡수되지 아니하고 별죄를 구성한다(대판 1997.1.21. 96도2715).

[❸ ▸ ○] 대판 2003.1.10. 2002도4380
[❹ ▸ ✕] 중감금죄는 감금죄에 대해 불법이 가중된 가중적 구성요건으로서 사람의 생명·신체에 대한 구체적 위험이 발생할 것을 요하지 아니한다.

법령 중감금(형법 제277조) ① 사람을 체포 또는 감금하여 가혹한 행위를 가한 자는 7년 이하의 징역에 처한다.

 답 ❸

감금의 죄에 관한 설명 중 옳은 것을 모두 고른 것은?(다툼이 있는 경우 판례에 의함)

17 변시

> ㄱ. 정신병자도 감금죄의 객체가 될 수 있다.
> ㄴ. 감금행위가 단순히 강도상해 범행의 수단이 되는 데 그치지 아니하고 강도상해의 범행이 끝난 뒤에도 계속된 경우에는 감금죄와 강도상해죄가 성립하고, 두 죄는 실체적 경합범관계에 있다.
> ㄷ. 감금행위가 강간죄나 강도죄의 수단이 된 경우에도 감금죄는 강간이나 강도죄에 흡수되지 아니하고 별도로 성립한다.
> ㄹ. 경찰서 내 대기실로서 일반인과 면회인 및 경찰관이 수시로 출입하는 곳이고 여닫이문만 열면 나갈 수 있도록 된 구조라 하여도 경찰서 밖으로 나가지 못하도록 그 신체의 자유를 제한하는 유·무형의 억압이 있었다면 이는 감금에 해당한다.
> ㅁ. 감금을 하기 위한 수단으로 행사된 단순한 협박행위는 감금죄에 흡수되어 따로 협박죄를 구성하지 않는다.

① ㄱ, ㄴ
② ㄱ, ㄴ, ㄷ, ㄹ
③ ㄱ, ㄷ, ㄹ, ㅁ
④ ㄴ, ㄷ, ㄹ, ㅁ
⑤ ㄱ, ㄴ, ㄷ, ㄹ, ㅁ

**정선
핵심**

ㄱ. 정신병자 → 감금죄의 객체 ○
ㄴ. 감금죄와 강도상해죄 → 실체적 경합 ○
ㄷ. 감금행위가 강간죄나 강도죄의 수단이 된 경우 → 감금죄와 강간죄나 강도죄의 상상적 경합 ○
ㄹ. 경찰서를 나가지 못하도록 신체의 자유를 제한하는 유·무형의 억압이 있었던 경우 → 감금죄 ○
ㅁ. 감금하기 위한 수단으로 협박한 경우 → 협박행위는 감금죄에 흡수

**정선
해설**

[ㄱ ▸ ○] 정신병자도 감금죄의 객체가 될 수 있다(대판 2002.10.11. 2002도4315).
[ㄴ ▸ ○] 대판 2003.1.10. 2002도4380
[ㄷ ▸ ○] 판례의 취지를 고려하면, 감금행위가 강간죄의 수단이 된 경우라면 감금죄와 강간죄는 상상적 경합관계에 있다고 판단된다.

> 감금행위가 강간죄나 강도죄의 수단이 된 경우에도 감금죄는 강간죄나 강도죄에 흡수되지 아니하고 별죄를 구성한다(대판 1997.1.21. 96도2715).

[ㄹ ▸ ○] 경찰서 내 대기실로서 일반인과 면회인 및 경찰관이 수시로 출입하는 곳이고 여닫이문만 열면 나갈 수 있도록 된 구조라 하여도 경찰서 밖으로 나가지 못하도록 그 신체의 자유를 제한하는 유형, 무형의 억압이 있었다면 이는 감금에 해당한다(대판 1997.6.13. 97도877).
[ㅁ ▸ ○] 대판 1982.6.22. 82도705

답 ⑤

안심Touch

048
□□□

체포·감금의 죄에 대한 설명 중 옳고 그름의 표시(O, ×)가 바르게 된 것은?(다툼이 있는 경우 판례에 의함)

경찰승진

ㄱ. 감금행위가 강간죄나 강도죄의 수단이 된 경우에도 감금죄는 강간죄나 강도죄에 흡수되지 아니하고 별죄를 구성한다.
ㄴ. 감금하기 위한 수단으로 협박한 경우 협박행위는 감금죄에 흡수되어 별도의 죄를 구성하지 아니한다.
ㄷ. 중감금죄가 성립하기 위해서는 사람을 감금한 후 가혹행위를 하여 생명·신체에 대한 구체적 위험이 발생해야 한다.
ㄹ. 미성년자를 유인한 자가 계속하여 미성년자를 불법하게 감금한 경우 미성년자유인죄 외에 감금죄가 별도로 성립한다.

① ㄱ(O) ㄴ(O) ㄷ(×) ㄹ(O)
② ㄱ(O) ㄴ(×) ㄷ(O) ㄹ(×)
③ ㄱ(O) ㄴ(O) ㄷ(O) ㄹ(O)
④ ㄱ(×) ㄴ(O) ㄷ(×) ㄹ(O)

정선 핵심

ㄱ. 감금행위가 강간죄나 강도죄의 수단이 된 경우 → 감금죄와 강간죄나 강도죄의 상상적 경합 O
ㄴ. 감금하기 위한 수단으로 협박한 경우 → 협박행위는 감금죄에 흡수
ㄷ. 중감금죄 → 사람의 생명·신체에 대한 구체적 위험 발생 불요
ㄹ. 미성년자를 유인한 자가 계속하여 불법하게 감금한 경우 → 미성년자유인죄와 감금죄의 실체적 경합 O

정선 해설

[ㄱ▸O] 감금행위가 강간죄나 강도죄의 수단이 된 경우에도 감금죄는 강간죄나 강도죄에 흡수되지 아니하고 별죄를 구성한다(대판 1997.1.21. 96도2715).
[ㄴ▸O] 감금을 하기 위한 수단으로서 행사된 단순한 협박행위는 감금죄에 흡수되어 따로 협박죄를 구성하지 아니한다(대판 1982.6.22. 82도705).
[ㄷ▸×] 중감금죄는 감금죄에 대해 불법이 가중된 가중적 구성요건으로서 사람의 생명·신체에 대한 구체적 위험이 발생할 것을 요하지 아니한다.

 법령 **중감금(형법 제277조)** ① 사람을 체포 또는 감금하여 가혹한 행위를 가한 자는 7년 이하의 징역에 처한다.

[ㄹ▸O] 미성년자를 유인한 자가 계속하여 미성년자를 불법하게 감금하였을 때에는 미성년자유인죄 이외에 감금죄가 별도로 성립한다(대판 1998.5.26. 98도1036).

답 ❶

049 □□□ 다음 설명 중 가장 옳지 않은 것은?   20 법원9급

① 사람의 생명과 신체의 안전을 보호법익으로 하고 있는 형법의 해석으로는 규칙적인 진통을 동반하면서 분만이 개시된 때가 사람의 시기라고 봄이 타당하다.

② 태아를 사망에 이르게 하는 행위가 임산부 신체의 일부를 훼손하는 것이라거나 태아의 사망으로 인하여 그 태아를 양육, 출산하는 임산부의 생리적 기능이 침해되어 임산부에 대한 상해가 된다고 볼 수는 없다.

③ 직계존속인 피해자를 폭행하고, 상해를 가한 것이 존속에 대한 동일한 폭력습벽의 발현에 의한 것으로 인정되는 경우, 그중 법정형이 더 중한 상습존속상해죄에 나머지 행위들을 포괄시켜 하나의 죄만이 성립한다.

④ 감금을 하기 위한 수단으로서 행사된 협박행위는 비록 그것이 단순한 협박행위에 불과하다고 할지라도 감금죄와 별도로 협박죄를 구성한다.

정선 핵심

① 사람의 시기
　→ 진통설(분만개시설) : 통설·판례
② 태아를 사망에 이르게 하는 행위 → 임산부에 대한 상해 ×
③ 직계존속인 피해자를 폭행하고, 상해를 가한 것이 동일한 폭력습벽의 발현에 의한 것인 경우 → 상습존속상해죄
　○
④ 감금하기 위한 수단으로 협박한 경우 → 협박행위는 감금죄에 흡수

정선 해설

[❶ ▸ ○]　사람의 생명과 신체의 안전을 보호법익으로 하고 있는 형법의 해석으로는 규칙적인 진통을 동반하면서 분만이 개시된 때(소위 진통설 또는 분만개시설)가 사람의 시기라고 봄이 타당하다(대판 2007.6.29. 2005도3832).

[❷ ▸ ○]　대판 2007.6.29. 2005도3832

[❸ ▸ ○]　직계존속인 피해자를 폭행하고, 상해를 가한 것이 존속에 대한 동일한 폭력습벽의 발현에 의한 것으로 인정되는 경우, 그중 법정형이 더 중한 상습존속상해죄에 나머지 행위들을 포괄시켜 하나의 죄만이 성립한다(대판 2003.2.28. 2002도7335).

[❹ ▸ ×]　감금을 하기 위한 수단으로서 행사된 단순한 협박행위는 감금죄에 흡수되어 따로 협박죄를 구성하지 아니한다(대판 1982.6.22. 82도705).

답 ❹

체포와 감금의 죄에 대한 설명으로 옳은 것은?(다툼이 있는 경우 판례에 의함)

21 국가9급

① 강도계획 후에 피해자를 강제로 자신의 승용차에 태우고 가면서 돈을 빼앗고 상해를 가한 뒤에 계속하여 상당한 거리를 진행하여 가다가 교통사고를 일으켜 감금행위가 중단된 경우 감금죄와 강도상해죄의 실체적 경합범이 성립한다.

② 체포죄에서 체포의 수단과 방법은 불문하며, 체포의 고의로 타인의 신체적 활동의 자유를 현실적으로 침해하는 행위를 개시한 때 체포죄의 기수가 된다.

③ 미성년자를 유인한 자가 계속하여 미성년자를 불법하게 감금한 경우 감금죄는 성립하지 않고 미성년자유인죄만 성립한다.

④ 운전자가 피해자를 강제로 승용차에 태운 뒤 운전하여 가자 겁에 질린 피해자가 차에서 뛰어 내리다가 상해를 입은 경우 감금죄와 상해죄의 실체적 경합범이 성립한다.

**정선
핵심**

① 감금죄와 강도상해죄 → 실체적 경합 ○
② 체포죄의 실행의 착수 시기 → 체포의 고의로 신체적 활동의 자유를 현실적으로 침해하는 행위를 개시한 경우
③ 미성년자를 유인한 자가 계속하여 불법하게 감금한 경우 → 미성년자유인죄와 감금죄의 실체적 경합 ○
④ 감금죄와 감금치상죄 → 실체적 경합 ○

**정선
해설**

[**❶** ▸ ○] 대판 2003.1.10. 2002도4380
[**❷** ▸ ✕] 체포죄는 사람의 신체에 대하여 직접적이고 현실적인 구속을 가하여 신체활동의 자유를 박탈하는 죄로서, 그 실행의 착수 시기는 체포의 고의로 타인의 신체적 활동의 자유를 현실적으로 침해하는 행위를 개시한 때이다. 체포죄는 계속범으로서 체포의 행위에 확실히 사람의 신체의 자유를 구속한다고 인정할 수 있을 정도의 시간적 계속이 있어야 기수에 이르고, 신체의 자유에 대한 구속이 그와 같은 정도에 이르지 못하고 일시적인 것으로 그친 경우에는 체포죄의 미수범이 성립할 뿐이다(대판 2020.3.27. 2016도18713).
[**❸** ▸ ✕] 미성년자를 유인한 자가 계속하여 미성년자를 불법하게 감금하였을 때에는 미성년자유인죄 이외에 감금죄가 별도로 성립한다(대판 1998.5.26. 98도1036).
[**❹** ▸ ✕] 피해자를 강제로 승용차에 태운 뒤 운전하여 가자 겁에 질린 피해자가 차에서 뛰어 내리다가 상해를 입은 경우, 감금 및 감금치상죄가 인정된다(대판 2000.5.26. 2000도440).

답 **❶**

051
□□□

감금에 관한 죄에 대한 다음 설명 중 가장 틀린 것은?(다툼이 있는 경우 판례에 의함)

12 법원행시

① 감금죄에서 감금행위는 사람으로 하여금 일정한 장소 밖으로 나가지 못하도록 신체의 자유를 제한하는 행위를 가리키며 그 방법은 반드시 물리적인 장애를 사용하는 경우뿐만 아니라 무형적인 수단으로서 공포심에 의하여 나갈 수 없게 한 경우도 포함하고, 피해자가 그 장소에 자발적으로 가거나 그 장소가 잠겨있지 않아 출입할 수 있는 경우에도 감금죄가 성립한다.

② 감금죄가 성립하기 위하여 반드시 사람의 행동 자유를 전면적으로 박탈할 필요는 없고, 감금된 특정한 구역 범위 안에서 일정한 생활의 자유가 허용되어 있었다고 하더라도 사람이 특정한 구역에서 벗어나는 것을 불가능하게 하거나 매우 곤란하게 한 이상 감금죄의 성립에는 아무런 지장이 없다.

③ 미성년자를 유인한 피고인이 계속하여 미성년자를 불법감금하였을 때에는 미성년자유인죄 이외에 감금죄가 별도로 성립한다.

④ 인신구속에 관한 직무를 행하는 피고인이 피해자를 구속하기 위하여 진술조서 등을 허위로 작성한 후 검사와 영장전담판사를 기망하여 구속영장을 발부받아 피해자를 구금한 행위는 직권남용감금죄가 성립한다.

⑤ 피해자가 자동차에서 내릴 수 없는 상태에 있음을 이용하여 강간하려고 결의하고, 주행 중인 자동차에서 탈출 불가능하게 하여 외포케 하고 50km를 운행하여 여관 앞까지 강제연행한 후 강간하려다 미수에 그친 경우 감금죄는 강간미수죄와 실체적 경합관계에 있는 별죄를 구성한다.

정선 핵심

① 감금죄의 구성요건
  → 감금행위 : 물리적인 장애를 사용하는 경우뿐만 아니라 공포심에 의하여 나갈 수 없게 한 경우도 포함
  → 자발적으로 가거나 그 장소가 잠겨있지 않아 출입할 수 있는 경우에도 감금죄 ○
② 일정한 자유가 허용된 특정한 구역에서 벗어나는 것을 불가능·곤란하게 한 경우 → 감금죄 ○
③ 미성년자를 유인한 자가 계속하여 불법하게 감금한 경우 → 미성년자유인죄와 감금죄의 실체적 경합 ○
④ 선의의 검사와 영장전담판사를 기망하여 구속영장을 발부받은 후 피해자를 구금하게 한 경우 → 직권남용감금죄 ○
⑤ 감금죄와 강간미수죄 → 상상적 경합 ○

정선 해설

[❶ ▸ ○] 피고인의 협박과 폭행행위로 말미암아 야기된 공포심으로 피해자 일정장소 밖으로 나가지 못한 것이라면 가사 피해자가 처음에 그 장소에 간 것이 자발적인 것이고 또 그 장소에 시정장치 등 출입에 물리적인 장애사유가 없었다고 하여도 감금이 성립한다고 볼 것이다(대판 1985.6.25. 84도2083).

[❷ ▸ ○] 대판 1998.5.26. 98도1036

[❸ ▸ ○] 미성년자를 유인한 자가 계속하여 미성년자를 불법하게 감금하였을 때에는 미성년자유인죄 이외에 감금죄가 별도로 성립한다(대판 1998.5.26. 98도1036).

[❹ ▸ ○] 대판 2006.5.25. 2003도3945

[❺ ▸ ✕] 판례의 취지를 고려하면, 지문의 협박은 감금죄의 실행의 착수임과 동시에 강간미수죄의 실행의 착수라고 할 것이어서 감금죄는 강간미수죄와 상상적 경합관계에 있다.

> 피고인이 피해자가 자동차에서 내릴 수 없는 상태에 있음을 이용하여 강간하려고 결의하고, 주행 중인 자동차에서 탈출불가능하게 하여 외포케 하고 50킬로미터를 운행하여 여관 앞까지 강제연행한 후 강간하려다 미수에 그친 경우, 위 협박은 감금죄의 실행의 착수임과 동시에 강간미수죄의 실행의 착수라고 할 것이다(대판 1983.4.26. 83도323).

답 ❺

체포·감금죄에 대한 설명으로 가장 옳지 않은 것은?(다툼이 있는 경우 판례에 의함)

14 경찰간부

① 체포·감금죄는 행동의 자유와 의사를 가질 수 있는 자연인을 대상으로 하므로 정신병자나 영아는 본죄의 객체가 되지 못한다.

② 피고인의 협박과 폭행행위로 말미암아 야기된 공포심으로 피해자가 밖으로 나가지 못한 것이라면 피해자가 처음에 그 장소에 간 것이 자발적인 것이고 또 그 장소에 시정장치 등 출입에 물리적인 장애사유가 없었다고 하여도 감금이 성립한다.

③ 감금에 있어서의 사람의 행동의 자유의 박탈은 반드시 전면적이어야 할 필요가 없으므로 감금된 특정구역 내부에서 일정한 생활의 자유가 허용되어 있었다고 하더라도 감금죄는 성립한다.

④ 감금을 하기 위한 수단으로서 행사된 단순한 협박행위는 감금죄에 흡수되어 따로 협박죄를 구성하지 않는다.

정선 핵심

① 정신병자, 영아 → 체포·감금죄의 객체 ○

② 피해자가 그 장소에 간 것이 자발적인 것이고 출입에 물리적인 장애사유가 없는 경우 → 감금죄 ○

③ 감금된 특정구역 내부에서 일정한 생활의 자유가 허용되어 있었던 경우 → 감금죄 ○

④ 감금하기 위한 수단으로 협박한 경우 → 협박행위는 감금죄에 흡수

정선 해설

[❶ ▸ ✕] 잠재적인 자유를 가진 자라면 체포·감금죄의 객체가 될 수 있으므로 정신병자(대판 2002.10.11. 2002도4315)나 영아도 본죄의 객체가 될 수 있다고 보는 것이 타당하다.

[❷ ▸ ○] 피고인의 협박과 폭행행위로 말미암아 야기된 공포심으로 피해자 일정장소 밖으로 나가지 못한 것이라면 가사 피해자가 처음에 그 장소에 간 것이 자발적인 것이고 또 그 장소에 시정장치 등 출입에 물리적인 장애사유가 없었다고 하여도 감금이 성립한다고 볼 것이다(대판 1985.6.25. 84도2083).

[❸ ▸ ○] 감금죄가 성립하기 위하여 반드시 사람의 행동의 자유를 전면적으로 박탈할 필요는 없고, 감금된 특정한 구역 범위 안에서 일정한 생활의 자유가 허용되어 있었다고 하더라도 유형적이거나 무형적인 수단과 방법에 의하여 사람이 특정한 구역에서 벗어나는 것을 불가능하게 하거나 매우 곤란하게 한 이상 감금죄의 성립에는 아무런 지장이 없다(대판 1998.5.26. 98도1036).

[❹ ▸ ○] 대판 1982.6.22. 82도705

답 ❶

정선지문OX

01 수용시설에 수용 중인 부랑인들의 야간도주 방지를 위해 취침시간 중 출입문을 안에서 잠근 경우 감금죄가 성립하지 않는다.
  `18` 해경채용   O I X

02 피해자가 만약 도피하는 경우에는 생명, 신체에 심한 해를 당할지도 모른다는 공포감에서 도피하기를 단념하고 있는 상태 하에서 호텔로 데리고 가서 함께 유숙한 후 함께 항공기로 국외에 나간 행위는 감금 죄를 구성한다. `16` 경찰채용   O I X

03 정신병자의 어머니의 의뢰 및 승낙하에 그 감호를 위하여 그 보호실 문을 야간에 한하여 3일간 시정하여 출입을 못하게 한 감금행위는 그 병자의 신체의 안정과 보호를 의하여 사회통념상 부득이 한 조처 로서 수긍될 수 있는 것이면 위법성이 없다. `13` 경찰간부   O I X

01 대판 1988.11.8. 88도1580

02 대판 1991.8.27. 91도1604

03 대판 1980.2.12. 79도1349

정답
01 ○ **02** ○ **03** ○

053

약취와 유인의 죄에 대한 설명 중 옳지 않은 것은 모두 몇 개인가?(다툼이 있는 경우 판례에 의함)

`00` 경찰간부

> ㄱ. 형법은 추행 · 간음 · 영리목적의 약취 · 유인과 결혼목적 약취 · 유인의 법정형을 상이하게 규정하고 있다.
> ㄴ. 형법상 약취 · 유인의 죄는 모두 일정한 목적이 있는 경우에만 성립하는 목적범의 형태로 규정되어 있다.
> ㄷ. 미성년자를 약취 · 유인한 자가 그 미성년자를 안전한 장소로 풀어준 때에는 그 형을 감경하거나 면제할 수 있다.
> ㄹ. 미성년자약취 · 유인죄를 범할 목적으로 예비 · 음모한 경우, 세계주의 원칙에 따라 대한민국 영역 밖에서 이 죄를 범한 외국인에게도 대한민국 형법을 적용한다.

① 1개   ② 2개
③ 3개   ④ 4개

정선 핵심

ㄱ. 추행 · 간음 · 영리 · 결혼목적 약취 · 유인죄의 법정형 → 동일
ㄴ. 형법 제288조 제1항 내지 제3항의 범죄, 형법 제292조 제2항의 범죄 → 목적범 ○
ㄷ. 미성년자를 약취 · 유인한 자가 안전한 장소로 풀어준 경우 → 임의적 감경
ㄹ. 미성년자약취 · 유인예비 · 음모죄 → 외국인의 국외범에게 형법 적용 ×

정선 해설

[ㄱ ▸ ×] 형법 제288조 제1항 참조

> **법령**   추행 등 목적 약취, 유인 등(형법 제288조)   ① 추행, 간음, 결혼 또는 영리의 목적으로 사람을 약취 또는 유인한 사람은 1년 이상 10년 이하의 징역에 처한다.

[ㄴ ▸ ×] 형법상 약취 · 유인의 죄 중 형법 제288조 제1항 내지 제3항에 규정된 범죄, 형법 제292조 제2항의 범죄가 목적범에 해당한다.
[ㄷ ▸ ×] 미성년자약취 · 유인죄를 범한 사람이 약취, 유인된 사람을 안전한 장소로 풀어준 때에는 그 형을 감경할 수 있다(형법 제295조의2).
[ㄹ ▸ ×] 2013.4.5. 개정형법이 세계주의를 도입함에 따라 대한민국 영역 외에서 미성년자약취 · 유인죄를 범한 외국인에게도 우리 형법이 적용된다(형법 제296조의2). 다만, 예비 · 음모죄는 그러하지 아니하다.

답 ④

054
□□□

다음 중 甲에게 미성년자 약취·유인죄가 성립하는 것은 모두 몇 개인가?(다툼이 있는 경우 판례에 의함)

`19` 경찰간부

> ㄱ. 미성년자의 어머니가 교통사고로 사망하여 아버지 甲이 미성년자의 양육을 외조부에게 맡겼으나 교통사고 배상금 등으로 분쟁이 발생하자, 학교에서 귀가하는 미성년자를 甲이 본인의 의사에 반하여 강제로 차에 태우고 데려갔다.
> ㄴ. 甲은 미성년자 혼자 머무는 주거에 침입하여 강도범행을 하는 과정에서 미성년자와 그 부모에게 폭행·협박을 가하여 일시적으로 부모와의 보호관계가 사실상 침해·배제되었다.
> ㄷ. 甲은 자신의 교리설교에 속아 스스로 가출한 15세의 피해자를 보살피면서 '주의 일'(껌팔이) 등 행상을 시켰다.
> ㄹ. 甲이 자신의 4촌 매형의 가게에서 일하면서 숙식을 해결하는 미성년인 저능아를 제주도로 데리고 간 후 이 사실을 매형에게 숨기고 몇 개월 후 다시 데려왔다.

① 1개 ② 2개
③ 3개 ④ 4개

정선 핵심

미성년자 약취·유인죄의 성립 여부
ㄱ. 아버지가 외조부가 양육하던 미성년자를 그의 의사에 반하여 자신의 지배하에 옮긴 경우 → ○
ㄴ. 미성년자와 부모에게 폭행·협박을 가하여 일시적으로 부모와의 보호관계가 사실상 침해·배제된 경우 → ×
ㄷ. 스스로 가출한 피해자를 보살피면서 '주의 일'(껌팔이) 등 행상을 시킨 경우 → ○
ㄹ. 미성년인 저능아를 제주도로 데리고 간 후 몇 개월 후 다시 데려온 경우 → ○

정선 해설

[ㄱ ▸ ○] 대판 2008.1.31. 2007도8011
[ㄴ ▸ ×] 미성년자 혼자 머무는 주거에 침입하여 강도범행을 하는 과정에서 미성년자와 그 부모에게 폭행·협박을 가하여 일시적으로 부모와의 보호관계가 사실상 침해·배제되었더라도, 미성년자가 기존의 생활관계로부터 완전히 이탈되었다거나 새로운 생활관계가 형성되었다고 볼 수 없고 범인의 의도도 위와 같은 생활관계의 이탈이 아니라 단지 금품 강취를 위한 반항 억압에 있었다면, 형법 제287조의 미성년자약취죄가 성립하지 않는다(대판 2008.1.17. 2007도8485).
[ㄷ ▸ ○] 피해자가 스스로 가출하였다고는 하나 그것이 피고인의 독자적인 교리설교에 의하여 하자 있는 의사로써 이루어진 것이고, 동 피해자를 보호감독권자의 보호관계로부터 이탈시켜 피고인의 지배하에 옮긴 이상 미성년자유인죄가 성립한다(대판 1982.4.27. 82도186).

> **비교판례** 대판 1974.5.28. 74도840
> 미성년자의 아버지의 부탁으로 그 아이들을 보호하고 있는 자는 위 아이를 인도하라는 어머니의 요구를 거부하였다 하여 미성년자약취죄의 죄책을 진다고 볼 수 없다.

[ㄹ ▸ ○] 대판 1996.2.27. 95도2980

답 ❸

제1장 개인적 법익에 관한 죄 **63**

약취, 유인 및 인신매매의 죄에 대한 설명으로 적절한 것을 모두 고른 것은?(다툼이 있는 경우 판례에 의함)

`21` 경찰승진

ㄱ. 생후 약 13개월 된 자녀를 친부모가 함께 동거하면서 보호·양육하여 오던 중 친모가 어떠한 폭행, 협박이나 불법적인 사실상의 힘을 행사함이 없이 친부의 의사에 반하여 그 자녀를 주거지에서 데리고 나와 국외에 이송한 경우 보호 양육권의 남용에 해당하는 등 특별한 사정이 없다 하더라도 친모의 행위를 약취행위로 볼 수 있다.

ㄴ. 형법 제289조의 인신매매죄를 범할 목적으로 예비 또는 음모한 사람은 처벌한다.

ㄷ. 미성년자가 혼자 머무는 주거에 침입하여 그를 감금한 뒤 폭행 또는 협박에 의하여 부모의 출입을 봉쇄하거나, 미성년자와 부모가 거주하는 주거에 침입하여 부모만을 강제로 퇴거시키고 독자적인 생활관계를 형성하기에 이르렀다면 비록 장소적 이전이 없었다 할지라도 미성년자약취죄에 해당한다.

ㄹ. 형법 제287조 미성년자약취·유인죄는 대한민국 영역 밖에서 죄를 범한 외국인에게 적용되지 않는다.

① ㄱ, ㄴ ② ㄱ, ㄹ
③ ㄴ, ㄷ ④ ㄴ, ㄹ

**정선
핵심**

ㄱ. 친모가 친부의 의사에 반하여 생후 약 13개월 된 자녀를 국외에 이송한 경우 → 미성년자약취죄 ✕

ㄴ. 인신매매예비·음모죄 → 처벌규정 ○

ㄷ. 미성년자약취죄의 성립 여부

→ 미성년자가 혼자 머무는 주거에 침입하여 감금한 뒤 폭행·협박에 의하여 부모의 출입을 봉쇄한 경우 : ○

→ 미성년자와 부모가 거주하는 주거에 침입하여 부모만을 강제로 퇴거시키고 독자적인 생활관계를 형성하기에 이른 경우 : ○

ㄹ. 미성년자약취·유인죄 → 외국인의 국외범에게 형법 적용 ○

**정선
해설**

[ㄱ ▸ ✕]　미성년의 자녀를 부모가 함께 동거하면서 보호·양육하여 오던 중 부모의 일방이 상대방 부모나 그 자녀에게 어떠한 폭행, 협박이나 불법적인 사실상의 힘을 행사함이 없이 그 자녀를 데리고 종전의 거소를 벗어나 다른 곳으로 옮겨 자녀에 대한 보호·양육을 계속하였다면, 설령 이에 관하여 법원의 결정이나 상대방 부모의 동의를 얻지 아니하였다고 하더라도 그러한 행위에 대하여 곧바로 형법상 미성년자에 대한 약취죄의 성립을 인정할 수는 없다(대판 2013.6.20. 2010도14328[전합]).

[ㄴ ▸ ○]　형법 제296조 참조

 법령　예비, 음모(형법 제296조)　　제287조부터 제289조까지, 제290조 제1항, 제291조 제1항과 제292조 제1항의 죄를 범할 목적으로 예비 또는 음모한 사람은 3년 이하의 징역에 처한다.

[ㄷ ▸ ○]　미성년자가 혼자 머무는 주거에 침입하여 그를 감금한 뒤 폭행 또는 협박에 의하여 부모의 출입을 봉쇄하거나, 미성년자와 부모가 거주하는 주거에 침입하여 부모만을 강제로 퇴거시키고 독자적인 생활관계를 형성하기에 이르렀다면 비록 장소적 이전이 없었다 할지라도 형법 제287조의 미성년자약취죄에 해당함이 명백하지만, 강도범행을 하는 과정에서 혼자 주거에 머무르고 있는 미성년자를 체포·감금하거나 혹은 미성년자와 그의 부모를 함께 체포·감금, 또는 폭행·협박을 가하는 경우, 나아가 주거지에 침입하여 미성년자의 신체에 위해를 가할 것처럼 협박하여 부모로부터 금품을 강취하는 경우와 같이, 일시적으로 부모와의 보호관계가 사실상 침해·배제되었다 할지라도, 그 의도가 미성년자를 기존의 생활관계 및 보호관계로부터 이탈시키는 데 있었던 것이 아니라

단지 금품 강취를 위하여 반항을 제압하는 데 있었다거나 금품 강취를 위하여 고지한 해악의 대상이 그곳에 거주하는 미성년자였던 것에 불과하다면, 특별한 사정이 없는 한 미성년자를 약취한다는 범의를 인정하기 곤란할 뿐 아니라, 보통의 경우 시간적 간격이 짧아 그 주거지를 중심으로 영위되었던 기존의 생활관계로부터 완전히 이탈되었다고 평가하기도 곤란하다(대판 2008.1.17. 2007도8485).

[ㄹ ▸ ×]　2013.4.5. 개정형법은 세계주의를 도입하여 형법 제287조부터 제292조까지 및 제294조는 대한민국 영역 밖에서 죄를 범한 외국인에게도 적용한다고 규정하고 있으므로 대한민국 영역 외에서 미성년자약취·유인죄를 범한 외국인에게도 우리 형법이 적용된다.

답 ❸

056

15 경찰채용

약취와 유인의 죄에 관한 설명이다. 다음 중 가장 적절하지 않은 것은?(다툼이 있으면 판례에 의함)

① 미성년자를 유인한 자가 계속하여 미성년자를 불법하게 감금하였을 때에는 미성년자유인죄 이외에 감금죄가 별도로 성립한다.

② 약취행위는 피해자를 그 의사에 반하여 자유로운 생활관계 또는 보호관계로부터 범인이나 제3자의 사실상 지배하에 옮기는 행위를 말하는 것으로써 폭행 또는 협박을 수단으로 사용하는 경우에 그 폭행 또는 협박의 정도는 상대방을 실력적 지배하에 둘 수 있을 정도이면 족하고 반드시 상대방의 반항을 억압할 정도의 것임을 요하지는 아니한다.

③ 미성년자를 보호 감독하는 자라 하더라도 다른 보호 감독자의 감호권을 침해하거나 자신의 감호권을 남용하여 미성년자 본인의 이익을 침해하는 경우 미성년자 약취·유인죄의 주체가 될 수 있다.

④ 미성년자를 약취한 자가 그 미성년자를 안전한 장소에 풀어 주더라도 그 형을 감경할 수 없다.

정선 핵심

① 미성년자를 유인한 자가 계속하여 불법하게 감금한 경우 → 미성년자유인죄와 감금죄의 실체적 경합 ○

② 추행·간음·결혼·영리목적 약취·유인죄의 구성요건
　　→ 약취행위 : 폭행 또는 협박의 정도는 상대방의 반항을 억압할 정도의 것 불요

③ 보호감독자가 다른 보호감독자의 감호권을 침해하거나 감호권을 남용하는 경우 → 미성년자 약취·유인죄 ○

④ 약취한 미성년자를 안전한 장소에 풀어 준 경우 → 임의적 감경

정선 해설

[❶ ▸ ○]　대판 1998.5.26. 98도1036

[❷ ▸ ○]　형법 제288조에 규정된 약취행위는 피해자를 그 의사에 반하여 자유로운 생활관계 또는 보호관계로부터 범인이나 제3자의 사실상 지배하에 옮기는 행위를 말하는 것으로서, 폭행 또는 협박을 수단으로 사용하는 경우에 그 폭행 또는 협박의 정도는 상대방을 실력적 지배하에 둘 수 있을 정도이면 족하고 반드시 상대방의 반항을 억압할 정도의 것임을 요하지는 아니한다(대판 2009.7.9. 2009도3816).

[❸ ▸ ○]　대판 2008.1.31. 2007도8011

[❹ ▸ ×]　형법 제295조의2, 제287조 참조

> **형의 감경(형법 제295조의2)**　제287조부터 제290조까지, 제292조와 제294조의 죄를 범한 사람이 약취, 유인, 매매 또는 이송된 사람을 안전한 장소로 풀어준 때에는 그 형을 감경할 수 있다.
>
> **미성년자의 약취, 유인(형법 제287조)**　미성년자를 약취 또는 유인한 사람은 10년 이하의 징역에 처한다.

답 ❹

약취와 유인의 죄에 관한 설명 중 가장 적절하지 않은 것은?(다툼이 있으면 판례에 의함)

19 해경승진

① 베트남 국적 여성인 甲이 남편의 동의 없이 생후 13개월 된 자녀를 베트남의 친정으로 데려간 행위는 실력을 행사하여 자녀를 평온하던 종전의 보호·양육 상태에서 이탈시킨 것으로서 국외이송약취죄 및 피약취자국외이송죄에 해당한다.

② 미성년자유인죄라 함은 기망 또는 유혹을 수단으로 하여 미성년자를 꾀어 현재의 보호상태로부터 이탈하게 하여 자기 또는 제3자의 사실적 지배하로 옮기는 행위를 말한다.

③ 미성년자를 보호, 감독하는 자라 하더라도 다른 보호감독자의 감호권을 침해하거나 자신의 감호권을 남용하여 미성년자 본인의 이익을 침해하는 경우 미성년자 약취·유인죄의 주체가 될 수 있다.

④ 미성년자 혼자 머무는 주거에 침입하여 강도범행을 하는 과정에서 미성년자와 그 부모에게 폭행·협박을 가하여 일시적으로 부모와의 보호관계가 사실상 침해·배제된 경우 형법상 미성년자약취죄가 성립하지 않는다.

정선 핵심

① 베트남 국적 여성인 甲이 남편의 동의 없이 생후 13개월 된 자녀를 베트남으로 데려간 경우 → 국외이송약취죄 및 피약취자국외이송죄 ×

② 기망·유혹을 수단으로 하여 미성년자를 꾀어 보호상태로부터 이탈하게 하여 자기 또는 제3자의 사실적 지배하로 옮기는 경우 → 미성년자유인죄 ○

③ 보호감독자가 다른 보호감독자의 감호권을 침해하거나 감호권을 남용하는 경우 → 미성년자 약취·유인죄 ○

④ 일시적으로 부모와의 보호관계가 사실상 침해·배제된 경우 → 미성년자약취죄 ×

정선 해설

[❶ ▸ ×] 베트남 국적 여성인 피고인이 남편 甲의 의사에 반하여 생후 약 13개월 된 아들 乙을 주거지에서 데리고 나와 약취하고 이어서 베트남에 함께 입국한 경우, 피고인이 乙을 데리고 베트남으로 떠난 행위는 어떠한 실력을 행사하여 乙을 평온하던 종전의 보호·양육 상태로부터 이탈시킨 것이라기보다 친권자인 모(母)로서 출생 이후 줄곧 맡아왔던 乙에 대한 보호·양육을 계속 유지한 행위에 해당하여, 이를 폭행, 협박 또는 불법적인 사실상의 힘을 사용하여 乙을 자기 또는 제3자의 지배하에 옮긴 약취행위로 볼 수는 없으므로, 국외이송약취죄 및 피약취자국외이송죄는 성립하지 아니한다(대판 2013.6.20. 2010도14328[전합]).

[❷ ▸ ○] 미성년자유인죄라 함은 기망 또는 유혹을 수단으로 하여 미성년자를 꾀어 현재의 보호상태로부터 이탈케 하여 자기 또는 제3자의 사실적 지배하로 옮기는 행위를 말하고, 여기서의 유혹이라 함은 기망의 정도에는 이르지 아니하나 감언이설로써 상대방을 현혹시켜 판단의 적정을 그르치게 하는 것이므로 반드시 그 유혹의 내용이 허위일 것을 요하지는 않는다(대판 1996.2.27. 95도2980).

> **관련판례** 대판 1976.9.14. 76도2072
>
> 본죄의 범의는 피해자가 미성년자임을 알면서 유인행위에 대한 인식이 있으면 족하고 유인하는 행위가 피해자의 의사에 반하는 것까지 인식할 필요는 없으며 또 피해자가 하자있는 의사로 자유롭게 승락하였다 하더라도 본죄의 성립에 소장이 없다.

[❸ ▸ ○] 대판 2008.1.31. 2007도8011

[❹ ▸ ○] 대판 2008.1.17. 2007도8485

답 ❶

약취·유인 및 인신매매의 죄에 관한 다음 설명 중 가장 옳은 것은? 19 법원행시

① 미성년자가 유인에 의하여 스스로 가출한 경우, 가출에 관한 미성년자의 동의가 하자 있는 의사에 의하여 이루어진 경우에는 미성년자유인죄가 성립하나, 진의에 의한 동의가 있는 경우에는 보호자의 동의가 없더라도 미성년자유인죄가 성립하지 않는다.

② 미성년 자녀를 부모가 함께 동거하면서 보호·양육하여 오던 중 부모의 일방이 상대방 부모나 그 자녀에게 어떠한 폭행, 협박이나 불법적인 사실상의 힘을 행사함이 없이 그 자녀를 데리고 종전의 거소를 벗어나 다른 곳으로 옮겨 자녀에 대한 보호·양육을 계속한 경우, 이에 관하여 법원의 결정이나 상대방 부모의 동의를 얻지 아니하였다면 미성년자약취죄가 성립한다.

③ 미성년자가 혼자 머무는 주거에 침입하여 그를 감금한 뒤 폭행 또는 협박에 의하여 부모의 출입을 봉쇄하거나, 미성년자와 부모가 거주하는 주거에 침입하여 부모만을 강제로 퇴거시키고 독자적인 생활관계를 형성하기에 이르렀다면 비록 장소적 이전이 없었다 할지라도 미성년자약취죄에 해당한다.

④ 형법 제289조 제1항의 인신매매죄를 범한 사람이 매매된 사람을 안전한 장소로 풀어준 때에는 그 형을 감경하여야 한다.

⑤ 약취·유인 및 인신매매의 죄에 대하여는 속인주의가 적용되므로 대한민국 영역 내에서 위 죄를 범한 외국인에게는 우리나라 형법이 적용되나 대한민국 영역 밖에서 위 죄를 범한 외국인에게는 적용되지 않는다.

정선
핵심

①·②·③ 미성년자약취·유인죄의 성립 여부
 → 미성년자의 동의에 하자가 있는지 여부를 불문하고 유인에 의하여 가출한 경우 : ○
 → 법원의 결정이나 상대방 부모의 동의 없이 다른 곳으로 옮겨 자녀에 대한 보호·양육을 계속한 경우 : ×
 → 미성년자가 혼자 머무는 주거에 침입하여 감금한 뒤 폭행·협박에 의하여 부모의 출입을 봉쇄한 경우 : ○
 → 미성년자와 부모가 거주하는 주거에 침입하여 부모만을 강제로 퇴거시키고 독자적인 생활관계를 형성하기에 이른 경우 : ○
④ 인신매매죄를 범한 자가 매매된 사람을 안전한 장소로 풀어준 경우 → 임의적 감경 ○
⑤ 약취·유인 및 인신매매의 죄 → 외국인의 국외범에게 형법 적용 ○

정선
해설

[❶ ▶ ×] 판례의 취지를 고려하면, 가출에 관한 미성년자의 동의에 하자가 있는지 여부를 불문하고 미성년자유인죄가 성립한다.

> 피해자가 스스로 가출하였다고는 하나 그것이 피고인의 독자적인 교리설교에 의하여 하자 있는 의사로써 이루어진 것이고, 동 피해자를 보호감독권자의 보호관계로부터 이탈시켜 피고인의 지배하에 옮긴 이상 미성년자 유인죄가 성립한다(대판 1982.4.27. 82도186).

[❷ ▶ ×] 미성년의 자녀를 부모가 함께 동거하면서 보호·양육하여 오던 중 부모의 일방이 상대방 부모나 그 자녀에게 어떠한 폭행, 협박이나 불법적인 사실상의 힘을 행사함이 없이 그 자녀를 데리고 종전의 거소를 벗어나 다른 곳으로 옮겨 자녀에 대한 보호·양육을 계속하였다면, 설령 이에 관하여 법원의 결정이나 상대방 부모의 동의를 얻지 아니하였다고 하더라도 그러한 행위에 대하여 곧바로 형법상 미성년자에 대한 약취죄의 성립을 인정할 수는 없다(대판 2013.6.20. 2010도14328[전합]).

[❸ ▶ ○] 대판 2008.1.17. 2007도8485

[❹ ▶ ×] 인신매매죄를 범한 사람이 매매된 사람을 안전한 장소에 풀어준 때에는 그 형을 감경할 수 있다(형법 제295조의2, 제289조).

[❺ ▸ ✕] 대한민국 영역 내의 외국인이 약취·유인 및 인신매매의 죄를 범한 경우, 속지주의(형법 제2조)에 따라 우리나라 형법이 적용되고, 대한민국 영역 밖에서 이 죄를 범한 외국인에게는 세계주의(형법 제296조의2)에 따라 우리 형법이 적용되게 된다.

답 ❸

059
□□□

약취와 유인의 죄에 대한 설명으로 가장 적절한 것은?(다툼이 있는 경우 판례에 의함)

`21` 경찰채용

① 미성년의 자녀를 부모가 함께 동거하면서 보호·양육하여 오던 중 부모의 일방이 어떠한 폭행, 협박이나 불법적인 사실상의 힘을 행사함이 없이 그 자녀를 데리고 종전의 거소를 벗어나 양육환경이 더 나은 곳으로 옮겨 자녀에 대한 보호·양육을 계속한 경우에 상대방 부모의 동의가 없었다면 미성년자약취죄가 성립한다.

② 미성년자 혼자 머무는 주거에 침입하여 강도범행을 하는 과정에서 미성년자와 그 부모에게 폭행·협박을 가하여 일시적으로 부모와의 보호관계가 사실상 침해·배제된 경우에는 미성년자약취죄가 성립한다.

③ 약취행위는 피해자를 그 의사에 반하여 자유로운 생활관계 또는 보호관계로부터 범인이나 제3자의 사실상 지배하에 옮기는 행위를 말하며, 폭행 또는 협박을 수단으로 사용하는 경우에 그 폭행 또는 협박의 정도는 상대방을 실력적 지배하에 둘 수 있을 정도이면 족하고 반드시 상대방의 반항을 억압할 정도의 것임을 요하지는 아니한다.

④ 미성년자의 어머니가 교통사고로 사망하여 아버지가 미성년자의 양육을 외조부에게 맡겼으나, 교통사고 배상금 문제로 분쟁이 발생하자 아버지가 학교에서 귀가하는 미성년자를 그의 의사에 반하여 강제로 사실상 자신의 지배하에 옮긴 경우에는 미성년자약취죄가 성립하지 아니한다.

**정선
핵심**

미성년자약취죄의 성립 여부
① 상대방 부모의 동의 없이 양육환경이 더 나은 곳으로 옮겨 자녀에 대한 보호·양육을 계속한 경우 → ✕
② 미성년자와 부모에게 폭행·협박을 가하여 일시적으로 부모와의 보호관계가 사실상 침해·배제된 경우 → ✕
③ 추행·간음·결혼·영리목적 약취·유인죄의 구성요건
　→ 약취행위 : 폭행 또는 협박의 정도는 상대방의 반항을 억압할 정도의 것 불요
④ 아버지가 외조부가 양육하던 미성년자를 그의 의사에 반하여 자신의 지배하에 옮긴 경우 → ○

**정선
해설**

[❶ ▸ ✕]　미성년의 자녀를 부모가 함께 동거하면서 보호·양육하여 오던 중 부모의 일방이 상대방 부모나 그 자녀에게 어떠한 폭행, 협박이나 불법적인 사실상의 힘을 행사함이 없이 그 자녀를 데리고 종전의 거소를 벗어나 다른 곳으로 옮겨 자녀에 대한 보호·양육을 계속하였다면, 설령 이에 관하여 법원의 결정이나 상대방 부모의 동의를 얻지 아니하였다고 하더라도 그러한 행위에 대하여 곧바로 형법상 미성년자에 대한 약취죄의 성립을 인정할 수는 없다(대판 2013.6.20. 2010도14328[전합]).

[❷ ▸ ✕]　미성년자 혼자 머무는 주거에 침입하여 강도범행을 하는 과정에서 미성년자와 그 부모에게 폭행·협박을 가하여 일시적으로 부모와의 보호관계가 사실상 침해·배제되었더라도, <u>미성년자가 기존의 생활관계로부터 완전히 이탈되었다거나 새로운 생활관계가 형성되었다고 볼 수 없고 범인의 의도도 위와 같은 생활관계의 이탈이 아니라 단지 금품 강취를 위한 반항 억압에 있었다면</u>, 형법 제287조의 미성년자약취죄가 성립하지 않는다(대판 2008.1.17. 2007도8485).

[❸ ▸ ○]　대판 2009.7.9. 2009도3816

[**④ ▸ ×**] 미성년자를 보호감독하는 자라 하더라도 다른 보호감독자의 감호권을 침해하거나 자신의 감호권을 남용하여 미성년자 본인의 이익을 침해하는 경우에는 미성년자 약취·유인죄의 주체가 될 수 있다(대판 2008.1.31. 2007도8011).

답 ❸

060

다음 중 형법상 약취와 유인의 죄에 관한 설명으로 가장 옳지 않은 것은?　14 법원9급

① 미성년자를 약취한 자가 그 미성년자를 안전한 장소로 풀어 준 때에는 그 형을 감경할 수 있다.
② 국외이송을 위한 약취·유인죄의 경우 예비, 음모한 자도 징역 3년에 처해질 수 있다.
③ 2013.6.20. 결혼할 목적으로 사람을 약취한 자는 피약취자의 고소가 없더라도 처벌된다.
④ 베트남 국적 여성인 피고인이 남편의 동의 없이 생후 13개월 된 자녀를 베트남의 친정으로 데려간 행위는 실력을 행사하여 자녀를 평온하던 종전의 보호·양육 상태로부터 이탈시킨 것으로서 국외이송약취죄 및 피약취자국외이송죄에 해당한다.

**정선
핵심**

① 약취한 미성년자를 안전한 장소에 풀어 준 경우 → 임의적 감경
② 국외이송을 위한 약취·유인예비·음모죄 → 처벌규정 ○
③ 결혼목적 약취·유인죄 → 비친고죄로 개정되어 고소 없어도 처벌 가능
④ 베트남 국적 여성인 甲이 남편의 동의 없이 생후 13개월 된 자녀를 베트남으로 데려간 경우 → 국외이송약취죄 및 피약취자국외이송죄 ×

**정선
해설**

[**❶ ▸ ○**] 형법 제295조의2, 제287조
[**❷ ▸ ○**] 형법 제296조, 제288조 제3항 참조

> **법령**　예비, 음모(형법 제296조)　제287조부터 제289조까지, 제290조 제1항, 제291조 제1항과 제292조 제1항의 죄를 범할 목적으로 예비 또는 음모한 사람은 3년 이하의 징역에 처한다.
>
> 추행 등 목적 약취, 유인 등(형법 제288조)　③ 국외에 이송할 목적으로 사람을 약취 또는 유인하거나 약취 또는 유인된 사람을 국외에 이송한 사람도 제2항과 동일한 형으로 처벌한다.

[**❸ ▸ ○**] 결혼목적 약취·유인죄는 피약취자의 고소가 있어야 공소를 제기할 수 있는 친고죄로 규정되어 있었으나 2012.12.18. 형법개정에 의하여 구 형법 제296조를 삭제하여 고소 없이도 결혼목적 약취·유인죄로 처벌될 수 있다.
[**❹ ▸ ×**] 베트남 국적 여성인 피고인이 남편 甲의 의사에 반하여 생후 약 13개월 된 아들 乙을 주거지에서 데리고 나와 약취하고 이어서 베트남에 함께 입국한 경우, 피고인이 乙을 데리고 베트남으로 떠난 행위는 어떠한 실력을 행사하여 乙을 평온하던 종전의 보호·양육 상태로부터 이탈시킨 것이라기보다 <u>친권자인 모(母)로서 출생 이후 줄곧 맡아왔던 乙에 대한 보호·양육을 계속 유지한 행위에 해당</u>하여, 이를 폭행, 협박 또는 불법적인 사실상의 힘을 사용하여 乙을 자기 또는 제3자의 지배하에 옮긴 약취행위로 볼 수는 없으므로, 국외이송약취죄 및 피약취자국외이송죄는 성립하지 아니한다(대판 2013.6.20. 2010도14328[전합]).

답 ❹

약취·유인의 죄에 대한 다음 설명 중 가장 적절하지 않은 것은?(다툼이 있으면 판례에 의함)

16 경찰채용

① 피고인과 공범들이 미성년자를 보호·감독하고 있던 그 아버지의 감호권을 침해하여 그녀를 자신들의 사실상 지배하로 옮긴 이상 미성년자약취죄가 성립한다 할 것이고, 약취행위에 미성년자의 동의가 있었다 하더라도 본 죄의 성립에는 변함이 없다.

② 형법 제288조에 규정된 약취행위는 피해자를 그 의사에 반하여 자유로운 생활관계 또는 보호관계로부터 범인이나 제3자의 사실상 지배하에 옮기는 행위를 말하는 것으로서, 폭행 또는 협박을 수단으로 사용하는 경우에 그 폭행 또는 협박의 정도는 상대방을 실력적 지배하에 둘 수 있을 정도이면 족하고 반드시 상대방의 반항을 억압할 정도의 것임을 요하지는 않는다.

③ 형법 제288조 제1항의 영리목적 약취죄는 존속에 대한 범죄에 대하여 가중처벌규정을 두고 있다.

④ 미성년자가 혼자 머무는 주거에 침입하여 그를 감금한 뒤 폭행 또는 협박에 의하여 부모의 출입을 봉쇄하거나, 미성년자와 부모가 거주하는 주거에 침입하여 부모만을 강제로 퇴거시키고 독자적인 생활관계를 형성하기에 이르렀다면, 비록 장소적 이전이 없었다 할지라도 미성년자약취죄에 해당한다.

정선 핵심

① 미성년자의 동의가 있더라도 아버지의 감호권을 침해하여 자신들의 사실상 지배하로 옮긴 경우 → 미성년자약취죄 ○

② 약취행위의 폭행·협박의 정도 → 상대방의 반항을 억압할 정도 불요

③ 영리목적 약취죄 → 존속범죄에 대한 가중처벌규정 ×

④ 미성년자약취죄의 성립 여부
  ⋯▶ 미성년자가 혼자 머무는 주거에 침입하여 감금한 뒤 폭행·협박에 의하여 부모의 출입을 봉쇄한 경우 : ○
  ⋯▶ 미성년자와 부모가 거주하는 주거에 침입하여 부모만을 강제로 퇴거시키고 독자적인 생활관계를 형성하기에 이른 경우 : ○

정선 해설

[❶ ▶ ○] 피고인과 공범들이 미성년자를 보호·감독하고 있던 그 아버지의 감호권을 침해하여 그녀를 자신들의 사실상 지배하로 옮긴 이상 미성년자약취죄가 성립한다 할 것이고, 약취행위에 미성년자의 동의가 있었다 하더라도 본죄의 성립에는 변함이 없다(대판 2003.2.11. 2002도7115).

[❷ ▶ ○] 대판 1991.8.13. 91도1184

[❸ ▶ ×] 영리목적 약취죄(형법 제288조 제1항)는 존속에 대한 범죄에 대하여 가중처벌규정이 없다.

[❹ ▶ ○] 미성년자가 혼자 머무는 주거에 침입하여 그를 감금한 뒤 폭행 또는 협박에 의하여 부모의 출입을 봉쇄하거나, 미성년자와 부모가 거주하는 주거에 침입하여 부모만을 강제로 퇴거시키고 독자적인 생활관계를 형성하기에 이르렀다면 비록 장소적 이전이 없었다 할지라도 형법 제287조 소정의 미성년자약취죄에 해당함이 명백하다 할 것이다(대판 2008.1.17. 2007도8485).

탑 ❸

062

□□□

약취 · 유인 및 인신매매의 죄에 관한 설명 중 가장 적절한 것은?(다툼이 있는 경우 판례에 의함)

17 경찰승진

① 베트남 국적 여성인 피고인이 남편의 동의 없이 생후 13개월 된 자녀를 베트남에 있는 친정으로 데려간 행위는 실력을 행사하여 자녀를 평온하던 종전의 보호 · 양육 상태로부터 이탈시킨 것으로서 국외이송약취죄 및 피약취자국외이송죄에 해당한다.
② 약취의 경우에 폭행 · 협박의 정도는 상대방의 반항을 억압할 정도의 것임을 요한다.
③ 형법 제288조 제1항의 영리목적 약취죄는 존속에 대한 범죄에 대하여 가중처벌규정을 두고 있다.
④ 형법 제289조 제4항의 국외이송목적 인신매매 및 국외이송의 죄를 범한 사람이 매매 또는 이송된 사람을 안전한 장소로 풀어준 때에는 그 형을 감경할 수 있다.

정선 핵심

① 베트남 국적 여성이 남편의 동의 없이 생후 13개월 된 자녀를 베트남으로 데려간 경우 → 국외이송약취죄 및 피약취자국외이송죄 ×
② 추행 · 간음 · 결혼 · 영리목적 약취 · 유인죄의 구성요건
　→ 약취행위 : 폭행 또는 협박의 정도는 상대방의 반항을 억압할 정도의 것 불요
③ 영리목적 약취죄 → 존속범죄에 대한 가중처벌규정 ×
④ 국외이송목적 인신매매 및 국외이송의 죄를 범한 사람이 매매 또는 이송된 사람을 안전한 장소로 풀어준 경우 → 임의적 감경

정선 해설

[❶ ▶ ✕] 베트남 국적 여성인 피고인이 남편 甲의 의사에 반하여 생후 약 13개월 된 아들 乙을 주거지에서 데리고 나와 약취하고 이어서 베트남에 함께 입국한 경우, 피고인이 乙을 데리고 베트남으로 떠난 행위는 어떠한 실력을 행사하여 乙을 평온하던 종전의 보호 · 양육 상태로부터 이탈시킨 것이라기보다 <u>친권자인 모(母)로서 출생 이후 줄곧 맡아왔던 乙에 대한 보호 · 양육을 계속 유지한 행위에 해당하여, 이를 폭행, 협박 또는 불법적인 사실상의 힘을 사용하여 乙을 자기 또는 제3자의 지배하에 옮긴 약취행위로 볼 수는 없으므로</u>, 국외이송약취죄 및 피약취자국외이송죄는 성립하지 아니한다(대판 2013.6.20. 2010도14328[전합]).

[❷ ▶ ✕] 형법 제288조에 규정된 약취행위는 피해자를 그 의사에 반하여 자유로운 생활관계 또는 보호관계로부터 범인이나 제3자의 사실상 지배하에 옮기는 행위를 말하는 것으로서, 폭행 또는 협박을 수단으로 사용하는 경우에 그 폭행 또는 협박의 정도는 상대방을 실력적 지배하에 둘 수 있을 정도이면 족하고 반드시 상대방의 반항을 억압할 정도의 것임을 요하지는 아니한다(대판 1991.8.13. 91도1184).

[❸ ▶ ✕] 영리목적 약취죄(형법 제288조 제1항)는 존속에 대한 범죄에 대하여 가중처벌규정이 없다.

[❹ ▶ ○] 국외이송목적 인신매매 및 국외이송의 죄(형법 제289조 제4항)를 범한 사람이 매매 또는 이송된 사람을 안전한 장소로 풀어준 때에는 그 형을 감경할 수 있다(형법 제295조의2).

답 ❹

정선지문OX

01 약취와 유인의 죄, 인질강요죄, 인질강도죄에는 약취·유인·매매·이송된 자나 인질을 안전한 장소로 풀어준 때에는 형을 감경하는 규정이 있다. `13` 경찰승진 ○ | X

02 15세 된 가출소녀를 유혹하여 단란주점에 팔 생각으로 피해자에게 접근하여 취직자리를 찾아 주겠다고 속여 자신의 원룸 아파트에 유인하였다가 단란주점 주인과 약속장소로 가는 도중에 검거되었다면 미성년자유인죄의 미수에 해당한다. `15` 경찰승진 ○ | X

03 미성년자약취·유인죄의 입법취지는 심신의 발육이 불충분하고 지려와 경험이 풍부하지 못한 미성년자의 자유를 특별히 보호하자는 것이며, 부차적으로 보호자의 감독권도 보호하게 된다. `16` 경찰간부 ○ | X

01 인질강도죄(형법 제336조)는 인질강요죄와는 달리 해방감경규정이 적용되지 아니한다.

02 단란주점에 팔 생각으로 유인하였다면 목적달성 여부와는 관계없이 영리목적유인죄(형법 제288조 제1항)는 기수에 이르게 된다.

03 대판 2003.2.11. 2002도7115

정답

01 × **02** × **03** ○

063
☐☐☐

강간과 추행의 죄에 대한 설명으로 가장 적절하지 않은 것은?(다툼이 있는 경우 판례에 의함)

20 경찰채용

① 강간죄는 피해자의 항거를 불능하게 하거나 현저히 곤란하게 할 정도의 폭행 또는 협박을 개시한 때에 그 실행의 착수가 있다고 보아야 할 것이고, 실제로 그와 같은 폭행 또는 협박에 의하여 피해자의 항거가 불능하게 되거나 현저히 곤란하게 되어야만 실행의 착수가 있다고 볼 것은 아니다.

② 폭행 또는 협박으로 사람의 구강에 신체(성기는 제외한다)의 일부를 넣는 행위는 유사강간죄로 처벌한다.

③ 甲이 피해자가 심신상실 또는 항거불능의 상태에 있다고 인식하고 그러한 상태를 이용하여 간음할 의사로 피해자를 간음하였으나 피해자가 실제로는 심신상실 또는 항거불능의 상태에 있지 않은 경우에는 준강간죄의 불능미수가 성립한다.

④ 강간죄에서의 폭행·협박과 간음 사이에는 인과관계가 있어야 하나, 폭행·협박이 반드시 간음행위보다 선행되어야 하는 것은 아니다.

**정선
핵심**

① 강간죄의 실행의 착수 → 폭행·협박으로 실제로 항거불능 또는 현저히 곤란 불요
② 구강, 항문에 손가락 등 신체(성기는 제외)의 일부를 넣은 경우 → 유사강간죄 ×
③ 피해자가 심신상실 또는 항거불능의 상태에 있다고 오인하고 간음한 경우 → 준강간죄의 불능미수 ○
④ 강간죄의 구성요건
  ⋯→ 폭행·협박
    • 간음과 인과관계 필요
    • 간음행위보다 선행할 것 불요

**정선
해설**

[❶ ▸ ○] 대판 2000.6.9. 2000도1253
[❷ ▸ ×] 구강, 항문 등 신체(성기는 제외한다)의 내부에 성기를 넣었을 때 유사강간죄가 성립하므로 구강에 손가락 등 신체(성기는 제외한다)의 일부를 넣는 행위는 유사강간죄로 처벌되지 아니한다.

법령 유사강간(형법 제297조의2) 폭행 또는 협박으로 사람에 대하여 구강, 항문 등 신체(성기는 제외한다)의 내부에 성기를 넣거나 성기, 항문에 손가락 등 신체(성기는 제외한다)의 일부 또는 도구를 넣는 행위를 한 사람은 2년 이상의 유기징역에 처한다.

[❸ ▸ ○] 대판 2019.3.28. 2018도16002[전합]
[❹ ▸ ○] 강간죄에서의 폭행·협박과 간음 사이에는 인과관계가 있어야 하나, 폭행·협박이 반드시 간음행위보다 선행되어야 하는 것은 아니다(대판 2017.10.12. 2016도16948).

답 ❷

064 □□□ 강간과 추행의 죄에 대한 다음 설명 중 가장 적절하지 않은 것은?(다툼이 있는 경우 판례에 의함)

① 강간죄가 성립하기 위한 가해자의 폭행·협박이 있었는지 여부는 그 폭행·협박의 내용과 정도는 물론 유형력을 행사하게 된 경위, 피해자와의 관계, 성교 당시와 그 후의 정황 등 모든 사정을 종합하여 피해자가 성교 당시 처하였던 구체적인 상황을 기준으로 판단하여야 한다.

② 여성에 대한 추행에 있어 신체 부위에 따라 본질적인 차이가 있다고 볼 수는 없다.

③ 수면제와 같은 약물을 투약하여 피해자를 일시적으로 수면 또는 의식불명 상태에 이르게 한 경우에도 약물로 인하여 피해자의 건강상태가 불량하게 변경되고 생활기능에 장애가 초래되었다면 자연적으로 의식을 회복하거나 외부적으로 드러난 상처가 없더라도 이는 강간치상죄나 강제추행치상죄에서 말하는 상해에 해당한다.

④ 형법 제305조의 미성년자의제강제추행죄의 성립에 필요한 주관적 구성요건요소는 고의 외에 성욕을 자극·흥분·만족시키려는 주관적 동기나 목적까지 있어야 한다.

정선 핵심

① 강간죄의 구성요건
→ 폭행·협박 : 폭행·협박의 내용과 정도, 유형력을 행사하게 된 경위 등의 사정을 종합하여 구체적인 상황을 기준으로 판단
② 여성에 대한 추행 → 신체 부위에 따라 본질적인 차이 ×
③ 수면제와 같은 약물로 생활기능에 장애가 초래된 경우 → 강간치상죄의 상해 ○
④ 미성년자의제강제추행죄의 주관적 요소 → 성욕을 자극·흥분·만족시키려는 주관적 동기 불요

정선 해설

[**❶ ▸ O**] 강간죄가 성립하기 위한 가해자의 폭행·협박이 있었는지 여부는 그 폭행·협박의 내용과 정도는 물론 유형력을 행사하게 된 경위, 피해자와의 관계, 성교 당시와 그 후의 정황 등 모든 사정을 종합하여 피해자가 성교 당시 처하였던 구체적인 상황을 기준으로 판단하여야 하며, 사후적으로 보아 피해자가 성교 전에 범행현장을 벗어날 수 있었다거나 피해자가 사력을 다하여 반항하지 않았다는 사정만으로 가해자의 폭행·협박이 피해자의 항거를 현저히 곤란하게 할 정도에 이르지 않았다고 섣불리 단정하여서는 안 된다(대판 2012.7.12. 2012도4031).

[**❷ ▸ O**] 판례의 취지를 고려하면, 여성에 대한 추행은 신체 부위에 따라 본질적인 차이가 있다고 볼 수 없으므로 업무상 위력 등에 의한 추행죄(성폭력범죄의 처벌 등에 관한 특례법 제10조 제1항)가 성립될 수 있다.

> 직장 상사가 등 뒤에서 피해자의 의사에 명백히 반하여 어깨를 주무른 경우, 여성에 대한 추행에 있어 신체 부위에 따라 본질적인 차이가 있다고 볼 수 없으므로 추행에 해당한다(대판 2004.4.16. 2004도52).

[**❸ ▸ O**] 대판 2017.6.29. 2017도3196

[**❹ ▸ ✕**] 형법 제305조의 미성년자의제강제추행죄는 '13세 미만의 아동이 외부로부터의 부적절한 성적 자극이나 물리력의 행사가 없는 상태에서 심리적 장애 없이 성적 정체성 및 가치관을 형성할 권익'을 보호법익으로 하는 것으로서, 그 성립에 필요한 주관적 구성요건요소는 고의만으로 충분하고, 그 외에 성욕을 자극·흥분·만족시키려는 주관적 동기나 목적까지 있어야 하는 것은 아니다(대판 2006.1.13. 2005도6791).

답 ❹

065

□□□

강간과 추행의 죄에 대한 설명으로 적절하지 않은 것을 모두 고른 것은?(다툼이 있는 경우 판례에 의함)

21 경찰승진

> ㄱ. 폭행 또는 협박으로 사람에 대하여 구강, 항문에 손가락 등 신체(성기는 제외한다)의 일부 또는 도구를 넣는 행위를 한 사람은 형법 제297조의2 유사강간죄로 처벌한다.
> ㄴ. 폭행에 대한 보복의 의미에서 피해자의 입술, 귀, 유두, 가슴 등을 입으로 깨문 피고인의 행위는 강제추행죄의 '추행'에 해당한다.
> ㄷ. 강간죄에서의 폭행·협박과 간음 사이에는 인과관계가 있어야 하나, 폭행·협박이 반드시 간음행위보다 선행되어야 하는 것은 아니다.
> ㄹ. 강제추행죄는 사람의 성적 자유 내지 성적 자기결정의 자유를 보호하기 위한 죄로서 정범 자신이 직접 범죄를 실행하여야 성립하는 자수범이라고 볼 수는 없으나, 강제추행에 관한 간접정범의 의사를 실현하는 도구로서의 타인에 피해자 본인은 포함될 수 없다.

① ㄱ, ㄴ   ② ㄱ, ㄹ

③ ㄴ, ㄷ   ④ ㄴ, ㄹ

**정선
핵심**

ㄱ. 구강, 항문에 손가락 등 신체(성기는 제외)의 일부 또는 도구를 넣은 경우 → 유사강간죄 ✕
ㄴ. 보복의 의미에서 입술 등을 깨무는 등의 행위를 한 경우 → 추행 ○
ㄷ. 강간죄의 구성요건
  ⋯ 폭행·협박
    • 간음과 인과관계 필요
    • 간음행위보다 선행할 것 불요
ㄹ. 처벌되지 아니하는 피해자인 타인을 도구로 삼아 강제로 추행하는 경우 → 강제추행죄의 간접정범 ○

**정선
해설**

[ㄱ ▸ ✕] 구강, 항문 등 신체(성기는 제외한다)의 내부에 성기를 넣었을 때 유사강간죄가 성립하므로 구강, 항문에 손가락 등 신체(성기는 제외한다)의 일부 또는 도구를 넣는 행위를 한 사람은 유사강간죄로 처벌되지 아니한다.

> **유사강간(형법 제297조의2)**   폭행 또는 협박으로 사람에 대하여 구강, 항문 등 신체(성기는 제외한다)의 내부에 성기를 넣거나 성기, 항문에 손가락 등 신체(성기는 제외한다)의 일부 또는 도구를 넣는 행위를 한 사람은 2년 이상의 유기징역에 처한다.

[ㄴ ▸ ○] 대판 2013.9.26. 2013도5856

[ㄷ ▸ ○] 강간죄에서의 폭행·협박과 간음 사이에는 인과관계가 있어야 하나, 폭행·협박이 반드시 간음행위보다 선행되어야 하는 것은 아니다(대판 2017.10.12. 2016도16948).

[ㄹ ▸ ✕] 강제추행죄는 사람의 성적 자유 내지 성적 자기결정의 자유를 보호하기 위한 죄로서 정범 자신이 직접 범죄를 실행하여야 성립하는 자수범이라고 볼 수 없으므로, 처벌되지 아니하는 타인을 도구로 삼아 피해자를 강제로 추행하는 간접정범의 형태로도 범할 수 있다. 여기서 강제추행에 관한 간접정범의 의사를 실현하는 도구로서의 타인에는 피해자도 포함될 수 있으므로, 피해자를 도구로 삼아 피해자의 신체를 이용하여 추행행위를 한 경우에도 강제추행죄의 간접정범에 해당할 수 있다(대판 2018.2.8. 2016도17733).

답 ❷

강간과 추행의 죄에 대한 설명으로 옳은 것을 모두 고른 것은?(다툼이 있는 경우 판례에 의함)

ㄱ. 성인 甲은 스마트폰 채팅을 통하여 알게 된 A(14세)에게 자신을 '고등학생 乙'이라고 속여 채팅을 통해 교제하던 중 스토킹하는 여성 때문에 힘들다며 그 여성을 떼어내려면 자신의 선배와 성관계를 하여야 한다는 취지로 A에게 이야기하고, 甲과 헤어지는 것이 두려워 이를 승낙한 A를 마치 자신이 乙의 선배인 것처럼 행세하여 간음한 경우, A가 간음행위와 불가분적 관련성이 인정되지 않는 다른 조건에 관하여 甲에게 속았던 것이기에 甲은 아동·청소년의 성보호에 관한 법률 위반죄(위계등간음)로 처벌되지 아니한다.

ㄴ. 피해자가 깊은 잠에 빠져 있거나 술·약물 등에 의해 일시적으로 의식을 잃은 상태 또는 완전히 의식을 잃지는 않았더라도 그와 같은 사유로 정상적인 판단능력과 대응·조절능력을 행사할 수 없는 상태에 있었다면 이는 준강간죄 또는 준강제추행죄에서의 심신상실 또는 항거불능상태에 해당한다.

ㄷ. 성폭력범죄의 처벌 등에 관한 특례법 제10조 제1항에서 정한 '업무, 고용이나 그 밖의 관계로 인하여 자기의 보호, 감독을 받는 사람'에는 직장 안에서 보호 또는 감독을 받거나 사실상 보호 또는 감독을 받는 상황에 있는 사람뿐만 아니라 채용 절차에서 영향력의 범위 안에 있는 사람도 포함된다.

ㄹ. 형법 제302조의 미성년자는 '13세 이상 19세 미만의 사람'을 의미하고, 심신미약자는 '정신기능의 장애로 인하여 사물을 변별하거나 의사를 결정할 능력이 미약한 사람'을 의미한다.

ㅁ. 甲이 A를 강간할 목적으로 자고 있는 A의 가슴과 엉덩이를 만지다가 A가 깨어 소리치자 도망간 경우에는 강간의 실행의 착수가 인정되지 않아 甲의 행위는 현행 형법 상 범죄로 처벌할 수 없다.

① ㄱ, ㄴ, ㄷ 　　　　　　② ㄴ, ㄷ, ㄹ
③ ㄴ, ㄹ, ㅁ 　　　　　　④ ㄷ, ㄹ, ㅁ

정선
핵심

ㄱ. 고등학생으로 속인 피고인이 자신이 고등학생의 선배인 것처럼 행세하여 스마트폰 채팅을 통하여 알게 된 피해자와 간음한 경우 → 아동·청소년의 성보호에 관한 법률 위반죄(위계등간음) ○
ㄴ. 준강간죄 또는 준강제추행죄의 구성요건
　→ 심신상실 또는 항거불능상태 : 정상적인 판단능력과 대응·조절능력을 행사할 수 없는 상태
ㄷ. 업무상 위력 등에 의한 추행죄의 구성요건
　→ 업무, 고용 등의 관계로 인하여 자기의 보호, 감독을 받는 사람 : 직장 안에서 또는 사실상 보호, 감독을 받는 사람과 채용 절차에서 영향력의 범위 안에 있는 사람도 포함
ㄹ. 미성년자 등에 대한 간음죄의 구성요건
　→ 미성년자 : 13세 이상 19세 미만의 사람
　→ 심신미약자 : 정신기능의 장애로 인하여 사물을 변별하거나 의사를 결정할 능력이 미약한 사람
ㅁ. 피해자의 가슴과 엉덩이를 만지며 간음을 기도한 경우 → 강간죄의 실행의 착수 ×

정선
해설

[ㄱ ▸ ×] 14세에 불과한 아동·청소년인 피해자는 36세 피고인에게 속아 자신이 갑의 선배와 성관계를 하는 것만이 갑을 스토킹하는 여성을 떼어내고 갑과 연인관계를 지속할 수 있는 방법이라고 오인하여 갑의 선배로 가장한 피고인과 성관계를 하였고, 피해자가 위와 같은 오인에 빠지지 않았다면 피고인과의 성행위에 응하지 않았을 것인데, 피해자가 오인한 상황은 피해자가 피고인과의 성행위를 결심하게 된 중요한 동기가 된 것으로 보이고, 이를 자발적이고 진지한 성적 자기결정권의 행사에 따른 것이라고 보기 어려우므로, <u>피고인은 간음의 목적으로 피해자에게 오인, 착각, 부지를 일으키고 피해자의 그러한 심적 상태를 이용하여 피해자를 간음한 것이어서 이러한 피고인의 간음행위는 위계에 의한 것이라고 평가할 수 있다</u>(대판 2020.8.27. 2015도9436[전합]).

[ㄴ ▸ ○] 준강간죄에서 '심신상실'이란 정신기능의 장애로 인하여 성적 행위에 대한 정상적인 판단능력이 없는 상태를 의미하고, '항거불능'의 상태란 심신상실 이외의 원인으로 심리적 또는 물리적으로 반항이 절대적으로 불가능하거나 현저히 곤란한 경우를 의미한다. 이는 준강제추행죄의 경우에도 마찬가지이다. <u>피해자가 깊은 잠에 빠져 있거나 술·약물 등에 의해 일시적으로 의식을 잃은 상태 또는 완전히 의식을 잃지는 않았더라도 그와 같은 사유로 정상적인 판단능력과 대응·조절능력을 행사할 수 없는 상태에 있었다면 준강간죄 또는 준강제추행죄에서의 심신상실 또는 항거불능상태에 해당한다</u>(대판 2021.2.4. 2018도9781).

[ㄷ ▸ ○] 대판 2020.7.9. 2020도5646

[ㄹ ▸ ○] 대판 2019.6.13. 2019도3341

[ㅁ ▸ ×] 강간죄의 실행의 착수가 있었다고 하려면 강간의 수단으로서 폭행이나 협박을 한 사실이 있어야 할 터인데 피고인이 강간할 목적으로 피해자의 집에 침입하였다 하더라도 안방에 들어가 누워 자고 있는 피해자의 가슴과 엉덩이를 만지면서 간음을 기도하였다는 사실만으로는 강간의 수단으로 피해자에게 폭행이나 협박을 개시하였다고 하기는 어렵다(대판 1990.5.25. 90도607).

답 ❷

067

강제추행죄에 관한 다음 설명 중 가장 옳지 않은 것은?　　19 법원9급

① 추행이라 함은 객관적으로 일반인에게 성적 수치심이나 혐오감을 일으키게 하고 선량한 성적 도덕관념에 반하는 행위로서 피해자의 성적 자유를 침해하는 일체의 행위를 말한다.

② 강제추행은 피해자의 신체에 대해 물리적 접촉이 없더라도 피해자의 나이, 행위 당시의 객관적 상황 등에 비추어 인정될 수 있으므로, 어떠한 신체 접촉도 없이 사람이나 차량의 왕래가 빈번한 도로에서 여성인 피해자에게 욕설을 하면서 자신의 바지를 벗어 성기를 보여 준 행위는 강제추행죄를 구성한다.

③ 강제추행죄는 폭행행위 자체가 추행행위라고 인정되는 경우에도 성립하고, 이 경우에 있어서의 폭행은 반드시 상대방의 의사를 억압할 정도의 것임을 요하지 않고 상대방의 의사에 반하는 유형력의 행사가 있는 이상 그 힘의 대소강약을 불문한다.

④ 강제추행죄의 성립에 필요한 주관적 구성요건으로 성욕을 자극·흥분·만족시키려는 주관적 동기나 목적이 있어야 하는 것은 아니므로, 머리채를 잡아 폭행을 가하는 여성인 피해자에 대한 보복의 의미에서 그 피해자의 입술, 귀, 유두, 가슴을 입으로 깨무는 등의 행위는 추행에 해당하는 것으로 평가할 수 있고, 강제추행에 관한 고의도 인정할 수 있다.

정선 핵심

① 추행 → 피해자의 성적 자유를 침해하는 일체의 행위

② 피해자에게 욕설을 하면서 신체 접촉 없이 바지를 벗어 성기를 보여 준 경우 → 강제추행죄 ×

③ 강제추행죄의 구성요건
⤷ 폭행행위
　• 폭행행위 자체가 추행행위라고 인정되는 경우도 포함
　• 상대방의 의사를 억압할 정도의 것을 요하지 않고 힘의 대소강약 불문

④ 보복의 의미에서 입술 등을 깨무는 등의 행위를 한 경우 → 추행 ○

정선 해설

[❶ ▸ ○] 대판 2013.9.26. 2013도5856

[❷ ▸ ×] 피고인이 피해자 甲(여, 48세)에게 욕설을 하면서 자신의 바지를 벗어 성기를 보여 주는 방법으로 강제추행하였다는 내용으로 기소된 경우, 제반 사정을 고려하면, <u>단순히 피고인이 바지를 벗어 자신의 성기를 보여 준 것만으로는 폭행 또는 협박으로 '추행'을 하였다고 볼 수 없다</u>(대판 2012.7.26. 2011도8805).

[❹ ▸ ○] 피고인의 행위는, 비록 피해자가 피고인의 머리채를 잡아 폭행을 가하자 이에 대한 보복의 의미에서 한 행위로서 성욕을 자극·흥분·만족시키려는 주관적 동기나 목적이 없었다고 하더라도, 객관적으로 여성인 피해자의 입술, 귀, 유두, 가슴을 입으로 깨무는 등의 행위는 일반적이고도 평균적인 사람으로 하여금 성적 수치심이나 혐오감을 일으키게 하고 신량한 성적 도덕관념에 반하는 행위에 해당하고, 그로 인하여 피해자의 성적 자유를 침해하였다고 봄이 타당하다 할 것이므로, 강제추행죄의 '추행'에 해당한다고 평가할 수 있다. 나아가 추행행위의 행태와 당시의 정황 등에 비추어 볼 때 피고인의 범의도 인정할 수 있다(대판 2013.9.26. 2013도5856).

답 ❷

068

추행행위에 관한 다음 설명 중 가장 옳지 않은 것은?(아래 답 항에서 A는 남성, B는 여성임)

20 법원행시

① 강제추행죄는 상대방에 대하여 폭행 또는 협박을 가하여 항거를 곤란하게 한 뒤에 추행행위를 하는 경우뿐만 아니라 폭행행위 자체가 추행행위라고 인정되는 이른바 기습추행의 경우도 포함된다. 특히 기습추행의 경우 추행행위와 동시에 저질러지는 폭행행위는 반드시 상대방의 의사를 억압할 정도의 것임을 요하지 않고 상대방의 의사에 반하는 유형력의 행사가 있기만 하면 그 힘의 대소강약을 불문한다.

② 프랜차이즈 회사를 운영하는 A가 그 가맹점에서 근무하는 B를 비롯한 직원들과 회식을 하던 중 B를 자신의 옆자리에 앉힌 후 B에게 귓속말로 '일하는 것 어렵지 않냐. 힘든 것 있으면 말하라'고 하면서 갑자기 B의 볼에 입을 맞추고, 이에 놀란 B가 '하지 마세요'라고 하였음에도, 계속하여 '괜찮다. 힘든 것 있으면 말해라. 무슨 일이든 해결해 줄 수 있다'고 하면서 오른손으로 B의 오른쪽 허벅지를 쓰다듬은 행위는 강제추행에 해당한다.

③ A가 B 등을 협박하여 겁을 먹은 B 등으로 하여금 어쩔 수 없이 나체나 속옷만 입은 상태가 되게 하여 스스로를 촬영하게 하거나, 성기에 이물질을 삽입하거나 자위를 하는 등의 행위를 하게 하였다면, 이러한 행위는 B 등을 도구로 삼아 B 등의 신체를 이용하여 그 성적 자유를 침해한 행위로서, A가 직접 위와 같은 행위들을 하지 않았다거나 B 등의 신체에 대한 직접적인 접촉이 없었다고 하더라도 강제추행의 범죄를 실현한 것으로 평가할 수 있다.

④ 교사 A가 제자인 중학생 B의 얼굴에 자신의 얼굴을 들이밀면서 비비는 행위나 B의 귀를 쓸어만지는 행위는 B의 성적 자유를 침해할 뿐만 아니라 일반인에게도 성적 수치심이나 혐오감을 일으키게 하는 추행행위에 해당한다.

⑤ A가 자신의 집무실에서 아침 보고를 하는 자신의 비서 B에게 '이쁘다'고 칭찬하며 B의 허리를 손으로 껴안는 방법으로 포옹하고, 같은 날 퇴근 보고를 하는 B에게 '학원에 태워줄까'라고 하면서 양손으로 B를 포옹하였더라도, 성적 수치심이나 혐오감을 일으키게 하는 추행행위에 해당한다고 보기 어렵다.

정선 핵심

① 강제추행죄의 구성요건
   ⤷ 폭행행위
      • 폭행행위 자체가 추행행위라고 인정되는 경우도 포함
      • 상대방의 의사를 억압할 정도의 것을 요하지 않고 힘의 대소강약 불문
② 피해자의 의사에 반하여 허벅지를 쓰다듬은 경우 → 강제추행죄 ○
③ 피고인이 성적 자유를 침해하는 행위를 하였으나 피고인이 직접 이런 행위를 하지 않았거나 피해자의 신체에 대한 직접적인 접촉이 없는 경우 → 강제추행죄의 간접정범 ○

④ 중학생제자의 얼굴에 자신의 얼굴을 비비거나 귀를 쓸어 만지는 경우 → 추행행위 ○
⑤ 비서에게 '이쁘다'고 칭찬하며 허리를 손으로 껴안아 포옹한 경우 → 추행행위 ○

정선
해설

[❶ ▸ ○] [❷ ▸ ○] 대판 2020.3.26. 2019도15994
[❸ ▸ ○] 강제추행죄는 사람의 성적 자유 내지 성적 자기결정의 자유를 보호하기 위한 죄로서 정범 자신이 직접 범죄를 실행하여야 성립하는 자수범이라고 볼 수 없으므로, 피해자를 도구로 삼아 피해자의 신체를 이용하여 추행행위를 한 경우에도 강제추행죄의 간접정범에 해당할 수 있다. 따라서 원심이 확정한 사실관계에 의하더라도, 피고인의 행위 중 위와 같은 행위들은 피해자들을 이용하여 강제추행의 범죄를 실현한 것으로 평가할 수 있고, 피고인이 직접 위와 같은 행위들을 하지 않았다거나 피해자들의 신체에 대한 직접적인 접촉이 없었다고 하더라도 달리 볼 것은 아니다(대판 2018.2.8. 2016도17733).
[❹ ▸ ○] 대판 2015.11.12. 2012도8767
[❺ ▸ ×] A가 자신의 집무실에서 아침 보고를 하는 자신의 비서 B에게 '이쁘다'고 칭찬하며 B의 허리를 손으로 껴안는 방법으로 포옹하고, 같은 날 퇴근 보고를 하는 B에게 '학원에 태워줄까'라고 하면서 양손으로 B를 포옹하였더라도, 성적 수치심이나 혐오감을 일으키게 하는 추행행위에 해당한다(대판 2019.9.26. 2019도8583).

답 ❺

069
☐☐☐

강간과 추행의 죄에 대한 아래 ㄱ.부터 ㄹ.까지의 설명 중 옳고 그름의 표시(○, ×)가 모두 바르게 된 것은?(다툼이 있는 경우 판례에 의함) 21 경찰채용

> ㄱ. 강간과 추행의 죄에서 말하는 '성적 자유'는 적극적으로 성행위를 할 수 있는 자유가 아니라 소극적으로 원치 않는 성행위를 하지 않을 자유를 말하고, '성적 자기결정권'은 성행위를 할 것인가 여부, 성행위를 할 때 그 상대방을 누구로 할 것인가 여부, 성행위의 방법 등을 스스로 결정할 수 있는 권리를 의미한다.
> ㄴ. 강제추행죄는 자수범이라고 볼 수 없으므로 처벌되지 아니하는 타인을 도구로 삼아 피해자를 강제로 추행하는 간접정범의 형태로도 범할 수 있으나, 여기에서의 강제추행에 관한 간접정범의 의사를 실현하는 도구로서의 타인에는 피해자가 포함되지 않는다.
> ㄷ. 위계에 의한 간음죄에서 행위자의 위계적 언동이 존재하였다는 사정만으로 위계에 의한 간음죄가 성립하는 것은 아니고, 위계적 언동의 내용 중에 피해자가 성행위를 결심하게 된 중요한 동기를 이룰 만한 사정이 포함되어 있어 피해자의 자발적인 성적 자기결정권의 행사가 없었다고 평가할 수 있어야 한다.
> ㄹ. '미성년자 또는 심신미약자에 대하여 위계 또는 위력으로써 간음 또는 추행'한 자를 처벌하는 형법 제302조는, 미성년자나 심신미약자와 같이 판단능력이나 대처능력이 일반인에 비하여 낮은 사람은 낮은 정도의 유·무형력의 행사에 의해서도 저항을 제대로 하지 못하고 피해를 입을 가능성이 있기 때문에 그 범죄의 성립요건을 강간죄나 강제추행죄보다 완화된 형태로 규정한 것이다.

① ㄱ(○) ㄴ(×) ㄷ(○) ㄹ(○)
② ㄱ(○) ㄴ(×) ㄷ(○) ㄹ(×)
③ ㄱ(○) ㄴ(○) ㄷ(×) ㄹ(○)
④ ㄱ(×) ㄴ(○) ㄷ(×) ㄹ(×)

ㄱ. 강간과 추행의 죄의 보호법익
  → 성적 자유 : 소극적으로 원치 않는 성행위를 하지 않을 자유
  → 성적 자기결정권 : 성행위 여부와 상대방, 성행위의 방법 등을 결정할 수 있는 권리
ㄴ. 처벌되지 아니하는 피해자인 타인을 도구로 삼아 강제로 추행하는 경우 → 강제추행죄의 간접정범 ○
ㄷ. 위계적 인통으로 피해자의 진밀직인 성적 지기결정권의 행사가 없었다고 평가할 수 있는 경우 → 위계에 의한 간음죄 ○
ㄹ. 미성년자 등에 대한 간음죄 → 판단능력이나 대처능력이 낮은 사람을 보호하기 위하여 범죄의 성립요건을
  강간죄나 강제추행죄보다 완화된 형태로 규정

[ㄱ ▸ ○] [ㄹ ▸ ○] 형법은 제2편 제32장에서 '강간과 추행의 죄'를 규정하고 있는데, 이 장에 규정된 죄는
모두 개인의 성적 자유 또는 성적 자기결정권을 침해하는 것을 내용으로 한다. 여기에서 '성적 자유'는 적극적으로
성행위를 할 수 있는 자유가 아니라 소극적으로 원치 않는 성행위를 하지 않을 자유를 말하고, '성적 자기결정권'은
성행위를 할 것인가 여부, 성행위를 할 때 상대방을 누구로 할 것인가 여부, 성행위의 방법 등을 스스로 결정할 수
있는 권리를 의미한다.❶ 형법 제32장의 죄의 기본적 구성요건은 강간죄(제297조)나 강제추행죄(제298조)인데,
이 죄는 미성년자나 심신미약자와 같이 판단능력이나 대처능력이 일반인에 비하여 낮은 사람은 낮은 정도의 유·무
형력의 행사에 의해서도 저항을 제대로 하지 못하고 피해를 입을 가능성이 있기 때문에 범죄의 성립요건을 보다
완화된 형태로 규정한 것이다❷(대판 2019.6.13. 2019도3341).

> 피고인은 피해자에게 필로폰을 제공하여, 약물로 인해 사물을 변별하거나 의사를 결정할 능력이 미약한 상태에
> 빠진 피해자가 제대로 저항하거나 거부하지 못한다는 사정을 이용하여 피해자를 추행하기로 마음먹고, 화장실에
> 서 샤워를 하고 있던 피해자에게 다가가 피해자에게 자신의 성기를 입으로 빨게 하고, 피해자의 항문에 성기를
> 넣기 위해 피해자를 뒤로 돌아 엎드리게 한 다음, 피해자의 항문에 손가락을 넣고, 샤워기 호스의 헤드를 분리하
> 여 그 호스를 피해자의 항문에 꽂아 넣은 후 물을 주입한 경우, 피고인에게는 위력에 의한 심신미약자추행죄가
> 성립한다(대판 2019.6.13. 2019도3341).

[ㄴ ▸ ✕] 강제추행죄는 사람의 성적 자유 내지 성적 자기결정의 자유를 보호하기 위한 죄로서 정범 자신이
직접 범죄를 실행하여야 성립하는 자수범이라고 볼 수 없으므로, 처벌되지 아니하는 타인을 도구로 삼아 피해자를
강제로 추행하는 간접정범의 형태로도 범할 수 있다. 여기서 강제추행에 관한 간접정범의 의사를 실현하는 도구로서
의 타인에는 피해자도 포함될 수 있으므로, 피해자를 도구로 삼아 피해자의 신체를 이용하여 추행행위를 한 경우에도
강제추행죄의 간접정범에 해당할 수 있다(대판 2018.2.8. 2016도17733).
[ㄷ ▸ ○] 대판 2020.8.27. 2015도9436[전합]

답 ❶

강간과 추행의 죄에 관한 다음 설명 중 가장 옳지 않은 것은?

① 추행의 고의로 상대방의 의사에 반하는 유형력의 행사, 즉 폭행행위를 하여 그 실행행위에 착수하였으나 추행의 결과에 이르지 못한 때에는 강제추행미수죄가 성립하나, 이러한 법리는 폭행행위 자체가 추행행위라고 인정되는 이른바 '기습추행'의 경우에는 적용되지 않는다.

② 강간죄에서의 폭행·협박과 간음 사이에는 인과관계가 있어야 하나, 폭행·협박이 반드시 간음행위보다 선행되어야 하는 것은 아니다.

③ 가해자가 폭행을 수반함이 없이 오직 협박만을 수단으로 피해자를 간음 또는 추행한 경우에도 그 협박의 정도가 피해자의 항거를 불가능하게 하거나 현저히 곤란하게 할 정도의 것(강간죄)이거나 또는 피해자의 항거를 곤란하게 할 정도의 것(강제추행죄)이면 강간죄 또는 강제추행죄가 성립하고, 협박과 간음 또는 추행 사이에 시간적 간격이 있더라도 협박에 의하여 간음 또는 추행이 이루어진 것으로 인정될 수 있다면 달리 볼 것은 아니다.

④ 강간이 미수에 그친 경우라도 그 수단이 된 폭행에 의하여 피해자가 상해를 입었으면 강간치상죄가 성립하고, 미수에 그친 것이 피고인이 자의로 실행에 착수한 행위를 중지한 경우이든 실행에 착수하여 행위를 종료하지 못한 경우이든 가리지 않는다.

⑤ 강간죄는 부녀를 간음하기 위하여 피해자의 항거를 불능하게 하거나 현저히 곤란하게 할 정도의 폭행 또는 협박을 개시한 때에 그 실행의 착수가 있다고 보아야 하고, 실제로 그와 같은 폭행 또는 협박에 의하여 피해자의 항거가 불능하게 되거나 현저히 곤란하게 되어야만 실행의 착수가 있다고 볼 것은 아니다.

**정선
핵심**

① 강제추행미수죄의 법리 → 기습추행의 경우에도 적용
② 강간죄의 구성요건
  ↳ 폭행·협박
    • 간음과 인과관계 필요
    • 간음행위보다 선행할 것 불요
③ 협박과 간음·추행 사이에 시간적 간격이 있으나 협박에 의하여 간음·추행이 이루어진 경우 → 강간죄, 강제추행죄 ○
④ 강간이 미수에 그쳤으나 피해자가 상해를 입은 경우 → 강간치상죄 ○
⑤ 강간죄의 실행의 착수 → 폭행·협박으로 실제로 항거불능 또는 현저히 곤란 불요

**정선
해설**

[❶ ▸ ×] 추행의 고의로 상대방의 의사에 반하는 유형력의 행사, 즉 폭행행위를 하여 실행행위에 착수하였으나 추행의 결과에 이르지 못한 때에는 강제추행미수죄가 성립하며, 이러한 법리는 폭행행위 자체가 추행행위라고 인정되는 이른바 '기습추행'의 경우에도 마찬가지로 적용된다(대판 2015.9.10. 2015도6980).

[❷ ▸ ○] 대판 2017.10.12. 2016도16948

[❸ ▸ ○] 가해자가 폭행을 수반함이 없이 오직 협박만을 수단으로 피해자를 간음 또는 추행한 경우에도 그 협박의 정도가 피해자의 항거를 불가능하게 하거나 현저히 곤란하게 할 정도의 것(강간죄)이거나 또는 피해자의 항거를 곤란하게 할 정도의 것(강제추행죄)이면 강간죄 또는 강제추행죄가 성립하고, 협박과 간음 또는 추행 사이에 시간적 간격이 있더라도 협박에 의하여 간음 또는 추행이 이루어진 것으로 인정될 수 있다면 달리 볼 것은 아니다(대판 2007.1.25. 2006도5979).

[❹ ▸ ○] 대판 1988.11.8. 88도1628

[❺ ▸ ○] 강간죄는 부녀를 간음하기 위하여 피해자의 항거를 불능하게 하거나 현저히 곤란하게 할 정도의 폭행 또는 협박을 개시한 때에 그 실행의 착수가 있다고 보아야 할 것이고, 실제로 그와 같은 폭행 또는 협박에 의하여 피해자의 항거가 불능하게 되거나 현저히 곤란하게 되어야만 실행의 착수가 있다고 볼 것은 아니다(대판 2000.6.9. 2000도1253).

답 ❶

다음 중 가장 옳지 않은 것은?　　　　20 법원9급

① 혼인관계가 파탄된 경우뿐만 아니라 혼인관계가 실질적으로 유지되고 있는 법률상의 처도 강간죄의 객체가 된다.

② 강간죄에서의 폭행·협박과 간음 사이에는 인과관계가 있어야 하므로, 폭행·협박이 반드시 간음행위보다 선행되어야 한다.

③ 피고인이 강간할 목적으로 피해자의 집에 침입하였다 하더라도 안방에 들어가 누워 자고 있는 피해자의 가슴과 엉덩이를 만지면서 간음을 기도하였다는 사실만으로는 강간의 수단으로 피해자에게 폭행이나 협박을 개시하였다고 볼 수 없다.

④ 협박과 간음 또는 추행 사이에 시간적 간격이 있더라도 협박에 의하여 간음 또는 추행이 이루어진 것으로 인정될 수 있다면 강간죄 또는 강제추행죄가 성립한다.

정선 핵심

① 혼인관계가 실질적으로 유지되고 있는 법률상의 처 → 강간죄의 객체 ○

② 강간죄의 구성요건
　⋯▶ 폭행·협박
　　• 간음과 인과관계 필요
　　• 간음행위보다 선행할 것 불요

③ 피해자의 가슴과 엉덩이를 만지면서 간음을 기도한 경우 → 강간죄의 실행의 착수 ×

④ 협박과 간음·추행 사이에 시간적 간격이 있으나 협박에 의하여 간음·추행이 이루어진 경우 → 강간죄, 강제추행죄 ○

정선 해설

[❶ ▸ ○] 대판 2013.5.16. 2012도14788

[❷ ▸ ×] 강간죄에서의 폭행·협박과 간음 사이에는 인과관계가 있어야 하나, 폭행·협박이 반드시 간음행위보다 선행되어야 하는 것은 아니다(대판 2017.10.12. 2016도16948).

[❸ ▸ ○] 대판 1990.5.25. 90도607

[❹ ▸ ○] 가해자가 폭행을 수반함이 없이 오직 협박만을 수단으로 피해자를 간음 또는 추행한 경우에도 그 협박의 정도가 피해자의 항거를 불가능하게 하거나 현저히 곤란하게 할 정도의 것(강간죄)이거나 또는 피해자의 항거를 곤란하게 할 정도의 것(강제추행죄)이면 강간죄 또는 강제추행죄가 성립하고, 협박과 간음 또는 추행 사이에 시간적 간격이 있더라도 협박에 의하여 간음 또는 추행이 이루어진 것으로 인정될 수 있다면 달리 볼 것은 아니다(대판 2007.1.25. 2006도5979).

답 ❷

강제추행의 죄에 대한 설명으로 옳지 않은 것은?(다툼이 있는 경우 판례에 의함)

20 국가9급

① 엘리베이터 안에서 피해자들을 칼로 위협하여 자신의 실력적인 지배하에 둔 다음 피해자들에게 자신의 자위행위 모습을 보여 주고 이를 외면하거나 피할 수 없게 한 행위는 강제추행에 해당한다.

② 강제추행죄는 폭행행위 자체가 추행행위라고 인정되는 경우도 포함하며, 이 경우의 폭행은 반드시 상대방의 의사를 억압할 정도의 것임을 요하지 않고 상대방의 의사에 반하는 유형력의 행사가 있는 이상 그 힘의 대소강약을 불문한다.

③ 밤에 혼자 걸어가는 피해자(여, 17세)를 추행의 고의로 뒤따라가다가 갑자기 껴안으려 하였으나 피해자가 뒤돌아보면서 소리치는 바람에 몸을 껴안는 추행의 결과에 이르지 못하고 행위자의 팔이 피해자의 몸에 닿지 않은 경우, 아동·청소년에 대한 강제추행미수죄에 해당하지 않는다.

④ 강제추행죄의 성립에 필요한 주관적 구성요건으로 성욕을 자극·흥분·만족시키려는 동기나 목적이 있어야 하는 것은 아니다.

정선 핵심

① 엘리베이터에서 자위하는 모습을 보여 준 경우 → 강제추행죄의 추행 ○
②·④ 강제추행죄의 구성요건
　└→ 폭행행위
　　　• 폭행행위 자체가 추행행위라고 인정되는 경우도 포함
　　　• 상대방의 의사를 억압할 정도의 것을 요하지 않고 힘의 대소강약 불문
　└→ 성욕을 자극·흥분·만족시키려는 동기나 목적 불요
③ 양팔로 뒤에서 껴안으려고 하였으나 팔이 피해자의 몸에 닿지 않은 경우 → 아동·청소년에 대한 강제추행미수죄 ○

정선 해설

[❶ ▸ ○] 대판 2010.2.25. 2009도13716
[❷ ▸ ○] 대판 2012.6.14. 2012도3893
[❸ ▸ ×] 피고인이 가까이 접근하여 갑자기 뒤에서 껴안는 행위는 그 자체로 이른바 '기습추행' 행위로 볼 수 있으므로, 피고인의 팔이 갑의 몸에 닿지 않았더라도 양팔을 높이 들어 갑자기 뒤에서 껴안으려는 행위는 갑의 의사에 반하는 유형력의 행사로서 폭행행위에 해당하며, 그때 '기습추행'에 관한 실행의 착수가 있는데, 마침 갑이 뒤돌아보면서 소리치는 바람에 몸을 껴안는 추행의 결과에 이르지 못하고 미수에 그쳤으므로, 피고인의 행위는 아동·청소년에 대한 강제추행미수죄에 해당한다(2015.9.10. 2015도6980).

> **비교판례** 대판 2017.10.31. 2016도21231
>
> 피고인은 피해자(만 2세, 여)에게 사탕을 건네주며 나이를 물었는데, 피해자가 정작 아무런 대답도 하지 않자 대답을 재촉하는 상황에서 공소외인이 피해자의 팔을 잡아끌면서 피고인의 손이 피해자의 몸에 옷 위로 잠시 닿았던 경우, 피고인에게 추행에 대한 고의가 있었다고 볼 수 없을 뿐만 아니라 피고인의 행위가 일반인에게 성적 수치심이나 혐오감을 일으키게 하고 선량한 성적 도덕관념에 반하는 행위로서 추행에 해당한다고 단정하기도 어렵다.

[❹ ▸ ○] 강제추행죄의 성립에 필요한 주관적 구성요건으로 성욕을 자극·흥분·만족시키려는 주관적 동기나 목적이 있어야 하는 것은 아니다(대판 2013.9.26. 2013도5856).

답 ❸

강간과 추행의 죄에 대한 설명 중 옳지 않은 것은?(다툼이 있는 경우 판례에 의함)

① 법률상의 배우자인 처도 강간죄의 객체가 될 수 있다.

② 혼인 외 성관계 사실을 폭로하겠다는 등의 내용으로 유부녀인 피해자를 협박하여 간음 또는 추행한 경우에 강간죄 또는 강제추행죄가 성립한다.

③ 강간의 목적으로 여자 혼자 있는 방문을 두드리고 여자가 위험을 느끼고 가까이 오면 창문으로 뛰어내리겠다고 하는데도 방문으로 침입하려 한 때, 또는 강간의 목적으로 피해자의 안방에 들어가 누워 자고 있는 여자의 가슴과 엉덩이를 만진 경우에는 강간죄의 실행착수가 인정된다.

④ 피해자의 입술, 귀, 유두, 가슴 등을 입으로 깨무는 등의 행위를 한 경우, 강제추행죄의 추행에 해당한다.

**정선
핵심**

① 혼인관계가 실질적으로 유지되고 있는 법률상의 처 → 강간죄의 객체 ○

② 유부녀에게 혼인 외 성관계 사실을 폭로하겠다고 협박하여 간음·추행한 경우 → 강간죄와 강제추행죄의 실체적 경합 ○

③ 강간죄의 실행착수의 인정 여부

  ⋯⋯ 강간의 목적으로 방문을 두드리자 위험을 느낀 여자가 뛰어내리겠다고 하는데도 침입하려 한 경우 : ○

  ⋯⋯ 피해자의 가슴과 엉덩이를 만지며 간음을 기도한 경우 : ×

④ 보복의 의미에서 입술 등을 깨무는 등의 행위를 한 경우 → 추행 ○

**정선
해설**

[❶ ▶ ○] 대판 2013.5.16. 2012도14788

[❷ ▶ ○] 대판 2007.1.25. 2006도5979

[❸ ▶ ×] 피고인이 간음할 목적으로 새벽 4시에 여자 혼자 있는 방문 앞에 가서 피해자가 방문을 열어 주지 않으면 부수고 들어갈 듯한 기세로 방문을 두드리고 피해자가 위험을 느끼고 창문에 걸터앉아 가까이 오면 뛰어 내리겠다고 하는데도 베란다를 통하여 창문으로 침입하려고 하였다면 강간의 수단으로서의 폭행에 착수하였다고 할 수 있으므로 강간의 착수가 있었다고 할 것이다(대판 1991.4.9. 91도288).

> ┃비교판례┃ **대판 1990.5.25. 90도607**
>
> 피고인이 강간할 목적으로 피해자의 집에 침입하였다 하더라도 안방에 들어가 누워 자고 있는 피해자의 가슴과 엉덩이를 만지면서 간음을 기도하였다는 사실만으로는 강간의 수단으로 피해자에게 폭행이나 협박을 개시하였다고 하기는 어렵다.

[❹ ▶ ○] 대판 2013.9.26. 2013도5856

답 ❸

강간과 추행의 죄에 관한 설명 중 옳은 것은 모두 몇 개인가?(다툼이 있으면 판례에 의함)

19 해경간부

> ㄱ. 2012.12.18. 형법 개정으로 강간죄와 강제추행죄의 객체가 부녀에서 사람으로 바뀌었다.
> ㄴ. 형법은 일정한 성범죄에 대하여 공소시효 적용을 배제하는 규정을 두고 있다.
> ㄷ. 채팅으로 만난 16세의 여자청소년에게 "성교를 해주면 그 대가로 돈을 주겠다"고 거짓말하고 성교한 경우 형법 제302조의 미성년자위계간음죄가 성립한다.
> ㄹ. 강도범인이 상해행위를 하였다면 강취행위와 상해행위 사이에 다소의 시간적·공간적 간격이 있었다는 것만으로는 강도상해죄의 성립에 영향이 없으나, 상해의 결과는 강도범행의 수단으로 한 폭행에 의하여 발생해야 하므로 상해행위는 강도가 기수에 이르기 전에 행하여져야 한다.
> ㅁ. 강간범이 강간행위 후에 강도의 범의를 일으켜 그 부녀의 재물을 강취하는 경우 강도강간죄가 성립한다.

① 0개　　　　　　　　　　　② 1개
③ 2개　　　　　　　　　　　④ 3개

**정선
핵심**

ㄱ. 강제추행죄의 객체 → 사람(형법 제정 시부터)
ㄴ. 성폭법, 아청법의 일정한 성범죄 → 공소시효 적용 배제규정 ○
ㄷ. 16세의 여자청소년에게 "성교를 해주면 그 대가로 돈을 주겠다"고 거짓말하고 성교한 경우 → 미성년자위계간음죄 ○
ㄹ. 강도상해죄의 구성요건
　⤷ 강취행위와 상해행위 사이에 다소의 시간적·공간적 간격 : 강도상해죄 ○
　⤷ 강도범행의 수단으로 한 폭행에 의하여 상해를 입힐 것 : 불요
　⤷ 상해행위가 강도가 기수에 이르기 전에 행하여져야 할 것 : 불요
ㅁ. 강간범이 강간 후에 강도의 범의로 부녀의 재물을 강취하는 경우 → 강간죄와 강도죄의 실체적 경합 ○

**정선
해설**

[ㄱ ▸ ✕] 2012.12.18. 형법 개정으로 강간죄의 객체가 부녀에서 사람으로 변경되었으나, 강제추행죄의 객체는 형법 제정 시부터 사람이었다.
[ㄴ ▸ ✕] 형법과는 달리 성폭법, 아청법은 일정한 성범죄에 대하여 공소시효 적용을 배제하는 규정을 두고 있다 (성폭법 제21조 제3항, 아청법 제20조 제3항).
[ㄷ ▸ ○] 변경된 전합판결의 취지를 고려하면, 간음행위와 불가분적 관련성이 인정되지 않는 다른 조건에 관한 오인, 착각, 부지 즉, 간음행위에 이르게 된 동기이거나 간음행위와 결부된 금전적·비금전적 대가와 같은 요소에 대한 것이더라도 위계에 의한 미성년자간음죄가 성립한다.

> 위계에 의한 간음죄에서 행위자가 간음의 목적으로 상대방에게 일으킨 오인, 착각, 부지는 간음행위 자체에 대한 오인, 착각, 부지를 말하는 것이지 간음행위와 불가분적 관련성이 인정되지 않는 다른 조건에 관한 오인, 착각, 부지를 가리키는 것은 아니라는 취지의 종전 판례 등은 2015도9436전합판결과 배치되는 부분이 있으므로 그 범위에서 이를 변경하기로 한다(대판 2020.8.27. 2015도9436[전합]).

[ㄹ ▸ ✕] <u>형법 제337조의 강도상해죄는 강도범행의 수단으로 한 폭행에 의하여 상해를 입힐 것을 요하는 것은 아니고 상해행위가 강도가 기수에 이르기 전에 행하여져야만 하는 것은 아니므로</u>, 강도범행 이후에도 피해자를 계속 끌고 다니거나 차량에 태우고 함께 이동하는 등으로 강도범행으로 인한 피해자의 심리적 저항불능상태가 해소되지 않은 상태에서 강도범인의 상해행위가 있었다면 <u>강취행위와 상해행위 사이에 다소의 시간적·공간적 간격이 있었다는 것만으로는 강도상해죄의 성립에 영향이 없다</u>(대판 2014.9.26. 2014도9567).
[ㅁ ▸ ✕] 강간범이 강간행위 후에 강도의 범의를 일으켜 그 부녀의 재물을 강취하는 경우에는 강도강간죄가 아니라 강간죄와 강도죄의 경합범이 성립될 수 있을 뿐이다(대판 2010.12.9. 2010도9630).

답 ❷

안심Touch

다음 설명 중 가장 옳지 않은 것은?

① 기습추행의 경우 추행행위와 동시에 저질러지는 폭행행위는 반드시 상대방의 의사를 억압할 정도의 것임을 요하지 않고 상대방의 의사에 반하는 유형력의 행사가 있기만 하면 그 힘의 대소강약을 불문한다.

② 형법 제302조의 위계에 의한 미성년자간음죄에 있어서 위계라 함은 행위자가 간음의 목적으로 상대방에게 오인, 착각, 부지를 일으키고는 상대방의 그러한 심적 상태를 이용하여 간음의 목적을 달성하는 것을 말하는 것이고, 여기에서 오인, 착각, 부지란 간음행위 자체에 대한 오인, 착각, 부지를 말하는 것이지, 간음행위와 불가분적 관련성이 인정되지 않는 다른 조건에 관한 오인, 착각, 부지를 가리키는 것은 아니다.

③ 형법은 제2편 제32장에서 '강간과 추행의 죄'를 규정하고 있는데, 이 장에 규정된 죄는 모두 개인의 성적 자유 또는 성적 자기결정권을 침해하는 것을 내용으로 한다. 여기에서 '성적 자유'는 적극적으로 성행위를 할 수 있는 자유가 아니라 소극적으로 원치 않는 성행위를 하지 않을 자유를 말하고, '성적 자기결정권'은 성행위를 할 것인가 여부, 성행위를 할 때 상대방을 누구로 할 것인가 여부, 성행위의 방법 등을 스스로 결정할 수 있는 권리를 의미한다.

④ 강간치상죄나 강제추행치상죄에 있어서의 상해는 피해자의 신체의 완전성을 훼손하거나 생리적 기능에 장애를 초래하는 것, 즉 피해자의 건강상태가 불량하게 변경되고 생활기능에 장애가 초래되는 것을 말하는 것으로, 여기서의 생리적 기능에는 육체적 기능뿐만 아니라 정신적 기능도 포함된다.

정선 핵심

① 기습추행 → 상대방의 의사를 억압할 정도의 것을 요하지 않고 힘의 대소강약 불문

② 미성년자간음죄에 있어서 위계 → 간음행위에 이르게 된 동기이거나 간음행위와 결부된 금전적·비금전적 대가에 대한 오인, 착각, 부지 포함

③ 강간과 추행의 죄의 보호법익
→ 성적 자유 : 소극적으로 원치 않는 성행위를 하지 않을 자유
→ 성적 자기결정권 : 성행위 여부와 상대방, 성행위의 방법 등을 결정할 수 있는 권리

④ 강간치상죄나 강제추행치상죄의 상해
→ 피해자의 건강상태가 불량하게 변경되고 생활기능에 장애 초래
→ 생리적 기능에는 육체적 기능과 정신적 기능 포함

정선 해설

[❶ ▸ ○] 기습추행의 경우 추행행위와 동시에 저질러지는 폭행행위는 반드시 상대방의 의사를 억압할 정도의 것임을 요하지 않고 상대방의 의사에 반하는 유형력의 행사가 있기만 하면 그 힘의 대소강약을 불문한다는 것이 일관된 판례의 입장이다(대판 2020.3.26. 2019도15994).

[❷ ▸ ✕] 변경된 전합판결의 취지를 고려하면, 간음행위와 불가분적 관련성이 인정되지 않는 다른 조건에 관한 오인, 착각, 부지 즉, 간음행위에 이르게 된 동기이거나 간음행위와 결부된 금전적·비금전적 대가와 같은 요소에 대한 것이더라도 위계에 의한 미성년사간음쇠가 성립한다. 진합판결의 핀결요지는 히단을 참조하리.

> 위계에 의한 간음죄에서 행위자가 간음의 목적으로 상대방에게 일으킨 오인, 착각, 부지는 간음행위 자체에 대한 오인, 착각, 부지를 말하는 것이지 간음행위와 불가분적 관련성이 인정되지 않는 다른 조건에 관한 오인, 착각, 부지를 가리키는 것은 아니라는 취지의 종전 판례 등은 2015도9436전합판결과 배치되는 부분이 있으므로 그 범위에서 이를 변경하기로 한다(대판 2020.8.27. 2015도9436[전합]).

[**❸** ▸ ○] 대판 2019.6.13. 2019도3341
[**❹** ▸ ○] 대판 2017.6.29. 2017도3196

[판결요지] [1] 성적 자기결정권은 스스로 선택한 인생관 등을 바탕으로 사회공동체 안에서 각자가 독자적으로 성적 관념을 확립하고 이에 따라 사생활의 영역에서 자기 스스로 내린 성적 결정에 따라 자기책임 하에 상대방을 선택하고 성관계를 가질 권리로 이해된다. 여기에는 자신이 하고자 하는 성행위를 결정할 권리라는 적극적 측면과 함께 원치 않는 성행위를 거부할 권리라는 소극적 측면이 함께 존재하는데, 위계에 의한 간음죄를 비롯한 강간과 추행의 죄는 소극적 성적 자기결정권을 침해하는 것을 내용으로 한다.

[2] 아동·청소년이 외관상 성적 결정 또는 동의로 보이는 언동을 하였더라도, 그것이 타인의 기망이나 왜곡된 신뢰관계의 이용에 의한 것이라면, 이를 아동·청소년의 온전한 성적 자기결정권의 행사에 의한 것이라고 평가하기 어렵다.

[3] 위계에 의한 간음죄에서 '위계'란 행위자의 행위목적을 달성하기 위하여 피해자에게 오인, 착각, 부지를 일으키게 하여 이를 이용하는 것을 말한다. 이러한 위계의 개념 및 성폭력범행에 특히 취약한 사람을 보호하고 행위자를 강력하게 처벌하려는 입법 태도, 피해자의 인지적·심리적·관계적 특성으로 온전한 성적 자기결정권 행사를 기대하기 어려운 사정 등을 종합하면, 행위자가 간음의 목적으로 피해자에게 오인, 착각, 부지를 일으키고 피해자의 그러한 심적 상태를 이용하여 간음의 목적을 달성하였다면 위계와 간음행위 사이의 인과관계를 인정할 수 있고, 따라서 위계에 의한 간음죄가 성립한다. 왜곡된 성적 결정에 기초하여 성행위를 하였다면 왜곡이 발생한 지점이 성행위 그 자체인지 성행위에 이르게 된 동기인지는 성적 자기결정권에 대한 침해가 발생한 것은 마찬가지라는 점에서 핵심적인 부분이라고 하기 어렵다. 피해자가 오인, 착각, 부지에 빠지게 되는 대상은 간음행위 자체일 수도 있고, 간음행위에 이르게 된 동기이거나 간음행위와 결부된 금전적·비금전적 대가와 같은 요소일 수도 있다.

다만 행위자의 위계적 언동이 존재하였다는 사정만으로 위계에 의한 간음죄가 성립하는 것은 아니므로 위계적 언동의 내용 중에 피해자가 성행위를 결심하게 된 중요한 동기를 이룰 만한 사정이 포함되어 있어 피해자의 자발적인 성적 자기결정권의 행사가 없었다고 평가할 수 있어야 한다. 이와 같은 인과관계를 판단할 때에는 피해자의 연령 및 행위자와의 관계, 범행에 이르게 된 경위, 범행 당시와 전후의 상황 등 여러 사정을 종합적으로 고려하여야 한다. 한편 위계에 의한 간음죄가 보호대상으로 삼는 아동·청소년, 미성년자, 심신미약자, 피보호자·피감독자, 장애인 등의 성적 자기결정 능력은 그 나이, 성장과정, 환경, 지능 내지 정신기능 장애의 정도 등에 따라 개인별로 차이가 있으므로 간음행위와 인과관계가 있는 위계에 해당하는지 여부를 판단할 때에는 구체적인 범행상황에 놓인 피해자의 입장과 관점이 충분히 고려되어야 하고, 일반적·평균적 판단능력을 갖춘 성인 또는 충분한 보호와 교육을 받은 또래의 시각에서 인과관계를 쉽사리 부정하여서는 안 된다.

[4] 피고인이 스마트폰 채팅 애플리케이션을 통하여 알게 된 14세의 피해자에게 자신을 '고등학교 2학년인 갑'이라고 거짓으로 소개하고 채팅을 통해 교제하던 중 자신을 스토킹하는 여성 때문에 힘들다며 그 여성을 떼어내려면 자신의 선배와 성관계를 하여야 한다는 취지로 피해자에게 이야기하고, 피고인과 헤어지는 것이 두려워 피고인의 제안을 승낙한 피해자를 마치 자신이 갑의 선배인 것처럼 행세하여 간음한 사안에서, 피고인은 간음의 목적으로 피해자에게 오인, 착각, 부지를 일으키고 피해자의 그러한 심적 상태를 이용하여 피해자를 간음한 것이므로 이러한 피고인의 간음행위는 위계에 의한 것이라고 평가할 수 있음에도 이와 달리 본 원심판결에 위계에 의한 간음죄에 관한 법리오해의 위법이 있다고 한 사례(대판 2020.8.27. 2015도9436[전합])

답 ❷

강간과 추행죄에 대한 다음 설명 중 가장 옳은 것은?(다툼이 있는 경우 판례에 의함)

19 경찰간부

① 甲이 피해자들을 협박하여 겁을 먹은 피해자들로 하여금 스스로 가슴 사진, 성기 사진, 가슴을 만지는 동영상 등을 촬영하게 하고 촬영된 사진과 동영상을 전송받은 경우 甲의 행위는 피해자들의 신체에 대한 접촉이 있는 경우와 동등한 정도로 성적 자기결정권을 침해했다고 볼 수 없다.

② 甲이 밤에 술을 마시고 배회하던 중 버스에서 내려 혼자 걸어가는 17세의 피해자를 발견하고 마스크를 착용한 채 뒤따라 가다가 인적이 없고 외진 곳에서 가까이 접근하여 껴안으려 하였으나 피해자가 뒤돌아보면서 소리치자 그 상태로 몇 초 동안 쳐다보다가 다시 오던 길로 되돌아간 경우 甲의 행위만으로는 피해자의 항거를 곤란하게 하는 정도의 폭행이나 협박이라고 보기 어려워 강제추행의 실행의 착수가 있었다고 볼 수 없다.

③ 강제추행죄는 자수범이 아니므로 피고인이 피해자를 도구로 삼아 피해자의 신체를 이용하여 추행행위를 한 경우 강제추행죄의 간접정범에 해당할 수 있다.

④ 피고인이 심신미약자인 피해자를 여관으로 유인하기 위하여 인터넷 쪽지로 남자를 소개해 주겠다고 거짓말을 하여 피해자가 이에 속아 여관으로 오게 되었고, 그곳에서 성관계를 하게 되었다면 거짓말로 여관으로 유인한 행위는 위계에 의한 심신미약자간음죄의 위계에 해당하지 않는다.

**정선
핵심**

① 피해자들을 협박하여 성적 자유를 침해하는 사진과 동영상을 전송받은 경우 → 성적 자기결정권 침해 ○
② 양팔로 뒤에서 껴안으려고 하였으나, 소리치자 몇 초 간 쳐다본 경우 → 강제추행미수죄 ○
③ 처벌되지 아니하는 피해자인 타인을 도구로 삼아 강제로 추행하는 경우 → 강제추행죄의 간접정범 ○
④ 남자를 소개해 주겠다고 거짓말을 하여 성관계를 한 경우 → 심신미약자간음죄의 위계 ○

**정선
해설**

[❶▸✕] 피고인이 피해자들을 협박하여 겁을 먹은 피해자들로 하여금 어쩔 수 없이 나체나 속옷만 입은 상태가 되게 하여 스스로를 촬영하게 하거나, 성기에 이물질을 삽입하거나 자위를 하는 등의 행위를 하게 하여 사진과 동영상을 전송받았다면, 이러한 행위는 피해자들을 도구로 삼아 피해자들의 신체를 이용하여 그 성적 자유를 침해한 행위로서 피고인이 직접 위와 같은 행위들을 하지 않았다거나 피해자들의 신체에 대한 직접적인 접촉이 없었다고 하더라도 달리 볼 것은 아니다(대판 2018.2.8. 2016도17733).

[❷▸✕] 피고인이 가까이 접근하여 갑자기 뒤에서 껴안는 행위는 그 자체로 이른바 '기습추행' 행위로 볼 수 있으므로, 피고인의 팔이 갑의 몸에 닿지 않았더라도 양팔을 높이 들어 갑자기 뒤에서 껴안으려는 행위는 갑의 의사에 반하는 유형력의 행사로서 폭행행위에 해당하며, 그때 '기습추행'에 관한 실행의 착수가 있는데, 마침 갑이 뒤돌아보면서 소리치는 바람에 몸을 껴안는 추행의 결과에 이르지 못하고 미수에 그쳤으므로, 피고인의 행위는 아동·청소년에 대한 강제추행미수죄에 해당한다(2015.9.10. 2015도6980).

[❸▸○] 강제추행죄는 사람의 성적 자유 내지 성적 자기결정의 자유를 보호하기 위한 죄로서 정범 자신이 직접 범죄를 실행하여야 성립하는 자수범이라고 볼 수 없고, 강제추행에 관한 간접정범의 의사를 실현하는 도구로서의 타인에는 피해자도 포함될 수 있으므로, 피해자를 도구로 삼아 피해자의 신체를 이용하여 추행행위를 한 경우에도 강제추행죄의 간접정범에 해당할 수 있다(대판 2018.2.8. 2016도17733).

[❹▸✕] 변경된 전합판결(대판 2020.8.27. 2015도9436[전합])의 취지를 고려하면, 간음행위와 불가분적 관련성이 인정되지 않는 다른 조건에 관한 오인, 착각, 부지 즉, 간음행위에 이르게 된 동기이거나 간음행위와 결부된 금전적·비금전적 대가와 같은 요소에 대한 것이더라도 위계에 의한 심신미약자간음죄가 성립한다.

답 ❸

다음 설명 중 가장 옳지 않은 것은?(다툼이 있는 경우 판례에 의함)

① 강간죄가 성립하기 위한 가해자의 폭행·협박이 있었는지 여부는 모든 사정을 종합하여 피해자가 성교 당시 처하였던 구체적인 상황을 기준으로 판단하여야 하며, 사후적으로 보아 피해자가 성교 전에 범행현장을 벗어날 수 있었다거나 피해자가 사력을 다하여 반항하지 않았다는 사정만으로 가해자의 폭행·협박이 피해자의 항거를 현저히 곤란하게 할 정도에 이르지 않았다고 섣불리 단정하여서는 안 된다.

② 강간범이 강간행위의 종료 전 즉 그 실행행위의 계속 중에 강도의 행위를 할 경우에는 이때에 바로 강도의 신분을 취득하는 것이므로 이후에 그 자리에서 강간행위를 계속하는 때에는 강도가 부녀를 강간한 때에 해당하여 강도강간죄를 구성한다.

③ 강간범인이 부녀를 강간할 목적으로 폭행·협박에 의하여 반항을 억압한 후 반항억압 상태가 계속 중임을 이용하여 재물을 탈취하는 경우에는 재물탈취를 위한 새로운 폭행·협박이 없더라도 강도죄가 성립한다.

④ 피해자가 소형승용차 안에서 강간범행을 모면하려고 저항하는 과정에서 피고인과의 물리적 충돌로 인하여 입은 '우측 슬관절 부위 찰과상' 등은 강간치상죄의 상해에 해당한다.

⑤ 강도가 강간하려고 하였으나 잠자던 피해자의 어린 딸이 잠에서 깨어 우는 바람에 도주한 경우는 중지범의 요건인 자의성을 인정할 수 없는 반면에, 피해자가 시장에 간 남편이 곧 돌아온다고 하면서 임신 중이라고 말하자 도주한 경우에는 자의성을 인정할 수 있다.

정선 핵심

① 강간죄의 구성요건
→ 폭행·협박 : 폭행·협박의 내용과 정도, 유형력을 행사하게 된 경위 등의 사정을 종합하여 구체적인 상황을 기준으로 판단
→ 인정 여부 : 사후적으로 보아 피해자가 성교 전에 벗어날 수 있었거나 사력을 다하여 반항하지 않았다는 사정이 있는 경우 → 이때에도 폭행·협박 ○

② 강간범이 강간행위의 종료 전 강도의 행위를 한 경우 → 강도강간죄 ○

③ 강간할 목적으로 반항을 억압한 후 재물을 탈취할 때 재물탈취를 위한 새로운 폭행·협박이 없는 경우 → 강도죄 ○

④ 강간범행 과정에서 '우측 슬관절 부위 찰과상'을 입은 경우 → 강간치상죄의 상해 ○

⑤ 자의성 인정 여부
→ 피해자의 어린 딸이 잠에서 깨어 우는 바람에 도주한 경우 : 자의성 ×
→ 시장에 간 남편이 돌아온다고 하며 임신 중이라고 말하자 도주한 경우 : 자의성 ×

정선 해설

[❶ ▸ ○] 대판 2012.7.12. 2012도4031
[❷ ▸ ○] 대판 2010.12.9. 2010도9630
[❸ ▸ ○] 강간범인이 부녀를 강간할 목적으로 폭행, 협박에 의하여 반항을 억압한 후 반항억압 상태가 계속 중임을 이용하여 재물을 탈취하는 경우에는 재물탈취를 위한 새로운 폭행, 협박이 없더라도 강도죄가 성립한다(대판 2010.12.9. 2010도9630).

> 야간에 甲의 주거에 침입하여 드라이버를 들이대며 협박하여 甲의 반항을 억압한 상태에서 강간행위의 실행 도중 범행현장에 있던 乙 소유의 핸드백을 가져간 피고인의 행위를 포괄하여 구 성폭력범죄의 처벌 및 피해자보호 등에 관한 법률 위반(특수강도강간등)죄에 해당한다고 판단한 원심의 조치를 수긍한 사례(대판 2010.12.9. 2010도9630).

[❹ ▸ ○] 피해자가 소형승용차 안에서 강간범행을 모면하려고 저항하는 과정에서 피고인과의 물리적 충돌로 인하여 입은 '우측 슬관절 부위 찰과상' 등이 강간치상죄의 상해에 해당한다(대판 2005.5.26. 2005도1039).

[**❺** ▸ ×] 강도가 강간하려고 하였으나 잠자던 피해자의 어린 딸이 잠에서 깨어 우는 바람에 도주하였고, 또 피해자가 시장에 간 남편이 곧 돌아온다고 하면서 임신 중이라고 말하자 도주한 경우에는 자의로 강간행위를 중지하였다고 볼 수 없다(대판 1993.4.13. 93도347).

답 **❺**

078
□□□ **강간과 추행의 죄에 대한 설명으로 가장 적절한 것은?(다툼이 있는 경우 판례에 의함)**

19 경찰승진

① 피고인이 알고 지내던 여성인 피해자가 자신의 머리채를 잡아 폭행을 가하자 보복의 의미에서 피해자의 입술, 귀, 유두, 가슴 등을 입으로 깨무는 등의 행위를 한 것이라면 강제추행죄가 성립하지 않는다.

② 강제추행죄는 사람의 성적 자유 내지 성적 자기결정의 자유를 보호하기 위한 죄로서 정범 자신이 직접 범죄를 실행하여야 성립하는 자수범이라고 볼 수 없으므로, 처벌되지 아니하는 타인을 도구로 삼아 피해자를 강제로 추행하는 간접정범의 형태로도 범할 수 있다.

③ 강간할 목적으로 피해자의 집 안방에 침입하여 자고 있는 피해자의 가슴과 엉덩이를 만지면서 간음을 기도한 경우, 이 행위만으로도 강간의 수단으로서의 폭행이나 협박을 개시하였다고 할 수 있다.

④ 형법 제305조의 미성년자의제강제추행죄는 그 성립에 필요한 주관적 구성요건요소는 고의 이외에도 성욕을 자극·흥분·만족 시키려는 주관적 동기나 목적이 있을 것을 요한다.

정선 핵심

① 보복의 의미에서 입술 등을 깨무는 등의 행위를 한 경우 → 강제추행죄 ○
② 처벌되지 아니하는 타인을 도구로 삼아 피해자를 강제로 추행하는 경우 → 강제추행죄의 간접정범 ○
③ 피해자의 가슴과 엉덩이를 만지며 간음을 기도한 경우 → 강간죄의 실행의 착수 ×
④ 미성년자의제강제추행죄의 주관적 요소 → 성욕을 자극·흥분·만족시키려는 주관적 동기 불요

정선 해설

[**❶** ▸ ×] 피고인이, 알고 지내던 여성인 피해자 甲이 자신의 머리채를 잡아 폭행을 가하자 보복의 의미에서 甲의 입술, 귀 등을 입으로 깨무는 등의 행위를 한 경우, 피고인의 행위는 강제추행죄의 '추행'에 해당한다(대판 2013.9.26. 2013도5856).

[**❷** ▸ ○] 대판 2018.2.8. 2016도17733

[**❸** ▸ ×] 강간죄의 실행의 착수가 있었다고 하려면 강간의 수단으로서 폭행이나 협박을 한 사실이 있어야 할 터인데 피고인이 강간할 목적으로 피해자의 집에 침입하였다 하더라도 안방에 들어가 누워 자고 있는 피해자의 가슴과 엉덩이를 만지면서 간음을 기도하였다는 사실만으로는 강간의 수단으로 피해자에게 폭행이나 협박을 개시하였다고 하기는 어렵다(대판 1990.5.25. 90도607).

[**❹** ▸ ×] 형법 제305조의 미성년자의제강제추행죄는 '13세 미만의 아동이 외부로부터의 부적절한 성적 자극이나 물리력의 행사가 없는 상태에서 심리적 장애 없이 성적 정체성 및 가치관을 형성할 권익'을 보호법익으로 하는 것으로서, 그 성립에 필요한 주관적 구성요건요소는 고의만으로 충분하고, 그 외에 성욕을 자극·흥분·만족시키려는 주관적 동기나 목적까지 있어야 하는 것은 아니다(대판 2006.1.13. 2005도6791).

답 **❷**

강제추행 등에 관한 다음 설명 중 옳게 설명한 것은 모두 몇 개인가? 15 법원9급

ㄱ. 피고인이 자신의 지인과 분쟁이 있던 피해자(여, 48세)를 따라가서 말을 걸었으나, 피해자가 이를 무시하고 사람 및 차량의 왕래가 빈번한 도로에 주차해 둔 피해자의 차량 쪽으로 걸어가자, 피고인이 피해자에게 '내가 오늘 너를 잡아 죽인다'는 내용의 욕설을 하면서 직접적인 신체 접촉 없이 바지를 벗어 자신의 성기를 보여 준 행위는 강제추행죄가 성립하지 아니한다.

ㄴ. 아파트 엘리베이터에 11세의 여아와 단둘이 탄 다음 여아를 향하여 성기를 꺼내 잡고 여러 방향으로 움직이다가 이를 보고 놀란 여아 쪽으로 가까이 다가간 경우, 성폭력범죄의 처벌 등에 관한 특례법 제7조 제5항 소정의 13세 미만의 자에 대한 위력에 의한 추행에 해당한다.

ㄷ. 준강간, 준강제추행에서의 항거불능의 상태라 함은 심신상실 이외의 원인 때문에 심리적 또는 물리적으로 반항이 절대적으로 불가능하거나 현저히 곤란한 경우를 의미한다.

ㄹ. 형법 제305조의 미성년자의제강제추행죄의 성립에 필요한 주관적 구성요건요소는 고의만으로 충분하고 그 외에 성욕을 자극·흥분·만족시키려는 주관적 동기나 목적까지 있어야 하는 것은 아니므로, 비록 교육적인 의도가 있었다고 하더라도 초등학교 4학년 담임교사(남자)가 교실에서 자신이 담당하는 반의 남학생의 성기를 4회에 걸쳐 만진 행위는 미성년자의제강제추행죄에서 말하는 '추행'에 해당한다.

① 1개 ② 2개
③ 3개 ④ 4개

정선 핵심

ㄱ. 피해자에게 욕설을 하면서 신체 접촉 없이 바지를 벗어 성기를 보여 준 경우 → 강제추행죄 ×
ㄴ. 엘리베이터에서 여아를 향하여 성기를 꺼내어 움직이다가 다가간 경우 → 위력에 의한 추행 ○
ㄷ. 준강간죄 또는 준강제추행죄의 구성요건
　┈→ 심신상실 또는 항거불능상태 : 심신상실 이외의 원인으로 심리적 또는 물리적으로 반항이 절대적으로 불가능하거나 현저히 곤란한 경우
ㄹ. 담임교사가 남학생의 성기를 4회에 걸쳐 만진 경우 → 미성년자의제강제추행죄의 추행 ○

정선 해설

[ㄱ ▸ ○] 피고인이 피해자 甲(여, 48세)에게 욕설을 하면서 자신의 바지를 벗어 성기를 보여 주는 방법으로 강제추행하였다는 내용으로 기소된 경우, 제반 사정을 고려하면, 단순히 피고인이 바지를 벗어 자신의 성기를 보여 준 것만으로는 폭행 또는 협박으로 '추행'을 하였다고 볼 수 없다(대판 2012.7.26, 2011도8805).

[ㄴ ▸ ○] 대판 2013.1.16, 2011도7164

[ㄷ ▸ ○] 대판 2012.6.28, 2012도2631

[ㄹ ▸ ○] 형법 제305조의 미성년자의제강제추행죄는 '13세 미만의 아동이 외부로부터의 부적절한 성적 자극이나 물리력의 행사가 없는 상태에서 심리적 장애 없이 성적 정체성 및 가치관을 형성할 권익'을 보호법익으로 하는 것으로서, 그 성립에 필요한 주관적 구성요건요소는 고의만으로 충분하고, 그 외에 성욕을 자극·흥분·만족시키려는 주관적 동기나 목적까지 있어야 하는 것은 아니다(대판 2006.1.13, 2005도6791).

초등학교 4학년 담임교사(남자)가 교실에서 자신이 담당하는 반의 남학생의 성기를 만진 행위가 미성년자의제강제추행죄에서 말하는 '추행'에 해당한다고 한 원심의 판단을 수긍한 사례(대판 2006.1.13, 2005도6791).

답 ❹

다음 사안에서 甲의 형사책임에 대한 설명으로 가장 적절한 것은?(다툼이 있는 경우 판례에 의함)

18 경찰채용

> 甲은 피해자 A를 강간하려다 미수에 그치고 의도치 않게 동 행위로 인하여 A에게 상해를 입혔다. 甲은 자신의 범행으로 인해 의식을 잃고 쓰러진 A를 구호하지 아니하고 그 자리를 떠났다. A는 의식불명인 상태로 범행현장에 방치되어 있다가 몇 시간 뒤 행인에게 구조되었다.

① 甲의 강간범행이 미수에 그치고 그로 인해 상해의 결과가 발생하였으므로 甲은 강간치상죄의 미수범으로 처벌된다.

② 甲이 의식불명이 된 피해자 A를 구호하지 아니하고 방치한 행위에 대해서는 별도로 유기죄가 성립한다.

③ 만일 A가 집에 돌아가서 수치심과 절망감에 휩싸여 몇 주 뒤 자살을 하기에 이르렀다면 甲을 강간치사죄로 처벌할 수 있다.

④ 사안을 달리하여, A가 입은 상해가 사람의 반항을 억압할 만한 폭행 또는 협박이 없어도 일상생활 중 발생할 수 있는 것이거나 합의에 따른 성교행위에서도 통상 발생할 수 있는 상해와 같은 정도의 것이라고 가정한다면, 이는 강간치상죄의 상해에 해당되지 아니한다고 할 수 있다.

정선 핵심

① 甲의 강간범행이 미수에 그쳤으나 상해의 결과가 발생한 경우 → 강간치상죄 ○
② 의식불명이 된 피해자 A를 구호하지 아니하고 방치한 경우 → 유기죄 ✕
③ 강간행위 후 피해자가 자살한 경우 → 인과관계가 없으므로 강간치사죄 ✕
④ A가 입은 상해가 일상생활이나 합의에 따른 성교행위에서도 발생할 수 있는 경우 → 강간치상죄의 상해 ✕

정선 해설

[❶ ▸ ✕] 甲은 자기의 강간범행으로 인해 A에게 상해의 결과가 발생하리는 것을 예견할 수 없었다고 할 수 없으므로, 甲은 강간치상죄로 처벌된다.

> 성폭력범죄의 처벌 및 피해자보호 등에 관한 법률 제9조 제1항에 의하면 같은 법 제6조 제1항에서 규정하는 특수강간의 죄를 범한 자뿐만 아니라, 특수강간이 미수에 그쳤다고 하더라도 그로 인하여 피해자가 상해를 입었으면 특수강간치상죄가 성립한다(대판 2008.4.24. 2007도10058).

[❷ ▸ ✕] 판례의 취지를 고려하면, 甲이 의식불명이 된 피해자 A를 방치한 행위는 별도의 유기죄를 구성하지 아니한다.

> 강간치상의 범행을 저지른 자가 그 범행으로 인하여 실신상태에 있는 피해자를 구호하지 아니하고 방치하였다고 하더라도 그 행위는 포괄적으로 단일의 강간치상죄만을 구성한다(대판 1980.6.24. 80도726).

[❸ ▸ ✕] 강간을 당한 피해자가 집에 돌아가 음독자살하기에 이르른 원인이 강간을 당함으로 인하여 생긴 수치심과 상태에 대한 질밍김 등에 있었디 히더라도 그 자살행위가 바로 강간행위로 인하여 생긴 당연의 결과라고 볼 수는 없으므로 강간행위와 피해자의 자살행위 사이에 인과관계를 인정할 수는 없다(대판 1982.11.23. 82도1446).

[❹ ▸ ○] 대판 2005.5.26. 2005도1039

답 ❹

081
□□□
성폭력범죄에 관한 설명 중 옳지 않은 것은?(다툼이 있으면 판례에 의하고 성폭력범죄 이외의 범죄 성립 여부는 논외로 함) `12` 사시

① 골프장 여종업원들이 거부의사를 밝혔음에도, 골프장 사장과의 친분관계를 내세워 함께 술을 마시지 않을 경우 신분상의 불이익을 가할 것처럼 협박하여 이른바 '러브샷'의 방법으로 술을 마시게 한 것은 강제추행죄에 해당한다.

② 다른 특별한 사정이 없는 한 특수강간범이 강간행위 종료 전에 특수강도의 행위를 하고 계속하여 그 자리에서 강간행위를 하는 경우 특수강도가 부녀를 강간한 때에 해당하여 성폭력범죄의 처벌 등에 관한 특례법 위반(특수강도강간)죄가 성립한다.

③ 甲이 같은 시간에 같은 장소에서 부녀자들인 A와 B를 강제로 추행함에 있어 A의 반항을 억압하는 과정에서 깨어진 병조각을 휴대하고 있었다면 비록 B의 반항을 억압하는 과정에서는 이를 휴대하지 아니하고 있었다 하더라도 B에 대한 범행 역시 성폭력범죄의 처벌 등에 관한 특례법 위반(특수강제추행)죄에 해당한다.

④ 甲이 에스컬레이터에서 카메라폰으로 A의 치마 속 신체 부위를 일정한 시간 동안 동영상 촬영하여 영상정보가 주 기억장치 등에 입력되었으나 카메라폰의 저장버튼을 누르지 않은 상태에서 경찰관에게 발각되었다면 성폭력범죄의 처벌 등에 관한 특례법 위반(카메라등이용촬영)죄의 미수범이 성립한다.

⑤ 甲이 엘리베이터라는 폐쇄된 공간에서 여자인 A를 칼로 위협하는 등으로 꼼짝하지 못하도록 한 다음 자위행위 모습을 보여 주고 A로 하여금 이를 외면하거나 피할 수 없게 한 행위는 성폭력범죄의 처벌 등에 관한 특례법 위반(특수강제추행)죄에 해당한다.

정선 핵심

① 러브샷 → 강제추행죄 ○
② 특수강간범이 강간행위 계속 중에 특수강도의 행위를 한 후 강간행위를 종료한 경우 → 특수강도강간죄 ○
③ 피해자 2명을 강제로 추행하여 상해를 입게 함에 있어 한 피해자의 반항을 억압하는 과정에서 깨어진 병조각을 휴대한 경우 → 다른 피해자에 대하여도 특수강제추행죄 ○
④ 카메라폰으로 촬영 중 저장버튼을 누르지 않고 종료한 경우 → 카메라등이용촬영죄의 기수 ○
⑤ 엘리베이터에서 자위하는 모습을 보여 준 경우 → 특수강제추행죄 ○

정선 해설

[❶ ▸ ○] 대판 2008.3.13. 2007도10050
[❷ ▸ ○] 대판 2010.12.9. 2010도9630
[❸ ▸ ○] 대판 1992.3.31. 92도265
[❹ ▸ ✕] 피고인이 지하철 환승에스컬레이터 내에서 짧은 치마를 입고 있는 피해자의 뒤에 서서 카메라폰으로 성적 수치심을 느낄 수 있는 치마 속 신체 부위를 피해자 의사에 반하여 동영상 촬영하였다고 하여 구 성폭력범죄의 처벌 및 피해자보호 등에 관한 법률위반으로 기소된 경우, 피고인이 휴대폰을 이용하여 동영상 촬영을 시작하여 일정한 시간이 경과하였다면 설령 촬영 중 경찰관에게 발각되어 저장버튼을 누르지 않고 촬영을 종료하였더라도 카메라 등 이용 촬영 범행은 이미 '기수'에 이르렀다고 볼 여지가 매우 크다(대판 2011.6.9. 2010도10677).
[❺ ▸ ○] 피고인이 엘리베이터라는 폐쇄된 공간에서 피해자들을 칼로 위협하는 등으로 꼼짝하지 못하도록 자신의 실력적인 지배하에 둔 다음 피해자들에게 성적 수치심과 혐오감을 일으키는 자신의 자위행위 모습을 보여 주고 피해자들로 하여금 이를 외면하거나 피할 수 없게 한 행위는 강제추행죄의 추행에 해당한다(대판 2010.2.25. 2009도13716).

답 ❹

082 '성 관련 범죄'에 대한 설명으로 가장 적절하지 않은 것은?(다툼이 있는 경우 판례에 의함)

① 골프장 여종업원들이 거부의사를 밝혔음에도, 甲이 골프장 사장과의 친분관계를 내세워 함께 술을 마시지 않을 경우 신분상의 불이익을 가할 것처럼 협박하여 이른바 러브샷의 방법으로 여종업원들에게 술을 마시게 한 경우, 강제추행죄가 성립한다.

② 피고인이 강간할 목적으로 피해자를 따라 피해자가 거주하는 아파트 내부의 엘리베이터에 탄 경우 주거침입죄가 성립한다.

③ 피고인이 심신미약자인 피해자를 여관으로 유인하기 위하여 인터넷쪽지로 남자를 소개해 주겠다고 거짓말을 하여 피해자가 이에 속아 여관으로 오게 되었고, 그곳에서 성관계를 하게 되었다면 거짓말로 여관으로 유인한 행위는 위계에 의한 심신미약자간음죄의 위계에 해당한다.

④ 甲이 A와 교제하면서 촬영한 성관계 동영상, 나체사진 등의 촬영물을 A와 교제하던 다른 남성에게 A와 헤어지게 할 의도로 전송한 행위는 성폭력범죄의 처벌 등에 관한 특례법 제14조 제2항의 카메라 이용 촬영물의 '반포'에 해당한다.

정선 핵심

① 러브샷 → 강제추행죄 ○
② 강간할 목적으로 아파트 내부의 엘리베이터에 탄 경우 → 주거침입죄 ○
③ 남자를 소개해 주겠다고 거짓말을 하여 성관계를 한 경우 → 심신미약자간음죄의 위계 ○
④ A와 교제하면서 촬영한 촬영물을 A와 교제하던 다른 남성에게 전송한 경우 → 카메라 이용 촬영물의 반포 ×

정선 해설

[❶ ▸ ○] 대판 2008.3.13. 2007도10050
[❷ ▸ ○] 대판 2009.9.10. 2009도4335
[❸ ▸ ○] 변경된 전합판결(대판 2020.8.27. 2015도9436[전합])의 취지를 고려하면, 간음행위와 불가분적 관련성이 인정되지 않는 다른 조건에 관한 오인, 착각, 부지 즉, 간음행위에 이르게 된 동기이거나 간음행위와 결부된 금전적·비금전적 대가와 같은 요소에 대한 것이더라도 위계에 의한 심신미약자간음죄가 성립한다.
[❹ ▸ ×] 판례의 취지를 고려하면, 甲이 A와 관련된 촬영물을 A와 교제하던 다른 남성에게 전송한 행위는 반포가 아니라 제공에 해당한다.

> 성폭력범죄의 처벌 등에 관한 특례법 제14조 제2항의 카메라 등을 이용한 촬영물 반포 등 죄에서의 '반포'는 불특정 또는 다수인에게 무상으로 교부하는 것을 말하고, 계속적·반복적으로 전달하여 불특정 또는 다수인에게 반포하려는 의사를 가지고 있다면 특정한 1인 또는 소수의 사람에게 교부하는 것도 반포에 해당할 수 있다. 한편 '반포'와 별도로 열거된 '제공'은 '반포'에 이르지 아니하는 무상 교부 행위를 말하며, '반포'할 의사 없이 특정한 1인 또는 소수의 사람에게 무상으로 교부하는 것은 '제공'에 해당한다(대판 2016.12.27. 2016도16676).

답 ❹

083 다음 설명 중 가장 옳은 것은?(다툼이 있는 경우 판례에 의함) `20` 경찰간부

① 甲이 A와 교제하면서 촬영한 성관계 동영상, 나체사진 등의 촬영물을 A와 교제하던 다른 남성에게 A와 헤어지게 할 의도로 전송한 행위는 성폭력범죄의 처벌 등에 관한 특례법 제14조 제2항의 카메라 이용 촬영물의 '반포'에 해당한다.

② 甲이 A를 협박하여 겁을 먹은 A로 하여금 어쩔 수 없이 나체나 속옷만 입은 상태가 되게 하여 스스로를 촬영하게 하고, 또 성기에 이물질을 삽입하는 등의 행위를 하게 한 경우 강제추행죄의 간접정범에 해당한다.

③ 甲이 제작한 영상물이 객관적으로 아동·청소년이 등장하여 성적 행위를 하는 내용을 표현한 영상물에 해당하더라도 대상이 된 아동·청소년의 동의하에 촬영한 것이라면, 甲의 행위는 아동·청소년의 성보호에 관한 법률상 아동·청소년이용음란물을 제작한 것에 해당하지 아니한다.

④ 성폭력범죄의 처벌 등에 관한 특례법 제13조의 통신매체이용음란죄는 성적 자기결정권에 반하여 성적 수치심을 일으키는 그림 등을 개인의 의사에 반하여 접하지 않을 권리를 보장하기 위한 것으로 개인의 성적 자유를 보호하기 위한 것이며, 사회적 법익으로서 건전한 성풍속을 보호하기 위한 구성요건이 아니다.

정선 핵심

① A와 교제하면서 촬영한 촬영물을 A와 교제하던 다른 남성에게 전송한 경우 → 카메라 이용 촬영물의 반포 ×

② 피해자를 협박하여 성적 자유를 침해하는 사진과 동영상을 전송받은 경우 → 강제추행죄의 간접정범 ○

③ 아동·청소년의 동의하에 영상물을 촬영한 경우 → 아동·청소년이용음란물 제작 ○

④ 통신매체이용음란죄의 보호법익 → 성적 자기결정권 등의 보호, 건전한 성풍속 확립

정선 해설

[❶ ▸ ×] 판례(대판 2016.12.27. 2016도16676)의 취지를 고려하면, 甲이 A와 관련된 촬영물을 A와 교제하던 다른 남성에게 전송한 행위는 반포가 아니라 제공에 해당한다.

> **비교판례** 대판 2018.8.1. 2018도1481
>
> 피해자 본인에게 촬영물을 교부하는 행위는 다른 특별한 사정이 없는 한 성폭력처벌법 제14조 제1항의 '제공'에 해당한다고 할 수 없다.

[❷ ▸ ○] 대판 2018.2.8. 2016도17733

[❸ ▸ ×] 아동·청소년의 동의가 있다거나 개인적인 소지·보관을 1차적 목적으로 제작하더라도 청소년성보호법 제11조 제1항의 '아동·청소년이용음란물의 제작'에 해당한다고 보아야 한다(대판 2018.9.13. 2018도9340).

> 피고인이 직접 아동·청소년의 면전에서 촬영행위를 하지 않았더라도 아동·청소년이용음란물을 만드는 것을 기획하고 타인으로 하여금 촬영행위를 하게 하거나 만드는 과정에서 구체적인 지시를 하였다면, 특별한 사정이 없는 한 아동·청소년이용음란물 '제작'에 해당한다. 이러한 촬영을 마쳐 재생이 가능한 형태로 저장이 된 때에 제작은 기수에 이르고 반드시 피고인이 그와 같이 제작된 아동·청소년이용음란물을 재생하거나 피고인의 기기로 재생할 수 있는 상태에 이르러야만 하는 것은 아니다. 이러한 법리는 피고인이 아동·청소년으로 하여금 스스로 자신을 대상으로 하는 음란물을 촬영하게 한 경우에도 마찬가지이다(대판 2018.9.13. 2018도9340).

[❹ ▸ ×] 성폭력처벌법 제13조에서 정한 '통신매체이용음란죄'는 '성적 자기결정권에 반하여 성적 수치심을 일으키는 그림 등을 개인의 의사에 반하여 접하지 않을 권리'를 보장하기 위한 것으로 성적 자기결정권과 일반적 인격권의 보호, 사회의 건전한 성풍속 확립을 보호법익으로 한다(대판 2017.6.8. 2016도21389).

답 ❷

성범죄에 관한 설명 중 옳지 않은 것은?(다툼이 있는 경우에는 판례에 의함) 13 변시

① 특수강간범이 강간행위 계속 중에 특수강도의 행위를 한 후 강간행위를 종료한 경우 성폭력범죄의 처벌 등에 관한 특례법상의 특수강도강간죄가 성립한다.

② 甲, 乙, 丙이 사전의 모의에 따라 강간할 목적으로 심야에 인가에서 멀리 떨어져 있어 쉽게 도망할 수 없는 야산으로 피해자 A, B, C를 유인한 다음 곧바로 암묵적인 합의에 따라 각자 마음에 드는 피해자 1명씩만을 데리고 불과 100m 이내의 거리에 있는 곳으로 흩어져 동시 또는 순차적으로 피해자들을 각각 강간하였다면, 甲에게는 A, B, C 모두에 대한 성폭력범죄의 처벌 등에 관한 특례법상의 특수강간죄가 성립한다.

③ 자신이 알고 있는 사람과 다툼을 일으키고 자신의 말을 무시하고 차량이 주차된 장소로 가는 48세 부녀인 A를 뒤따라가 '그냥 가면 가만두지 않겠다'라고 하면서 바지를 벗고 자신의 성기를 보여 준 甲의 행위는 비록 사람들이 왕래하는 골목길 도로이고 직접적인 신체적 접촉이 없었으나, 주차된 차량들 사이에서 발생한 것이고, 저녁 8시경에 이루어졌으며, 객관적으로 일반인에게 성적수치심과 혐오감을 일으키는 행위이므로 강제추행죄가 성립한다.

④ 강간범이 강간행위 후에 강도의 범의를 일으켜 그 부녀의 재물을 강취하는 경우에는 강도강간죄가 아니라 강간죄와 강도죄의 경합범이 성립한다.

⑤ 성폭력범죄의 처벌 등에 관한 특례법상의 공중밀집장소에서의 추행죄에서 규정하고 있는 공중밀집장소란 공중의 이용에 상시적으로 제공, 개방된 상태에 놓여 있는 곳 일반을 의미하므로, 공중밀집장소의 일반적 특성을 이용한 행위라고 보기 어려운 특별한 사정이 있는 경우에 해당하지 않는 한 추행행위 당시의 현실적인 밀집도 내지 혼잡도에 따라 그 규정의 적용 여부를 달리한다고 볼 수 없다.

정선 핵심

① 특수강간범이 강간행위 계속 중에 특수강도의 행위를 한 후 강간행위를 종료한 경우 → 특수강도강간죄 ○
② 사전모의에 따라 동시·순차적으로 피해자들을 각각 강간한 경우 → 피해자 3명 모두에 대한 특수강간죄 ○
③ 피해자에게 욕설을 하면서 신체 접촉 없이 바지를 벗어 성기를 보여 준 경우 → 강제추행죄 ×
④ 강간범이 강간 후에 강도의 범의로 부녀의 재물을 강취하는 경우 → 강간죄와 강도죄의 실체적 경합 ○
⑤ 공중밀집장소에서의 추행죄의 구성요건
　→ 공중밀집장소 : 추행행위 당시의 현실적인 밀집도·혼잡도에 따라 적용 여부 영향 ×

정선 해설

[❶ ▸ ○] 대판 2010.12.9. 2010도9630
[❷ ▸ ○] 대판 2004.8.20. 2004도2870
[❸ ▸ ×] 피고인이 피해자 甲(여, 48세)에게 욕설을 하면서 자신의 바지를 벗어 성기를 보여 주는 방법으로 강제추행하였다는 내용으로 기소된 경우, 제반 사정을 고려하면, 단순히 피고인이 바지를 벗어 자신의 성기를 보여 준 것만으로는 폭행 또는 협박으로 '추행'을 하였다고 볼 수 없다(대판 2012.7.26. 2011도8805).
[❹ ▸ ○] 대판 2010.12.9. 2010도9630
[❺ ▸ ○] 성폭력범죄의 처벌 및 피해자보호 등에 관한 법률 제13조의 공중밀집장소에서의 추행죄에서 공중밀집장소란 찜질방 등과 같이 공중의 이용에 상시적으로 제공·개방된 상태에 놓여 있는 곳 일반을 의미한다. 또한, 위 공중밀집장소의 의미를 이와 같이 해석하는 한 그 장소의 성격과 이용현황, 피고인과 피해자 사이의 친분관계 등 구체적 사실관계에 비추어, 공중밀집장소의 일반적 특성을 이용한 추행행위라고 보기 어려운 특별한 사정이 있는 경우에 해당하지 않는 한, 그 행위 당시의 현실적인 밀집도 내지 혼잡도에 따라 그 규정의 적용 여부를 달리한다고 할 수는 없다(대판 2009.10.29. 2009도5704).

> 찜질방 수면실에서 옆에 누워 있던 피해자의 가슴 등을 손으로 만진 행위가 성폭력범죄의 처벌 및 피해자보호 등에 관한 법률 제13조에서 정한 공중밀집장소에서의 추행행위에 해당한다고 한 사례(대판 2009.10.29. 2009도5704).

답 ❸

01 2012.12.18. 형법개정으로 강간죄, 강제추행죄, 준강간죄, 준강제추행죄의 친고죄 규정 및 혼인빙자간음죄가 폐지되었다. `18` 해경간부

○│X

02 자신의 처(妻)가 경영하는 가게 종업원들과 노래를 부르다가 여자 종업원을 뒤에서 껴안고 블루스를 추면서 순간적으로 유방을 만진 경우 강제추행죄가 성립한다. `15` 경찰승진

○│X

03 강간할 목적으로 피해자를 따라 피해자가 거주하는 아파트 내부의 엘리베이터에 탄 다음 그 안에서 폭행을 가하여 반항을 억압한 후 계단으로 끌고 가 피해자를 강간하고 상해를 입힌 경우, 강간상해죄만 성립한다. `13` 경찰승진

○│X

04 피고인이 간음하기 위해 피해자의 바지를 벗기려는 순간 피해자가 어렴풋이 잠에서 깨어나 피고인을 자신의 애인으로 착각하여 불을 끄라고 말하였고, 피고인이 여관으로 가자고 제의하자 그냥 빨리하라고 하면서 성교에 응하자 피고인이 피해자를 간음한 경우 준강간죄가 성립하지 않는다. `17` 경찰승진

○│X

05 형량을 차등하여 규정하고 있는 강간치사죄와 강간살인죄와 달리, 강간치상죄와 강간상해죄는 형량이 동일하다. `14` 경찰간부

○│X

06 피해자가 성경험을 가진 여자로서 특이체질로 인해 새로 형성된 처녀막이 파열되었다 하더라도 강간치상죄를 구성하는 상처에 해당하지 않는다. `14` 경찰승진

○│X

07 사실혼 부부 사이에도 강간죄는 성립한다. `14` 국가9급

○│X

---

01 2012.12.18. 형법개정으로 형법 제306조(고소)와 제304조(혼인빙자간음죄)규정이 삭제되었다.

02 대판 2002.4.26. 2001도2417

03 형법상 강간상해죄가 아니라 주거침입을 전제로 한 성폭력범죄의 처벌 및 피해자보호 등에 관한 법률위반(강간등상해)죄가 성립한다(대판 2009.9.10. 2009도4335).

04 간음행위 당시 피해자가 심신상실상태에 있었다고 볼 수 없다(대판 2000.2.25. 98도4355).

05 제297조, 제297조의2 및 제298조부터 제300조까지의 죄를 범한 자가 사람을 상해하거나 상해에 이르게 한 때에는 무기 또는 5년 이상의 징역에 처한다(형법 제301조).

06 강간치상죄를 구성하는 상처에 해당된다(대판 1995.7.25. 94도1351).

07 법률상의 처도 강간죄의 객체가 될 수 있으므로 사실혼 부부 사이에도 당연히 강간죄가 성립한다.

정답

01 ○	02 ○	03 ×	04 ○
05 ○	06 ×	07 ○	

085

□□□ 다음 설명 중 옳지 않은 것은?(다툼이 있는 경우 판례에 의함) `18 변시`

① 피해자의 신체에 공간적으로 근접하여 손발이나 물건을 휘두르거나 던지는 행위는 직접 피해자의 신체에 접촉하지 아니하였다 하더라도 피해자에 대한 불법한 유형력의 행사로서 폭행죄의 폭행에 해당될 수 있다.

② 강제추행죄는 사람에 대하여 폭행 또는 협박을 가하여 항거를 곤란하게 한 뒤에 추행행위를 하는 경우뿐만 아니라 폭행 자체가 추행행위로 인정되는 경우도 포함한다.

③ 강도범인이 상해행위를 하였다면 강취행위와 상해행위 사이에 다소의 시간적·공간적 간격이 있었다는 것만으로는 강도상해죄의 성립에 영향이 없으나, 상해의 결과는 강도범행의 수단으로 한 폭행에 의하여 발생해야 하므로 상해행위는 강도가 기수에 이르기 전에 행하여져야 한다.

④ 시간적 차이가 있는 독립된 상해행위나 폭행행위가 경합하여 사망의 결과가 일어나고 그 사망의 원인된 행위가 판명되지 않은 경우에는 공동정범의 예에 의하여 처벌된다.

⑤ 평소 건강에 별다른 이상이 없는 피해자에게 성인 권장용량의 2배에 해당하는 졸피뎀 성분의 수면제가 섞인 커피를 마시게 하여 피해자가 정신을 잃고 깊이 잠이 든 사이 피해자를 간음한 경우, 피해자가 4시간 뒤에 깨어나 잠이 든 이후의 상황에 대해서 제대로 기억하지 못하였다면 이는 강간치상죄의 상해에 해당한다.

정선 핵심

① 근접하여 욕설을 하면서 때릴 듯이 손발이나 물건을 휘두르거나 던지는 경우 → 폭행 ○

② 강제추행죄의 구성요건
⋯→ 폭행행위 : 폭행행위 자체가 추행행위라고 인정되는 경우도 포함

③ 강도상해죄의 구성요건
⋯→ 강취행위와 상해행위 사이에 다소의 시간적·공간적 간격 : 강도상해죄 ○
⋯→ 강도범행의 수단으로 한 폭행에 의하여 상해를 입힐 것 : 불요
⋯→ 상해행위가 강도가 기수에 이르기 전에 행하여져야 할 것 : 불요

④ 시간적 차이가 있는 독립된 상해·폭행행위의 경합 → 동시범의 특례적용 ○

⑤ 졸피뎀을 이용하여 간음하였으나 피해자가 기억하지 못하는 경우 → 강간치상죄의 상해 ○

정선 해설

[❶▸○] 대판 2003.1.10. 2000도5716

[❷▸○] 강제추행죄는 상대방에 대하여 폭행 또는 협박을 가하여 항거를 곤란하게 한 뒤에 추행행위를 하는 경우뿐만 아니라 폭행행위 자체가 추행행위라고 인정되는 경우도 포함되며, 이 경우의 폭행은 반드시 상대방의 의사를 억압할 정도의 것임을 요하지 않고 상대방의 의사에 반하는 유형력의 행사가 있는 이상 그 힘의 대소강약을 불문한다(대판 2012.6.14. 2012도3893).

[❸▸✕] 형법 제337조의 강도상해죄는 강도범인이 강도의 기회에 상해행위를 함으로써 성립하므로 강도범행의 실행 중이거나 실행 직후 또는 실행의 범의를 포기한 직후로서 사회통념상 범죄행위가 완료되지 아니하였다고 볼 수 있는 단계에서 상해가 행하여짐을 요건으로 한다. 그러나 <u>반드시 강도범행의 수단으로 한 폭행에 의하여 상해를 입힐 것을 요하는 것은 아니고 상해행위가 강도가 기수에 이르기 전에 행하여져야만 하는 것은 아니므로</u>, 강도범행 이후에도 피해자를 계속 끌고 다니거나 차량에 태우고 함께 이동하는 등으로 강도범행으로 인한 피해자의 심리적 저항불능상태가 해소되지 않은 상태에서 강도범인의 상해행위가 있었다면 <u>강취행위와 상해행위 사이에 다소의 시간적·공간적 간격이 있었다는 것만으로는 강도상해죄의 성립에 영향이 없다</u>(대판 2014.9.26. 2014도9567).

[❹▸○] 대판 2000.7.28. 2000도2466

[❺▸○] 대판 2017.6.29. 2017도3196

🔲 ❸

086
□□□

다음 중 피해자를 안전한 장소로 풀어준 때에는 형을 감경할 수 있다는 "해방감경규정"의 적용이 없는 범죄는 모두 몇 개인가?   15 경찰간부

> ㄱ. 체포·감금죄   ㄴ. 인질강도죄
> ㄷ. 인신매매죄   ㄹ. 인질상해죄
> ㅁ. 미성년자약취·유인죄

① 1개   ② 2개
③ 3개   ④ 4개

정선 해설

ㄷ. 인신매매죄(형법 제289조, 제295조의2), ㄹ. 인질상해죄(형법 제324조의3, 제324조의6), ㅁ. 미성년자약취·유인죄(형법 제287조, 제295조의2)와는 달리 ㄱ. 체포·감금죄(형법 제276조) ㄴ. 인질강도죄(형법 제336조)는 해방감경규정의 적용이 없다.

답 ❷

087
□□□

다음 설명 중 가장 옳지 않은 것은?(다툼이 있는 경우 판례에 의하고, 전원합의체 판결의 경우 다수의견에 의함)   21 법원9급

① 폭행에 수반된 상처가 극히 경미한 것으로서 굳이 치료할 필요가 없어서 자연적으로 치유되며 일상생활을 하는 데 아무런 지장이 없는 경우에는 상해죄의 상해에 해당되지 아니한다고 할 수 있을 터이나, 이는 폭행이 없어도 일상생활 중 통상 발생할 수 있는 상처와 같은 정도임을 전제로 하는 것이므로 그러한 정도를 넘는 상처가 폭행에 의하여 생긴 경우라면 상해에 해당된다.

② 폭행죄의 상습성은 폭행 범행을 반복하여 저지르는 습벽을 말하는 것으로서, 동종 전과의 유무와 그 사건 범행의 횟수, 기간, 동기 및 수단과 방법 등을 종합적으로 고려하여 상습성 유무를 결정하여야 하고, 단순폭행, 존속폭행의 범행이 동일한 폭행 습벽의 발현에 의한 것으로 인정되는 경우, 그중 법정형이 더 중한 상습존속폭행죄에 나머지 행위를 포괄하여 하나의 죄만이 성립한다고 봄이 타당하다.

③ 강요죄는 폭행 또는 협박으로 사람의 권리행사를 방해하거나 의무 없는 일을 하게 하는 범죄이다. 여기에서 협박은 객관적으로 사람의 의사결정의 자유를 제한하거나 의사실행의 자유를 방해할 정도로 겁을 먹게 할 만한 해악을 고지하는 것을 말한다. 이와 같은 협박이 인정되기 위해서는 발생 가능한 것으로 생각할 수 있는 정도의 구체적인 해악의 고지가 있어야 한다.

④ 피고인이 혼자 술을 마시던 중 갑 정당이 국회에서 예산안을 강행처리하였다는 것에 화가 나서 공중전화를 이용하여 경찰서에 여러 차례 전화를 걸어 전화를 받은 각 경찰관에게 경찰서 관할구역 내에 있는 갑 정당의 당사를 폭파하겠다는 말을 하였다면 각 경찰관에 대한 협박죄를 구성한다.

정선 핵심

① 폭행에 의해 통상 발생할 수 있는 정도를 넘는 상처가 생긴 경우 → 상해 ○
② 직계존속인 피해자를 폭행하고, 상해를 가한 것이 동일한 폭력습벽의 발현에 의한 것인 경우 → 상습존속상해죄 ○
③ 강요죄의 협박 → 구체적인 해악의 고지 필요
④ 경찰서에 여러 차례 전화를 걸어 甲정당의 당사를 폭파하겠다는 말을 한 경우 → 협박죄 ×

정선
해설

[❶ ▸ ○]   폭행에 수반된 상처가 극히 경미한 것으로서 굳이 치료할 필요가 없어서 자연적으로 치유되며 일상생활을 하는 데 아무런 지장이 없는 경우에는 상해죄의 상해에 해당되지 않는다. 그러나 이는 폭행이 없어도 일상생활 중 통상 발생할 수 있는 상처와 같은 정도임을 전제로 하므로 그러한 정도를 넘는 상처가 폭행에 의하여 생긴 경우라면 상해에 해당된다(대판 2020.8.20. 2020도5493).

[❷ ▸ ○]   대판 2003.2.28. 2002도7335

[❸ ▸ ○]   대판 2020.2.6. 2018도9809

[❹ ▸ ✕]   피고인은 甲 정당에 관한 해악을 고지한 것이므로 각 경찰관 개인에 관한 해악을 고지하였다고 할 수 없고, 다른 특별한 사정이 없는 한 일반적으로 甲 정당에 대한 해악의 고지가 각 경찰관 개인에게 공포심을 일으킬 만큼 서로 밀접한 관계에 있다고 보기 어려우므로 피고인의 행위는 각 경찰관에 대한 협박죄를 구성하지 아니한다(대판 2012.8.17. 2011도10451).

답 ❹

088
☐☐☐

다음 설명 중 가장 옳지 않은 것은?(다툼이 있는 경우 판례에 의함)   `18` 경찰간부

① 甲이 엘리베이터 안에서 乙을 칼로 위협하는 등의 방법으로 꼼짝하지 못하도록 하여 자신의 실력적인 지배하에 둔 다음 자위행위 모습을 보여 준 행위가 강제추행죄의 추행에 해당한다.

② 미성년의 자녀를 부모가 함께 동거하면서 보호·양육하여 오던 중 부모의 일방이 상대방 부모나 그 자녀에게 어떠한 폭행, 협박이나 불법적인 사실상의 힘을 행사함이 없이 그 자녀를 데리고 종전의 거소를 벗어나 다른 곳으로 옮겨 자녀에 대한 보호·양육을 계속하였다면, 형법상 미성년자에 대한 약취죄의 성립을 인정할 수 없다.

③ 정신건강의학과 전문의인 甲·乙이 보호의무자인 피해자의 아들 丙의 진술뿐만 아니라 피해자를 직접 대면하여 진찰한 결과를 토대로 입원이 필요하다는 진단을 하고, 丙과 공동하여 피해자를 응급이송차량에 강제로 태워 병원으로 데려가 입원시킨 경우, 甲·乙에게 감금죄의 고의가 인정되고 이들의 행위는 형법상 감금행위에 해당한다.

④ 甲이 혼자 술을 마시고 배회하던 중 버스에서 내려 혼자 걸어가는 乙(여, 17세)을 발견하고 마스크를 착용한 채 뒤따라갔다가 인적이 없고 외진 곳에서 乙에게 약 1m 간격으로 가까이 접근해 껴안으려고 하였으나, 乙이 소리치자 그 상태로 몇 초 동안 乙을 쳐다보다가 다시 오던 길로 간 경우 아동·청소년에 대한 강제추행미수죄에 해당한다.

정선
핵심

① 엘리베이터에서 자위하는 모습을 보여 준 경우 → 강제추행죄의 추행 ○

② 상대방 부모의 동의 없이 다른 곳으로 옮겨 자녀에 대한 보호·양육을 계속한 경우 → 미성년자약취죄 ✕

③ 정신건강의학과 전문의들이 피해자의 아들과 공동하여 피해자를 강제로 입원시킨 경우 → 감금행위 ✕

④ 양팔로 뒤에서 껴안으려고 하였으나, 소리치자 몇 초 간 쳐다본 경우 → 강제추행미수죄 ○

정선
해설

[❶ ▸ ○]   피고인이 엘리베이터라는 폐쇄된 공간에서 피해자들을 칼로 위협하는 등으로 꼼짝하지 못하도록 자신의 실력적인 지배하에 둔 다음 피해자들에게 성적 수치심과 혐오감을 일으키는 자신의 자위행위 모습을 보여 주고 피해자들로 하여금 이를 외면하거나 피할 수 없게 한 행위는 강제추행죄의 추행에 해당한다(대판 2010.2.25. 2009도13716).

[❷ ▸ ○]   대판 2013.6.20. 2010도14328[전합]

[❸ ▸ ✕]   망상장애와 같은 정신질환의 경우 진단적 조사 또는 정확한 진단을 위해 지속적인 관찰이나 특수한 검사가 필요한 때에도 환자의 입원이 고려될 수 있고, 피고인 甲, 乙은 보호의무자인 피고인 丙의 진술뿐만 아니라 피해자를 직접 대면하여 진찰한 결과를 토대로 피해자에게 피해사고나 망상장애의 의심이 있다고 판단하여 입원이

필요하다는 진단을 한 것이므로, 피해자를 정확히 진단하여 치료할 의사로 입원시켰다고 볼 여지 또한 충분하여 피고인 甲, 乙에게 감금죄의 고의가 있었다거나 이들의 행위가 형법상 감금행위에 해당한다고 단정하기 어렵다(대판 2015.10.29. 2015도8429).

[❹ ▸ ○] 대판 2015.9.10. 2015도6980

답 ❸

089 □□□

자유에 대한 죄에 관한 다음 설명 중 옳은 것은?(다툼이 있는 경우 판례에 의함)

15 경찰간부

① 신문기자인 피고인이 고소인에게 2회에 걸쳐 증여세 포탈에 대한 취재를 요구하면서 이에 응하지 않으면 취재한 내용대로 보도하겠다고 말한 것은 협박죄에서 말하는 해악의 고지로서 사회상규에 반하는 행위라고 보는 것이 타당하다.

② 감금행위가 단순히 강도상해의 수단이 되는데 그치지 아니하고 강도상해의 범행이 끝난 후에도 계속된 경우, 감금죄와 강도상해죄는 경합범관계에 있다.

③ 술에 만취한 피고인이 초등학교 5학년 여학생의 소매를 잡아끌면서 "우리 집에 같이 자러 가자"고 한 행위는 상대방을 실력적 지배하에 둘 수 있는 정도의 폭행행위라고 평가할 수 없어 추행 등 목적 약취행위의 수단인 폭행에 해당하지 않는다.

④ 피고인이 아파트 엘리베이터 내에 13세 미만인 피해자와 단둘이 탄 다음 피해자를 향하여 성기를 꺼내어 잡고 여러 방향으로 움직이다가 이를 보고 놀란 피해자 쪽으로 가까이 다가간 경우 피고인이 피해자의 신체에 직접적인 접촉을 하지 아니하였고 엘리베이터가 멈춘 후 피해자가 위 상황에서 바로 벗어날 수 있었으므로 위력에 의한 추행에 해당한다고 볼 수 없다.

정선 핵심

① 증여세 포탈 취재에 응하지 않으면 취재한 내용대로 보도하겠다고 말한 경우 → 사회상규에 반하지 아니하는 행위 ○

② 감금죄와 강도상해죄 → 실체적 경합 ○

③ 초등학교 5학년 여학생의 소매를 잡아끌면서 "우리 집에 같이 자러 가자"고 한 경우 → 추행목적 약취행위의 수단인 폭행 ○

④ 엘리베이터에서 여아를 향하여 성기를 꺼내어 움직이다가 다가간 경우 → 위력에 의한 추행 ○

정선 해설

[❶ ▸ ✕] 신문기자인 피고인이 고소인에게 2회에 걸쳐 증여세 포탈에 대한 취재를 요구하면서 이에 응하지 않으면 자신이 취재한 내용대로 보도하겠다고 말하여 협박하였다는 취지로 기소된 경우, 위 행위가 설령 협박죄에서 말하는 해악의 고지에 해당하더라도 특별한 사정이 없는 한 사회상규에 반하지 아니하는 행위라고 보는 것이 타당하다(대판 2011.7.14. 2011도639).

[❷ ▸ ○] 대판 2003.1.10. 2002도4380

[❸ ▸ ✕] 피고인이 위험에 대한 대처능력이 미약한 초등학교 5학년 여학생인 피해자의 소매를 잡아끌면서 '우리 집에 같이 자러가자'라고 한 행위는 그 행위의 목적과 의도, 행위 당시의 정황, 행위의 태양과 종류, 피해자의 의사 등을 종합하여 볼 때, 피고인이 피해자를 그 의사에 반하여 자유로운 생활관계 또는 보호관계로부터 피고인의 사실상 지배하에 옮기기 위한 약취행위의 수단으로서 폭행에 충분히 해당한다고 할 것이다(대판 2009.7.9. 2009도3816).

[❹ ▸ ✕] 피고인이 甲의 신체에 직접적인 접촉을 하지 아니하였고 엘리베이터가 멈춘 후 甲이 위 상황에서 바로 벗어날 수 있었다고 하더라도, 피고인의 행위는 甲의 성적 자유의사를 제압하기에 충분한 세력에 의하여 추행행위에 나아간 것으로서 위력에 의한 추행에 해당한다고 보아야 한다(대판 2013.1.16. 2011도7164).

답 ❷

다음은 자유에 대한 죄를 설명한 것이다. 옳지 않은 것은 모두 몇 개인가?(다툼이 있으면 판례에 의함)

14 경찰채용

ㄱ. 협박죄가 성립하기 위해서는 행위자가 해악의 내용을 실현할 수 있는 위치에 있어야 하고, 고지한 해악을 실제로 실현할 의도나 욕구가 필요하다.
ㄴ. "앞으로 수박이 없어지면 네 책임으로 한다"고 말한 것은 해악의 고지라고 보기 어렵고, 가사 다소간의 해악의 고지에 해당한다고 가정하더라도 위법성이 없다.
ㄷ. 투자금의 회수를 위해 피해자를 강요하여 물품대금을 횡령하였다는 자인서를 받아낸 뒤 이를 근거로 돈을 갈취한 경우, 공갈죄 외에 강요죄도 성립한다.
ㄹ. 감금죄는 사람의 행동의 자유를 그 보호법익으로 하여 사람이 특정한 구역에서 나가는 것을 불가능하게 하거나 또는 심히 곤란하게 하는 죄로서 이와 같이 사람이 특정한 구역에서 나가는 것을 불가능하게 하거나 감히 곤란하게 하는 그 장해는 물리적, 유형적 장해뿐만 아니라 심리적, 무형적 장해에 의하여서도 가능하다.
ㅁ. 미성년자를 유인한 자가 계속하여 미성년자를 불법하게 감금하였을 때에는 미성년자유인죄 외에 감금죄가 별도로 성립한다.

① 1개
② 2개
③ 3개
④ 4개

정선 핵심

ㄱ. 협박죄의 구성요건
 → 고의 : 해악을 고지한다는 것을 인식, 인용하는 것을 내용으로 하나 고지한 해악을 실제로 실현하겠다는 의도나 욕구 불요
ㄴ. "앞으로 수박이 없어지면 네 책임으로 한다"고 말한 경우 → 협박죄 ×
ㄷ. 물품대금을 횡령하였다는 자인서를 받아낸 뒤 돈을 갈취한 경우 → 공갈죄 ○
ㄹ. 물리적·유형적 장애뿐만 아니라 심리적·무형적 장애가 있는 경우 → 감금죄 ○
ㅁ. 미성년자를 유인한 자가 계속하여 불법하게 감금한 경우 → 미성년자유인죄와 감금죄의 실체적 경합 ○

정선 해설

[ㄱ ▶ ×] 협박죄에 있어서의 협박이라 함은, 일반적으로 보아 사람으로 하여금 공포심을 일으킬 수 있는 정도의 해악을 고지하는 것을 의미하므로 그 주관적 구성요건으로서의 고의는 행위자가 그러한 정도의 해악을 고지한다는 것을 인식, 인용하는 것을 그 내용으로 하고 고지한 해악을 실제로 실현할 의도나 욕구는 필요로 하지 아니한다고 할 것이다(대판 2006.8.25. 2006도546).

[ㄴ ▶ ○] "앞으로 수박이 없어지면 네 책임으로 한다"고 말하였다고 하더라도 그것만으로는 구체적으로 어떠한 법익에 어떠한 해악을 가하겠다는 것인지를 알 수 없어 이를 해악의 고지라고 보기 어렵고, 가사 위와 같이 말한 것이 다소간의 해악의 고지에 해당한다고 가정하더라도, 이는 정당한 훈계의 범위를 벗어나는 것이 아니어서 사회상규에 위배되지 아니하므로 위법성이 없다고 봄이 상당하다(대판 1995.9.29. 94도2187).

> **관련판례** 대판 1984.6.26. 84도648
>
> 피해자가 공소 외 (갑)을 대리하여 동인 소유의 여관을 피고인에게 매도하고 피고인으로부터 계약금과 잔대금 일부를 수령하였는데 그 후 위 (갑)이 많은 부채로 도피해 버리고 동인의 채권자들이 채무변제를 요구하면서 위 여관을 점거하여 피고인에게 여관을 명도하기가 어렵게 되자 피고인은 피해자에게 여관을 명도해 주던가 명도소송비용을 내놓지 않으면 고소하여 구속시키겠다고 말한 경우, 이는 사회통념상 용인될 정도의 것으로서 협박으로 볼 수 없다.

[ㄷ ▶ ×] 공갈의 범의하에 갈취의 방법으로 일단 자인서를 작성케 한 후 이를 근거로 계속하여 갈취행위를 한 것으로 보아야 할 것이므로 위 행위는 포함하여 공갈죄 일죄만을 구성한다고 보아야 한다(대판 1985.6.25. 84도2083).

[ㄹ ▸ ○] 대판 2011.9.29. 2010도5962
[ㅁ ▸ ○] 대판 1998.5.26. 98도1036

답 ❷

091
□□□

자유에 관한 죄에 대한 설명 중 옳은 것을 모두 고른 것은?(다툼이 있는 경우에는 판례에 의함)

14 변시

ㄱ. 골프시설의 운영자가 골프회원에게 불리하게 내용이 변경된 회칙에 대하여 동의한다는 내용의 등록신청서를 제출하지 않으면 회원으로 대우하지 않겠다고 통지하는 것은 강요죄의 협박에 해당한다.

ㄴ. 미성년자가 혼자 머무는 주거에 침입하여 그를 감금한 후 협박에 의하여 부모의 출입을 봉쇄한 경우, 미성년자의 장소적 이전이 없었으므로 미성년자약취죄가 성립하지 않는다.

ㄷ. 재물을 강취하기 위하여 피해자를 강제로 승용차에 태우고 가다가 주먹으로 때려 반항을 억압한 다음 현금 35만원 등이 들어있는 가방을 빼앗은 후 약15km를 계속하여 진행하여 가다가 교통사고를 일으켜 발각된 경우 감금죄와 강도죄는 실체적 경합관계이다.

ㄹ. A주식회사 대표이사에게 자신의 횡령행위를 문제 삼으면 A주식회사의 내부비리 등을 금융감독원 등 관계기관에 고발하겠다고 발언하는 경우 대표이사뿐만 아니라 법인에 대하여도 협박죄가 성립한다.

ㅁ. 미성년자의 어머니가 교통사고로 사망하여 아버지가 미성년자의 양육을 외조부에게 맡겼으나 교통사고배상금 등으로 분쟁이 발생하자 학교에서 귀가하는 미성년자를 아버지가 본인의 의사에 반하여 강제로 차에 태우고 데려간 경우 미성년자약취죄가 성립한다.

---

① ㄴ, ㄹ

② ㄱ, ㄷ, ㅁ

③ ㄴ, ㄷ, ㄹ

④ ㄱ, ㄴ, ㄷ, ㅁ

⑤ ㄱ, ㄷ, ㄹ, ㅁ

정선 핵심

ㄱ. 골프회원에게 불리한 내용의 등록신청서의 제출을 강요한 경우 → 강요죄 ○
ㄴ.·ㅁ. 미성년자약취죄의 성립 여부
  ⇢ 미성년자가 혼자 머무는 주거에 침입하여 감금한 뒤 폭행·협박에 의하여 부모의 출입을 봉쇄한 경우 : ○
  ⇢ 아버지가 외조부가 양육하던 미성년자를 그의 의사에 반하여 자신의 지배하에 옮긴 경우 → ○
ㄷ. 감금죄와 강도죄 → 실체적 경합 ○
ㄹ. 협박죄의 객체 → 법인 ×

정선 해설

[ㄱ ▸ ○] 대판 2003.9.26. 2003도763
[ㄴ ▸ ×] 미성년자가 혼자 머무는 주거에 침입하여 그를 감금한 뒤 폭행 또는 협박에 의하여 부모의 출입을 봉쇄하거나, 미성년자와 부모가 거주하는 주거에 침입하여 부모만 강제로 퇴거시키고 독자적인 생활관계를 형성하기에 이르렀다면 비록 장소적 이전이 없었다 할지라도 형법 제287조 소정의 미성년자약취죄에 해당함이 명백하다 할 것이다(대판 2008.1.17. 2007도8485).
[ㄷ ▸ ○] 대판 2003.1.10. 2002도4380

[ㄹ ▸ ✕] 판례의 취지를 고려하면, 법인은 협박죄의 객체가 될 수 없으므로 A주식회사 대표이사에 대한 협박죄가
성립하는 데 그친다.

> 협박죄의 보호법익, 형법규정상 체계, 협박의 행위 개념 등에 비추어 볼 때, 협박죄는 자연인만을 그 대상으로
> 예상하고 있을 뿐 법인은 협박죄의 객체가 될 수 없다(대판 2010.7.15. 2010도1017).

[ㅁ ▸ ○] 대판 2008.1.31. 2007도8011

답 ❷

---

092 □□□

'자유에 대한 죄'에 대한 설명으로 가장 적절하지 않은 것은?(다툼이 있는 경우 판례에 의함)

18 경찰승진

① 골프시설의 운영자가 골프회원에게 불리하게 변경된 내용의 회칙에 대하여 동의한다는 내용의
   등록신청서를 제출하지 아니하면 회원으로 대우하지 아니하겠다고 통지한 것이 강요죄에 해당
   한다.
② 형법 제296조의2는 동법 제287조부터 제292조까지 및 제294조를 인류에 대한 공통적인 범죄
   로서 대한민국 영역 밖에서 죄를 범한 외국인에게도 적용될 수 있도록 세계주의를 규정하였다.
③ 피고인이 피해자와 횟집에서 술을 마시던 중 피해자가 모래 채취에 관하여 항의하는 데에
   화가 나서, 횟집 주방에 있던 회칼 2자루를 들고 나와 죽어버리겠다며 자해하려고 한 경우,
   이러한 피고인의 행위는 피고인의 요구에 응하지 않으면 피해자에게 어떠한 해악을 가할 듯한
   위세를 보인 행위로서 협박에 해당한다고도 볼 수 있다.
④ 미성년자를 유인한 자가 계속하여 미성년자를 불법하게 감금하였을 때에는 감금죄만 성립할
   뿐 미성년자유인죄는 별도로 성립하지 않는다.

**정선
핵심**

① 골프회원에게 불리한 내용의 등록신청서의 제출을 강요한 경우 → 강요죄 ○
② 형법 제296조의2 → 세계주의 규정
③ 모래 채취에 항의하는 피해자에게 화가 나 죽어버리겠다며 자해하려고 한 경우 → 협박 ○
④ 미성년자를 유인한 자가 계속하여 불법하게 감금한 경우 → 미성년자유인죄와 감금죄의 실체적 경합 ○

**정선
해설**

[❶ ▸ ○] 대판 2003.9.26. 2003도763
[❷ ▸ ○] 2013.4.5. 개정형법은 세계주의를 도입하여 형법 제287조부터 제292조까지 및 제294조는 대한민국
영역 밖에서 죄를 범한 외국인에게도 적용한다고 규정하고 있으므로(형법 제296조의2) 대한민국 영역 외에서 죄를
범한 외국인에게도 우리 형법이 적용된다.
[❸ ▸ ○] 피고인은 피해자와 횟집에서 술을 마시던 중 피해자가 모래 채취에 관하여 항의하는 데에 화가 나서,
횟집 주방에 있던 회칼 2자루를 들고 나와 죽어버리겠다며 자해하려고 한 경우, 피고인의 행위는 단순한 자해행위
시늉에 불과한 것이 아니라 피고인의 요구에 응하지 않으면 피해자에게 어떠한 해악을 가할 듯한 위세를 보인
행위로서 협박에 해당한다고도 볼 수 있다(대판 2011.1.27. 2010도14316).
[❹ ▸ ✕] 미성년자를 유인한 자가 계속하여 미성년자를 불법하게 감금하였을 때에는 미성년자유인죄 이외에
감금죄가 별도로 성립한다(대판 1998.5.26. 98도1036).

답 ❹

01 피고인들이 대한상이군경회원 80여명과 공동으로 호텔출입문을 봉쇄하며 피해자들의 출입을 방해하였다면 감금죄에 해당한다.

　14 경찰승진　　　　　　　　　　　　　　　○ㅣ×

02 간음의 목적으로 11세에 불과한 어린 나이의 피해자를 유혹하여 위 모텔 앞길에서부터 위 모텔 301호실까지 데리고 간 이상, 간음목적유인죄의 기수에 이른 것이다. 　13 경찰간부　　　　　　○ㅣ×

01 대판 1983.9.13. 80도277

02 대판 2007.5.11. 2007도2318

정답

01 ○　　**02** ○

제1관 | 명예에 관한 죄

093
□□□

다음 중 명예훼손죄에 관한 설명 중 가장 옳지 않은 것은?(다툼이 있는 경우 판례에 의함)

`20` 해경승진

① 직장의 전산망에 설치된 전자게시판에 타인의 명예를 훼손하는 내용의 사실을 적시한 글을 게시한 경우 명예훼손죄가 성립한다.

② 적시된 사실이 공공의 이익에 관한 것인 경우에는 특별한 사정이 없는 한 형법 제309조 제1항 (출판물 등에 의한 명예훼손) 소정의 비방의 목적이 인정되지 않는다.

③ 어느 사람에게 귀엣말 등 그 사람만 들을 수 있는 방법으로 그 사람 본인의 사회적 가치 내지 평가를 떨어뜨릴 만한 사실을 이야기하였다 하더라도 그 사람이 들은 말을 스스로 다른 사람들에게 전파하였다면 명예훼손죄의 구성요건인 공연성이 인정된다.

④ 기자를 통해 사실을 적시하는 경우에는 기사화되어 보도되어야만 적시된 사실이 외부에 공표된 다고 보아야 할 것이므로 기자가 취재를 한 상태에서 아직 기사화하여 보도하지 아니한 경우에 는 공연성이 없다.

**정선
핵심**

① 직장의 전산망 전자게시판에 명예를 훼손하는 사실을 적시한 경우 → 명예훼손죄 ○
② 사실의 진실성과 적시의 공익성이 인정되는 경우 → 비방의 목적 ×
③ 귀엣말로 사회적 가치를 떨어뜨릴 만한 사실을 적시한 경우 → 공연성 ×
④ 기자에게 사실을 적시하였으나 아직 기사화하여 보도하지 아니한 경우 → 공연성 ×

**정선
해설**

[❶ ▶ ○] 직장의 전산망에 설치된 전자게시판에 타인의 명예를 훼손하는 내용의 글을 게시한 행위는 명예훼손죄 를 구성한다(대판 2000.5.12. 99도5734).

[❷ ▶ ○] 대판 2003.12.26. 2003도6036

[❸ ▶ ×] 어느 사람에게 귀엣말 등 그 사람만 들을 수 있는 방법으로 그 사람 본인의 사회적 가치 내지 평가를 떨어뜨릴 만한 사실을 이야기하였다면, 위와 같은 이야기가 <u>불특정 또는 다수인에게 전파될 가능성이 있다고 볼 수 없어</u> 명예훼손의 구성요건인 공연성을 충족하지 못하는 것이며, 그 사람이 들은 말을 스스로 다른 사람들에게 전파하였더라도 위와 같은 결론에는 영향이 없다(대판 2005.12.9. 2004도2880).

> **비교판례** | 대판 2008.2.14. 2007도8155
>
> 개인 블로그의 비공개 대화방에서 상대방으로부터 비밀을 지키겠다는 말을 듣고 일대일로 대화하였다고 하더 라도, 그 사정만으로 대화 상대방이 대화내용을 불특정 또는 다수에게 전파할 가능성이 없다고 할 수 없으므로, 명예훼손죄의 요건인 공연성을 인정할 여지가 있다

[❹ ▶ ○] 대판 2000.5.16. 99도5622

답 ❸

094
□□□

다음 설명 중 가장 옳은 것은?

① 국가나 지방자치단체도 명예훼손죄의 피해자가 될 수 있다.
② 기자를 통해 사실을 적시하였다면 기자가 취재를 한 상태에서 아직 기사화하여 보도하지 아니한 경우에도 전파가능성이 있으므로 공연성이 있다.
③ 장래의 일을 적시하는 경우에는 과거 또는 현재의 사실을 기초로 하거나 이에 대한 주장을 포함하는 경우라도 명예훼손죄가 성립할 수 없다.
④ 허위사실 적시에 의한 명예훼손죄에 해당하는 행위에 대하여는 위법성 조각에 관한 형법 제310조는 적용될 여지가 없다.

정선 핵심

① 국가나 지방자치단체 → 명예훼손죄나 모욕죄의 피해자 ✕
② 기자에게 사실을 적시하였으나 아직 기사화하여 보도하지 아니한 경우 → 공연성 ✕
③ 장래의 일을 적시하였으나 과거 또는 현재의 사실을 기초로 하거나 주장을 포함하는 경우 → 명예훼손죄 ○
④ 허위사실 적시에 의한 명예훼손죄 → 형법 제310조 적용 ✕

정선 해설

[❶ ▸ ✕] 국가나 지방자치단체는 국민에 대한 관계에서 형벌의 수단을 통해 보호되는 외부적 명예의 주체가 될 수는 없고, 따라서 명예훼손죄나 모욕죄의 피해자가 될 수 없다(대판 2016.12.27. 2014도15290).

[❷ ▸ ✕] 통상 기자가 아닌 보통 사람에게 사실을 적시할 경우에는 그 자체로서 적시된 사실이 외부에 공표되는 것이므로 그 때부터 곧 전파가능성을 따져 공연성 여부를 판단하여야 할 것이지만, 그와는 달리 <u>기자를 통해 사실을 적시하는 경우에는 기사화되어 보도되어야만 적시된 사실이 외부에 공표된다고 보아야 할 것이므로 기자가 취재를 한 상태에서 아직 기사화하여 보도하지 아니한 경우에는 전파가능성이 없다고 할 것이어서 공연성이 없다고 봄이</u> 상당하다(대판 2000.5.16. 99도5622).

[❸ ▸ ✕] 명예훼손죄가 성립하기 위하여는 사실의 적시가 있어야 하는데, 여기에서 적시의 대상이 되는 사실이란 현실적으로 발생하고 증명할 수 있는 과거 또는 현재의 사실을 말하며, 장래의 일을 적시하더라도 그것이 과거 또는 현재의 사실을 기초로 하거나 이에 대한 주장을 포함하는 경우에는 명예훼손죄가 성립한다고 할 것이다(대판 2003.5.13. 2002도7420).

> 피고인이 경찰관을 상대로 진정한 사건이 혐의인정되지 않아 내사종결 처리되었음에도 불구하고 공연히 "사건을 <u>조사한 경찰관이 내일부로 검찰청에서 구속영장이 떨어진다.</u>"고 말한 것은 현재의 사실을 기초로 하거나 이에 대한 주장을 포함하여 장래의 일을 적시한 것으로 볼 수 있어 명예훼손죄에 있어서의 <u>사실의 적시에 해당한다고</u> 한 사례(대판 2003.5.13. 2002도7420).

[❹ ▸ ○] 허위사실 적시에 의한 명예훼손죄에 해당하는 행위에 대하여는 위법성 조각에 관한 형법 제310조는 적용될 여지가 없다(대판 2015.7.9. 2013도4786).

답 ❹

명예에 관한 죄에 대한 설명 중 가장 적절하지 않은 것은?(다툼이 있는 경우 판례에 의함)

① 적시된 사실이 허위의 사실이라고 하더라도 행위자에게 허위성에 대한 인식이 없는 경우에는 제307조 제2항의 명예훼손죄가 아니라 제307조 제1항의 명예훼손죄가 성립될 수 있다.

② 진실인 사실을 공연히 유포하여 타인의 신용을 훼손한 경우 명예훼손죄는 성립할 수 있으나 신용훼손죄는 성립하지 않는다.

③ 통상 사람에게 사실을 적시할 경우 그 자체로서 적시된 사실이 외부에 공표되는 것이므로 그 때부터 곧 전파가능성을 따져 공연성 여부를 판단하여야 할 것이고, 이는 기자를 통해 사실을 적시하는 경우라고 하여 달리 볼 것은 아니다.

④ 사실을 발설하였는지 확인하는 질문에 답하는 과정에서 명예훼손 사실을 발설하게 된 것이라면, 명예훼손의 범의를 인정할 수 없다.

정선 핵심

① 허위성의 인식이 없는 경우 → 제307조 제1항의 명예훼손죄 ○
② 진실인 사실을 공연히 유포하여 타인의 신용을 훼손한 경우 → 신용훼손죄 ×
③ 기자에게 사실을 적시하였으나 아직 기사화하여 보도하지 아니한 경우 → 공연성 ×
④ 질문에 답하는 과정에서 명예훼손 사실을 발설하게 된 경우 → 명예훼손죄 ×

정선 해설

[❶ ▸ ○] 대판 2017.4.26. 2016도18024

[❷ ▸ ○] 신용훼손죄의 구성요건은 허위의 사실을 유포하거나 기타 위계로써 사람의 신용을 훼손하는 것이므로 진실인 사실을 공연히 유포하여 타인의 신용을 훼손한 경우 명예훼손죄만 성립한다.

[❸ ▸ ×] 판례는 기자를 통해 사실을 적시하였으나 아직 기사화하여 보도하지 아니한 경우에는 공연성이 없다고 보아 전파가능성이론으로 확대된 공연성을 제한하고 있음을 유의하여야 한다.

> 통상 기자가 아닌 보통 사람에게 사실을 적시할 경우에는 그 자체로서 적시된 사실이 외부에 공표되는 것이므로 그 때부터 곧 전파가능성을 따져 공연성 여부를 판단하여야 할 것이지만, 그와는 달리 <u>기자를 통해 사실을 적시하는 경우에는 기사화되어 보도되어야만 적시된 사실이 외부에 공표된다고 보아야 할 것이므로 기자가 취재를 한 상태에서 아직 기사화하여 보도하지 아니한 경우에는 전파가능성이 없다고 할 것이어서 공연성이 없다</u>고 봄이 상당하다(대판 2000.5.16. 99도5622).

[❹ ▸ ○] 명예훼손사실을 발설한 것이 사실이냐는 질문에 대답하는 과정에서 타인의 명예를 훼손하는 사실을 발설하게 된 것이라면, 그 발설내용과 동기에 비추어 명예훼손의 범의를 인정할 수 없고, 질문에 대한 단순한 확인대답이 명예훼손에서 말하는 사실적시라고도 할 수 없다(대판 2008.10.23. 2008도6515).

> 피고인이 이 사건 관리단 임원들에 대하여 "<u>피해자가 전과 13범인 것이 확실하다</u>", "<u>경찰서에 가서 확인해 보자</u>"라고 말을 했다 하더라도, 이는 그 발언의 경위에 비추어 피해자의 전과에 대한 진위가 확인되었다거나 또는 그 진위를 확인해보자는 소극적인 확인답변에 불과하므로 명예훼손죄에서 말하는 사실의 적시라고 할 수 없고, <u>명예훼손의 범의도 인정할 수 없</u>나(대판 2008.10.23. 2008도6515).

답 ❸

명예에 관한 죄에 대한 설명으로 가장 적절하지 않은 것은?(다툼이 있는 경우 판례에 의함)

`21` 경찰채용

① 국가나 지방자치단체는 명예훼손죄나 모욕죄의 피해자가 될 수 없다.

② 적시된 사실이 허위의 사실이라 하더라도 행위자에게 허위성에 대한 인식이 없는 경우에는 형법 제307조 제2항의 명예훼손죄가 아닌 형법 제307조 제1항의 명예훼손죄가 성립될 수 있다.

③ 평균적인 독자의 관점에서 문제된 부분이 실제로는 비평자의 주관적 의견에 해당하고, 다만 비평자가 자신의 의견을 강조하기 위한 수단으로 겉으로 보기에 증거에 의해 입증 가능한 구체적인 사실관계를 서술하는 형태의 표현을 사용한 것이라고 이해된다면 명예훼손죄에서 말하는 사실의 적시에 해당한다고 볼 수 있다.

④ 공연히 사실을 적시하여 사람의 명예를 훼손한 경우, 그것이 진실한 사실이고 행위자의 주요한 동기 내지 목적이 공공의 이익을 위한 것이라면 부수적으로 다른 사익적 목적이나 동기가 내포되어 있더라도 형법 제310조의 적용을 배제할 수 없다.

정선 핵심

① 국가나 지방자치단체 → 명예훼손죄나 모욕죄의 피해자 ✕

② 허위성의 인식이 없는 경우 → 제307조 제1항의 명예훼손죄 ○

③ 자신의 의견을 강조하기 위해 입증 가능한 구체적인 사실관계를 서술하는 표현을 사용하였으나 실제로는 비평자의 주관적 의견에 해당하는 경우 → 사실의 적시 ✕

④ 부수적으로 사익적 목적이나 동기가 내포되어 있는 경우 → 형법 제310조 적용 ○

정선 해설

[❶ ▸ ○] 국가나 지방자치단체는 국민에 대한 관계에서 형벌의 수단을 통해 보호되는 외부적 명예의 주체가 될 수는 없고, 따라서 명예훼손죄나 모욕죄의 피해자가 될 수 없다(대판 2016.12.27. 2014도15290).

[❷ ▸ ○] 대판 2017.4.26. 2016도18024

[❸ ▸ ✕] 다른 사람의 말이나 글을 비평하면서 사용한 표현이 겉으로 보기에 증거에 의해 입증 가능한 구체적인 사실관계를 서술하는 형태를 취하고 있더라도, 글의 집필의도, 논리적 흐름, 서술체계 및 전개방식, 해당 글과 비평의 대상이 된 말 또는 글의 전체적인 내용 등을 종합하여 볼 때, 평균적인 독자의 관점에서 문제된 부분이 실제로는 비평자의 주관적 의견에 해당하고, 다만 비평자가 자신의 의견을 강조하기 위한 수단으로 그와 같은 표현을 사용한 것이라고 이해된다면 명예훼손죄에서 말하는 사실의 적시에 해당한다고 볼 수 없다. 그리고 이러한 법리는 어떠한 의견을 주장하기 위해 다른 사람의 견해나 그 근거를 비판하면서 사용한 표현의 경우에도 다를 바 없다(대판 2017.12.5. 2017도15628).

[❹ ▸ ○] 대판 1999.6.8. 99도1543

답 ❸

다음 중 명예에 관한 죄에 대한 설명으로 가장 옳지 않은 것은?(다툼이 있는 경우 판례에 의함)

`21` 해경승진

① 골프클럽 경기보조원들의 구직 편의를 위해 제작된 인터넷 사이트 내 회원 게시판에 특정 골프클럽의 운영상 불합리성을 비난하는 글을 게시하면서 위 클럽 담당자에 대하여 '한심하고 불쌍한 인간'이라는 등 경멸적 표현을 한 경우, 모욕죄가 성립하지 않는다.

② 피고인이 자신의 아들 등으로부터 폭행을 당하여 입원한 피해자의 병실로 찾아가 그의 어머니 甲과 대화하던 중 甲의 이웃 乙 및 피고인의 일행 丙 등이 있는 자리에서 "학교에 알아보니 피해자에게 원래 정신병이 있었다고 하더라"라고 허위사실을 말한 경우, 공연성이 인정되므로 허위사실 적시에 의한 명예훼손죄가 성립한다.

③ 집단표시에 의한 모욕은 개별 구성원에 이르러서도 그 비난의 정도가 희석되지 않아 구성원 개개인의 사회적 평가를 저하시킬 만한 것으로 평가될 경우, 예외적으로 구성원 개개인에 대해 모욕이 성립할 수 있다.

④ 명예훼손죄가 성립하기 위해서는 사실의 적시가 있어야 하고 적시된 사실은 이로써 특정인의 사회적 가치 내지 평가가 침해될 가능성이 있을 정도로 구체성을 띠어야 한다.

정선 핵심

① 골프클럽 담당자에게 한심하고 불쌍한 인간이라는 등 경멸적 표현을 한 경우 → 모욕죄 ✕

② "피해자에게 원래 정신병이 있었다고 하더라"고 허위사실을 말한 경우 → 허위사실 적시에 의한 명예훼손죄 ✕

③ 집단표시에 의한 모욕이 구성원 개개인의 사회적 평가를 저하시킬 만한 것으로 평가될 경우 → 구성원 개개인에 대해 모욕죄 ○

④ 특정인의 사회적 가치·평가가 침해될 정도로 구체적인 사실의 적시가 있는 경우 → 명예훼손죄 ○

정선 해설

[❶ ▸ ○] 게시의 동기와 경위, 모욕적 표현의 정도와 비중 등에 비추어 사회상규에 위배되지 않는다(대판 2008.7.10. 2008도1433).

[❷ ▸ ✕] 그 자리에 있던 사람들의 관계 등 여러 사정에 비추어 피고인의 발언이 불특정 또는 다수인에게 전파될 가능성이 있다고 보기도 어려워 공연성이 없다(대판 2011.9.8. 2010도7497).

[❸ ▸ ○] 집단표시에 의한 모욕은, 모욕의 내용이 집단에 속한 특정인에 대한 것이라고는 해석되기 힘들고, 집단표시에 의한 비난이 개별구성원에 이르러서는 비난의 정도가 희석되어 구성원 개개인의 사회적 평가에 영향을 미칠 정도에 이르지 아니한 경우에는 구성원 개개인에 대한 모욕이 성립되지 않는다고 봄이 원칙이고, 비난의 정도가 희석되지 않아 구성원 개개인의 사회적 평가를 저하시킬 만한 것으로 평가될 경우에는 예외적으로 구성원 개개인에 대한 모욕이 성립할 수 있다(대판 2014.3.27. 2011도15631).

[❹ ▸ ○] 대판 2009.9.24. 2009도6687

답 ❷

명예훼손죄에 관한 다음 설명 중 가장 옳지 않은 것은?(다툼이 있는 경우 판례에 의하고, 전원합의체 판결의 경우 다수의견에 의함. 이하 같음) [19] 법원9급

① 피해자인 경찰관을 상대로 진정한 사건이 혐의가 인정되지 않아 내사종결 처리되었음에도 공연히 "사건을 조사한 경찰관에 대해 내일부로 검찰청에서 구속영장이 떨어진다."라고 말한 것은 희망 또는 의견을 진술하거나 가치판단을 나타낸 것에 불과하여 명예훼손죄에 있어서의 사실의 적시에 해당하지 않는다.

② 피해자들이 전과가 많다는 내용의 명예훼손 발언을 들은 사람들이 이미 피해자들의 전과사실을 알고 있었다고 하더라도 명예훼손죄가 성립할 수 있다.

③ 새로 목사로서 부임한 피고인이 전임목사에 관한 교회내의 불미스러운 소문의 진위를 확인하기 위하여 이를 교회집사들에게 물어보았다면 이는 명예훼손의 고의 없는 단순한 확인에 지나지 아니하여 사실의 적시라고 할 수 없다.

④ 소문이나 제3자의 말을 인용한 언론보도가 허위사실을 적시한 것인지 판단하려면 원칙적으로 그 보도내용의 주된 부분인 암시된 사실 자체를 기준으로 그것이 진실인지 여부를 살펴보아야 하며, 그러한 소문, 제3자의 말 등의 존부를 기준으로 보도가 허위사실인지를 판단해서는 안 된다.

정선 핵심

① "사건을 조사한 경찰관에 대해 내일부로 검찰청에서 구속영장이 떨어진다."라고 말한 경우 → 사실의 적시 ○
② 피해자들이 전과가 많다는 말을 들은 사람들이 이미 그 사실을 알고 있었던 경우 → 명예훼손죄 ○
③ 불미스러운 소문을 확인하기 위하여 물어본 경우 → 사실의 적시 ✕
④ 인용언론보도의 허위사실 적시 여부에 대한 판단기준 → 보도내용의 주된 부분인 암시된 사실 자체의 진실 여부

정선 해설

[❶ ▶ ✕] 명예훼손죄가 성립하기 위하여는 사실의 적시가 있어야 하는데, 여기에서 적시의 대상이 되는 사실이란 현실적으로 발생하고 증명할 수 있는 과거 또는 현재의 사실을 말하며, <u>장래의 일을 적시하더라도 그것이 과거 또는 현재의 사실을 기초로 하거나 이에 대한 주장을 포함하는 경우에는 명예훼손죄가 성립한다고 할 것이다</u>(대판 2003.5.13. 2002도7420).

[❷ ▶ ○] 명예훼손의 발언(피해자들이 전과가 많다는 내용)을 들은 사람들이 피해자들과는 일면식이 없다거나 이미 피해자들의 전과사실을 알고 있었다고 하더라도 공연성 즉 발언이 전파될 가능성이 없다고 볼 수 없다(대판 1993.3.23. 92도455).

[❸ ▶ ○] 대판 1985.5.28. 85도588

[❹ ▶ ○] 객관적으로 피해자의 사회적 평가를 저하시키는 사실에 관한 보도내용이 소문이나 제3자의 말, 보도를 인용하는 방법으로 단정적인 표현이 아닌 전문 또는 추측한 것을 기사화한 형태로 표현하였지만, 그 <u>표현 전체의 취지로 보아 그 사실이 존재할 수 있다는 것을 암시하는 방식으로 이루어진 경우에는 사실을 적시한 것으로 보아야</u> 한다. 그리고 이러한 보도내용으로 인한 형법 제307조 제1항, 제2항과 구 정보통신망 이용촉진 및 정보보호 등에 관한 법률 제61조 제1항, 제2항 등에 의한 명예훼손죄의 성립 여부나 형법 제310조의 위법성조각사유의 존부 등을 판단할 때, <u>객관적으로 피해자의 명예를 훼손하는 보도내용</u>에 해당하는지, 그 내용이 진실한지, 거기에 피해자를 비방할 목적이 있는지, 보도내용이 공공의 이익에 관한 것인지 여부 등은 원칙적으로 그 보도내용의 주된 부분인 <u>암시된 사실 자체를 기준으로 살펴보아야</u> 한다. 그 보도내용에 인용된 소문 등의 내용이나 표현방식, 그 신빙성 등에 비추어 암시된 사실이 무엇이고, 그것이 진실인지 여부 등에 대해 구체적으로 심리·판단하지 아니한 채 그러한 소문, 제3자의 말 등의 존부에 대한 심리·판단만으로 바로 이를 판단해서는 안 된다(대판 2008.11.27. 2007도5312).

답 ❶

명예훼손죄에 대한 설명으로 옳지 않은 것은?(다툼이 있는 경우 판례에 의함)

19 국가7급

① 공연히 사실을 적시하여 사람의 명예를 훼손한 행위가 형법 제310조의 위법성조각사유에 해당된다는 점에 대하여는 행위자가 증명하여야 한다.

② 언론매체가 피해자의 명예를 현저하게 훼손할 수 있는 보도내용의 주된 부분이 허위임을 충분히 인식하면서도 이를 보도하였다면, 특별한 사정이 없는 한 거기에는 사람을 비방할 목적이 있다고 볼 것이다.

③ 개인 블로그의 비공개 대화방에서 상대방으로부터 비밀을 지키겠다는 말을 듣고 1:1로 대화하면서 타인의 명예를 훼손하는 발언을 한 경우, 그러한 사정만으로 상대방이 대화내용을 불특정 또는 다수인에게 전파할 가능성이 없다고 할 수 없다.

④ 정보통신망을 이용한 명예훼손의 경우 범죄종료시기는 원래의 게시물이 삭제되어 정보의 송수신이 불가능해지는 시점이다.

**정선
핵심**

① 사실의 진실성과 적시의 공익성 → 행위자에게 증명책임 ○
② 언론매체가 보도내용의 주된 부분이 허위임을 인식하면서도 보도한 경우 → 비방할 목적 ○
③ 개인 블로그의 비공개 대화방에서 일대일로 대화한 경우 → 공연성 ○
④ 정보통신망을 이용한 명예훼손의 범죄종료시기 → 게시행위의 종료 시

**정선
해설**

[❶ ▸ ○] 공연히 사실을 적시하여 사람의 명예를 훼손한 행위가 형법 제310조의 규정에 따라서 위법성이 조각되어 처벌대상이 되지 않기 위하여는 그것이 진실한 사실로서 오로지 공공의 이익에 관한 때에 해당된다는 점을 행위자가 증명하여야 한다(대판 1996.10.25. 95도1473).

[❷ ▸ ○] 대판 2008.11.27. 2007도5312

[❸ ▸ ○] 대판 2008.2.14. 2007도8155

[❹ ▸ ✕] 서적·신문 등 기존의 매체에 명예훼손적 내용의 글을 게시하는 경우에 그 게시행위로써 명예훼손의 범행은 종료하는 것이며 그 서적이나 신문을 회수하지 않는 동안 범행이 계속된다고 보지는 않는다는 점을 고려해 보면, 정보통신망을 이용한 명예훼손의 경우에, 게시행위 후에도 독자의 접근가능성이 기존의 매체에 비하여 좀 더 높다고 볼 여지가 있다 하더라도 그러한 정도의 차이만으로 정보통신망을 이용한 명예훼손의 경우에 범죄의 종료시기가 달라진다고 볼 수는 없다(대판 2007.10.25. 2006도346).

답 ❹

명예에 관한 죄에 대한 설명으로 옳은 것은 모두 몇 개인가?(다툼이 있는 경우 판례에 의함)

ㄱ. 甲이 명예훼손 사실을 발설한 것이 정말이냐는 A의 질문에 대답하는 과정에서 타인의 명예를 훼손하는 사실을 발설하게 된 경우, 명예훼손의 고의가 인정되지 아니한다.

ㄴ. 甲이 집 뒷길에서 자신의 남편과 A의 친척이 듣는 가운데 다른 사람들이 들을 수 있을 정도의 큰 소리로 A에게 "저것이 징역 살다온 전과자다."고 말한 경우, 자신의 남편과 A의 친척에게 말한 것이라 할지라도 명예훼손죄의 구성요건요소인 '공연성'이 인정된다.

ㄷ. 사이버대학교 학생 甲이 학과 학생들만 가입할 수 있는 네이버밴드 게시판에 A의 "총학생회장 출마자격에 관하여 조언을 구한다."는 글에 대한 댓글로 직전 회장 선거에 입후보하였다가 중도 사퇴한 친구 B의 실명을 거론하며, 객관적 사실에 부합하는 "B 학우가 학생회비도 내지 않고 총학생회장 선거에 출마하려 했다가 상대방 후보를 비방하고 이래저래 학과를 분열시키고 개인적인 감정을 표한 사례가 있다."고 언급한 다음 "그러한 부분은 지양했으면 한다."는 의견을 덧붙인 경우, 甲의 주요한 동기와 목적은 공공의 이익을 위한 것으로서 甲에게 B를 비방할 목적이 있다고 보기 어렵다.

ㄹ. 제품의 안정성에 논란이 많은 가운데 인터넷 신문사 소속기자 A가 인터넷 포털사이트의 '핫이슈'난에 제품을 옹호하는 기사를 게재하자 그 기사를 읽은 상당수의 독자들이 '네티즌 댓글'난에 A를 비판하는 댓글을 달고 있는 상황에서 甲이 "이런 걸 기레기라고 하죠?"라는 댓글을 게시한 경우, 이는 모욕적 표현에 해당하나 사회상규에 위배되지 않는 행위로서 형법 제20조에 의하여 위법성이 조각된다.

① 1개   ② 2개
③ 3개   ④ 4개

정선 핵심

ㄱ. 질문에 답하는 과정에서 명예훼손 사실을 발설하게 된 경우 → 명예훼손죄 ×

ㄴ. "저것이 징역 살다온 전과자다."라고 말한 경우 → 공연성 ○

ㄷ. "총학생회장 출마자격에 관하여 조언을 구한다."는 글에 대한 댓글로 B에 대한 의견을 덧붙인 경우 → 비방의 목적 ×

ㄹ. "이런 걸 기레기라고 하죠?"라는 댓글을 게시한 경우 → 사회상규에 위배되지 않는 행위 ○

정선 해설

[ㄱ▸○] 대판 2008.10.23. 2008도6515

[ㄴ▸○] 피고인이 갑의 집 뒷길에서 피고인의 남편 을 및 갑의 친척인 병이 듣는 가운데 갑에게 '저것이 징역 살다온 전과자다' 등으로 큰 소리로 말함으로써 공연히 사실을 적시하여 갑의 명예를 훼손하였다는 내용으로 기소된 경우, 병이 갑과 친척관계에 있다는 이유만으로 전파가능성이 부정된다고 볼 수 없고, 오히려 피고인은 갑과의 싸움 과정에서 단지 갑을 모욕 내지 비방하기 위하여 공개된 장소에서 큰 소리로 말하여 다른 마을 사람들이 들을 수 있을 정도였던 것으로 불특정 또는 다수인이 인식할 수 있는 상태였다고 봄이 타당하므로, 피고인의 위 발언은 공연성이 인정된다(대판 2020.11.19. 2020도5813[전합]).

[ㄷ▸○] 사이버대학교 법학과 학생인 피고인이, 법학과 학생들만 회원으로 가입한 네이버밴드에 갑이 총학생회장 출마자격에 관하여 조언을 구한다는 글을 게시하자 이에 대한 댓글 형식으로 직전 연도 총학생회장 선거에 입후보하였다가 중도 사퇴한 을의 실명을 거론하며 '○○○이라는 학우가 학생회비도 내지 않고 총학생회장 선거에 출마하려 했다가 상대방 후보를 비방하고 이래저래 학과를 분열시키고 개인적인 감정을 표한 사례가 있다.'고 언급한 다음 '그러한 부분은 지양했으면 한다.'는 의견을 덧붙임으로써 을의 명예를 훼손하였다고 하여 정보통신망 이용촉진 및 정보보호 등에 관한 법률 위반(명예훼손)으로 기소된 경우, 피고인의 주요한 동기와 목적은 공공의 이익을 위한 것으로서 피고인에게 을을 비방할 목적이 있다고 보기 어렵다(대판 2020.3.2. 2018도15868).

인터넷 신문사 소속 기자 갑이 작성한 기사가 인터넷 포털 사이트의 '핫이슈' 난에 게재되자, 피고인이 "이런 걸 기레기라고 하죠?"라는 댓글을 게시함으로써 공연히 갑을 모욕하였다는 내용으로 기소된 경우, '기레기'는 모욕적 표현에 해당하나, 위 댓글의 내용, 작성 시기와 위치, 위 댓글 전후로 게시된 다른 댓글의 내용과 흐름 등을 종합하면, 위 댓글을 작성한 행위는 사회상규에 위배되지 않는 행위로서 형법 제20조에 의하여 위법성이 소각된다(대판 2021.3.25. 2017도17643).

답 ④

101

□□□

명예훼손죄와 관련된 다음 설명 중 옳지 않은 것은 모두 몇 개인가?(다툼이 있는 경우 판례에 의함)

`20` 경찰간부

> ㄱ. 전파가능성을 이유로 명예훼손죄의 공연성을 인정하는 경우에는 범죄구성요건의 객관적 요소로서 미필적 고의가 필요하므로 전파가능성에 대한 인식은 물론 그 위험을 용인하는 내심의 의사까지 있어야 한다.
>
> ㄴ. 명예훼손죄에 있어서 사실의 적시는 그 표현의 전(全) 취지에 비추어 그와 같은 사실의 존재를 암시할 수 있고 이로써 특정인의 사회적 가치 내지 평가가 침해될 수 있다고 하여도 간접적이고 우회적인 표현만으로는 인정될 수 없다.
>
> ㄷ. 가치중립적인 표현을 사용하였다 할지라도 사회통념상 그로 인하여 특정인의 사회적 평가가 저하되었다고 판단된다면 명예훼손죄가 성립할 수 있다.
>
> ㄹ. 명예훼손죄에서 말하는 사실의 적시란 가치판단이나 평가를 내용으로 하는 의견표현에 대치되는 개념으로서 시간과 공간적으로 구체적인 과거 또는 현재의 사실관계에 관한 보고 내지 진술을 의미하며 그 표현내용이 증거에 의해 입증이 가능한 것을 의미한다.

① 1개 ② 2개
③ 3개 ④ 4개

정선 핵심

ㄱ. 명예훼손죄의 구성요건
　→ 주관적 요소로서 전파가능성에 대한 인식과 그 위험을 용인하는 내심의 의사가 있는 경우 : 공연성 ○
ㄴ·ㄹ. 사실의 적시
　→ 방법 : 간접적이고 우회적인 표현으로 가능
　→ 의의 : 입증가능하고 구체적인 과거·현재의 사실관계에 관한 보고·진술
ㄷ. 가치중립적인 표현에 의해 특정인의 사회적 평가가 저하된 경우 → 명예훼손죄 ○

징신 해설

[ㄱ▸✕]　전파가능성을 이유로 명예훼손죄의 공연성을 인정하는 경우에는 적어도 범죄구성요건의 주관적 요소로서 미필적 고의가 필요하므로 전파가능성에 대한 인식이 있음은 물론 나아가 그 위험을 용인하는 내심의 의사가 있어야 한다(대판 2018.6.15. 2018도4200).

[ㄴ▸✕]　명예훼손죄에 있어서의 사실의 적시는 사실을 직접적으로 표현한 경우에 한정될 것은 아니고, 간접적이고 우회적인 표현에 의하더라도 그 표현의 전 취지에 비추어 그와 같은 사실의 존재를 암시하고, 또 이로써 특정인의 사회적 가치 내지 평가가 침해될 가능성이 있을 정도의 구체성이 있으면 족한 것이다(대판 1991.5.14. 91도420).

> 교수가 학생들 앞에서 피해자의 이성관계를 암시하는 발언을 한 것에 대하여 명예훼손죄의 성립을 인정한 사례(대판 1991.5.14. 91도420).

[ㄷ ▸ ○] 가치중립적인 표현을 사용하였다 하여도 사회통념상 그로 인하여 특정인의 사회적 평가가 저하되었다고 판단된다면 명예훼손죄가 성립할 수 있다(대판 2008.11.27. 2008도6728).

우리나라 유명 소주회사가 일본의 주류회사에 지분이 50% 넘어가 일본 기업이 되었다고 하는 사실적시는 가치중립적 표현으로서 명예훼손적 표현이 아니라고 한 사례(대판 2008.11.27. 2008도6728).

[ㄹ ▸ ○] 대판 2017.5.11. 2016도19255

답 ❷

102
□□□ **'명예에 관한 죄'에 대한 설명으로 가장 적절하지 않은 것은?**(다툼이 있는 경우 판례에 의함)

`18` 경찰승진

① 甲이 개인 블로그의 비공개 대화방에서 乙로부터 비밀을 지키겠다는 말을 듣고 일대일 비밀대화로 A에 대한 사실을 적시한 경우, 명예훼손죄의 요건인 공연성을 인정할 수 있다.
② 甲이 진정서 사본과 고소장 사본을 특정사람들에게만 개별적으로 우송하였더라도, 그 수가 200명에 이른 경우에는 명예훼손의 공연성이 인정된다.
③ 피고인이 자신의 아들 등에게 폭행을 당하여 입원한 피해자의 병실로 찾아가 그의 모(母) 甲과 대화중 甲의 이웃 乙 및 피고인의 일행 丙등이 있는 자리에서 "학교에 알아보니 피해자에게 원래 정신병이 있었다고 하더라."라고 허위사실을 말한 경우, 그 자리에 있던 사람들의 관계 등 여러 사정에 비추어 공연성이 인정된다.
④ 정부 또는 국가기관은 형법상 명예훼손죄의 피해자가 될 수 없으나, 언론보도의 내용이 공직자 개인에 대한 악의적이거나 심히 경솔한 공격으로서 현저히 상당성을 잃은 것으로 평가된다면 공직자 개인에 대한 명예훼손에 해당할 수 있다.

정선 핵심
① 개인 블로그의 비공개 대화방에서 일대일로 대화한 경우 → 공연성 ○
② 진정서와 고소장을 다수인에게 배포한 경우 → 공연성 ○
③ "피해자에게 원래 정신병이 있었다고 하더라"고 허위사실을 말한 경우 → 공연성 ×
④ 언론보도의 내용이 공직자 개인에 대한 악의적이거나 심히 경솔한 공격으로서 현저히 상당성을 잃은 경우 → 공직자 개인에 대한 명예훼손죄 ○

정선 해설
[❶ ▸ ○] 대판 2008.2.14. 2007도8155
[❷ ▸ ○] 대판 1991.6.25. 91도347
[❸ ▸ ×] 피고인이 자신의 아들 등에게 폭행을 당하여 입원한 피해자의 병실로 찾아가 그의 모(母) 甲과 대화하던 중 甲의 이웃 乙 및 피고인의 일행 丙 등이 있는 자리에서 "학교에 알아보니 피해자에게 원래 정신병이 있었다고 하더라."라고 허위사실을 말한 경우, 그 자리에 있던 사람들의 관계 등 여러 사정에 비추어 피고인의 발언이 불특정 또는 다수인에게 전파될 가능성이 있다고 보기도 어려워 공연성이 없다(대판 2011.9.8. 2010도7497).
[❹ ▸ ○] 정부 또는 국가기관은 형법상 명예훼손죄의 피해자가 될 수 없으므로, 정부 또는 국가기관의 정책결정 또는 업무수행과 관련된 사항을 주된 내용으로 하는 언론보도로 인하여 그 정책결정이나 업무수행에 관여한 공직자에 대한 사회적 평가가 다소 저하될 수 있더라도, 그 보도의 내용이 공직자 개인에 대한 악의적이거나 심히 경솔한 공격으로서 현저히 상당성을 잃은 것으로 평가되지 않는 한, 그 보도로 인하여 곧바로 공직자 개인에 대한 명예훼손이 된다고 할 수 없다(대판 2011.9.2. 2010도17237).

방송국 프로듀서 등 피고인들이 특정 프로그램 방송보도를 통하여 이른바 '한미 쇠고기 수입 협상'의 협상단 대표와 주무부처 장관이 협상을 졸속으로 체결하였다는 취지로 표현하는 등 자질 및 공직수행 자세를 비하하여 이들의 명예를 훼손하였다는 내용으로 기소된 사안에서, 보도내용 중 일부가 허위사실 적시에 해당한다고 하면서도 피고인들에게 명예훼손의 고의를 인정하기 어렵다고 본 원심판단을 수긍한 사례(대판 2011.9.2. 2010도17237).

답 ❸

103 □□□

다음 설명 중 가장 옳지 않은 것은? 21 법원9급

① 명예훼손죄가 성립하기 위해서는 주관적 구성요소로서 타인의 명예를 훼손한다는 고의를 가지고 사람의 사회적 평가를 저하시키는 데 충분한 구체적 사실을 적시하는 행위를 할 것이 요구된다. 따라서 불미스러운 소문의 진위를 확인하고자 질문을 하는 과정에서 타인의 명예를 훼손하는 발언을 하였다면 이러한 경우에는 그 동기에 비추어 명예훼손의 고의를 인정하기 어렵다.

② 명예훼손죄의 구성요건인 공연성은 불특정 또는 다수인이 인식할 수 있는 상태를 말한다. 비록 개별적으로 한 사람에 대하여 사실을 유포하였더라도 그로부터 불특정 또는 다수인에게 전파될 고도의 가능성이 있다면 공연성의 요건을 충족한다.

③ 형법 제307조 제1항의 사실 적시에 의한 명예훼손죄, 형법 제308조의 사자(死者) 명예훼손죄, 형법 제311조의 모욕죄는 모두 친고죄이고, 형법 제307조 제2항의 허위사실 적시에 의한 명예훼손죄는 반의사불벌죄이다.

④ 공연히 사실을 적시하여 사람의 명예를 훼손한 행위자의 주요한 동기 내지 목적이 공공의 이익을 위한 것이라면 부수적으로 다른 사익적 목적이나 동기가 내포되어 있더라도 형법 제310조 위법성조각사유의 적용을 배제할 수 없다.

정선 핵심

① 불미스러운 소문의 진위를 확인하는 과정에서 명예를 훼손하는 발언을 한 경우 → 명예훼손의 고의 ×
② 한 사람에게 사실을 유포하였으나 불특정 또는 다수인에게 전파할 가능성이 있는 경우 → 공연성 ○
③ 명예에 관한 죄의 법적 성격
→ 사실 적시에 의한 명예훼손죄, 허위사실 적시에 의한 명예훼손죄 : 반의사불벌죄 ○
→ 사자명예훼손죄, 모욕죄 : 친고죄 ○
④ 부수적으로 사익적 목적이나 동기가 내포되어 있는 경우 → 형법 제310조 적용 ○

정선 해설

[❶ ▸ ○] 명예훼손죄가 성립하기 위해서는 주관적 구성요소로서 타인의 명예를 훼손한다는 고의를 가지고 사람의 사회적 평가를 저하시키는 데 충분한 구체적 사실을 적시하는 행위를 할 것이 요구된다. 따라서 불미스러운 소문의 진위를 확인하고자 질문을 하는 과정에서 타인의 명예를 훼손하는 발언을 하였다면 이러한 경우에는 그 동기에 비추어 명예훼손의 고의를 인정하기 어렵다(대판 2018.6.15. 2018도4200).

마트의 운영자인 피고인이 마트에 물품을 납품하는 업체직원인 갑을 불러 '다른 업체에서는 마트에 입점하기 위하여 입점비를 준다고 하던데, 입점비를 얼마나 줬냐? 점장 을이 여러 군데 업체에서 입점비를 돈으로 받아 해 먹었고, 지금 뒷조사 중이다'라고 말하여 공연히 허위사실을 적시하여 을의 명예를 훼손하였다는 내용으로 기소된 사안에서, 피고인에게 유죄를 인정한 원심판단에 명예훼손죄에서의 고의와 공연성 또는 전파가능성에 관한 법리오해의 잘못이 있다고 한 사례(대판 2018.6.15. 2018도4200).

[**②** ▸ ○] 대판 1981.10.27. 81도1023

[**③** ▸ ×] 사실적시에 의한 명예훼손죄(형법 제307조 제1항)와 허위사실 적시에 의한 명예훼손죄(형법 제307조 2항)는 반의사불벌죄이고, 사자명예훼손죄(형법 제308조), 모욕죄(형법 제311조)는 친고죄이다.

[**④** ▸ ○] 대판 1999.6.8. 99도1543

답 **③**

104

☐☐☐

명예훼손죄에 관한 설명으로 가장 적절하지 않은 것은?(다툼이 있는 경우 판례에 의함)

`19` 경찰채용

① 집합적 명칭을 사용하여 명예훼손행위를 한 경우, 그 명칭의 사용에 의하여 그 범위에 속하는 특정인을 가리키는 것이 명백하면 집합구성원 각자에 대한 명예훼손죄가 성립한다.

② 甲이 고발의 동기나 경위에 관한 언급 없이 제3자에게 "乙이 丙을 선거법 위반으로 고발하였다"는 말만 하였다면, 乙의 사회적 가치나 평가를 침해하기에 충분한 구체적 사실이 적시되었다고 보기 어렵다.

③ 이미 사회의 일부에 잘 알려진 공지의 사실은 명예훼손의 객체에 해당하지 않으므로, 이를 적시하여 사람의 사회적 평가를 저하시킬 만한 행위를 하더라도 명예훼손죄가 성립하지 않는다.

④ 허위사실을 진실한 사실로 오인하여 공공의 이익을 위해 공연히 적시한 경우, 적시된 사실이 공공의 이익에 관한 것이고 행위자가 진실한 것으로 믿었고 또 그렇게 믿을 만한 상당한 이유가 있다면 형법 제310조에 의하여 위법성이 조각된다.

정선 핵심

① 집합명칭의 사용에 의하여 특정인을 가리키는 것이 명백한 경우 → 구성원 각자에 대한 명예훼손죄 ○
② "乙이 丙을 선거법 위반으로 고발하였다"는 말만 한 경우 → 사실의 적시 ×
③ 사회일부에 알려진 사실을 적시하여 사회적 평가를 저하시킬 만한 행위를 한 경우 → 명예훼손죄 ○
④ 사실의 진실성에 대한 착오가 있는 경우 → 상당한 이유가 있으면 위법성 조각 ○

정선 해설

[**①** ▸ ○] 대판 2018.11.29. 2016도14678

[**②** ▸ ○] 甲이 제3자에게 乙이 丙을 선거법 위반으로 고발하였다는 말만 하고 그 고발의 동기나 경위에 관하여 언급하지 않았다면, 그 자체만으로는 乙의 사회적 가치나 평가를 침해하기에 충분한 구체적 사실이 적시되었다고 보기 어렵다(대판 2009.9.24. 2009도6687).

> 누구든지 범죄가 있다고 생각하는 때에는 고발할 수 있는 것이므로 어떤 사람이 <u>범죄를 고발하였다는 사실이</u> <u>주위에 알려졌다고 하여</u> 그 고발사실 자체만으로 고발인의 사회적 가치나 평가가 침해될 가능성이 있다고 볼 수는 없다. <u>다만, 그 고발의 동기나 경위가 불순하다거나 온당하지 못하다는 등의 사정이 함께 알려진 경우에</u> <u>는 고발인의 명예가 침해될 가능성이 있다</u>(대판 2009.9.24. 2009도6687).

[**③** ▸ ×] 명예훼손죄가 성립하기 위하여는 반드시 숨겨진 사실을 적발하는 행위만에 한하지 아니하고 이미 사회의 일부에 잘 알려진 사실이라고 하더라도 이를 적시하여 사람의 사회적 평가를 저하시킬 만한 행위를 한 때에는 명예훼손죄를 구성한다(대판 1994.4.12. 93도3535).

[**④** ▸ ○] 대판 1996.8.23. 94도3191

답 **③**

다음은 명예훼손죄에 대한 설명이다. 옳지 않은 것은 모두 몇 개인가?(다툼이 있는 경우 판례에 의함)

13 경찰채용

> ㄱ. 피고인이 자신의 아들 등에게 폭행을 당하여 입원한 피해자의 병실로 찾아가 그의 모(母) 甲과 대화하던 중 甲의 이웃 乙 및 피고인의 일행 丙 등이 있는 자리에서 "학교에 알아 보니 피해자에게 원래 정신병이 있었다고 하더라" 라고 허위사실을 말한 경우 – 공연성 있음.
> ㄴ. 피고인이 평소 乙이 자신의 일에 간섭하는 것에 기분이 나쁘다는 이유로 甲으로부터 취득한 乙의 범죄경력기록을 같은 아파트에 거주하는 丙에게 보여 주면서 "전과자이고 나쁜 년" 이라고 사실을 적시한 경우 – 공연성 있음.
> ㄷ. 중학교 교사에 대해 "전과범으로서 교사직을 팔아가며 이웃을 해치고 고발을 일삼는 악덕 교사" 라는 취지의 진정서를 그가 근무하는 학교법인 이사장 앞으로 제출한 행위 – 공연성 있음.
> ㄹ. 명예훼손의 발언(피해자들이 전과가 많다는 내용)을 들은 사람들이 피해자들과는 일면식이 없거나 이미 피해자들의 전과사실을 알고 있었던 경우 – 공연성 없음.

① 1개

② 2개

③ 3개

④ 4개

**정선
핵심**

공연성의 인정 여부

ㄱ. "피해자에게 원래 정신병이 있었다고 하더라"고 허위사실을 말한 경우 → ×

ㄴ. "전과자이고 나쁜 년" 이라고 사실을 적시한 경우 → ×

ㄷ. "전과범인 악덕 교사" 라는 진정서를 학교법인 이사장에게 제출한 경우 → ×

ㄹ. 피해자들이 전과가 많다는 말을 들은 사람들이 피해자들과는 일면식이 없거나 이미 전과사실을 알고 있었던 경우 → ○

**정선
해설**

[ㄱ ▶ ×] 피고인이 자신의 아들 등에게 폭행을 당하여 입원한 피해자의 병실로 찾아가 그의 모(母) 甲과 대화하던 중 甲의 이웃 乙 및 피고인의 일행 丙 등이 있는 자리에서 "학교에 알아보니 피해자에게 원래 정신병이 있었다고 하더라."라고 허위사실을 말한 경우, 그 자리에 있던 사람들의 관계 등 여러 사정에 비추어 피고인의 발언이 불특정 또는 다수인에게 전파될 가능성이 있다고 보기도 어려워 공연성이 없다(대판 2011.9.8. 2010도7497).

[ㄴ ▶ ×] 피고인이 甲으로부터 취득한 乙의 범죄경력기록을 丙에게 보여 주면서 "전과자이고 나쁜 년"이라고 사실을 적시한 경우, 이 유포 사실이 불특정 또는 다수인에게 전파될 가능성이 없다(대판 2010.11.11. 2010도8265).

[ㄷ ▶ ×] 중학교 교사에 대해 "전과범으로서 교사직을 팔아가며 이웃을 해치고 고발을 일삼는 <u>악덕 교사</u>" 라는 <u>취지의 진정서를 그가 근무하는 학교법인 이사장</u> 앞으로 제출한 행위 자체는 위 진정서의 내용과 진정서의 수취인인 학교법인 이사장과 위 교사의 관계 등에 비추어 볼 때 위 <u>이사장이 위 진정서 내용을 타에 전파할 가능성이 있다고 보기 어려우므로</u> 명예훼손죄의 구성요건인 공연성이 있다고 보기 어렵다(대판 1983.10.25. 83도2190).

[ㄹ ▶ ×] 명예훼손의 발언(피해자들이 전과가 많다는 내용)을 들은 사람들이 피해자들과는 일면식이 없다거나 이미 피해자들의 선과사실을 알고 있었다고 하더라도 공연성, 즉 발언이 전파될 가능성이 없다고 볼 수 없다(대판 1993.3.23. 92도455).

답 **❹**

다음 설명 중 옳지 않은 것은 모두 몇 개인가?

ㄱ. 국가나 지방자치단체는 국민에 대한 관계에서 형벌의 수단을 통해 보호되는 외부적 명예의 주체가 될 수는 없고, 따라서 명예훼손죄나 모욕죄의 피해자가 될 수 없다.

ㄴ. 형법 제307조 제2항의 허위사실 적시에 의한 명예훼손죄에서 적시된 사실이 허위인지 여부를 판단함에 있어서는 적시된 사실의 내용 전체의 취지를 살펴볼 때 세부적인 내용에서 진실과 약간 차이가 나거나 다소 과장된 표현이 있는 정도에 불과하다면 이를 허위라고 볼 수 없으나, 중요한 부분이 객관적 사실과 합치하지 않는다면 이를 허위라고 보아야 한다.

ㄷ. 이른바 집단표시에 의한 모욕은, 모욕의 내용이 집단에 속한 특정인에 대한 것이라고는 해석되기 힘들고, 집단표시에 의한 비난이 개별구성원에 이르러서는 비난의 정도가 희석되어 구성원 개개인의 사회적 평가에 영향을 미칠 정도에 이르지 아니한 경우에는 구성원 개개인에 대한 모욕이 성립되지 않는다고 봄이 원칙이고, 비난의 정도가 희석되지 않아 구성원 개개인의 사회적 평가를 저하시킬 만한 것으로 평가될 경우에는 예외적으로 구성원 개개인에 대한 모욕이 성립할 수 있다.

ㄹ. 과거의 역사적 사실관계 등에 대하여 민사판결을 통하여 어떠한 사실인정이 있었다면, 특별한 사정이 없는 한 그와 반대되는 사실의 주장이나 견해의 개진 등은 형법상 명예훼손죄 등에 있어서 '허위의 사실 적시'에 해당한다고 봄이 원칙이다.

ㅁ. 형법 제311조의 모욕죄는 사람의 가치에 대한 사회적 평가를 의미하는 외부적 명예를 보호법익으로 하는 범죄로서, 모욕죄에서 말하는 모욕이란 사실을 적시하지 아니하고 사람의 사회적 평가를 저하시킬 만한 추상적 판단이나 경멸적 감정을 표현하는 것을 의미한다. 따라서 어떠한 표현이 상대방의 인격적 가치에 대한 사회적 평가를 저하시킬 만한 것이 아니라면 설령 그 표현이 다소 무례한 방법으로 표시되었다 하더라도 이를 두고 모욕죄의 구성요건에 해당한다고 볼 수 없다.

① 없음　　　　　　　　　② 1개
③ 2개　　　　　　　　　④ 3개
⑤ 4개

정선 핵심

ㄱ. 국가나 지방자치단체 → 명예훼손죄나 모욕죄의 피해자 ✕
ㄴ. 적시된 사실의 중요한 부분이 객관적 사실과 합치하지 않는 경우 → 허위
ㄷ. 집단표시에 의한 모욕이 구성원 개개인의 사회적 평가를 저하시킬 만한 것으로 평가될 경우 → 구성원 개개인에 대해 모욕죄 〇
ㄹ. 민사판결과 반대되는 사실을 주장하거나 견해를 개진하는 경우 → 허위의 사실 적시 ✕
ㅁ. 표현이 다소 무례한 방법으로 표시되었으나 인격적 가치에 대한 사회적 평가를 저하시킬 만한 것이 아닌 경우 → 모욕죄 ✕

정선 해설

［ㄱ▸〇］ 대판 2016.12.27. 2014도15290
［ㄴ▸〇］ 대판 2014.3.13. 2013도12430
［ㄷ▸〇］ 대판 2014.3.27. 2011도15631
［ㄹ▸✕］ 민사판결의 사실인정이 항상 진실한 사실에 해당한다고 단정할 수는 없다. 따라서 다른 특별한 사정이 없는 한, 그 진실이 무엇인지 확인할 수 없는 과거의 역사적 사실관계 등에 대하여 민사판결을 통하여 어떠한 사실인정이 있었다는 이유만으로, 이후 그와 반대되는 사실의 주장이나 견해의 개진 등을 형법상 명예훼손죄 등에 있어서 '허위의 사실 적시'라는 구성요건에 해당한다고 쉽게 단정하여서는 아니 된다(대판 2017.12.5. 2017도15628).

[ㅁ ▸ ㅇ] 형법 제311조의 모욕죄는 사람의 가치에 대한 사회적 평가를 의미하는 외부적 명예를 보호법익으로 하는 범죄로서, 모욕죄에서 말하는 모욕이란 사실을 적시하지 아니하고 사람의 사회적 평가를 저하시킬 만한 추상적 판단이나 경멸적 감정을 표현하는 것을 의미한다. 따라서 어떠한 표현이 상대방의 인격적 가치에 대한 사회적 평가를 저하시킬 만한 것이 아니라면 설령 그 표현이 다소 무례한 방법으로 표시되었다 하더라도 이를 두고 모욕죄의 구성요건에 해당한다고 볼 수 없다(대판 2010.11.20. 2017도2661).

> 갑 주식회사 해고자 신분으로 노동조합 사무장직을 맡아 노조활동을 하는 피고인이 노사 관계자 140여 명이 있는 가운데 큰 소리로 피고인보다 15세 연장자로서 갑 회사 부사장인 을을 향해 "야 ○○아, ○○이 여기 있네, 니 이름이 ○○이잖아, ○○아 나오니까 좋지?" 등으로 여러 차례 을의 이름을 불러 을을 모욕하였다는 내용으로 기소된 사안에서, 제반 사정을 종합하면, 피고인의 위 발언은 상대방을 불쾌하게 할 수 있는 무례하고 예의에 벗어난 표현이기는 하지만 객관적으로 을의 인격적 가치에 대한 사회적 평가를 저하시킬 만한 모욕적 언사에 해당하지 않는다고 한 사례(대판 2018.11.29. 2017도2661).

답 ❷

107

다음 중 피고인의 행위에 대해서 명예훼손죄의 구성요건인 "공연성"이 인정되는 경우는 모두 몇 개인가?(다툼이 있는 경우 판례에 의함) `16` 경찰간부

ㄱ. 피고인이 직장의 전산망에 설치된 전자게시판에 乙의 명예를 훼손하는 사실을 적시한 내용의 글을 게시하였다.

ㄴ. 피고인이 어느 사람에게 귀엣말 등 그 사람만 들을 수 있는 방법으로 그 사람 본인의 사회적 가치 내지 평가를 떨어뜨릴 만한 사실을 이야기 하였는데, 그 사람이 들은 말을 스스로 다른 사람들에게 전파한 경우

ㄷ. 피고인이 상가 관리단의 임시총회에서 피해자가 새로운 관리인으로 선출되자, 피해자가 뇌물 공여죄, 횡령죄 등 전과 13범으로 관리단규약에 의하여 선량한 관리인으로서의 자격이 없다는 내용을 담은 서면을 관리단 감사에게 팩스로 전송한 경우

ㄹ. 피고인이 자신의 아들 등에게 폭행을 당하여 입원한 피해자의 병실로 찾아가 그의 모(母) 甲과 대화 중 甲의 이웃 乙 및 피고인의 일행 丙 등이 있는 자리에서 "학교에서 알아보니 피해자에게 원래 정신병이 있었다고 하더라."라고 허위사실을 말한 경우

① 1개 ② 2개
③ 3개 ④ 4개

정선 핵심

공연성의 인정 여부
ㄱ. 직장의 전산망 전자게시판에 명예를 훼손하는 사실을 적시한 경우 → ○
ㄴ. 귀엣말로 사회적 가치를 떨어뜨릴 만한 사실을 적시한 경우 → ×
ㄷ. 피해자가 전과 13범이라는 서면을 관리단 감사에게 전송한 경우 → ○
ㄹ. "피해자에게 원래 정신병이 있었다고 하더라"고 허위사실을 말한 경우 → ×

정선 해설

[ㄱ ▸ ○] 대판 2000.5.12. 99도5734
[ㄴ ▸ ×] 어느 사람에게 귀엣말 등 그 사람만 들을 수 있는 방법으로 그 사람 본인의 사회적 가치 내지 평가를 떨어뜨릴 만한 사실을 이야기하였다면, 위와 같은 이야기가 불특정 또는 다수인에게 전파될 가능성이 있다고 볼 수 없어 명예훼손의 구성요건인 공연성을 충족하지 못하는 것이며, 그 사람이 들은 말을 스스로 다른 사람들에게 전파하였더라도 위와 같은 결론에는 영향이 없다(대판 2005.12.9. 2004도2880).

[ㄷ ▸ ○] 대판 2008.10.23. 2008도6515).

[ㄹ ▸ ×] 피고인이 자신의 아들 등에게 폭행을 당하여 입원한 피해자의 병실로 찾아가 그의 모(母) 甲과 대화하던 중 甲의 이웃 乙 및 피고인의 일행 丙 등이 있는 자리에서 "학교에 알아보니 피해자에게 원래 정신병이 있었다고 하더라."라고 허위사실을 말한 경우, 그 자리에 있던 사람들의 관계 등 여러 사정에 비추어 피고인의 발언이 불특정 또는 다수인에게 전파될 가능성이 있다고 보기도 어려워 공연성이 없다(대판 2011.9.8. 2010도7497).

답 ❷

108

명예훼손죄에 대한 설명으로 옳지 않은 것은?(다툼이 있는 경우 판례에 의함)

`17` 국가9급

① 형법 제307조 제2항을 적용하기 위하여 적시된 사실이 허위의 사실인지 여부를 판단하는 경우, 적시된 사실의 내용 전체의 취지를 살펴볼 때 중요한 부분이 객관적 사실과 합치되면 세부에 있어서 진실과 약간 차이가 나거나 다소 과장된 표현이 있다 하더라도 이를 허위의 사실이라고 볼 수 없다.

② 형법 제310조는 '오로지 공공의 이익에 관한 때'라고 적시되어 있으므로 행위자의 행위에 다른 사익적 목적이나 동기가 내포되어 있었다면 행위의 주요한 동기가 공공의 이익을 위한 것이라도 형법 제310조의 적용은 배제된다.

③ 집합적 명사를 쓴 경우에도 시간적·장소적 관련성 속에서 특정인을 가리키는 것이 명백하면, 이를 각자의 명예를 훼손하는 행위라고 볼 수 있다.

④ 형법 제310조의 적용에서 적시된 사실이 공공의 이익에 관한 것이면 진실한 것이라는 증명이 없다 할지라도 행위자가 진실한 것으로 믿었고 또 그렇게 믿을 만한 상당한 이유가 있는 경우에는 위법성이 없다고 보아야 한다.

정선 핵심

① 적시된 사실의 중요한 부분이 객관적 사실과 합치되는 경우 → 허위의 사실 ×
② 부수적으로 사익적 목적이나 동기가 내포되어 있는 경우 → 형법 제310조 적용 ○
③ 집합적 명사를 써서 특정인을 가리키는 것이 명백한 경우 → 각자의 명예훼손 ○
④ 사실의 진실성에 대한 착오가 있는 경우 → 상당한 이유가 있으면 위법성 조각 ○

정선 해설

[❶ ▸ ○] 형법 제307조 제2항을 적용하기 위하여 적시된 사실이 허위의 사실인지 여부를 판단하는 경우, 적시된 사실의 내용 전체의 취지를 살펴볼 때 중요한 부분이 객관적 사실과 합치되면 세부에 있어서 진실과 약간 차이가 나거나 다소 과장된 표현이 있다 하더라도 이를 허위의 사실이라고 볼 수 없다(대판 2008.10.9. 2007도1220).

목사가 예배 중 특정인을 가리켜 "이단 중에 이단이다"라고 설교한 부분이 명예훼손죄에서 말하는 '사실의 적시'에 해당하지 않는다고 한 사례(대판 2008.10.9. 2007도1220).

[❷ ▸ ×] 행위자의 주요한 동기 내지 목적이 공공의 이익을 위한 것이라면 부수적으로 다른 사익적 목적이나 동기가 내포되어 있더라도 형법 제310조의 적용을 배제할 수 없다(대판 1999.6.8. 99도1543).

[❸ ▸ ○] 대판 2000.10.10. 99도5407

[❹ ▸ ○] 대판 1996.8.23. 94도3191

답 ❷

다음 설명 중 옳은 것은 모두 몇 개인가?(다툼이 있으면 판례에 의함) 16 경찰채용

> ㄱ. 전교교직원노동조합 소속 교사가 작성·배포한 보도자료의 일부에 사실과 다른 기재가 있으나 전체적으로 그 기재 내용이 진실하고 공공의 이익을 위한 것이라도 명예훼손죄의 위법성이 조각되지 않는다.
>
> ㄴ. 객관적으로 피해자의 사회적 평가를 저하시키는 사실에 관한 보도내용이 소문이나 제3자의 말, 보도를 인용하는 방법으로 단정적인 표현이 아닌 전문 또는 추측한 것을 기사화한 형태로 표현하였지만, 그 표현 전체의 취지로 보아 그 사실이 존재할 수 있다는 것을 암시하는 방식으로 이루어진 경우에는 사실을 적시한 것이라고 보아야 한다.
>
> ㄷ. 통상 기자가 아닌 보통 사람에게 사실을 적시할 경우에는 그 자체로서 적시된 사실이 외부에 공표되는 것이므로 그 때부터 곧 전파가능성을 따져 공연성 여부를 판단하여야 할 것이고, 이는 기자를 통해 사실을 적시하는 경우라고 하여 달리 볼 것이 아니다.
>
> ㄹ. 명예훼손죄가 성립하기 위하여는 사실의 적시가 있어야 하는데, 여기에서 적시의 대상이 되는 사실이란 현실적으로 발생하고 증명할 수 있는 과거 또는 현재의 사실을 말하며, 장래의 일을 적시하는 경우에는 그것이 과거 또는 현재의 사실을 기초로 하거나 이에 대한 주장을 포함하는 경우라도 명예훼손죄가 성립한다고 할 수는 없다.

① 1개 ② 2개
③ 3개 ④ 4개

정선 핵심

ㄱ. 전교조 소속 교사가 작성·배포한 보도 자료가 전체적으로 진실하고 공공의 이익을 위한 것이라고 볼 수 있는 경우 → 형법 제310조에 의해 위법성 조각 ○

ㄴ. 보도내용이 사실이 존재할 수 있다는 것을 암시하는 방식으로 이루어진 경우 → 사실의 적시 ○

ㄷ. 기자에게 사실을 적시하였으나 아직 기사화하여 보도하지 아니한 경우 → 공연성 ×

ㄹ. 장래의 일을 적시하였으나 과거 또는 현재의 사실을 기초로 하거나 주장을 포함하는 경우 → 명예훼손죄 ○

정선 해설

[ㄱ ▸ ×] 전국교직원노동조합 소속 교사가 작성·배포한 보도자료의 일부에 사실과 다른 기재가 있으나 전체적으로 그 기재 내용이 진실하고 공공의 이익을 위한 것이라면 명예훼손죄의 위법성이 조각된다(대판 2001.10.9. 2001도3594).

[ㄴ ▸ ○] 대판 2008.11.27. 2007도5312

[ㄷ ▸ ×] 통상 기자가 아닌 보통 사람에게 사실을 적시할 경우에는 그 자체로서 적시된 사실이 외부에 공표되는 것이므로 그 때부터 곧 전파가능성을 따져 공연성 여부를 판단하여야 할 것이지만, 그와는 달리 기자를 통해 사실을 적시하는 경우에는 기사화되어 보도되어야만 적시된 사실이 외부에 공표된다고 보아야 할 것이므로 <u>기자가 취재를 한 상태에서 아직 기사화하여 보도하지 아니한 경우에는 전파가능성이 없다고 할 것이어서 공연성이 없다고 봄이 상당하다</u>(대판 2000.5.16. 99도5622).

[ㄹ ▸ ×] 명예훼손죄가 성립하기 위하여는 사실의 적시가 있어야 하는데, 여기에서 적시의 대상이 되는 사실이란 현실적으로 발생하고 증명할 수 있는 과거 또는 현재의 사실을 말하며, 장래의 일을 적시하더라도 그것이 과거 또는 현재의 사실을 기초로 하거나 이에 대한 주장을 포함하는 경우에는 명예훼손죄가 성립한다고 할 것이다(대판 2003.5.13. 2002도7420).

답 ❶

110

□□□

명예훼손죄에 관한 설명 중 가장 적절하지 않은 것은?(다툼이 있는 경우 판례에 의함)

17 경찰승진

① 직장의 전산망에 설치된 전자게시판에 타인의 명예를 훼손하는 내용의 사실을 적시한 글을 게시한 경우 명예훼손죄가 성립한다.

② 적시된 사실이 공공의 이익에 관한 것인 경우에는 특별한 사정이 없는 한 형법 제309조 제1항 (출판물 등에 의한 명예훼손) 소정의 비방의 목적이 인정되지 않는다.

③ 어느 사람에게 귀엣말 등 그 사람만 들을 수 있는 방법으로 그 사람 본인의 사회적 가치 내지 평가를 떨어뜨릴 만한 사실을 이야기하였다 하더라도 그 사람이 들은 말을 스스로 다른 사람들에게 전파하였다면 명예훼손죄의 구성요건인 공연성이 인정된다.

④ 기자를 통해 사실을 적시하는 경우에는 기사화되어 보도되어야만 적시된 사실이 외부에 공표된다고 보아야 할 것이므로 기자가 취재를 한 상태에서 아직 기사화하여 보도하지 아니한 경우에는 공연성이 없다.

정선 핵심

① 직장의 전산망 전자게시판에 명예를 훼손하는 사실을 적시한 경우 → 명예훼손죄 ○
② 사실의 진실성과 적시의 공익성이 인정되는 경우 → 비방의 목적 ×
③ 귀엣말로 사회적 가치를 떨어뜨릴 만한 사실을 적시한 경우 → 공연성 ×
④ 기자에게 사실을 적시하였으나 아직 기사화하여 보도하지 아니한 경우 → 공연성 ×

정선 해설

[**❶** ▸ ○] 대판 2000.5.12. 99도5734

[**❷** ▸ ○] 적시한 사실이 공공의 이익에 관한 것인 경우에는 특별한 사정이 없는 한 형법 제309조 제1항의 비방목적은 부인된다고 봄이 상당하므로 이와 같은 경우에는 형법 제307조 제1항 소정의 명예훼손죄의 성립 여부가 문제될 수 있고 이에 대하여는 다시 형법 제310조에 의한 위법성 조각 여부가 문제로 될 수 있다(대판 2003.12.26. 2003도6036).

[**❸** ▸ ×] 어느 사람에게 귀엣말 등 그 사람만 들을 수 있는 방법으로 그 사람 본인의 사회적 가치 내지 평가를 떨어뜨릴 만한 사실을 이야기하였다면, 위와 같은 이야기가 불특정 또는 다수인에게 전파될 가능성이 있다고 볼 수 없어 명예훼손의 구성요건인 공연성을 충족하지 못하는 것이며, 그 사람이 들은 말을 스스로 다른 사람들에게 전파하였더라도 위와 같은 결론에는 영향이 없다(대판 2005.12.9. 2004도2880).

[**❹** ▸ ○] 대판 2000.5.16. 99도5622

답 ❸

> ㄱ. 개인 블로그 비공개 대화방에서 상대방으로부터 비밀을 지키겠다는 말을 듣고 일대일로 대화를 한 경우
> ㄴ. 어느 사람에게 귀엣말 등 그 사람만 들을 수 있는 방법으로 그 사람 본인의 사회적 가치 내지 평가를 떨어뜨릴 만한 사실을 이야기하고, 그 말을 들은 피해자 스스로 다른 사람에게 전파한 경우
> ㄷ. 피고인이 다방에서 피해자와 동업관계로 친한 사이인 甲에게 피해자의 험담을 한 경우에 있어서 다방 내의 좌석이 다른 손님의 자리와 멀리 떨어져 있고, 그 당시 甲은 피고인에게 "왜 피해자에 관해서 그런 말을 하느냐?"고 힐책까지 한 사실이 있는 경우
> ㄹ. 피고인이 행정서사 사무실에서 피해자와 같은 교회에 다니는 세 사람에게 "피해자가 처자식이 있는 남자와 살고 있다는데 아느냐?"고 한 경우
> ㅁ. 피고인을 명예훼손죄로 고소할 수 있도록 그 증거자료를 미리 은밀하게 수집, 확보하기 위하여 피고인의 발언을 유도하였다고 의심되는 사람들에게 한 피해자의 여자문제 등 사생활에 관한 피고인의 발언
> ㅂ. 요식업협회 조합 이사장인 甲은 조합 이사 乙의 측근인 같은 조합 이사 丙에게 이사회에서 乙을 불신임하게 된 사유를 설명하는 과정에서 乙의 여자관계에 관한 소문을 말한 경우

① 1개   ② 2개
③ 3개   ④ 4개

정선 핵심

공연성의 인정 여부
ㄱ. 개인 블로그의 비공개 대화방에서 일대일로 대화한 경우 → ○
ㄴ. 귀엣말로 사회적 가치를 떨어뜨릴 만한 사실을 적시한 경우 → ×
ㄷ. 피해자와 동업관계인 甲에게 피해자의 험담을 한 경우 → ×
ㄹ. 행정서사 사무실에서 피해자가 처자식이 있는 남자와 살고 있다고 한 경우 → ○
ㅁ. 피고인의 발언을 유도하였다고 의심되는 사람들에게 피해자의 여자문제 등 사생활에 대해 말한 경우 → ×
ㅂ. 요식업협회 조합장이 조합 이사 乙의 측근에게 乙의 여자관계에 관한 소문을 말한 경우 → ×

정선 해설

[ㄱ ▸ ○] 대판 2008.2.14. 2007도8155
[ㄴ ▸ ×] 어느 사람에게 귀엣말 등 그 사람만 들을 수 있는 방법으로 그 사람 본인의 사회적 가치 내지 평가를 떨어뜨릴 만한 사실을 이야기하였다면, 위와 같은 이야기가 불특정 또는 다수인에게 전파될 가능성이 있다고 볼 수 없어 명예훼손의 구성요건인 공연성을 충족하지 못하는 것이며, 그 사람이 들은 말을 스스로 다른 사람들에게 전파하였더라도 위와 같은 결론에는 영향이 없다(대판 2005.12.9. 2004도2880).
[ㄷ ▸ ×] 피고인이 다방에서 피해자와 동업관계로 친한 사이인 공소외인에 대하여 피해자의 험담을 한 경우에 있어서 다방내의 좌석이 다른 손님의 자리와 멀리 떨어져 있고 그 당시 공소외인은 피고인에게 왜 피해자에 관해서 그런 말을 하느냐고 힐책까지 한 사실이 있다면 전파될 가능성이 있다고 볼 수 없다(대판 1984.2.28. 83도891).
[ㄹ ▸ ○] 대판 1985.4.23. 85도431
[ㅁ ▸ ×] 피고인을 명예훼손죄로 고소할 수 있도록 그 증거자료를 미리 은밀하게 수집, 확보하기 위하여 피고인의 발언을 유도하였다고 의심되는 사람들에게 한 피해자의 여자 문제 등 사생활에 관한 피고인의 발언은 이들이 수사기관 이외의 다른 사람들에게 전파할 가능성이 있다고 단정하기는 어려우므로 공연성은 부정된다(대판 1996.4.12. 94도3309).

[ㅂ ▶ ✕] 조합장으로 취임한 피고인이 조합의 원만한 운영을 위하여 피해자의 측근이며 피해자의 불신임을 적극 반대하였던 갑에게 조합운영에 대한 협조를 구하기 위하여 동인과 단둘이 있는 자리에서 이사회가 피해자를 불신임하게 된 사유를 설명하는 과정에서 피해자에 대한 여자관계의 소문이 돌고 있다는 취지의 말을 한 것이라면 그것은 전파될 가능성이 있다고 할 수 없다(대판 1990.4.27. 89도1467).

탑 ❷

112
□□□ 형법 제310조의 위법성조각사유에 관한 다음 설명 중 옳지 않은 것으로 짝지은 것은?(다툼이 있을 경우 판례에 의함) **18** 경찰간부

ㄱ. 형법 제310조는 사실적시명예훼손죄와 모욕죄에 대해서 적용되지만, 출판물에 의한 명예훼손죄, 허위사실적시명예훼손죄에 대해서는 적용되지 않는다.
ㄴ. 형법 제310조에 정한 '공공의 이익'은 반드시 공적 생활에 관한 사실에 한정될 뿐이므로 사적활동에 관한 사실은 제외된다.
ㄷ. 형법 제310조에 정한 '진실한 사실'은 내용 전체의 취지를 살펴볼 때 중요 부분이 객관적 사실과 합치되는 사실이라는 의미로서 세부에 있어 진실과 약간 차이가 있거나 다소 과장된 표현이 있더라도 무방하다.
ㄹ. 언론매체의 사실적시명예훼손행위가 형법 제310조에 의해 처벌되지 않기 위해서는 적시된 사실은 반드시 진실해야 한다.
ㅁ. 형법 제310조에 정한 진실한 사실로서 오로지 공공의 이익에 해당하는지 여부는 행위자가 증명해야 한다.

① ㄱ, ㄴ, ㄹ
② ㄱ, ㄷ, ㄹ
③ ㄴ, ㄷ, ㄹ
④ ㄴ, ㄷ, ㅁ

**정선
핵심**

ㄱ. 모욕죄 → 형법 제310조 적용 ✕
ㄴ. 공공의 이익 → 주요한 동기가 공공의 이익을 위한 사적 활동에 관한 사실도 포함
ㄷ. 진실한 사실 → 진실과 약간 차이가 있거나 다소 과장된 표현이 있더라도 무방
ㄹ. 언론매체의 사실적시명예훼손행위가 공공의 이익에 관한 진실한 사실로 오인한 경우 → 상당한 이유가 있으면 위법성 조각 ○
ㅁ. 사실의 진실성과 적시의 공익성 → 행위자에게 증명책임 ○

**정선
해설**

[ㄱ ▶ ✕] 형법 제310조는 모욕죄의 경우에도 적용되지 아니한다(대판 1959.12.23. 4291형상539).
[ㄴ ▶ ✕] 개인의 사적인 신상에 관하여 적시된 사실도 그 적시의 주요한 동기가 공공의 이익을 위한 것이라면 위와 같은 의미에서 형법 제310조 소정의 공공의 이익에 관한 것으로 볼 수 있는 경우가 있다(대판 1996.4.12. 94도3309).
[ㄷ ▶ ○] 공연히 사실을 적시하여 사람의 명예를 훼손하는 행위가 진실한 사실로서 오로지 공공의 이익에 관한 때에는 형법 제310조에 따라 처벌할 수 없는데, 여기에서 '진실한 사실'이란 그 내용 전체의 취지를 살펴볼 때 중요한 부분이 객관적 사실과 합치되는 사실이라는 의미로서 일부 자세한 부분이 진실과 약간 차이가 나거나 다소 과장된 표현이 있다고 하더라도 무방하다(대판 2001.10.9. 2001도3594).

관련판례 대판 2008.10.9. 2007도1220

형법 제307조 제2항을 적용하기 위하여 적시된 사실이 허위의 사실인지 여부를 판단하는 경우, 적시된 사실의 내용 전체의 취지를 살펴볼 때 중요한 부분이 객관적 사실과 합치되면 세부에 있어서 진실과 약간 차이가 나거나 다소 과장된 표현이 있다 하더라도 이를 허위의 사실이라고 볼 수 없다.

[ㄹ ▸ ×] 내용 중에 일부 허위사실이 포함된 신문기사를 보도한 경우, 기사 작성의 목적이 공공의 이익에 관한 것이고 그 기사 내용을 작성자가 진실하다고 믿었으며 그와 같이 믿은 데에 객관적인 상당한 이유가 있는 경우에는 명예훼손의 위법성은 부인된다(대판 1996.8.23. 94도3191).

[ㅁ ▸ ○] 대판 1996.10.25. 95도1473

답 ❶

113

명예에 관한 죄에 관한 설명 중 옳지 않은 것을 모두 고른 것은?(다툼이 있는 경우 판례에 의함)

16 변시

ㄱ. 개인 블로그의 비공개 대화방에서 상대방으로부터 비밀을 지키겠다는 말을 듣고 1:1로 대화하면서 타인의 명예를 훼손하는 발언을 한 경우 상대방이 대화내용을 불특정 또는 다수인에게 전파할 가능성이 있다고 할 수 없다.

ㄴ. 공연히 사실을 적시하여 사람의 명예를 훼손한 행위가 형법 제310조에 따라 위법성이 조각되려면 그것이 진실한 사실로서 오로지 공공의 이익에 관한 때에 해당된다는 점을 행위자가 증명하여야 하고, 그 증명을 함에 있어서 전문증거의 증거능력을 제한하는 형사소송법 제310조의2가 적용된다.

ㄷ. '여성 아나운서'와 같이 집단 표시에 의한 구성원 개개인에 대한 명예훼손죄는 성립되지 않는 것이 원칙이고 모욕죄의 경우도 마찬가지이다.

ㄹ. 甲이 경찰관 A를 상대로 진정한 직무유기 사건이 혐의가 인정되지 않아 내사종결 처리되었음에도, 甲이 도청에 찾아가 다수인이 듣고 있는 가운데 "내일부로 검찰청에서 A에 대한 구속영장이 떨어진다."라고 소리친 경우, 이는 실현가능성이 없는 장래의 일을 적시한 것에 불과하여 설령 그것이 과거 또는 현재의 사실을 기초로 하더라도 명예훼손죄는 성립되지 않는다.

① ㄱ
② ㄱ, ㄹ
③ ㄴ, ㄷ
④ ㄱ, ㄴ, ㄹ
⑤ ㄴ, ㄷ, ㄹ

정선핵심

ㄱ. 개인 블로그의 비공개 대화방에서 일대일로 대화한 경우 → 공연성 ○

ㄴ. 사실의 진실성과 적시의 공익성
   → 행위자에게 증명책임 ○
   → 형소법 제310조의2 적용 ×

ㄷ. '여성 아나운서'와 같이 집단 표시에 의한 비난의 경우 → 구성원 개개인에 대한 명예훼손죄, 모욕죄 ×

ㄹ. "사건을 조사한 경찰관에 대해 내일부로 검찰청에서 구속영장이 떨어진다."라고 말한 경우 → 명예훼손죄 ○

정선
해설

[ㄱ ▸ X] 개인 블로그의 비공개 대화방에서 상대방으로부터 비밀을 지키겠다는 말을 듣고 일대일로 대화하였다고 하더라도, 그 사정만으로 대화 상대방이 대화내용을 불특정 또는 다수에게 전파할 가능성이 없다고 할 수 없으므로, 명예훼손죄의 요건인 공연성을 인정할 여지가 있다(대판 2008.2.14. 2007도8155).

[ㄴ ▸ X] 공연히 사실을 적시하여 사람의 명예를 훼손한 행위가 형법 제310조의 규정에 따라서 위법성이 조각되어 처벌대상이 되지 않기 위하여는 그것이 진실한 사실로서 오로지 공공의 이익에 관한 때에 해당된다는 점을 행위자가 증명하여야 하는 것이나, 그 증명은 유죄의 인정에 있어 요구되는 것과 같이 법관으로 하여금 의심할 여지가 없을 정도의 확신을 가지게 하는 증명력을 가진 엄격한 증거에 의하여야 하는 것은 아니므로, 이때에는 전문증거에 대한 증거능력의 제한을 규정한 형사소송법 제310조의2는 적용될 여지가 없다(대판 1996.10.25. 95도1473).

[ㄷ ▸ O] 판례의 취지를 고려하면, '여성 아나운서'와 같이 집단 표시에 의한 비난은 개별구성원에 이르러서는 비난의 정도가 희석되어 구성원 개개인에 대한 명예훼손죄나 모욕죄는 성립하지 아니한다고 보는 것이 타당하다.

• 명예훼손의 내용이 집단에 속한 특정인에 대한 것이라고 해석되기 힘들고 집단표시에 의한 비난이 개별구성원에 이르러서는 비난의 정도가 희석되어 구성원 개개인의 사회적 평가에 영향을 미칠 정도에 이르지 않는 것으로 평가되는 경우에는 구성원 개개인에 대한 명예훼손이 성립하지 않는다(대판 2018.11.29. 2016도14678).

• 피고인의 발언["다 줄 생각을 해야 하는데, 그래도 아나운서 할 수 있겠느냐. ○○여대 이상은 자존심 때문에 그렇게 못 하더라"(註)]은 여성 아나운서 일반을 대상으로 한 것으로서 그 개별구성원인 피해자들에 이르러서는 비난의 정도가 희석되어 피해자 개개인의 사회적 평가에 영향을 미칠 정도에까지는 이르지 아니하므로 형법상 모욕죄에 해당한다고 보기는 어렵다고 볼 여지가 충분하다(대판 2014.3.27. 2011도15631).

[ㄹ ▸ X] 명예훼손죄가 성립하기 위하여는 사실의 적시가 있어야 하는데, 여기에서 적시의 대상이 되는 사실이란 현실적으로 발생하고 증명할 수 있는 과거 또는 현재의 사실을 말하며, 장래의 일을 적시하더라도 그것이 과거 또는 현재의 사실을 기초로 하거나 이에 대한 주장을 포함하는 경우에는 명예훼손죄가 성립한다고 할 것이다(대판 2003.5.13. 2002도7420).

답 ❹

제1장

제2장

제3장

114
☐☐☐

명예훼손죄와 모욕죄에 관한 다음 설명 중 가장 옳지 않은 것은?   `18` 법원9급

① 국가나 지방자치단체는 국민에 대한 관계에서 형벌의 수단을 통해 보호되는 외부적 명예의 주체가 될 수는 없으므로 명예훼손죄나 모욕죄의 피해자가 될 수 없다.

② 모욕죄는 특정한 사람에 대하여 사회적 평가를 저하시킬 만한 경멸적 감정을 표현함으로써 성립하므로, 인격을 보유하는 단체라고 하더라도 피해자가 될 수 없다.

③ 형법 제309조 제2항 소정의 '사람을 비방할 목적'은 공공의 이익을 위한 것과는 행위자의 주관적 의도의 방향이 서로 상반되는 관계에 있다고 할 것이므로, 적시한 사실이 공공의 이익에 관한 것인 경우에는 특별한 사정이 없는 한 비방할 목적은 부인된다.

④ 명예훼손죄가 성립하기 위하여는 사실의 적시가 있어야 하는데, 여기에서 적시의 대상이 되는 사실이란 현실적으로 발생하고 증명할 수 있는 과거 또는 현재의 사실을 말하며, 장래의 일을 적시하더라도 그것이 과거 또는 현재의 사실을 기초로 하거나 이에 대한 주장을 포함하는 경우에는 명예훼손죄가 성립한다.

정선
핵심

① 국가나 지방자치단체 → 명예훼손죄나 모욕죄의 피해자 ×
② 인격을 보유하는 단체 → 모욕죄의 피해자 ○
③ 사실의 진실성과 적시의 공익성이 인정되는 경우 → 비방의 목적 ×
④ 장래의 일을 적시하였으나 과거 또는 현재의 사실을 기초로 하거나 주장을 포함하는 경우 → 명예훼손죄 ○

정선
해설

[**❶ ▶ ○**]　대판 2016.12.27. 2014도15290
[**❷ ▶ ×**]　모욕죄는 특정한 사람 또는 인격을 보유하는 단체에 대하여 사회적 평가를 저하시킬 만한 경멸적 감정을 표현함으로써 성립하므로 그 피해자는 특정되어야 한다(대판 2014.3.27. 2011도15631).
[**❸ ▶ ○**]　형법 제309조 제1항 소정의 '사람을 비방할 목적'이란 가해의 의사 내지 목적을 요하는 것으로서 공공의 이익을 위한 것과는 행위자의 주관적 의도의 방향에 있어 서로 상반되는 관계에 있다고 할 것이므로, 적시한 사실이 공공의 이익에 관한 것인 경우에는 특별한 사정이 없는 한 비방 목적은 부인된다고 봄이 상당하므로 이와 같은 경우에는 형법 제307조 제1항 소정의 명예훼손죄의 성립 여부가 문제될 수 있고 이에 대하여는 다시 형법 제310조에 의한 위법성 조각 여부가 문제로 될 수 있다(대판 2003.12.26. 2003도6036).
[**❹ ▶ ○**]　대판 2003.5.13. 2002도7420

답 ❷

115
□□□

다음 사례 중 모욕죄의 구성요건에 해당하지 않는 사례 (A)와 모욕죄의 구성요건에 해당하지만 위법성이 조각된 사례 (B)를 옳게 묶은 것은?(다툼이 있는 경우 판례에 의함)

`20` 경찰간부

ㄱ. 택시 기사와 요금 문제로 시비가 벌어져 112 신고를 한 후, 신고를 받고 출동한 경찰관에게 늦게 도착한 데 대하여 항의하는 과정에서 "아이 씨발!"이라고 말한 경우
ㄴ. 피고인이 방송국 시사프로그램을 시청한 후 방송국 홈페이지의 시청자 의견란에 작성·게시한 글에서 "그렇게 소중한 자식을 범법행위 변명의 방패로 쓰시다니 정말 대단하십니다."라고 말한 경우
ㄷ. 골프클럽 경기보조원들의 인터넷 구직사이트 내 회원 게시판에 특정 골프클럽의 운영상 불합리성을 비난하는 글을 게시하면서 위 클럽 담당자에 대하여 '한심하고 불쌍한 인간'이라는 표현을 한 경우
ㄹ. 아파트 입주자대표회의 감사인 피고인이 아파트 관리소장의 업무처리에 항의하기 위해 관리소장실을 방문한 자리에서 언쟁을 하다가 "야, 이따위로 일할래", "나이 처먹은 게 무슨 자랑이냐"라고 말한 경우
ㅁ. 노동조합 사무장인 피고인이 노사 관계자 140여 명이 있는 가운데 피고인보다 15세 연장자인 회사 부사장에게 "야, ○○아, 니 이름이 ○○이잖아, ○○아 나오니까 쫄지?" 등 빈말로 여러 차례 이름을 부른 경우

	A	B
①	ㄱ, ㄷ, ㅁ	ㄴ, ㄹ
②	ㄱ, ㄹ, ㅁ	ㄴ, ㄷ
③	ㄴ, ㄷ, ㄹ	ㄱ, ㅁ
④	ㄷ, ㄹ, ㅁ	ㄱ, ㄴ

정선 핵심	모욕죄의 위법성 조각 여부 ㄱ. "아이 씨발"이라고 말한 경우 → × ㄴ. "그렇게 소중한 자식을 법법행위 변명의 방패로 쓰시다니 정말 대단하십니다."라고 말한 경우 → ○ ㄷ. 골프클럽 담당자에게 '한심하고 불쌍한 인간'이라는 표현을 한 경우 → ○ ㄹ. "야, 이따위로 일할래", "나이 처먹은 게 무슨 자랑이냐"라고 말한 경우 → × ㅁ. "야, ○○아, 니 이름이 ○○이잖아, ○○아 나오니까 좋지?" 등 반말로 여러 차례 이름을 부른 경우 → ×

정선
해설

[ㄱ ▸ A] 제반 사정에 비추어 피고인의 발언은 직접적으로 피해자를 특정하여 그의 인격적 가치에 대한 사회적 평가를 저하시킬 만한 경멸적 감정을 표현한 모욕적 언사에 해당한다고 단정하기 어렵다(대판 2015.12.24. 2015도6622).

[ㄴ ▸ B] 피해자에게 자신의 의견에 대한 반박이나 반론을 구하면서, 자신의 판단과 의견의 타당함을 강조하는 과정에서 부분적으로 그와 같은 표현을 사용한 것으로서 사회상규에 위배되지 않는다고 봄이 상당하다(대판 2003.11.28. 2003도3972).

[ㄷ ▸ B] 게시의 동기와 경위, 모욕적 표현의 정도와 비중 등에 비추어 사회상규에 위배되지 않는다(대판 2008.7.10. 2008도1433).

[ㄹ ▸ A] 피고인의 발언은 상대방을 불쾌하게 할 수 있는 무례하고 저속한 표현이기는 하지만 객관적으로 갑의 인격적 가치에 대한 사회적 평가를 저하시킬 만한 모욕적 언사에 해당하지 않는다(대판 2015.9.10. 2015도2229).

[ㅁ ▸ A] 피고인의 위 발언은 상대방을 불쾌하게 할 수 있는 무례하고 예의에 벗어난 표현이기는 하지만 객관적으로 을의 인격적 가치에 대한 사회적 평가를 저하시킬 만한 모욕적 언사에 해당하지 않는다(대판 2018.11.29. 2017도2661).

답 ❷

116

모욕죄에 관한 다음 설명 중 가장 옳은 것은?　　19 법원9급

① 종교적 목적을 위한 언론·출판의 자유를 행사하는 과정에서 타 종교의 신앙의 대상을 우스꽝스럽게 묘사하거나 모욕적이고 불쾌하게 느껴지는 표현을 사용하는 것은 예외 없이 모욕죄에 해당한다.

② 강원도 양구군과 양구군수는 국민에 대한 관계에서 명예훼손죄와 모욕죄의 피해자가 될 수 있다.

③ 모욕죄의 피해자는 특정되어야 하는데, 특정한 집단을 표시한 이른바 집단표시에 의한 모욕은 피해자가 특정되었다고 볼 수 있으므로 일반적으로 모욕죄가 성립한다.

④ 어떠한 표현이 상대방의 인격적 가치에 대한 사회적 평가를 저하시킬 만한 것이 아니라면 표현이 다소 무례한 방법으로 표시되었다 하더라도 모욕죄의 구성요건에 해당한다고 볼 수 없는 경우가 있다.

정선
핵심

① 타 종교의 신앙의 대상을 우스꽝스럽게 묘사하거나 모욕적이고 불쾌한 표현을 사용하는 경우 → 모욕죄 ×
② 양구군수 → 명예훼손죄와 모욕죄의 피해자 ○
③ 피해자가 특정되지 아니한 집단표시에 의한 모욕의 경우 → 구성원 개개인에 대한 모욕죄 ×
④ 표현이 무례하나 인격적 가치에 대한 사회적 평가를 저하시킬 만한 것이 아닌 경우 → 모욕죄 ×

정선
해설

[❶ ▸ ×] 종교적 목적을 위한 언론·출판의 자유를 행사하는 과정에서 타 종교의 신앙의 대상을 우스꽝스럽게 묘사하거나 다소 모욕적이고 불쾌하게 느껴지는 표현을 사용하였더라도 그것이 그 종교를 신봉하는 신도들에 대한 증오의 감정을 드러내는 것이거나 그 자체로 폭행·협박 등을 유발할 우려가 있는 정도가 아닌 이상 허용된다고 보아야 한다(대판 2014.9.4. 2012도13718).

[**②** ▸ ×] 판례의 취지를 고려하면, 자연인인 양구군수가 명예훼손죄와 모욕죄의 피해자가 될 수 있다.

> 국가나 지방자치단체는 국민에 대한 관계에서 형벌의 수단을 통해 보호되는 외부적 명예의 주체가 될 수는 없고, 따라서 명예훼손죄나 모욕죄의 피해자가 될 수 없다(대판 2016.12.27. 2014도15290).

[**③** ▸ ×] 집단표시에 의한 모욕은, 모욕의 내용이 집단에 속한 특정인에 대한 것이라고는 해석되기 힘들고, 집단표시에 의한 비난이 개별구성원에 이르러서는 비난의 정도가 희석되어 구성원 개개인의 사회적 평가에 영향을 미칠 정도에 이르지 아니한 경우에는 구성원 개개인에 대한 모욕이 성립되지 않는다고 봄이 원칙이다(대판 2014.3.27. 2011도15631).

[**④** ▸ ○] 대판 2015.12.24. 2015도6622

답 **④**

117
☐☐☐

모욕죄에 관한 설명으로 적절한 것을 모두 고른 것은?(다툼이 있는 경우 판례에 의함)

`20` 경찰채용

> ㄱ. 피고인이 방송국 홈페이지의 시청자 의견란에 작성·게시한 글 중 일부의 표현이 모욕적 언사에 해당될지라도 게시판에 올린 글을 전체적인 맥락에서 파악했을 때, 이로써 곧 사회통념상 피해자의 사회적 평가를 저하시키는 내용의 경멸적 판단을 표시한 것으로 인정하기 어렵다면 형법 제20조의 사회상규에 위배되지 아니하는 행위로 봄이 상당하다.
> ㄴ. 골프클럽 경기보조원들의 구직편의를 위해 제작된 인터넷 사이트 내 회원 게시판에 특정 골프클럽의 운영상 불합리성을 비난하는 글을 게시하면서 위 클럽담당자에 대하여 '한심하고 불쌍한 인간'이라는 등 경멸적 표현을 한 경우 모욕죄에 해당된다.
> ㄷ. 모욕이란 사실을 적시하지 아니하고 사람의 사회적 평가를 저하시킬 만한 추상적 판단이나 경멸적 감정을 표현하는 것을 의미한다. 따라서 어떠한 표현이 상대방의 인격적 가치에 대한 사회적 평가를 저하시킬 만한 것이 아니라면 설령 그 표현이 다소 무례한 방법으로 표시되었다 하더라도 이를 두고 모욕죄의 구성요건에 해당한다고 볼 수 없다.
> ㄹ. 임대아파트의 분양전환과 관련하여 임차인이 아파트 관리사무소의 방송시설을 이용하여 임차인 대표회의의 전임회장을 비판하며 "전 회장의 개인적인 의사에 의하여 주택공사의 일방적인 견해에 놀아나고 있기 때문에"라고 한 표현은 '모욕'에 해당한다.

① ㄱ, ㄴ   ② ㄱ, ㄷ
③ ㄴ, ㄷ   ④ ㄷ, ㄹ

정선 핵심

모욕죄의 성립 여부
ㄱ. 방송국 홈페이지의 시청자 의견란에 일부 모욕적 언사를 사용한 경우 → ×
ㄴ. 골프클럽 담당자에게 한심하고 불쌍한 인간이라는 등 경멸적 표현을 한 경우 → ×
ㄷ. 표현이 다소 무례한 방법으로 표시되었으나 인격적 가치에 대한 사회적 평가를 저하시킬 만한 것이 아닌 경우 → ×
ㄹ. "전 회장의 개인적인 의사에 의하여 주택공사의 일방적인 견해에 놀아나고 있기 때문에"라고 한 경우 → ×

정선 해설

[ㄱ ▸ ○] 대판 2003.11.28. 2003도3972
[ㄴ ▸ ×] 골프클럽 경기보조원들의 구직편의를 위해 제작된 인터넷 사이트 내 회원 게시판에 특정 골프클럽의 운영상 불합리성을 비난하는 글을 게시하면서 위 클럽담당자에 대하여 한심하고 불쌍한 인간이라는 등 경멸적 표현을 한 경우, 게시의 동기와 경위, 모욕적 표현의 정도와 비중 등에 비추어 사회상규에 위배되지 않는다(대판 2008.7.10. 2008도1433).

[ㄷ▸O] 대판 2018.11.29. 2017도2661

[ㄹ▸X] 임대아파트의 분양전환과 관련하여 임차인이 아파트 관리사무소의 방송시설을 이용하여 임차인대표회의의 전임회장을 비판하며 "전 회장의 개인적인 의사에 의하여 주택공사의 일방적인 견해에 놀아나고 있기 때문에"라고 한 표현은 전체 문언상 모욕죄의 '모욕'에 해당하지 않는다(대판 2008.12.11. 2008도8917).

답 ❷

118

모욕죄와 명예훼손죄에 대한 다음 설명 중 옳지 않은 것은 모두 몇 개인가?(다툼이 있는 경우 판례에 의함)

19 경찰간부

> ㄱ. 피고인이 택시기사와 요금문제로 시비가 벌어져 112 신고를 한 후, 신고를 받고 출동한 경찰관 甲에게 늦게 도착한 데에 대하여 항의하는 과정에서 '아이 씨발!'이라고 말한 경우 모욕죄가 성립된다.
> ㄴ. 의사 甲(피고인)이 의료기기 회사와의 분쟁을 정치적으로 해결하기 위하여 국회의원에게 해당 의료기기 회사에 관한 권력비호와 특혜금융 및 의료기기의 성능이 좋지 않다는 허위의 사실을 제보하였을 뿐인데, 위 국회의원의 예상치 못한 발표로 그 사실이 일간신문에 게재된 경우, 명예훼손죄가 성립된다.
> ㄷ. 형법 제310조의 적용에서 적시된 사실이 공공의 이익에 관한 것이라면 진실한 것이라는 증명이 없다 할지라도 행위자가 진실한 것으로 믿었고 또 그렇게 믿을 만한 상당한 이유가 있는 경우에는 위법성이 없다고 보아야 한다.
> ㄹ. 중학교 교사에 대해 "전과범으로서 교사직을 팔아가며 이웃을 해치고 고발을 일삼는 악덕교사"라는 취지의 진정서를 그가 근무하는 학교법인 이사장 앞으로 제출한 경우 공연성이 인정된다.

① 1개
② 2개
③ 3개
④ 4개

정선 핵심

ㄱ. '아이 씨발!'이라고 말한 경우 → 모욕죄 ×
ㄴ. 의사 甲이 의료기기 회사와의 분쟁을 해결하기 위하여 국회의원에게 허위사실을 제보한 경우 → 명예훼손죄 O
ㄷ. 사실의 진실성에 대한 착오가 있는 경우 → 상당한 이유가 있으면 위법성 조각 O
ㄹ. "전과범인 악덕 교사"라는 진정서를 학교법인 이사장에게 제출한 경우 → 공연성 ×

정선 해설

[ㄱ▸X] 어떠한 표현이 상대방의 인격적 가치에 대한 사회적 평가를 저하시킬 만한 것이 아니라면 설령 그 표현이 다소 무례하고 저속한 방법으로 표시되었다 하더라도 이를 모욕죄의 구성요건에 해당한다고 볼 수 없다(대판 2015.12.24. 2015도6622).

[ㄴ▸O] 파기환송판결(2000도3045)에 의하면 출판물에 의한 명예훼손죄는 성립하지 아니하나 허위사실적시 명예훼손죄는 성립할 수 있다. 환송 후 상고심판결(2004도340)은 같은 사안에 대해 허위사실적시명예훼손죄(형법 제307조 제2항)와 출판물에 의한 명예훼손죄의 간접정범(형법 제309조 제2항, 제34조)의 경합범으로 처벌한 원심판결을 수긍하였다.

> 의사가 의료기기 회사와의 분쟁을 정치적으로 해결하기 위하여 <u>국회의원에게 허위의 사실을 제보하였을 뿐인데, 위 국회의원의 발표로 그 사실이 일간신문에 게재된 경우 출판물에 의한 명예훼손이 성립하지 아니한다</u>(대판 2002.6.28. 2000도3045).

관련판례 대판 2004.4.9. 2004도340

[1] 피고인이 비록 공소 외 3에 대하여 허위사실을 적시하였다고 하더라도 피고인의 행위 형태와 당시의 행위 상황 등에 비추어 보면, <u>피고인으로서는 공소 외 3이 피고인으로부터 전해 들은 허위사실들을 야당 국회의원 등을 통하여 공론화함으로써 불특정 또는 다수인에게 전파될 가능성이 있었음을 인식하면서 이를 용인하고 있었음이</u> 인정되므로 허위사실적시명예훼손죄를 구성한다.
[2] 공소 외 1 주식회사가 정부의 보호정책과 권력자의 비호 및 100억 원의 특혜 금융에 의하여 급성장하였다거나, 대통령 주치의 공소 외 5가 공소 외 1 주식회사의 배후세력으로서 담당 검사에게 압력을 넣어 공소 외 2에 대한 사기 사건을 무혐의 처리되도록 하고, 피고인에게도 전화를 걸어 공소 외 2를 봐 주라고 요구하였다거나, 공소 외 1 주식회사가 만든 초음파 진단기의 성능이 엉터리라고 피고인이 적시하여 제보한 내용이 모두 허위사실이고, 피고인이 그와 같은 사실을 적시하게 된 동기와 경위 및 결과를 종합하여 보면, 피고인의 주장이 옳다는 것을 공적으로 인정받기 위한 욕심에서 피고인은 진실이라는 확신이 없는 사실들을 적시하여 함부로 기자들에게 제보한 사실을 인정할 수 있으므로, 피고인에게는 적시하여 제보한 내용에 관하여 허위의 인식이 있었으며, 비방할 목적도 인정된다는 이유로 출판물에 의한 명예훼손죄의 간접정범을 구성한다.

[ㄷ ▶ ○] 대판 1996.8.23. 94도3191
[ㄹ ▶ ×] 진정서의 내용과 진정서의 수취인인 학교법인 이사장과 위 교사의 관계 등에 비추어 볼 때 위 이사장이 위 진정서 내용을 타에 전파할 가능성이 있다고 보기 어려우므로 명예훼손죄의 구성요건인 공연성이 있다고 보기 어렵다(대판 1983.10.25. 83도2190).

답 ❷

119

명예훼손죄 및 모욕죄에 대한 설명으로 옳지 않은 것은?(다툼이 있는 경우 판례에 의함)

15 국가9급

① 집단표시에 의한 모욕은 개별구성원에 이르러서도 그 비난의 정도가 희석되지 않아 구성원 개개인의 사회적 평가를 저하시킬 만한 것으로 평가될 경우 구성원 개개인에 대한 모욕이 될 수 있다.
② 개인 블로그의 비공개 대화방에서 상대방으로부터 비밀을 지키겠다는 말을 듣고 단지 일대일로 대화한 경우라면 상대방의 전파가능성 유무를 불문하고 공연성은 부정된다.
③ 甲이 A를 비방할 목적으로 출판물에 사실을 적시하여 명예를 훼손한 경우 형법 제310조(위법성의 조각)를 적용할 수 없다.
④ A의 산후조리원을 이용한 甲이 임신, 육아 등과 관련한 유명 인터넷 카페나 자신의 블로그 등에 자신이 직접 겪은 불편사항 등을 9회에 걸쳐 후기 형태로 게시한 주요한 동기·목적이 공공의 이익을 위한 것이라면 산후조리원 이용대금 환불과 같은 다른 사익적 목적이나 동기가 내포되어 있다고 하여도 '비방할 목적'을 인정하기는 어렵다.

**정선
핵심**
① 집단표시에 의한 모욕이 구성원 개개인의 사회적 평가를 저하시킬 만한 것으로 평가될 경우 → 구성원 개개인에 대해 모욕죄 ○
② 개인 블로그의 비공개 대화방에서 일대일로 대화한 경우 → 공연성 ○
③ 비방할 목적으로 출판물에 사실을 적시하여 명예를 훼손한 경우 → 형법 제310조 적용 ×
④ 산후조리원에서 겪은 불편사항을 인터넷 카페 등에 게시한 경우 → 비방의 목적 ×

**정선
해설**
[❶ ▶ ○] 대판 2014.3.27. 2011도15631
[❷ ▶ ×] 개인 블로그의 비공개 대화방에서 상대방으로부터 비밀을 지키겠다는 말을 듣고 일대일로 대화하였다고 하더라도, 그 사정만으로 대화 상대방이 대화내용을 불특정 또는 다수에게 전파할 가능성이 없다고 할 수 없으므로, 명예훼손죄의 요건인 공연성을 인정할 여지가 있다(대판 2008.2.14. 2007도8155).

[❸ ▸ ○] 형법 제309조 제1항 소정의 '사람을 비방할 목적'이란 가해의 의사 내지 목적을 요하는 것으로서 공공의 이익을 위한 것과는 행위자의 주관적 의도의 방향에 있어 서로 상반되는 관계에 있다고 할 것이므로, 형법 제310조의 공공의 이익에 관한 때에는 처벌하지 아니한다는 규정은 사람을 비방할 목적이 있어야 하는 형법 제309조 제1항 소정의 행위에 대하여는 적용되지 아니한다(대판 2003.12.26. 2003도6036).

[❹ ▸ ○] 대판 2012.11.29. 2012도10392

답 ❷

120

모욕죄와 명예훼손죄에 관한 다음 설명 중 옳지 않은 것은 모두 몇 개인가?(다툼이 있는 경우 판례에 의함)　15 법원행시

ㄱ. 장래의 희망이 아나운서라고 한 여학생들에게 '다 줄 생각을 해야 하는데, 그래도 아나운서 할 수 있겠느냐. ○○여대 이상은 자존심 때문에 그렇게 못 하더라'라는 등의 말을 한 경우, 이른바 집단 표시에 의한 모욕으로서 여성 아나운서 개개인에 대한 모욕죄가 그 자체로 성립된다.

ㄴ. 모욕죄에서 말하는 모욕이란 사실을 적시하지 아니하고 사람의 사회적 평가를 저하시킬 만한 추상적 판단이나 경멸적 감정을 표현하는 것을 말한다.

ㄷ. 어떤 글이 특히 모욕적인 표현을 포함하는 판단 또는 의견의 표현을 담고 있는 경우에도 그 시대의 건전한 사회통념에 비추어 그 표현이 사회상규에 위배되지 않는 행위로 볼 수 있는 때에는 형법 제20조에 의하여 예외적으로 위법성이 조각된다.

ㄹ. 동네사람 4명과 구청직원 2명 등이 있는 자리에서 피해자가 듣는 가운데 구청직원에게 피해자를 가리키면서 '저 망할 년 저기 오네'라고 하였다면 모욕죄가 성립한다.

ㅁ. '아무것도 아닌 똥꼬다리 같은 놈'이라는 구절은 모욕적인 언사일 뿐 구체적인 사실의 적시라고 할 수 없고 '잘 운영되어 가는 어촌계를 파괴하려 한다'는 구절도 구체적인 사실의 적시라고 할 수 없으므로 명예훼손죄에 있어서의 사실의 적시에 해당한다고 볼 수 없다.

---

① 1개 ② 2개
③ 3개 ④ 4개
⑤ 없음

정선 핵심

ㄱ. "다 줄 생각을 해야 하는데, 그래도 아나운서 할 수 있겠느냐"라는 등의 말을 한 경우 → 여성 아나운서 개개인에 대한 모욕죄 ×

ㄴ. 모욕 → 사실을 적시하지 아니하고 사회적 평가를 저하시킬 만한 추상적 판단이나 경멸적 감정을 표현하는 것

ㄷ. 어떤 글의 모욕적인 표현이 사회상규에 위배되지 않는 행위로 볼 수 있는 경우 → 정당행위로 위법성 조각 ○

ㄹ. '저 망할 년 저기 오네'라고 한 경우 → 모욕죄 ○

ㅁ. '아무것도 아닌 똥꼬다리 같은 놈'이라고 한 경우 → 사실의 적시 ×

정선 해설

[ㄱ ▸ ×] 피고인의 이 사건 발언은 여성 아나운서 일반을 대상으로 한 것으로서 그 개별구성원인 피해자들에 이르러서는 비난의 정도가 희석되어 피해자 개개인의 사회적 평가에 영향을 미칠 정도에까지는 이르지 아니하므로 형법상 모욕죄에 해당한다고 보기는 어렵다고 볼 여지가 충분하다(대판 2014.3.27. 2011도15631).

[ㄴ ▸ ○] 대판 2015.9.10. 2015도2229

[ㄷ ▸ ○] 어떤 글이 특히 모욕적인 표현을 포함하는 판단 또는 의견의 표현을 담고 있는 경우에도 그 시대의 건전한 사회통념에 비추어 그 표현이 사회상규에 위배되지 않는 행위로 볼 수 있는 때에는 형법 제20조에 의하여 예외적으로 위법성이 조각된다(대판 2008.7.10. 2008도1433).

[ㄹ ▸ ○] 다수인이 있는 자리에서 피해자가 듣는 가운데 이와 같이 피해자를 경멸하는 욕설 섞인 표현을 하였다면 피해자를 모욕하였다고 볼 수 있다(대판 1990.9.25. 90도873).

[ㅁ ▸ ○] 대판 1989.3.14. 88도1397

답 ❶

121

□□□

명예에 관한 죄에 대한 설명으로 가장 적절한 것은?(다툼이 있는 경우 판례에 의함)

19 경찰승진

① 장래의 희망이 아나운서라고 한 여학생들에게 "다 줄 생각을 해야 하는데, 그래도 아나운서 할 수 있겠느냐. ○○여대 이상은 자존심 때문에 그렇게 못하더라."라는 등의 말을 한 경우, 이른바 집단 표시에 의한 모욕으로서 여성 아나운서 개개인에 대한 모욕죄가 그 자체로 성립된다.

② 명예훼손죄에 있어서 피고인의 행위에 피해자를 비방할 목적이 함께 숨어 있었다면 그 주요한 동기가 공공의 이익을 위한 것이라도 형법 제310조의 적용이 배제된다.

③ 아파트 입주자 대표회의 감사가 업무처리에 항의하며 연장자인 관리소장에게 공연히 "야, 이따위로 일할래.", "나이 처먹은 게 무슨 자랑이냐."라고 말한 경우는 모욕죄가 성립한다.

④ 영화가 허위의 사실을 표현하여 개인의 명예를 훼손한 경우에도 행위자가 그것을 진실이라고 믿었고 또 그렇게 믿을 만한 상당한 이유가 있어 그 행위자에게 명예훼손으로 인한 불법행위책임을 물을 수 없다면 특별한 사정이 없는 한 그 광고·홍보행위가 별도로 명예훼손의 불법행위를 구성한다고 볼 수 없다.

정선
핵심

① "다 줄 생각을 해야 하는데, 그래도 아나운서 할 수 있겠느냐"라는 등의 말을 한 경우 → 여성 아나운서 개개인에 대한 모욕죄 ✕

② 비방할 목적은 있으나 주요한 동기가 공공의 이익을 위한 것인 경우 → 형법 제310조 적용

③ "야, 이따위로 일할래", "나이 처먹은 게 무슨 자랑이냐"라고 말한 경우 → 모욕죄 ✕

④ 행위자에게 영화에 의한 명예훼손으로 인한 불법행위책임을 물을 수 없는 경우 → 영화의 광고·홍보행위는 명예훼손의 불법행위 ✕

정선
해설

[❶ ▸ ✕] 피고인의 이 사건 발언은 여성 아나운서 일반을 대상으로 한 것으로서 그 개별구성원인 피해자들에 이르러서는 비난의 정도가 희석되어 피해자 개개인의 사회적 평가에 영향을 미칠 정도에까지는 이르지 아니하므로 형법상 모욕죄에 해당한다고 보기는 어렵다고 볼 여지가 충분하다(대판 2014.3.27. 2011도15631).

[❷ ▸ ✕] 피고인들의 소행에 피해자를 비방할 목적이 함께 숨어 있었다고 하더라도 그 주요한 동기가 공공의 이익을 위한 것이라면 형법 제310조의 적용을 배제할 수 없다(대판 1989.2.14. 88도899).

> 담임목사를 출교처분한다는 취지의 교단산하 재판위원회의 판결문을 복사하여 예배를 보러온 신도들에게 배포한 행위에 의하여 그 목사의 개인적인 명예가 훼손된다 하여도 그것은 진실한 사실로서 오로지 교단 또는 그 산하교회 소속신자들의 이익에 관한 때에 해당하거나 적어도 사회상규에 위배되지 아니하는 행위에 해당하여 위법성이 없다(대판 1989.2.14. 88도899).

[❸ ▸ ✕] 피고인의 발언은 상대방을 불쾌하게 할 수 있는 무례하고 저속한 표현이기는 하지만 객관적으로 갑의 인격적 가치에 대한 사회적 평가를 저하시킬 만한 모욕적 언사에 해당하지 않는다(대판 2015.9.10. 2015도2229).

[❹ ▸ ○] 대판 2010.7.15. 2007다3483

답 ❹

정선지문OX

01 지방의회 선거를 앞두고 현역 시의회 의원이 후보자가 되려는 자에 대해서 특별한 친분관계도 없는 한 사람 한 사람에게 비방의 말을 한 경우라면 공연성이 없다. `19` 해경승진 ○ | X

02 명예훼손죄에 있어서의 사실의 적시는 가치판단이나 평가를 내용으로 하는 의견표현에 대치되는 개념이 아니다. `17` 경찰채용 ○ | X

03 이혼소송 계속 중인 처가 남편의 친구에게 서신을 보내면서 남편의 명예를 훼손하는 문구가 기재된 서신을 동봉한 경우에는 그것이 전파될 가능성이 없으므로 명예훼손죄에 있어서의 공연성이 없다. `17` 법원9급 ○ | X

04 동네 아줌마 및 피해자의 시어머니가 있는 자리에서 피해자에 대하여 "시커멓게 생긴 놈하고 매일 붙어 다닌다. 점방 마치면 여관에 가서 누워 자고 아침에 들어온다"는 말을 한 경우 공연성을 부정하기 어렵다. `17` 법원9급 ○ | X

05 목사가 예배 중 특정인을 가리켜 '이단 중에 이단이다'라고 설교한 부분은 명예훼손죄에 해당한다. `16` 법원9급 ○ | X

06 신문기자에게 경쟁자의 명예를 훼손하는 내용의 사실을 알려주었으나 신문기자는 기사거리가 넘쳐 이를 기사화하지 않은 경우 출판물에 의한 명예훼손죄의 미수범이 성립한다. `15` 경찰채용 ○ | X

07 재단법인 이사장 A가 전임 이사장 B에 대하여 재임 기간 중 재단법인의 재산을 횡령하였다고 고소하였다가 무고죄로 유죄판결을 받자 甲이 A의 퇴진을 요구하는 시위를 하면서 A가 유죄판결 받은 사실을 적시한 경우에 甲의 행위는 위법성이 조각되지 않는다. `19` 경찰간부 ○ | X

08 형법 제310조는 사실적시명예훼손죄와 모욕죄에 대해서 적용되지만, 출판물에 의한 명예훼손죄, 허위사실적시명예훼손죄에 대해서는 적용되지 않는다. `19` 해경채용 ○ | X

09 증명불가능한 가치판단이나 평가를 내용으로 하는 의견표현은 명예훼손죄의 '사실의 적시'에 해당하지 않는다. `17` 5급승진 ○ | X

10 인터넷 아이디는 사이버 공간 밖에서 사용되는 명성과 마찬가지로 사이버 공간 안에서 그 아이디를 사용하는 사람을 특정지우는 기능을 하는 것이므로, 그와 같은 인터넷 아이디를 가진 사람이 누구인지 알아차릴 수 없는 경우에도 아이디에 대한 모욕행위는 형법상 모욕죄를 구성한다. `18` 해경간부 ○ | X

---

01 피고인의 판시 범행은 행위 당시에 이미 공연성을 갖추었다고 보는 것이 타당하다(대판 1996.7.12. 96도1007).

02 가치판단이나 평가를 내용으로 하는 의견표현에 대치되는 개념이다(대판 1998.3.24. 97도2956).

03 대판 2000.2.11. 99도4579

04 대판 1983.10.11. 83도2222

05 명예훼손죄에서 말하는 '사실의 적시'에 해당하지 않는다(대판 2008.10.9. 2007도1220).

06 명예훼손죄는 미수범을 처벌하지 아니한다.

07 공공의 이익에 관한 것으로 위법성이 조각된다고 볼 여지가 충분하다(대판 2017.6.15. 2016도8557).

08 모욕죄에 대하여도 적용되지 아니한다.

09 대판 1998.3.24. 97도2956

10 특정인인 청구인에 대한 명예훼손죄 또는 모욕죄가 성립하지 않는다(헌재 2008.6.26. 2007헌마461).

정답

01 ×	**02** ×	**03** ○	**04** ○
05 ×	**06** ×	**07** ×	**08** ×
09 ○	**10** ×		

122
□□□

다음의 설명 중 가장 적절한 것은?(다툼이 있는 경우 판례에 의함)   `21` 경찰승진

① 형법 제313조 신용훼손죄의 행위태양은 허위사실유포, 위력, 기타 위계이다.
② 퀵서비스 운영자인 피고인이 허위사실을 유포하여 손님들로 하여금 불친절하고 배달을 지연시킨 사업체가 경쟁관계에 있는 피해자 운영의 퀵서비스인 것처럼 인식하게 한 행위는 신용훼손죄에 해당한다.
③ 인터넷카페의 운영진인 피고인들이 카페 회원들과 공모하여, 특정신문들에 광고를 게재하는 광고주들에게 불매운동의 일환으로 지속적 집단적으로 항의전화를 하거나 항의글을 게시하는 등의 방법으로 광고중단을 압박한 행위는 광고주들에 대하여는 업무방해죄에 해당하지만, 신문사들에 대하여는 업무방해죄를 구성하지 않는다.
④ 공무원이 직무상 수행하는 공무를 방해하는 행위에 대해서도 업무방해죄로 의율할 수 있다.

정선 핵심

① 신용훼손죄의 구성요건
  → 행위태양 : 허위사실유포, 위계
② 퀵서비스 운영자인 피고인이 불친절한 업체가 피해자 운영의 퀵서비스인 것처럼 인식하게 한 경우 → 신용훼손죄
  ×
③ 인터넷카페의 운영진인 피고인들이 불매운동의 일환으로 광고중단을 압박한 경우
  → 광고주 : 업무방해죄 ○
  → 신문사 : 업무방해죄 ×
④ 공무원이 직무상 수행하는 공무를 방해하는 경우 → 업무방해죄 ×

정선 해설

[**❶** ▸ ×] 형법 제313조 참조

법령 │ 신용훼손(형법 제313조)   허위의 사실을 유포하거나 기타 위계로써 사람의 신용을 훼손한 자는 5년 이하의 징역 또는 1천500만원 이하의 벌금에 처한다.

[**❷** ▸ ×] 퀵서비스의 주된 계약내용이 신속하고 친절한 배달이라 하더라도, 그와 같은 사정만으로 위 행위가 피해자의 경제적 신용, 즉 지급능력이나 지급의사에 대한 사회적 신뢰를 저해하는 행위에 해당한다고 보기는 어려우므로 신용훼손죄는 성립하지 아니한다(대판 2011.5.13. 2009도5549).
[**❸** ▸ ○] 대판 2013.3.14. 2010도410
[**❹** ▸ ×] 형법이 업무방해죄와는 별도로 공무집행방해죄를 규정하고 있는 것은 사적 업무와 공무를 구별하여 공무에 관해서는 공무원에 대한 폭행, 협박 또는 위계의 방법으로 그 집행을 방해하는 경우에 한하여 처벌하겠다는 취지라고 보아야 한다. 따라서 공무원이 직무상 수행하는 공무를 방해하는 행위에 대해서는 업무방해죄로 의율할 수는 없다고 해석함이 상당하다(대판 2009.11.19. 2009도4166[전합]).

달 **❸**

신용훼손죄에 관한 설명 중 가장 옳지 않은 것은?(다툼이 있는 경우 판례에 의함)

14 법원9급

① 형법상 신용훼손죄는 허위사실의 유포 기타 위계로써 사람의 신용을 훼손함으로써 성립하는 범죄이다.

② 피고인의 단순한 의견이나 가치판단을 표시하는 것은 형법상 신용훼손죄에서의 '허위사실의 유포'에 해당하지 않는다.

③ 형법상 신용훼손죄에서의 '신용'은 경제적 신용, 즉 사람의 지불능력 또는 지불의사에 대한 사회적 신뢰를 의미한다.

④ 퀵서비스 운영자인 피고인이 배달업무를 하면서, 손님의 불만이 예상되는 경우에는 평소 경쟁 관계에 있는 甲운영의 퀵서비스 명의로 된 영수증을 작성·교부함으로써 손님들로 하여금 불친절하고 배달을 지연시킨 사업체가 피해자 운영의 퀵서비스인 것처럼 인식하게 한 행위는 형법상 신용훼손죄에 해당한다.

정선 핵심

① 허위사실의 유포 기타 위계로써 사람의 신용을 훼손한 경우 → 신용훼손죄 ○

② 단순한 의견이나 가치판단을 표시하는 경우 → 허위사실의 유포 ×

③ 신용 → 경제적 신용, 즉 지불능력 또는 지불의사에 대한 사회적 신뢰

④ 퀵서비스 운영자인 피고인이 불친절한 업체가 피해자 운영의 퀵서비스인 것처럼 인식하게 한 경우 → 신용훼손죄 ×

정선 해설

[❶ ▸ ○] 형법 제313조 참조

> **법령** 신용훼손(형법 제313조) 허위의 사실을 유포하거나 기타 위계로써 사람의 신용을 훼손한 자는 5년 이하의 징역 또는 1천500만원 이하의 벌금에 처한다.

[❷ ▸ ○] 형법상 신용훼손죄는 허위사실의 유포 기타 위계로써 사람의 신용을 훼손할 것을 요하고, 여기서 허위 사실의 유포라 함은 객관적으로 진실과 부합하지 않는 과거 또는 현재의 사실을 유포하는 것으로서 (미래의 사실도 증거에 의한 입증이 가능할 때에는 여기의 사실에 포함된다고 할 것이다.) <u>피고인의 단순한 의견이나 가치판단을 표시하는 것은 이에 해당하지 않는다고 할 것이다</u>(대판 1983.2.8. 82도2486).

공소 외 (갑)은 8년 전부터 남편 없이 3자녀를 데리고 생계를 꾸려왔을 뿐 아니라 피고인에 대한 다액의 채무를 담보하기 위해 동녀의 아파트와 가재도구까지를 피고인에게 제공한 사실이 인정되니 위 공소 외 (갑)이 집도 남편도 없는 과부라고 말한 것이 허위사실이 될 수 없고 또 <u>공소 외 (갑)이 계주로서 계불입금을 모아서 도망가더라도 책임지고 도와줄 사람이 없다는 취지의 피고인의 말은 피고인의 위 공소 외 (갑)에 대한 개인적 의견이나 평가를 진술한 것에 불과하여 허위사실의 유포라고 볼 수 없다</u>(대판 1983.2.8. 82도2486).

[❸ ▸ ○] 대판 2011.5.13. 2009도5549

[❹ ▸ ×] 퀵서비스의 주된 계약내용이 신속하고 친절한 배달이라 하더라도, 그와 같은 사정만으로 위 행위가 피해자의 경제적 신용, 즉 지급능력이나 지급의사에 대한 사회적 신뢰를 저해하는 행위에 해당한다고 보기는 어려우므로 신용훼손죄는 성립하지 아니한다(대판 2011.5.13. 2009도5549).

답 ❹

다음 중 업무방해죄가 성립하는 것은?

① 해외건설협회로부터 해외건설공사 기성실적 증명서를 허위로 발급받아 이를 대한건설협회에 제출하여 국가종합전자조달 시스템에 입력되게 함으로써 거액의 관급공사의 낙찰자격을 획득한 후 실제로 여러 관급공사를 낙찰받거나 제3자에게 낙찰받게 한 경우

② 피고인들이 주류판매, 접대부 알선의 행위로 형사처벌을 받은 전력이 있는 노래방 업주로 하여금 행정처분을 받게 할 목적으로 노래방에서 주류제공 및 접대부 알선을 요구한 후 경찰에 신고한 경우

③ 주택재개발조합의 조합장인 피고인이 조합사무장에게 조합정관 개정 및 조합장 재신임의 안건에 대하여 반대한다는 내용이 담긴 조합원 276명 명의의 서면결의서 등을 접수하지 말 것을 지시하여 위 조합원들의 의사를 누락시킨 채 임시총회를 개최하여 안건을 통과시킨 경우

④ 피해자가 농장 출입을 위하여 사용해 온 피고인 소유 토지 위의 현황도로 일부를 피고인이 막았으나 이미 오래 전부터 바로 근방에 농장으로의 차량 출입이 가능한 비포장도로가 대체도로로 개설되어 있었던 경우

정선 핵심

업무방해죄의 성립 여부

① 해외건설공사 기성실적 증명서를 허위로 발급받아 관급공사를 낙찰받은 경우 → ○
② 형사처벌 전력이 있는 노래방 업주에게 주류제공 등을 요구한 후 신고한 경우 → ×
③ 주택재개발조합의 조합장이 조합원들의 의사를 누락시킨 채 임시총회를 개최하여 안건을 통과시킨 경우 → ×
④ 피고인 소유 토지 위의 도로 일부를 피고인이 막았으나 근방에 비포장도로가 개설되어 있었던 경우 → ×

정선 해설

[❶ ▸ ○] 대판 2013.1.16. 2012도12377

[❷ ▸ ×] 피고인들이 노래방 업주로 하여금 행정처분을 받게 할 목적으로 업주 운영의 노래방에서 주류제공 및 접대부 알선을 요구한 후 경찰에 신고하였다고 하더라도, <u>업주가 이 사건 이전에도 자신의 노래방에서 주류판매, 접대부 알선의 행위로 형사처벌받은 전력이 있는 점</u> 등 기록에 나타난 사정에 비추어 보면, 이 사건 당시 피고인들이 행위로 인하여 업주가 오인, 착각을 일으켜 종전에 하지 않던 주류제공 및 접대부 알선을 비로소 하게 된 것으로는 볼 수 없다(대판 2007.11.29. 2007도5095).

[❸ ▸ ×] <u>피고인이 단순히 조합사무장에게 조합에 제출된 서면결의서의 접수를 거부하도록 지시하여 그 접수가 이루어지지 않도록 하였다는 것만으로</u> 그 명의자인 조합원들에게 어떠한 오인·착각 또는 부지를 일으키게 하였다는 것인지 이해하기 어렵다. 나아가 그러한 접수거부의 지시 후 피고인이 그 서면결의서에 의한 <u>결의권 행사를 총회결의에 반영하지 않는 행위에</u> 해당 조합원들의 무슨 오인·착각 또는 부지를 이용하는 부분이 있었다고 할 수 없다(대판 2009.1.15. 2008도9947).

[❹ ▸ ×] 피고인이 피해자가 조경수 운반을 위하여 사용하던 피고인 소유 토지 위의 현황도로에 축대를 쌓아 그 통행을 막은 경우, 그 도로폐쇄에도 불구하고 대체도로를 이용하여 종전과 같이 조경수 운반차량 등을 운행할 수 있어 피해자의 조경수 운반업무가 방해되는 결과발생의 염려가 없었으므로 피고인에게 업무방해죄는 성립하지 아니한다(대판 2007.4.27. 2006도9028).

답 ❶

업무방해죄에 대한 설명 중 옳은 것을 모두 고른 것은?(다툼이 있는 경우 판례에 의함)

20 경찰승진

> ㄱ. 폭력조직 간부가 조직원들과 공모하여 타인이 운영하는 성매매업소 앞에 속칭 '병풍'을 치거나 차량을 주차해 놓는 등 위력으로써 성매매업을 방해한 경우 업무방해죄에 해당한다.
> ㄴ. 업무방해죄의 성립에는 업무방해의 결과가 실제로 발생함을 요하지 않고, 업무방해의 결과를 초래할 위험이 발생하는 것이면 족하다.
> ㄷ. 신규직원 채용권한을 가지고 있는 지방공사 사장인 피고인이 시험업무 담당자들에게 부정한 지시를 하여 상호 공모 내지 양해 하에 시험성적조작 등의 부정행위를 한 경우 위계에 의한 업무방해죄에 해당하지 않는다.
> ㄹ. 선착장에 대한 공유수면점용허가를 받음이 없이 고흥군의 지시에 따라 선착장점용허가권자인 마을주민 대표들과 임대차계약을 체결하고 선박으로 폐석을 운반하는 업무는 업무방해죄의 보호대상이 되는 업무에 해당하지 않는다.

① ㄱ, ㄴ ② ㄱ, ㄹ
③ ㄴ, ㄷ ④ ㄴ, ㄹ

정선 핵심

ㄱ. 폭력조직 간부가 조직원들과 병풍을 쳐 성매매업을 방해한 경우 → 업무방해죄 ✕
ㄴ. 업무방해죄의 구성요건
  → 업무방해의 결과가 실제로 발생할 것 불요
ㄷ. 지방공사 사장의 지시로 시험성적조작 등의 부정행위를 한 경우 → 업무방해죄 ✕
ㄹ. 공유수면점용허가를 받음이 없이 선박으로 폐석을 운반하는 경우 → 업무 ○

정선 해설

[ㄱ ▸ ✕] 성매매업소 운영업무는 업무방해죄의 보호대상이 되는 업무라고 볼 수 없다(대판 2011.10.13. 2011도7081).
[ㄴ ▸ ○] 업무방해죄의 성립에는 업무방해의 결과가 실제로 발생함을 요하지 않고 업무방해의 결과를 초래할 위험이 발생하는 것이면 족하며, 업무수행 자체가 아니라 업무의 적정성 내지 공정성이 방해된 경우에도 업무방해죄가 성립한다(대판 2008.1.17. 2006도1721).

관련판례 대판 1994.5.24. 94도600

입찰방해죄는 위계 또는 위력 기타의 방법으로 입찰의 공정을 해하는 경우에 성립하는 위태범으로서, 입찰의 공정을 해할 행위를 하면 그것으로 족한 것이지 현실적으로 입찰의 공정을 해한 결과가 발생할 필요는 없다.

[ㄷ ▸ ○] 대판 2007.12.27. 2005도6404

비교판례 대판 2010.3.25. 2009도8506

수산업협동조합의 신규직원 채용 업무와 관련하여, 필기시험 채점업무 담당자들이 조합장인 피고인의 지시에 따라 점수조작을 통해 응시자 甲과 乙을 필기시험에 합격시켜 면접시험에 응시할 수 있도록 한 경우, 위 점수조작행위에 공모 또는 양해하였다고 볼 수 없는 면접위원들의 면접업무가 방해되었다고 보아야 한다.

[ㄹ ▸ ✕] 회사는 관리청인 고흥군으로부터 따로 선착장에 대한 점용허가를 받음이 없이 고흥군의 지시에 따라 선착장점용허가권자인 마을주민 대표들과 임대차계약을 체결하고 위 선착장을 이용하여 왔던 사실을 알 수 있음에 비추어, 위 회사의 폐석운반 업무를 업무방해죄에 의하여 보호하여야 할 대상이 되지 못하는 업무라고 단정하기는 어렵다고 할 것이다(대판 1996.11.12. 96도2214).

답 ❸

업무방해죄에 대한 설명으로 옳지 않은 것은?(다툼이 있는 경우 판례에 의함)

① 업무방해죄에 있어서 그 보호대상이 되는 '업무'라 함은 타인의 위법한 행위에 의한 침해로부터 보호할 가치가 있는 것이면 되고, 그 업무의 기초가 된 계약 또는 행정행위 등이 반드시 적법하여야 하는 것은 아니다.

② 업무방해죄의 보호대상이 되는 '업무'란 타인의 위법한 침해로부터 형법상 보호할 가치가 있는 것이어야 하므로, 어떤 사무나 활동 자체가 위법의 정도가 중하여 사회생활상 용인될 수 없는 정도로 반사회성을 띠는 경우에는 업무방해죄의 보호대상이 되는 '업무'에 해당한다고 볼 수 없다.

③ 업무방해죄의 성립에는 업무방해의 결과가 실제로 발생함을 요하지 않고 업무방해의 결과를 초래할 위험이 발생하면 족하며, 업무수행 자체가 아니라 업무의 적정성 내지 공정성이 방해된 경우에는 업무방해죄가 성립한다고 볼 수 없다.

④ 업무방해죄에 있어서의 '위계'라 함은 행위자의 행위목적을 달성하기 위하여 상대방에게 오인·착각 또는 부지를 일으키게 하여 이를 이용하는 것을 말하므로, 인터넷 자유게시판 등에 실제의 객관적인 사실을 게시하는 행위는 설령 그로 인하여 피해자의 업무가 방해된다고 하더라도 업무방해죄의 '위계'에 해당하지 않는다.

**정선
핵심**

①·③ 업무방해죄의 구성요건
→ 업무 : 보호가치가 있으면 족하고 업무의 기초가 된 계약 등이 적법할 것 불요
→ 업무방해의 결과가 실제로 발생할 것 불요
→ 업무의 적정성·공정성이 방해된 경우 : 업무방해죄 ○
② 사회생활상 도저히 용인될 수 없는 정도로 반사회성을 띠는 경우 → 업무 ×
④ 인터넷 자유게시판 등에 객관적인 사실을 게시하는 경우 → 위계 ×

**정선
해설**

[❶ ▸ ○] 형법상 업무방해죄의 보호대상이 되는 '업무'는 직업 또는 계속적으로 종사하는 사무나 사업으로서 일정 기간 사실상 평온하게 이루어져 사회적 활동의 기반이 되는 것을 말하며, 그 업무의 기초가 된 계약 또는 행정행위 등이 반드시 적법하여야 하는 것은 아니지만 타인의 위법한 행위에 의한 침해로부터 보호할 가치가 있는 것이어야 한다(대판 2007.8.23. 2006도3687).

> 회사 운영권의 양도·양수 합의의 존부 및 효력에 관한 다툼이 있는 상황에서 양수인이 비정상적으로 위 회사의 임원변경등기를 마친 것만으로는 회사 대표이사로서 정상적인 업무에 종사하기 시작하였다거나 그 업무가 양도인에 대한 관계에서 보호할 가치가 있는 정도에 이르렀다고 보기 어려워, 양도인의 침해행위가 양수인의 '업무'에 대한 업무방해죄를 구성하는 것으로 볼 수 없다고 한 사례(대판 2007.8.23. 2006도3687).

[❷ ▸ ○] 대판 2011.10.13. 2011도7081
[❸ ▸ ×] 업무방해죄의 성립에는 업무방해의 결과가 실제로 발생함을 요하지 않고 업무방해의 결과를 초래할 위험이 발생하는 것이면 족하며, 업무수행 자체가 아니라 업무의 적정성 내지 공정성이 방해된 경우에도 업무방해죄가 성립한다(대판 2008.1.17. 2006도1721).
[❹ ▸ ○] 대판 2007.6.29. 2006도3839

답 ❸

127
□□□

업무방해죄에 대한 설명으로 가장 적절하지 않은 것은?(다툼이 있는 경우 판례에 의함)

21 경찰채용

① 다른 사람이 작성한 논문을 자신의 단독 혹은 공동으로 작성한 논문인 것처럼 학술지에 제출하여 발표한 논문연구실적을 부교수승진심사 서류에 포함하여 제출하였지만, 당해 논문을 제외한 다른 논문만으로도 부교수 승진 요건을 월등히 충족하고 있었다면 위계에 의한 업무방해죄가 성립하지 아니한다.

② 주한외국영사관에 비자발급을 신청함에 있어 신청인이 제출한 허위의 자료 등에 대하여 업무담당자가 충분히 심사하였으나 신청사유 및 소명자료가 허위임을 발견하지 못하여 그 신청을 수리하게 된 경우에는 위계에 의한 업무방해죄가 성립한다.

③ 석사학위 논문작성자가 지도교수의 지도에 따라 논문의 제목, 주제, 목차 등을 직접 작성하였다고 하더라도, 타인에게 전체논문의 초안작성을 의뢰하고, 그에 따라 작성된 논문의 내용에 약간의 수정만을 가하여 제출한 경우에는 위계에 의한 업무방해죄가 성립한다.

④ 시험의 출제위원이 문제를 선정하여 시험실시자에게 제출하기 전에 이를 유출하였다고 하더라도 이는 위계를 사용하여 시험실시자의 업무를 방해하는 행위가 아니라 그 준비단계에 불과하고, 그 후 유출된 문제가 시험실시자에게 제출되지도 아니 하였다면 시험실시 업무가 방해될 추상적인 위험조차도 없어 위계에 의한 업무방해죄가 성립하지 아니한다.

정선 핵심

위계에 의한 업무방해죄의 성립 여부

① 허위의 논문연구실적을 부교수승진심사 서류에 포함하여 제출하였지만, 다른 논문만으로도 부교수 승진 요건을 충족하고 있던 경우 → ○

② 주한외국영사관에 비자발급을 신청함에 있어 허위의 자료를 제출하여 업무담당자가 충분히 심사하였으나 허위임을 발견하지 못한 경우 → ○

③ 타인에게 전체논문의 초안작성을 의뢰하고, 그에 따라 작성된 논문의 내용에 약간의 수정을 가하여 제출한 경우 → ○

④ 시험 출제위원이 문제를 선정하여 시험실시자에게 제출하기 전에 유출한 경우 → ×

정선 해설

[❶ ▸ ✕] 피고인 1이 자신이 저작자가 아님에도 공저자로 표시되어 발행된 서적을 마치 자신의 저서인 것처럼 업적보고서에 연구업적으로 기재하여 ○○대학교 교원업적평가 담당자에게 제출함으로써 교원업적평가 결과를 왜곡한 이상 위계에 의한 업무방해죄가 성립하고, 피고인 1이 교원재계약을 위한 기준 점수를 월등히 초과하고 있었다 하더라도 달리 볼 것은 아니다(대판 2017.10.26. 2016도16031).

[❷ ▸ ○] 대판 2004.3.26. 2003도7927

[❸ ▸ ○] 단순히 통계처리와 분석, 또는 외국자료의 번역과 타자만을 타인에게 의뢰한 것이 아니라 전체 논문의 초안작성을 의뢰하고, 그에 따라 작성된 논문의 내용에 약간의 수정만을 가하여 제출하였으므로 업무방해죄가 성립한다(대판 1996.7.30. 94도2708).

[❹ ▸ ○] 시험의 출제위원이 문제를 선정하여 시험실시자에게 제출하기 전에 이를 유출하였다고 하더라도 이러한 행위 자체는 위계를 사용하여 시험실시자의 업무를 방해하는 행위가 아니라 그 준비단계에 불과한 것이고, 그 후 그와 같이 유출된 문제가 시험실시자에게 제출되지도 아니하였다면 그러한 문제유출로 인하여 시험실시 업무가 방해될 추상적인 위험조차도 있다고 할 수 없으므로 업무방해죄가 성립한다고 할 수 없다(대판 1999.12.10. 99도3487).

답 ❶

업무방해죄에 대한 설명이다. 아래 ㄱ.부터 ㄹ.까지의 설명 중 옳고 그름의 표시(○, ×)가 바르게 된 것은?(다툼이 있는 경우 판례에 의함) `19` 경찰승진

> ㄱ. 업무방해죄의 성립에는 업무방해의 결과가 실제로 발생함을 요하지 않고 업무방해의 결과를 초래할 위험이 발생하는 것이면 족하며, 업무수행 자체가 아니라 업무의 적정성 내지 공정성이 방해된 경우에도 업무방해죄가 성립한다.
> ㄴ. 임대인 甲으로부터 건물을 임차하여 학원을 운영하던 피고인이 건물을 인도한 이후에도 자신 명의로 된 학원설립등록을 말소하지 않고 휴원신고를 연장함으로써 새로운 임차인 乙이 그 건물에서 학원설립등록을 하지 못하도록 한 경우, 위력에 의한 업무방해죄가 성립하지 아니한다.
> ㄷ. 컴퓨터 등 정보처리장치에 정보를 입력하는 등의 행위가 그 입력된 정보 등을 바탕으로 업무를 담당하는 사람의 오인, 착각 또는 부지를 일으킬 목적으로 행해진 경우 그 행위가 업무를 담당하는 사람을 직접적인 대상으로 이루어진 것이 아니라면 위계에 의한 업무방해죄가 성립하지 아니한다.
> ㄹ. 인터넷 자유게시판 등에 실제의 객관적인 사실을 게시하더라도 그로 인하여 피해자의 업무가 방해된 경우에는 형법 제314조 제1항 소정의 위계에 의한 업무방해죄에 있어서의 '위계'에 해당한다.

① ㄱ(×) ㄴ(×) ㄷ(○) ㄹ(○)
② ㄱ(○) ㄴ(×) ㄷ(○) ㄹ(×)
③ ㄱ(○) ㄴ(○) ㄷ(×) ㄹ(○)
④ ㄱ(○) ㄴ(○) ㄷ(×) ㄹ(×)

정선 핵심

ㄱ. 업무방해죄의 구성요건
 ⋯▸ 업무방해의 결과가 실제로 발생할 것 불요
 ⋯▸ 업무의 적정성·공정성이 방해된 경우 : 업무방해죄 ○
ㄴ. 학원설립등록을 말소하지 않고 휴원신고를 연장하여 새로운 임차인이 학원설립등록을 하지 못하도록 한 경우
 → 위력에 의한 업무방해죄 ×
ㄷ. 컴퓨터 등 정보처리장치에 정보를 입력하는 행위가 업무를 담당하는 사람을 직접적인 대상으로 이루어진 것이 아닌 경우 → 위계에 의한 업무방해죄 ○
ㄹ. 인터넷 자유게시판 등에 객관적인 사실을 게시하는 경우 → 위계 ×

정선 해설

[ㄱ ▸ ○] 대판 2008.1.17. 2006도1721
[ㄴ ▸ ○] 임대인 甲으로부터 건물을 임차하여 학원을 운영하던 피고인이 건물을 인도한 이후에도 자신 명의로 된 학원설립등록을 말소하지 않고 휴원신고를 연장함으로써 새로운 임차인 乙이 그 건물에서 학원설립등록을 하지 못하도록 하여 위력에 의한 업무방해로 기소된 경우, <u>피고인의 휴원연장신고와 乙이 학원설립등록을 하지 못한 점 사이에 인과관계가 있다고 단정하기 어렵고, 피고인의 행위가 乙의 자유의사를 제압·혼란케 할 정도의 위력에 해당한다고 보기 어렵다</u>(대판 2010.11.25. 2010도9186).

> **비교판례** 대판 2005.3.25. 2003도5004
> <u>피고인이 자신의 명의로 등록되어 있는 피해자 운영의 학원에 대하여 피해자의 승낙을 받지 아니하고 폐원신고를 하였다고 하더라도 피해자에게 사전에 통고를 한 뒤 폐원신고를 하였다면 피해자가 운영하고 있는 학원이 자신의 명의로 등록되어 있는 지위를 이용하여 임의로 폐원신고를 함으로써 피해자의 업무를 위력으로써 방해한 것이라고 보아야</u> 한다.

[ㄷ ▶ ✕] 컴퓨터 등 정보처리장치에 정보를 입력하는 등의 행위가 그 입력된 정보 등을 바탕으로 업무를 담당하는 사람의 오인, 착각 또는 부지를 일으킬 목적으로 행해진 경우에는 그 행위가 업무를 담당하는 사람을 직접적인 대상으로 이루어진 것이 아니라고 하여 위계가 아니라고 할 수는 없다(대판 2013.11.28, 2013도5117).

> 甲 정당의 국회의원 비례대표 후보자 추천을 위한 당내 경선과정에서 피고인들이 선거권자들로부터 인증번호만을 전달받은 뒤 그들 명의로 특정 후보자에게 전자투표를 하는 방법으로 위계로써 甲 정당의 경선관리 업무를 방해하였다는 내용으로 기소된 사안에서, 당내 경선에도 직접·평등·비밀투표 등 일반적인 선거원칙이 적용되고 대리투표는 허용되지 않는다는 이유로 피고인들에게 유죄를 인정한 사례(대판 2013.11.28, 2013도5117).

[ㄹ ▶ ✕] 형법 제314조 제1항 소정의 위계에 의한 업무방해죄에 있어서의 '위계'라 함은 행위자의 행위목적을 달성하기 위하여 상대방에게 오인·착각 또는 부지를 일으키게 하여 이를 이용하는 것을 말하므로, 인터넷 자유게시판 등에 실제의 객관적인 사실을 게시하는 행위는, 설령 그로 인하여 피해자의 업무가 방해된다고 하더라도, 위 법조항 소정의 '위계'에 해당하지 않는다(대판 2007.6.29, 2006도3839).

답 ❹

129

다음 사례 중 甲에게 업무방해죄가 성립하는 경우(O)와 성립하지 않는 경우(✕)를 바르게 표시한 것은?(다툼이 있는 경우 판례에 의함) 20 해경채용

> ㄱ. 재건축 조합장이었던 甲은 새로 선출된 재건축조합장 직무대행자가 법원의 직무집행정지가처분결정에 의하여 그 직무집행이 정지되었음에도 불구하고 법원의 결정에 반하여 업무를 계속하자 위력을 행사하여 이를 방해하였다.
> ㄴ. 甲은 대표선출에 관한 규정에 위배하여 개최된 유림 총회의 회의를 위력으로 진행하지 못하게 하고, 걸려 있는 현수막을 제거하였으며, 회의장에 들어가려는 대의원들을 회의에 참석하지 못하게 하였다. 이로 인해 결국 총회의 무기한 연기가 선언되었다.
> ㄷ. 주식회사 대표이사 甲은 주주총회에서 위력을 행사하여 개인 주주들이 발언권과 의결권을 행사하지 못하도록 방해하였다.
> ㄹ. 대부업체 직원 甲은 대출금을 회수하기 위하여 소액의 지연이자를 문제 삼아 법적 조치를 거론하면서 소규모 간판업자인 채무자의 휴대전화로 수백 회에 이르는 전화 공세를 하였다.
> ㅁ. 사립대학교 대학원생 甲은 석사학위 취득을 목적으로 타인에게 전체 논문의 초안 작성을 의뢰하고, 그에 따라 작성된 논문의 내용에 약간의 수정만을 가하였으면서도 자신이 직접 작성한 것처럼 속이고 지도교수에게 논문을 제출하여 심사를 통과하였다.

① ㄱ(✕) ㄴ(O) ㄷ(✕) ㄹ(O) ㅁ(O)
② ㄱ(O) ㄴ(✕) ㄷ(O) ㄹ(✕) ㅁ(O)
③ ㄱ(O) ㄴ(O) ㄷ(✕) ㄹ(O) ㅁ(✕)
④ ㄱ(✕) ㄴ(O) ㄷ(✕) ㄹ(✕) ㅁ(O)

정선 핵심

업무방해죄의 성립 여부
ㄱ. 직무집행정지가처분결정에 의하여 직무집행이 정지된 재건축조합장 직무대행자의 업무를 방해한 경우 → ✕
ㄴ. 규정에 위배하여 개최된 유림 총회 회의를 위력으로 진행하지 못하게 한 경우 → O
ㄷ. 주주총회에서 주주들이 발언권과 의결권을 행사하지 못하게 한 경우 → ✕
ㄹ. 대부업체 직원이 채무자에게 수백 회에 이르는 전화공세를 한 경우 → O
ㅁ. 타인에게 전체논문의 초안작성을 의뢰하고, 그에 따라 작성된 논문의 내용에 약간의 수정을 가하여 제출한 경우 → O

[ㄱ ▸ ✕] 법원의 직무집행정지 가처분결정에 의하여 그 직무집행이 정지된 자가 법원의 결정에 반하여 직무를 수행함으로써 업무를 계속 행하는 경우, 그 업무는 업무방해죄의 보호대상이 되는 업무에 해당하지 않는다(대판 2002.8.23. 2001도5592).

[ㄴ ▸ ○] 피고인들이 마이크를 빼앗으며 유림총회의 회의를 진행하지 못하게 하고 피해자를 비방하면서 걸려 있는 현수막을 세서하고 회의장에 들이기려는 대의원들을 회의에 참석하지 못하게 하였다면 위력으로 피해자의 유림총회 개최업무를 방해한 것이라고 보아야 할 것이고, 피해자가 유림대표 선출에 관한 규정에 위배하여 위 회의를 개최하였고, 결국 총회의 무기연기가 선언되었다고 하여도 업무방해죄의 성립에 영향이 없다(대판 1991.2.12. 90도2501).

> **관련판례** ▸ **대판 1995.10.12. 95도1589**
>
> 종중 정기총회를 주재하는 종중 회장의 의사진행업무 자체는 1회성을 갖는 것이라고 하더라도 그것이 종중 회장으로서의 사회적인 지위에서 계속적으로 행하여 온 종중 업무수행의 일환으로 행하여진 것이라면, 그와 같은 의사진행업무도 형법 제314조 소정의 업무방해죄에 의하여 보호되는 업무에 해당되고, 또 종중 회장의 위와 같은 업무는 종중원들에 대한 관계에서는 타인의 업무에 해당한다.

[ㄷ ▸ ✕] 주주로서 주주총회에서 의결권 등을 행사하는 것은 주식의 보유자로서 그 자격에서 권리를 행사하는 것에 불과할 뿐 그것이 '직업 기타 사회생활상의 지위에 기하여 계속적으로 종사하는 사무 또는 사업'에 해당한다고 할 수 없다(대판 2004.10.28. 2004도1256).

[ㄹ ▸ ○] 대판 2005.5.27. 2004도8447

[ㅁ ▸ ○] 대판 1996.7.30. 94도2708

답 ❶

130

업무방해죄와 관련된 다음 설명 중 가장 옳지 않은 것은?(다툼이 있는 경우 판례에 의함)

`19` 경찰간부

① 업무방해의 고의는 반드시 업무방해의 목적이나 계획적인 업무방해의 의도가 있어야만 하는 것은 아니고 자신의 행위로 인해 타인의 업무가 방해될 가능성 또는 위험에 대한 인식이나 예견으로도 충분하다.

② 업무방해죄의 보호대상이 되는 업무는 타인의 위법한 침해로부터 보호할 가치가 있으면 되고 그 업무의 기초가 된 계약 또는 행정행위 등이 반드시 적법해야 하는 것은 아니다.

③ 업무방해죄에 있어서 행위의 객체는 타인의 업무이고 여기서 타인이라 함은 범인 이외의 자연인과 법인 및 법인격 없는 단체를 가리키므로 법적 성질이 영조물에 불과한 대학교 자체는 업무의 주체가 될 수 없다.

④ 업무방해죄는 설령 업무방해의 결과가 실제로 발생하지 않았다 해도 업무방해의 결과가 초래될 위험이 발생하면 성립하지만 업무수행 지체가 아니라 단지 업무의 적정성만이 방해된 경우에는 성립할 수 없다.

① 업무방해죄의 고의 → 업무가 방해될 가능성 또는 위험에 대한 인식·예견으로 충분

②·④ 업무방해죄의 구성요건
 ⤷ 업무 : 보호가치가 있으면 족하고 업무의 기초가 된 계약 등이 적법할 것 불요
 ⤷ 업무방해의 결과가 실제로 발생할 것 불요
 ⤷ 업무의 적정성·공정성이 방해된 경우 : 업무방해죄 ○

③ 영조물에 불과한 대학교 → 업무의 주체 ✕

[❶ ▸ O] 대판 2012.5.24. 2009도4141

[❷ ▸ O] 대판 2007.8.23. 2006도3687

[❸ ▸ O] 업무방해죄에 있어서의 행위의 객체는 타인의 업무이고, 여기서 타인이라 함은 범인 이외의 자연인과 법인 및 법인격 없는 단체를 가리키므로, 법적 성질이 영조물에 불과한 대학교 자체는 업무방해죄에 있어서의 업무의 주체가 될 수 없다(대판 1999.1.15. 98도663).

> 원심이 이 부분 범죄사실에서 피고인이 방해한 편입학 업무의 주체가 이 사건 대학교인 것으로 판시한 것은 적절치 아니한 것이라 할 것이나, 원심이 인정한 범죄사실 중 총장이 소정의 절차에 따라 사정대장에 날인하지 아니하였음에도 피고인 2등을 합격자로 발표함으로써 편입학업무를 방해한 것이라는 부분은 총장의 편입학업무 를 방해한 것이라는 취지로 못 볼 바 아니므로, 이를 유죄로 본 원심의 조치에 업무방해에 관한 법리를 오해한 잘못이 없다(대판 1999.1.15. 98도663).

[❹ ▸ X] 업무방해죄의 성립에는 업무방해의 결과가 실제로 발생함을 요하지 않고 업무방해의 결과를 초래할 위험이 발생하는 것이면 족하며, 업무수행 자체가 아니라 업무의 적정성 내지 공정성이 방해된 경우에도 업무방해죄 가 성립한다(대판 2008.1.17. 2006도1721).

답 ❹

131

업무방해죄의 보호대상이 되지 않는 업무를 모두 고른 것은?(다툼이 있는 경우 판례에 의함)

`14` 경찰간부

> ㄱ. 공인중개사가 아닌 사람이 영위하는 부동산중개업
> ㄴ. 9시 이전에 출근하여 9시에 업무를 시작할 수 있도록 준비하는 행위
> ㄷ. 학생들이 학교에 등교하여 교실에서 수업을 듣는 것
> ㄹ. 서울시장이 매년 직무상 행하는 년초의 기자회견
> ㅁ. 주식회사의 주주가 주주총회에서 의결권을 행사하는 행위

① ㄱ, ㄴ

② ㄴ, ㄷ, ㅁ

③ ㄷ, ㄹ

④ ㄱ, ㄷ, ㄹ, ㅁ

업무방해죄의 보호대상인지 여부

ㄱ. 공인중개사가 아닌 사람이 영위하는 부동산중개업 → ×

ㄴ. 9시에 업무를 시작할 수 있도록 준비하는 행위 → O

ㄷ. 학생들이 교실에서 수업을 듣는 것 → ×

ㄹ. 서울시장이 행하는 년초의 기자회견 → ×

ㅁ. 주주가 주주총회에서 의결권을 행사하는 행위 → ×

[ㄱ ▸ O] 대판 2007.1.12. 2006도6599

[ㄴ ▸ X] 단체협약에 따른 공사 사장의 지시로 09:00 이전에 출근하여 업무준비를 한 후 09:00부터 근무를 하도록 되어 있음에도 피고인이 쟁의행위의 적법한 절차를 거치지도 아니한 채 조합원들로 하여금 집단으로 09:00 정각에 출근하도록 지시를 하여 위 공사의 업무수행에 지장을 초래하였다면 이는 정당한 쟁의행위의 한계를 벗어난 것으로 업무방해죄를 구성하고, 피고인의 이와 같은 행위가 노동3권을 보장받고 있는 근로자의 당연한 권리행사로 서 형법 제20조 소정의 정당행위에 해당한다고 볼 수 없다(대판 1996.5.10. 96도419).

[ㄷ ▸ O] 대판 2013.6.14. 2013도3829

[ㄹ▸○] 판례의 취지를 고려하면, 서울시장이 매년 직무상 행하는 년초의 기자회견은 업무방해죄의 보호대상이 되지 아니한다.

> 공무원이 직무상 수행하는 공무를 방해하는 행위에 대해서는 업무방해죄로 의율할 수는 없다(대판 2011.7.28. 2009도11104).

[ㅁ▸○] 대판 2004.10.28. 2004도1256

답 ❹

132

□□□

다음 중 형법 제314조 제1항의 업무방해죄에서 보호되는 업무에 해당하는 것은 모두 몇 개인 가?(다툼이 있으면 판례에 의함)   `16 경찰채용`

> ㄱ. 의료인이나 의료법인이 아닌 자가 의료기관을 개설하여 운영하는 행위
> ㄴ. 초등학생들이 학교에 등교하여 교실에서 수업을 듣는 것
> ㄷ. 종중 정기총회를 주재하는 종중 회장의 의사진행업무
> ㄹ. 대학원 입학전형 업무
> ㅁ. 주식회사의 주주가 주주총회에서 의결권을 행사하는 행위

① 1개   ② 2개
③ 3개   ④ 4개

정선 핵심

업무방해죄의 보호대상인지 여부
ㄱ. 의료인이나 의료법인이 아닌 자가 의료기관을 개설하여 운영하는 행위 → ×
ㄴ. 초등학생들이 교실에서 수업을 듣는 것 → ×
ㄷ. 종중 회장의 의사진행업무 → ○
ㄹ. 대학원 입학전형 업무 → ○
ㅁ. 주주가 주주총회에서 의결권을 행사하는 행위 → ×

정선 해설

[ㄱ▸×] 의료인이나 의료법인이 아닌 자가 의료기관을 개설하여 운영하는 행위는 그 위법의 정도가 중하여 사회생활상 도저히 용인될 수 없는 정도로 반사회성을 띠고 있으므로 업무방해죄의 보호대상이 되는 '업무'에 해당하지 않는다(대판 2001.11.30. 2001도2015).
[ㄴ▸×] 초등학생들이 학교에 등교하여 교실에서 수업을 듣는 것은 '직업 기타 사회생활상의 지위에 기하여 계속적으로 종사하는 사무 또는 사업'에 해당한다고 할 수 없다(대판 2013.6.14. 2013도3829).
[ㄷ▸○] 대판 1995.10.12. 95도1589
[ㄹ▸○] 대학원 입학전형 업무를 방해함에 있어서 피고인들이 공모하여 방조한 이상 대학원 입학전형 업무가 업무방해죄의 객체인 '업무'에 해당된다(대판 1995.12.5. 94도1520).
[ㅁ▸×] 주주로서 주주총회에서 의결권 등을 행사하는 것은 주식의 보유자로서 그 자격에서 권리를 행사하는 것에 불과할 뿐 그것이 '직업 기타 사회생활상의 지위에 기하여 계속적으로 종사하는 사무 또는 사업'에 해당한다고 할 수 없다(대판 2004.10.28. 2004도1256).

답 ❷

133
□□□

업무방해죄에 관한 설명 중 옳지 않은 것은?(다툼이 있는 경우에는 판례에 의함)

13 변시

① 업무방해죄의 성립에는 업무방해의 결과가 실제로 발생함을 요하지 않고, 업무방해의 결과를 초래할 위험이 발생하는 것이면 족하다.

② 시장번영회의 회장으로서 시장번영회에서 제정하여 시행 중인 관리규정을 위반하여 칸막이를 천장까지 설치한 일부 점포주들에 대하여 회원들의 동의를 얻어 시행되고 있는 관리규정에 따라 단전조치를 한 경우 업무방해죄로 처벌할 수 없다.

③ 근로자들이 집단적으로 근로의 제공을 거부하여 사용자의 정상적인 업무 운영을 저해하고 손해를 발생하게 한 행위는 당연히 업무방해죄의 위력에 해당되고 노동관계 법령에 따른 정당한 쟁의행위로서 위법성이 조각되는 경우가 아닌 한 업무방해죄로 처벌된다.

④ 폭력조직 간부가 조직원들과 공모하여 타인이 운영하는 성매매업소 앞에 속칭 '병풍'을 치거나 차량을 주차해 놓는 등 위력으로써 성매매업을 방해한 경우 업무방해죄로 처벌할 수 없다.

⑤ 수산업협동조합의 신규직원 채용에 응시한 A와 B가 필기시험에서 합격선에 못 미치는 점수를 받게 되자, 채점업무 담당자들이 조합장인 피고인의 지시에 따라 점수조작행위를 통하여 이들을 필기시험에 합격시킴으로써 필기시험 합격자를 대상으로 하는 면접시험에 응시할 수 있도록 한 사안에서, 위 점수조작행위에 공모 또는 양해하였다고 볼 수 없는 일부 면접위원들이 조합의 신규직원 채용업무로서 수행한 면접업무는 위 점수조작행위에 의하여 방해되었다고 보아야 한다.

정선 핵심

① 업무방해죄의 구성요건
  → 업무방해의 결과가 실제로 발생할 것 불요
② 관리규정을 위반하여 칸막이를 설치한 자들에 대하여 단전조치를 한 경우 → 업무방해죄 ×
③ 파업이 전격적으로 이루어져 사업계속에 관한 자유의사가 제압될 수 있다고 평가할 수 있는 경우 → 업무방해죄 ○
④ 폭력조직 간부가 조직원들과 병풍을 쳐 성매매업을 방해한 경우 → 업무방해죄 ×
⑤ 수협의 신규직원 채용 응시자의 필기시험점수를 조작한 경우 → 업무방해죄 ○

정선 해설

[❶ ▸ ○] 대판 2008.1.17. 2006도1721
[❷ ▸ ○] 대판 1994.4.15. 93도2899

> **비교판례**   대판 1983.11.8. 83도1798
>
> 피해자가 시장번영회를 상대로 잦은 진정을 하고 협조를 하지 않는다는 이유로 시장번영회 총회결의에 의하여 피해자 소유점포에 대하여 정당한 권한 없이 단전조치를 한 것이라면 이 경우에는 그 결의에 참가한 회원의 위력에 의한 업무방해 행위가 성립하고 피해자에게 사전통고를 한 여부나 피고인이 회장의 자격으로 단전조치를 한 여부는 위 죄의 성립에 영향이 없다.

[❸ ▸ ×] 쟁의행위로서의 파업이 언제나 업무방해죄의 구성요건을 충족한다고 할 것은 아니며, 전후 사정과 경위 등에 비추어 전격적으로 이루어져 사용자의 사업운영에 심대한 혼란 내지 막대한 손해를 초래할 위험이 있는 등의 사정으로 사용자의 사업계속에 관한 자유의사가 제압·혼란될 수 있다고 평가할 수 있는 경우 비로소 그러한 집단적 노무제공의 거부도 위력에 해당하여 업무방해죄를 구성한다고 보는 것이 타당하다(대판 2014.11.13. 2011도393).

[❹ ▸ ○] 성매매업소 운영업무는 업무방해죄의 보호대상이 되는 업무라고 볼 수 없다(대판 2011.10.13. 2011도7081).

[❺ ▸ ○] 대판 2010.3.25. 2009도8506

답 ❸

다음 중 우리 판례가 업무방해를 인정한 경우만으로 짝지어 놓은 것은? `15` 경찰간부

ㄱ. 도로관리청으로부터 권한을 위임받아 과적단속업무를 담당하는 피해자의 적재량 재측정을 거부하면서, 재측정의 목적으로 피고인의 차량에 올라탄 피해자를 그대로 둔 채 차량을 진행한 경우

ㄴ. 전국철도노동조합이 파업을 예고한 상황에서 파업 예정일 하루 전에 사용자인 한국철도공사 측 교섭위원 甲이 산하 차량정비단 직원들을 상대로 설명회 등 특별교육을 실시하려고 하자, 노동조합간부인 피고인등이 직원들의 교육장진입을 막는 등 위력으로 甲의 업무를 방해한 경우

ㄷ. 폭력조직 간부인 피고인이 조직원들과 공모하여 甲이 운영하는 성매매업소 앞에 속칭 '병풍'을 치거나 차량을 주차해 놓는 등 위력으로써 업무를 방해한 경우

ㄹ. 법원의 직무집행정지 가처분결정에 의하여 그 직무집행이 정지된 자가 법원의 결정에 반하여 직무를 수행함으로써 업무를 계속 행하는 것을 방해한 경우

ㅁ. 백화점 입주상인들이 영업을 하지 않고 매장 내에서 점거 농성만을 하면서 매장 내의 기존의 전기시설에 임의로 전선을 연결하여 각종 전열기구를 사용함으로써 화재위험이 높아 백화점 경영회사의 대표이사인 피고인이 부득이 단전조치를 취한 경우

ㅂ. 주차장이 원래 소유자이었던 乙로부터 丙, 丁, 戊에게 순차 임대 또는 전대되어 戊가 주차장을 운영해 오고 있었는데, 정당한 소유자로부터 위 주차장을 새로 임대받은 甲이 戊의 주차장 영업을 방해한 경우

① ㄱ, ㄹ
② ㄴ, ㅂ
③ ㄷ, ㄹ
④ ㅁ, ㅂ

정선 핵심

업무방해죄의 성립 여부

ㄱ. 과적단속업무를 위한 적재량 재측정을 거부하면서, 차량에 올라탄 피해자를 그대로 둔 채 차량을 진행한 경우 → ×

ㄴ. 한국철도공사 측 교섭위원의 특별교육 실시업무를 방해한 경우 → ○

ㄷ. 폭력조직 간부가 조직원들과 병풍을 쳐 성매매업을 방해한 경우 → ×

ㄹ. 직무집행정지가처분결정에 의하여 직무집행이 정지된 자의 직무수행을 방해하는 경우 → ×

ㅁ. 백화점 입주상인들의 점거 농성으로 화재위험이 높아 부득이 단전조치를 취한 경우 → ×

ㅂ. 소유자로부터 주차장을 새로 임대받은 甲이 순차 임차인 戊의 주차장 영업을 방해한 경우 → ○

정선 해설

[ㄱ ▸ ×] 도로관리청 또는 그로부터 권한을 위임받아 과적차량 단속을 위한 적재량 측정의 업무를 수행하는 자라고 하더라도, 적재량 측정을 강제할 수 있는 법령상의 근거가 없는 한, 측정에 불응하는 자를 고발하는 것은 별론으로 하고, 측정을 강제하기 위한 조치를 취할 권한은 없으므로, 이를 위한 조치가 정당한 업무집행이라고 볼 수는 없다(대판 2010.6.10. 2010노935).

[ㄴ ▸ ○] 대판 2013.1.31. 2012도3475

[ㄷ ▸ ×] 성매매업소 운영업무는 업무방해죄의 보호대상이 되는 업무라고 볼 수 없다(대판 2011.10.13. 2011도7081).

[ㄹ ▸ ×] 법원의 직무집행정지 가처분결정에 의하여 그 직무집행이 정지된 자가 법원의 결정에 반하여 직무를 수행함으로써 업무를 계속 행하는 경우, 그 업무는 업무방해죄의 보호대상이 되는 업무에 해당하지 않는다(대판 2002.8.23. 2001도5592).

[ㅁ ▸ X] 백화점 입주상인들이 영업을 하지 않고 매장 내에서 점거 농성만을 하면서 매장 내의 기존의 전기시설에 임의로 전선을 연결하여 각종 전열기구를 사용함으로써 화재위험이 높아 백화점 경영 회사의 대표이사인 피고인이 부득이 단전조치를 취하였다면, 피고인의 단전조치는 업무방해죄를 구성한다고 볼 수 없다(대판 1995.6.30. 94도3136).

[ㅂ ▸ O] 판례의 취지를 고려하면, 乙로부터 丙, 丁, 戊에게 순차 임대 또는 전대되어 戊가 주차장을 운영해 오고 있는 경우, 戊의 주차장 영업은 보호할 가치가 있다고 할 것이므로, 甲이 戊의 주차장 영업을 방해하였다면 업무방해죄가 성립한다.

> 이 사건 주차장은 원래의 소유자이었던 공소 외 1로부터 공소 외 2, 3, 4에게로 순차 임대 또는 전대되어 공소 외 4가 운영해 오고 있었던 것임을 알 수 있으므로, <u>설령 피고인이 정당한 소유자로부터 위 주차장을 새로 임대받았다고 하더라도</u>, 피고인이 적법절차에 따라 권리를 확보하고 보호받는 것은 별론으로 하고, 피고인이 다른 특별한 사정없이 <u>공소 외 4의 주차장 영업을 방해한 행위는 업무방해죄에 해당한다고 할 것이다</u>(대판 2008.3.14. 2007도11181).

답 ❷

135

업무방해죄에 관한 설명 중 적절한 것을 모두 고른 것은?(다툼이 있는 경우 판례에 의함)

> ㄱ. 피고인이 자신의 명의로 등록되어 있는 피해자 운영의 학원에 대하여 피해자에게 사전에 통고를 하였으나 피해자의 승낙을 받지 아니한 상태에서 폐원신고를 한 경우에는 위계에 의한 업무방해죄는 성립하지 않는다.
> ㄴ. 주식회사의 대표이사가 회사의 직원들과 공모하여 위 회사의 주주총회에서 위력으로 개인 주주들이 발언권과 의결권을 행사하지 못하도록 한 경우에는 업무방해죄가 성립하지 않는다.
> ㄷ. 종중 정기총회를 주재하는 종중 회장의 의사진행업무는 업무방해죄의 보호대상이 되는 업무에 해당한다.
> ㄹ. 법원으로부터 직무집행정지 가처분결정을 받아 그 직무집행이 정지된 자가 법원의 가처분결정에 반하여 계속 수행하는 업무도 업무방해죄의 보호대상이 되는 업무에 해당한다.

① ㄱ
② ㄴ, ㄷ
③ ㄷ, ㄹ
④ ㄱ, ㄴ, ㄷ

정선 핵심

ㄱ. 피해자의 승낙 없이 자신의 명의로 등록되어 있는 피해자 운영의 학원을 폐원신고를 한 경우 → 위력에 의한 업무방해죄 O
ㄴ. 주주총회에서 주주들이 발언권과 의결권을 행사하지 못하게 한 경우 → 업무방해죄 ×
ㄷ. 종중 회장의 의사진행업무 → 업무 O
ㄹ. 직무집행정지가처분결정에 의하여 직무집행이 정지된 자가 직무를 수행하는 경우 → 업무 ×

정선 해설

[ㄱ ▸ O] 판례의 취지를 고려하면, 피해자가 운영하고 있는 학원이 자신의 명의로 등록되어 있는 지위를 이용하여 임의로 폐원신고를 함으로써 피해자의 업무를 위력으로써 방해한 것이라고 보아야 한다.

> 피고인이 자신의 명의로 등록되어 있는 피해자 운영의 학원에 대하여 피해자의 승낙을 받지 아니하고 폐원신고를 하였다고 하더라도 피해자에게 사전에 통고를 한 뒤 폐원신고를 하였다면 피해자에게 오인·착각 또는 부지를 일으켜 이를 이용하여 피해자의 업무를 방해한 것으로 보기는 어렵다(대판 2005.3.25. 2003도5004).

[ㄴ ▸ ○] 대판 2004.10.28. 2004도1256

[ㄷ ▸ ○] 대판 1995.10.12. 95도1589

[ㄹ ▸ ×] 법원의 직무집행정지 가처분결정에 의하여 그 직무집행이 정지된 자가 법원의 결정에 반하여 직무를 수행함으로써 업무를 계속 행하는 경우, 그 업무는 업무방해죄의 보호대상이 되는 업무에 해당하지 않는다(대판 2002.8.23. 2001도5592).

답 ❹

136

□□□

업무방해죄에 대한 설명으로 옳지 않은 것은?(다툼이 있는 경우 판례에 의함)

16 5급승진

① 업무방해죄의 '업무'란 직업 또는 계속적으로 종사하는 사무나 사업으로서 타인의 위법한 행위에 의한 침해로부터 보호할 가치가 있으면 되고, 반드시 그 업무가 적법하거나 유효할 필요는 없다.

② 의료인이나 의료법인이 아닌 자가 의료기관을 개설하여 운영하는 행위는 그 위법의 정도가 중하여 사회생활상 도저히 용인될 수 없는 정도로 반사회성을 띠고 있으므로 업무방해죄의 '업무'에 해당하지 않는다.

③ 지방경찰청 민원실에서 민원인들이 진정사건의 처리와 관련하여 지방경찰청장과의 면담 등을 요구하면서 이를 제지하는 경찰관들에게 큰소리로 욕설을 하고 행패를 부린 행위는 업무방해죄에 해당한다.

④ 쟁의행위로서 파업이 전후 사정과 경위 등에 비추어 사용자가 예측할 수 없는 시기에 전격적으로 이루어져 사용자의 사업운영에 심대한 혼란 내지 막대한 손해를 초래하는 등으로 사용자의 사업계속에 관한 자유의사가 제압·혼란될 수 있다고 평가할 수 있는 경우에는 집단적 노무제공의 거부가 위력에 해당하여 업무방해죄가 성립한다.

⑤ 업무방해죄의 성립에는 업무방해의 결과가 실제로 발생함을 요하지 아니하고, 업무방해의 결과를 초래할 위험의 발생으로 족하다.

정선 핵심

① 업무방해죄의 구성요건
 ⤷ 업무 : 보호가치가 있으면 족하고 업무가 적법·유효할 것 불요

② 의료인이나 의료법인이 아닌 자가 의료기관을 개설하여 운영하는 행위 → 업무 ×

③ 지방경찰청장과의 면담을 요구하며 큰소리로 욕설을 하고 행패를 부린 경우 → 업무방해죄 ×

④ 파업이 전격적으로 이루어져 사업계속에 관한 자유의사가 제압될 수 있다고 평가할 수 있는 경우 → 위력에 의한 업무방해죄 ○

⑤ 업무방해죄의 구성요건
 ⤷ 업무방해의 결과가 실제로 발생할 것 불요

정선 해설

[❶ ▸ ○] 대판 2015.4.23. 2013도9828

[❷ ▸ ○] 대판 2001.11.30. 2001도2015

[❸ ▸ ×] 지방경찰청 민원실에서 민원인들이 진정사건의 처리와 관련하여 지방경찰청장과의 면담 등을 요구하면서 이를 제지하는 경찰관들에게 큰소리로 욕설을 하고 행패를 부린 경우, 공무원이 직무상 수행하는 공무를 방해하는 행위에 대해서는 업무방해로 의율할 수는 없다고 해석함이 상당하므로 업무방해죄는 성립하지 아니한다(대판 2009.11.19. 2009도4166[전합]).

[❹ ▸ ○]　쟁의행위로서의 파업이 언제나 업무방해죄의 구성요건을 충족한다고 할 것은 아니며, 전후 사정과 경위 등에 비추어 전격적으로 이루어져 사용자의 사업운영에 심대한 혼란 내지 막대한 손해를 초래할 위험이 있는 등의 사정으로 사용자의 사업계속에 관한 자유의사가 제압·혼란될 수 있다고 평가할 수 있는 경우 비로소 그러한 집단적 노무제공의 거부도 위력에 해당하여 업무방해죄를 구성한다고 보는 것이 타당하다(대판 2014.11.13. 2011도393).

[❺ ▸ ○]　대판 2008.1.17. 2006도1721

답 ❸

137

17 경찰채용

업무방해죄에 대한 설명으로 가장 적절한 것은?(다툼이 있는 경우 판례에 의함)

① 쟁의행위로서 파업이 언제나 업무방해죄에 해당하는 것으로 볼 것은 아니고, 전후 사정과 경위 등에 비추어 사용자가 예측할 수 없는 시기에 전격적으로 이루어져 사용자의 사업운영에 심대한 혼란 내지 막대한 손해를 초래하는 등으로 사용자의 사업계속에 관한 자유의사가 제압·혼란될 수 있다고 평가할 수 있는 경우에 비로소 집단적 노무제공의 거부가 위력에 해당하여 업무방해죄가 성립한다.

② 업무방해죄에 있어 업무를 '방해한다' 함은 업무의 집행 자체를 방해하는 것을 의미하고, 널리 업무의 경영을 저해하는 것을 포함하지는 않는다.

③ 형법 제314조 제1항의 업무방해죄에서의 '위력'이라 함은 사람의 자유의사를 제압·혼란케 할 만한 유형적인 세력만을 의미하므로 무형적인 정치적 지위와 권세에 의한 압박은 이에 포함되지 아니한다.

④ 특정 회사가 제공하는 게임사이트에서 정상적인 포커게임을 하고 있는 것처럼 가장하면서 통상적인 업무처리 과정에서 적발해 내기 어려운 사설 프로그램을 이용하여 약관상 양도가 금지되는 포커머니를 약속된 상대방에게 이전해 준 행위는 형법 제314조 제2항에 정한 '부정한 명령의 입력'에 해당하지만, 회사의 정상적인 게임사이트 운영 업무를 방해한 것이 아니므로 위계에 의한 업무방해죄는 구성하지 않는다.

정선 핵심

① 파업이 전격적으로 이루어져 사업계속에 관한 자유의사가 제압될 수 있다고 평가할 수 있는 경우 → 위력에 의한 업무방해죄 ○
②·③ 업무방해죄의 구성요건
　→ 업무를 방해 : 업무의 집행 자체를 방해하는 것과 업무의 경영을 저해하는 것을 포함
　→ 위력 : 유형적인 세력과 무형적인 정치적 지위와 권세에 의한 압박도 포함
④ 게임사이트에서 사설 프로그램으로 포커머니를 이전해 준 경우 → 위계에 의한 업무방해죄 ○

정선 해설

[❶ ▸ ○]　대판 2014.11.13. 2011도393
[❷ ▸ ×]　업무방해죄에 있어 업무를 '방해한다'함은 업무의 집행 자체를 방해하는 것은 물론이고 널리 업무의 경영을 저해하는 것도 포함한다(대판 1999.5.14. 98도3767).

> 피고인이 서류배달업 회사가 고객으로부터 배달을 의뢰받은 서류의 포장 안에 특정종교를 비방하는 내용의 전단을 집어 넣어 함께 배달되게 한 경우, 위 회사의 서류배달업무를 방해한 것으로 업무방해죄가 성립한다고 한 사례(대판 1999.5.14. 98도3767).

[❸ ▸ ✕] 업무방해죄의 '위력'이란 사람의 자유의사를 제압·혼란케 할 만한 일체의 세력으로, 유형적이든 무형적이든 묻지 아니하므로, 폭력·협박은 물론 사회적·경제적·정치적 지위와 권세에 의한 압박 등도 이에 포함되고, 현실적으로 피해자의 자유의사가 제압될 것을 필요로 하는 것은 아니지만, 범인의 위세, 사람 수, 주위의 상황 등에 비추어 피해자의 자유의사를 제압하기에 충분한 세력을 의미하는 것이다(대판 2013.5.23. 2011도12440).

[❹ ▸ ✕] 이는 구 정보통신망 이용촉진 및 정보보호 등에 관한 법률 제48조 제2항에서 정한 '악성프로그램'이나 형법 제314조 제2항에 정한 '부정한 명령의 입력'에 해당하지는 않지만, 회사의 정상적인 게임사이트 운영 업무를 방해한 것이므로 위계에 의한 업무방해죄를 구성한다(대판 2009.10.15. 2007도9334).

답 ❶

138

□□□

업무방해죄의 보호대상이 되는 업무에 해당하는 것은?

`17` 법원9급

① 법원의 직무집행정지 가처분결정에 의하여 그 직무집행이 정지된 자가 법원의 결정에 반하여 직무를 수행하는 행위
② 성매매알선 등 행위의 처벌에 관한 법률에서 정하고 있는 성매매알선행위
③ 의료인이나 의료법인이 아닌 자가 의료기관을 개설하여 운영하는 행위
④ 선착장에 대한 공유수면점용허가를 받지 아니하고 선박으로 폐석을 운반하는 행위

**정선
핵심**

업무방해죄의 보호대상인지 여부
① 직무집행정지가처분결정에 의하여 직무집행이 정지된 자의 직무수행행위 → ✕
② 성매매알선행위 → ✕
③ 의료인이나 의료법인이 아닌 자가 의료기관을 개설하여 운영하는 행위 → ✕
④ 공유수면점용허가를 받음이 없이 선박으로 폐석을 운반하는 경우 → ○

**정선
해설**

[❶ ▸ ✕] 법원의 직무집행정지 가처분결정에 의하여 그 직무집행이 정지된 자가 법원의 결정에 반하여 직무를 수행함으로써 업무를 계속 행하는 경우, 그 업무는 업무방해죄의 보호대상이 되는 업무에 해당하지 않는다(대판 2002.8.23. 2001도5592).

[❷ ▸ ✕] 성매매알선 등 행위는 법에 의하여 원천적으로 금지된 행위로서 형사처벌의 대상이 되는 중대한 범죄행위일 뿐 아니라 정의 관념상 용인될 수 없는 정도로 반사회성을 띠는 경우에 해당하므로, 업무방해죄의 보호대상이 되는 업무라고 볼 수 없다(대판 2011.10.13. 2011도7081).

[❸ ▸ ✕] 의료인이나 의료법인이 아닌 자가 의료기관을 개설하여 운영하는 행위는 그 위법의 정도가 중하여 사회생활상 도저히 용인될 수 없는 정도로 반사회성을 띠고 있으므로 업무방해죄의 보호대상이 되는 '업무'에 해당하지 않는다(대판 2001.11.30. 2001도2015).

[❹ ▸ ○] 대판 1996.11.12. 96도2214

답 ❹

다음 설명 중 가장 옳지 않은 것은?(다툼이 있는 경우 판례에 의하고, 전원합의체 판결의 경우 다수의견에 의함) <u>18 법원9급</u>

① 위력으로써 공무원의 직무집행을 방해하는 경우 업무방해죄가 성립하지 아니한다.

② 파업에 이르게 된 전후 사정과 경위 등에 비추어, 파업이 전격적으로 이루어져 사용자의 사업운영에 심대한 혼란 내지 막대한 손해를 초래할 위험이 있는 등의 사정으로 사용자의 사업계속에 관한 자유의사가 제압·혼란될 수 있다고 평가할 수 있는 경우 비로소 그러한 집단적 노무제공의 거부도 위력에 해당하여 업무방해죄를 구성한다.

③ 법원의 직무집행정지 가처분결정에 의하여 그 직무집행이 정지된 자가 법원의 결정에 반하여 직무를 수행함으로써 업무를 계속 행하고 있더라도, 그 업무가 반사회성을 띠는 경우라고까지는 할 수 없어, 그 업무 자체가 법의 보호를 받을 가치를 상실하였다고 볼 수 없으므로, 업무방해죄에서 말하는 업무에 해당한다.

④ 임대차계약 종료일 후 1주일 이내에 임차인이 물건을 반출하지 아니할 경우 임대인이 임차인의 물건을 임의로 철거·폐기할 수 있다는 취지로 임대차계약을 체결하였다고 하더라도, 임대인이 임차인 점포의 간판을 철거하고 출입문을 봉쇄하였다면 업무방해죄가 성립한다.

정선 핵심

① 위력으로써 공무원의 직무집행을 방해하는 경우 → 업무방해죄 ×

② 파업이 전격적으로 이루어져 사업계속에 관한 자유의사가 제압될 수 있다고 평가할 수 있는 경우 → 위력에 의한 업무방해죄 ○

③ 직무집행정지가처분결정에 의하여 직무집행이 정지된 자가 직무를 수행하는 경우 → 업무 ×

④ 임대차계약 종료 후 임차인의 물건을 임의로 철거·폐기할 수 있다고 계약을 체결하였으나 임대인이 임차인 점포의 간판을 철거하고 출입문을 봉쇄한 경우 → 업무방해죄 ○

정선 해설

[❶ ▸ ○] 대판 2009.11.19. 2009도4166[전합]

[❷ ▸ ○] 대판 2014.11.13. 2011도393

[❸ ▸ ×] 법원의 직무집행정지 가처분결정에 의하여 그 직무집행이 정지된 자가 법원의 결정에 반하여 직무를 수행함으로써 업무를 계속 행하는 경우, 그 업무는 업무방해죄의 보호대상이 되는 업무에 해당하지 않는다(대판 2002.8.23. 2001도5592).

[❹ ▸ ○] '본 임대차계약의 종료일 또는 계약해지통보 1주일 이내에도 임차인이 임차인의 소유물 및 재산을 반출하지 않은 경우에는 임대인은 임차인의 물건을 임대인 임의대로 철거 폐기처분 할 수 있으며, 임차인은 개인적으로나 법적으로나 하등의 이의를 제기하지 않는다'는 임대차계약 조항은 무효라고 할 것이므로 피고인이 간판업자를 동원하여 피해자가 영업 중인 식당 점포의 간판을 철거한 등의 행위는 위력을 사용하여 피해자의 업무를 방해한 행위에 해당한다(대판 2005.3.10. 2004도341).

답 ❸

다음 사례 중 甲에게 업무방해죄가 성립하는 경우(○)와 성립하지 않는 경우(×)를 바르게 표시한 것은?(다툼이 있는 경우 판례에 의함) `17` `국가7급`

ㄱ. 주식회사 대표이사 甲은 주주총회에서 위력을 행사하여 개인 주주들이 발언권과 의결권을 행사하지 못하도록 방해하였다.

ㄴ. 甲은 대표선출에 관한 규정에 위배하여 개최된 유림총회의 회의를 위력으로 진행하지 못하게 하고, 걸려 있는 현수막을 제거하였으며, 회의장에 들어가려는 대의원들을 회의에 참석하지 못하게 하였다. 이로 인해 총회의 무기연기가 선언되었다.

ㄷ. 재건축 조합장이었던 甲은 새로 선출된 재건축 조합장 직무대행자가 법원의 직무집행정지 가처분결정에 의하여 그 직무집행이 정지되었음에도 불구하고 법원의 결정에 반하여 업무를 계속하자 위력을 행사하여 이를 방해하였다.

ㄹ. 사립대학교 대학원생 甲은 석사학위 취득을 목적으로 타인에게 전체 논문의 초안작성을 의뢰하고, 그에 따라 작성된 논문의 내용에 약간의 수정만을 가하였으면서도 자신이 직접 작성한 것처럼 속이고 지도교수에게 논문을 제출하여 심사를 통과하였다.

ㅁ. 대부업체 직원 甲은 대출금을 회수하기 위하여 소액의 지연이자를 문제 삼아 법적 조치를 거론하면서 소규모 간판업자인 채무자의 휴대전화로 수백 회에 이르는 전화공세를 하였다.

① ㄱ(×) ㄴ(○) ㄷ(×) ㄹ(○) ㅁ(○)
② ㄱ(○) ㄴ(×) ㄷ(○) ㄹ(×) ㅁ(○)
③ ㄱ(○) ㄴ(○) ㄷ(×) ㄹ(○) ㅁ(×)
④ ㄱ(×) ㄴ(○) ㄷ(×) ㄹ(×) ㅁ(○)

**정선
핵심**

업무방해죄의 성립 여부

ㄱ. 주주총회에서 주주들이 발언권과 의결권을 행사하지 못하게 한 경우 → ×

ㄴ. 규정에 위배하여 개최된 유림 총회 회의를 위력으로 진행하지 못하게 한 경우 → ○

ㄷ. 직무집행정지가처분결정에 의하여 직무집행이 정지된 자의 직무수행을 방해하는 경우 → ×

ㄹ. 타인에게 전체논문의 초안작성을 의뢰하고, 그에 따라 작성된 논문의 내용에 약간의 수정을 가하여 제출한 경우 → ○

ㅁ. 대부업체 직원이 채무자에게 수백 회에 이르는 전화공세를 한 경우 → ○

**정선
해설**

[ㄱ ▸ ×] 주주로서 주주총회에서 의결권 등을 행사하는 것은 주식의 보유자로서 그 자격에서 권리를 행사하는 것에 불과할 뿐 그것이 '직업 기타 사회생활상의 지위에 기하여 계속적으로 종사하는 사무 또는 사업'에 해당한다고 할 수 없다(대판 2004.10.28. 2004도1256).

[ㄴ ▸ ○] 대판 1991.2.12. 90도2501

[ㄷ ▸ ×] 판례의 취지를 고려하면, 甲이 새로 선출된 재건축 조합장 직무대행자의 업무를 방해하였더라도 업무방해죄는 성립하지 아니한다.

> 법원의 직무집행정지 가처분결정에 의하여 그 직무집행이 정지된 자가 법원의 결정에 반하여 직무를 수행함으로써 업무를 계속 행하는 경우, 그 업무는 업무방해죄의 보호대상이 되는 업무에 해당하지 않는다(대판 2002.8.23. 2001도5592).

[ㄹ ▸ O]   甲은 타인에 의해 작성된 논문의 내용에 약간의 수정을 가하여 제출하였으므로 업무방해죄가 성립한다.

> 단순히 통계처리와 분석, 또는 외국자료의 번역과 타자만을 타인에게 의뢰한 것이 아니라 전체 논문의 초안작성
> 을 의뢰하고, 그에 따라 작성된 논문의 내용에 약간의 수정만을 가하여 제출하였으므로 업무방해죄가 성립한다
> (대판 1996.7.30. 94도2708).

[ㅁ ▸ O]   대판 2005.5.27. 2004도8447

답 ❶

141 ☐☐☐

업무방해죄에 관한 설명 중 옳은 것을 모두 고른 것은?(다툼이 있는 경우 판례에 의함)

`20` 변시

> ㄱ. 업무방해죄는 업무방해의 결과를 초래할 위험이 발생하면 충분하므로 시험출제위원이 문제를
>   선정하여 시험실시자에게 제출하기 전에 이를 유출하였다면, 그 후 그 문제가 시험실시자에게
>   제출되지 아니하였더라도 업무방해죄가 성립한다.
> ㄴ. 피해자에 대한 폭행행위가 동일한 피해자에 대한 업무방해죄의 수단이 된 경우에는 업무방해
>   죄와는 별도로 폭행죄가 성립하며 두 죄는 상상적 경합 관계에 있다.
> ㄷ. 초등학생들이 학교에 등교하여 교실에서 수업을 듣는 것은 업무방해죄의 보호대상이 되는 업
>   무에 해당하지 않으므로, 초등학교 교실 안에서 교사들에게 욕설을 하거나 학생들에게 욕설을
>   하여 수업을 할 수 없게 하였다고 하더라도 학생들의 업무를 방해하였다고 볼 수 없다.
> ㄹ. 신규직원 채용권한을 가지고 있는 지방공사 사장이 신규직원 채용시험 업무담당자에게 지시하
>   여 상호 공모 내지 양해하에 시험성적조작 등의 부정한 행위를 하였다면 위계에 의한 업무방해
>   죄가 성립한다.
> ㅁ. 지방경찰청 민원실에서 민원인이 진정사건의 처리와 관련하여 지방경찰청장과의 면담을 요구
>   하면서 이를 제지하는 경찰관들에게 큰 소리로 욕설을 하고 행패를 부려 경찰관들의 수사 관련
>   업무를 방해하였더라도 위력에 의한 업무방해죄는 성립하지 아니한다.

① ㄱ, ㄹ
② ㄴ, ㄷ
③ ㄱ, ㄴ, ㄹ
④ ㄱ, ㄷ, ㅁ
⑤ ㄴ, ㄷ, ㅁ

**정선
핵심**

업무방해죄의 성립 여부

ㄱ. 시험 출제위원이 문제를 선정하여 시험실시자에게 제출하기 전에 유출한 경우 → ×
ㄴ. 폭행행위가 동일한 피해자에 대한 업무방해죄의 수단이 된 경우 → 폭행죄와 업무방해죄의 상상적 경합 O
ㄷ. 초등학교 교실 안에서 교사들에게 욕설을 하여 수업을 할 수 없게 한 경우 → ×
ㄹ. 지방공사 사장의 지시로 시험성적조작 등의 부정행위를 한 경우 → ×
ㅁ. 지방경찰청장과의 면담을 요구하며 큰소리로 욕설을 하고 행패를 부린 경우 → ×

정선
해설

[ㄱ ▸ ✕] 시험출제위원이 문제를 선정하여 시험실시자에게 제출하기 전에 이를 유출하였더라도 유출된 문제가 시험실시자에게 제출되지도 아니하였다면 업무방해죄는 성립하지 아니한다(대판 1999.12.10. 99도3487).

[ㄴ ▸ ○] 판례에 의하면 업무방해죄와 공동폭행죄(폭처법 제2조 제2항 제1호)의 상상적 경합 관계에 있다.

> 피해자에 대한 폭행행위가 동일한 피해자에 대한 업무방해죄의 수단이 되었다고 하더라도 그러한 폭행행위가 이른바 '불가벌적 수반행위'에 해당하여 업무방해죄에 대하여 흡수관계에 있다고 볼 수는 없다(대판 2012.10.11. 2012도1895).

[ㄷ ▸ ○] 대판 2013.6.14. 2013도3829

[ㄹ ▸ ✕] 신규직원 채용권한을 가지고 있는 지방공사 사장이 시험업무 담당자들에게 지시하여 상호 공모 내지 양해하에 시험성적조작 등의 부정한 행위를 한 경우, 법인인 공사에게 신규직원 채용업무와 관련하여 오인·착각 또는 부지를 일으키게 한 것이 아니므로, '위계'에 의한 업무방해죄에 해당하지 않는다(대판 2007.12.27. 2005도6404).

[ㅁ ▸ ○] 대판 2009.11.19. 2009도4166[전합]

답 ❺

142

다음 설명 중 옳은 것은 모두 몇 개인가?(다툼이 있는 경우 판례에 의함) `19` 경찰간부

ㄱ. 어장의 대표자가 후임자에게 어장에 대한 허위채권을 주장하면서 인장의 인도를 거절한 경우 위계에 의한 업무방해죄를 구성한다.

ㄴ. 피해자가 시장번영회를 상대로 잦은 진정을 하고 협조를 하지 않는다는 이유로 시장번영회의 총회결의에 의하여 피해자 소유점포에 대하여 정당한 권한 없이 단전조치를 한 경우 위력에 의한 업무방해죄를 구성한다.

ㄷ. 인터넷 카페의 운영진인 피고인들이 카페 회원들과 공모하여, 특정 신문들에 광고를 게재하는 광고주들에게 불매운동의 일환으로 지속적·집단적 항의전화를 하거나 항의글을 게시하는 등의 방법으로 광고 중단을 압박한 경우, 신문사들에 대한 위력에 의한 업무방해죄를 구성한다.

ㄹ. 포털사이트 운영회사의 통계집계시스템 서버에 허위의 클릭정보를 전송하여 검색순위 결정 과정에서 위와 같이 전송된 허위의 클릭정보가 실제로 통계에 반영됨으로써 정보처리에 장애가 현실적으로 발생하였다면, 그로 인하여 실제로 검색순위의 변동을 초래하지는 않았다고 하더라도 컴퓨터등장애업무방해죄가 성립한다.

① 1개 ② 2개
③ 3개 ④ 4개

정선
핵심

ㄱ. 어장의 대표자가 허위채권을 주장하면서 인장의 인도를 거절한 경우 → 위계에 의한 업무방해죄 ✕
ㄴ. 잦은 진정을 하는 피해자에 대해 단전조치를 한 경우 → 위력에 의한 업무방해죄 ○
ㄷ. 인터넷카페의 운영진인 피고인들이 불매운동의 일환으로 광고중단을 압박한 경우 ○
　　→ 신문사 : 업무방해죄 ✕
ㄹ. 통계집계시스템 서버에 허위의 클릭정보를 전송하여 통계에 반영되도록 한 경우 → 컴퓨터등장애업무방해죄 ○

정선
해설

[ㄱ ▸ ✕] 소외 어장의 대표자였던 피고인이 어장측에 대한 허위의 채권을 주장하면서 후임대표자에게 그 인장을 인도하기를 거절함으로써 후임대표자가 만기도래한 어장 소유의 수산업협동조합 예탁금을 인출하지 못하였고 어장 소유 선박의 검사를 받지 못한 결과를 초래하였다 하여, 피고인의 위 허위주장을 가리켜 허위사실을 유포하거나 기타 위계로써 타인의 업무를 방해한 경우에 해당한다고는 할 수 없다(대판 1984.7.10. 84도638).

[ㄴ ▸ ○] 대판 1983.11.8. 83도1798

[ㄷ ▸ ✕] 피고인들의 행위가 광고주들에 대하여는 업무방해죄의 위력에 해당하지만, 신문사들에 대하여는 직접적인 위력의 행사가 있었다고 보기에 부족하다(대판 2013.3.14. 2010도410).

[ㄹ ▸ ○] 포털사이트 운영회사의 통계집계시스템 서버에 허위의 클릭정보를 전송하여 검색순위 결정 과정에서 위와 같이 전송된 허위의 클릭정보가 실제로 통계에 반영됨으로써 정보처리에 장애가 현실적으로 발생하였다면, 그로 인하여 실제로 검색순위의 변동을 초래하지는 않았다 하더라도 '컴퓨터등장애업무방해죄'가 성립한다(대판 2009.4.9. 2008도11978).

> 형법 제314조 제2항의 '컴퓨터등장애업무방해죄'가 성립하기 위해서는 가해행위 결과 정보처리장치가 그 사용 목적에 부합하는 기능을 하지 못하거나 사용목적과 다른 기능을 하는 등 정보처리에 장애가 현실적으로 발생하였을 것을 요하나, 정보처리에 장애를 발생하게 하여 업무방해의 결과를 초래할 위험이 발생한 이상, 나아가 업무방해의 결과가 실제로 발생하지 않더라도 위 죄가 성립한다(대판 2009.4.9. 2008도11978).

답 ❷

143
□□□

다음 설명 중 옳지 않은 것은?(다툼이 있으면 판례에 의함) `14` 사시

① 폭력조직 간부인 甲이 조직원들과 공모하여 피해자 A가 운영하는 성매매업소 앞에 소칭 '병풍'을 치거나 차량을 주차해 놓는 등 위력을 행사하였다고 하더라도, 성매매업소 운영업무는 업무방해죄의 보호대상인 업무라고 할 수 없어 업무방해죄가 성립하지 않는다.

② X시의 시장 A와 Y회사 관계자 등이 'Y회사 공장 유치 확정'에 관한 기자회견을 하려고 하자, 甲이 다른 사람들과 공모하여 위력으로써 기자회견을 방해한 경우, X시의 시장 A의 기자회견은 공무원이 직무상 수행하는 공무에 해당하므로 甲의 행위는 A에 대하여는 업무방해죄가 성립하지 않는다.

③ 주택재건축조합 조합장인 甲이 자신에 대한 감사활동을 방해하기 위하여 조합사무실에 있던 조합 직원의 컴퓨터에 비밀번호를 설정하고 하드디스크를 분리·보관한 경우, 甲의 행위는 컴퓨터등장애업무방해죄에 해당한다.

④ 포털사이트 운영회사의 통계집계시스템 서버에 허위의 클릭정보를 전송하여 검색순위 결정과정에서 위와 같이 전송된 허위의 클릭정보가 실제로 통계에 반영됨으로써 정보처리에 장애가 현실적으로 발생하였다면, 그로 인하여 실제로 검색순위의 변동을 초래하지는 않았다고 하더라도 컴퓨터등장애업무방해죄가 성립한다.

⑤ 甲이 불특정 다수의 인터넷 이용자들에게 배포된 A프로그램은, B포털사이트 서버가 이용자의 컴퓨터에 정보를 전송하는 데 아무런 영양을 주지 않고, 다만, 이용자의 동의에 따라 위 프로그램이 설치된 컴퓨터화면에서만 B포털사이트화면이 전송받은 원래 모습과는 달리 甲의 광고가 대체 혹은 삽입된 형태로 나타나도록 하는 것에 불과하다고 하더라도, 정보처리장치의 작동에 직접·간접으로 영향을 주어 그 사용목적과 다른 기능을 하게 하였다고 볼 수 있어 컴퓨터등장애업무방해죄에 해당한다.

① 폭력조직 간부가 조직원들과 병풍을 쳐 성매매업을 방해한 경우 → 업무방해죄 ×
② X시의 시장의 기자회견을 위력에 의하여 방해한 경우 → 업무방해죄 ×
③ 주택재건축조합 조합장이 감사활동을 방해하기 위하여 컴퓨터에 비밀번호를 설정하고 하드디스크를 분리·보관한 경우 → 컴퓨터등장애업무방해죄 ○
④ 동겝게시스넴 서버에 허위의 클릭정보를 선송하여 통계에 반영되도록 한 경우 → 컴퓨터등장애업무방해죄 ○
⑤ A프로그램(업링크솔루션)으로 인해 甲의 광고가 대체·삽입된 형태로 나타나는 경우 → 컴퓨터등장애업무방해죄 ×

[❶ ▸ ○] 대판 2011.10.13. 2011도7081
[❷ ▸ ○] 공무원이 직무상 수행하는 공무를 방해하는 행위에 대해서는 업무방해죄로 의율할 수는 없다(대판 2011.7.28. 2009도11104).
[❸ ▸ ○] 주택재건축조합 조합장인 피고인이 자신에 대한 감사활동을 방해하기 위하여 조합 사무실에 있던 컴퓨터에 비밀번호를 설정하고 하드디스크를 분리·보관함으로써 조합 업무를 방해하였다는 내용으로 기소된 경우, 위와 같은 방법으로 조합의 정보처리에 관한 업무를 방해한 행위는 형법 제314조 제2항의 컴퓨터등장애업무방해죄에 해당한다(대판 2012.5.24. 2011도7943).
[❹ ▸ ○] 대판 2009.4.9. 2008도11978
[❺ ▸ ×] 판례의 취지를 고려하면, 甲에게는 컴퓨터등장애업무방해죄는 성립하지 아니하나, 구 부정경쟁방지 및 영업비밀보호에 관한 법률위반죄는 인정됨을 유의하여야 한다.

> [1] 피고인들이 불특정 다수의 인터넷 이용자들에게 '업링크솔루션'이라는 프로그램을 배포하여 한 팝업광고 행위가 구 부정경쟁방지 및 영업비밀보호에 관한 법률이 정한 부정경쟁행위에 해당함에도, 이와 달리 본 원심판단에 법리오해의 위법이 있다고 한 사례
> [2] 피고인들이 불특정 다수의 인터넷 이용자들에게 배포한 '업링크솔루션'이라는 프로그램은, 甲 회사의 네이버 포털사이트 서버가 이용자의 컴퓨터에 정보를 전송하는 데에는 아무런 영향을 주지 않고, 다만 이용자의 동의에 따라 위 프로그램이 설치된 컴퓨터 화면에서만 네이버 화면이 전송받은 원래 모습과는 달리 피고인들의 광고가 대체 혹은 삽입된 형태로 나타나도록 하는 것에 불과하므로, 컴퓨터등장애업무방해죄로 의율할 수 없다(대판 2010.9.30. 2009도12238).

답 ❺

다음은 업무방해죄에 대한 설명이다. 가장 적절하지 않은 것은?(다툼이 있는 경우 판례에 의함)

13 경찰채용

① 초등학생들이 학교에 등교하여 교실에서 수업을 듣는 것은 형법상 업무방해죄의 보호대상이 되는 업무에 해당한다고 할 수 없다.

② 인터넷카페의 운영진인 피고인들이 카페 회원들과 공모하여, 특정 신문들에 광고를 게재하는 광고주들에게 불매운동의 일환으로 지속적·집단적으로 항의전화를 하거나 항의글을 게시하는 등의 방법으로 광고중단을 압박한 경우, 광고주들과 신문사들에 대한 업무방해죄가 성립한다.

③ 대학의 컴퓨터시스템 서버를 관리하던 직원이 전보발령을 받아 더 이상 웹서버를 관리 운영할 권한이 없는 상태에서, 웹서버에 접속하여 홈페이지 관리자의 아이디와 비밀번호를 무단으로 변경한 행위는 컴퓨터등장애업무방해죄에 해당한다.

④ 포털사이트 운영회사의 통계집계시스템 서버에 허위의 클릭정보를 전송하여 검색순위 결정 과정에서 위와 같이 전송된 허위의 클릭정보가 실제로 통계에 반영됨으로써 정보처리에 장애가 현실적으로 발생하였다면, 그로 인하여 실제로 검색순위의 변동을 초래하지는 않았다 하더라도 컴퓨터등장애업무방해죄가 성립한다.

정선 핵심

① 초등학생들이 교실에서 수업을 듣는 것 → 업무 ×
② 인터넷카페의 운영진인 피고인들이 불매운동의 일환으로 광고중단을 압박한 경우
  → 광고주 : 업무방해죄 ○
  → 신문사 : 업무방해죄 ×
③ 홈페이지 관리자의 아이디와 비밀번호를 무단으로 변경한 경우 → 컴퓨터등장애업무방해죄 ○
④ 통계집계시스템 서버에 허위의 클릭정보를 전송하여 통계에 반영되도록 한 경우 → 컴퓨터등장애업무방해죄 ○

정선 해설

[❶ ▸ ○] 대판 2013.6.14. 2013도3829
[❷ ▸ ×] 판례의 취지를 고려하면, 광고주들에 대하여는 업무방해죄가 성립하지만, 신문사들에 대하여는 그러하지 아니하다.

> 피고인들의 행위가 광고주들에 대하여는 업무방해죄의 위력에 해당하지만, 신문사들에 대하여는 직접적인 위력의 행사가 있었다고 보기에 부족하다(대판 2013.3.14. 2010도410).

[❸ ▸ ○] 대학의 컴퓨터시스템 서버를 관리하던 피고인이 전보발령을 받아 더 이상 웹서버를 관리 운영할 권한이 없는 상태에서, 웹서버에 접속하여 홈페이지 관리자의 아이디와 비밀번호를 무단으로 변경한 행위는, 피고인이 웹서버를 관리 운영할 정당한 권한이 있는 동안 입력하여 두었던 홈페이지 관리자의 아이디와 비밀번호를 단지 후임자 등에게 알려 주지 아니한 행위와는 달리, 정보처리장치에 부정한 명령을 입력하여 정보처리에 현실적 장애를 발생시킴으로써 피해 대학에 업무방해의 위험을 초래하는 행위에 해당하여 컴퓨터등장애업무방해죄를 구성한다(대판 2006.3.10. 2005도382).
[❹ ▸ ○] 대판 2009.4.9. 2008도11978

답 ❷

신용훼손죄와 입찰방해죄에 관한 다음 설명 중 가장 옳지 않은 것은?(다툼이 있는 경우 판례에 의함)

① 퀵서비스 운영자인 피고인이 배달업무를 하면서, 손님의 불만이 예상되는 경우에는 평소 경쟁관계에 있는 피해자운영의 퀵서비스 명의로 된 영수증을 작성·교부함으로써 손님들로 하여금 불친절하고 배달을 지연시킨 사업체가 피해자 운영의 퀵서비스인 것처럼 인식하게 하였다면 신용훼손행위에 해당한다.

② 이른바 담합행위가 입찰방해죄로 되기 위하여 반드시 입찰참가자 전원과의 사이에 담합이 이루어져야 하는 것은 아니고, 입찰참가자들 중 일부와의 사이에만 담합이 이루어진 경우라고 하더라도 그것이 입찰의 공정을 해하는 것으로 평가되는 이상 입찰방해죄는 성립한다.

③ 입찰방해죄에서 위력이란 사람의 자유의사를 제압, 혼란케 할 만한 일체의 유형적 또는 무형적 세력을 말하는 것으로서 폭행, 협박은 물론 사회적, 경제적, 정치적 지위와 권세에 의한 압력 등을 포함하는 것이다.

④ 입찰방해죄는 결과의 불공정이 현실적으로 나타나는 것을 요하지 아니한다.

⑤ 공적·사적 경제주체의 임의선택에 따른 계약체결의 과정에 공정한 경쟁을 해하는 행위가 개재되었다 하여도 입찰방해죄로 처벌할 수는 없다.

**정선
핵심**

① 퀵서비스 운영자인 피고인이 불친절한 업체가 피해자 운영의 퀵서비스인 것처럼 인식하게 한 경우 → 신용훼손죄 ×

② 일부와의 사이에만 담합이 있었으나 입찰의 공정을 해하는 경우 → 입찰방해죄 ○

③·④ 입찰방해죄의 구성요건
→ 위력 : 폭행, 협박은 물론 사회적, 경제적, 정치적 지위와 권세에 의한 압력을 포함
→ 현실적으로 입찰의 공정을 해한 결과발생 불요

⑤ 공적·사적 경제주체의 임의선택에 따른 계약체결의 과정에 공정한 경쟁을 해하는 행위가 개재된 경우 → 입찰방해죄 ×

**정선
해설**

[❶ ▸ ×] 퀵서비스의 주된 계약내용이 신속하고 친절한 배달이라 하더라도, 그와 같은 사정만으로 위 행위가 피해자의 경제적 신용, 즉 지급능력이나 지급의사에 대한 사회적 신뢰를 저해하는 행위에 해당한다고 보기는 어려우므로 신용훼손죄는 성립하지 아니한다(대판 2011.5.13. 2009도5549).

[❷ ▸ ○] 대판 2006.6.9. 2005도8498

[❸ ▸ ○] 형법 제315조 소정의 입찰방해죄에 있어 '위력'이란 사람의 자유의사를 제압, 혼란케 할 만한 일체의 유형적 또는 무형적 세력을 말하는 것으로서 폭행, 협박은 물론 사회적, 경제적, 정치적 지위와 권세에 의한 압력 등을 포함하는 것이다(대판 2000.7.6. 99도4079).

> **관련판례** 대판 1993.2.23. 92도3395
>
> 입찰방해죄는 위계 또는 위력 기타의 방법으로 입찰의 공정을 해하는 경우에 성립하는 것으로서, 입찰의 공정을 해할 행위를 하면 족하고 현실적으로 입찰의 공정을 해한 결과가 발생할 필요가 없으며, 위력의 사용은 폭행·협박의 정도에 이르러야만 되는 것도 아니다.

[❹ ▸ ○] 입찰방해죄는 위태범으로서 결과의 불공정이 현실적으로 나타나는 것을 요하는 것이 아니고, 그 행위에는 가격을 결정하는 데 있어서 뿐 아니라, 적법하고 공정한 경쟁방법을 해하는 행위도 포함된다(대판 2010.10.14. 2010도4940).

피고인이 서울특별시도시철도공사가 발주한 시각장애인용 음성유도기 제작설치 입찰에 관한 담합에 가담하기로 하였다가 자신이 낙찰받기 위하여 당초의 합의에 따르지 아니한 채 낙찰받기로 한 특정업체보다 저가로 입찰한 사안에서, 이러한 피고인의 행위는 입찰방해죄에 해당한다고 본 사례(대판 2010.10.14. 2010도4940).

[❺ ▸ O] 공정한 자유경쟁을 통한 적정한 가격형성을 목적으로 하는 입찰절차가 아니라 공적·사적 경제주체의 임의의 선택에 따른 계약체결의 과정에 공정한 경쟁을 해하는 행위가 개재되었다 하여 입찰방해죄로 처벌할 수는 없다 할 것이다(대판 2008.12.24. 2007도9287).

> 한국토지공사 지사가 폐기물최종처리시설 부지를 분양하면서 일정 요건을 갖춘 분양신청자를 대상으로 추첨을 통해 1인의 분양대상자를 선정하는 방식으로 분양절차를 진행한 사안에서, 이는 입찰방해죄의 입찰절차에 해당하지 않는다고 한 사례(대판 2008.12.24. 2007도9287).

답 ❶

---

146 ☐☐☐

경매·입찰방해죄에 관한 설명으로 가장 적절하지 않은 것은?(다툼이 있는 경우 판례에 의함)

`20` 경찰채용

① 경매·입찰방해죄는 최소한 적법하고 유효한 입찰 절차의 존재가 전제되어야 하지만, 처음부터 입찰 절차가 존재하였다 할 수 없는 경우에도 입찰방해죄는 성립할 수 있다.
② 입찰자 일부와 담합이 있고 그에 따른 담합금이 수수되었다 하더라도 입찰시행자의 이익을 해함이 없이 자유로운 경쟁을 한 것과 동일한 결과로 되는 경우에는 입찰의 공정을 해할 위험이 없다.
③ 입찰방해죄는 위계 또는 위력 기타의 방법으로 입찰의 공정을 해하는 경우에 성립하는 위태범으로서, 입찰의 공정을 해할 행위를 하면 그것으로 족하고 현실적으로 입찰의 공정을 해한 결과가 발생할 필요는 없다.
④ 담합행위가 가장경쟁자를 조작하여 실시자의 이익을 해하는 것이 아니라도 실질적으로 단독입찰을 하면서 경쟁입찰인 것처럼 가장하여 그 입찰가격으로 낙찰을 받았다면 입찰방해죄가 성립한다.

정선
핵심

입찰방해죄의 성립 여부
① 처음부터 입찰 절차가 존재하였다고 할 수 없는 경우 → ✕
② 담합이 있고 담합금이 수수되었더라도 자유로운 경쟁을 한 것과 동일한 결과로 되는 경우 → ✕
③ 입찰방해죄의 구성요건
　→ 현실적으로 입찰의 공정을 해한 결과발생 불요
④ 실질적으로 단독입찰을 하면서 경쟁입찰인 것처럼 가장한 경우 → O

정선
해설

[❶ ▸ ✕] 입찰방해죄가 성립하려면 최소한 적법하고 유효한 입찰 절차의 존재가 전제되어야 하나, 처음부터 재입찰절차가 존재하였다 할 수 없다면 입찰방해죄는 성립할 수 없다(대판 2005.9.9. 2005도3857).
[❷ ▸ O] 담합이 있고 그에 따른 담합금이 수수되었다 하더라도 입찰시행자의 이익을 해함이 없이 자유로운 경쟁을 한 것과 동일한 결과로 되는 경우에는 입찰의 공정을 해할 위험성이 없다고 할 것인바, 입찰방해죄가 성립한다고 볼 수 없다(대판 1983.1.18. 81도824).

> **비교판례** 대판 2006.6.9. 2005도8498
> 담합행위가 입찰방해죄로 되기 위하여는 반드시 입찰참가자 전원과의 사이에 담합이 이루어져야 하는 것은 아니고, 입찰참가자들 중 일부와의 사이에만 담합이 이루어진 경우라고 하더라도 그것이 입찰의 공정을 해하는 것으로 평가되는 이상 입찰방해죄는 성립한다.

[**❸** ▶ ○] 대판 1994.5.24. 94도600
[**❹** ▶ ○] 대판 2003.9.26. 2002도3924

답 **❶**

147
□□□

입찰방해죄에 관한 다음 설명 중 옳지 않은 것은?(다툼이 있는 경우 판례에 의함)

14 법원행시

① 입찰자들 상호간에 특정업체가 낙찰받기로 하는 담합이 이루어진 상태에서 일부 입찰자가 자신이 낙찰받기 위하여 당초의 합의에 따르지 아니한 채 낙찰받기로 한 특정업체보다 저가로 입찰하였다면, 이러한 일부 입찰자의 행위는 입찰방해죄에 해당한다.

② 일부 입찰참가자들이 가격을 합의하고 낙찰이 되면 특정업체가 모든 공사를 하기로 합의하는 등 담합하여 투찰행위를 한 경우 입찰참가자들 중 일부 사이에만 담합이 이루어졌고 투찰에 참여한 업체의 수가 많아 실제로 가격형성에 부당한 영향을 주지 않았다고 하더라도 입찰방해죄는 성립한다.

③ 동업자들이 무모한 출혈경쟁을 방지하기 위한 수단으로 실질적으로 단독입찰을 하면서 경쟁입찰인 것같이 가장한 경우에 입찰방해죄가 성립한다.

④ 고속도로 휴게소 운영권 입찰에서 여러 회사가 각자 입찰에 참가하되 누구라도 낙찰될 경우 동업하여 새로운 회사를 설립하고 그 회사로 하여금 휴게소를 운영하기로 합의한 후 입찰에 참가한 경우에 입찰방해죄가 성립한다.

⑤ 입찰자들의 전부 또는 일부 사이에서 담합을 시도하는 행위가 있었을 뿐 실제로 담합이 이루어지지 못하였고, 또 위계 또는 위력 기타의 방법으로 담합이 이루어진 것과 같은 결과를 얻어내거나 다른 입찰자들의 응찰 내지 투찰행위를 저지하려는 시도가 있었지만 역시 그 위계 또는 위력 등의 정도가 담합이 이루어진 것과 같은 결과를 얻어내거나 그들의 응찰 내지 투찰행위를 저지할 정도에 이르지 못하였고 또 실제로 방해된 바도 없다면, 이로써 공정한 자유경쟁을 방해할 염려가 있는 상태를 발생시켜 그 입찰의 공정을 해하였다고 볼 수 없으므로 입찰방해죄의 기수에 이르렀다고 할 수 없어 이는 입찰방해미수죄로 처벌해야 된다.

**정선
핵심**

입찰방해죄의 성립 여부
① 일부 입찰자가 낙찰받기로 한 특정업체보다 저가로 입찰한 경우 → ○
② 일부 입찰자가 담합하였으나 업체의 수가 많아 실제로 가격형성에 부당한 영향을 주지 않은 경우 → ○
③ 실질적으로 단독입찰을 하면서 경쟁입찰인 것처럼 가장한 경우 → ○
④ 고속도로 휴게소 운영권 입찰에서 낙찰될 경우 새로운 회사를 설립하여 휴게소를 운영하기로 합의한 경우 → ○
⑤ 실제로 담합이 이루어지지 못하였고 응찰 내지 투찰행위를 저지하려는 시도가 있었으나 방해하지 못한 경우 → 불가벌

**정선
해설**

[**❶** ▶ ○] 일부 입찰자는 자신이 낙찰받기 위하여 당초의 합의에 따르지 아니한 채 오히려 낙찰받기로 한 특정업체보다 저가로 입찰하였다면, 이러한 일부 입찰자의 행위는 위와 같은 담합을 이용하여 낙찰을 받은 것이라는 점에서 적법하고 공정한 경쟁방법을 해한 것이 되고, 따라서 이러한 일부 입찰자의 행위 역시 입찰방해죄에 해당한다(대판 2010.10.14. 2010도4940).

[❷ ▸ O] 일부 입찰참가자들이 가격을 합의하고, 낙찰이 되면 특정업체가 모든 공사를 하기로 합의하는 등 담합하여 투찰행위를 한 경우, 이는 '적법하고 공정한 경쟁방법'을 해하는 행위로서 입찰의 공정을 해하는 경우에 해당하며, 결과적으로 위 투찰에 참여한 업체의 수가 많아서 실제로 가격형성에 부당한 영향을 주지 않았다고 하더라도 입찰방해죄가 성립한다(대판 2009.5.14. 2008도11361).

[❸ ▸ O] 대판 2003.9.26. 2002도3924

[❹ ▸ O] 대판 2006.12.22. 2004도2581

[❺ ▸ ×] 판례의 취지를 고려하면, 입찰방해미수행위에 불과하나, 입찰방해미수죄는 따로 처벌규정이 없어 처벌되지 아니한다.

> 공정한 자유경쟁을 방해할 염려가 있는 상태 즉, 공정한 자유경쟁을 통한 적정한 가격형성에 부당한 영향을 주는 상태를 발생시켜 그 입찰의 공정을 해하였다고 볼 수 없어, 이는 입찰방해미수행위에 불과하고 입찰방해죄의 기수에 이르렀다고 할 수는 없다(대판 2003.9.26. 2002도3924).

답 ❺

01 대학교 총장이 신입생을 추가로 모집함에 있어 기부금을 낸 학부모나 교직원 자녀들의 성적 또는 지망학과를 고쳐 석차가 추가로 모집되는 인원의 범위 내에 들도록 사정부를 허위로 작성한 다음 그 정을 모르는 입학사정위원들에게 제출하여 위 자녀들을 합격자로 사정하게 하였다면 이는 위계로써 입학사정업무를 방해하였다고 볼 수 있다.
　20　해경간부　　　　　　　　　　　　　　　　ОΙХ

02 투자금융사 직원이 전산기록상의 가명계좌원장을 삭제하고 CD 17매가 원래부터 실명계좌에 보관되어 있었던 것처럼 실명계좌의 원장을 조작하였다면 업무방해죄가 성립한다.　20　해경간부　　ОΙХ

03 대한주택공사의 택지개발예정지구 지정공고일 이후에 대상토지를 매수하여 신청자격이 없는 자가 계약일자를 위 공고일 이전으로 허위기재한 매매계약서를 기초로 소유권이전등기를 마친 후 그 등기부등본을 첨부하여 수의공급신청을 한 경우 위계에 의한 업무방해죄를 구성한다.　20　해경간부　　　　　　　　　　　　ОΙХ

04 피고인이 그가 경영하던 공장을 甲에게 양도하면서 미수외상대금 채권의 수금권을 포기하기로 약정하고도 이를 외상채무자들에게 고지하지 아니하고 외상대금을 수령한 행위는 업무방해죄가 성립한다.
　19　해경채용　　　　　　　　　　　　　　　　ОΙХ

05 경비원이 상사의 명령에 의하여 일시적으로 수행하는 유인물의 배부 행위는 설사 계속적인 직무권한에 속하지 아니한 일시적인 것이라 할지라도 업무방해죄의 업무에 해당한다.　14　경찰채용　ОΙХ

06 대학교 시간강사 임용과 관련하여 허위의 학력이 기재된 이력서만을 제출하여, 임용심사 업무 담당자가 불충분한 심사로 인하여 허위 학력이 기재된 이력서를 믿은 경우, 위계에 의한 업무방해죄가 성립한다.　16　경찰간부　　　　　　　　　　　　　　　ОΙХ

07 고속도로 통행요금징수 기계화시스템의 성능에 대한 한국도로공사의 현장평가 시에 각종 소형화물차 16대의 타이어공기압을 낮추어 접지면을 증가시킨 후 톨게이트를 통과시킨 경우, 위계에 의한 업무방해죄가 성립한다.　16　경찰간부　　　　　　　　　　ОΙХ

01 대판 1994.3.11. 93도2305

02 대판 1995.11.14. 95도1729

03 대판 2007.12.27. 2007도5030

04 위계로 위 공소외인의 공장경영의무를 방해한 것이라 할 수 없다(대판 1984.5.9. 83도2270).

05 대판 1971.5.24. 71도399

06 업무담당자의 불충분한 심사에 기인한 것으로서 신청인의 위계가 업무방해의 위험성을 발생시켰다고 할 수 없어 위계에 의한 업무방해죄를 구성하지 아니한다(대판 2009.1.30. 2008도6950).

07 대판 1994.6.14. 93도288

정답

| 01 ○ | 02 ○ | 03 ○ | 04 × |
| 05 ○ | 06 × | 07 ○ | |

148

주거침입의 죄에 대한 설명 중 가장 적절하지 않은 것은?(다툼이 있는 경우 판례에 의함)

20 경찰승진

① 형법의 주거침입죄와 퇴거불응죄는 미수범 처벌규정이 있다.
② 주거침입죄가 계속범이라는 견해에 따르면 불법하게 주거에 침입한 자가 퇴거요구를 받고 불응한 때에는 퇴거불응죄가 별도로 성립하지 아니한다.
③ 사용자의 직장폐쇄가 정당한 쟁의행위로 인정되지 아니하는 때에는 다른 특별한 사정이 없는 한 근로자가 평소 출입이 허용되는 사업장 안에 들어가는 행위는 주거침입죄를 구성하지 아니한다.
④ 다른 사람의 주택에 무단 침입한 범죄사실로 이미 유죄판결을 받은 사람이 그 판결이 확정된 후에도 퇴거하지 아니하고 계속하여 당해 주택에 거주한 경우 위 판결 확정 이후의 행위는 별도의 주거침입죄를 구성하지 않는다.

정선 핵심

① 주거침입죄, 퇴거불응죄 → 미수범 처벌규정 ○
② 불법하게 주거에 침입한 자가 퇴거요구를 받고 불응한 경우 → 주거침입죄 ○(계속범으로 볼 때)
③ 위법한 직장폐쇄하에 근로자가 출입 사업장에 들어가는 경우 → 주거침입죄 ×
④ 주거침입죄로 인한 유죄판결이 확정된 후에도 계속하여 당해 주택에 거주한 경우 → 별도의 주거침입죄 ○

정선 해설

[**❶** ▸ ○] 형법 제319조, 제322조 참조

> 주거침입, 퇴거불응(형법 제319조) ① 사람의 주거, 관리하는 건조물, 선박이나 항공기 또는 점유하는 방실에 침입한 자는 3년 이하의 징역 또는 500만원 이하의 벌금에 처한다.
> ② 전항의 장소에서 퇴거요구를 받고 응하지 아니한 자도 전항의 형과 같다.
> 미수범(형법 제322조) 본장의 미수범은 처벌한다.

[**❷** ▸ ○] 주거침입죄가 계속범이라는 견해에 의하면 기수 이후에 법익침해가 계속되는 동안에는 범죄행위도 계속되는 것으로 해석하므로 불법하게 주거를 침입한 후 퇴거요구를 받고 불응하더라도 퇴거불응죄가 별도로 성립하지 아니하는 것으로 이해하게 된다.
[**❸** ▸ ○] 대판 2002.9.24. 2002도2243
[**❹** ▸ ×] 다른 사람의 주택에 무단 침입한 범죄사실로 이미 유죄판결을 받은 사람이 그 판결이 확정된 후에도 퇴거하지 않은 채 계속하여 당해 주택에 거주한 경우, 위 판결 확정 이후의 행위는 별도의 주거침입죄를 구성한다(대판 2008.5.8. 2007도11322).

답 ❹

① 주거침입죄는 사실상의 주거의 평온을 보호법익으로 하는 것이므로 그 거주자 또는 간수자가 건조물 등에 거주 또는 간수할 법률상 권한이 있어야 한다.

② 건조물의 이용에 기여하는 인접의 부속 토지라고 하더라도 인적 또는 물적 설비 등에 의한 구획 내지 통제가 없어 통상의 보행으로 그 경계를 쉽사리 넘을 수 있는 정도라고 한다면 일반적으로 외부인의 출입이 제한된다는 사정이 객관적으로 명확하게 드러났다고 보기 어려우므로, 이는 다른 특별한 사정이 없는 한 주거침입죄의 객체에 속하지 않는다.

③ 복수의 주거권자가 있는 경우에 그중 한 사람의 허락을 받아 주거에 들어간 경우, 다른 거주자의 의사에 직접·간접으로 반하더라도 주거침입죄는 성립하지 않는다.

④ 일반인에게 출입이 허용된 건조물일지라도 범죄의 목적으로 들어가는 경우에는 주거침입죄가 성립될 수 있다.

정선 핵심

①·② 주거침입죄의 구성요건
  → 주거의 거주자 또는 간수자 : 거주 또는 간수할 법률상 권한 불요
  → 객체 : 보행으로 부속 토지의 경계를 쉽사리 넘을 수 있는 정도라면 객체 ×
③ 복수의 주거권자 중 다른 거주자의 의사에 반하는 경우 → 주거침입죄 ×
④ 일반인에게 출입이 허용된 건조물에 범죄목적으로 들어가는 경우 → 주거침입죄 ○

정선 해설

[❶ ▸ ×] 주거침입죄는 사실상의 주거의 평온을 보호법익으로 하는 것이므로 그 거주자 또는 간수자가 건조물 등에 거주 또는 간수할 법률상 권한을 가지고 있는 여부는 범죄의 성립을 좌우하는 것이 아니다(대판 1983.3.8. 82도1363).

[❷ ▸ ○] 대판 2010.4.29. 2009도14643

> 차량 통행이 빈번한 도로에 바로 접하여 있고, 도로에서 주거용 건물, 축사 4동 및 비닐하우스 2동으로 이루어진 시설로 들어가는 입구 등에 그 출입을 통제하는 문이나 담 기타 인적·물적 설비가 전혀 없고 노폭 5m 정도의 통로를 통하여 누구나 축사 앞 공터에 이르기까지 자유롭게 드나들 수 있는 사실 등을 이유로, 차를 몰고 위 통로로 진입하여 축사 앞 공터까지 들어간 행위가 주거침입에 해당한다고 본 원심판단에 법리오해 등의 위법이 있다고 한 사례(대판 2010.4.29. 2009도14643).

[❸ ▸ ○] 전합판결의 취지를 고려하면, 복수의 주거권자 중 한 사람의 허락을 받아 주거에 들어간 경우, 다른 거주자의 의사에 반하더라도 주거침입죄는 성립하지 아니한다.

> 피고인이 피해자의 부재중에 피해자의 처로부터 현실적인 승낙을 받아 통상적인 출입방법에 따라 주거에 들어갔으므로 주거의 사실상 평온상태를 해치는 행위태양으로 주거에 들어간 것이 아니어서 주거에 침입한 것으로 볼 수 없고, 설령 피고인의 주거 출입이 부재중인 피해자의 의사에 반하는 것으로 추정되더라도 그것이 사실상 주거의 평온을 보호법익으로 하는 주거침입죄의 성립 여부에 영향을 미치지 않는다고 할 것이다(대판 2021.9.9. 2020도12630[전합]).

[❹ ▸ ○] 대판 1997.3.28. 95도2674

답 ❶

주거침입죄와 관련된 다음 설명 중 옳은 것은 모두 몇 개인가?(다툼이 있는 경우 판례에 의함)

ㄱ. 다른 사람의 주택에 무단 침입하여 이미 유죄판결을 받은 사람이 판결 확정 후에도 퇴거하지 않은 채 계속하여 당해주택에 거주하였다면 퇴거불응죄가 성립할 뿐 다시 주거침입죄를 구성하는 것은 아니다.

ㄴ. 침입 대상인 아파트에 사람이 있는지를 확인하기 위해 그 집의 초인종을 누른 것만으로는 침입의 현실적 위험성을 포함하는 행위를 시작하였다거나 주거의 사실상의 평온을 침해할 객관적인 위험성을 포함하는 행위를 한 것으로 볼 수 없다.

ㄷ. 건물의 소유자라고 주장하는 사람과 그것을 점유관리하고 있는 사람 사이에 건물의 소유권에 대한 분쟁이 계속되고 있는 상황이라면 소유자라고 주장하는 사람이 그 건물에 침입하는 것에 대하여 점유자의 추정적 승낙이 있었다거나 침입행위가 사회상규에 위배되지 않는다고 볼 수 없다.

ㄹ. 연립주택 아래층에 사는 피해자가 위층 피고인의 집으로 통하는 상수도관의 밸브를 임의로 잠근 후 이를 피고인에게 알리지 않아 하루 동안 수돗물이 나오지 않은 고통을 겪었던 피고인이 상수도관의 밸브를 확인하고 이를 열기 위하여 부득이 피해자의 집에 들어간 것이라면 이는 정당행위에 해당한다.

① 1개   ② 2개
③ 3개   ④ 4개

정선 핵심

ㄱ. 주거침입죄로 인한 유죄판결이 확정된 후에도 계속하여 당해 주택에 거주한 경우 → 별도의 주거침입죄 ○
ㄴ. 사람이 있는지 확인하기 위해 초인종을 누른 경우 → 주거침입죄의 실행의 착수 ×
ㄷ. 소유권분쟁이 계속되고 있는 건물에 침입하는 경우 → 추정적 승낙 ×
ㄹ. 연립주택 아래층의 상수도관 밸브를 열기 위해 피해자의 주거에 들어간 경우 → 정당행위 ○

정선 해설

[ㄱ ▸ ✕] 다른 사람의 주택에 무단 침입한 범죄사실로 이미 유죄판결을 받은 사람이 그 판결이 확정된 후에도 퇴거하지 않은 채 계속하여 당해 주택에 거주한 경우, 위 판결 확정 이후의 행위는 별도의 주거침입죄를 구성한다(대판 2008.5.8. 2007도11322).

[ㄴ ▸ ○] 대판 2008.4.10. 2008도1464

[ㄷ ▸ ○] 건물의 소유자라고 주장하는 피고인과 그것을 점유관리하고 있는 피해자 사이에 건물의 소유권에 대한 분쟁이 계속되고 있는 상황이라면 피고인이 그 건물에 침입하는 것에 대한 피해자의 추정적 승낙이 있었다거나 피고인의 이 사건 범행이 사회상규에 위배되지 않는다고 볼 수 없다(대판 1989.9.12. 89도889).

[ㄹ ▸ ○] 대판 2004.2.13. 2003도7393

답 **❸**

주거침입죄 또는 야간주거침입절도죄에 관한 다음 설명 중 가장 틀린 것은?(다툼이 있는 경우 판례에 의함)

`12` 법원행시

① 아파트 내부에 있는 공용계단에 몰래 침입하는 행위는 주거침입죄를 구성한다.

② 조찬모임에서의 대화내용을 도청하기 위한 도청용 송신기를 설치할 목적으로 손님을 가장하여 타인의 음식점에 들어간 경우 주거침입죄의 죄책을 면할 수 없다.

③ 야간에 타인의 집의 창문을 열고 집 안으로 얼굴을 들이미는 등의 행위를 하면서 신체의 전부가 집 안으로 들어가지는 않은 경우 주거침입미수죄가 성립한다.

④ 간통 현장을 직접 목격하고 그 사진을 촬영하기 위하여 상간자의 주거에 침입한 행위는 정당행위에 해당하지 않는다.

⑤ 야간에 아파트에 들어가 재물을 절취할 목적으로 침입 대상 아파트의 창문이 열려 있으면 안으로 들어가겠다는 의사 아래 창문을 열어보는 행위는 야간주거침입절도에 있어서 실행의 착수가 있었다고 볼 수 있다.

정선 핵심

주거침입죄의 성립 여부

① 아파트 내부에 있는 공용계단에 몰래 침입하는 경우 → ○

② 도청장치를 설치할 목적으로 음식점에 들어간 경우 → ○

③ 얼굴을 들이미는 행위를 하면서 신체의 전부가 들어가지는 않은 경우 → ○

④ 간통현장사진을 촬영할 목적으로 내연녀의 방에 침입한 경우 → 정당행위 ×

⑤ 야간에 재물을 절취할 목적으로 아파트의 창문을 열어보는 경우 → 야간주거침입절도죄의 실행의 착수 ○

정선 해설

[❶ ▸ ○] 다가구용 단독주택이나 다세대주택·연립주택·아파트 등 공동주택의 내부에 있는 엘리베이터, 공용 계단과 복도는 특별한 사정이 없는 한 주거침입죄의 객체인 '사람의 주거'에 해당하고, 위 장소에 거주자의 명시적, 묵시적 의사에 반하여 침입하는 행위는 주거침입죄를 구성한다(대판 2009.9.10. 2009도4335).

> 피고인이 강간할 목적으로 피해자를 따라 피해자가 거주하는 아파트 내부의 엘리베이터에 탄 다음 그 안에서 폭행을 가하여 반항을 억압한 후 계단으로 끌고 가 피해자를 강간하고 상해를 입힌 사안에서, 피고인이 성폭력범 죄의 처벌 및 피해자보호 등에 관한 법률 제5조 제1항에 정한 주거침입범의 신분을 가지게 되었다는 이유로, 주거침입을 인정하지 않고 강간상해죄만을 선고한 원심판결을 파기한 사례(대판 2009.9.10. 2009도4335).

> [비교판례] 대판 1999.4.23. 99도354, 대판 2017.7.11. 2017도4044
>
> • 성폭력범죄의처벌및피해자보호등에관한법률 제5조 제1항은 형법 제319조 제1항의 죄를 범한 자가 강간의 죄를 범한 경우를 규정하고 있고, 성폭력범죄의처벌및피해자보호등에관한법률 제9조 제1항은 같은 법 제5조 제1항의 죄와 같은 법 제6조의 죄에 대한 결과적 가중범을 동일한 구성요건에 규정하고 있으므로, 피해자의 방안에 침입하여 식칼로 위협하여 반항을 억압한 다음 피해자를 강간하여 상해를 입히게 한 피고인의 행위는 그 전체가 포괄하여 같은 법 제9조 제1항의 죄를 구성할 뿐이지, 그중 주거침입의 행위가 나머지 행위와 별도로 주거침입죄를 구성한다고는 볼 수 없다.
>
> • 특정범죄 가중처벌 등에 관한 법률 제5조의4 제6항에 규정된 상습절도 등 죄를 범한 범인이 그 범행의 수단으로 주거침입을 한 경우에 주거침입행위는 상습절도 등 죄에 흡수되어 위 조문에 규정된 상습절도 등 죄의 1죄만이 성립하고 별도로 주거침입죄를 구성하지 않으며, 또 위 상습절도 등 죄를 범한 범인이 그 범행 외에 상습적인 절도의 목적으로 주거침입을 하였다가 절도에 이르지 아니하고 주거침입에 그친 경우에도 그것이 절도상습성의 발현이라고 보이는 이상 주거침입행위는 다른 상습절도 등 죄에 흡수되어 위 조문에 규정된 상습절도 등 죄의 1죄만을 구성하고 상습절도 등 죄와 별개로 주거침입죄를 구성하지 않는다.

[**②** ▸ ○] 대판 1997.3.28. 95도2674

[**③** ▸ ×] 야간에 타인의 집의 창문을 열고 집 안으로 얼굴을 들이미는 등의 행위를 하였다면 피고인이 자신의 신체의 일부가 집 안으로 들어간다는 인식하에 하였더라도 주거침입죄의 범의는 인정되고, 또한 비록 신체의 일부만이 집 안으로 들어갔다고 하더라도 사실상 주거의 평온을 해하였다면 주거침입죄는 기수에 이르렀다고 보아야 한다(대판 1995.9.15. 94도2561).

[**④** ▸ ○] 간통 현장을 직접 목격하고 그 사진을 촬영하기 위하여 상간자의 주거에 침입한 행위가 정당행위에 해당하지 않는다(대판 2003.9.26. 2003도3000).

[**⑤** ▸ ○] 대판 2010.11.25. 2010도13245

답 **③**

152

다음 중 주거침입의 죄에 대한 설명 중 가장 옳지 않은 것은?(다툼이 있는 경우 판례에 의함)

20 해경승진

① 권리자가 자신의 권리를 실현함에 있어 법에 정하여진 절차에 의하지 아니하고 타인의 주거 또는 건조물에 침입한 경우에는 주거침입죄가 성립한다.

② 주거침입죄는 반드시 행위자의 신체의 전부가 범행의 목적인 타인의 주거 안으로 들어가야만 성립한다.

③ 선박건조자재운반용으로 도크에 고정되어 82m 높이에 설치되어 있는 기계장치에 10평 가량 규모의 방실 등이 있고 평소 그 운전을 위해 1, 2명의 직원이 근무하고 있었다면, 건조물침입죄의 건조물에 해당한다.

④ 주거침입죄에 있어서 주거라 함은 단순히 가옥자체만을 말하는 것이 아니라 그 위요지를 포함한다.

정선 핵심

① 법정절차 없이 타인의 주거 또는 건조물에 침입한 경우 → 주거침입죄 ○

② 신체의 일부만 들어갔지만 주거의 평온을 해할 정도에 이른 경우 → 주거침입죄 ○

③ 골리앗크레인 → 건조물 ○

④ 주거침입죄의 구성요건
→ 주거 : 가옥자체와 위요지 포함

정선 해설

[**①** ▸ ○] 권리자가 그 권리를 실현함에 있어 법에 정하여진 절차에 의하지 아니하고 그 주거 또는 건조물에 침입하는 경우에는 주거침입죄가 성립한다(대판 1984.4.24. 83도1429).

> 근저당권설정등기가 되어 있지 아니한 별개 독립의 이 사건 건물이 근저당권의 목적으로 된 대지 및 건물과 일괄하여 경매된 경우 이 사건 건물에 대한 경락허가결정이 당연무효라고 하더라도 이에 기한 인도명령에 의한 집행으로서 일단 이 사건 건물의 점유가 경락인에게 이전된 이상 이 사건 건물의 소유자인 피고인이 위 무효인 인도집행에 반하여 위 건물에 들어간 경우에도 주거침입죄는 성립한다(대판 1984.4.24. 83도1429).

[**②** ▸ ×] 주거침입죄는 사실상의 주거의 평온을 보호법익으로 하는 것이므로, 반드시 행위자의 신체의 전부가 범행의 목적인 타인의 주거 안으로 들어가야만 성립하는 것이 아니라 신체의 일부만 타인의 주거 안으로 들어갔다고 하더라도 거주자가 누리는 사실상의 주거의 평온을 해할 수 있는 정도에 이르렀다면 범죄구성요건을 충족하는 것이라고 보아야 한다(대판 1995.9.15. 94도2561).

[❸ ▶ ○] 대판 1991.6.11. 91도753

비교판례 대판 2005.10.7. 2005도5351

피고인들이 건물신축 공사현장에 무단으로 들어간 뒤 타워크레인에 올라가 이를 점거한 사안에서, 타워크레인
은 건설기계의 일종으로서 작업을 위하여 토지에 고정되었을 뿐이고 운전실은 기계를 운전하기 위한 작업공간
그 자체이지 건조물침입죄의 객체인 건조물에 해당하지 아니하고, 피고인들이 위 공사현장에 컨테이너 박스
등으로 가설된 현장사무실 또는 경비실 자체에 들어가지 아니하였다면, 피고인들이 위 공사현장의 구내에
들어간 행위를 위 공사현장 구내에 있는 건조물인 위 각 현장사무실 또는 경비실에 침입한 행위로 보거나,
위 공사현장 구내에 있는 건축 중인 건물에 침입한 행위로 볼 수 없다.

[❹ ▶ ○] 대판 2010.4.29. 2009도14643

답 ❷

153

아래 ㄱ.부터 ㄹ.까지의 설명 중 옳고 그름의 표시(○, ×)가 바르게 된 것은?(다툼이 있는
경우 판례에 의함)   `21` 경찰승진

ㄱ. 피고인이 피해자가 아직 집에 돌아오기 전에 간통의 목적으로 피해자의 처의 의사에 반함이
없이 피해자의 주거에 들어간 이상 주거의 평온을 해치는 것이 아니므로 주거침입죄는 성립하
지 않는다.
ㄴ. 야간에 다세대주택에 침입하여 물건을 절취하기 위하여 가스배관을 타고 오르다가 순찰 중이
던 경찰관에게 발각되어 그냥 뛰어내렸다면, 야간주거침입절도죄의 실행의 착수에 이르지 못
했다.
ㄷ. 다가구용 단독주택이나 다세대주택 연립주택 아파트 등 공동주택의 내부에 있는 엘리베이터,
공용계단과 복도는 특별한 사정이 없는 한 주거침입죄의 객체인 '사람의 주거'에 해당하지 않는
다.
ㄹ. 진정부작위범인 형법 제319조 퇴거불응죄의 미수범은 처벌한다.

① ㄱ(○) ㄴ(○) ㄷ(○) ㄹ(○)
② ㄱ(○) ㄴ(○) ㄷ(×) ㄹ(○)
③ ㄱ(○) ㄴ(×) ㄷ(○) ㄹ(×)
④ ㄱ(×) ㄴ(○) ㄷ(×) ㄹ(×)

정선
핵심

ㄱ. 간통의 목적으로 처의 의사에 반함이 없이 주거에 들어간 경우 → 주거침입죄 ×
ㄴ. 야간에 가스배관을 타고 올라가다가 발각되자 뛰어내린 경우 → 야간주거침입절도죄의 실행의 착수 ×
ㄷ. 공동주택 내부에 있는 엘리베이터, 공용계단과 복도 → 사람의 주거 ○
ㄹ. 퇴거불응죄 → 미수범 처벌규정 ○

정선
해설

[ㄱ ▶ ○] 변경된 전합판결은 피고인이 피해자의 부재중에 피해자의 처로부터 현실적인 승낙을 받아 통상적인
출입방법에 따라 주거에 들어갔으므로 주거의 사실상 평온상태를 해치는 행위태양으로 주거에 들어간 것이 아니어
서 주거에 침입한 것으로 볼 수 없다고 판시하고 있다.

공동거주자 중 주거 내에 현재하는 거주자의 현실적인 승낙을 받아 통상적인 출입방법에 따라 주거에 출입하였는데도 부재중인 다른 거주자의 추정적 의사에 반한다는 사정만으로 주거침입죄가 성립한다는 취지로 판단한 앞서 본 대법원 83도685 판결을 비롯한 같은 취지의 대법원 판결들은 이 사건 쟁점에 관한 이 판결의 견해에 배치되는 범위 내에서 모두 변경하기로 한다(대판 2021.9.9. 2020도12630[전합]).

[ㄴ ▸ ○] 대판 2008.3.27. 2008도917
[ㄷ ▸ ×] 다가구용 단독주택이나 다세대주택·연립주택·아파트 등 공동주택의 내부에 있는 엘리베이터, 공용계단과 복도는 특별한 사정이 없는 한 주거침입죄의 객체인 '사람의 주거'에 해당한다(대판 2009.9.10. 2009도4335).
[ㄹ ▸ ○] 진정부작위범은 모두 거동범이므로 미수를 인정할 수 없으나, 진정부작위범인 퇴거불응죄(형법 제319조 제2항, 제322조)는 미수범 처벌규정이 있다.

답 ❷

154

주거침입죄에 관한 설명 중 옳은 것(○)과 옳지 않은 것(×)을 올바르게 조합한 것은?(다툼이 있으면 판례에 의함) `13` 사시

> ㄱ. 주거침입죄가 계속범이라는 견해에 의하면 불법하게 주거에 침입한 자가 퇴거요구를 받고 불응한 때에는 퇴거불응죄가 별도로 성립한다.
> ㄴ. 남편의 부재 중 처와 간통할 목적으로 처의 승낙 하에 주거에 들어간 경우에는 주거침입죄가 성립하지 않는다.
> ㄷ. 피고인이 이웃에 있는 고종사촌인 A의 집에 놀러 가서 잠시 머무르고 있는 동안에 A에게 돈을 변제하고자 찾아온 B의 돈을 절취하였다면 주거침입죄가 성립한다.
> ㄹ. 점유자에게 건물을 점유할 권리가 없는 경우라고 하더라도 권리자가 그 권리의 실행을 위하여 자력구제의 수단으로 건물에 침입한 경우에는 주거침입죄가 성립한다.
> ㅁ. 주거침입죄에서 침입행위의 객체인 주거는 가옥 그 자체만을 의미하며 그에 부속하는 위요지는 포함되지 않는다.

① ㄱ(×) ㄴ(○) ㄷ(×) ㄹ(○) ㅁ(×)
② ㄱ(×) ㄴ(×) ㄷ(×) ㄹ(○) ㅁ(○)
③ ㄱ(×) ㄴ(○) ㄷ(○) ㄹ(○) ㅁ(×)
④ ㄱ(○) ㄴ(○) ㄷ(×) ㄹ(○) ㅁ(×)
⑤ ㄱ(○) ㄴ(×) ㄷ(○) ㄹ(×) ㅁ(○)

정선 핵심

주거침입죄의 성립 여부
ㄱ. 불법하게 주거에 침입한 자가 퇴거요구를 받고 불응한 경우 → 주거침입죄 ○(계속범으로 볼 때)
ㄴ. 처와 간통할 목적으로 처의 승낙 하에 주거에 들어간 경우 → ×
ㄷ. 고종사촌 A의 집에 놀러 가서 B의 돈을 절취한 경우 → ×
ㄹ. 권리자가 자력구제의 수단으로 건물에 침입한 경우 → ○
ㅁ. 주거침입죄의 구성요건
 → 주거 : 가옥자체와 위요지 포함

[ㄱ ▸ ✕] 주거침입죄가 계속범이라는 견해에 의하면 기수 이후에 법익침해가 계속되는 동안에는 범죄행위도 계속되는 것으로 해석하므로 불법하게 주거를 침입한 후 퇴거요구를 받고 불응하더라도 퇴거불응죄가 별도로 성립하지 아니하는 것으로 이해하게 된다.

[ㄴ ▸ ○] 변경된 전합판결(대판 2021.9.9. 2020도12630[전합])에 의하면 이 경우 주거의 사실상 평온상태를 해치는 것이라고 볼 수 없고 주거 출입이 부재중인 남편이 의사에 반하는 것으로 추정되더라도 보호법익을 고려하면, 주거침입죄의 성립 여부에는 영향을 미치지 않는다고 할 것이므로 주거침입죄는 성립하지 아니한다.

[ㄷ ▸ ✕] 피고인이 인근동리에 사는 고모의 아들인 피해자의 집에 잠시 들어가 있는 동안에 동 피해자에게 돈을 갚기 위하여 찾아온 동 피해자의 이질의 돈을 절취하였다면 피고인이 당초부터 불법목적을 가지고 위 피해자의 집에 들어갔거나 그의 의사에 반하여 그의 집에 들어간 것이 아니어서 주거침입죄는 성립하지 아니한다(대판 1984.2.14. 83도2897).

[ㄹ ▸ ○] 점유할 권리 없는 자의 점유라고 하더라도 그 주거의 평온은 보호되어야 할 것이므로, 권리자가 그 권리실행으로서 자력구제의 수단으로 건조물에 침입한 경우에도 주거침입죄가 성립한다 할 것이다(대판 2007.3.15. 2006도7044).

> 타인이 인도받아 점유하고 있는 자신 소유의 비닐하우스의 열쇠를 손괴하고 그 안에 들어간 행위가 재물손괴죄 및 주거침입죄에 해당한다고 한 사례(대판 2007.3.15. 2006도7044).

[ㅁ ▸ ✕] 주거침입죄에서 침입행위의 객체인 '건조물'은 주거침입죄가 사실상 주거의 평온을 보호법익으로 하는 점에 비추어 엄격한 의미에서의 건조물 그 자체뿐만이 아니라 그에 부속하는 위요지를 포함한다고 할 것이다(대판 2010.4.29. 2009도14643).

답 **❶**

155

18 경찰채용

주거침입의 죄에 대한 설명으로 가장 적절한 것은?(다툼이 있는 경우 판례에 의함)

① 건물의 소유자라고 주장하는 피고인과 그것을 점유관리하는 피해자 사이에 건물의 소유권에 대한 분쟁이 계속되고 있는 상황이라면 피고인이 피해자의 허락없이 그 건물에 침입하는 행위를 주거침입죄로 처벌할 수 없다.

② 퇴거불응죄는 실행행위의 소극적 성격으로 인해 주거침입죄에 비해 법정형이 경하게 규정되어 있다.

③ 주거침입죄의 실행의 착수가 인정되기 위해서는 주거자의 의사에 반하여 주거나 관리하는 건조물 등에 들어가는 행위까지 요구하는 것은 아니고, 범죄구성요건의 실현에 이르는 현실적 위험성을 포함하는 행위를 개시하는 것으로 족하다.

④ 남편의 일시 부재 중 간통의 목적 하에 그 처의 승낙만을 얻고 주거에 들어간 경우, 사회통념상 남편의 의사에 반하는 것이므로 주거자 1인의 승낙을 얻었더라도 주거침입죄가 성립한다.

① 소유권분쟁이 계속되고 있는 건물에 침입하는 경우 → 주거침입죄 ○
② 퇴거불응죄의 법정형 → 주거침입죄의 경우와 동일
③ 주거침입죄의 실행의 착수 → 범죄구성요건을 실현하는 현실적 위험성을 포함하는 행위개시로 충분
④ 처와 간통할 목적으로 처의 승낙 하에 주거에 들어간 경우 → 주거침입죄 ✕

<table>
<tr><td rowspan="4">정선
해설</td><td>[❶ ▸ ✕] 판례의 취지를 고려하면, 피고인이 피해자의 허락없이 그 건물에 침입하는 행위는 주거침입죄를 구성
한다.</td></tr>
</table>

[❶ ▸ ✕] 판례의 취지를 고려하면, 피고인이 피해자의 허락없이 그 건물에 침입하는 행위는 주거침입죄를 구성한다.

> 건물의 소유자라고 주장하는 피고인과 그것을 점유관리하고 있는 피해자 사이에 건물의 소유권에 대한 분쟁이 계속되고 있는 상황이라면 피고인이 그 건물에 침입하는 것에 대한 피해자의 추정적 승락이 있었다거나 피고인의 이 사건 범행이 사회상규에 위배되지 않는다고 볼 수 없다(대판 1989.9.12. 89도889).

[❷ ▸ ✕] 퇴거불응죄의 법정형은 주거침입죄의 경우와 동일하다(형법 제319조 제2항).
[❸ ▸ ○] 대판 2006.9.14. 2006도2824
[❹ ▸ ✕] 변경된 전합판결(대판 2021.9.9. 2020도12630[전합])에 의하면 이 경우 주거의 사실상 평온상태를 해치는 것이라고 볼 수 없고 주거 출입이 부재중인 남편의 의사에 반하는 것으로 추정되더라도 사실상 주거의 평온이라는 보호법익을 고려하면, 주거침입죄는 성립하지 아니한다.

답 ❸

156
□□□

다음 설명 중 가장 적절한 것은?(다툼이 있는 경우 판례에 의함) `20` 경찰채용

① 주거침입죄에서 그 주거자 또는 간수자가 일단 적법하게 거주 또는 간수를 개시한 후에 그 권한을 상실하여 사법상 불법점유가 될 경우, 권리자가 이를 배제하기 위하여 정당한 절차에 의하지 아니하고 그 주거 또는 건조물에 침입하더라도 주거침입죄는 성립하지 않는다.
② 이미 수일 전에 2차례에 걸쳐 피해자를 강간하였던 피고인이 대문을 몰래 열고 들어와 담장과 피해자가 거주하던 방 사이의 좁은 통로에서 창문을 통하여 방안을 엿본 경우, 피해자의 사실상의 평온을 침해한 것이 아니기 때문에 주거침입죄가 성립되지 않는다.
③ 甲은 야간에 물건을 절취하기 위하여 다세대주택의 가스배관을 타고 오르다가 순찰 중이던 경찰관에게 발각되어 그냥 뛰어내렸다면, 야간주거침입절도죄의 실행에 착수한 것이다.
④ 피고인이 정당한 퇴거요구를 받고 나가면서 해당 건물에 가재도구 등을 남겨두었다 하더라도 퇴거불응죄가 성립하지 않는다.

<table>
<tr><td rowspan="4">정선
핵심</td><td>① 권리자가 불법점유를 배제하기 위하여 주거 또는 건조물에 침입한 경우 → 주거침입죄 ○</td></tr>
</table>

① 권리자가 불법점유를 배제하기 위하여 주거 또는 건조물에 침입한 경우 → 주거침입죄 ○
② 대문을 몰래 열고 들어와 창문을 통하여 방안을 엿본 경우 → 주거침입죄 ○
③ 야간에 가스배관을 타고 올라가다가 발각되자 뛰어내린 경우 → 야간주거침입절도죄의 실행의 착수 ✕
④ 정당한 퇴거요구를 받고 나가면서 가재도구 등을 남겨둔 경우 → 퇴거불응죄 ✕

정선
해설

[❶ ▸ ✕] 거주자 또는 간수자가 건조물 등에 거주 또는 간수할 법률상 권한을 가지고 있는 여부는 범죄의 성립을 좌우하는 것이 아니며 일단 적법하게 거주 또는 간수를 개시한 후에 그 권한을 상실하여 사법상 불법점유가 되더라도 권리자가 이를 배제하기 위하여 정당한 절차에 의하지 아니하고 그 주거 또는 건조물을 침입한 경우에는 주거침입죄가 성립한다(대판 1983.3.8. 82도1363).
[❷ ▸ ✕] 이미 수일 전에 2차례에 걸쳐 피해자를 강간하였던 피고인이 대문을 몰래 열고 들어와 담장과 피해자가 거주하던 방 사이의 좁은 통로에서 창문을 통하여 방안을 엿보던 상황이라면 피해자의 주거에 대한 사실상 평온상태가 침해된 것으로, 주거침입죄에 해당한다(대판 2001.4.24. 2001도1092).
[❸ ▸ ✕] 야간에 다세대주택에 침입하여 물건을 절취하기 위하여 가스배관을 타고 오르다가 순찰 중이던 경찰관에게 발각되어 그냥 뛰어내렸다면, 야간주거침입절도죄의 실행의 착수에 이르지 못한 것이다(대판 2008.3.27. 2008도917).
[❹ ▸ ○] 대판 2007.11.15. 2007도6990

답 ❹

주거침입죄에 관한 설명으로 가장 적절하지 않은 것은?(다툼이 있는 경우 판례에 의함)

① 다가구용 단독주택이나 다세대주택 연립주택 아파트 등 공동주택의 내부에 있는 엘리베이터 공용계단과 복도는 특별한 사정이 없는 한 주거침입죄의 객체인 사람의 주거에 해당한다.

② 일반적으로 출입이 허가된 건물이라 하여도 피고인이 출입이 금지된 시간에 화장실 유리창문을 통해 들어간 것이라면 건조물침입죄가 성립한다.

③ 열려 있으면 들어갈 의사로 출입문을 당겨보는 행위나 빈집인지 확인하기 위해 초인종을 누르는 행위는 주거의 사실상의 평온을 침해할 객관적인 위험성을 포함하는 행위를 한 것으로 볼 수 있어 주거침입죄의 실행의 착수가 인정된다.

④ 신체의 극히 일부만 들어갔지만 사실상 주거의 평온을 해할 수 있는 정도에 이르지 않은 경우, 신체일부침입설과 신체전부침입설 모두 주거침입죄의 미수를 인정한다.

정선 핵심

① 공동주택 내부에 있는 엘리베이터, 공용계단과 복도 → 사람의 주거 ○

② 출입금지 시간에 화장실 유리창문을 통해 건물에 들어간 경우 → 건조물침입죄 ○

③ 주거침입죄의 실행의 착수 인정 여부
　⋯▸ 출입문을 당겨보는 행위 : ○
　⋯▸ 초인종을 누른 행위 : ✕

④ 신체의 일부만 들어갔지만 사실상 주거의 평온을 해하는 정도에 이르지 않은 경우 → 주거침입죄의 미수 ○(신체일부침입설, 신체전부침입설)

정선 해설

[❶ ▸ ○] 대판 2009.9.10. 2009도4335

[❷ ▸ ○] 대판 1990.3.13. 90도173

[❸ ▸ ✕] 출입문이 열려 있으면 안으로 들어가겠다는 의사 아래 출입문을 당겨보는 행위는 바로 주거의 사실상의 평온을 침해할 객관적인 위험성을 포함하는 행위를 한 것으로 볼 수 있어 그것으로 주거침입의 실행에 착수한 것으로 보아야 한다(대판 2006.9.14. 2006도2824).

> **비교판례** ▌ 대판 2008.4.10. 2008도1464
>
> 침입 대상인 아파트에 사람이 있는지를 확인하기 위해 그 집의 초인종을 누른 행위만으로는 침입의 현실적 위험성을 포함하는 행위를 시작하였다거나, 주거의 사실상의 평온을 침해할 객관적인 위험성을 포함하는 행위를 한 것으로 볼 수 없다.

[❹ ▸ ○] 신체의 일부만 타인의 주거 안으로 들어갔지만 거주자가 향유하는 사실상의 주거의 평온을 해할 정도에 이르지 아니한 경우에는 신체일부침입설과 신체전부침입설 모두 주거침입죄의 미수를 인정한다.

답 ❸

158
☐☐☐

주거침입죄에 관한 다음 설명 중 가장 옳지 않은 것은?　　　19 법원9급

① 다가구용 단독주택이나 다세대주택·연립주택·아파트 등 공동주택 안에서 공용으로 사용하는 계단과 복도는 특별한 사정이 없는 한 주거침입죄의 객체인 '사람의 주거'에 해당한다.

② 일반인의 출입이 허용된 음식점이라 하더라도, 영업주의 명시적 또는 추정적 의사에 반하여 들어간 것이라면 주거침입죄가 성립된다.

③ 주거침입죄의 경우 주거침입의 범의로써 예컨대, 주거로 들어가는 문의 시정장치를 부수거나 문을 여는 등 침입을 위한 구체적 행위를 시작하였다면 주거침입죄의 실행의 착수는 있었다고 보아야 한다.

④ 형법 제332조에 규정된 상습절도죄를 범한 범인이 범행의 수단으로 주간에 주거침입을 한 경우, 주간 주거침입행위는 상습절도죄에 흡수되어 별개로 주거침입죄를 구성하지 아니한다.

**정선
핵심**

① 공용계단과 복도 → 사람의 주거 ○
② 일반인의 출입이 허용된 음식점에 영업주의 의사에 반하여 들어간 경우 → 주거침입죄 ○
③ 주거침입의 범의로 침입을 위한 구체적 행위를 시작한 경우 → 주거침입죄의 실행의 착수 ○
④ 상습절도와 주거침입죄의 죄수
　⤷ 상습절도가 야간에 주거침입하여 행하여진 경우 : 주거침입죄 ✕
　⤷ 상습절도가 주간에 주거침입하여 행하여진 경우 : 상습절도와 주거침입죄는 실체적 경합 ○

**정선
해설**

[❶ ▸ ○]　대판 2009.8.20. 2009도3452

[❷ ▸ ○]　일반인의 출입이 허용된 음식점이라 하더라도, 영업주의 명시적 또는 추정적 의사에 반하여 들어간 것이라면 주거침입죄가 성립한다(대판 1997.3.28. 95도2674).

[❸ ▸ ○]　주거침입죄의 범의로써 예컨대 주거로 들어가는 문의 시정장치를 부수거나 문을 여는 등 침입을 위한 구체적 행위를 시작하였다면 주거침입죄의 실행의 착수는 있었다고 보아야 하고, 신체의 극히 일부분이 주거 안으로 들어갔지만 사실상 주거의 평온을 해하는 정도에 이르지 아니하였다면 주거침입죄의 미수에 그친다(대판 1995.9.15. 94도2561).

[❹ ▸ ✕]　판례의 취지를 고려하면, 상습절도가 야간에 주거침입하여 행하여진 경우에는 별도로 주거침입죄는 성립하지 아니하나, 상습절도가 주간에 주거침입하여 행하여진 경우에는 상습절도와 주거침입죄는 실체적 경합관계가 된다는 것으로 정리할 수 있다.

> 상습으로 단순절도를 범한 범인이 상습적인 절도범행의 수단으로 주간(낮)에 주거침입을 한 경우에 주간 주거침입행위의 위법성에 대한 평가가 형법 제332조, 제329조의 구성요건적 평가에 포함되어 있다고 볼 수 없다. 그러므로 형법 제332조에 규정된 상습절도죄를 범한 범인이 범행의 수단으로 주간에 주거침입을 한 경우 주간 주거침입행위는 상습절도죄와 별개로 주거침입죄를 구성한다. 또 형법 제332조에 규정된 상습절도죄를 범한 범인이 그 범행 외에 상습적인 절도의 목적으로 주간에 주거침입을 하였다가 절도에 이르지 아니하고 주거침입에 그친 경우에도 주간 주거침입행위는 상습절도죄와 별개로 주거침입죄를 구성한다(대판 2015.10.15. 2015도8169).

> **비교판례**　대판 2017.7.11. 2017도4044
> 특정범죄 가중처벌 등에 관한 법률 제5조의4 제6항에 규정된 상습절도 등 죄를 범한 범인이 그 범행의 수단으로 주거침입을 한 경우에 주거침입행위는 상습절도 등 죄에 흡수되어 위 조문에 규정된 상습절도 등 죄의 1죄만이 성립하고 별개로 주거침입죄를 구성하지 않으며, 또 위 상습절도 등 죄를 범한 범인이 그 범행 외에 상습적인 절도의 목적으로 주거침입을 하였다가 절도에 이르지 아니하고 주거침입에 그친 경우에도 그것이 절도상습성의 발현이라고 보이는 이상 주거침입행위는 다른 상습절도 등 죄에 흡수되어 위 조문에 규정된 상습절도 등 죄의 1죄만을 구성하고 상습절도 등 죄와 별개로 주거침입죄를 구성하지 않는다.

답 ❹

159

주거침입죄에 대한 설명으로 옳지 않은 것은?(다툼이 있는 경우 판례에 의함)

`13` 국가9급

① 주거침입죄가 성립하기 위해서는 주거자 또는 간수자가 건조물 등에 거주 또는 간수할 권리를 가지고 있어야 하므로, 법에 정해진 절차에 의하지 아니하고 거주 또는 간수할 권리가 없는 자의 건조물 등에 침입하였더라도 주거침입죄는 성립하지 않는다.

② 주거의 출입문이 열려 있으면 안으로 들어가겠다는 의사로 출입문을 당겨 보았다면 주거침입죄의 실행의 착수가 인정된다.

③ 대문을 몰래 열고 들어와 담장과 피해자가 거주하던 방 사이의 좁은 통로에서 창문을 통하여 방안을 엿본 경우에는 주거침입죄가 성립한다.

④ 다른 사람의 주택에 무단 침입한 범죄사실로 이미 유죄판결을 받은 사람이 판결 확정 후에도 퇴거하지 않은 채 계속하여 당해 주택에 거주한 경우에는 별도의 주거침입죄가 성립한다.

정선 핵심

주거침입죄의 성립 여부

① 법정절차 없이 거주 또는 간수할 권리가 없는 자의 건조물에 침입한 경우 → ○

② 주거침입의 의사로 출입문을 당겨 본 경우 → 주거침입죄의 실행의 착수 ○

③ 대문을 몰래 열고 들어와 창문을 통하여 방안을 엿본 경우 → ○

④ 주거침입죄로 인한 유죄판결이 확정된 후에도 계속하여 당해 주택에 거주한 경우 → ○

정선 해설

[**❶** ▸ ✕] 주거침입죄는 사실상의 주거의 평온을 보호법익으로 하는 것이므로, 그 주거자 또는 간수자가 건조물 등에 거주 또는 간수할 권리를 가지고 있는가의 여부는 범죄의 성립을 좌우하는 것이 아니며, <u>점유할 권리 없는 자의 점유라 하더라도 그 주거의 평온은 보호되어야 할 것이므로, 권리자가 그 권리를 실행함에 있어 법에 정하여진 절차에 의하지 아니하고 그 건조물 등에 침입한 경우에는 주거침입죄가 성립한다</u>(대판 2008.5.8. 2007도11322).

[**❷** ▸ ○] 대판 2006.9.14. 2006도2824

[**❸** ▸ ○] 주거침입죄는 사실상의 주거의 평온을 보호법익으로 하는 것으로 거주자가 누리는 사실상의 주거의 평온을 해할 수 있는 정도에 이르렀다면 범죄구성요건을 충족하는 것이라고 보아야 하고, 주거침입죄에 있어서 주거라 함은 단순히 가옥 자체만을 말하는 것이 아니라 그 위요지를 포함한다(대판 2001.4.24. 2001도1092).

> 이미 수일 전에 2차례에 걸쳐 피해자를 강간하였던 피고인이 대문을 몰래 열고 들어와 담장과 피해자가 거주하던 방 사이의 좁은 통로에서 창문을 통하여 방안을 엿본 경우, 주거침입죄에 해당한다고 본 사례(대판 2001.4.24. 2001도1092).

[**❹** ▸ ○] 대판 2008.5.8. 2007도11322

답 **❶**

주거침입죄 등에 관한 다음 설명 중 가장 옳은 것은?

① 비록 사실상 주거의 평온을 해하였다고 하더라도 신체의 일부만이 집 안으로 들어가는데 그쳤다면 주거침입죄의 미수로만 처벌할 수 있다.

② 다세대주택·연립주택·아파트 등 공동주택 안에서 공용으로 사용하는 계단과 복도는 특별한 사정이 없는 한 주거침입죄의 객체인 '사람의 주거'에 해당한다.

③ 타인의 주거에 거주자의 의사에 반하여 들어가면 주거침입죄가 성립하고, 이 때 거주자의 의사라 함은 명시적인 경우뿐만 아니라 묵시적인 경우도 포함하나, 주변사정에 따른 거주자의 반대의사를 추정하여 그에 반한다는 이유로 주거침입죄를 인정할 수는 없다.

④ 출입문이 열려 있으면 안으로 들어가겠다는 의사 아래 출입문을 당겨보았다고 하더라도, 그것만으로는 주거침입의 실행에 착수한 것이라고 할 수 없다.

정선 핵심

① 신체의 일부만 들어갔지만 주거의 평온을 해할 정도에 이른 경우 → 주거침입죄 ○
② 공용계단과 복도 → 사람의 주거 ○
③ 주변사정에 따라 추정된 반대의사에 반하여 타인의 주거에 들어간 경우 → 주거침입죄 ○
④ 주거침입의 의사로 출입문을 당겨 본 경우 → 주거침입죄의 실행의 착수 ○

정선 해설

[❶ ▸ ✕] 비록 신체의 일부만이 집 안으로 들어갔다고 하더라도 사실상 주거의 평온을 해하였다면 주거침입죄는 기수에 이르렀다고 보아야 한다(대판 1995.9.15. 94도2561).

[❷ ▸ ○] 다가구용 단독주택이나 다세대주택·연립주택·아파트 등 공동주택 안에서 공용으로 사용하는 계단과 복도는, 특별한 사정이 없는 한 주거침입죄의 객체인 '사람의 주거'에 해당한다(대판 2009.8.20. 2009도3452).

다가구용 단독주택인 빌라의 잠기지 않은 대문을 열고 들어가 공용계단으로 빌라 3층까지 올라갔다가 1층으로 내려온 사안에서, 주거인 공용계단에 들어간 행위가 거주자의 의사에 반한 것이라면 주거에 침입한 것이라고 보아야 한다는 이유로, 주거침입죄를 구성하지 않는다고 본 원심판결을 파기한 사례(대판 2009.8.20. 2009도3452).

[❸ ▸ ✕] 타인의 주거에 거주자의 의사에 반하여 들어가는 경우는 주거침입죄가 성립하며 이 때 거주자의 의사라 함은 명시적인 경우뿐만 아니라 묵시적인 경우도 포함되고 주변사정에 따라서는 거주자의 반대의사가 추정될 수도 있다(대판 2003.5.30. 2003도1256).

[❹ ▸ ✕] 출입문이 열려 있으면 안으로 들어가겠다는 의사 아래 출입문을 당겨보는 행위는 바로 주거의 사실상의 평온을 침해할 객관적인 위험성을 포함하는 행위를 한 것으로 볼 수 있어 그것으로 주거침입의 실행에 착수한 것으로 보아야 한다(대판 2006.9.14. 2006도2824).

답 ❷

주거침입의 죄에 관한 다음 설명 중 옳은 것은 모두 몇 개인가?(다툼이 있는 경우 판례에 의함)

`13` 경찰승진

ㄱ. 다가구용 단독주택이나 다세대 주택·연립주택·아파트 등 공동주택 안에서 공용으로 사용하는 엘리베이터, 계단과 복도는 특별한 사정이 없는 한 주거침입죄의 객체인 '사람의 주거'에 해당한다.

ㄴ. 출입문이 열려 있으면 안으로 들어가겠다는 의사 아래 출입문을 당겨보는 행위는 바로 주거의 사실상의 평온을 침해할 객관적인 위험성을 포함하는 행위를 한 것으로 볼 수 있어 그것으로 주거침입의 실행에 착수한 것으로 보아야 한다.

ㄷ. 퇴거불응죄에 있어서 '건조물'이라 함은 단순히 건조물 그 자체만을 말하는 것이 아니고 위요지를 포함하고, '위요지'가 되기 위하여는 건조물에 인접한 그 주변 토지로서 관리자가 외부와의 경계에 문과 담 등을 설치하여 그 토지가 건조물의 이용을 위하여 제공되었다는 것이 명확히 드러나야 할 것인데, 화단의 설치, 수목의 식재 등으로 담장의 설치를 대체하는 경우에도 건조물에 인접한 그 주변 토지가 건물, 화단, 수목 등으로 둘러싸여 건조물의 이용에 제공되었다는 것이 명확히 드러난다면 위요지가 될 수 있다.

ㄹ. 형법 제321조(주거·신체수색)는 미수범을 처벌한다.

① 1개
② 2개
③ 3개
④ 4개

**정선
핵심**

ㄱ. 공동주택 내부에 있는 엘리베이터, 공용계단과 복도 → 사람의 주거
ㄴ. 주거침입의 의사로 출입문을 당겨 본 경우 → 주거침입죄의 실행의 착수 ○
ㄷ. 퇴거불응죄의 구성요건
　⟶ 건조물 : 건조물 자체와 위요지 포함
　⟶ 위요지 : 건조물에 인접한 주변 토지로서 그 토지가 건조물의 이용을 위하여 제공되었다는 것이 명확히 드러날 것
ㄹ. 주거·신체수색죄 → 미수범 처벌규정 ○

**정선
해설**

[ㄱ ▸ ○] 다가구용 단독주택이나 다세대주택·연립주택·아파트 등 공동주택의 내부에 있는 엘리베이터, 공용계단과 복도는 특별한 사정이 없는 한 주거침입죄의 객체인 '사람의 주거'에 해당한다(대판 2009.9.10. 2009도4335).

[ㄴ ▸ ○] 대판 2006.9.14. 2006도2824

[ㄷ ▸ ○] 대판 2010.3.11. 2009도12609

[ㄹ ▸ ○] 형법 제321조, 제322조 참조

주거·신체 수색(형법 제321조)　사람의 신체, 주거, 관리하는 건조물, 자동차, 선박이나 항공기 또는 점유하는 방실을 수색한 자는 3년 이하의 징역에 처한다.

미수범(형법 제322조)　본장의 미수범은 처벌한다.

답 ❹

01 근로자들이 사용자와 제3자가 공동으로 관리·사용하는 공간을 사용자에 대한 정당한 쟁의행위를 이유로 관리자의 의사에 반하여 침입·점거한 경우, 제3자에 대하여는 정당행위로서 주거침입의 위법성이 조각된다. **19** 경찰승진 ○ | ×

02 주거침입죄에 있어서 주거 또는 건조물이라 함은 단순히 가옥만을 말하는 것이 아니고 그 위요지를 포함한다 할 것이나, 사찰의 정문에 설치된 철조망을 걷어내고 무단으로 사찰의 경내로 진입한 행위만으로는 주거침입죄를 구성한다고 볼 수 없다. **19** 경찰간부 ○ | ×

03 근저당권설정등기가 되어 있지 아니한 별개 독립의 이 사건 건물이 근저당권의 목적으로 된 대지 및 건물과 일괄하여 경매된 경우, 이 사건 건물에 대한 경락허가결정이 당연 무효라고 하더라도, 이 사건 건물의 소유자인 피고인이 위 무효인 인도집행에 반하여 건물에 들어간 경우 주거침입죄가 성립한다. **20** 해경간부 ○ | ×

04 촉석루 내 의기사에 보관 중이던 공용물건인 논개영정을 적법한 권한 없이 강제로 철거할 목적으로 위 의기사에 들어간 경우, 건조물침입죄가 성립한다. **20** 해경간부 ○ | ×

05 대리시험을 보기 위해 진실한 응시자인 것같이 가장하여 시험관리자의 승낙을 얻어 시험장에 들어간 경우 주거침입죄가 성립하지 않는다. **16** 5급승진 ○ | ×

06 피고인이 피해자가 사용 중인 공중화장실의 용변칸에 노크하여 남편으로 오인한 피해자가 용변칸 문을 열자 강간할 의도로 용변칸에 들어간 것이라면, 피해자가 명시적 또는 묵시적으로 이를 승낙하였다고 볼 수 없어 주거침입죄에 해당한다. **16** 경찰승진 ○ | ×

07 주택의 매수인이 계약금과 중도금을 지급하고서 그 주택을 명도받아 점유하고 있던 중 위 매매계약을 해제하고 중도금반환청구소송을 제기하여 얻은 그 승소판결에 기하여 강제집행에 착수한 이후라고 하더라도, 매도인이 매수인이 잠그어 놓은 위 주택의 출입문을 열고 들어간 경우라면 주거침입죄를 구성한다. **20** 법원행시 ○ | ×

08 사용자의 직장폐쇄가 정당한 쟁의행위로 인정되지 아니하는 때에는 적법한 쟁의행위로서 사업장을 점거 중인 근로자들이 직장폐쇄를 단행한 사용자로부터 퇴거 요구를 받고 이에 불응한 채 직장점거를 계속하더라도 퇴거불응죄가 성립하지 아니한다. **17** 경찰간부 ○ | ×

01 공동으로 관리·사용하는 제3자의 명시적 또는 추정적인 승낙이 없는 이상 위 제3자에 대하여서까지 이를 정당행위라고 하여 주거침입의 위법성이 조각된다고 볼 수는 없다(대판 2010.3.11. 2009도5008).

02 전임 주지측의 사찰경내에 대한 사실상 점유의 평온을 침해한 것으로 주거침입죄가 성립한다(대판 1983.3.8. 82도1363).

03 대판 1984.4.24. 83도1429

04 대판 2007.3.15. 2006도7079

05 이와 같은 침입을 교사한 이상 주거침입교사죄가 성립된다(대판 1967.12.19. 67도1281).

06 대판 2003.5.30. 2003도1256

07 매도인의 위 소위는 주거침입죄를 구성하지 아니한다(대판 1987.5.12. 87도3).

08 대판 2007.12.28. 2007도5204

정답

| **01** × | **02** × | **03** ○ | **04** ○ |
| **05** × | **06** ○ | **07** × | **08** ○ |

제1관 | 재산죄의 일반이론

162
□□□

불법영득의사에 관한 설명 중 옳은 것과 옳지 않은 것이 바르게 표시된 것은?(다툼이 있는 경우 판례에 의함)　　19 경찰간부

> ㄱ. 불법영득의사는 권리자를 배제하고 타인의 물건을 자기의 소유물과 같이 그 경제적 용법에 따라 이용·처분할 의사를 말한다.
> ㄴ. 사용절도는 권리자를 계속적으로 배제한다는 불법영득의사의 적극적 요소를 결하여 원칙적으로 불가벌이다.
> ㄷ. 甲이 A의 인감도장을 그의 책상에서 몰래 꺼낸 후 차용금증서의 연대보증인란에 찍고 다시 제자리에 넣어두었다면 甲에게는 위 도장에 대한 불법영득의사가 있었다고 보기 어렵다.
> ㄹ. 사격장에서 총기를 휴대한 채 군무를 이탈하였다면 설령 총기를 휴대하고 있는지조차 인식할 수 없는 정신 상태에 있었다 할지라도 묵시적이나마 총기에 대한 불법영득의사가 있었다고 보아야 한다.
> ㅁ. 어떠한 물건을 점유자의 의사에 반하여 취거하는 행위가 결과적으로 소유자의 이익으로 된다는 사정 또는 소유자의 추정적 승낙이 있다고 볼 만한 사정이 있다고 하더라도, 다른 특별한 사정이 없는 한 그러한 사유만으로 불법영득의 의사가 없다고 할 수 없다.

① ㄱ(○)　ㄴ(○)　ㄷ(○)　ㄹ(○)　ㅁ(○)
② ㄱ(○)　ㄴ(×)　ㄷ(○)　ㄹ(○)　ㅁ(×)
③ ㄱ(×)　ㄴ(○)　ㄷ(×)　ㄹ(×)　ㅁ(○)
④ ㄱ(○)　ㄴ(×)　ㄷ(○)　ㄹ(×)　ㅁ(○)

**정선
핵심**

불법영득의사의 인정 여부
ㄱ. 불법영득의 의사 → 권리자를 배제하고 타인의 물건을 자기의 소유물과 같이 경제적 용법에 따라 이용·처분할 의사
ㄴ. 사용절도 → 불법영득의사의 소극적 요소를 결하여 원칙적으로 불가벌
ㄷ. 인감도장을 차용금증서의 연대보증인란에 찍고 돌려놓은 경우 → ×
ㄹ. 총기를 휴대한 채 군무를 이탈한 경우 → ×
ㅁ. 점유자의 의사에 반하는 취거가 소유자의 이익이 되는 경우 → ○

**정선
해설**

[ㄱ ▸ ○]　대판 2006.3.24. 2005도8081
[ㄴ ▸ ×]　사용절도는 권리자를 계속적으로 배제한다는 불법영득의사의 소극적 요소를 결하여 원칙적으로 불가벌임을 유의하여야 한다.
[ㄷ ▸ ○]　판례의 취지를 고려하면, 甲에게는 위 도장에 대한 불법영득의사가 있었다고 보기 어렵다고 판단된다.

> 피고인이 피해자의 도장과 인감도장을 그의 책상서랍에서 몰래 꺼내어 가서 그것을 차용금증서의 연대보증인란에 찍고 난 후 곧 제자리에 넣어둔 사실만으로는 위 도장에 대한 불법영득의 의사가 있었다고 인정할 수 없다(대판 1987.12.8. 87도1959).

[ㄹ ▸ ✕] 피고인이 군무를 이탈할 때 총기를 휴대하고 있는지 조차 인식할 수 없는 정신상태에 있었고 총기는 어떤 경우라도 몸을 떠나서는 안된다는 교육을 지속적으로 받아왔다면 사격장에서 군무를 이탈하면서 총기를 휴대하였다는 것만 가지고는 피고인에게 총기에 대한 불법영득의 의사가 있었다고 할 수 없다(대판 1992.9.8. 91도3149).

> 절도죄의 성립에 필요한 불법영득의 의사라 함은 영구적으로 그 물건의 경제적 이익을 보유할 의사가 필요한 것은 아니지만 <u>단순한 점유의 침해만으로서는 절도죄를 구성할 수 없고 소유권 또는 이에 준하는 본권을 침해하는 의사 즉 목적물의 물질을 영득할 의사이거나 또는 그 물질의 가치만을 영득할 의사이든 적어도 그 재물에 대한 영득의 의사가 있어야</u> 한다(대판 1992.9.8. 91도3149).

[ㅁ ▸ ○] 대판 2014.2.21. 2013도14139

답 ❹

163

다음 설명 중 가장 옳지 않은 것은?(다툼이 있는 경우 판례에 의함) `14` 법원9급

① 절도죄의 성립에 필요한 불법영득의 의사라 함은 타인의 물건을 그 권리자를 배제하고 자기의 소유물과 같이 그 경제적 용법에 따라 이용·처분하고자 하는 의사를 말한다.

② 종전 점유자의 점유가 그의 사망으로 인한 상속에 의하여 당연히 그 상속인에게 이전된다는 민법 제193조는 절도죄의 요건으로서의 '타인의 점유'와 관련하여서는 적용의 여지가 없고, 재물을 점유하는 소유자로부터 이를 상속받아 그 소유권을 취득하였다고 하더라도 상속인이 그 재물에 관하여 사실상의 지배를 가지게 되어야만 이를 점유하는 것으로서 그때부터 비로소 상속인에 대한 절도죄가 성립할 수 있다.

③ 피고인이 자신의 어머니 甲명의로 구입·등록하여 甲에게 명의신탁한 자동차를 乙에게 담보로 제공한 후 乙 몰래 가져간 경우, 乙에 대한 절도죄가 성립하는 것이 아니라 乙에 대한 권리행사방해죄가 성립한다.

④ 일시 사용의 목적으로 타인의 점유를 침탈한 경우에도 사용으로 인하여 물건 자체가 가지는 경제적 가치가 상당한 정도로 소모되거나 또는 상당한 장시간 점유하고 있거나 본래의 장소와 다른 곳에 유기하는 경우에는 이를 일시 사용하는 경우라고는 볼 수 없으므로 영득의 의사가 없다고 할 수 없다.

정선 핵심

① 불법영득의 의사 → 권리자를 배제하고 타인의 물건을 자기의 소유물과 같이 경제적 용법에 따라 이용·처분할 의사

② 상속인이 재물에 관하여 사실상 지배를 가지게 된 경우 → 상속인에 대한 절도죄 ○

③ 담보로 제공된 명의신탁 자동차를 명의신탁자가 몰래 가져간 경우 → 절도죄 ○

④ 일시사용으로 경제적 가치가 소모되거나, 상당한 장시간 점유하거나, 다른 곳에 유기한 경우 → 불법영득의사 ○

정선 해설

[❶ ▸ ○] 대판 2006.3.24. 2005도8081

[❷ ▸ ○] 민법 제193조는 절도죄의 요건으로서의 '타인의 점유'와 관련하여서는 적용의 여지가 없고, 재물을 점유하는 소유자로부터 이를 상속받아 그 소유권을 취득하였다고 하더라도 상속인이 그 재물에 관하여 위에서 본 의미에서의 사실상의 지배를 가지게 되어야만 이를 점유하는 것으로서 그때부터 비로소 상속인에 대한 절도죄가 성립할 수 있다(대판 2012.4.26. 2010도6334).

피고인이 내연관계에 있는 甲과 아파트에서 동거하다가, 甲의 사망으로 상속인인 乙 및 丙 소유에 속하게 된 부동산 등기권리증 등이 들어 있는 가방을 위 아파트에서 가지고 가 절취하였다는 내용으로 기소된 사안에서, 피고인이 가방을 들고 나온 시점에 乙 등이 아파트에 있던 가방을 사실상 지배하여 점유하였다고 볼 수 없어 피고인의 행위가 절도죄를 구성한다고 할 수 없는데도, 이와 달리 보아 절도죄를 인정한 원심판결에 법리오해 등의 위법이 있다고 한 사례(대판 2012.4.26. 2010도6334).

[**❸** ▸ ×] 피고인이 자신의 모(母) 甲 명의로 구입·등록하여 甲에게 명의신탁한 자동차를 乙에게 담보로 제공한 후 乙 몰래 가져가 절취하였다는 내용으로 기소된 경우, 乙에 대한 관계에서 자동차의 소유자는 甲이고 피고인은 소유자가 아니므로 乙이 점유하고 있는 자동차를 임의로 가져간 이상 절도죄가 성립한다(대판 2012.4.26. 2010도11771).

[**❹** ▸ ○] 대판 2012.7.12. 2012도1132

탑 ❸

164

甲에게 불법영득의사가 인정되는 것만을 모두 고르면?(다툼이 있는 경우 판례에 의함)

`18` 국가7급

ㄱ. 甲이 법인의 회계장부에 올리지 않고 법인의 운영자나 관리자가 회계로부터 분리시켜 별도로 관리하는 이른바 비자금을 법인을 위한 목적이 아니라 법인의 자금을 빼내어 착복할 목적으로 조성한 경우

ㄴ. 지방자치단체 조례상 용도가 엄격히 제한된 사회단체보조금을 집행할 직책에 있는 甲이 자기 자신의 이익을 위한 것이 아니고 경비부족을 메우기 위하여 보조금을 전용한 경우

ㄷ. 甲이 A의 영업점 내에 있는 A 소유의 휴대전화를 허락 없이 가지고 나와 사용한 다음 약 1~2시간 후 위 영업점 정문 옆 화분에 놓아두고 간 경우

ㄹ. 甲이 A리스회사에서 타인 명의로 리스하여 운행하던 자동차를 사채업자에게 채무담보목적으로 넘긴 후, 甲이 채무변제를 하지 못하자 사채업자가 그 자동차를 피해자 B에게 매도하였는데, 甲이 그 자동차를 A리스회사에 반납하기 위하여 미리 가지고 있던 보조키를 이용하여 피해자 B 몰래 그 자동차를 임의로 가져가 리스회사에 반납한 경우

① ㄱ, ㄹ
② ㄷ, ㄹ
③ ㄱ, ㄴ, ㄷ
④ ㄱ, ㄴ, ㄷ, ㄹ

정선 핵심

불법영득의사의 인정 여부
ㄱ. 비자금을 법인의 자금에서 빼내어 착복할 목적으로 조성한 경우 → ○
ㄴ. 경비부족을 메우기 위하여 사회단체보조금을 전용한 경우 → ○
ㄷ. 휴대전화를 사용하고 약 1~2시간 후 A의 영업점 정문 옆 화분에 놓은 경우 → ○
ㄹ. 차용금채무를 변제하지 못해 담보로 맡긴 승용차가 매각되자 몰래 운전하여 간 경우 → ○

정선 해설

[ㄱ ▸ ○] 법인의 운영자 또는 관리자가 법인을 위한 목적이 아니라 법인과는 아무런 관련이 없거나 개인적인 용도로 착복할 목적으로 법인의 자금을 빼내어 별도로 비자금을 조성하였다면 그 조성행위 자체로써 불법영득의 의사가 실현된 것이다(대판 2009.2.12. 2006도6994).

[ㄴ▸O] '장흥군 사회단체보조금 지원에 관한 조례' 등의 규정에 비추어 위 조례상의 보조금은 그 용도가 엄격히 제한된 자금으로 보아야 하고, 위와 같은 보조금을 집행할 직책에 있는 자가 자기 자신의 이익을 위한 것이 아니고 경비부족을 메우기 위하여 보조금을 전용하였더라도, 업무상횡령죄의 '불법영득의사'를 부인할 수 없다(대판 2010.9.30. 2010도987).

[ㄷ▸O] 대판 2012.7.12. 2012도1132

[ㄹ▸O] 대판 2014.2.21. 2013도14139

답 ❹

165

다음 중 甲에게 불법영득의사가 인정되는 사례를 모두 고른 것은? 20 법원행시

ㄱ. 甲이 길가에 세워져 있는 오토바이를 소유자 乙의 승낙없이 타고 가서 용무를 마친 약 1시간 30분 후 본래 있던 곳에서 약 8미터 되는 장소에 놓아두었다(오토바이에 대한 불법영득의사).

ㄴ. 甲은 乙의 승낙 없이 혼인신고서를 작성하기 위하여 乙의 도장을 몰래 꺼내어 사용한 후 곧바로 제자리에 갖다 놓았다(도장에 대한 불법영득의사).

ㄷ. 甲은 乙의 핸드백에서 몰래 꺼낸 乙의 직불카드를 사용하여 乙의 예금계좌에서 자기의 예금계좌로 돈을 이체시켰다가, 乙과 헤어진 때로부터 3시간 뒤에 乙에게 전화하여 사실대로 말한 후 직불카드를 乙에게 반환하였다(직불카드에 대한 불법영득의사).

ㄹ. 甲은 乙이 운영하는 가게에 있던 乙의 휴대전화를 가지고 나와 승용차를 운전하고 가다가 동승한 자신의 친구에게 이를 사용하게 하였고, 가게를 나온 약 2시간 후 乙 몰래 위 가게 정문 옆 화분에 乙의 휴대전화를 놓아 두고 갔다(휴대전화에 대한 불법영득의사).

ㅁ. 甲이 사채업자로부터 돈을 빌리면서 자신이 리스하여 사용하던 乙캐피탈 소유의 승용차를 담보로 맡겼으나, 차용금채무를 변제하지 못해 위 승용차는 丙에게 매각되었다. 甲은 승용차를 회수하여 乙캐피탈에게 반환할 생각으로 丙 몰래 위 승용차를 운전하여 가져갔다(승용차에 대한 불법영득의사).

---

① ㄱ, ㄷ   ② ㄴ, ㄹ

③ ㄷ, ㅁ   ④ ㄱ, ㄹ, ㅁ

⑤ ㄷ, ㄹ, ㅁ

정선 핵심

불법영득의사의 인정 여부

ㄱ. 오토바이를 약 1시간 30분 후 본래 있던 곳에서 약 8미터 되는 곳에 방치한 경우 → O

ㄴ. 혼인신고서를 작성하기 위하여 도장을 사용한 후 제자리에 갖다 놓은 경우 → ✕

ㄷ. 직불카드를 사용하여 돈을 이체시킨 후 반환한 경우 → ✕

ㄹ. 휴대전화를 사용하고 약 2시간 후 乙의 가게 정문 옆 화분에 놓은 경우 → O

ㅁ. 차용금채무를 변제하지 못해 담보로 맡긴 승용차가 매각되자 몰래 운전하여 간 경우 → O

정선 해설

[ㄱ▸O] 대판 1981.10.13. 81도2394

[ㄴ▸✕] 피해자의 승낙 없이 혼인신고서를 작성하기 위하여 피해자의 도장을 몰래 꺼내어 사용한 후 곧바로 제자리에 갖다 놓은 경우, 도장에 대한 불법영득의 의사가 있었다고 볼 수 없다(대판 2000.3.28. 2000도493).

[ㄷ▸✕] 은행이 발급한 직불카드를 사용하여 타인의 예금계좌에서 자기의 예금계좌로 돈을 이체시켰다 하더라도 직불카드 자체가 가지는 경제적 가치가 계좌이체된 금액만큼 소모되었다고 할 수는 없으므로, 이를 일시 사용하고 곧 반환한 경우에는 그 직불카드에 대한 불법영득의 의사는 없다고 보아야 한다(대판 2006.3.9. 2005도7819).

[ㄹ▸O] 대판 2012.7.12. 2012도1132

[ㅁ ▸ ○] 우선 피고인이 자기 이외의 자의 소유물인 이 사건 승용차를 점유자인 피해자의 의사에 반하여 그 점유를 배제하고 자기의 점유로 옮긴 이상 그러한 행위가 '절취'에 해당함은 분명하다. 또한 피고인이 이 사건 승용차를 임의로 가져간 것이 소유자인 ○○캐피탈의 의사에 반하는 것이라고는 보기 어렵고 실제로 위 승용차가 ○○캐피탈에 반납된 사정을 감안한다고 하더라도, 그러한 사정만으로는 피고인에게 불법영득의 의사가 없다고 할 수도 없다(대판 2014.2.21. 2013도14139).

답 ❹

166

□□□

재산죄에 대한 다음 설명 중 적절한 것만을 모두 고른 것은?(다툼이 있는 경우 판례에 의함)

21 경찰채용

> ㄱ. 절도죄의 성립에 필요한 '불법영득의 의사'는 그것이 물건 자체를 영득할 의사인지 물건의 가치만을 영득할 의사인지를 불문한다.
> ㄴ. 형법 제332조에 규정된 상습절도죄를 범한 범인이 범행의 수단으로 주간에 주거침입을 한 경우, 주거침입행위는 다른 상습절도죄에 흡수되어 1죄만을 구성하고 상습절도죄와 별개로 주거침입죄를 구성하지 않는다.
> ㄷ. 공갈죄의 수단인 협박에 있어서의 해악의 고지가 비록 정당한 권리의 실현 수단으로 사용된 경우라도 그 권리실현의 수단·방법이 사회통념상 허용되는 정도나 범위를 넘는다면 공갈죄의 실행에 착수한 것으로 보아야 한다.
> ㄹ. 당사자 사이에 혼인신고가 있었다면, 그 혼인신고가 단지 다른 목적을 달성하기 위한 방편에 불과한 것으로 그들 사이에 참다운 부부관계의 설정을 바라는 효과의사가 없다 하더라도 친족상도례를 적용할 수 있다.

① ㄱ, ㄷ ② ㄱ, ㄹ
③ ㄴ, ㄷ ④ ㄴ, ㄹ

**정선
핵심**

ㄱ. 물건 자체를 영득할 의사뿐만 아니라 물건 가치만 영득할 의사 → 불법영득의사 ○
ㄴ. 상습절도와 주거침입죄의 죄수
  → 상습절도가 야간에 주거침입하여 행하여진 경우 : 주거침입죄 ×
  → 상습절도가 주간에 주거침입하여 행하여진 경우 : 상습절도와 주거침입죄는 실체적 경합 ○
ㄷ. 해악의 고지가 정당한 권리의 실현 수단으로 사용되더라도 사회통념상 허용되는 정도나 범위를 넘는 경우
  → 공갈죄의 실행의 착수 ○
ㄹ. 혼인신고가 있었으나 참다운 부부관계의 설정의 효과의사가 없는 경우 → 친족상도례 적용 ×

**정선
해설**

[ㄱ ▸ ○] 대판 2012.4.26. 2010도11771
[ㄴ ▸ ×] 판례(대판 2015.10.15. 2015도8169)의 취지를 고려하면, 상습절도가 야간에 주거침입하여 행하여진 경우에는 별도로 주거침입죄는 성립하지 아니하나, 상습절도가 주간에 주거침입하여 행하여진 경우에는 상습절도와 주거침입죄는 실체적 경합관계가 된다는 것으로 정리할 수 있다.
[ㄷ ▸ ○] 대판 2019.2.14. 2018도19493
[ㄹ ▸ ×] 비록 당사자 사이에 혼인의 신고가 있었더라도, 그것이 단지 다른 목적을 달성하기 위한 방편에 불과한 것으로서 그들 사이에 참다운 부부관계의 설정을 바라는 효과의사가 없을 때에는 그 혼인은 무효라고 할 것이므로 사기죄를 범하는 자가 금원을 편취하기 위한 수단으로 피해자와 혼인신고를 한 것이어서 그 혼인이 무효인 경우라면, 그러한 피해자에 대한 사기죄에서는 친족상도례를 적용할 수 없다고 할 것이다(대판 2015.12.10. 2014도11533).

답 ❶

167 □□□ 친족상도례에 관한 설명 중 옳지 않은 것은?(다툼이 있는 경우 판례에 의함) 20 변시

① 친족상도례는 공갈의 죄 및 장물에 관한 죄에 적용될 수 있지만 강도의 죄 및 손괴의 죄에는 적용되지 않는다.

② 범인이 자신과 사돈지간인 피해자를 속여 재물을 편취한 경우, 사기죄의 범인에 대해 친족상도례를 적용할 수 없다.

③ 사기죄의 범인이 금원을 편취하기 위한 수단으로 피해자와 혼인신고를 한 것이어서 그 혼인이 무효인 경우, 범행 당시 피해자가 범인의 배우자였던 사실은 인정되므로 친족상도례를 적용할 수 있다.

④ 횡령죄와 관련하여 친족상도례는 범인과 피해물건의 소유자 및 위탁자 쌍방 간에 형법 제328조 소정의 친족관계가 있는 경우에만 적용되고, 범인과 피해물건의 소유자 간에만 친족관계가 있거나 범인과 위탁자 간에만 친족관계가 있는 경우에는 적용될 수 없다.

⑤ 甲이 乙에게 절도를 교사하고 이에 따라 乙이 자신과 동거하지 않는 삼촌 丙의 신용카드를 절취한 경우, 丙의 고소가 없더라도 甲을 절도교사죄로 처벌할 수 있다.

정선 핵심

친족상도례의 적용 여부

① 강도죄, 손괴죄 → ×
② 사돈지간 → ×
③ 금원편취 수단으로 혼인신고를 하였으나 혼인이 무효인 경우 → ×
④ 횡령범인과 소유자 또는 위탁자간에 친족관계가 있는 경우 → ×
⑤ 甲의 교사에 의해 乙이 동거하지 않는 삼촌 丙의 신용카드를 절취한 경우 → 고소가 없더라도 절도교사죄로 처벌 ○

정선 해설

[❶ ▶ ○] 친족상도례 규정은 권리행사방해죄에 대하여 규정되어(형법 제328조) 절도죄, 사기죄, 공갈죄, 횡령죄, 배임죄 및 장물죄에 준용되나, 강도죄, 손괴죄에 대하여는 적용되지 아니한다.

[❷ ▶ ○] 대판 2011.4.28. 2011도2170

[❸ ▶ ×] 형법 제354조, 제328조 제1항에 의하면 배우자 사이의 사기죄는 이른바 친족상도례에 의하여 형을 면제하도록 되어 있으나, 사기죄를 범하는 자가 금원을 편취하기 위한 수단으로 피해자와 혼인신고를 한 것이어서 그 혼인이 무효인 경우라면, 그러한 피해자에 대한 사기죄에서는 친족상도례를 적용할 수 없다고 할 것이다(대판 2015.12.10. 2014도11533).

[❹ ▶ ○] 횡령범인이 위탁자가 소유자를 위해 보관하고 있는 물건을 위탁자로부터 보관받아 이를 횡령한 경우에 형법 제361조에 의하여 준용되는 제328조 제2항의 친족간의 범행에 관한 조문은 범인과 피해물건의 소유자 및 위탁자 쌍방 사이에 같은 조문에 정한 친족관계가 있는 경우에만 적용되고, 단지 횡령범인과 피해물건의 소유자간에만 친족관계가 있거나 횡령범인과 피해물건의 위탁자간에만 친족관계가 있는 경우에는 적용되지 않는다(대판 2008.7.24. 2008도3438).

[❺ ▶ ○] 비친족 甲이 친족 乙의 범죄에 가담한 경우, 친족상도례는 인적 처벌조각사유에 해당하여, 비친족 甲에게는 동 규정이 적용되지 아니하므로 丙의 고소가 없더라도 甲을 절도교사죄로 처벌할 수 있다.

답 ❸

친족상도례에 대한 설명으로 옳은 것은?(다툼이 있는 경우 판례에 의함) `20` `경찰간부`

① 장물죄를 범한 자와 본범 간에 형법 제328조 제2항의 신분관계가 있는 때에는 고소가 있어야 공소를 제기할 수 있다.

② 친족상도례 규정은 권리행사방해죄에 대하여 규정되어 있고, 의사자유 침해의 성격을 가진 강도의 죄를 제외한 모든 재산범죄에 준용된다.

③ 사기죄를 범하는 자가 금원 편취의 수단으로 피해자와 혼인신고를 한 것이어서 그 혼인이 무효인 경우라면, 그러한 피해자에 대한 사기죄에서는 친족상도례를 적용할 수 없다.

④ 형법 제328조 제1항은 "직계혈족, 배우자, 동거친족, 동거가족 또는 그 배우자 간의 제323조의 죄는 그 형을 면제한다."라고 규정하고 있는바, 여기서 '그 배우자'는 앞에서 언급된 '배우자' 와의 관계로 볼 때 동거가족의 배우자만을 의미하는 것으로 볼 것이다.

**정선
핵심**

① 장물범과 본범 간에 형법 제328조 제1항의 신분관계가 있는 경우 → 필요적 감면

② 강도죄, 손괴죄 → 친족상도례 적용 ✕

③ 금원편취 수단으로 혼인신고를 하였으나 혼인이 무효인 경우 → 친족상도례 적용 ✕

④ 형법 제328조 제1항의 배우자 → 직계혈족, 동거친족, 동거가족 모두의 배우자

**정선
해설**

[**❶** ▸ ✕] 형법 제365조 제2항 참조

 법령

친족간의 범행(형법 제365조) ① 전3조의 죄를 범한 자와 피해자간에 제328조 제1항, 제2항의 신분관계가 있는 때에는 동조의 규정을 준용한다.
② 전3조의 죄를 범한 자와 본범 간에 제328조 제1항의 신분관계가 있는 때에는 그 형을 감경 또는 면제한다. 단, 신분관계가 없는 공범에 대하여는 예외로 한다.

[**❷** ▸ ✕] 친족상도례 규정은 권리행사방해죄에 대하여 규정되어(형법 제328조) 절도죄, 사기죄, 공갈죄, 횡령죄, 배임죄 및 장물죄에 준용되나, 강도죄, 손괴죄에 대하여는 적용되지 아니한다.

[**❸** ▸ ○] 대판 2015.12.10. 2014도11533

[**❹** ▸ ✕] 형법 제354조에 의하여 준용되는 제328조 제1항에서 "직계혈족, 배우자, 동거친족, 동거가족 또는 그 배우자 간의 제323조의 죄는 그 형을 면제한다."고 규정하고 있는바, 여기서 '그 배우자'는 동거가족의 배우자만을 의미하는 것이 아니라, 직계혈족, 동거친족, 동거가족 모두의 배우자를 의미하는 것으로 볼 것이다(대판 2011.5.13. 2011도1765).

> 피고인이 상습으로 재물을 편취하였다고 하여 특정경제범죄 가중처벌 등에 관한 법률 위반(사기)으로 기소된 사안에서, 피고인이 피해자 甲의 직계혈족의 배우자임을 이유로 형법 제354조, 제328조 제1항에 따라 甲에 대한 상습사기의 공소사실에 대하여 형을 면제한 원심판단을 정당하다고 한 사례(대판 2011.5.13. 2011도1765).

답 ❸

01 채권자가 소유자(채무자)에 대한 채권담보의 의사만을 가지고 그 소유 물건의 점유를 침탈한 경우에도 절도죄의 불법영득의 의사가 있다. `19` 해경채용　　○ | ×

02 甲이 A로부터 자신의 월급 등을 제대로 받지 못할 것을 염려하여 A의 예금통장을 무단사용하여 예금 1,000만원을 인출한 후 바로 예금통장을 반환한 경우, 甲에게 예금통장에 대한 불법영득의사는 인정되지 않으므로 예금통장에 대한 절도죄는 성립하지 않는다. `19` 해경채용　　○ | ×

03 피고인이 살해된 피해자의 주머니에서 꺼낸 지갑을 살해도구로 이용한 골프채와 옷 등 다른 증거품들과 함께 자신의 차량에 싣고 가다가 쓰레기 소각장에서 태워버린 경우, 절도죄의 불법영득의사가 인정되지 않는다. `17` 법원9급　　○ | ×

04 동업자, 조합원, 부부 사이와 같이 수인이 대등하게 재물을 점유하는 공유물, 합유물 그리고 총유물의 경우에도 공동점유자 상호간에 점유의 타인성이 인정되므로 그중 1인이 다른 공동점유자의 점유를 배제하고 단독점유로 옮긴 때에는 절도죄가 성립한다. `20` 경찰채용　　○ | ×

05 후일 변제할 의사로 피해자의 승낙 없이 현금이 들어있는 지갑을 가져간 경우 절도죄가 성립한다. `15` 경찰간부　　○ | ×

06 타인의 신용카드를 무단 사용하여 현금자동지급기에서 현금을 인출한 후 바로 반환한 경우 그 신용카드에 대한 절도죄가 성립한다. `16` 국가9급　　○ | ×

07 법원으로부터 송달된 심문기일소환장은 재산적 가치가 있는 물건으로서 절도죄의 재물에 해당한다. `15` 경찰승진　　○ | ×

08 甲이 상사와의 의견충돌 끝에 항의의 표시로 사표를 제출한 다음 평소 자신이 전적으로 보관·관리해 오던 비자금관련 서류 및 금품이 든 가방을 가지고 나온 경우 불법영득의사가 인정되어 절도죄가 성립한다. `15` 경찰승진　　○ | ×

09 피고인이 피해자의 컴퓨터에 저장된 정보를 출력하여 생성한 문서를 가지고 간 행위를 들어 피해자 소유의 문서를 절취한 것으로 볼 수는 없다. `16` 법원9급　　○ | ×

10 피고인이 위험한 물건을 휴대한 채 친족인 피해자를 공갈하여 재물을 교부받은 경우에도 친족상도례가 적용된다. `20` 해경승진　　○ | ×

01 대판 1973.2.26. 73도51

02 예금통장 자체가 가지는 예금액 증명기능의 경제적 가치에 대한 불법영득의 의사를 인정할 수 있으므로 절도죄가 성립한다(대판 2010.5.27. 2009도9008).

03 대판 2000.10.13. 2000도3655

04 공동점유자 상호간에 점유의 타인성이 인정되기 때문이다(대판 1982.4.27. 81도2956).

05 대판 1999.4.9. 99도519

06 신용카드 자체가 가지는 경제적 가치가 인출된 예금액만큼 소모되었다고 할 수 없으므로, 이를 일시 사용하고 곧 반환한 경우에는 불법영득의 의사가 없다(대판 1999.7.9. 선고 99도857).

07 대판 2000.2.25. 99도5775

08 불법영득의 의사가 있다고 할 수 없을 뿐만 아니라, 그 서류 및 금품이 타인의 점유하에 있던 물건이라고도 볼 수 없다(대판 1995.9.5. 94도3033).

09 대판 2002.7.12. 2002도745

10 대판 2010.7.29. 2010도5795

정답

01 ○	**02** ×	**03** ○	**04** ○
05 ○	**06** ×	**07** ○	**08** ×
09 ○	**10** ○		

제2관 | 절도의 죄

169
□□□

절도죄의 객체에 관한 설명으로 가장 적절한 것은?(다툼이 있는 경우 판례에 의함)

19 경찰채용

① 고속버스 운전기사가 발견한 버스 내 유실물을 타인이 가져간 경우, 절도죄가 아니라 점유이탈물횡령죄가 성립한다.

② 종전 점유자의 점유가 그의 사망으로 인한 상속에 의하여 당연히 그 상속인에게 이전된다는 민법 제193조는 절도죄의 '점유'에도 적용된다.

③ 임차인이 임대계약 종료 후 식당건물에서 퇴거하면서 종전부터 사용하던 냉장고의 전원을 켜 둔 채 그대로 두었다가 약 1개월 후 철거해 가는 바람에 그 기간 동안 전기가 소비된 경우, 타인의 점유 관리하에 있던 전기이므로 절도죄가 성립한다.

④ 자동차등록명의자가 등록명의는 그대로 두고 자동차의 소유권은 상대방이 보유하도록 하는 약정을 체결한 이후 약정상대방이 점유하던 그 자동차를 임의로 가져간 경우, 자동차 등록명의와 관계없이 약정상대방이 소유자이므로 절도죄가 성립한다.

**정선
핵심**

절도죄의 성립 여부
① 고속버스 운전기사가 발견한 유실물을 타인이 가져간 경우 → ○
② 민법 제193조 → 절도죄의 점유에 적용 ×
③ 임차인이 퇴거하면서 냉장고의 전원을 켜 두어 전기를 소비한 경우 → ×
④ 등록명의는 그대로이나 소유권은 상대방에게 유보된 자동차를 임의로 가져간 경우 → ○

**정선
해설**

[**❶** ▸ ✕] 고속버스 운전사가 유실물을 현실적으로 발견하였다면 유실물에 대한 점유를 인정할 수 있으므로 절도죄가 성립한다.

> 고속버스 운전사는 고속버스의 관수자로서 차내에 있는 승객의 물건을 점유하는 것이 아니고 승객이 잊고 내린 유실물을 교부받을 권능을 가질 뿐이므로 유실물을 현실적으로 발견하지 않는 한 이에 대한 점유를 개시하였다고 할 수 없고, 그 사이에 다른 승객이 유실물을 발견하고 이를 가져 갔다면 절도에 해당하지 아니하고 점유이탈물횡령에 해당한다(대판 1993.3.16. 92도3170).

[**❷** ▸ ✕] 민법 제193조는 절도죄의 요건으로서의 '타인의 점유'와 관련하여서는 적용의 여지가 없고, 재물을 점유하는 소유자로부터 이를 상속받아 그 소유권을 취득하였다고 하더라도 상속인이 그 재물에 관하여 위에서 본 의미에서의 사실상의 지배를 가지게 되어야만 이를 점유하는 것으로서 그때부터 비로소 상속인에 대한 절도죄가 성립할 수 있다(대판 2012.4.26. 2010도6334).

[**❸** ▸ ✕] 임차인이 퇴거 후에도 냉장고에 관한 점유·관리를 그대로 보유하고 있었다고 보아야 하므로, 냉장고를 통하여 전기를 계속 사용하였다고 하더라도 이는 당초부터 자기의 점유·관리하에 있던 전기를 사용한 것일 뿐 타인의 점유·관리하에 있던 전기가 아니어서 절도죄가 성립하지 않는다(대판 2008.7.10. 2008도3252).

[**❹** ▸ ○] 판례의 취지를 고려하면, 자동차 등록명의와 관계없이 약정상대방이 소유자가 되므로 그 자동차를 임의로 가져가면 절도죄가 성립한다.

> 자동차에 대한 소유권의 득실변경은 등록을 함으로써 그 효력이 생기고 등록이 없는 한 대외적 관계에서는 물론 당사자의 대내적 관계에서도 소유권을 취득할 수 없는 것이 원칙이지만, 당사자 사이에 소유권을 등록명의자 아닌 자가 보유하기로 약정하였다는 등의 특별한 사정이 있는 경우에는 그 내부관계에 있어서는 등록명의자 아닌 자가 소유권을 보유하게 된다고 할 것이다(대판 2013.2.28. 2012도15303).

답 ❹

절도의 죄에 대한 설명 중 가장 적절하지 않은 것은?(다툼이 있는 경우 판례에 의함)

20 경찰승진

① 甲이 자신의 모(母) A 명의로 구입·등록하여 A에게 명의신탁한 자동차를 B에게 담보로 제공한 후 B 몰래 가져간 경우 甲은 절도죄로 처벌된다.

② 채권자 甲이 채무자가 점유하고 있는 양도담보 목적물인 동산을 제3자인 乙에게 매각하여 그 목적물의 소유권을 취득하게 한 다음 乙로 하여금 甲으로부터 목적물반환청구권을 양도받는 방법으로 그 목적물을 취거하게 한 경우 乙의 취거행위는 절도죄로 처벌되지 않지만 甲의 목적물 처분행위는 절도죄로 처벌된다.

③ 甲이 A 소유 토지에 권원 없이 식재한 감나무에서 감을 수확한 경우 甲은 절도죄로 처벌된다.

④ 甲과 乙이 합동하여 야간이 아닌 주간에 절도의 목적으로 타인의 주거에 침입하였다 하여도 아직 절취할 물건의 물색행위를 시작하기 전이라면 특수절도죄의 실행에 착수가 인정되지 않는다.

정선 핵심

① 담보로 제공된 명의신탁 자동차를 명의신탁자가 몰래 가져간 경우 → 절도죄 ○

② 채권자로부터 동산양도담보의 목적물을 매수한 제3자가 목적물반환청구권을 양도받는 방법으로 목적물을 취거하게 한 경우 → 절도죄 ×

③ A 소유 토지에 권원 없이 식재한 감나무에서 감을 수확한 경우 → 절도죄 ○

④ 2인 이상이 합동하여 주간에 절도의 목적으로 주거에 침입하였으나 물색행위 전인 경우 → 특수절도죄의 실행의 착수 ×

정선 해설

[❶ ▸ ○] 피고인이 자신의 모(母) 甲 명의로 구입·등록하여 甲에게 명의신탁한 자동차를 乙에게 담보로 제공한 후 乙 몰래 가져가 절취하였다는 내용으로 기소된 경우, 乙에 대한 관계에서 자동차의 소유자는 甲이고 피고인은 소유자가 아니므로 乙이 점유하고 있는 자동차를 임의로 가져간 이상 절도죄가 성립한다(대판 2012.4.26. 2010도11771).

> **관련판례** 대판 2007.1.11. 2006도4498
>
> 자동차 명의신탁관계에서 제3자가 명의수탁자로부터 승용차를 가져가 매도할 것을 허락받고 인감증명 등을 교부받아 위 승용차를 명의신탁자 몰래 가져간 경우, 위 제3자와 명의수탁자의 공모·가공에 의한 절도죄의 공모공동정범이 성립한다고 한 사례.

[❷ ▸ ×] 채권자가 양도담보 목적물을 위와 같은 방법으로 제3자에게 처분하여 그 목적물의 소유권을 취득하게 한 다음 그 제3자로 하여금 그 목적물을 취거하게 한 경우, 그 제3자로서는 자기의 소유물을 취거한 것에 불과하므로, 채권자의 이 같은 행위는 절도죄를 구성하지 않는다(대판 2008.11.27. 2006도4263).

[❸ ▸ ○] 대판 1998.4.24. 97도3425

[❹ ▸ ○] 대판 2009.12.24. 2009도9667

답 ❷

재산죄의 객체에 관한 설명 중 옳은 것은?(다툼이 있는 경우 판례에 의함) 20 변시

① 회사에서 회사컴퓨터에 저장된 정보를 몰래 자신의 저장장치로 복사한 경우, 컴퓨터에 저장된 정보는 절도죄의 객체인 재물이 될 수 있다.

② 협박으로 금전채무 지불각서 1매를 쓰게 하고 이를 강취한 경우, 사법상 유효하지 못한 위 지불각서는 강도죄의 객체인 재산상 이익이 될 수 없다.

③ 대가를 지급하기로 하고 성관계를 가진 뒤 대금을 지급하지 않은 경우, 성행위의 대가는 사기죄의 객체인 재산상 이익이 될 수 없다.

④ 권한 없이 인터넷뱅킹으로 타인의 예금계좌에서 자신의 예금계좌로 돈을 이체한 후 그중 일부를 인출한 돈은 장물죄의 객체가 된다.

⑤ 민사집행법상 보전처분 단계에서 가압류 채권자의 지위는 원칙적으로 강제집행면탈죄의 객체가 될 수 없다.

**정선
핵심**

① 컴퓨터에 저장된 정보 → 절도죄의 객체 ×
② 사법상 유효하지 못한 지불각서 → 강도죄의 객체 ○
③ 부녀를 기망하여 성행위 대가의 지급을 면하는 경우의 대가 → 사기죄의 객체 ○
④ 권한 없이 인터넷뱅킹으로 이체한 후 인출한 돈 → 장물죄의 객체 ×
⑤ 가압류 채권자의 지위 → 강제집행면탈죄의 객체 ×

**정선
해설**

[❶ ▸ ×] 판례의 취지를 고려하면, 컴퓨터에 저장된 정보는 절도죄의 객체인 재물이 될 수 없다.

> [1] 컴퓨터에 저장되어 있는 '정보' 그 자체는 유체물이라고 볼 수도 없고, 물질성을 가진 동력도 아니므로 재물이 될 수 없다 할 것이며, 또 이를 복사하거나 출력하였다 할지라도 그 정보 자체가 감소하거나 피해자의 점유 및 이용가능성을 감소시키는 것이 아니므로 그 복사나 출력 행위를 가지고 절도죄를 구성한다고 볼 수도 없다.
> [2] 피고인이 컴퓨터에 저장된 정보를 출력하여 생성한 문서는 피해 회사의 업무를 위하여 생성되어 피해 회사에 의하여 보관되고 있던 문서가 아니라, 피고인이 가지고 갈 목적으로 피해 회사의 업무와 관계없이 새로이 생성시킨 문서라 할 것이므로, 이는 피해 회사 소유의 문서라고 볼 수는 없다 할 것이어서, 이를 가지고 간 행위를 들어 피해 회사 소유의 문서를 절취한 것으로 볼 수는 없다(대판 2002.7.12. 2002도745).

[❷ ▸ ×] 피해자를 협박하여 지불각서를 쓰게 한 경우, 그 권리의무관계의 외형상 변동의 사법상 효력의 유무는 그 범죄의 성립에 영향이 없으므로, 법률상 정당하게 그 이행을 청구할 수 있는 것이 아니라도 강도죄에 있어서의 재산상의 이익에 해당한다(대판 1994.2.22. 93도428).

[❸ ▸ ×] 사기죄의 객체가 되는 재산상의 이익이 반드시 사법(私法)상 보호되는 경제적 이익만을 의미하지 아니하고, 부녀가 금품 등을 받을 것을 전제로 성행위를 하는 경우 그 행위의 대가는 사기죄의 객체인 경제적 이익에 해당하므로, 부녀를 기망하여 성행위 대가의 지급을 면하는 경우 사기죄가 성립한다(대판 2001.10.23. 2001도2991).

[❹ ▸ ×] 컴퓨터등사용사기죄의 범행으로 예금채권을 취득한 다음 자기의 현금카드를 사용하여 현금자동지급기에서 현금을 인출한 경우, 현금카드 사용권한 있는 자의 정당한 사용에 의한 것으로서 현금자동지급기 관리자의 의사에 반하거나 기망행위 및 그에 따른 처분행위도 없었으므로, 별도로 절도죄나 사기죄의 구성요건에 해당하지 않는다 할 것이고, 그 결과 그 인출된 현금은 재산범죄에 의하여 취득한 재물이 아니므로 장물이 될 수 없다(대판 2004.4.16. 2004도353).

[❺ ▸ ○] 대판 2008.9.11. 2006도8721

답 ❺

점유와 관련된 범죄에 대한 설명으로 가장 옳지 않은 것은?(다툼이 있는 경우 판례에 의함)

① 일단 적법한 권원에 기하여 점유를 개시하였으나 사후에 점유권원을 상실한 경우의 점유는 권리행사방해죄에서의 보호대상인 '타인의 점유'에 해당하지 않는다.

② 절도죄의 요건으로서의 타인의 점유는 현실적으로 어떠한 재물을 지배하는 순수한 사실상의 관계를 의미하는 바, 점유자의 점유가 그의 사망으로 인한 상속에 의하여 당연히 그 상속인에게 이전된다는 민법 제193조는 절도죄의 요건인 타인의 점유와 관련하여서는 적용의 여지가 없다.

③ 타인이 인도받아 점유하고 있는 자신 소유의 비닐하우스의 열쇠를 손괴하고 그 안에 들어간 경우 주거침입죄가 성립한다.

④ 임차인이 임대계약 종료 후 식당건물에서 퇴거하면서 종전부터 사용하던 냉장고의 전원을 켜 둔 채 그대로 두었다가 약 1개월 후 철거해 가는 바람에 그 기간 동안 전기가 소비된 경우, 임차인은 당초부터 자기의 점유·관리하에 있던 전기를 사용한 것일 뿐 타인의 점유·관리하에 있던 전기를 사용한 것이 아니어서 절도죄가 성립하지 않는다.

정선 핵심

① 권리행사방해죄의 구성요건
 → 타인의 점유 : 적법한 권원에 의하였으나 사후에 점유권원을 상실한 경우 포함
② 민법 제193조 → 타인의 점유와 관련하여 적용 ✕
③ 타인이 점유하고 있는 자신 소유의 비닐하우스에 들어간 경우 → 주거침입죄 ○
④ 임차인이 퇴거하면서 냉장고의 전원을 켜 두어 전기를 소비한 경우 → 절도죄 ✕

정선 해설

[❶ ▶ ✕] 권리행사방해죄에서의 보호대상인 타인의 점유는 반드시 점유할 권원에 기한 점유만을 의미하는 것은 아니고, 일단 적법한 권원에 기하여 점유를 개시하였으나 사후에 점유 권원을 상실한 경우의 점유, 점유 권원의 존부가 외관상 명백하지 아니하여 법정절차를 통하여 권원의 존부가 밝혀질 때까지의 점유, 권원에 기하여 점유를 개시한 것은 아니나 동시이행항변권 등으로 대항할 수 있는 점유 등과 같이 법정절차를 통한 분쟁 해결시까지 잠정적으로 보호할 가치 있는 점유는 모두 포함된다고 볼 것이다(대판 2006.3.23. 2005도4455).

[❷ ▶ ○] 대판 2012.4.26. 2010도6334

[❸ ▶ ○] 대판 2007.3.15. 2006도7044

[❹ ▶ ○] 임차인이 퇴거 후에도 냉장고에 관한 점유·관리를 그대로 보유하고 있었다고 보아야 하므로, 냉장고를 통하여 전기를 계속 사용하였다고 하더라도 이는 당초부터 자기의 점유·관리하에 있던 전기를 사용한 것일 뿐 타인의 점유·관리하에 있던 전기가 아니어서 절도죄가 성립하지 않는다(대판 2008.7.10. 2008도3252).

답 ❶

절도죄에 대한 다음 설명 중 옳지 않은 것은 몇 개인가?(다툼이 있는 경우 판례에 의함)

19 경찰간부

> ㄱ. 피고인이 자신의 어머니 甲명의로 구입 등록하여 甲에게 명의신탁한 자동차를 乙에게 담보로 제공한 후 乙 몰래 가져간 경우 절도죄가 성립한다.
>
> ㄴ. 종전 점유자의 점유가 그의 사망으로 인한 상속에 의하여 당연히 그 상속인에게 이전된다는 민법 제193조는 절도죄의 요건으로서의 '타인의 점유'와 관련하여서는 적용의 여지가 없고, 재물을 점유하는 소유자로부터 이를 상속받아 그 소유권을 취득하였다고 하더라도 상속인이 그 재물에 관하여 사실상의 지배를 가지게 되어야만 이를 점유하는 것으로서 그때부터 비로소 상속인에 대한 절도죄가 성립할 수 있다.
>
> ㄷ. 결혼예식장에서 신부 측 축의금 접수인인 것처럼 행세하면서 축의금을 교부받아 가로챈 것은 사기죄가 아니라 절도죄에 해당한다.
>
> ㄹ. 甲이 밍크 45마리에 관하여 자기에게 그 권리가 있다고 주장하면서 이를 가져간 데 대해 밍크 소유자인 乙의 묵시적 동의가 있었다면 그 주장이 후에 허위임이 밝혀졌더라도 위법성이 조각되어 甲은 절도죄의 죄책을 지지 않는다.

① 없음   ② 1개
③ 2개   ④ 3개

정선 핵심

절도죄의 성립 여부
ㄱ. 담보로 제공된 명의신탁 자동차를 명의신탁자가 몰래 가져간 경우 → ○
ㄴ. 상속인이 재물에 관하여 사실상 지배를 가지게 된 경우 → 상속인에 대한 절도죄 ○
ㄷ. 축의금을 교부받아 가로챈 경우 → ○
ㄹ. 밍크 45마리를 가져가는 것에 대하여 묵시적 동의가 있는 경우 → 양해에 해당하여 절도죄 ×

정선 해설

[ㄱ ▸ ○] 대판 2012.4.26. 2010도11771
[ㄴ ▸ ○] 민법 제193조는 절도죄의 요건으로서의 '타인의 점유'와 관련하여서는 적용의 여지가 없고, 재물을 점유하는 소유자로부터 이를 상속받아 그 소유권을 취득하였다고 하더라도 상속인이 그 재물에 관하여 위에서 본 의미에서의 사실상의 지배를 가지게 되어야만 이를 점유하는 것으로서 그때부터 비로소 상속인에 대한 절도죄가 성립할 수 있다(대판 2012.4.26. 2010도6334).
[ㄷ ▸ ○] 대판 1996.10.15. 96도2227
[ㄹ ▸ ×] 판례의 취지를 고려하면, 乙의 동의는 구성요건해당성을 조각하는 양해에 해당하므로 甲은 절도죄의 죄책을 지지 않는다고 이해하는 것이 타당하다.

> 피고인이 피해자에게 이 사건 밍크 45마리에 관하여. 자기에게 그 권리가 있다고 주장하면서 이를 가져간 데 대하여 피해자의 묵시적인 동의가 있었다면 피고인의 주장이 후에 허위임이 밝혀졌더라도 피고인의 행위는 절도죄의 절취행위에는 해당하지 않는다(대판 1990.8.10. 90도1211).

 답 ❷

절도죄에 관한 다음 설명 중 옳은 것을 모두 고르면?(다툼이 있는 경우 판례에 의함)

ㄱ. 甲이 A의 영업점 내에 있는 A소유의 휴대전화를 허락없이 가지고 나와 이를 이용하고 약 1~2시간 후 A의 영업점 정문 옆 화분에 놓아두었다면 甲에게는 절도죄가 성립하지 않는다.

ㄴ. 타인의 명의를 모용하여 발급받은 신용카드를 사용하여 현금자동지급기에서 현금대출을 받았다면 현금대출을 받은 부분에 대해서는 절도죄가 성립한다.

ㄷ. 동산 양도담보의 채권자인 甲이 양도담보 목적물을 乙에게 처분하여 그 목적물의 소유권을 취득하게 한 다음 乙에게 그 목적물을 취거하게 한다면 甲은 절도죄의 간접정범이 된다.

ㄹ. 甲이 상사와 충돌 끝에 사표를 제출한 다음 평소 자신이 전적으로 보관·관리하던 비자금 관련 서류 및 금품이 든 가방을 가지고 나왔으나 그 이후 계속 정상적으로 근무한 경우에는 절도죄가 성립하지 않는다.

ㅁ. 임차인이 임대계약 종료 후 식당 건물에서 퇴거하였으나 종전부터 사용하던 냉장고의 전원을 연결해 둔 채 방치하다가 약 1개월 후 철거하였다면 그 기간 동안 소비된 전기에 대하여 임차인에게는 절도죄가 성립한다.

① ㄱ, ㄴ
② ㄴ, ㄷ
③ ㄴ, ㄹ
④ ㄹ, ㅁ

정선핵심

절도죄의 성립 여부

ㄱ. 휴대전화를 사용하고 약 1~2시간 후 A의 영업점 정문 옆 화분에 놓은 경우 → ○

ㄴ. 타인의 명의로 발급받은 신용카드로 현금대출을 받은 경우 → ○

ㄷ. 채권자로부터 동산양도담보의 목적물을 매수한 乙이 목적물반환청구권을 양도받는 방법으로 목적물을 취거하게 한 경우 → ×

ㄹ. 항의표시로 비자금 관계 서류 및 금품이 든 가방을 들고 나온 경우 → ×

ㅁ. 임차인이 퇴거하면서 냉장고의 전원을 켜 두어 전기를 소비한 경우 → ×

정선해설

[ㄱ ▸ ×] 피고인이 甲의 휴대전화를 자신의 소유물과 같이 경제적 용법에 따라 이용하다가 본래의 장소와 다른 곳에 유기한 것이므로 피고인에게 불법영득의사가 있었다고 할 것이다(대판 2012.7.12. 2012도1132).

[ㄴ ▸ ○] 대판 2002.7.12. 2002도2134

[ㄷ ▸ ×] 채권자가 양도담보 목적물을 위와 같은 방법으로 제3자에게 처분하여 그 목적물의 소유권을 취득하게 한 다음 그 제3자로 하여금 그 목적물을 취거하게 한 경우, 그 제3자로서는 자기의 소유물을 취거한 것에 불과하므로, 채권자의 이 같은 행위는 절도죄를 구성하지 않는다(대판 2008.11.27. 2006도4263).

[ㄹ ▸ ○] 대판 1995.9.5. 94도3033

[ㅁ ▸ ×] 임차인이 퇴거 후에도 냉장고에 관한 점유·관리를 그대로 보유하고 있었다고 보아야 하므로, 냉장고를 통하여 전기를 계속 사용하였다고 하더라도 이는 당초부터 자기의 점유·관리하에 있던 전기를 사용한 것일 뿐 타인의 점유·관리하에 있던 전기가 아니어서 절도죄가 성립하지 않는다(대판 2008.7.10. 2008도3252).

답 ❸

다음 설명 중 옳지 않은 것은?(다툼이 있는 경우 판례에 의함)

① 사실상 퇴사하면서 회사의 승낙 없이 가지고 간 부동산매매계약서 사본들은 절도죄의 객체인 재물에 해당한다.

② 타인의 전화기를 무단으로 사용하여 전화통화를 하는 행위에 의하여 이용하는 역무는 절도죄의 객체가 되지 아니한다.

③ 컴퓨터에 저장되어 있는 '정보' 그 자체는 재물이 될 수 없고, 또 이를 복사하거나 출력한 행위를 가지고 절도죄를 구성한다고 볼 수도 없다.

④ 위조된 유가증권은 절도죄의 객체가 될 수 없다.

⑤ 피고인이 타인의 토지상에 권원 없이 감나무를 식재하였다면, 그 식재한 감나무에서 감을 수확한 것은 절도죄에 해당한다.

**정선
핵심**

① 부동산매매계약서 사본 → 절도죄의 객체 ○
② 전화기를 무단으로 이용하는 역무 → 절도죄의 객체 ×
③ 정보를 복사하거나 출력한 경우 → 절도죄 ×
④ 위조된 유가증권 → 절도죄의 객체 ○
⑤ 타인소유 토지에 권원 없이 식재한 감나무에서 감을 수확한 경우 → 절도죄 ○

**정선
해설**

[**❶ ▸ ○**] 절도죄의 객체인 재물은 반드시 객관적인 금전적 교환가치를 가질 필요는 없고 소유자·점유자가 주관적인 가치를 가지고 있는 것으로 족하고, 이 경우 주관적·경제적 가치의 유무를 판별함에 있어서는 그것이 타인에 의하여 이용되지 않는다고 하는 소극적 관계에 있어서 그 가치가 성립하더라도 관계없다. 사실상 퇴사하면서 회사의 승낙 없이 가지고 간 부동산매매계약서 사본들은 절도죄의 객체인 재물에 해당한다(대판 2007.8.23. 2007도2595).

> **관련판례** 대판 1986.9.23. 86도1205
>
> 피고인이 근무하던 회사를 퇴사하면서 가져간 서류가 이미 공개된 기술내용에 관한 것이고 외국회사에서 선전용으로 무료로 배부해 주는 것이며 동 회사연구실 직원들이 사본하여 사물처럼 사용하던 것이라도 위 서류들이 회사의 목적업무 중 기술분야에 관한 문서들로서 국내에서 쉽게 구할 수 있는 것도 아니며 연구실 직원들의 업무수행을 위하여 필요한 경우에만 사용이 허용된 것이라면 위 서류들은 위 회사에 있어서는 소유권의 대상으로 할 수 있는 주관적 가치뿐만 아니라 그 경제적 가치도 있는 것으로 재물에 해당한다 할 것이다.

[**❷ ▸ ○**] 타인의 전화기를 무단으로 사용하여 전화통화를 하는 행위는 상대방과의 통신을 매개하여 주는 역무, 즉 전기통신사업자에 의하여 가능하게 된 전화기의 음향송수신기능을 부당하게 이용하는 것으로, 이러한 내용의 역무는 무형적인 이익에 불과하고 물리적 관리의 대상이 될 수 없어 재물이 아니라고 할 것이므로 절도죄의 객체가 되지 아니한다(대판 1998.6.23. 98도700).

[**❸ ▸ ○**] 대판 2002.7.12. 2002도745

[**❹ ▸ ×**] 유가증권도 그것이 정상적으로 발행된 것은 물론 비록 작성권한 없는 자에 의하여 위조된 것이라고 하더라도 절차에 따라 몰수되기까지는 그 소지자의 점유를 보호하여야 한다는 점에서 형법상 재물로서 절도죄의 객체가 된다(대판 1998.11.24. 98도2967).

[**❺ ▸ ○**] 대판 1998.4.24. 97도3425

답 ❹

절도의 죄에 대한 설명으로 가장 적절하지 않은 것은?(다툼이 있는 경우 판례에 의함)

21 경찰승진

① 피해자를 살해한 방에서 사망한 피해자 곁에 4시간 30분쯤 있다가 그 곳 피해자의 자취방 벽에 걸려 있던 피해자가 소지하는 물건들을 영득의 의사로 가지고 나온 경우 절도죄가 성립한다.

② 입목을 절취하기 위하여 캐낸 때에 소유자의 입목에 대한 점유가 침해되어 범인의 사실적 지배하에 놓이게 되므로 범인이 그 점유를 취득하고 절도죄는 기수에 이른다.

③ 임차인이 임대계약 종료 후 식당건물에서 퇴거하면서 종전부터 사용하던 냉장고의 전원을 켜 둔 채 그대로 두었다가 약 1개월 후 철거해 가는 바람에 그 기간 동안 전기가 소비된 경우 타인의 전기에 대한 절도죄가 성립한다.

④ 종전 점유자의 점유가 그의 사망으로 인한 상속에 의하여 당연히 그 상속인에게 이전된다는 민법 제193조는 절도죄의 요건으로서의 '타인의 점유'와 관련하여서는 적용의 여지가 없고, 재물을 점유하는 소유자로부터 이를 상속받아 그 소유권을 취득하였다고 하더라도 상속인이 그 재물에 관하여 사실상의 지배를 가지게 되어야만 이를 점유하는 것으로서 그때부터 비로소 상속인에 대한 절도죄가 성립할 수 있다.

정선 핵심

절도죄의 성립 여부
① 살해한 후 4시간 30분쯤 있다가 피해자의 소지물건들을 가지고 나온 경우 → ○
② 입목을 절취하기 위하여 캐낸 경우 → ○
③ 임차인이 퇴거하면서 냉장고의 전원을 켜 두어 전기를 소비한 경우 → ×
④ 상속인이 재물에 관하여 사실상 지배를 가지게 된 경우 → 상속인에 대한 절도죄 ○

정선 해설

[❶ ▸ ○] 피해자를 살해한 방에서 사망한 피해자 곁에 4시간 30분쯤 있다가 그곳 피해자의 자취방 벽에 걸려 있던 피해자가 소지하는 물건들을 영득의 의사로 가지고 나온 경우 피해자가 생전에 가진 점유는 사망 후에도 여전히 계속되는 것으로 보아야 한다(대판 1993.9.28. 93도2143).

[❷ ▸ ○] 입목을 절취하기 위하여 캐낸 때에 소유자의 입목에 대한 점유가 침해되어 범인의 사실적 지배하에 놓이게 되므로 범인이 그 점유를 취득하고 절도죄는 기수에 이른다. 이를 운반하거나 반출하는 등의 행위는 필요하지 않다(대판 2008.10.23. 2008도6080).

[❸ ▸ ×] 임차인이 퇴거 후에도 냉장고에 관한 점유·관리를 그대로 보유하고 있었다고 보아야 하므로, 냉장고를 통하여 전기를 계속 사용하였다고 하더라도 이는 당초부터 자기의 점유·관리하에 있던 전기를 사용한 것일 뿐 타인의 점유·관리하에 있던 전기가 아니어서 절도죄가 성립하지 않는다(대판 2008.7.10. 2008도3252).

[❹ ▸ ○] 대판 2012.4.26. 2010도6334

답 ❸

절도죄에 대한 설명으로 옳지 않은 것은?(다툼이 있는 경우 판례에 의함) 18 국가9급

① 직원 甲이 회사 컴퓨터에 저장되어 있는 신제품시스템의 설계도면을 자신의 USB 저장장치에 저장하여 가지고 나온 경우 설계도면에 대한 절도죄가 성립한다.

② 甲이 A 소유의 토지에 권원 없이 식재한 감나무에서 감을 수확한 경우 감에 대한 절도죄가 성립한다.

③ 임차인 甲이 임대계약 종료 후 식당건물에서 퇴거하면서 종전부터 사용하던 냉장고의 전원을 켜 둔 채 그대로 두었다가 약 1개월 후 철거해 가는 바람에 그 기간 동안 전기가 소비되게 한 경우 전기에 대한 절도죄가 성립하지 않는다.

④ 甲이 내리막길에 주차된 자동차를 절취할 목적으로 조수석 문을 열고 시동을 걸려고 차 안의 기기를 만지다가 핸드브레이크를 풀게 되어 시동이 걸리지 않은 상태에서 약 10미터 전진하다가 가로수를 들이 받은 경우 자동차에 대한 절도죄의 기수범이 성립하지 않는다.

정선 핵심

절도죄의 성립 여부
① 신제품시스템의 설계도면을 저장장치에 저장하여 가지고 나온 경우 → ×
② A 소유 토지에 권원 없이 식재한 감나무에서 감을 수확한 경우 → ○
③ 임차인이 퇴거하면서 냉장고의 전원을 켜 두어 전기를 소비한 경우 → ×
④ 자동차를 절취하려다가 시동이 걸리지 않은 상태에서 자동차가 약 10미터 전진하다가 가로수를 들이 받은 경우 → ×(절도죄의 미수)

정선 해설

[❶ ▶ ×] 신제품시스템의 설계도면은 재물이라고 할 수 없으므로 직원 甲에게는 절도죄가 성립하지 아니한다.

> 컴퓨터에 저장되어 있는 '정보' 그 자체는 유체물이라고 볼 수도 없고, 물질성을 가진 동력도 아니므로 재물이 될 수 없다 할 것이며, 또 이를 복사하거나 출력하였다 할지라도 그 정보 자체가 감소하거나 피해자의 점유 및 이용가능성을 감소시키는 것이 아니므로 그 복사나 출력 행위를 가지고 절도죄를 구성한다고 볼 수도 없다(대판 2002.7.12. 2002도745).

[❷ ▶ ○] 대판 1998.4.24. 97도3425
[❸ ▶ ○] 대판 2008.7.10. 2008도3252
[❹ ▶ ○] 판례의 취지를 고려하면, 이 경우는 절도죄의 미수범이 성립한다.

> 자동차를 절취할 생각으로 자동차의 조수석문을 열고 들어가 시동을 걸려고 시도하는 등 차 안의 기기를 이것저 것 만지다가 핸드브레이크를 풀게 되었는데 그 장소가 내리막길인 관계로 시동이 걸리지 않은 상태에서 약 10미터 전진하다가 가로수를 들이받는 바람에 멈추게 되었다면 절도의 기수에 해당한다고 볼 수 없을 뿐 아니라 도로교통법 제2조 제19호 소정의 자동차의 운전에 해당하지 아니한다(대판 1994.9.9. 94도1522).

답 ❶

절도죄에 대한 설명으로 가장 적절한 것은?(다툼이 있는 경우 판례에 의함) `20` 경찰채용

① 甲은 자신이 종업원으로 종사하고 있는 점포에서 점포 주인이 부재 중임을 틈타 점포 금고 안에 든 20만원과 점포 내에 있던 오토바이 1대를 타고 도주한 경우, 甲은 절도죄의 죄책을 진다.

② 甲은 사무실에서 회사 명의의 통장을 몰래 가지고 나와 예금 1,000만원을 인출한 후 다시 그 통장을 제자리에 가져다 놓은 경우, 통장 자체가 가지는 경제적 가치가 그 인출된 예금액만큼 소모되었다고 할 수 없고 또한 통장을 사용하고 곧 반환한 이상 甲의 불법영득의사는 없었으므로 절도죄가 성립하지 않는다.

③ 절취한 자기앞수표를 음식대금으로 교부하고 거스름돈을 환불 받은 행위는 별도의 사기죄를 구성하지 않고 선행한 절도죄의 불가벌적 사후행위가 성립한다.

④ 임차인이 임대계약 종료 후 식당 건물에서 퇴거하면서 종전부터 사용하던 냉장고의 전원을 켜 둔 채 그대로 두었다가 약 1개월 후 철거해 가는 바람에 그 기간 동안 전기가 소비된 경우, 절도죄가 성립한다.

정선 핵심

절도죄의 성립 여부

① 종업원이 점포에서 20만원을 가지고 오토바이를 타고 도주한 경우 → ×(횡령죄)

② 회사 명의의 통장에서 예금을 인출한 후 통장을 제자리에 가져다 놓은 경우 → ○

③ 절취한 자기앞수표를 음식대금으로 교부하고 거스름돈을 환불받은 경우 → ×(불가벌적 사후행위)

④ 임차인이 퇴거하면서 냉장고의 전원을 켜 두어 전기를 소비한 경우 → ×

정선 해설

[**❶** ▸ **×**] 민법상 점유보조자(점원)라고 할지라도 그 물건에 대하여 사실상 지배력을 행사하는 경우에는 형법상 보관의 주체로 볼 수 있으므로 이를 영득한 경우에는 절도죄가 아니라 횡령죄에 해당한다(대판 1982.3.9. 81도3396).

[**❷** ▸ **×**] 타인의 예금통장을 무단사용하여 예금을 인출한 후 바로 예금통장을 반환하였다 하더라도 그 사용으로 인한 위와 같은 경제적 가치의 소모가 무시할 수 있을 정도로 경미한 경우가 아닌 이상, 예금통장 자체가 가지는 예금액 증명기능의 경제적 가치에 대한 불법영득의 의사를 인정할 수 있으므로 절도죄가 성립한다(대판 2010.5.27. 2009도9008).

[**❸** ▸ **○**] 대판 1987.1.20. 86도1728

[**❹** ▸ **×**] 임차인이 퇴거 후에도 냉장고에 관한 점유·관리를 그대로 보유하고 있었다고 보아야 하므로, 냉장고를 통하여 전기를 계속 사용하였다고 하더라도 이는 당초부터 자기의 점유·관리하에 있던 전기를 사용한 것일 뿐 타인의 점유·관리하에 있던 전기가 아니어서 절도죄가 성립하지 않는다(대판 2008.7.10. 2008도3252).

답 ❸

다음 설명 중 옳은 것은 모두 몇 개인가?(다툼이 있으면 판례에 의함) 16 경찰채용

> ㄱ. 준강도의 주체는 절도 즉 절도범인으로, 절도의 실행에 착수한 이상 미수이거나 기수이거나
> 불문하고, 야간에 타인의 재물을 절취할 목적으로 사람의 주거에 침입한 경우에는 수거에 침입
> 한 단계에서 이미 형법 제330조에서 규정한 야간주거침입절도죄라는 범죄행위의 실행에 착수
> 한 것이라고 보아야 한다.
> ㄴ. 주거침입죄의 경우 주거침입의 범의로써 예컨대, 주거로 들어가는 문의 시정장치를 부수거나
> 문을 여는 등 침입을 위한 구체적 행위를 시작하였다면 주거침입죄의 실행의 착수는 있었다고
> 보아야 한다.
> ㄷ. 주거침입죄의 실행의 착수는 주거자, 관리자, 점유자 등의 의사에 반하여 주거나 관리하는
> 건조물 등에 들어가는 행위 즉, 구성요건의 일부를 실현하는 행위까지 요구하는 것은 아니고,
> 범죄구성요건의 실현에 이르는 현실적 위험성을 포함하는 행위를 개시하는 것으로 족하다.
> ㄹ. 야간에 아파트에 침입하여 물건을 훔칠 의도하에 아파트의 베란다 철제난간까지 올라가 유리
> 창문을 열려고 시도하였다면 야간주거침입절도죄의 실행에 착수한 것으로 보아야 한다.

① 1개   ② 2개
③ 3개   ④ 4개

**정선
핵심**

실행의 착수의 인정 여부
ㄱ. 야간에 타인의 재물을 절취할 목적으로 주거에 침입한 경우 → 야간주거침입절도죄의 실행의 착수 ○
ㄴ. 침입을 위한 구체적 행위를 시작한 경우 → 주거침입죄의 실행의 착수 ○
ㄷ. 범죄구성요건을 실현하는 현실적 위험성을 포함하는 행위를 개시한 경우 → 주거침입죄의 실행의 착수 ○
ㄹ. 야간에 베란다 철제난간까지 올라가 유리창문을 열려고 시도한 경우 → 야간주거침입죄의 실행의 착수 ○

**정선
해설**

[ㄱ ▸ ○] [ㄴ ▸ ○]   준강도의 주체는 절도 즉 절도범인으로, 절도의 실행에 착수한 이상 미수이거나 기수이거나
불문하고, 야간에 타인의 재물을 절취할 목적으로 사람의 주거에 침입한 경우에는 주거에 침입한 단계에서 이미
형법 제330조에서 규정한 야간주거침입절도죄라는 범죄행위의 실행에 착수한 것이라고 보아야 하며,❶ 주거침입죄
의 경우 주거침입의 범의로써 예컨대, 주거로 들어가는 문의 시정장치를 부수거나 문을 여는 등 침입을 위한 구체적
행위를 시작하였다면 주거침입죄의 실행의 착수는 있었다고 보아야 한다❷(대판 2003.10.24. 2003도4417).
[ㄷ ▸ ○]   주거침입죄의 실행의 착수는 주거자, 관리자, 점유자 등의 의사에 반하여 주거나 관리하는 건조물
등에 들어가는 행위, 즉 구성요건의 일부를 실현하는 행위까지 요구하는 것은 아니고 범죄구성요건의 실현에 이르는
현실적 위험성을 포함하는 행위를 개시하는 것으로 족하다(대판 2006.9.14. 2006도2824).
[ㄹ ▸ ○]   대판 2003.10.24. 2003도4417

답 ❹

180

甲은 밤 10시경 절취의 목적으로 피해자 A가 집에 없는 틈을 타 드라이버로 A의 집 현관문을 부수고 들어가 A의 귀금속을 가지고 나왔다. 다음 설명 중 옳은 것은?(다툼이 있는 경우 판례에 의함)

`20` 변시

① 甲에게는 형법 제331조 제1항의 특수절도(야간손괴침입절도)죄가 성립한다.

② 만약 위 사례에서 甲이 현관문을 부순 시점에 집으로 돌아오는 A에게 들켜 도망간 경우, 아직 A의 집 안으로 들어가지 않았으므로 실행의 착수가 인정되지 않아 절도범행은 처벌할 수 없다.

③ 만약 乙이 甲에게 절도를 교사하고 甲이 범행 후 훔친 귀금속을 맡아 달라고 부탁하자 乙이 이를 수락하고 귀금속을 교부받아 갖고 있다가 임의로 처분하였다면, 乙에게는 절도교사죄 이외에 장물보관죄 및 횡령죄가 성립한다.

④ 만약 甲이 A의 현금카드를 사용하여 돈을 인출할 목적으로 현금카드를 가지고 나와 현금자동지급기에서 돈을 인출한 후 현금카드를 제자리에 가져다 놓은 경우, 현금카드에 대한 절도죄와 인출한 현금에 대한 절도죄가 성립한다.

⑤ 만약 甲이 A로부터 명의수탁을 받아 자신의 명의로 등록되어 있는 자동차를 A 몰래 가져간 경우, 자동차의 소유권은 등록명의를 기준으로 하므로 절도죄는 성립하지 않는다.

정선
핵심

① 밤 10시경 절취의 목적으로 A의 집 현관문을 부수고 귀금속을 가지고 나온 경우 → 특수절도죄 ○

② 현관문을 부순 시점에 A에게 들켜 도망간 경우 → 특수절도미수죄 ○

③ 乙이 장물보관 중 임의처분한 경우 → 절도교사죄와 장물보관죄의 실체적 경합 ○

④ A의 현금카드로 돈을 인출한 후 제자리에 가져다 놓은 경우 → 현금에 대한 절도 외에 현금카드에 대한 절도죄 ×

⑤ 명의수탁자가 자신 명의의 자동차를 명의신탁자 A 몰래 가져간 경우 → 절도죄 ○

정선
해설

[❶ ▸ ○] 형법 제331조 제1항 참조

법령 ● 특수절도(형법 제331조) ① 야간에 문이나 담 그 밖의 건조물의 일부를 손괴하고 제330조의 장소에 침입하여 타인의 재물을 절취한 자는 1년 이상 10년 이하의 징역에 처한다.

[❷ ▸ ×] 甲이 현관문을 부순 시점에 실행의 착수가 인정되므로 甲에게는 특수절도미수죄가 성립한다.

> 야간에 절도의 목적으로 출입문에 장치된 자물통 고리를 절단하고 출입문을 손괴한 뒤 집안으로 침입하려다가 발각된 것이라면 이는 특수절도죄의 실행에 착수한 것이다(대판 1986.9.9. 86도1273).

[❸ ▸ ×] 판례의 취지를 고려하면, 乙에게는 절도교사죄와 장물보관죄가 성립한다.

> 절도범인으로부터 장물보관의뢰를 받은 자가 그 정을 알면서 이를 인도받아 보관하고 있다가 임의처분하였다 하여도 장물보관죄가 성립되는 때에는 이미 그 소유자의 소유물추구권을 침해하였으므로 그 후의 횡령행위는 불가벌적 사후행위에 불과하여 별도로 횡령죄가 성립하지 않는다(대판 1976.11.23. 76도3067).

[❹ ▸ ×] 만약 甲이 현금카드를 제자리에 가져다 놓은 경우, 인출한 현금에 대한 절도죄가 성립하는 외에 현금카드에 대한 절도죄는 별도로 성립하지 아니한다.

> 피해자로부터 지갑을 잠시 건네받아 임의로 지갑에서 현금카드를 꺼내어 현금자동인출기에서 현금을 인출하고 곧바로 피해자에게 현금카드를 반환한 경우, 현금카드에 대한 불법영득의사가 없다(대판 1998.11.10. 98도2642).

[❺▸✕] 명의신탁자 A와 명의수탁자 甲 사이에는 A가 소유권을 가지게 되므로 甲에게 절도죄가 성립한다.

> 자동차나 중기(또는 건설기계)의 소유권의 득실변경은 등록을 함으로써 그 효력이 생기고 그와 같은 등록이 없는 한 대외적 관계에서는 물론 당사자의 대내적 관계에 있어서도 그 소유권을 취득할 수 없는 것이 원칙이지만, ~~당사자 사이에 그 소유권을 그 등록 명의지 이닌 지기 보유하기로 약정하였다는 등의 특별한 사정이 있는~~ 경우에는 그 내부관계에 있어서는 그 등록 명의자 아닌 자가 소유권을 보유하게 된다(대판 2007.1.11. 2006도4498).

답 ❶

181 □□□ 절도죄에 관한 설명 중 옳지 않은 것은?(다툼이 있는 경우에는 판례에 의함) `13` 변시

① 甲이 A 소유 토지에 임대차계약 등을 체결하지 않는 등 권한 없이 식재한 감나무에서 감을 수확한 경우 그 감나무는 甲의 소유라고 볼 수 있으므로 甲은 절도죄로 처벌되지 않는다.

② A가 육지에서 멀리 떨어진 섬에서 광산을 개발하기 위하여 발전기, 경운기 엔진을 섬으로 반입하였다가 광업권 설정이 취소됨으로써 광산 개발이 불가능하게 되자 그 물건들을 창고 안에 두고 철수한 뒤 10년 동안 나타나지 않고 사망한 후, 그 섬에서 거주하는 甲이 그 물건들을 자신의 집 근처로 옮겨 놓은 경우, A의 상속인에게 그 물건에 대한 점유가 인정되지 않으므로 甲은 절도죄로 처벌되지 않는다.

③ 甲이 A의 자취방에서 재물강취의사 없이 A를 살해한 후 4시간 30분 동안 그 곁에 있다가 예금통장과 인장이 들어 있는 A의 잠바를 걸치고 나온 경우, A의 점유가 인정되므로 甲은 절도죄로 처벌된다.

④ 금은방에서 순금목걸이를 구입할 것처럼 기망하여 건네받은 다음 화장실에 다녀오겠다고 거짓말하고 도주한 甲은 절도죄로 처벌된다.

⑤ 내리막길에 주차된 자동차를 절취할 목적으로 조수석 문을 열고 시동을 걸려고 차 안의 기기를 만지다가 핸드브레이크를 풀게 되어 시동이 걸리지 않은 상태에서 약 10미터 전진하다가 가로수를 들이받게 한 甲은 절도죄의 기수로 처벌되지 않는다.

정선 핵심

절도죄의 성립 여부
① A 소유 토지에 권원 없이 식재한 감나무에서 감을 수확한 경우 → ○
② 광산개발을 위한 물건들을 집 근처로 옮겨 놓은 경우 → ✕
③ 살해한 후 4시간 30분쯤 있다가 피해자의 소지물건들을 가지고 나온 경우 → ○
④ 순금목걸이를 건네받은 다음 도주한 경우 → ○
⑤ 자동차를 절취하려다가 시동이 걸리지 않은 상태에서 자동차가 약 10미터 전진하다가 가로수를 들이 받은 경우 → ✕(절도죄의 미수)

정선 해설

[❶▸✕] 타인의 토지상에 권원 없이 식재한 수목의 소유권은 토지소유자에게 귀속하고 권원에 의하여 식재한 경우에는 그 소유권이 식재한 자에게 있으므로, 권원 없이 식재한 감나무에서 감을 수확한 것은 절도죄에 해당한다(대판 1998.4.24. 97도3425).

[❷▸○] 그 섬에 거주하는 피고인이 그 소유자가 섬을 떠난지 7년이 경과한 뒤 노후된 물건들을 피고인 집 가까이에 옮겨 놓았다 하더라도, 그 물건들의 반입 경위, 그 소유자가 섬을 떠나게 된 경위, 그 물건들을 옮긴 시점과 그간의 관리상황 등에 비추어 볼 때 피고인이 그 물건들을 옮겨 갈 당시 원소유자나 그 상속인이 그 물건들을 점유할 의사로 사실상 지배하고 있었다고는 볼 수 없으므로 절도죄는 성립하지 아니한다(대판 1994.10.11. 94도1481).

[**❸** ▸ ○] 대판 1993.9.28. 93도2143

[**❹** ▸ ○] 피고인이 피해자 경영의 금방에서 마치 귀금속을 구입할 것처럼 가장하여 피해자로부터 순금목걸이 등을 건네받은 다음 화장실에 갔다 오겠다는 핑계를 대고 도주한 것이라면 위 순금목걸이 등은 도주하기 전까지는 아직 피해자의 점유하에 있었다고 할 것이므로 이를 절도죄가 성립한다(대판 1994.8.12. 94도1487).

> **비교판례** 대판 1968.5.21. 68도480
>
> 자전거를 살 의사 없이 시운전을 빙자하여 피해자로부터 교부받은 자전거를 타고 시운전을 하는 척 하다가 그대로 도망한 경우에는 사기죄가 성립한다.

[**❺** ▸ ○] 대판 1994.9.9. 94도1522

답 ❶

182

절도죄의 실행의 착수가 인정되지 않는 것만을 모두 고르면?(다툼이 있는 경우 판례에 의함)

> ㄱ. 소(牛)를 흥정하고 있는 피해자의 뒤에 접근하여 들고 있던 가방으로 돈이 들어 있는 피해자의 하의 왼쪽 주머니를 스치면서 지나간 경우
> ㄴ. 절취할 재물을 찾으려고 피해자의 집 거실을 통하여 안방으로 들어가 여기저기를 둘러보고는 절취할 재물을 찾지 못하고 재차 거실로 나와서 두리번거리고 있다가 귀가한 피해자와 마주치게 된 경우
> ㄷ. 야간에 소지하고 있던 손전등과 박스 포장용 노끈을 이용하여 도로에 주차된 차량의 문을 열고 그 안에 들어 있는 현금 등을 절취할 것을 마음먹고, 승합차량의 문이 잠겨 있는지 확인하기 위해 양손으로 운전석 문의 손잡이를 잡고 열려고 하던 중 경찰관에게 발각된 경우
> ㄹ. 노상에 세워 놓은 자동차 안에 있는 물건을 훔칠 생각으로 자동차의 유리창을 통하여 그 내부를 손전등으로 비추어 본 경우
> ㅁ. 공사현장 안에 있는 건축자재 등을 훔칠 생각으로 마스크를 착용하고 그 공사현장 안으로 들어간 후 창문을 통하여 동파이프가 보관된 건축 중인 아파트의 지하실 안쪽을 살핀 경우

① ㄱ, ㄴ
② ㄴ, ㄷ
③ ㄱ, ㄹ, ㅁ
④ ㄷ, ㄹ, ㅁ

정선 핵심

절도죄의 실행의 착수 인정 여부
ㄱ. 피해자의 하의 왼쪽 주머니를 스치면서 지나간 경우 → ×
ㄴ. 절취할 재물을 찾지 못하고 두리번거리고 있다가 피해자와 마주친 경우 → ○
ㄷ. 야간에 손전등과 박스 포장용 노끈을 이용하여 절도의 고의로 운전석 문의 손잡이를 잡고 열려고 하던 중 발각된 경우 → ○
ㄹ. 자동차의 내부를 손전등으로 비추어 본 경우 → ×
ㅁ. 건축 중인 아파트의 지하실 안쪽을 살핀 경우 → ×

정선 해설

[ㄱ ▸ ×] 소를 흥정하고 있는 피해자의 뒤에 접근하여 그가 들고 있던 가방으로 돈이 들어 있는 피해자의 하의 왼쪽 주머니를 스치면서 지나간 행위는 단지 피해자의 주의력을 흐트러 주머니속에 든 금원을 절취하기 위한 예비단계의 행위에 불과한 것이고 이로써 실행의 착수에 이른 것이라고는 볼 수 없다(대판 1986.11.11. 86도1109).

관련판례 대판 1989.2.28. 88도1165

피해자의 집 부엌문에 시정된 열쇠고리의 장식을 뜯는 행위만으로는 절도죄의 실행행위에 착수한 것이라고 볼 수 없다.

[ㄴ ▸ ○] 주간에 절도의 목적으로 방 안까지 들어갔다가 절취할 재물을 찾지 못하여 거실로 돌아온 경우, 절도죄의 실행 착수가 인정된다(대판 2003.6.24. 2003도1985).

[ㄷ ▸ ○] 대판 2009.9.24. 2009도5595

[ㄹ ▸ ×] 노상에 세워 놓은 자동차 안에 있는 물건을 훔칠 생각으로 자동차의 유리창을 통하여 그 내부를 손전등으로 비추어 본 것에 불과하다면, 타인의 재물에 대한 지배를 침해하는데 밀접한 행위를 한 것이라고는 볼 수 없어 절취행위의 착수에 이른 것이었다고 볼 수 없다(대판 1985.4.23. 85도464).

[ㅁ ▸ ×] 피고인이 아파트 신축공사 현장 안에 있는 건축자재 등을 훔칠 생각으로 공범과 함께 위 공사현장 안으로 들어간 후 창문을 통하여 신축 중인 아파트의 지하실 안쪽을 살핀 행위는 특수절도죄의 실행의 착수에 해당하지 않는다(대판 2010.4.29. 2009도14554).

답 ❸

183

절도죄의 실행의 착수가 인정되는 경우로 옳은 것을 모두 고르면?(다툼이 있는 경우 판례에 의함)

`13` 국가7급

> ㄱ. 담을 넘어 마당에 들어가 훔칠 물건을 찾기 위하여 그 담에 붙어 걸어간 경우
> ㄴ. 노상에 세워놓은 자동차 안에 있는 물건을 훔칠 생각으로 자동차의 유리창을 통하여 그 내부를 손전등으로 비추어 본 경우
> ㄷ. 소를 흥정하고 있는 피해자의 뒤에 접근한 다음 소지하고 있던 가방으로 돈이 들어있는 피해자의 하의(下依) 주머니를 스치면서 지나간 경우
> ㄹ. 소매치기가 피해자의 양복 상의(上衣) 주머니에 있는 금품을 절취하려고 그 주머니에 손을 뻗쳐 그 겉을 더듬은 경우
> ㅁ. 평소 잘 아는 피해자에게 전화채권을 사주겠다고 하면서 골목길에 유인하여 돈을 절취하려고 기회를 엿본 경우

① ㄱ, ㄷ
② ㄱ, ㄹ
③ ㄴ, ㄹ
④ ㄷ, ㅁ

정선핵심

절도죄의 실행의 착수 인정 여부
ㄱ. 훔칠 물건을 찾기 위하여 담에 붙어 걸어간 경우 → ○
ㄴ. 자동차의 내부를 손전등으로 비추어 본 경우 → ×
ㄷ. 피해자의 하의 왼쪽 주머니를 스치면서 지나간 경우 → ×
ㄹ. 소매치기가 양복 상의(上衣) 주머니에 손을 뻗쳐 그 겉을 더듬은 경우 → ○
ㅁ. 전화채권을 사주겠다고 하면서 골목길로 유인한 경우 → ×

정선해설

[ㄱ ▸ ○] 범인들이 함께 담을 넘어 마당에 들어가 그중 1명이 그곳에 있는 구리를 찾기 위하여 담에 붙어 걸어가다가 잡혔다면 절취대상품에 대한 물색행위가 없었다고 할 수 없다(대판 1989.9.12. 89도1153).

[ㄴ ▸ ×] 노상에 세워 놓은 자동차 안에 있는 물건을 훔칠 생각으로 자동차의 유리창을 통하여 그 내부를 손전등으로 비추어 본 것에 불과하다면, 타인의 재물에 대한 지배를 침해하는데 밀접한 행위를 한 것이라고는 볼 수 없어 절취행위의 착수에 이른 것이었다고 볼 수 없다(대판 1985.4.23. 85도464).

[ㄷ ▸ ×] 소를 흥정하고 있는 피해자의 뒤에 접근하여 그가 들고 있던 가방으로 돈이 들어 있는 피해자의 하의 왼쪽 주머니를 스치면서 지나간 행위는 단지 피해자의 주의력을 흐트려 주머니속에 들은 금원을 절취하기 위한 예비단계의 행위에 불과한 것이고 이로써 실행의 착수에 이른 것이라고는 볼 수 없다(대판 1986.11.11. 86도1109).

[ㄹ ▸ ○] 대판 1984.12.11. 84도2524

[ㅁ ▸ ×] 평소 잘 아는 피해자에게 전화채권을 사주겠다고 하면서 골목길로 유인하여 돈을 절취하려고 기회를 엿본 행위만으로는 절도의 예비행위는 될지언정 행위의 방법, 태양 및 주변상황 등에 비추어 볼 때 타인의 재물에 대한 사실상 지배를 침해하는데 밀접한 행위가 개시되었다고 단정할 수 없다(대판 1983.3.8. 82도2944).

답 ❷

184

절도죄에 관한 설명 중 가장 적절하지 않은 것은?(다툼이 있는 경우 판례에 의함)

17 경찰승진

① 형법상 절취란 타인이 점유하고 있는 자기 이외의 자의 소유물을 점유자의 의사에 반하여 그 점유를 배제하고 자기 또는 제3자의 점유로 옮기는 것을 말한다.

② 절도범이 혼자 입목을 땅에서 완전히 캐낸 후에 비로소 제3자가 가담하여 함께 입목을 운반하였다면 특수절도죄가 성립한다.

③ 명의대여 약정에 따라 종업원 甲 명의로 음식점의 영업허가를 받고 사업자등록을 한 뒤 甲 명의의 영업허가증과 사업자등록증을 乙이 교부받아 보관하고 있던 중 甲이 이를 꺼내어 갔다면 절도죄에 해당한다.

④ 자동차 명의신탁관계에서 제3자가 명의수탁자로부터 승용차를 가져가 매도할 것을 허락받고 인감증명 등을 교부받아 위 승용차를 명의신탁자 몰래 가져간 경우 위 제3자와 명의수탁자는 절도죄의 공모공동정범에 해당한다.

정선
핵심

① 절취 → 타인이 점유하는 타인의 소유물을 의사에 반하여 자기 또는 제3자의 점유로 옮기는 것
② 입목을 절취하기 위하여 캐낸 후 제3자가 함께 입목을 운반한 경우 → 특수절도죄 ×
③ 피해자 소유인 甲 명의의 영업허가증과 사업자등록증을 甲이 꺼내 간 경우 → 절도죄 ○
④ 명의수탁자의 허락으로 제3자가 명의신탁자 몰래 자동차를 가져간 경우 → 절도죄의 공동정범 ○

정선
해설

[❶ ▸ ○] 대판 2006.3.24. 2005도8081

[❷ ▸ ×] 판례의 취지를 고려하면, 입목을 절취하기 위하여 완전히 캐낸 때에 절도죄는 기수에 이르므로 그 후 제3자가 가담하여 입목을 운반하였더라도 특수절도죄가 성립하는 것은 아니라고 보는 것이 타당하다.

절도범인이 혼자 입목을 땅에서 완전히 캐낸 후에 비로소 제3자가 가담하여 함께 입목을 운반한 사안에서, 특수절도죄의 성립을 부정한 사례(대판 2008.10.23. 2008도6080).

[❸ ▸ ○] 명의대여 약정에 따른 신청에 의하여 발급된 영업허가증과 사업자등록증은 피해자가 인도받음으로써 피해자의 소유가 되었다고 할 것이므로, 이를 명의대여자가 가지고 간 행위가 절도죄에 해당한다(대판 2004.3.12. 2002도5090).

[❹ ▸ ○] 대판 2007.1.11. 2006도4498

답 ❷

185
□□□

> ㄱ. 절도죄의 죄수는 원칙적으로 침해된 점유의 개수에 의하여 결정되므로, 동일인의 점유 또는 공동점유 아래 있는 재물을 절취한 경우 비록 그 소유자를 달리하더라도 일죄이다. 예컨대, ㄴ. A의 방 안에서 A 소유의 오디오와 A가 B로부터 빌려 사용하고 있는 B 소유의 손목시계를 절취한 경우가 이에 해당한다. 한편, ㄷ. 40여 일간에 걸쳐 피해자 C 소유 임야에서 고령토를 계속 절취하는 경우는 절도죄의 실체적 경합을 인정할 수 있지만, ㄹ. 절도의 습벽이 있는 자가 그 습벽의 발로로 주간에 절도의 목적으로 타인의 주거에 침입하였으나 절도에 이르지 못한 경우, 그 위법성은 상습절도의 구성요건적 평가에 포함되어 있다고 볼 수 없으므로, 주거침입죄가 성립한다.

① ㄱ
② ㄴ
③ ㄷ
④ ㄹ

정선 핵심

ㄱ. 동일인의 점유 또는 공동점유 아래 있는 재물을 절취한 경우 → 절도죄의 단순일죄 ○
ㄴ. A 소유의 오디오와 B 소유의 손목시계를 절취한 경우 → 절도죄 ○
ㄷ. 40여 일간에 걸쳐 C 소유 임야에서 고령토를 계속 절취하는 경우 → 절도죄의 포괄일죄 ○
ㄹ. 상습절도와 주거침입죄의 죄수
　　→ 상습절도가 야간에 주거침입하여 행하여진 경우 : 주거침입죄 ×
　　→ 상습절도가 주간에 주거침입하여 행하여진 경우 : 상습절도와 주거침입죄는 실체적 경합 ○

정선 해설

[ㄱ ▸ ○] 절도죄의 죄수는 절취의 수 즉 점유침해의 수에 따라 결정되므로 동일인의 점유 또는 공동점유 아래 있는 재물을 절취한 경우 비록 그 소유자를 달리하더라도 일죄가 성립하고 수개의 행위로 수개의 재물을 절취한 경우에는 절도죄의 경합범이 성립한다. 다만, 접속범, 연속범의 경우에는 포괄일죄가 성립한다.

[ㄴ ▸ ○] A의 방 안에서 A 소유의 오디오와 A가 B로부터 빌려 사용하고 있는 B 소유의 손목시계를 절취한 경우 1개의 절도죄가 성립한다.

> 단일범의로서 절취한 시간과 장소가 접착되어 있고 같은 관리인의 관리하에 있는 방 안에서 소유자를 달리하는 두 사람의 물건을 절취한 경우에는 1개의 절도죄가 성립한다(대판 1970.7.21. 70도1133).

[ㄷ ▸ ×] 40여 일간에 걸쳐 피해자 C 소유 임야에서 고령토를 계속 절취하는 경우는 범의의 단일성을 인정할 수 있으므로 절도죄의 포괄일죄가 성립한다.

> 일정기간에 걸쳐 단일 및 계속적 의사로서 행하여진 고령토채취행위를 포괄일죄로 본 것은 정당하다(대판 1971.2.23. 70도2612).

[ㄹ ▸ ○] 판례(대판 2015.10.15. 2015도8169)의 취지를 고려하면, 상습절도가 야간에 주거침입하여 행하여진 경우에는 별도로 주거침입죄는 성립하지 아니하나, 상습절도가 주간에 주거침입하여 행하여진 경우에는 상습절도와 주거침입죄는 실체적 경합관계가 된다는 것으로 정리할 수 있다.

답 ③

괄호 안의 범죄의 미수범이 성립하는 것만을 모두 고르면?(다툼이 있는 경우 판례에 의함)

20 국가7급

ㄱ. 야간에 아무도 없는 카페 내실에 침입하여 장식장 안에 들어 있던 정기적금통장 등을 꺼내 들고 카페로 나오던 중 발각되어 돌려준 경우(야간주거침입절도죄)

ㄴ. 야간에 타인의 재물을 절취할 목적으로 타인의 주거에 침입하였다가 발각된 경우(야간주거침입절도죄)

ㄷ. 야간에 절도의 목적으로 출입문에 장치된 자물통 고리를 절단하고 출입문을 손괴한 뒤 집안으로 침입하려다가 발각된 경우(특수절도죄)

ㄹ. 노상에 세워 놓은 자동차 안에 있는 물건을 훔칠 생각으로 자동차의 유리창을 통하여 그 내부를 손전등으로 비추어 보다가 체포된 경우(절도죄)

ㅁ. 주점에 침입하여 양주를 바구니에 담고 있던 중 종업원이 들어오는 소리를 듣고서 양주를 그대로 둔 채 출입문을 열고 나오다가 체포를 면탈할 목적으로 종업원의 오른손을 깨무는 등 폭행한 경우(준강도죄)

① ㄱ, ㅁ   ② ㄱ, ㄷ, ㅁ

③ ㄴ, ㄷ, ㄹ   ④ ㄴ, ㄷ, ㅁ

정선 핵심

범죄의 미수범의 성립 여부

ㄱ. 야간에 정기적금통장을 들고 나오다 발각되어 돌려준 경우 → 야간주거침입절도죄의 기수 ○

ㄴ. 야간에 절취할 목적으로 주거에 침입하였다가 발각된 경우 → 야간주거침입절도죄의 미수 ○

ㄷ. 야간에 절도의 목적으로 출입문을 손괴한 뒤 침입하려다가 발각된 경우 → 특수절도죄의 미수 ○

ㄹ. 자동차의 내부를 손전등으로 비추어 본 경우 → 절도죄의 실행의 착수 ✕

ㅁ. 양주를 바구니에 담고 있던 중 체포를 면탈할 목적으로 폭행한 경우 → 준강도죄의 미수 ○

정선 해설

[ㄱ ▸ ✕] 피고인은 피해자의 재물에 대한 소지(점유)를 침해하고, 일단 피고인 자신의 지배 내에 옮겼다고 볼 수 있으니 절도의 미수에 그친 것이 아니라 야간주거침입절도의 기수라고 할 것이다(대판 1991.4.23. 91도476).

[ㄴ ▸ ○] 대판 2006.9.14. 2006도2824

[ㄷ ▸ ○] 대판 1986.9.9. 86도1273

[ㄹ ▸ ✕] 노상에 세워 놓은 자동차 안에 있는 물건을 훔칠 생각으로 자동차의 유리창을 통하여 그 내부를 손전등으로 비추어 본 것에 불과하다면, 타인의 재물에 대한 지배를 침해하는데 밀접한 행위를 한 것이라고는 볼 수 없어 절취행위의 착수에 이른 것이었다고 볼 수 없다(대판 1985.4.23. 85도464).

[ㅁ ▸ ○] 판례의 취지를 고려하면, 양주를 그대로 두어 절도행위가 미수에 그친 자가 체포를 면탈할 목적으로 종업원의 오른손을 깨무는 등 폭행한 경우이므로 준강도죄의 미수범이 성립한다.

준강도죄의 입법취지, 강도죄와의 균형 등을 종합적으로 고려해 보면, 준강도죄의 기수 여부는 절도행위의 기수 여부를 기준으로 하여 판단하여야 한다고 봄이 상당하다(대판 2004.11.18. 2004도5074[전합]).

답 ④

절도의 죄에 대한 설명으로 옳지 않은 것은 몇 개인가?(다툼이 있는 경우 판례에 의함)

ㄱ. 야간에 도로에 주차된 차량의 문을 열고 현금 등을 훔치기로 마음먹고, 차량의 문이 잠겨 있는지 확인하기 위해 양손으로 운전석 문의 손잡이를 잡고 열려고 하던 중 경찰관에게 발각된 경우, 절도죄의 실행에 착수한 것으로 보아야 한다.

ㄴ. 2인 이상이 합동하여 주간에 절도의 목적으로 타인의 주거에 침입하여 아직 절취할 물건의 물색행위를 시작하지 않았더라도 특수절도죄의 실행에 착수한 것으로 보아야 한다.

ㄷ. 절도죄의 성립에 필요한 불법영득의 의사란 권리자를 배제하고 타인의 물건을 자기의 소유물과 같이 이용·처분할 의사를 말하고, 일시 사용의 목적으로 타인의 점유를 침탈한 경우에도 사용으로 인하여 물건 자체가 가지는 경제적 가치가 상당한 정도로 소모된 경우에는 영득의 의사가 없다고 할 수 없다.

ㄹ. 형법 제344조에 의하여 준용되는 형법 제328조 제1항에 정한 친족간의 범행에 관한 규정은 범인과 피해물건의 소유자 및 점유자 쌍방간에 같은 규정에 정한 친족관계가 있는 경우뿐만 아니라, 단지 절도범인과 피해물건의 소유자간에만 친족관계가 있거나 절도범인과 피해물건의 점유자간에만 친족관계가 있는 경우에도 적용된다.

ㅁ. 채권자가 양도담보 목적물을 제3자에게 처분하여 그 목적물의 소유권을 취득하게 한 다음 그 제3자로 하여금 채권자로부터 목적물반환청구권을 양도받는 방법으로 그 목적물을 취거하게 한 경우 그 제3자의 목적물 취거행위는 절도죄를 구성한다.

① 1개   ② 2개
③ 3개   ④ 4개

정선 핵심

ㄱ. 야간에 손전등과 박스 포장용 노끈을 이용하여 절도의 고의로 운전석 문의 손잡이를 잡고 열려고 하던 중 발각된 경우 → 절도죄의 실행의 착수 ○

ㄴ. 2인 이상이 합동하여 주간에 절도의 목적으로 주거에 침입하였으나 물색행위 전인 경우 → 특수절도죄의 실행의 착수 ×

ㄷ. 일시 사용으로 경제적 가치가 상당한 정도로 소모된 경우 → 불법영득의사 ○

ㄹ. 절도범인과 소유자 또는 점유자간에 친족관계가 있는 경우 → 친족상도례 적용 ×

ㅁ. 채권자로부터 동산양도담보의 목적물을 매수한 제3자가 목적물반환청구권을 양도받는 방법으로 목적물을 취거하게 한 경우 → 절도죄 ×

정선 해설

[ㄱ ▶ ○] 대판 2009.9.24. 2009도5595

[ㄴ ▶ ×] 2인 이상이 합동하여 야간이 아닌 주간에 절도의 목적으로 타인의 주거에 침입하였다 하여도 아직 절취할 물건의 물색행위를 시작하기 전이라면 특수절도죄의 실행에는 착수한 것으로 볼 수 없는 것이어서 그 미수죄가 성립하지 않는다(대판 2009.12.24. 2009도9667).

[ㄷ ▶ ○] 대판 2012.7.12. 2012도1132

[ㄹ ▶ ×] 친족상도례에 관한 규정은 범인과 피해물건의 소유자 및 점유자 모두 사이에 친족관계가 있는 경우에만 적용되는 것이고 절도범인이 피해물건의 소유자나 점유자의 어느 일방과 사이에서만 친족관계가 있는 경우에는 그 적용이 없다(대판 1980.11.11. 80도131).

[ㅁ ▶ ×] 채권자가 양도담보 목적물을 목적물반환청구권을 양도받는 방법으로 제3자에게 처분하여 그 목적물의 소유권을 취득하게 한 다음 그 제3자로 하여금 그 목적물을 취거하게 한 경우, 그 제3자로서는 자기의 소유물을 취거한 것에 불과하므로, 채권자의 이 같은 행위는 절도죄를 구성하지 않는다(대판 2008.11.27. 2006도4263).

답 ❸

정선지문 OX

01 발행자가 회수하여 세 조각으로 찢어버림으로써 폐지로 되어 쓸모없는 것처럼 보이는 약속어음의 소지를 침해하여 가져갔다면 절도죄가 성립한다. **20** 해경승진 O | X

02 물건의 운반을 의뢰받은 짐꾼이 그 물건을 의뢰인에게 운반해 주지 않고 용달차에 싣고 가서 처분한 경우에는 절도죄를 구성한다. **20** 해경승진 O | X

03 피고인이 절도의 습벽으로 자동차등 불법사용의 범행을 하였으나 검사가 자동차등 불법사용의 점을 제외한 나머지 범행에 대하여만 상습절도 등의 죄로 기소하였다면, 자동차등 불법사용의 범행은 상습절도 등 죄의 위법성 평가에 포함되어 있지 않다고 봄이 상당하다. **21** 경찰간부 O | X

04 피고인이 절취한 타인의 신용카드를 이용하여 현금지급기에서 자신의 계좌로 돈을 이체한 후 현금지급기에서 피고인 자신의 신용카드나 현금카드를 이용하여 현금을 인출한 행위는 절도죄를 구성한다. **14** 경찰승진 O | X

05 산지기로서 종중 소유의 분묘를 간수하고 있는 자는 그 분묘에 설치된 석등이나 문관석 등을 점유하고 있다고 할 수 있으므로 이러한 물건을 반출하는 행위는 절도죄를 구성하지 않는다. **19** 해경간부 O | X

06 피고인이 야간에 식당에 침입하여 현금을 절취한 사안에서, 피고인이 피해자들이 운영하는 식당의 창문과 방충망을 창틀에서 분리하였을 뿐 물리적으로 훼손하여 효용을 상실하게 한 것이 아니라면, 형법 제331조 제1항의 특수절도죄의 손괴에는 해당한다고 할 수 없다. **18** 경찰채용 O | X

07 피고인들이 합동하여 재물을 절취하기 위해 주간에 아파트출입문 잠금장치를 손괴하다가 발각되어 도주하였다면, 아직 절취할 물건의 물색행위를 시작하기 전이라 하더라도 형법 제331조 제2항의 특수절도죄의 실행의 착수를 인정할 수 있다. **18** 경찰채용 O | X

08 피고인이 피해자와의 동업자금으로 구입하여 피해자가 관리하고 있던 물건을 피해자의 허락 없이 제3자로 하여금 운전하여 가게 하는 행위는 절도죄에 해당한다. **15** 법원9급 O | X

01 대판 1976.1.27. 74도3442

02 피고인의 위 운반을 위한 소지 관계는 피해자의 위탁에 의한 보관관계에 있다고 할 것이므로 이를 영득한 행위는 절도죄가 아니라 횡령죄를 구성한다(대판 1982.11.23. 82도2394).

03 검사가 상습절도 등의 범행을 형법 제332조 대신에 특가법 제5조의4 제1항으로 의율하여 기소하였다 하더라도 그 공소제기의 효력은 동일한 습벽의 발현에 의한 자동차등 불법사용의 범행에 대하여도 미친다고 보아야 한다(대판 2002.4.26. 2002도429).

04 계좌이체 후 현금지급기에서 현금을 인출한 행위는 이러한 현금인출이 현금지급기 관리자의 의사에 반한다고 볼 수 없어 절취행위에 해당하지 않으므로 절도죄를 구성하지 않는다(대판 2008.6.12. 2008도2440).

05 이러한 물건 등을 반출하여 가는 행위는 횡령죄가 아니고 절도죄를 구성한다(대판 1985.3.26. 84도3024).

06 대판 2015.10.29. 2015도7559

07 주간에 절도의 목적으로 타인의 주거에 침입하였다 하여도 아직 절취할 물건의 물색행위를 시작하기 전이라면 특수절도죄의 실행에는 착수한 것으로 볼 수 없다(대판 2009.12.24. 2009도9667).

08 대판 1990.9.11. 90도1021

정답

01 ○	02 ×	03 ×	04 ×
05 ×	06 ○	07 ×	08 ○

제3관 | 강도의 죄

다음 설명 중 옳지 않은 것은 모두 몇 개인가?(다툼이 있는 경우 판례에 의함)

ㄱ. 절도가 친족 간의 범행인 경우에도 준강도죄는 성립한다.

ㄴ. 강도죄와 준강도죄는 그 취지와 본질을 달리한다고 보아야 하며, 준강도죄의 주체는 절도이고 여기에는 기수는 물론 형법상 처벌규정이 있는 미수도 포함되는 것이지만, 준강도죄의 기수·미수의 구별은 구성요건적 행위인 폭행 또는 협박이 종료되었는가 하는 점에 따라 결정된다.

ㄷ. 절도범인이 처음에는 흉기를 휴대하지 아니하였으나, 체포를 면탈할 목적으로 폭행 또는 협박을 가할 때에 비로소 흉기를 휴대 사용하게 된 경우에는 특수강도의 준강도가 된다.

ㄹ. 낮에 주거에 침입하기는 했지만 훔칠 물건을 수색하기도 전에 주인과 마주쳐 주인을 때리고 도망하게 되면 준강도미수죄가 성립한다.

ㅁ. 밤에 절도를 할 목적으로 주거에 침입했다가 그 상태에서 주인과 마주쳐 체포를 면탈할 목적으로 주인을 폭행하고 도망가면 준강도미수죄가 성립한다.

① 1개   ② 2개

③ 3개   ④ 4개

정선 핵심

ㄱ. 절도가 친족 간의 범행인 경우 → 준강도죄 ○

ㄴ. 준강도죄의 기수 여부 판단기준 → 절도행위의 기수 여부

ㄷ. 체포를 면탈할 목적으로 폭행·협박을 가할 때에 비로소 흉기를 휴대한 경우 → 특수강도의 준강도 ○

ㄹ. 낮에 침입하여 훔칠 물건을 수색하기 전에 주인을 때린 경우 → 주거침입죄와 폭행죄의 실체적 경합 ○

ㅁ. 밤에 침입했다가 체포를 면탈할 목적으로 주인을 폭행한 경우 → 준강도미수죄 ○

정선 해설

[ㄱ ▸ ○] 친족 간에 절도범행이 이루어진 경우에도 준강도죄에는 친족상도례가 적용되지 아니하므로 준강도죄가 성립할 수 있음을 유의하여야 한다.

[ㄴ ▸ X] 강도죄와 준강도죄의 구성요건인 재물탈취와 폭행·협박 사이에 시간적 순서상 전후의 차이가 있을 뿐 실질적으로 위법성이 같다고 보기 때문인바, 이와 같은 준강도죄의 입법취지, 강도죄와의 균형 등을 종합적으로 고려해 보면, 준강도죄의 기수 여부는 절도행위의 기수 여부를 기준으로 하여 판단하여야 한다(대판 2004.11.18. 2004도5074[전합]).

[ㄷ ▸ ○] 대판 1973.11.13. 73도1553[전합]

[ㄹ ▸ X] 준강도죄의 기수 여부를 절도행위의 기수 여부로 판단하건대 주간에 주거에 침입하여 물색행위를 하기 전이라면 절도죄의 실행의 착수이전이므로 주거침입죄와 폭행죄의 실체적 경합범이 성립하게 된다.

[ㅁ ▸ ○] 야간의 주거침입시에 야간주거침입절도죄의 실행의 착수가 인정되고, 절도는 미수에 그쳤으므로 준강도미수의 죄책을 지게 된다.

답 ②

준강도죄에 관한 다음의 설명으로 가장 옳은 것은?(다툼이 있는 경우 판례에 의함)

① 절도범인 甲을 체포하려고 피해자가 폭력을 가해 오자 甲이 이를 피하기 위하여 엉겁결에 솥뚜껑을 들어 그 폭력을 막아 내려다가 그 솥뚜껑에 스치어 피해자가 상처를 입게 되었다면 甲은 강도상해죄가 성립한다.

② 합동하여 절도를 한 경우 범인 중 1인이 체포를 면탈할 목적으로 폭행을 하여 상해를 가한 때에는 나머지 범인이 이를 예기할 수 있었는가를 가리지 않고 그 나머지 범인 역시 준강도상해죄의 죄책을 면할 수 없다.

③ 준강도죄는 신분범이며 목적범이다.

④ 절도범이 체포를 면탈할 목적으로 경찰관에게 폭행, 협박을 가한 때에는 준강도죄와 공무집행방해죄를 구성하고, 양죄는 실체적 경합관계에 있다.

정선 핵심

① 절도범인이 체포를 면탈하려고 사용한 솥뚜껑에 피해자가 상처를 입은 경우 → 강도상해죄 ×

② 공범 중 1인이 체포를 면탈할 목적으로 폭행하여 상해를 가한 경우 → 나머지 범인이 예기할 수 없었다면 준강도상해죄 ×

③ 준강도죄 → 신분범이며 목적범

④ 준강도죄와 공무집행방해죄 → 상상적 경합 ○

정선 해설

[❶ ▸ ✕] 피고인을 체포하려는 피해자가 체포에 필요한 정도를 넘어서서 발로 차며 전치 3개월을 요하는 중상을 입힐 정도로 심한 폭력을 가해오자 피고인이 이를 피하기 위하여 엉겁결에 솥뚜껑을 들어 위 폭력을 막아 내려다가 그 솥뚜껑에 스치어 피해자가 상처를 입게 되었다면 <u>피고인의 위 행위는 일반적, 객관적으로 피해자의 체포의사를 제압할 정도의 폭행에 해당하지 않는다고 할 것이므로 준강도상해죄는 성립되지 않는다</u>(대판 1990.4.24. 90도193).

[❷ ▸ ✕] 판례의 취지를 고려하면, 나머지 범인이 이를 예기할 수 없었다면 준강도상해죄의 죄책을 지지 아니한다고 보는 것이 타당하다.

> 절도를 공모한 피고인이 다른 공모자 (갑)의 폭행행위에 대하여 사전양해나 의사의 연락이 전혀 없었고, 범행장소가 빈 가게로 알고 있었고, 위 (갑)이 담배창구를 통하여 가게에 들어가 물건을 절취하고 피고인은 밖에서 망을 보던 중 예기치 않았던 인기척 소리가 나므로 도주해버린 이후에 위 (갑)이 창구에 몸이 걸려 빠져 나오지 못하게 되어 피해자에게 붙들리자 체포를 면탈할 목적으로 피해자에게 폭행을 가하여 상해를 입힌 것이고, <u>피고인은 그동안 상당한 거리를 도주하였을 것으로 추정되는 상황하에서는 피고인이 위 (갑)의 폭행행위를 전연 예기할 수 없었다고 보여지므로 피고인에게 준강도상해죄의 공동책임을 지울 수 없다</u>(대판 1984.2.28. 83도3321).

[❸ ▸ ○] 형법 제335조는 '절도'가 재물의 탈환을 항거하거나 체포를 면탈하거나 범죄의 흔적을 인멸할 목적으로 폭행 또는 협박한 때에는 준강도가 성립한다고 규정하고 있으므로, 준강도죄의 주체는 절도범인이고, 절도죄의 객체는 재물이다(대판 2014.5.16. 2014도2521).

[❹ ▸ ✕] 절도범인이 체포를 면탈할 목적으로 경찰관에게 폭행·협박을 가한 때에는 준강도죄와 공무집행방해죄를 구성하고 양죄는 상상적 경합관계에 있다(대판 1992.7.28. 92도917).

답 ❸

절도와 강도의 죄에 대한 설명으로 가장 적절하지 않은 것은?(다툼이 있는 경우 판례에 의함)

① 타인에 대하여 반항을 억압함에 충분한 정도의 폭행 또는 협박을 가한 사실이 있다 해도 그 타인이 재물 취거의 사실을 알지 못하는 사이에 그 틈을 이용하여 우발적으로 타인의 재물을 취거한 경우, 강도죄가 성립하지 않는다.

② 채무를 면탈할 의사로 채권자를 살해하였더라도 채무의 존재가 명백하고 채권자의 상속인이 존재하며 그 상속인에게 채권의 존재를 확인할 방법이 확보되어 있다면 강도살인죄는 성립하지 않는다.

③ 甲이 자신의 명의로 등록된 자동차를 A에게 증여하여 A만이 이를 운행·관리하여 오다가 A가 이를 소유하기로 당사자 사이에 약정한 경우, 甲이 불법영득의사를 가지고 그 자동차를 임의로 운전해 갔다면 자동차 등록명의와 관계없이 절도죄가 성립한다.

④ 어떠한 물건을 점유자의 의사에 반하여 취거하는 행위가 결과적으로 소유자의 이익으로 된다는 사정 또는 소유자의 추정적 승낙이 있다고 볼 만한 사정이 있으면, 불법영득의 의사는 인정되지 않는다.

정선 핵심

① 폭행·협박이 있었으나 피해자의 부지 중에 우발적으로 재물을 취거한 경우 → 강도죄 ×
② 채무를 면탈할 의사로 채권자를 살해하였으나 채무의 존재가 명백하고 상속인이 존재하며 상속인에게 채권의 존재를 확인할 방법이 있는 경우 → 강도살인죄 ×
③ A에게 증여한 자동차를 등록명의자가 임의로 가져간 경우 → 절도죄 ○
④ 점유자의 의사에 반하는 취거가 소유자의 이익이 되는 경우 → 불법영득의사 ○

정선 해설

[❶ ▸ ○] 피고인이 타인에 대하여 반항을 억압함에 충분한 정도의 폭행 또는 협박을 가한 사실이 있다 해도 그 타인이 재물 취거의 사실을 알지 못하는 사이에 그 틈을 이용하여 피고인이 우발적으로 타인의 재물을 취거한 경우에는 위 폭행이나 협박이 재물 탈취의 방법으로 사용된 것이 아님은 물론, 그 폭행 또는 협박으로 조성된 피해자의 반항억압의 상태를 이용하여 재물을 취득하는 경우에도 해당하지 아니하여 <u>양자 사이에 인과관계가 존재하지 아니한다</u> 할 것이므로, 강도죄의 성립을 인정하여서는 안 될 것이다(대판 2009.1.30. 2008도10308).

> 주점 도우미인 피해자와의 윤락행위 도중 시비 끝에 피해자를 이불로 덮어씌우고 폭행한 후 이불 속에 들어 있는 피해자를 두고 나가다가 탁자 위의 피해자 손가방 안에서 현금을 가져간 사안에서, 폭행에 의한 강도죄의 성립을 인정한 원심을 파기한 사례(대판 2009.1.30. 2008도10308).

[❷ ▸ ○] 대판 2004.6.24. 2004도1098

[❸ ▸ ○] 대판 2013.2.28. 2012도15303

[❹ ▸ ×] 점유자의 의사에 반하여 취거하는 행위가 결과적으로 소유자의 이익으로 된다는 사정 또는 소유자의 추정적 승낙이 있다고 볼 만한 사정이 있다고 하더라도, 다른 특별한 사정이 없는 한 그러한 사유만으로 불법영득의 의사가 없다고 할 수는 없다(대판 2014.2.21. 2013도14139).

답 ❹

준강도죄에 대한 설명으로 옳지 않은 것은?(다툼이 있는 경우 판례에 의함) `13` 국가9급

① 절도가 체포를 면탈할 목적으로 사람을 살해한 때에는 준강도죄와 살인죄의 실체적 경합이 성립한다.

② 절도범인이 일단 체포되었으나 아직 신병의 확보가 확실하지 않은 단계에서 체포 상태를 면하기 위해 상해를 가한 경우에는 강도상해죄가 성립한다.

③ 강도예비·음모죄가 성립하기 위해서는 행위자에게 미필적으로라도 강도를 할 목적이 있어야 하고 단순히 준강도 할 목적만 있는 경우에는 강도예비·음모죄로 처벌할 수 없다.

④ 절도범이 체포를 면탈할 목적으로 체포하려는 여러 명의 피해자에게 같은 기회에 폭행을 가하여 그중 1인에게만 상해를 가한 경우에는 포괄하여 하나의 강도상해죄가 성립한다.

**정선
핵심**

① 절도가 체포를 면탈할 목적으로 사람을 살해한 경우 → 강도살인죄 ○

② 절도범인이 아직 신병의 확보가 확실하지 않은 단계에서 체포를 면하기 위해 상해를 가한 경우 → 강도상해죄 ○

③ 준강도할 목적이 있음에 그치는 경우 → 강도예비·음모죄 ×

④ 절도범이 체포를 면탈할 목적으로 여러 명의 피해자에게 폭행을 가하여 1인에게만 상해를 가한 경우 → 강도상해죄의 포괄일죄 ○

**정선
해설**

[❶ ▸ ×] 강도살인죄(형법 제338조)의 주체인 강도는 준강도죄(형법 제335조)의 강도범인을 포함한다고 할 것이므로 절도가 체포를 면탈할 목적으로 사람을 살해한 때에는 강도살인죄가 성립한다(대판 1987.9.22. 87도1592).

[❷ ▸ ○] 대판 2001.10.23. 2001도4142

[❸ ▸ ○] 대판 2006.9.14. 2004도6432

[❹ ▸ ○] 절도범이 체포를 면탈할 목적으로 체포하려는 여러 명의 피해자에게 같은 기회에 폭행을 가하여 그중 1인에게만 상해를 가하였다면 이러한 행위는 포괄하여 하나의 강도상해죄만 성립한다(대판 2001.8.21. 2001도3447).

> **비교판례** │ 대판 1987.5.26. 87도527
>
> 강도가 한 개의 강도범행을 하는 기회에 수명의 피해자에게 각 폭행을 가하여 각 상해를 입힌 경우에는 각 피해자별로 수개의 강도상해죄가 성립하며 이들은 실체적 경합범의 관계에 있다.

답 ❶

강도의 죄에 관한 설명 중 가장 적절하지 않은 것은?(다툼이 있는 경우 판례에 의함)

① 강도죄와 준강도죄는 그 취지와 본질을 달리한다고 보아야 아니며, 준강도죄의 주체는 절도이고 여기에는 기수는 물론 형법상 처벌규정이 있는 미수도 포함되는 것이지만, 준강도죄의 기수·미수의 구별은 구성요건적 행위인 폭행 또는 협박이 종료되었는가 하는 점에 따라 결정된다.

② 강도 실행의 범의를 포기한 직후로서 사회통념상 범죄행위가 완료되지 않았다고 볼 수 있는 단계에서 살인이 행해진 경우는 강도살인죄를 구성한다.

③ 채무자가 채무를 면탈할 의사로 채권자를 살해하였더라도 채무의 존재가 명백할 뿐만 아니라 채권자의 상속인이 존재하고 그 상속인에게 채권의 존재를 확인할 방법이 확보되어 있는 경우 강도살인죄가 성립할 수 없다.

④ 절도범인이 체포를 면탈할 목적으로 체포하려는 여러 사람에게 같은 기회에 폭행을 가하여 그중 1인에게만 상해를 가하였다면 포괄하여 하나의 강도상해죄만 성립한다.

정선 핵심

① 준강도죄의 기수 여부 판단기준 → 절도행위의 기수 여부

② 강도의 범의를 포기한 직후로서 사회통념상 범죄행위가 완료되지 않은 단계에서 살인이 행해진 경우 → 강도살인죄 ○

③ 채무를 면탈할 의사로 채권자를 살해하였으나 채무의 존재가 명백하고 상속인이 존재하며 상속인에게 채권의 존재를 확인할 방법이 있는 경우 → 강도살인죄 ×

④ 절도범이 체포를 면탈할 목적으로 여러 명의 피해자에게 폭행을 가하여 1인에게만 상해를 가한 경우 → 강도상해죄의 포괄일죄 ○

정선 해설

[❶ ▸ ×] 강도죄와 준강도죄의 구성요건인 재물탈취와 폭행·협박 사이에 시간적 순서상 전후의 차이가 있을 뿐 실질적으로 위법성이 같다고 보기 때문인바, 이와 같은 준강도죄의 입법취지, 강도죄와의 균형 등을 종합적으로 고려해 보면, 준강도죄의 기수 여부는 절도행위의 기수 여부를 기준으로 하여 판단하여야 한다(대판 2004.11.18. 2004도5074[전합]).

[❷ ▸ ○] 강도살인이라 함은 강도범인이 강도의 기회에 살인행위를 함으로써 성립하는 것이므로, 강도범행의 실행 중이거나 그 실행 직후 또는 실행의 범의를 포기한 직후로서 사회통념상 범죄행위가 완료되지 아니하였다고 볼 수 있는 단계에서 살인이 행하여짐을 요건으로 한다(대판 1996.7.12. 96도1108).

> 강도범행 직후 신고를 받고 출동한 경찰관이 위 범행현장으로부터 약 150m 지점에서, 격투 끝에 피고인을 붙잡았으나, 피고인이 너무 힘이 세고 반항이 심하여 수갑도 채우지 못한 채 파출소로 연행하고자 하였는데, 그 순간 피고인이 체포를 면하기 위하여 소지하고 있던 과도로써 옆에 앉아 있던 경찰관을 찔러 사망케 하였다면 피고인의 위 살인행위는 강도행위와 시간상 및 거리상 극히 근접하여 사회통념상 범죄행위가 완료되지 아니한 상태에서 이루어진 것이라고 보여지므로 원심이 피고인을 강도살인죄로 적용하여 처벌한 것은 옳다고 한 사례 (대판 1996.7.12. 96도1108).

[❸ ▸ ○] 대판 2004.6.24. 2004도1098

[❹ ▸ ○] 대판 2001.8.21. 2001도3447

답 ❶

준강도죄에 대한 설명으로 가장 적절한 것은?(다툼이 있는 경우 판례에 의함)

① 단순절도범인이 처음에는 흉기를 휴대하지 아니하였으나, 체포를 면탈할 목적으로 폭행 또는 협박을 가할 때에 비로소 흉기를 휴대 사용하게 된 경우에는 단순강도의 준강도가 된다.

② 가방 날치기 수법의 점유탈취 과정에서 재물을 뺏기지 않으려고 바닥에 넘어진 상태로 가방끈을 놓지 않은 채 "내 가방, 사람살려!!!"라고 소리치며 끌려가는 피해자를 5m 가량 끌고 가면서 무릎에 상해를 입힌 경우는 절도죄와 상해죄의 경합범으로 처벌된다.

③ 절도범이 체포를 면탈할 목적으로 자신을 체포하려는 여러 명의 피해자에게 같은 기회에 폭행을 가하여 그중 1인에게만 상해를 가한 경우에는 포괄하여 하나의 강도상해죄만 성립한다.

④ 양주를 절취할 목적으로 주점에 들어가 양주를 담고 있던 중 피해자가 들어오는 소리에 이를 두고 도망가려다가 피해자에게 붙잡혀 체포를 면탈하기 위해 폭행을 가한 경우는 준강도죄의 기수범으로 처벌된다.

**정선
핵심**

① 체포를 면탈할 목적으로 폭행·협박을 가할 때에 비로소 흉기를 휴대한 경우 → 특수강도의 준강도 ○
② 날치기 수법의 점유탈취 과정에서 피해자를 5m 가량 끌고 가 상해를 입힌 경우 → 강도치상죄 ○
③ 절도범이 체포를 면탈할 목적으로 여러 명의 피해자에게 폭행을 가하여 1인에게만 상해를 가한 경우 → 강도상해죄의 포괄일죄 ○
④ 양주를 바구니에 담고 있던 중 체포를 면탈할 목적으로 폭행한 경우 → 준강도죄의 미수 ○

**정선
해설**

[❶ ▸ ✕] 절도범인이 처음에는 흉기를 휴대하지 아니하였으나, 체포를 면탈할 목적으로 폭행 또는 협박을 가할 때에 비로소 흉기를 휴대 사용하게된 경우에는 형법 제334조의 예에 의한 준강도 (특수강도의 준강도)가 된다(대판 1973.11.13. 73도1553[전합]).

[❷ ▸ ✕] 날치기 수법으로 피해자가 들고 있던 가방을 탈취하면서 가방을 놓지 않고 버티는 피해자를 5m 가량 끌고 감으로써 피해자의 무릎 등에 상해를 입힌 경우, 반항을 억압하기 위한 목적으로 가해진 강제력으로서 그 반항을 억압할 정도에 해당하므로 강도치상죄가 성립한다(대판 2007.12.13. 2007도7601).

[❸ ▸ ○] 대판 2001.8.21. 2001도3447

[❹ ▸ ✕] 피고인이 공소외인과 합동하여 양주를 절취할 목적으로 장소를 물색하던 중, 피해자 1이 운영하는 주점에 이르러, 공소외인은 망을 보고, 피고인은 위 주점의 잠금장치를 뜯고 침입하여 양주 45병을 미리 준비한 바구니에 담고 있던 중, 공소외인을 수상히 여기고 위 주점 종업원 피해자 2가 주점으로 돌아오려는 소리를 듣고서 양주를 그대로 둔 채 출입문을 열고 나오다가 피해자 2 등이 피고인을 붙잡자, 체포를 면탈할 목적으로 피고인의 목을 잡고 있던 피해자의 오른손을 깨무는 등 폭행한 경우 피고인에게는 준강도미수죄가 성립한다(대판 2004.11.18. 2004도5074[전합]).

답 ❸

ㄱ. 형법 제337조의 강도상해죄는 강도범인이 강도의 기회에 상해행위를 함으로써 성립하므로 강도범행의 실행 중이거나 실행 직후 또는 실행의 범의를 포기한 직후로서 사회통념상 범죄행위가 완료되지 아니하였다고 볼 수 있는 단계에서 상해가 행하여짐을 요건으로 한다. 그러나 반드시 강도범행의 수단으로 한 폭행에 의하여 상해를 입힐 것을 요하는 것은 아니고 상해행위가 강도가 기수에 이르기 전에 행하여져야만 하는 것은 아니므로, 강도범행 이후에도 피해자를 계속 끌고 다니거나 차량에 태우고 함께 이동하는 등으로 강도범행으로 인한 피해자의 심리적 저항불능상태가 해소되지 않은 상태에서 강도범인의 상해행위가 있었다면 강취행위와 상해행위 사이에 다소의 시간적·공간적 간격이 있었다는 것만으로는 강도상해죄의 성립에 영향이 없다.

ㄴ. 형법 제335조(준강도)는 '절도'가 재물의 탈환을 항거하거나 체포를 면탈하거나 범죄의 흔적을 인멸할 목적으로 폭행 또는 협박한 때에는 준강도가 성립한다고 규정하고 있으므로, 준강도죄의 주체는 절도범인이고, 절도죄의 객체는 재물이다.

ㄷ. 형법 제335조에서 절도가 재물의 탈환을 항거하거나 체포를 면탈하거나 범죄의 흔적을 인멸할 목적으로 폭행 또는 협박한 때에는 준강도로서 강도죄의 예에 따라 처벌하는 취지는, 강도죄와 준강도죄의 구성요건인 재물탈취와 폭행·협박 사이에 시간적 순서상 전후의 차이가 있을 뿐 실질적으로 위법성이 같다고 보기 때문인바, 이와 같은 준강도죄의 입법취지, 강도죄와의 균형 등을 종합적으로 고려해 보면, 준강도죄의 기수 여부는 폭행·협박행위의 종료 여부를 기준으로 하여 판단하여야 한다.

ㄹ. 강도살인죄가 성립하려면 먼저 강도죄의 성립이 인정되어야 하고, 강도죄가 성립하려면 불법영득(또는 불법이득)의 의사가 있어야 하며, 형법 제333조 후단 소정의 이른바 강제이득죄의 성립요건인 '재산상 이익의 취득'을 인정하기 위하여서는 재산상 이익이 사실상 피해자에 대하여 불이익하게 범인 또는 제3자 앞으로 이전되었다고 볼 만한 상태가 이루어져야 하는데, 채무의 존재가 명백할 뿐만 아니라 채권자의 상속인이 존재하고 그 상속인에게 채권의 존재를 확인할 방법이 확보되어 있는 경우에는 비록 그 채무를 면탈할 의사로 채권자를 살해하더라도 일시적으로 채권자 측의 추급을 면한 것에 불과하여 재산상 이익의 지배가 채권자 측으로부터 범인 앞으로 이전되었다고 보기는 어려우므로, 이러한 경우에는 강도살인죄가 성립할 수 없다.

ㅁ. 형법 제335조의 준강도죄의 구성요건인 폭행은 같은 법 제333조의 폭행의 정도와의 균형상 상대방의 반항(항쟁)을 억압할 정도 즉 반항을 억압하는 수단으로서 일반적, 객관적으로 가능하다고 인정하는 정도면 족하다 할 것이고 이는 체포되려는 구체적 상황에 비추어 체포의 공격력을 억압함에 족한 정도의 것인 여부에 따라 결정되어야 할 것이므로 피고인이 옷을 잡히자 체포를 면하려고 충동적으로 저항을 시도하여 잡은 손을 뿌리친 정도의 폭행을 준강도죄로 의율할 수는 없다.

① 1개
② 2개
③ 3개
④ 4개
⑤ 없음

정선
핵심

ㄱ. 강도상해죄의 구성요건
- → 강취행위와 상해행위 사이에 다소의 시간적·공간적 간격 : 강도상해죄 ○
- → 강도범행의 수단으로 한 폭행에 의하여 상해를 입힐 것 : 불요
- → 상해행위가 강도가 기수에 이르기 전에 행하여져야 할 것 : 불요

ㄴ. 준강도죄의 주체 → 재물을 객체로 하는 절도죄의 범인

ㄷ. 준강도죄의 기수 여부 판단기준 → 절도행위의 기수 여부

ㄹ. 채무를 면탈할 의사로 채권자를 살해하였으나 채무의 존재가 명백하고 상속인이 존재하며 상속인에게 채권의 존재를 확인할 방법이 있는 경우 → 강도살인죄 ×

ㅁ. 옷을 잡히자 체포를 면하려고 충동적으로 잡은 손을 뿌리친 경우 → 준강도죄 ×

정선
해설

[ㄱ ▸ ○] 대판 2014.9.26. 2014도9567

[ㄴ ▸ ○] 대판 2014.5.16. 2014도2521

[ㄷ ▸ ×] 강도와 준강도죄의 구성요건인 재물탈취와 폭행·협박 사이에 시간적 순서상 전후의 차이가 있을 뿐 실질적으로 위법성이 같다고 보기 때문인바, 이와 같은 준강도죄의 입법취지, 강도죄와의 균형 등을 종합적으로 고려해 보면, 준강도죄의 기수 여부는 절도행위의 기수 여부를 기준으로 하여 판단하여야 한다(대판 2004.11.18. 2004도5074[전합]).

[ㄹ ▸ ○] 대판 2004.6.24. 2004도1098

[ㅁ ▸ ○] 형법 제335조의 준강도죄의 구성요건인 폭행은 같은 법 제333조의 폭행의 정도와의 균형상 상대방의 반항(항쟁)을 억압할 정도 즉 반항을 억압하는 수단으로서 일반적, 객관적으로 가능하다고 인정하는 정도면 족하다 할 것이고 이는 체포되려는 구체적 상황에 비추어 체포의 공격력을 억압함에 족한 정도의 것인 여부에 따라 결정되어야 할 것이므로 피고인이 옷을 잡히자 체포를 면하려고 충동적으로 저항을 시도하여 잡은 손을 뿌리친 정도의 폭행을 준강도죄로 의율할 수는 없다(대판 1985.5.14. 85도619).

> **관련판례** 대판 1999.2.26. 98도3321
>
> 피해자의 집에서 절도범행을 마친지 10분 가량 지나 피해자의 집에서 200m 가량 떨어진 버스정류장이 있는 곳에서 피고인을 절도범인이라고 의심하고 뒤쫓아 온 피해자에게 붙잡혀 피해자의 집으로 돌아왔을 때 비로소 피해자를 폭행한 경우, 그 폭행은 사회통념상 절도범행이 이미 완료된 이후에 행하여졌으므로 준강도죄가 성립하지 않는다.

답

195
□□□

강도살인죄에 관한 설명 중 옳지 않은 것은?(다툼이 있으면 판례에 의함) `07` 사시

① 채무를 면탈할 의사로 채권자를 살해하였으나, 채무의 존재가 명백할 뿐만 아니라 채권자의 상속인이 존재하고 그 상속인에게 채권의 존재를 확인할 방법이 확보되어 있는 경우에는 강도살인죄가 성립하지 않는다.

② 강도살인죄는 강도범인이 강도의 기회에 살인행위를 함으로써 성립하는 것이므로, 강도범행의 실행 중이거나 그 실행 직후 또는 실행의 범의를 포기한 직후로서 사회통념상 범죄행위가 완료되지 아니하였다고 볼 수 있는 단계에서 살인이 행하여짐을 요건으로 한다.

③ 술집 안에서 피고인과 술집 주인 두 사람밖에 없는 상황에서 술값 지급을 요구하는 술집주인을 살해하면 피해자는 피고인에 대하여 술값 채권을 가지고 있음이 알려져 있지 아니한 탓으로 피해자의 상속인이 있다 하더라도 피고인에 대하여 그 채권을 행사할 가능성은 없다 할 것이므로, 술값 채무를 면탈할 목적으로 피해자를 살해한 것은 강도살인죄가 성립한다.

④ 강도범행 직후 신고를 받고 출동한 경찰관이 위 범행현장으로부터 약 150m 지점에서, 화물차를 타고 도주하는 피고인을 발견하고 순찰차로 추적하여 격투 끝에 피고인을 붙잡았으나, 피고인이 너무 힘이 세고 반항이 심하여 수갑도 채우지 못한 채 피고인을 순찰차에 억지로 밀어 넣고서 파출소로 연행하고자 하였는데, 그 순간 피고인이 체포를 면하기 위하여 소지하고 있던 과도로 옆에 앉아 있던 경찰관을 찔러 사망케 한 경우, 강도죄와 살인죄의 실체적 경합범에 해당된다.

⑤ 강도살인죄는 고의범이므로 수인이 합동하여 강도를 한 경우, 그중 1인이 사람을 살해하는 행위를 하였다면 그 범인은 강도살인죄의 기수 또는 미수의 죄책을 지는 것이고 다른 공범자도 살해행위에 관한 고의의 공동이 있으면 그 또한 강도살인죄의 기수 또는 미수의 죄책을 진다.

강도살인죄의 성립 여부

① 채무를 면탈할 의사로 채권자를 살해하였으나 채무의 존재가 명백하고 상속인이 존재하며 상속인에게 채권의 존재를 확인할 방법이 있는 경우 → ×

② 강도범행의 실행 중이거나 실행 직후 또는 실행의 범의를 포기한 직후 살인을 행한 경우 → ○

③ 술값 채무를 면탈할 목적으로 술집 주인을 살해한 경우 → ○

④ 체포를 면하기 위하여 연행하려던 경찰관을 과도로 찔러 사망케 한 경우 → ○

⑤ 합동강도 중 1인이 살해행위를 할 때 공범자에게 고의의 공동이 있는 경우 → 강도살인죄의 기수 또는 미수
○

[❶ ▸ ○] 대판 2004.6.24. 2004도1098

[❷ ▸ ○] 대판 2004.6.24. 2004도1098

> **비교판례** **대판 2014.5.16. 2014도2521**
> 피고인이 술집 운영자 甲으로부터 술값의 지급을 요구받자 甲을 유인·폭행하고 도주함으로써 술값의 지급을 면하여 재산상 이익을 취득하고 상해를 가하였다고 하여 강도상해로 기소되었는데, 원심이 위 공소사실을 '피고인이 甲에게 지급해야 할 술값의 지급을 면하여 재산상 이익을 취득하고 甲을 폭행하였다'는 범죄사실로 인정하여 준강도죄를 적용한 경우, 원심이 인정한 범죄사실에는 그 자체로 절도의 실행에 착수하였다는 내용이 포함되어 있지 않음에도 준강도죄를 적용하여 유죄로 인정한 원심판결에 준강도죄의 주체에 관한 법리오해의 잘못이 있다.

[❸ ▸ ○] 피고인이 피해자를 살해할 당시 그 소주방 안에는 피고인과 피해자 두 사람밖에 없었음을 알 수 있는바, 피고인이 피해자를 살해하면 피해자는 피고인에 대하여 술값 채권을 행사할 수 없게 되고, 피해자 이외의 사람들에게는 피해자가 피고인에 대하여 술값 채권을 가지고 있음이 알려져 있지 아니한 탓으로 피해자의 상속인이 있다 하더라도 피고인에 대하여 그 채권을 행사할 가능성은 없다 하겠다. 그러므로 위와 같은 상황에서 피고인이 채무를 면탈할 목적으로 피해자를 살해한 것은 강도살인죄가 성립한다(대판 1999.3.9. 99도242).

[❹ ▸ ×] 피고인의 위 살인행위는 강도행위와 시간상 및 거리상 극히 근접하여 사회통념상 범죄행위가 완료되지 아니한 상태에서 이루어진 것이라고 보여지므로 피고인에게는 강도살인죄가 성립한다(대판 1996.7.12. 96도1108).

[❺ ▸ ○] 대판 1991.11.12. 91도2156

답 ❹

다음 사례에 대한 설명으로 옳지 않은 것은?(다툼이 있는 경우 판례에 의함)

> 甲은 A와 채무 변제기의 유예 여부 등을 놓고 언쟁을 벌이다가 순간적으로 A를 살해하여 채무의
> 지급을 면하기로 마음먹고, 망치로 A의 뒷머리 부분을 수회 때리는 등의 방법으로 살해하였다.
> 마침 A의 옷에 지갑이 있는 것을 발견하고, 장차 사체가 발견될 때 A의 신원이 밝혀지는 게 두려워
> 이를 숨기기 위하여 지갑을 꺼내 A가 타고 온 차량의 사물함에 통째로 넣어두었다. 그로부터 15시간
> 가량 지난 후인 그 다음 날 10:00경 범행현장에 다시 와서 A의 사체를 인근 공사장 창고에 버리고,
> 지갑 속에 들어 있던 돈을 꺼내어 가서 담뱃값으로 사용하였다.

① 채무면탈 목적으로 A를 살해하는 행위는 채무의 존재가 명백할 뿐만 아니라 채권자의 상속인이
   존재하고 그 상속인에게 채권의 존재를 확인할 방법이 확보되어 있다면 강도살인죄가 성립하지
   않는다.

② A의 사체가 발견될 때 피해자의 신원이 밝혀지는 게 두려워 이를 숨기기 위하여 지갑을 꺼내
   차량의 사물함에 통째로 넣어 두는 행위에 대하여 甲에게 지갑에 대한 불법영득의 의사를
   인정하기 어렵다.

③ 지갑 속의 돈을 꺼내어 담뱃값으로 사용한 행위는 살인행위와 시간상 및 거리상 극히 근접하여
   사회통념상 범죄행위가 완료되지 아니한 상태에서 이루어진 것이므로 甲에게는 강도살인죄가
   성립한다.

④ A의 사체를 공사장 창고에 버리는 행위는 사체유기죄에 해당하며, 사체유기죄는 살인행위
   등으로 성립될 범죄와 실체적 경합관계에 있다.

**정선
핵심**

① 채무를 면탈할 의사로 A를 살해하였으나 채무의 존재가 명백하고 상속인이 존재하며 상속인에게 채권의 존재를
   확인할 방법이 있는 경우 → 강도살인죄 ✕
② A의 지갑을 꺼내 차량의 사물함에 넣어 둔 경우 → 불법영득의사 ✕
③ A의 지갑 속의 돈을 꺼내어 담뱃값으로 사용한 경우 → 강도살인죄 ✕
④ 살인죄와 사체유기죄 → 실체적 경합 ○

**정선
해설**

[❶ ▸ ○] 채무의 존재가 명백할 뿐만 아니라 채권자의 상속인이 존재하고 그 상속인에게 채권의 존재를 확인할
방법이 확보되어 있는 경우에는 비록 그 채무를 면탈할 의사로 채권자를 살해하더라도 일시적으로 채권자측의
추급을 면한 것에 불과하여 재산상 이익의 지배가 채권자측으로부터 범인 앞으로 이전되었다고 보기는 어려우므로,
이러한 경우에는 강도살인죄가 성립할 수 없다(대판 2004.6.24. 2004도1098).
[❷ ▸ ○] [❸ ▸ ✕] [1] 피고인은 살해 직후 장차 시체가 발견될 때 피해자의 신원이 밝혀지는 게 두려워 이를
숨기기 위하여 피해자의 지갑을 꺼내 그 차량의 사물함에 통째로 넣어둔 경우, 피고인에게 지갑 속의 재물에 대한
불법영득의 의사를 인정하기 어렵다.❷
[2] 피고인이 피해자 소유의 돈과 신용카드에 대하여 불법영득의 의사를 갖게 된 것은 살해 후 상당한 시간이
지난 후로서 살인의 범죄행위가 이미 완료된 후의 일로 보이므로, 살해 후 상당한 시간이 지난 후에 별도의 범의에
터 잡아 이루어진 재물 취거행위를 그보다 앞선 살인행위와 합쳐서 강도살인죄로 처단할 수는 없다❸(대판 2004.6.24.
2004도1098).
[❹ ▸ ○] 대판 1984.11.27. 84도2263

답 ❸

강도죄에 관한 다음 설명 중 가장 적절한 것은?(다툼이 있으면 판례에 의함)

① 甲과 乙, 丙이 타인의 재물을 절취하기로 공모한 다음 甲은 망을 보고 乙과 丙이 재물을 절취한 다음 달아나려다가 피해자에게 발각되자 체포를 면탈할 목적으로 피해자를 때려 상해를 입혔다면 甲도 이를 전혀 예견하지 못했다고 볼 수 없어 강도치상죄의 죄책을 면할 수 없다.

② 피고인이 술집 운영자 甲으로부터 술값의 지급을 요구받자 술값의 지급을 면하기로 마음먹고 甲을 유인·폭행하고 도주함으로써 술값의 지급을 면하여 재산상 이득을 취득한 경우 준강도죄가 성립하지 아니한다.

③ 피고인들이 피해자들의 재물을 강취한 후 그들을 살해할 목적으로 현주건조물에 방화하여 사망에 이르게 한 경우, 피고인들의 행위는 강도살인죄와 현주건조물방화치사죄에 모두 해당하고 그 두 죄는 실체적 경합범관계에 있다.

④ 피고인 甲, 乙이 공모하여 채무를 면탈할 의사로 채권자 丙을 살해한 사안에서, 甲의 丙에 대한 채무의 존재가 명백할 뿐만 아니라 丙의 상속인이 존재하고 그 상속인에게 채권의 존재를 확인할 방법이 확보되어 있지만 재산상 이익이 채권자 측으로부터 甲앞으로 이전되었다고 볼 수 있으므로 강도살인죄가 성립한다.

정선 핵심

① 乙과 丙이 체포를 면탈할 목적으로 피해자에게 상해를 입혔으나 망을 본 甲이 전혀 예견하지 못했다고 볼 수 없는 경우 → 강도상해죄 ○

② 술값의 지급을 면하기 위하여 술집 운영자를 유인·폭행한 경우 → 준강도죄 ×

③ 강도살인죄와 현주건조물방화치사죄 → 상상적 경합 ○

④ 채무를 면탈할 의사로 丙을 살해하였으나 채무의 존재가 명백하고 상속인이 존재하며 상속인에게 채권의 존재를 확인할 방법이 있는 경우 → 강도살인죄 ×

정선 해설

[❶ ▸ ✕] 피고인과 원심피고인들이 타인의 재물을 절취하기로 공모한 다음 피고인은 망을 보고 원심피고인들이 재물을 절취한 다음 달아나려다가 피해자에게 발각되자 체포를 면탈할 목적으로 피해자를 때려 상해를 입혔다면 피고인도 이를 전연 예견하지 못했다고 볼 수 없어 강도상해죄의 죄책을 면할 수 없다(대판 1989.12.12. 89도1991).

> **비교판례** **대판 1982.7.13. 82도1352**
> 피해자가 피고인 甲과 乙이 자기 집에서 물건을 훔쳐 나왔다는 연락을 받고 도주로를 따라 추격하자 범인들이 이를 보고 도주하므로 1킬로미터 가량 추격하여 피고인 甲을 체포하여 같이 추격하여 온 동리 사람들에게 인계하고 1킬로미터를 더 추격하여 乙을 체포하여 가지고 간 나무몽둥이로 동인을 1회 구타하자 동인이 위 몽둥이를 빼앗아 피해자를 구타 상해를 가하고 도주한 경우, 을의 소위는 준강도상해죄에 해당한다. 한편 동 구타 상해행위를 공모 또는 예기하지 못한 피고인 甲에게까지 준강도상해의 죄책을 문의할 수 없다.

[❷ ▸ ○] 대판 2014.5.16. 2014도2521

[❸ ▸ ✕] 피고인들이 피해자들의 재물을 강취한 후 그들을 살해할 목적으로 현주건조물에 방화하여 사망에 이르게 한 경우, 피고인들의 행위는 강도살인죄와 현주건조물방화치사죄에 모두 해당하고 그 두 죄는 상상적 경합범관계에 있다(대판 1998.12.8. 98도3416).

[❹ ▸ ✕] 채무의 존재가 명백할 뿐만 아니라 채권자의 상속인이 존재하고 그 상속인에게 채권의 존재를 확인할 방법이 확보되어 있는 경우에는 비록 그 채무를 면탈할 의사로 채권자를 살해하더라도 일시적으로 채권자측의 추급을 면한 것에 불과하여 재산상 이익의 지배가 채권자측으로부터 범인 앞으로 이전되었다고 보기는 어려우므로, 이러한 경우에는 강도살인죄가 성립할 수 없다(대판 2004.6.24. 2004도1098).

답 ❷

다음 사례(가~라)와 그에 대한 죄책(ㄱ~ㅊ)이 옳게 연결된 것은?(다툼이 있는 경우 판례에 의함)

가. 강도가 실행에 착수하였으나 아직 강도행위를 완료하기 전에 강간을 한 경우
나. 강간범이 강간행위가 종료한 후에 강도의 범의를 일으켜 그 부녀의 재물을 강취한 경우
다. 강간범이 강간 실행행위의 계속 중에 강도행위를 하고, 이후에 그 자리에서 강간행위를 계속하여 종료한 경우
라. 강도가 재물강취의 뜻을 재물의 부재로 이루지 못한 채 미수에 그치고, 그 자리에서 항거불능상태에 빠진 피해자에 대한 강간의 실행에 착수했으나 역시 미수에 그쳤으며, 이 과정에서 반항을 억압하기 위한 폭행으로 피해자에게 상해를 입힌 경우

ㄱ. 강도죄	ㄴ. 강간죄
ㄷ. 강도강간죄	ㄹ. 강도미수죄
ㅁ. 강간미수죄	ㅂ. 강도강간미수죄
ㅅ. 강도치상죄	ㅇ. 강간치상죄
ㅈ. 경합범	ㅊ. 상상적 경합

	가	나	다	라
①	ㄷ	ㄱ, ㄴ, ㅈ	ㄷ	ㅂ, ㅅ, ㅊ
②	ㄷ	ㄱ, ㄴ, ㅈ	ㄱ, ㄴ, ㅈ	ㅂ, ㅅ, ㅊ
③	ㄷ	ㄱ, ㄴ, ㅈ	ㄷ	ㅂ, ㅇ, ㅊ
④	ㄴ, ㄹ, ㅈ	ㄷ	ㄱ, ㄴ, ㅈ	ㄹ, ㅁ, ㅊ

정선 핵심

가. 강도행위를 완료하기 전에 강간을 한 경우 → 강도강간죄 ○
나. 강간범이 강간 후에 강도의 범의로 부녀의 재물을 강취하는 경우 → 강간죄와 강도죄의 실체적 경합 ○
다. 강간범이 강간행위의 종료 전 강도의 행위를 한 경우 → 강도강간죄 ○
라. 강도강간미수죄와 강도치상죄 → 상상적 경합 ○

정선 해설

[가 ▸ ㄷ] 강도가 실행에 착수하였으나 아직 강도행위를 완료하기 전에 강간을 한 경우, 강도강간죄가 성립한다.

형법 제339조의 강도강간죄는 강도범인이 강도의 기회에 강간행위를 한 경우에 성립되는 것으로서 강도가 실행에 착수하였으나 아직 강도행위를 완료하기 전에 강간을 한 경우도 이에 포함된다(대판 1984.10.10. 84도1880).

[나 ▸ ㄱ·ㄴ·ㅈ] 판례의 취지를 고려하면, 이 경우에는 강도죄와 강간죄의 실체적 경합범이 성립한다.

강간범이 강간행위 후에 강도의 범의를 일으켜 그 부녀의 재물을 강취하는 경우에는 형법상 강도강간죄가 아니라 강간죄와 강도죄의 경합범이 성립될 수 있을 뿐이다(대판 2002.2.8. 2001도6425).

[다 ▸ ㄷ] 강간범이 강간 실행행위의 계속 중에 강도행위를 하고, 이후에 그 자리에서 강간행위를 계속하여 종료한 경우, 강도강간죄가 성립한다.

강간범이 강간행위의 종료 전 즉 그 실행행위의 계속 중에 강도의 행위를 할 경우에는 이때에 바로 강도의 신분을 취득하는 것이므로 이후에 그 자리에서 강간행위를 계속하는 때에는 강도가 부녀를 강간한 때에 해당하여 형법 제339조에 정한 강도강간죄를 구성한다(대판 2010.12.9. 2010도9630).

[라▸ㅂ·ㅅ·ㅊ] 강도가 재물강취의 뜻을 재물의 부재로 이루지 못한 채 미수에 그쳤으나 그 자리에서 항거불능의 상태에 빠진 피해자를 간음할 것을 결의하고 실행에 착수했으나 역시 미수에 그쳤더라도 반항을 억압하기 위한 폭행으로 피해자에게 상해를 입힌 경우에는 강도강간미수죄와 강도치상죄가 성립되고 이는 1개의 행위가 2개의 죄명에 해당되어 상상적 경합관계가 성립된다(대판 1988.6.28. 88도820).

정답 ❶

199

강도의 죄에 대한 설명 중 가장 적절한 것은?(다툼이 있는 경우 판례에 의함)

20 경찰승진

① 甲이 A의 집에 침입하여 TV를 훔쳐 나오다가 A와 A의 아내 B가 소리를 지르며 쫓아오자 체포면탈 목적으로 A의 얼굴을 팔꿈치로 1회 가격하여 폭행하고, 곧바로 B의 정강이를 발로 걷어 차 B에게만 약 3주간의 치료가 필요한 상해를 가한 경우 甲은 포괄하여 하나의 강도상해죄만 성립한다.

② 甲이 절취품을 물색하던 중 피해자가 잠에서 깨어 '도둑이야'라고 고함치자 체포면탈목적으로 이불을 덮어씌우고 목을 졸라 상해를 입힌 경우 절도의 목적 달성 여부에 따라 강도상해죄의 성립 여부가 결정된다.

③ 甲과 乙이 합동하여 강도를 하던 중 乙이 사람을 살해한 경우 살해행위에 대해 甲과 乙이 공모한 바 없더라도 甲에게 강도살인죄가 성립한다.

④ 甲이 피해자의 재물을 강취하려 했으나 피해자가 가진 것이 없어 미수에 그쳤고, 그 자리에서 피해자를 강간하려 했으나 역시 미수에 그치고 반항을 억압하기 위한 폭행으로 피해자에게 상해를 입힌 경우 강도강간미수죄와 강도치상죄의 실체적 경합범이 성립한다.

정선 핵심

① 체포를 면탈할 목적으로 피해자들을 폭행하여 1인에게 상해를 가한 경우 → 하나의 강도상해죄 ○

② '도둑이야'라고 고함치자 체포면탈의 목적으로 상해를 입힌 경우 → 절도의 목적달성 여부에 관계없이 강도상해죄 ○

③ 강도를 하던 중 乙이 사람을 살해하였으나 이에 대한 공모가 없는 경우 → 甲에게 강도살인죄 ×

④ 강도강간미수죄와 강도치상죄 → 상상적 경합 ○

정선 해설

[❶ ▸ ○] 대판 2001.8.21. 2001도3447

[❷ ▸ ×] 피고인이 절취품을 물색 중 피해자가 잠에서 깨어나 "도둑이야"고 고함치자 체포를 면탈할 목적으로 그녀에게 이불을 덮어 씌우고 입과 목을 졸라 상해를 입혔다면 절도의 목적달성 여부에 관계없이 강도상해죄가 성립한다(대판 1985.5.28. 85도682).

[❸ ▸ ×] 수인이 합동하여 강도를 한 경우 그중 1인이 사람을 살해하는 행위를 하였다면 그 범인은 강도살인죄의 기수 또는 미수의 죄책을 지는 것이고 다른 공범자도 살해행위에 관한 고의의 공동이 있었으면 그 또한 강도살인죄의 기수 또는 미수의 죄책을 지는 것이 당연하다 하겠으나, 고의의 공동이 없었으면 피해자가 사망한 경우에는 강도치사의, 강도살인이 미수에 그치고 피해자가 상해만 입은 경우에는 강도상해 또는 치상의, 피해자가 아무런 상해를 입지 아니한 경우에는 강도의 죄책만 진다고 보아야 할 것이다(대판 1991.11.12. 91도2156).

[❹ ▸ ×] 강도가 재물강취의 뜻을 재물의 부재로 이루지 못한 채 미수에 그쳤으나 그 자리에서 항거불능의 상태에 빠진 피해자를 간음할 것을 결의하고 실행에 착수했으나 역시 미수에 그쳤더라도 반항을 억압하기 위한 폭행으로 피해자에게 상해를 입힌 경우에는 강도강간미수죄와 강도치상죄가 성립되고 이는 1개의 행위가 2개의 죄명에 해당되어 상상적 경합관계가 성립된다(대판 1988.6.28. 88도820).

정답 ❶

정선지문OX

01 甲과 乙은 야간에 丙의 집에 이르러 재물을 강취할 의도로 甲은 출입문 옆의 창살을 통하여 침입하고, 乙은 부엌 방충망을 뜯고 들어가다가 丙의 시아버지의 헛기침에 발각된 것으로 알고 도주한 경우 甲과 乙의 죄책은 특수강도미수죄이다. `16` 경찰채용

02 甲은 강도의 범의로 야간에 칼을 휴대한 채 타인의 주거에 침입하여 동정을 살피다가 피해자 乙을 발견하고 갑자기 욕정을 일으켜 칼로 협박하고 강간하였다. 甲의 죄책은 특수강도강간죄이다. `16` 경찰채용

03 형법 제336조(인질강도)의 죄를 범한 자가 인질을 안전한 장소로 풀어준 경우 형법 각칙에 해방감경 규정이 있다. `16` 경찰채용

04 甲은 乙의 택시에 승차하여 택시요금을 요구하는 乙의 추급을 벗어나고자 乙을 살해한 직후 乙의 주머니에서 택시 열쇠와 돈 8,000원을 꺼내어 乙의 택시를 운전하고 현장을 벗어난 경우 甲에게 강도살인죄가 적용된다. `17` 경찰간부

05 피고인이 주점 도우미인 피해자에게 화대를 지급하고 성관계를 하던 중에 피해자가 피고인의 성교행위가 너무 과격하다는 이유로 항의를 하면서 성교를 중단하는 바람에 말다툼이 벌어져 이에 화가 난 피고인이 피해자에 대한 폭행을 시작하면서 피해자가 이불을 뒤집어 쓴 후에도 계속해서 주먹과 발로 피해자를 구타한 후 이불 속에 들어있는 피해자를 두고 옷을 입고 방을 나가다가 탁자 위의 피해자 손가방 안에서 현금 20만원 등이 든 피해자의 키홀더를 가져갔다면 강도죄가 성립한다. `19` 경찰간부

06 피고인이 강도하기로 모의를 한 후 남성피해자의 금품을 빼앗고, 그 기회에 이어서 여성피해자를 강간하였다면 강도죄와 강간죄의 경합범이 성립한다. `18` 경찰채용

07 강도범이 폭행, 협박으로 타인의 재물을 탈취한 이상 피해자가 우연히 재물탈취 사실을 알지 못하였다고 하더라도 강도죄는 성립한다. `19` 해경간부

---

01 대판 1992.7.28. 92도917

02 야간에 흉기를 휴대한 채 타인의 주거에 침입하여 집안의 동정을 살피는 것만으로는 특수강도의 실행에 착수한 것이라고 할 수 없으므로 위의 특수강도에 착수하기도 전에 저질러진 위와 같은 강간행위가 구 특정범죄가중처벌등에관한법률 제5조의6 제1항 소정의 특수강도강간죄에 해당한다고 할 수 없다(대판 1991.11.22. 91도2296).

03 인질강도죄에는 인질강요죄와는 달리 해방감경 규정이 적용되지 아니한다.

04 대판 1985.10.22. 85도1527

05 피고인이 타인에 대하여 반항을 억압함에 충분한 정도의 폭행 또는 협박을 가한 사실이 있다 해도 그 타인이 재물 취거의 사실을 알지 못하는 사이에 그 틈을 이용하여 피고인이 우발적으로 타인의 재물을 취거한 경우에는 위 폭행이나 협박이 재물 탈취의 방법으로 사용된 것이 아님은 물론, 그 폭행 또는 협박으로 조성된 피해자의 반항억압의 상태를 이용하여 재물을 취득하는 경우에도 해당하지 아니하여 양자 사이에 인과관계가 존재하지 아니한다 할 것이므로, 강도죄의 성립을 인정하여서는 안 될 것이다(대판 2009.1.30. 2008도10308).

06 피고인이 강도하기로 모의를 한 후 피해자 갑남으로부터 금품을 빼앗고 이어서 피해자 을녀를 강간하였다면 강도강간죄를 구성한다(대판 1991.11.12. 91도2241).

07 대판 2010.12.9. 2010도9630

정답

| 01 | ○ | 02 | × | 03 | × | 04 | ○ |
| 05 | × | 06 | × | 07 | ○ |

제4관 | 사기의 죄

200
☐☐☐

사기의 죄에 대한 설명으로 가장 적절한 것은?(다툼이 있는 경우 판례에 의함)

① 민법 제746조의 불법원인급여에 해당하여 급여자가 수익자에 대한 반환청구권을 행사할 수 없다면, 설령 수익자가 기망을 통하여 급여자로 하여금 불법원인급여에 해당하는 재물을 제공하도록 하였더라도 사기죄는 성립하지 않는다.

② 담당 공무원을 기망하여 납부의무가 있는 농지보전부담금을 면제받아 재산상 이익을 취득하였다면, 부과권자의 직접적인 권력작용을 사기죄의 보호법익인 재산권과 동일하게 평가할 수 있어 사기죄가 성립한다.

③ 의료인으로서 자격과 면허를 보유한 사람이 의료법 제4조 제2항을 위반하여 다른 의료인의 명의로 의료기관을 개설·운영함으로써 요양급여비용을 지급받은 경우, 국민건강보험법상 요양급여비용을 적법하게 지급받을 수 있는 자격 내지 요건이 흠결되지 않더라도 국민건강보험공단을 피해자로 하는 사기죄를 구성한다.

④ 피해자 법인이나 단체의 대표자 또는 실질적으로 의사결정을 하는 최종결재권자 등 기망의 상대방이 기망행위자와 동일인이거나 기망행위자와 공모하는 등 기망행위를 알고 있었던 경우에는 기망의 상대방에게 기망행위로 인한 착오가 있다고 볼 수 없고, 기망의 상대방이 재물을 교부하는 등의 처분을 했더라도 기망행위와 인과관계가 있다고 보기 어렵다.

정선 핵심

사기죄의 성립 여부
① 기망으로 급여자가 불법원인급여물을 제공하도록 한 경우 → ○
② 담당 공무원을 기망하여 농지보전부담금을 면제받은 경우 → ×
③ 의료인이 다른 의료인의 명의로 의료기관을 개설·운영하여 요양급여비용을 지급받은 경우 → ×
④ 최종결재권자 등 기망의 상대방이 기망행위를 알고 있었던 경우 → 인과관계 ×

정선 해설

[❶ ▸ ×] 민법 제746조의 불법원인급여에 해당하여 급여자가 수익자에 대한 반환청구권을 행사할 수 없다고 하더라도, 수익자가 기망을 통하여 급여자로 하여금 불법원인급여에 해당하는 재물을 제공하도록 하였다면 사기죄가 성립한다고 할 것이다(대판 2006.11.23. 2006도6795).

> 도박자금으로 사용하기 위하여 금원을 차용한 행위가 사기죄를 구성한다고 한 사례(대판 2006.11.23. 2006도6795).

[❷ ▸ ×] 침해행정 영역에서 일반 국민이 담당 공무원을 기망하여 권력작용에 의한 재산권 제한을 면하는 경우에는 부과권자의 직접적인 권력작용을 사기죄의 보호법익인 재산권과 동일하게 평가할 수 없는 것이므로, 행정법규에서 그러한 행위에 대한 처벌규정을 두어 처벌함은 별론으로 하고, 사기죄는 성립할 수 없다(대판 2019.12.24. 2019도2003).

> <u>원심은 피고인이 담당 공무원을 기망하여 납부의무가 있는 농지보전부담금을 면제받아 재산상 이익을 취득하였다는 이 사건 공소사실에 대하여 범죄로 되지 아니하는 경우에 해당한다고 보아, 이를 무죄로 판단한 제1심 판결을 그대로 유지하였다. 원심판결 이유를 위 법리에 비추어 살펴보면, 원심의 판단에 사기죄의 성립에 관한 법리를 오해한 잘못이 없다</u>(대판 2019.12.24. 2019도2003).

[❸ ▸ ✕] 의료인으로서 자격과 면허를 보유한 사람이 의료법에 따라 의료기관을 개설하여 건강보험의 가입자 또는 피부양자에게 국민건강보험법에서 정한 요양급여를 실시하고 국민건강보험공단으로부터 요양급여비용을 지급받았다면, 설령 그 의료기관이 다른 의료인의 명의로 개설·운영되어 의료법 제4조 제2항을 위반하였더라도 그 자체만으로는 국민건강보험법상 요양급여비용을 청구할 수 있는 요양기관에서 제외되지 아니하므로, 달리 요양급여비용을 적법하게 지급받을 수 있는 자격 내지 요건이 흠결되지 않는 한 국민건강보험공단을 피해자로 하는 사기죄를 구성한다고 할 수 없다(대판 2019.5.30. 2019도1839).

> **비교판례** **대판 2018.4.10. 2017도17699**
>
> [1] 비의료인이 의료법 제33조 제2항을 위반하여 개설한 의료기관이 마치 의료법에 의하여 적법하게 개설된 요양기관인 것처럼 국민건강보험공단에 요양급여비용의 지급을 청구하여 국민건강보험공단으로부터 요양급여비용을 지급받을 경우, 사기죄가 성립한다.
>
> [2] 비의료인이 의료법 제33조 제2항을 위반하여 개설한 의료기관에서 면허를 갖춘 의료인을 통해 교통사고 환자 등에 대한 진료가 이루어진 경우, 해당 의료기관이 보험회사 등에 교통사고 환자 등을 진료한 의료기관이 위 의료법 규정에 위반되어 개설된 것이라는 사정을 고지하지 아니한 채 자동차손해배상 보장법에 따라 자동차 보험진료수가의 지급을 청구한 행위는 사기죄에서 말하는 기망에 해당하지 아니한다.
>
> [3] 비의료인이 의료법 제33조 제2항을 위반하여 개설한 의료기관에서 면허를 갖춘 의료인을 통해 환자 등에 대한 진료가 이루어진 경우, 해당 의료기관이 보험회사 등에 실손의료보험의 피보험자를 진료한 의료기관이 위 의료법 규정에 위반되어 개설된 것이라는 사정을 고지하지 아니한 채 실손의료보험계약에 따라 실손의료비를 청구하는 보험수익자에게 진료사실증명 등을 발급해 준 사실만으로는 사기죄에서 말하는 기망에 해당하지 아니한다.

[❹ ▸ ○] 피해자 법인이나 단체의 대표자 또는 실질적으로 의사결정을 하는 최종결재권자 등이 기망행위자와 동일인이거나 기망행위자와 공모하는 등 기망행위임을 알고 있었던 경우에는 기망행위로 인한 착오가 있다고 볼 수 없고, 재물 교부 등의 처분행위가 있었더라도 기망행위와 인과관계가 있다고 보기 어렵다. 이러한 경우에는 사안에 따라 업무상횡령죄 또는 업무상배임죄 등이 성립하는 것은 별론으로 하고 사기죄가 성립한다고 볼 수 없다. 반면에 피해자 법인이나 단체의 업무를 처리하는 실무자인 일반 직원이나 구성원 등이 기망행위임을 알고 있었더라도, 피해자 법인이나 단체의 대표자 또는 실질적으로 의사결정을 하는 최종결재권자 등이 기망행위임을 알지 못한 채 착오에 빠져 처분행위에 이른 경우라면, 피해자 법인에 대한 사기죄의 성립에 영향이 없다(대판 2017.9.26. 2017도8449).

답 ❹

201
☐☐☐

사기죄에 관한 다음 설명 중 가장 옳지 않은 것은?
21 법원9급

① 소극적 행위로서의 부작위에 의한 기망은 법률상 고지의무 있는 자가 일정한 사실에 관하여 상대방이 착오에 빠져 있음을 알면서도 이를 고지하지 아니함을 말하는 것으로서, 일반거래의 경험칙상 상대방이 그 사실을 알았더라면 당해 법률행위를 하지 않았을 것이 명백한 경우에는 신의칙에 비추어 그 사실을 고지할 법률상 의무가 인정되는 것이다.

② 공사도급계약 당시 관련 영업 또는 업무를 규제하는 행정법규나 입찰 참가자격, 계약절차 등에 관한 규정을 위반한 사정이 있는 때에는 그러한 사정만으로 공사도급계약을 체결한 행위가 기망행위에 해당한다고 단정해서는 안 되고, 그 위반으로 말미암아 계약 내용대로 이행되더라도 공사의 완성이 불가능하였다고 평가할 수 있을 만큼 그 위법이 공사의 내용에 본질적인 것인지 여부를 심리·판단하여야 한다.

③ 금원 편취를 내용으로 하는 사기죄에서 그 대가가 일부 지급되거나 담보가 제공된 경우에도 편취액은 피해자로부터 교부된 금원으로부터 그 대가 또는 담보 상당액을 공제한 차액이 아니라 교부받은 금원 전부라고 보아야 한다.

④ 의료인으로서 자격과 면허를 보유한 사람이 의료법에 따라 의료기관을 개설하여 건강보험의 가입자 또는 피부양자에게 국민건강보험법에서 정한 요양급여를 실시하고 국민건강보험공단으로부터 요양급여비용을 지급받았다고 하더라도, 그 의료기관이 다른 의료인의 명의로 개설·운영되어 의료법 제4조 제2항을 위반하였다면, 국민건강보험공단을 피해자로 하는 사기죄를 구성한다.

정선 핵심

① 상대방이 사실을 알았더라면 법률행위를 하지 않았을 것이 명백한 경우 → 사실을 고지할 법률상 의무 ○
② 공사도급계약의 관련 규정을 위반한 경우 → 위법이 공사의 내용에 본질적인 것이라면 기망행위 ○
③ 금원 편취하였으나 대가가 일부 지급되거나 담보가 제공된 경우의 편취액 → 교부받은 금원 전부
④ 의료인이 의료법을 위반하여 다른 의료인의 명의로 의료기관을 개설·운영하여 요양급여비용을 지급받은 경우 → 사기죄 ×

정선 해설

[❶ ▸ ○] 대판 1998.12.8. 98도3263
[❷ ▸ ○] 사기죄의 보호법익은 재산권이므로, 기망행위에 의하여 국가적 또는 공공적 법익이 침해되었다는 사정만으로 사기죄가 성립한다고 할 수 없다. 따라서 공사도급계약 당시 관련 영업 또는 업무를 규제하는 행정법규나 입찰 참가자격, 계약절차 등에 관한 규정을 위반한 사정이 있는 때에는 그러한 사정만으로 공사도급계약을 체결한 행위가 기망행위에 해당한다고 단정해서는 안 되고, 그 위반으로 말미암아 계약 내용대로 이행되더라도 공사의 완성이 불가능하였다고 평가할 수 있을 만큼 그 위법이 공사의 내용에 본질적인 것인지 여부를 심리·판단하여야 한다(대판 2019.12.27. 2015도10570).

> 원심은 피고인들이 문화재수리계약에서 정한 내용과 기한에 맞추어 공사를 진행하여 이를 모두 완료하였고 그 완성된 공사에 별다른 하자나 문제점 등이 발견되지도 않은 이상 그 공사대금을 지급한 행위가 사기죄에서의 재물의 편취에 해당한다고 보기 어렵다고 판단하였다. 이러한 원심의 판단에 상고이유 주장과 같이 채증법칙을 위반하거나 사기죄에 관한 법리를 오해하여 판결에 영향을 미친 위법이 없다(대판 2019.12.27. 2015도10570).

[❸ ▸ ○] 대판 2017.12.22. 2017도12649
[❹ ▸ ×] 의료인으로서 자격과 면허를 보유한 사람이 의료법에 따라 의료기관을 개설하여 건강보험의 가입자 또는 피부양자에게 국민건강보험법에서 정한 요양급여를 실시하고 국민건강보험공단으로부터 요양급여비용을 지급받았다면, 설령 그 의료기관이 다른 의료인의 명의로 개설·운영되어 의료법 제4조 제2항을 위반하였더라도 그 자체만으로는 국민건강보험법상 요양급여비용을 청구할 수 있는 요양기관에서 제외되지 아니하므로, 달리 요양급여비용을 적법하게 지급받을 수 있는 자격 내지 요건이 흠결되지 않는 한 국민건강보험공단을 피해자로 하는 사기죄를 구성한다고 할 수 없다(대판 2019.5.30. 2019도1839).

답 ❹

사기죄에 대한 설명이다. 아래 ㄱ.부터 ㄹ.까지의 설명 중 옳고 그름의 표시(O, ×)가 바르게 된 것은?(다툼이 있는 경우 판례에 의함) `21` 경찰승진

ㄱ. 비록 피기망자가 처분행위의 의미나 내용을 인식하지 못하였더라도, 피기망자의 작위 또는 부작위가 직접 재산상 손해를 초래하는 재산적 처분행위로 평가되고, 이러한 작위 또는 부작위를 피기망자가 인식하고 한 것이라면 처분행위에 상응하는 처분의사는 인정된다.

ㄴ. 주유소 운영자가 농·어민 등에게 조세특례제한법에 정한 면세유를 공급한 것처럼 위조한 면세유류공급확인서로 정유회사를 기망하여 면세유를 공급받아 면세유와 정상유의 가격차이 상당의 이득을 취득한 경우 국가 또는 지방자치단체에 대한 사기죄로 의율할 수 없다.

ㄷ. 비의료인이 개설한 의료기관이 마치 의료법에 의하여 적법하게 개설된 요양기관인 것처럼 국민건강보험공단에 요양급여비용의 지급을 청구하는 것은 국민건강보험공단으로 하여금 요양급여비용 지급에 관한 의사결정에 착오를 일으키게 하는 것으로서 사기죄의 기망행위에 해당하고, 이러한 기망행위에 의하여 국민건강보험공단에서 요양급여비용을 지급받은 경우에는 사기죄가 성립한다.

ㄹ. 보험계약자가 보험계약 체결 시 보험금액이 목적물의 가액을 현저하게 초과하는 초과보험 상태를 의도적으로 유발한 후 보험사고가 발생하자 초과보험 사실을 알지 못하는 보험자에게 목적물의 가액을 묵비한 채 보험금을 청구하여 보험금을 교부받은 경우, 보험자가 보험금액이 목적물의 가액을 현저하게 초과한다는 것을 알았더라면 같은 조건으로 보험계약을 체결하지 않았을 뿐만 아니라 협정보험가액에 따른 보험금을 그대로 지급하지 아니하였을 관계가 인정된다면, 보험계약자가 보험금을 청구한 행위는 사기죄의 실행행위로서의 기망행위에 해당한다.

① ㄱ(O) ㄴ(O) ㄷ(O) ㄹ(O)
② ㄱ(×) ㄴ(O) ㄷ(×) ㄹ(O)
③ ㄱ(O) ㄴ(×) ㄷ(O) ㄹ(×)
④ ㄱ(×) ㄴ(×) ㄷ(×) ㄹ(×)

정선 핵심

사기죄의 성립 여부

ㄱ. 피기망자가 처분행위의 의미나 내용을 인식하지 못하였으나 재산상 손해를 초래하는 작위 또는 부작위를 인식하고 한 경우 → 처분의사 O

ㄴ. 위조한 면세유류공급확인서로 정유회사를 기망하여 면세유를 공급받은 경우 → 국가 또는 지방자치단체에 대한 사기죄 ×

ㄷ. 비의료인이 국민건강보험공단을 기망하여 요양급여비용을 지급받은 경우 → O

ㄹ. 초과보험을 유발 후 이를 묵비한 채 보험금을 청구하여 교부받은 경우 → O

정선 해설

[ㄱ ▸ O] 비록 피기망자가 처분행위의 의미나 내용을 인식하지 못하였더라도, 피기망자의 작위 또는 부작위가 직접 재산상 손해를 초래하는 재산적 처분행위로 평가되고, 이러한 작위 또는 부작위를 피기망자가 인식하고 한 것이라면 처분행위에 상응하는 처분의사는 인정된다. 다시 말하면 피기망자가 자신의 작위 또는 부작위에 따른 결과까지 인식하여야 처분의사를 인정할 수 있는 것은 아니다(대판 2017.2.16. 2016도13362[전합]).

> 피고인 등이 토지의 소유자이자 매도인인 피해자 갑 등에게 토지거래허가 등에 필요한 서류라고 속여 근저당권
> 설정계약서 등에 서명·날인하게 하고 인감증명서를 교부받은 다음, 이를 이용하여 갑 등의 소유 토지에 피고인
> 을 채무자로 한 근저당권을 을 등에게 설정하여 주고 돈을 차용하는 방법으로 재산상 이익을 취득하였다고
> 하여 특정경제범죄 가중처벌 등에 관한 법률 위반(사기) 및 사기로 기소된 사안에서, 갑 등의 행위는 사기죄에서
> 말하는 처분행위에 해당하고 갑 등의 처분의사가 인정됨에도, 갑 등에게 그 소유 토지들에 근저당권 등을 설정하
> 여 줄 의사가 없었다는 이유만으로 갑 등의 처분행위가 없다고 본 원심판결에 법리오해의 잘못이 있다고 한
> 사례(대판 2017.2.16. 2016도13362[전합]).

[ㄴ ▸ O] 대판 2008.11.27. 2008도7303

[ㄷ ▸ O] 의료인의 자격이 없는 일반인(비의료인)이 개설한 의료기관이 마치 의료법에 의하여 적법하게 개설된
요양기관인 것처럼 국민건강보험공단에 요양급여비용의 지급을 청구하는 것은 국민건강보험공단으로 하여금 요양
급여비용 지급에 관한 의사결정에 착오를 일으키게 하는 것이 되어 사기죄의 기망행위에 해당하고, 이러한 기망행위
에 의하여 국민건강보험공단으로부터 요양급여비용을 지급받을 경우에는 사기죄가 성립한다(대판 2018.4.10. 2017
도17699).

[ㄹ ▸ O] 대판 2015.7.23. 2015도6905

답 ❶

203 사기죄에 대한 설명으로 가장 적절한 것은?(다툼이 있는 경우 판례에 의함) `19` `경찰승진`
□□□

① 부동산 소유권이전등기절차 이행을 구하는 소를 제기하여 동시이행 조건 없이 이행을 명하는
   승소확정판결을 받은 甲이 그 판결에 기해 이선등기를 할 수 있었음에도 그렇게 하지 않고
   乙에게 위 부동산 이전등기를 경료해 주면 매매잔금을 공탁해 줄 것처럼 거짓말하여 위 부동산
   소유권을 임의로 이전받고 매매잔금을 공탁하지 않은 경우 사기죄의 기망행위에 해당한다.

② 피고인 등이 피해자 甲 등에게 자동차를 매도하겠다고 거짓말하고 자동차를 양도하면서 소유권
   이전등록에 필요한 일체의 서류를 교부하고 매매대금을 편취한 다음, 자동차에 미리 부착해
   놓은 지피에스(GPS)로 위치를 추적하여 자동차를 절취한 경우 피고인에게 사기죄와 특수절도
   죄가 성립한다.

③ 사무처리 목적에 비추어 정당하지 아니한 사무처리를 하게 하였다고 하더라도, 사무처리시스
   템의 프로그램 자체에서 발생하는 오류를 적극적으로 이용한 것에 불과하다면 컴퓨터등사용사
   기죄가 성립하지 않는다.

④ 부동산가압류결정을 받아 부동산에 관한 가압류집행까지 마친 자가 그 가압류를 해제하면
   소유자는 가압류의 부담이 없는 부동산을 소유하는 이익을 얻게 되므로, 가압류를 해제하는
   것 역시 사기죄에 말하는 재산적 처분행위에 해당하나, 그 이후 가압류의 피보전채권이 존재하
   지 않는 것으로 밝혀진 경우 가압류의 해제로 인한 재산상의 이익은 없었다고 할 것이다.

**정선
핵심**

① 매매잔금을 공탁할 것으로 기망하여 부동산 소유권을 이전받고 공탁하지 않은 경우 → 사기죄의 기망행위 O
② 자동차 매매대금을 받은 후 지피에스(GPS)로 위치를 추적하여 자동차를 절취한 경우 → 특수절도죄 O
③ 프로그램 자체의 오류를 적극적으로 이용하여 정당하지 않은 사무처리를 하게 하는 경우 → 컴퓨터등사용사기죄
   O
④ 기망에 의하여 가압류를 해제하게 하였으나 피보전채권이 존재하지 않는 것으로 밝혀진 경우 → 재산상의 이익
   O

정선
해설

[❶ ▸ ○] 대판 2011.3.10. 2010도14856

[❷ ▸ ×] 피고인이 갑 등에게 자동차를 인도하고 소유권이전등록에 필요한 일체의 서류를 교부함으로써 갑 등이 언제든지 자동차의 소유권이전등록을 마칠 수 있게 된 이상, 피고인이 자동차를 양도한 후 다시 절취할 의사를 가지고 있었더라도 자동차의 소유권을 이전하여 줄 의사가 없었다고 볼 수 없고, 피고인이 자동차를 매도할 당시 곧바로 다시 절취할 의사를 가지고 있으면서도 이를 숨긴 것을 기망이라고 할 수 없어, 결국 피고인이 자동차를 매도할 당시 기망행위가 없었으므로 사기죄는 성립하지 아니한다(대판 2016.3.24. 2015도17452).

[❸ ▸ ×] '허위의 정보'를 입력한 경우가 아니라고 하더라도, 당해 사무처리시스템의 프로그램을 구성하는 개개의 명령을 부정하게 변개·삭제하는 행위는 물론 프로그램 자체에서 발생하는 오류를 적극적으로 이용하여 그 사무처리의 목적에 비추어 정당하지 아니한 사무처리를 하게 하는 행위도 특별한 사정이 없는 한 형법 제347조의2의 '부정한 명령의 입력'에 해당한다고 보아야 한다(대판 2013.11.14. 2011도4440).

> 피고인이 甲 주식회사에서 운영하는 전자복권구매시스템에서 일정한 조건하에 복권 구매명령을 입력하면 가상계좌로 복권 구매요청금과 동일한 액수의 가상현금이 입금되는 프로그램 오류를 이용하여 복권 구매명령을 입력하는 행위를 반복함으로써 자신의 가상계좌로 구매요청금 상당의 금액이 입금되게 한 사안에서, 피고인의 행위가 컴퓨터등사용사기죄에서 정한 '부정한 명령의 입력'에 해당한다고 한 사례(대판 2013.11.14. 2011도4440).

[❹ ▸ ×] 부동산가압류결정을 받아 부동산에 관한 가압류집행까지 마친 자가 그 가압류를 해제하면 소유자는 가압류의 부담이 없는 부동산을 소유하는 이익을 얻게 되므로, 가압류를 해제하는 것 역시 사기죄에서 말하는 재산적 처분행위에 해당하고, 그 이후 가압류의 피보전채권이 존재하지 않는 것으로 밝혀졌다고 하더라도 가압류의 해제로 인한 재산상의 이익이 없었다고 할 수 없다(대판 2007.9.20. 2007도5507).

답 ❶

204

사기의 죄에 대한 다음 설명 중 가장 옳지 않은 것은?(다툼이 있는 경우 판례에 의함)

`19` 경찰간부

① 발행인의 자금부족으로 지급이 거절된 약속어음도 사기죄의 객체가 된다.

② 甲은 전매금지된 택지분양권을 A에게 매도한 뒤 이를 다시 B에게 매도한 다음 이중매도한 사실을 고지하지 아니한 채 B가 C에게 이 분양권을 전매하는 매매계약에 형식적인 매도인으로 관여하면서 직접 매매대금을 수령하지 않고 C로 하여금 B에게 매매대금을 교부하게 한 경우 甲에게 사기죄가 성립한다.

③ 토지에 대하여 도시계획이 입안되어 있어 장차 협의매수 되거나 수용될 것이라는 사정을 매수인에게 고지하지 아니한 행위가 부작위에 의한 사기죄를 구성한다.

④ 의사가 전화를 이용하여 진찰한 것임에도 내원 진찰인 것처럼 가장하여 국민건강보험관리공단에 요양급여비용을 청구하여 진찰료를 수령한 경우 사기죄가 성립하지 않는다.

정선
핵심

사기죄의 성립 여부

① 자금부족으로 지급장소에서 지급되지 아니하는 약속어음 → 사기죄의 객체 ○

② 택지분양권의 이중매도사실을 제2매수인에게 고지하지 아니하고 제2매수인의 전매계약에 관여하여 전매수인에게 매매대금을 제2매수인에게 교부하게 한 경우 → ○

③ 장차 협의매수되거나 수용될 것이라는 사정을 고지하지 않은 경우 → ○

④ 의사가 국민건강보험관리공단을 기망하여 요양급여비용을 청구한 경우 → ○

정선
해설

[❶ ▸ ○] 대판 1985.3.9. 85도951
[❷ ▸ ○] 甲이 乙에게 이중매도한 택지분양권을 순차 매수한 丙·丁에게 이중매도 사실을 숨긴 채 자신의 명의로 형식적인 매매계약서를 작성해 준 경우, 甲이 직접 매매대금을 수령하지 않았더라도 丙·丁에 대한 사기죄가 성립한다(대판 2009.1.30. 2008도9985).

> 재물편취를 내용으로 하는 사기죄에 있어서는 기망으로 인한 재물교부가 있으면 그 자체로써 피해자의 재산침해가 되어 곧 사기죄는 성립하는 것이고, 그로 인한 이익이 결과적으로 누구에게 귀속하는지는 사기죄의 성부에 아무런 영향이 없다(대판 2009.1.30. 2008도9985).

[❸ ▸ ○] 대판 1993.7.13. 93도14
[❹ ▸ ✕] 의사인 피고인이 전화를 이용하여 진찰한 것임에도 내원 진찰인 것처럼 가장하여 국민건강보험관리공단에 요양급여비용을 청구함으로써 진찰료 등을 편취한 경우, 피고인에게 사기죄가 인정된다(대판 2013.4.26. 2011도10797).

답 ❹

205

사기죄와 관련된 다음 설명 중 옳은 것은 모두 몇 개인가?(다툼이 있는 경우 판례에 의함)

`19` 경찰간부

ㄱ. 피기망자가 기망당한 결과 자신의 작위 또는 부작위가 갖는 의미를 제대로 인식하지 못하여 그러한 행위가 초래하는 결과를 인식하지 못하였더라도 그와 같은 착오 상태에서 재산상 손해를 초래하는 행위를 하였다면 피기망자의 처분행위와 그에 상응하는 처분의사가 있다고 보아야 한다.

ㄴ. 위조된 약속어음을 진정한 약속어음인 것처럼 속여 기왕의 물품대금의 변제를 위해 채권자에게 교부한 경우에는 사기죄가 성립하지 않는다.

ㄷ. 통정허위표시로서 무효인 임대차계약에 기초하여 임차권 등기를 마침으로써 외형상 임차인으로서 취득하게 된 권리는 사기죄에서 말하는 재산상 이익에 해당한다.

ㄹ. 채무자의 기망행위로 인해 채권자가 채무를 확정적으로 소멸 내지 면제시키는 특약 등 처분행위를 한 경우에는 채무의 면제라고 하는 재산상 이익에 관한 사기죄가 성립하지만 후에 그 재산상 처분행위가 사기를 이유로 민법에 따라 취소될 수 있는 경우라면 사기죄는 성립할 수 없다.

① 1개   ② 2개
③ 3개   ④ 4개

정선
핵심

ㄱ. 피기망자가 처분행위의 의미나 내용을 인식하지 못하였으나 재산상 손해를 초래하는 작위 또는 부작위를 인식하고 한 경우 → 처분의사 ○
ㄴ. 위조된 약속어음을 물품대금의 변제를 위해 채권자에게 교부한 경우 → 사기죄 ✕
ㄷ. 무효인 임대차계약에 기초하여 임차권 등기를 마친 경우 → 재산상 이익 ○
ㄹ. 채무를 확정적으로 소멸 내지 면제시키는 재산상 처분행위가 사기를 이유로 취소될 수 있는 경우 → 사기죄 ○

[ㄱ ▸ ○] 대판 2017.2.16. 2016도13362[전합]

[ㄴ ▸ ○] 위조된 약속어음을 진정한 약속어음인 것처럼 속여 기왕의 물품대금채무의 변제를 위하여 채권자에게 교부하였다고 하여도 어음이 결제되지 않는 한 물품대금채무가 소멸되지 아니하므로 사기죄는 성립되지 않는다(대판 1983.4.12. 82도2938).

[ㄷ ▸ ○] 대판 2012.5.24. 2010도12732

[ㄹ ▸ ×] 채무자의 기망행위로 인하여 채권자가 채무를 확정적으로 소멸 내지 면제시키는 특약 등 처분행위를 한 경우에는 채무의 면제라고 하는 재산상 이익에 관한 사기죄가 성립하고, 후에 재산적 처분행위가 사기를 이유로 민법에 따라 취소될 수 있다고 하여 달리 볼 것은 아니다(대판 2012.4.13. 2012도1101).

> 피고인이 피해자들을 기망하여 부동산을 매도하면서 매매대금 중 일부를 피해자들의 피고인에 대한 기존 채권과 상계하는 방법으로 지급받아 채무 소멸의 재산상 이익을 취득하였다는 내용으로 기소된 사안에서, 피고인이 상계에 의하여 기존 채무가 소멸되는 재산상 이익을 취득하였다고 보아 사기죄를 인정한 원심판단을 정당하다고 한 사례(대판 2012.4.13. 2012도1101).

답 ❸

206

다음 설명 중 가장 옳은 것은?   20 법원9급

① 채권자에 대하여 소정기일까지 지급할 의사나 능력이 없음에도 종전 채무의 변제기를 늦출 목적에서 어음을 발행, 교부한 것만으로는 사기죄가 성립하지 아니한다.

② 위조된 약속어음을 진정한 약속어음인 것처럼 속여 기왕의 물품대금채무의 변제를 위하여 채권자에게 교부하였다고 하여도 어음이 결제되지 않는 한 물품대금채무가 소멸되지 아니하므로 사기죄는 성립되지 않는다.

③ 비의료인이 의료법 제33조 제2항을 위반하여 개설한 의료기관이 마치 적법하게 개설된 요양기관인 것처럼 국민건강보험공단에 요양급여비용을 청구하여 국민건강보험공단으로부터 이를 지급받은 행위는 사기죄의 기망행위에 해당하지 아니한다.

④ 피고인이 피해자에게 자동차를 양도하면서 소유권이전등록에 필요한 서류를 교부하고 자동차를 인도하여 매매대금을 받은 후 자동차에 미리 부착해 놓은 지피에스(GPS)로 위치를 추적하여 자동차를 절취한 경우 절도 외에 매매대금에 대한 사기죄도 성립한다.

사기죄의 성립 여부
① 지급할 의사나 능력 없이 변제기를 늦추기 위해 어음을 발행, 교부한 경우 → ○
② 위조된 약속어음을 물품대금채무의 변제를 위하여 채권자에게 교부한 경우 → ×
③ 비의료인이 국민건강보험공단을 기망하여 요양급여비용을 지급받은 경우 → ○
④ 자동차 매매대금을 받은 후 지피에스(GPS)로 위치를 추적하여 자동차를 절취한 경우 → ×

[❶ ▸ ×] 사기죄에 있어서 채무이행을 연기받는 것도 재산상의 이익이 되므로, 채무자가 채권자에 대하여 소정기일까지 지급할 의사와 능력이 없음에도 종전 채무의 변제기를 늦출 목적에서 어음을 발행 교부한 경우에는 사기죄가 성립한다(대판 1997.7.25. 97도1095).

비교판례 대판 1998.2.10. 97도3040

어음, 수표의 발행인이 그 지급기일에 결제되지 않으리라는 정을 예견하면서도 이를 발행하고, 거래상대방을 속여 그 할인을 받거나 물품을 매수하였다면 위 발행인의 사기행위는 이로써 완성되는 것이고, 위 거래상대방이 그 어음, 수표를 타에 양도함으로써 전전유통되고 최후소지인이 지급기일에 지급제시하였으나 부도되었다고 하더라도 특별한 사정이 없는 한 그 최후소지인에 대한 관계에서 발행인의 행위를 사기죄로 의율할 수 없다.

[❷ ▸ ○] 대판 1983.4.12. 82도2938

[❸ ▸ ✕] 의료인의 자격이 없는 일반인(비의료인)이 개설한 의료기관이 마치 의료법에 의하여 적법하게 개설된 요양기관인 것처럼 국민건강보험공단에 요양급여비용의 지급을 청구하는 것은 국민건강보험공단으로 하여금 요양급여비용 지급에 관한 의사결정에 착오를 일으키게 하는 것이 되어 사기죄의 기망행위에 해당하고, 이러한 기망행위에 의하여 국민건강보험공단으로부터 요양급여비용을 지급받을 경우에는 사기죄가 성립한다(대판 2018.4.10. 2017도17699).

[❹ ▸ ✕] 피고인이 갑 등에게 자동차를 인도하고 소유권이전등록에 필요한 일체의 서류를 교부함으로써 갑 등이 언제든지 자동차의 소유권이전등록을 마칠 수 있게 된 이상, 피고인이 자동차를 양도한 후 다시 절취할 의사를 가지고 있었더라도 자동차의 소유권을 이전하여 줄 의사가 없었다고 볼 수 없고, 피고인이 자동차를 매도할 당시 곧바로 다시 절취할 의사를 가지고 있으면서도 이를 숨긴 것을 기망이라고 할 수 없어, 결국 피고인이 자동차를 매도할 당시 기망행위가 없었으므로 사기죄는 성립하지 아니한다(대판 2016.3.24. 2015도17452).

답 ❷

207
□□□ **사기죄에 대한 설명으로 옳은 것은?(다툼이 있는 경우 판례에 의함)** 19 국가7급

① 甲이 피해자 A에게 자동차를 매도하겠다고 거짓말하고 자동차를 양도하면서 소유권이전등록에 필요한 일체의 서류를 교부하여 매매대금을 수령한 다음, 자동차에 미리 부착해 놓은 지피에스(GPS)로 위치를 추적하여 자동차를 가져간 경우, 甲에게 사기죄가 성립한다.

② 甲이 A에게 사업자등록 명의를 빌려주면 세금이나 채무는 모두 자신이 변제하겠다고 속여 그로부터 명의를 대여받아 호텔을 운영한 경우, A가 명의를 대여하였다는 것만으로 사기죄의 처분행위가 있었다고 보기는 어렵다.

③ 甲이 피해자 A로 하여금 A의 예금을 인출하게 하고, 그 인출한 현금을 A의 집에 보관하도록 거짓말을 한 경우, A의 처분행위가 인정되어 甲에게 사기죄가 성립한다.

④ 甲이 토지의 소유자이자 매도인인 피해자 A에게 토지거래허가 등에 필요한 서류라고 속여 근저당권설정계약서 등에 서명·날인하게 하고 인감증명서를 교부받은 다음, 이를 이용하여 A 소유 토지에 甲을 채무자로 한 근저당권을 B에게 설정하여 주고 돈을 차용한 경우, A가 처분행위의 결과를 인식하지 못한 이상 A의 처분의사가 인정되지 않아 甲에게 사기죄가 성립하지 않는다.

정선
핵심
사기죄의 성립 여부
① 자동차 매매대금을 받은 후 지피에스(GPS)로 위치를 추적하여 자동차를 절취한 경우 → ✕
② 甲의 기망으로 A로부터 명의를 대여받아 호텔을 운영한 경우 → ✕
③ 甲의 기망으로 A가 인출한 현금을 A의 집에 보관하도록 한 경우 → ✕
④ 甲이 A를 속여 근저당권설정계약서에 서명·날인하게 하고 인감증명서를 교부받아 A 소유 토지에 B에게 근저당권을 설정하여 주고 돈을 차용한 경우 → ○

정선
해설

[❶ ▸ ✕]　피고인이 갑 등에게 자동차를 인도하고 소유권이전등록에 필요한 일체의 서류를 교부함으로써 갑 등이 언제든지 자동차의 소유권이전등록을 마칠 수 있게 된 이상, 피고인이 자동차를 양도한 후 다시 절취할 의사를 가지고 있었더라도 자동차의 소유권을 이전하여 줄 의사가 없었다고 볼 수 없고, 피고인이 자동차를 매도할 당시 곧바로 다시 절취할 의사를 가지고 있으면서도 이를 숨긴 것을 기망이라고 할 수 없어, 결국 피고인이 자동차를 매도할 당시 기망행위가 없었으므로 사기죄는 성립하지 아니한다(대판 2016.3.24. 2015도17452).

[❷ ▸ ○]　甲이 명의를 대여하였다는 것만으로 피고인이 위와 같은 채무를 면하는 재산상 이익을 취득하는 甲의 재산적 처분행위가 있었다고 보기 어렵다(대판 2012.6.28. 2012도4773).

[❸ ▸ ✕]　판례의 취지를 고려하면, 인출한 현금을 甲에게 교부하는 A의 처분행위가 인정되지 아니하므로 甲에게 사기죄가 성립하지 아니한다.

> 피고인과 공범들이 피해자 공소 외 1, 공소 외 2에게 예금을 인출하고 인출한 현금을 집에 보관하도록 거짓말을 하였다고 하더라도, 이것을 피해자들로 하여금 현금을 타인에게 교부하거나 처분하는 행위를 하도록 한 것이라고 볼 수 없다(대판 2017.4.28. 2017도1544).

[❹ ▸ ✕]　피고인 등이 토지의 소유자이자 매도인인 피해자 갑 등에게 토지거래허가 등에 필요한 서류라고 속여 근저당권설정계약서 등에 서명·날인하게 하고 인감증명서를 교부받은 다음, 이를 이용하여 갑 등의 소유 토지에 피고인을 채무자로 한 근저당권을 을 등에게 설정하여 주고 돈을 차용하는 방법으로 재산상 이익을 취득하였다고 하여 특정경제범죄 가중처벌 등에 관한 법률 위반(사기) 및 사기로 기소된 경우, 갑 등의 행위는 사기죄에서 말하는 처분행위에 해당하고 갑 등의 처분의사가 인정되므로, 갑 등에게 그 소유 토지들에 근저당권 등을 설정하여 줄 의사가 없었다는 이유만으로 갑 등의 처분행위가 없다고 본 원심판결에 법리오해의 잘못이 있다(대판 2017.2.16. 2016도13362[전합]).

답 ❷

208

사기죄에 대한 다음 설명 중 옳은 것은 모두 몇 개인가?(다툼이 있으면 판례에 의함)

19 해경간부

> ㄱ. 상대방으로부터 소송비용 명목으로 일정한 금액을 이미 송금 받았음에도 불구하고 그 상대방을 피고로 하여 소송비용 상당액의 지급을 구하는 손해배상금 청구의 소를 제기하였다가 판사의 권유에 따라 소를 취하한 경우 사기죄의 불가벌적 불능범에 해당한다.
> ㄴ. 피담보채권의 공사대금 채권을 실제와 달리 허위로 부풀려 유치권에 의한 경매를 신청한 것만으로는 사기죄의 실행에 착수하였다고 할 수 없다.
> ㄷ. 피고인이 타인과 공모하여 그를 상대로 자백간주 판결을 받아 소유권이전등기를 마친 경우에는 그 타인과 소송사기의 공동정범으로 처벌받는다.
> ㄹ. 컴퓨터등사용사기죄의 범행으로 예금채권을 취득한 다음 자기의 현금카드를 사용하여 현금자동지급기에서 현금을 인출한 경우, 그 현금인출행위에 대하여 절도죄가 성립하지 않음은 물론 그 인출된 현금은 장물에 해당하지도 않는다.
> ㅁ. 중고자동차 매매에 있어서 매도인의 할부금융회사 또는 보증보험에 대한 할부금 채무는 매수인에게 당연히 승계되는 것이 아니므로 그 할부금 채무의 존재를 매수인에게 고지하지 아니한 것은 부작위에 의한 기망에 해당하지 아니한다.

① 0개　　　　　　　　　　② 1개
③ 2개　　　　　　　　　　④ 3개

ㄱ. 소송비용을 편취할 의사로 손해배상청구의 소를 제기한 경우 → 사기죄의 불능범 ○
ㄴ. 공사대금 채권을 허위로 크게 부풀려 경매를 신청한 경우 → 소송사기죄의 실행의 착수 ○
ㄷ. 타인과 공모하여 자백간주 판결을 받아 소유권이전등기를 마친 경우 → 사기죄 ×
ㄹ. 컴퓨터등사용사기죄의 범행으로 예금채권을 취득한 후 현금을 인출한 경우 → 절도죄 및 장물죄)(
ㅁ. 중고차매매업자가 승용차를 매도하면서 할부금 채무를 고지하지 않은 경우 → 부작위에 의한 사기죄 ×

[ㄱ ▸ ○] 대판 2005.12.8. 2005도8105
[ㄴ ▸ ×] 유치권에 의한 경매를 신청한 유치권자는 피담보채권인 공사대금 채권을 실제와 달리 허위로 크게 부풀려 유치권에 의한 경매를 신청할 경우 정당한 채권액에 의하여 경매를 신청한 경우보다 더 많은 배당금을 받을 수도 있으므로, 이는 법원을 기망하여 배당이라는 법원의 처분행위에 의하여 재산상 이익을 취득하려는 행위로서, 불능범에 해당한다고 볼 수 없고, 소송사기죄의 실행의 착수에 해당한다(대판 2012.11.15. 2012도9603).
[ㄷ ▸ ×] 소송사기에 있어 피기망자인 법원의 재판은 피해자의 처분행위에 갈음하는 내용과 효력이 있는 것이어야 하므로, 피고인이 타인과 공모하여 그 공모자를 상대로 제소하여 의제자백의 판결을 받아 이에 기하여 부동산의 소유권이전등기를 하였다고 하더라도 이는 소송 상대방의 의사에 부합하는 것으로서 착오에 의한 재산적 처분행위가 있다고 할 수 없다(대판 1997.12.23. 97도2430).
[ㄹ ▸ ○] 대판 2004.4.16. 2004도353
[ㅁ ▸ ○] 대판 1998.4.14. 98도231

답 ❹

209

다음 설명 중 가장 옳은 것은?   18 법원9급

① 이른바 '보이스피싱' 범죄에 사용될 것임을 알고 자기 계좌의 통장을 양도한 다음, 그 계좌에 입금된 '보이스피싱' 피해금원을 인출한 경우 그 피해자에 대한 횡령죄가 성립한다.
② 사기죄에서 말하는 처분행위가 인정되려면 피기망자에게 처분결과에 대한 인식이 있어야 하므로, 토지거래허가에 필요한 서류라고 믿고 근저당권설정등기신청서에 날인한 경우 사기죄에서의 처분행위라고 할 수 없다.
③ 변제능력이 없는데도 돈을 빌려주면 갚겠다고 거짓말하여 차용금을 편취한 사기죄가 성립하면, 그 돈을 빌리면서 담보로 제공한 채권을 추심하여 임의로 소비하였더라도 횡령죄는 별도로 성립할 수 없다.
④ 자기 계좌에 타인이 착오로 송금한 돈을 인출한 경우 은행에 대한 사기죄가 성립한다.

① '보이스피싱' 범죄에 사용될 것임을 알고 양도한 통장에 입금된 피해금원을 인출한 경우 → 횡령죄 ×
② 토지거래허가에 필요한 서류라고 믿고 근저당권설정등기신청서에 날인한 경우 → 처분행위 ○
③ 차용금을 편취한 피고인이 담보로 제공한 채권을 추심하여 소비한 경우 → 횡령죄 ×
④ 자기 계좌에 타인이 착오로 송금한 돈을 인출한 경우 → 사기죄 ×

[❶ ▸ ×] 전기통신금융사기(이른바 보이스피싱 범죄)의 범인이 피해자를 기망하여 피해자의 자금을 사기이용계좌로 송금·이체받으면 사기죄는 기수에 이르고, 범인이 피해자의 자금을 점유하고 있다고 하여 피해자와의 어떠한 위탁관계나 신임관계가 존재한다고 볼 수 없을 뿐만 아니라, 그 후 범인이 사기이용계좌에서 현금을 인출하였더라도 이는 이미 성립한 사기범행이 예정하고 있던 행위에 지나지 아니하여 새로운 법익을 침해한다고 보기도 어려우므로, 위와 같은 인출행위는 사기의 피해자에 대하여 별도의 횡령죄를 구성하지 아니한다. 이러한 법리는 사기범행에 이용되리라는 사정을 알고서 자신 명의의 계좌의 접근매체를 양도함으로써 사기범행을 방조한 종범이 사기이용계좌로 송금된 피해자의 자금을 임의로 인출한 경우에도 마찬가지로 적용된다(대판 2017.5.31. 2017도3894).

비교판례 대판 2018.7.19. 2017도17494[전합]

甲과 乙이 甲 명의로 개설된 예금계좌가 보이스피싱 범행에 이용될 것임을 인식하지 못하고 그 접근매체를 보이스피싱 조직원 丙에게 양도한 후 사기피해자 丁이 丙에게 속아 위 계좌로 송금한 사기피해금 중 일부를 별도의 접근매체를 이용하여 임의로 인출한 경우, 계좌명의인은 피해자와 사이에 아무런 법률관계 없이 송금·이체된 사기피해금 상당의 돈을 피해자에게 반환하여야 하므로 피해자를 위하여 사기피해금을 보관하는 지위에 있다고 보아야 하고, 만약, 계좌명의인이 그 돈을 영득할 의사로 인출하면 피해자에 대한 횡령죄가 성립한다.

[**❷** ▸ ×]   피기망자가 자신의 작위 또는 부작위에 따른 결과까지 인식하여야 처분의사를 인정할 수 있는 것은 아니므로, 피고인 등이 토지의 소유자이자 매도인인 피해자 갑 등에게 토지거래허가 등에 필요한 서류라고 속여 근저당권설정계약서 등에 서명·날인하게 하고 인감증명서를 교부받은 다음, 이를 이용하여 갑 등의 소유 토지에 피고인을 채무자로 한 근저당권을 을 등에게 설정하여 주고 돈을 차용하는 방법으로 재산상 이익을 취득하였다고 하여 특정경제범죄 가중처벌 등에 관한 법률 위반(사기) 및 사기로 기소된 경우, 갑 등의 행위는 사기죄에서 말하는 처분행위에 해당하고 갑 등의 처분의사가 인정된다(대판 2017.2.16. 2016도13362[전합]).

[**❸** ▸ ○]   피고인이 피해자로부터 돈을 빌리기 위해 피해자가 요구하는 대로 차용금에 대한 담보 명목으로 위 공사대금 채권을 양도하는 형식만 갖추었을 뿐, 당초부터 위 공사대금 채권을 추심하여 빼돌릴 생각을 가지고 있었던 경우라면, 차용금 편취에 관한 사기죄는 성립하지만, 위 공사대금 채권을 양도한 후 공사대금을 수령하여 임의 소비한 행위는 금전 차용 후 담보로 제공한 양도채권을 추심받아 이를 빼돌리려는 사기범행의 실행행위에 포함된 것으로 봄이 상당하므로 사기죄와 별도로 횡령죄는 성립되지 않는다고 할 것이다(대판 2011.5.13. 2011도1442).

한편 피고인이 차용 시 피해자 및 다른 채권자에 대하여 상당한 채무를 부담하고 있는 상황이었다 하더라도, 그 차용금에 대하여 담보로 제공한 위 공사대금 채권이 차용액에 상응하고 추심에 문제가 없는 것이었으며 위 공사대금 채권의 양도에 관한 피고인의 진정성이 인정되는 경우라면, 피고인에게 위 차용금에 대한 편취범의를 인정하기는 어려우므로 피고인에게 사기죄의 책임을 물을 수 없다. 다만 피고인은 위 공사대금 채권의 양도인의 지위에서 양수인인 피해자를 위하여 보관하여야 하는데도 추심한 채권을 임의로 소비한 행위에 대하여 횡령죄의 책임만 지게 될 것이다(대판 2011.5.13. 2011도1442).

[**❹** ▸ ×]   예금주인 피고인이 제3자에게 편취당한 송금의뢰인으로부터 자신의 은행계좌에 계좌송금된 돈을 출금한 경우, 피고인은 예금주로서 은행에 대하여 예금반환을 청구할 수 있는 권한을 가진 자이므로, 위 은행을 피해자로 한 사기죄가 성립하지 않는다(대판 2010.5.27. 2010도3498).

답 ❸

사기죄에 대한 설명으로 가장 적절하지 않은 것은?(다툼이 있는 경우 판례에 의함)

① 피해자가 법인이나 단체의 대표자 또는 실질적으로 의사결정을 하는 최종결재권자 등 기망의 상대방이 기망행위자와 동일인이거나 기망행위자와 공모하는 등 기망행위를 알고 있었다면 사기죄가 성립되지 않는다.

② 금융기관 직원이 범죄의 목적으로 전산단말기를 이용하여 다른 공범들이 지정한 특정계좌에 무자원 송금의 방식으로 거액을 입금한 행위는 컴퓨터등사용사기죄에 해당한다.

③ 기망행위를 수단으로 한 권리행사의 경우 권리행사에 속하는 행위와 수단에 속하는 기망행위를 전체적으로 관찰하여 그 기망행위가 사회통념상 권리행사의 수단으로서 용인할 수 없는 정도라면 권리행사에 속하는 행위는 사기죄를 구성한다.

④ 피고인이 수개의 선거비용 항목을 허위기재한 하나의 선거비용 보전청구서를 제출하여 정부로부터 선거비용을 과다 보전받아 이를 편취하였다면 이는 수죄로 평가되어야 하고, 각 선거비용 항목에 따라 별개의 사기죄가 성립한다.

정선 핵심

사기죄의 성립 여부

① 최종결재권자 등 기망의 상대방이 기망행위를 알고 있었던 경우 → ×

② 금융기관 직원이 다른 공범들이 지정한 특정계좌에 무자원 송금의 방식으로 거액을 입금한 경우 → 컴퓨터등사용사기죄 ○

③ 기망행위가 사회통념상 권리행사의 수단으로서 용인할 수 없는 경우 → ○

④ 수개의 선거비용 항목을 허위기재한 하나의 선거비용보전청구서를 제출하여 선거비용을 과다보전받아 편취한 경우 → 사기의 포괄일죄 ○

정선 해설

[❶ ▸ ○] 대판 2017.9.26. 2017도8449

[❷ ▸ ○] 금융기관 직원이 범죄의 목적으로 전산단말기를 이용하여 다른 공범들이 지정한 특정계좌에 무자원 송금의 방식으로 거액을 입금한 것은 형법 제347조의2에서 정하는 컴퓨터등사용사기죄에서의 '권한 없이 정보를 입력하여 정보처리를 하게 한 경우'에 해당한다고 할 것이고, 이는 그 직원이 평상시 금융기관의 여·수신업무를 처리할 권한이 있었다고 하여도 마찬가지이다(대판 2006.1.26. 2005도8507).

> **관련판례** **대판 2006.9.14. 2006도4127**
>
> 금융기관 직원이 전산단말기를 이용하여 다른 공범들이 지정한 특정계좌에 돈이 입금된 것처럼 허위의 정보를 입력하는 방법으로 위 계좌로 입금되도록 한 경우, 이러한 입금절차를 완료함으로써 장차 그 계좌에서 이를 인출하여 갈 수 있는 재산상 이익을 취득하였으므로 형법 제347조의2에서 정하는 컴퓨터등사용사기죄는 기수에 이르렀고, 그 후 그러한 입금이 취소되어 현실적으로 인출되지 못하였다고 하더라도 이미 성립한 컴퓨터등사용사기죄에 어떤 영향이 있다고 할 수는 없다.

[❸ ▸ ○] 대판 2003.12.26. 2003도4914

[❹ ▸ ×] 피고인이 수개의 선거비용 항목을 허위기재한 하나의 선거비용 보전청구서를 제출하여 대한민국으로부터 선거비용을 과다 보전받아 이를 편취하였다면 이는 일죄로 평가되어야 하고, 각 선거비용 항목에 따라 별개의 사기죄가 성립하는 것은 아니다(대판 2017.5.30. 2016도21713).

답 ❹

211

전기통신금융사기에 대한 설명 중 옳은 것만을 모두 고른 것은?(다툼이 있는 경우 판례에 의함)

`21` 경찰간부

ㄱ. 이른바 '착오송금'의 법리는 계좌명의인이 개설한 예금계좌가 전기통신금융사기범행에 이용되어 그 계좌에 피해자가 사기피해금을 송금·이체한 경우에도 마찬가지로 적용된다. 계좌명의인은 아무런 법률관계 없이 송금·이체된 사기피해금을 보관하는 지위에 있고, 만약 그 돈을 영득할 의사로 인출하면 피해자에 대한 횡령죄가 성립한다.

ㄴ. 이때 계좌명의인이 사기의 공범이라면 자신이 가담한 범행의 결과 피해금을 보관하게 된 것일 뿐이어서 피해자와 사이에 위탁관계가 없고, 그가 송금·이체된 돈을 인출 하더라도 이는 자신이 저지른 사기범행의 실행행위에 지나지 아니하여 새로운 법익을 침해한다고 볼 수 없으므로 사기죄 외에 별도로 횡령죄를 구성하지는 않는다.

ㄷ. 다만, 판례는 전기통신금융사기범행으로 피해자의 돈이 사기이용계좌로 송금·이체되었다면 이로써 편취행위는 기수에 이른다고 보고 있는데, 이는 사기범이 접근매체를 이용하여 그 돈을 인출할 수 있는 상태에 이르게 되면 계좌명의인의 예금반환청구권을 자신이 행사할 수 있게 된 것으로서 예금자체를 취득한 것으로 보아야 한다는 의미이다.

ㄹ. 한편 계좌명의인의 인출행위는 전기통신금융사기의 범인에 대한 관계에서는 횡령죄가 되지 않는다. 계좌명의인과 전기통신금융사기의 범인 사이의 관계는 횡령죄로 보호할 만한 가치가 있는 위탁관계가 아닐뿐더러, 계좌명의인과 사기범사이의 관계를 횡령죄로 보호하는 것은 그 범행으로 송금·이체된 돈을 사기범에게 귀속시키는 결과가 되어 옳지 않기 때문이다.

① ㄱ, ㄴ   ② ㄱ, ㄴ, ㄹ
③ ㄱ, ㄷ, ㄹ   ④ ㄴ, ㄷ, ㄹ

정선 핵심

ㄱ.·ㄴ.·ㄹ. 계좌명의인이 영득의 의사로써 전기통신금융사기 피해금을 인출한 경우
　→ 계좌명의인이 사기의 공범이 아닌 경우 : 횡령죄 ○
　→ 계좌명의인이 사기의 공범인 경우 : 피해자에 대한 사기죄 외에 횡령죄 ×
　→ 계좌명의인이 사기의 공범인 경우 : 전기통신금융사기의 범인에 대한 횡령죄 ×

ㄷ. 사기범이 접근매체를 이용하여 돈을 인출할 수 있는 상태가 된 경우 → 사기범이 예금자체를 취득한 것 ×

정선 해설

[ㄱ ▸ ○] 계좌명의인은 피해자와 사이에 아무런 법률관계 없이 송금·이체된 사기피해금 상당의 돈을 피해자에게 반환하여야 하므로, 피해자를 위하여 사기피해금을 보관하는 지위에 있다고 보아야 하고, 만약 계좌명의인이 그 돈을 영득할 의사로 인출하면 피해자에 대한 횡령죄가 성립한다(대판 2018.7.19. 2017도17494[전합]).

[ㄴ ▸ ○] 대판 2018.7.19. 2017도17494[전합]

[ㄷ ▸ ×] 계좌명의인이 전기통신금융사기의 범인에게 예금계좌에 연결된 접근매체를 양도하였다 하더라도 은행에 대하여 여전히 예금계약의 당사자로서 예금반환청구권을 가지는 이상 그 계좌에 송금·이체된 돈이 그 접근매체를 교부받은 사람에게 귀속되었다고 볼 수는 없다(대판 2018.7.19. 2017도17494[전합]).

[ㄹ ▸ ○] 계좌명의인과 전기통신금융사기의 범인 사이의 관계는 횡령죄로 보호할 만한 가치가 있는 위탁관계가 아니다. 사기범이 제3자 명의 사기이용계좌로 돈을 송금·이체하게 하는 행위는 그 자체로 범죄행위에 해당한다. 그리고 사기범이 그 계좌를 이용하는 것도 전기통신금융사기범행의 실행행위에 해당하므로 계좌명의인과 사기범 사이의 관계를 횡령죄로 보호하는 것은 그 범행으로 송금·이체된 돈을 사기범에게 귀속시키는 결과가 되어 옳지 않다(대판 2018.7.19. 2017도17494[전합]).

답 ❷

사기죄에 관한 다음 설명 중 가장 틀린 것은?(다툼이 있는 경우 판례에 의함)

① 도박이란 2인 이상의 자가 상호 간에 재물을 걸고 우연한 승패에 의하여 그 재물의 득실을 결정하는 것이므로, 사기도박의 경우에는 사기죄만이 성립하고, 도박죄는 성립하지 않는다.

② 갑이 일제시대 사정(査定)받은 토지에 대하여 소유자 미복구를 원인으로 국가 명의의 소유권보존등기가 되어 있는 상태에서, 피고인이 갑의 상속인인 것처럼 조작하여 국가를 상대로 소유권보존등기 말소등기 청구소송을 제기하여 이를 인용하는 화해권고결정이 확정되었다면 사기죄가 성립한다.

③ 인감증명서는 개인이 현재 사용하고 있는 인감을 공식적으로 증명하는 내용의 문서에 그쳐서 거기에 어떠한 재물이나 재산상 이익의 처분에 관한 사항을 포함하고 있는 것이 아니고, 인감증명서의 불법취득으로 인하여 침해될 우려가 있는 법익은 그 서면 자체가 아니라 그 서면으로 증명하고자 하는 내용일 뿐이어서 인감증명서 자체는 사기죄의 객체가 될 수 없다.

④ 피고인이 컴퓨터를 이용하여 이동통신회사들의 전산망에 접속한 다음 전산프로그램상으로 사용 정지된 휴대전화를 사용할 수 있도록 하거나 유심칩 읽기를 통해 문자메시지발송 한도를 해제하여 광고성 문자를 대량 발송하여 그 이용대금 상당의 재산상 이득을 취득하였더라도 사람을 기망한 것으로 볼 수 없어 사기죄가 성립하지 않는다.

⑤ 피고인의 딸과 피해자의 아들이 혼인관계에 있어 피고인과 피해자가 사돈지간이라고 하더라도 이를 민법상 친족으로 볼 수 없으므로 피고인이 피해자를 속여 돈을 편취하였다면 사기죄가 성립한다.

**정선
핵심**

① 사기도박 → 사기죄만 성립 ○
② 국가를 상대로 한 소유권보존등기 말소청구소송을 인용하는 화해권고결정이 확정된 경우 → 사기죄 ○
③ 인감증명서 → 사기죄의 객체 ○
④ 사용 정지된 휴대전화를 사용할 수 있도록 하거나 문자메시지발송 한도를 해제하여 광고성 문자를 대량 발송한 경우 → 사기죄 ×
⑤ 사돈지간 → 친족상도례가 적용되지 아니하므로 사기죄 ○

**정선
해설**

[❶ ▸ ○] 대판 2011.1.13. 2010도9330

[❷ ▸ ○] 이미 국가 명의로 소유권보존등기가 되어 있는 상태에서 소유권보존등기의 말소 청구를 하고 청구의 일부인용 판결에 준하는 화해권고결정이 확정된 이상, 청구인용 부분에 대하여는 법원을 기망하여 유리한 결정을 받음으로써 '대상 토지의 소유명의를 얻을 수 있는 지위'라는 재산상 이익을 취득하였다고 할 것이고, 이는 사기죄의 대상인 재산상 이익의 편취에 해당한다(대판 2011.12.13. 2011도8873).

[❸ ▸ ×] 인감증명서는 다른 특별한 사정이 없는 한 재산적 가치를 가지는 것이어서 형법상의 '재물'에 해당한다고 할 것이다. 이는 그 내용 중에 재물이나 재산상 이익의 처분에 관한 사항이 포함되어 있지 아니하다고 하여 달리 볼 것이 아니다. 따라서 위 용도로 발급되어 그 소지인에게 재산적 가치가 있는 것으로 인정되는 인감증명서를 그 소지인을 기망하여 편취하는 것은 그 소지인에 대한 관계에서 사기죄가 성립한다고 할 것이다(대판 2011.11.10. 2011도9919).

피고인이 피해자에게서 매수한 재개발아파트 수분양권을 이미 매도하였는데도 마치 자신이 피해자의 입주권을 정당하게 보유하고 있는 것처럼 피해자의 딸과 사위에게 거짓말하여 피해자 명의의 인감증명서를 교부받은 사안에서, 피고인의 행위에 대하여는 재물의 편취에 의한 사기죄가 성립한다고 할 것인데도, 이와 달리 보아 무죄를 선고한 원심판결에는 법리오해의 위법이 있다고 한 사례(대판 2011.11.10. 2011도9919).

[**❹ ▸ ○**]　피고인이 이동통신 판매대리점의 컴퓨터를 이용하여 이동통신회사들의 전산망에 접속한 다음 전산상으로 사용정지된 휴대전화를 사용할 수 있도록 하거나 유심칩 읽기를 통해 문자메시지 발송한도를 해제한 것은 전산상 자동으로 처리된 것일 뿐 사기죄 구성요건인 '사람을 기망하여 재산상 이득을 취득한 경우'에 해당한다고 볼 수 없다(대판 2011.7.28. 2011도5299).

[**❺ ▸ ○**]　대판 2011.4.28. 2011도2170

답 ❸

사기죄와 관련된 다음 설명 중 가장 옳은 것은?(다툼이 있는 경우 판례에 의함)

`20` 경찰간부

① 토지를 매도함에 있어 채무담보를 위한 가등기와 근저당권설정등기가 경료되어 있는 사실을 숨겼다 할지라도 매수인은 등기부등본을 통해 얼마든지 사실을 확인할 수 있으므로 사기죄는 성립하지 않는다.

② 부동산의 명의수탁자가 부동산을 제3자에게 매도하고 매매를 원인으로 하는 소유권이전등기까지 마쳐 주었으나 명의신탁사실을 알리지 아니한 경우에는 제3자에 대하여 사기죄가 성립한다.

③ 중고자동차 매매에 있어 매도인이 할부금융회사 또는 보증보험에 대한 할부금 채무의 존재를 매수인에게 고지하지 않았다면 채무의 승계 여부를 불문하고 사기죄가 성립한다.

④ 사기죄의 피해자가 법인이나 단체인 경우에 기망행위가 있었는지는 법인이나 단체의 대표 등 최종 의사결정권자 또는 내부적인 권한위임 등에 따라 실질적으로 법인의 의사를 결정하고 처분을 할 권한을 가지고 있는 사람을 기준으로 판단하여야 한다.

정선
핵심

사기죄의 성립 여부
① 담보를 위한 가등기와 근저당권설정등기가 경료되어 있는 사실을 숨긴 경우 → ○
② 명의수탁자가 제3자에게 소유권이전등기를 경료하였으나 명의신탁사실을 알리지 아니한 경우 → ×
③ 중고차매매업자가 승용차를 매도하면서 할부금 채무를 고지하지 않은 경우 → ×
④ 사기죄의 피해자가 법인이나 단체인 경우 → 기망행위 여부는 법인의 의사를 결정하고 처분권한을 가지고 있는 사람을 기준

정선
해설

[**❶ ▸ ×**]　토지를 매도함에 있어서 채무담보를 위한 가등기와 근저당권설정등기가 경료되어 있는 사실을 숨기고 이를 고지하지 아니하여 매수인이 이를 알지 못한 탓으로 그 토지를 매수하였다면 이는 사기죄를 구성한다(대판 1981.8.20. 81도1638).

[**❷ ▸ ×**]　부동산의 명의수탁자가 부동산을 제3자에게 매도하고 매매를 원인으로 한 소유권이전등기까지 마쳐 준 경우, 명의신탁의 법리상 대외적으로 수탁자에게 그 부동산의 처분권한이 있는 것임이 분명하고, 제3자로서도 자기 명의의 소유권이전등기가 마쳐진 이상 무슨 실질적인 재산상의 손해가 있을 리 없으므로 그 명의신탁 사실과 관련하여 신의칙상 고지의무가 있다거나 기망행위가 있었다고 볼 수도 없어서 그 제3자에 대한 사기죄가 성립될 여지가 없다(대판 2007.1.11. 2006도4498).

[**❸ ▸ ×**]　중고자동차 매매에 있어서 매도인의 할부금융회사 또는 보증보험에 대한 할부금 채무가 매수인에게 당연히 승계되는 것이 아니라는 이유로 그 할부금 채무의 존재를 매수인에게 고지하지 아니한 것이 부작위에 의한 기망에 해당하지 아니한다(대판 1998.4.14. 98도231).

[**❹ ▸ ○**]　대판 2017.9.26. 2017도8449

답 ❹

① 사기죄에서 피해자에게 그 대가가 지급된 경우 피해자를 기망하여 그가 보유하고 있는 그 대가를 다시 편취하거나 피해자로부터 그 대가를 위탁받아 보관 중 횡령하였다면, 기존에 성립한 사기죄와는 별도의 새로운 사기죄나 횡령죄가 성립한다.

② 보험금을 지급받을 수 있는 사유가 있다 하더라도 이를 기화로 실제 지급받을 수 있는 보험금보다 다액의 보험금을 편취할 의사로 장기간의 입원 등을 통하여 과다한 보험금을 지급받은 경우에는 지급받은 보험금 전체에 대하여 사기죄가 성립한다.

③ 甲이 점포에 대한 권리금을 지급한 것처럼 허위의 사용내역서를 작성·교부하여 동업자들을 기망하고 출자금 지급을 면제받으려 하였으나 미수에 그친 경우 동업자들이 甲에 대한 출자의무를 명시적으로 면제하지 않았더라도 착오에 빠져 이를 면제해 주는 결과에 이를 수 있기 때문에 이는 부작위에 의한 처분행위에 해당한다.

④ 甲이 乙에게 이중매도한 택지분양권을 순차 매수한 丙·丁에게 이중매도 사실을 숨긴 채 자신의 명의로 형식적인 매매계약서를 작성해 준 경우 甲이 직접 매매대금을 수령하지 않았다면 丙·丁에 대한 사기죄가 성립하지 않는다.

정선 핵심

① 사기죄의 피해자에게 지급한 대가를 다시 편취하거나 보관 중 횡령하는 경우 → 별도의 사기죄, 횡령죄 ○
② 장기간 입원으로 과다한 보험금을 지급받은 경우 → 보험금 전체에 대한 사기죄 ○
③ 허위의 사용내역서로 출자금 지급을 면제받으려 하였으나 미수에 그친 경우 → 부작위에 의한 처분행위 ○
④ 甲이 乙에게 이중매도한 택지분양권을 순차 매수한 丙·丁에게 이중매도 사실을 숨긴 채 자신의 명의로 형식적인 매매계약서를 작성해 준 경우 → 사기죄 ○

정선 해설

[❶ ▸ ○] 대판 2009.10.29. 2009도7052
[❷ ▸ ○] 대판 2009.5.28. 2008도4665
[❸ ▸ ○] 피고인이 점포에 대한 권리금을 지급한 것처럼 허위의 사용내역서를 작성·교부하여 동업자들을 기망하고 출자금 지급을 면제받으려 하였으나 미수에 그친 경우, 동업자들이 피고인에 대한 출자의무를 명시적으로 면제하지 않았더라도, 착오에 빠져 이를 면제해 주는 결과에 이를 수 있으므로, 이는 부작위에 의한 처분행위에 해당한다(대판 2009.3.26. 2008도6641).
[❹ ▸ ✕] 甲이 乙에게 이중매도한 택지분양권을 순차 매수한 丙·丁에게 이중매도 사실을 숨긴 채 자신의 명의로 형식적인 매매계약서를 작성해 준 경우, 甲이 직접 매매대금을 수령하지 않았더라도 丙·丁에 대한 사기죄가 성립한다(대판 2009.1.30. 2008도9985).

답 ❹

다음 설명 중 사기죄의 성립을 인정하기에 가장 어려운 경우는? `17` `법원9급`

① 매도인이 자동차에 GPS를 미리 부착해 놓는 방법으로 자동차를 다시 절취할 의사가 있었음에도 이를 숨긴 채 자동차를 매도하고 소유권이전등록에 필요한 서류를 교부하여 매매대금을 받은 경우

② 비의료인이 개설한 의료기관이 의료법에 의하여 적법하게 개설된 요양기관인 것처럼 국민건강보험공단에 요양급여비용의 지급을 청구하여 지급받은 경우

③ 보험자가 보험금액이 목적물의 가액을 현저히 초과한다는 사정을 알았더라면 같은 조건으로 보험계약을 체결하지 않았고 협정보험가액에 따른 보험금을 그대로 지급하지 않았을 것임에도 보험계약자가 초과보험 사실을 알지 못하는 보험자에게 목적물의 가액을 묵비한 채 보험금을 청구하여 지급받은 경우

④ 회사를 고의로 부도내려고 준비한 사실 등을 숨긴 채 회사 명의로 대한주택보증 주식회사와 임대보증금 보증약정을 체결해 보증서를 발급받은 경우

**정선
핵심**

사기죄의 성립 여부
① GPS를 부착해 다시 절취할 의사가 있음을 숨기고 자동차를 매도한 경우 → ×
② 비의료인이 국민건강보험공단을 기망하여 요양급여비용을 지급받은 경우 → ○
③ 초과보험을 유발 후 이를 묵비한 채 보험금을 청구하여 지급받은 경우 → ○
④ 대한주택보증을 기망하여 임대보증금 보증서를 발급받은 경우 → ○

**정선
해설**

[❶ ▸ ○] 대판 2016.3.24. 2015도17452

[❷ ▸ ×] 의료인의 자격이 없는 일반인(비의료인)이 개설한 의료기관이 마치 의료법에 의하여 적법하게 개설된 요양기관인 것처럼 국민건강보험공단에 요양급여비용의 지급을 청구하는 것은 국민건강보험공단으로 하여금 요양급여비용 지급에 관한 의사결정에 착오를 일으키게 하는 것이 되어 사기죄의 기망행위에 해당하고, 이러한 기망행위에 의하여 국민건강보험공단으로부터 요양급여비용을 지급받을 경우에는 사기죄가 성립한다(대판 2018.4.10. 2017도17699).

[❸ ▸ ×] 보험자가 보험금액이 목적물의 가액을 현저하게 초과한다는 것을 알았더라면 같은 조건으로 보험계약을 체결하지 않았을 뿐만 아니라 협정보험가액에 따른 보험금을 그대로 지급하지 아니하였을 관계가 인정된다면, 보험계약자가 초과보험 사실을 알지 못하는 보험자에게 목적물의 가액을 묵비한 채 보험금을 청구한 행위는 사기죄의 실행행위로서의 기망행위에 해당한다(대판 2015.7.23. 2015도6905).

[❹ ▸ ×] 대한주택보증의 임대보증금 보증서 발급이 피고인 등의 기망행위에 의하여 이루어졌다면 그로써 사기죄는 성립하고, 피고인 등이 취득한 재산상 이익은 대한주택보증이 보증한 임대보증금 상당액이며, 임대주택법에 따라 민간건설 공공임대주택 임대사업자의 임대보증금 보증 가입이 강제된다 하여 달리 볼 것은 아니다(대판 2013.11.28. 2011도7229).

답 ❶

다음은 사기죄에 대한 설명이다. 옳지 않은 것은 모두 몇 개인가?(다툼이 있으면 판례에 의함)

14 경찰채용

ㄱ. 송금의뢰인과 수취인 사이에 계좌이체 등의 원인이 되는 법률관계가 존재하지 않음에도 계좌이체에 의하여 수취인이 이체금액 상당의 예금채권을 취득한 경우, 수취인이 은행에 예금반환을 청구하여 지급받는 행위는 은행을 피해자로 한 사기죄에 해당한다.

ㄴ. 배당이의 소송의 제1심에서 패소판결을 받고 항소한 자가 그 항소를 취하하는 것만으로는 사기죄에서 말하는 재산적 처분행위가 있다고 할 수 없다.

ㄷ. 친족상도례에 관한 형법 규정은 사기죄를 가중처벌하는 특정경제범죄 가중처벌 등에 관한 법률 제3조 제1항 위반죄에도 적용된다.

ㄹ. 출판사 경영자가 출고현황표를 조작하는 방법으로 실제출판부수를 속여 작가에게 인세의 일부만을 지급한 경우 사기죄에 해당한다.

ㅁ. 자동차의 명의수탁자가 명의신탁 사실을 고지하지 않고, 나아가 자신 소유라는 말을 하면서 자동차를 제3자에게 매도하고 이전등록까지 마쳐 주었다고 하더라도, 매수인에 대한 관계에서 사기죄가 성립하지 않는다.

① 1개 ② 2개
③ 3개 ④ 4개

정선 핵심

ㄱ. 수취인이 은행에 착오송금된 예금반환을 청구하여 지급받는 경우 → 사기죄 ✕
ㄴ. 배당이의 소송패소판결에 대해 항소한 자가 항소를 취하한 경우 → 처분행위 ○
ㄷ. 특경법위반죄(사기) → 친족상도례 적용 ○
ㄹ. 실제출판부수를 속여 인세의 일부만을 지급한 경우 → 사기죄 ○
ㅁ. 자동차 명의수탁자가 제3자에게 이전등록까지 마쳐 주었으나 명의신탁사실을 알리지 아니한 경우 → 사기죄 ✕

정선 해설

[ㄱ ▶ ✕] 송금의뢰인이 수취인의 예금계좌에 계좌이체 등을 한 이후, 수취인이 은행에 대하여 예금반환을 청구함에 따라 은행이 수취인에게 그 예금을 지급하는 행위는 계좌이체금액 상당의 예금계약의 성립 및 그 예금채권 취득에 따른 것으로서 은행이 착오에 빠져 처분행위를 한 것이라고 볼 수 없으므로, 결국 이러한 행위는 은행을 피해자로 한 사기죄에 해당하지 않는다고 봄이 상당하다(대판 2010.5.27. 2010도3498).

[ㄴ ▶ ✕] 배당이의 소송의 제1심에서 패소판결을 받고 항소한 자가 그 항소를 취하하면 그 즉시 제1심판결이 확정되고 상대방이 배당금을 수령할 수 있는 이익을 얻게 되는 것이므로 위 항소를 취하하는 것 역시 사기죄에서 말하는 재산적 처분행위에 해당한다(대판 2002.11.22. 2000도4419).

[ㄷ ▶ ○] 대판 2010.2.11. 2009도12627

[ㄹ ▶ ○] 작가가 나머지 인세에 대한 청구권의 존재 자체를 알지 못하는 착오에 빠져 이를 행사하지 아니한 것이 사기죄에 있어 부작위에 의한 처분행위에 해당한다(대판 2007.7.12. 2005도9221).

[ㅁ ▶ ○] 대판 2007.1.11. 2006도4498

답 ❷

사기죄에 관한 설명으로 가장 적절한 것은?(다툼이 있는 경우 판례에 의함) `19` 경찰채용

① 상대방을 기망하여 재물을 교부받으면서 시가 상당의 대금을 지급하였다면, 피해자의 전체 재산상 손해가 발생한 바 없으므로 사기죄가 성립하지 않는다.

② 원인된 법률관계 없이 자신의 예금계좌로 잘못 이체된 돈을 인출한 경우, 은행에 대한 사기죄가 성립한다.

③ 아파트 입주권의 매매계약을 체결하면서 매수인이 입주권 가격에 대해 아무런 문의도 하지 않았다 하더라도 매도인인 부동산중개업자가 그 입주권을 2억 5,000만원에 확보하여 2억 9,500만원에 전매한다는 사실을 매수인에게 고지하지 않았다면, 이는 고지의무의 불이행으로서 부작위에 의한 사기죄가 성립한다.

④ 피고인이 부동산을 매수한 일이 없음에도 매수한 것처럼 허위의 사실을 주장하여 해당 부동산에 대한 소유권이전등기를 거친 사람을 상대로 그 이전등기의 말소를 구하는 소송을 제기하여 승소하였더라도, 법원을 기망하여 재물 또는 재산상 이익을 취득한 바가 없기 때문에 사기죄가 성립하지 않는다.

**정선
핵심**

사기죄의 성립 여부

① 상대방을 기망하여 재물을 교부받으면서 시가 상당의 대금을 지급한 경우 → ○

② 자신의 예금계좌로 잘못 이체된 돈을 인출한 경우 → ×

③ 아파트 입주권을 2억 5,000만원에 확보하여 2억 9,500만원에 전매한다는 사실을 고지하지 않은 경우 → ×

④ 부동산을 매수한 것으로 허위사실을 주장하여 이전등기말소소송을 제기하여 승소한 경우 → 사기죄 ×

**정선
해설**

[**❶** ▸ ×] 사기죄는 타인을 기망하여 그로 인한 하자 있는 의사에 기하여 재물의 교부를 받거나 재산상의 이득을 취득함으로써 성립되는 범죄로서 그 본질은 기망행위에 의한 재산이나 재산상 이익의 취득에 있는 것이고 상대방에게 현실적으로 재산상 손해가 발생함을 요건으로 하지 아니한다(대판 2004.4.9. 2003도7828).

> 사채업자가 대출희망자로부터 대출을 의뢰받은 다음 대출희망자가 자동차의 실제 구입자가 아니어서 <u>자동차할부금융의 대상이 되지 아니함에도 그가 실제로 자동차를 할부로 구입하는 것처럼 그 명의의 대출신청서 등 관련 서류를 작성한 후 이를 할부금융회사에 제출하여 자동차할부금융으로 대출금을 받은 경우</u>, 사기죄가 성립한다고 한 사례(대판 2004.4.9. 2003도7828).

[**❷** ▸ ×] <u>송금의뢰인이 수취인의 예금계좌에 계좌이체 등을 한 이후, 수취인이 은행에 대하여 예금반환을 청구함에 따라 은행이 수취인에게 그 예금을 지급하는 행위는 계좌이체금액 상당의 예금계약의 성립 및 그 예금채권 취득에 따른 것으로서 은행이 착오에 빠져 처분행위를 한 것이라고 볼 수 없으므로</u>, 결국 이러한 행위는 은행을 피해자로 한 형법 제347조의 사기죄에 해당하지 않는다고 봄이 상당하다(대판 2010.5.27. 2010도3498).

[**❸** ▸ ×] 부동산중개업자인 피고인이 아파트 입주권을 매도하면서 그 입주권을 2억 5,000만원에 확보하여 2억 9,500만원에 전매한다는 사실을 매수인에게 고지하지 않은 경우, 피고인이 매수인을 기망하여 차액 4,500만원을 편취하였다고 보기 어려워 사기죄는 성립하지 않는다(대판 2011.1.27. 2010도5124).

[**❹** ▸ ○] 대판 1981.12.8. 81도1451

답 ❹

다음 설명 중 옳지 않은 것은?(다툼이 있으면 판례에 의함)   13 사시

① 사기죄를 범한 자가 피해자에게 그 대가를 지급한 후, 그 피해자를 기망하여 그가 보유하고 있는 그 대가를 다시 편취하거나 그 피해자로부터 그 대가를 위탁받아 보관 중 횡령한 경우, 기존에 성립한 사기죄와는 별도의 새로운 사기죄나 횡령죄가 성립한다.

② 사기죄가 성립하기 위해서는 기망행위와 상대방의 착오 및 재물의 교부 또는 재산상의 이익의 공여와의 사이에 순차적인 인과관계가 있어야 하지만, 착오에 빠진 원인 중에 피기망자 측에 과실이 있는 경우에도 사기죄가 성립한다.

③ 실제 일부 입원치료가 필요하더라도 그 범위를 넘는 장기간의 입원을 유도하여 과도한 요양급여비를 청구한 행위는 사회통념상 권리행사의 수단으로 용인할 수 없는 것이어서 요양급여비에서 실제 필요한 입원치료비를 공제한 차액에 대하여 사기죄가 성립한다.

④ 절도범이 타인으로부터 절취한 금전을 다른 금전과 섞거나 교환하지 않고 쇼핑백에 넣어 자신의 집에 숨겨두었는데, 이를 안 그 타인의 지시를 받은 자가 절도범에게 겁을 주어 위 금전을 교부받은 경우 공갈죄가 성립하지 않는다.

⑤ 아파트 건축사업이 추진되기 약 15년 전부터 사업부지 내 일부 부동산을 소유하여 온 사람이 사업자의 매도 제안을 거부하다가 인근 토지 시가의 40배가 넘는 대금을 받고 매도하였다는 사정만으로는 부당이득죄가 성립하지 않는다.

정선 핵심

① 사기죄의 피해자에게 지급한 대가를 다시 편취하거나 보관 중 횡령하는 경우 → 별도의 사기죄, 횡령죄 ○
② 착오에 빠진 원인 중에 피기망자 측에 과실이 있는 경우 → 사기죄 ○
③ 장기간의 입원으로 과도한 요양급여비를 청구한 경우 → 요양급여비 전체에 대한 사기죄 ○
④ 절도범이 쇼핑백에 넣어 둔 자신의 돈을 위협하여 다시 교부받은 경우 → 공갈죄 ×
⑤ 아파트 건축사업부지 내 일부 부동산을 시가의 40배가 넘는 대금으로 매도한 경우 → 부당이득죄 ×

정선 해설

[❶ ▸ ○] 대판 2009.10.29. 2009도7052
[❷ ▸ ○] 사기죄가 성립하기 위해서는 기망행위와 상대방의 착오 및 재물의 교부 또는 재산상의 이익의 공여와의 사이에 순차적인 인과관계가 있어야 하지만, 착오에 빠진 원인 중에 피기망자 측에 과실이 있는 경우에도 사기죄가 성립한다(대판 2009.6.23. 2008도1697).

> 대부업자가 새마을금고와 제3자에 대한 차량담보대출채권을 담보로 제공하고 개개 자동차담보채권액만큼 대출받는 것을 내용으로 하는 '대출채권담보대출 중개운용에 관한 업무협약 및 채권담보계약'을 체결하였음에도, 계약 취지와 달리 대출금을 기존 채무의 변제에 사용하고 새마을금고의 허락 없이 임의로 차량에 설정된 근저당권을 해제하는 등 새마을금고에 대한 채무변제를 성실히 이행하지 않은 사안에서, 위 대부업자가 대출 당시 대출금채무를 변제할 의사나 능력이 없음에도 있는 것처럼 새마을금고를 기망하여 이에 속은 새마을금고로부터 대출금을 편취하였고 그 편취의 범의도 인정된다고 보아, 위 대출이 새마을금고의 재무상태 등에 대한 실사를 거쳐 실행됨으로써 새마을금고가 위 대출이 가능하다는 착오에 빠지는 원인 중에 새마을금고 측의 과실이 있더라도 사기죄의 성립이 인정된다고 한 사례(대판 2009.6.23. 2008도1697).

[❸ ▸ ×] 적정한 진료행위를 하지 않은 채 입원의 필요성이 적은 환자들에게까지 입원을 권유하고 퇴원을 만류하는 등으로 장기간의 입원을 유도하여 국민건강보험공단에 과다한 요양급여비를 청구한 행위는 사회통념상 권리행사의 수단으로 용인할 수 없는 것이어서, 비록 그중 일부 기간에 대하여 실제 입원치료가 필요하였다고 하더라도 그 부분을 포함한 당해 입원기간의 요양급여비 전체에 대하여 사기죄가 성립한다(대판 2009.5.28. 2008도4665).
[❹ ▸ ○] 대판 2012.8.30. 2012도6157
[❺ ▸ ○] 대판 2009.1.15. 2008도8577

답 ❸

사기죄에 대한 설명으로 가장 적절하지 않은 것은?(다툼이 있는 경우 판례에 의함)

18 경찰승진

① 사기죄의 처분행위라고 하는 것은 재산적 처분행위를 의미하고, 그것은 주관적으로 피기망자에게 처분의사 즉 처분결과에 대한 인식이 있고, 객관적으로 이러한 의사에 지배된 행위가 있을 것을 요한다.

② A가 甲의 기망행위로 인하여 착오에 빠진 결과 내심의 의사와 다른 효과를 발생시키는 내용의 처분문서에 서명 또는 날인함으로써 처분문서의 내용에 따른 재산상 손해가 초래되었다면 그와 같은 처분문서에 서명 또는 날인한 A의 행위는 사기죄에서 말하는 처분행위에 해당한다.

③ 주유소 운영자가 농·어민 등에게 조례특례제한법에 정한 면세유를 공급한 것처럼 위조한 유류공급확인서로 정유회사를 기망하여 면세유를 공급받은 경우, 국가 또는 지방자치단체에 대한 사기죄가 성립하지 않는다.

④ 비의료인이 개설한 의료기관이 의료법에 의하여 적법하게 개설된 요양기관인 것처럼 국민건강보험공단에 요양급여비용의 지급을 청구하여 지급받은 경우 사기죄가 성립한다.

정선 핵심

① 처분행위 → 처분결과에 대한 인식 불요
② A가 기망행위로 인하여 착오에 빠진 결과 내심의 의사와 다른 효과를 발생시키는 처분문서에 서명 또는 날인함으로써 재산상 손해가 초래된 경우 → 처분행위 ○
③ 위조한 면세유류공급확인서로 정유회사를 기망하여 면세유를 공급받은 경우 → 국가 또는 지방자치단체에 대한 사기죄 ×
④ 비의료인이 국민건강보험공단을 기망하여 요양급여비용을 지급받은 경우 → 사기죄 ○

정선 해설

[❶ ▸ ×] 종전 판례는 사기죄의 처분행위라고 하기 위해서는 처분의사 즉 처분결과에 대한 인식이 있을 것을 요하였으나 전합판결에 의하여 변경되었음을 유의하여야 한다.

> 비록 피기망자가 처분행위의 의미나 내용을 인식하지 못하였더라도, 피기망자의 작위 또는 부작위가 직접 재산상 손해를 초래하는 재산적 처분행위로 평가되고, 이러한 작위 또는 부작위를 피기망자가 인식하고 한 것이라면 처분행위에 상응하는 처분의사는 인정된다. 다시 말하면 피기망자가 자신의 작위 또는 부작위에 따른 결과까지 인식하여야 처분의사를 인정할 수 있는 것은 아니다(대판 2017.2.16. 2016도13362[전합]).

[❷ ▸ ○] 대판 2017.2.16. 2016도13362[전합]

[❸ ▸ ○] 주유소 운영자가 농·어민 등에게 조세특례제한법에 정한 면세유를 공급한 것처럼 위조한 면세유류공급확인서로 정유회사를 기망하여 면세유를 공급받음으로써 면세유와 정상유의 가격 차이 상당의 이득을 취득한 경우, 정유회사에 대하여 사기죄를 구성하는 것은 별론으로 하고, 국가 또는 지방자치단체를 기망하여 국세 및 지방세의 환급세액 상당을 편취한 것으로 볼 수 없다(대판 2008.11.27. 2008도7303).

[❹ ▸ ○] 대판 2018.4.10. 2017도17699

답 ❶

다음 설명 중 가장 옳지 않은 것은?(다툼이 있는 경우 판례에 의함)

① 기망행위에 의하여 조세를 포탈하거나 조세의 환급·공제를 받은 것은 사기죄의 기망행위에 해당한다.

② 비의료인이 개설한 의료기관이 의료법에 의하여 적법하게 개설된 요양기관인 것처럼 국민건강보험공단에 요양급여비용의 지급을 청구하여 지급받은 것은 사기죄의 기망행위에 해당한다.

③ 보험계약자가 보험계약 체결 시 보험금액이 목적물의 가액을 현저하게 초과하는 초과보험 상태를 의도적으로 유발한 후 보험사고가 발생하자 초과보험 사실을 알지 못하는 보험자에게 목적물의 가액을 묵비한 채 보험금을 청구하여 교부받은 것은 사기죄의 기망행위에 해당한다.

④ 토지의 매수를 권유하면서 언급한 내용이 객관적 사실에 부합하거나 비록 확정된 것은 아닐지라도 연구용역 보고서와 신문스크랩 등에 기초한 것이라면 사기죄의 기망행위에 해당하지 않는다.

**정선
핵심**

기망행위의 인정 여부

① 기망행위에 의하여 조세를 포탈하거나 환급·공제를 받은 경우 → ✕

② 비의료인이 국민건강보험공단을 기망하여 요양급여비용을 지급받은 경우 → ○

③ 초과보험을 유발 후 이를 묵비한 채 보험금을 청구하여 교부받은 경우 → ○

④ 토지매수를 권유하며 언급한 내용이 연구용역 보고서 등에 기초한 경우 → ✕

**정선
해설**

[❶ ▸ ✕] 기망행위에 의하여 조세를 포탈하거나 조세의 환급·공제를 받은 경우에는 조세범처벌법 제9조에서 이러한 행위를 처벌하는 규정을 별도로 두고 있을 뿐만 아니라, 조세를 강제적으로 징수하는 국가 또는 지방자치단체의 직접적인 권력작용을 사기죄의 보호법익인 재산권과 동일하게 평가할 수 없는 것이므로 조세범처벌법 위반죄가 성립함은 별론으로 하고, 형법상 사기죄는 성립하지 않는다(대판 2008.11.27. 2008도7303).

[❷ ▸ ○] 의료인의 자격이 없는 일반인(비의료인)이 개설한 의료기관이 마치 의료법에 의하여 적법하게 개설된 요양기관인 것처럼 국민건강보험공단에 요양급여비용의 지급을 청구하는 것은 국민건강보험공단으로 하여금 요양급여비용 지급에 관한 의사결정에 착오를 일으키게 하는 것이 되어 사기죄의 기망행위에 해당하고, 이러한 기망행위에 의하여 국민건강보험공단으로부터 요양급여비용을 지급받을 경우에는 사기죄가 성립한다(대판 2018.4.10. 2017도17699).

[❸ ▸ ○] 대판 2015.7.23. 2015도6905

[❹ ▸ ○] 대판 2007.1.25. 2004도45

 답 ❶

사기죄에 관한 설명 중 옳지 않은 것은?(다툼이 있으면 판례에 의함) `16` 사시

① 자신의 소송상 주장이 허위임을 잘 알면서도 이를 기초로 하여 상대방에게 금전 지급을 구하는 소를 제기한 경우라면 판결을 실제로 집행할 의사가 없었더라도 사기죄의 실행의 착수가 인정된다.

② 민사소송법상 소송비용을 편취할 의사로 소송상대방에게 소송비용의 지급을 구하는 손해배상청구의 소를 제기한 경우, 사기죄가 성립하지 않는다.

③ 사기죄에서 피해자에게 그 대가가 지급된 경우, 피해자를 기망하여 그가 보유하고 있는 그 대가를 다시 편취하거나 피해자로부터 그 대가를 위탁받아 보관 중 횡령하였다면, 기존에 성립한 사기죄와는 별도의 새로운 사기나 횡령죄가 성립한다.

④ 피고인 경매절차가 진행 중인 부동산에 관하여 허위의 주장을 하면서 소유권보존등기말소청구 소송을 제기하였더라도 예고등기가 경료되도록 하여 경매가격하락을 의도한 것일 뿐이라면 사기죄가 성립하지 않는다.

⑤ 피담보채권인 공사대금 채권을 실제와 달리 허위로 부풀려 유치권에 의한 경매를 신청한 것만으로는 사기죄의 실행에 착수하였다고 할 수 없다.

**정선
핵심**

사기죄의 성립 여부

① 소송상 주장이 허위임을 알면서 이를 기초로 하여 금전 지급을 구하는 소를 제기한 경우 → 사기죄의 실행의 착수 ○

② 소송비용을 편취할 의사로 손해배상청구의 소를 제기하는 경우 → ×

③ 사기죄의 피해자에게 지급한 대가를 다시 편취하거나 보관 중 횡령하는 경우 → 별도의 사기죄, 횡령죄 ○

④ 허위의 주장으로 소유권보존등기말소청구 소송을 제기하였더라도 예고등기가 경료되도록 하여 경매가격하락을 의도한 경우 → ×

⑤ 공사대금 채권을 허위로 크게 부풀려 경매를 신청한 경우 → 소송사기죄의 실행의 착수 ○

**정선
해설**

[❶ ▸ ○] 대판 2006.11.10. 2006도5811

[❷ ▸ ○] 대판 2005.12.8. 2005도8105

[❸ ▸ ○] 사기죄에서 피해자에게 그 대가가 지급된 경우, 피해자를 기망하여 그가 보유하고 있는 그 대가를 다시 편취하거나 피해자로부터 그 대가를 위탁받아 보관 중 횡령하였다면, 이는 새로운 법익의 침해가 발생한 경우이므로, 기존에 성립한 사기죄와는 별도의 새로운 사기나 횡령죄가 성립한다(대판 2009.10.29. 2009도7052).

[❹ ▸ ○] <u>피고인 등이 허위의 주장을 하여 소유권보존등기말소청구 소송 등을 제기한 것은 그로 인하여 경매절차가 진행 중인 부동산에 예고등기가 경료되도록 함으로써 경매가격 하락 등을 의도한 것으로 보일 뿐이고</u>, 위 말소청구소송을 통하여 승소판결을 받아 재산상의 이익을 취하려고 한 것으로 보기 어렵다(대판 2009.4.9. 2009도128).

[❺ ▸ ×] 유치권에 의한 경매를 신청한 유치권자는 피담보채권인 공사대금 채권을 실제와 달리 허위로 크게 부풀려 유치권에 의한 경매를 신청할 경우 정당한 채권액에 의하여 경매를 신청한 경우보다 더 많은 배당금을 받을 수도 있으므로, 이는 법원을 기망하여 배당이라는 법원의 처분행위에 의하여 재산상 이익을 취득하려는 행위로서, 불능범에 해당한다고 볼 수 없고, 소송사기죄의 실행의 착수에 해당한다(대판 2012.11.15. 2012도9603).

> **비교판례** **대판 2009.9.24. 2009도5900**
> 부동산 경매절차에서 피고인들이 허위의 공사대금채권을 근거로 유치권 신고를 한 경우, 소송사기의 실행의 착수가 있다고 볼 수 없다.

답 ⑤

부작위범에 관한 다음 설명 중 가장 적절하지 않은 것은?(다툼이 있으면 판례에 의함)

① 甲이 자신의 토지에 대하여 여객정류장시설 또는 유통업무설비시설을 설치하는 도시계획이 입안되어 있어 장차 위 토지가 수용될 것이라는 점을 알고 있으면서도, 이러한 사정을 모르고 위 토지를 매수하려는 乙에게 그 사정을 고지하지 아니하고 매도한 경우 甲에게는 乙에 대한 부작위에 의한 사기죄가 성립한다.

② 매수인이 매도인에게 매매잔금을 지급함에 있어 착오에 빠져 지급해야 할 금액을 초과하는 돈을 교부하는 경우, 매도인이 매매잔금을 받은 후 비로소 그 사실을 알게 되었음에도 불구하고 그 사실을 매수인에게 알리고 초과금액을 되돌려 주지 않은 경우에는 부작위에 의한 사기죄가 성립한다.

③ 출판사 경영자가 출고현황표를 조작하는 방법으로 실제출판부수를 속여 작가에게 인세의 일부만을 지급한 사안에서, 작가가 나머지 인세에 대한 청구권의 존재 자체를 알지 못하는 착오에 빠져 이를 행사하지 아니한 것이 사기죄에 있어 부작위에 의한 처분행위에 해당한다.

④ 형법이 금지하고 있는 법익침해의 결과 발생을 방지할 법적인 작위의무를 지고 있는 자가 그 의무를 이행함으로써 결과발생을 쉽게 방지할 수 있었음에도 불구하고 그 결과의 발생을 용인하고 이를 방관한 채 그 의무를 이행하지 아니한 경우에, 그 부작위가 작위에 의한 법익침해와 동등한 형법적 가치가 있는 것이어서 그 범죄의 실행행위로 평가될 만한 것이라면, 작위에 의한 실행행위와 동일하게 부작위범으로 처벌할 수 있다.

정선 핵심

① 장차 수용될 것이라는 사정을 고지하지 않은 경우 → 부작위에 의한 사기죄 ○

② 매매잔금을 초과하는 잔금을 지급받은 경우
   ↪ 매매잔금이 초과지급된 사실을 알면서 수령한 경우 : 부작위에 의한 사기죄 ○
   ↪ 매매잔금을 받은 후 알게 된 경우 : 점유이탈물횡령죄 ○

③ 실제출판부수를 속여 인세의 일부만을 지급한 경우 → 부작위에 의한 처분행위 ○

④ 부진정부작위범의 성립요건
   ↪ 행위정형의 동가치성의 인정 : 부작위범으로 처벌

정선 해설

[❶ ▸ ○] 대판 1993.7.13, 93도14

[❷ ▸ ✕] 지급해야 할 금액을 초과하여 매매잔금으로 지급한 사실을 미리 알지 못하고 매매잔금을 건네주고 받는 행위를 끝마친 후에야 비로소 알게 되었을 경우에는 주고 받는 행위는 이미 종료되어 버린 후이므로 매수인의 착오 상태를 제거하기 위하여 그 사실을 고지하여야 할 법률상 의무의 불이행은 더 이상 그 초과된 금액 편취의 수단으로서의 의미는 없으므로, 교부하는 돈을 그대로 받은 그 행위는 점유이탈물횡령죄가 될 수 있음은 별론으로 하고 사기죄를 구성할 수는 없다(대판 2004.5.27, 2003도4531).

[❸ ▸ ○] 대판 2007.7.12, 2005도9221

[❹ ▸ ○] 형법상 부작위범이 인정되기 위해서는 형법이 금지하고 있는 법익침해의 결과 발생을 방지할 법적인 작위의무를 지고 있는 자가 그 의무를 이행함으로써 결과발생을 쉽게 방지할 수 있었음에도 불구하고 그 결과의 발생을 용인하고 이를 방관한 채 그 의무를 이행하지 아니한 경우에, 그 부작위가 작위에 의한 법익침해와 동등한 형법적 가치가 있는 것이어서 그 범죄의 실행행위로 평가될 만한 것이라면, 작위에 의한 실행행위와 동일하게 부작위범으로 처벌할 수 있다(대판 2008.2.28, 2007도9354).

답 ❷

다음 설명 중 옳은 것은 모두 몇 개인가?(다툼이 있는 경우 판례에 의함) `16` 경찰채용

> ㄱ. 기망행위로 인하여 부동산가압류를 해제하였으나 사후에 피보전채권이 존재하지 않는 것으로 밝혀진 경우일지라도, 그 가압류해제행위는 사기죄의 처분행위에 해당한다.
>
> ㄴ. 甲이 금융기관에 피고인의 명의로 예금을 하면서 자신만이 인출할 수 있게 해달라고 요청하여 금융기관 직원이 예금관련 전산시스템에 '甲이 예금, 인출예정' 이라고 입력하였고 피고인도 이의를 제기하지 않았는데, 그 후 피고인이 금융기관을 상대로 예금지급을 구하는 소를 제기하였다가 금융기관의 변제공탁으로 패소한 경우 사기미수죄가 성립한다.
>
> ㄷ. 이동통신회사들의 전산망에 접속한 다음 전산상으로 사용정지된 휴대전화를 사용할 수 있도록 하거나 유심칩 읽기를 통해 문자메시지 발송한도를 해제하고 광고성 문자를 대량발송하여 재산상 이득을 취한 경우 사기죄로 볼 수 없다.
>
> ㄹ. 피담보채권인 공사대금 채권을 실제와 달리 허위로 크게 부풀려 유치권에 의한 경매를 신청할 경우 불능범에 해당한다고 볼 수 없고, 소송사기죄의 실행의 착수가 인정된다.
>
> ㅁ. 피해자에게 근저당권을 설정해 주겠다고 기망하여 금원을 편취한 다음 목적 부동산에 대하여 제3자에게 근저당권을 설정하여 준 경우, 사기죄 이외에 배임죄가 성립한다.

① 2개
② 3개
③ 4개
④ 5개

정선 핵심

ㄱ. 기망에 의하여 가압류를 해제하게 하였으나 피보전채권이 존재하지 않는 것으로 밝혀진 경우 → 처분행위 ○

ㄴ. 예금명의인인 피고인이 예금지급청구의 소를 제기하였다가 패소한 경우 → 불가벌

ㄷ. 사용 정지된 휴대전화를 사용할 수 있도록 하거나 문자메시지발송 한도를 해제하여 광고성 문자를 대량 발송한 경우 → 사기죄 ×

ㄹ. 공사대금 채권을 허위로 크게 부풀려 경매를 신청한 경우 → 소송사기죄의 실행의 착수 ○

ㅁ. 근저당권설정을 약정하여 금원을 편취하고 다시 제3자 명의로 근저당권설정등기를 마친 경우 → 배임죄 ×

정선 해설

[ㄱ ▸ ○] 대판 2007.9.20. 2007도5507

[ㄴ ▸ ×] 판례의 취지를 고려하면, 예금주는 예금명의자인 피고인이라고 할 것이어서 피고인이 예금의 지급을 구하는 소송을 제기하였다가 패소한 경우 피고인은 불가벌이다.

> 제반 사정에 비추어 금융기관과 甲 사이에 실명확인 절차를 거쳐 서면으로 이루어진 피고인 명의의 예금계약을 부정하여 예금명의자인 피고인의 예금반환청구권을 배제하고, 甲에게 이를 귀속시키겠다는 명확한 의사의 합치가 있었다고 인정할 수 없어 예금주는 여전히 피고인이므로, 피고인에게 사기미수죄는 인정되지 아니한다(대판 2011.5.13. 2009도5386).

[ㄷ ▸ ○] 대판 2011.7.28. 2011도5299

[ㄹ ▸ ○] 대판 2012.11.15. 2012도9603

[ㅁ ▸ ×] 종전 판례는 지문의 경우 배임죄의 성립을 인정하였으나, 전합판결에 의하면 근저당권을 설정할 사무는 자기의 사무이므로 사기죄 외에 배임죄는 성립하지 아니한다.

[1] 채무자가 저당권설정계약에 따라 채권자에 대하여 부담하는 저당권을 설정할 의무는 계약에 따라 부담하게 된 채무자 자신의 의무이다. 채무자가 위와 같은 의무를 이행하는 것은 채무자 자신의 사무에 해당할 뿐이므로, 채무자를 채권자에 대한 관계에서 '타인의 사무를 처리하는 자'라고 할 수 없다. 따라서 채무자가 제3자에게 빚서 담보물에 관한 저당권을 설정하거나 담보물을 양도하는 등으로 담보가치를 감소 또는 상실시켜 채권자의 채권실현에 위험을 초래하더라도 배임죄가 성립한다고 할 수 없다. 위와 같은 법리는, 채무자가 금전채무에 대한 담보로 부동산에 관하여 양도담보설정계약을 체결하고 이에 따라 채권자에게 소유권이전등기를 해 줄 의무가 있음에도 제3자에게 그 부동산을 처분한 경우에도 적용된다.
[2] 피고인이 갑으로부터 18억 원을 차용하면서 담보로 피고인 소유의 아파트에 갑 명의의 4순위 근저당권을 설정해 주기로 약정하였음에도 제3자에게 채권최고액을 12억 원으로 하는 4순위 근저당권을 설정하여 줌으로써 12억 원 상당의 재산상 이익을 취득하고 갑에게 같은 금액 상당의 손해를 가하였다고 하여 특정경제범죄 가중처벌 등에 관한 법률 위반(배임)으로 기소된 사안에서, 피고인이 갑에 대한 관계에서 '타인의 사무를 처리하는 자'에 해당하지 않는다고 한 사례(대판 2020.6.18. 2019도14340[전합]).

답 ❷

224 다음 설명 중 가장 옳지 않은 것은?(다툼이 있는 경우 판례에 의함) 21 해경간부

① 소송사기가 성립하기 위하여는 제소당시에 그 주장과 같은 채권이 존재하지 아니하다는 것만으로는 부족하고 그 주장의 채권이 존재하지 아니한 사실을 잘 알고 있으면서도 허위의 주장과 입증으로써 법원을 기망한다는 인식을 하고 있어야만 하고, 단순히 사실을 잘못 인식하거나 법률적인 평가를 그르침으로 인하여 존재하지 않는 채권을 존재한다고 믿고 제소하는 행위는 사기죄를 구성하지 않는다.
② 피고인이 타인과 공모하여 그 공모자를 상대로 제소하여 의제자백의 판결을 받아 이에 기하여 부동산의 소유권이전등기를 한 경우, 그 부동산의 진정한 소유자가 따로 있는 이상 소송사기가 성립한다.
③ 소송사기에서 말하는 증거의 조작이란 처분문서 등을 거짓으로 만들어 내거나 증인의 허위증언을 유도하는 등으로 객관적·제3자적 증거를 조작하는 행위를 말한다.
④ 예고등기로 인한 경매대상 부동산의 경매가격하락 등을 목적으로 허위의 채권을 주장하며 원인무효로 인한 소유권보존등기의 말소청구소송을 제기한 경우 소송사기가 인정되지 않는다.

정선 핵심

소송사기죄의 성립 여부
① 사실을 잘못 인식하거나 법률적인 평가를 그르쳐 존재하지 않는 채권을 존재한다고 믿고 제소하는 경우 → ✕
② 타인과 공모하여 자백간주 판결을 받아 소유권이전등기를 마친 경우 → ✕
③ 증거의 조작 → 객관적·제3자적 증거를 조작하는 행위
④ 예고등기로 인한 부동산의 경매가격하락 등을 목적으로 허위의 채권을 주장하며 소유권보존등기의 말소청구소송을 제기한 경우 → ✕

정선 해설

[❶ ▶ ○] 소송사기가 성립하기 위하여는 제소 당시에 그 주장과 같은 채권이 존재하지 아니하다는 것만으로는 부족하고 그 주장의 채권이 존재하지 아니한 사실을 잘 알고 있으면서도 허위의 주장과 입증으로써 법원을 기망한다는 인식을 하고 있어야만 하고, 단순히 사실을 잘못 인식하거나 법률적인 평가를 그르침으로 인하여 존재하지 않는 채권을 존재한다고 믿고 제소하는 행위는 사기죄를 구성하지 않는다(대판 2003.5.16. 2003도373).

[**❷**▸×] 소송사기에 있어 피기망자인 법원의 재판은 피해자의 처분행위에 갈음하는 내용과 효력이 있는 것이어야 하므로, 피고인이 타인과 공모하여 그 공모자를 상대로 제소하여 의제자백의 판결을 받아 이에 기하여 부동산의 소유권이전등기를 하였다고 하더라도 <u>이는 소송 상대방의 의사에 부합하는 것으로서 착오에 의한 재산적 처분행위가 있다고 할 수 없어 동인으로부터 부동산을 편취한 것이라고 볼 수 없고, 또 그 부동산의 진정한 소유자가 따로 있다고 하더라도 피고인이 의제자백판결에 기하여 그 진정한 소유자로부터 소유권을 이전받은 것이 아니므로 그 소유자로부터 부동산을 편취한 것이라고 볼 여지도 없다</u>(대판 1997.12.23. 97도2430).

[**❸**▸○] 대판 2007.9.6. 2006도3591

[**❹**▸○] 대판 2009.4.9. 2009도128

답 **❷**

225

소송사기에 관한 설명 중 옳지 않은 것은?(다툼이 있는 경우 판례에 의함) 15 변시

① 甲이 소송비용을 편취할 의사로 소송비용의 지급을 구하는 손해배상청구의 소를 제기한 경우 사기죄의 불가벌적 불능범에 해당한다.

② 甲이 사망자 乙 명의의 문서를 위조하여 소장에 첨부한 후, 乙을 상대로 법원에 제소한 경우 사문서 위조 및 위조사문서행사죄는 성립하지만 사기죄는 성립하지 않는다.

③ 부동산등기부상 소유자로 등기된 적이 있는 甲이 자신 이후에 소유권이전등기를 경료한 등기명의인들을 상대로 허위의 사실을 주장하면서 그들 명의의 소유권이전등기말소를 구하는 소를 제기하더라도 사기죄의 실행에 착수한 것이 아니다.

④ 甲이 피담보채권인 공사대금채권을 실제와 달리 허위로 크게 부풀려 유치권에 기한 경매신청을 한 경우 사기죄의 실행에 착수한 것이다.

⑤ 甲이 진정한 임차권자가 아니면서 허위의 임대차 계약서를 법원에 제출하여 임차권등기명령을 신청한 경우 사기죄의 실행에 착수한 것이다.

정선
핵심

사기죄의 성립 여부

① 소송비용을 편취할 의사로 손해배상청구의 소를 제기한 경우 → 사기죄의 불능범 ○

② 甲이 사망자 乙 명의의 문서를 위조하여 乙을 상대로 제소한 경우 → ×

③ 소유자로 등기된 적이 있는 甲이 허위의 사실을 주장하면서 소유권이전등기말소소송을 제기한 경우 → ○

④ 공사대금 채권을 허위로 크게 부풀려 경매를 신청한 경우 → 소송사기죄의 실행의 착수 ○

⑤ 허위의 임대차 계약서로 임차권등기명령을 신청한 경우 → 사기죄의 실행의 착수 ○

정선
해설

[**❶**▸○] 대판 2005.12.8. 2005도8105

[**❷**▸○] 대판 2002.1.11. 2000도1881

[**❸**▸×] <u>부동산등기부상 소유자로 등기된 적이 있는 자가 자기 이후에 소유권이전등기를 경료한 등기명의인들을 상대로 허위의 사실을 주장하면서 그들 명의의 소유권이전등기의 말소를 구하는 소송을 제기한 경우 그 소송에서 승소한다면 등기명의인들의 등기가 말소됨으로써 그 소송을 제기한 자의 등기명의가 회복되는 것이므로 이는 법원을 기망하여 재물이나 재산상 이익을 편취한 것이라고 할 것이고 따라서 등기명의인들 전부 또는 일부를 상대로 하는 그와 같은 말소등기청구 소송의 제기는 사기의 실행에 착수한 것이라고 보아야 한다</u>(대판 2003.7.22. 2003도1951).

비교판례	대판 1981.12.8. 81도1451

피고인이 갑 명의로, 갑이 이 건 임야를 매수한 일이 없음에도 매수한 것처럼 허위의 사실을 주장하여 위 임야에 대한 소유권이전등기를 거친 자들을 상대로 각 그 소유권이전등기말소를 구하는 소송을 제기하였다가 취하하였다고 하여도, 위 소송의 결과 원고로 된 갑이 승소한다고 가정하더라도 위 피고들의 등기가 말소될 뿐이고 이것만으로 피고인이 위 임야에 관한 어떠한 권리를 취득하거나 의무를 면하는 것은 아니므로 법원을 기망하여 재물이나 재산상 이익을 편취한 것이라고 보기 어려우니 위 소제기 행위를 가리켜 사기의 실행에 착수한 것이라고 할 수 없다.

[**④** ▸ ○]   대판 2012.11.15. 2012도9603
[**⑤** ▸ ○]   대판 2012.5.24. 2010도12732

답 **③**

226
□□□   **실행의 착수 또는 기수시기에 대한 설명으로 옳은 것은?(다툼이 있는 경우 판례에 의함)**

20 경찰간부

① 장애인단체의 지회장이 지방자치단체로부터 다음 해의 보조금을 더 많이 지원받기 위하여 지원금지원결정의 참고자료로 이용되는 허위의 보조금정산보고서를 제출한 경우에는 보조금 편취범행의 실행에 착수한 것으로 보기 어렵다.

② 금융기관 직원이 전산단말기를 이용하여 다른 공범들이 지정한 특정 계좌에 돈이 입금된 것처럼 허위의 정보를 입력하는 방법으로 위 계좌로 입금되도록 한 경우, 그 후 그러한 입금이 취소되어 현실적으로 인출하지 못한 경우에는 컴퓨터등사용사기미수죄에 해당한다.

③ 진정한 임차권자가 아니면서 허위의 임대차계약서를 법원에 제출하여 임차권등기명령을 신청한 것만으로는 소송사기의 실행행위에 착수한 것으로 볼 수 없고, 나아가 그 임차보증금반환채권에 관하여 현실적으로 청구의 의사표시를 하여야 사기죄의 실행의 착수가 있다고 볼 것이다.

④ 법원을 기망하여 자기에게 유리한 판결을 얻고자 소송을 제기한 자가 상대방의 주소를 허위로 기재하여 소송을 제기함으로써 그 허위주소로 소송서류가 송달되어 그로 인하여 상대방 아닌 다른 사람이 그 서류를 받아 소송을 진행한 경우 소송사기죄의 실행의 착수가 인정되지 않는다.

정선 핵심

사기죄의 실행의 착수의 인정 여부
① 장애인단체의 지회장이 허위의 보조금정산보고서를 제출한 경우 → ×
② 금융기관 직원이 허위정보를 입력하여 공범들이 지정한 특정계좌로 돈이 입금되도록 한 경우 → 컴퓨터등사용사기죄 ○
③ 허위의 임대차 계약서로 임차권등기명령을 신청한 경우 → ○
④ 허위주소로 소송서류가 송달되어 소송이 진행된 경우 → 소송사기죄의 실행의 착수 ○

정선 해설

[**❶** ▸ ○]   대판 2003.6.13. 2003도1279
[**❷** ▸ ×]   금융기관 직원이 전산단말기를 이용하여 다른 공범들이 지정한 특정계좌에 돈이 입금된 것처럼 허위의 정보를 입력하는 방법으로 위 계좌로 입금되도록 한 경우, 이러한 입금절차를 완료함으로써 장차 그 계좌에서 이를 인출하여 갈 수 있는 재산상 이익을 취득하였으므로 형법 제347조의2에서 정하는 컴퓨터등사용사기죄는 기수에 이르렀고, 그 후 그러한 입금이 취소되어 현실적으로 인출되지 못하였다고 하더라도 이미 성립한 컴퓨터등사용사기죄에 어떤 영향이 있다고 할 수는 없다(대판 2006.9.14. 2006도4127).

관련판례 **대판 2006.1.26. 2005도8507**

금융기관 직원이 범죄의 목적으로 전산단말기를 이용하여 다른 공범들이 지정한 특정계좌에 무자원 송금의 방식으로 거액을 입금한 것은 형법 제347조의2에서 정하는 컴퓨터등사용사기죄에서의 '권한 없이 정보를 입력하여 정보처리를 하게 한 경우'에 해당한다고 할 것이고, 이는 그 직원이 평상시 금융기관의 여·수신업무를 처리할 권한이 있었다고 하여도 마찬가지이다.

[❸ ▸ ×]   진정한 임차권자가 아니면서 허위의 임대차계약서를 법원에 제출하여 임차권등기명령을 신청하면 그로써 소송사기의 실행행위에 착수한 것으로 보아야 하고, 나아가 그 임차보증금 반환채권에 관하여 현실적으로 청구의 의사표시를 하여야만 사기죄의 실행의 착수가 있다고 볼 것은 아니다(대판 2012.5.24. 2010도12732).
[❹ ▸ ×]   소송사기는 소송에서 주장하는 권리가 존재하지 않는 사실을 알고 있으면서도 법원을 기망한다는 인식을 가지고 소를 제기하면 이로써 실행의 착수가 있고 소장의 유효한 송달을 요하지 아니한다고 할 것인바, 이러한 법리는 제소자가 상대방의 주소를 허위로 기재함으로써 그 허위주소로 소송서류가 송달되어 그로 인하여 상대방 아닌 다른 사람이 그 서류를 받아 소송이 진행된 경우에도 마찬가지로 적용된다(대판 2006.11.10. 2006도5811).

답 ❶

227
☐☐☐

사기의 죄에 대한 설명 중 가장 적절한 것은?(다툼이 있는 경우 판례에 의함)

 경찰승진

① A회사 운영자 甲이 'A회사의 B에 대한 채권'이 존재하지 않는다는 사실을 알면서 그 사실을 모르는 A회사에 대한 채권자 C에게 'A회사의 B에 대한 채권'의 압류 및 전부(추심)명령을 신청하게 하여 그 명령을 받게 하였으나, 아직 C가 B를 상대로 전부금소송을 제기하지 않은 경우 소송사기의 실행에 착수하였다고 볼 수 없다.
② 어음의 발행인들이 각자 자력이 부족한 상태에서 자금을 편법으로 확보하기 위해 서로 동액의 융통어음을 발행하여 교환한 경우 자기가 발행한 어음이 그 지급기일에 결제되지 않으리라는 점을 예견하였다면 사기죄가 성립한다.
③ 상대방으로부터 소송비용 명목으로 일정한 금액을 이미 송금받았음에도 불구하고 상대방을 피고로 하여 소송비용 상당액의 지급을 구하는 손해배상금 청구의 소를 제기하였다가 판사의 권유에 따라 소를 취하한 경우 사기죄의 불능미수범으로 처벌된다.
④ 형질변경 및 건축허가를 받는 데 필요하다고 피해자를 속여 교부받은 인감증명서 등으로 등기 소요서류를 작성하여 피해자소유의 부동산에 관해 자기 명의로 소유권이전등기를 마친 경우 해당 부동산에 대한 사기죄가 성립한다.

정선
핵심

사기죄의 성립 여부
① 존재하지 않는 A회사의 채권에 대한 압류·전부명령을 받은 C가 전부금소송을 제기하지 않은 경우 → 소송사기의 실행의 착수 ×
② 어음의 발행인들이 융통어음을 발행하여 교환한 경우 → ×
③ 소송비용을 편취할 의사로 손해배상청구의 소를 제기한 경우 → 사기죄의 불능범 ○
④ 기망하여 교부받은 인감증명서로 자기 명의로 소유권이전등기를 마친 경우 → ×

[**❶ ▶ O**] 피고인(甲회사 운영자)이 '甲회사의 乙에 대한 채권'이 존재하지 않는다는 사실을 알면서 그 사실을 모르는 丙(甲회사에 대한 채권자)에게 '甲회사의 乙에 대한 채권'의 압류 및 전부(추심)명령을 신청하게 하여 그 명령을 받게 한 사안에서, 丙이 甲회사에 대하여 진정한 채권을 가지고 있는 이상, 위와 같은 사정만으로는 법원을 기망하였다고 볼 수 없고 丙이 乙을 상대로 전부(추심) 소송을 제기하지 않은 이상 소송사기의 실행에 착수하였다고 볼 수도 없다(대판 2009.12.10. 2009도9982).

> 채권에 대한 압류 및 전부(추심)명령을 신청한 경우, 집행력 있는 정본의 존부, 집행개시의 요건 구비 여부 등은 법원의 심사 대상이지만 피압류채권의 존부는 그 심사 대상이 아니다(대판 2009.12.10. 2009도9982).

[**❷ ▶ ✕**] 어음의 발행인들이 각자 자력이 부족한 상태에서 자금을 편법으로 확보하기 위하여 서로 동액의 융통어음을 발행하여 교환한 경우에는, 특별한 사정이 없는 한 쌍방은 그 상대방의 부실한 자력상태를 용인함과 동시에, 상대방이 발행한 어음이 지급기일에 결제되지 아니할 때에는 자기가 발행한 어음도 결제하지 않겠다는 약정하에 서로 어음을 교환하는 것이므로, 사기죄가 성립하는 것은 아니다(대판 2002.4.23. 2001도6570).

[**❸ ▶ ✕**] 소송비용을 편취할 의사로 소송비용의 지급을 구하는 손해배상청구의 소를 제기하였다고 하더라도 이는 객관적으로 소송비용의 청구방법에 관한 법률적 지식을 가진 일반인의 판단으로 보아 결과발생의 가능성이 없어 위험성이 인정되지 않는다고 할 것이므로 사기죄의 불능범에 해당한다(대판 2005.12.8. 2005도8105).

[**❹ ▶ ✕**] 피고인이 피해자에게 부동산매도용인감증명 및 등기의무자본인확인서면의 진실한 용도를 속이고 그 서류들을 교부받아 피고인 등 명의로 위 부동산에 관한 소유권이전등기를 경료하였다 하여도 피해자의 위 부동산에 관한 처분행위가 있었다고 할 수 없을 것이고 따라서 사기죄를 구성하지 않는다(대판 2001.7.13. 2001도1289).

답 ❶

228

실행의 착수시기 또는 기수시기에 대한 다음 설명 중 옳지 않은 것은 모두 몇 개인가?(다툼이 있는 경우 판례에 의함) `19` 경찰간부

> ㄱ. 위장결혼의 당사자 및 브로커와 공모한 피고인이 허위로 결혼사진을 찍고 혼인신고에 필요한 서류를 준비하여 위장결혼의 당사자에게 건네준 것만으로는 공전자기록등부실기재죄의 실행에 착수한 것으로 볼 수 없다.
> ㄴ. 피해자의 해외도피를 방지하기 위하여 피해자를 협박하고 이에 피해자가 겁을 먹고 있는 상태를 이용하여 피해자소유의 여권을 교부하게 함으로써 피해자가 그의 여권을 강제회수 당하였다면 강요죄의 기수가 성립한다.
> ㄷ. 피담보채권인 공사대금 채권을 실제와 달리 허위로 부풀려 유치권에 의한 경매를 신청한 경우 소송사기죄의 실행의 착수에 해당한다.
> ㄹ. 소송사기의 고의로 소를 제기한 경우 아직 그 소장이 피고에게 송달되지 않아도 사기죄의 실행의 착수가 인정된다.

① 없음　　　　　　　　　　② 1개
③ 2개　　　　　　　　　　④ 3개

ㄱ. 허위의 결혼사진과 혼인신고서류를 위장결혼의 당사자에게 준 경우 → 공전자기록등부실기재죄 ✕
ㄴ. 피해자를 협박하여 피해자가 여권을 강제회수당한 경우 → 강요죄 O
ㄷ. 공사대금 채권을 허위로 크게 부풀려 경매를 신청한 경우 → 소송사기죄의 실행의 착수 O
ㄹ. 소송사기의 고의로 소를 제기하였으나 소장이 송달되지 않은 경우 → 소송사기죄의 실행의 착수 O

정선
해설

[ㄱ ▸ O]　대판 2009.9.24. 2009도4998

[ㄴ ▸ O]　대판 1993.7.27. 93도901

[ㄷ ▸ O]　유치권에 의한 경매를 신청한 유치권자는 피담보채권인 공사대금 채권을 실제와 달리 허위로 크게 부풀려 유치권에 의한 경매를 신청할 경우 정당한 채권액에 의하여 경매를 신청한 경우보다 더 많은 배당금을 받을 수도 있으므로, 이는 법원을 기망하여 배당이라는 법원의 처분행위에 의하여 재산상 이익을 취득하려는 행위로서, 불능범에 해당한다고 볼 수 없고, 소송사기죄의 실행의 착수에 해당한다(대판 2012.11.15. 2012도9603).

[ㄹ ▸ O]　대판 2006.11.10. 2006도5811

답 ❶

229

사기죄에 관한 설명 중 가장 적절한 것은?(다툼이 있는 경우 판례에 의함)　`17` 경찰승진

① 피고인이 타인과 공모하여 그를 상대로 자백간주 판결을 받아 소유권이전등기를 마친 경우에는 그 타인과 소송사기의 공동정범으로 처벌 받는다.

② 배당이의 소송의 1심에서 패소판결을 받고 항소한 자가 그 항소를 취하하는 것만으로는 사기죄에서 말하는 재산적 처분행위가 있다고 할 수 없다.

③ 자기에게 유리한 판결을 얻기 위하여 소송상의 주장이 사실과 다름이 객관적으로 명백하거나 증거가 조작되어 있는 점을 인식하지 못하는 제3자를 이용하여 그로 하여금 소송의 당사자가 되게 하고 법원을 기망하여 소송 상대방의 재물 또는 재산상 이익을 취득하려고 하였다면 간접정범의 형태에 의한 소송사기죄가 성립한다.

④ 자동차의 명의신탁관계에서 자동차의 명의수탁자가 명의신탁사실을 고지하지 않고, 나아가 자신 소유라는 말을 하면서 자동차를 제3자(매수인)에게 매도하고 이전등록까지 마쳐준 경우, 제3자(매수인)에 대한 관계에서 사기죄가 성립한다.

정선
핵심

사기죄의 성립 여부

① 타인과 공모하여 자백간주 판결을 받아 소유권이전등기를 마친 경우 → 소송사기죄 ✕

② 배당이의 소송패소판결에 대해 항소한 자가 항소를 취하한 경우 → 처분행위 O

③ 선의의 제3자를 이용하여 소송의 당사자가 되게 하고 상대방의 재물 또는 재산상 이익을 취득하려 한 경우
　 → 소송사기죄의 간접정범 O

④ 자동차 명의수탁자가 제3자에게 이전등록까지 마쳐 주었으나 명의신탁사실을 알리지 아니한 경우 → ✕

정선
해설

[❶ ▸ ✕]　소송사기에 있어 피기망자인 법원의 재판은 피해자의 처분행위에 갈음하는 내용과 효력이 있는 것이어야 하므로, 피고인이 타인과 공모하여 그 공모자를 상대로 제소하여 의제자백의 판결을 받아 이에 기하여 부동산의 소유권이전등기를 하였다고 하더라도 이는 소송 상대방의 의사에 부합하는 것으로서 착오에 의한 재산적 처분행위가 있다고 할 수 없다(대판 1997.12.23. 97도2430).

[❷ ▸ ✕]　배당이의 소송의 제1심에서 패소판결을 받고 항소한 자가 그 항소를 취하하면 그 즉시 제1심판결이 확정되고 상대방이 배당금을 수령할 수 있는 이익을 얻게 되는 것이므로 위 항소를 취하하는 것 역시 사기죄에서 말하는 재산적 처분행위에 해당한다(대판 2002.11.22. 2000도4419).

[❸ ▸ O]　자기에게 유리한 판결을 얻기 위하여 소송상의 주장이 사실과 다름이 객관적으로 명백하거나 증거가 조작되어 있다는 정을 인식하지 못하는 제3자를 이용하여 그로 하여금 소송의 당사자가 되게 하고 법원을 기망하여 소송 상대방의 재물 또는 재산상 이익을 취득하려 하였다면 간접정범의 형태에 의한 소송사기죄가 성립하게 된다(대판 2007.9.6. 2006도3591).

[❹ ▸ ✕] 부동산의 명의수탁자가 부동산을 제3자에게 매도하고 매매를 원인으로 한 소유권이전등기까지 마쳐준 경우, 명의신탁의 법리상 대외적으로 수탁자에게 그 부동산의 처분권한이 있는 것임이 분명하고, 제3자로서도 자기 명의의 소유권이전등기가 마쳐진 이상 무슨 실질적인 재산상의 손해가 있을 리 없고, 나아가 그 처분 시 매도인(명의수탁자)의 소유라는 말을 하였다고 하더라도 역시 사기죄가 성립하지 않으며, 이는 자동차의 명의수탁자가 처분한 경우에도 마찬가지이다(대판 2007.1.11. 2006도4498).

답 ❸

230
□□□ **소송사기죄에 관한 다음 설명 중 가장 옳은 것은?** 18 법원9급

① 유치권에 의한 경매를 신청한 유치권자는 일반채권자와 마찬가지로 피담보채권액에 기초하여 배당을 받을 수는 없으므로, 피담보채권액을 허위로 크게 부풀려 유치권에 의한 경매를 신청하였다고 하더라도 그 자체로는 소송사기죄의 실행의 착수가 있다고 보기 어렵다.

② 자신이 토지의 소유자라고 허위의 주장을 하면서 소유권보존등기명의자를 상대로 보존등기의 말소를 구하는 소송을 제기하여 보존등기의 말소를 명하는 내용의 확정판결을 받았다면, 아직 자기 앞으로 소유권보존등기를 경료하지 않은 상태라고 하더라도 소송사기죄의 기수에 이르렀다고 할 것이다.

③ 소유권이전등기청구권에 대한 압류는 당해 부동산에 대한 경매의 실시를 위한 사전 단계로서의 의미를 가지는 것에 불과하므로, 허위 채권에 기한 공정증서를 집행권원으로 하여 채무자의 소유권이전등기청구권에 대하여 압류신청을 하였더라도 소송사기의 실행에 착수하였다고 볼 수 없다.

④ 허위채권에 기하여 가압류신청을 한 이상 본안소송을 제기하지 아니하였다고 하더라도 가압류신청을 한 때에 소송사기죄의 실행에 착수하였다고 할 것이다.

정선 핵심

실행의 착수의 인정 여부
① 공사대금 채권을 허위로 크게 부풀려 경매를 신청한 경우 → 소송사기죄의 실행의 착수 ○
② 소유자라고 허위의 주장을 하여 보존등기말소를 명하는 확정판결을 받은 경우 → 소송사기죄의 기수 ○
③ 허위채권에 기해 채무자의 소유권이전등기청구권에 대하여 압류신청을 한 경우 → 소송사기의 실행의 착수 ○
④ 허위의 채권을 피보전권리로 삼아 가압류를 신청한 경우 → 사기죄의 실행의 착수 ✕

정선 해설

[❶ ▸ ✕] 유치권에 의한 경매를 신청한 유치권자는 피담보채권인 공사대금 채권을 실제와 달리 허위로 크게 부풀려 유치권에 의한 경매를 신청할 경우 정당한 채권액에 의하여 경매를 신청한 경우보다 더 많은 배당금을 받을 수도 있으므로, 이는 법원을 기망하여 배당이라는 법원의 처분행위에 의하여 재산상 이익을 취득하려는 행위로서, 불능범에 해당한다고 볼 수 없고, 소송사기죄의 실행의 착수에 해당한다(대판 2012.11.15. 2012도9603).

[❷ ▸ ○] 피고인 또는 그와 공모한 자가 자신이 토지의 소유자라고 허위의 주장을 하면서 소유권보존등기명의자를 상대로 보존등기의 말소를 구하는 소송을 제기한 경우 그 소송에서 <u>위 토지가 피고인 또는 그와 공모한 자의 소유임을 인정하여 보존등기 말소를 명하는 내용의 승소확정판결을 받는다면, 이는 법원을 기망하여 유리한 판결을 얻음으로써 '대상 토지의 소유권에 대한 방해를 제거하고 그 소유명의를 얻을 수 있는 지위'라는 재산상 이익을 취득한 것이고, 그 경우 기수시기는 위 판결이 확정된 때이다</u>(대판 2006.4.7. 2005도9858[전합]).

[❸ ▸ ✕] 소유권이전등기청구권에 대한 압류는 당해 부동산에 대한 경매의 실시를 위한 사전 단계로서의 의미를 가지나, <u>전체로서의 강제집행절차를 위한 일련의 시작행위라고 할 수 있으므로, 허위 채권에 기한 공정증서를 집행권</u>원으로 하여 채무자의 소유권이전등기청구권에 대하여 압류신청을 한 시점에 소송사기의 실행에 착수하였다고 볼 것이다(대판 2015.2.12. 2014도10086).

[**❹** ▸ ×]　가압류는 강제집행의 보전방법에 불과하고 그 기초가 되는 허위의 채권에 의하여 실제로 청구의 의사표시를 한 것이라고 할 수 없으므로 소의 제기 없이 가압류신청을 한 것만으로는 사기죄의 실행에 착수한 것이라고 할 수 없다(대판 1982.10.26. 82도1529).

> **관련판례**　**대판 2007.9.20. 2007도5507**
>
> 부동산가압류결정을 받아 부동산에 관한 가압류집행까지 마친 자가 그 가압류를 해제하면 소유자는 가압류의 부담이 없는 부동산을 소유하는 이익을 얻게 되므로, 가압류를 해제하는 것 역시 사기죄에서 말하는 재산적 처분행위에 해당하고, 그 이후 가압류의 피보전채권이 존재하지 않는 것으로 밝혀졌다고 하더라도 가압류의 해제로 인한 재산상의 이익이 없었다고 할 수 없다.

답 ❷

231
□□□

다음 사례에 관한 설명으로 가장 적절한 것은?(다툼이 있으면 판례에 의함) `14` 경찰채용

> 甲은 A주식회사가 운영하는 인터넷사이트의 가상계좌에서 은행환불명령을 입력하여 가상계좌의 잔액이 1,000원 이하로 되었을 때 전자복권 구매명령을 입력하면 가상계좌로 복권구매요청금과 동일한 액수의 가상현금이 입금되는 프로그램 오류가 발생하는 사실을 알게 되었다. 甲은 이를 이용하여 그 잔액을 1,000원 이하로 만들고 다시 전자복권 구매명령을 입력하는 행위를 반복함으로써 자신의 가상계좌로 2천만원이 입금되게 하였다.

① 甲은 허위의 정보를 입력하는 방법으로 기망행위를 하고 이를 통하여 A주식회사의 계좌로부터 자신의 계좌로 돈을 입금되도록 하였는바, 사기죄로 처벌된다.
② 甲은 관리자인 A주식회사의 의사에 반하여 부당하게 2천만원에 대한 법률적 지배권한을 획득하였는바, 그에 대하여 절도죄의 책임을 부담한다.
③ 甲은 사실상의 신임관계에 기초하여 A주식회사의 재물을 관리하는 지위에 서게 되는바, 甲이 1천만원을 임의로 인출, 소비하였다면 이는 횡령죄의 구성요건을 충족시킨다.
④ 甲은 프로그램 자체에서 발생하는 오류를 적극적으로 이용하여 부정한 명령을 입력한 것이므로 컴퓨터등사용사기죄로 처벌된다.

**정선
핵심**
④ 프로그램 오류를 이용하여 전자복권 구매명령 입력 행위를 반복함으로써 구매요청금 상당의 금액이 입금되게 한 경우 → 컴퓨터등사용사기죄 ○

**정선
해설**
[**❹** ▸ ○]　'허위의 정보'를 입력한 경우가 아니라고 하더라도, 당해 사무처리시스템의 프로그램을 구성하는 개개의 명령을 부정하게 변개·삭제하는 행위는 물론 프로그램 자체에서 발생하는 오류를 적극적으로 이용하여 그 사무처리의 목적에 비추어 정당하지 아니한 사무처리를 하게 하는 행위도 특별한 사정이 없는 한 형법 제347조의2의 '부정한 명령의 입력'에 해당한다고 보아야 한다(대판 2013.11.14. 2011도4440).

> 피고인이 甲 주식회사에서 운영하는 전자복권구매시스템에서 일정한 조건하에 복권 구매명령을 입력하면 가상계좌로 복권 구매요청금과 동일한 액수의 가상현금이 입금되는 프로그램 오류를 이용하여 복권 구매명령을 입력하는 행위를 반복함으로써 자신의 가상계좌로 구매요청금 상당의 금액이 입금되게 한 사안에서, 피고인의 행위가 컴퓨터등사용사기죄에서 정한 '부정한 명령의 입력'에 해당한다고 한 사례(대판 2013.11.14. 2011도4440).

답 ❹

232

다음 설명 중 가장 옳지 않은 것은?

① 사람을 기망하여 부동산의 소유권을 이전받거나 제3자로 하여금 이전받게 함으로써 이를 편취한 경우, 그 부동산에 근저당권설정등기가 경료되어 있거나 압류 또는 가압류 등이 이루어져 있는 때에는 그 부동산의 시가 상당액에서 근저당권의 채권최고액 범위 내에서의 피담보채권액, 압류에 걸린 집행채권액, 가압류에 걸린 청구금액 범위 내에서의 피보전채권액 등을 뺀 실제의 교환가치를 편취금액으로 보아야 한다.

② 임대인이 임대차계약을 체결하면서 임차인에게 임대목적물이 경매진행 중인 사실을 알리지 않았다면, 설령 임차인이 등기부를 확인 또는 열람하는 것이 가능하였다 하더라도 사기죄가 성립한다.

③ 타인으로부터 금전을 차용함에 있어 그 차용한 금전의 용도나 변제할 자금의 마련방법에 관하여 사실대로 고지하였다면 상대방이 응하지 않았을 경우에 그 용도나 변제자금의 마련방법에 관하여 진실에 반하는 사실을 고지하여 금전을 교부받은 경우에는 사기죄가 성립하는 것이 원칙이나, 다만 차용금채무에 대한 충분한 담보를 제공함으로써 상대방이 대여한 자금의 회수에 실질적으로 지장이 없었다면 교부된 금전의 가액에서 담보가치를 차감한 범위 내에서만 사기죄가 성립한다고 보아야 한다.

④ 소극적 소송당사자인 피고라 하더라도 허위내용의 서류를 작성하여 이를 증거로 제출하거나 위증을 시키는 등의 적극적인 방법으로 법원을 기망하여 착오에 빠지게 한 결과 승소확정판결을 받음으로써 자기의 재산상의 의무이행을 면하게 된 경우에는 그 재산가액 상당에 대하여 사기죄가 성립한다.

정선 핵심

사기죄의 성립 여부

① 부동산에 근저당권설정등기 등이 경료되어 있는 경우의 편취금액 → 시가 상당액에서 일정금액을 뺀 실제의 교환가치

② 임대목적물이 경매진행 중인 사실을 알리지 않은 경우 → ○

③ 진실에 반하는 사실을 고지하여 금전을 차용하였으나 충분한 담보를 제공한 경우 → 전체에 대한 사기죄 ○

④ 피고가 법원을 기망하여 확정판결을 받아 재산상의 의무이행을 면한 경우 → 소송사기죄 ○

정선 해설

[❶ ▸ ○] 사람을 기망하여 부동산의 소유권을 이전받거나 제3자로 하여금 이전받게 함으로써 이를 편취한 경우에 특정경제범죄 가중처벌 등에 관한 법률 제3조의 적용을 전제로 하여 그 부동산의 가액을 산정함에 있어서는, 그 부동산에 아무런 부담이 없는 때에는 그 부동산의 시가 상당액이 곧 그 가액이라고 볼 것이지만, 그 부동산에 근저당권설정등기가 경료되어 있거나 압류 또는 가압류 등이 이루어져 있는 때에는 특별한 사정이 없는 한 아무런 부담이 없는 상태에서의 그 부동산의 시가 상당액에서 근저당권의 채권최고액 범위 내에서의 피담보채권액, 압류에 걸린 집행채권액, 가압류에 걸린 청구금액 범위 내에서의 피보전채권액 등을 뺀 실제의 교환가치를 그 부동산의 가액으로 보아야 한다(대판 2007.4.19. 2005도7288[전합]).

[❷ ▸ ○] 대판 1998.12.8. 98도3263

[❸ ▸ ✕] 타인으로부터 금전을 차용함에 있어서 그 차용한 금전의 용도나 변제할 자금의 마련방법에 관하여 사실대로 고지하였더라면 상대방이 응하지 않았을 경우에 그 용도나 변제자금의 마련방법에 관하여 진실에 반하는 사실을 고지하여 금전을 교부받은 경우에는 사기죄가 성립하고, 이 경우 차용금채무에 대한 담보를 제공하였다는 사정만으로는 결론을 달리 할 것은 아니다(대판 2005.9.15. 2003도5382).

[❹ ▸ ○] 대판 2004.3.12. 2003도333

답 ❸

사기의 죄에 관한 설명 중 가장 적절한 것은?(다툼이 있으면 판례에 의함) `16` 경찰승진

① 사기죄에 있어서 '재물의 교부'가 있었다고 하기 위하여는 반드시 재물의 현실의 인도가 필요한 것이므로, 재물이 범인의 사실상의 지배 아래 들어가 그의 자유로운 처분이 가능한 상태에 놓였더라도 재물의 현실의 인도가 없었다면 재물의 교부가 있었다고 할 수 없다.

② 예금주인 甲이 제3자에게 편취당한 송금의뢰인으로부터 자신의 은행계좌에 계좌송금된 돈을 인출한 경우, 은행을 피해자로 한 사기죄가 성립한다.

③ '녹동달오리골드'(누에, 동충하초, 녹용 등을 혼합·제조)라는 제품이 성인병에 특효약이라고 허위광고하여 고가에 판매한 경우 사기죄가 인정된다.

④ 타인의 명의를 모용하여 발급받은 신용카드를 이용하여 현금자동지급기에서 현금을 인출한 행위와 ARS 전화서비스 등으로 신용대출을 받은 행위는 포괄적으로 카드회사에 대한 사기죄이다.

정선 핵심

① 사기죄의 구성요건
　→ 재물의 교부 : 현실의 인도가 없더라도 범인의 사실상의 지배에 들어가 자유로운 처분이 가능한 상태
② 자신의 은행계좌에 편취당하여 송금된 돈을 인출한 경우 → 사기죄 ×
③ 녹동달오리골드를 허위광고로 고가에 판매한 경우 → 사기죄의 기망행위 ○
④ 타인명의의 신용카드로 현금을 인출을 하거나 ARS 전화서비스로 신용대출을 받은 경우 → 절도죄와 컴퓨터등사용사기죄의 실체적 경합 ○

정선 해설

[❶ ▸ ×]　사기죄에 있어서 '재물의 교부'란 범인의 기망에 따라 피해자가 착오로 재물에 대한 사실상의 지배를 범인에게 이전하는 것을 의미하는데, 재물의 교부가 있었다고 하기 위하여 반드시 재물의 현실의 인도가 필요한 것은 아니고 재물이 범인의 사실상의 지배 아래에 들어가 그의 자유로운 처분이 가능한 상태에 놓인 경우에도 재물의 교부가 있었다고 보아야 한다(대판 2003.5.16. 2001도1825).

> 피고인의 주문에 따라 제작된 도자기 중 실제로 배달된 것뿐만 아니라 피고인이 지정하는 장소로의 배달을 위하여 피해자가 보관중인 도자기도 피고인에게 모두 교부되었다고 판단하여 사기죄의 기수를 인정한 원심을 수긍한 사례(대판 2003.5.16. 2001도1825).

[❷ ▸ ×]　송금의뢰인이 수취인의 예금계좌에 계좌이체 등을 한 이후, 수취인이 은행에 대하여 예금반환을 청구함에 따라 은행이 수취인에게 그 예금을 지급하는 행위는 계좌이체금액 상당의 예금계약의 성립 및 그 예금채권 취득에 따른 것으로서 은행이 착오에 빠져 처분행위를 한 것이라고 볼 수 없으므로, 결국 이러한 행위는 은행을 피해자로 한 형법 제347조의 사기죄에 해당하지 않는다고 봄이 상당하다(대판 2010.5.27. 2010도3498).

[❸ ▸ ○]　대판 2004.1.15. 2001도1429

[❹ ▸ ×]　피고인이 공소외인의 명의를 모용하여 신용카드를 발급받았다고 하더라도 카드회사가 피고인에게 공소외인 명의의 신용카드를 사용할 권한을 주었다고 볼 수 없는 이상, 피고인이 각 신용카드를 사용하여 현금자동지급기에서 현금을 인출한 행위는 현금자동지급기의 관리자에 대한 절도죄가, ARS 전화서비스 등을 이용하여 신용대출을 받은 행위에 관하여는 대출금융기관에 대한 컴퓨터등사용사기죄가 각 성립할 뿐이며, 이를 카드회사에 대한 사기죄가 된다고 볼 수는 없다(대판 2006.7.27. 2006도3126).

답 ❸

234

□□□ **다음 설명 중 가장 옳지 않은 것은?(다툼이 있는 경우 판례에 의함)** `14` 법원9급

① 소송사기가 성립하기 위하여는 제소 당시에 그 주장과 같은 채권이 존재하지 아니하다는 것만으로는 부족하고 그 주장의 채권이 존재하지 아니한 사실을 잘 알고 있으면서도 허위의 주장과 입증으로써 법원을 기망한다는 인식을 하고 있어야만 하고, 단순히 사실을 잘못 인식하거나 법률적인 평가를 그르침으로 인하여 존재하지 않는 채권을 존재한다고 믿고 제소하는 행위는 사기죄를 구성하지 않는다.

② 피고인이 타인과 공모하여 그 공모자를 상대로 제소하여 의제자백의 판결을 받아 이에 기하여 부동산의 소유권이전등기를 한 경우, 그 부동산의 진정한 소유자가 따로 있는 이상 소송사기가 성립한다.

③ 소송사기에서 말하는 증거의 조작이란 처분문서 등을 거짓으로 만들어 내거나 증인의 허위 증언을 유도하는 등으로 객관적·제3자적 증거를 조작하는 행위를 말한다.

④ 유치권에 의한 경매를 신청한 유치권자는 일반채권자와 마찬가지로 피담보채권액에 기초하여 배당을 받게 되므로 피담보채권인 공사대금 채권을 실제와 달리 허위로 크게 부풀려 유치권에 의한 경매를 신청할 경우 소송사기죄의 실행의 착수에 해당한다.

정선 핵심

① 사실을 잘못 인식하거나 법률적인 평가를 그르쳐 존재하지 않는 채권을 존재한다고 믿고 제소하는 경우 → 소송사기죄 ✕

② 타인과 공모하여 자백간주 판결을 받아 소유권이전등기를 마친 경우 → 소송사기죄 ✕

③ 증거의 조작 → 객관적·제3자적 증거를 조작하는 행위

④ 공사대금 채권을 허위로 크게 부풀려 경매를 신청할 경우 → 소송사기죄의 실행의 착수 ○

정선 해설

[❶ ▸ ○] 소송사기는 그 주장의 채권이 존재하지 아니한 사실을 잘 알고 있으면서도 허위의 주장과 입증으로써 법원을 기망한다는 인식을 하고 있어야만 하고, 단순히 사실을 잘못 인식하거나 법률적인 평가를 그르침으로 인하여 존재하지 않는 채권을 존재한다고 믿고 제소하는 행위는 사기죄를 구성하지 않는다(대판 2003.5.16. 2003도373).

> 소송사기는 법원을 기망하여 자기에게 유리한 판결을 얻음으로써 상대방의 재물 또는 재산상 이익을 취득하는 것을 내용으로 하는 범죄로서, 피고인이 그 범행을 인정한 경우 외에는 그 소송상의 주장이 사실과 다름이 객관적으로 명백하거나 피고인이 그 소송상의 주장이 명백히 허위인 것을 인식하였거나 증거를 조작하려고 한 흔적이 있는 등의 경우 외에는 이를 쉽사리 유죄로 인정하여서는 안 된다(대판 2003.5.16. 2003도373).

[❷ ▸ ✕] 소송사기에 있어 피기망자인 법원의 재판은 피해자의 처분행위에 갈음하는 내용과 효력이 있는 것이어야 하므로, 피고인이 타인과 공모하여 그 공모자를 상대로 제소하여 의제자백의 판결을 받아 이에 기하여 부동산의 소유권이전등기를 하였다고 하더라도 이는 소송 상대방의 의사에 부합하는 것으로서 착오에 의한 재산적 처분행위가 있다고 할 수 없어 동인으로부터 부동산을 편취한 것이라고 볼 수 없고, 또 그 부동산의 진정한 소유자가 따로 있다고 하더라도 피고인이 의제자백판결에 기하여 그 진정한 소유자로부터 소유권을 이전받은 것이 아니므로 그 소유자로부터 부동산을 편취한 것이라고 볼 여지도 없다(대판 1997.12.23. 97도2430).

[❸ ▸ ○] 대판 2007.9.6. 2006도3591

[❹ ▸ ○] 대판 2012.11.15. 2012도9603

답 ❷

컴퓨터등사용사기죄에 대한 설명 중 가장 옳지 않은 것은?(다툼이 있는 경우 판례에 의함)

① 타인의 명의를 모용하여 발급받은 신용카드의 번호와 그 비밀번호를 이용하여 ARS 전화서비스나 인터넷 등을 통하여 신용대출을 받는 방법으로 재산상 이익을 취득하는 행위는 컴퓨터등사용사기죄에 해당한다.

② 금융기관 직원이 범죄의 목적으로 전산단말기를 이용하여 다른 공범들이 지정한 특정계좌에 무자원 송금방식으로 금원을 입금했다 할지라도 평상시 그 직원이 금융기관의 여·수신업무를 처리할 권한이 있었다면 컴퓨터등사용사기죄는 성립하지 않는다.

③ 손자가 할아버지 소유 농업협동조합 예금통장을 절취하여 이를 현금자동지급기에 넣고 조작하는 방법으로 예금 잔고를 자신의 거래 은행계좌로 이체한 경우에는 농협협동조합이 컴퓨터사용사기범행의 피해자이므로 친족상도례를 적용할 수 없다.

④ 컴퓨터등사용사기죄에서 '정보처리'는 사기죄에서 피해자의 처분행위에 상응하므로 입력된 허위의 정보 등에 의하여 계산이나 데이터의 처리가 이루어짐으로써 직접적으로 재산처분의 결과를 초래하여야 하고, 행위자나 제3자의 재산상 이익 취득은 사람의 처분행위가 개재됨이 없이 컴퓨터 등에 의한 정보처리 과정에서 이루어져야 한다.

정선 핵심

① 타인의 신용카드로 ARS 전화서비스나 인터넷 등을 통하여 신용대출을 받은 경우 → 컴퓨터등사용사기죄 ○

② 금융기관 직원이 다른 공범들이 지정한 특정계좌에 무자원 송금의 방식으로 거액을 입금한 경우 → 컴퓨터등사용사기죄 ○

③ 손자가 할아버지 소유 농협 예금통장을 절취하여 이체한 경우 → 친족상도례 적용 ✕

④ 컴퓨터등사용사기죄의 구성요건
 ┈→ 정보처리 : 입력된 허위의 정보에 의해 직접적으로 재산처분의 결과를 초래하여야 함
 ┈→ 재산상 이익 취득 : 처분행위가 개재됨이 없이 정보처리 과정에서 이루어져야 함

정선 해설

[❶ ▸ ○] 대판 2006.7.27. 2006도3126

[❷ ▸ ✕] 금융기관 직원이 범죄의 목적으로 전산단말기를 이용하여 다른 공범들이 지정한 특정계좌에 무자원 송금의 방식으로 거액을 입금한 것은 형법 제347조의2에서 정하는 컴퓨터등사용사기죄에서의 '권한 없이 정보를 입력하여 정보처리를 하게 한 경우'에 해당한다고 할 것이고, 이는 그 직원이 평상시 금융기관의 여·수신업무를 처리할 권한이 있었다고 하여도 마찬가지이다(대판 2006.1.26. 2005도8507).

[❸ ▸ ○] 대판 2007.3.15. 2006도2704

[❹ ▸ ○] 컴퓨터등사용사기죄에서 '정보처리'는 사기죄에서 피해자의 처분행위에 상응하므로 입력된 허위의 정보 등에 의하여 계산이나 데이터의 처리가 이루어짐으로써 직접적으로 재산처분의 결과를 초래하여야 하고, 행위자나 제3자의 '재산상 이익 취득'은 사람의 처분행위가 개재됨이 없이 컴퓨터등에의한 정보처리 과정에서 이루어져야 한다(대판 2014.3.13. 2013도16099).

답 ❷

236

□□□ 컴퓨터등사용사기죄에 대한 설명으로 옳은 것은?(다툼이 있는 경우 판례에 의함)

① 컴퓨터등사용사기죄에서 '부정한 명령의 입력'이란 당해 사무처리시스템의 프로그램을 구성하는 개개의 명령을 부정하게 변개·삭제하는 행위를 말하고, 프로그램 자체에서 발생하는 오류를 적극적으로 이용하여 그 사무처리의 목적에 비추어 정당하지 아니한 사무처리를 하게 하는 행위는 원칙적으로 '부정한 명령의 입력'에 해당하지 않는다.

② 컴퓨터등사용사기죄에서 '정보처리'는 입력된 허위의 정보 등에 의하여 계산이나 데이터의 처리가 이루어짐으로써 직접적으로 재산처분의 결과를 초래하여야 하고, 행위자나 제3자의 '재산상 이익 취득'은 사람의 처분행위가 개재됨이 없이 컴퓨터 등에 의한 정보처리 과정에서 이루어져야 한다.

③ 금융기관 직원이 전산단말기를 이용하여 다른 공범들이 지정한 특정계좌에 돈이 입금된 것처럼 허위의 정보를 입력하는 방법으로 위 계좌로 입금되도록 하였으나, 그 후 그러한 입금이 취소되어 현실적으로 현금을 인출하지 못하였다면 컴퓨터등사용사기죄의 미수에 해당한다.

④ 절취한 신용카드를 현금자동지급기에 투입하고 미리 알아둔 신용카드의 비밀번호를 권한 없이 입력하여 정보처리를 하게 함으로써 현금을 인출한 경우 컴퓨터등사용사기죄가 성립한다.

정선 핵심

① 프로그램 자체의 오류를 적극적으로 이용하여 정당하지 않은 사무처리를 하게 하는 경우 → 부정한 명령의 입력 ○

② 정보처리와 재산상 이익 취득
→ 정보처리로 직접적으로 재산처분의 결과를 초래하여야 함
→ 재산상 이익 취득은 사람의 처분행위 없이 정보처리 과정에서 이루어져야 함

③ 금융기관 직원이 허위정보를 입력하여 공범들이 지정한 특정계좌로 돈이 입금되도록 한 경우 → 컴퓨터등사용사기죄 ○

④ 절취한 신용카드로 현금을 인출한 경우 →절도죄 ○

정선 해설

[❶ ▸ ✕] '허위의 정보'를 입력한 경우가 아니라고 하더라도, 당해 사무처리시스템의 프로그램을 구성하는 개개의 명령을 부정하게 변개·삭제하는 행위는 물론 프로그램 자체에서 발생하는 오류를 적극적으로 이용하여 그 사무처리의 목적에 비추어 정당하지 아니한 사무처리를 하게 하는 행위도 특별한 사정이 없는 한 형법 제347조의2의 '부정한 명령의 입력'에 해당한다고 보아야 한다(대판 2013.11.14. 2011도4440).

[❷ ▸ ○] 대판 2014.3.13. 2013도16099

[❸ ▸ ✕] 금융기관 직원이 전산단말기를 이용하여 다른 공범들이 지정한 특정계좌에 돈이 입금된 것처럼 허위의 정보를 입력하는 방법으로 위 계좌로 입금되도록 한 경우, 이러한 입금절차를 완료함으로써 장차 그 계좌에서 이를 인출하여 갈 수 있는 재산상 이익을 취득하였으므로 형법 제347조의2에서 정하는 컴퓨터등사용사기죄는 기수에 이르렀고, 그 후 그러한 입금이 취소되어 현실적으로 인출되지 못하였다고 하더라도 이미 성립한 컴퓨터등사용사기죄에 어떤 영향이 있다고 할 수는 없다(대판 2006.9.14. 2006도4127).

[❹ ▸ ✕] 절취한 신용카드로 현금자동지급기에서 현금을 인출한 경우 절도죄는 별론으로 하고 컴퓨터등사용사기죄는 성립하지 아니한다.

> 형법 제347조의2는 컴퓨터등사용사기죄의 객체를 재물이 아닌 재산상의 이익으로만 한정하여 규정하고 있으므로, 절취한 타인의 신용카드로 현금자동지급기에서 현금을 인출하는 행위가 재물에 관한 범죄임이 분명한 이상 이를 위 컴퓨터등사용사기죄로 처벌할 수는 없다(대판 2003.5.13. 2003도1178).

답 ❷

컴퓨터등사용사기죄에 대한 설명으로 옳지 않은 것은?(다툼이 있는 경우 판례에 의함)

`15` 국가9급

① '정보처리'는 사기죄에서 피해자의 처분행위에 상응하므로 입력된 허위의 정보 등에 의하여 계산이나 데이터의 처리가 이루어짐으로써 직접적으로 재산처분의 결과가 초래되어야 한다.

② 피고인이 A회사에서 운영하는 전자복권구매시스템에서 일정한 조건하에 복권 구매명령을 입력하면 가상계좌로 복권 구매요청금과 동일 액수의 가상현금이 입금되는 프로그램 오류를 이용하여 복권 구매명령 입력 행위를 반복함으로써 자신의 가상계좌로 구매요청금 상당의 금액이 입금되게 하였다면 '부정한 명령의 입력'에 해당한다.

③ 평상시 여·수신업무를 처리할 권한이 있는 금융기관직원이 범죄의 목적으로 전산단말기를 이용하여 다른 공범들이 지정한 특정계좌에 무자원 송금의 방식으로 거액을 입금한 것은 '권한 없이 정보를 입력하여 정보처리를 하게 한 경우'에 해당하지 않는다.

④ 아들이 아버지 소유 A은행 예금통장을 절취하여 이를 현금자동지급기에 넣고 조작하여 예금 잔고를 자신의 거래 은행 계좌로 이체한 경우 컴퓨터등사용사기죄의 피해자는 A은행이므로 친족상도례를 적용할 수 없다.

**정선
핵심**

① 컴퓨터등사용사기죄의 구성요건
　→ 정보처리 : 입력된 허위의 정보에 의해 직접적으로 재산처분의 결과를 초래하여야 함
② 프로그램 오류를 이용하여 복권 구매명령 입력 행위를 반복함으로써 구매요청금 상당의 금액이 입금되게 한 경우 → 부정한 명령의 입력 ○
③ 금융기관 직원이 다른 공범들이 지정한 특정계좌에 무자원 송금의 방식으로 거액을 입금한 경우 → 권한 없이 정보를 입력하여 정보처리를 하게 한 경우 ○
④ 아들이 아버지 소유 은행 예금통장을 절취하여 이체한 경우 → 친족상도례 적용 ×

**정선
해설**

[❶ ▸ ○] 대판 2014.3.13. 2013도16099

[❷ ▸ ○] 대판 2013.11.14. 2011도4440

[❸ ▸ ×] 금융기관 직원이 범죄의 목적으로 전산단말기를 이용하여 다른 공범들이 지정한 특정계좌에 무자원 송금의 방식으로 거액을 입금한 것은 형법 제347조의2에서 정하는 컴퓨터등사용사기죄에서의 '권한 없이 정보를 입력하여 정보처리를 하게 한 경우'에 해당한다고 할 것이고, 이는 그 직원이 평상시 금융기관의 여·수신업무를 처리할 권한이 있었다고 하여도 마찬가지이다(대판 2006.1.26. 2005도8507).

[❹ ▸ ○] 판례의 취지를 고려하면, 아들에 의한 컴퓨터등사용사기죄의 피해자는 A은행이므로 친족상도례를 적용할 수 없다.

> 손자가 할아버지 소유 농업협동조합 예금통장을 절취하여 이를 현금자동지급기에 넣고 조작하는 방법으로 예금 잔고를 자신의 거래 은행 계좌로 이체한 경우, 위 농업협동조합이 컴퓨터등사용사기범행 부분의 피해자이므로 친족상도례를 적용할 수 없다(대판 2007.3.15. 2006도2704).

답 ❸

사기죄에 관한 다음 설명 중 가장 적절하지 않은 것은?(다툼이 있으면 판례에 의함)

① 중고자동차 매매에 있어서 매도인의 할부금융회사 또는 보증보험에 대한 할부금 채무가 매수인에게 당연히 승계되는 것은 아니므로 그 할부금 채무의 존재를 매수인에게 고지하지 아니한 것은 부작위에 의한 기망에 해당하지 아니한다.

② 예금주인 피고인이 제3자에게 편취당한 송금의뢰인으로부터 자신의 은행계좌에 계좌 송금된 돈을 출금한 사안에서, 피고인은 예금주로서 은행에 대하여 예금반환을 청구할 수 있는 권한을 가진 자이므로, 위 은행을 피해자로 한 사기죄가 성립하지 않는다.

③ 사기죄에 있어서 재물의 교부가 있었다고 하기 위하여는 반드시 재물의 현실의 인도가 필요한 것이므로, 재물이 범인의 사실상의 지배 아래에 들어가 그의 자유로운 처분이 가능한 상태에 놓인 경우라도 재물의 현실의 인도가 없다면 재물의 교부가 있었다고 할 수 없다.

④ 금융기관 직원이 전산단말기를 이용하여 다른 공범들이 지정한 특정계좌에 돈이 입금된 것처럼 허위의 정보를 입력하는 방법으로 위 계좌로 입금되도록 한 경우, 그 후 입금이 취소되어 현실적으로 인출되지 못하였다고 하더라도 이미 성립한 컴퓨터등사용사기죄에 어떤 영향이 있다고 할 수는 없다.

정선 핵심

① 중고차매매업자가 승용차를 매도하면서 할부금 채무를 고지하지 않은 경우 → 부작위에 의한 사기죄 ×
② 자신의 은행계좌에 편취당하여 송금된 돈을 인출한 경우 → 사기죄 ×
③ 사기죄의 구성요건
　⋯→ 재물의 교부 : 현실의 인도가 없더라도 범인의 사실상의 지배에 들어가 자유로운 처분이 가능한 상태
④ 금융기관 직원이 허위정보를 입력하여 공범들이 지정한 특정계좌로 돈이 입금되도록 한 경우 → 컴퓨터등사용사기죄 ○

정선 해설

[❶ ▸ ○] 대판 1998.4.14. 98도231

[❷ ▸ ○] 송금의뢰인이 수취인의 예금계좌에 계좌이체 등을 한 이후, 수취인이 은행에 대하여 예금반환을 청구함에 따라 은행이 수취인에게 그 예금을 지급하는 행위는 계좌이체금액 상당의 예금계약의 성립 및 그 예금채권 취득에 따른 것으로서 은행이 착오에 빠져 처분행위를 한 것이라고 볼 수 없으므로, 결국 이러한 행위는 은행을 피해자로 한 형법 제347조의 사기죄에 해당하지 않는다고 봄이 상당하다(대판 2010.5.27. 2010도3498).

[❸ ▸ ×] 사기죄에 있어서 '재물의 교부'란 범인의 기망에 따라 피해자가 착오로 재물에 대한 사실상의 지배를 범인에게 이전하는 것을 의미하는데, 재물의 교부가 있었다고 하기 위하여 반드시 재물의 현실의 인도가 필요한 것은 아니고 재물이 범인의 사실상의 지배 아래에 들어가 그의 자유로운 처분이 가능한 상태에 놓인 경우에도 재물의 교부가 있었다고 보아야 한다(대판 2003.5.16. 2001도1825).

[❹ ▸ ○] 대판 2006.9.14. 2006도4127

 답 ❸

사기죄에 대한 설명으로 옳지 않은 것은?(다툼이 있는 경우 판례에 의함) 16 5급승진

① 사기죄를 범하는 자가 혼인의 의사 없이 금원을 편취하기 위한 수단으로 피해자와 혼인신고를 한 것이어서 그 혼인이 무효인 경우라면, 피해자에 대한 사기죄에서는 친족상도례를 적용할 수 없다.

② 1개의 기망행위에 의하여 다수의 다른 피해자로부터 각각 재산상 이익을 편취한 경우에는 피해자별로 수개의 사기죄가 성립하고, 그 사이에는 상상적 경합의 관계에 있다.

③ 사기도박에 필요한 준비를 갖추고 그러한 의도로 피해자들에게 도박에 참가하도록 권유하여 피해자들이 도박에 참가한 경우 피고인이 그 후에 사기도박을 숨기기 위하여 얼마간 정상적인 도박을 하였다면 이는 피해자들에 대한 사기죄와는 별도로 도박죄도 성립하며 양자는 실체적 경합관계에 있다.

④ 기망의 상대방과 재산상의 피해자가 동일인이 아니더라도 피기망자가 피해자를 위하여 그 재산을 처분할 수 있는 권능을 갖거나 그 지위에 있는 경우 사기죄가 성립할 수 있다.

⑤ 타인의 명의를 모용하여 발급받은 신용카드의 번호와 그 비밀번호를 이용하여 ARS 전화서비스나 인터넷 등을 통하여 신용대출을 받는 방법으로 재산상 이익을 취득하는 행위 역시 미리 포괄적으로 허용된 행위가 아닌 이상, 컴퓨터등사용사기죄에 해당한다.

정선 핵심

사기죄의 성립 여부

① 금원편취 수단으로 혼인신고를 하였으나 혼인이 무효인 경우 → 친족상도례 적용 ×

② 1개의 기망행위에 의하여 다수의 피해자로부터 각각 재산상 이익을 편취한 경우 → 사기죄의 상상적 경합 ○

③ 사기도박을 숨기기 위하여 얼마간 정상적인 도박을 한 경우 → 사기죄만 성립 ○

④ 피기망자가 피해자의 재산을 처분할 수 있는 권능·지위가 있는 경우 → ○

⑤ 타인명의의 신용카드로 ARS 전화서비스나 인터넷 등을 통하여 신용대출을 받은 경우 → 컴퓨터등사용사기죄 ○

정선 해설

[❶ ▸ ○] 대판 2015.12.10. 2014도11533

[❷ ▸ ○] 대판 2015.4.23. 2014도16980

[❸ ▸ ×] 도박이란 2인 이상의 자가 상호간에 재물을 도(賭)하여 우연한 승패에 의하여 그 재물의 득실을 결정하는 것이므로, 이른바 사기도박과 같이 도박당사자의 일방이 사기의 수단으로써 승패의 수를 지배하는 경우에는 도박에서의 우연성이 결여되어 사기죄만 성립하고 도박죄는 성립하지 아니한다(대판 2011.1.13. 2010도9330).

[❹ ▸ ○] 사기죄가 성립되려면 피기망자가 착오에 빠져 어떠한 재산상의 처분행위를 하도록 유발하여 재산적 이득을 얻을 것을 요하고, 피기망자와 재산상의 피해자가 같은 사람이 아닌 경우에는 피기망자가 피해자를 위하여 그 재산을 처분할 수 있는 권능을 갖거나 그 지위에 있어야 한다(대판 1994.10.11. 94도1575).

[❺ ▸ ○] 대판 2006.7.27. 2006도3126

정답 ❸

카드사용 범죄에 대한 설명으로 가장 적절한 것은?(다툼이 있는 경우 판례에 의함)

① 타인명의의 현금카드 겸용 신용카드를 무단으로 이용하여 현금자동지급기에서 예금을 인출한 때에는 여신전문금융업법위반죄와 절도죄가 성립한다.

② 타인명의의 신용카드를 무단으로 이용하여 현금자동지급기에서 단기카드대출로 현금을 인출한 때에는 여신전문금융업법위반죄와 컴퓨터등사용사기죄가 성립한다.

③ 타인명의의 신용카드를 무단으로 이용하여 가맹점에서 물품을 구입한 때에는 여신전문금융업법위반죄와 사문서 위조 및 동 행사죄, 사기죄가 성립한다.

④ 타인명의의 현금카드를 무단으로 이용하여 현금자동지급기에서 피해자의 계좌로부터 자신의 계좌로 자금을 이체한 때에는 컴퓨터등사용사기죄가 성립한다.

정선 핵심

타인명의의 신용카드를 사용한 범죄
① 예금을 인출한 경우 → 절도죄 ○
② 현금을 인출(대출)한 경우 → 절도죄와 여신전문금융업법위반죄의 실체적 경합 ○
③ 물품을 구입한 경우 → 사기죄와 여신전문금융업법위반죄의 실체적 경합 ○
④ 계좌이체한 경우 → 컴퓨터등사용사기죄 ○

정선 해설

[❶▸×] 타인명의의 현금카드 겸용 신용카드로 예금을 인출하는 것은 신용카드의 본래의 용법에 따라 사용하는 경우가 아니므로 절도죄는 별론 여신전문금융업법위반죄는 성립하지 아니한다.

> 여신전문금융업법 제70조 제1항 소정의 부정사용이라 함은 위조·변조 또는 도난·분실된 신용카드나 직불카드를 진정한 카드로서 신용카드나 직불카드의 본래의 용법에 따라 사용하는 경우를 말하는 것이므로, 절취한 직불카드를 온라인 현금자동지급기에 넣고 비밀번호 등을 입력하여 피해자의 예금을 인출한 행위는 여신전문금융업법 제70조 제1항 소정의 부정사용의 개념에 포함될 수 없다(대판 2003.11.14. 2003도3977).

[❷▸×] 피해자 명의의 신용카드를 부정사용하여 현금자동인출기에서 현금을 인출하고 그 현금을 취득까지 한 행위는 여신전문금융업법상의 신용카드부정사용죄에 해당할 뿐 아니라 그 현금을 취득함으로써 현금자동인출기 관리자의 의사에 반하여 그의 지배를 배제하고 그 현금을 자기의 지배하에 옮겨 놓는 것이 되므로 별도로 절도죄를 구성하고, 위 양 죄의 관계는 그 보호법익이나 행위태양이 전혀 달라 실체적 경합관계에 있는 것으로 보아야 한다(대판 1995.7.28. 95도997).

[❸▸×] 판례의 취지를 고려하면, 여신전문금융업법위반죄와 사기죄가 성립하고 이들은 실체적 경합범의 관계에 있다.

> 매출표의 서명 및 교부가 별도로 사문서 위조 및 동 행사의 죄의 구성요건을 충족한다고 하여도 이 사문서 위조 및 동 행사의 죄는 위 신용카드부정사용죄에 흡수되어 신용카드부정사용죄의 1죄만이 성립하고 별도로 사문서 위조 및 동 행사의 죄는 성립하지 않는다(대판 1992.6.9. 92도77).

[❹▸○] 절취한 타인의 신용카드를 이용하여 현금지급기에서 계좌이체를 한 행위는 컴퓨터등사용사기죄에서 컴퓨터 등 정보처리장치에 권한 없이 정보를 입력하여 정보처리를 하게 한 행위에 해당함은 별론으로 하고 이를 절취행위라고 볼 수는 없고, 한편 위 계좌이체 후 현금지급기에서 현금을 인출한 행위는 자신의 신용카드나 현금카드를 이용한 것이어서 이러한 현금인출이 현금지급기 관리자의 의사에 반한다고 볼 수 없어 절취행위에 해당하지 않으므로 절도죄를 구성하지 않는다(대판 2008.6.12. 2008도2440).

답 ❹

신용카드 범죄에 대한 설명으로 옳지 않은 것은?(다툼이 있는 경우 판례에 의함)

① 절취한 타인의 신용카드를 이용하여 현금자동지급기에서 자신의 예금계좌로 돈을 이체시킨 후 그 예금계좌에서 현금을 인출한 경우 현금에 대한 절도죄는 성립하지 않는다.

② 타인의 명의를 모용하여 발급받은 신용카드를 이용하여 현금자동지급기에서 현금대출을 받은 경우 현금에 대한 절도죄가 성립한다.

③ 타인의 명의를 모용하여 발급받은 신용카드 번호와 그 비밀번호를 이용하여 ARS전화서비스나 인터넷 등을 통하여 신용대출을 받는 방법으로 재산상 이익을 취득하는 경우 컴퓨터등사용사기 죄가 성립한다.

④ 신용카드를 절취한 사람이 물품 대금의 결제를 위해 신용카드를 제시하고 카드회사의 승인까지 받았다면 매출전표에 서명한 사실이 없고 도난카드임이 밝혀져 최종적으로 매출취소로 거래가 종결되었다 하더라도 여신전문금융업법의 신용카드 부정사용죄의 기수범이 성립한다.

정선 핵심

① 절취한 신용카드로 자신의 예금계좌로 돈을 이체시킨 후 현금을 인출한 경우 → 절도죄 ✕
② 타인의 명의로 발급받은 신용카드로 현금대출을 받은 경우 → 절도죄 ○
③ 타인명의의 신용카드로 ARS 전화서비스나 인터넷 등을 통하여 신용대출을 받은 경우 → 컴퓨터등사용사기죄 ○
④ 신용카드 매출전표에 서명한 사실이 없고 매출취소로 거래가 종결된 경우 → 신용카드부정사용죄의 미수로 불가벌

정선 해설

[❶ ▸ ○] 대판 2008.6.12. 2008도2440
[❷ ▸ ○] 대판 2002.7.12. 2002도2134
[❸ ▸ ○] 타인의 명의를 모용하여 발급받은 신용카드의 번호와 그 비밀번호를 이용하여 ARS 전화서비스나 인터넷 등을 통하여 신용대출을 받는 방법으로 재산상 이익을 취득하는 행위 역시 미리 포괄적으로 허용된 행위가 아닌 이상, 컴퓨터 등 정보처리장치에 권한 없이 정보를 입력하여 정보처리를 하게 함으로써 재산상 이익을 취득하는 행위로서 컴퓨터등사용사기죄에 해당한다(대판 2006.7.27. 2006도3126).
[❹ ▸ ✕] 지문의 경우 신용카드부정사용의 미수행위에 해당하나 여신전문금융업법상 미수처벌규정이 없어 불가벌이다.

> 신용카드를 절취한 사람이 대금을 결제하기 위하여 신용카드를 제시하고 카드회사의 승인까지 받았다고 하더라도 매출전표에 서명한 사실이 없고 도난카드임이 밝혀져 최종적으로 매출취소로 거래가 종결되었다면, 신용카드 부정사용의 미수행위에 불과하다(대판 2008.2.14. 2007도8767).

답 ❹

신용카드범죄의 사례(가~라)와 그에 대한 죄책(ㄱ~ㄹ)이 옳게 연결된 것은?(특별법 부분은 제외하며, 다툼이 있는 경우 판례에 의함)

`20` 경찰간부

가. 강취한 타인의 신용카드를 사용하여 현금자동지급기에서 현금을 인출한 경우
나. 갈취한 타인의 신용카드를 사용하여 현금자동지급기에서 현금을 인출한 경우
다. 타인의 명의를 모용하여 신용카드를 발급받고, 이를 이용하여 현금자동지급기에서 현금을 인출한 경우
라. 대금결제의 의사와 능력이 없으면서도 신용카드회사를 기망하여 자기 명의의 신용카드를 발급받고, 이를 이용하여 현금자동지급기에서 현금대출을 받은 경우

ㄱ. 절도죄　　　　ㄴ. 강도죄　　　　ㄷ. 사기죄　　　　ㄹ. 공갈죄

	가	나	다	라
①	ㄱ, ㄴ	ㄹ	ㄱ	ㄱ, ㄷ
②	ㄱ, ㄴ	ㄹ	ㄱ	ㄷ
③	ㄱ, ㄴ	ㄱ, ㄹ	ㄱ, ㄷ	ㄷ
④	ㄴ, ㄷ	ㄱ, ㄹ	ㄱ, ㄷ	ㄱ, ㄷ

정선 핵심

◐ 신용카드범죄의 이해

카드명의	카드 자체에 대한 범죄	현금대출	물품·용역구입	예금인출	계좌이체
타인명의	• 절도등 영득죄 • 위·변조 : 여신전문금융업법상 신용카드위·변조죄 • 카드부정 발급 : 사기죄	절도죄	사기죄	절도죄	컴퓨터등사용 사기죄
		신용카드부정사용죄		신용카드부정사용죄 불성립	
자기명의	사기죄			무 죄	
	신용카드부정사용죄 불성립				

정선 해설

[가 ▸ ㄱ · ㄴ] 강취한 현금카드를 사용하여 현금자동지급기에서 예금을 인출한 행위는 피해자의 승낙에 기한 것이라고 할 수 없으므로, 현금자동지급기 관리자의 의사에 반하여 그의 지배를 배제하고 그 현금을 자기의 지배하에 옮겨 놓는 것이 되어서 강도죄와는 별도로 절도죄를 구성한다(대판 2007.5.10. 2007도1375).

[나 ▸ ㄹ] 피고인이 피해자로부터 현금카드를 사용한 예금인출의 승낙을 받고 현금카드를 교부받은 행위와 이를 사용하여 현금자동지급기에서 예금을 여러 번 인출한 행위들은 모두 피해자의 예금을 갈취하고자 하는 피고인의 단일하고 계속된 범의 아래에서 이루어진 일련의 행위로서 포괄하여 하나의 공갈죄를 구성한다고 볼 것이다(대판 1996.9.20. 95도1728).

[다 ▸ ㄱ] 피고인이 타인의 명의를 모용하여 발급받은 신용카드를 사용하여 현금자동지급기에서 현금대출을 받는 행위는 카드회사에 의하여 미리 포괄적으로 허용된 행위가 아니라, 현금자동지급기의 관리자의 의사에 반하여 그의 지배를 배제한 채 그 현금을 자기의 지배하에 옮겨 놓는 행위로서 절도죄에 해당한다고 봄이 상당하다(대판 2002.7.12. 2002도2134).

[라 ▸ ㄷ] 피고인이 카드사용으로 인한 대금결제의 의사와 능력이 없으면서도 있는 것같이 가장하여 카드회사를 기망하고, 카드회사는 이에 착오를 일으켜 일정 한도 내에서 카드사용을 허용해 준 경우, 카드사용으로 인한 카드회사의 손해는 그것이 자동지급기에 의한 인출행위이든 가맹점을 통한 물품구입행위이든 불문하고 모두가 피해인 카드회사의 기망당한 의사표시에 따른 카드발급에 터 잡아 이루어지는 사기의 포괄일죄이다(대판 1996.4.9. 95도2466).

답 ❷

판례의 태도에 대한 설명으로 옳은 것은?

① 컴퓨터등사용사기죄의 범행으로 예금채권을 취득한 다음 자기의 현금카드를 사용하여 현금자동지급기에서 현금을 인출한 경우, 그 현금인출행위에 대하여 절도죄가 성립하지 않음은 물론 그 인출된 현금은 장물에 해당하지도 않는다.

② 현금카드 소유자를 협박하여 그 카드를 강취한 다음 이를 이용하여 현금자동지급기에서 피해자 소유의 예금을 인출한 경우, 현금인출행위를 현금카드에 대한 강취행위와 분리하여 따로 절도죄로 처단할 수 없다.

③ 타인의 명의를 모용하여 발급받은 신용카드로 ARS 전화서비스를 이용하여 신용대출을 받은 경우, 대출금융기관에 대한 컴퓨터등사용사기죄가 성립하는 외에 카드회사에 대한 사기죄가 별도로 성립한다.

④ 대금결제를 위하여 가맹점에 절취한 신용카드를 제시하고 매출전표에 서명하여 이를 교부한 경우, 신용카드부정사용죄가 성립하는 외에 사문서 위조 및 동 행사죄가 별도로 성립한다.

**정선
핵심**

① 컴퓨터등사용사기죄의 범행으로 취득한 예금채권을 현금카드로 인출한 경우
　⤷ 현금인출행위 : 절도죄 ✕
　⤷ 인출된 현금 : 장물 ✕
② 강취한 신용카드로 예금을 인출한 경우 → 절도죄 ○
③ 타인명의의 신용카드로 ARS 전화서비스를 이용하여 신용대출을 받은 경우 → 컴퓨터등사용사기죄 ○
④ 절취한 신용카드를 제시하고 매출전표에 서명·교부한 경우 → 신용카드부정사용죄 ○

**정선
해설**

[**❶** ▸ ○] 컴퓨터등사용사기죄의 범행으로 예금채권을 취득한 다음 자기의 현금카드를 사용하여 현금자동지급기에서 현금을 인출한 경우, 현금카드 사용권한 있는 자의 정당한 사용에 의한 것으로서 현금자동지급기 관리자의 의사에 반하거나 기망행위 및 그에 따른 처분행위도 없었으므로, 별도로 절도죄나 사기죄의 구성요건에 해당하지 않는다 할 것이고, 그 결과 그 인출된 현금은 재산범죄에 의하여 취득한 재물이 아니므로 장물이 될 수 없다(대판 2004.4.16. 2004도353).

[**❷** ▸ ✕] 강취한 현금카드를 사용하여 현금자동지급기에서 예금을 인출한 행위는 피해자의 승낙에 기한 것이라고 할 수 없으므로, 현금자동지급기 관리자의 의사에 반하여 그의 지배를 배제하고 그 현금을 자기의 지배하에 옮겨 놓는 것이 되어서 강도죄와는 별도로 절도죄를 구성한다(대판 2007.5.10. 2007도1375).

[**❸** ▸ ✕] 피고인이 공소외인의 명의를 모용하여 신용카드를 발급받았다고 하더라도 카드회사가 피고인에게 공소외인 명의의 신용카드를 사용할 권한을 주었다고 볼 수 없는 이상, 피고인이 각 신용카드를 사용하여 현금자동지급기에서 현금을 인출한 행위는 현금자동지급기의 관리자에 대한 절도죄가, ARS 전화서비스 등을 이용하여 신용대출을 받은 행위에 관하여는 대출금융기관에 대한 컴퓨터등사용사기죄가 각 성립할 뿐이며, 이를 카드회사에 대한 사기죄가 된다고 볼 수는 없다(대판 2006.7.27. 2006도3126).

[**❹** ▸ ✕] 매출표의 서명 및 교부가 별도로 사문서 위조 및 동 행사의 죄의 구성요건을 충족한다고 하여도 이 사문서 위조 및 동 행사의 죄는 위 신용카드부정사용죄에 흡수되어 신용카드부정사용죄의 1죄만이 성립하고 별도로 사문서 위조 및 동 행사의 죄는 성립하지 않는다(대판 1992.6.9. 92도77).

답 ❶

244
□□□

현금카드 기능이 있는 신용카드 사용범죄에 관한 설명 중 옳지 않은 것을 모두 고른 것은? (다툼이 있는 경우 판례에 의함) `15` 변시

> ㄱ. 강취한 타인의 신용카드를 사용하여 현금자동지급기에서 예금을 인출한 행위는 그 현금을 객체로 하는 절도죄가 성립한다.
> ㄴ. 타인의 명의를 모용하여 발급받은 신용카드를 사용하여 현금자동지급기에서 현금대출(현금서비스)을 받은 행위는 그 현금을 객체로 하는 절도죄가 성립한다.
> ㄷ. 절취한 타인의 신용카드를 사용하여 현금자동지급기에서 현금대출(현금서비스)을 받은 행위는 그 현금을 객체로 하는 절도죄가 성립한다.
> ㄹ. 물품을 구입하고 절취한 신용카드로 결제를 하면서 매출전표에 서명하여 이를 교부한 경우 신용카드부정사용죄 외에 사문서위조죄 및 위조사문서행사죄로 처벌된다.
> ㅁ. 강취한 타인의 신용카드와 그 타인으로부터 알아낸 비밀번호를 이용하여 현금자동지급기에서 예금을 인출한 행위는 그 현금을 객체로 하는 절도죄가 성립한다.

① ㄱ, ㄴ
② ㄴ, ㄹ
③ ㄹ, ㅁ
④ ㄱ, ㄷ, ㅁ
⑤ ㄴ, ㄹ, ㅁ

정선 핵심

ㄱ. 강취한 신용카드로 예금을 인출한 경우 → 절도죄 ○
ㄴ. 타인의 명의를 모용하여 발급받은 신용카드로 현금대출을 받은 경우 → 절도죄 ○
ㄷ. 절취한 신용카드로 현금대출을 받은 경우 → 절도죄 ○
ㄹ. 절취한 신용카드를 제시하고 매출전표에 서명·교부한 경우 → 신용카드부정사용죄 ○
ㅁ. 강취한 신용카드로 예금을 인출한 경우 → 공갈죄 ○

정선 해설

[ㄱ ▸ ○] 판례의 취지를 고려하면, 강취한 신용카드로 예금을 인출한 경우에는 강도죄 외에 절도죄가 성립한다.

> 강취한 현금카드를 사용하여 현금자동지급기에서 예금을 인출한 행위는 피해자의 승낙에 기한 것이라고 할 수 없으므로, 현금자동지급기 관리자의 의사에 반하여 그의 지배를 배제하고 그 현금을 자기의 지배하에 옮겨 놓는 것이 되어서 강도죄와는 별도로 절도죄를 구성한다(대판 2007.5.10. 2007도1375).

[ㄴ ▸ ○] 대판 2002.7.12. 2002도2134
[ㄷ ▸ ○] 대판 1995.7.28. 95도997
[ㄹ ▸ ✕] 매출표의 서명 및 교부가 별도로 사문서 위조 및 동 행사의 죄의 구성요건을 충족한다고 하여도 이 사문서 위조 및 동 행사의 죄는 위 신용카드부정사용죄에 흡수되어 신용카드부정사용죄의 1죄만이 성립하고 별도로 사문서 위조 및 동 행사의 죄는 성립하지 않는다(대판 1992.6.9. 92도77).
[ㅁ ▸ ✕] 피고인이 피해자로부터 현금카드를 사용한 예금인출의 승낙을 받고 현금카드를 교부받은 행위와 이를 사용하여 현금자동지급기에서 예금을 여러 번 인출한 행위들은 모두 피해자의 예금을 갈취하고자 하는 피고인의 단일하고 계속된 범의 아래에서 이루어진 일련의 행위로서 포괄하여 하나의 공갈죄를 구성한다고 볼 것이다(대판 1996.9.20. 95도1728).

답 ❸

정선지문OX

01 보험모집인이 자동차 보험가입자의 형사책임을 면하게 하기 위하여 위 보험가입자의 미납보험료가 정상적으로 납부된 것처럼 전산 조작 하는 방법으로 보험회사를 기망하여 보험 가입사실증명원을 발급받 은 경우 사기죄가 성립하지 않는다. **18** 해경채용 ○ㅣ×

02 채무자가 강제집행을 승낙한 취지의 기재가 있는 약속어음 공정증서 에 있어서 그 약속어음의 원인관계가 소멸하였음에도 불구하고 약속 어음 공정증서 정본을 소지하고 있음을 기화로 이를 근거로 하여 강 제집행을 한 경우 사기죄가 성립하지 않는다. **18** 해경채용 ○ㅣ×

03 농어촌구조개선 특별회계기금을 재원으로 하여 임업후계자육성을 위해 이루어지는 정책자금대출로서 그 대출의 조건 및 용도가 임야매 수자금으로 한정되어 있는 정책자금을 대출받음에 있어 임야매수자 금을 실제보다 부풀린 허위의 계약서를 제출함으로써 대출취급기관 을 기망하였다면, 피고인에게 대출받을 자금을 상환할 의사와 능력이 있었는지 여부를 불문하고 편취의 고의가 인정된다. **19** 해경채용 ○ㅣ×

04 신용보증기금의 신용보증서 발급이 피고인의 기망행위에 의하여 이 루어진 이상 그로써 곧 사기죄는 성립하고, 그로 인하여 피고인이 취 득한 재산상 이익은 신용보증금액 상당액이다. **19** 해경채용 ○ㅣ×

05 편취한 약속어음을 그와 같은 사실을 모르는 제3자에게 편취 사실을 숨기고 할인받은 행위는 당초의 어음 편취와는 별개로 새로운 사기죄 를 구성한다. **17** 경찰간부 ○ㅣ×

06 유동적 무효의 상태인 부동산 매매계약이라 하더라도 매수인이 제3 자로부터 금전을 융자받을 목적으로 매도인을 기망하여 매도인 소유 의 부동산에 제3자 앞으로 근저당권을 설정하게 함으로써 재산상 이 익을 취득한 것이라면 사기죄가 성립하지 않는다. **19** 해경간부 ○ㅣ×

08 농업협동조합의 조합원이나 검품위원이 아닌 자가 TV 홈쇼핑업체에 납품한 삼이 제3자가 산삼의 종자인지 여부가 불분명한 삼의 종자를 뿌려 이식하면서 인공적으로 재배한 삼이라는 사실을 알면서도 광고 방송에 출연하여 위 삼이 조합의 조합원들이 자연산삼의 종자를 심산 유곡에 심고 자연방임 상태에서 성장시킨 산양산삼이며 자신이 조합 의 검품위원으로서 위 삼 중 우수한 것만을 선정하여 감정인의 감정 을 받은 것처럼 허위내용의 광고를 한 경우 사기죄가 성립한다. **14** 경찰승진 ○ㅣ×

01 대판 1997.3.28. 96도2625

02 약속어음 공정증서 정본을 소지하고 있음을 기화로 이를 근거로 하여 강 제집행을 하였다면 사기죄를 구성한 다(대판 1999.12.10. 99도2213).

03 대판 2007.4.27. 2006도7634

04 대판 2005.11.10. 2005도6026

05 대판 2005.9.30. 2005도5236

06 제3자로부터 금원을 융자받을 목적 으로 타인을 기망하여 그 타인 소유의 부동산에 제3자 앞으로 근저당권을 설정하게 한 자가 그로 인하여 취득하 는 재산상 이익은 그 타인 소유의 부동 산을 자신의 제3자와의 거래에 대한 담보로 이용할 수 있는 이익이다(대판 2009.9.24. 2008도9213).

07 대판 2002.2.5. 2001도5789

정답
01 ○ **02** × **03** ○ **04** ○
05 ○ **06** × **07** ○

245

공갈죄에 관한 다음 설명 중 가장 옳지 않은 것은?

 19 법원9급

① 공갈죄에 있어서 공갈의 상대방은 재산상의 피해자와 동일함을 요하지는 아니하나, 공갈의 목적이 된 재물 기타 재산상의 이익을 처분할 수 있는 권한을 갖거나 그러한 지위에 있음을 요한다.

② 주점의 종업원에게 신체에 위해를 가할 듯한 태도를 보여 이에 겁을 먹은 위 종업원으로부터 주류를 제공받은 경우에 있어 위 종업원은 주류에 대한 처분권자가 아니므로 공갈죄가 성립할 수 없다.

③ 공갈죄의 해악의 내용이 실현가능해야만 하는 것은 아니다.

④ 공갈죄의 고지된 해악의 실현은 그 자체가 위법한 것임을 요하지 않는다.

정선 핵심

①·③·④ 공갈죄의 구성요건
  → 공갈의 상대방 : 재산상의 피해자와 동일할 것을 요하지 않으나 재물 기타 재산상의 이익을 처분할 수 있는 사실상·법률상의 권한·지위 요구
  → 해악 : 실현가능할 것 불요
  → 해악의 실현 : 그 자체가 위법한 것 불요

② 사실상의 처분권자이고 피해자인 종업원으로부터 주류를 제공받은 경우 → 공갈죄 ○

정선 해설

[❶ ▸ ○] 공갈죄에 있어서 공갈의 상대방은 재산상의 피해자와 동일함을 요하지는 아니하나, 공갈의 목적이 된 재물 기타 재산상의 이익을 처분할 수 있는 사실상 또는 법률상의 권한을 갖거나 그러한 지위에 있음을 요한다(대판 2005.9.29. 2005도4738).

[❷ ▸ ✕] 주점의 종업원에게 신체에 위해를 가할 듯한 태도를 보여 이에 겁을 먹은 위 종업원으로부터 주류를 제공받은 경우에 있어 위 종업원은 주류에 대한 사실상의 처분권자로 공갈죄의 피해자에 해당되므로 공갈죄가 성립한다(대판 2005.9.29. 2005도4738).

[❸ ▸ ○] 공갈죄의 수단으로써의 협박은 객관적으로 사람의 의사결정의 자유를 제한하거나 의사실행의 자유를 방해할 정도로 겁을 먹게 할 만한 해악을 고지하는 것을 말하고, 그 해악에는 인위적인 것뿐만 아니라 천재지변 또는 신력이나 길흉화복에 관한 것도 포함될 수 있으나, 다만 천재지변 또는 신력이나 길흉화복을 해악으로 고지하는 경우에는 상대방으로 하여금 행위자 자신이 그 천재지변 또는 신력이나 길흉화복을 사실상 지배하거나 그에 영향을 미칠 수 있는 것으로 믿게 하는 명시적 또는 묵시적 행위가 있어야 공갈죄가 성립한다(대판 2002.2.8. 2000도3245).

[❹ ▸ ○] 해악의 고지가 비록 정당한 권리의 실현 수단으로 사용된 경우라고 하여도 그 권리실현의 수단방법이 사회통념상 허용되는 정도나 범위를 넘는 것인 이상 공갈죄의 실행에 착수한 것으로 보아야 한다(대판 1995.3.10. 94도2422).

답 ❷

공갈죄에 관한 다음 설명 중 가장 옳지 않은 것은?(다툼이 있는 경우 판례에 의함)

`14` 법원9급

① 공무원이 직무집행의 의사 없이 또는 직무처리와 대가적 관계없이 타인을 공갈하여 재물을 교부하게 한 경우에는 공갈죄만이 성립하고, 이러한 경우 재물의 교부자가 공무원의 해악의 고지로 인하여 외포의 결과 금품을 제공한 것이라면 그는 공갈죄의 피해자가 될 것이고 뇌물공여죄는 성립될 수 없다.

② 甲이 피고인의 돈을 절취한 다음 다른 금전과 섞거나 교환하지 않고 쇼핑백 등에 넣어 자신의 집에 숨겨두었는데, 피고인이 폭행·협박으로 甲에게 겁을 주어 쇼핑백 등에 넣어 둔 위 돈을 다시 그대로 교부받은 경우에는 공갈죄가 성립된다.

③ 공갈죄에 있어서 공갈의 상대방은 재산상의 피해자와 동일함을 요하지는 아니하나, 공갈의 목적이 된 재물 기타 재산상의 이익을 처분할 수 있는 사실상 또는 법률상의 권한을 갖거나 그러한 지위에 있음을 요한다.

④ 공갈죄의 수단인 협박은 사람의 의사결정의 자유를 제한하거나 의사실행의 자유를 방해할 정도로 겁을 먹게 할 만한 해악을 고지하는 것을 말하는데, 해악의 고지는 반드시 명시적인 방법이 아니더라도 말이나 행동을 통해서 상대방으로 하여금 어떠한 해악에 이르게 할 것이라는 인식을 갖게 하는 것이면 족하고, 피공갈자 이외의 제3자를 통해서 간접적으로 할 수도 있다.

정선 핵심

① 공무원이 직무집행의 의사 없이 타인을 공갈하여 재물을 교부하게 한 경우
 → 공무원 : 공갈죄 ○
 → 교부자 : 뇌물공여죄 ×
② 절도범이 쇼핑백에 넣어 둔 자신의 돈을 위협하여 다시 교부받은 경우 → 공갈죄 ×
③·④ 공갈죄의 구성요건
 → 공갈의 상대방 : 재산상의 피해자와 동일할 것을 요하지 않으나 재물 기타 재산상의 이익을 처분할 수 있는 사실상·법률상의 권한·지위 요구
 → 해악의 고지 : 말이나 행동을 통해 어떠한 해악에 이르게 할 것이라는 인식을 갖게 하는 것이면 족하고, 제3자를 통해 간접적으로 할 수 있음

정선 해설

[❶ ▸ ○] 대판 1994.12.22. 94도2528
[❷ ▸ ×] 甲이 乙의 돈을 절취한 다음 다른 금전과 섞거나 교환하지 않고 쇼핑백 등에 넣어 자신의 집에 숨겨두었는데, 피고인이 乙의 지시로 丙과 함께 甲에게 겁을 주어 위 돈을 교부받아 갈취한 경우, 위 금전은 타인인 甲의 재물이라고 할 수 없어 공갈죄가 성립된다고 볼 수 없다(대판 2012.8.30. 2012도6157).
[❸ ▸ ○] 대판 2005.9.29. 2005도4738
[❹ ▸ ○] 강요죄나 공갈죄의 수단인 협박은 사람의 의사결정의 자유를 제한하거나 의사실행의 자유를 방해할 정도로 겁을 먹게 할 만한 해악을 고지하는 것을 말하는데, 해악의 고지는 반드시 명시적인 방법이 아니더라도 말이나 행동을 통해서 상대방으로 하여금 어떠한 해악에 이르게 할 것이라는 인식을 갖게 하는 것이면 족하고, 피공갈자 이외의 제3자를 통해서 간접적으로 할 수도 있다(대판 2013.4.11. 2010도13774).

> 피고인이, 甲 주식회사가 특정 신문들에 광고를 편중했다는 이유로 기자회견을 열어 甲 회사에 대하여 불매운동을 하겠다고 하면서 특정 신문들에 대한 광고를 중단할 것과 다른 신문들에 대해서도 동등하게 광고를 집행할 것을 요구하고 甲 회사 인터넷 홈페이지에 그와 같은 내용의 팝업창을 띄우게 한 사안에서, 제반 사정을 고려하면, 피고인의 행위가 강요죄나 공갈죄의 수단인 협박에 해당한다고 본 원심판단을 수긍한 사례(대판 2013.4.11. 2010도13774).

답 ❷

공갈의 죄에 대한 설명 중 가장 적절하지 않은 것은?(다툼이 있는 경우 판례에 의함)

20 경찰승진

① 부동산에 대한 공갈죄는 그 부동산의 소유권이전등기를 경료받거나 또는 인도를 받은 때에 기수가 된다.

② 피공갈자의 처분행위는 반드시 작위에 한하지 않고 부작위로도 가능하여, 피공갈자가 외포심을 일으켜 묵인하고 있는 동안에 공갈자가 직접 재산상의 이익을 탈취한 경우 공갈죄가 성립할 수 있다.

③ A가 甲의 돈을 절취한 다음 다른 금전과 섞거나 교환하지 않고 쇼핑백에 넣어 자신의 집에 숨겨두었는데 乙이 甲의 지시를 받아 A를 위협하여 쇼핑백에 들어 있던 절취된 돈을 교부받은 경우 乙에게 공갈죄가 성립하지 않는다.

④ 甲이 예금주인 현금카드 소유자를 협박하여 그 카드를 갈취한 다음 피해자의 승낙에 의하여 현금카드를 사용할 권한을 부여받아 이를 이용하여 여러 차례 현금자동지급기에서 예금을 인출한 경우 공갈죄와 절도죄의 경합범이 성립한다.

정선 핵심

공갈죄의 성립 여부

① 부동산에 대한 공갈죄의 기수 → 소유권이전등기를 경료받거나 또는 인도를 받은 때

② 외포심으로 묵인하고 있을 때 공갈자가 재산상의 이익을 탈취한 경우 → ○

③ 절도범이 쇼핑백에 넣어 둔 자신의 돈을 위협하여 다시 교부받은 경우 → ×

④ 갈취한 현금카드로 예금을 인출한 경우 → ○

정선 해설

[**❶ ▸ ○**] 대판 1992.9.14. 92도1506

[**❷ ▸ ○**] 재산상 이익의 취득으로 인한 공갈죄가 성립하려면 폭행 또는 협박과 같은 공갈행위로 인하여 피공갈자가 재산상 이익을 공여하는 처분행위가 있어야 한다. 물론 그러한 처분행위는 반드시 작위에 한하지 아니하고 부작위로도 족하여서, 피공갈자가 외포심을 일으켜 묵인하고 있는 동안에 공갈자가 직접 재산상의 이익을 탈취한 경우에도 공갈죄가 성립할 수 있다(대판 2012.1.27. 2011도16044).

[**❸ ▸ ○**] 대판 2012.8.30. 2012도6157

[**❹ ▸ ×**] 예금주인 현금카드 소유자를 협박하여 그 카드를 갈취한 다음 피해자의 승낙에 의하여 현금카드를 사용할 권한을 부여받아 이를 이용하여 현금자동지급기에서 현금을 인출한 행위는 모두 피해자의 예금을 갈취하고자 하는 피고인의 단일하고 계속된 범의 아래에서 이루어진 일련의 행위로서 포괄하여 하나의 공갈죄를 구성하므로, 현금자동지급기에서 피해자의 예금을 인출한 행위를 현금카드 갈취행위와 분리하여 따로 절도죄로 처단할 수는 없다(대판 2007.5.10. 2007도1375).

답 ❹

공갈죄에 관한 설명 중 옳은 것은?(다툼이 있으면 판례에 의함) `15` 사시

> ㄱ. 피해자를 공갈하여 피해자로 하여금 지정한 예금계좌에 돈을 입금케 한 이상 공갈죄는 이미 기수에 이르렀다.
>
> ㄴ. 폭행·협박에 의하여 부동산에 관한 소유권이전등기에 필요한 서류를 교부받은 때에 부동산에 대한 공갈죄의 기수가 된다.
>
> ㄷ. 공갈죄에 있어서 공갈의 상대방은 재산상의 피해자와 동일함을 요하지 아니하나, 공갈의 목적이 된 재물 기타 재산상의 이익을 처분할 수 있는 사실상 또는 법률상의 권한을 갖거나 그러한 지위에 있음을 요한다.
>
> ㄹ. 피공갈자가 외포심을 일으켜 묵인하고 있는 동안에 공갈자가 직접 재산상의 이익을 탈취한 경우에는 공갈죄가 성립할 수 없다.
>
> ㅁ. 공무원이 직무집행의 의사 없이 또는 직무처리와 대가적 관계없이 타인을 공갈하여 재물을 교부하게 한 경우, 공무원에게는 뇌물수수죄와 공갈죄가 성립되고, 재물의 교부자에게는 뇌물공여죄가 성립된다.

① ㄱ, ㄷ   ② ㄱ, ㅁ
③ ㄴ, ㄷ   ④ ㄱ, ㄷ, ㄹ
⑤ ㄷ, ㄹ, ㅁ

정선 핵심

ㄱ. 외포당한 피해자가 지정계좌에 돈을 입금한 경우 → 공갈죄 ○
ㄴ. 부동산에 대한 공갈죄의 기수 → 소유권이전등기를 경료받거나 또는 인도를 받은 때
ㄷ. 공갈죄의 구성요건
  → 공갈의 상대방 : 재산상의 피해자와 동일할 것을 요하지 않으나 재물 기타 재산상의 이익을 처분할 수 있는 사실상·법률상의 권한·지위 요구
ㄹ. 외포심으로 묵인하고 있을 때 공갈자가 재산상의 이익을 탈취한 경우 → 공갈죄 ○
ㅁ. 공무원이 직무집행의 의사 없이 타인을 공갈하여 재물을 교부하게 한 경우
  → 공무원 : 공갈죄 ○
  → 교부자 : 뇌물공여죄 ×

정선 해설

[ㄱ ▸ ○] 대판 1985.9.24. 85도1687
[ㄴ ▸ ×] 부동산에 대한 공갈죄는 그 부동산에 관하여 소유권이전등기를 경료받거나 또는 인도를 받은 때에 기수로 되는 것이고, 소유권이전등기에 필요한 서류를 교부 받은 때에 기수로 되어 그 범행이 완료되는 것은 아니다(대판 1992.9.14. 92도1506).
[ㄷ ▸ ○] 대판 2005.9.29. 2005도4738
[ㄹ ▸ ×] 재산상 이익의 취득으로 인한 공갈죄가 성립하려면 폭행 또는 협박과 같은 공갈행위로 인하여 피공갈자가 재산상 이익을 공여하는 처분행위가 있어야 한다. 물론 그러한 처분행위는 반드시 작위에 한지 아니하고 부작위로도 족하여서, 피공갈자가 외포심을 일으켜 묵인하고 있는 동안에 공갈자가 직접 재산상의 이익을 탈취한 경우에도 공갈죄가 성립할 수 있다(대판 2012.1.27. 2011도16044).
[ㅁ ▸ ×] 공무원이 직무집행의 의사 없이 또는 직무처리와 대가적 관계없이 타인을 공갈하여 재물을 교부하게 한 경우에는 공갈죄만이 성립하고, 이러한 경우 재물의 교부자가 공무원의 해악의 고지로 인하여 외포의 결과 금품을 제공한 것이라면 그는 공갈죄의 피해자가 될 것이고 뇌물공여죄는 성립될 수 없다고 하여야 할 것이다(대판 1994.12.22. 94도2528).

답 ❶

공갈죄에 관한 다음 기술 중 가장 옳지 않은 것은?(다툼이 있는 경우 판례에 의함)

13 법원행시

① 폭력조직의 두목 또는 조직원이 자신들을 소재로 삼은 영화에 제작투자한 피해자들에게 영화감독 B를 통해 재물의 교부를 요구하고 피해자들로 하여금 그 요구에 응하지 아니할 때에는 부당한 불이익을 초래할 위험이 있을 수 있다는 위구심을 야기하게 하고, 피해자들이 직접적으로 해악을 고지받지는 않았지만 상대방이 영화의 소재가 된 폭력조직의 두목 또는 조직원이므로 요구에 응하지 않을 경우의 불이익을 두려워하거나 곤경에 빠진 영화감독 B를 위해서라도 돈을 지급하지 않을 수 없다고 판단하여 마지못해 돈을 준 경우, 폭력조직의 두목 또는 조직원의 행위는 공갈죄를 구성한다.

② 예금주인 현금카드 소유자를 협박하여 그 카드를 갈취한 다음 피해자의 승낙에 의하여 현금카드를 사용할 권한을 부여받아 이를 이용하여 현금자동지급기에서 현금을 인출한 행위는 공갈죄와 별도로 절도죄를 구성하지는 않는다.

③ 흉기 기타 위험한 물건을 휴대하고 공갈죄를 범하여 폭력행위 등 처벌에 관한 법률 제3조 제1항에 의해 가중처벌되는 경우에도 친족상도례 규정이 적용된다.

④ 피고인은 甲의 지시를 받아 그 소유의 돈을 금고에 보관하고 있었는데, 乙이 이를 절취한 다음 다른 금전과 섞거나 교환하지 않고 쇼핑백 등에 넣어 자신의 집에 숨겨두었다. 피고인은 甲의 지시로 乙에게 겁을 주어 乙로부터 쇼핑백 등에 들어 있던 절취된 돈을 교부받았다. 이 경우 피고인의 행위는 공갈죄를 구성한다.

⑤ A는 乙이 운전하는 택시를 타고 간 후 최초의 장소에 이르러 택시에서 내린 다음 택시요금 14,000원의 지급을 면할 목적으로 택시를 승차할 때 다른 장소에 가자고 하였다면서 택시요금 지급을 요구하는 乙을 때리고 달아났다. 乙은 A가 말한 다른 장소까지 쫓아가 기다리다가 그곳에서 A를 발견하고 택시요금의 지급을 요구하였고, A는 다시 피해자의 얼굴 등을 주먹으로 때리고 달아났다. 이 경우 A의 행위는 공갈죄를 구성하지 않는다.

정선 핵심

공갈죄의 성립 여부
① 폭력조직을 소재로 삼은 영화의 제작투자자들에게 재물의 교부를 요구한 경우 → ○
② 갈취한 현금카드로 예금을 인출한 경우 → ○
③ 폭처법위반죄(공갈죄) → 친족상도례 적용 ○
④ 절도범이 쇼핑백에 넣어 둔 자신의 돈을 위협하여 다시 교부받은 경우 → ×
⑤ 승객이 택시요금을 면하기 위하여 운전사를 폭행하고 도주한 경우 → ×

정선 해설

[❶ ▸ ○] 폭력조직의 두목 또는 조직원이 제3자를 통해 피해자들에게 암묵적인 방법으로 재물의 교부를 요구하고 이에 응하지 아니할 때에는 부당한 불이익을 초래할 위험이 있을 수 있다는 위구심을 야기하게 하고, 나아가 피해자들이 곤경에 빠진 제3자를 위해 마지못해 돈을 준 경우, 공갈죄가 성립한다(대판 2005.7.15. 2004도1565).

[❷ ▸ ○] 대판 2007.5.10. 2007도1375

[❸ ▸ ○] 흉기 기타 위험한 물건을 휴대하고 공갈죄를 범하여 '폭력행위 등 처벌에 관한 법률' 제3조 제1항, 제2조 제1항 제3호에 의하여 가중처벌되는 경우에도 형법상 공갈죄의 성질은 그대로 유지되는 것이므로, 형법 제354조는 '폭력행위 등 처벌에 관한 법률 제3조 제1항 위반죄'에도 그대로 적용된다(대판 2010.7.29. 2010도5795).

[❹ ▸ ×] 甲이 乙의 돈을 절취한 다음 다른 금전과 섞거나 교환하지 않고 쇼핑백 등에 넣어 자신의 집에 숨겨두었는데, 피고인이 乙의 지시로 丙과 함께 甲에게 겁을 주어 위 돈을 교부받아 갈취한 경우, 위 금전은 타인인 甲의 재물이라고 할 수 없어 공갈죄가 성립한다고 볼 수 없다(대판 2012.8.30. 2012도6157).

[❺ ▸ ○] 대판 2012.1.27. 2011도16044

답 ❹

공갈의 죄에 대한 다음 설명 중 가장 옳지 않은 것은?(다툼이 있는 경우 판례에 의함)

19 경찰간부

① 피고인이 예금주인 현금카드 소유자를 협박하여 그 카드를 갈취한 다음 피해자의 승낙에 의하여 현금카드를 사용할 권한을 부여받아 이를 이용하여 여러 차례 현금자동지급기에서 예금을 인출한 경우 포괄하여 하나의 공갈죄를 구성한다.

② 공갈죄에 있어서 공갈의 상대방은 재산상의 피해자와 동일함을 요하지는 않는다.

③ 공갈죄의 대상이 되는 재물은 타인의 재물을 의미하므로 사람을 공갈하여 자기의 재물을 교부받는 경우에는 공갈죄가 성립하지 아니한다.

④ 택시 승객이 택시요금을 면하기 위하여 택시운전사를 폭행하고 도주한 경우, 택시운전사의 처분행위가 없었더라도 재산상 이익실현의 장애가 발생하였다면 공갈죄의 기수범이 성립한다.

**정선
핵심**

공갈죄의 성립 여부

① 갈취한 현금카드로 예금을 인출한 경우 → ○

② 공갈죄의 구성요건

→ 공갈의 상대방 : 재산상의 피해자와 동일할 것을 요하지 않으나 재물 기타 재산상의 이익을 처분할 수 있는 사실상·법률상의 권한·지위 요구

③ 사람을 공갈하여 자기의 재물을 교부받는 경우 → ×

④ 승객이 택시요금을 면하기 위하여 운전사를 폭행하고 도주한 경우 → ×

**정선
해설**

[**❶** ▶ ○] 대판 2007.5.10. 2007도1375

[**❷** ▶ ○] 대판 2005.9.29. 2005도4738

[**❸** ▶ ○] 대판 2012.8.30. 2012도6157

[**❹** ▶ ×] 폭행의 상대방이 위와 같은 의미에서의 처분행위를 한 바 없고, 단지 행위자가 법적으로 의무 있는 재산상 이익의 공여를 면하기 위하여 상대방을 폭행하고 현장에서 도주함으로써 상대방이 행위자로부터 원래라면 얻을 수 있었던 재산상 이익의 실현에 장애가 발생한 것에 불과하다면, 그 행위자에게 공갈죄의 죄책을 물을 수 없다(대판 2012.1.27. 2011도16044).

> 피고인이 피해자가 운전하는 택시를 타고 간 후 목적지가 다르다는 이유로 택시요금의 지급을 면하고자 이를 요구하는 피해자를 폭행하고 달아난 사안에서, 피고인이 피해자를 폭행하고 달아났을 뿐 피해자가 택시요금의 지급에 관하여 수동적·소극적으로라도 피고인이 이를 면하는 것을 용인하여 그 이익을 공여하는 처분행위를 하였다고 할 수 없는데, 이와 달리 보아 공갈죄를 인정한 원심판결에 법리오해 등의 위법이 있다고 한 사례(대판 2012.1.27. 2011도16044).

탑 ❹

① 甲이 乙의 돈을 절취한 다음 다른 금전과 섞거나 교환하지 않고 쇼핑백 등에 넣어 자신의 집에 숨겨두었는데, 피고인이 乙의 지시로 폭력조직원 丙과 함께 甲에게 겁을 주어 쇼핑백 등에 들어 있던 절취된 돈을 교부받아 갈취하였다면 공갈죄가 성립된다.

② 주점의 종업원에게 신체에 위해를 가할 듯한 태도를 보여 이에 겁을 먹은 위 종업원으로부터 주류를 제공받은 경우에, 위 종업원은 주류에 대한 사실상의 처분권자이므로 공갈죄의 피해자에 해당되고 공갈죄가 성립한다.

③ 피고인이 피해자가 운전하는 택시를 타고 간 후 최초의 장소에 이르러 택시요금의 지급을 면할 목적으로 다른 장소에 가자고 하였다면서 택시에서 내린 다음 택시요금 지급을 요구하는 피해자를 때리고 달아나자, 피해자가 피고인이 말한 다른 장소까지 쫓아가 기다리다 그곳에서 피고인을 발견하고 택시요금 지급을 요구하였는데 피고인이 다시 피해자의 얼굴 등을 주먹으로 때리고 달아났다면 공갈죄가 성립한다.

④ 공무원이 직무집행의 의사 없이 또는 직무처리와 대가적 관계없이 타인을 공갈하여 재물을 교부하게 한 경우에는 공갈죄가 성립하고, 이러한 경우 재물의 교부자는 공갈자가 공무원이라는 사실을 알았으며 해악의 고지로 인하여 외포의 결과 금품을 제공한 것이어서 그는 공갈죄의 피해자임과 동시에 뇌물공여자가 된다.

**정선
핵심**

공갈죄의 성립 여부
① 절도범이 쇼핑백에 넣어 둔 자신의 돈을 위협하여 다시 교부받은 경우 → ✕
② 사실상의 처분권자이고 피해자인 종업원으로부터 주류를 제공받은 경우 → ○
③ 승객이 택시요금을 면하기 위하여 운전사를 폭행하고 도주한 경우 → ✕
④ 공무원이 직무집행의 의사 없이 타인을 공갈하여 재물을 교부하게 한 경우
  ⋯→ 공무원 : 공갈죄 ○
  ⋯→ 교부자 : 뇌물공여죄 ✕

**정선
해설**

[❶ ▸ ✕] 甲이 乙의 돈을 절취한 다음 다른 금전과 섞거나 교환하지 않고 쇼핑백 등에 넣어 자신의 집에 숨겨두었는데, 피고인이 乙의 지시로 丙과 함께 甲에게 겁을 주어 위 돈을 교부받아 갈취한 경우, 위 금전은 타인인 甲의 재물이라고 할 수 없어 공갈죄가 성립된다고 볼 수 없다(대판 2012.8.30. 2012도6157).

[❷ ▸ ○] 대판 2005.9.29. 2005도4738

[❸ ▸ ✕] 피고인이 피해자를 폭행하고 달아났을 뿐 피해자가 택시요금의 지급에 관하여 수동적·소극적으로도 피고인이 이를 면하는 것을 용인하여 그 이익을 공여하는 처분행위를 하였다고 할 수 없으므로 공갈죄는 인정되지 아니한다(대판 2012.1.27. 2011도16044).

[❹ ▸ ✕] 공무원이 직무집행의 의사 없이 또는 직무처리와 대가적 관계없이 타인을 공갈하여 재물을 교부하게 한 경우에는 공갈죄만이 성립하고, 이러한 경우 재물의 교부자가 공무원의 해악의 고지로 인하여 외포의 결과 금품을 제공한 것이라면 그는 공갈죄의 피해자가 될 것이고 뇌물공여죄는 성립될 수 없다고 하여야 할 것이다(대판 1994.12.22. 94도2528).

답 ❷

공갈죄에 관한 설명 중 가장 적절하지 않은 것은?(다툼이 있는 경우 판례에 의함)

17 경찰승진

① 공갈죄의 수단으로서 협박은 사람의 의사결정의 자유를 제한하거나 의사실행의 자유를 방해할 정도로 겁을 먹게 할 만한 해악을 고지하는 것을 말하고 해악의 고지는 반드시 명시의 방법에 의할 것을 요하지 아니한다.

② 사회통념상 용인되기 어려운 정도를 넘는 협박을 수단으로 상대방을 외포케 하여 재물의 교부 또는 재산상의 이익을 받았다고 하더라도, 피고인이 피해자에 대하여 진정한 채권을 가지고 있다면 공갈죄는 성립하지 아니한다.

③ 지역신문의 발행인이 시정에 관한 비판기사 및 사설을 보도하고 관련 공무원에게 광고의뢰 및 직보배정을 타 신문사와 같은 수준으로 높게 해달라고 요청한 사실만으로는 공갈죄의 수단으로서 그 상대방을 협박하였다고 볼 수 없다.

④ 공갈죄에 있어서 공갈의 상대방은 재산상의 피해자와 동일함을 요하지는 아니하나, 공갈의 목적이 된 재물 기타 재산상의 이익을 처분할 수 있는 사실상 또는 법률상의 권한을 갖거나 그러한 지위에 있음을 요한다.

**정선
핵심**

①·④ 공갈죄의 구성요건
⟶ 협박 : 사람의 의사결정의 자유를 제한하거나 의사실행의 자유를 방해할 정도로 겁을 먹게 할 만한 해악을 고지하는 것으로 명시적일 것 불요
⟶ 공갈의 상대방 : 재산상의 피해자와 동일할 것을 요하지 않으나 재물 기타 재산상의 이익을 처분할 수 있는 사실상·법률상의 권한·지위 요구
② 진정한 채권이 있으나 사회통념상 용인되기 어려운 협박으로 재물 등을 교부받은 경우 → 공갈죄 ○
③ 지역신문의 발행인이 광고의뢰, 직보배정을 일정수준으로 요청한 경우 → 공갈죄 ×

**정선
해설**

[❶ ▶ ○] 대판 2013.4.11. 2010도13774
[❷ ▶ ✕] 판례의 취지를 고려하면, 피고인이 피해자에 대하여 진정한 채권을 가지고 있더라도 협박이 사회통념상 허용될 수 있는 범위를 넘는다면 공갈죄가 성립한다고 보는 것이 타당하다.

> 피고인의 주장과 같이 피해자에 대하여 가지는 이 사건 점포임대차계약의 해제에 따른 원상회복 및 손해배상청구권의 범위 내에서 그 권리실현의 목적으로 이루어진 것이라고 하더라도, 그 행사된 수단방법이 구체적인 태양에 있어 사회통념상 허용될 수 있는 범위를 훨씬 넘는 것이어서 피고인의 위 행위는 공갈죄를 구성한다고 보아야 옳을 것이다(대판 1995.3.10. 94도2422).

[❸ ▶ ○] 지역신문의 발행인이 시정에 관한 비판기사 및 사설을 보도하고 관련 공무원에게 광고의뢰 및 직보배정을 타신문사와 같은 수준으로 높게 해달라고 요청한 사실만으로 공갈죄의 수단으로서 그 상대방을 협박하였다고 볼 수 없다(대판 2002.12.10. 2001도7095).

[❹ ▶ ○] 대판 2005.9.29. 2005도4738

답 ❷

01 조상천도제를 지내지 아니하면 좋지 않은 일이 생긴다는 취지의 해악의 고지는 협박으로 평가 될 수 있어 공갈죄가 성립한다. `16` 경찰승진

○ I X

02 피해자의 기망에 의하여 부동산을 비싸게 매수한 자가 그 계약을 취소하지 않고 등기를 자신의 앞으로 둔 채 피해자를 협박하여 전매차익을 받아낸 경우 공갈죄가 성립한다. `16` 경찰승진

○ I X

03 공갈죄에 있어 피공갈자의 하자 있는 의사에 기하여 이루어지는 재물의 교부 자체가 공갈죄에서의 재산상 손해에 해당하므로 반드시 피해자의 전체 재산의 감소가 요구되는 것도 아니다. `17` 법원9급

○ I X

04 가출자의 가족에 대하여 그의 소재를 알려주는 조건으로 보험가입을 요구한 경우는 공갈죄에 있어서의 협박으로 볼 수 없다. `15` 경찰승진

○ I X

05 교통사고로 2주일간의 치료를 요하는 상해를 당하여 그로 인한 손해배상청구권이 있음을 기화로 사고차량의 운전사가 바뀐 것을 알고서 그 운전사의 사용자에게 과다한 금원을 요구하면서 이에 응하지 않으면 수사기관에 신고할 듯한 태도를 보여 이에 겁을 먹은 동인으로부터 금 3,500,000원을 교부받은 경우 공갈죄가 성립한다.
`14` 경찰간부

○ I X

06 방송기자가 건설회사 경영주에게 그 회사가 건축한 아파트의 공사하자에 관하여 방송으로 계속 보도할 것 같은 태도를 보임으로써 회사의 신용훼손을 우려한 그로부터 속보 무마비조로 돈 2,000,000원을 받은 경우 공갈죄가 성립한다. `14` 경찰간부

○ I X

07 토지매도인이 그 매매대금을 지급받기 위하여 매수인을 상대로 하여 당해 토지에 관한 소유권이전등기말소청구소송을 제기하고 위 대금을 변제받지 못하면 위 소송을 취하하지 아니하고 예고등기도 말소하지 않겠다는 취지를 알렸다고 하여 이를 지목하여 공갈행위라고 단정할 수 없다. `15` 법원9급

○ I X

---

01 조상천도제를 지내지 아니하면 좋지 않은 일이 생긴다는 취지의 해악의 고지는 길흉화복이나 천재지변의 예고로서 행위자에 의하여 직접, 간접적으로 좌우될 수 없는 것이고 가해자가 현실적으로 특정되어 있지도 않으며 해악의 발생가능성이 합리적으로 예견될 수 있는 것이 아니므로 협박으로 평가될 수 없다(대판 2002.2.8. 2000도3245).

02 대판 1991.9.24. 91도1824

03 대판 2013.4.11. 2010도13774

04 대판 1976.4.27. 75도2818

05 대판 1990.3.27. 89도2036

06 대판 1991.5.28. 91도80

07 대판 1989.2.28. 87도690

정답
01 × **02** ○ **03** ○ **04** ○
05 ○ **06** ○ **07** ○

253
□□□

횡령죄에 관한 설명으로 가장 적절하지 않은 것은?(다툼이 있는 경우 판례에 의함)

`20` 경찰채용

① 부동산의 공유자 중 1인이 다른 공유자의 지분을 임의로 처분하거나 임대하여도 그에게는 그 처분권능이 없어 횡령죄가 성립하지 않게 되는데, 구분소유자 전원의 공유에 속하는 공용 부분인 지하주차장 일부를 그중 1인이 독점 임대하고 수령한 임차료를 임의로 소비한 경우도 마찬가지다.

② 국민연금법 제64조 등의 규정에 의하여 사용자는 매월 임금에서 국민연금 보험료 중 근로자가 부담할 기여금을 원천공제하여 근로자를 위하여 보관하고, 국민연금관리공단에 위 보험료를 납부하여야 할 업무상 임무를 부담하게 되며, 사용자가 이에 위배하여 근로자의 임금에서 원천공제한 기여금을 위 공단에 납부하지 아니하고, 나아가 이를 개인적 용도로 소비하였다면 업무상횡령죄에 해당한다.

③ 보관자의 지위에 있는 공동명의 예금채권자가 피해자 조합원들이 제기한 소송으로 인하여 조합이 입게 되는 손해에 대한 구상금채권의 집행 확보를 위하여 피해자 조합원들에 대하여 예금계좌에 초과로 입금된 개발부담금의 반환을 거부한 경우에는 불법영득의사가 인정되어 횡령죄가 성립한다.

④ 아파트 입주자대표회의 회장이 아파트 특별수선충당금을 구조진단 견적비 및 손해배상청구소송의 변호사 선임료로 사용하였으나, 당시에는 특별수선충당금의 용도외 사용이 관리규약에 의해서만 제한되고 있어서 구분소유자들 또는 입주민들로부터 포괄적인 동의를 얻어 특별수선충당금을 위탁의 취지에 부합하는 용도에 사용한 것으로 볼 수 있다면 업무상횡령죄에 해당하지 않는다.

정선 핵심

(업무상)횡령죄의 성립 여부

① 지하주차장을 구분소유자 중 1인이 독점임대하고 수령한 임차료를 소비한 경우 → ×
② 근로자의 임금에서 원천공제한 기여금을 개인적인 용도로 소비한 경우 → ○
③ 공동명의 예금채권자가 구상금채권의 집행 확보를 위하여 개발부담금의 반환을 거부한 경우 → ×
④ 아파트 입주자대표회의 회장이 포괄적인 동의를 얻어 아파트 특별수선충당금을 구조진단 견적비 등에 사용한 경우 → ×

정선 해설

[❶ ▸ ○] 대판 2004.5.27. 2003도6988
[❷ ▸ ○] 대판 2011.2.10. 2010도13284
[❸ ▸ ×] 피고인들이 피해자 조합원들에 대하여 이 사건 예금계좌에 초과로 입금된 개발부담금의 반환을 거부한 것은 피해자 조합원들이 제기한 소송으로 인하여 조합이 입게 되는 손해에 대한 구상금채권의 집행 확보를 위한 것에 불과하고, 위 개발부담금을 영득하기 위한 것이라고 볼 수 없으므로 피고인들에 대하여 횡령죄가 성립하지 않는다(대판 2008.12.11. 2008도8279).
[❹ ▸ ○] 특별수선충당금은 갑 아파트의 주요시설 교체 및 보수를 위하여 별도로 적립한 자금으로 원칙적으로 그 범위 내에서 사용하도록 용도가 제한된 자금이나, 당시에는 특별수선충당금의 용도 외 사용이 관리규약에 의해서만 제한되고 있었던 점, 피고인이 구분소유자들 또는 입주민들로부터 포괄적인 동의를 얻어 특별수선충당금을 위탁의 취지에 부합하는 용도에 사용한 것으로 볼 여지가 있는 점 등 제반 사정을 종합하면, 피고인이 특별수선충당금을 지출한 것이 위탁의 취지에 반하여 자기 또는 제3자의 이익을 위하여 자기의 소유인 것처럼 처분하였다고 단정하기 어려우므로 업무상횡령죄는 성립하지 아니한다(대판 2017.2.15. 2013도14777).

답 ❸

제2장

제12장

제13장

횡령죄에 대한 설명이다. 아래 ㄱ.부터 ㄹ.까지의 설명 중 적절하지 않은 것을 모두 고른 것은?(다툼이 있는 경우 판례에 의함) `21` 경찰승진

ㄱ. 사립학교의 교비회계에 속하는 수입을 적법한 교비회계의 세출에 포함되는 용도가 아닌 다른 용도에 사용하는 행위는 그 자체로서 횡령죄가 성립한다.

ㄴ. 회사에 대하여 개인적인 채권을 가지고 있는 대표이사가 회사를 위하여 보관하고 있는 회사 소유의 금전으로 이사회의 승인 등의 절차 없이 자신의 채권 변제에 충당하는 행위는 횡령죄에 해당한다.

ㄷ. 타인의 금전을 위탁받아 보관하는 자가 보관방법으로 금융기관에 자신의 명의로 예치한 후 이를 함부로 인출하여 소비하거나 위탁자에게서 반환요구를 받았음에도 영득의 의사로 반환을 거부하는 경우 횡령죄는 성립하지 않는다.

ㄹ. 피해자 甲 종중으로부터 토지를 명의신탁받아 보관 중이던 피고인 乙이 개인 채무 변제에 사용할 돈을 차용하기 위해 위 토지에 근저당권을 설정하였는데, 그 후 피고인 乙이 丙과 공모하여 위 토지를 丁에게 매도한 경우 후행의 매도행위는 별도의 횡령죄를 구성한다.

---

① ㄱ, ㄴ   ② ㄱ, ㄹ

③ ㄴ, ㄷ   ④ ㄷ, ㄹ

정선 핵심

횡령죄의 성립 여부

ㄱ. 사립학교의 교비회계에 속하는 수입을 전용하는 경우 → ○

ㄴ. 대표이사가 회사 소유의 금전으로 채권 변제에 충당하는 경우 → ×

ㄷ. 타인의 금전을 자기의 명의로 예치한 후 인출·소비하거나 반환거부하는 경우 → ○

ㄹ. 명의수탁자가 수탁부동산에 근저당권설정등기를 경료한 후 제3자에게 매도한 경우 → ○

정선 해설

[ㄱ▸○] 대판 2015.2.26. 2014도15182

[ㄴ▸×] 회사에 대하여 개인적인 채권을 가지고 있는 대표이사가 회사를 위하여 보관하고 있는 회사 소유의 금전으로 자신의 채권 변제에 충당하는 행위는 <u>회사와 이사의 이해가 충돌하는 자기거래행위에 해당하지 않는 것이므로</u>, 대표이사가 이사회의 승인 등의 절차 없이 그와 같이 자신의 회사에 대한 채권을 변제하였더라도, <u>이는 대표이사의 권한 내에서 한 회사 채무의 이행행위로서 유효하고</u>, 따라서 불법영득의 의사가 인정되지 아니하여 횡령죄의 죄책을 물을 수 없다(대판 2002.7.26. 2001도5459).

[ㄷ▸×] 타인의 금전을 위탁받아 보관하는 자가 보관방법으로 금융기관에 자신의 명의로 예치한 경우, 수탁자 명의의 예금에 입금된 금전은 수탁자만이 법률상 지배·처분할 수 있을 뿐이고 <u>위탁자로서는 위 예금의 예금주가 자신이라고 주장할 수는 없으나</u>, 그렇다고 하여 보관을 위탁받은 위 금전이 수탁자 소유로 된다거나 위탁자가 위 금전의 반환을 구할 수 없는 것은 아니므로 수탁자가 이를 함부로 인출하여 소비하거나 또는 위탁자로부터 반환요구를 받았음에도 이를 영득할 의사로 반환을 거부하는 경우에는 횡령죄가 성립한다(대판 2000.8.18. 2000도1856).

[ㄹ▸○] 타인(종중)의 부동산을 보관 중인 자가 불법영득의사를 가지고 그 부동산에 근저당권설정등기를 경료함으로써 일단 횡령행위가 기수에 이르렀다 하더라도 그 후 같은 부동산에 별개의 근저당권을 설정하여 새로운 법익침해의 위험을 추가함으로써 법익침해의 위험을 증가시키거나 해당 부동산을 매각함으로써 기존의 근저당권과 관계없이 법익침해의 결과를 발생시켰다면, 이는 당초의 근저당권 실행을 위한 임의경매에 의한 매각 등 그 근저당권으로 인해 당연히 예상될 수 있는 범위를 넘어 새로운 법익침해의 위험을 추가시키거나 법익침해의 결과를 발생시킨 것이므로 특별한 사정이 없는 한 불가벌적 사후행위로 볼 수 없고, 별도로 횡령죄를 구성한다(대판 2013.2.21. 2010도10500[전합]).

대법원은 최근 부동산실명법을 위반한 양자 간 명의신탁의 경우 명의수탁자가 신탁받은 부동산을 임의로 처분하여도 명의신탁자에 대한 관계에서 횡령죄가 성립하지 아니한다고 판시(대판 2021.2.18. 2016도18761[전합])하였으나, 지문은 종중 토지에 대한 명의신탁사안이고 부동산실명법 제8조 제1호에 의하면 일정한 경우 종중 부동산에 관한 물권의 명의신탁도 유효하다고 규정하고 있으므로, 후행의 매도행위는 별도의 횡령죄를 구성한다고 보는 것이 타당하다고 판단된다.

답 ❸

255

□□□

횡령죄에 대한 설명으로 가장 적절하지 않은 것은?(다툼이 있는 경우 판례에 의함)

20 경찰채용

① A종친회 회장인 甲이 위조한 종친회 규약 등을 공탁관에게 제출하는 방법으로 A종친회를 피공탁자로 하여 공탁된 수용보상금을 출급받아 편취하고, 이를 종친회를 위하여 업무상 보관하던 중 반환을 거부하였다면, 甲이 공탁관을 기망하여 공탁금을 출급받음으로써 A종친회를 피해자로 한 사기죄가 성립하고, 그 후 A종친회에 대하여 공탁금 반환을 거부한 행위에 대해 별도의 횡령죄는 성립하지 않는다.

② 병원에서 의약품 선정·구매 업무를 담당하는 약국장이 병원을 대신하여 제약회사로부터 의약품 제공의 대가로 기부금 명목의 돈을 받아 보관 중 임의로 소비하였다면 이는 병원이 약국장에게 불법원인급여를 한 것에 해당하지 않아 업무상횡령죄가 성립한다.

③ 부동산에 관하여 신탁자가 수탁자와 명의신탁약정을 맺고 신탁자가 매매계약의 당사자가 되어 매도인과 매매계약을 체결하되 다만 등기를 매도인으로부터 수탁자 앞으로 직접 이전하는 방법으로 명의신탁을 한 경우, 명의수탁자가 그 부동산을 임의로 처분하고, 처분하지 않은 나머지 부동산 반환을 거부한 것은 이미 성립된 횡령죄에 대한 불가벌적 사후행위로 별도의 횡령죄를 구성하지 않는다.

④ 다른 사람의 재물을 보관하는 사람이 그 사람의 동의 없이 함부로 이를 담보로 제공하는 행위는 불법영득의 의사를 표현하는 행위로서 사법상 그 담보제공행위가 무효이거나 그 재물에 대한 소유권이 침해되는 결과가 발생하는지 여부에 관계없이 횡령죄를 구성한다.

정선 핵심

(업무상)횡령죄의 성립 여부
① 종친회 회장이 수용보상금을 편취한 후 반환을 거부한 경우 → ×
② 의약품 제공의 대가로 받은 기부금을 임의로 소비한 경우 → ○
③ 중간생략등기형 명의신탁의 명의수탁자가 부동산을 임의로 처분하고, 처분하지 않은 나머지 부동산의 반환을 거부한 경우 → ×
④ 타인의 재물을 그의 동의 없이 함부로 담보로 제공하는 경우 → ○

정선 해설

[❶ ▶ ○] 피고인이 공탁관을 기망하여 공탁금을 출급받음으로써 갑 종친회를 피해자로 한 사기죄가 성립하고, <u>그 후 갑 종친회에 대하여 공탁금 반환을 거부한 행위는 새로운 법익의 침해를 수반하지 않는 불가벌적 사후행위에 해당할 뿐 별도의 횡령죄가 성립하지 않는다</u>(대판 2015.9.10. 2015도8592).
[❷ ▶ ○] 대판 2008.10.9. 2007도2511

안심Touch

[**❸** ▸ ✕] 명의신탁자가 매수한 부동산에 관하여 부동산실명법을 위반하여 명의수탁자와 맺은 명의신탁약정에 따라 매도인에게서 바로 명의수탁자 명의로 소유권이전등기를 마친 이른바 중간생략등기형 명의신탁을 한 경우, 명의신탁자는 신탁부동산의 소유권을 가지지 아니하고, 명의신탁자와 명의수탁자 사이에 위탁신임관계를 인정할 수도 없다. 따라서 명의수탁자가 명의신탁자 재물을 보관하는 자라고 할 수 없으므로, 명의수탁자가 신탁받은 부동산을 임의로 처분하여도 명의신탁자에 대한 관계에서 횡령죄가 성립하지 아니한다(대판 2016.5.19. 2014도 6992[전합]).

[**❹** ▸ ○] 대판 2002.11.13. 2002도2219

답 ❸

256
□□□

(업무상)횡령죄에 대한 설명으로 옳지 않은 것은?(다툼이 있는 경우 판례에 의함)

`18` 국가9급

① 부동산 입찰절차에서 甲, 乙, 丙이 대금을 분담하되 그중 1인인 甲 명의로 낙찰받기로 약정하고 낙찰을 받은 후 甲이 그 부동산을 임의로 처분한 경우 甲에게는 (업무상)횡령죄가 성립한다.
② 학교법인을 운영하는 甲이 A사립학교의 교비회계자금을 같은 학교법인에 속하는 B사립학교의 교비회계에 사용한 경우 甲에게는 (업무상)횡령죄가 성립한다.
③ 甲이 A에게 금전을 대여하면서 A로부터 그 담보로 동산을 교부받아 보관하고 있던 중 담보권의 범위를 벗어나서 그 동산 담보물을 처분한 경우 甲에게는 횡령죄가 성립한다.
④ 프랜차이즈 계약을 맺은 가맹점주 甲이 물품판매대금의 일부를 본사로 송금하지 않고 임의로 소비한 경우 甲에게는 (업무상)횡령죄가 성립하지 않는다.

정선 핵심

(업무상)횡령죄의 성립 여부
① 부동산 입찰절차에서 수인이 대금분담 후 낙찰받은 명의인이 임의처분한 경우 → ✕
② A사립학교의 교비회계자금을 B사립학교의 교비회계에 사용한 경우 → ○
③ 채권 담보로 교부받은 동산을 담보권의 범위를 벗어나서 처분한 경우 → ○
④ 가맹점주가 물품판매대금의 일부를 임의로 소비한 경우 → ✕

정선 해설

[**❶** ▸ ✕] 판례의 취지를 고려하면, 입찰목적부동산의 소유권은 甲에게 귀속되므로 甲이 그 부동산을 임의로 처분하더라도 횡령죄가 성립하지 아니한다.

> 부동산 입찰절차에서 수인이 대금을 분담하되 그중 1인 명의로 낙찰받기로 약정하여 그에 따라 낙찰이 이루어진 경우, 그 입찰절차에서 낙찰인의 지위에 서게 되는 사람은 어디까지나 그 명의인이므로 입찰목적부동산의 소유권은 경락대금을 실질적으로 부담한 자가 누구인가와 상관없이 그 명의인이 취득한다 할 것이므로 그 부동산은 횡령죄의 객체인 타인의 재물이라고 볼 수 없어 명의인이 이를 임의로 처분하더라도 횡령죄를 구성하지 않는다 (대판 2000.9.8. 2000도258).

[**❷** ▸ ○] 대판 2002.5.10. 2001도1779
[**❸** ▸ ○] 금전을 대여하면서 채무자로부터 그 담보로 동산을 교부받은 담보권자는 그 담보권의 범위 내에서 담보권을 행사할 수 있을 것인데, 담보권자가 실제의 피담보채권 외에 제3자에 대한 기존의 채권까지도 피담보채권에 포함되는 것이라고 주장하면서 그것까지 포함하여 변제가 이루어지지 아니할 경우 반환하지 않을 것임을 표명하다가 타인에게 담보목적물을 매각하거나 담보로 제공하여 피담보채무 이외의 채권까지도 변제충당한 경우에는 정당한 담보권의 행사라고 볼 수 없고, 위탁의 취지에 반하여 자기 또는 제3자의 이익을 위하여 권한 없이 그 재물을 자기의 소유인 것같이 처분하는 것으로서 불법영득의 의사가 인정된다(대판 2007.6.14. 2005도7880).
[**❹** ▸ ○] 대판 1998.4.14. 98도292

답 ❶

다음 중 횡령죄(업무상횡령죄)가 가장 성립하지 않는 것은?(다툼이 있는 경우 판례에 의함)

`20` 해경승진

① 회사의 대표이사가 근로자의 임금에서 국민연금보험료 중 근로자가 부담하는 기여금을 원천공제한 뒤 국민연금관리공단에 납부하지 않고 개인적 용도로 사용한 경우

② 피고인이 주식회사의 경영권을 인수한 후 회사소유의 예금을 인출하여 피고인의 위 회사 인수를 위한 대출금 변제에 사용한 경우

③ 타인에 대한 채무변제를 위탁받은 돈을 자신의 위탁자에 대한 채권에 충당한 경우

④ 구분소유자 전원의 공유에 속하는 공용 부분인 지하주차장 일부를 그중 1인이 독점 임대하고 수령한 임차료를 임의로 소비한 경우

정선 핵심

(업무상)횡령죄의 성립 여부

① 근로자의 임금에서 원천공제한 기여금을 개인적인 용도로 소비한 경우 → ○

② 경영권을 인수한 후 회사소유의 예금을 인출하여 인수를 위한 대출금 변제에 사용한 경우 → ○

③ 변제를 위하여 위탁받은 금원을 함부로 위탁자에 대한 채권에 충당한 경우 → ○

④ 지하주차장을 구분소유자 중 1인이 독점임대하고 수령한 임차료를 소비한 경우 → ✕

정선 해설

[**❶ ▸ ○**] 구 국민연금법, 구 국민연금법 시행령 등의 규정에 의하여 <u>사용자는 매월 임금에서 국민연금 보험료 중 근로자가 부담할 기여금을 원천공제하여 근로자를 위하여 보관하고, 국민연금관리공단에 위 보험료를 납부하여야 할 업무상 임무를 부담하게 되며, 사용자가 이에 위배하여 근로자의 임금에서 원천공제한 기여금을 위 공단에 납부하지 아니하고, 나아가 이를 개인적 용도로 소비하였다면 업무상횡령죄의 책임을 면할 수 없다</u>(대판 2011.2.10. 2010도13284).

[**❷ ▸ ○**] 피고인이 甲 주식회사의 경영권을 인수한 후 甲 회사 소유의 예금을 인출하여 피고인의 甲 회사 인수를 위한 대출금 변제에 사용한 경우, 피고인이, 위 예금이 인출되기 직전에 있었던 주주총회에서 피고인 측 이사 3명이 선출됨으로써 甲 회사의 실질적 운영자의 지위를 취득하였던 점 등에 비추어 위 예금을 보관하는 자의 지위에 있었으므로, 횡령죄가 성립한다(대판 2011.3.24. 2010도17396).

[**❸ ▸ ○**] 대판 1984.11.13. 84도1199

[**❹ ▸ ✕**] <u>부동산에 관한 횡령죄에 있어서 타인의 재물을 보관하는 자의 지위는 동산의 경우와는 달리 부동산에 대한 점유의 여부가 아니라 부동산을 제3자에게 유효하게 처분할 수 있는 권능의 유무에 따라 결정하여야 하므로, 부동산의 공유자 중 1인이 다른 공유자의 지분을 임의로 처분하거나 임대하여도 그에게는 그 처분권능이 없어 횡령죄가 성립하지 아니한다. 구분소유자 전원의 공유에 속하는 공용 부분인 지하주차장 일부를 그중 1인이 독점 임대하고 수령한 임차료를 임의로 소비한 경우 횡령죄가 성립하지 아니한다</u>(대판 2004.5.27. 2003도6988).

> **관련판례** 대판 2000.4.11. 2000도565
>
> <u>부동산에 관한 횡령죄에 있어서 타인의 재물을 보관하는 자의 지위는 동산의 경우와는 달리 부동산에 대한 점유의 여부가 아니라 부동산을 제3자에게 유효하게 처분할 수 있는 권능의 유무에 따라 결정하여야 하므로, 부동산을 공동으로 상속한 자들 중 1인이 부동산을 혼자 점유하던 중 다른 공동상속인의 상속지분을 임의로 처분하여도 그에게는 그 처분권능이 없어 횡령죄가 성립하지 아니한다.</u>

답 ❹

제1장

제2장

제3장

안심Touch

횡령의 죄에 대한 설명 중 가장 적절한 것은?(다툼이 있는 경우 판례에 의함)

① 피고인이 근저당권설정등기를 마치는 방법으로 부동산을 횡령하여 취득한 구체적인 이득액은 부동산의 시가 상당액에서 위 범행전에 설정된 피담보채무액을 공제한 잔액이다.

② 수의계약을 체결하는 공무원이 해당 공사업자와 적정한 금액 이상으로 계약금액을 부풀려서 계약하고, 부풀린 금액을 자신이 되돌려 받기로 사전에 약정한 다음 그에 따라 수수한 돈은 성격상 뇌물이 아니고 횡령금에 해당한다.

③ A주식회사의 대표이사인 甲이 자신의 채권자 B에게 차용금에 대한 담보로 A주식회사 명의의 정기예금에 질권을 설정하여 주었는데, 그 후 B가 甲의 동의하에 위 정기예금 계좌에 입금되어 있던 A주식회사의 자금을 전액 인출하였다면 甲의 예금인출동의행위는 업무상횡령죄에 해당한다.

④ 제3자 명의의 사기이용계좌(이른바 대포통장)의 계좌명의인이 영득의 의사로써 전기통신금융사기 피해금을 인출한 경우 계좌명의인이 사기범행의 공범인지 여부와 상관없이 전기통신금융사기 피해자에 대한 횡령죄에 해당하지 않는다.

정선 핵심

횡령죄의 성립 여부

① 부동산에 근저당권설정등기를 경료하여 횡령한 이득액 → 담보로 제공한 피담보채무액 또는 채권최고액

② 수의계약을 체결한 공무원이 부풀려 수수한 계약금 → 횡령금 ○

③ 甲이 예금인출을 동의하여 질권의 목적이 된 자금을 전액인출한 경우 → ×

④ 계좌명의인이 영득의 의사로써 전기통신금융사기 피해금을 인출한 경우

⋯→ 계좌명의인이 사기의 공범인 경우 : ×

⋯→ 계좌명의인이 사기의 공범이 아닌 경우 : ○

정선 해설

[❶ ▸ ×] 피고인이 피해자 甲으로부터 명의신탁을 받아 보관 중인 부동산에 임의로 근저당권을 설정하였는데, 위 부동산에는 이전에 별도의 근저당권설정등기가 마쳐져 있던 경우, 피고인이 부동산을 횡령하여 취득한 이득액은 부동산을 담보로 제공한 피담보채무액 또는 채권최고액이라고 보아야 한다(대판 2013.5.9. 2013도2857).

[❷ ▸ ○] 대판 2007.10.12. 2005도7112

[❸ ▸ ×] 민법 제353조에 의하면 질권자는 질권의 목적이 된 채권을 직접 청구할 수 있으므로, <u>피고인의 예금인출동의행위는 이미 배임행위로써 이루어진 질권설정행위의 사후조처에 불과하여 새로운 법익의 침해를 수반하지 않는 이른바 불가벌적 사후행위에 해당하고, 별도의 횡령죄를 구성하지 않는데</u>, 이와 달리 피고인에 대하여 질권설정으로 인한 배임죄와 별도로 예금인출로 인한 횡령죄까지 성립한다고 본 원심판결에 불가벌적 사후행위에 관한 법리오해의 위법이 있다(대판 2012.11.29. 2012도10980).

[❹ ▸ ×] <u>계좌명의인이 사기의 공범이라면</u> 자신이 가담한 범행의 결과 피해금을 보관하게 된 것일 뿐이어서 피해자와 사이에 위탁관계가 없고, 그가 송금·이체된 돈을 인출하더라도 이는 자신이 저지른 사기범행의 실행행위에 지나지 아니하여 새로운 법익을 침해한다고 볼 수 없으므로 <u>사기죄 외에 별도로 횡령죄를 구성하지 않는다</u>(대판 2018.7.19. 2017도17494[전합]).

> <u>한편 계좌명의인이 개설한 예금계좌가 전기통신금융사기범행에 이용되어 그 계좌에 피해자가 사기피해금을 송금·이체한 경우, 계좌명의인은 피해자와 사이에 아무런 법률관계 없이 송금·이체된 사기피해금 상당의 돈을 피해자에게 반환하여야 하므로, 피해자를 위하여 사기피해금을 보관하는 지위에 있다고 보아야 하고, 만약 계좌명의인이 그 돈을 영득할 의사로 인출하면 피해자에 대한 횡령죄가 성립한다</u>(대판 2018.7.19. 2017도17494[전합]).

답 ❷

횡령죄에 대한 다음 설명 중 가장 옳지 않은 것은?(다툼이 있는 경우 판례에 의함)

① 甲은 A로부터 직접 소유권이전등기를 받는 형식으로 7억 원 상당의 A 소유 아파트를 명의수탁받아 보관하던 중 명의신탁 사실을 알고 있는 乙에게 매도하였다. 甲에 대하여는 특정경제범죄가중처벌등에관한법률위반(횡령)죄가 성립하지 않는다.

② 계약명의신탁 방식으로 명의수탁자가 당사자가 되어 명의신탁약정이 있다는 사실을 알고 있는 소유자로부터 부동산을 매수하는 계약을 체결한 후 명의수탁자 앞으로 소유권 이전등기가 행하여진 경우, 명의수탁자는 명의신탁자에 대한 관계에서 횡령죄의 '타인의 재물을 보관하는 자'의 지위에 있다고 볼 수 없다.

③ 甲은 A 소유의 부동산을 매수하면서 A와 매매계약을 한 후 소유권이전등기는 명의신탁약정을 맺은 乙앞으로 경료하였는데, 乙이 등기가 자신 명의로 되어있음을 기화로 甲의 승낙 없이 이 부동산을 처분한 경우, 乙에게는 횡령죄가 성립하지 아니한다.

④ 甲 주식회사 대표이사인 피고인이 자신의 채권자 乙에게 차용금에 대한 담보로 甲 회사 명의정기예금에 질권을 설정하여 주었는데, 그 후 乙이 차용금과 정기예금의 변제기가 모두 도래한 이후 피고인의 동의하에 정기예금 계좌에 입금되어 있던 甲 회사 자금을 전액 인출하였다면 피고인의 행위는 배임죄와 별도로 횡령죄까지 성립한다.

정선 핵심

횡령죄의 성립 여부
① 양자간 명의신탁의 명의수탁자가 악의인 제3자에게 부동산을 처분하는 경우 → ×
② 계약명의신탁의 명의수탁자(소유자는 악의) → 타인의 재물을 보관하는 자 ×
③ 중간생략등기형 명의신탁의 명의수탁자가 부동산을 임의로 처분한 경우 → ×
④ 피고인이 예금인출을 동의하여 질권의 목적이 된 자금을 전액인출한 경우 → ×

정선 해설

[❶ ▸ ○] 변경된 전합판결에 의하면 甲에게 '타인의 재물을 보관하는 자'의 지위에 있다고 볼 수 없으므로 甲이 명의수탁받은 아파트를 乙에게 매도하였다고 하더라도 甲에게는 특정경제범죄가중처벌등에관한법률위반(횡령)죄가 성립하지 아니한다.

> [1] 부동산실명법의 명의신탁관계에 대한 규율 내용 및 태도 등에 비추어 보면, 부동산실명법을 위반하여 명의신탁자가 그 소유인 부동산의 등기명의를 명의수탁자에게 이전하는 이른바 양자간 명의신탁의 경우, 계약인 명의신탁약정과 그에 부수한 위임약정, 명의신탁약정을 전제로 한 명의신탁 부동산 및 그 처분대금 반환약정은 모두 무효이다.
> 나아가 명의신탁자와 명의수탁자 사이에 무효인 명의신탁약정 등에 기초하여 존재한다고 주장될 수 있는 사실상의 위탁관계라는 것은 부동산실명법에 반하여 범죄를 구성하는 불법적인 관계에 지나지 아니할 뿐 이를 형법상 보호할 만한 가치 있는 신임에 의한 것이라고 할 수 없다. <u>말소등기의무의 존재나 명의수탁자에 의한 유효한 처분가능성을 들어 명의수탁자가 명의신탁자에 대한 관계에서 '타인의 재물을 보관하는 자'의 지위에 있다고 볼 수 없다. 그러므로 부동산실명법을 위반한 양자간 명의신탁의 경우 명의수탁자가 신탁받은 부동산을 임의로 처분하여도 명의신탁자에 대한 관계에서 횡령죄가 성립하지 아니한다.</u>
> [2] <u>이러한 법리는 부동산 명의신탁이 부동산실명법 시행 전에 이루어졌고 같은 법이 정한 유예기간 이내에 실명등기를 하지 아니함으로써 그 명의신탁약정 및 이에 따라 행하여진 등기에 의한 물권변동이 무효로 된 후에 처분행위가 이루어진 경우에도 마찬가지로 적용된다</u>(대판 2021.2.18. 2016도18761[전합]).

[❷ ▸ ○] 대판 2012.11.29. 2011도7361

[❸ ▸ ○] 판례(대판 2016.5.19. 2014도6992[전합])의 취지를 고려하면, 중간생략등기형 명의신탁의 명의수탁자는 명의신탁자의 재물을 보관하는 자라고 할 수 없으므로 명의수탁자 乙이 명의신탁자 甲의 승낙 없이 부동산을 처분한 경우, 乙에게는 횡령죄가 성립하지 아니한다.

안심Touch

[**❹** ▸ ✕] 피고인의 예금인출동의행위는 배임행위의 불가벌적 사후행위라고 할 것이므로 별죄를 구성하지 아니한다(대판 2012.11.29. 2012도10980).

답 ❹

260
□□□

횡령죄에 관한 다음 설명 중 옳은 것을 모두 고른 것은?(다툼이 있는 경우 판례에 의함)

15 경찰간부

ㄱ. 마을이장이 경로당화장실 개·보수공사를 위하여 업무상 보관 중이던 공사비를 그 용도 외에 다른 용도로 사용하였다면, 과거에 마을을 위하여 자신의 개인 돈을 지출하였다고 하여도 횡령죄가 성립한다.

ㄴ. 공유물의 매각대금도 정산하기까지는 각 공유자의 공유에 귀속한다고 할 것이므로, 공유자 1인이 그 매각대금을 임의로 소비하였다면 횡령죄가 성립한다.

ㄷ. 주권은 유가증권으로서 재물에 해당하지 않으므로 횡령죄의 객체가 될 수 없지만, 자본의 구성단위 또는 주주권을 의미하는 주식은 재물에 해당하므로 횡령죄의 객체가 될 수 있다.

ㄹ. 광업권은 재물인 광물을 취득할 수 있는 권리에 불과하지, 재물 그 자체는 아니므로 횡령죄의 객체가 된다고 할 수 없다.

① ㄱ, ㄴ, ㄷ   ② ㄱ, ㄴ, ㄹ
③ ㄱ, ㄷ, ㄹ   ④ ㄴ, ㄷ, ㄹ

정선 핵심

ㄱ. 이장이 경로당화장실 공사비를 위한 금원을 다른 용도로 사용한 경우 → 횡령죄 ○
ㄴ. 정산 전 공유물의 매각대금을 임의로 소비한 경우 → 횡령죄 ○
ㄷ·ㄹ. 횡령죄의 객체 여부
⋯▶ 주권 : ○
⋯▶ 주주권 : ✕
⋯▶ 광업권 : ✕

정선 해설

[ㄱ ▸ ○] 마을 이장인 피고인이 경로당 화장실 개·보수 공사를 위하여 업무상 보관 중이던 공사비를 그 용도 외에 다른 용도로 사용한 이상 횡령죄는 성립하고, 피고인이 과거 마을을 위하여 개인 돈을 지출하였다고 하여 이에 충당할 수는 없다(대판 2010.9.30. 2010도7012).

[ㄴ ▸ ○] 대판 1983.8.23. 80도1161

[ㄷ ▸ ✕] 상법상 주식은 자본구성의 단위 또는 주주의 지위를 의미하고, 주주권을 표창하는 유가증권인 주권과는 구분이 되는바, 주권은 유가증권으로서 재물에 해당되므로 횡령죄의 객체가 될 수 있으나, 자본의 구성단위 또는 주주권을 의미하는 주식은 재물이 아니므로 횡령죄의 객체가 될 수 없다(대판 2005.2.18. 2002도2822).

> 회사가 제3자 명의로 자기의 신주를 인수하면서 타인으로부터 제3자 명의로 금원을 차용하여 신주인수대금을 납입한 경우, 회사의 자금을 그 차용원리금의 변제에 사용한 대표이사의 행위가 업무상횡령죄를 구성하지 않는다고 한 사례(대판 2005.2.18. 2002도2822).

[ㄹ ▸ ○] 광업권은 재물인 광물을 취득할 수 있는 권리에 불과하지 재물 그 자체는 아니므로 횡령죄의 객체가 된다고 할 수 없다(대판 1994.3.8. 93도2272).

답 ❷

횡령죄에 관한 다음 설명 중 가장 옳은 것은?(다툼이 있는 경우 판례에 따르고 전원합의체 판결의 경우 다수의견에 의함) `17` 법원행시

① A가 B로부터 금전을 보관해 달라는 부탁과 함께 A명의로 된 은행계좌로 송금받은 경우, A는 현금이라는 실물을 점유하지 않고 은행에 대한 예금청구권만을 갖기 때문에 위 금전에 대한 보관자의 지위에 있다고 할 수 없다.

② C가 D명의 계좌에 착오로 잘못 송금한 돈의 경우, C의 위탁행위가 없기 때문에 D는 위 돈에 대한 보관자의 지위에 있다고 할 수 없다.

③ 소유권의 취득에 등록이 필요한 타인 소유의 차량을 인도받아 보관하고 있는 자가 이를 사실상 처분한 경우에 그 보관자가 차량의 등록명의자가 아니라고 하더라도 횡령죄가 성립한다.

④ 명의신탁자가 매수한 부동산에 관하여 부동산 실권리자명의 등기에 관한 법률을 위반하여 명의수탁자와 맺은 명의신탁약정에 따라 매도인에게서 바로 명의수탁자 명의로 소유권이전등기를 마친 이른바 중간생략등기형 명의신탁을 한 경우, 명의수탁자가 위 부동산을 임의로 처분하면 횡령죄가 성립한다.

⑤ 부동산을 공동으로 상속한 상속인들이 공동으로 상속등기를 경료한 후, 상속인 중 1인이 부동산을 단독으로 점유하던 중 다른 공동상속인들의 승낙없이 위 부동산 전체를 임의로 처분하였을 경우, 횡령죄가 성립한다.

정선 핵심

횡령죄의 성립 여부
① 금전보관에 대한 부탁과 함께 A명의의 계좌로 송금받은 경우 → 보관자의 지위 ○
② D명의 계좌에 착오로 송금한 경우 → 보관자의 지위 ○
③ 소유권의 취득에 등록이 필요한 타인 소유의 차량을 처분한 경우 → ○
④ 중간생략등기형 명의신탁의 명의수탁자가 부동산을 임의로 처분한 경우 → ×
⑤ 공동상속인 중 1인이 다른 공동상속인의 상속지분을 임의로 처분한 경우 → ×

정선 해설

[❶ ▸ ×] 판례의 취지를 고려하면, A가 B로부터 금전을 보관해 달라는 부탁을 받고 A명의로 된 은행계좌로 송금을 받은 경우에도 보관자의 지위를 가진다.

> 횡령죄에서 보관이라 함은 재물이 사실상 지배하에 있는 경우뿐만 아니라 법률상의 지배·처분이 가능한 상태에 있는 경우를 포함한다. 그 보관은 반드시 사용대차, 임대차, 위임 등의 계약에 의하여 설정되어야 하는 것은 아니고, 사무관리, 관습, 조리, 신의칙에 의해서도 성립하며, 타인의 금전을 위탁받아 보관하는 자가 보관방법으로 이를 은행 등의 금융기관에 예치한 경우에도 보관자의 지위를 가진다(대판 2015.2.12. 2014도11244).

[❷ ▸ ×] C의 위탁행위가 없더라도 C와 D사이에는 신의칙상 보관관계가 성립한다고 할 것이므로 D는 위 돈에 대한 보관자의 지위에 있다고 할 수 있다.

> 어떤 예금계좌에 돈이 착오로 잘못 송금되어 입금된 경우에는 그 예금주와 송금인 사이에 신의칙상 보관관계가 성립한다고 할 것이므로, 피고인이 송금 절차의 착오로 인하여 피고인 명의의 은행 계좌에 입금된 돈을 임의로 인출하여 소비한 행위는 횡령죄에 해당하고, 이는 송금인과 피고인 사이에 별다른 거래관계가 없다고 하더라도 마찬가지이다(대판 2010.12.9. 2010도891).

[❸ ▸ ○] 대판 2015.6.25. 2015도1944[전합]

[❹ ▸ ×] 명의신탁자가 매수한 부동산에 관하여 부동산실명법을 위반하여 명의수탁자와 맺은 명의신탁약정에 따라 매도인에게서 바로 명의수탁자 명의로 소유권이전등기를 마친 이른바 중간생략등기형 명의신탁을 한 경우, 명의신탁자는 신탁부동산의 소유권을 가지지 아니하고, 명의신탁자와 명의수탁자 사이에 위탁신임관계를 인정할 수도 없다. 따라서 명의수탁자가 명의신탁자의 재물을 보관하는 자라고 할 수 없으므로, 명의수탁자가 신탁받은

부동산을 임의로 처분하여도 명의신탁자에 대한 관계에서 횡령죄가 성립하지 아니한다(대판 2016.5.19. 2014도6992[전합]).

[❺ ▸ ✕] 부동산에 관한 횡령죄에 있어서 타인의 재물을 보관하는 자의 지위는 동산의 경우와는 달리 부동산에 대한 점유의 여부가 아니라 부동산을 제3자에게 유효하게 처분할 수 있는 권능의 유무에 따라 결정하여야 하므로 ~~부동산을 공동으로 상속한 자들 중 1인이 부동산을 혼자 점유하던 중 다른 공동상속인의 상속지분을 임의로 처분하여~~도 그에게는 그 처분권능이 없어 횡령죄가 성립하지 아니한다(대판 2000.4.11. 2000도565).

> **비교판례** **대판 2010.2.25. 2010도93**
>
> 공동상속인 중 1인이 상속재산인 임야를 보관 중 다른 상속인들로부터 매도 후 분배 또는 소유권이전등기를 요구받고도 그 반환을 거부한 경우 이때 이미 횡령죄가 성립하고, 그 후 그 임야에 관하여 다시 제3자 앞으로 근저당권설정등기를 경료해 준 행위는 불가벌적 사후행위로서 별도의 횡령죄를 구성하지 않는다.

답 ❸

262

☐☐☐

다음 중 (업무상) 횡령죄가 성립되지 않는 것은 모두 몇 개인가?(다툼이 있는 경우 판례에 의함)

`19` 경찰간부

ㄱ. 양식어업면허권을 양도하고도 그 어업면허권이 자기 앞으로 되어 있음을 이유로 어업권손실보상금을 수령한 경우

ㄴ. 타인의 송금절차의 착오로 자신의 계좌에 입금된 돈을 인출하여 소비한 경우

ㄷ. 주상복합상가의 매수인들로부터 우수상인 유치비 명목으로 금원을 납부받아 보관 중 그 용도와 무관하게 일반경비로 사용한 경우

ㄹ. 채무자 甲이 채무총액에 대한 지불각서를 써줄 것으로 믿고 채권자 乙이 甲에게 액면금액을 확인할 수 있도록 가계수표를 건네주자 甲이 그 일부를 찢어버린 경우

ㅁ. 회사에 대하여 개인적인 채권을 가지고 있는 대표이사가 이사회의 승인 등의 절차 없이 자기가 보관 중인 회사자금으로 자신의 채권의 변제에 충당한 경우

① 1개   ② 2개

③ 3개   ④ 4개

정선 핵심

(업무상)횡령죄의 성립 여부

ㄱ. 양식어업면허권을 양도하고도 어업권손실보상금을 수령한 경우 → ○

ㄴ. 송금절차의 착오로 자신의 계좌에 입금된 돈을 인출하여 소비한 경우 → ○

ㄷ. 우수상인유치비를 일반경비로 사용한 경우 → ○

ㄹ. 채권자가 건넨 가계수표의 일부를 채무자가 찢어버린 경우 → ○

ㅁ. 대표이사가 회사자금으로 채권 변제에 충당하는 경우 → ✕

정선 해설

[ㄱ ▸ ○] 대판 1993.8.24. 93도1578

[ㄴ ▸ ○] 대판 2010.12.9. 2010도891

[ㄷ ▸ ○] 주상복합상가의 매수인들로부터 우수상인유치비 명목으로 금원을 납부받아 보관하던 중 그 용도와 무관하게 일반경비로 사용한 경우 횡령죄를 구성한다(대판 2002.8.23. 2002도366).

[ㄹ ▸ ○] 채무자가 채무총액에 관한 지불각서를 써 줄 것으로 믿고, 채권자가 채무자에게 그 액면금 등을 확인할 수 있도록 가계수표들을 교부한 후, 공소 외 1이 위 가계수표들 중 일부를 찢은 경우, 피고인은 공소 외 1과 더불어 반환거부 의사를 명백하게 드러냈으므로, 그와 같은 반환거부 행위는 반환거부의 이유 및 피고인의 주관적인 의사 등을 종합하여 볼 때에 횡령죄를 구성한다고 할 것이다(대판 1996.5.14. 96도410).

[ㅁ ▸ ×] 회사에 대하여 개인적인 채권을 가지고 있는 대표이사가 회사를 위하여 보관하고 있는 회사 소유의 금전으로 자신의 채권 변제에 충당하는 행위는 <u>회사와 이사의 이해가 충돌하는 자기거래행위에 해당하지 않는 것이므로, 대표이사가 이사회의 승인 등의 절차 없이 그와 같이 자신의 회사에 대한 채권을 변제하였더라도, 이는 대표이사의 권한 내에서 한 회사 채무의 이행행위로서 유효하고, 따라서 불법영득의 의사가 인정되지 아니하여</u> 횡령죄의 죄책을 물을 수 없다(대판 2002.7.26. 2001도5459).

답 ❶

263
☐☐☐

횡령죄와 관련된 다음 설명 중 가장 옳지 않은 것은?(다툼이 있는 경우 판례에 의함)

`20` 경찰간부

① 횡령죄에 있어서 불법영득의 의사라 함은 자기 또는 제3자의 이익을 꾀할 목적으로 보관하는 타인의 재물을 자기의 소유인 경우와 같이 처분 하는 의사를 말하고 사후에 이를 반환하거나 변상·보전하는 의사가 있다 하더라도 불법영득의 의사를 인정할 수 있다.

② 채권자가 채무자로부터 채권확보를 위해 담보물을 제공받을 때 그 물건이 채무자가 보관 중인 다른 사람의 물건임을 알았다면 채권자는 채무자의 횡령행위에 공모가담한 것이라 할 수 있다.

③ 타인(종중)의 부동산을 보관 중인 자가 불법영득의사를 가지고 그 부동산에 근저당권설정등기를 경료함으로써 일단 횡령행위가 기수에 이르렀다 하더라도 이후 해당 부동산을 매각함으로써 기존의 근저당권과 관계없이 법익침해의 결과를 발생시켰다면 별도로 횡령죄를 구성한다.

④ 위탁관계에 따라 타인의 재물을 보관하는 사람이 그 재물을 영득함에 있어 기망행위를 했을지라도 사기죄는 성립하지 아니하고 횡령죄만 성립한다.

정선 핵심

① 횡령죄의 구성요건
  → 불법영득의 의사 : 보관하는 타인의 재물을 자기의 소유인 것과 같이 처분 하는 의사
  → 인정 여부 : 사후에 타인의 재물을 반환·변상·보전하는 의사가 있는 경우에도 인정
② 채권자가 담보물을 제공받을 때 보관 중인 타인의 물건임을 안 경우 → 횡령죄의 공범 ×
③ 명의수탁자가 수탁부동산에 근저당권설정등기를 경료한 후 제3자에게 매도한 경우 → 횡령죄 ○
④ 자기가 점유하는 타인의 재물을 기망행위에 의해 영득한 경우 → 횡령죄만 성립 ○

정선 해설

[❶ ▸ ○] 업무상횡령죄에서의 불법영득의 의사는 자기 또는 제3자의 이익을 꾀할 목적으로 업무상의 임무에 위반하여 보관하고 있는 타인의 재물을 자기의 소유인 것과 같이 사실상 또는 법률상 처분하는 의사를 말하고 사후에 이를 반환하거나 변상, 보전하는 의사가 있다고 하더라도 불법영득의 의사를 인정함에 지장이 없다(대판 2014.12.24. 2014도11263).

[❷ ▸ ×] 채권자가 채무자로부터 채권확보를 위하여 담보물을 제공받을 때 그 물건이 채무자가 보관중인 타인의 물건임을 알았다고 하여도 그것만으로 채권자가 채무자의 불법영득행위인 횡령행위에 공모가담한 것으로 단정할 수 없다(대판 1992.9.8. 92도1396).

[❸ ▸ ○] 대판 2013.2.21. 2010도10500[전합]

[❹ ▸ ○] 대판 1987.12.22. 87도2168

답 ❷

횡령죄에 관한 설명 중 옳지 않은 것은?(다툼이 있는 경우에는 판례에 의함) `12` 변시

① 제3자에 대한 뇌물공여의 목적으로 전달하여 달라고 교부받은 돈을 전달하지 않고 임의로 소비하였다고 하더라도 횡령죄가 성립하지 않는다.

② 위탁판매에서 판매대금에 대한 특약이나 특별한 사정이 없는 한 수탁자가 판매대금을 임의로 사용한 경우는 횡령죄가 성립한다.

③ 피해물건의 보관을 의뢰한 위탁자와 그 소유자가 다른 경우, 친족상도례의 특례는 횡령범인이 위탁자뿐만 아니라 소유자와의 사이에도 친족관계가 있는 경우에만 적용된다.

④ 타인으로부터 용도가 엄격히 제한된 자금을 위탁받아 집행하는 경우라도 결과적으로 자금을 위탁한 본인을 위하는 면이 있다면 제한된 용도 이외의 목적으로 사용하더라도 횡령죄가 성립하지 않는다.

⑤ 동업재산은 동업자의 합유에 속하는 것이므로 동업자 중 한 사람이 지분을 임의로 처분하거나 또는 동업재산의 처분으로 얻은 대금을 보관 중 임의로 소비하였다면 횡령죄가 성립한다.

**정선
핵심**

횡령죄의 성립 여부

① 제3자에게 뇌물로 전달하라고 교부받은 돈을 임의로 소비하는 경우 → ×
② 수탁자가 위탁판매대금을 임의로 사용한 경우 → ○
③ 횡령범인과 소유자·위탁자간에 친족관계가 있는 경우 → 친족상도례 적용 ○
④ 용도가 제한된 자금을 용도 외로 사용하더라도 본인을 위하는 면이 있는 경우 → ○
⑤ 동업지분을 임의로 처분하거나 동업재산의 처분대금을 임의로 소비한 경우 → ○

**정선
해설**

[**❶** ▸ ○] 조합장이 조합으로부터 공무원에게 뇌물로 전달하여 달라고 금원을 교부받은 것은 불법원인으로 인하여 지급 받은 것으로서 이를 뇌물로 전달하지 않고 타에 소비하였다고 해서 타인의 물을 보관 중 횡령하였다고 볼 수는 없다(대판 1988.9.20. 86도628).

[**❷** ▸ ○] 위탁매매에 있어서 위탁품의 소유권은 위임자에게 있고 그 판매대금은 이를 수령함과 동시에 위탁자에게 귀속한다 할 것이므로, 특별한 사정이 없는 한 위탁매매인이 위탁품이나 그 판매대금을 임의로 사용·소비한 때에는 횡령죄가 성립한다고 할 것이다(대판 2013.3.28. 2012도16191).

> 금은방을 운영하는 피고인이, 甲이 맡긴 금을 시세에 따라 사고파는 방법으로 운용하여 매달 일정한 이익금을 지급하는 한편 甲의 요청이 있으면 언제든지 보관 중인 금과 현금을 반환하기로 甲과 약정하였는데, 그 후 경제사정이 악화되자 이를 자신의 개인채무 변제 등에 사용한 사안에서, 甲이 매매를 위탁하거나 피고인이 그 결과로 취득한 금이나 현금은 모두 甲의 소유라는 이유로 횡령죄를 인정한 사례(대판 2013.3.28. 2012도16191).

[**❸** ▸ ○] 대판 2008.7.24. 2008도3438

[**❹** ▸ ×] 타인으로부터 용도가 엄격히 제한된 자금을 위탁받아 집행하면서 그 제한된 용도 이외의 목적으로 자금을 사용하는 것은 그 사용이 개인적인 목적에서 비롯된 경우는 물론 결과적으로 자금을 위탁한 본인을 위하는 면이 있더라도 그 사용행위 자체로서 불법영득의 의사를 실현한 것이 되어 횡령죄가 성립한다(대판 2011.6.10. 2010도17202).

> 의류유통 판매업체인 甲 주식회사 대표이사 및 실질적 운영자인 피고인들이 공모하여, 甲 회사가 乙 유한회사 등과 체결한 투자약정과 乙 회사와 체결한 위탁판매 및 구매계약의 사무처리 위임에 따라 투자금으로 구입한 의류의 판매대금을 甲 회사 명의 미지정계좌로 입금받아 임의로 소비한 사안에서, 甲 회사는 위임자인 乙 회사를 위하여 위 대금을 보관하는 지위에 있으므로 피고인들의 행위가 횡령죄를 구성한다고 본 원심판단을 수긍한 사례(대판 2011.6.10. 2010도17202).

[**❺** ▸ ○] 대판 2011.6.10. 2010도17684

답 ❹

ㄱ. 횡령 범행으로 취득한 돈을 공범자끼리 수수한 행위가 공동정범들 사이의 범행에 의하여 취득한 돈을 공모에 따라 내부적으로 분배한 것에 지나지 않는다면 별도로 그 돈의 수수행위에 관하여 뇌물죄가 성립하는 것은 아니다.

ㄴ. 횡령죄는 타인의 재물에 대한 재산범죄로서 재물의 소유권 등 본권을 보호법익으로 하는 범죄이다. 따라서 횡령죄의 객체가 타인의 재물에 속하는 이상 구체적으로 누구의 소유인지는 횡령죄의 성립 여부에 영향이 없다. 주식회사는 주주와 독립된 별개의 권리주체로서 그 이해가 반드시 일치하는 것은 아니므로, 주주나 대표이사 또는 그에 준하여 회사 자금의 보관이나 운용에 관한 사실상의 사무를 처리하는 자가 회사 소유의 재산을 사적인 용도로 함부로 처분하였다면 횡령죄가 성립한다.

ㄷ. 동업자 사이에 손익분배의 정산이 되지 아니하였다면 동업자의 한 사람이 임의로 동업자들의 합유에 속하는 동업재산을 처분할 권한이 없는 것이므로, 동업자의 한 사람이 동업재산을 보관 중 임의로 횡령하였다면 지분비율에 관계없이 임의로 횡령한 금액 전부에 대하여 횡령죄의 죄책을 부담한다.

ㄹ. 횡령죄의 주체는 타인의 재물을 보관하는 자이어야 하고, 여기서 보관이라 함은 위탁관계에 의하여 재물을 점유하는 것을 의미하므로, 결국 횡령죄가 성립하기 위하여는 그 재물의 보관자가 재물의 소유자(또는 기타의 본권자)와 사이에 법률상 또는 사실상의 위탁신임관계가 존재하여야 하고, 또한 부동산의 경우 보관자의 지위는 점유를 기준으로 할 것이 아니라 그 부동산을 제3자에게 유효하게 처분할 수 있는 권능의 유무를 기준으로 결정하여야 하므로, 원인무효인 소유권이전등기의 명의자는 횡령죄의 주체인 타인의 재물을 보관하는 자에 해당한다고 할 수 없다.

① 없음 ② 1개
③ 2개 ④ 3개

정선 핵심

ㄱ. 횡령 범행으로 취득한 돈을 내부적으로 분배한 경우 → 뇌물죄 ×
ㄴ. 주주나 대표이사 등 회사 자금에 관한 사실상의 사무를 처리하는 자가 회사의 재산을 사적인 용도로 처분한 경우 → 횡령죄 ○
ㄷ. 정산이 되지 아니하였으나 동업재산을 임의로 횡령한 경우 → 횡령한 금액 전부에 대하여 횡령죄 ○
ㄹ. 원인무효인 소유권이전등기의 명의자 → 타인의 재물을 보관하는 자 ×

정선 해설

[ㄱ ▶ O] 대판 2019.11.28. 2019도11766
[ㄴ ▶ O] 주식회사는 주주와 독립된 별개의 권리주체로서 그 이해가 반드시 일치하는 것은 아니므로, 주주나 대표이사 또는 그에 준하여 회사 자금의 보관이나 운용에 관한 사실상의 사무를 처리하는 자가 회사 소유의 재산을 사적인 용도로 함부로 처분하였다면 횡령죄가 성립한다(대판 2019.12.24. 2019도9773).

피고인들이 공모하여 갑 주식회사 등 피해 회사가 납품하는 물품을 마치 피해 회사의 자회사로서 서류상으로만 존재하는 을 주식회사 등이 납품하는 것처럼 서류를 꾸며 피해 회사가 지급받아야 할 납품대금을 자회사 명의의 계좌로 지급받아 급여 등의 명목으로 임의로 사용하였다고 하여 특정경제범죄 가중처벌 등에 관한 법률 위반(횡령)으로 기소된 사안에서, 피고인들이 피해 회사의 자회사 계좌를 이용하여 피해 회사의 납품대금을 횡령한 사건에서 법인격 부인 여부에 따라 횡령죄의 성립이 좌우되는 것은 아니라고 한 사례(대판 2019.12.24. 2019도9773).

[ㄷ ▶ O]　동업자 사이에 손익분배 정산이 되지 아니하였다면 동업자 한 사람이 임의로 동업자들의 합유에 속하는 동업재산을 처분할 권한이 없는 것이므로, 동업자 한 사람이 동업재산을 보관 중 임의로 횡령하였다면 지분비율에 관계없이 횡령한 금액 전부에 대하여 횡령죄의 죄책을 부담한다(대판 2011.6.10. 2010도17684).

> 피고인과 甲 주식회사가 동업약정을 맺고 사업을 진행하다가 乙 주식회사에 사업권을 양도하는 양도양수계약을 체결한 다음 이익금을 같은 비율로 분배하기로 약정했는데도, 피고인이 乙 회사에게서 송금받은 일부 계약금을 보관 중 甲 회사 대표이사인 丙 승낙 없이 그 대부분을 임의로 소비한 사안에서, 피고인은 지분비율에 관계없이 임의로 소비한 금액 전부에 대하여 횡령죄의 죄책을 부담한다고 본 원심판단을 수긍한 사례(대판 2011.6.10. 2010도17684).

[ㄹ ▶ O]　대판 2010.6.24. 2009도9242

답 ❶

266
□□□

다음 중 횡령죄에 대한 설명으로 가장 옳은 것은?(다툼이 있는 경우 판례에 의함)

`21` 해경승진

① 조합 또는 내적 조합과 달리 익명조합의 경우에는 익명조합원이 영업을 위하여 출자한 금전 기타의 재산은 상대편인 영업자의 재산이 되므로 영업자는 타인의 재물을 보관하는 자의 지위에 있지 않고, 따라서 영업자가 영업이익금을 임의로 소비하였더라도 횡령죄가 성립하지 아니한다.

② 주권(株券)은 유가증권으로서 재물에 해당하지 않으므로 횡령죄의 객체가 될 수 없지만, 자본의 구성단위 또는 주주권을 의미하는 주식은 재물에 해당하므로 횡령죄의 객체가 될 수 있다.

③ 부동산을 공동으로 상속한 자들 중 1인이 상속부동산을 혼자 점유하던 중 다른 공동상속인의 상속 지분을 임의로 처분한 경우, 횡령죄의 죄책을 부담한다.

④ 동업자 사이에 손익분배 정산이 되지 않은 상태에서 동업자 중 1인이 동업재산을 보관하던 중 임의로 횡령하였다면, 횡령금액 중 자신의 지분비율을 제외한 금액에 대하여만 횡령죄의 죄책을 부담한다.

**정선
핵심**

횡령죄의 성립 여부
① 익명조합의 영업자가 영업이익금을 임의로 소비한 경우 → ×
② 횡령죄의 객체 여부
　→ 주권 : O
　→ 주주권 : ×
③ 공동상속인 중 1인이 다른 공동상속인의 상속지분을 임의로 처분한 경우 → ×
④ 정산이 되지 아니하였으나 동업재산을 임의로 횡령한 경우 → 횡령한 금액 전부에 대하여 횡령죄 O

**정선
해설**

[❶ ▶ O]　대판 2011.11.24. 2010도5014
[❷ ▶ ×]　상법상 주식은 자본구성의 단위 또는 주주의 지위를 의미하고, 주주권을 표창하는 유가증권인 주권과는 구분이 되는바, 주권은 유가증권으로서 재물에 해당되므로 횡령죄의 객체가 될 수 있으나, 자본의 구성단위 또는 주주권을 의미하는 주식은 재물이 아니므로 횡령죄의 객체가 될 수 없다(대판 2005.2.18. 2002도2822).
[❸ ▶ ×]　부동산에 관한 횡령죄에 있어서 타인의 재물을 보관하는 자의 지위는 동산의 경우와는 달리 부동산에 대한 점유의 여부가 아니라 부동산을 제3자에게 유효하게 처분할 수 있는 권능의 유무에 따라 결정하여야 하므로, 부동산을 공동으로 상속한 자들 중 1인이 부동산을 혼자 점유하던 중 다른 공동상속인의 상속지분을 임의로 처분하여도 그에게는 그 처분권능이 없어 횡령죄가 성립하지 아니한다(대판 2000.4.11. 2000도565).

[**❹** ▸ ×] 동업자 사이에 손익분배 정산이 되지 아니하였다면 동업자 한 사람이 임의로 동업자들의 합유에 속하는 동업재산을 처분할 권한이 없는 것이므로, 동업자 한 사람이 동업재산을 보관 중 임의로 횡령하였다면 지분비율에 관계없이 횡령한 금액 전부에 대하여 횡령죄의 죄책을 부담한다(대판 2011.6.10. 2010도17684).

답 ❶

267

다음 중 괄호 안 행위자에 대하여 횡령죄가 성립하는 경우는 모두 몇 개인가?

ㄱ. 구분소유자 전원의 공유에 속하는 공용 부분인 지하주차장 일부를 그중 1인이 독점 임대하고 수령한 임차료를 임의로 소비한 경우(구분소유자 1인)

ㄴ. 부동산 매수인이 매매대금의 완납 전에 그 매매목적물을 담보로 하여 금전을 차용함에 있어 매도인의 승낙을 받는 한편 매도인과 사이에 그 차용금액의 일부는 매도인에게 매매대금으로 우선 교부하여 주기로 약정한 다음 금전을 차용하여 이를 전부 임의로 소비한 경우(부동산 매수인)

ㄷ. 분할 전 토지 중 A부분은 甲이, B 부분은 乙이 구분소유하면서 편의상 공유지분등기를 해 두고 있었고, 그 후 위 분할 전 토지가 A, B 부분으로 분할되면서 분할 전 토지의 공유지분등기가 A, B 토지에 그대로 전사되었음. 그런데 甲은 타인으로부터 금원을 차용하면서 A토지만으로는 담보가치가 충분하지 않자 B 토지에 전사되어 있는 지분에 관하여도 타인에게 근저당권을 설정해 준 경우(甲)

ㄹ. 甲이 다른 공유자 乙과 공동으로 임대목적물을 임대하면서 지급받은 임대차보증금 잔금을 임차인으로부터 지급받은 후, 乙의 승낙 없이 임의로 처분한 경우(甲)

ㅁ. 甲이 乙에 대하여 부담하고 있던 채무를 변제하기 위하여(담보목적이 아님) 丙 소유 주택에 대한 甲의 임차보증금 2,500만원 중 1,150만원을 乙에게 양도하고도 丙에게 그 채권양도 통지를 하지 않았는데, 그 후 甲이 丙으로부터 임차보증금 2,500만원 전액을 반환받았으나 위 1,150만원을 乙에게 주지 않은 채 자신의 동생 丁에게 빌려준 경우(甲)

① 1개   ② 2개
③ 3개   ④ 4개
⑤ 5개

정선 핵심

횡령죄의 성립 여부
ㄱ. 지하주차장을 구분소유자 중 1인이 독점임대하고 수령한 임차료를 소비한 경우 → ×
ㄴ. 매수인이 대금의 완납 전에 매매목적물을 담보로 하여 차용한 금전을 전부 소비한 경우 → ×
ㄷ. 구분소유의 목적인 토지를 분할한 후 분할 후 지분등기에 따라 타인에게 근저당권을 설정해 준 경우 → ○
ㄹ. 공동으로 임대하여 지급받은 임대차보증금 잔금을 임의로 소비한 경우 → ○
ㅁ. 양도인이 양도의 통지 전에 채무자로부터 수령한 금전을 임의로 처분한 경우 → ○

정선 해설

[ㄱ ▸ ×] 구분소유자 전원의 공유에 속하는 공용 부분인 지하주차장 일부를 그중 1인이 독점 임대하고 수령한 임차료를 임의로 소비한 경우 횡령죄가 성립하지 아니한다(대판 2004.5.27. 2003도6988).

[ㄴ ▸ ×] 부동산 매수인이 매매대금의 완납 전에 그 매매목적물을 담보로 하여 금전을 차용함에 있어 매도인의 승낙을 받는 한편 매도인과 사이에 그 차용금액의 일부는 매도인에게 매매대금으로 우선 교부하여 주기로 약정한

다음 금전을 차용하여 이를 전부 임의로 소비한 경우에 매도인과 매수인 사이의 위의 약정은 매매잔대금의 지급방법의 하나를 정한 것에 불과한 것이므로, 이로써 매수인이 대금완납 시까지 매도인을 위하여 위 매매목적물을 관리하거나 담보 제공하여 차용한 금전을 보관하여야 하는 지위에 있다고 볼 수 없고, 매수인이 차용금액의 일부를 매도인에게 지급하지 아니하였다고 하더라도 이는 단순한 민사상의 채무불이행에 지나지 아니할 뿐 횡령죄는 성립하지 아니한다(대판 2005.9.29. 2005도4809).

[ㄷ ▸ O] 공소 외 1과 피해자들이 구분소유하던 분할 전 남양주시 임야 49,488㎡ 토지가 공소 외 1의 구분소유부분인 분할 후 토지와 피해자들의 구분소유부분인 분할 후 토지로 분할된 것이라면, 분할 후 토지의 공소 외 1 지분 등기는 더 이상 분할 후 토지의 공소 외 1 소유 토지를 표상하는 등기가 될 수 없고, 분할 후 토지 중 공소 외 1 명의의 지분에 관하여 공소 외 1은 보관자의 지위에 있을 뿐이므로 위 지분에 근저당권을 설정하는 행위는 횡령죄를 구성한다(대판 2014.12.24. 2011도11084).

[ㄹ ▸ O] 피고인과 乙이 다수의 당사자로서 이 사건 임대목적물을 공동으로 임대한 것이라면 그 보증금반환채무는 성질상 불가분채무에 해당하므로, 위 임대보증금 잔금은 이를 정산하기까지는 피고인과 乙의 공동소유에 귀속한다 할 것이고, 공동소유자 1인에 불과한 피고인이 乙의 승낙 없이 위 잔금을 임의로 처분하였다면 횡령죄가 성립한다 할 것이다(대판 2001.10.30. 2001도2095).

[ㅁ ▸ O] 피고인이 법무법인 사무실에서 당시 피고인이 피해자에 대하여 부담하고 있던 1,150만원의 채무를 변제하기 위하여 공소 외 1 소유주택에 대한 피고인의 임차보증금 2,500만원 중 1,150만원의 반환채권을 피해자에게 양도하고도 공소 외 1에게 그 채권양도 통지를 하지 않은 채 공소 외 1이 반환하는 임차보증금 2,500만원을 교부받아 그중 이미 피해자에게 그 반환채권을 양도함으로써 피해자의 소유가 된 1,150만원을 보관하던 중 이를 피해자에게 돌려주지 아니한 채 그 무렵 그 곳에서 피고인의 동생인 공소 외 2에게 빌려주었다면, 피고인은 자기가 수령한 금전을 양수인을 위하여 보관하는 관계에 있다고 보아야 할 것이다. 따라서 피고인이 채권양도 통지를 하기 전에 공소 외 1로부터 지급받은 임차보증금 2,500만원 중 1,150만원은 그 양수인인 피해자의 소유에 속하고, 피고인은 피해자를 위하여 이를 보관하는 자로서 피해자에게 돌려주지 아니하고 처분한 행위는 횡령죄를 구성한다(대판 1999.4.15. 97도666[전합]).

답 ❸

268

☐☐☐

횡령의 죄에 관한 설명 중 가장 적절하지 않은 것은?(다툼이 있는 경우 판례에 의함)

`14` 경찰승진

① 회사의 이사가 업무상의 임무에 위배하여 보관 중인 회사의 자금으로 뇌물을 공여한 경우 뇌물공여죄만 성립할 뿐 별도로 업무상횡령죄는 성립하지 않는다.

② 본사(本社)와 가맹점계약(프랜차이즈계약)을 맺은 가맹점 주인인 피고인이 보관 중인 물품판매 대금을 임의로 소비한 경우 횡령죄가 성립하지 않는다.

③ 수인이 부동산경매절차에서 대금을 분담하되 그중 1인의 단독명의로 낙찰받기로 약정하여 그에 따라 낙찰이 이루어진 후 그 명의자가 임의로 처분한 경우 횡령죄가 성립하지 않는다.

④ 동업관계에 있는 피고인과 피해자 사이에 손익분배의 정산이 되지 아니하였다면 동업자의 한 사람인 피고인은 피고인과 피해자의 합유에 속하는 동업재산이나 동업재산의 매각대금에 대한 지분을 처분할 권한이 없는 것이므로 피고인이 동업재산인 교회건물의 매각대금을 매수인으로부터 받아 보관 중 임의로 소비하였다면 지분 비율에 관계없이 임의로 소비한 금액 전부에 대해 횡령죄의 죄책을 부담한다.

정선 핵심	횡령죄의 성립 여부 ① 회사의 이사가 업무상의 임무에 위배하여 회사의 자금으로 뇌물을 공여한 경우 → 뇌물공여죄와 업무상횡령죄의 실체적 경합 ○ ② 가맹점주가 물품판매대금의 일부를 임의로 소비한 경우 → × ③ 부동산 입찰절차에서 수인이 대금분담 후 낙찰받은 명의인이 임의처분한 경우 → × ④ 정산되지 않은 동업재산인 매각대금을 임의소비한 경우 → 소비한 금액 전부에 대해 횡령죄 ○
정선 해설	[❶ ▸ ×] 회사의 이사 등이 업무상의 임무에 위배하여 보관 중인 회사의 자금으로 뇌물을 공여하였다면 이는 오로지 회사의 이익을 도모할 목적이라기보다는 뇌물공여 상대방의 이익을 도모할 목적이나 기타 다른 목적으로 행하여진 것이라고 보아야 하므로, 그 이사 등은 회사에 대하여 업무상횡령죄의 죄책을 면하지 못한다. 그리고 특별한 사정이 없는 한 이러한 법리는 회사의 이사 등이 회사의 자금으로 부정한 청탁을 하고 배임증재를 한 경우에 도 마찬가지로 적용된다(대판 2013.4.25. 2011도9238). [❷ ▸ ○] 대판 1998.4.14. 98도292 [❸ ▸ ○] 부동산 입찰절차에서 수인이 대금을 분담하되 그중 1인 명의로 낙찰받기로 약정하여 그에 따라 낙찰이 이루어진 경우, 그 입찰절차에서 낙찰인의 지위에 서게 되는 사람은 어디까지나 그 명의인이므로 입찰목적부동산의 소유권은 경락대금을 실질적으로 부담한 자가 누구인가와 상관없이 그 명의인이 취득한다 할 것이므로 그 부동산은 횡령죄의 객체인 타인의 재물이라고 볼 수 없어 명의인이 이를 임의로 처분하더라도 횡령죄를 구성하지 않는다(대판 2000.9.8. 2000도258). [❹ ▸ ○] 대판 1996.3.22. 95도2824

 답 ❶

269

甲에게 횡령죄 또는 업무상횡령죄가 성립하는 경우는?(다툼이 있는 경우 판례에 의함)

`16` `국가7급`

① 골프회원권 매매중개업체를 운영하는 甲이 매수의뢰와 함께 입금받아 다른 회사자금과 함께
보관하던 금원을 일시적으로 다른 회원권의 매입대금 등으로 임의로 소비한 경우
② 법인의 이사를 상대로 한 이사직무집행정지 가처분이 결정되자 법인의 대표자 甲이 위 가처분
에 대항하여 항쟁할 필요가 있기 때문에 직무집행정지 가처분 결정을 받은 이사에게 그 사건에
관한 소송비용을 법인 경비로 지급한 경우
③ 채무자 甲이 채권자에게 동산을 양도담보로 제공하고 점유개정의 방법으로 점유하고 있는
상태에서 이것을 제3자에게 처분한 경우
④ 병원에서 의약품 선정·구매 업무를 담당하는 약국장 甲이 병원을 대신하여 제약회사로부터
의약품 제공의 대가로 기부금 명목의 돈을 받아 보관 중 임의로 소비한 경우

정선 핵심	(업무상)횡령죄의 성립 여부 ① 골프회원권 매수의뢰자금을 다른 회원권의 매입대금으로 소비한 경우 → × ② 직무집행정지 가처분 결정을 받은 이사의 소송비용을 법인 경비로 지급한 경우 → × ③ 채무자가 점유개정에 의한 동산양도담보의 목적물을 처분한 경우 → × ④ 약국장이 의약품 제공의 대가로 받은 기부금을 임의로 소비한 경우 → ○

◉ 동산·부동산의 양도담보·매도담보에 관련된 형사책임

행위태양	양도담보	매도담보
채무자가 처분한 경우	부동산 : 배임죄 긍정 동산 : 횡령죄·배임죄 부정	횡령죄
채권자가 처분한 경우(변제기 이전)	부동산 : 배임죄 긍정 동산 : 횡령죄 긍정	배임죄

정선
해설

[**❶** ▸ ✕] 매입대금은 그 목적과 용도를 정하여 위탁된 금전으로서 골프회원권 매입시까지 그 소유권이 위탁자에게 유보되어 있으나, 다른 회사자금과 함께 보관된 이상 그 특정성을 인정하기 어렵고, 피고인의 불법영득의사를 추단할 수 없으므로 횡령죄를 구성하지 아니한다(대판 2008.3.14. 2007도7568).

[**❷** ▸ ✕] 법인의 이사를 상대로 한 이사직무집행정지 가처분이 결정된 경우, 당해 법인의 업무를 수행하는 이사의 직무집행이 정지당함으로써 사실상 법인의 업무수행에 지장을 받게 될 것은 명백하므로, 위 가처분에 대항하여 항쟁할 필요가 있는 한도 내에서 법인의 대표자가 법인 경비에서 당해 가처분 사건의 피신청인인 이사에게 그 사건에 관한 소송비용을 지급하였다면, 이는 법인의 업무수행을 위하여 필요한 비용을 지급한 것에 해당하고, 법인의 경비를 횡령한 것이라고 볼 수는 없다(대판 2009.3.12. 2008도10826).

[**❸** ▸ ✕] 채무자가 채권자에게 동산을 양도담보로 제공하고 점유개정의 방법으로 점유하고 있는 경우에는 그 동산의 소유권은 여전히 채무자에게 유보되어 있는 것이어서 채무자는 자기의 물건을 보관하고 있는 셈이 되므로, 양도담보의 목적물을 제3자에게 처분하거나 담보로 제공하였다 하더라도 횡령죄를 구성하지 아니한다(대판 2009.2.12. 2008도10971).

> **관련판례** ▶ **대판 2020.2.20. 2019도9756[전합]**
>
> 채무자가 금전채무를 담보하기 위하여 그 소유의 동산을 채권자에게 점유개정 방식으로 양도담보로 제공함으로써 채권자인 양도담보권자에 대하여 담보물의 담보가치를 유지·보전할 의무 내지 담보물을 타에 처분하거나 멸실, 훼손하는 등으로 담보권 실행에 지장을 초래하는 행위를 하지 않을 의무를 부담하게 되었더라도, 이를 들어 채무자가 통상의 계약에서의 이익대립관계를 넘어서 채권자와의 신임관계에 기초하여 채권자의 사무를 맡아 처리하는 것으로 볼 수 없다. 따라서 채무자를 배임죄의 주체인 '타인의 사무를 처리하는 자'에 해당한다고 할 수 없고, 그가 담보물을 제3자에게 처분하는 등으로 담보가치를 감소 또는 상실시켜 채권자의 담보권 실행이나 이를 통한 채권실현에 위험을 초래하더라도 배임죄가 성립한다고 할 수 없다. 위와 같은 법리는, 채무자가 동산에 관하여 양도담보설정계약을 체결하여 이를 채권자에게 양도할 의무가 있음에도 제3자에게 처분한 경우에도 적용되고, 주식에 관하여 양도담보설정계약을 체결한 채무자가 제3자에게 해당 주식을 처분한 사안에도 마찬가지로 적용된다.

[**❹** ▸ ○] 병원에서 의약품 선정·구매 업무를 담당하는 약국장이 병원을 대신하여 제약회사로부터 의약품 제공의 대가로 기부금 명목의 돈을 받아 보관 중 임의소비한 경우, 위 돈은 병원이 약국장에게 불법원인급여를 한 것에 해당하지 않아 여전히 반환청구권을 가지므로, 업무상횡령죄가 성립한다(대판 2008.10.9. 2007도2511).

답 ❹

다음은 횡령죄에 관한 설명이다. 옳지 않은 것은?(다툼이 있는 경우 판례에 의함)

① 계약명의신탁에 있어서 명의수탁자가 부동산을 담보로 잡히거나 임의로 처분하는 행위는 부동산 매도인이 명의신탁사실을 알았는지 여부와 상관없이 횡령죄로 처벌할 수 없다.

② 판공비에 대해 피고인이 그 행방이나 구체적인 사용처를 제대로 설명하지 못한다거나 사후적으로 그 사용에 관한 증빙자료를 제출하지 못하고 있는 경우 불법영득의 의사로 이를 횡령하였다고 추단하여서는 안 된다.

③ 근로자가 운송회사로부터 일정액의 급여를 받으면서 당일운송수입금을 전부 운송회사에 납입하되 운송회사는 근로자가 납입한 운송수입금을 월 단위로 정산하기로 하는 약정이 체결되었는데 근로자가 운송수입금을 임의로 소비한 경우 횡령죄로 처벌할 수 없다.

④ 금은방을 운영하는 피고인은 甲이 맡긴 금을 시세에 따라 사고 파는 방법으로 운용하여 매달 일정한 이익금을 지급하는 한편, 甲의 요청이 있으면 언제든지 보관 중인 금과 현금을 반환하기로 甲과 약정하였는데, 그 후 경제사정이 악화되자 이를 자신의 개인채무 변제 등에 사용한 경우 횡령죄가 인정된다.

**정선
핵심**

횡령죄의 성립 여부

① 계약명의신탁의 명의수탁자(소유자의 선·악의 불문)가 부동산을 임의로 처분한 경우 → ×
② 판공비의 사용처나 증빙자료를 제출하지 못하는 경우 → ×
③ 월 단위로 정산하기로 한 운송수입금을 임의로 소비한 경우 → ○
④ 피고인이 위탁판매대금 등을 개인채무 변제에 사용한 경우 → ○

**정선
해설**

[❶ ▸ ○] 판례의 취지를 고려하면, 계약명의신탁의 명의수탁자는 타인의 재물을 보관하는 자가 아니므로 명의수탁자의 처분행위는 부동산 매도인이 명의신탁사실을 알았는지 여부와 상관없이 횡령죄로 처벌할 수 없다.

> 명의신탁자와 명의수탁자가 이른바 계약명의신탁 약정을 맺고 명의수탁자가 당사자가 되어 명의신탁 약정이 있다는 사실을 알고 있는 소유자와 부동산에 관한 매매계약을 체결한 후 매매계약에 따라 부동산의 소유권이전등기를 명의수탁자 명의로 마친 경우에는 부동산 실권리자명의 등기에 관한 법률(이하 '부동산실명법') 제4조 제2항 본문에 의하여 수탁자 명의 소유권이전등기는 무효이고 부동산의 소유권은 매도인이 그대로 보유하게 되므로, 명의수탁자는 부동산 취득을 위한 계약의 당사자도 아닌 명의신탁자에 대한 관계에서 횡령죄에 '타인의 재물을 보관하는 자'의 지위에 있다고 볼 수 없고, 또한 명의수탁자가 명의신탁자에 대하여 매매대금 등을 부당이득으로 반환할 의무를 부담한다고 하더라도 이를 두고 배임죄에서 '타인의 사무를 처리하는 자'의 지위에 있다고 보기도 어렵다(대판 2012.11.29. 2011도7361).

[❷ ▸ ○] 대판 2010.6.24. 2007도5899

> **비교판례** 대판 2013.6.27. 2013도2510
> 주식회사의 대표이사가 회사의 돈을 인출하여 사용하였는데 그 사용처에 관한 증빙자료를 제시하지 못하고 있고 그 인출사유와 사용처에 관하여 납득할 만한 합리적인 설명을 하지 못하고 있다면, 이는 그가 불법영득의 의사로 회사의 돈을 인출하여 개인적 용도로 사용한 것으로 추단할 수 있다.

[❸ ▸ ×] 운송회사와 소속 근로자 사이에 근로자가 운송회사로부터 일정액의 급여를 받으면서 당일 운송수입금을 전부 운송회사에 납입하되, 운송회사는 근로자가 납입한 운송수입금을 월 단위로 정산하기로 하는 약정이 체결되었다면, 근로자가 사납금 초과 수입금을 개인 자신에게 직접 귀속시키는 경우와는 달리, 근로자가 애초 거둔 운송수입금 전액은 운송회사의 관리와 지배 아래 있다고 봄이 상당하므로 근로자가 운송수입금을 임의로 소비하였다면 횡령죄를 구성한다. 이는 근로자가 운송회사에 대하여 사납금을 초과하는 운송수입금의 일부를 배분받을 권리를 가지고 있다고 하더라도 다른 특별한 사정이 없는 한 다를 바 없다고 할 것이다(대판 2014.4.30. 2013도8799).

[**❹ ▶ ○**] 甲이 매매를 위탁하거나 피고인이 그 결과로 취득한 금이나 현금은 모두 甲의 소유라고 볼 것이어서 횡령죄가 인정된다(대판 2013.3.28. 2012도16191).

답 ❸

271
□□□

횡령죄에 관한 설명 중 적절한 것을 모두 고른 것은?(다툼이 있는 경우 판례에 의함)

경찰승진

ㄱ. 부동산을 공동으로 상속한 자들 중 1인이 상속 부동산을 혼자 점유하던 중 다른 공동상속인의 상속지분을 임의로 처분한 경우 횡령죄의 죄책을 부담한다.

ㄴ. 원인무효인 소유권이전등기의 명의자는 횡령죄의 주체인 타인의 재물을 보관하는 자에 해당한다고 할 수 없다.

ㄷ. 주식회사의 대표이사가 회사의 금원을 인출하여 사용하였는데 그 사용처에 관한 증빙자료를 제시하지 못하고 있고 그 인출사유와 금원의 사용처에 관하여 납득할 만한 합리적인 설명을 하지 못하고 있다면, 이러한 금원은 그가 불법영득의 의사로 회사의 금원을 인출하여 개인적 용도로 사용한 것으로 추단할 수 있다.

ㄹ. 이른바 계약명의신탁 방식으로 명의수탁자가 당사자가 되어 명의신탁약정이 있다는 사실을 알고 있는 소유자와 부동산에 관한 매매계약을 체결하고 그 명의로 소유권이전등기를 마쳤는데, 명의수탁자가 자신의 채무를 담보하기 위해 위 부동산에 관해 제3자에게 근저당권을 설정해 준 경우 횡령죄가 성립한다.

① ㄱ, ㄷ
② ㄴ, ㄷ
③ ㄴ, ㄹ
④ ㄷ, ㄹ

정선 핵심

ㄱ. 공동상속인 중 1인이 다른 공동상속인의 상속지분을 임의로 처분한 경우 → 횡령죄 ✕

ㄴ. 원인무효인 소유권이전등기의 명의자 → 타인의 재물을 보관하는 자 ✕

ㄷ. 대표이사가 회사금원의 사용처에 대한 증빙자료와 설명을 제시하지 못하는 경우 → 불법영득의 의사 ○

ㄹ. 계약명의신탁의 명의수탁자(소유자의 선의)가 부동산에 근저당권을 설정한 경우 → ✕

정선 해설

[**ㄱ ▶ ✕**] 부동산에 관한 횡령죄에 있어서 타인의 재물을 보관하는 자의 지위는 동산의 경우와는 달리 부동산에 대한 점유의 여부가 아니라 부동산을 제3자에게 유효하게 처분할 수 있는 권능의 유무에 따라 결정하여야 하므로, 부동산을 공동으로 상속한 자들 중 1인이 부동산을 혼자 점유하던 중 다른 공동상속인의 상속지분을 임의로 처분하여도 그에게는 그 처분권능이 없어 횡령죄가 성립하지 아니한다(대판 2000.4.11. 2000도565).

[**ㄴ ▶ ○**] 대판 1989.2.28. 88도1368

[**ㄷ ▶ ○**] 대판 2013.6.27. 2013도2510

[**ㄹ ▶ ✕**] 판례(대판 2012.11.29. 2011도7361)의 취지를 고려하면, 계약명의신탁의 명의수탁자는 타인의 재물을 보관하는 자가 아니므로 명의수탁자가 제3자에게 근저당권을 설정해 준 경우 소유자가 명의신탁사실을 알았는지 여부와 상관없이 횡령죄가 성립하지 아니한다.

답 ❷

횡령죄에 관한 다음 설명 중 가장 옳지 않은 것은?(다툼이 있는 경우 판례에 의하고, 전원합의체 판결의 경우 다수의견에 의함) `18` 법원9급

① 공무원에게 뇌물로 전달하여 달라는 부탁을 받았음에도 뇌물로 전달하지 않고 소비한 경우 횡령죄가 성립하지 않는다.

② 소유권의 취득에 등록이 필요한 차량에 대한 횡령죄에서 타인의 재물을 보관하는 사람의 지위는 차량에 대한 점유 여부가 아니라 등록에 의하여 차량을 제3자에게 법률상 유효하게 처분할 수 있는 권한 유무에 따라 결정되어야 하므로 차량의 등록명의자가 아닌 사람은 타인의 재물을 보관하는 자에 해당하지 않는다.

③ 발행인으로부터 일정한 금액의 범위 내에서 액면을 보충·할인하여 달라는 의뢰를 받고 액면이 백지인 약속어음을 교부받아 보관 중이던 자가 보충권의 한도를 넘어 보충을 한 약속어음을 자신의 채무변제조로 제3자에게 교부하여 임의로 사용하였다고 하더라도 횡령죄가 성립될 수는 없다.

④ 위탁판매인과 위탁자간에 판매대금에서 각종 비용이나 수수료 등을 공제한 이익을 분배하기로 하는 등 그 대금처분에 관하여 특별한 약정이 있는 경우에는 위탁물을 판매하여 이를 소비하거나 인도를 거부하였다 하여 곧바로 횡령죄가 성립한다고는 할 수 없다.

정선 핵심

횡령죄의 성립 여부

① 제3자에게 뇌물로 전달하라고 교부받은 돈을 임의로 소비하는 경우 → ×
② 차량의 등록명의자가 아닌 사람 → 타인의 재물을 보관하는 자 ○
③ 보충권을 넘어 보충을 한 약속어음을 제3자에게 교부하여 임의로 사용한 경우 → ×
④ 위탁판매인과 위탁자간에 대금처분에 관하여 특별한 약정이 있는 경우 → ×

정선 해설

[❶ ▸ ○] 대판 1988.9.20. 86도628

[❷ ▸ ×] 소유권의 취득에 등록이 필요한 타인 소유의 차량을 인도받아 보관하고 있는 사람이 이를 사실상 처분하면 횡령죄가 성립하며, 보관 위임자나 보관자가 차량의 등록명의자일 필요는 없다. 그리고 이와 같은 법리는 지입회사에 소유권이 있는 차량에 대하여 지입회사에서 운행관리권을 위임받은 지입차주가 지입회사의 승낙 없이 보관 중인 차량을 사실상 처분하거나 지입차주에게서 차량 보관을 위임받은 사람이 지입차주의 승낙 없이 보관 중인 차량을 사실상 처분한 경우에도 마찬가지로 적용된다(대판 2015.6.25. 2015도1944[전합]).

[❸ ▸ ○] 보충권의 남용행위로 인하여 생겨난 새로운 약속어음에 대하여는 발행인과의 관계에서 보관자의 지위에 있다 할 수 없으므로, 설사 그 약속어음을 자신의 채무변제조로 제3자에게 교부하여 임의로 사용하였다고 하더라도, 발행인으로 하여금 제3자에 대하여 어음상의 채무를 부담하는 손해를 입게 한 데에 대한 배임죄가 성립될 수 있음은 별론으로 하고, 보관자의 지위에 있음을 전제로 횡령죄가 성립될 수는 없다(대판 1995.1.20. 94도2760).

> **관련판례** 대판 2000.3.24. 99도5684
>
> 금전소비대차에서 채권자가 채무자로부터 지급받아야 할 차용금의 지급을 담보하기 위하여 채무자로부터 수표를 교부받아 소지한 것이라면 그 수표상의 권리는 적법하게 채권자에게 귀속되고, 채권자와 채무자 사이에 약정한 그 수표의 반환조건은 그들 사이의 단순한 채권적 약정에 불과하므로, 차용금에 대한 담보 명목으로 이 사건 백지당좌수표를 교부받은 피고인은 횡령죄의 주체인 타인의 재물을 보관하는 지위에 있다고 볼 수 없다.

[❹ ▸ ○] 대판 1990.3.27. 89도813

답 ❷

甲의 죄책에 관한 다음 설명 중 가장 적절하지 않은 것은?(다툼이 있는 경우 판례에 의함)

① 甲이 고속버스에 다른 손님이 놓고 내린 타인의 핸드백을 가져간 경우, 고속버스의 운전사는 고속버스의 관수자로서 유실물을 교부받을 권능을 가지므로 운전사가 유실물을 현실적으로 발견하지 않는 한 점유이탈물횡령의 죄책을 지지 않고 절도의 죄책을 진다.

② 甲이 乙로부터 공무원에게 뇌물로 전달하여 달라고 금원을 교부받은 것은 불법원인으로 인하여 지급받은 것으로서 이를 뇌물로 전달하지 않고 임의로 소비하였다고 하더라도 甲은 횡령죄의 죄책을 지지 않는다.

③ 甲이 기자행세를 하면서 주점 객실에서 나체쇼를 한 주점 접대부 乙을 고발할 것처럼 데리고 나와 여관으로 유인한 다음 겁에 질려있는 乙의 상태를 이용하여 동침하면서 1회 성교한 것은 매음대가의 지급을 면하였다고 볼 수 없어 공갈죄의 죄책을 지지 않는다.

④ 포주인 甲이 다방종업원으로 일하던 乙에게 윤락을 권유하여 고용한 후 乙이 받은 화대를 甲이 일단 보관하다가 절반씩 분배하기로 약정하고도 甲이 보관 중인 화대를 임의로 소비한 경우, 그 화대는 불법원인급여에 해당하지만 甲은 횡령죄의 죄책을 진다.

정선 핵심

① 고속버스에 다른 손님이 놓고 내린 핸드백을 가져간 경우 → 점유이탈물횡령죄 ○
② 제3자에게 뇌물로 전달하라고 교부받은 돈을 임의로 소비하는 경우 → 횡령죄 ×
③ 주점 접대부를 고발할 것처럼 하여 겁에 질려 있는 그와 동침한 경우 → 공갈죄 ×
④ 포주가 보관 중인 화대를 임의로 소비한 경우 → 횡령죄 ○

정선 해설

[❶ ▶ ×] 고속버스 운전사는 고속버스의 관수자로서 차내에 있는 승객의 물건을 점유하는 것이 아니고 승객이 잊고 내린 유실물을 교부받을 권능을 가질 뿐이므로 유실물을 현실적으로 발견하지 않는 한 이에 대한 점유를 개시하였다고 할 수 없고, 그 사이에 다른 승객이 유실물을 발견하고 이를 가져갔다면 절도에 해당하지 아니하고 점유이탈물횡령에 해당한다(대판 1993.3.16. 92도3170).

[❷ ▶ ○] 불법원인급여에 있어서 횡령죄의 성립을 부정하는 판례의 취지를 고려하면, 甲이 乙로부터 교부받은 금원을 임의로 소비한 경우, 횡령죄는 성립하지 아니한다.

> 조합으로부터 공무원에게 뇌물로 전달하여 달라고 금원을 교부받은 것은 불법원인으로 인하여 지급 받은 것으로서 이를 뇌물로 전달하지 않고 타에 소비하였다고 해서 타인의 물을 보관 중 횡령하였다고 볼 수는 없다(대판 1988.9.20. 86도628).

[❸ ▶ ○] 부녀와의 정부 그 자체는 이를 경제적으로 평가할 수 없는 것이므로 부녀를 공갈하여 정교를 맺었다고 하여도 특단의 사정이 없는 한 이로써 재산상 이익을 갈취한 것이라고 볼 수는 없는 것이며, 부녀가 주점접대부라 할지라도 피고인과 매음을 전제로 정교를 맺은 것이 아닌 이상 피고인이 매음대가의 지급을 면하였다고 볼 여지가 없으니 공갈죄가 성립하지 아니한다(대판 1983.2.8. 82도2714).

[❹ ▶ ○] 대판 1999.9.17. 98도2036

답 ❶

횡령죄에 관한 설명 중 옳은 것은?(다툼이 있으면 판례에 의함) `13` 사시

ㄱ. 부동산에 대한 원인무효인 소유권이전등기의 명의자는 횡령죄의 주체인 '타인의 재물을 보관하는 자'에 해당한다고 할 수 없다.

ㄴ. A주식회사의 대표이사인 甲이 자신의 채권자 乙에게 차용금에 대한 담보로 A주식회사 명의의 정기예금에 질권을 설정하여 주었는데 그 후 乙이 甲의 동의 하에 위 정기예금계좌에 입금되어 있던 A주식회사의 자금을 전액 인출하였다면 甲의 예금인출 동의행위는 업무상배임죄의 불가벌적 사후행위가 아니라 업무상횡령죄에 해당한다.

ㄷ. 학교법인 이사장이 학교법인이 설치·운영하는 대학 산학협력단이 용도를 특정하여 교부받은 국고보조금 중 3억원을 대학 교비계좌로 송금하여 교직원 급여 등으로 사용하였다면 업무상횡령죄에 해당한다.

ㄹ. 甲과 乙이 부동산을 공유하던 중 甲이 乙의 지분을 임의로 처분하였다면 타인의 재물을 보관하는 자가 신임관계에 반하여 처분한 것이므로 횡령죄에 해당한다.

① ㄱ, ㄴ
② ㄱ, ㄷ
③ ㄱ, ㄹ
④ ㄷ, ㄹ
⑤ ㄱ, ㄴ, ㄷ

**정선
핵심**

(업무상)횡령죄의 성립 여부
ㄱ. 원인무효인 소유권이전등기의 명의자 → 타인의 재물을 보관하는 자 ×
ㄴ. 甲이 예금인출을 동의하여 질권의 목적이 된 자금을 전액인출한 경우 → ×
ㄷ. 학교법인 이사장이 대학 산학협력단이 교부받은 국고보조금을 임의로 사용한 경우 → 업무상횡령죄 ○
ㄹ. 부동산을 공유하던 중 甲이 乙의 지분을 임의로 처분 경우 → ×

**정선
해설**

[ㄱ ▸ ○] 대판 2010.6.24. 2009도9242
[ㄴ ▸ ×] 판례의 취지를 고려하면, 甲의 예금인출동의행위는 업무상배임죄의 불가벌적 사후행위라고 할 것이므로 별죄를 구성하지 아니한다.

> 민법 제353조에 의하면 질권자는 질권의 목적이 된 채권을 직접 청구할 수 있으므로, 피고인의 예금인출동의행위는 이미 배임행위로써 이루어진 질권설정행위의 사후조치에 불과하여 새로운 법익의 침해를 수반하지 않는 이른바 불가벌적 사후행위에 해당하고, 별도의 횡령죄를 구성하지 않는데도, 이와 달리 피고인에 대하여 질권설정으로 인한 배임죄와 별도로 예금인출로 인한 횡령죄까지 성립한다고 본 원심판결에 불가벌적 사후행위에 관한 법리오해의 위법이 있다(대판 2012.11.29. 2012도10980).

[ㄷ ▸ ○] 대판 2011.10.13. 2009도13751
[ㄹ ▸ ×] 부동산에 관한 횡령죄에 있어서 타인의 재물을 보관하는 자의 지위는 동산의 경우와는 달리 부동산에 대한 점유의 여부가 아니라 부동산을 제3자에게 유효하게 처분할 수 있는 권능의 유무에 따라 결정하여야 하므로, 부동산의 공유자 중 1인이 다른 공유자의 지분을 임의로 처분하거나 임대하여도 그에게는 그 처분권능이 없어 횡령죄가 성립하지 아니한다(대판 2004.5.27. 2003도6988).

답 ❷

횡령죄에 대한 설명으로 옳은 것은 모두 몇 개인가?(다툼이 있는 경우 판례에 의함)

21 경찰채용

> ㄱ. 부동산을 공동으로 상속한 자들 중 1인이 부동산을 혼자 점유하다가 다른 공동상속인의 상속지분을 임의로 처분하여도 그에게는 그 처분권능이 없어 횡령죄가 성립하지 아니한다.
>
> ㄴ. 전기통신금융사기의 공범인 계좌명의인이 개설한 예금계좌로 피해자가 송금·이체한 사기피해금을 계좌명의인이 영득할 의사로 인출하면 피해자에 대한 횡령죄가 성립한다.
>
> ㄷ. 초·중등교육법에 정한 학교발전기금으로 기부한 금액은 관련 법령상 엄격히 제한된 용도 외에 학교운영에 필요한 특정한 공익적 용도로 수수한 것으로 볼 수 있는 예외적 경우가 아닌 한, 학교운영위원회에 귀속되어 법령에서 정한 사용 목적으로만 사용되어야 하고, 정해진 용도 외의 사용행위는 원칙적으로 횡령죄를 구성한다.
>
> ㄹ. 익명조합의 경우에는 익명조합원이 영업을 위하여 출자한 금전 기타의 재산은 상대편인 영업자의 재산이 되므로 영업자는 타인의 재물을 보관하는 자의 지위에 있지 않아 영업자가 영업이익금 등을 임의로 소비하였더라도 횡령죄가 성립하지 아니한다.

① 1개   ② 2개
③ 3개   ④ 4개

정선핵심

횡령죄의 성립 여부
ㄱ. 공동상속인 중 1인이 다른 공동상속인의 상속지분을 임의로 처분한 경우 → ✕
ㄴ. 계좌명의인이 영득의 의사로써 전기통신금융사기 피해금을 인출한 경우
   → 계좌명의인이 사기의 공범인 경우 : 피해자에 대한 횡령죄 ✕
ㄷ. 예외적 경우가 아닌 한 학교발전기금을 정해진 용도 외에 사용한 경우 → ○
ㄹ. 익명조합의 영업자가 영업이익금을 임의로 소비한 경우 → ✕

정선해설

[ㄱ ▸ ○] 대판 2000.4.11. 2000도565
[ㄴ ▸ ✕] 계좌명의인이 사기의 공범이라면 자신이 가담한 범행의 결과 피해금을 보관하게 된 것일 뿐이어서 피해자와 사이에 위탁관계가 없고, 그가 송금·이체된 돈을 인출하더라도 이는 자신이 저지른 사기범행의 실행행위에 지나지 아니하여 새로운 법익을 침해한다고 볼 수 없으므로 사기죄 외에 별도로 횡령죄를 구성하지 않는다(대판 2018.7.19. 2017도17494[전합]).
[ㄷ ▸ ○] 초·중등교육법에 정한 학교발전기금으로 기부한 금원의 경우, 그 기부의 경위와 목적, 상황, 액수 등 그 실질에 비추어 위와 같이 법령상 엄격히 제한된 용도 외에 학교운영에 필요한 특정한 공익적 용도로 수수한 것으로 볼 수 있는 예외적 경우가 아닌 한, 학교운영위원회에 귀속되어 법령에서 정한 사용목적으로만 사용되어야 할 것이므로, 그 정해진 용도 외의 사용행위는 원칙적으로 횡령죄를 구성한다고 보아야 할 것이다(대판 2010.7.22. 2007도4713).
[ㄹ ▸ ○] 대판 2011.11.24. 2010도5014

답 ❸

횡령의 죄에 대한 설명 중 가장 적절하지 않은 것은?(다툼이 있는 경우 판례에 의함)

① 부동산을 공동으로 상속한 자들 중 1인이 상속 부동산을 혼자 점유하던 중 다른 공동상속인의 상속지분을 임의로 처분하여도 횡령죄가 성립하지 아니한다.

② 주상복합상가의 매수인들로부터 우수상인 유치비 명목으로 금원을 납부받아 보관하던 중 그 용도와 무관하게 일반경비로 사용한 경우 횡령죄가 성립한다.

③ 甲주식회사 대표이사인 피고인이 자신의 채권자 乙에게 차용금에 대한 담보로 甲회사 명의 정기예금에 질권을 설정하여 주었는데, 그 후 乙이 차용금과 정기예금의 변제기가 모두 도래한 이후 피고인의 동의하에 정기예금 계좌에 입금되어 있던 甲회사자금을 전액 인출하였다면 피고인의 행위는 배임죄와 별도로 횡령죄까지 성립한다.

④ 명의신탁자가 매수한 부동산에 관하여 부동산 실권리자명의등기에 관한 법률을 위반하여 명의 수탁자와 맺은 명의신탁약정에 따라 매도인에게서 바로 명의수탁자 명의로 소유권이전등기를 마친 이른바 중간생략등기형 명의신탁을 한 경우, 명의수탁자가 신탁받은 부동산을 임의로 처분하여도 명의신탁자에 대한 관계에서 횡령죄가 성립하지 아니한다.

정선 핵심

횡령죄의 성립 여부
① 공동상속인 중 1인이 다른 공동상속인의 상속지분을 임의로 처분한 경우 → ×
② 우수상인유치비를 일반경비로 사용한 경우 → ○
③ 피고인이 예금인출을 동의하여 질권의 목적이 된 자금을 전액인출한 경우 → ×
④ 중간생략등기형 명의신탁의 명의수탁자가 부동산을 임의로 처분한 경우 → ×

정선 해설

[❶ ▸ ○] 대판 2000.4.11. 2000도565

[❷ ▸ ○] 주상복합상가의 매수인들로부터 우수상인유치비 명목으로 금원을 납부받아 보관하던 중 그 용도와 무관하게 일반경비로 사용한 경우 횡령죄를 구성한다(대판 2002.8.23. 2002도366).

[❸ ▸ ×] 민법 제353조에 의하면 질권자는 질권의 목적이 된 채권을 직접 청구할 수 있으므로, 피고인의 예금인 출동의행위는 이미 배임행위로써 이루어진 질권설정행위의 사후조처에 불과하여 새로운 법익의 침해를 수반하지 않는 이른바 불가벌적 사후행위에 해당하고, 별도의 횡령죄를 구성하지 않는데도, 이와 달리 피고인에 대하여 질권설 정으로 인한 배임죄와 별도로 예금인출로 인한 횡령죄까지 성립한다고 본 원심판결에 불가벌적 사후행위에 관한 법리오해의 위법이 있다(대판 2012.11.29. 2012도10980).

[❹ ▸ ○] 대판 2016.5.19. 2014도6992[전합]

답 ❸

횡령죄에 관한 다음 설명 중 가장 옳은 것은?(다툼이 있는 경우 판례에 따르고 전원합의체 판결의 경우 다수의견에 의함) `17` 법원9급

① 이른바 중간생략등기형 명의신탁에서 명의수탁자가 신탁받은 부동산을 임의로 처분한 경우 신탁자와의 관계에서 횡령죄가 성립한다.

② 보관자가 소유자의 이익을 위하여 재물을 처분한 경우에도 특별한 사정이 없는 한 그 재물에 대하여는 불법영득의사를 인정할 수 있다.

③ 소유권 취득에 등록이 필요한 타인 소유의 차량을 인도받아 보관하고 있는 사람이 이를 사실상 처분하였다 하더라도 보관 위임자가 차량의 등록명의자가 아닌 이상 횡령죄는 성립하지 아니한다.

④ 용도가 엄격히 제한된 자금을 위탁받아 집행하면서 제한된 용도 이외의 목적으로 자금을 사용한 경우 결과적으로 자금을 위탁한 본인을 위하는 면이 있더라도 사용행위 자체로서 불법영득의 의사를 실현한 것이 되어 횡령죄가 성립한다.

정선 핵심

횡령죄의 성립 여부
① 중간생략등기형 명의신탁의 명의수탁자가 부동산을 임의로 처분한 경우 → ×
② 보관자가 소유자의 이익을 위하여 재물을 처분한 경우 → 불법영득의사 ×
③ 소유권 취득에 등록이 필요한 타인 소유의 차량을 사실상 처분한 경우 → ○
④ 용도가 제한된 자금을 용도 외로 사용하더라도 본인을 위하는 면이 있는 경우 → ○

정선 해설

[**❶ ▸ ×**] 명의신탁자가 매수한 부동산에 관하여 부동산실명법을 위반하여 명의수탁자와 맺은 명의신탁약정에 따라 매도인에게서 바로 명의수탁자 명의로 소유권이전등기를 마친 이른바 중간생략등기형 명의신탁을 한 경우, 명의신탁자는 신탁부동산의 소유권을 가지지 아니하고, 명의신탁자와 명의수탁자 사이에 위탁신임관계를 인정할 수도 없다. 따라서 명의수탁자가 명의신탁자의 재물을 보관하는 자라고 할 수 없으므로, 명의수탁자가 신탁받은 부동산을 임의로 처분하여도 명의신탁자에 대한 관계에서 횡령죄가 성립하지 아니한다(대판 2016.5.19. 2014도6992[전합]).

[**❷ ▸ ×**] 보관자가 자기 또는 제3자의 이익을 위하여 소유자의 이익에 반하여 재물을 처분한 경우에는 재물에 대한 불법영득의사를 인정할 수 있으나, 그와 달리 소유자의 이익을 위하여 재물을 처분한 경우에는 특별한 사정이 없는 한 그 재물에 대하여는 불법영득의사를 인정할 수 없다(대판 2016.8.30. 2013도658).

[**❸ ▸ ×**] 소유권의 취득에 등록이 필요한 타인 소유의 차량을 인도받아 보관하고 있는 사람이 이를 사실상 처분하면 횡령죄가 성립하며, 보관 위임자나 보관자가 차량의 등록명의자일 필요는 없다. 그리고 이와 같은 법리는 지입회사에 소유권이 있는 차량에 대하여 지입회사에서 운행관리권을 위임받은 지입차주가 지입회사의 승낙 없이 보관 중인 차량을 사실상 처분하거나 지입차주에게서 차량 보관을 위임받은 사람이 지입차주의 승낙 없이 보관 중인 차량을 사실상 처분한 경우에도 마찬가지로 적용된다(대판 2015.6.25. 2015도1944[전합]).

[**❹ ▸ ○**] 대판 2011.6.10. 2010도17202

답 ❹

횡령죄에 관한 설명 중 옳은 것은?(다툼이 있는 경우에는 판례에 의함) `14` 변시

① 조합장이 조합으로부터 공무원에게 뇌물로 전달하여 달라고 금원을 교부받고도 이를 뇌물로 전달하지 않고 개인적으로 소비한 경우에 횡령죄가 성립한다.

② 타인이 착오로 피고인명의의 홍콩은행계좌로 잘못 송금한 300만 홍콩달러를 피고인이 임의로 인출하여 사용하였더라도 피고인과 송금인사이에 별다른 거래관계가 없는 경우에는 횡령죄가 성립하지 않는다.

③ 지명채권의 양도인이 채무자에 대한 양도의 통지 전에 채무자로부터 채권을 추심하여 금전을 수령한 경우 그 금전은 양도인의 소유에 속하므로 이를 양도인이 임의로 소비하더라도 횡령죄가 성립하지 않는다.

④ 임차토지에 동업계약에 기해 식재되어 있는 수목을 관리·보관하던 동업자일방이 다른 동업자의 허락을 받지 않고 함부로 제자에게 수목을 매도하기로 계약을 체결한 후 계약금을 수령·소비하였으나 다른 동업자의 저지로 계약의 추가적인 이행이 진행되지 아니한 경우 횡령죄미수가 성립한다.

⑤ 주주나 대표이사 또는 그에 준하여 회사자금의 보관이나 운용에 관한 사실상의 사무를 처리하는 자가 회사소유의 재산을 제자의 자금조달을 위하여 담보로 제공하는 등 사적인 용도로 임의 처분하였더라도, 그 처분에 관하여 주주총회나 이사회의 결의가 있었던 경우에는 횡령죄가 성립하지 않는다.

정선 핵심

횡령죄의 성립 여부

① 조합장이 제3자에게 뇌물로 전달하라고 교부받은 돈을 임의로 소비하는 경우 → ×
② 홍콩은행계좌명의인이 송금·이체된 돈을 영득할 의사로 인출한 경우 → ○
③ 양도인이 양도의 통지 전에 채무자로부터 수령한 금전을 임의로 소비한 경우 → ○
④ 합유물인 수목에 대한 매매계약을 체결하고 계약금만을 지급받은 생태에서 피해자에게 적발되어 계약이 무위로 그친 경우 → 횡령죄의 미수 ○
⑤ 주주나 대표이사 등이 회사소유의 재산을 임의처분하였으나, 주주총회나 이사회의 결의가 있었던 경우 → ○

정선 해설

[❶ ▶ ×] 조합장이 조합으로부터 공무원에게 뇌물로 전달하여 달라고 금원을 교부받은 것은 불법원인으로 인하여 지급 받은 것으로서 이를 뇌물로 전달하지 않고 타에 소비하였다고 해서 타인의 물을 보관 중 횡령하였다고 볼 수는 없다(대판 1988.9.20. 86도628).

[❷ ▶ ×] 어떤 예금계좌에 돈이 착오로 잘못 송금되어 입금된 경우에는 그 예금주와 송금인 사이에 신의칙상 보관관계가 성립한다고 할 것이므로, 피고인이 송금 절차의 착오로 인하여 피고인 명의의 은행 계좌에 입금된 돈을 임의로 인출하여 소비한 행위는 횡령죄에 해당하고, 이는 송금인과 피고인 사이에 별다른 거래관계가 없다고 하더라도 마찬가지이다(대판 2010.12.9. 2010도891).

[❸ ▶ ×] 판례의 취지를 고려하면, 양도인은 채무자로부터 수령한 금전을 양수인을 위하여 보관하는 자라고 할 수 있으므로 양도인이 이를 임의로 소비한 경우에는 횡령죄가 성립한다.

> 양도인이 수령한 금전은 양도인과 양수인 사이에서 양수인의 소유에 속하고, 여기에다가 위와 같이 양도인이 양수인을 위하여 채권보전에 관한 사무를 처리하는 지위에 있다는 것을 고려하면, 양도인은 이를 양수인을 위하여 보관하는 관계에 있다고 보아야 할 것이다(대판 1999.4.15. 97도666[전합]).

[❹ ▶ ○] 대판 2012.8.17. 2011도9113

[❺ ▶ ×] 주식회사는 주주와 독립된 별개의 권리주체로서 그 이해가 반드시 일치하는 것은 아니므로, 회사 소유 재산을 주주나 대표이사가 제3자의 자금 조달을 위하여 담보로 제공하는 등 사적인 용도로 임의 처분하였다면 그 처분에 관하여 주주총회나 이사회의 결의가 있었는지 여부와는 관계없이 횡령죄의 죄책을 면할 수는 없다(대판 2012.6.28. 2012도2628).

답 ❹

횡령죄 또는 배임죄에 대한 설명으로 옳지 않은 것은?(다툼이 있는 경우 판례에 의함)

15 국가9급

① 중간생략등기형 명의신탁의 수탁자가 자기 명의로 신탁된 부동산을 임의처분한 경우 신탁자에 대한 횡령죄가 성립하지 않는다.

② 계약명의신탁의 명의수탁자가 악의의 소유자로부터 취득한 부동산을 임의처분한 경우 명의신탁자에 대한 횡령죄는 성립하지 않지만 배임죄는 성립한다.

③ 명의신탁부동산(종중 소유)을 임의처분한 수탁자의 재차의 처분행위가 선행처분행위에서 당연히 예상될 수 있는 범위를 넘어 새로운 법익침해의 위험을 추가시켰다면 그 행위는 별도의 횡령죄를 구성한다.

④ 부동산이중매매와는 달리 동산이중매매의 경우는 배임죄가 성립하지 않는다.

정선 핵심

① 중간생략등기형 명의신탁의 명의수탁자가 부동산을 임의로 처분한 경우 → 횡령죄 ×

② 계약명의신탁의 명의수탁자(소유자의 악의)가 부동산을 임의로 처분한 경우 → 횡령죄 ×, 배임죄 ×

③ 명의신탁부동산(종중 소유)을 임의처분한 수탁자의 재차의 처분행위가 새로운 법익침해의 위험을 추가시킨 경우 → 횡령죄 ○

④ 동산이중매매 → 배임죄 ×

정선 해설

[❶ ▸ ○] 대판 2016.5.19. 2014도6992[전합]

[❷ ▸ ×] 판례의 취지를 고려하면, 명의수탁자는 '타인의 사무를 처리하는 자'의 지위에 있다고 보기도 어려우므로 배임죄도 성립하지 아니한다.

> 명의신탁자와 명의수탁자가 이른바 계약명의신탁 약정을 맺고 명의수탁자가 당사자가 되어 명의신탁 약정이 있다는 사실을 알고 있는 소유자와 부동산에 관한 매매계약을 체결한 후 매매계약에 따라 부동산의 소유권이전등기를 명의수탁자 명의로 마친 경우에는 명의수탁자는 명의신탁자에 대한 관계에서 횡령죄에서 '타인의 재물을 보관하는 자'의 지위에 있다고 볼 수 없고, 배임죄에서 '타인의 사무를 처리하는 자'의 지위에 있다고 보기도 어렵다(대판 2012.11.29. 2011도7361).

[❸ ▸ ○] 대판 2013.2.21. 2010도10500[전합]

[❹ ▸ ○] 매매의 목적물이 동산일 경우, 매도인은 매수인에게 계약에 정한 바에 따라 그 목적물인 동산을 인도함으로써 계약의 이행을 완료하게 되고 그때 매수인은 매매목적물에 대한 권리를 취득하게 되는 것이므로, 매도인에게 자기의 사무인 동산인도채무 외에 별도로 매수인의 재산의 보호 내지 관리 행위에 협력할 의무가 있다고 할 수 없다. 동산매매계약에서의 매도인은 매수인에 대하여 그의 사무를 처리하는 지위에 있지 아니하므로, 매도인이 목적물을 매수인에게 인도하지 아니하고 이를 타에 처분하였다 하더라도 형법상 배임죄가 성립하는 것은 아니다(대판 2011.1.20. 2008도10479[전합]).

> 피고인이 '인쇄기'를 甲에게 양도하기로 하고 계약금 및 중도금을 수령하였음에도 이를 자신의 채권자 乙에게 기존 채무 변제에 갈음하여 양도함으로써 재산상 이익을 취득하고 甲에게 동액 상당의 손해를 입혔다는 배임의 공소사실에 대하여, 이를 무죄로 선고한 원심판단을 수긍한 사례(대판 2011.1.20. 2008도10479[전합]).

 답 ❷

다음 사안에서 乙의 형사책임에 대한 설명으로 가장 적절한 것은?(다툼이 있는 경우 판례에 의함)

18 경찰채용

> 甲은 A로부터 그의 소유인 부동산을 매수하기로 계약을 체결했다. 甲은 매매계약의 당사자로서 A에게 소정의 대금을 모두 지불했다. 한편, 甲은 거래 부동산의 등기명의를 자신의 이름으로 하지 않고 A로부터 乙에게 바로 소유권이전등기를 경료하게끔 乙과 명의신탁약정을 했다. 약속대로 A는 乙에게 소유권이전등기를 경료해 주었고, 乙은 위 부동산의 소유명의자가 되었다. 얼마 후 乙은 甲몰래 丙에게 위 부동산을 매도했다. 丙은 乙로부터 소유권이전등기를 경료받아 해당 부동산의 소유명의자가 되었다.

① 위 부동산에 관해 A로부터 乙앞으로 이루어진 소유권이전등기는 현행법상 무효이나, 甲이 매매계약의 당사자로서 A에 대해 소유권이전등기청구권을 가지는 이상, 乙은 甲을 위해 그의 부동산을 보관하는 자의 지위에 서게 된다.

② 乙은 甲의 부동산을 보관하는 자의 지위에 있으면서 동 부동산을 임의로 처분하였으므로 횡령죄의 죄책을 지게 된다.

③ 乙이 丙에게 위 명의신탁약정의 존재를 고지하지 않고 부동산을 처분하였을 경우 乙에게 사기죄는 성립하지 않는다.

④ 사안을 달리하여, 만일 乙이 甲과 명의신탁약정을 맺고 직접 매매계약의 당사자가 되어 A로부터 부동산을 매수하였다고 가정한다면, 乙은 甲의 사무를 처리하는 자의 지위에 있게 되어 임의로 그 부동산을 처분한 행위가 배임죄에 해당한다.

**정선
핵심**

① 중간생략등기형 명의신탁의 명의수탁자 乙 → 부동산을 보관하는 자의 지위 ×
② 명의수탁자가 부동산을 임의로 처분한 경우 → 횡령죄 ×
③ 명의수탁자 乙이 선의의 丙에게 부동산을 처분한 경우 → 사기죄 ×
④ 계약명의신탁의 명의수탁자(소유자의 선·악의 불문)가 부동산을 임의로 처분한 경우 → 배임죄 ×

**정선
해설**

[❶ ▸ ×] [❷ ▸ ×] 판례(대판 2016.5.19. 2014도6992[전합])의 취지를 고려하면, 중간생략등기형 명의신탁의 명의수탁자 乙은 명의신탁자 甲의 재물을 보관하는 자의 지위에 있지 아니하므로 乙이 동 부동산을 丙에게 매도하였더라도 乙은 횡령죄의 죄책을 지지 아니한다.

[❸ ▸ ○] 대외적으로는 명의수탁자인 乙에게 처분권한이 있고 이에 따라 제3자인 丙이 부동산의 소유권을 취득하였으므로 명의수탁자인 乙에게는 사기죄가 성립하지 아니한다.

> 부동산의 명의수탁자가 부동산을 제3자에게 매도하고 매매를 원인으로 한 소유권이전등기까지 마쳐 준 경우, 명의신탁의 법리상 대외적으로 수탁자에게 그 부동산의 처분권한이 있는 것임이 분명하고, 제3자로서도 자기 명의의 소유권이전등기가 마쳐진 이상 무슨 실질적인 재산상의 손해가 있을 리 없고, 나아가 그 처분시 매도인(명의수탁자)의 소유라는 말을 하였다고 하더라도 역시 사기죄가 성립하지 않으며, 이는 자동차의 명의수탁자가 처분한 경우에도 마찬가지이다(대판 2007.1.11. 2006도4498).

[❹ ▸ ×] 명의신탁자와 명의수탁자가 이른바 계약명의신탁 약정을 맺고 명의수탁자가 당사자가 되어 소유자와 부동산에 관한 매매계약을 체결한 후 매매계약에 따라 부동산의 소유권이전등기를 명의수탁자 명의로 마친 경우, 소유자의 선·악을 불문하고 명의수탁자는 타인의 사무를 처리하는 자라 할 수 없어 명의수탁자가 그 부동산을 제3자에게 처분한 경우에도 배임죄가 성립하지 아니한다는 것이 판례(대판 2012.11.29. 2011도7361, 대판 2008.3.27. 2008도455)이므로 명의수탁자 乙이 임의로 그 부동산을 처분한 행위는 배임죄를 구성하지 아니한다.

답 ❸

281
□□□

횡령죄 등에 관한 다음 설명 중 가장 옳은 것은? 15 법원9급

① 부동산을 공동으로 상속한 자들 중 1인이 상속 부동산을 혼자 점유하던 중 다른 공동상속인이 상속지분을 임의로 처분한 경우, 횡령죄의 죄책을 부담한다.

② 조합 또는 내적 조합과 달리 익명조합의 경우에는 익명조합원이 영업을 위하여 출자한 금전 기타의 재산은 상대편인 영업자의 재산이 되므로 영업자는 타인의 재물을 보관하는 자의 지위에 있지 않고, 따라서 영업자가 영업이익금을 임의로 소비하였더라도 횡령죄가 성립하지 아니한다.

③ 동업자 사이에 손익분배 정산이 되지 않은 상태에서 동업자 중 1인이 동업재산을 보관하던 중 임의로 횡령하였다면 횡령금액 중 자신의 지분비율을 제외한 금액에 대하여만 횡령죄의 죄책을 부담한다.

④ 계약명의신탁 방식으로 명의수탁자가 당사자가 되어 명의신탁약정이 있다는 사실을 알고 있는 소유자로부터 부동산을 매수하는 계약을 체결한 후 명의수탁자 앞으로 소유권이전등기가 행하여진 경우, 명의수탁자는 명의신탁자에 대한 관계에서 횡령죄의 '타인의 재물을 보관하는 자'에 해당한다.

정선 핵심

횡령죄의 성립 여부
① 공동상속인 중 1인이 다른 공동상속인의 상속지분을 임의로 처분한 경우 → ×
② 익명조합의 영업자가 영업이익금을 임의로 소비한 경우 → ×
③ 정산이 되지 아니하였으나 동업재산을 임의로 횡령한 경우 → 횡령한 금액 전부에 대하여 횡령죄 ○
④ 계약명의신탁의 명의수탁자(소유자는 악의) → 타인의 재물을 보관하는 자 ×

정선 해설

[**❶ ▸ ×**] 부동산에 관한 횡령죄에 있어서 타인의 재물을 보관하는 자의 지위는 동산의 경우와는 달리 부동산에 대한 점유의 여부가 아니라 부동산을 제3자에게 유효하게 처분할 수 있는 권능의 유무에 따라 결정하여야 하므로, 부동산을 공동으로 상속한 자들 중 1인이 부동산을 혼자 점유하던 중 다른 공동상속인의 상속지분을 임의로 처분하여도 그에게는 그 처분권능이 없어 횡령죄가 성립하지 아니한다(대판 2000.4.11. 2000도565).

[**❷ ▸ ○**] 대판 2011.11.24. 2010도5014

[**❸ ▸ ×**] 동업자 사이에 손익분배 정산이 되지 아니하였다면 동업자 한 사람이 임의로 동업자들의 합유에 속하는 동업재산을 처분할 권한이 없는 것이므로, 동업자 한 사람이 동업재산을 보관 중 임의로 횡령하였다면 지분비율에 관계없이 횡령한 금액 전부에 대하여 횡령죄의 죄책을 부담한다(대판 2011.6.10. 2010도17684).

[**❹ ▸ ×**] 명의신탁자와 명의수탁자가 이른바 계약명의신탁 약정을 맺고 명의수탁자가 당사자가 되어 명의신탁 약정이 있다는 사실을 알고 있는 소유자와 부동산에 관한 매매계약을 체결한 후 매매계약에 따라 부동산의 소유권이 전등기를 명의수탁자 명의로 마친 경우에는 명의수탁자는 명의신탁자에 대한 관계에서 횡령죄에서 '타인의 재물을 보관하는 자'의 지위에 있다고 볼 수 없고, 배임죄에서 '타인의 사무를 처리하는 자'의 지위에 있다고 보기도 어렵다(대판 2012.11.29. 2011도7361).

답 ❷

횡령죄에 대한 다음 설명 중 가장 적절하지 않은 것은?(다툼이 있으면 판례에 의함)

16 경찰채용

① 광업권은 재물인 광물을 취득할 수 있는 권리에 불과하지, 재물 그 자체는 아니므로 횡령죄의 객체가 된다고 할 수 없다.

② 동업자 사이에 손익분배의 정산이 되지 아니하였다면 동업자의 한 사람이 임의로 동업자들의 합유에 속하는 동업재산을 처분할 권한이 없는 것이므로, 동업자의 한 사람이 동업재산을 보관 중 임의로 횡령하였다면 지분비율에 따라 횡령한 금액에 대하여 횡령죄의 죄책을 부담한다.

③ 명의신탁자가 매수한 부동산에 관하여 부동산 실권리자명의등기에 관한 법률을 위반하여 명의수탁자와 맺은 명의신탁약정에 따라 매도인에게서 바로 명의수탁자 명의로 소유권이전등기를 마친 이른바 중간생략등기형 명의신탁을 한 경우, 명의수탁자가 신탁 받은 부동산을 임의로 처분하여도 명의신탁자에 대한 관계에서 횡령죄가 성립하지 아니한다.

④ 양식어업면허권자가 그 어업면허권을 양도한 후 아직도 어업면허권이 자기 앞으로 되어 있음을 틈타서 어업권손실보상금을 수령하여 일부는 자기 이름으로 예금하고 일부는 생활비 등에 소비하였다면 이는 횡령죄가 성립한다.

**정선
핵심**

① 광업권 → 횡령죄의 객체 ×
② 정산이 되지 아니하였으나 동업재산을 임의로 횡령한 경우 → 횡령한 금액 전부에 대하여 횡령죄 ○
③ 중간생략등기형 명의신탁의 명의수탁자가 임의처분한 경우 → 횡령죄 ×
④ 양식어업면허권을 양도하고도 어업권손실보상금을 수령한 경우 → 횡령죄 ○

**정선
해설**

[❶ ▸ ○] 광업권은 재물인 광물을 취득할 수 있는 권리에 불과하지 재물 그 자체는 아니므로 횡령죄의 객체가 된다고 할 수 없다(대판 1994.3.8. 93도2272).

[❷ ▸ ×] 동업자 사이에 손익분배 정산이 되지 아니하였다면 동업자 한 사람이 임의로 동업자들의 합유에 속하는 동업재산을 처분할 권한이 없는 것이므로, 동업자 한 사람이 동업재산을 보관 중 임의로 횡령하였다면 지분비율에 관계없이 횡령한 금액 전부에 대하여 횡령죄의 죄책을 부담한다(대판 2011.6.10. 2010도17684).

[❸ ▸ ○] 대판 2016.5.19. 2014도6992[전합]

[❹ ▸ ○] 양식어업면허권자가 그 어업면허권을 양도한 후 아직도 어업면허권이 자기앞으로 되어 있음을 틈타서 어업권손실보상금을 수령하여 일부는 자기 이름으로 예금하고 일부는 생활비 등에 소비하였다면 이는 횡령죄를 구성한다(대판 1993.8.24. 93도1578).

답 ❷

업무상횡령죄의 불법영득의사에 대한 설명으로 옳지 않은 것은?(다툼이 있는 경우 판례에 의함)

`17` 국가7급

① 근로자가 운송회사로부터 일정액의 급여를 받으면서 당일 운송수입금을 전부 운송회사에 납입하고 운송회사는 이를 월 단위로 정산하여 급여의 증감 여부를 결정하기로 하는 약정이 체결된 경우, 근로자가 운송수입금을 회사에 납입하지 않고 임의로 소비하였다면 불법영득의사가 인정된다.

② 회사의 업무추진비가 직무수행경비를 보전해 주는 실비변상적 급여의 성질을 가지고 있고, 정관 등에서 업무와 관련하여 지출하도록 포괄적으로 정하고 그 용도나 목적에 구체적인 제한을 두고 있지 않으며, 이를 사용한 후에도 그 지출에 관한 증빙자료를 요구하고 있지 않다면, 임직원이 이 업무추진비를 업무와 관련하여 합리적인 범위를 넘어 과다하게 지출하였더라도 불법영득의사가 인정되지 아니한다.

③ 자기 또는 제3자의 이익을 꾀할 목적으로 업무상의 임무에 위반하여 보관하고 있는 타인의 재물을 자기의 소유인 것과 같이 사실상 또는 법률상 처분하였다면 사후에 이를 반환하거나 변상, 보전하는 의사가 있었다고 하더라도 불법영득의사가 인정된다.

④ 대학교 산학협력단의 운영자가 산학협력단의 자금을 이용하여 비자금을 조성하였다고 하더라도 그것이 단지 당해 비자금의 소유자인 법인 이외의 제3자가 이를 발견하기 곤란하게 하기 위한 목적으로 장부상의 분식을 한 경우라면 불법영득의사가 인정되지 아니한다.

정선 핵심

불법영득의사의 인정 여부
① 월 단위로 정산하기로 한 운송수입금을 임의로 소비한 경우 → ○
② 업무추진비가 합리적인 범위를 넘어 과다하게 지출된 경우 → ○
③ 타인의 재물을 사실상·법률상 처분하였지만 반환·변상·보전의 의사가 있었던 경우 → ○
④ 산학협력단의 자금으로 조성한 비자금을 숨기기 위해 장부상의 분식을 한 경우 → ×

정선 해설

[**❶ ▸ O**] 대판 2014.4.30. 2013도8799
[**❷ ▸ ✕**] 임직원이 판공비 등을 불법영득의 의사로 횡령한 것으로 인정하려면 판공비 등이 업무와 관련없이 개인적인 이익을 위하여 지출되었다거나 또는 업무와 관련되더라도 합리적인 범위를 넘어 지나치게 과다하게 지출되었다는 점이 증명되어야 할 것이고, 단지 판공비 등을 사용한 임직원이 그 행방이나 사용처를 제대로 설명하지 못하거나 사후적으로 그 사용에 관한 증빙자료를 제출하지 못하고 있다고 하여 함부로 불법영득의 의사로 이를 횡령하였다고 추단하여서는 아니된다(대판 2010.6.24. 2007도5899).

> 버스운송사업조합의 이사장이 현금으로 지급된 판공비 또는 조합활동비의 구체적인 사용처를 설명하지 못한다거나 사후적으로 그 증빙자료를 제출하지 못하고 있다는 이유로 불법영득의 의사를 추단하고, 위 조합의 일부 자금이 그 용도와 목적에 맞게 지출되었다는 합리적인 가능성을 배제할 수 없음에도 이를 횡령하였다고 인정한 원심판결에 법리오해의 위법이 있다고 한 사례(대판 2010.6.24. 2007도5899).

[**❸ ▸ O**] 대판 2014.12.24. 2014도11263
[**❹ ▸ O**] 법인의 운영자 또는 관리자가 법인의 자금을 이용하여 비자금을 조성하였다고 하더라도 그것이 당해 비자금의 소유자인 법인 이외의 제3자가 이를 발견하기 곤란하게 하기 위한 장부상의 분식에 불과하거나 법인의 운영에 필요한 자금을 조달하는 수단으로 인정되는 경우에는 불법영득의 의사를 인정하기 어렵다. 다만 법인의 운영자 또는 관리자가 법인을 위한 목적이 아니라 법인과는 아무런 관련이 없거나 개인적인 용도로 착복할 목적으로 법인의 자금을 빼내어 별도로 비자금을 조성하였다면 그 조성행위 자체로써 불법영득의 의사가 실현된 것으로 볼 수 있을 것이다(대판 2015.2.26. 2014도15182).

답 ❷

284
☐☐☐

다음 사례에서 (업무상)횡령죄가 성립하는 경우는?(다툼이 있는 경우 판례에 의함)

`21` 국가9급

① 적법한 종중총회의 결의가 없는 상태에서 종중의 회장으로부터 담보 대출을 받아달라는 부탁과 함께 종중 소유의 임야를 이전 받은 자가 임야를 담보로 금원을 대출받아 임의로 사용한 경우(종중에 대한 관계에서)

② 법인의 임직원이 법인의 운영에 필요한 자금을 조달하기 위하여 법인의 무자료 거래를 통해 비자금을 조성한 경우(법인에 대한 관계에서)

③ 전기통신금융사기 공범인 계좌명의인이 자신이 개설한 예금계좌에 사기 피해자가 사기 피해금을 송금·이체하자 그 돈을 영득할 의사로 인출한 경우(전기통신금융사기의 범인에 대한 관계에서)

④ 부동산의 공유자 중 1인이 구분소유자 전원의 공유에 속하는 공용 부분인 지하주차장 일부를 독점 임대하고 임차료를 수령한 경우(다른 공유자에 대한 관계에서)

**정선
핵심**

(업무상)횡령죄의 성립 여부

① 적법한 종중총회의 결의 없이 임야를 담보로 대출을 받아 임의로 사용한 경우 → ○

② 법인의 운영에 필요한 자금을 조달하기 위하여 비자금을 조성한 경우 → ×

③ 계좌명의인이 영득의 의사로써 전기통신금융사기 피해금을 인출한 경우

⋯→ 계좌명의인이 사기의 공범인 경우 : 피해자에 대한 횡령죄 ×

⋯→ 계좌명의인이 사기의 공범인 경우 : 전기통신금융사기의 범인에 대한 횡령죄 ×

④ 지하주차장을 구분소유자 중 1인이 독점임대하고 수령한 임차료를 소비한 경우 → ×

**정선
해설**

[❶ ▶ ○] 대판 2005.6.24. 2005도2413

[❷ ▶ ×] 법인의 운영자 또는 관리자가 법인의 자금을 이용하여 비자금을 조성하였다고 하더라도 그것이 당해 비자금의 소유자인 법인 이외의 제3자가 이를 발견하기 곤란하게 하기 위한 장부상의 분식에 불과하거나 법인의 운영에 필요한 자금을 조달하는 수단으로 인정되는 경우에는 불법영득의 의사를 인정하기 어렵다(대판 2010.12.9. 2010도11015).

[❸ ▶ ×] 계좌명의인이 사기의 공범이라면 자신이 가담한 범행의 결과 피해금을 보관하게 된 것일 뿐이어서 피해자와 사이에 위탁관계가 없고, 그가 송금·이체된 돈을 인출하더라도 이는 자신이 저지른 사기범행의 실행행위에 지나지 아니하여 새로운 법익을 침해한다고 볼 수 없으므로 사기죄 외에 별도로 횡령죄를 구성하지 않는다. 한편 계좌명의인의 인출행위는 전기통신금융사기의 범인에 대한 관계에서는 횡령죄가 되지 않는다(대판 2018.7.19. 2017도17494[전합]).

[❹ ▶ ×] 구분소유자 전원의 공유에 속하는 공용 부분인 지하주차장 일부를 그중 1인이 독점 임대하고 수령한 임차료를 임의로 소비한 경우 횡령죄가 성립하지 아니한다(대판 2004.5.27. 2003도6988).

 답 ❶

 안심Touch

다음 설명 중 가장 옳지 않은 것은?(다툼이 있는 경우 판례에 의함)

① 타인의 금전을 위탁받아 보관하는 자가 보관방법으로 금융기관에 자신의 명의로 예치한 경우, 수탁자가 이를 함부로 인출하여 소비하거나 또는 위탁자로부터 반환요구를 받았음에도 이를 영득할 의사로 반환을 거부하는 경우에는 횡령죄가 성립한다.

② 회사의 이사 등이 회사의 자금으로 뇌물을 공여하였다면 회사에 대하여 업무상횡령죄의 죄책을 면하지 못한다.

③ 명의신탁자가 매수한 부동산에 관하여 부동산실명법을 위반하여 명의수탁자와 맺은 명의신탁 약정에 따라 매도인에게서 바로 명의수탁자 명의로 소유권이전등기를 마친 이른바 중간생략등기형 명의신탁을 한 경우, 명의수탁자가 신탁받은 부동산을 임의로 처분하여도 명의신탁자에 대한 관계에서 횡령죄가 성립하지 아니한다.

④ 타인의 부동산을 보관 중인 자가 불법영득의사를 가지고 그 부동산에 근저당권설정등기를 경료함으로써 일단 횡령행위가 기수에 이르렀다면, 그 후 같은 부동산에 별개의 근저당권을 설정하여 새로운 법익침해의 위험을 추가하였다 하더라도, 이는 불가벌적 사후행위로서 별도의 횡령죄를 구성하지 않는다.

⑤ 이른바 계약명의신탁 방식으로 명의수탁자가 당사자가 되어 명의신탁약정이 있다는 사실을 알고 있는 소유자로부터 부동산을 매수하는 계약을 체결한 후 명의수탁자 앞으로 소유권이전등기가 행하여진 경우, 명의수탁자가 명의신탁자에 대한 관계에서 횡령죄의 '타인의 재물을 보관하는 자'에 해당하지 않는다.

정선 핵심

횡령죄의 성립 여부

① 금전을 위탁받아 보관하는 자가 금융기관에 예치하여 인출·소비하거나 반환을 거부하는 경우 → ○

② 회사의 이사가 업무상의 임무에 위배하여 회사의 자금으로 뇌물을 공여한 경우 → 뇌물공여죄와 업무상횡령죄의 실체적 경합 ○

③ 중간생략등기형 명의신탁의 명의수탁자가 부동산을 임의로 처분한 경우 → ✕

④ 명의수탁자가 수탁부동산에 근저당권설정등기를 경료한 후 별개의 근저당권을 설정하여 새로운 법익침해의 위험을 추가한 경우 → ○

⑤ 계약명의신탁의 명의수탁자(소유자는 악의) → 타인의 재물을 보관하는 자 ✕

정선 해설

[**①** ▸ ○] 타인의 금전을 위탁받아 보관하는 자가 보관방법으로 금융기관에 자신의 명의로 예치한 경우, 금융실명거래 및 비밀보장에 관한 긴급재정경제명령이 시행된 이후라도 위탁자가 그 위탁한 금전의 반환을 구할 수 없는 것은 아니므로, 수탁자가 이를 함부로 인출하여 소비하거나 또는 위탁자로부터 반환요구를 받았음에도 이를 영득할 의사로 반환을 거부하는 경우에는 횡령죄가 성립한다(대판 2015.2.12. 2014도11244).

[**②** ▸ ○] 대판 2013.4.25. 2011도9238

[**③** ▸ ○] 대판 2016.5.19. 2014도6992[전합]

[**④** ▸ ✕] 타인의 부동산을 보관 중인 자가 불법영득의사를 가지고 그 부동산에 근저당권설정등기를 경료함으로써 일단 횡령행위가 기수에 이르렀다 하더라도 <u>그 후 같은 부동산에 별개의 근저당권을 설정하여 새로운 법익침해의 위험을 추가함으로써 법익침해의 위험을 증가시키거나 해당 부동산을 매각함으로써 기존의 근저당권과 관계없이 법익침해의 결과를 발생시켰다면</u>, 특별한 사정이 없는 한 불가벌적 사후행위로 볼 수 없고, <u>별도로 횡령죄를 구성한다</u>(대판 2013.2.21. 2010도10500[전합]).

[**⑤** ▸ ○] 대판 2012.11.29. 2011도7361

탭 ④

다음은 횡령죄에 대한 설명이다. 가장 적절하지 않은 것은?(다툼이 있는 경우 판례에 의함)

① 명의신탁자와 명의수탁자가 이른바 계약명의신탁약정을 맺고 명의수탁자가 당사자가 되어 그러한 명의신탁약정이 있다는 사실을 알고 있는 소유자로부터 부동산을 매수하는 계약을 체결한 후 그 매매계약에 따라 명의수탁자 앞으로 당해 부동산의 소유권이전등기가 행하여졌다면 명의수탁자가 명의신탁자에 대한 관계에서 횡령죄에서의 '타인의 재물을 보관하는 자'의 지위에 있다고 볼 수 없다.

② 특정한 처분행위(이를 '선행 처분행위'라 한다)로 인하여 법익침해의 위험이 발생함으로써 횡령죄가 기수에 이른 후 종국적인 법익침해의 결과가 발생하기 전에 새로운 처분행위(이를 '후행 처분행위'라 한다)가 이루어졌을 때, 후행처분행위가 선행 처분행위에 의하여 발생한 위험을 현실적인 법익침해로 완성하는 수단에 불과하거나 그 과정에서 당연히 예상될 수 있는 것으로서 새로운 위험을 추가하는 것이 아니라면 후행 처분행위에 의해 발생한 위험은 선행 처분행위에 의하여 이미 성립된 횡령죄에 의해 평가된 위험에 포함되는 것이므로 후행 처분행위는 이른바 불가벌적 사후행위에 해당한다.

③ 피고인이 甲사립학교 경영자 乙과 공모하여 학생이나 학부모가 납부한 수업료 기타 납부금을 교비회계 아닌 다른 회계에 임의로 사용한 경우 사립학교법 위반죄가 성립하는 것 외에 따로 횡령죄가 성립하지 않는다.

④ 甲주식회사 대표이사인 피고인이 자신의 채권자 乙에게 차용금에 대한 담보로 甲회사 명의 정기예금에 질권을 설정하여 주었는데 그 후 乙이 차용금과 정기예금의 변제기가 모두 도래한 이후 피고인의 동의하에 정기예금 계좌에 입금되어 있던 甲회사 자금을 전액 인출하였다면 배임죄와 별도로 횡령죄까지 성립한다.

정선
핵심

① 계약명의신탁의 명의수탁자(소유자는 악의) → 타인의 재물을 보관하는 자 ✕
② 후행처분행위가 선행 처분행위에 의하여 발생한 위험을 현실적 법익침해로 완성하는 수단에 불과하거나 새로운 위험을 추가하는 것이 아닌 경우 → 불가벌적 사후행위 ○
③ 사립학교 경영자와 공모하여 수업료 기타 납부금을 다른 회계에 임의로 사용한 경우 → 횡령죄 ✕
④ 피고인이 예금인출을 동의하여 질권의 목적이 된 자금을 전액인출한 경우 → 횡령죄 ✕

정선
해설

[❶ ▸ ○] 대판 2012.11.29. 2011도7361
[❷ ▸ ○] 대판 2013.2.21. 2010도10500[전합]
[❸ ▸ ○] 판례의 취지를 고려하면, 수업료 등은 甲사립학교 경영자 乙에게 귀속하는 것이므로 피고인이 乙과 공모하여 수업료 기타 납부금을 교비회계 아닌 다른 회계에 임의로 사용하였더라도 횡령죄는 성립하지 아니한다.

> [1] 甲 학교는 사인(私人)인 乙 등이 설립하여 운영하는 학교로서 수업료 등으로 조성된 교비는 특별한 사정이 없는 한 甲 학교의 설치·경영자인 乙 등의 소유에 속하므로, 피고인이 乙과 공모하여 이를 임의로 사용하였더라도 사립학교법 위반죄가 성립하는 것 외에 따로 횡령죄는 성립하지 않는다.
> [2] 학교법인 이사장인 피고인이 산하 대학의 건물 중 일부를 규정상 근거 없이 주거용으로 사용하다가 거실 확장 공사 등을 한 후 공사대금을 대학 교비회계에 속하는 수입으로 지급하게 하여 업무상횡령으로 기소된 사안에서, 위 비용 지출이 사립학교법상 허용되는 교비회계의 세출에 포함되지 않는다고 보아 유죄를 인정한 원심판단을 수긍한 사례(대판 2012.5.10. 2011도12408).

[❹ ▶ ✕] 민법 제353조에 의하면 질권자는 질권의 목적이 된 채권을 직접 청구할 수 있으므로, 피고인의 예금인 출동의행위는 이미 배임행위로써 이루어진 질권설정행위의 사후조처에 불과하여 새로운 법익의 침해를 수반하지 않는 이른바 불가벌적 사후행위에 해당하고, 별도의 횡령죄를 구성하지 않는데도, 이와 달리 피고인에 대하여 질권설 정으로 인한 배임죄와 별도로 예금인출로 인한 횡령죄까지 성립한다고 본 원심판결에 불가벌적 사후행위에 관한 법리오해의 위법이 있다(대판 2012.11.29. 2012도10980).

탑 ❹

287
□□□

다음 설명 중 甲의 행위에 대하여 횡령죄가 성립하지 않는 경우는?(다툼이 있는 경우 판례에 의함) `16` `법원9급`

① 甲이 자기 명의의 계좌에 착오로 송금된 돈을 다른 계좌로 이체하는 등 임의로 사용하는 행위
② 甲이 乙로부터 환전하여 달라는 부탁과 함께 교부받은 돈을 임의로 자신의 乙에 대한 채권에 상계 충당하는 행위
③ 회사에 대하여 개인적인 채권을 가지고 있는 대표이사 甲이 회사를 위하여 보관하고 있는 회사 소유의 금전으로 자신의 채권의 변제에 충당하는 행위
④ 종중으로부터 토지를 명의신탁받아 보관 중이던 甲이 개인 채무 변제에 사용할 돈을 차용하기 위해 위 토지에 근저당권을 설정한 후 그 토지를 乙에게 매도한 경우, 甲의 토지 매도 행위

정선 핵심

횡령죄의 성립 여부
① 착오로 송금된 돈을 다른 계좌로 이체하여 임의로 사용한 경우 → ○
② 환전하여 달라는 부탁과 함께 교부받은 돈을 임의로 상계 충당하는 경우 → ○
③ 대표이사가 회사 소유의 금전으로 채권 변제에 충당하는 경우 → ✕
④ 명의수탁자가 수탁부동산에 근저당권설정등기를 경료한 후 乙에게 매도한 경우 → ○

정선 해설

[❶ ▶ ○] 대판 2005.10.28. 2005도5975
[❷ ▶ ○] 환전하여 달라는 부탁과 함께 교부받은 돈을 그 목적과 용도에 사용하지 않고 마음대로 피고인의 위탁자에 대한 채권에 상계충당함은, <u>상계정산하기로 하였다는 특별한 약정이 없는 한, 당초 위탁한 취지에 반하는 것으로서 횡령죄를 구성한다고 볼 것이고</u> 위탁자에 대한 채권의 존재는 횡령죄의 성립에 영향을 미치는 것이 아니며, 또한 상계할 수 있는 반대채권이 있어 그에 상계충당하였다는 것만으로는 용도 내지 목적을 특정하여 위탁한 돈의 반환을 거절할 정당한 사유가 되지 못한다(대판 1997.9.26. 97도1520).
[❸ ▶ ✕] 회사에 대하여 개인적인 채권을 가지고 있는 대표이사가 회사를 위하여 보관하고 있는 회사 소유의 금전으로 자신의 채권 변제에 충당하는 행위는 회사와 이사의 이해가 충돌하는 자기거래행위에 해당하지 않는 것이므로, 대표이사가 이사회의 승인 등의 절차 없이 그와 같이 자신의 회사에 대한 채권을 변제하였더라도, 이는 대표이사의 권한 내에서 한 회사 채무의 이행행위로서 유효하고, 따라서 불법영득의 의사가 인정되지 아니하여 횡령죄의 죄책을 물을 수 없다(대판 2002.7.26. 2001도5459).
[❹ ▶ ○] 대판 2013.2.21. 2010도10500[전합]

탑 ❸

횡령죄에 관한 다음 설명 중 가장 적절하지 않은 것은?(다툼이 있으면 판례에 의함)

① 甲주식회사 대표이사인 피고인이 자신의 채권자 乙에게 차용금에 대한 담보로 甲회사 명의 정기예금에 질권을 설정하여 주었는데, 그 후 乙이 차용금과 정기예금의 변제기가 모두 도래한 이후 피고인의 동의하에 정기예금 계좌에 입금되어 있던 甲회사 자금을 전액 인출하였다면 배임죄와 별도로 횡령죄까지 성립한다.

② 횡령죄에 있어서 보관이라 함은 재물이 사실상 지배하에 있는 경우뿐만 아니라 법률상의 지배·처분이 가능한 상태를 모두 가리키는 것으로 타인의 금전을 위탁받아 보관하는 자는 보관방법으로 이를 은행 등의 금융기관에 예치한 경우에도 보관자의 지위를 갖는 것이다.

③ 명의수탁자가 신탁 받은 부동산의 일부에 대한 토지수용보상금 중 일부를 소비하고, 이어 수용되지 않은 나머지 부동산 전체에 대한 반환을 거부한 경우, 그 반환거부행위는 별개의 횡령죄가 성립하지 않는다.

④ 사립학교에 있어서 학교교육에 직접 필요한 시설, 설비를 위한 경비 등과 같이 원래 교비회계에 속하는 자금으로 지출할 수 있는 항목에 관한 차입금을 상환하기 위하여 교비회계자금을 지출한 경우, 이러한 차입금 상환행위에 관하여 교비회계 자금을 임의로 횡령하고자 하는 불법영득의 의사가 있다고 보기 어렵다.

정선 핵심

① 피고인이 예금인출을 동의하여 질권의 목적이 된 자금을 전액인출한 경우 → 횡령죄 ×

② 금전을 위탁받아 보관하는 자가 금융기관에 예치한 경우 → 보관자의 지위 ○

③ 명의수탁자가 수탁부동산의 일부에 대한 토지수용보상금을 소비하고 나머지 부동산 전체에 대한 반환을 거부한 경우 → 횡령죄 ×

④ 교비회계자금으로 지출할 수 있는 항목에 관한 차입금을 상환하기 위하여 교비회계자금을 지출한 경우 → 불법영득의사 ×

정선 해설

[❶▶×] 민법 제353조에 의하면 질권자는 질권의 목적이 된 채권을 직접 청구할 수 있으므로, 피고인의 예금인출동의행위는 이미 배임행위로써 이루어진 질권설정행위의 사후조처에 불과하여 새로운 법익의 침해를 수반하지 않는 이른바 불가벌적 사후행위에 해당하고, 별도의 횡령죄를 구성하지 않는데도, 이와 달리 피고인에 대하여 질권설정으로 인한 배임죄와 별도로 예금인출로 인한 횡령죄까지 성립한다고 본 원심판결에 불가벌적 사후행위에 관한 법리오해의 위법이 있다(대판 2012.11.29. 2012도10980).

[❷▶○] 대판 2015.2.12. 2014도11244

[❸▶○] 종전 판례(대판 2001.11.27. 2000도3463)는 지문과 같은 사안에서 횡령죄를 인정하였으나, 변경된 전합판결은 중간생략등기형 명의신탁에서 수탁자가 목적물을 처분한 경우에 횡령죄는 성립되지 아니하는 것으로 변경하였으므로 명의수탁자의 반환거부행위는 별개의 횡령죄가 성립하지 않는다고 보는 것이 타당하다.

> 명의신탁자가 매수한 부동산에 관하여 부동산실명법을 위반하여 명의수탁자와 맺은 명의신탁약정에 따라 매도인에게서 바로 명의수탁자 명의로 소유권이전등기를 마친 이른바 중간생략등기형 명의신탁을 한 경우, 명의신탁자는 신탁부동산의 소유권을 가지지 아니하고, 명의신탁자와 명의수탁자 사이에 위탁신임관계를 인정할 수도 없다. 따라서 명의수탁자가 명의신탁자의 재물을 보관하는 자라고 할 수 없으므로, 명의수탁자가 신탁받은 부동산을 임의로 처분하여도 명의신탁자에 대한 관계에서 횡령죄가 성립하지 아니한다(대판 2016.5.19. 2014도6992[전합]).

[❹▶○] 사립학교에 있어서 학교교육에 직접 필요한 시설, 설비를 위한 경비 등과 같이 원래 교비회계에 속하는 자금으로 지출할 수 있는 항목에 관한 차입금을 상환하기 위하여 교비회계자금을 지출한 경우, 이러한 차입금 상환행위에 관하여 교비회계 자금을 임의로 횡령하고자 하는 불법영득의 의사가 있다고 보기는 어렵고, 만일 그 행위자가 이러한 차입을 하거나 지출을 하는 과정에서 사립학교법의 관련 규정을 제대로 준수하지 아니하였다면 이에 대하여 사립학교법에 따른 형사적 제재 등이 부과될 수 있을 뿐이다(대판 2006.4.28. 2005도4085).

답 ❶

횡령죄에 관한 설명 중 옳지 않은 것은 모두 몇 개인가?(다툼이 있는 경우 판례에 의함)

`15` 경찰간부

ㄱ. 타인(종중)의 부동산을 명의신탁 받아 보관 중인 자가 개인 채무변제에 사용할 돈을 차용하기 위해 위 토지에 근저당권을 설정하여 횡령죄가 성립한 후, 같은 부동산을 다른 사람에게 매도하면 위 선행처분행위와는 별도로 횡령죄를 구성한다.

ㄴ. 신탁자와 수탁자가 명의신탁약정을 맺고, 그에 따라 수탁자가 당사자가 되어 명의신탁약정이 있다는 사실을 알지 못하는 소유자와 사이에서 부동산에 관한 매매계약을 체결한 계약명의신탁에 있어, 수탁자가 신탁자와의 신임관계에 기하여 신탁자를 위하여 신탁부동산을 관리한다거나 신탁자의 허락 없이 이를 처분하여서는 아니되는 의무를 부담하는 등으로 타인의 사무를 처리하는 자의 지위에 있다고 볼 수 없어 배임죄는 성립하지 않는다.

ㄷ. 명의신탁자와 명의수탁자가 이른바 계약명의신탁약정을 맺고 명의수탁자가 당사자가 되어 그러한 명의신탁약정이 있다는 사실을 알고 있는 소유자로부터 부동산을 매수하는 계약을 체결하였다면, 명의수탁자명의의 소유권이전등기는 유효하여 당해 부동산의 소유권은 명의수탁자가 보유하게 되므로 명의신탁자에 대한 관계에서 횡령죄에서 '타인의 재물을 보관하는 자'의 지위에 있다.

ㄹ. 위 ㄷ. 사안에서 명의수탁자가 명의신탁자에 대하여 매매대금 등을 부당이득으로 반환할 의무를 부담하므로 명의수탁자는 배임죄에서 '타인의 사무를 처리하는 자'의 지위에 있다.

① 1개
② 2개
③ 3개
④ 4개

**정선
핵심**

ㄱ. 명의수탁자가 수탁부동산에 근저당권설정등기를 경료한 후 제3자에게 매도한 경우 → 횡령죄 ○
ㄴ. 계약명의신탁의 명의수탁자(소유자의 선·악의 불문)가 부동산을 임의로 처분한 경우 → 배임죄 ×
ㄷ.·ㄹ. 계약명의신탁의 명의수탁자(소유자는 악의) → 보관자 또는 사무처리자 ×

**정선
해설**

[ㄱ ▸ ○] 대판 2013.2.21. 2010도10500[전합]).

[ㄴ ▸ ○] 판례의 취지를 고려하면, 명의수탁자에게 타인의 사무를 처리하는 자의 지위가 인정되지 아니하므로 명의수탁자의 처분행위가 배임죄를 구성한다고 할 수 없다.

> 신탁자와 수탁자가 명의신탁약정을 맺고, 그에 따라 수탁자가 당사자가 되어 명의신탁약정이 있다는 사실을 알지 못하는 소유자와 사이에서 부동산에 관한 매매계약을 체결한 계약명의신탁에 있어, 수탁자는 신탁자에 대한 관계에서도 신탁 부동산의 소유권을 완전히 취득하고 단지 신탁자에 대하여 명의신탁약정의 무효로 인한 부당이득 반환의무만을 부담할 뿐인바, 수탁자가 신탁자와의 신임관계에 기하여 신탁자를 위하여 신탁 부동산을 관리한다거나 신탁자의 허락 없이 이를 처분하여서는 아니되는 의무를 부담하는 등으로 타인의 사무를 처리하는 자의 지위에 있다고 볼 수 없다(대판 2008.3.27. 2008도455).

[ㄷ ▸ ×] [ㄹ ▸ ×] 명의신탁자와 명의수탁자가 이른바 계약명의신탁 약정을 맺고 명의수탁자가 당사자가 되어 명의신탁 약정이 있다는 사실을 알고 있는 소유자와 부동산에 관한 매매계약을 체결한 후 매매계약에 따라 부동산의 소유권이전등기를 명의수탁자 명의로 마친 경우에는 명의수탁자는 명의신탁자에 대한 관계에서 횡령죄에서 '타인의 재물을 보관하는 자'의 지위에 있다고 볼 수 없고,❺ 배임죄에서 '타인의 사무를 처리하는 자'의 지위에 있다고 보기도 어렵다❻(대판 2012.11.29. 2011도7361).

답 ❷

정선지문OX
▼ 제6관 횡령의 죄

01 횡령죄는 다른 사람의 재물에 관한 소유권 등 본권을 보호법익으로 하고 법익침해의 위험이 있으면 침해의 결과가 발생되지 아니 하더라도 성립하는 위험범이다. 17 경찰채용 ○ | X

02 종중의 이사들이 보험회사에 예치된 종중의 금원을 인출하여 보험회사의 금리 이상의 이자를 지급할 것을 조건으로 종중 임원 등에게 대여한 경우, 횡령죄가 성립하지 아니한다. 20 해경간부 ○ | X

03 피고인이 공사대금을 과다계상 하였다가 과다계상분을 돌려받아 소비함으로써 횡령죄가 성립하였다면, 회사에 대한 별도의 가수금채권을 가지고 있더라도 횡령죄의 성립에 영향을 미치지 않는다.
20 해경간부 ○ | X

04 지사에 근무하는 직원들이 본사를 위하여 보관 중이던 돈의 일부를 접대비 명목으로 임의로 나누어 사용하려고 비자금을 조성한 경우 횡령죄가 성립한다. 16 경찰승진 ○ | X

05 보험을 유치하면서 특별이익 제공과는 무관한 통상적인 실적급여로 서의 시책비를 지급받아 그중 일부를 개인적인 용도로 사용한 경우 횡령죄가 성립하지 않는다. 15 경찰승진 ○ | X

06 채무자가 채권자에게 동산을 양도담보로 제공하고 점유개정 방법으로 점유하고 있는 상태에서 채무자가 양도담보 목적물을 제3자에게 처분하거나 담보로 제공하였더라도 횡령죄를 구성하지 않는다.
19 해경채용 ○ | X

01 대판 1975.4.22. 75도123

02 대판 1992.5.22. 92도564

03 대판 2006.6.16. 2004도7585

04 대판 2010.5.13. 2009도1373

05 피고인들이 소비한 금전은 모두 통상적인 실적급여로서의 성격을 가진 시책비에 해당하여 그 목적이나 용도가 특정되어 위탁된 금전이라고 보기 어렵다고 할 것이다(대판 2006.3.9. 2003도6733).

06 대판 2009.2.12. 2008도10971

정답

01 ○ **02** ○ **03** ○ **04** ○
05 ○ **06** ○

290

☐☐☐

횡령죄, 배임죄에 관한 다음 설명 중 가장 옳지 않은 것은?(다툼이 있는 경우 판례에 의하고, 전원합의체 판결의 경우 다수의견에 의함) `20` `법원9급`

① 송금의뢰인과 계좌명의인 사이에 송금·이체의 원인이 된 법률관계가 존재하지 않음에도 송금·이체에 의하여 계좌명의인이 송금·이체된 금액 상당의 예금채권을 취득한 경우 계좌명의인은 그 예금채권 상당의 돈을 송금의뢰인에게 반환하여야 하므로, 계좌명의인은 그와 같이 송금·이체된 돈에 대하여 송금의뢰인을 위하여 보관하는 지위에 있다고 보아야 한다. 따라서 계좌명의인이 그와 같이 송금·이체된 돈을 그대로 보관하지 않고 영득할 의사로 인출하면 횡령죄가 성립한다.

② 부동산의 공유자 중 1인이 다른 공유자의 지분에 대한 처분권능이 없음에도 불구하고 다른 공유자의 지분을 임의로 임대하고 수령한 임차료를 임의로 소비한 경우 횡령죄가 성립한다.

③ 횡령범인이 위탁자가 소유자를 위해 보관하고 있는 물건을 위탁자로부터 보관받아 이를 횡령한 경우에 친족상도례의 적용은 횡령범인과 피해물건의 소유자 및 위탁자 쌍방 사이에 친족상도례 규정에서 정한 친족관계가 있는 경우에만 적용되고, 단지 횡령범인과 피해물건의 소유자간에만 그러한 친족관계가 있거나 횡령범인과 피해물건의 위탁자간에만 그러한 친족관계가 있는 경우에는 적용되지 않는다.

④ 부동산 매매계약에서 중도금이 지급되는 등 계약이 본격적으로 이행되는 단계에 이르렀음에도 불구하고 매도인이 매수인에게 계약 내용에 따라 부동산의 소유권을 이전해 주기 전에 그 부동산을 제3자에게 처분하고 제3자 앞으로 그 처분에 따른 등기를 마쳐주는 행위를 하는 경우 배임죄가 성립한다.

정선
핵심

① 계좌명의인이 송금·이체된 돈을 영득할 의사로 인출한 경우 → 횡령죄 ○
② 부동산의 공유자 중 1인이 다른 공유자의 지분을 임의로 임대하고 임차료를 소비한 경우 → 횡령죄 ×
③ 횡령범인과 소유자 또는 위탁자간에 친족관계가 있는 경우 → 친족상도례 적용 ×
④ 중도금을 지급받은 부동산 이중매매의 매도인이 제2매수인에게 소유권이전등기를 경료하여 준 경우 → 배임죄 ○

정선
해설

[**❶** ▸ ○] 대판 2018.7.19. 2017도17494[전합]

[**❷** ▸ ×] 부동산에 관한 횡령죄에 있어서 타인의 재물을 보관하는 자의 지위는 동산의 경우와는 달리 부동산에 대한 점유의 여부가 아니라 부동산을 제3자에게 유효하게 처분할 수 있는 권능의 유무에 따라 결정하여야 하므로, 부동산의 공유자 중 1인이 다른 공유자의 지분을 임의로 처분하거나 임대하여도 그에게는 그 처분권능이 없어 횡령죄가 성립하지 아니한다(대판 2004.5.27. 2003도6988).

[**❸** ▸ ○] 친족상도례는 범인과 피해물건의 소유자 및 위탁자 쌍방 사이에 같은 조문에 정한 친족관계가 있는 경우에만 적용되고, 단지 횡령범인과 피해물건의 소유자간에만 친족관계가 있거나 횡령범인과 피해물건의 위탁자간에만 친족관계가 있는 경우에는 적용되지 않는다(대판 2008.7.24. 2008도3438).

[**❹** ▸ ○] 대판 2018.5.17. 2017도4027[전합]

답 **❷**

배임의 죄에 대한 설명으로 가장 적절하지 않은 것은?(다툼이 있는 경우 판례에 의함)

① 채무자가 본인 소유의 동산을 채권자에게 동산·채권 등의 담보에 관한 법률에 따른 동산담보로 제공한 경우, 채무자가 담보물을 제3자에게 처분하는 등으로 담보가치를 감소 또는 상실시켜 채권자의 담보권 실행이나 이를 통한 채권실현에 위험을 초래하더라도 배임죄는 성립하지 않는다.

② 채무자가 금전채무를 담보하기 위한 저당권설정계약에 따라 채권자에게 본인 소유의 부동산에 관하여 저당권을 설정할 의무를 부담하게 된 경우, 이는 통상의 계약에서 이루어지는 이익대립관계를 넘어서 채권자와의 신임관계에 기초하여 채권자의 사무를 맡아 처리하는 것으로 보아야 하므로 배임죄에서의 '타인의 사무를 처리하는 자'라고 할 수 있다.

③ 서면으로 부동산 증여의 의사를 표시한 증여자가 수증자에게 증여계약에 따라 부동산의 소유권을 이전하지 아니하고 부동산을 제3자에게 처분하여 등기를 하는 행위는 수증자와의 신임관계를 저버리는 행위로서 배임죄가 성립한다.

④ 주식회사의 대표이사가 대표권을 남용하는 등 그 임무에 위배하여 약속어음을 발행하였는데 그 약속어음의 발행이 무효일 뿐만 아니라 유통되지도 않은 경우, 회사는 어음발행의 상대방에게 어음채무를 부담하지 않기 때문에 특별한 사정이 없는 한 배임죄의 기수범이 아니라 배임미수죄로 처벌하여야 한다.

정선 핵심

① 채무자가 동산채권담보법에 따른 동산담보의 담보물을 제3자에게 처분하는 경우 → ×
② 채무자가 저당권설정계약에 따라 저당권을 설정의무를 부담하는 경우 → 타인의 사무를 처리하는 자 ×
③ 서면으로 증여의 의사를 표시한 증여자가 부동산을 제3자에게 처분한 경우 → ○
④ 주식회사의 대표이사가 대표권을 남용하여 약속어음을 발행한 경우(상대방의 악의·과실)
  → 약속어음발행행위는 무효이고 약속어음이 유통되지 아니한 경우 : 배임죄의 미수 ○

정선 해설

[❶ ▸ ○] 대판 2020.8.27. 2019도14770[전합]

[❷ ▸ ×] 채무자가 저당권설정계약에 따라 채권자에 대하여 부담하는 저당권을 설정할 의무는 계약에 따라 부담하게 된 채무자 자신의 의무이다. 채무자가 위와 같은 의무를 이행하는 것은 채무자 자신의 사무에 해당할 뿐이므로, 채무자를 채권자에 대한 관계에서 '타인의 사무를 처리하는 자'라고 할 수 없다. 따라서 채무자가 제3자에게 먼저 담보물에 관한 저당권을 설정하거나 담보물을 양도하는 등으로 담보가치를 감소 또는 상실시켜 채권자의 채권실현에 위험을 초래하더라도 배임죄가 성립한다고 할 수 없다(대판 2020.6.18. 2019도14340[전합]).

[❸ ▸ ○] 서면으로 부동산 증여의 의사를 표시한 증여자는 계약이 취소되거나 해제되지 않는 한 수증자에게 목적부동산의 소유권을 이전할 의무에서 벗어날 수 없다. 그러한 증여자는 '타인의 사무를 처리하는 자'에 해당하고, 그가 수증자에게 증여계약에 따라 부동산의 소유권을 이전하지 않고 부동산을 제3자에게 처분하여 등기를 하는 행위는 수증자와의 신임관계를 저버리는 행위로서 배임죄가 성립한다(대판 2018.12.13. 2016도19308).

> 피고인이 갑과의 증여계약에 따라 목장용지 중 1/2 지분을 갑에게 증여하고 증여의 의사를 서면으로 표시하였는데 그 후 금융기관에서 일정 금액의 돈을 대출받으면서 목장용지에 금융기관 앞으로 근저당권설정등기를 마침으로써 피담보채무액 중 1/2 지분에 해당하는 금액의 재산상 이익을 취득하고, 갑에게 같은 금액의 재산상 손해를 입혔다고 하여 배임으로 기소된 사안에서, 서면으로 증여의 의사를 표시한 증여자의 소유권이전등기의무가 증여자 자기의 사무일 뿐이라는 전제에서 공소사실을 무죄로 판단한 원심판결에 법리오해 등의 잘못이 있다고 한 사례(대판 2018.12.13. 2016도19308).

[❹ ▸ ○] 대판 2017.7.20. 2014도1104[전합]

답 ❷

배임죄에 대한 설명으로 가장 적절하지 않은 것은?(다툼이 있는 경우 판례에 의함)

① 농산매매계약에서의 매도인은 매수인에 대하여 그의 사무를 처리하는 지위에 있지 아니하므로, 매도인이 목적물을 매수인에게 인도하지 아니하고 이를 타에 처분하였다 하더라도 매도인에게 형법상 배임죄가 성립하지 않는다.

② 채무담보를 위하여 채권자에게 부동산에 관하여 근저당권을 설정해 주기로 약정한 채무자가 담보목적물을 임의로 처분한 경우 채무자에게 배임죄가 성립하지 않는다.

③ 부동산 매도인인 피고인이 매수인 갑 등과 매매계약을 체결하고 갑 등으로부터 계약금과 중도금을 지급받은 후 매매목적물인 부동산을 제3자 을 등에게 이중으로 매도하고 소유권이전등기를 마쳐 준 것만으로는 피고인에게 배임죄가 성립하지 않는다.

④ 채무자가 금전채무를 담보하기 위하여 그 소유의 동산을 채권자에게 동산·채권 등의 담보에 관한 법률에 따른 동산담보로 제공함으로써 채권자인 동산담보권자에 대하여 담보물의 담보가치를 유지 보전할 의무 또는 담보물을 타에 처분하거나 멸실, 훼손하는 등으로 담보권 실행에 지장을 초래하는 행위를 하지 않을 의무를 부담하게 된 경우라도 채무자는 배임죄의 주체인 '타인의 사무를 처리하는 자'에 해당하지 않는다.

**정선
핵심**

배임죄의 성립 여부

① 동산이중매매 → ×

② 채무담보를 위하여 채권자에게 근저당권을 설정해 주기로 약정한 채무자가 담보목적물을 임의로 처분한 경우 → ×

③ 중도금을 지급받은 부동산 이중매매의 매도인이 제2매수인에게 소유권이전등기를 경료하여 준 경우 → ○

④ 채무자가 소유동산을 동산채권담보법에 따른 동산담보로 제공한 경우 → 타인의 사무를 처리하는 자 ×

**정선
해설**

[**❶** ▸ ○]   대판 2011.1.20. 2008도10479[전합]

[**❷** ▸ ○]   대판 2020.6.18. 2019도14340[전합]

[**❸** ▸ ×]   부동산 매매계약에서 중도금이 지급되는 등 계약이 본격적으로 이행되는 단계에 이른 때부터 매도인은 배임죄에서 말하는 '타인의 사무를 처리하는 자'에 해당한다고 보아야 한다. 그러한 지위에 있는 매도인이 매수인에게 계약 내용에 따라 부동산의 소유권을 이전해 주기 전에 그 부동산을 제3자에게 처분하고 제3자 앞으로 그 처분에 따른 등기를 마쳐 준 행위는 매수인의 부동산 취득 또는 보전에 지장을 초래하는 행위이다. 이는 매수인과의 신임관계를 저버리는 행위로서 배임죄가 성립한다(대판 2018.5.17. 2017도4027[전합]).

[**❹** ▸ ○]   채무자가 금전채무를 담보하기 위하여 그 소유의 동산을 채권자에게 동산·채권 등의 담보에 관한 법률(이하 '동산채권담보법')에 따른 동산담보로 제공함으로써 채권자인 동산담보권자에 대하여 담보물의 담보가치를 유지·보전할 의무 또는 담보물을 타에 처분하거나 멸실, 훼손하는 등으로 담보권 실행에 지장을 초래하는 행위를 하지 않을 의무를 부담하게 되었더라도, 채무자를 배임죄의 주체인 '타인의 사무를 처리하는 자'에 해당한다고 할 수 없고, 그가 담보물을 제3자에게 처분하는 등으로 담보가치를 감소 또는 상실시켜 채권자의 담보권 실행이나 이를 통한 채권실현에 위험을 초래하더라도 배임죄가 성립하지 아니한다(대판 2020.8.27. 2019도14770[전합]).

답 ❸

다음 설명 중 옳지 않은 것은 모두 몇 개인가?(다툼이 있는 경우 판례에 의함)

ㄱ. 금전채무를 담보하기 위하여 채무자 甲이 그 소유의 동산을 채권자 乙에게 점유개정에 의하여 양도한 후 양도담보된 동산을 처분하는 등 부당히 그 담보가치를 감소시키는 행위를 한 때에는 배임죄의 죄책을 지지 않는다.

ㄴ. 매도인 甲이 부동산을 매도하고 매수인 乙로부터 계약금과 중도금을 수령한 후 제3자에게 담보조로 가등기를 경료해주었다가 이를 말소한 경우 배임죄의 죄책을 진다.

ㄷ. 배임수재죄의 주체로서 '타인의 사무를 처리하는 자'란 타인과의 대내관계에서 신의성실의 원칙에 비추어 사무를 처리할 신임관계가 존재한다고 인정되는 자를 의미하고, 반드시 제3자에 대한 대외관계에서 사무에 관한 권한이 존재할 것을 요하지 않는다.

ㄹ. 채권 담보 목적으로 부동산에 관한 대물변제예약을 체결한 채무자 甲이 대물로 변제하기로 한 부동산을 제3자에게 처분한 경우 甲에 대해 배임죄가 성립한다.

ㅁ. 공무원 甲이 대통령의 퇴임 후 사용할 사저부지와 그 경호부지를 일괄 매수하는 사무를 처리하면서 매매계약 체결 후 그 매수대금을 대통령의 아들 乙과 국가에 배분함에있어 이미 복수의 감정평가업자에게 감정평가를 의뢰하여 그 결과를 통보받았음에도 굳이 이를 무시하면서 인근 부동산업자들이나 인터넷, 지인 등으로부터의 불확실한 정보를 가지고 감정평가결과와 전혀 다르게 상대적으로 사저부지 가격을 낮게 평가하고 경호부지 가격을 높게 평가하여 매수대금을 배분하여 乙에게 재산상 이익을 취하게 하고 국가에 손해를 가한 경우 甲에 대해 업무상배임죄가 성립한다.

① 없음   ② 1개
③ 2개   ④ 3개

정선 핵심

(업무상)배임죄의 성립 여부

ㄱ. 채무자가 점유개정에 의해 양도담보로 제공된 동산을 제3자에게 처분한 경우 → ×

ㄴ. 매도인이 계약금과 중도금을 수령한 후 제3자에게 담보가등기를 경료해주었다가 말소한 경우 → ○

ㄷ. 배임수재죄의 구성요건
→ 타인의 사무를 처리하는 자 : 대내관계에서 사무를 처리할 신임관계가 존재한다고 인정되는 자

ㄹ. 대물변제예약을 체결한 채무자가 부동산을 제3자에게 처분한 경우 → ×

ㅁ. 공무원이 대통령사저부지와 경호부지를 매수하면서 감정평가결과와 다르게 매수대금을 배분한 경우 → ○

정선 해설

[ㄱ ▸ ○] 대판 2020.2.20. 2019도9756[전합]

[ㄴ ▸ ○] 매도인 甲이 매수인 乙로부터 계약금과 중도금을 수령하였다면 타인의 사무를 처리하는 자의 지위를 취득하였다고 할 수 있으므로 제3자에게 담보조로 가등기를 경료해 주었다면 이를 말소하였더라도 배임죄의 죄책을 진다.

부동산의 매도인으로서 매수인에 대하여 그 명의의 소유권이전등기절차에 협력할 의무있는 자가 그 임무에 위배하여 다시 차용금의 담보로 제공하여 제3자명의의 가등기를 경료해 준 경우 그 가등기절차를 마침으로서 배임행위는 기수가 되었다고 볼 것이며 그것이 후에 말소되었다 하더라도 이미 성립한 배임죄에 아무런 영향이 없다(대판 1985.10.8. 83도1375).

비교판례 대판 2008.7.10. 2008도3766

부동산의 매도인으로서 매수인에 대하여 그 앞으로의 소유권이전등기절차에 협력할 의무 있는 자가 그 임무에 위배하여 같은 부동산을 매수인 이외의 제3자에게 이중으로 매도하고 제3자 앞으로 소유권이전청구권 보전을 위한 가등기를 마쳐 주었다면 이는 매수인에게 손해발생의 위험을 초래하는 행위로서 배임죄를 구성한다.

[ㄷ ▸ O] 대판 2003.2.26. 2002도6834
[ㄹ ▸ ×] 채권 담보를 위해 대물변제예약을 한 경우 채무자가 대물로 변제하기로 한 부동산을 제3자에게 처분하였다고 하더라도 형법상 배임죄가 성립하는 것은 아니다(대판 2014.8.21. 2014도3363[전합]).
[ㅁ ▸ O] 판례(대판 2013.9.27. 2013도6835)의 취지를 고려하면, 공무원 甲의 위와 같은 행위는 국가사무를 처리하는 자로서의 임무위배행위에 해당하고 배임의 고의 및 불법이득의사도 인정되므로 甲에 대해 업무상배임죄가 성립한다.

답 ❷

294
□□□

배임죄에 관한 설명으로 가장 적절하지 않은 것은?(다툼이 있는 경우 판례에 의함)

20 경찰채용

① 피고인이 인쇄기를 甲에게 양도하기로 하고 계약금 및 중도금을 수령하였음에도 이를 자신의 채권자 乙에게 기존 채무변제에 갈음하여 양도한 경우 배임죄가 성립하지 않는다.
② 피고인이 그 소유의 에어컨을 피해자에게 양도담보로 제공하고 점유개정의 방법으로 점유하고 있다가 다시 이를 제3자에게 양도담보로 제공하고 역시 점유개정의 방법으로 점유를 계속한 경우 배임죄를 구성하지 않는다.
③ 동산에 대하여 점유개정의 방법으로 이중 양도담보를 설정한 경우 처음의 양도담보권자에게 이중으로 양도담보 제공을 하지 않기로 특약하였다면 배임죄를 구성한다.
④ 채무자가 그 소유의 동산에 대하여 점유개정의 방식으로 채권자들에게 이중의 양도담보 설정계약을 체결한 후 양도담보 설정자가 목적물을 임의로 제3자에게 처분하였다면 뒤의 채권자에 대한 관계에서 배임죄가 성립하지 않는다.

정선 핵심

배임죄의 성립 여부
① 동산이중매매 → ×
② 점유개정에 의하여 에어컨을 이중양도담보로 제공한 경우 → ×
③ 이중양도담보 금지특약을 하였으나 점유개정에 의하여 동산을 이중양도담보로 제공한 경우 → 처음의 양도담보권자에 대한 배임죄 ×
④ 점유개정에 의하여 동산을 이중양도담보로 제공한 후, 양도담보 설정자가 목적물을 제3자에게 처분한 경우 → 뒤의 채권자에 대한 배임죄 ×

정선 해설

[❶ ▸ O] 동산매매계약에서의 매도인은 매수인에 대하여 그의 사무를 처리하는 지위에 있지 아니하므로, 매도인이 목적물을 매수인에게 인도하지 아니하고 이를 타에 처분하였다 하더라도 형법상 배임죄가 성립하는 것은 아니다(대판 2011.1.20. 2008도10479[전합]).

피고인이 '인쇄기'를 갑에게 양도하기로 하고 계약금 및 중도금을 수령하였음에도 이를 자신의 채권자 을에게 기존 채무 변제에 갈음하여 양도함으로써 재산상 이익을 취득하고 갑에게 동액 상당의 손해를 입혔다는 배임의 공소사실에 대하여, 이를 무죄로 선고한 원심판단을 수긍한 사례(대판 2011.1.20. 2008도10479[전합]).

[**❷ ▸ ○**] 피고인이 그 소유의 이 사건 에어콘 등을 피해자에게 양도담보로 제공하고 점유개정의 방법으로 점유하고 있다가 다시 이를 제3자에게 양도담보로 제공하고 역시 점유개정의 방법으로 점유를 계속한 경우 뒤의 양도담보권자인 제3자는 처음의 담보권자인 피해자에 대하여 배타적으로 자기의 담보권을 주장할 수 없으므로 위와 같이 이중으로 양도담보제공이 된 것만으로는 처음의 양도담보권자에게 담보권의 상실이나 담보가치의 감소 등 손해가 발생한 것으로 볼 수 없으니 배임죄를 구성하지 않는다(대판 1990.2.13. 89도1931).

[**❸ ▸ ✕**] 동산에 대하여 점유개정의 방법으로 이중양도담보를 설정한 경우 뒤의 양도담보권자는 처음의 양도담보권자에 대하여 배타적으로 자기의 담보권을 주장할 수 없으므로 이중으로 양도담보제공이 된 것만으로는 가사담보권 설정자가 처음의 양도담보권자에게 이중으로 양도담보제공을 하지 않기로 특약하였더라도 그에게 담보권의 상실이나 담보가치의 감소 등 손해가 발생한다고 볼 수 없으므로 배임죄를 구성하지 않는다(대판 1989.4.11. 88도1586).

[**❹ ▸ ○**] 종전 판례는 점유개정에 의한 동산이중양도담보 후 채무자(양도담보 설정자)가 양도담보의 목적물을 처분하는 경우, 뒤의 채권자에 대한 관계에서는 배임죄가 성립되지 않는다고 판시하였으나, 전합판결에 의하면 채무자는 타인의 사무를 처리하는 자에 해당하지 아니하므로 뒤의 채권자뿐만 아니라 앞의 채권자에 대하여도 배임죄가 성립하지 아니하는 것으로 보아야 한다.

> 채무자가 그 소유의 부동산에 관해 점유개정의 방식으로 채권자들에게 이중의 양도담보계약을 체결한 후 양도담보설정자가 목적물을 임의로 제3자에게 처분하였다면, 양도담보권자라고 할 수 없는 뒤의 채권자에 대한 관계에서는 설정자인 채무자가 타인의 사무를 처리하는 자에 해당한다고 할 수 없어 배임죄가 성립되지 않는다(대판 2004.6.25. 2004도1751).

관련판례 대판 2020.2.20. 2019도9756[전합]

채무자가 금전채무를 담보하기 위하여 그 소유의 동산을 채권자에게 점유개정 방식으로 양도담보로 제공한 경우, 채무자를 배임죄의 주체인 '타인의 사무를 처리하는 자'에 해당한다고 할 수 없고, 그가 담보물을 제3자에게 처분하는 등으로 담보가치를 감소 또는 상실시켜 채권자의 담보권 실행이나 이를 통한 채권실현에 위험을 초래하더라도 배임죄가 성립한다고 할 수 없다. 위와 같은 법리는, 채무자가 동산에 관하여 양도담보설정계약을 체결하여 이를 채권자에게 양도할 의무가 있음에도 제3자에게 처분한 경우에도 적용되고, 주식에 관하여 양도담보설정계약을 체결한 채무자가 제3자에게 해당 주식을 처분한 사안에도 마찬가지로 적용된다.

답 ❸

업무상배임죄의 주체에 관한 다음 설명 중 가장 옳지 않은 것은? `19 법원9급`

① 업무상배임죄로 이익을 얻은 수익자 또는 그와 밀접한 관련이 있는 제3자라도 배임행위의 전 과정에 관여하는 등으로 배임행위에 적극 가담하는 경우는 배임의 실행행위자와 공동정범이 성립할 수 있다.

② 업무상배임죄와 배임증재죄는 별개의 범죄로서 배임증재죄를 범한 자라 할지라도 그와 별도로 타인의 사무를 처리하는 지위에 있는 사람과 공범으로서는 업무상배임죄를 범할 수도 있다.

③ 공무원은 업무상배임죄의 주체가 될 수 없다.

④ 업무상배임죄에 있어서 '타인의 사무를 처리하는 자'란 고유의 권한으로서 그 처리를 하는 자에 한하지 아니하고, 그 자의 보조기관으로서 직접 또는 간접으로 그 처리에 관한 사무를 담당하는 자도 포함된다.

**정선
핵심**

① 배임행위에 적극 가담하는 경우 → 업무상배임죄의 공동정범 ○

② 배임증재죄를 범한 자가 타인의 사무를 처리하는 자와 공범으로 임무에 위배되는 행위를 한 경우 → 업무상배임죄 ○

③ 공무원 → 업무상배임죄의 주체 ○

④ 업무상배임죄의 구성요건
  ┄→ 타인의 사무를 처리하는 자 : 고유의 권한으로서 처리하는 자와 보조기관도 포함

**정선
해설**

[❶ ▸ ○] 대판 2012.6.28. 2012도3643

[❷ ▸ ○] 업무상배임죄와 배임증재죄는 별개의 범죄로서 배임증재죄를 범한 자라 할지라도 그와 별도로 타인의 사무를 처리하는 지위에 있는 사람과 공범으로서는 업무상배임죄를 범할 수도 있는 것이다(대판 1999.4.27. 99도883).

[❸ ▸ ×] 공무원이 그 임무에 위배되는 행위로써 제3자로 하여금 재산상의 이익을 취득하게 하여 국가에 손해를 가한 경우에 업무상배임죄가 성립한다(대판 2013.9.27. 2013도6835).

> 공무원이 이미 복수의 감정평가업자에게 감정평가를 의뢰하여 그 결과를 통보받음에도 굳이 이를 무시하면서 인근 부동산업자들이나 인터넷, 지인 등으로부터의 불확실한 정보를 가지고 감정평가결과와 전혀 다르게 상대적으로 사저부지 가격을 낮게 평가하고 경호부지 가격을 높게 평가하여 매수대금을 배분한 것은 국가사무를 처리하는 자로서의 임무위배행위에 해당하고 위 피고인들에게 배임의 고의 및 불법이득의사도 인정된다(대판 2013.9.27. 2013도6835).

[❹ ▸ ○] 대판 2004.6.24. 2004도520

답 ❸

다음 중 배임죄 또는 업무상배임죄가 성립하지 않는 경우를 모두 고른 것은?(다툼이 있는 경우 판례에 의함)

20 경찰승진

> ㄱ. 새마을금고 임·직원이 동일인 대출한도 제한규정을 위반하여 초과대출행위를 하였더라도 대출채권회수에 문제가 없는 것으로 판단되는 경우
> ㄴ. 자기소유의 동산에 대해 매수인과 매매계약을 체결한 매도인이 중도금까지 지급받은 상태에서 그 목적물을 제3자에 대한 자기의 채무변제에 갈음하여 그 제3자에게 양도한 경우
> ㄷ. 회사의 승낙없이 임의로 지정 할인율보다 더 높은 할인율을 적용하여 회사가 지정한 가격보다 낮은 가격으로 거래처에 제품을 판매하였지만 시장거래 가격에 따라 제품을 판매한 경우
> ㄹ. 피고인의 채권에 대한 담보목적으로 피해자가 자신의 대지와 건물을 피고인에게 소유권이전등기를 해주었는데, 피해자가 약정기일까지 차용한 금전을 이행하지 못하자 피고인이 담보권의 실행으로 담보 부동산을 염가로 처분한 경우

① ㄱ, ㄴ
② ㄱ, ㄷ
③ ㄴ, ㄷ, ㄹ
④ ㄱ, ㄴ, ㄷ, ㄹ

정선 핵심

(업무상)배임죄의 성립 여부
ㄱ. 새마을금고 임·직원이 초과대출행위를 하였으나 대출채권 회수에 문제가 없는 경우 → ×
ㄴ. 동산이중매매 → ×
ㄷ. 회사지정가격보다 낮은 가격으로 판매하였지만 시장거래 가격에 따라 제품을 판매한 경우 → ×
ㄹ. 피해자의 금전채무불이행으로 피고인이 담보 부동산을 염가로 처분한 경우 → ×

정선 해설

[ㄱ ▸ ×] 새마을금고의 동일인 대출한도를 초과하여 대출함으로써 구 새마을금고법을 위반하였다고 하더라도, 대출한도 제한규정 위반으로 처벌함은 별론으로 하고, 그 사실만으로 특별한 사정이 없는 한 업무상배임죄가 성립한다고 할 수 없고, 일반적으로 이러한 동일인 대출한도 초과대출이라는 임무위배의 점에 더하여 채무상환능력이 부족하거나 제공된 담보의 경제적 가치가 부실해서 대출채권의 회수에 문제가 있는 것으로 판단되는 경우에 재산상 손해가 발생하였다고 보아 업무상배임죄가 성립한다고 해야 한다(대판 2008.6.19. 2006도4876[전합]).

[ㄴ ▸ ×] 동산매매계약에서의 매도인은 매수인에 대하여 그의 사무를 처리하는 지위에 있지 아니하므로, 매도인이 목적물을 매수인에게 인도하지 아니하고 이를 타에 처분하였다 하더라도 형법상 배임죄가 성립하는 것은 아니다(대판 2011.1.20. 2008도10479[전합]).

[ㄷ ▸ ×] 판례의 취지를 고려하면, 제품가격의 차액 상당을 거래처가 얻은 재산상의 이익이라고 볼 수 없으므로, 피고인에게 업무상배임죄는 성립하지 아니한다.

> 피고인이 피해 회사가 정한 할인율 제한을 위반하였다 하더라도 시장에서 거래되는 가격에 따라 제품을 판매하였다면 지정 할인율에 의한 제품가격과 실제 판매시 적용된 할인율에 의한 제품가격의 차액 상당을 거래처가 얻은 재산상의 이익이라고 볼 수는 없다(대판 2009.12.24. 2007도2484).

[ㄹ ▸ ×] 양도담보권자가 담보권을 실행하기 위하여 담보목적물을 처분함에 있어 싯가에 따른 적절한 처분을 하여야 할 의무는 담보계약상의 민사책임의무이고 그와 같은 형법상의 의무가 있는 것이 아니므로 그에 위반한 경우 배임죄가 성립 된다고 볼 수 없다(대판 1989.10.24. 87도126).

답 ❹

배임죄에 대한 설명으로 옳은 것은?(다툼이 있는 경우 판례에 의함)

① 채권담보를 위한 대물변제예약 사안에서 채무자가 대물로 변제하기로 한 부동산을 제3자에게 처분한 경우 채무자에게 배임죄가 성립한다.

② 동산 매매에서 매도인이 목적물을 매수인에게 양도하기로 하고 계약금 및 중도금을 수령하였음에도 목적물을 제3자에게 양도함으로써 재산상 이익을 취득하고 매수인에게 손해를 입힌 경우, 매도인에게 배임죄가 성립한다.

③ 채무자가 그 소유의 동산에 대하여 점유개정의 방식으로 채권자들에게 이중의 양도담보 설정계약을 체결한 후 양도담보 목적물을 임의로 제3자에게 처분하였다면, 후 채권자와의 관계에서는 채무자에게 배임죄가 성립하지 않는다.

④ 법인의 대표이사가 대표권을 남용하여 약속어음을 발행한 경우, 상대방이 그 대표이사의 진의를 알았거나 알 수 있었던 경우여서 그 행위가 회사에 대하여 무효이나 그 약속어음이 제3자에게 유통되었다면, 해당 대표이사에게 배임죄가 성립한다.

정선 핵심

배임죄의 성립 여부

① 대물변제예약을 체결한 채무자가 부동산을 제3자에게 처분한 경우 → ×

② 동산이중매매 → ×

③ 점유개정에 의하여 동산을 이중양도담보로 제공한 후, 양도담보 설정자가 목적물을 제3자에게 처분한 경우
  → 뒤의 채권자에 대한 배임죄 ×

④ 주식회사의 대표이사가 대표권을 남용하여 약속어음을 발행한 경우(상대방의 악의·과실)
  → 약속어음발행행위는 무효이나 약속어음이 유통된 경우 : 배임죄의 기수 ○

정선 해설

[❶ ▸ ×] 채권 담보를 위해 대물변제예약을 한 경우, 채무자가 대물로 변제하기로 한 부동산을 제3자에게 처분하였다고 하더라도 형법상 배임죄가 성립하는 것은 아니다(대판 2014.8.21. 2014도3363[전합]).

> 채무자인 피고인이 채권자 갑에게 차용금을 변제하지 못할 경우 자신의 어머니 소유 부동산에 대한 유증상속분을 대물변제하기로 약정한 후 유증을 원인으로 위 부동산에 관한 소유권이전등기를 마쳤음에도 이를 제3자에게 매도함으로써 갑에게 손해를 입혔다고 하여 배임으로 기소된 사안에서, 피고인이 '타인의 사무를 처리하는 자'의 지위에 있다고 볼 수 없는데도, 이와 다른 전제에서 유죄를 인정한 원심판결에 법리오해의 위법이 있다고 한 사례(대판 2014.8.21. 2014도3363[전합]).

[❷ ▸ ×] 동산매매계약에서의 매도인은 매수인에 대하여 그의 사무를 처리하는 지위에 있지 아니하므로, 매도인이 목적물을 매수인에게 인도하지 아니하고 이를 타에 처분하였다 하더라도 형법상 배임죄가 성립하는 것은 아니다 (대판 2011.1.20. 2008도10479[전합]).

[❸ ▸ ×] 종전 판례는 지문과 같은 사안의 경우, 앞의 채권자에 대하여는 별론으로 하고 뒤의 채권자와의 관계에서는 채무자에게 배임죄가 성립하지 않는다고 판시(대판 2004.6.25. 2004도1751)하였으나, 전합판결(대판 2020.2.20. 2019도9756[전합])에 의하면 뒤의 채권자뿐만 아니라 앞의 채권자와의 관계에서도 채무자에게 배임죄가 성립하지 않는다고 보아야 한다.

[❹ ▸ ○] 대판 2017.7.20. 2014도1104[전합]

답 ❹

배임죄에 관한 다음 설명 중 가장 옳지 않은 것은?

① 타인의 사무를 처리하는 자가 배임의 범의로, 즉 임무에 위배하는 행위를 한다는 점과 이로 인하여 자기 또는 제3자가 이익을 취득하여 본인에게 손해를 가한다는 점에 대한 인식이나 의사를 가지고 임무에 위배한 행위를 개시한 때 배임죄의 실행에 착수한 것이고, 이러한 행위로 인하여 자기 또는 제3자가 이익을 취득하여 본인에게 손해를 가한 때 기수에 이른다.

② 채무자가 채권담보의 목적으로 점유개정 방식으로 채권자에게 동산을 양도하고 이를 보관하던 중 임의로 제3자에게 처분한 경우 배임죄가 아니라 횡령죄가 성립한다고 보아야 한다.

③ 회사직원이 퇴사 시에 영업비밀 등을 회사에 반환하거나 폐기할 의무가 있음에도 경쟁업체에 유출하거나 스스로의 이익을 위하여 이용할 목적으로 이를 반환하거나 폐기하지 아니하였다면, 이러한 행위 역시 퇴사 시에 업무상배임죄의 기수가 된다.

④ 주권발행 전 주식에 대한 양도계약에서 양도인이 양수인으로 하여금 회사 이외의 제3자에게 대항할 수 있도록 확정일자 있는 증서에 의한 양도통지 또는 승낙을 갖추어 주어야 할 채무를 부담한다 하더라도 이는 자기의 사무라고 보아야 하고, 이를 양수인과의 신임관계에 기초하여 양수인의 사무를 맡아 처리하는 것으로 볼 수 없다.

정선 핵심

① 배임죄의 실행의 착수와 기수시기
　⋯▸ 배임의 범의로 임무에 위배한 행위를 개시한 때
　⋯▸ 자기 또는 제3자가 이익을 취득하여 본인에게 손해를 가한 때
② 채무자가 점유개정에 의한 동산양도담보의 목적물을 처분한 경우 → 횡령죄 ✕
③ 업무상배임죄의 성립 여부
　⋯▸ 적법하게 반출한 영업비밀을 경쟁업체에 유출하거나 반환·폐기하지 아니한 경우 : 퇴사 시 업무상배임죄 ○
④ 주권발행 전 주식의 양도인이 대항요건을 갖추어주어야 할 채무 → 자기의 사무 ○

정선 해설

[❶ ▸ ○] 대판 2017.9.21. 2014도9960

[❷ ▸ ✕] 채무자가 채권자에게 동산을 양도담보로 제공하고 점유개정의 방법으로 점유하고 있는 경우에는 그 동산의 소유권은 여전히 채무자에게 유보되어 있는 것이어서 채무자는 자기의 물건을 보관하고 있는 셈이 되므로, 양도담보의 목적물을 제3자에게 처분하거나 담보로 제공하였다 하더라도 횡령죄를 구성하지 아니한다(대판 2009.2.12. 2008도10971).

[❸ ▸ ○] 회사직원이 영업비밀 등을 적법하게 반출하여 반출행위가 업무상배임죄에 해당하지 않는 경우라도, 퇴사 시에 영업비밀 등을 회사에 반환하거나 폐기할 의무가 있음에도 경쟁업체에 유출하거나 스스로의 이익을 위하여 이용할 목적으로 이를 반환하거나 폐기하지 아니하였다면, 이러한 행위 역시 퇴사 시에 업무상배임죄의 기수가 된다(대판 2017.6.29. 2017도3808).

[❹ ▸ ○] 대판 2020.6.4. 2015도6057

 정답 ❷

다음 중 배임죄에 관한 설명으로 옳지 않은 것은 모두 몇 개인가?(다툼이 있는 경우 판례에 의함)

`21` 해경간부

> ㄱ. 타인 소유의 특허권을 명의신탁받아 관리하는 업무를 수행해 오다가 제3자로부터 특허권을 이전해 달라는 제의를 받고 대금을 지급받고는 그 타인의 승낙도 받지 않은 채 제3자 앞으로 특허권을 이전등록한 경우에는 업무상배임죄가 성립한다.
>
> ㄴ. 회사 직원이 영업비밀을 적법하게 반출하여 그 반출행위가 업무상배임죄에 해당하지 않는 경우라도, 퇴사 시에 회사에 반환해야 할 의무가 있는 영업비밀을 회사에 반환하지 아니하였다면 업무상배임죄가 성립한다.
>
> ㄷ. 거래상대방의 대향적 행위의 존재를 필요로 하는 유형의 배임죄에서 배임죄의 실행으로 이익을 얻게 되는 수익자는 배임죄의 공범이 되는 것이 원칙이다.
>
> ㄹ. 배임행위가 본인 이외의 제3자에 대한 사기죄를 구성한다고 하더라도 그로 인하여 본인에게 손해가 생긴 때에는 사기죄와 함께 배임죄가 성립하고, 두 죄는 상상적 경합의 관계에 있다.
>
> ㅁ. 동산매매계약에서 매도인은 매수인에 대하여 그의 사무를 처리하는 지위에 있지 아니하므로, 매도인이 목적물을 매수인에게 인도하지 아니하고 이를 타에 처분하였다고 하더라도 배임죄가 성립하지 않는다.

① 1개 ② 2개
③ 3개 ④ 4개

**정선
핵심**

(업무상)배임죄의 성립 여부

ㄱ. 특허권의 명의수탁자가 명의신탁자의 승낙없이 특허권을 이전등록한 경우 → ○

ㄴ. 적법하게 반출한 영업비밀을 경쟁업체에 유출하거나 반환·폐기하지 아니한 경우 → 퇴사 시 업무상배임죄 ○

ㄷ. 배임죄의 실행으로 이익을 얻게 되는 수익자 → 원칙적으로 배임죄의 공범 ×

ㄹ. 배임행위가 본인 이외의 제3자에 대한 사기죄를 구성하고 본인에게 손해가 생긴 경우 → 사기죄와 배임죄의 실체적 경합 ○

ㅁ. 동산이중매매 → 배임죄 ×

**정선
해설**

[ㄱ ▸ ○] 타인 소유의 특허권을 명의신탁받아 관리하는 업무를 수행해 오다가 제3자로부터 특허권을 이전해 달라는 제의를 받고 대금을 지급받고는 그 타인의 승낙도 받지 않은 채 제3자 앞으로 특허권을 이전등록한 경우에는 업무상배임죄가 성립한다(대판 2016.10.13. 2014도17211).

[ㄴ ▸ ○] 대판 2016.7.7. 2015도17628

[ㄷ ▸ ×] 거래상대방의 대향적 행위의 존재를 필요로 하는 유형의 배임죄에서 거래상대방은 기본적으로 배임행위의 실행행위자와 별개의 이해관계를 가지고 반대편에서 독자적으로 거래에 임한다는 점을 고려하면, 업무상배임죄의 실행으로 이익을 얻게 되는 <u>수익자는 배임죄의 공범이라고 볼 수 없는 것이 원칙이고</u>, 실행행위자의 행위가 피해자 본인에 대한 배임행위에 해당한다는 점을 인식한 상태에서 배임의 의도가 전혀 없었던 <u>실행행위자에게 배임행위를 교사하거나 또는 배임행위의 전 과정에 관여하는 등으로 배임행위에 적극 가담한 경우에 한하여 배임의 실행행위자에 대한 공동정범으로 인정할 수 있다</u>(대판 2016.10.13. 2014도17211).

[ㄹ ▸ ×] 본인에 대한 배임행위가 본인 이외의 제3자에 대한 사기죄를 구성한다 하더라도 그로 인하여 본인에게 손해가 생긴 때에는 사기죄와 함께 배임죄가 성립한다. (중략) 나아가 위 각 죄는 서로 구성요건 및 그 행위의 태양과 보호법익을 달리하고 있어 상상적 경합범의 관계가 아니라 실체적 경합범의 관계에 있다고 할 것이다(대판 2010.11.11. 2010도10690).

> 건물관리인이 건물주로부터 월세임대차계약 체결업무를 위임받고도 임차인들을 속여 전세임대차계약을 체결하고 그 보증금을 편취한 경우, 사기죄와 별도로 업무상배임죄가 성립하고 두 죄가 실체적 경합범의 관계에 있다(대판 2010.11.11. 2010도10690).

[ㅁ ▸ ○]　대판 2011.1.20. 2008도10479[전합]

답 ❷

300 □□□ 배임죄에 관한 다음 설명 중 가장 옳지 않은 것은?

 19 법원9급

① 부동산 매매계약에서 중도금을 지급받은 매도인이 매수인에게 소유권을 이전하기 전에 제3자에게 이를 처분한 경우 배임죄가 성립한다고 보는 중요한 이유는 중도금이 수수되면 당사자가 임의로 계약을 해제할 수 없는 구속력이 발생하기 때문이다.

② 부동산 이중양도에 있어서 매도인이 제2차 매수인으로부터 계약금만을 지급받고 중도금을 수령한 바 없다면, 배임죄의 실행의 착수가 있었다고 볼 수 없다.

③ 채무자가 채권자에 대하여 소비대차 등으로 인한 채무를 부담하고 이를 담보하기 위하여 장래에 부동산의 소유권을 이전하기로 하는 내용의 대물변제예약을 한 후, 채무자가 대물로 변제하기로 한 부동산을 제3자에게 처분한 경우 배임죄가 성립한다.

④ 부동산의 매도인이 매수인으로부터 중도금까지 수령하였으나, 매수인 앞으로 소유권이전등기 등을 마치기 이전에 제3자로부터 금원을 차용하고 그 담보로 근저당권설정등기를 해준 경우 배임죄가 성립한다.

정선 핵심

배임죄의 성립 여부
① 중도금을 지급받은 부동산 이중매매의 매도인이 제3자에게 이를 처분한 경우 → 구속력이 발생하기 때문에 ○
② 부동산매도인이 제2매수인에게 계약금만을 지급받은 경우 → 배임죄의 실행의 착수 ×
③ 대물변제예약을 체결한 채무자가 부동산을 제3자에게 처분한 경우 → ×
④ 매도인이 중도금을 수령한 후 제3자에게 채무담보로 근저당권설정등기를 경료해 준 경우 → ○

정선 해설

[❶ ▸ ○]　중도금이 지급되는 등 계약이 본격적으로 이행되는 단계에 이른 때에는 계약이 취소되거나 해제되지 않는 한 매도인은 매수인에게 부동산의 소유권을 이전해 줄 의무에서 벗어날 수 없다. 따라서 그때부터 매도인은 배임죄에서 말하는 '타인의 사무를 처리하는 자'에 해당한다고 보아야 한다(대판 2018.5.17. 2017도4027[전합]).
[❷ ▸ ○]　대판 2003.3.25. 2002도7134
[❸ ▸ ×]　채권 담보를 위해 대물변제예약을 한 경우, 채무자가 대물로 변제하기로 한 부동산을 제3자에게 처분하였다고 하더라도 형법상 배임죄가 성립하는 것은 아니다(대판 2014.8.21. 2014도3363[전합]).
[❹ ▸ ○]　동산의 매도인이 매수인 앞으로 소유권이전등기 등을 경료하기 이전에 제3자로부터 금원을 차용하고 그 담보로 근저당권설정등기를 해준 경우에는 특별한 사정이 없는 한 매도인은 매수인에게 그 근저당권에 의하여 담보되는 피담보채무 상당액의 손해를 가한 것이라고 할 것이다(대판 1998.2.10. 97도2919).

답 ❸

배임죄와 배임수재죄에 관한 설명 중 옳은 것은?(다툼이 있으면 판례에 의함) 16 사시

① 금융기관 임직원이 대출상대방과 공모하여 임무에 위배하여 담보가치를 초과하는 금원을 대출하여 주고 대출금 중 일부를 되돌려 받기로 한 다음 그에 따라 약정된 금품을 수수하는 경우, 부실대출로 인한 업무상배임죄 외에 별도로 특정경제범죄가중처벌등에관한 법률위반(수재등)죄가 성립한다.

② 배임수재죄에서 말하는 '재산상의 이익의 취득'이라 함은 현실적인 취득만이 아니고 단순히 요구 또는 약속만을 한 경우도 이에 포함된다.

③ 배임죄에 있어서 재산상 손해는 법률적 판단에 의할 것이고, 배임행위가 법률상 무효라면 현실적인 손해가 없으므로 배임죄를 구성하지 않는다.

④ 채무자가 A로부터 투자를 받으면서 투자금 반환채무의 변제를 위하여 아울렛 의류매장에 관한 임차인 명의와 판매대금의 입금계좌 명의를 A 앞으로 변경해주었음에도 제3자에게 위 임차인의 지위 등 권리일체를 양도하였다면 배임죄가 성립한다.

⑤ 법인의 운영자가 법인과 아무런 관계없이 개인적인 용도로 착복할 목적으로 법인의 자금을 빼내어 별도로 비자금을 조성하였다면 그 조성행위 자체로써 불법영득의사가 실현된 것으로 볼 수 있다.

**정선
핵심**

① 금융기관 임직원이 상대방과 공모하여 부실대출로 인한 대출금 일부를 돌려받기로 한 경우 → 업무상배임죄 외에 특경법위반(수재등)죄 ×

② 배임수재죄의 구성요건
  ⋯▶ 재산상의 이익의 취득 : 단순히 요구 또는 약속을 한 경우 ×

③ 배임죄의 구성요건
  ⋯▶ 배임행위가 법률상 무효라도 현실적인 손해를 가하였거나 재산상 실해 발생의 위험을 초래한 경우 : 배임죄 ○

④ 투자금 반환채무의 변제를 위한 임차권 등을 제3자에게 양도한 경우 → 배임죄 ×

⑤ 개인적인 용도로 법인의 자금을 빼내어 비자금을 조성한 경우 → 불법영득의사 ○

**정선
해설**

[❶ ▸ ×] 금융기관의 임직원이 대출상대방과 공모하여 임무에 위배하여 대출상대방에게 담보로 제공되는 부동산의 담보가치보다 훨씬 초과하는 금원을 대출하여 주고 대출금 중 일부를 되돌려받기로 한 다음 그에 따라 약정된 금품을 수수하는 것은 부실대출로 인한 업무상배임죄의 공동정범들 사이의 내부적인 이익분배에 불과한 것이고, 별도로 그러한 금품 수수행위에 관하여 특경법 위반(수재등)죄가 성립하는 것은 아니라고 할 것이다(대판 2013.10.24. 2013도7201).

[❷ ▸ ×] 배임수재죄로 처벌하기 위하여는 타인의 사무를 처리하는 자가 부정한 청탁을 받아들이고 이에 대한 대가로서 재물 또는 재산상의 이익을 받은 데에 대한 범의가 있어야 할 것이고, 또 배임수재죄에서 말하는 '재산상의 이익의 취득'이라 함은 현실적인 취득만을 의미하므로 단순한 요구 또는 약속만을 한 경우에는 이에 포함되지 아니한다(대판 1999.1.29. 98도4182).

> 골프장 회원권에 관하여 피고인 명의로 명의변경이 이루어지지 아니한 이상 피고인이 현실적으로 재산상 이익을 취득하지 않았다는 이유로 배임수재죄의 성립을 부정한 사례(대판 1999.1.29. 98도4182).

[❸ ▸ ×] 배임죄에 있어 재산상 손해의 유무에 대한 판단은 본인의 전 재산 상태와의 관계에서 법률적 판단에 의하지 아니하고 경제적 관점에서 파악하여야 한다. 따라서 법률적 판단에 의하여 당해 배임행위가 무효라 하더라도 경제적 관점에서 파악하여 배임행위로 인하여 본인에게 현실적인 손해를 가하였거나 재산상 실해 발생의 위험을 초래한 경우에는 재산상의 손해를 가한 때에 해당되어 배임죄를 구성한다(대판 2014.2.13. 2011도16763).

[**❹ ▸ ✕**] 판례의 취지를 고려하면, 채무자에게 타인의 사무를 처리하는 자의 지위가 인정되지 아니하므로 채무자가 제3자에게 임차인의 지위 등 권리일체를 양도하였더라도 배임죄가 성립하지 아니한다.

> 채무자가 투자금반환채무의 변제를 위하여 담보로 제공한 임차권 등의 권리를 그대로 유지할 계약상 의무가 있다고 하더라도, 이는 기본적으로 투자금반환채무의 변제의 방법에 관한 것이고, 성실한 이행에 의하여 채권자가 계약상 권리의 만족이라는 이익을 얻는다고 하여도 이를 가지고 통상의 계약에서의 이익대립관계를 넘어서 배임죄에서 말하는 신임관계에 기초하여 채권자의 재산을 보호 또는 관리하여야 하는 '타인의 사무'에 해당한다고 볼 수 없다(대판 2015.3.26. 2015도1301).

[**❺ ▸ ○**] 대판 2011.2.10. 2010도12920

답 **❺**

302

□□□

배임죄에 대한 설명으로 가장 적절하지 않은 것은?(다툼이 있는 경우 판례에 의함)

`21` 경찰채용

① 회사의 이사 등이 타인에게 회사자금을 대여함에 있어 그 타인이 채무변제능력을 상실하여 그에게 자금을 대여할 경우 회사에 손해가 발생하리라는 점을 충분히 알면서 대여했거나, 충분한 담보를 제공받는 등 상당하고도 합리적인 채권회수조치를 취하지 아니한 채 대여해 주었다면 이는 회사에 대하여 배임행위가 된다.

② 업무상배임죄가 성립하려면 주관적 요건으로서 임무위배의 인식과 그로 인하여 자기 또는 제3자가 이익을 취득하고 본인에게 손해를 가한다는 인식, 즉 배임의 고의가 있어야 하고, 이러한 인식은 미필적 인식으로도 충분하다.

③ 보통예금은 은행 등 법률이 정하는 금융기관을 수치인으로 하는 금전의 소비임치 계약으로서 그 예금계좌에 입금된 금전의 소유권은 금융기관에 이전되고 예금주는 그 예금계좌를 통한 예금반환채권을 취득하는 것이므로, 금융기관의 임직원은 예금주로부터 예금계좌를 통한 적법한 예금반환 청구가 있으면 이에 응할 의무가 있을 뿐 예금주와의 사이에서 그의 재산관리에 관한 사무를 처리하는 자의 지위에 있다고 할 수 없다.

④ 배임죄에 있어서 '타인의 사무를 처리하는 자'라 함은 양자간의 신임관계에 기초를 둔 타인의 재산보호 내지 관리의무가 있음을 그 본질적 내용으로 하는 것이므로, 배임죄의 성립에 있어서는 행위자가 대외관계에서 타인의 재산을 처분할 적법한 대리권이 있음을 요한다.

정선
핵심

① 채무변제능력을 상실한 자에게 회사에 손해가 날 것을 알고 대여하거나 채권회수조치를 취하지 아니하고 대여한 경우 → 회사에 대하여 배임행위 ○

② 업무상배임죄의 구성요건

 ⋯▸ 고의 : 임무위배의 인식과 자기 또는 제3자가 이익을 취득하고 본인에게 손해를 가한다는 인식 필요

③ 금융기관의 임직원 → 보통예금주의 재산관리에 관한 사무를 처리하는 자 ✕

④ 배임죄의 구성요건

 ⋯▸ 타인의 사무를 처리하는 자 : 대외관계에서 타인의 재산을 처분할 적법한 대리권이 있을 것 불요

정선
해설

[**❶ ▸ ○**] 대판 2000.3.14. 99도4923

[**❷ ▸ ○**] 업무상배임죄가 성립하려면 주관적 요건으로서 임무위배의 인식과 그로 인하여 자기 또는 제3자가 이익을 취득하고 본인에게 손해를 가한다는 인식, 즉 배임의 고의가 있어야 한다. 이러한 인식은 미필적 인식으로도 충분하다(대판 2008.5.29. 2005도4640).

[**❸ ▸ O**] 보통예금은 은행 등 법률이 정하는 금융기관을 수치인으로 하는 금전의 소비임치 계약으로서, 그 예금계좌에 입금된 금전의 소유권은 금융기관에 이전되고, 예금주는 그 예금계좌를 통한 예금반환채권을 취득하는 것이므로, 금융기관의 임직원은 예금주로부터 예금계좌를 통한 적법한 예금반환 청구가 있으면 이에 응할 의무가 있을 뿐 예금주와의 사이에서 그의 재산관리에 관한 사무를 처리하는 자의 지위에 있다고 할 수 없다(대판 2008.4.24. 2008도1408).

[**❹ ▸ ✕**] 배임죄에 있어서 타인의 사무를 처리하는 자라 함은 양자간의 신임관계에 기초를 둔 타인의 재산보호 내지 관리의무가 있음을 그 본질적 내용으로 하는 것이므로, 배임죄의 성립에 있어 행위자가 대외관계에서 타인의 재산을 처분할 적법한 대리권이 있음을 요하지 아니한다(대판 1999.9.17. 97도3219).

답 ❹

---

303 □□□

배임죄에 관한 다음 설명 중 가장 옳은 것은?(다툼이 있는 경우 판례에 의함)

`19` 해경채용

① 부동산에 처분금지가처분결정을 받아 가처분집행까지 마친 경우 가처분권자로서는 일응 가처분유지로 인한 재산상 이익이 인정되지만, 그 후 가처분의 피보전채권이 존재하지 않는 것으로 밝혀졌다면 처음부터 가처분 유지로 인한 재산상 이익이 없었던 것으로 보아야 한다.

② 타인의 사무를 처리하는 자가 아니라면 배임행위를 교사하거나 그 배임행위의 모든 과정에 관여하는 등으로 타인의 배임행위에 적극 가담한 경우라도 배임죄의 공동정범은 불가능하고, 교사범이나 방조범의 성립이 가능할 뿐이다.

③ 점유개정 방법으로 자신의 동산에 관하여 이중으로 양도담보설정계약을 체결한 채무자가, 양도담보에 제공된 동산을 제3자에게 현실인도 방법으로 처분한 경우, 채무자는 처음 점유개정 방법에 의한 양도담보설정계약을 체결한 채권자에 대한 관계에서도 타인의 사무를 처리하는 자에 해당하지 아니한다.

④ 주식회사의 대표이사가 대표권을 남용하는 등 그 임무에 위배하여 회사 명의로 약속어음을 발행하였더라도 상대방이 대표권남용 사실을 알았거나 알 수 있었던 경우라면 그러한 약속어음 발행행위는 회사에 대하여 효력이 없으므로 그 약속어음이 유통되었는지 여부를 불문하고 배임죄의 기수범으로는 처벌할 수 없다.

정선
핵심

① 부동산에 처분금지가처분결정을 받아 가처분집행까지 마쳤으나 피보전채권이 존재하지 않는 경우 → 재산상 이익 ○

② 배임행위에 적극 가담하는 경우 → 업무상배임죄의 공동정범 ○

③ 점유개정에 의하여 동산을 이중양도담보로 제공한 후, 양도담보 설정자가 목적물을 제3자에게 처분한 경우 → 앞의 채권자에 대해 타인의 사무를 처리하는 자 ✕

④ 주식회사의 대표이사가 대표권을 남용하여 약속어음을 발행한 경우(상대방의 악의·과실)
⋯▸ 약속어음발행행위는 무효이고 약속어음이 유통되지 아니한 경우 : 배임죄의 미수 ○
⋯▸ 약속어음발행행위는 무효이나 약속어음이 유통된 경우 : 배임죄의 기수 ○

정선
해설

[**❶ ▸ ✕**] 부동산에 처분금지가처분결정을 받아 가처분집행까지 마친 경우, 피보전채권의 실제 존재 여부를 불문하고 가처분이 되어 있는 부동산은 매매나 담보제공 등에 있어 그렇지 않은 부동산보다 불리할 수밖에 없는 점, 가처분집행이 되어 있는 부동산의 가처분집행이 해제되면 가처분 부담이 없는 부동산을 소유하게 되는 이익을 얻게 되는 점 등을 고려하면 가처분권리자로서는 가처분 유지로 인한 재산상 이익이 인정되고, 그 후 가처분의 피보전채권이 존재하지 않는 것으로 밝혀졌더라도 가처분의 유지로 인한 재산상 이익이 있었던 것으로 보아야 한다(대판 2011.10.27. 2010도7624).

甲 주식회사를 사실상 관리하는 乙이 甲 회사가 사업용 부지로 매수한 토지에 관하여 처분금지가처분등기를 마쳐두었는데, 토지를 매수하려는 丙에게서 가처분을 취하해 달라는 청탁을 받고 돈을 수수하였다는 내용으로 기소된 사안에서, 乙에게는 배임수재죄가 성립하나, 丙이 돈을 교부한 행위는 사회상규에 위배되지 아니하여 배임증재죄를 구성할 정도의 위법성이 없다고 본 사례(대판 2011.10.27. 2010도7624).

[❷ ▸ ×] 업무상배임죄의 실행으로 인하여 이익을 얻게 되는 수익자 또는 그와 밀접한 관련이 있는 제3자를 배임의 실행행위자와 공동정범으로 인정하기 위하여는 실행행위자의 행위가 피해자 본인에 대한 배임행위에 해당한 다는 것을 알면서도 소극적으로 그 배임행위에 편승하여 이익을 취득한 것만으로는 부족하고, 실행행위자의 배임행 위를 교사하거나 또는 배임행위의 전(全) 과정에 관여하는 등으로 배임행위에 적극 가담할 것을 필요로 한다(대판 2012.6.28. 2012도3643).

[❸ ▸ ○] 종전 판례(대판 2004.6.25. 2004도1751)는 점유개정에 의한 동산이중양도담보 후 채무자(양도담보 설정자)가 양도담보의 목적물을 처분하는 경우, 뒤의 채권자에 대한 관계에서는 배임죄가 성립되지 않는다고 판시하 였으나, 전합판결(대판 2020.2.20. 2019도9756[전합])에 의하면 채무자는 타인의 사무를 처리하는 자에 해당하지 아니하므로 뒤의 채권자뿐만 아니라 앞의 채권자에 대하여도 배임죄가 성립하지 아니하는 것으로 보아야 한다.

[❹ ▸ ×] 약속어음 발행의 경우 어음법상 발행인은 종전의 소지인에 대한 인적 관계로 인한 항변으로써 소지인에 게 대항하지 못하므로(어음법 제17조, 제77조), 어음발행이 무효라 하더라도 그 어음이 실제로 제3자에게 유통되었 다면 회사로서는 어음채무를 부담할 위험이 구체적·현실적으로 발생하였다고 보아야 하고, 따라서 그 어음채무가 실제로 이행되기 전이라도 배임죄의 기수범이 된다. 그러나 약속어음 발행이 무효일 뿐만 아니라 그 어음이 유통되지 도 않았다면 회사는 어음발행의 상대방에게 어음채무를 부담하지 않기 때문에 특별한 사정이 없는 한 회사에 현실적 으로 손해가 발생하였다거나 실해 발생의 위험이 발생하였다고도 볼 수 없으므로, 이때에는 배임죄의 기수범이 아니라 배임미수죄로 처벌하여야 한다(대판 2017.7.20. 2014도1104[전합]).

 답 ❸

304
☐☐☐

업무상배임죄에 대한 설명으로 옳지 않은 것은?(다툼이 있는 경우 판례에 의함)

18 국가7급

① 업무상배임죄에 있어서 타인의 사무를 처리하는 자란 고유의 권한으로서 그 처리를 하는 자에 한하지 않고 그 자의 보조기관으로서 직접 또는 간접으로 그 처리에 관한 사무를 담당하는 자도 포함한다.

② 회사직원이 퇴사 시에 그 영업비밀 등을 회사에 반환하거나 폐기할 의무가 있음에도 경쟁업체 에 유출하거나 스스로의 이익을 위하여 이용할 목적으로 이를 반환하거나 폐기하지 아니한 경우 업무상배임죄가 성립한다.

③ 금융기관의 임직원은 예금주와의 사이에서 그의 재산관리에 관한 사무를 처리하는 자의 지위에 있으므로 임직원이 임의로 예금주의 예금계좌에서 돈을 인출한 경우 업무상배임죄가 성립한다.

④ 업무상배임죄에 있어서 재산상 손해가 발생하였다고 평가될 수 있는 재산상 실해 발생의 위험 이라 함은 본인에게 손해가 발생할 막연한 위험이 있는 것만으로는 부족하고 경제적인 관점에 서 보아 본인에게 손해가 발생한 것과 같은 정도로 구체적인 위험이 있는 경우를 말한다.

정선 핵심

①·④ 업무상배임죄의 구성요건
　↪ 타인의 사무를 처리하는 자 : 고유의 권한으로서 처리하는 자와 보조기관도 포함
　↪ 재산상 실해 발생의 위험 : 본인에게 손해가 발생한 것과 같은 구체적인 위험이 있는 경우
② 퇴사 시 영업비밀을 경쟁업체에 유출하거나 반환·폐기하지 아니한 경우 → 업무상배임죄 ○
③ 금융기관의 임직원이 임의로 예금주의 예금계좌에서 돈을 인출한 경우 → 업무상배임죄 ×

안심Touch

[**❶** ▸ ○] 대판 2004.6.24. 2004도520

[**❷** ▸ ○] 대판 2016.7.7. 2015도17628

[**❸** ▸ ✕] 보통예금은 은행 등 법률이 정하는 금융기관을 수치인으로 하는 금전의 소비임치 계약으로서, 그 예금계좌에 입금된 금전의 소유권은 금융기관에 이전되고, 예금주는 그 예금계좌를 통한 예금반환채권을 취득하는 것이므로, 금융기관의 임직원은 예금주로부터 예금계좌를 통한 적법한 예금반환 청구가 있으면 이에 응할 의무가 있을 뿐 예금주와의 사이에서 그의 재산관리에 관한 사무를 처리하는 자의 지위에 있다고 할 수 없다(대판 2008.4.24. 2008도1408).

> 임의로 예금주의 예금계좌에서 5,000만원을 인출한 금융기관의 임직원에게 업무상배임죄가 성립하지 않는다고 한 사례(대판 2008.4.24. 2008도1408).

[**❹** ▸ ○] 재산상 손해가 발생하였다고 평가될 수 있는 재산상 실해 발생의 위험이란 본인에게 손해가 발생할 막연한 위험이 있는 것만으로는 부족하고 경제적인 관점에서 보아 본인에게 손해가 발생한 것과 같은 정도로 구체적인 위험이 있는 경우를 의미한다. 따라서 재산상 실해 발생의 위험은 구체적·현실적인 위험이 야기된 정도에 이르러야 하고 단지 막연한 가능성이 있다는 정도로는 부족하다(대판 2017.10.12. 2017도6151).

답 **❸**

305

다음 중 판례가 배임행위의 성립을 인정한 경우는 모두 몇 개인가?   `19` 경찰간부

ㄱ. 계가 정상적으로 운영되고 있음에도 계주가 그동안 성실하게 계불입금을 지급하여 온 계원에게 계가 깨졌다고 거짓말을 하여 그 계원이 계에 참석하여 계금을 탈 수 있는 기회를 박탈하여 손해를 가한 경우

ㄴ. 주식회사의 경영을 책임지는 이사가 임무에 위배하여 주주 또는 회사채권자에게 손해가 될 행위를 하였으나 주주총회결의가 있었던 경우

ㄷ. 서면으로 부동산 증여의 의사를 표시한 증여자가 수증자에게 증여계약에 따라 부동산의 소유권을 이전하지 않고 부동산을 제3자에게 처분하여 등기를 마친 경우

ㄹ. 다방을 임차하면서 임차기간 동안 영업허가 명의를 임차인명의로 변경하고 임대차 종료 시 임대인에게 명의반환을 하기로 약정하고도 임대차 종료 후 임차인이 명의반환을 거부하는 경우

---

① 1개

② 2개

③ 3개

④ 4개

배임죄(미수)의 성립 여부

ㄱ. 계금을 탈 수 있는 기회를 박탈하여 손해를 가한 경우 → ○

ㄴ. 주식회사의 이사가 임무에 위배하여 손해가 될 행위를 하였으나 주주총회결의가 있었던 경우 → ○

ㄷ. 서면으로 증여의 의사를 표시한 증여자가 부동산을 제3자에게 처분한 경우 → ○

ㄹ. 다방의 영업허가 명의를 임차인명의로 변경하였으나 임대차 종료 후 명의반환을 거부하는 경우 → 배임죄의 미수 ○

[ㄱ ▸ ○] 대판 1995.9.29. 95도1176

[ㄴ ▸ ○] 회사의 대표이사는 이사회 또는 주주총회의 결의가 있더라도 그 결의내용이 회사 채권자를 해하는 불법한 목적이 있는 경우에는 이에 맹종할 것이 아니라 회사를 위하여 성실한 직무수행을 할 의무가 있으므로 대표이사가 임무에 배임하는 행위를 함으로써 주주 또는 회사 채권자에게 손해가 될 행위를 하였다면 그 회사의 이사회 또는 주주총회의 결의가 있었다고 하여 그 배임행위가 정당화될 수는 없다(대판 2005.10.28. 2005도4915).

제1편

[ㄷ ▸ ○] 대판 2018.12.13. 2016도19308

[ㄹ ▸ ○] 피고인이 캬바레영업을 할 목적으로 캬바레건물을 임차하면서 임대차계약이 종료될 때에 반환하기로 하는 약정 아래 캬바레영업허가 명의를 이전받았다면 임대인에 대한 대내적 관계에서는 위 영업허가권의 단순한 임차인 내지 명의수탁자에 불과하다 할 것이므로 임대차계약 종료시에 이를 반환하는 범위안에서 타인의 사무를 처리하는 자라고 할 것이니 이 임무에 위배하여 이를 제3자에게 처분하고 그 명의를 이전하려 하였다면 배임미수에 해당한다(대판 1981.7.28. 81도966).

답 ④

306

□□□

배임죄에 관한 다음 설명 중 옳지 않은 것은 모두 몇 개인가?(다툼이 있는 경우 판례에 의하고, 전원합의체 판결의 경우 다수의견에 의함) `20 법원행시`

ㄱ. 금전채무를 담보하기 위하여 그 소유의 동산을 채권자에게 양도담보로 제공한 채무자는 배임죄의 주체인 '타인의 사무를 처리하는 자'에 해당한다고 할 수 없다.

ㄴ. A가 B 새마을금고로부터 특정 토지 위에 건물을 신축하는 데 필요한 공사자금 10억 원을 대출받으면서 이를 담보하기 위하여 C 신탁회사를 수탁자, B 금고를 우선수익자, A를 위탁자 겸 수익자로 한 담보신탁계약 및 자금관리대리사무계약을 체결하였고 계약 내용에 따라 건물이 준공된 후 C 회사에 신탁등기를 이행하여 B 금고의 우선수익권을 보장할 의무가 있었음에도 임의로 D 앞으로 건물의 소유권보존등기를 마쳐준 경우라고 하더라도, A는 통상의 계약에서의 이익대립관계를 넘어서 B 금고와의 신임관계에 기초하여 B 금고의 우선수익권을 보호 또는 관리하는 등 그의 사무를 처리하는 자의 지위에 있다고 보기 어려우므로, A에게는 배임죄가 성립하지 않는다.

ㄷ. 부동산 매매계약에서 계약금 외에 중도금이 지급되는 등 계약이 본격적으로 이행되는 단계에 이른 때에는 계약이 취소되거나 해제되지 않는 한 매도인은 매수인에게 부동산의 소유권을 이전해 줄 의무에서 벗어날 수 없으므로, 이러한 단계에 이른 때에 매도인은 매수인에 대하여 매수인의 재산보전에 협력하여 재산적 이익을 보호·관리할 신임관계에 있게 된다. 그때부터 매도인은 배임죄에서 말하는 '타인의 사무를 처리하는 자'에 해당한다고 보아야 한다.

ㄹ. 서면으로 부동산 증여의 의사를 표시한 증여자는 계약이 취소되거나 해제되지 않는 한 수증자에게 목적부동산의 소유권을 이전할 의무에서 벗어날 수 없다. 그러한 증여자는 '타인의 사무를 처리하는 자'에 해당하고, 그가 수증자에게 증여계약에 따라 부동산의 소유권을 이전하지 않고 부동산을 제3자에게 처분하여 등기를 하는 행위는 수증자와의 신임관계를 저버리는 행위로서 배임죄가 성립한다.

ㅁ. 채무자가 투자금반환채무의 변제를 위하여 담보로 제공한 임차권 등의 권리를 그대로 유지할 계약상 의무가 있다고 하더라도, 이는 기본적으로 투자금반환채무의 변제의 방법에 관한 것이고, 성실한 이행에 의하여 채권자가 계약상 권리의 만족이라는 이익을 얻는다고 하여도 이를 가지고 통상의 계약에서의 이익대립관계를 넘어서 배임죄에서 말하는 신임관계에 기초하여 채권자의 재산을 보호 또는 관리하여야 하는 '타인의 사무'에 해당한다고 볼 수 없다.

① 1개

② 2개

③ 3개

④ 4개

⑤ 없음

ㄱ. 동산을 채권자에게 양도담보로 제공한 채무자 → 타인의 사무를 처리하는 자 ×

ㄴ. B 새마을금고를 우선수익자로 하는 담보신탁계약 및 자금관리대리사무계약을 체결하였으나 D에게 건물의 소유권보존등기를 경료해 준 경우 → 배임죄 ×

ㄷ. 부동산매매의 매도인에게 중도금이 지급된 경우 → 타인의 사무를 처리하는 자 ○

ㄹ. 서면으로 증여의 의사를 표시한 증여자가 부동산을 제3자에게 처분한 경우 → 배임죄 ○

ㅁ. 투자금반환채무의 변제를 위하여 제공한 임차권 등의 유지의무 → 타인의 사무 ×

[ㄱ ▸ O] 대판 2020.2.20. 2019도9756[전합]

[ㄴ ▸ O] 피고인 A가 통상의 계약에서의 이익대립관계를 넘어서 B금고와의 신임관계에 기초하여 B금고의 우선수익권을 보호 또는 관리하는 등 그의 사무를 처리하는 자의 지위에 있다고 보기 어려우므로 배임죄에서의 타인의 사무를 처리하는 자에 해당하지 아니한다(대판 2020.4.29. 2014도9907).

[ㄷ ▸ O] [ㄹ ▸ O] 부동산 매매계약에서 중도금이 지급되는 등 계약이 본격적으로 이행되는 단계에 이른 때에는 계약이 취소되거나 해제되지 않는 한 매도인은 매수인에게 부동산의 소유권을 이전할 의무에서 벗어날 수 없으므로 매도인은 매수인에게 매수인의 재산보전에 협력하여 재산적 이익을 보호·관리할 신임관계에 있게 되고, 그때부터 배임죄에서 말하는 '타인의 사무를 처리하는 자'에 해당한다고 보아야 한다.❶ 그러한 지위에 있는 매도인이 매수인에게 계약 내용에 따라 부동산의 소유권을 이전해 주기 전에 부동산을 제3자에게 처분하여 등기를 하는 행위는 매수인의 부동산 취득이나 보전에 지장을 초래하는 행위로서 배임죄가 성립한다. 이러한 법리는 서면에 의한 부동산 증여계약에도 마찬가지로 적용된다❷(대판 2018.12.13. 2016도19308).

[ㅁ ▸ O] 대판 2015.3.26. 2015도1301

답 ❺

307

□□□

배임죄에 관한 설명 중 가장 적절하지 않은 것은?(다툼이 있는 경우 판례에 의함)

17 경찰승진

① 배임죄에서 '재산상 손해를 가한 때'에는 '재산상 손해발생의 위험을 초래한 경우'도 포함되는 것이므로, 법인의 대표이사 甲이 회사의 이익이 아닌 자기 또는 제3자의 이익을 도모할 목적으로 권한을 남용하여 회사 명의의 금전소비대차 공정증서를 작성하여 법인 명의의 채무를 부담한 경우에는 상대방이 대표이사의 진의를 알았거나 알 수 있었다고 할지라도 배임죄가 성립한다.

② 업무상배임죄에 있어서 타인의 사무를 처리하는 자란 고유의 권한으로서 그 처리를 하는 자에 한하지 않고 그 자의 보조기관으로서 직접 또는 간접으로 그 처리에 관한 사무를 담당하는 자도 포함한다.

③ 중도금 또는 잔금을 받은 단계에서 부동산을 이중으로 매도한 경우 매도인이 선매수인에게 소유권이전의무를 이행하였다고 하여 후매수인에 대한 관계에서 그가 임무를 위법하게 위배한 것이라고 할 수 없다.

④ 새마을금고 임·직원이 동일인 대출한도 제한규정을 위반하여 초과대출행위를 하였더라도 대출채권 회수에 문제가 없는 것으로 판단되는 경우라면 업무상배임죄가 성립하지 않는다.

① 법인의 대표이사 甲이 권한을 남용하여 금전소비대차 공정증서를 작성하여 법인 명의의 채무를 부담한 경우
→ 상대방의 악의·과실이 있다면 배임죄의 미수 ○
② 업무상배임죄의 구성요건
→ 타인의 사무를 처리하는 자 : 고유의 권한으로서 처리하는 자와 보조기관도 포함
③ 부동산 이중매매의 매도인이 선매수인(제1매수인)에게 소유권이전등기를 경료한 경우 → 배임죄 ×
④ 제한규정을 위반한 초과대출행위에 의한 대출채권 회수에 문제가 없는 경우 → 업무상배임죄 ×

● 대표권남용행위로 인한 배임죄 성립 여부

법률행위의 유형	상대방의 악의·과실 여부	법률행위의 효력	배임죄의 성부
의무부담행위	상대방의 악의·과실이 있는 경우	의무부담행위는 무효	배임죄의 미수
		단, 의무가 실제로 이행되거나 회사가 민법상 불법행위책임을 부담하는 경우	배임죄의 기수
	상대방의 악의·과실이 없는 경우	의무부담행위는 유효	배임죄의 기수
약속어음발행행위	상대방의 악의·과실이 있는 경우	약속어음발행행위는 무효이고 약속어음이 유통되지 아니한 경우	배임죄의 미수
		약속어음발행행위는 무효이나 약속어음이 유통된 경우	배임죄의 기수
	상대방의 악의·과실이 없는 경우	약속어음발행행위는 유효	배임죄의 기수

[❶ ▸ ×]　지문과 동일한 사안에서 판례(대판 2012.5.24. 2012도2142)는 배임죄에 대하여 무죄를 선고한 원심판단을 정당하다고 판시하였으나, 하단의 전합판결의 취지를 고려하면 대표이사 甲에게 배임죄의 미수가 성립한다고 이해하는 것이 타당하다.

주식회사의 대표이사가 대표권을 남용하는 등 그 임무에 위배하여 회사 명의로 의무를 부담하는 행위를 하더라도 일단 회사의 행위로서 유효하고, 다만 상대방이 대표이사의 진의를 알았거나 알 수 있었을 때에는 회사에 대하여 무효가 된다. 따라서 상대방이 대표권남용 사실을 알았거나 알 수 있었던 경우 그 의무부담행위는 원칙적으로 회사에 대하여 효력이 없고, 경제적 관점에서 보아도 이러한 사실만으로는 회사에 현실적인 손해가 발생하였다거나 실해 발생의 위험이 초래되었다고 평가하기 어려우므로, 달리 그 의무부담행위로 인하여 실제로 채무의 이행이 이루어졌다거나 회사가 민법상 불법행위책임을 부담하게 되었다는 등의 사정이 없는 이상 배임죄의 기수에 이른 것은 아니다. 그러나 이 경우에도 대표이사로서는 배임의 범의로 임무위배행위를 함으로써 실행에 착수한 것이므로 배임죄의 미수범이 된다. 그리고 상대방이 대표권남용 사실을 알지 못하였다는 등의 사정이 있어 그 의무부담행위가 회사에 대하여 유효한 경우에는 회사의 채무가 발생하고 회사는 그 채무를 이행할 의무를 부담하므로, 이러한 채무의 발생은 그 자체로 현실적인 손해 또는 재산상 실해 발생의 위험이라고 할 것이어서 그 채무가 현실적으로 이행되기 전이라도 배임죄의 기수에 이르렀다고 보아야 한다(대판 2017.7.20. 2014도1104[전합]).

[❷ ▸ ○]　대판 2004.6.24. 2004도520

[❸ ▸ ○]　대판 1992.12.24. 92도1223

[❹ ▸ ○]　대판 2008.6.19. 2006도4876[전합]

답 ❶

횡령죄와 배임죄에 관한 설명으로 가장 적절하지 않은 것은?(다툼이 있는 경우 판례에 의함)

① 어음의 할인을 위하여 배서양도의 형식으로 약속어음을 교부받은 자가 이를 자신의 채무변제에 충당한 경우, 이는 위탁의 취지에 반하는 것으로 횡령죄가 성립한다.

② 질권설정자가 타인에 대한 채무의 담보로 제3채무자에 대한 채권에 대하여 권리질권을 설정하면서 제3채무자에게 질권설정의 사실을 통지한 때에는, 질권설정자가 질권자의 동의 없이 제3채무자에게서 질권의 목적인 채권의 변제를 받았다 하더라도 배임죄가 성립하지 않는다.

③ 지입회사에 소유권이 있는 차량에 대하여 지입회사에서 운행관리권을 위임받은 지입차주가 지입회사의 승낙 없이 보관 중인 차량을 사실상 처분한 경우에는 횡령죄가 성립하지만, 그 차량의 보관을 지입차주로부터 위임받은 사람이 지입차주의 승낙 없이 보관 중인 차량을 사실상 처분한 경우에는 배임죄가 성립한다.

④ 금전채권을 담보하기 위하여 채무자 소유의 동산에 관하여 이른바 강한 의미의 양도담보계약을 설정한 경우, 채무자가 이를 점유하던 중 임의로 양도담보된 동산을 처분하면 배임죄가 성립하지 않는다.

정선 핵심

① 어음의 할인을 위하여 약속어음을 교부받아 채무변제에 충당한 경우 → 횡령죄 ○

② 권리질권의 질권설정자가 질권자의 동의 없이 제3채무자에게서 질권의 목적인 채권의 변제를 받은 경우 → 배임죄 ×

③ 차량보관을 위임받은 사람이 지입차주의 승낙 없이 사실상 처분한 경우 → 횡령죄 ○

④ 동산에 양도담보를 설정한 후 채무자가 양도담보된 동산을 처분한 경우 → 배임죄 ×

정선 해설

[**❶ ▸ ○**] 약속어음을 할인을 위하여 교부받은 수탁자는 위탁의 취지에 따라 보관하는 것에 불과하므로, 위탁된 약속어음을 수탁자가 자신의 채무변제에 충당하였다면 이와 같은 수탁자의 행위는 위탁의 취지에 반하는 것으로서 횡령죄를 구성한다(대판 2004.5.28. 2003도7509).

> **비교판례** │ **대판 1983.4.26. 82도3079**
>
> 피고인이 당초부터 피해자를 기망하여 약속어음을 교부받은 경우에는 그 교부받은 즉시 사기죄가 성립하고 그 후 이를 피해자에 대한 피고인의 채권의 변제에 충당하였다 하더라도 불가벌적 사후행위가 됨에 그칠 뿐, 별도로 횡령죄를 구성하지 않는다.

[**❷ ▸ ○**] 대판 2016.4.29. 2015도5665

[**❸ ▸ ×**] 소유권의 취득에 등록이 필요한 타인 소유의 차량을 인도받아 보관하고 있는 사람이 이를 사실상 처분하면 횡령죄가 성립하며, 보관 위임자나 보관자가 차량의 등록명의자일 필요는 없다. 그리고 <u>이와 같은 법리는 지입회사에 소유권이 있는 차량에 대하여 지입회사에서 운행관리권을 위임받은 지입차주가 지입회사의 승낙 없이 보관 중인 차량을 사실상 처분하거나 지입차주에게서 차량 보관을 위임받은 사람이 지입차주의 승낙 없이 보관 중인 차량을 사실상 처분한 경우에도 마찬가지로 적용된다</u>(대판 2015.6.25. 2015도1944[전합]).

[**❹ ▸ ○**] 종전 판례(대판 1989.7.25. 89도350)는 동산에 양도담보를 설정한 후 채무자가 양도담보된 동산을 처분한 경우, 배임죄가 성립한다고 판시하였으나, 전합판결(대판 2020.2.20. 2019도9756[전합])에 의하면 채무자는 타인의 사무를 처리하는 자에 해당하지 아니하므로 배임죄는 성립하지 아니하는 것으로 이해하여야 한다.

> <u>금전채권을 담보하기 위하여 채무자 소유의 동산에 관하여 이른바 강한 의미의 양도담보가 설정되어 채무자가 그 동산을 점유하는 경우</u>, 동산의 소유권은 신탁적으로 채권자에게 이전됨에 불과하여 채권자와 채무자간의 대내적 관계에서 <u>채무자는</u> 의연 소유권을 보유하나 양도담보권자가 담보의 목적을 달성할 수 있도록 이를 보관할 의무를 지게 되어 채권담보의 약정에 따라 <u>담보권자의 사무를 처리하는 자의 지위에 있게 되므로</u> 채무자가 양도담보된 동산을 처분하는 등 부당히 그 담보가치를 감소시키는 행위를 한 경우에는 형법상 배임죄가 성립된다(대판 1989.7.25. 89도350).

관련판례 **대판 2020.2.20. 2019도9756[전합]**

> 채무자가 금전채무를 담보하기 위하여 그 소유의 동산을 채권자에게 점유개정 방식으로 양도담보로 제공한 경우, 채무자를 배임죄의 주체인 '타인의 사무를 처리하는 자'에 해당한다고 할 수 없고, 그가 담보물을 제3자에게 처분하는 등으로 담보가치를 감소 또는 상실시켜 채권자의 담보권 실행이나 이를 통한 채권실현에 위험을 초래하더라도 배임죄가 성립한다고 할 수 없다.

답 ❸

309

형법상 배임죄가 성립하지 않는 경우는?(다툼이 있으면 판례에 의함) `16` 국가9급

① 채무자 甲이 채권자에 대하여 소비대차 등으로 인한 채무를 부담하고 이를 담보하기 위하여 장래에 부동산의 소유권을 이전하기로 하는 내용의 대물변제예약을 하였는데 甲이 당해 부동산을 제3자에게 처분한 경우

② 부동산의 매도인으로서 매수인에 대하여 그 앞으로의 소유권 이전등기절차에 협력할 의무 있는 甲이 같은 부동산을 매수인 이외의 제3자에게 이중으로 매도하고 제3자 앞으로 소유권이전청구권 보전을 위한 가등기를 마쳐 준 경우

③ 甲이 부동산에 A명의의 근저당권을 설정하여 줄 의사가 없음에도 A를 속이고 근저당권 설정을 약정하여 금원을 편취한 이후 그 부동산에 관하여 제3자 명의로 근저당권설정등기를 마친 경우

④ 甲이 A에게 전세권설정계약을 맺고 전세금의 중도금을 지급받은 후 당해 부동산에 임의로 제3자에게 근저당권설정등기를 경료해 주어 담보능력상실의 위험이 발생한 경우

정선 핵심

배임죄의 성립 여부

① 대물변제예약을 체결한 채무자가 부동산을 제3자에게 처분한 경우 → ×
② 소유권 이전등기절차에 협력할 의무 있는 부동산 매도인이 제3자에게 소유권이전청구권 보전을 위한 가등기를 경료한 경우 → ○
③ 근저당권설정을 약정하여 금원을 편취하고 다시 제3자 명의로 근저당권설정등기를 마친 경우 → ×
④ 전세금의 중도금을 지급받은 후 제3자에게 근저당권설정등기를 경료해 준 경우 → ○

정선 해설

[❶ ▸ ×] 판례(대판 2014.8.21. 2014도3363[전합])의 취지를 고려하면, 채무자 甲이 대물변제예약을 하였더라도 타인의 사무를 처리하는 자의 지위에 있다고 볼 수 없으므로 甲이 당해 부동산을 제3자에게 처분한 경우에도 배임죄는 성립하지 아니한다.

[❷ ▸ ○] 대판 2008.7.10. 2008도3766

[❸ ▸ ×] 종전 판례(대판 2011.11.10. 2011도11224)에 의하면 지문의 경우 배임죄가 성립하지만, 변경된 전합판결에 의하면 甲을 A에 대한 관계에서 타인의 사무를 처리하는 자로 볼 수 없어, 사기죄는 별론, 배임죄는 성립하지 아니하는 것으로 보는 것이 타당하다.

> 채무자가 저당권설정계약에 따라 채권자에 대하여 부담하는 저당권을 설정할 의무는 계약에 따라 부담하게 된 채무자 자신의 의무이다. 채무자가 위와 같은 의무를 이행하는 것은 채무자 자신의 사무에 해당할 뿐이므로, 채무자를 채권자에 대한 관계에서 '타인의 사무를 처리하는 자'라고 할 수 없다. 따라서 채무자가 제3자에게 먼저 담보물에 관한 저당권을 설정하거나 담보물을 양도하는 등으로 담보가치를 감소 또는 상실시켜 채권자의 채권실현에 위험을 초래하더라도 배임죄가 성립한다고 할 수 없다(대판 2020.6.18. 2019도14340[전합]).

[**④** ▸ ○]   배임죄에 있어서 손해란 현실적인 손해가 발생한 경우뿐만 아니라 재산상의 위험이 발생된 경우도 포함되므로 피해자와 주택에 대한 전세권설정계약을 맺고 전세금의 중도금까지 지급받고도 임의로 타에 근저당권설정등기를 경료해 줌으로써 전세금반환채무에 대한 담보능력 상실의 위험이 발생되었다고 보여진다면 위 등기 경료 행위는 배임죄를 구성한다(대판 1993.9.28. 93도2206).

310

□□□

배임의 죄에 관한 설명 중 적절하지 않은 것은 모두 몇 개인가?(다툼이 있는 경우 판례에 의함)   14 경찰승진

ㄱ. 업무상배임죄는 본인에게 재산상의 손해를 가하는 외에 배임행위로 인하여 행위자 스스로 재산상의 이익을 취득하거나 제3자로 하여금 재산상의 이익을 취득하게 할 것을 요건으로 하므로 본인에게 손해를 가하였다고 할지라도 행위자 또는 제3자가 재산상 이익을 취득한 사실이 없다면 배임죄가 성립할 수 없다.

ㄴ. 금융기관 임직원이 보통예금계좌에 입금된 예금주의 예금을 무단으로 인출한 경우 그 임직원은 예금주와의 사이에서 그의 재산관리에 관한 사무를 처리하는 자의 지위에 있다고 할 것이므로 그러한 예금인출행위는 예금주에 대한 관계에서 배임죄를 구성한다.

ㄷ. 甲주식회사와 가맹점 관리대행계약 등을 체결하고 그 대리점으로서 가맹점 관리업무 등을 수행하는 乙 주식회사 대표이사인 피고인이 임무에 위배하여 甲회사의 가맹점을 다른 경쟁업체 가맹점으로 임의로 전환하여 甲회사에 재산상 손해를 가한 경우 업무상배임죄가 성립한다.

ㄹ. 동산매매계약에서의 매도인은 매수인에 대하여 매수인의 사무를 처리하는 지위에 있으므로 매도인이 목적물을 매수인에게 인도하지 아니하고 이를 타에 처분한 경우 형법상 배임죄가 성립한다.

① 없음

③ 2개

② 1개

④ 3개

정선 핵심

(업무상)배임죄의 성립 여부

ㄱ. 배임행위로 본인에게 손해를 가하였으나 재산상 이익을 취득한 사실이 없는 경우 → ×

ㄴ. 금융기관의 임직원이 임의로 예금주의 예금계좌에서 돈을 인출한 경우 → 업무상배임 ×

ㄷ. 가맹점 관리대행계약에 위반하여 다른 경쟁업체 가맹점으로 임의로 전환하여 재산상 손해를 가한 경우 → 업무상배임죄 ○

ㄹ. 동산이중매매 → ×

정선 해설

[ㄱ ▸ ○]   업무상배임죄는 본인에게 재산상의 손해를 가하는 외에 배임행위로 인하여 행위자 스스로 재산상의 이익을 취득하거나 제3자로 하여금 재산상의 이익을 취득하게 할 것을 요건으로 하므로, 본인에게 손해를 가하였다고 할지라도 행위자 또는 제3자가 재산상 이익을 취득한 사실이 없다면 배임죄가 성립할 수 없다(대판 2009.12.24. 2007도2484).

> 회사의 승낙 없이 임의로 지정 할인율보다 더 높은 할인율을 적용하여 회사가 지정한 가격보다 낮은 가격으로 제품을 판매하는 이른바 '덤핑판매'에서 제3자인 거래처에 시장 거래 가격에 따라 제품을 판매한 경우, 거래처가 재산상 이익을 취득하였다고 볼 수 없다고 한 사례(대판 2009.12.24. 2007도2484).

[ㄴ ▸ ✕] 판례(대판 2008.4.24. 2008도1408)의 취지를 고려하면, 금융기관 임직원은 예금주의 재산관리에 관한 사무를 처리하는 자의 지위에 있다고 할 수 없으므로, 임직원의 예금인출행위는 예금주에 대한 관계에서 배임죄를 구성한다고 할 수 없다.

[ㄷ ▸ ○] 피고인은 甲 회사의 가맹점 관리업무를 대행하는 '타인의 사무를 처리하는 자'의 지위에 있다고 할 것이어서, 피고인이 甲회사의 가맹점을 경쟁업체 가맹점으로 임의로 전환하여 甲회사에 재산상 손해를 가한 경우 업무상배임죄가 성립한다.

> 甲 회사가 보유하는 가맹점은 甲 회사의 수익과 직결되는 재산적 가치를 지니고 있어 <u>피고인이 甲 회사를 대신하여 가맹점을 모집·유지 및 관리하는 것은 본래 甲 회사의 사무로서 피고인에 대한 인적 신임관계에 기하여 그 처리가 피고인에게 위탁된 것이고, 이는 단지 피고인 자신의 사무만에 그치지 아니하고 甲 회사의 재산적 이익을 보호 내지 관리하는 것을 본질적 내용으로 하므로, 피고인은 甲 회사와 신임관계에 기하여 甲 회사의 가맹점 관리업무를 대행하는 '타인의 사무를 처리하는 자'의 지위에 있다고 할 것이다</u>(대판 2012.5.10. 2010도3532).

[ㄹ ▸ ✕] 동산매매계약에서의 매도인은 매수인에 대하여 그의 사무를 처리하는 지위에 있지 아니하므로, 매도인이 목적물을 매수인에게 인도하지 아니하고 이를 타에 처분하였다 하더라도 형법상 배임죄가 성립하는 것은 아니다 (대판 2011.1.20. 2008도10479[전합]).

답 ❸

311

다음은 배임의 죄에 대한 설명이다. 옳은 것은 모두 몇 개인가?(다툼이 있으면 판례에 의함)

`14` 경찰채용

> ㄱ. 피해자는 제1순위의 근저당권이 설정될 것으로 알고 금원을 대여하고 그런 내용의 근저당권설정에 관한 문서작성을 위촉하였는데도 불구하고 피고인이 후순위인 제2 내지 제3번의 근저당권설정에 관한 문서를 작성하여 그에 따른 신청으로 등기를 경료한 경우, 배임죄가 성립하지 않는다.
> ㄴ. 피해자 회사의 사업부 영업팀장인 피고인이 체인점들에 대한 전매입고 금액을 삭제하여 전산상 회사의 체인점들에 대한 외상대금채권이 줄어든 것으로 처리하는 전산조작행위를 한 경우, 업무상배임죄가 성립한다.
> ㄷ. 배임죄에 있어서 타인의 사무를 처리하는 자라 함은 양자 간의 신임관계에 기초를 둔 타인의 재산보호 내지 관리의무가 있음을 그 본질적 내용으로 하는 것이므로, 배임죄의 성립에 있어 행위자가 대외관계에서 타인의 재산을 처분할 적법한 대리권이 있음을 요하지 아니한다.
> ㄹ. 대표이사가 개인의 차용금 채무에 관하여 개인 명의로 작성하여 교부한 차용증에 추가로 회사의 법인 인감을 날인한 경우 업무상배임죄가 성립한다.
> ㅁ. 甲주식회사 대표이사인 피고인이 주주총회 의사록을 허위로 작성하고 이를 근거로 피고인을 비롯한 임직원들과 주식매수선택권부여계약을 체결한 경우, 업무상배임죄가 성립한다.

① 1개   ② 2개
③ 3개   ④ 4개

정선
핵심

(업무상)배임죄의 성립 여부
ㄱ. 피해자의 위촉과 달리 후순위 근저당권설정등기를 경료한 경우 → ○
ㄴ. 체인점들에 대한 외상대금채권이 줄어든 것으로 전산조작행위를 한 경우 → 업무상배임죄 ✕
ㄷ. 배임죄의 구성요건
　→ 타인의 사무를 처리하는 자 : 대외관계에서 타인의 재산을 처분할 식법한 내리권이 있을 짓 불요
ㄹ. 대표이사의 차용금 채무에 관한 차용증에 추가로 법인 인감을 날인한 경우 → 업무상배임죄의 미수 ○
ㅁ. 허위의 주주총회 의사록을 근거로 주식매수선택권부여계약을 체결한 경우 → 신주발행시점에 업무상배임죄
　○

정선
해설

[ㄱ ▸ ✕] 피해자는 제1순위의 근저당권이 설정될 것으로 알고 금원을 대여하고 그런 내용의 근저당권설정에 관한 문서작성을 위촉하였는데도 불구하고 피고인이 후순위인 제2 내지 제3번의 근저당권설정에 관한 문서를 작성하여 그에 따른 신청으로 등기가 경료되었다면 이는 의뢰인 본인에게 손해를 가하였다고 볼 것이다(대판 1982.11.9. 81도2501).

[ㄴ ▸ ✕] 판례의 취지를 고려하면, 회사의 체인점들에 대한 외상대금채권이 줄어든 것으로 전산조작행위를 한 경우, 업무상배임죄는 성립하지 아니한다.

> 피고인의 전산조작행위로 인하여 회사의 체인점들에 대한 외상대금채권 행사가 사실상 불가능해지거나 또는 현저히 곤란해진 것이 아니라면, 해당 체인점의 점주들이 그에 상응하는 재산상 이익을 취득하였다고 보기도 어려울 것이다(대판 2006.7.27. 2006도3145).

[ㄷ ▸ ○] 대판 1999.9.17. 97도3219

[ㄹ ▸ ✕] 지문과 동일한 사안에서 판례(대판 2004.4.9. 2004도771)는 대표이사의 업무상배임 부분에 대하여 무죄를 선고한 원심판결을 수긍하였으나, 하단의 전합판결의 취지를 고려하면 대표이사에게 업무상배임죄의 미수가 성립한다고 이해하는 것이 타당하다.

> 주식회사의 대표이사가 대표권을 남용하는 등 그 임무에 위배하여 회사 명의로 의무를 부담하는 행위를 하더라도 일단 회사의 행위로서 유효하고, 다만 상대방이 대표이사의 진의를 알았거나 알 수 있었을 때에는 회사에 대하여 무효가 된다. 따라서 상대방이 대표권남용 사실을 알았거나 알 수 있었던 경우 그 의무부담행위는 원칙적으로 회사에 대하여 효력이 없고, 경제적 관점에서 보아도 이러한 사실만으로는 회사에 현실적인 손해가 발생하였다거나 실해 발생의 위험이 초래되었다고 평가하기 어려우므로, 달리 그 의무부담행위로 인하여 실제로 채무의 이행이 이루어졌다거나 회사가 민법상 불법행위책임을 부담하게 되었다는 등의 사정이 없는 이상 배임죄의 기수에 이른 것은 아니다. 그러나 이 경우에도 대표이사로서는 배임의 범의로 임무위배행위를 함으로써 실행에 착수한 것이므로 배임죄의 미수범이 된다(대판 2017.7.20. 2014도1104[전합]).

[ㅁ ▸ ✕] 피고인이 임직원들과 주식매수선택권부여계약을 체결한 때가 아니라 주식매수선택권이 행사되고 그에 따라 신주가 발행된 시점에 업무상배임죄가 성립한다고 보아야 한다.

> 상법과 정관에 위배되어 법률상 무효인 계약을 체결한 것만으로는 업무상배임죄 구성요건이 완성되거나 범행이 종료되었다고 볼 수 없고, 임직원들이 이후 계약에 기초하여 甲 회사에 주식매수선택권을 행사하고, 피고인이 이에 호응하여 주식의 실질가치에 미달하는 금액만을 받고 신주를 발행해 줌으로써 비로소 甲 회사에 현실적 손해가 발생하거나 그러한 실해 발생의 위험이 초래되었다고 볼 수 있으므로, 피고인에 대한 업무상배임죄는 피고인이 의도한 배임행위가 모두 실행된 때로서 최종적으로 주식매수선택권이 행사되고 그에 따라 신주가 발행된 시점에 종료되었다고 보아야 한다(대판 2011.11.24. 2010도11394).

 답 ❶

횡령과 배임의 죄에 대한 설명 중 옳은 것을 모두 고른 것은?(다툼이 있는 경우 판례에 의함)

19 경찰승진

> ㄱ. 타인으로부터 용도가 엄격히 제한된 자금을 위탁받아 집행하면서 그 제한된 용도 이외의 목적으로 자금을 사용하였더라도 결과적으로 자금을 위탁한 본인을 위하는 면이 있다면 불법영득의사가 인정되지 않아 횡령죄가 성립하지 아니한다.
> ㄴ. 소유권의 취득에 등록이 필요한 타인 소유의 차량을 인도받아 보관하고 있는 사람이 이를 사실상 처분한 경우 보관위임자나 보관자가 차량의 등록명의자가 아니라도 횡령죄가 성립한다.
> ㄷ. 대표이사가 대표권을 남용하여 자신의 개인채무에 대하여 회사 명의의 차용증을 작성하여 주었고, 그 상대방이 이와 같은 진의를 알았거나 알 수 있었던 경우일지라도 무효인 차용증을 작성하여 준 것만으로는 업무상배임죄가 성립하지 않는다.
> ㄹ. 배임죄에서 재산상 실해 발생의 위험이란 본인에게 손해가 발생할 막연한 위험이 있는 것만으로는 부족하고 법률적인 관점에서 보아 본인에게 손해가 발생한 것과 같은 정도로 구체적인 위험이 있는 경우를 의미한다.

① ㄱ, ㄴ   ② ㄴ, ㄷ
③ ㄷ, ㄹ   ④ ㄱ, ㄹ

정선 핵심

ㄱ. 용도가 제한된 자금을 용도 외로 사용하더라도 본인을 위하는 면이 있는 경우 → 횡령죄 ○
ㄴ. 소유권 취득에 등록이 필요한 타인 소유의 차량을 사실상 처분한 경우 → 횡령죄 ○
ㄷ. 대표이사가 대표권을 남용하여 회사 명의의 차용증을 작성하여 준 경우(상대방의 악의·과실) → 업무상배임죄의 미수 ○
ㄹ. 배임죄의 구성요건
→ 재산상 실해 발생의 위험 : 본인에게 손해가 발생한 것과 같은 구체적인 위험이 있는 경우

정선 해설

[ㄱ ▸ ✕] 타인으로부터 용도가 엄격히 제한된 자금을 위탁받아 집행하면서 그 제한된 용도 이외의 목적으로 자금을 사용하는 것은 그 사용이 개인적인 목적에서 비롯된 경우는 물론 결과적으로 자금을 위탁한 본인을 위하는 면이 있더라도 그 사용행위 자체로서 불법영득의 의사를 실현한 것이 되어 횡령죄가 성립한다(대판 2011.6.10. 2010도17202).

[ㄴ ▸ ○] 대판 2015.6.25. 2015도1944[전합]

[ㄷ ▸ ○] 지문과 동일한 사안에서 판례(대판 2004.4.9. 2004도771)는 대표이사의 업무상배임 부분에 대하여 무죄를 선고한 원심판결을 수긍하였으나, 전합판결(대판 2017.7.20. 2014도1104[전합])의 취지를 고려하면 대표이사에게 업무상배임죄의 미수가 성립한다고 이해하는 것이 타당하다.

[ㄹ ▸ ✕] 재산상 손해가 발생하였다고 평가될 수 있는 재산상 실해 발생의 위험이란 본인에게 손해가 발생할 막연한 위험이 있는 것만으로는 부족하고 경제적인 관점에서 보아 본인에게 손해가 발생한 것과 같은 정도로 구체적인 위험이 있는 경우를 의미한다. 따라서 재산상 실해 발생의 위험은 구체적·현실적인 위험이 야기된 정도에 이르러야 하고 단지 막연한 가능성이 있다는 정도로는 부족하다(대판 2017.10.12. 2017도6151).

<u>배합사료 판매회사인 갑 회사의 영업사원인 피고인이 을에게 배합사료를 공급하면서 갑 회사의 내부 결재를 거치지 않고 장려금 등 명목으로 임의로 단가를 조정하거나 대금을 할인해 줌으로써 을에게 재산상 이익을 취득하게 하고 갑 회사에 손해를 가하였다고 하여 특정경제범죄 가중처벌 등에 관한 법률 위반(배임)으로 기소된 사안에서, 공소사실을 유죄로 판단한 원심판결에 배임죄의 재산상 손해 요건에 관한 법리를 오해하여 필요한 심리를 다하지 아니한 잘못이 있다고 한 사례(대판 2017.10.12. 2017도6151).</u>

답 ❷

다음은 배임죄에 관한 설명이다. 옳지 않은 것은?(다툼이 있는 경우 판례에 의함)

① 자기소유의 동산에 대해 매수인과 매매계약을 체결한 매도인이 중도금까지 지급받은 상태에서 그 목적물을 제3자에 대한 자기의 채무변제에 갈음하여 그 제3자에게 양도해 버린 경우에는 기존 매수인에 대한 배임죄가 성립하지 않는다.

② 본인에게 재산상의 손해를 발생시켰는가의 여부는 배임수재죄의 성립에는 영향이 없다.

③ 채무자가 채권자에게 돈을 빌리면서 부동산을 담보로 제공하고 채무를 갚지 못하면 부동산을 넘겨주기로 한 대물변제예약을 체결하고도 부동산을 제3자에게 처분했다면 배임죄로 처벌된다.

④ 음식점의 임차권양도계약을 체결한 양도인의 이중양도행위는 배임죄가 아니다.

정선
핵심

배임죄의 성립 여부

① 동산이중매매 → ×

② 배임수재죄의 구성요건

   ⋯→ 재산상의 손해 발생요부 : 불요

③ 대물변제예약을 체결한 채무자가 부동산을 제3자에게 처분한 경우 → ×

④ 임차권의 이중양도 → ×

정선
해설

[❶ ▸ O] 대판 2011.1.20. 2008도10479[전합]

[❷ ▸ O] 배임수재죄에 있어서는 본인에게 손해가 발생하였는지의 여부는 그 죄의 성립에 영향이 없다(대판 1984.8.21. 83도2447).

> 임대차계약을 체결함에 있어 임차인을 선정하거나 임대보증금 및 차임을 결정하는 권한이 없고 다만 상사에게 임차인을 추천할 수 있는 권한 밖에 없다 하더라도 업무과장으로서 점포 등의 임대 및 관리를 담당하고 있는 이상 타인의 사무를 처리하는 자에 해당한다 할 것이며 그러한 자가 다른 사람이 점포를 임차하려는 상태에서 사례비를 줄 터이니 자기에게 임대하여 달라는 부탁을 받고 금원을 교부받은 소위는 형법 제357조의 구성요건에 해당한다(대판 1984.8.21. 83도2447).

[❸ ▸ ×] 채권 담보를 위해 대물변제예약을 한 경우, 채무자가 대물로 변제하기로 한 부동산을 제3자에게 처분하였다고 하더라도 형법상 배임죄가 성립하는 것은 아니다(대판 2014.8.21. 2014도3363[전합]).

[❹ ▸ O] 음식점 임대차계약에 의한 임차인의 지위를 양도한 자는 양도사실을 임대인에게 통지하고 양수인이 갖는 임차인의 지위를 상실하지 않게 할 의무가 있다고 하여도, 이러한 임무는 임차권 양도인으로서 부담하는 채무로서 양도인 자신의 의무일 뿐이지 자기의 사무임과 동시에 양수인의 권리취득을 위한 사무의 일부를 이룬다고 볼 수 없으므로 양도인을 배임죄의 주체인 타인의 사무를 처리하는 자로 볼 수 없다(대판 1991.12.10. 91도2184).

> `관련판례` **대판 2015.3.26. 2015도1301**
>
> 채무자가 투자금반환채무의 변제를 위하여 담보로 제공한 임차권 등의 권리를 그대로 유지할 계약상 의무가 있다고 하더라도, 이는 기본적으로 투자금반환채무의 변제의 방법에 관한 것이고, 성실한 이행에 의하여 채권자가 계약상 권리의 만족이라는 이익을 얻는다고 하여도 이를 가지고 통상의 계약에서의 이익대립관계를 넘어서 배임죄에서 말하는 신임관계에 기초하여 채권자의 재산을 보호 또는 관리하여야 하는 '타인의 사무'에 해당한다고 볼 수 없다.

 답 ❸

다음 설명 중 옳지 않은 것은 모두 몇 개인가?(다툼이 있는 경우 판례에 의함)

19 경찰간부

> ㄱ. 사기죄에서 외관상 재물의 교부에 해당하는 행위가 있었으나, 재물이 범인의 사실상의 지배 아래에 들어가 그의 자유로운 처분이 가능한 상태에 놓이지 않고 여전히 피해자의 지배아래에 있는 것으로 평가되는 경우라면 그 재물에 대한 처분행위가 있었다고 볼 수 없다.
>
> ㄴ. 재정악화로 어려움을 겪는 회사라 할지라도 합법적인 방법으로 피해자 회사들과 갈등을 해결하려 하지 않고 유예기간 안에 돈을 지급하지 않으면 자동차 부품 생산라인을중단하여 큰 손실을 입게 만들겠다는 태도를 보였다면 공갈죄가 성립한다.
>
> ㄷ. 甲이 보이스피싱 조직원 乙에게 자기 명의 계좌의 통장을 양도한 후 乙의 보이스피싱 범행으로 그 계좌에 송금된 사기피해금을 임의로 인출한 경우 乙에 대하여 횡령죄를구성한다.
>
> ㄹ. 공무원이 그 임무에 위배되는 행위로서 제3자로 하여금 재산상의 이익을 취득하게 하여 국가에 손해를 가한 경우에도 업무상배임죄는 성립한다.

① 1개   ② 2개
③ 3개   ④ 4개

정선 핵심

ㄱ. 재물의 교부가 있었으나 여전히 피해자의 지배 아래에 있는 것으로 평가되는 경우 → 처분행위 ×

ㄴ. 유예기간 안에 돈을 지급하지 않으면 자동차 부품 생산라인을 중단하여 큰 손실을 입게 만들겠다고 한 경우 → 공갈죄 ○

ㄷ. 계좌명의인이 영득의 의사로써 전기통신금융사기 피해금을 인출한 경우 → 계좌명의인이 사기의 공범인 경우 : 전기통신금융사기의 범인에 대한 횡령죄 ×

ㄹ. 공무원이 임무에 위배되는 행위로써 제3자로 하여금 재산상의 이익을 취득하게 하여 국가에 손해를 가한 경우 → 업무상배임죄 ○

정선 해설

[ㄱ ▸ ○] 대판 2018.8.1. 2018도7030

[ㄴ ▸ ○] 피고인 운영 회사는 계속적인 재정 악화 등으로 회사 운영에 어려움을 겪었고 그로 인해 피해자 회사들이 피고인으로부터 금형 이관 절차를 검토하는 등으로 피고인 운영 회사가 절박한 상황에 있었으나, <u>피고인이 합법적인 방법으로 피해자 회사들과 갈등을 해결하려고 시도하지 않고 곧바로 생산라인을 중단하겠다고 협박한 것은 피고인의 법익을 보호하기 위한 유일한 수단이라거나 적합한 수단이었다고 볼 수 없으므로 위법성이 조각되지 않는다.</u> 결국 피고인에게는 공갈죄가 성립한다(대판 2019.2.14. 2018도19493).

[ㄷ ▸ ×] 판례의 취지를 고려하면, 甲이 전기통신금융사기의 범인 乙의 보이스피싱 범행으로 그 계좌에 송금된 사기피해금을 임의로 인출한 경우 乙에 대하여 횡령죄를 구성하지 아니한다.

<u>계좌명의인의 인출행위는 전기통신금융사기의 범인에 대한 관계에서는 횡령죄가 되지 않는다. 그 이유는 다음과 같다.</u> 1. 계좌명의인이 전기통신금융사기의 범인에게 예금계좌에 연결된 접근매체를 양도하였다 하더라도 은행에 대하여 여전히 예금계약의 당사자로서 예금반환청구권을 가지는 이상 그 계좌에 송금·이체된 돈이 그 접근매체를 교부받은 사람에게 귀속되었다고 볼 수는 없다. 2. 또한 계좌명의인과 전기통신금융사기의 범인 사이의 관계는 횡령죄로 보호할 만한 가치가 있는 위탁관계가 아니다(대판 2018.7.19. 2017도17494[전합]).

[ㄹ ▸ ○] 대판 2013.9.27. 2013도6835

답 ❶

안심Touch

배임죄에 관한 설명 중 옳지 않은 것은?(다툼이 있으면 판례에 의함) `13` 사시

① 새마을금고 임·직원이 동일인 대출한도 제한규정을 위반하여 초과대출행위를 하였더라도 대출채권 회수에 문제가 없는 것으로 판단되는 경우라면 업무상배임죄가 성립하지 않는다.

② 낙찰계의 계주가 계원들에게 계불입금을 징수하지 않은 상태에서 부담하는 계금지급의무는 배임죄에서 말하는 타인의 사무에 해당한다.

③ 임대인이 점포를 타인에게 매도하여 중도금까지 수령하였는데 이러한 사실을 알고 있는 그 점포의 임차인이 점포의 임대차 계약 당시 "타인에게 점포를 매도할 경우 우선적으로 임차인에게 매도한다"라는 특약을 이유로 매매대금을 일방적으로 결정하여 공탁하고 임대인과 공모하여 임차인 명의로 소유권이전등기를 경료한 경우, 배임죄의 공동정범에 해당한다.

④ 회사의 승낙 없이 임의로 지정 할인율보다 더 높은 할인율을 적용하여 회사가 지정한 가격보다 낮은 가격으로 제품을 판매하는 이른바 덤핑판매에서, 제3자인 거래처에 시장 거래가격에 따라 제품을 판매한 경우라도 행위자 또는 제3자가 재산상 이익을 취득한 사실이 없다면 업무상배임죄가 성립하지 않는다.

⑤ 매도인이 매수인으로부터 중도금을 수령한 이후에 매매목적물인 동산을 제3자에게 양도하는 행위는 배임죄에 해당하지 않는다.

정선
핵심

(업무상)배임죄의 성립 여부

① 제한규정을 위반한 초과대출행위에 의한 대출채권 회수에 문제가 없는 경우 → 업무상배임죄 ×

② 계 불입금을 징수하지 않은 상태에서 부담하는 계금지급의무 → 타인의 사무 ×

③ 특약을 이유로 임대인과 공모하여 임차인 명의로 소유권이전등기를 경료한 경우 → 배임죄의 공동정범 ○

④ 덤핑판매에서 시장가격으로 제품을 판매하였으나 재산상 이익을 취득한 사실이 없는 경우 → 업무상배임죄 ×

⑤ 동산이중매매 → ×

정선
해설

[❶ ▸ ○] 대판 2008.6.19. 2006도4876[전합]

[❷ ▸ ×] 계주가 계원들로부터 계불입금을 징수하지 아니하였다면 그러한 상태에서 부담하는 계금지급의무는 위와 같은 신임관계에 이르지 아니한 단순한 채권관계상의 의무에 불과하여 타인의 사무에 속하지 아니하고, 이는 계주가 계원들과의 약정을 위반하여 계불입금을 징수하지 아니한 경우라 하여 달리 볼 수 없다(대판 2009.8.20. 2009도3143).

> **비교판례** 대판 1995.9.29. 95도1176
>
> 계주가 계원들로부터 월불입금을 모두 징수하였음에도 불구하고 그 임무에 위배하여 정당한 사유 없이 이를 지정된 계원에게 지급하지 아니하였다면 다른 특별한 사정이 없는 한 그 지정된 계원에 대한 관계에 있어서 배임죄를 구성한다.

[❸ ▸ ○] 점포의 임차인이 임대인이 그 점포를 타에 매도한 사실을 알고 있으면서 점포의 임대차 계약 당시 "타인에게 점포를 매도할 경우 우선적으로 임차인에게 매도한다"는 특약을 구실로 임차인이 매매대금을 일방적으로 결정하여 공탁하고 임대인과 공모하여 임차인 명의로 소유권이전등기를 경료하였다면 임대인의 배임행위에 적극 가담한 것으로서 배임죄의 공동정범에 해당한다(대판 1983.7.12. 82도180).

[❹ ▸ ○] 판례(대판 2009.12.24. 2007도2484)의 취지를 고려하면, 제품가격의 차액 상당을 거래처가 얻은 재산상의 이익이라고 볼 수 없으므로, 피고인에게 업무상배임죄는 성립하지 아니한다.

[❺ ▸ ○] 대판 2011.1.20. 2008도10479[전합]

답 ❷

316
□□□

횡령과 배임의 죄에 대한 설명이다. 아래 ㄱ.부터 ㄹ.까지의 설명 중 옳고 그름의 표시(○, ×)가 바르게 된 것은?(다툼이 있는 경우 판례에 의함) `18` 경찰채용

> ㄱ. 명의신탁받아 보관 중인 타인(종중)의 부동산에 근저당권설정등기를 경료함으로써 일단 횡령죄가 기수에 이르렀다면, 그 후 해당 부동산을 매각하는 행위는 새로운 법익침해의 결과를 발생시켰다고 볼 수 없으므로 불가벌적 사후행위에 해당한다.
>
> ㄴ. 절도범인으로부터 장물보관을 의뢰받은 자가 그 정을 알면서 이를 인도받아 보관하고 있다가 임의처분한 경우 장물보관죄가 성립하는 외에 별도로 횡령죄도 성립한다.
>
> ㄷ. 타인의 위탁에 의하여 사무를 처리하는 자가 그 사무처리상 임무에 위배하여 본인을 기망하고 착오에 빠진 본인으로부터 재물을 교부받은 경우에는 사기죄가 성립하며, 별도로 배임죄가 성립하지 않는다.
>
> ㄹ. 주식회사의 대표이사가 그 임무에 위배하여 약속어음을 발행한 행위가 있었다면, 어음발행행위가 무효가 되었다 하더라도 그 어음이 실제로 제3자에게 유통되었다면 그 어음채무가 실현되기 전이라 하더라도 배임죄의 기수범이 된다.

① ㄱ(×) ㄴ(○) ㄷ(×) ㄹ(×)
② ㄱ(×) ㄴ(×) ㄷ(×) ㄹ(○)
③ ㄱ(○) ㄴ(×) ㄷ(○) ㄹ(○)
④ ㄱ(○) ㄴ(○) ㄷ(○) ㄹ(×)

정선핵심

ㄱ. 명의수탁자가 수탁부동산에 근저당권설정등기를 경료한 후 제3자에게 매도한 경우 → 횡령죄 ○

ㄴ. 장물보관 중 임의처분한 경우 → 장물보관죄 외에 횡령죄 ×

ㄷ. 신용협동조합의 전무가 담당직원을 기망하여 금원을 교부받은 경우 → 사기죄와 업무상배임죄의 상상적 경합 ○

ㄹ. 주식회사의 대표이사가 대표권을 남용하여 약속어음을 발행한 경우(상대방의 악의·과실)
  → 약속어음발행행위는 무효이나 약속어음이 유통된 경우 : 배임죄의 기수 ○

정선해설

[ㄱ ▸ ×] 타인의 부동산을 보관 중인 자가 불법영득의사를 가지고 그 부동산에 근저당권설정등기를 경료함으로써 일단 횡령행위가 기수에 이르렀다 하더라도 그 후 같은 부동산에 별개의 근저당권을 설정하여 새로운 법익침해의 위험을 추가함으로써 법익침해의 위험을 증가시키거나 해당 부동산을 매각함으로써 기존의 근저당권과 관계없이 법익침해의 결과를 발생시켰다면, 특별한 사정이 없는 한 불가벌적 사후행위로 볼 수 없고, 별도로 횡령죄를 구성한다(대판 2013.2.21. 2010도10500[전합]).

[ㄴ ▸ ×] 절도범인으로부터 장물보관의뢰를 받은 자가 그 정을 알면서 이를 인도받아 보관하고 있다가 임의처분하였다 하여도 장물보관죄가 성립되는 때에는 이미 그 소유자의 소유물추구권을 침해하였으므로 그 후의 횡령행위는 불가벌적 사후행위에 불과하여 별도로 횡령죄가 성립하지 않는다(대판 1976.11.23. 76도3067).

[ㄷ ▸ ×] 업무상배임행위에 사기행위가 수반된 때의 죄수 관계에 관하여 보면, 1개의 행위에 관하여 사기죄와 업무상배임죄의 각 구성요건이 모두 구비된 때에는 양 죄를 법조경합 관계로 볼 것이 아니라 상상적 경합관계로 봄이 상당하다 할 것이고, 나아가 업무상배임죄가 아닌 단순배임죄라고 하여 양 죄의 관계를 달리 보아야 할 이유도 없다(대판 2002.7.18. 2002도669[전합]).

[ㄹ ▸ ○] 대판 2017.7.20. 2014도1104[전합]

답 ❷

317

□□□

배임의 죄에 대한 설명 중 옳고 그름의 표시(○, ×)가 바르게 된 것은?(다툼이 있는 경우 판례에 의함)

<u>18</u> 경찰채용

ㄱ. 자기소유의 동산에 대해 매수인과 매매계약을 체결한 매도인이 중도금까지 지급받은 상태에서 그 목적물을 제3자에 대한 자기의 채무변제에 갈음하여 그 제3자에게 양도해 버린 경우에는 기존 매수인에 대한 배임죄가 성립한다.

ㄴ. 금융기관의 임직원이 보통예금계좌에 입금된 예금주의 예금을 무단으로 인출한 경우에 그 임직원은 예금주와의 사이에서 그의 재산관리에 관한 사무를 처리하는 자의 지위에 있다고 할 것이므로, 그러한 예금인출행위는 예금주에 대한 관계에서 업무상배임죄를 구성한다.

ㄷ. 피고인이 자신의 모(母) 명의를 빌려 자동차를 매수하면서 피해자 甲주식회사에서 필요한 자금을 대출받고 자동차에 저당권을 설정하였는데, 저당권자인 甲회사의 동의 없이 이를 성명불상의 제3자에게 양도담보로 제공한 경우에는 배임죄는 성립하지 않는다.

ㄹ. 배임죄에 있어서 타인의 사무를 처리하는 자라 함은 양자간의 신임관계에 기초를 둔 타인의 재산보호 내지 관리의무가 있음을 그 본질적 내용으로 하는 것이므로, 배임죄의 성립에 있어 행위자가 대외관계에서 타인의 재산을 처분할 적법한 대리권이 있음을 요하지 아니한다.

① ㄱ(×) ㄴ(○) ㄷ(○) ㄹ(×)
② ㄱ(×) ㄴ(×) ㄷ(○) ㄹ(○)
③ ㄱ(○) ㄴ(○) ㄷ(×) ㄹ(×)
④ ㄱ(×) ㄴ(×) ㄷ(×) ㄹ(○)

**정선
핵심**

(업무상)배임죄의 성립 여부

ㄱ. 동산이중매매 → ×
ㄴ. 금융기관의 임직원이 임의로 예금주의 예금계좌에서 돈을 인출한 경우 → 업무상배임죄 ×
ㄷ. 모(母) 명의의 자동차에 저당권을 설정한 후 저당권자의 동의 없이 양도담보로 제공한 경우 → ×
ㄹ. 배임죄의 구성요건
　→ 타인의 사무를 처리하는 자 : 대외관계에서 타인의 재산을 처분할 적법한 대리권이 있을 것 불요

**정선
해설**

[ㄱ ▸ ×] 동산매매계약에서의 매도인은 매수인에 대하여 그의 사무를 처리하는 지위에 있지 아니하므로, 매도인이 목적물을 매수인에게 인도하지 아니하고 이를 타에 처분하였다 하더라도 형법상 배임죄가 성립하는 것은 아니다(대판 2011.1.20. 2008도10479[전합]).

[ㄴ ▸ ×] 판례(대판 2008.4.24. 2008도1408)의 취지를 고려하면, 금융기관 임직원은 예금주의 재산관리에 관한 사무를 처리하는 자의 지위에 있다고 할 수 없으므로, 임직원의 예금인출행위는 예금주에 대한 관계에서 업무상배임죄를 구성한다고 할 수 없다.

[ㄷ ▸ ○] 채무자가 저당권설정계약에 따라 부담하는 의무, 즉 동산을 담보로 제공할 의무, 담보물의 담보가치를 유지·보전하거나 담보물을 손상, 감소 또는 멸실시키지 않을 소극적 의무, 담보권 실행 시 채권자나 그가 지정하는 자에게 담보물을 현실로 인도할 의무와 같이 <u>채권자의 담보권 실행에 협조할 의무 등은 모두 저당권설정계약에 따라 부담하게 된 채무자 자신의 급부의무이므로 채무자를 채권자에 대한 관계에서 배임죄의 주체인 '타인의 사무를 처리하는 자'에 해당한다고 할 수 없다. 그러므로 채무자가 담보물을 제3자에게 처분하는 등으로 담보가치를 감소 또는 상실시켜 채권자의 담보권 실행이나 이를 통한 채권실현에 위험을 초래하더라도 배임죄가 성립하지 아니한다</u>(대판 2020.10.22. 2020도6258[전합]).

[ㄹ ▸ ○] 대판 1999.9.17. 97도3219

 답 ❷

318 □□□

배임죄에 대한 다음 설명 중 옳지 않은 것은 모두 몇 개인가?(다툼이 있으면 판례에 의함)

`16` 경찰채용

ㄱ. 업무상배임죄에 있어 본인에게 재산상의 손해를 가한다 함은 현실적인 손해를 가한 경우뿐만 아니라 재산상 실해발생의 위험을 초래한 경우도 포함되며, 재산상 손해의 유무에 대한 판단은 법률적 관점에서 파악하여야 한다.

ㄴ. 피해자 회사의 사업부 영업팀장인 피고인이 체인점들에 대한 전매입고 금액을 삭제하여 전산상 회사의 체인점들에 대한 외상대금채권이 줄어든 것으로 처리하는 전산조작행위를 한 경우 업무상배임죄가 성립한다.

ㄷ. 대표이사 甲이 대표권을 남용하여 회사 명의의 약속어음을 발행하였다면, 비록 상대방이 그 사실을 알고 있었거나 중대한 과실로 알지 못하여 회사가 상대방에 대하여는 채무를 부담하지 아니한다 하더라도 그 약속어음이 제3자에게 유통되지 아니한다는 특별한 사정이 없는 한 배임죄가 성립한다.

ㄹ. 피고인이 '인쇄기'를 甲에게 양도하기로 하고 계약금 및 중도금을 수령하였음에도 이를 자신의 채권자 乙에게 기존채무 변제에 갈음하여 양도함으로써 재산상 이익을 취득하고 甲에게 동액 상당의 손해를 입혔다면 배임죄가 성립한다.

① 1개 ② 2개
③ 3개 ④ 4개

정선 핵심

ㄱ. 업무상배임죄의 구성요건
→ 재산상의 손해 : 현실적인 손해를 가한 경우뿐만 아니라 재산상 실해발생의 위험을 초래한 경우도 포함
→ 재산상 손해의 유무에 대한 판단기준 : 경제적 관점

ㄴ. 체인점들에 대한 외상대금채권이 줄어든 것으로 전산조작행위를 한 경우 → 업무상배임죄 ×

ㄷ. 대표이사의 약속어음발행행위(상대방의 악의·과실)
→ 약속어음발행행위는 무효이고 약속어음이 유통되지 아니한 경우 : 배임죄의 미수 ○
→ 약속어음발행행위는 무효이나 약속어음이 유통된 경우 : 배임죄의 기수 ○

ㄹ. 동산이중매매 → 배임죄 ×

정선 해설

[ㄱ ▸ ×] 배임죄에 있어 재산상의 손해를 가한 때라 함은 현실적인 손해를 가한 경우뿐만 아니라 재산상 실해발생의 위험을 초래한 경우도 포함되고, 재산상 손해의 유무에 대한 판단은 본인의 전 재산 상태와의 관계에서 법률적 판단에 의하지 아니하고 경제적 관점에서 파악하여야 한다(대판 2014.2.13. 2011도16763).

[ㄴ ▸ ×] 판례의 취지를 고려하면, 회사의 체인점에 대한 외상대금채권이 줄어든 것으로 전산조작행위를 한 경우, 업무상배임죄는 성립하지 아니한다.

피고인의 전산조작행위로 인하여 회사의 체인점들에 대한 외상대금채권 행사가 사실상 불가능해지거나 또는 현저히 곤란해진 것이 아니라면, 해당 체인점의 점주들이 그에 상응하는 재산상 이익을 취득하였다고 보기도 어려울 것이다(대판 2006.7.27. 2006도3145).

[ㄷ ▸ ×] 약속어음 발행의 경우 어음법상 발행인은 종전의 소지인에 대한 인적 관계로 인한 항변으로써 소지인에게 대항하지 못하므로(어음법 제17조, 제77조), 어음발행이 무효라 하더라도 그 어음이 실제로 제3자에게 유통되었다면 회사로서는 어음채무를 부담할 위험이 구체적·현실적으로 발생하였다고 보아야 하고, 따라서 그 어음채무가 실제로 이행되기 전이라도 배임죄의 기수범이 된다. 그러나 약속어음 발행이 무효일 뿐만 아니라 그 어음이 유통되지도 않았다면 회사는 어음발행의 상대방에게 어음채무를 부담하지 않기 때문에 특별한 사정이 없는 한 회사에 현실적으로 손해가 발생하였다거나 실해 발생의 위험이 발생하였다고도 볼 수 없으므로, 이때에는 배임죄의 기수범이 아니라 배임미수죄로 처벌하여야 한다(대판 2017.7.20. 2014도1104[전합]).

[ㄹ ▸ ✕] 동산매매계약에서의 매도인은 매수인에 대하여 그의 사무를 처리하는 지위에 있지 아니하므로, 매도인이 목적물을 매수인에게 인도하지 아니하고 이를 타에 처분하였다 하더라도 형법상 배임죄가 성립하는 것은 아니다(대판 2011.1.20. 2008도10479[전합]).

답 ❹

319

재산죄의 성립에 관한 설명 중 옳은 것을 모두 고른 것은?(다툼이 있는 경우에는 판례에 의함)

12 변시

> ㄱ. 채권자가 양도담보로 제공된 부동산을 변제기 후에 담보권의 실행차원에서 처분한 경우, 그 목적물을 부당하게 염가로 처분하거나 청산금의 잔액을 채무자에게 지급해주지 않으면 배임죄가 성립한다.
> ㄴ. 자기소유의 동산에 대해 매수인과 매매계약을 체결한 매도인이 중도금까지 지급받은 상태에서 그 목적물을 제3자에 대한 자기의 채무변제에 갈음하여 그 제3자에게 양도해 버린 경우에는 기존 매수인에 대한 배임죄가 성립한다.
> ㄷ. 명의신탁 약정에 따라 수탁자가 부동산 매매계약의 매수인으로 나서서 그 정을 모르는 매도인과 매매계약을 체결하고 그 목적물을 자기 명의로 등기한 후 임의로 처분한 경우에는 횡령죄가 성립한다.
> ㄹ. 양도담보로 제공된 동산을 채권자가 채무자와의 합의를 통해 점유보관하고 있다가 변제기가 도래하기 전에 그 목적물을 임의로 제3자에게 처분하면 횡령죄가 성립한다.

① ㄱ, ㄴ
② ㄱ, ㄷ
③ ㄴ, ㄷ, ㄹ
④ ㄴ, ㄹ
⑤ ㄹ

정선 핵심

ㄱ. 채권자가 양도담보로 제공된 부동산을 변제기 후에 부당하게 염가로 처분하거나 청산금의 잔액을 지급하지 않는 경우 → 배임죄 ✕
ㄴ. 동산이중매매 → 배임죄 ✕
ㄷ. 계약명의신탁의 명의수탁자(소유자의 선·악의 불문)가 부동산을 임의로 처분한 경우 → 횡령죄 ✕
ㄹ. 채권자가 양도담보로 제공된 동산을 변제기 전에 처분한 경우 → 횡령죄 ○

정선 해설

[ㄱ ▸ ✕] 담보권자가 변제기 경과후에 담보권을 실행하여 그 환가대금 또는 평가액을 채권원리금과 담보권실행비용 등의 변제에 충당하고 환가대금 또는 평가액의 나머지가 있어 이를 담보제공자에게 반환할 의무는 담보계약에 따라 부담하는 자신의 정산의무이므로, 이를 부동산매매에 있어서의 매도인의 등기의무와 같이 타인인 채무자의 사무처리에 속하는 것이라고 볼 수는 없어 그 정산의무를 이행하지 아니한 소위는 배임죄를 구성하지 않는다(대판 1985.11.26. 85도1493[전합]).

[ㄴ ▸ ✕] 동산매매계약에서의 매도인은 매수인에 대하여 그의 사무를 처리하는 지위에 있지 아니하므로, 매도인이 목적물을 매수인에게 인도하지 아니하고 이를 타에 처분하였다 하더라도 형법상 배임죄가 성립하는 것은 아니다(대판 2011.1.20. 2008도10479[전합]).

[ㄷ ▸ ✕] 판례의 취지를 고려하면, 계약명의신탁의 명의수탁자는 타인의 재물을 보관하는 자라고 할 수 없어 명의수탁자가 명의신탁의 목적물을 자기 명의로 등기한 후 임의로 처분한 경우에는 횡령죄는 성립하지 아니한다.

신탁자와 수탁자가 명의신탁약정을 맺고 이에 따라 수탁자가 당사자가 되어 명의신탁약정이 있다는 사실을 알지 못하는 소유자와 사이에서 부동산에 관한 매매계약을 체결한 후 그 매매계약에 기하여 당해 부동산의 소유권이전등기를 수탁자 명의로 경료한 경우에는 그 소유권이전등기에 의한 당해 부동산에 관한 물권변동은 유효하지만 신탁자와 수탁자 사이의 명의신탁약정은 무효이므로, 수탁자는 전 소유자인 매도인뿐만 아니라 신탁자에 대한 관계에서도 유효하게 당해 부동산의 소유권을 취득한 것으로 보아야 하고, 따라서 그 수탁자는 타인의 재물을 보관하는 자라고 할 수 없다(대판 2000.3.24. 98도4347).

[ㄹ ▸ ○] 채권자가 점유개정에 의한 동산양도담보 목적물인 동산을 변제기가 도래하기 전에 임의로 제3자에게 처분한 경우에는 횡령죄가 성립한다.

채무자가 채무이행의 담보를 위하여 동산에 관한 양도담보계약을 체결하고 점유개정의 방법으로 여전히 그 동산을 점유하는 경우 그 계약이 채무의 담보를 위하여 양도의 형식을 취하였을 뿐이고 실질은 채무의 담보와 담보권실행의 청산절차를 주된 내용으로 하는 것이라면 별단의 사정이 없는 한 그 동산의 소유권은 여전히 채무자에게 남아 있고, 채권자는 단지 양도담보물권을 취득하는 데 지나지 않으므로 그 동산을 다른 사유에 의하여 보관하게 된 채권자는 타인 소유의 물건을 보관하는 자로서 횡령죄의 주체가 될 수 있다(대판 1989.4.11. 88도906).

답 ❺

제1장

320
□□□

횡령과 배임의 죄에 관한 다음 설명 중 옳지 않은 것은 몇 개인가?(다툼이 있는 경우 판례에 의함)

`18` 경찰간부

ㄱ. 채무자가 그 소유의 동산에 대하여 점유개정의 방식으로 채권자들에게 이중의 양도담보설정계약을 체결한 후 양도담보 설정자가 목적물을 임의로 제3자에게 처분하였다면 양도담보권자라 할 수 없는 뒤의 채권자에 대한 관계에서는 설정자인 채무자가 타인의 사무를 처리하는 자에 해당한다고 할 수 없어 배임죄가 성립하지 않는다.

ㄴ. A 종중으로부터 종중 소유의 토지를 명의신탁받아 보관 중이던 甲이 자신의 개인 채무 변제에 사용할 돈을 차용하기 위해 위 토지에 근저당권을 설정하였는데, 그 후 甲·乙이 공모하여 위 토지를 丙에게 매도한 행위는 선행 근저당권설정행위 이후에 이루어진 것이어서 불가벌적 사후행위에 해당한다.

ㄷ. 회사의 대표이사가 대표권을 남용하여 회사 명의의 약속어음을 발행한 사실을 상대방이 알았거나 알 수 있었을 때에 해당하여 약속어음 발행이 무효가 되고 그 어음이 실제로 유통되지도 않았다면, 특별한 사정이 없는 한 배임죄의 기수범이 아니라 배임미수죄로 처벌되어야 한다.

ㄹ. 조합재산은 조합원의 합유에 속하므로 조합원 중 한 사람이 조합재산 처분으로 얻은 대금을 임의로 소비하였다면 횡령죄의 죄책을 면할 수 없고, 이러한 법리는 내적 조합과 익명조합의 경우에도 마찬가지이다.

① 0개   ② 1개
③ 2개   ④ 3개

ㄱ. 점유개정에 의하여 동산을 이중양도담보로 제공한 후, 양도담보 설정자가 목적물을 제3자에게 처분한 경우
  → 뒤의 채권자에 대한 배임죄 ×
ㄴ. 명의수탁자가 수탁부동산에 근저당권설정등기를 경료한 후 丙에게 매도한 경우 → 횡령죄 ○
ㄷ. 주식회사의 대표이사가 대표권을 남용하여 약속어음을 발행한 경우(상대방의 악의·과실)
  → 약속어음발행행위는 무효이고 약속어음이 유통되지 아니한 경우 ; 배임죄의 미수 ○
ㄹ. 조합재산 처분대금을 임의로 소비한 경우 횡령죄의 성립 여부
  → (내적) 조합 : ○
  → 익명조합 : ×

[ㄱ ▸ ○] 종전 판례(대판 2004.6.25. 2004도1751)는 점유개정에 의한 동산이중양도담보 후 채무자(양도담보 설정자)가 양도담보의 목적물을 처분하는 경우, 뒤의 채권자에 대한 관계에서는 배임죄가 성립되지 않는다고 판시하였으나, 전합판결(대판 2020.2.20. 2019도9756[전합])에 의하면 채무자는 타인의 사무를 처리하는 자에 해당하지 아니하므로 뒤의 채권자뿐만 아니라 앞의 채권자에 대하여도 배임죄가 성립하지 아니하는 것으로 보아야 한다.
[ㄴ ▸ ×] 타인(종중)의 부동산을 보관 중인 자가 불법영득의사를 가지고 그 부동산에 근저당권설정등기를 경료함으로써 일단 횡령행위가 기수에 이르렀다 하더라도 그 후 같은 부동산에 별개의 근저당권을 설정하여 새로운 법익침해의 위험을 추가함으로써 법익침해의 위험을 증가시키거나 해당 부동산을 매각함으로써 기존의 근저당권과 관계없이 법익침해의 결과를 발생시켰다면, 이는 당초의 근저당권 실행을 위한 임의경매에 의한 매각 등 그 근저당권으로 인해 당연히 예상될 수 있는 범위를 넘어 새로운 법익침해의 위험을 추가시키거나 법익침해의 결과를 발생시킨 것이므로 특별한 사정이 없는 한 불가벌적 사후행위로 볼 수 없고, 별도로 횡령죄를 구성한다(대판 2013.2.21. 2010도10500[전합]).
[ㄷ ▸ ○] 대판 2017.7.20. 2014도1104[전합]
[ㄹ ▸ ×] 판례의 취지를 고려하면, 내적 조합에서는 조합원 중 한 사람이 조합재산 처분대금을 임의로 소비하였다면 횡령죄가 성립하나, 익명조합의 경우에는 익명조합원의 출자 재산은 영업자의 재산이 되므로 영업자가 이를 임의로 소비하였다면 횡령죄를 구성하지 아니한다는 것을 유의하여야 한다.

> 조합재산은 조합원의 합유에 속하므로 조합원 중 한 사람이 조합재산 처분으로 얻은 대금을 임의로 소비하였다면 횡령죄의 죄책을 면할 수 없고, 이러한 법리는 내부적으로는 조합관계에 있지만 대외적으로는 조합관계가 드러나지 않는 이른바 내적 조합의 경우에도 마찬가지이다. 한편 조합 또는 내적 조합과 달리 익명조합의 경우에는 익명조합원이 영업을 위하여 출자한 금전 기타의 재산은 상대편인 영업자의 재산이 되므로 영업자는 타인의 재물을 보관하는 자의 지위에 있지 않고, 따라서 영업자가 영업이익금 등을 임의로 소비하였더라도 횡령죄가 성립할 수는 없다(대판 2011.11.24. 2010도5014).

 ❸

배임죄에 관한 다음 설명 중 가장 옳지 않은 것은?

① 담보권자가 변제기 경과 후에 담보권을 실행하기 위하여 담보목적물을 처분함에 있어서 부당하게 염가로 처분하더라도 배임죄로 처벌할 수 없다.

② 업무상배임죄의 실행으로 인하여 이익을 얻게 되는 거래상대방인 수익자는 해당 거래행위가 배임행위에 해당한다는 점을 인식하였더라도 그러한 사정만으로는 배임죄의 공범으로 처벌할 수 없다.

③ 회사직원이 영업비밀 등을 적법하게 반출하여 그 반출행위가 업무상배임죄에 해당하지 않는 경우라도, 퇴사 시에 그 영업비밀 등을 회사에 반환하거나 폐기할 의무가 있음에도 경쟁업체에 유출하거나 스스로의 이익을 위하여 이용할 목적으로 이를 반환하거나 폐기하지 아니하였다면, 퇴사 시에 업무상배임죄의 기수가 된다.

④ 주식회사의 대표이사가 대표권을 남용하는 등 그 임무에 위배하여 회사 명의로 약속어음을 발행하였더라도 상대방이 대표권남용 사실을 알았거나 알 수 있었던 경우라면 그러한 약속어음 발행행위는 회사에 대하여 효력이 없으므로 그 약속어음이 유통되었는지 여부를 불문하고 배임죄의 기수범으로는 처벌할 수 없다.

정선 핵심

(업무상)배임죄의 성립 여부

① 양도담보권자가 목적물을 싯가에 따라 적절하게 처분할 의무를 위반한 경우 → ×

② 업무상배임죄의 실행으로 이익을 얻게 되는 수익자 → 원칙적으로 배임죄의 공범 ×

③ 적법하게 반출한 영업비밀을 경쟁업체에 유출하거나 반환·폐기하지 아니한 경우 → 퇴사 시 업무상배임죄 ○

④ 주식회사의 대표이사가 대표권을 남용하여 약속어음을 발행한 경우(상대방의 악의·과실)
  → 약속어음발행행위는 무효이고 약속어음이 유통되지 아니한 경우 : 배임죄의 미수 ○
  → 약속어음발행행위는 무효이나 약속어음이 유통된 경우 : 배임죄의 기수 ○

정선 해설

[❶ ▶ ○] 대판 1989.10.24. 87도126

[❷ ▶ ○] 업무상배임죄의 실행으로 인하여 이익을 얻게 되는 수익자 또는 그와 밀접한 관련이 있는 제3자를 배임의 실행행위자에 대한 공동정범으로 인정하기 위하여는, 우선 실행행위자의 행위가 피해자 본인에 대한 배임행위에 해당한다는 점을 인식하였어야 한다. 나아가 실행행위자의 배임행위를 교사하거나 또는 배임행위의 전 과정에 관여하는 등으로 배임행위에 적극 가담할 것을 필요로 한다(대판 2009.9.10. 2009도5630).

수분양권 매매계약과 관련하여 매수 당시에는 이중매매 사실을 몰랐던 제2매수인이 그 사실을 알고 난 후 매도인의 도움으로 승소판결을 받고 분양권에 대한 소유권이전등기까지 마친 사안에서, 배임죄의 공동정범의 성립을 부정한 사례(대판 2009.9.10. 2009도5630).

[❸ ▶ ○] 대판 2017.6.29. 2017도3808

[❹ ▶ ×] 약속어음 발행의 경우 어음법상 발행인은 종전의 소지인에 대한 인적 관계로 인한 항변으로써 소지인에게 대항하지 못하므로(어음법 제17조, 제77조), 어음발행이 무효라 하더라도 그 어음이 실제로 제3자에게 유통되었다면 회사로서는 어음채무를 부담할 위험이 구체적·현실적으로 발생하였다고 보아야 하고, 따라서 그 어음채무가 실제로 이행되기 전이라도 배임죄의 기수범이 된다. 그러나 약속어음 발행이 무효일 뿐만 아니라 그 어음이 유통되지도 않았다면 회사는 어음발행의 상대방에게 어음채무를 부담하지 않기 때문에 특별한 사정이 없는 한 회사에 현실적으로 손해가 발생하였다거나 실해 발생의 위험이 발생하였다고도 볼 수 없으므로, 이때에는 배임죄의 기수범이 아니라 배임미수죄로 처벌하여야 한다(대판 2017.7.20. 2014도1104[전합]).

답 ❹

322 다음 설명 중 옳지 않은 것은?(다툼이 있는 경우 판례에 의함)　19 국가9급

① 부동산 매도인이 매수인으로부터 중도금을 지급받은 후 그 부동산을 제3자에게 이중으로 양도하였다면 배임죄가 성립한다.

② 채권담보를 위한 대물변제예약의 채무자가 대물로 변제하기로 한 부동산을 제3자에게 처분하였더라도 배임죄가 성립하는 것은 아니다.

③ 동산매매계약에서 매도인이 목적물을 매수인에게 인도하지 아니하고 이를 제3자에게 처분하였더라도 배임죄가 성립하는 것은 아니다.

④ 채무자가 채권자 A와 B에게 순차적으로 그 소유의 동산에 대하여 점유개정의 방식으로 이중의 양도담보 설정계약을 체결한 후 그 목적물을 임의로 제3자에게 처분하였다면 A는 물론 B에 대한 관계에서도 배임죄가 성립한다.

정선 핵심

배임죄의 성립 여부

① 중도금을 지급받은 부동산 이중매매의 매도인이 제2매수인에게 소유권이전등기를 경료하여 준 경우 → ○

② 대물변제예약을 체결한 채무자가 부동산을 제3자에게 처분한 경우 → ×

③ 동산이중매매 → ×

④ 점유개정에 의하여 동산을 이중양도담보로 제공한 후, 양도담보 설정자가 목적물을 제3자에게 처분한 경우 → 앞뒤의 채권자에 대한 배임죄 ×

정선 해설

[❶ ▸ ○] 부동산 매매계약에서 중도금이 지급되는 등 계약이 본격적으로 이행되는 단계에 이른 때부터 매도인은 배임죄에서 말하는 '타인의 사무를 처리하는 자'에 해당한다고 보아야 한다. 그러한 지위에 있는 매도인이 매수인에게 계약 내용에 따라 부동산의 소유권을 이전해 주기 전에 그 부동산을 제3자에게 처분하고 제3자 앞으로 그 처분에 따른 등기를 마쳐 준 행위는 매수인의 부동산 취득 또는 보전에 지장을 초래하는 행위이다. 이는 매수인과의 신임관계를 저버리는 행위로서 배임죄가 성립한다(대판 2018.5.17. 2017도4027[전합]).

[❷ ▸ ○] 대판 2014.8.21. 2014도3363[전합]

[❸ ▸ ○] 대판 2011.1.20. 2008도10479[전합]

[❹ ▸ ×] 종전 판례(대판 2004.6.25. 2004도1751)는 점유개정에 의한 동산이중양도담보 후 채무자(양도담보 설정자)가 양도담보의 목적물을 처분하는 경우, 뒤의 채권자에 대한 관계에서는 배임죄가 성립되지 않는다고 판시하였으나, 전합판결(대판 2020.2.20. 2019도9756[전합])에 의하면 채무자는 타인의 사무를 처리하는 자에 해당하지 아니하므로 뒤의 채권자뿐만 아니라 앞의 채권자에 대하여도 배임죄가 성립하지 아니하는 것으로 보아야 한다. 따라서 뒤의 채권자 B뿐만 아니라 앞의 채권자 A에 대하여는 배임죄가 성립하지 아니하는 것을 유의하여야 한다.

답 ❹

다음 중 갑에 대하여 (업무상)배임죄가 성립하지 않는 것은 모두 몇 개인가?(다툼이 있는 경우 판례에 의함)　**14** 경찰간부

> ㄱ. 대표이사 갑이 회사에 필요한 물품을 할인된 가격으로 납품받을 수 있었음에도 자신이 이익을 취득할 의도로 납품업자에게 가공의 납품업체를 만들게 한 뒤, 그 납품업체로부터 할인되지 않은 가격으로 납품을 받은 경우
> ㄴ. 갑은 을에게서 부동산을 매수하면서 계약금을 지급하는 즉시 자신(갑) 앞으로 소유권을 이전받되 매매잔금은 일정기간 내에 이를 담보로 대출을 받아 지급하기로 약정하였는데, 소유권을 이전받은 직후 당해 부동산에 다른 용도로 근저당권을 설정하고 자금을 융통한 후 이를 임의로 소비하였으며, 융통한 자금을 을에게 매매대금으로 지급하지도 않은 경우
> ㄷ. 회사의 대표이사 갑은 대표권을 남용하여 회사 명의의 약속어음을 발행하였는데, 상대방은 그 남용의 사실을 알았거나 중대한 과실로 알지 못하였으며, 위 약속어음이 유통된 경우
> ㄹ. 갑은 을에게 3,000만원을 차용하면서 자신의 승용차에 근저당권을 설정해 주었으나 이후 당해 자동차를 다른 사람에게 매도한 경우

① 1개　　　　　　　　　　② 2개
③ 3개　　　　　　　　　　④ 4개

정선 핵심

(업무상)배임죄의 성립 여부
ㄱ. 대표이사가 가공의 납품업체로부터 할인되지 않은 가격으로 납품을 받은 경우 → 업무상배임죄 ○
ㄴ. 미리 소유권을 이전받은 매수인이 매매잔금을 지급하지 않고 부동산을 담보로 융통한 자금을 임의로 소비한 경우 → ×
ㄷ. 대표이사의 약속어음발행행위(상대방의 악의·과실)
　→ 약속어음발행행위는 무효이고 약속어음이 유통되지 아니한 경우 : 배임죄의 미수 ○
　→ 약속어음발행행위는 무효이나 약속어음이 유통된 경우 : 배임죄의 기수 ○
ㄹ. 채무담보로 승용차에 근저당권을 설정한 근저당권설정자가 승용차를 다른 사람에게 매도한 경우 → ×

정선 해설

[ㄱ ▸ ○] 이는 회사와의 신임관계를 저버리는 행위로서 임무에 위배하는 행위라고 할 것이다. 다만, 구체적 사정에 비추어 할인받을 수 있는 가격을 특정할 수 없는 등의 특별한 사정이 있다면 이사가 취득한 이익 전체를 회사에 발생한 재산상 손해액이라고 할 수는 없고, 회사에는 가액을 산정할 수 없는 손해가 발생하였다고 봄이 상당하다(대판 2009.10.15. 2009도5655).

[ㄴ ▸ ×] 피고인이 소유권이전등기를 받은 당일 이를 담보로 제공하여 자금을 융통하였고 그 후에도 같은 일을 하였으며 융통한 자금을 甲에게 매매대금으로 지급하지 아니하였다고 하여도 타인의 사무를 처리하는 자가 그 임무에 위배하는 행위를 한 것으로 볼 수 없고, 그러한 담보 제공 등의 행위가 피고인이 위 임야를 甲에게 반환할 의무를 현실적으로 부담하고 있지 아니한 상태에서 행하여진 이상 달라지지 아니한다는 이유로, 피고인에게 배임죄가 성립하지 않는다(대판 2011.4.28. 2011도3247).

[ㄷ ▸ ○] 대판 2017.7.20. 2014도1104[전합]

[ㄹ ▸ ×] 채무자가 저당권설정계약에 따라 부담하는 의무, 즉 동산을 담보로 제공할 의무, 담보물의 담보가치를 유지·보전하거나 담보물을 손상, 감소 또는 멸실시키지 않을 소극적 의무, 담보권 실행 시 채권자나 그가 지정하는 자에게 담보물을 현실로 인도할 의무와 같이 채권자의 담보권 실행에 협조할 의무 등은 모두 저당권설정계약에 따라 부담하게 된 채무자 자신의 급부의무이므로 채무자를 채권자에 대한 관계에서 배임죄의 주체인 '타인의 사무를 처리하는 자'에 해당한다고 할 수 없다. 그러므로 채무자가 담보물을 제3자에게 처분하는 등으로 담보가치를 감소 또는 상실시켜 채권자의 담보권 실행이나 이를 통한 채권실현에 위험을 초래하더라도 배임죄가 성립하지 아니한다(대판 2020.10.22. 2020도6258[전합]).

답 ❷

횡령죄와 배임죄에 대한 설명으로 가장 적절하지 않은 것은?(다툼이 있는 경우 판례에 의함)

18 경찰승진

① 포수인 甲이 사신의 총업원인 A에게 윤락을 권유하여 고용인 후, A가 빋은 회대를 甲이 받아 보관하다가 절반씩 분배하기로 약정하였음에도 불구하고 甲이 보관 중인 화대를 임의로 소비한 경우, 그 화대는 불법원인으로 인한 것이지만 甲의 행위는 횡령죄에 해당한다.

② 피해자는 자금만 투자하고 피고인은 공사 시공 및 일체의 거래행위를 담당하는 내용의 동업계약을 체결하였다가 위 계약이 종료되었는데, 그 정산과정에서 피고인이 임의로 제3자에 대하여 채권양도행위를 한 경우 배임죄가 성립하지 않는다.

③ 상법상 주식은 자본구성의 단위 또는 주주의 지위를 의미하므로 재물이 아니며, 횡령죄의 객체가 될 수 없다.

④ 회사직원이 영업비밀 등을 적법하게 반출하였으나 퇴사 시에 회사에 반환하거나 폐기할 의무가 있음에도 경쟁업체에 유출하거나 스스로의 이익을 위하여 이용할 목적으로 이를 반환하거나 폐기하지 아니하였다면, 반출 시에 업무상배임죄의 기수가 된다.

정선 핵심

① 포주가 보관 중인 화대를 임의로 소비한 경우 → 횡령죄 ○
② 동업계약 종료 후의 정산과정에서 피고인이 제3자에게 채권을 양도한 경우 → 배임죄 ×
③ 주식 → 횡령죄의 객체 ×
④ 업무상배임죄의 성립 여부
  ⋯→ 적법하게 반출한 영업비밀을 경쟁업체에 유출하거나 반환·폐기하지 아니한 경우 : 퇴사 시 업무상배임죄 ○

정선 해설

[❶ ▸ ○] 판례의 취지를 고려하면, 포주인 甲의 불법성이 종업원인 A의 불법성보다 현저히 크다고 보이므로 甲이 보관 중인 화대를 임의로 소비한 경우에는 횡령죄가 성립한다.

> 포주와 윤락녀의 사회적 지위, 약정에 이르게 된 경위와 약정의 구체적 내용, 급여의 성격 등을 종합해 볼 때 포주의 불법성이 윤락녀의 불법성보다 현저히 커 화대의 소유권이 여전히 윤락녀에게 속하므로 횡령죄를 구성한다(대판 1999.9.17. 98도2036).

[❷ ▸ ○] 동업자 갑과 을이 동업계약을 체결하였다가 그 계약이 종료된 경우, 공사 시공 등 일체의 행위를 담당하였던 을이 자금만을 투자한 갑에게 투자금원을 반환하였다면 이익 또는 손해를 부담시키는 내용의 정산의무나 그 정산과정에서 행하는 채권의 추심과 채무의 변제 등의 행위는 모두 을 자신의 사무이지 자금을 투자한 갑을 위하여 하는 타인의 사무라고 볼 수는 없으므로 을의 제3자에 대한 채권양도행위는 배임죄를 구성하지 아니한다(대판 1992.4.14. 91도2390).

[❸ ▸ ○] 대판 2005.2.18. 2002도2822

[❹ ▸ ×] 회사직원이 영업비밀 등을 적법하게 반출하여 반출행위가 업무상배임죄에 해당하지 않는 경우라도, 퇴사 시에 영업비밀 등을 회사에 반환하거나 폐기할 의무가 있음에도 경쟁업체에 유출하거나 스스로의 이익을 위하여 이용할 목적으로 이를 반환하거나 폐기하지 아니하였다면, 이러한 행위 역시 퇴사 시에 업무상배임죄의 기수가 된다(대판 2017.6.29. 2017도3808).

답 ❹

325
□□□

배임수재죄 및 배임증재죄에 관한 설명 중 옳지 않은 것을 모두 고른 것은?(다툼이 있는 경우 판례에 의함) `20` 변시

> ㄱ. 배임수재죄가 성립하기 위해서는 타인의 사무를 처리하는 지위를 가진 자가 부정한 청탁을 받아야 하므로, 타인의 사무처리자의 지위를 취득하기 전에 부정한 청탁을 받은 경우에는 배임수재죄로 처벌할 수 없다.
>
> ㄴ. 배임수재죄 및 배임증재죄에서 공여 또는 취득하는 재물 또는 재산상 이익은 반드시 부정한 청탁에 대한 대가 또는 사례일 필요가 없다.
>
> ㄷ. 청탁 내용이 단순히 규정이 허용하는 범위 내에서 최대한 선처를 바란다는 내용에 불과하거나 위탁받은 사무의 적법하고 정상적인 처리범위에 속하는 것이라면 그 청탁의 사례로 금품을 수수하는 것은 배임수재에 해당하지 않는다.
>
> ㄹ. 부정한 청탁을 받고 나서 사후에 재물 또는 재산상 이익을 취득하였다면 재물 또는 재산상 이익이 청탁의 대가이더라도 배임수재죄가 성립하지 아니한다.
>
> ㅁ. 배임수재죄에서 말하는 재산상 이익의 취득이라 함은 현실적인 취득만을 의미하는 것이 아니라 단순한 요구 또는 약속을 한 경우도 포함한다.

① ㄱ, ㄴ   ② ㄴ, ㄹ

③ ㄱ, ㄷ, ㄹ   ④ ㄴ, ㄹ, ㅁ

⑤ ㄴ, ㄷ, ㄹ, ㅁ

**정선
핵심**

배임수재죄의 성립 여부
ㄱ·ㅁ. 배임수재죄의 구성요건
　→ 타인의 사무를 처리하는 자 : 지위취득 전에 부정한 청탁을 받은 경우 배임수재죄 ×
　→ 재산상의 이익의 취득 : 단순히 요구 또는 약속을 한 경우 ×
ㄴ. 공여 또는 취득하는 재물 또는 재산상 이익 → 부정한 청탁에 대한 대가 또는 사례
ㄷ. 최대한 선처를 바란다는 청탁의 사례로 금품을 수수한 경우 → ×
ㄹ. 부정한 청탁을 받은 후 재물 또는 재산상 이익을 취득한 경우 → ○

**정선
해설**

[ㄱ ▸ ○] 배임수재죄는 타인의 사무를 처리하는 지위를 가진 자에게 부정한 청탁을 행하여야 성립하는 것으로 형법 제357조 제1항에 규정되어 있고, 타인의 사무를 처리하는 자의 지위를 취득하기 전에 부정한 청탁을 받은 행위를 처벌하는 별도의 구성요건이 존재하지 않는 이상, 타인의 사무처리자의 지위를 취득하기 전에 부정한 청탁을 받은 경우에는 배임수재죄로는 처벌할 수 없다(대판 2010.7.22. 2009도12878).

시(市)에서 발주한 도시형폐기물종합처리시설 건설사업의 기본설계 적격심의 및 평가위원으로서 그 임무와 관련하여 부정한 청탁을 받고 재물을 취득하였다는 공소사실에 대하여, 청탁을 받을 당시에 위 건설사업에 관한 사무를 처리하는 지위에 있었다고 인정되지 아니하는 이상 배임수재죄로 처벌할 수는 없음에도, 이와 달리 판단하여 유죄로 인정한 원심판결에 법리오해의 위법이 있다고 한 사례(대판 2010.7.22. 2009도12878).

[ㄴ ▸ ×] 배임수재죄 및 배임증재죄에서 공여 또는 취득하는 재물 또는 재산상 이익은 부정한 청탁에 대한 대가 또는 사례여야 한다. 따라서 거래상대방의 대향적 행위의 존재를 필요로 하는 유형의 배임죄에서 거래상대방이 양수대금 등 거래에 따른 계약상 의무를 이행하고 배임행위의 실행행위자가 이를 이행받은 것을 두고 부정한 청탁에 대한 대가로 수수하였다고 쉽게 단정하여서는 아니 된다(대판 2016.10.13. 2014도17211).

[ㄷ ▸ ○] 대판 1982.9.28. 82도1656

[ㄹ ▸ ×] 타인의 사무를 처리하는 자가 그 임무에 관하여 부정한 청탁을 받은 이상 그 후 사직으로 인하여 그 직무를 담당하지 아니하게 된 상태에서 재물을 수수하게 되었다 하더라도, 그 재물 등의 수수가 부정한 청탁과 관련하여 이루어진 것이라면 배임수재죄가 성립한다(대판 1997.10.24. 97도2042).

[□ ▸ ×] 배임수재죄로 처벌하기 위하여는 타인의 사무를 처리하는 자가 부정한 청탁을 받아들이고 이에 대한 대가로서 재물 또는 재산상의 이익을 받은 데에 대한 범의가 있어야 할 것이고, 또 배임수재죄에서 말하는 '재산상의 이익의 취득'이라 함은 현실적인 취득만을 의미하므로 단순한 요구 또는 약속만을 한 경우에는 이에 포함되지 아니한다(대판 1999.1.29. 98도4182).

답 ❹

326

☐☐☐

다음 설명 중 옳지 않은 것은?(다툼이 있는 경우 판례에 의함)   15 변시

① 신탁자가 수탁자에게 부동산의 매수위임과 함께 명의신탁약정을 맺고 수탁자가 당사자가 되어 그 정을 알지 못하는 매도인과 부동산 매매계약을 체결하고 등기이전을 받은 뒤 수탁자가 이를 임의로 처분한 경우 신탁자에 대한 횡령죄가 성립하지 않으나, 배임죄는 성립한다.

② 소유자로부터 부동산을 매수한 자가 본인 명의로 소유권이전등기를 하지 않고 제3자와 맺은 명의신탁약정에 따라 매도인으로부터 바로 그 제3자에게 중간생략의 소유권이전등기를 경료한 후 그 제3자가 자신의 명의로 신탁된 부동산을 임의로 처분한 경우 신탁자에 대한 횡령죄는 성립하지 않는다.

③ 동산의 매도인이 매수인으로부터 중도금을 수령한 후 그 동산을 제3자에게 양도한 경우 배임죄가 성립하지 않는다.

④ 채무자가 채권자에게 동산인 한우 100마리를 양도담보로 제공하고 점유개정의 방법으로 점유하고 있는 상태에서 다시 이를 제3자에게 점유개정의 방법으로 양도하는 경우 배임죄가 성립하지 않는다.

⑤ 채권담보의 목적으로 부동산에 관한 대물변제예약을 체결한 채무자가 대물로 변제하기로 한 부동산을 제3자에게 임의로 처분한 경우 배임죄가 성립하지 않는다.

**정선
핵심**

① 계약명의신탁의 명의수탁자(소유자의 선의)가 부동산을 임의로 처분한 경우 → 횡령죄 ×, 배임죄 ×
② 중간생략등기형 명의신탁의 명의수탁자가 부동산을 임의로 처분한 경우 → 횡령죄 ×
③ 동산이중매매 → 배임죄 ×
④ 점유개정에 의한 동산이중양도담보 → 배임죄 ×
⑤ 대물변제예약을 체결한 채무자가 부동산을 제3자에게 처분한 경우 → 배임죄 ×

**정선
해설**

[❶ ▸ ×] 명의신탁자와 명의수탁자가 이른바 계약명의신탁 약정을 맺고 명의수탁자가 당사자가 되어 선의의 소유자와 부동산에 관한 매매계약을 체결한 후 매매계약에 따라 부동산의 소유권이전등기를 명의수탁자 명의로 마친 후, 명의수탁자가 이를 임의로 처분한 경우, 명의수탁자는 전 소유자인 매도인뿐만 아니라 신탁자에 대한 관계에서도 타인의 재물을 보관하는 자라고 할 수 없고, 신탁자와의 신임관계에 기하여 신탁자를 위하여 신탁 부동산을 관리한다거나 신탁자의 허락 없이 이를 처분하여서는 아니되는 의무를 부담하는 등으로 타인의 사무를 처리하는 자의 지위에 있다고 볼 수 없어 명의신탁자에 대한 횡령죄는 물론, 배임죄도 성립하지 아니한다(대판 2010.11.11. 2008도7451, 대판 2008.3.27. 2008도455).

[❷ ▸ ○] 명의신탁자가 매수한 부동산에 관하여 부동산실명법을 위반하여 명의수탁자와 맺은 명의신탁약정에 따라 매도인에게서 바로 명의수탁자 명의로 소유권이전등기를 마친 이른바 중간생략등기형 명의신탁을 한 경우, 명의신탁자는 신탁부동산의 소유권을 가지지 아니하고, 명의신탁자와 명의수탁자 사이에 위탁신임관계를 인정할 수도 없다. 따라서 명의수탁자가 명의신탁자의 재물을 보관하는 자라고 할 수 없으므로, 명의수탁자가 신탁받은 부동산을 임의로 처분하여도 명의신탁자에 대한 관계에서 횡령죄가 성립하지 아니한다(대판 2016.5.19. 2014도6992[전합]).

[**❸** ▸ ○] 대판 2011.1.20. 2008도10479[전합]
[**❹** ▸ ○] 대판 2007.2.22. 2006도6686
[**❺** ▸ ○] 대판 2014.8.21. 2014도3363[전합]

답 **❶**

327
□□□ **배임수재죄와 배임증재죄에 관한 다음 설명 중 가장 옳지 않은 것은?(다툼이 있는 경우 판례에 의함)**
`16` `법원9급`

① 배임수재죄의 구성요건 중 '부정한 청탁'이란 반드시 업무상배임의 내용이 되는 정도에 이를 필요는 없고, 사회상규 또는 신의성실의 원칙에 반하는 것을 내용으로 하면 족하다.
② 배임수재죄는 임무에 관하여 부정한 청탁을 받고 재물 또는 재산상 이익을 취득하면 성립되고, 어떠한 임무위배행위를 하거나 본인에게 손해를 가하는 것을 요건으로 하지 아니한다.
③ 배임수재죄와 배임증재죄는 필요적 공범의 관계에 있으므로, 배임증재죄는 성립하지 않으면서 배임수재죄만이 성립할 수는 없다.
④ 학교법인의 이사장 또는 사립학교경영자가 학교법인 운영권을 양도하고 양수인으로부터 양수인측을 학교법인의 임원으로 선임해 주는 대가로 양도대금을 받기로 하는 내용의 청탁을 받았다 하더라도, 특별한 사정이 없는 한 그 청탁을 배임수재죄의 구성요건인 '부정한 청탁'에 해당한다고 할 수 없다.

정선
핵심
①·③ 배임수재죄의 구성요건
　→ 부정한 청탁 : 사회상규 또는 신의성실의 원칙에 반하는 것
　→ 증재자에게는 정당한 업무에 속하나, 수재자에게는 부정한 청탁인 경우 : 배임수재죄만 ○
② 배임수재죄 → 임무위배행위를 하거나 본인에게 손해를 가할 것 불요
④ 학교법인의 이사장이 운영권 양수인 측에 대한 임원 선임대가를 받기로 하는 청탁을 받은 경우 → 부정한 청탁
　×

정선
해설
[**❶** ▸ ○] 배임수재죄의 '부정한 청탁'이라고 함은 반드시 업무상배임의 내용이 되는 정도에 이를 것을 요하지 아니하고, 사회상규 또는 신의성실의 원칙에 반하는 것을 내용으로 하는 것이면 충분하다(대판 2013.12.26. 2010도16681).

　사회복지법인의 운영권을 양도하고 양수인으로부터 양수인 측을 사회복지법인의 임원으로 선임해 주는 대가로 양도대금을 받기로 하는 내용의 '청탁'은 배임수재죄의 성립 요건인 '부정한 청탁'에 해당하지 아니한다는 사례(대판 2013.12.26. 2010도16681).

[**❷** ▸ ○] 대판 2013.11.14. 2011도11174
[**❸** ▸ ×] 형법 제357조 제1항의 배임수재죄와 같은 조 제2항의 배임증재죄는 통상 필요적 공범의 관계에 있기는 하나, 이것은 반드시 수재자와 증재자가 같이 처벌받아야 하는 것을 의미하는 것은 아니고, 증재자에게는 정당한 업무에 속하는 청탁이라도 수재자에게는 부정한 청탁이 될 수도 있다(대판 2011.10.27. 2010도7624).
[**❹** ▸ ○] 학교법인의 이사장 또는 사립학교경영자가 학교법인 운영권을 양도하고 양수인으로부터 양수인 측을 학교법인의 임원으로 선임해 주는 대가로 양도대금을 받기로 하는 내용의 '청탁'을 받았다 하더라도, <u>그 청탁의 내용이 당해 학교법인의 설립 목적과 다른 목적으로 기본재산을 매수하여 사용하려는 것으로서 학교법인의 존립에 중대한 위협을 초래할 것임이 명백하다는 등의 특별한 사정이 없는 한, 그 청탁이 사회상규 또는 신의성실의 원칙에 반하는 것을 내용으로 하는 것이라고 할 수 없으므로</u> 이를 배임수재죄의 구성요건인 '부정한 청탁'에 해당한다고 할 수 없다(대판 2014.1.23. 2013도11735).

답 **❸**

다음 중 배임수재죄와 배임증재죄에 관한 설명으로 가장 옳지 않은 것은?(다툼이 있는 경우 판례에 의하고 단, 특별법 위반죄의 성립 여부는 논외로 함) `19` 해경간부

① 광고대행업무를 수행하는 주식회사의 대표이사에게, 방송사 관계자에게 사례비를 지급하여서라도 특정학원 소속 강사만을 채용하고 특정회사에서 출판되는 교재를 채택하여 특정회사의 이익을 위해 수능과외방송을 하는 내용의 방송협약을 체결해 달라고 부탁하는 것은 부정한 청탁에 해당된다.

② 사립대학교 교수 甲이 乙로부터 사례비를 받고 편입학업무를 담당하고 있는 교무처장 丙에게 강력히 요구하여 요건을 갖추지 못한 乙을 합격자로 발표하게 한 경우, 甲에게는 대학교에 대한 업무방해죄와 배임수재죄의 죄책을 지울 수 있다.

③ 학교법인의 이사장 또는 사립학교경영자가 학교법인 운영권을 양도하고 양수인으로부터 양수인측을 학교법인의 임원으로 선임해 주는 대가로 양도대금을 받기로 하는 내용의 청탁을 받았다 하더라도, 특별한 사정이 없는 한 그 청탁을 배임수재죄의 구성요건인 '부정한 청탁'에 해당한다고 할 수 없다.

④ 회원제 골프장의 예약업무 담당자가 부킹대행업자의 청탁에 따라 회원에게 제공해야 하는 주말부킹권을 부킹대행업자에게 판매하고 그 대금명목의 금품을 받은 경우 배임수재죄에 해당한다.

정선 핵심

① 광고대행업무를 수행하는 자에게 특정회사의 이익을 위해 수능과외방송 협약체결을 부탁하는 경우 → 부정한 청탁 ○

② 사립대학교 교수가 사례비를 받고 요건을 갖추지 못한 자를 합격자로 발표하게 한 경우 → 총장에 대한 업무방해죄 ○

③ 학교법인의 이사장이 운영권 양수인 측에 대한 임원 선임대가를 받기로 하는 청탁을 받은 경우 → 부정한 청탁 ×

④ 골프장의 주말부킹권을 부킹대행업자에게 판매하고 대금명목의 금품을 받은 경우 → 배임수재죄 ○

정선 해설

[**❶** ▸ ○] 방송은 공적 책임을 수행하고 그 내용의 공정성과 공공성을 유지하여야 하는 것이므로, 광고대행업무를 수행하는 주식회사의 대표이사에게, 방송사 관계자에게 사례비를 지급하여서라도 특정학원 소속 강사만을 채용하고 특정회사에서 출판되는 교재를 채택하여 특정회사의 이익을 위해 수능과외방송을 하는 내용의 방송협약을 체결해 달라고 부탁하는 것은 사회상규와 신의성실의 원칙에 반하는 것으로서 부정한 청탁에 해당된다(대판 2002.4.9. 99도2165).

[**❷** ▸ ×] 판례의 취지를 고려하면, 사립대학교 교수 甲에게는 대학 편입학업무의 주체인 총장에 대한 업무방해죄가 성립하나, 대학 편입학업무를 담당하고 있지는 아니하므로 배임수재죄는 인정되지 아니한다.

[1] 업무방해죄에 있어서의 행위의 객체는 타인의 업무이고, 여기서 타인이라 함은 범인 이외의 자연인과 법인 및 법인격 없는 단체를 가리키므로, 법적 성질이 영조물에 불과한 대학교 자체는 업무방해죄에 있어서의 업무의 주체가 될 수 없다.

[2] 대학 편입학업무를 담당하지 아니한 피고인 甲이 피고인 乙로부터 편입학과 관련한 부정한 청탁을 받고 금품을 수수하였다 하더라도 편입학업무를 담당한 교무처장 등이 피고인 甲이 부정한 청탁을 받았음을 알았거나 스스로 부정한 청탁을 받지 않은 경우, 피고인 甲을 배임수재로, 피고인 乙을 배임증재로 처벌할 수 없다(대판 1999.1.15. 98도663).

[**❸** ▸ ○] 대판 2014.1.23. 2013도11735

[**❹** ▸ ○] 대판 2008.12.11. 2008도6987

답 ❷

01 경영자가 적대적 M&A로부터 경영권을 유지하기 위하여 종업원의 자사주 매입에 회사자금을 지원한 경우에는 업무상배임죄가 성립하지 않는다. 19 해경승진

02 미성년자와 친생자관계가 없으나 호적상 친모로 등재되어 있는 자가 미성년자의 상속재산 처분에 관여한 경우, 배임죄에 있어서 타인의 사무를 처리하는 자의 지위에 있다고 할 수 없다. 19 해경승진

03 회사의 대표이사가 회사가 속한 재벌그룹의 前 회장이 부담하여야 할 원천징수소득세의 납부를 위하여 채권확보에 필요한 조치를 취하지 아니한 채 다른 회사에 회사자금을 대여한 경우에는 업무상배임죄가 성립한다. 16 경찰승진

04 상호지급보증 관계에 있는 회사 간에 보증회사가 채무변제능력이 없는 피보증회사에 대하여 합리적인 채권회수책 없이 새로 금원을 대여하거나 예금담보를 제공한 경우, 배임행위가 인정된다. 15 경찰간부

05 재벌그룹 소속 甲회사가 골프장 건설 사업을 진행 중인 비상장회사 乙의 주식전부를 보유하고 乙회사를 위하여 수백억원의 채무보증을 한 상태에서 甲회사의 대표이사와 이사들이 乙회사의 주식 전부를 주당 1원으로 계산하여 그룹 회장인 위 대표이사와 그룹 계열사에 매도한 경우, 배임행위가 인정된다. 15 경찰간부

06 업무상배임죄의 재산상 손해의 유무에 관한 판단 가운데 소극적 손해는 재산증가를 객관적·개연적으로 기대할 수 있음에도 임무위배행위로 이러한 재산증가가 이루어지지 않은 경우를 의미한다. 13 경찰채용

07 대학병원 의사인 피고인이, 의약품 등을 지속적으로 납품할 수 있도록 해달라는 부탁 또는 의약품 등을 사용해 준 대가로 제약회사 등으로부터 명절 선물이나 골프접대 등 향응을 제공받았다면 배임수재죄가 성립한다. 15 법원행시

01 그 자금지원은 경영자의 이익을 위하여 회사재산을 사용하는 것이 되어 회사의 이익에 반하므로 회사에 대한 관계에서 임무위배행위가 된다 (대판 1999.6.25. 99도1141).

02 배임죄에 있어서 타인의 사무를 처리하는 자의 지위에 있다(대판 2002. 6.14. 2001도3534).

03 대판 2010.10.28. 2009도1149

04 대판 2004.7.9. 2004도810

05 대판 2008.5.15. 2005도7911

06 대판 2013.4.26. 2011도6798

07 대판 2011.8.18. 2010도10290

정답

01 × **02** × **03** ○ **04** ○
05 ○ **06** ○ **07** ○

08 배임죄에 있어서 '재산상의 손해를 가한 때'라 함은, 재산상의 현실적인 손해를 발생하게 한 경우뿐만 아니라 현실적인 손해발생의 위험을 생기게 한 경우도 포함하므로, 일반경쟁입찰에 의해 체결하여야 할 공사도급계약을 수의계약에 의하여 체결하였다면 수의계약에 의한 공사대금이 적정한 공사대금의 수준을 벗어나 부당하게 과대하여 일반경쟁입찰에 의해 공사도급계약을 체결할 경우 예상되는 공사대금의 범위를 벗어난 것이 아닐지라도 재산상 손해를 가한 때에 해당한다. `17` 경찰채용   O I X

09 배임수재죄가 성립되기 위해서는 타인의 사무를 처리하는 자가 그 임무에 관하여 부정한 청탁을 받고 재물 또는 재산상 이익을 취득하는 것만으로는 부족하고 그 부정한 청탁에 상응하는 부정행위 내지 배임행위에 나아갈 것이 요구된다. `17` 경찰채용   O I X

08 수의계약에 의한 공사대금이 적정한 공사대금의 수준을 벗어나 부당하게 과대하여 일반경쟁입찰에 의하여 공사도급계약을 체결할 경우 예상되는 공사대금의 범위를 벗어난 것이 아니라면 재산상의 손해를 가한 때에 해당한다고 할 수 없다(대판 2005.3.25. 2004도5731).

09 배임수재죄의 성립을 위하여는 배임행위에 나아갈 것을 요하지 아니하므로 배임행위까지 한 경우에는 배임수재죄와 배임죄의 실체적 경합범이 성립한다.

정답

08 ×   **09** ×

329
□□□

장물의 죄에 대한 설명으로 가장 적절하지 않은 것은?(다툼이 있는 경우 판례에 의함)

`21` 경찰승진

① 장물인 현금을 금융기관에 예금의 형태로 보관하였다가 이를 반환받기 위하여 동일한 액수의 현금을 인출한 경우에 예금계약의 성질상 인출된 현금은 당초의 현금과 물리적인 동일성은 상실되었지만 액수에 의하여 표시되는 금전적 가치에는 아무런 변동이 없으므로 장물로서의 성질은 그대로 유지된다.

② 컴퓨터등사용사기죄의 범행으로 예금채권을 취득한 다음 자기의 현금카드를 사용하여 현금자동지급기에서 현금을 인출한 경우, 그 인출된 현금은 장물이 될 수 없다.

③ 장물인 귀금속의 매도를 부탁받은 피고인이 그 귀금속이 장물임을 알면서도 매매를 중개하고 매수인에게 이를 전달하려다가 매수인을 만나기도 전에 체포되었다면, 위 귀금속의 매매를 중개함으로써 장물알선죄가 성립한 것으로 볼 수 없다.

④ 장물죄에 있어서 본범의 행위에 관한 법적 평가는 그 행위에 대하여 우리 형법이 적용되지 아니하는 경우에도 우리 형법을 기준으로 하여야 하고, 본범의 행위가 우리 형법에 비추어 절도죄 등의 구성요건에 해당하는 위법한 행위라고 인정되는 이상 이에 의하여 영득된 재물은 장물에 해당한다.

정선 핵심

① 장물인 현금을 예금하였다가 다시 인출한 경우 → 장물성 ○
② 컴퓨터등사용사기죄의 범행으로 취득한 예금채권을 현금카드로 인출한 경우
　→ 인출된 현금 : 장물 ×
③ 귀금속이 장물임을 알면서도 매매를 중개하고 매수인에게 전달하려다가 체포된 경우 → 장물알선죄 ○
④ 본범의 행위가 형법상 위법한 행위인 경우 → 이에 의해 영득한 재물은 장물 ○

정선 해설

[❶ ▸ ○] 장물인 현금을 금융기관에 예금의 형태로 보관하였다가 이를 반환받기 위하여 동일한 액수의 현금을 인출한 경우에 예금계약의 성질상 인출된 현금은 당초의 현금과 물리적인 동일성은 상실되었지만 액수에 의하여 표시되는 금전적 가치에는 아무런 변동이 없으므로 장물로서의 성질은 그대로 유지된다고 봄이 상당하다(대판 2004.3.12. 2004도134).

[❷ ▸ ○] 대판 2004.4.16. 2004도353

[❸ ▸ ×] 장물인 귀금속의 매도를 부탁받은 피고인이 그 귀금속이 장물임을 알면서도 매매를 중개하고 매수인에게 이를 전달하려다가 매수인을 만나기도 전에 체포되었다 하더라도, 위 귀금속의 매매를 중개함으로써 장물알선죄가 성립한다(대판 2009.4.23. 2009도1203).

> 장물인 정을 알면서, 장물을 취득·양도·운반·보관하려는 당사자 사이에 서서 서로를 연결하여 장물의 취득·양도·운반·보관행위를 중개하거나 편의를 도모하였다면, <u>그 알선에 의하여 당사자 사이에 실제로 장물의 취득·양도·운반·보관에 관한 계약이 성립하지 아니하였거나 장물의 점유가 현실적으로 이전되지 아니한 경우라도</u> 장물알선죄가 성립한다(대판 2009.4.23. 2009도1203).

[❹ ▸ ○] 대판 2011.4.28. 2010도15350

답 ❸

330
□□□

장물죄에 대한 설명 중 가장 옳지 않은 것은?(다툼이 있는 경우 판례에 의함)

18 해경채용

① 장물인 정을 모르고 장물을 보관하였다가 추에 장물임을 알게 된 경우 그 정을 알고서도 이를 계속하여 보관하더라도 점유할 권한이 있는 때에는 장물보관죄가 성립하지 않는다.

② 장물인 현금을 금융기관에 예금의 형태로 보관하였다가 이를 반환받기 위하여 동일한 액수의 현금을 인출한 경우, 예금계약의 성질상 인출된 현금은 당초의 현금과 물리적인 동일성은 상실되었지만 액수에 의하여 표시되는 금전적 가치에는 아무런 변동이 없으므로 장물로서의 성질은 그대로 유지된다.

③ 장물취득죄에 있어서 장물의 인식은 확정적 인식임을 요하지 않으며 장물일지도 모른다는 의심을 가지는 정도의 미필적 인식으로서도 충분하다.

④ 대표이사 甲이 회사 자금으로 乙에게 주식매각대금조로 금원을 지급한 경우 그 금원은 단순히 횡령 행위에 제공된 물건으로 장물에 해당하지 않는다.

**정선
핵심**

① 장물인 정을 알고서도 계속 보관하였으나 점유할 권한이 있는 경우 → 장물보관죄 ×
② 장물인 현금을 예금하였다가 다시 인출한 경우 → 장물성 ○
③ 장물취득죄의 구성요건
　→ 장물의 인식 : 장물일지도 모른다는 의심을 가지는 미필적 인식으로 충분
④ 대표이사가 회사 자금으로 乙에게 주식매각대금조로 금원을 지급한 경우 → 장물 ○

**정선
해설**

[❶ ▸ ○] 장물인 정을 모르고 장물을 보관하였다가 그 후에 장물인 정을 알게 된 경우 그 정을 알고서도 이를 계속하여 보관하는 행위는 장물죄를 구성하는 것이나 이 경우에도 점유할 권한이 있는 때에는 이를 계속하여 보관하더라도 장물보관죄가 성립하지 않는다(대판 1986.1.21. 85도2472).

> 비교판례 | 대판 1987.10.13. 87도1633
> 장물인 정을 모르고 보관하던 중 장물인 정을 알게 되었고, 위 장물을 반환하는 것이 불가능하지 않음에도 불구하고 계속 보관함으로써 피해자의 정당한 반환청구권 행사를 어렵게 하여 위법한 재산상태를 유지시킨 경우에는 장물보관죄에 해당한다.

[❷ ▸ ○] 대판 2004.3.12. 2004도134
[❸ ▸ ○] 대판 2004.12.9. 2004도5904
[❹ ▸ ×] 판례의 취지를 고려하면, 乙이 주식매각 대금조로 지급받은 금원은 대표이사 甲의 횡령행위에 의하여 영득된 장물에 해당한다고 보는 것이 타당하다.

> 甲이 회사 자금으로 乙에게 주식매각 대금조로 금원을 지급한 경우, 그 금원은 단순히 횡령행위에 제공된 물건이 아니라 횡령행위에 의하여 영득된 장물에 해당한다고 할 것이고, 나아가 설령 甲이 乙에게 금원을 교부한 행위 자체가 횡령행위라고 하더라도 이러한 경우 甲의 업무상횡령죄가 기수에 달하는 것과 동시에 그 금원은 장물이 된다고 한 사례(대판 2004.12.9. 2004도5904).

답 ❹

장물죄에 관한 다음 설명 중 옳지 않은 것은?(다툼이 있는 경우 판례에 의함)

① 전화가입권의 실체는 가입권자가 전화관서로부터 전화역무를 제공받을 하나의 채권적 권리이며, 이는 하나의 재산상의 이익은 될지언정 위에 말한 장물의 범주에 속하지 아니한다.

② 장물을 팔아서 얻은 돈인 줄을 피고인이 알고 취득하였더라도 장물취득죄가 성립하는 것은 아니다.

③ 명의신탁부동산의 신탁행위에 있어서는 수탁자가 외부관계에 대하여 소유자로 간주되므로 이를 취득한 제3자는 수탁자가 신탁자의 승낙없이 매각하는 정을 알고 있는 여부에 불구하고 장물취득죄가 성립하지 아니한다.

④ 甲이 권한 없이 인터넷뱅킹으로 타인의 예금계좌에서 자신의 예금계좌로 돈을 이체한 후 그중 일부를 인출하여 그 정을 아는 乙에게 교부한 경우 인출한 돈은 절도로 취득한 물건이기 때문에 乙에게는 장물취득죄가 성립한다.

정선 핵심

장물취득죄의 성립 여부

① 전화가입권 → 장물 ✕
② 장물을 팔아서 얻은 돈인 줄 알고 취득한 경우 → ✕
③ 명의수탁자로부터 명의신탁부동산을 취득하는 경우 → ✕
④ 권한 없이 인터넷뱅킹으로 이체한 돈을 인출하여 교부한 경우 → ✕

정선 해설

[❶▸O] 대판 1971.2.23. 70도2589

[❷▸O] 장물이란, 재산죄로 인하여 얻어진 재물(관리할 수 있는 동력도 포함된다)을 말하는 것으로서 영득된 재물자체를 두고 말한다. 따라서 장물을 팔아서 얻은 돈은 장물이 아니다(대판 1972.6.13. 72도971).

[❸▸O] 신탁행위에 있어서는 수탁자가 외부관계에 대하여 소유자로 간주되므로 이를 취득한 제3자는 수탁자가 신탁자의 승낙없이 매각하는 정을 알고 있는 여부에 불구하고 장물취득죄가 성립하지 아니한다(대판 1979.11.27. 79도2410).

[❹▸✕] 甲이 컴퓨터등사용사기죄에 의하여 취득한 예금채권은 재물이 아니라 재산상 이익이므로, 그가 자신의 예금계좌에서 돈을 인출하였더라도 장물을 금융기관에 예치하였다가 인출한 것으로 볼 수 없으므로 乙에 대해 장물취득죄는 성립하지 아니한다(대판 2004.4.16. 2004도353).

답 ❹

안심Touch

장물죄에 대한 설명으로 옳지 않은 것은?(다툼이 있는 경우 판례에 의함) `20` 경찰간부

① 단순히 보수를 받고 본범을 위하여 장물을 일시 사용하거나 그와 같이 사용할 목적으로 장물을 건네받은 것만으로는 장물을 취득한 것으로 볼 수 없다.

② 컴퓨터등사용사기죄의 범행으로 예금채권을 취득한 다음 자기의 현금카드를 사용하여 현금자동지급기에서 현금을 인출한 경우, 그 인출된 현금은 장물이 될 수 없다.

③ 권한 없이 인터넷뱅킹으로 타인의 계좌에서 자신의 계좌로 돈을 이체한 후 그중 일부를 인출하여 그 정을 아는 제3자에게 교부한 경우, 제3자에게는 장물취득죄가 성립하지 않는다.

④ 장물죄의 본범의 행위에 관한 법적 평가는 그 행위에 대하여 우리 형법이 적용되지 아니하는 경우에는 다른 특별한 사정이 없는 한 국제사법의 규정에 좇아 정하여지는 준거법을 기준으로 하여야 한다.

정선 핵심

① 단순히 보수를 받고 본범을 위해 장물을 일시사용하거나 건네받은 경우 → 취득 ×

②·③ 컴퓨터등사용사기죄의 범행으로 취득한 예금채권을 현금카드로 인출한 경우
　　→ 인출된 현금 : 장물 ×
　　→ 인출된 현금을 교부받은 경우 : 장물취득죄 ×

④ 본범의 행위에 대하여 우리 형법이 적용되지 않는 경우 → 법적 평가는 형법적용 ○

정선 해설

[❶ ▶ ○] 판례의 취지를 고려하면, 이 경우 장물보관죄는 성립할 수 있다.

> 장물취득죄에서 '취득'이라고 함은 점유를 이전받음으로써 그 장물에 대하여 사실상의 처분권을 획득하는 것을 의미하는 것이므로, 단순히 보수를 받고 본범을 위하여 장물을 일시 사용하거나 그와 같이 사용할 목적으로 장물을 건네받은 것만으로는 장물을 취득한 것으로 볼 수 없다(대판 2003.5.13. 2003도1366).

[❷ ▶ ○] 컴퓨터등사용사기죄의 범행으로 예금채권을 취득한 다음 자기의 현금카드를 사용하여 현금자동지급기에서 현금을 인출한 경우, 현금카드 사용권한 있는 자의 정당한 사용에 의한 것으로서 현금자동지급기 관리자의 의사에 반하거나 기망행위 및 그에 따른 처분행위도 없었으므로, 별도로 절도죄나 사기죄의 구성요건에 해당하지 않는다 할 것이고, 그 결과 그 인출된 현금은 재산범죄에 의하여 취득한 재물이 아니므로 장물이 될 수 없다(대판 2004.4.16. 2004도353).

[❸ ▶ ○] 대판 2004.4.16. 2004도353

[❹ ▶ ×] 본범의 행위에 관한 법적 평가는 그 행위에 대하여 우리 형법이 적용되지 아니하는 경우에도 우리 형법을 기준으로 하여야 하고 또한 이로써 충분하므로, 본범의 행위가 우리 형법에 비추어 절도죄 등의 구성요건에 해당하는 위법한 행위라고 인정되는 이상 이에 의하여 영득된 재물은 장물에 해당한다(대판 2011.4.28. 2010도15350).

> 대한민국 국민 또는 외국인이 미국 캘리포니아주에서 미국 리스회사와 미국 캘리포니아주의 법에 따라 차량 이용에 관한 리스계약을 체결하였는데, 이후 자동차수입업자인 피고인이 리스기간 중 위 리스이용자들이 임의로 처분한 위 차량들을 수입한 사안에서, 피고인에게 장물취득죄를 인정한 원심판단의 결론을 정당하다고 한 사례(대판 2011.4.28. 2010도15350).

답 ❹

장물죄에 관한 다음 설명 중 옳은 것의 개수는?

21 법원9급

> ㄱ. 장물이라 함은 재산죄인 범죄행위에 의하여 영득된 물건을 말하는 것으로서 절도, 강도, 사기, 공갈, 횡령 등 영득죄에 의하여 취득된 물건이어야 한다.
>
> ㄴ. 장물취득죄에 있어서 장물의 인식은 확정적 인식임을 요하지 않으며 장물일지도 모른다는 의심을 가지는 정도의 미필적 인식으로서도 충분하다.
>
> ㄷ. 장물인 귀금속의 매도를 부탁받은 피고인이 그 귀금속이 장물임을 알면서도 매매를 중개하고 매수인에게 이를 전달하려다가 매수인을 만나기도 전에 체포되었다면 장물알선죄가 성립한다고 보기 어렵다.
>
> ㄹ. 장물취득죄에서 '취득'이라고 함은 점유를 이전받음으로써 그 장물에 대하여 사실상의 처분권을 획득하는 것을 의미하는 것이므로, 단순히 보수를 받고 본범을 위하여 장물을 일시 사용하거나 그와 같이 사용할 목적으로 장물을 건네받은 것만으로는 장물을 취득한 것으로 볼 수 없다.

① 없음   ② 1개

③ 2개   ④ 3개

정선 핵심

ㄱ. 장물 → 영득죄에 의하여 취득된 물건

ㄴ. 장물취득죄의 구성요건

  → 장물의 인식 : 장물일지도 모른다는 의심을 가지는 미필적 인식으로 충분

ㄷ. 귀금속이 장물임을 알면서도 매매를 중개하고 매수인에게 전달하려다가 체포된 경우 → 장물알선죄 ○

ㄹ. 단순히 보수를 받고 본범을 위해 장물을 일시사용하거나 건네받은 경우 → 취득 ✕

정선 해설

[ㄱ ▶ ○] 장물은 재산범죄에 의하여 영득한 재물이므로 재산죄이자 영득죄에 의하여 취득한 재물이어야 한다.

[ㄴ ▶ ○] 장물취득죄에 있어서 장물의 인식은 확정적 인식임을 요하지 않으며 장물일지도 모른다는 의심을 가지는 정도의 미필적 인식으로서도 충분하다(대판 1995.1.20. 94도1968).

[ㄷ ▶ ✕] 장물인 귀금속의 매도를 부탁받은 피고인이 그 귀금속이 장물임을 알면서도 매매를 중개하고 매수인에게 이를 전달하려다가 매수인을 만나기도 전에 체포되었다 하더라도, 위 귀금속의 매매를 중개함으로써 장물알선죄가 성립한다(대판 2009.4.23. 2009도1203).

[ㄹ ▶ ○] 대판 2003.5.13. 2003도1366

답 ❹

장물에 관한 설명으로 옳지 않은 것은?(다툼이 있으면 판례에 의함) 16 사시

① 장물인 정을 알면서 장물을 취득·보관하려는 당사자 사이를 서로 연결하여 이를 중개하거나 편의를 제공하였다거나 그 알선에 의하여 당사자 사이에 실제 취득 등의 계약이 성립하지 아니한 경우라도 장물알선죄가 성립한다.

② 甲이 권한 없이 인터넷뱅킹으로 타인의 예금계좌에서 자신의 예금계좌로 돈을 이체한 후 그중 일부를 인출하여 그 정을 아는 乙에게 교부한 경우, 乙에 대해서는 장물취득죄가 성립하지 아니한다.

③ 甲이 사기범행에 이용되리라는 사정을 알고서도 자신의 명의로 새마을금고 예금계좌를 개설하여 乙에게 이를 인계한 후 乙이 제3자인 A를 속여 A로 하여금 1,000만원을 위 계좌로 송금하게 한 것을 甲이 인출한 경우, 甲은 장물취득죄가 성립한다.

④ 우리 형법이 적용되지 아니하는 경우에도 우리 형법에 비추어 본범의 행위가 절도죄의 구성요건이 해당하는 위법한 행위라면 이에 의하여 영득된 재물은 장물에 해당한다.

⑤ 장물인 정을 모르고 보관하다가 장물인 정을 알게 되었고 장물의 반환이 불가능하지 않음에도 계속 보관하였다면 장물보관죄가 성립한다.

정선 핵심

① 장물을 취득·보관하려는 자들을 중개하였으나 계약은 성립하지 아니한 경우 → 장물알선죄 ○
② 권한 없이 인터넷뱅킹으로 이체한 돈을 인출하여 교부한 경우 → 장물취득죄 ×
③ 계좌명의인이 영득의 의사로써 전기통신금융사기 피해금을 인출한 경우
　　↪ 계좌명의인이 사기의 공범인 경우 : 장물취득죄 ×
④ 본범의 행위가 형법상 위법한 행위인 경우 → 이에 의해 영득한 재물은 장물 ○
⑤ 장물인 정을 안 후 반환이 불가능하지 않음에도 계속 보관한 경우 → 장물보관죄 ○

정선 해설

[❶▸○] 대판 2009.4.23. 2009도1203
[❷▸○] 대판 2004.4.16. 2004도353
[❸▸✕] 판례의 취지를 고려하면, 甲이 자신의 명의의 계좌로 송금된 1,000만원에 대한 점유를 이전받아 사실상 처분권을 획득한 것은 아니므로 甲이 이를 인출한 경우, 장물취득죄는 성립하지 아니한다.

> [1] 본범의 사기행위는 피고인이 예금계좌를 개설하여 본범에게 양도한 방조행위가 가공되어 본범에게 편취금이 귀속되는 과정 없이 피고인이 피해자로부터 피고인의 예금계좌로 돈을 송금받아 취득함으로써 종료되는 것이고, 그 후 피고인이 자신의 예금계좌에서 위 돈을 인출하였다 하더라도 이는 예금명의자로서 은행에 예금반환을 청구한 결과일 뿐 본범으로부터 위 돈에 대한 점유를 이전받아 사실상 처분권을 획득한 것은 아니므로, 피고인의 위와 같은 인출행위를 장물취득죄로 벌할 수는 없다.
> [2] 사기범행에 이용되리라는 사정을 알고서도 자신의 명의로 은행 예금계좌를 개설하여 甲에게 이를 양도함으로써 甲이 乙을 속여 乙로 하여금 현금을 위 계좌로 송금하게 한 사기범행을 방조한 피고인이 위 계좌로 송금된 돈 중 일부를 인출하여 甲이 편취한 장물을 취득하였다는 공소사실에 대하여, 위 '장물취득' 부분을 무죄로 선고한 원심판단을 정당하다고 한 사례(대판 2010.12.9. 2010도6256).

[❹▸○] 대판 2011.4.28. 2010도15350
[❺▸○] 장물인 정을 모르고 보관하던 중 장물인 정을 알게 되었고, 위 장물을 반환하는 것이 불가능하지 않음에도 불구하고 계속 보관함으로써 피해자의 정당한 반환청구권 행사를 어렵게하여 위법한 재산상태를 유지시킨 경우에는 장물보관죄에 해당한다(대판 1987.10.13. 87도1633).

답 ❸

장물죄에 관한 다음 설명 중 가장 옳은 것은?   15 법원9급

① 피고인이 예금계좌를 개설하여 본범에게 양도하는 사기방조 행위로 인해 본범에게 편취금이 귀속되는 과정 없이 피해자로부터 피고인의 예금계좌로 편취금이 바로 송금된 경우, 피고인이 자신의 예금계좌에서 편취금을 인출하였다고 하더라도 따로 장물취득죄가 성립하지 않는다.

② 절도 범인으로부터 장물보관 의뢰를 받은 피고인이 그 정을 알면서 이를 인도받아 보관하고 있다가 임의 처분한 경우, 장물보관죄 외에 횡령죄가 성립한다.

③ 피고인이 본범이 절취한 차량이라는 정을 알면서도 본범으로부터 그가 위 차량을 이용하여 강도를 하려 함에 있어 차량을 운전해 달라는 부탁을 받고 운전해 준 경우, 강도예비죄가 성립하는 외에 별도로 장물운반죄는 성립하지 않는다.

④ 장물범이 본범과 직계혈족일 경우, 장물범에 대하여 그 형을 면제한다.

정선 핵심

① 계좌명의인이 영득의 의사로써 전기통신금융사기 피해금을 인출한 경우
　→ 계좌명의인이 사기의 공범인 경우 : 장물취득죄 ✕
② 장물보관 중 임의처분한 경우 → 장물보관죄 외에 횡령죄 ✕
③ 강도예비죄와 장물운반죄 → 상상적 경합 ○
④ 장물범과 본범간에 직계혈족 관계가 있는 경우 → 필요적 감면

정선 해설

[**❶** ▸ O] 대판 2010.12.9. 2010도6256

[**❷** ▸ ✕] 절도범인으로부터 장물보관의뢰를 받은 자가 그 정을 알면서 이를 인도받아 보관하고 있다가 임의처분하였다 하여도 장물보관죄가 성립되는 때에는 이미 그 소유자의 소유물추구권을 침해하였으므로 그 후의 횡령행위는 불가벌적 사후행위에 불과하여 별도로 횡령죄가 성립하지 않는다(대판 1976.11.23. 76도3067).

[**❸** ▸ ✕] 피고인이 본범이 절취한 차량이라는 정을 알면서도 본범 등으로부터 그들이 위 차량을 이용하여 강도를 하려 함에 있어 차량을 운전해 달라는 부탁을 받고 위 차량을 운전해 준 경우, 피고인은 강도예비와 아울러 장물운반의 고의를 가지고 위와 같은 행위를 하였다고 봄이 상당하다(대판 1999.3.26. 98도3030).

[**❹** ▸ ✕] 형법 제365조 제2항, 제328조 제1항 참조

법령　　친족간의 범행(형법 제365조)　　② 전3조의 죄를 범한 자와 본범 간에 제328조 제1항의 신분관계가 있는 때에는 그 형을 감경 또는 면제한다. 단, 신분관계가 없는 공범에 대하여는 예외로 한다.
친족간의 범행과 고소(형법 제328조)　　① 직계혈족, 배우자, 동거친족, 동거가족 또는 그 배우자간의 제323조의 죄는 그 형을 면제한다.

답 **❶**

장물의 죄에 대한 다음 설명 중 가장 적절하지 않은 것은?(다툼이 있는 경우 판례에 의함)

① 장물인 현금 또는 수표를 금융기관에 예금의 형태로 보관하였다가 이를 반환받기 위하여 동일한 액수의 현금 또는 수표를 인출한 경우 그 인출된 현금 또는 수표는 장물로서의 성질이 상실된다.

② 단순히 보수를 받고 본범을 위하여 장물을 일시 사용하거나 그와 같이 사용할 목적으로 장물을 건네받은 것만으로는 장물을 취득한 것으로 볼 수 없다.

③ 장물취득죄는 취득 당시 장물인 정을 알면서 재물을 취득하여야 성립하는 것이므로 피고인이 재물을 인도받은 후에 비로소 장물이 아닌가 하는 의구심을 가졌다고 하여 그 재물수수행위가 장물취득죄를 구성한다고 할 수 없다.

④ 장물인 정을 모르고 보관하던 중 장물인 정을 알게 되었으면서도 계속 보관함으로써 피해자의 정당한 반환청구권 행사를 어렵게 하고 위법한 재산상태를 유지시키는 때에는 장물보관죄가 성립한다.

정선 핵심

① 장물인 현금 또는 수표를 예금하였다가 다시 인출한 경우 → 장물성 ○
② 단순히 보수를 받고 본범을 위해 장물을 일시사용하거나 건네받은 경우 → 취득 ×
③ 재물을 인도받은 후에 장물이 아닌가 하는 의구심을 가진 경우 → 장물취득죄 ×
④ 장물인 정을 모르고 보관하던 중 그 정을 알고 계속 보관한 경우 → 장물보관죄 ○

정선 해설

[❶ ▸ ×] 장물인 현금을 금융기관에 예금의 형태로 보관하였다가 이를 반환받기 위하여 동일한 액수의 현금을 인출한 경우에 예금계약의 성질상 인출된 현금은 당초의 현금과 물리적인 동일성은 상실되었지만 액수에 의하여 표시되는 금전적 가치에는 아무런 변동이 없으므로 장물로서의 성질은 그대로 유지된다고 봄이 상당하고, 자기앞수표도 그 액면금을 즉시 지급받을 수 있는 등 현금에 대신하는 기능을 가지고 거래상 현금과 동일하게 취급되고 있는 점에서 금전의 경우와 동일하게 보아야 한다(대판 2000.3.10. 98도2579).

[❷ ▸ ○] 장물취득죄에서 '취득'이라고 함은 점유를 이전받음으로써 그 장물에 대하여 사실상의 처분권을 획득하는 것을 의미하는 것이므로, 단순히 보수를 받고 본범을 위하여 장물을 일시 사용하거나 그와 같이 사용할 목적으로 장물을 건네받은 것만으로는 장물을 취득한 것으로 볼 수 없다(대판 2003.5.13. 2003도1366).

> 피고인은 공소외인로부터 보수를 줄 터이니 물건을 대신 구입하여 달라는 부탁과 함께 위 신용카드 2장을 교부받을 당시, 공소외인이 위 신용카드를 습득한 것으로 알고 있었다고 진술하고 있고, 공소외인은 늦어도 습득한 위 신용카드 2장으로 물건을 구입하여 줄 것을 피고인에게 부탁한 때에는 불법영득의 의사가 확정됨으로써 점유이탈물횡령죄의 기수에 이른 것이고, 점유이탈물횡령으로 인하여 영득한 재물 역시 장물로 보아야 하므로, 공소외인의 위와 같은 부탁을 받아들여 위 신용카드 2장을 교부받은 피고인의 행위는 적어도 형법 제362조 제1항 소정의 장물을 보관한 경우에 해당한다고 보아야 한다(대판 2003.5.13. 2003도1366).

[❸ ▸ ○] 대판 2006.10.13. 2004도6084

[❹ ▸ ○] 대판 1987.10.13. 87도1633

답 ❶

장물죄에 관한 설명 중 가장 적절한 것은?(다툼이 있는 경우 판례에 의함) `17` 경찰승진

① 장물인 귀금속의 매도를 부탁받은 피고인이 그 귀금속이 장물임을 알면서도 매매를 중개하고 매수인에게 이를 전달하려다가 매수인을 만나기 전에 체포되었다면 장물알선죄가 성립하지 아니한다.

② 장물범이 본범과 직계혈족일 경우, 장물범에 대하여 그 형을 감경 또는 면제할 수 있다.

③ 甲이 권한 없이 인터넷 뱅킹으로 타인의 예금계좌에서 자신의 예금계좌로 돈을 이체한 후 그중 일부를 인출하여 그 정을 아는 乙에게 교부한 경우, 乙은 장물취득죄가 성립한다.

④ 장물죄는 타인(본범)이 불법하게 영득한 재물의 처분에 관여하는 범죄이므로 자기의 범죄에 의하여 영득한 물건에 대하여는 성립되지 아니하고 이는 불가벌적 사후행위에 해당한다고 할 것이지만, 여기에서 자기의 범죄라 함은 정범자(공동정범과 합동범을 포함한다)에 한정된다.

정선 핵심

① 귀금속이 장물임을 알면서도 매매를 중개하고 매수인에게 전달하려다가 체포된 경우 → 장물알선죄 ○

② 장물범과 본범간에 직계혈족 관계가 있는 경우 → 필요적 감면

③ 권한 없이 인터넷뱅킹으로 이체한 돈을 인출하여 교부한 경우 → 장물취득죄 ✕

④ 자기(공동정범과 합동범을 포함하는 정범자)의 범죄에 의하여 영득한 물건 → 장물죄 ✕

정선 해설

[**①** ▸ ✕] 장물인 귀금속의 매도를 부탁받은 피고인이 그 귀금속이 장물임을 알면서도 매매를 중개하고 매수인에게 이를 전달하려다가 매수인을 만나기도 전에 체포되었다 하더라도, 위 귀금속의 매매를 중개함으로써 장물알선죄가 성립한다(대판 2009.4.23. 2009도1203).

[**②** ▸ ✕] 장물죄를 범한 자와 본범 간에 제328조 제1항의 신분관계가 있는 때에는 그 형을 감경 또는 면제한다(형법 제365조 제2항).

[**③** ▸ ✕] 甲이 권한 없이 인터넷뱅킹으로 타인의 예금계좌에서 자신의 예금계좌로 돈을 이체한 후 그중 일부를 인출하여 그 정을 아는 乙에게 교부한 경우, 甲이 컴퓨터등사용사기죄에 의하여 취득한 예금채권은 재물이 아니라 재산상 이익이므로, 그가 자신의 예금계좌에서 돈을 인출하였더라도 장물을 금융기관에 예치하였다가 인출한 것으로 볼 수 없어 乙의 장물취득죄는 성립하지 아니한다(대판 2004.4.16. 2004도353).

[**④** ▸ ○] 대판 1986.9.9. 86도1273

답 ④

장물죄에 대한 설명 중 옳은 것만을 모두 고르면?(다툼이 있는 경우 판례에 의함)

20 국가7급

ㄱ. 절도 범인으로부터 장물보관 의뢰를 받은 자가 그 정을 알면서 이를 인도받아 보관하고 있다가 임의로 처분한 경우, 장물보관죄와 횡령죄가 성립하고 양자는 상상적 경합관계에 있다.

ㄴ. 甲이 권한 없이 인터넷뱅킹으로 타인의 예금계좌에서 자신의 예금계좌로 돈을 이체한 후 그중 일부를 인출하여 그 정을 아는 乙에게 교부한 경우, 乙에게는 장물취득죄가 성립한다.

ㄷ. 장물인 현금을 금융기관에 예금의 형태로 보관하였다가 이를 반환받기 위하여 동일한 액수의 현금을 인출한 경우 장물로서의 성질은 그대로 유지된다.

ㄹ. 본범 이외의 자가 본범이 절취한 차량이라는 정을 알면서 본범이 강도행위를 하려 함에 있어 차량을 운전해 달라는 부탁을 받고 그 차량을 운전해 준 경우, 강도예비죄 외에 장물운반죄가 따로 성립한다.

ㅁ. 장물죄를 범한 자가 본범과 직계혈족 관계에 있는 경우, 본범의 피해자의 고소가 있어야 공소를 제기할 수 있다.

① ㄱ, ㄴ   ② ㄱ, ㄷ
③ ㄷ, ㄹ   ④ ㄷ, ㄹ, ㅁ

**정선
핵심**

ㄱ. 장물보관 중 임의처분한 경우 → 장물보관죄 외에 횡령죄 ×

ㄴ. 권한 없이 인터넷뱅킹으로 이체한 돈을 인출하여 교부한 경우 → 장물취득죄 ×

ㄷ. 장물인 현금을 예금하였다가 다시 인출한 경우 → 장물성 ○

ㄹ. 강도예비죄와 장물운반죄 → 상상적 경합 ○

ㅁ. 장물범과 본범간에 직계혈족 관계가 있는 경우 → 필요적 감면

**정선
해설**

[ㄱ ▸ X] 절도범인으로부터 장물보관의뢰를 받은 자가 그 정을 알면서 이를 인도받아 보관하고 있다가 임의처분하였다 하여도 장물보관죄가 성립되는 때에는 이미 그 소유자의 소유물추구권을 침해하였으므로 그 후의 횡령행위는 불가벌적 사후행위에 불과하여 별도로 횡령죄가 성립하지 않는다(대판 1976.11.23. 76도3067).

[ㄴ ▸ X] 甲이 권한 없이 인터넷뱅킹으로 타인의 예금계좌에서 자신의 예금계좌로 돈을 이체한 후 그중 일부를 인출하여 그 정을 아는 乙에게 교부한 경우, 甲이 컴퓨터등사용사기죄에 의하여 취득한 예금채권은 재물이 아니라 재산상 이익이므로, 그가 자신의 예금계좌에서 돈을 인출하였더라도 장물을 금융기관에 예치하였다가 인출한 것으로 볼 수 없어 乙의 장물취득죄는 성립하지 아니한다(대판 2004.4.16. 2004도353).

[ㄷ ▸ O] 대판 2004.3.12. 2004도134

[ㄹ ▸ O] 대판 1999.3.26. 98도3030

[ㅁ ▸ X] 형법 제365조 제2항, 제328조 제1항 참조

법령 친족간의 범행(형법 제365조) ② 전3조의 죄를 범한 자와 본범 간에 제328조 제1항의 신분관계가 있는 때에는 <u>그 형을 감경 또는 면제</u>한다. 단, 신분관계가 없는 공범에 대하여는 예외로 한다.

친족간의 범행과 고소(형법 제328조) ① 직계혈족, 배우자, 동거친족, 동거가족 또는 그 배우자간의 제323조의 죄는 그 형을 면제한다.

답 ❸

장물죄에 관한 설명으로 가장 적절하지 않은 것은?(다툼이 있는 경우 판례에 의함)

19 경찰채용

① 전당포영업자가 보석들을 전당잡으면서 인도받을 당시 장물인 정을 몰랐다가 그 후 장물일지도 모른다고 의심하면서 소유권포기각서를 받은 경우, 장물취득죄가 성립하지 않는다.

② 피고인이 업무상과실로 장물을 보관하고 있다가 이를 처분한 경우, 업무상과실장물보관죄와 별도로 횡령죄가 성립한다.

③ 甲이 권한 없이 인터넷뱅킹으로 타인의 예금계좌에서 자신의 예금계좌로 돈을 이체한 후 그중 일부를 인출하여 그 정을 아는 乙에게 교부한 경우, 乙에게는 장물취득죄가 성립하지 않는다.

④ 장물인 현금과 자기앞수표를 금융기관에 예치하였다가 현금으로 인출한 경우에도 장물성은 그대로 유지된다.

정선 핵심

① 전당포영업자가 장물일지도 모른다고 의심하면서 소유권포기각서를 받은 경우 → 장물취득죄 ✕
② 업무상과실로 장물을 보관하고 있다가 처분한 경우 → 업무상과실장물보관죄 ○
③ 권한 없이 인터넷뱅킹으로 이체한 돈을 인출하여 교부한 경우 → 장물취득죄 ✕
④ 장물인 현금과 자기앞수표를 예금하였다가 다시 인출한 경우 → 장물성 ○

정선 해설

[❶ ▸ ○] 전당포영업자가 보석들을 전당잡으면서 인도받을 당시 장물인 정을 몰랐다가 그 후 장물일지도 모른다고 의심하면서 소유권포기각서를 받은 행위는 장물취득죄에 해당하지 않고, 또한 전당포영업자가 대여금채권의 담보로 보석들을 전당잡은 경우에는 이를 점유할 권한이 있는 때에 해당하여 장물보관죄 역시 성립하지 않는다(대판 2006.10.13. 2004도6084).

[❷ ▸ ✕] 피고인이 업무상과실로 장물을 보관하고 있다가 처분한 행위는 업무상과실장물보관죄의 가벌적 평가에 포함되고 별도로 횡령죄를 구성하지 않는다(대판 2004.4.9. 2003도8219).

[❸ ▸ ○] 대판 2004.4.16. 2004도353

[❹ ▸ ○] 대판 2004.3.12. 2004도134

답 ❷

장물죄에 관한 다음 설명 중 가장 옳지 않은 것은?

① 절도 범인으로부터 장물보관 의뢰를 받은 자가 그 정을 알면서 이를 인도받아 보관하고 있다가 임의 처분하였으나 아녀노 상불보관죄 외에 별도로 횡령죄가 성립하지 않는다.

② 甲이 권한 없이 인터넷뱅킹을 이용하여 타인 명의의 예금계좌로부터 자신의 예금계좌로 금원을 이체한 후 자신의 현금카드를 사용하여 현금자동지급기에서 현금을 인출한 경우, 그 인출된 현금은 장물이 될 수 없으므로 乙이 이를 취득하더라도 장물취득죄가 성립할 수 없다.

③ 甲이 회사를 위하여 업무상 보관하고 있던 자금을 乙에게 주식매각 대금조로 교부한 경우 위 자금은 횡령행위에 제공된 물건 자체이므로 장물이라고 볼 수 없어 乙에 대하여는 장물취득죄가 성립할 수 없다.

④ 장물임을 알면서 장물을 매매하는 계약을 중개하였다면 실제 매매계약이 성립하지 않거나 점유가 현실적으로 이전되지 아니한 경우라도 장물알선죄가 성립한다.

정선 핵심

① 장물보관 중 임의처분한 경우 → 장물보관죄 외에 횡령죄 ✕
② 권한 없이 인터넷뱅킹으로 이체한 돈을 인출하여 교부한 경우 → 장물취득죄 ✕
③ 대표이사가 회사 자금으로 乙에게 주식매각대금조로 금원을 지급한 경우 → 장물취득죄 ○
④ 장물임을 알면서 중개하였으나 매매계약이 성립하지 않거나 점유가 이전되지 않은 경우 → 장물알선죄 ○

정선 해설

[❶ ▸ ○] 대판 1976.11.23. 76도3067

[❷ ▸ ○] 대판 2004.4.16. 2004도353

[❸ ▸ ✕] 판례(대판 2004.12.9. 2004도5904)의 취지를 고려하면, 乙이 주식매각 대금조로 지급받은 금원은 대표이사 甲의 횡령행위에 의하여 영득된 장물에 해당하므로 乙에게는 장물취득죄가 성립한다.

[❹ ▸ ○] 장물인 정을 알면서, 장물을 취득·양도·운반·보관하려는 당사자 사이에 서서 서로를 연결하여 장물의 취득·양도·운반·보관행위를 중개하거나 편의를 도모하였다면, 그 알선에 의하여 당사자 사이에 실제로 장물의 취득·양도·운반·보관에 관한 계약이 성립하지 아니하였거나 장물의 점유가 현실적으로 이전되지 아니한 경우라도 장물알선죄가 성립한다(대판 2009.4.23. 2009도1203).

답 ❸

01 형법상 장물죄의 행위 태양은 취득, 양도, 운반, 보관 또는 알선이며, 모두 동일한 법정형으로 규정되어 있다. `19` 경찰승진 ○ | ×

02 장물죄는 재산범인 본범이 영득한 재물에 사후적으로 관여하는 사후종범적 성격을 가지고 있으므로 절도죄보다 법정형을 가볍게 규정하고 있다. `16` 경찰승진 ○ | ×

03 甲은 乙로부터 장물인 골동품을 매각하여 달라는 의뢰를 받으면서 골동품이 장물인지 여부를 확인하여야 할 업무상주의의무가 있음에도 이를 게을리하고 골동품을 넘겨받아 보관하던 중, 丙으로부터 금원을 차용하여 보관 중이던 골동품을 담보로 제공한 경우 甲의 행위는 업무상과실장물보관죄를 구성하고, 그 후의 횡령행위는 불가벌적 사후행위에 불과하여 별도로 횡령죄가 성립하지 않는다. `19` 해경간부 ○ | ×

04 자전거를 인도받은 후 비로소 장물이 아닌가 하는 의구심을 가졌더라도 장물취득죄가 성립한다. `15` 경찰승진 ○ | ×

05 이중매도로 인한 배임죄에 제공된 부동산을 취득한 때에는 장물취득죄가 성립하지 않는다. `15` 경찰간부 ○ | ×

06 甲이 乙을 기망하여 乙이 甲의 계좌로 현금 1천만원을 송금한 경우 甲이 사기죄로 취득한 것은 예금채권으로서 재물이 아니라 재산상 이익이어서 당해 현금 1천만원은 장물에 해당하지 않는다. `14` 경찰간부 ○ | ×

01 형법 제362조

02 장물범은 재산죄의 실행을 유발한다는 특수한 위험성이 있어 형법은 장물죄를 절도죄보다 무겁게 처벌하고 있다.

03 대판 2004.4.9. 2003도8219

04 피고인이 자전차의 인도를 받은 후에 비로소 장물이 아닌가 하는 의구심을 가졌다고 해서 그 자전차의 수수행위가 장물취득죄를 구성한다고는 할 수 없다(대판 1971.4.20 71도468).

05 대판 1975.12.9. 74도2804

06 피해자가 본범의 기망행위에 속아 현금을 피고인 명의의 은행 예금계좌로 송금하였다면, 이는 재물에 해당하는 현금을 교부하는 방법이 예금계좌로 송금하는 형식으로 이루어진 것에 불과하여, 피해자의 은행에 대한 예금채권은 당초 발생하지 않는다(대판 2010.12.9. 2010도6256).

정답

01 ○ **02** × **03** ○ **04** ×
05 ○ **06** ×

341 □□□

손괴의 죄에 대한 설명으로 옳지 않은 것은?(다툼이 있는 경우 판례에 의함)

20 국가9급

① 재건축사업으로 철거예정이고 그 입주자들이 모두 이사하여 아무도 거주하지 않은 채 비어 있는 아파트라도 재산적 이용가치 내지 효용이 있는 경우에는 재물손괴죄의 재물에 포함된다.

② 자동문을 자동으로 작동하지 않고 수동으로만 개폐가 가능하게 하여 자동잠금장치로서 역할을 할 수 없도록 한 경우에도 재물손괴죄가 성립한다.

③ 홍보를 위해 1층 로비에 설치해 둔 홍보용 배너와 거치대를 훼손 없이 그 장소에서 제거하여 컨테이너로 된 창고로 옮겨 놓아 사용할 수 없게 한 행위는 재물의 효용을 해하는 행위에 해당한다.

④ 해고노동자 등이 복직을 요구하는 집회를 개최하던 중 래커 스프레이를 이용하여 회사 건물 외벽과 1층 벽면 등에 낙서한 행위와 계란 30여 개를 건물에 투척한 행위는 모두 건물의 효용을 해한 것으로 볼 수 있다.

정선 핵심

재물손괴죄의 성립 여부
① 철거예정 아파트가 주거용이나 재물로의 이용가치가 있는 경우 → 재물손괴죄의 객체 ○
② 자동문을 수동으로만 작동하게 하여 자동잠금장치로서 역할을 할 수 없게 한 경우 → ○
③ 홍보용 배너와 거치대를 창고로 옮겨 놓은 경우 → ○
④ 해고노동자 등의 복직을 요구하는 집회에서의 행위
　⋯▶ 래커스프레이로 회사 건물 외벽과 1층 벽면에 낙서를 한 경우 : ○
　⋯▶ 계란 30여 개를 건물에 투척한 경우 : ×

정선 해설

[❶ ▶ ○] 재건축사업으로 철거가 예정되어 있었고 그 입주자들이 모두 이사하여 아무도 거주하지 않은 채 비어 있는 아파트라 하더라도, 그 아파트 자체의 객관적 성상이 본래 사용목적인 주거용으로 사용될 수 없는 상태가 아니었고, 더욱이 그 소유자들이 재건축조합으로의 신탁등기 및 인도를 거부하는 방법으로 계속 그 소유권을 행사하고 있는 상황이었다면 위와 같은 사정만으로는 위 아파트가 재물로서의 이용가치나 효용이 없는 물건으로 되었다고 할 수 없으므로, 위 아파트는 재물손괴죄의 객체가 된다고 할 것이다(대판 2010.2.25. 2009도8473).

[❷ ▶ ○] 대판 2016.11.25. 2016도9219

[❸ ▶ ○] 대판 2018.7.24. 2017도18807

[❹ ▶ ×] 해고노동자 등이 복직을 요구하는 집회를 개최하던 중 래커 스프레이를 이용하여 회사 건물 외벽과 1층 벽면 등에 낙서한 행위는 건물의 효용을 해한 것으로 볼 수 있으나, 이와 별도로 계란 30여 개를 건물에 투척한 행위는 건물의 효용을 해하는 정도의 것에 해당하지 않는다(대판 2007.6.28. 2007도2590).

답 ❹

손괴죄에 대한 다음 설명 중 옳지 않은 것은?(다툼이 있는 경우 판례에 의함)

16 경찰간부

① 甲은 기존의 장부에 기재된 세입·세출명세를 새로운 장부로 이기하는 과정에서 경리직원이 누계 등을 잘못 기재하자 잘못 기재된 부분을 찢어버린 후 계속하여 종전 장부의 기재내용을 모두 이기한 경우 손괴죄가 성립한다.

② 해고노동자 등이 복직을 요구하는 집회를 개최하던 중 래커스프레이를 이용하여 회사 건물 외벽과 1층 벽면에 낙서를 한 경우 손괴죄가 성립한다.

③ 재건축사업으로 철거가 예정되어 있고 그 입주자들이 모두 이사하여 아무도 거주하지 않는 아파트라도 원칙적으로 재물손괴죄의 객체가 된다.

④ 본래의 용도에 사용할 수 없으나 다른 용도에 사용할 수 있다면 이는 재물손괴죄의 객체가 된다.

정선 핵심

① 세입·세출명세가 잘못 기재된 부분을 찢어버리고 종전의 기재내용을 모두 이기한 경우 → 손괴죄 ×

② 래커스프레이로 회사 건물 외벽과 1층 벽면에 낙서를 한 경우 → 손괴죄 ○

③ 철거예정 아파트가 주거용이나 재물로의 이용가치가 있는 경우 → 재물손괴죄의 객체 ○

④ 본래의 용도에 사용할 수 없으나 다른 용도에 사용할 수 있는 경우 → 재물손괴죄의 객체 ○

정선 해설

[❶ ▸ ×] 판례의 취지를 고려하면, 甲이 잘못 기재된 부분을 찢어버린 후 종전 장부의 기재내용을 모두 이기하였다면, 甲에게는 손괴죄가 성립하지 아니한다.

이미 작성되어 있던 장부의 기재를 새로운 장부로 이기하는 과정에서 누계 등을 잘못 기재하다가 그 부분을 찢어버리고 계속하여 종전장부의 기재내용을 모두 이기하였다면 그 당시 새로운 경리장부는 아직 작성 중에 있어서 손괴죄의 객체가 되는 문서로서의 경리장부가 아니라 할 것이고, 또 그 찢어버린 부분이 진실된 증빙내용을 기재한 것이었다는 등의 특별한 사정이 없는 한 그 이기과정에서 잘못 기재되어 찢어버린 부분 그 자체가 손괴죄의 객체가 되는 재산적 이용가치 내지 효용이 있는 재물이라고도 볼 수 없다(대판 1989.10.24. 88도1296).

[❷ ▸ ○] 대판 2007.6.28. 2007도2590

[❸ ▸ ○] 대판 2010.2.25. 2009도8473

[❹ ▸ ○] 물건이 그 본래의 사용목적에 공할 수 있거나, 다른 용도로라도 사용이 가능한 상태에 있다면, 재산적 이용가치 내지 효용이 있는 것으로서 재물손괴죄의 객체가 될 수 있다(대판 2007.9.20. 2007도520).

답 ❶

343

☐☐☐

다음 중 형법상 손괴죄가 성립하지 않는 경우로만 묶은 것은?(다툼이 있는 경우 판례에 의함)

법원행시

> ㄱ. 타인 소유의 광고용 간판을 백색페인트로 도색하여 광고문안을 지워버린 경우
> ㄴ. 재판결과에 불만을 품고 특정단체의 회원들이 재판장이 거주하는 아파트 벽면에 계란 30개를 투척하여 건물 벽이 더럽혀진 경우
> ㄷ. 약속어음의 수취인이 차용금의 지급담보를 위하여 은행에 보관시킨 약속어음을 은행지점장이 발행인의 부탁을 받고 그 지급기일란의 일자를 지운 경우
> ㄹ. 음주운전으로 경찰에서 조사받은 피의자가 자기 명의로 작성하여 제출한 자술서를 잠시 돌려받아 이를 찢어버린 경우
> ㅁ. 쪽파의 매수인이 명인방법을 갖추기 전에 매도인의 승낙을 받은 자가 쪽파를 파헤쳐 훼손한 경우

① ㄱ, ㄴ, ㄹ   ② ㄱ, ㄷ, ㅁ
③ ㄷ, ㄹ   ④ ㄴ, ㄷ, ㅁ
⑤ ㄴ, ㅁ

정선 핵심

손괴죄의 성립 여부

ㄱ. 백색페인트로 도색하여 광고문안을 지워버린 경우 → ○
ㄴ. 아파트 벽면에 계란 30개를 투척하여 건물 벽이 더럽혀진 경우 → ×
ㄷ. 수취인의 약속어음을 발행인의 부탁으로 지급기일란의 일자를 지운 경우 → ○
ㄹ. 피의자가 자기 명의로 작성한 자술서를 돌려받아 찢어버린 경우 → ○
ㅁ. 쪽파의 매수인이 명인방법을 갖추지 않은 동안에 제3자가 쪽파를 손괴한 경우 → ×

정선 해설

[ㄱ ▸ ○] 대판 1991.10.22. 91도2090
[ㄴ ▸ ×] 계란 30여 개를 건물에 투척한 행위는 건물의 효용을 해하는 정도의 것에 해당하지 않는다(대판 2007.6.28. 2007도2590).
[ㄷ ▸ ○] 약속어음의 수취인이 차용금의 지급담보를 위하여 은행에 보관시킨 약속어음을 은행지점장이 발행인의 부탁을 받고 그 지급기일란의 일자를 지움으로써 그 효용을 해한 경우에는 문서손괴죄가 성립한다(대판 1982.7.27. 82도223).

> **관련판례** **대판 1975.5.27. 74도3559**
> 피고인이 갑에게 채무없이 단순히 잠시 빌려준 피고인 발행약속어음을 갑이 을에게 배서양도하여 을이 소지중 피고인이 이를 찢어버린 것은 문서손괴죄에 해당하고 이를 자구행위 또는 긴급피난이라고 볼 수 없다.

[ㄹ ▸ ○] 대판 1987.4.14. 87도177
[ㅁ ▸ ×] 쪽파의 매수인이 명인방법을 갖추지 않은 경우, 쪽파에 대한 소유권을 취득하였다고 볼 수 없어 그 소유권은 여전히 매도인에게 있고 매도인과 제3자 사이에 일정 기간 후 임의처분의 약정이 있었다면 그 기간 후에 제3자가 쪽파를 손괴하였더라도 재물손괴죄가 성립하지 않는다(대판 1996.2.23. 95도2754).

답 ⑤

344

손괴죄에 대한 다음 설명 중 옳지 않은 것으로 짝지은 것은?(다툼이 있는 경우 판례에 의함)

18 경찰간부

ㄱ. 문서에 대한 종래의 사용상태가 문서 소유자의 의사에 반하여 또는 문서 소유자의 의사와 무관하게 이루어진 경우에 단순히 종래의 사용상태를 제거하거나 변경시키는 것에 불과하고 문서 소유자의 문서 사용에 지장을 초래하지 않은 경우에는 문서손괴죄가 성립하지 아니한다.

ㄴ. 甲은 A건물 1층 출입구 자동문의 설치공사를 맡았던 자로서, 설치자가 아니면 해제할 수 없는 자동문의 자동작동중지 예약기능을 이용하여 특정시점부터 자동문이 수동으로만 여닫히게 하였으나, 자동문이 자동잠금장치로서 일시적으로 역할을 할 수 없게 된 것에 그쳤다면 재물손괴죄가 성립하지 않는다.

ㄷ. 재건축사업으로 철거예정이고 그 입주자들이 모두 이사하여 아무도 거주하지 않은 채 비어 있는 아파트라 하더라도, 그 객관적 성상이 본래 사용목적인 주거용으로 쓰일 수 없는 상태라거나 재물로서의 이용가치나 효용이 없는 물건이 되었다고 할 수 없다면 이 아파트는 재물손괴죄의 객체가 된다.

ㄹ. 이미 타인(타기관)에 접수되어 있는 문서에 대하여 이를 무효화시켜 그 용도에 사용하지 못하게 하였더라도 그 문서가 자기명의의 문서인 경우에는 문서손괴죄가 성립하지 않는다.

① ㄱ, ㄴ
② ㄱ, ㄷ
③ ㄴ, ㄹ
④ ㄷ, ㄹ

정선 핵심

손괴죄의 성립 여부

ㄱ. 단순히 문서에 대한 종래의 사용상태를 제거·변경시키는 것에 불과하고 문서 사용에 지장을 초래하지 않은 경우 → ×

ㄴ. 자동문을 수동으로만 작동하게 하여 자동잠금장치로서 역할을 할 수 없게 한 경우 → ○

ㄷ. 철거예정 아파트가 주거용이나 재물로의 이용가치가 있는 경우 → 재물손괴죄의 객체 ○

ㄹ. 타인에 접수되어 있는 자기명의의 문서를 무효화한 경우 → ○

정선 해설

[ㄱ ▸ ○] 어느 문서에 대한 종래의 사용상태가 문서 소유자의 의사에 반하여 또는 문서 소유자의 의사와 무관하게 이루어진 경우에 단순히 종래의 사용상태를 제거하거나 변경시키는 것에 불과하고 손괴, 은닉하는 등으로 새로이 문서 소유자의 문서 사용에 지장을 초래하지 않는 경우에는 문서의 효용, 즉 문서 소유자의 문서에 대한 사용가치를 일시적으로도 해하였다고 할 수 없어 문서손괴죄가 성립하지 아니한다(대판 2015.11.27. 2014도13083).

[ㄴ ▸ ×] 자동문을 자동으로 작동하지 않고 수동으로만 개폐가 가능하게 하여 자동잠금장치로서 역할을 할 수 없도록 한 경우에도 재물손괴죄가 성립한다(대판 2016.11.25. 2016도9219).

[ㄷ ▸ ○] 대판 2010.2.25. 2009도8473

[ㄹ ▸ ×] 자기명의의 문서라 할지라도 이미 타인(타기관)에 접수되어 있는 문서에 대하여 함부로 이를 무효화시켜 그 용도에 사용하지 못하게 하였다면 일응 형법상의 문서손괴죄를 구성한다 할 것이므로 그러한 내용의 범죄될 사실을 허위로 기재하여 수사기관에 고소한 이상 무고죄의 죄책을 면할 수 없다(대판 1987.4.14. 87도177).

답 ❸

손괴의 죄에 대한 설명으로 가장 적절하지 않은 것은?(다툼이 있는 경우 판례에 의함)

① 해고노농자 등이 복직을 요구하는 집회를 개최하던 중 래커스프레이를 이용하여 회사 건물 외벽과 1층 벽면 등에 낙서한 행위는 건물의 효용을 해한 것으로 볼 수 있으나, 이와 별도로 계란 30여 개를 건물에 투척한 행위는 건물의 효용을 해하는 정도의 것에 해당하지 않는다.

② 재건축사업으로 철거예정이고 그 입주자들이 모두 이사하여 아무도 거주하지 않은 채 비어 있는 아파트라 하더라도, 그 객관적 성상이 본래 사용목적인 주거용으로 쓰일 수 없는 상태라거 나 재물로서의 이용가치나 효용이 없는 물건이라고도 할 수 없다면 재물손괴죄의 객체가 된다.

③ 수확되지 아니한 쪽파의 매수인이 명인방법을 갖추지 않은 경우, 그 쪽파의 소유권은 여전히 매도인에게 있고 매도인과 제3자 사이에 일정 기간 후 임의처분의 약정이 있었다면 그 기간 후에 그 제3자가 쪽파를 손괴하였더라도 재물손괴죄가 성립하지 않는다.

④ 자동문을 자동으로 작동하지 않고 수동으로만 개폐가 가능하게 하여 자동잠금장치로서 역할을 할 수 없도록 한 것만으로는 재물손괴죄가 성립하지 않는다.

**정선
핵심**

재물손괴죄의 성립 여부

① 해고노동자 등의 복직을 요구하는 집회에서의 행위
 → 래커스프레이로 회사 건물 외벽과 1층 벽면에 낙서를 한 경우 : ○
 → 계란 30여 개를 건물에 투척한 경우 : ×

② 철거예정 아파트가 주거용이나 재물로의 이용가치가 있는 경우 → 재물손괴죄의 객체 ○

③ 쪽파의 매수인이 명인방법을 갖추지 않은 동안에 제3자가 쪽파를 손괴한 경우 → ×

④ 자동문을 수동으로만 작동하게 하여 자동잠금장치로서 역할을 할 수 없게 한 경우 → ○

**정선
해설**

[❶ ▸ ○] 대판 2007.6.28. 2007도2590

[❷ ▸ ○] 대판 2010.2.25. 2009도8473

[❸ ▸ ○] 쪽파의 매수인이 명인방법을 갖추지 않은 경우, 쪽파에 대한 소유권을 취득하였다고 볼 수 없어 그 소유권은 여전히 매도인에게 있고 매도인과 제3자 사이에 일정 기간 후 임의처분의 약정이 있었다면 그 기간 후에 제3자가 쪽파를 손괴하였더라도 재물손괴죄가 성립하지 않는다(대판 1996.2.23. 95도2754).

[❹ ▸ ×] 재물손괴죄는 타인의 재물, 문서 또는 전자기록 등 특수매체기록을 손괴 또는 은닉 기타 방법으로 그 효용을 해한 경우에 성립한다(형법 제366조). 여기에서 손괴 또는 은닉 기타 방법으로 그 효용을 해하는 경우에는 물질적인 파괴행위로 물건 등을 본래의 목적에 사용할 수 없는 상태로 만드는 경우뿐만 아니라 일시적으로 물건 등의 구체적 역할을 할 수 없는 상태로 만들어 효용을 떨어뜨리는 경우도 포함된다. 따라서 <u>자동문을 자동으로 작동하지 않고 수동으로만 개폐가 가능하게 하여 자동잠금장치로서 역할을 할 수 없도록 한 경우에도 재물손괴죄가 성립한다</u>(대판 2016.11.25. 2016도9219).

답 ❹

다음 중 옳은 설명의 개수는?

> ㄱ. 타인 소유의 광고용 간판을 백색페인트로 도색하여 광고문안을 지워버린 행위는 재물손괴죄를 구성한다.
>
> ㄴ. 재건축사업으로 철거예정이고 그 입주자들이 모두 이사하여 아무도 거주하지 않은 채 비어 있는 아파트라 하더라도, 그 객관적 성상이 본래 사용목적인 주거용으로 쓰일 수 없는 상태라거나 재물로서의 이용가치나 효용이 없는 물건이라고도 할 수 없어 재물손괴죄의 객체가 된다.
>
> ㄷ. 판결에 의하여 명도받은 토지의 경계에 설치해 놓은 철조망과 경고판을 치워 버림으로써 울타리로서의 역할을 해한 때에는 재물손괴죄가 성립한다.
>
> ㄹ. 자동문을 자동으로 작동하지 않고 수동으로만 개폐가 가능하게 하여 자동잠금장치로서 역할을 할 수 없도록 한 경우에도 재물손괴죄가 성립한다.

① 1개   ② 2개
③ 3개   ④ 4개

**정선
핵심**

재물손괴죄의 성립 여부
ㄱ. 백색페인트로 도색하여 광고문안을 지워버린 경우 → ○
ㄴ. 철거예정 아파트가 주거용이나 재물로의 이용가치가 있는 경우 → 재물손괴죄의 객체 ○
ㄷ. 철조망과 경고판을 치워 버림으로써 울타리로서의 역할을 해한 경우 → ○
ㄹ. 자동문을 수동으로만 작동하게 하여 자동잠금장치로서 역할을 할 수 없게 한 경우 → ○

**정선
해설**

[ㄱ ▸ ○] 타인 소유의 광고용 간판을 백색페인트로 도색하여 광고문안을 지워버린 행위는 재물손괴죄를 구성한다(대판 1991.10.22. 91도2090).

[ㄴ ▸ ○] 재건축사업으로 철거가 예정되어 있었고 그 입주자들이 모두 이사하여 아무도 거주하지 않은 채 비어 있는 아파트라 하더라도, 그 아파트 자체의 객관적 성상이 본래 사용목적인 주거용으로 사용될 수 없는 상태가 아니었고, 더욱이 그 소유자들이 재건축조합으로의 신탁등기 및 인도를 거부하는 방법으로 계속 그 소유권을 행사하고 있는 상황이었다면 위와 같은 사정만으로는 위 아파트가 재물로서의 이용가치나 효용이 없는 물건으로 되었다고 할 수 없으므로, 위 아파트는 재물손괴죄의 객체가 된다고 할 것이다(대판 2010.2.25. 2009도8473).

[ㄷ ▸ ○] 대판 1982.7.13. 82도1057

[ㄹ ▸ ○] 대판 2016.11.25. 2016도9219

정답 ❹

손괴죄에 관한 설명 중 가장 적절하지 않은 것은?(다툼이 있으면 판례에 의함)

19 해경승진

① 해고노동사 능이 복직을 요구하는 집회를 개최하던 중 계란 30여 개를 회사 건물에 투척한 경우 손괴죄가 성립한다.

② 재물손괴의 범의를 인정함에 있어서는 반드시 계획적인 손괴의 의도가 있거나 물건의 손괴를 적극적으로 희망하여야 하는 것은 아니고, 소유자의 의사에 반하여 재물의 효용을 상실케 하는 것에 대한 인식이 있으면 된다.

③ 자기 명의의 문서라 할지라도 이미 타인에 접수되어 있는 문서에 대하여 함부로 이를 무효화시켜 그 용도에 사용하지 못하게 했다면 문서손괴죄가 성립한다.

④ 타인소유의 광고용 간판을 백색페인트로 도색하여 광고문안을 지워버린 행위는 재물손괴죄에 해당한다.

정선 핵심

재물손괴죄의 성립 여부

① 계란 30여 개를 건물에 투척한 경우 → ×
② 소유자의 의사에 반하여 효용을 상실케 하는 것에 대한 인식이 있는 경우 → 재물손괴의 범의 ○
③ 타인에 접수되어 있는 자기명의의 문서를 무효화한 경우 → ○
④ 백색페인트로 도색하여 광고문안을 지워버린 경우 → ○

정선 해설

[❶ ▸ ×] 해고노동자 등이 복직을 요구하는 집회를 개최하던 중 래커 스프레이를 이용하여 회사 건물 외벽과 1층 벽면 등에 낙서한 행위는 건물의 효용을 해한 것으로 볼 수 있으나, 이와 별도로 계란 30여 개를 건물에 투척한 행위는 건물의 효용을 해하는 정도의 것에 해당하지 않는다(대판 2007.6.28. 2007도2590).

[❷ ▸ ○] 대판 1993.12.7. 93도2701

[❸ ▸ ○] 비록 자기명의의 문서라 할지라도 이미 타인(타기관)에 접수되어 있는 문서에 대하여 함부로 이를 무효화시켜 그 용도에 사용하지 못하게 하였다면 일응 형법상의 문서손괴죄를 구성한다 할 것이다(대판 1987.4.14. 87도177).

[❹ ▸ ○] 타인 소유의 광고용 간판을 백색페인트로 도색하여 광고문안을 지워버린 행위는 재물손괴죄를 구성한다(대판 1991.10.22. 91도2090).

답 ❶

정선지문 OX

01 재물은 반드시 경제적 교환가치를 가진 것임을 요하지 않으며 이용가 치나 효용을 가진 것으로 족하다. **15** 경찰승진 ○ | ×

02 우물에 연결하고 땅속에 묻어서 수도관적 역할을 하고 있는 고무호스 중 약 1.5m를 발굴하여 우물가에 제쳐 놓음으로써 물이 통하지 못하 게 한 경우 손괴죄가 성립한다. **16** 경찰승진 ○ | ×

01 대판 1979.7.24, 78도2138

02 대판 1971.1.26, 70도2378

정답

01 ○ **02** ○

348

☐☐☐

권리행사방해에 관한 다음 설명 중 옳지 않은 것은 모두 몇 개인가?

ㄱ. 형법 제323조의 권리행사방해죄는 타인의 점유 또는 권리의 목적이 된 자기의 물건 또는 전자기록 등 특수매체기록을 취거, 은닉 또는 손괴하여 타인의 권리행사를 방해함으로써 성립한다. 여기서 '은닉'이란 타인의 점유 또는 권리의 목적이 된 자기 물건 등의 소재를 발견하기 불가능하게 하거나 또는 현저히 곤란한 상태에 두는 것을 말하고, 그로 인하여 권리행사가 방해될 우려가 있는 상태에 이르면 권리행사방해죄가 성립하고 현실로 권리행사가 방해되었을 것까지 필요로 하는 것은 아니다.

ㄴ. A가 처음부터 자동차대여사업자등록만 하고 실제로 영업할 의사가 없이 렌트카 회사인 B주식회사를 설립한 다음 C주식회사 등의 명의로 저당권등록이 되어 있는 다수의 차량들을 사들여 B 회사 소유의 영업용 차량으로 등록하였다. 이후 A는 지입차주들로 하여금 차량을 관리·처분하도록 하여 C회사 등의 임의경매가 차량소재파악 불가 등의 사유로 취소되도록 하고, 결국 자동차대여사업자등록 취소처분을 받아 차량등록을 직권말소시켜 저당권 등도 소멸되게 하였다. A에게는 C회사 등에 대한 권리행사방해죄가 성립한다.

ㄷ. A가 차량을 구입하면서 B로부터 차량 매수대금을 차용하고 담보로 차량에 B 명의의 저당권을 설정해 주었다. A는 그 후 대부업자 C로부터 돈을 차용하면서 차량을 C에게 담보로 제공하여 이른바 '대포차'로 유통되게 하였다. A에게는 B에 대한 권리행사방해죄가 성립한다.

ㄹ. A는 강제경매를 통하여 아들인 B 명의로 오피스텔 건물 501호를 매수하였는데, 위 501호에 대해서는 C가 유치권을 행사하고 있었다. A는 열쇠수리공을 불러 501호의 잠금장치를 변경하여 C가 더 이상 유치권 행사를 할 수 없도록 점유를 침탈하였다. A에게는 C에 대한 권리행사방해죄가 성립한다.

ㅁ. A 렌트카회사의 공동대표이사 중 1인인 B가 회사 보유차량을 자신의 개인적인 채무담보 명목으로 C에게 넘겨주었다. 다른 공동대표이사인 D가 C에게 차량반환을 요구하였으나 C가 담보 제공 약정을 이유로 반환을 거절하자, D는 위 차량을 C 몰래 회수하였다. 회수 당시 위 차량에 대해서는 아직 A 회사 명의로 신규등록은 마쳐지지 않았으나 임시운행허가번호판이 부착된 상태였다. D에게는 C에 대한 권리행사방해죄가 성립한다.

① 1개
② 2개
③ 3개
④ 4개
⑤ 없음

**정선
핵심**

권리행사방해죄의 성립 여부

ㄱ. 권리행사방해죄의 구성요건
→ 은닉 : 이로 인해 권리행사가 방해될 우려가 있는 상태에 이르면 권리행사방해죄가 성립하고 현실로 권리행사가 방해되었을 것 불요

ㄴ. 렌트카회사인 B회사 소유의 영업용 차량으로 등록된 C회사의 명의의 저당권등록차량들을 관리·처분하도록 하여 C회사의 임의경매가 취소되도록 한 경우 → ○

ㄷ. 돈을 차용하면서 차량을 담보로 제공하여 대포차로 유통되게 한 경우 → ○

ㄹ. 아들인 B 명의로 경락된 오피스텔 건물 501호에 대해 C가 유치권 행사를 할 수 없도록 점유를 침탈한 경우 → ×

ㅁ. 렌트카회사의 공동대표이사 중 1인이 채무담보로 넘겨준 미등록차량을 다른 공동대표이사 D가 몰래 회수한 경우 → ×

정선
해설

[ㄱ ▸ O] 권리행사방해죄의 '은닉'이란 타인의 점유 또는 권리의 목적이 된 자기 물건 등의 소재를 발견하기 불가능하게 하거나 또는 현저히 곤란한 상태에 두는 것을 말하고, 그로 인하여 권리행사가 방해될 우려가 있는 상태에 이르면 권리행사방해죄가 성립하고 현실로 권리행사가 방해되었을 것까지 필요로 하는 것은 아니다(대판 2017.5.17. 2017도2230).

[ㄴ ▸ O] 피고인들이 공모하여 렌트카 회사인 갑 주식회사를 설립한 다음 을 주식회사 등의 명의로 저당권등록이 되어 있는 다수의 차량들을 사들여 갑 회사 소유의 영업용 차량으로 등록한 후 자동차대여사업자등록 취소처분을 받아 차량등록을 직권말소시켜 저당권 등이 소멸되게 함으로써 을 회사 등의 저당권의 목적인 차량들을 은닉하는 방법으로 권리행사를 방해하였다는 내용으로 기소된 경우, 이러한 행위는 그 자체로 저당권자인 을 회사 등으로 하여금 자동차등록원부에 기초하여 저당권의 목적이 된 자동차의 소재를 파악하는 것을 현저하게 곤란하게 하거나 불가능하게 하는 행위에 해당하므로 권리행사방해죄가 성립한다(대판 2017.5.17. 2017도2230).

[ㄷ ▸ O] 대판 2016.11.10. 2016도13734

[ㄹ ▸ X] 오피스텔 건물 501호는 아들인 B소유이므로 A가 C가 유치권을 행사할 수 없도록 점유를 침탈하였더라도 A에게는 권리행사방해죄가 성립하지 아니한다.

> 부동산경매절차에서 부동산을 매수하려는 사람이 타인과의 명의신탁약정 아래 타인 명의로 매각허가결정을 받아 자신의 부담으로 매수대금을 완납한 때에는 경매목적 부동산의 소유권은 매수대금의 부담 여부와는 관계없이 그 명의인이 취득하게 되므로, 피고인이 위 건물에 대한 갑 회사의 점유를 침탈하였더라도 피고인의 물건에 대한 타인의 권리행사를 방해한 것으로 볼 수 없다(대판 2019.12.27. 2019도14623).

[ㅁ ▸ X] 판례(대판 2006.3.23. 2005도4455)의 취지를 고려하면, 렌트카회사의 공동대표이사 중 1인인 B가 개인적인 채무담보 명목으로 피해자 C에게 넘겨 준 회사보유차량을 다른 공동대표이사 D가 몰래 회수하도록 한 경우, 아직 위 회사나 피고인 명의로 신규등록 절차를 마치지 않은 미등록 상태였으므로 권리행사방해죄는 성립하지 아니한다.

정답 ❷

349 □□□ 권리행사를 방해하는 죄에 관한 설명 중 가장 옳지 않은 것은?(다툼이 있으면 판례에 의함)

`19` 해경간부

① 주식회사의 과점주주라고 하더라도 그 회사명의로 등록되어 있는 회사 소유의 선박은 과점주주의 소유라고 할 수 없으므로 과점주주가 타인이 점유 중인 위 선박을 취거하여 갔다면 권리행사방해죄가 성립하지 않는다.

② 렌트카회사의 공동대표이사 중 1인이 회사나 피고인 명의로 신규등록을 하지 않은 회사보유차량을 자신의 개인적인 채무담보 명목으로 피해자에게 넘겨주었는데 다른 공동대표이사가 위 차량을 몰래 회수하도록 한 경우 권리행사방해죄를 구성하지 않는다.

③ 권리행사방해죄의 보호 대상인 '타인의 점유'에는 절도범인의 점유와 같이 점유할 권리 없는 자의 점유임이 외관상 명백한 경우는 포함되지 않는다.

④ 무효인 경매절차에서 경매목적물을 경락받아 이를 점유하고 있는 낙찰자의 점유는 동시이행항변권이 있더라도 적법한 점유가 아니므로 그 점유자는 권리행사방해죄에 있어서의 타인의 물건을 점유하고 있는 자라고 할 수 없다.

① 과점주주가 타인이 점유 중인 회사명의선박을 취거해 간 경우 → 권리행사방해죄 ×
② 렌트카회사의 공동대표이사 중 1인이 채무담보로 넘겨준 미등록차량을 다른 공동대표이사가 몰래 회수하도록
한 경우 → 권리행사방해죄 ×
③・④ 권리행사방해죄의 구성요건
⋯⋯ 타인의 점유 : 점유할 권리 없는 자의 점유임이 외관상 명백한 경우 포함 ×
→ 무효인 경매절차에서 경락받아 점유하는 낙찰자 : 타인의 물건을 점유하고 있는 자 ○

[❶ ▶ ○] 대판 1984.6.26. 83도2413
[❷ ▶ ○] 판례의 취지를 고려하면, 렌트카회사의 공동대표이사 중 1인이 개인적인 채무담보 명목으로 피해자에
게 넘겨 준 회사보유차량을 다른 공동대표이사 몰래 회수하도록 한 경우, 아직 위 회사나 피고인 명의로 신규등록
절차를 마치지 않은 미등록 상태였으므로 권리행사방해죄는 성립하지 아니한다.

> [1] 렌트카회사의 공동대표이사 중 1인이 회사 보유 차량을 자신의 개인적인 채무담보 명목으로 피해자에게
> 넘겨 주었는데 다른 공동대표이사인 피고인이 위 차량을 몰래 회수하도록 한 경우, 위 <u>피해자의 점유는 권리행사
> 방해죄의 보호대상인 점유</u>에 해당한다.
> [2] <u>이 사건 승용차는</u> (회사명 생략)렌트카(주)가 구입하여 보유 중이나 이 사건 공소사실 기재 일시까지도
> 아직 위 회사나 피고인 명의로 신규등록 절차를 마치지 않은 미등록 상태였던 사실을 알 수 있다. 따라서 이
> 사건 승용차는 이 사건 공소사실 기재 범행 당시 (회사명 생략)렌트카(주) 혹은 피고인의 소유물이라고 할 수
> <u>없어 이를 전제로 하는 권리행사방해죄는 성립되지 아니한다</u>(대판 2006.3.23. 2005도4455).

[❸ ▶ ○] 대판 2006.3.23. 2005도4455
[❹ ▶ ×] 권리행사방해죄에 있어서의 타인의 점유라 함은 반드시 본권에 의한 점유만에 한하지 아니하고 동시이
행항변권 등에 기한 점유와 같은 적법한 점유도 여기에 해당한다고 할 것이고, 한편, 쌍무계약이 무효로 된 경우
각 당사자의 반환의무는 동시이행 관계에 있다고 보아 민법 제536조를 준용함이 옳다고 해석되고, 이러한 법리는
경매절차가 무효로 된 경우에도 마찬가지라고 할 것이므로, <u>무효인 경매절차에서 경매목적물을 경락받아 이를
점유하고 있는 낙찰자의 점유는 적법한 점유로서 그 점유자는 권리행사방해죄에 있어서의 타인의 물건을 점유하고
있는 자</u>라고 할 것이다(대판 2003.11.28. 2003도4257).

 답 ❹

권리행사방해죄에 관한 다음 설명 중 가장 옳은 것은?　20 법원9급

① 물건의 소유자가 아닌 사람은, 권리행사방해죄의 주체가 될 수 없을 뿐만 아니라, 물건 소유자의 권리행사방해 범행에 가담한 경우 그의 공범도 될 수 없다.

② 권리행사방해죄에 있어서의 타인의 점유는 정당한 원인에 기하여 그 물건을 점유하는 권리 있는 점유를 의미하는 것으로, 무효인 경매절차에서 경매목적물을 경락받아 이를 점유하고 있는 낙찰자는 권리행사방해죄에 있어서의 타인의 물건을 점유하고 있는 자에 해당하지 않는다.

③ 중간생략등기형 명의신탁 또는 계약명의신탁의 방식으로 자신의 처에게 등기명의를 신탁하여 놓은 점포에 자물쇠를 채워 점포의 임차인을 출입하지 못하게 한 경우, 그 점포는 권리행사방해죄의 객체인 자기의 물건에 해당하지 않는다.

④ 권리행사방해죄의 구성요건 중 타인의 '권리'에는 물건에 대하여 점유를 수반하지 아니하는 채권은 포함되지 않는다.

정선 핵심

① 물건의 소유자가 아닌 사람
　└→ 권리행사방해죄의 주체 : ×
　└→ 소유자의 권리행사방해 범행에 가담한 경우 : 공범 ○
②·④ 권리행사방해죄의 구성요건
　└→ 무효인 경매절차에서 경락받아 점유하는 낙찰자 : 타인의 물건을 점유하고 있는 자 ○
　└→ 타인의 권리 : 점유를 수반하지 아니하는 채권 포함
③ 중간생략등기형 명의신탁 또는 계약명의신탁으로 명의신탁한 점포에 임차인을 출입하지 못하게 한 경우 → 자기의 물건 ×

정선 해설

[❶ ▸ ×] 권리행사방해죄는 그 취거, 은닉 또는 손괴한 물건이 자기의 물건이 아니라면 권리행사방해죄가 성립할 수 없다. 물건의 소유자가 아닌 사람은 형법 제33조 본문에 따라 소유자의 권리행사방해 범행에 가담한 경우에 한하여 그의 공범이 될 수 있을 뿐이다. 그러나 권리행사방해죄의 공범으로 기소된 물건의 소유자에게 고의가 없는 등으로 범죄가 성립하지 않는다면 공동정범이 성립할 여지가 없다(대판 2017.5.30. 2017도4578).

[❷ ▸ ×] 권리행사방해죄에 있어서의 타인의 점유라 함은 반드시 본권에 의한 점유만에 한하지 아니하고 동시이행항변권 등에 기한 점유와 같은 적법한 점유도 여기에 해당한다고 할 것이므로 무효인 경매절차에서 경매목적물을 경락받아 이를 점유하고 있는 낙찰자의 점유는 적법한 점유로서 그 점유자는 권리행사방해죄에 있어서의 타인의 물건을 점유하고 있는 자라고 할 것이다(대판 2003.11.28. 2003도4257).

[❸ ▸ ○] 명의신탁자가 그러한 목적으로 명의신탁을 함으로써 명의신탁이 무효로 되는 경우에는 말할 것도 없고, 그러한 목적이 없어서 유효한 명의신탁이 되는 경우에도 제3자인 부동산의 임차인에 대한 관계에서는 명의신탁자는 소유자가 될 수 없으므로, 어느 모로 보나 신탁한 부동산이 권리행사방해죄에서 말하는 '자기의 물건'이라 할 수 없다(대판 2005.9.9. 2005도626).

> 피고인이 이른바 중간생략등기형 명의신탁 또는 계약명의신탁의 방식으로 자신의 처에게 등기명의를 신탁해 놓은 점포에 자물쇠를 채워 점포의 임차인을 출입하지 못하게 한 경우, 그 점포가 권리행사방해죄의 객체인 '자기의 물건'에 해당하지 않는다고 한 사례(대판 2005.9.9. 2005도626).

[❹ ▸ ×] 대판 1991.4.26. 90도1958

답 ❸

권리행사를 방해하는 죄에 대한 설명 중 가장 적절하지 않은 것은?(다툼이 있는 경우 판례에 의함)

`21` 경찰채용

① 무효인 경매절차에서 경매목적물을 경락받아 이를 점유하고 있는 낙찰자의 점유는 적법한 점유로서 그 점유자는 권리행사방해죄에 있어서 타인의 물건을 점유하고 있는 자라고 보아야 한다.

② 주식회사의 대표이사가 그의 지위에 기하여 그 직무집행 행위로서 타인이 점유하는 회사의 물건을 취거한 경우에 그 행위는 회사의 대표기관으로서의 행위라고 평가되므로, 그 회사의 물건은 권리행사방해죄에 있어서의 '자기의 물건'이라고 보아야 한다.

③ 개설자격이 없는 자가 의료기관을 개설하여 의료법을 위반한 병원의 요양급여비용채권은 해당 의료기관의 채권자가 이를 대상으로 하여 강제집행 또는 보전처분의 방법으로 채권의 만족을 얻을 수 있으므로, 강제집행면탈죄의 객체가 된다.

④ 명의신탁자와 명의수탁자가 계약명의신탁 약정을 맺고 명의수탁자가 당사자가 되어 소유자와 부동산에 관한 매매계약을 체결한 후 그 매매계약에 따라 당해 부동산의 소유권이전등기를 명의수탁자 명의로 마친 경우, 명의신탁자는 그 매매계약에 의해서 당해 부동산의 소유권을 취득하지 못하게 되어, 결국 그 부동산은 명의신탁자에 대한 강제집행이나 보전처분의 대상이 될 수 없다.

정선 핵심

①·② 권리행사방해죄의 구성요건

  ⋯→ 무효인 경매절차에서 경락받아 점유하는 낙찰자 : 타인의 물건을 점유하고 있는 자 ○

  ⋯→ 자기의 물건 : 대표이사가 타인이 점유하는 회사의 물건을 취거한 경우 ○

③ 의료법을 위반한 병원의 요양급여비용채권 → 강제집행면탈죄의 객체 ×

④ 계약명의신탁의 명의수탁자 명의로 소유권이전등기가 경료된 경우 → 강제집행이나 보전처분의 대상 ×

정선 해설

[❶ ▸ ○] 무효인 경매절차에서 경매목적물을 경락받아 이를 점유하고 있는 낙찰자의 점유는 적법한 점유로서 그 점유자는 권리행사방해죄에 있어서의 타인의 물건을 점유하고 있는 자라고 할 것이다(대판 2003.11.28. 2003도4257).

[❷ ▸ ○] 주식회사의 대표이사가 대표이사의 지위에 기하여 그 직무집행행위로서 타인이 점유하는 위 회사의 물건을 취거한 경우에는, 위 행위는 위 회사의 대표기관으로서의 행위라고 평가되므로, 위 회사의 물건도 권리행사방해죄에 있어서의 "자기의 물건"이라고 보아야 할 것이다(대판 1992.1.21. 91도1170).

[❸ ▸ ✕] 의료법에 의하여 적법하게 개설되지 아니한 의료기관에서 요양급여가 행하여졌다면 해당 의료기관은 국민건강보험법상 요양급여비용을 청구할 수 있는 요양기관에 해당되지 아니하여 해당 요양급여비용 전부를 청구할 수 없고, 해당 의료기관의 채권자로서도 위 요양급여비용 채권을 대상으로 하여 강제집행 또는 보전처분의 방법으로 채권의 만족을 얻을 수 없는 것이므로, 결국 위와 같은 채권은 강제집행면탈죄의 객체가 되지 아니한다(대판 2017.4.26. 2016도19982).

[❹ ▸ ○] 대판 2009.5.14. 2007도2168

 답 ❸

강제집행면탈죄에 대한 설명으로 옳은 것(○)과 옳지 않은 것(×)을 바르게 연결한 것은?(다툼이 있는 경우 판례에 의함)

> ㄱ. 사업장의 유체동산에 대한 강제집행을 면탈할 목적으로 사업자 등록의 사업자 명의를 변경함이 없이 사업장에서 사용하는 금전등록기의 사업자 이름만을 변경한 경우 강제집행면탈죄에 있어서 재산의 '은닉'에 해당한다.
>
> ㄴ. 민사집행법 제3편의 적용 대상인 '담보권 실행 등을 위한 경매'를 면탈할 목적으로 재산을 은닉하는 등의 행위뿐만 아니라 국세징수법에 의한 체납처분을 면탈할 목적으로 재산을 은닉하는 등의 행위도 강제집행면탈죄의 규율대상에 포함되지 않는다.
>
> ㄷ. 피고인이 회사의 어음 채권자들의 가압류 등을 피할 목적으로 회사의 예금계좌에 입금된 회사 자금을 인출하여 제3자 명의의 다른 계좌로 송금하였으나, 부도처분 방지 차원에서 회사의 어음 채권자들과의 합의하에 채권금액 중 일부만 변제하고 나머지에 대하여는 새로운 어음을 발행하는 등 이른바 어음 되막기 용도의 자금 조성을 위한 경우에 피고인의 강제집행면탈 행위는 정당행위에 해당한다고 볼 수 있다.
>
> ㄹ. 상계로 인하여 소멸한 것으로 보게 되는 채권에 관하여는 상계의 효력이 발생하는 시점 이후에는 채권의 존재가 인정되지 않으므로 강제집행면탈죄가 성립하지 않는다.
>
> ㅁ. 강제집행면탈죄에 있어서 진의에 의하여 재산을 양도하였다면 설령 그것이 강제집행을 면탈할 목적으로 이루어진 것으로 채권자의 불이익을 초래하는 결과가 되었다고 하더라도 강제집행면탈죄의 허위양도 또는 은닉에는 해당하지 아니한다.

① ㄱ(○) ㄴ(○) ㄷ(×) ㄹ(○) ㅁ(○)
② ㄱ(○) ㄴ(○) ㄷ(○) ㄹ(×) ㅁ(×)
③ ㄱ(○) ㄴ(×) ㄷ(○) ㄹ(○) ㅁ(○)
④ ㄱ(×) ㄴ(×) ㄷ(×) ㄹ(○) ㅁ(×)

정선 핵심

ㄱ. 금전등록기의 사업자 이름만을 변경한 경우 → 은닉 ○
ㄴ. 강제집행면탈죄의 규율대상인지 여부
   → 담보권 실행경매를 면탈할 목적으로 재산을 은닉하는 행위 : ×
   → 체납처분을 면탈할 목적으로 재산을 은닉하는 행위 : ×
ㄷ. 어음 채권자들의 가압류를 피할 목적으로 회사 자금을 제3자 명의의 계좌로 송금한 경우 → 정당행위 ×
ㄹ. 상계의 효력발생시점 이후 채권의 존재가 인정되지 아니하는 경우 → 강제집행면탈죄 ×
ㅁ. 진의로 재산을 양도하였으나 강제집행을 면탈할 목적으로 이루어져 채권자의 불이익이 초래된 경우 → 허위양도 또는 은닉 ×

정선 해설

[ㄱ ▸ ○] 사업장의 유체동산에 대한 강제집행을 면탈할 목적으로 사업자 등록의 사업자 명의를 변경함이 없이 사업장에서 사용하는 금전등록기의 사업자 이름만을 변경한 경우, 강제집행면탈죄에 있어서 재산의 '은닉'에 해당한다(대판 2003.10.9. 2003도3387).

> **비교판례** 대판 2014.6.12. 2012도2732
>
> 채무자가 제3자 명의로 되어 있던 사업자등록을 또 다른 제3자 명의로 변경하였다는 사정만으로는 그 변경이 채권자의 입장에서 볼 때 사업장 내 유체동산에 관한 소유관계를 종전보다 더 불명확하게 하여 채권자에게 손해를 입게 할 위험성을 야기한다고 단정할 수 없다.

[ㄴ ▸ O]   판례에 의하면 담보권 실행 등을 위한 경매'를 면탈할 목적으로 재산을 은닉하는 등의 행위(대판 2015.3.26. 2014도14909)나, 국세징수법에 의한 체납처분을 면탈할 목적으로 재산을 은닉하는 등의 행위(대판 2012.4.26. 2010도5693)는 위 죄의 규율대상에 포함되지 아니한다.

[ㄷ ▸ X]   피고인이 회사의 어음 채권자들의 가압류 등을 피하기 위하여 회사의 예금계좌에 입금된 회사 자금을 인출하여 제3자 명의의 다른 계좌로 송금하였다면 강제집행면탈죄를 구성하는 것이고, 이른바 어음 되막기 용도의 자금 조성을 위하여 위와 같은 행위를 하였다는 사정만으로는 피고인의 강제집행면탈 행위가 정당행위에 해당한다고 볼 수 없다(대판 2005.10.13. 2005도4522).

[ㄹ ▸ O]   상계로 인하여 소멸한 것으로 보게 되는 채권에 관하여는 상계의 효력이 발생하는 시점 이후에는 채권의 존재가 인정되지 않으므로 강제집행면탈죄가 성립하지 않는다(대판 2012.8.30. 2011도2252).

> 피고인이 妻 甲 명의로 임차하여 운영하는 주유소의 주유대금 신용카드 결제를, 별도로 운영하는 다른 주유소의 신용카드 결제 단말기로 처리함으로써 甲 명의 주유소의 매출채권을 다른 주유소의 매출채권으로 바꾸는 수법으로 은닉하여 甲에 대하여 연체차임 등 채권이 있어 甲 명의 주유소의 매출채권을 가압류한 乙 주식회사의 강제집행을 면탈하였다는 내용으로 기소된 사안에서, 乙이 임대차보증금 반환채권으로 이를 상계한다는 의사표시를 하였으므로 피고인의 행위 당시 乙 회사 채권의 존재가 인정되지 아니하여 강제집행면탈죄가 성립하지 않는다고 본 원심판단을 정당하다고 한 사례(대판 2012.8.30. 2011도2252).

[ㅁ ▸ O]   대판 2000.9.8. 2000도1447

답 ❶

353

강제집행면탈죄에 관한 다음 설명 중 가장 옳은 것은?   `19` 법원9급

① 국가의 적정한 강제집행권의 행사를 보호법익으로 한다.
② 강제집행면탈죄가 적용되는 강제집행에는 민사집행의 적용대상인 강제집행 또는 가압류·가처분 등의 집행에 한하지 않고 담보권 실행 등을 위한 경매도 포함된다.
③ 강제집행면탈죄에서 말하는 강제집행에는 금전채권의 강제집행뿐만 아니라 소유권이전등기의 강제집행도 포함된다.
④ 강제집행면탈죄가 성립하기 위해서는 주관적 구성요건으로 채권자를 해한다는 고의가 있으면 족하고, 강제집행을 면할 목적이 있어야 하는 것은 아니다.

정선핵심

① 보호법익 → 강제집행권이 발동될 단계에 있는 채권
② 강제집행면탈죄가 적용되는 강제집행인지 여부
  ⤷ 강제집행 또는 가압류·가처분 등의 집행 : O
  ⤷ 담보권 실행경매 : X
③ 강제집행 → 소유권이전등기의 강제집행도 포함
④ 강제집행면탈죄의 구성요건
  ⤷ 주관적 구성요건 : 고의, 강제집행을 면할 목적

정선해설

[❶ ▸ X]   강제집행면탈죄는 국가의 강제집행권이 발동될 단계에 있는 채권자의 채권을 보호법익으로 하는 독립된 구성요건이다.

[❷ ▸ X]   강제집행면탈죄가 적용되는 강제집행은 민사집행법 제2편의 적용 대상인 '강제집행' 또는 가압류·가처분 등의 집행을 가리키는 것이고, 민사집행법 제3편의 적용 대상인 '담보권 실행 등을 위한 경매'를 면탈할 목적으로 재산을 은닉하는 등의 행위는 위 죄의 규율 대상에 포함되지 않는다(대판 2015.3.26. 2014도14909).

[**❸ ▸ ○**] 강제집행면탈죄에서 말하는 강제집행이란 소위 광의의 강제집행인 소유권이전등기 절차이행의 청구소의 제기도 포함된다(대판 1983.10.25. 82도808).
[**❹ ▸ ✕**] 형법 제327조 참조

 법령 강제집행면탈(형법 제327조)   강제집행을 면할 목적으로 재산을 은닉, 손괴, 허위양도 또는 허위의 채무를 부담하여 채권자를 해한 자는 3년 이하의 징역 또는 1천만원 이하의 벌금에 처한다.

📖 **답 ❸**

354

다음 중 강제집행면탈죄에 대한 설명으로 가장 옳지 않은 것은?(다툼이 있는 경우 판례에 의함)
[21] 해경승진

① 강제집행면탈죄에 있어서 재산에는 재산적 가치가 있어 민사소송법에 의한 강제집행 또는 보전처분이 가능한 특허 내지 실용신안 등을 받을 수 있는 권리도 포함된다.
② 채무자가 채권자의 가압류집행을 면탈할 목적으로 제3채무자에 대한 채권을 타인에게 허위양도한 경우, 가압류결정 정본이 제3채무자에게 송달되기 전에 채권을 허위로 양도하였다면 강제집행면탈죄가 성립한다.
③ 강제집행면탈죄는 위태범이므로 채권자를 해하는 결과가 야기되거나 행위자가 어떤 이득을 취하여야 범죄가 성립하는 것은 아니다.
④ 허위의 채무를 부담하는 내용의 채무변제계약 공정증서를 작성한 후 이에 기하여 채권압류 및 추심명령을 받은 다음 3개월 후에 실제로 위 강제집행에 따른 추심금을 수령한 경우, 강제집행면탈죄는 위 추심금을 수령한 때에 범죄행위가 종료한다고 보아야 하고 그때부터 공소시효가 진행한다.

정선 핵심
① 강제집행면탈죄의 재산 → 특허 내지 실용신안을 받을 수 있는 권리 포함
② 가압류결정 정본이 제3채무자에게 송달되기 전에 채권을 허위로 양도한 경우 → 강제집행면탈죄 ○
③ 강제집행면탈죄의 법적 성격 → 위험범이므로 채권자를 해하는 결과가 되거나 행위자가 어떤 이득을 취할 것 불요
④ 채무변제계약 공정증서를 작성한 후 채권압류 및 추심명령을 받은 경우 → 그때부터 공소시효 진행

정선 해설
[**❶ ▸ ○**] 대판 2001.11.27. 2001도4759
[**❷ ▸ ○**] 채무자인 피고인이 채권자 甲의 가압류집행을 면탈할 목적으로 제3채무자 乙에 대한 채권을 丙에게 허위양도하였다고 하여 강제집행면탈로 기소된 경우, 가압류결정 정본이 乙에게 송달되기 전에 채권을 허위로 양도하였다면 강제집행면탈죄가 성립한다(대판 2012.6.28. 2012도3999).
[**❸ ▸ ○**] 형법 제327조의 강제집행면탈죄는 위태범으로서, 현실적으로 민사소송법에 의한 강제집행 또는 가압류·가처분의 집행을 받을 우려가 있는 객관적인 상태에서, 즉 채권자가 본안 또는 보전소송을 제기하거나 제기할 태세를 보이고 있는 상태에서 주관적으로 강제집행을 면탈하려는 목적으로 재산을 은닉, 손괴, 허위양도하거나 허위의 채무를 부담하여 채권자를 해할 위험이 있으면 성립하는 것이고, <u>반드시 채권자를 해하는 결과가 야기되거나 행위자가 어떤 이득을 취하여야 범죄가 성립하는 것은 아니다</u>(대판 2009.5.28. 2009도875).
[**❹ ▸ ✕**] <u>허위의 채무를 부담하는 내용의 채무변제계약 공정증서를 작성한 후 이에 기하여 채권압류 및 추심명령을 받은 때에, 강제집행면탈죄가 성립함과 동시에 그 범죄행위가 종료되어 공소시효가 진행한다</u>(대판 2009.5.28. 2009도875).

📖 **답 ❹**

강제집행면탈죄에 대한 설명 중 가장 적절한 것은?(다툼이 있는 경우 판례에 의함)

① 이혼을 요구하는 처로부터 재산분할청구권에 근거한 가압류 등 강제집행을 받을 우려가 있는 상태에서 남편이 이를 면탈할 목적으로 허위의 채무를 부담하고 소유권이전청구권보전가등기를 경료한 경우 강제집행면탈죄가 성립하지 않는다.

② 피고인이 자신의 채권담보의 목적으로 채무자 소유의 선박들에 관하여 가등기를 경료하여 두었다가 채무자와 공모하여 위 선박들을 가압류한 다른 채권자들의 강제집행을 불가능하게 할 목적으로 정확한 청산절차도 거치지 않은 채 의제자백판결을 통하여 선순위가등기권자인 피고인 앞으로 본등기를 경료함과 동시에 가등기 이후에 경료된 가압류등기 등을 모두 직권말소하게 한 경우 '재산상 은닉'에 해당한다.

③ '보전처분 단계에서의 가압류채권자의 지위' 자체는 원칙적으로 민사집행법상 강제집행 또는 보전처분의 대상이 될 수 없어 강제집행면탈죄의 객체에 해당한다고 볼 수 없으나 가압류채무자가 가압류해방금을 공탁한 경우에는 그렇지 아니하다.

④ 강제집행면탈죄는 반드시 채권자를 해하는 결과가 야기되거나 이로 인하여 행위자가 어떤 이득을 취하여야 성립하므로 허위양도한 부동산의 시가액보다 그 부동산에 의하여 담보된 채무액이 더 많다면 그 허위양도로 인하여 채권자를 해할 위험이 없다.

**정선
핵심**

① 재산분할청구권에 근거한 강제집행을 면탈할 목적으로 소유권이전청구권보전가등기를 경료한 경우 → 강제집행면탈죄 ○

② 채무자와 공모하여 채권자들의 강제집행을 불가능하게 하기 위해 선순위가등기권자인 피고인 앞으로 본등기를 경료하고 가등기 이후의 가압류등기를 직권말소하게 한 경우 → 은닉 ○

③ 가압류해방금을 공탁한 경우 가압류채권자의 지위 → 강제집행면탈죄의 객체 ×

④ 강제집행면탈죄의 법적 성격
　⋯▸ 위험범이므로 채권자를 해하는 결과가 되거나 행위자가 어떤 이득을 취할 것 불요
　⋯▸ 허위양도한 부동산의 시가액보다 담보된 채무액이 많은 경우 채권자를 해할 위험 ○

**정선
해설**

[❶ ▸ ×]　이혼을 요구하는 처로부터 재산분할청구권에 근거한 가압류 등 강제집행을 받을 우려가 있는 상태에서 남편이 이를 면탈할 목적으로 허위의 채무를 부담하고 소유권이전청구권보전가등기를 경료한 경우, 강제집행면탈죄가 성립한다(대판 2008.6.26. 2008도3184).

[❷ ▸ ○]　피고인이 자신의 채권담보의 목적으로 채무자 소유의 선박들에 관하여 가등기를 경료하여 두었다가 채무자와 공모하여 위 선박들을 가압류한 다른 채권자들의 강제집행을 불가능하게 할 목적으로 정확한 청산절차도 거치지 않은 채 의제자백판결을 통하여 선순위 가등기권자인 피고인 앞으로 본등기를 경료함과 동시에 가등기 이후에 경료된 가압류등기 등을 모두 직권말소하게 하였음은 소유관계를 불명하게 하는 방법에 의한 '재산의 은닉'에 해당한다(대판 2000.7.28. 98도4558).

[❸ ▸ ×]　강제집행면탈죄의 객체는 채무자의 재산 중에서 채권자가 민사집행법상 강제집행 또는 보전처분의 대상으로 삼을 수 있는 것만을 의미하므로, '보전처분 단계에서의 가압류채권자의 지위' 자체는 원칙적으로 민사집행법상 강제집행 또는 보전처분의 대상이 될 수 없어 강제집행면탈죄의 객체에 해당한다고 볼 수 없고, 이는 가압류채무자가 가압류해방금을 공탁한 경우에도 마찬가지이다(대판 2008.9.11. 2006도8721).

[❹ ▸ ×]　강제집행면탈죄는 이른바 위태범으로서 반드시 채권자를 해하는 결과가 야기되거나 이로 인하여 행위자가 어떤 이득을 취하여야 범죄가 성립하는 것은 아니며, 허위양도한 부동산의 시가액보다 그 부동산에 의하여 담보된 채무액이 더 많다고 하여 그 허위양도로 인하여 채권자를 해할 위험이 없다고 할 수 없다(대판 1999.2.12. 98도2474).

 답 ❷

다음 설명 중 가장 적절하지 않은 것은?(다툼이 있는 경우 판례에 의함) `13` 경찰채용

① 계약명의신탁의 방식으로 명의수탁자가 당사자가 되어 소유자와 부동산에 관한 매매계약을 체결하고 명의수탁자 명의로 소유권이전등기를 마친 경우, 그 부동산은 채무자인 명의신탁자의 재산이 아니기 때문에 형법상 강제집행면탈죄의 객체가 되지 않는다.

② 토지 소유자가 그 지상 건물 소유자에 대하여 건물철거 및 토지인도청구권을 갖는 경우 채무자인 건물 소유자가 제3자에게 허위의 금전채무를 부담하면서 이를 피담보채무로 하여 건물에 관하여 근저당권설정등기를 경료하였다면 직접적으로 토지 소유자의 건물철거 및 토지인도청구권에 기한 강제집행을 불능하게 하는 사유에 해당한다고 할 것이므로 건물소유자에게 강제집행면탈죄가 성립한다.

③ 강제집행면탈죄에 있어서 재산에는 동산·부동산 뿐만 아니라 재산적 가치가 있어 민사소송법에 의한 강제집행 또는 보전처분이 가능한 특허 내지 실용신안 등을 받을 수 있는 권리도 포함된다.

④ 타인의 재물을 보관하는 자가 보관하고 있는 재물을 영득할 의사로 은닉하였다면 횡령죄를 구성하는 것이므로 채권자들의 강제집행을 면탈하는 결과를 가져온다 하여 이와 별도로 강제집행면탈죄를 구성하는 것은 아니다.

정선 핵심

① 계약명의신탁의 명의수탁자 명의로 소유권이전등기가 경료된 경우 → 강제집행면탈죄의 객체 ✕
② 토지 소유자가 건물철거 및 토지인도청구권을 갖고 있으나 채무자인 건물 소유자가 허위의 금전채무를 부담하면서 근저당권설정등기를 경료한 경우 → 강제집행면탈죄 ✕
③ 강제집행면탈죄의 재산 → 동산·부동산과 특허 내지 실용신안을 받을 수 있는 권리 포함
④ 보관하고 있는 재물을 은닉한 것이 강제집행을 면탈하는 결과를 가져오는 경우 → 강제집행면탈죄 ✕

정선 해설

[❶ ▸ ○] 명의신탁자와 명의수탁자가 이른바 계약명의신탁 약정을 맺고 명의수탁자가 당사자가 되어 명의신탁 약정이 있다는 사실을 알지 못하는 소유자와 부동산에 관한 매매계약을 체결한 후 그 매매계약에 따라 당해 부동산의 소유권이전등기를 명의수탁자 명의로 마친 경우에는, 명의수탁자는 당해 부동산의 완전한 소유권을 취득한다. 이와 달리 소유자가 계약명의신탁 약정이 있다는 사실을 안 경우에는 수탁자 명의의 소유권이전등기는 무효이고 당해 부동산의 소유권은 매도인이 그대로 보유하게 된다. 어느 경우든지 명의신탁자는 그 매매계약에 의해서는 당해 부동산의 소유권을 취득하지 못하게 되어, 결국 그 부동산은 명의신탁자에 대한 강제집행이나 보전처분의 대상이 될 수 없다(대판 2009.5.14, 2007도2168).

[❷ ▸ ✕] 채권자의 채권이 금전채권이 아니라 토지 소유자로서 그 지상 건물의 소유자에 대하여 가지는 건물철거 및 토지인도청구권인 경우라면, 채무자인 건물 소유자가 제3자에게 허위의 금전채무를 부담하면서 이를 피담보채무로 하여 건물에 관하여 근저당권설정등기를 경료하였다는 것만으로는 직접적으로 토지 소유자의 건물철거 및 토지인도청구권에 기한 강제집행을 불능케 하는 사유에 해당한다고 할 수 없으므로 건물 소유자에게 강제집행면탈죄가 성립한다고 할 수 없다(대판 2008.6.12, 2008도2279).

[❸ ▸ ○] 대판 2001.11.27, 2001도4759

[❹ ▸ ○] 대판 2000.9.8, 2000도1447

답 ❷

357
□□□

권리행사를 방해하는 죄에 대한 다음 설명 중 가장 옳지 않은 것은?(다툼이 있는 경우 판례에 의함)

19 경찰간부

① 주식회사의 대표이사가 대표이사의 지위에 기하여 그 직무집행행위로서 타인이 점유하는 위 회사의 물건을 취거하였다고 하더라도 권리행사방해죄가 성립하지 아니한다.
② 본권을 갖지 아니하는 절도범인의 점유는 권리행사방해죄에 있어서 타인의 점유에 해당하지 않는다.
③ 국세징수법에 의한 체납처분은 강제집행면탈죄의 강제집행에 포함되지 않는다.
④ 형법 제327조의 강제집행면탈죄는 채권자가 본안 또는 보전소송을 제기하거나 제기할 태세를 보이고 있는 상태에서 주관적으로 강제집행을 면탈하려는 목적으로 재산을 은닉, 손괴, 허위양도하거나 허위의 채무를 부담하여 채권자를 해할 위험이 있으면 성립하는 것이고, 반드시 채권자를 해하는 결과가 야기되거나 행위자가 어떤 이득을 취하여야 범죄가 성립하는 것은 아니다.

**정선
핵심**

① · ② 권리행사방해죄의 구성요건
　→ 대표이사가 타인이 점유하는 회사의 물건을 취거한 경우 : 권리행사방해죄 ○
　→ 타인의 점유 : 점유할 권리 없는 자(절도범인)의 점유가 외관상 명백한 경우 포함 ×
③ 국세징수법에 의한 체납처분 → 강제집행면탈죄의 강제집행 ×
④ 강제집행면탈죄의 법적 성격 → 위험범이므로 채권자를 해하는 결과가 되거나 행위자가 어떤 이득을 취할 것 불요

**정선
해설**

[❶▸×] 판례의 취지를 고려하면, 회사의 물건도 권리행사방해죄에 있어서의 자기의 물건이라고 보아야 할 것이므로 권리행사방해죄가 성립한다.

> 주식회사의 대표이사가 대표이사의 지위에 기하여 그 직무집행행위로서 타인이 점유하는 위 회사의 물건을 취거한 경우에는, 위 행위는 위 회사의 대표기관으로서의 행위라고 평가되므로, 위 회사의 물건도 권리행사방해죄에 있어서의 "자기의 물건"이라고 보아야 할 것이다(대판 1992.1.21. 91도1170).

[❷▸○] 권리행사방해죄에서의 보호대상인 타인의 점유는 반드시 점유할 권원에 기한 점유만을 의미하는 것은 아니나, 절도범인의 점유와 같이 점유할 권리 없는 자의 점유임이 외관상 명백한 경우는 포함되지 아니한다(대판 2006.3.23. 2005도4455).
[❸▸○] 대판 2012.4.26. 2010도5693
[❹▸○] 허위양도 또는 은닉과 같은 행위로 인하여 채권자를 해할 위험이 있으면 강제집행면탈죄가 성립하고 반드시 현실적으로 채권자를 해하는 결과가 야기되어야만 강제집행면탈죄가 성립하는 것은 아니다(대판 1998.9.8. 98도1949).

정답 ❶

권리행사를 방해하는 죄에 대한 설명으로 가장 적절한 것은?(다툼이 있는 경우 판례에 의함)

19 경찰승진

① 권리행사방해죄에서 '은닉'이란 타인의 점유 또는 권리의 목적이 된 자기 물건 등의 소재를 발견하기 불가능하게 하거나 또는 현저히 곤란한 상태에 두는 것을 말하고, 그로 인하여 권리행사가 방해될 우려가 있는 상태만으로는 부족하고, 현실로 권리행사가 방해되었을 것을 요한다.

② 권리행사방해죄에 있어서의 '취거'란 타인의 점유 또는 권리의 목적이 된 자기의 물건을 그 점유자의 의사에 반하여 그 점유자의 점유로부터 자기 또는 제3자의 점유로 옮기는 것을 말하므로, 점유자의 하자있는 의사에 기하여 점유가 이전된 경우에도 여기에서 말하는 취거로 볼 수 있다.

③ 타인의 재물을 보관하는 자가 보관하고 있는 재물을 영득할 의사로 은닉하였다면 횡령죄를 구성하고 채권자들의 강제집행을 면탈하는 결과를 가져온다면 별도로 강제집행면탈죄를 구성하며 양 죄는 상상적 경합 관계에 있다.

④ 권리행사방해죄에서의 보호대상인 '타인의 점유'에는 일단 적법한 권원에 기하여 점유를 개시하였으나 사후에 점유권원을 상실한 경우의 점유, 점유권원의 존부가 외관상 명백하지 아니하여 법정절차를 통하여 권원의 존부가 밝혀질 때까지의 점유, 권원에 기하여 점유를 개시한 것은 아니나 동시이행항변권 등으로 대항할 수 있는 점유 등이 포함된다.

정선 핵심

①·② 권리행사방해죄의 구성요건
→ 은닉 : 이로 인해 권리행사가 방해될 우려가 있는 상태에 이르면 권리행사방해죄가 성립하고 현실로 권리행사가 방해되었을 것 불요
→ 취거 : 점유자의 하자있는 의사에 기하여 점유가 이전된 경우 ×
③ 보관하고 있는 재물을 영득의 의사로 은닉한 경우 → 횡령죄 외에 강제집행면탈죄 ×
④ 권리행사방해죄의 구성요건
→ 타인의 점유 : 적법한 권원에 의하였으나 사후에 점유권원을 상실한 경우, 법정절차를 통하여 권원의 존부가 밝혀질 때까지의 점유, 동시이행항변권 등으로 대항할 수 있는 점유 포함

정선 해설

[❶ ▸ ×] 권리행사방해죄의 '은닉'이란 타인의 점유 또는 권리의 목적이 된 자기 물건 등의 소재를 발견하기 불가능하게 하거나 또는 현저히 곤란한 상태에 두는 것을 말하고, 그로 인하여 권리행사가 방해될 우려가 있는 상태에 이르면 권리행사방해죄가 성립하고 현실로 권리행사가 방해되었을 것까지 필요로 하는 것은 아니다(대판 2017.5.17. 2017도2230).

[❷ ▸ ×] 권리행사방해죄에 있어서의 취거라 함은 타인의 점유 또는 권리의 목적이 된 자기의 물건을 그 점유자의 의사에 반하여 그 점유자의 점유로부터 자기 또는 제3자의 점유로 옮기는 것을 말하므로 점유자의 의사나 그의 하자있는 의사에 기하여 점유가 이전된 경우에는 여기에서 말하는 취거로 볼 수는 없다(대판 1988.2.23. 87도1952).

[❸ ▸ ×] 타인의 재물을 보관하는 자가 보관하고 있는 재물을 영득할 의사로 은닉하였다면 이는 횡령죄를 구성하는 것이고 채권자들의 강제집행을 면탈하는 결과를 가져온다 하여 이와 별도로 강제집행면탈죄를 구성하는 것은 아니다(대판 2000.9.8. 2000도1447).

[❹ ▸ ○] 대판 2006.3.23. 2005도4455

답 ❹

권리행사를 방해하는 죄에 관한 다음 설명 중 옳지 않은 것은 몇 개인가?(다툼이 있는 경우 판례에 의함)

17 경찰간부

ㄱ. 형법 제327조의 강제집행면탈죄가 적용되는 강제집행은 민사집행법 제2편의 적용 대상인 '강제집행' 또는 가압류・가처분 등의 집행을 가리키는 것이고, 민사집행법 제3편의 적용 대상인 '담보권 실행 등을 위한 경매'를 면탈할 목적으로 재산을 은닉하는 등의 행위는 위 죄의 규율 대상에 포함되지 않는다.

ㄴ. 채권자들에 의한 복수의 강제집행이 예상되는 경우 재산을 은닉 또는 허위양도함으로써 채권자들을 해하였다면 채권자별로 각각 강제집행면탈죄가 성립하고 상호 상상적 경합범의 관계에 있다.

ㄷ. 甲・乙이 공모하여 렌트카 회사인 A주식회사를 설립한 다음 B주식회사 등의 명의로 저당권등록이 되어 있는 다수의 차량들을 사들여 A회사 소유의 영업용 차량으로 등록한 후 자동차대여사업자등록 취소처분을 받아 차량등록을 직권말소시켜 저당권 등이 소멸되게 하였더라도 甲・乙이 차량들을 은닉하였다고 단정할 수 없으므로 甲・乙에게는 권리행사방해죄가 성립하지 않는다.

ㄹ. 사업장의 유체동산에 대한 강제집행을 면탈할 목적으로 사업자 등록의 사업자 명의를 변경함이 없이 사업장에서 사용하는 금전등록기의 사업자 이름만을 변경한 경우에는 강제집행면탈죄에 있어서 재산의 '은닉'에 해당한다.

① 0개
② 1개
③ 2개
④ 3개

정선 핵심

ㄱ. 강제집행면탈죄가 적용되는 강제집행인지 여부
　→ 강제집행 또는 가압류・가처분 등의 집행 : ○
　→ 담보권 실행경매를 면탈할 목적으로 재산을 은닉하는 행위 : ×
ㄴ. 복수의 강제집행이 예상되는 재산을 은닉・허위양도한 경우 → 강제집행면탈죄의 상상적 경합 ○
ㄷ. 렌트카 회사인 A회사 소유의 영업용 차량으로 등록된 B회사의 명의의 저당권등록차량들을 관리・처분하도록 하여 자동차대여사업자등록 취소처분을 받아 차량등록을 직권말소시켜 저당권이 소멸되게 한 경우 → 권리행사방해죄 ○
ㄹ. 금전등록기의 사업자 이름만을 변경한 경우 → 은닉 ○

정선 해설

[ㄱ ▸ ○]　강제집행면탈죄가 적용되는 강제집행은 민사집행법 제2편의 적용 대상인 '강제집행' 또는 가압류・가처분 등의 집행을 가리키는 것이고, 민사집행법 제3편의 적용 대상인 '담보권 실행 등을 위한 경매'를 면탈할 목적으로 재산을 은닉하는 등의 행위는 위 죄의 규율 대상에 포함되지 않는다(대판 2015.3.26. 2014도14909).
[ㄴ ▸ ○]　대판 2011.12.8. 2010도4129
[ㄷ ▸ ×]　판례(대판 2017.5.17. 2017도2230)의 취지를 고려하면, 甲・乙이 차량의 소재를 파악하는 것을 현저하게 곤란하게 하거나 불가능하게 하여 은닉하였다고 볼 수 있으므로 甲・乙에게는 권리행사방해죄가 성립한다.
[ㄹ ▸ ○]　대판 2003.10.9. 2003도3387

답 ❷

甲은 乙에게 3억 원의 금전채무를 지고 있다. 변제기가 지났는데도 甲이 위 채무를 변제하지 못하자 乙은 甲에게 2주 내로 돈을 갚지 않으면 민사소송을 제기하겠다는 취지의 내용증명우편을 발송하였고, 이를 받은 甲은 유일한 재산인 자기 명의의 아파트를 丙에게 매도하였다. 그러나 사실 甲은 丙과 통모하여 실제 매매대금을 주고 받은 사실 없이 丙의 명의로 소유권이전등기만 마쳤다. 이에 관한 설명 중 옳은 것을 모두 고른 것은?(다툼이 있는 경우 판례에 의함)

`20` 변시

ㄱ. 강제집행면탈죄는 채권자가 민사소송을 제기하거나 가압류, 가처분의 신청을 할 기세를 보이고 있는 상태인 경우에도 성립하므로, 위 사례에서 甲은 강제집행면탈의 죄책을 진다.

ㄴ. 만약 丙이 위와 같은 사정을 전혀 모르는 상태에서 甲에게 정당한 매매대금을 지급하고 아파트를 매수한 경우라면 甲에게 강제집행을 면탈할 의도가 있었다고 하더라도 강제집행면탈죄가 성립하지 아니한다.

ㄷ. 만약 甲이 강제집행을 면할 목적으로 丙에게 허위채무를 부담하고 아파트에 근저당권설정등기를 마쳐 주었다면 강제집행면탈죄가 성립하지 않는다.

ㄹ. 만약 위 사례에서 甲이 丙에게 아파트를 양도한 시점에 甲에게 乙의 집행을 확보하기에 충분한 다른 재산이 있다고 하더라도 강제집행면탈죄가 성립한다.

① ㄱ, ㄴ
② ㄴ, ㄷ
③ ㄱ, ㄴ, ㄷ
④ ㄱ, ㄷ, ㄹ
⑤ ㄱ, ㄴ, ㄷ, ㄹ

정선 핵심

강제집행면탈죄의 성립 여부

ㄱ. 내용증명우편을 받은 후 丙의 명의로 소유권이전등기를 경료한 경우 → ○

ㄴ. 강제집행을 면탈할 의도가 있더라도 丙이 선의로 甲에게 정당한 매매대금을 지급하고 아파트를 매수한 경우 → ×

ㄷ. 강제집행을 면할 목적으로 丙에게 허위채무를 부담하고 근저당권설정등기를 경료해 준 경우 → ○

ㄹ. 丙에게 아파트를 양도한 시점에 충분한 다른 재산이 있는 경우 → ×

정선 해설

[ㄱ ▶ ○] 강제집행면탈죄에서 집행을 당할 구체적인 위험이 있는 상태란 채권자가 이행청구의 소 또는 그 보전을 위한 가압류, 가처분신청을 제기하거나 제기할 기세를 보인 경우를 말하는 바(대판 1986.10.28. 86도1553), 甲이 이러한 상태에서 자신 명의의 아파트를 丙에게 매도하였으므로 甲은 강제집행면탈의 죄책을 진다.

[ㄴ ▶ ○] 판례의 취지를 고려하면, 매수인 丙이 甲에게 정당한 매매대금을 지급하였다면 甲 강제집행을 면탈할 의도가 있었다고 하더라도 강제집행면탈죄가 성립하지 아니한다.

강제집행면탈죄에 있어서 은닉이라 함은 강제집행을 면탈할 목적으로 강제집행을 실시하는 자로 하여금 채무자의 재산을 발견하는 것을 불능 또는 곤란하게 만드는 것을 말하는 것으로서 진의에 의하여 재산을 양도하였다면 설령 그것이 강제집행을 면탈할 목적으로 이루어진 것으로서 채권자의 불이익을 초래하는 결과가 되었다고 하더라도 강제집행면탈죄의 허위양도 또는 은닉에는 해당하지 아니한다 할 것이다(대판 2000.9.8. 2000도1447).

[ㄷ ▶ ×] 판례는 피고인이 강제집행을 면할 목적으로 허위채무를 부담하고 근저당권설정등기를 경료하여 줌으로써 채권자를 해하였다고 인정된다면 설혹 피고인이 그 근저당권이 설정된 부동산 외에 약간의 다른 재산이 있더라도 강제집행면탈죄가 성립한다(대판 1990.3.23. 89도2506)고 판시하고 있으므로 지문의 경우, 甲에게는 강제집행면탈죄가 성립한다.

[ㄹ▸×] 甲에게 乙의 집행을 확보하기에 충분한 다른 재산이 있다면 乙을 해하였거나 해할 우려가 있다고 쉽사리 단정할 것은 아니어서 甲에게 강제집행면탈죄는 성립하지 아니한다고 하는 것이 타당하다.

> 강제집행의 기본이 되는 채권자의 권리, 즉 채권의 존재는 강제집행면탈죄의 성립요건으로서 채권의 존재가 인정되지 않을 때에는 강제집행면탈죄는 성립하지 않는다. 그리고 채권이 존재하는 경우에도 채무자의 재산은닉 등 행위 시를 기준으로 채무자에게 채권자의 집행을 확보하기에 충분한 다른 재산이 있었다면 채권자를 해하였거나 해할 우려가 있다고 쉽사리 단정할 것이 아니다(대판 2011.9.8. 2011도5156).

답 ❶

361

□□□

권리행사를 방해하는 죄에 대한 설명 중 가장 적절한 것은?(다툼이 있는 경우 판례에 의함)

`20` 경찰승진

① '보전처분 단계에서의 가압류채권자의 지위'는 강제집행면탈죄의 객체가 될 수 없다.
② 강제집행면탈죄가 적용되는 강제집행에는 '담보권 실행 등을 위한 경매'를 면탈할 목적으로 재산을 은닉하는 경우도 포함된다.
③ 채권자들이 피고인을 상대로 법적 절차를 취하기 위한 준비를 하고 있지 않았지만, 피고인이 어음의 부도가 있기 전에 강제집행을 면탈하기 위해 자기의 형에게 허위채무를 부담하고 가등기하여 주었다면 강제집행면탈죄가 성립한다.
④ 무효인 경매절차에서 경매목적물을 경락받아 이를 점유하고 있는 낙찰자의 점유는 동시이행항변권이 있더라도 적법한 점유가 아니므로 그 점유자는 권리행사방해죄에 있어서 타인의 물건을 점유하고 있는 자라고 할 수 없다.

정선 핵심

① 가압류채권자의 지위 → 강제집행면탈죄의 객체 ×
② 강제집행면탈죄가 적용되는 강제집행인지 여부
  ⋯ 담보권 실행경매를 면탈할 목적으로 재산을 은닉하는 행위 : ×
③ 어음부도 전 강제집행을 면탈하기 위해 형에게 가등기를 경료하여 준 경우 → 강제집행면탈죄 ×
④ 무효인 경매절차에서 경락받아 점유하는 낙찰자 → 타인의 물건을 점유하고 있는 자 ○

정선 해설

[❶▸○] 대판 2008.9.11. 2006도8721
[❷▸×] 강제집행면탈죄가 적용되는 강제집행은 민사집행법 제2편의 적용 대상인 '강제집행' 또는 가압류·가처분 등의 집행을 가리키는 것이고, 민사집행법 제3편의 적용 대상인 '담보권 실행 등을 위한 경매'를 면탈할 목적으로 재산을 은닉하는 등의 행위는 위 죄의 규율 대상에 포함되지 않는다(대판 2015.3.26. 2014도14909).
[❸▸×] 판례의 취지를 고려하면, 채권자들이 법적 절차를 준비하기 전에 피고인이 형에게 허위채무를 부담하고 가등기하여 주었더라도 강제집행을 받을 위험이 있는 객관적 상태가 존재한다고 볼 수 없으므로 피고인에게 강제집행면탈죄는 성립하지 아니한다.

> 피고인이 그 재산을 형에게 빼돌린 일이 그가 강제집행을 당할 급박한 객관적 상태하에서 한 것으로 아니 본 원심이 공소범행사실이 그 증명이 없다고 한 판단을 한 것은 옳다(대판 1979.9.11. 79도436).

[❹▸×] 권리행사방해죄에 있어서의 타인의 점유라 함은 반드시 본권에 의한 점유만에 한하지 아니하고 동시이행항변권 등에 기한 점유와 같은 적법한 점유도 여기에 해당한다고 할 것이어서, 경매절차가 무효로 된 경우에도 마찬가지라고 할 것이므로, 무효인 경매절차에서 경매목적물을 경락받아 이를 점유하고 있는 낙찰자의 점유는 적법한 점유로서 그 점유자는 권리행사방해죄에 있어서의 타인의 물건을 점유하고 있는 자라고 할 것이다(대판 2003.11.28. 2003도4257).

답 ❶

강제집행면탈죄에 관한 설명 중 가장 적절하지 않은 것은?(다툼이 있는 경우 판례에 의함)

① 강제집행면탈죄에 있어서 재산에는 재산적 가치가 있어 민사소송법에 의한 강제집행 또는 보전처분이 가능한 특허 내지 실용신안 등을 받을 수 있는 권리도 포함된다.

② 채무자가 채권자의 가압류집행을 면탈할 목적으로 제3채무자에 대한 채권을 타인에게 허위양도한 경우, 가압류결정 정본이 제3채무자에게 송달되기 전에 채권을 허위로 양도하였다면 강제집행면탈죄가 성립한다.

③ 허위의 채무를 부담하는 내용의 채무변제계약 공정증서를 작성한 후 이에 기하여 채권압류 및 추심명령을 받은 다음 3개월 후에 실제로 위 강제집행에 따른 추심금을 수령한 경우, 강제집행면탈죄는 위 추심금을 수령한 때에 범죄행위가 종료한다고 보아야 하고 그때부터 공소시효가 진행한다.

④ 사업장의 유체동산에 대한 강제집행을 면탈할 목적으로 사업자등록의 사업자 명의를 변경함이 없이 사업장에서 사용하는 금전등록기의 사업자 이름만을 변경한 경우도 강제집행면탈죄에 있어서 재산의 '은닉'에 해당한다.

정선 핵심

① 강제집행면탈죄의 재산 → 특허 내지 실용신안을 받을 수 있는 권리 포함

② 가압류결정 정본이 제3채무자에게 송달되기 전에 채권을 허위로 양도한 경우 → 강제집행면탈죄 ○

③ 채무변제계약 공정증서를 작성한 후 채권압류 및 추심명령을 받은 경우 → 강제집행면탈죄가 성립하고 그때부터 공소시효 진행

④ 금전등록기의 사업자 이름만을 변경한 경우 → 은닉 ○

정선 해설

[❶ ▸ ○] 대판 2001.11.27. 2001도4759

[❷ ▸ ○] 채무자인 피고인이 채권자 甲의 가압류집행을 면탈할 목적으로 제3채무자 乙에 대한 채권을 丙에게 허위양도하였다고 하여 강제집행면탈로 기소된 경우, 가압류결정 정본이 제3채무자에게 송달된 날짜와 피고인이 채권을 양도한 날짜가 동일하므로 가압류결정 정본이 乙에게 송달되기 전에 채권을 허위로 양도하였다면 강제집행면탈죄가 성립한다(대판 2012.6.28. 2012도3999).

> **비교판례** 대판 1987.8.18. 87도1260, 대판 2008.6.26. 2008도3184
>
> • 피고인이 타인에게 채무를 부담하고 있는 양 가장하는 방편으로 피고인 소유의 부동산들에 관하여 소유권이전청구권보전을 위한 가등기를 경료하여 주었다 하더라도 그와 같은 가등기는 원래 순위보전의 효력밖에 없는 것이므로 그와 같이 각 가등기를 경료한 사실만으로는 피고인이 강제집행을 면탈할 목적으로 허위채무를 부담하여 채권자를 해한 것이라고 할 수 없다.
> • 이혼을 요구하는 처로부터 재산분할청구권에 근거한 가압류 등 강제집행을 받을 우려가 있는 상태에서 남편이 이를 면탈할 목적으로 허위의 채무를 부담하고 소유권이전청구권보전가등기를 경료한 경우, 강제집행면탈죄가 성립한다.

[❸ ▸ ✕] 허위의 채무를 부담하는 내용의 채무변제계약 공정증서를 작성한 후 이에 기하여 채권압류 및 추심명령을 받은 때에, 강제집행면탈죄가 성립함과 동시에 그 범죄행위가 종료되어 공소시효가 진행한다(대판 2009.5.28. 2009도875).

[❹ ▸ ○] 대판 2003.10.9. 2003도3387

탭 ❸

01 물건에 대하여 점유를 수반하지 아니하는 채권은 권리행사방해죄의 구성요건 중 타인의 권리에 포함되지 아니한다. [20] 해경승진 ○ | ×

02 피고인이 피해자에게 담보로 제공한 차량이 자동차등록원부에 타인 명의로 등록되어 있는 경우에 있어서 피고인이 피해자의 승낙없이 미리 소지하고 있던 위 차량의 보조키를 이용하여 이를 운전하여 간 경우 권리행사방해죄를 구성한다. [16] 경찰간부 ○ | ×

03 채무자가 가압류채권자의 지위에 있으면서 가압류집행해제를 신청함으로써 그 지위를 상실하는 행위는 강제집행면탈행위의 어느 유형에도 포함되지 않는 것이어서, 이러한 행위를 처벌대상으로 삼을 수 없다. [19] 해경간부 ○ | ×

04 피고인이 장래에 발생할 특정의 조건부채권을 담보하기 위한 방편으로 부동산에 대하여 근저당권을 설정한 것이라면 강제집행면탈죄 소정의 '허위의 채무를 부담'하는 경우에 해당한다고 할 수 없다. [19] 해경간부 ○ | ×

05 강제집행을 당할 우려가 있어 자신이 수탁하고 있던 부동산에 관한 신탁계약을 해지하고 부동산을 신탁자에게 돌려준 행위는 강제집행면탈죄의 허위양도에 해당한다. [19] 해경간부 ○ | ×

01 물건에 대하여 점유를 수반하지 아니하는 채권도 이에 포함된다(대판 1991.4.26. 90도1958).

02 자동차등록원부에 타인 명의로 등록되어 있는 이상 그 차량은 피고인의 소유는 아니므로, 피고인이 피해자의 승낙 없이 미리 소지하고 있던 위 차량의 보조키를 이용하여 이를 운전하여 간 행위가 권리행사방해죄를 구성하지 않는다(대판 2005.11.10. 2005도6604).

03 채무자가 가압류채권자의 지위에 있으면서 가압류집행해제를 신청함으로써 그 지위를 상실하는 행위는 형법 제327조에서 정한 '은닉, 손괴, 허위양도 또는 허위채무부담' 등 강제집행면탈행위의 어느 유형에도 포함되지 않는 것이므로, 이러한 행위를 처벌대상으로 삼을 수 없다(대판 2008.9.11. 2006도8721).

04 대판 1996.10.25. 선고 96도1531

05 허위양도에 해당하지 아니한다(대판 1983.7.26. 82도1524).

정답

01 × **02** × **03** ○ **04** ○
05 ×

정선지문OX

06 휴업급여를 받을 권리는 압류금지채권이나 이를 계좌로 수령하면 더는 압류금지의 효력이 미치지 않아 강제집행의 객체가 되므로, 휴업급여를 기존의 압류된 예금계좌에서 압류되지 않은 다른 계좌로 바꾸어 수령하면 강제집행면탈죄가 성립한다. `18` 법원9급 O I X

07 근저당권의 목적물인 기계에 대하여 경매개시결정이 내려진 후 이를 원래 있던 곳에서 가지고 나가 숨겨 두면, 강제집행을 면할 목적으로 재산을 은닉한 것이므로 강제집행면탈죄가 성립한다. `18` 법원9급 O I X

08 '보전처분 단계에서의 가압류채권자의 지위'는 강제집행면탈죄의 객체가 될 수 없다. `18` 법원9급 O I X

06 압류금지채권의 목적물이 채무자의 예금계좌에 입금된 경우에는 그 예금채권에 대하여 더 이상 압류금지의 효력이 미치지 아니하므로 그 예금은 압류금지채권에 해당하지 않지만, 압류금지채권의 목적물이 채무자의 예금계좌에 입금되기 전까지는 여전히 강제집행 또는 보전처분의 대상이 될 수 없으므로, 압류금지채권의 목적물을 수령하는 데 사용하던 기존 예금계좌가 채권자에 의해 압류된 채무자가 압류되지 않은 다른 예금계좌를 통하여 그 목적물을 수령하더라도 강제집행이 임박한 채권자의 권리를 침해할 위험이 있는 행위라고 볼 수 없어 강제집행면탈죄가 성립하지 않는다(대판 2017.8.18. 2017도6229).

07 '담보권 실행 등을 위한 경매'를 면탈할 목적으로 재산을 은닉하는 등의 행위는 위 죄의 규율 대상에 포함되지 않는다(대판 2015.3.26. 2014도14909).

08 대판 2008.9.11. 2006도8721

정답

06 × **07** × **08** ○

363
□□□

다음 설명 중 옳고 그름의 표시(O, ×)가 옳게 된 것은?(다툼이 있는 경우 판례에 의함)

`19` 경찰채용

> ㄱ. 피고인이 지하철 환승 에스컬레이터 내에서 카메라폰으로 성적 수치심을 느낄 수 있는 치마 속 신체 부위를 피해자의사에 반하여 동영상 촬영 중 경찰관에게 발각되어 저장버튼을 누르지 않고 촬영을 종료하였다면, 영상정보가 기계장치 내 임시저장된 데 불과하므로 구 성폭력범죄의 처벌및피해자보호등에관한법률에서 정한 '카메라등이용촬영죄'의 미수이다.
>
> ㄴ. 신용카드를 절취하여 대금을 결제하기 위하여 신용카드를 제시하고 카드회사의 승인을 받았지만 매출전표에 서명한 사실이 없고 도난카드임이 밝혀져 최종적으로 매출취소로 거래가 종결되었을지라도, 여신전문금융업법상 신용카드부정사용의 기수가 된다.
>
> ㄷ. 갑이 을을 살해하기 위하여 병, 정 등을 고용하면서 그들에게 대가의 지급을 약속한 경우, 갑에게는 살인죄를 범할 목적 및 살인에 관한 고의가 인정되며 객관적으로 살인죄의 실현을 위한 준비행위를 완료하였으므로 살인죄의 미수로 처벌된다.
>
> ㄹ. 금융기관 직원이 전산단말기를 이용하여 다른 공범들이 지정한 특정계좌에 돈이 입금된 것처럼 허위의 정보를 입력하는 방법으로 위 계좌로 입금되도록 하고, 이러한 입금절차를 완료하였지만 입금이 취소되어 현실적으로 인출되지 못하였다면 컴퓨터등사용사기죄의 미수범이다.

① ㄱ(×) ㄴ(O) ㄷ(O) ㄹ(O)
② ㄱ(×) ㄴ(×) ㄷ(O) ㄹ(×)
③ ㄱ(O) ㄴ(O) ㄷ(×) ㄹ(O)
④ ㄱ(×) ㄴ(×) ㄷ(×) ㄹ(×)

정선 핵심

ㄱ. 카메라폰으로 촬영 중 저장버튼을 누르지 않고 종료한 경우 → 카메라등이용촬영죄의 기수 O
ㄴ. 신용카드 매출전표에 서명한 사실이 없고 매출취소로 거래가 종결된 경우 → 신용카드부정사용죄의 미수로 불가벌
ㄷ. 乙을 살해하기 위해 사람들을 고용하며 대가지급을 약속한 경우 → 살인예비죄 O
ㄹ. 금융기관 직원이 허위정보를 입력하여 공범들이 지정한 특정계좌로 돈이 입금되도록 한 경우 → 컴퓨터등사용사기죄 O

정선 해설

[ㄱ ▸ ×] 피고인이 지하철 환승에스컬레이터 내에서 짧은 치마를 입고 있는 피해자의 뒤에 서서 카메라폰으로 성적 수치심을 느낄 수 있는 치마 속 신체 부위를 피해자 의사에 반하여 동영상 촬영하였다고 하여 구 성폭력범죄의 처벌 및 피해자보호 등에 관한 법률위반으로 기소된 경우, 피고인이 휴대폰을 이용하여 동영상 촬영을 시작하여 일정한 시간이 경과하였다면 설령 촬영 중 경찰관에게 발각되어 저장버튼을 누르지 않고 촬영을 종료하였더라도 카메라 등 이용 촬영 범행은 이미 '기수'에 이르렀다고 볼 여지가 매우 크다(대판 2011.6.9. 2010도10677).

[ㄴ ▸ ×] 지문의 경우 신용카드부정사용의 미수행위에 해당하나 여신전문금융업법상 미수처벌규정이 없어 불가벌이다.

> 신용카드를 절취한 사람이 대금을 결제하기 위하여 신용카드를 제시하고 카드회사의 승인까지 받았다고 하더라도 매출전표에 서명한 사실이 없고 도난카드임이 밝혀져 최종적으로 매출취소로 거래가 종결되었다면, 신용카드부정사용의 미수행위에 불과하다(대판 2008.2.14. 2007도8767).

[ㄷ ▸ ×] 甲이 乙을 살해하기 위하여 丙, 丁 등을 고용하면서 그들에게 대가의 지급을 약속한 경우, 甲에게는 살인죄를 범할 목적 및 살인의 준비에 관한 고의뿐만 아니라 살인죄의 실현을 위한 준비행위를 하였음을 인정할 수 있으므로 살인예비죄가 성립된다(대판 2009.10.29. 2009도7150).

[ㄹ ▸ X] 금융기관 직원이 전산단말기를 이용하여 다른 공범들이 지정한 특정계좌에 돈이 입금된 것처럼 허위의 정보를 입력하는 방법으로 위 계좌로 입금되도록 한 경우, 이러한 입금절차를 완료함으로써 장차 그 계좌에서 이를 인출하여 갈 수 있는 재산상 이익을 취득하였으므로 형법 제347조의2에서 정하는 컴퓨터등사용사기죄는 기수에 이르렀고, 그 후 그러한 입금이 취소되어 현실적으로 인출되지 못하였다고 하더라도 이미 성립한 컴퓨터등사용사기죄에 어떤 영향이 있다고 할 수는 없다(대판 2006.9.14. 2006도4127).

답 ❹

364

□□□ **다음 사례에 대한 설명으로 옳지 않은 것은?(다툼이 있는 경우 판례에 의함)**

19 국가9급

> 甲과 乙은 주간에 함께 A의 집에 침입하여 도품을 물색하던 중, A에게 발각되어 각자 다른 길로 도주했다. 도주 중 甲은 자신을 추적해 오는 A를 발로 차서 넘어지게 하였다. 한편 乙은 순찰 중에 "도둑이야!"라는 소리를 듣고 범인을 체포하려고 달려온 사복 경찰관을 집주인 A라고 생각하고 체포를 면탈하기 위해 각목을 주워 그의 머리를 내리쳐 전치 8주의 상처를 입혔다.

① 甲과 乙이 A의 집에 침입한 행위는 공동주거침입에 해당한다.
② 甲과 乙이 A의 집에서 도품을 물색한 행위는 합동절도의 실행의 착수에 해당한다.
③ 甲이 자신을 추적해 오는 A를 폭행한 행위는 준강도죄를 구성한다.
④ 乙이 경찰관에게 상해를 가한 행위는 강도상해죄와 특수공무집행방해치상죄를 구성한다.

정선
핵심

① 甲과 乙이 함께 주거침입한 경우 → 공동주거침입죄 ○
② 甲과 乙이 함께 도품을 물색한 경우 → 합동절도의 실행의 착수 ○
③ 甲이 추적해 오는 A를 폭행한 경우 → 준강도미수죄 ○
④ 乙이 경찰관에게 상해를 가한 경우 → 강도상해죄 ○

정선
해설

[❶ ▸ ○] 甲과 乙이 주간에 합동하여 주거침입을 수단으로 절도를 범한 경우, 주간 주거침입행위는 절도죄와는 별도로 주거침입죄가 성립하고, 주거침입죄의 공동정범은 폭처법 제2조 제2항 제1호에 의해 가중처벌된다.
[❷ ▸ ○] 甲과 乙에 의해 주간에 행하여지는 합동절도(형법 제331조 제2항)는 절취할 물건의 물색행위를 시작했을 때 실행의 착수가 인정된다.
[❸ ▸ ○] 합동절도의 실행에 착수한 甲이 체포를 면탈할 목적으로 자신을 추적해 오는 A를 폭행한 행위는 준강도죄에 해당한다. 다만, 절도가 미수에 그쳤으므로 준강도미수죄의 죄책을 지게 된다.
[❹ ▸ X] 乙은 절도의 기회에 체포면탈 목적으로 각목으로 머리를 내려치는 폭행을 가했으므로 준강도죄가 성립하고 그 과정에서 경찰관에게 상처를 입혔으므로 강도상해죄가 인정된다. 또한 공무집행방해죄의 성립 여부가 문제되나, 乙은 자신을 체포하려는 자가 경찰관이 아닌 집주인 A라고 생각했기 때문에 공무집행방해죄의 고의가 없다고 볼 수 있어 과실범은 성립할 수 있으나 공무집행방해죄는 과실범 처벌규정이 없으므로 결국 乙에게는 강도상해죄만 인정된다.

답 ❹

다음 사례에 대한 설명으로 옳은 것은?(다툼이 있는 경우 판례에 의함) `17` 국가7급

> (가) 甲은 21:30경 남편 乙이 경비원으로 근무하고 있는 A연구소 외부에 있는 주차장에 승용차를 세워두고 연구소 정문 안으로 들어가 절취하기 위하여 앞마당에 있던 관상수 한 그루를 캤다. 하지만 甲은 혼자서 운반할 수 없게 되자 乙에게 연락하여 그곳으로 오게 한 후 乙과 함께 관상수를 운반하다가 미처 연구소 밖으로 나가기 전에 다른 경비원 丙에게 발각되었다. 이에 甲과 乙은 관상수를 그대로 둔 채 승용차로 도주하려고 하였다.
>
> (나) 이때 乙은 甲을 조수석에 태운 채 승용차를 운전하여 달아나려고 하였는데 丙이 달려와 승용차 앞을 가로막자 승용차의 앞 범퍼로 丙을 치어 전치 4주의 부상을 입힌 후 도주하였다.

① (가)에서 甲은 건조물침입 및 절도미수의 죄책을 진다.
② (가)에서 乙은 특수절도기수의 죄책을 진다.
③ (나)에서 乙은 특수폭행의 죄책을 진다.
④ (나)에서 乙은 특정범죄 가중처벌 등에 관한 법률위반(도주치상)의 죄책을 지지 않는다.

**정선
핵심**

① 甲이 범죄의 목적으로 A연구소에 들어가 관상수를 캐낸 경우 → 건조물침입죄와 절도죄의 실체적 경합 ○
② 甲과 함께 관상수를 운반한 경우 → 건조물침입죄와 장물운반죄의 실체적 경합 ○
③ 승용차 앞 범퍼로 丙을 치어 부상을 입힌 경우 → 고의에 따라 폭행치상죄, 특수상해죄 ○
④ 丙을 치어 부상을 입힌 경우 → 특가법위반(도주치상)죄 ×

**정선
해설**

[**❶** ▸ ×] [**❷** ▸ ×] 판례의 취지를 고려하면, 甲은 범죄의 목적으로 A연구소에 들어가 관상수를 캐낸 때 절도죄는 기수에 이르게 된다. 따라서 甲은 건조물침입죄(형법 제319조 제1항) 및 절도죄(형법 제329조)의 죄책을 지게 되고, 乙은 甲에 의한 관상수에 대한 절도죄가 기수에 이른 후에 가담한 것이므로 건조물침입죄(형법 제319조 제1항) 및 장물운반죄(형법 제362조 제1항)는 별론, 관상수에 대한 특수절도죄는 성립하지 아니한다.

> [1] 입목을 절취하기 위하여 캐낸 때에 소유자의 입목에 대한 점유가 침해되어 범인의 사실적 지배하에 놓이게 되므로 범인이 그 점유를 취득하고 절도죄는 기수에 이른다. 이를 운반하거나 반출하는 등의 행위는 필요하지 않다.
> [2] 절도범인이 혼자 입목을 땅에서 완전히 캐낸 후에 비로소 제3자가 가담하여 함께 입목을 운반한 사안에서, 특수절도죄의 성립을 부정한 사례(대판 2008.10.23. 2008도6080).

[**❸** ▸ ×] 丙이 전치 4주의 부상을 입었으므로 乙에게 폭행의 고의가 있었다면 폭행치상죄(형법 제262조)가 성립하고, 상해의 고의가 있었다면 특수상해죄(형법 제258조의2)가 성립한다.

[**❹** ▸ ○] 특정범죄 가중처벌 등에 관한 법률위반죄(동법 제5조의3)는 도로교통법 제2조에 규정된 자동차·원동기장치자전거의 교통으로 인하여 형법 제268조의 죄를 범한 해당 차량의 운전자가 피해자를 구호하는 등 도로교통법 제54조 제1항에 따른 조치를 하지 아니하고 도주한 경우에 가중처벌하는 규정으로, 乙이 범한 폭행치상죄 또는 특수상해죄는 동법 제5조의3의 구성요건에 해당하지 아니하여 특정범죄 가중처벌 등에 관한 법률위반(도주치상)의 죄책을 지지 아니한다.

 ❹

다음 설명 중 가장 옳지 않은 것은?

① 횡령 교사를 한 후 그 횡령한 물건을 취득한 때에는 횡령 교사죄와 장물취득죄의 경합범이 성립한다.

② 주식회사의 대표이사가 타인을 기망하여 신주를 인수하게 한 후 그로부터 납입받은 신주인수대금을 횡령한 것은 사기죄와는 전혀 다른 새로운 보호법익을 침해하는 행위로서 별죄를 구성한다.

③ 타인의 부동산을 보관 중인 자가 불법영득의 의사를 가지고 그 부동산에 근저당권설정등기를 경료함으로써 일단 횡령행위가 기수에 이르렀다면, 그 후 같은 부동산에 별개의 근저당권을 설정하거나 해당 부동산을 매각하였다 하더라도 당초의 근저당권 실행을 위한 임의경매에 의한 매각 등 그 근저당권으로 인해 당연히 예상될 수 있는 범위를 넘어 새로운 법익침해의 위험을 추가시키거나 법익침해의 결과를 발생시켰다는 등의 특별한 사정이 없는 한 불가벌적 사후행위에 불과하고 별도의 횡령죄를 구성하지 않는다.

④ 직무를 집행하는 공무원에 대하여 위험한 물건을 휴대하여 고의로 상해를 가한 경우에는 특수공무집행방해치상죄만 성립할 뿐, 이와는 별도로 폭력행위 등 처벌에 관한 법률 위반(집단·흉기 등 상해)죄를 구성하지 않는다.

**정선
핵심**

① 횡령 교사죄와 장물취득죄 → 실체적 경합 ○
② 기망당한 타인으로부터 납입받은 신주인수대금을 횡령한 경우 → 사기죄와 횡령죄의 실체적 경합 ○
③ 명의수탁자가 수탁부동산에 근저당권설정등기를 경료한 후 별개의 근저당권을 설정하거나 해당 부동산을 매각한 경우 → 횡령죄 ○
④ 위험한 물건으로 공무원의 공무집행을 방해하고 상해를 입힌 경우 → 특수공무집행방해치상죄 ○

**정선
해설**

[❶ ▸ ○] 대판 1969.6.24. 69도692
[❷ ▸ ○] 대판 2006.10.27. 2004도6503
[❸ ▸ ✕] 타인의 부동산을 보관 중인 자가 불법영득의사를 가지고 그 부동산에 근저당권설정등기를 경료함으로써 일단 횡령행위가 기수에 이르렀다 하더라도 그 후 같은 부동산에 별개의 근저당권을 설정하여 새로운 법익침해의 위험을 추가함으로써 법익침해의 위험을 증가시키거나 해당 부동산을 매각함으로써 기존의 근저당권과 관계없이 법익침해의 결과를 발생시켰다면, 특별한 사정이 없는 한 불가벌적 사후행위로 볼 수 없고, 별도로 횡령죄를 구성한다(대판 2013.2.21. 2010도10500[전합]).

[❹ ▸ ○] 직무를 집행하는 공무원에 대하여 위험한 물건을 휴대하여 고의로 상해를 가한 경우에는 특수공무집행방해치상죄만 성립할 뿐, 이와는 별도로 폭력행위 등 처벌에 관한 법률 위반(집단·흉기 등 상해)죄를 구성하지 않는다(대판 2008.11.27. 2008도7311).

답 ❸

각 사례에서 甲의 죄책으로 옳은 것만을 모두 고르면?(다툼이 있는 경우 판례에 의함)

21 국가9급

> ㄱ. 골동품상 甲이 주의의무를 게을리하여 절도품인 줄 모르고 절도범이 매각해 달라고 부탁한 고려청자를 보관하던 중 친구로부터 금원을 차용하면서 이를 담보로 제공하였다. – 업무상과실장물보관죄와 횡령죄
> ㄴ. 甲은 피해자가 사망한 다음 날 마치 피해자가 작성한 것처럼 피해자 명의의 예금청구서 1통을 위조하고, 이를 은행에 제출하였다. – 사문서위조죄와 동 행사죄(사기죄는 제외)
> ㄷ. 甲은 피해자에 대하여 채권이 있다는 이유로 권리행사를 빙자하여 사회통념상 용인되기 어려운 정도를 넘는 협박을 수단으로 피해자를 외포케 하여 채권을 변제받았다. – 협박죄와 공갈죄
> ㄹ. 甲은 타인에게 폭행을 행사하여 그의 업무를 방해하였다. – 폭행죄와 업무방해죄

① ㄱ, ㄷ   ② ㄴ, ㄹ
③ ㄱ, ㄴ, ㄹ   ④ ㄴ, ㄷ, ㄹ

정선핵심

ㄱ. 골동품상이 절도품인 줄 모르고 고려청자를 보관하던 중 금원을 차용하면서 담보로 제공한 경우 → 업무상과실장물보관죄 ○
ㄴ. 피해자가 사망한 다음 날 피해자 명의의 예금청구서를 위조하여 제출한 경우 → 사문서위조죄와 동 행사죄의 실체적 경합 ○
ㄷ. 진정한 채권이 있으나 사회통념상 용인되기 어려운 협박으로 채권을 변제받은 경우 → 공갈죄 ○
ㄹ. 피해자에 대한 업무방해의 수단으로 피해자를 폭행한 경우 → 폭행죄와 업무방해죄의 상상적 경합 ○

정선해설

[ㄱ ▸ ✕] 피고인이 업무상과실로 장물을 보관하고 있다가 처분한 행위는 업무상과실장물보관죄의 가벌적 평가에 포함되고 별도로 횡령죄를 구성하지 않는다(대판 2004.4.9. 2003도8219).
[ㄴ ▸ ○] 사망자 명의로 된 문서라고 할지라도 그 문서의 작성일자가 명의자의 생존 중의 날짜로 된 경우 일반인으로 하여금 사망자가 생존 중에 작성한 것으로 오신케 할 우려가 있으므로, 비록 시간적으로 피해자의 사망 이후에 피해자 명의의 문서를 위조하고 이를 행사한 것이라 하더라도 사문서위조죄와 동 행사죄가 성립한다(대판 1993.9.28. 93도2143).
[ㄷ ▸ ✕] 판례의 취지를 고려하면, 사회통념상 용인되기 어려운 정도를 넘는 협박을 행한 경우에는 공갈죄가 성립할 뿐 공갈죄의 수단으로 한 협박은 별죄를 구성하지 아니한다.

> 정당한 권리가 있다 하더라도 그 권리행사를 빙자하여 사회통념상 용인되기 어려운 정도를 넘는 협박을 수단으로 상대방을 외포케 하여 재물의 교부 또는 재산상의 이익을 받으려 하였다면 공갈죄가 성립한다(대판 1996.3.22. 95도2801).

[ㄹ ▸ ○] 대판 2012.10.11. 2012도1895

답 ❷

사기와 공갈의 죄에 대한 설명으로 옳지 않은 것을 모두 고른 것은?(다툼이 있는 경우 판례에 의함)

18 경찰채용

> ㄱ. 타인으로부터 금전을 차용하면서 그 용도를 속였고, 만일 사실대로 용도를 고지하였더라면 상대방이 그에 응하지 않았을 경우에 차용금채무에 대한 상당한 담보를 제공하였다는 사정이 있으면 사기죄가 성립하지 아니한다.
> ㄴ. 1개의 기망행위에 의하여 다수의 피해자로부터 각각 재물을 편취한 경우에는 피해자별로 수개의 사기죄가 성립하고, 각 죄는 실체적 경합의 관계에 있다.
> ㄷ. 피해자를 기망하여 재물의 교부를 받고 그 대가를 일부 지급한 경우에는 피해자로부터 교부된 재물의 가치로부터 그 대가를 공제한 차액이 사기죄의 편취액으로 산정된다.
> ㄹ. 예금주인 현금카드 소유자를 협박하여 카드를 갈취하고, 하자있는 의사표시이기는 하나 피해자의 승낙에 의하여 현금카드를 사용할 권한을 부여받아 이를 사용하여 현금자동지급기에서 예금을 여러번 인출한 행위들은 포괄하여 하나의 공갈죄를 구성한다.
> ㅁ. 다른 공범자가 공갈행위의 실행에 착수한 후 그 범행을 인식하면서 그와 공동의 범의를 가지고 그 후의 공갈행위를 계속하여 재물의 교부나 재산상 이익의 취득에 이른 때에는 공갈죄의 공동정범이 성립한다.

① ㄱ, ㄴ, ㄷ   ② ㄱ, ㄴ, ㄹ
③ ㄱ, ㄷ, ㅁ   ④ ㄴ, ㄷ, ㅁ

정선 핵심

ㄱ. 용도를 속여 금전을 차용하였으나 상당한 담보를 제공한 경우 → 사기죄 ○
ㄴ. 1개의 기망행위에 의하여 다수의 피해자로부터 각각 재산상 이익을 편취한 경우 → 사기죄의 상상적 경합 ○
ㄷ. 금원 편취하였으나 대가가 일부 지급되거나 담보가 제공된 경우의 편취액 → 교부받은 금원 전부
ㄹ. 갈취한 현금카드로 여러 차례 예금을 인출한 경우 → 포괄하여 하나의 공갈죄 ○
ㅁ. 공범자가 공갈행위의 실행에 착수한 후 공동의 범의를 가지고 공갈행위를 계속하여 재물의 교부나 재산상 이익의 취득한 경우 → 공갈죄의 공동정범 ○

정선 해설

[ㄱ ▸ ×] 타인으로부터 금전을 차용함에 있어서 그 차용한 금전의 용도나 변제할 자금의 마련방법에 관하여 사실대로 고지하였더라면 상대방이 응하지 않았을 경우에 그 용도나 변제자금의 마련방법에 관하여 진실에 반하는 사실을 고지하여 금전을 교부받은 경우에는 사기죄가 성립하고, 이 경우 차용금채무에 대한 담보를 제공하였다는 사정만으로는 결론을 달리 할 것은 아니다(대판 2005.9.15. 2003도5382).
[ㄴ ▸ ×] 1개의 기망행위에 의하여 다수의 피해자로부터 각각 재산상 이익을 편취한 경우에는 피해자별로 수개의 사기죄가 성립하고, 그 사이에는 상상적 경합의 관계에 있는 것으로 보아야 한다(대판 2015.4.23. 2014도16980).
[ㄷ ▸ ×] 사기죄에서 그 대가가 일부 지급되거나 담보가 제공된 경우에도 편취액은 피해자로부터 교부된 금원으로부터 그 대가 또는 담보 상당액을 공제한 차액이 아니라 교부받은 금원 전부라고 보아야 한다(대판 2017.12.22. 2017도12649).
[ㄹ ▸ ○] 대판 2007.5.10. 2007도1375
[ㅁ ▸ ○] 대판 1997.2.14. 96도1959

 답 ❶

절도와 강도의 죄에 대한 설명으로 가장 적절하지 않은 것은?(다툼이 있는 경우 판례에 의함)

19 경찰승진

① 피고인이 내연관계에 있는 甲과 A아파트에서 동거하다가 甲의 사망으로 상속인인 乙 및 丙 소유에 속하게 된 부동산등기권리증 등이 들어 있는 가방을 A아파트에서 가지고 간 경우 절도죄가 성립하지 않는다.

② 피고인이 자신의 명의로 등록된 자동차를 사실혼 관계에 있던 甲에게 증여하여 甲만이 이를 운행·관리하여 오다가 서로 별거하면서 재산분할 내지 위자료 명목으로 甲이 소유하기로 하였는데, 피고인이 이를 임의로 운전해 간 경우 피고인에게는 절도죄가 인정된다.

③ 여관에 들어가 안내실에 있던 여관의 관리인을 칼로 찔러 상해를 가하고 그로부터 금품을 강취한 다음, 각 객실에 들어가 각 투숙객들로부터 금품을 강취한 행위가 시간적으로 접착된 상황에서 동일한 방법으로 이루어진 것이라면 포괄하여 1개의 강도상해죄만을 구성한다.

④ 강도죄의 성질상 그 권리의무관계의 외형상 변동의 사법상 효력의 유무는 그 범죄의 성립에 영향이 없고, 법률상 정당하게 그 이행을 청구할 수 있는 것이 아니라도 강도죄에 있어서의 재산상의 이익에 해당한다.

정선 핵심

① 피고인이 내연관계에 있던 甲의 상속인들의 부동산등기권리증이 들어 있는 가방을 가지고 간 경우 → 절도죄 ×

② 타인에게 증여한 자동차를 등록명의자가 임의로 가져간 경우 → 절도죄 ○

③ 여관의 관리인에 대한 강도상해와 각 객실에 있는 투숙객들로부터 금품을 강취한 경우 → 강도상해죄와 강도죄의 실체적 경합 ○

④ 강도죄의 구성요건
→ 권리의무관계 변동의 사법상 효력의 유무는 범죄의 성립에 영향 ×
→ 재산상의 이익 : 법률상 정당하게 이행을 청구할 수 있을 것 불요

정선 해설

[❶ ▶ ○] 대판 2012.4.26. 2010도6334

[❷ ▶ ○] 대판 2013.2.28. 2012도15303

[❸ ▶ ×] 강도가 여관에 들어가 안내실에 있던 여관의 관리인을 칼로 찔러 상해를 가하고 그로부터 금품을 강취한 다음, 각 객실에 들어가 각 투숙객들로부터 금품을 강취한 행위가 피해자 별로 강도상해죄 및 강도죄의 실체적 경합범이 된다(대판 1991.6.25. 91도643).

[❹ ▶ ○] 형법 제333조 후단의 강도죄, 이른바 강제이득죄의 요건인 재산상의 이익이란 재물 이외의 재산상의 이익을 말하는 것으로서 적극적 이익(적극적인 재산의 증가)이든 소극적 이익(소극적인 부채의 감소)이든 상관없는 것이고, 강제이득죄는 권리의무관계가 외형상으로라도 불법적으로 변동되는 것을 막고자 함에 있는 것으로서 항거불능이나 반항을 억압할 정도의 폭행·협박을 그 요건으로 하는 강도죄의 성질상 그 권리의무관계의 외형상 변동의 사법상 효력의 유무는 그 범죄의 성립에 영향이 없다(대판 1994.2.22. 93도428).

답 ❸

범죄실행의 착수에 대한 설명으로 옳지 않은 것은?(다툼이 있는 경우 판례에 의함)

16 국가9급

① 甲은 乙 명의로, 乙이 임야를 매수한 일이 없음에도 매수한 것처럼 허위의 사실을 주장하여 임야에 대한 소유권이전등기를 거친 A를 상대로 말소등기청구소송을 제기한 경우 소송사기의 실행의 착수를 인정할 수 없다.

② 강간죄의 실행의 착수는 폭행 또는 협박에 의해 실제로 피해자의 항거가 불가능하게 되거나 현저히 곤란하게 되어야만 인정된다.

③ 甲과 乙이 공모하여 A의 재물을 강취하기로 하고 甲이 현장에서 망을 보고 있는 사이 乙이 A를 폭행·협박하다가 경찰관에게 체포된 경우 甲에게 특수강도죄의 실행의 착수가 인정된다.

④ 장애인단체의 지회장이 지방자치단체로부터 보조금을 더 많이 지원받기 위하여 허위의 보조금 정산보고서를 제출한 경우 사기죄의 실행의 착수를 인정할 수 없다.

**정선
핵심**

① 부동산을 매수한 것으로 허위사실을 주장하여 이전등기말소소송을 제기하여 승소한 경우 → 소송사기죄의 실행의 착수 ×

② 강간죄의 실행의 착수 → 폭행·협박으로 실제로 항거불능 또는 현저히 곤란 불요

③ 강도 내지 특수강도를 공모하여 甲이 망을 보고 있는 사이 乙이 A를 폭행·협박하다가 체포된 경우 → 甲에게 특수강도죄의 실행의 착수 ○

④ 장애인단체의 지회장이 허위의 보조금정산보고서를 제출한 경우 → 사기죄의 실행의 착수 ×

**정선
해설**

[❶ ▸ ○] 피고인이 을 명의로, 을이 이 건 임야를 매수한 일이 없음에도 매수한 것처럼 허위의 사실을 주장하여 위 임야에 대한 소유권이전등기를 거친 자들을 상대로 각 그 소유권이전등기말소를 구하는 소송을 제기하였다가 취하하였다고 하여도, 위 소송의 결과 원고로 된 을이 승소한다고 가정하더라도 위 피고들의 등기가 말소될 뿐이고 이것만으로 피고인이 위 임야에 관한 어떠한 권리를 취득하거나 의무를 면하는 것은 아니므로 법원을 기망하여 재물이나 재산상 이익을 편취한 것이라고 보기 어려우니 위 소제기 행위를 가리켜 사기의 실행에 착수한 것이라고 할 수 없다(대판 1981.12.8. 81도1451).

[❷ ▸ ×] 강간죄는 부녀를 간음하기 위하여 피해자의 항거를 불능하게 하거나 현저히 곤란하게 할 정도의 폭행 또는 협박을 개시한 때에 그 실행의 착수가 있다고 보아야 할 것이고, 실제로 그와 같은 폭행 또는 협박에 의하여 피해자의 항거가 불능하게 되거나 현저히 곤란하게 되어야만 실행의 착수가 있다고 볼 것은 아니다(대판 2000.6.9. 2000도1253).

[❸ ▸ ○] 甲과 乙이 강도를 공모하고 甲이 현장에서 망을 보고 있는 사이 乙이 A를 폭행·협박하였다면 甲과 乙은 합동범인 특수강도(형법 제334조 제2항)의 실행의 착수가 인정된다.

[❹ ▸ ○] 대판 2003.6.13. 2003도1279

답 ❷

횡령죄 또는 배임죄에 관한 설명 중 옳은 것을 모두 고른 것은?(다툼이 있는 경우 판례에 의함)

`21` 변시

ㄱ. 甲이 A은행으로부터 특정 토지 위에 건물을 신축하는 데 필요한 공사자금을 대출받으면서 이를 담보하기 위하여 B신탁회사를 수탁자, A은행을 우선수익자, 甲을 위탁자 겸 수익자로 하여 '신탁목적이 달성될 때까지 甲이 위 토지 및 건물을 임의로 처분할 수 없고, 준공 후 건물에 대하여 B신탁회사 앞으로 신탁등기를 경료하고 건물 분양수익금을 B신탁회사가 관리하면서 A은행에 대한 甲의 대출금을 변제한다'는 내용의 담보신탁계약 및 자금관리대리사무계약을 체결한 경우, 甲이 위 계약에 따른 A은행의 우선수익권 보장 임무에 위배하여 C 앞으로 위 건물의 소유권보존등기를 마쳐 주었다면 甲에게 A은행에 대한 배임죄가 성립한다.

ㄴ. 甲이 A로부터 1,000만원 범위 내에서 액면을 보충·할인하여 달라는 의뢰를 받고 A가 발행한 액면 백지인 약속어음을 교부받아 보관하던 중, A와 합의한 보충권의 한도를 넘겨 액면을 2,000만원으로 보충한 다음 甲의 채무변제조로 B에게 교부하여 임의로 사용한 경우, 甲에게 A에 대한 횡령죄가 성립한다.

ㄷ. 주식회사의 대표이사 甲이 대표권을 남용하는 등 그 임무에 위배하여 회사 명의로 의무를 부담하는 행위를 하더라도 상대방이 대표권남용 사실을 알았거나 알 수 있었던 경우, 그 의무부담행위로 인하여 실제로 채무의 이행이 이루어졌다거나 회사가 민법상 불법행위책임을 부담하게 되었다는 등의 사정이 없는 이상, 甲에게 배임죄의 미수범이 성립한다.

ㄹ. 甲이 A와 특정 토지를 매수하여 전매한 후 전매이익금을 정산하기로 약정하여 A로부터 토지매매와 전매에 관한 사항을 전적으로 위임받아 甲이 자신과 A의 돈을 합하여 토지를 매수하고 甲의 명의로 소유권이전등기를 마친 경우, 甲과 A 사이의 위 약정이 익명조합과 유사한 무명계약에 해당된다면, 甲이 위 토지를 제3자에게 임의로 매도한 후 A에게 전매이익금 반환을 거부한 때에는 甲에게 A에 대한 횡령죄가 성립한다.

① ㄴ
② ㄷ
③ ㄱ, ㄴ
④ ㄴ, ㄷ
⑤ ㄷ, ㄹ

정선 핵심

ㄱ. A은행을 우선수익자로 하는 담보신탁계약 및 자금관리대리사무계약을 체결하였으나 C에게 건물의 소유권보존등기를 경료해 준 경우 → 배임죄 ✕

ㄴ. 보충권을 넘어 보충을 한 약속어음을 제3자에게 교부하여 임의로 사용한 경우 → 횡령죄 ✕

ㄷ. 주식회사의 대표이사가 대표권을 남용하여 의무부담행위를 한 경우(상대방의 악의·과실)
⋯→ 의무부담행위는 무효 : 배임죄의 미수 ○
⋯→ 의무가 이행되거나 회사가 민법상 불법행위책임을 부담하는 경우 : 배임죄의 기수 ○

ㄹ. 익명조합과 유사한 계약을 체결하였으나 전매이익금 반환을 거부한 경우 → 횡령죄 ✕

정선 해설

[ㄱ ▸ ✕] 판례의 취지를 고려하면, 피고인 甲은 A은행의 우선수익권을 보호하는 자의 지위에 있다고 보기 어려우므로 C 앞으로 건물의 소유권보존등기를 경료해 주었다고 하더라도 甲에게 A은행에 대한 배임죄는 성립하지 아니한다.

피고인 甲은 A은행과의 관계에서 향후 건물이 준공되면 B신탁회사와 건물에 대한 담보신탁계약, 자금관리대리사무계약 등을 체결하고, 그에 따라 신탁등기절차를 이행하여 A은행에 우선수익권을 보장할 민사상 의무를 부담함에 불과하고, 'A은행의 우선수익권'은 계약당사자인 피고인, A은행, B신탁회사 등이 약정한 바에 따라 각자의 의무를 성실히 이행하면 그 결과로서 보장될 뿐인 점을 고려하면, 피고인 甲이 통상의 계약에서의 이익대립관계를 넘어서 A은행과의 신임관계에 기초하여 A은행의 우선수익권을 보호 또는 관리하는 등 그의 사무를 처리하는 자의 지위에 있다고 보기 어려우므로 배임죄에서의 타인의 사무를 처리하는 자에 해당하지 아니한다 (대판 2020.4.29. 2014도9907).

[ㄴ ▸ X]　보충권의 남용행위로 인하여 생겨난 새로운 약속어음에 대하여는 발행인과의 관계에서 보관자의 지위에 있다 할 수 없으므로, 설사 그 약속어음을 자신의 채무변제조로 제3자에게 교부하여 임의로 사용하였다고 하더라도, 발행인으로 하여금 제3자에 대하여 어음상의 채무를 부담하는 손해를 입게 한 데에 대한 배임죄가 성립될 수 있음은 별론으로 하고, 보관자의 지위에 있음을 전제로 횡령죄가 성립될 수는 없다(대판 1995.1.20. 94도2760).
[ㄷ ▸ O]　대판 2017.7.20. 2014도1104[전합]
[ㄹ ▸ X]　甲이 토지의 매수 및 전매를 피고인에게 전적으로 일임하고 그 과정에 전혀 관여하지 아니한 사정 등에 비추어, 비록 甲이 토지의 전매차익을 얻을 목적으로 일정 금원을 출자하였더라도 이후 업무감시권 등에 근거하여 업무집행에 관여한 적이 전혀 없을 뿐만 아니라 피고인이 아무런 제한 없이 재산을 처분할 수 있었음이 분명하므로 피고인과 甲의 약정은 조합 또는 내적 조합에 해당하는 것이 아니라 '익명조합과 유사한 무명계약'에 해당한다고 보여 피고인이 타인의 재물을 보관하는 자의 지위에 있지 않으므로 횡령죄는 성립하지 아니한다(대판 2011.11.24. 2010도5014).

답 ❷

372
□□□

카드(신용카드, 직불카드 등) 관련 범죄에 관한 다음 설명 중 가장 옳지 않은 것은?

18 법원9급

① 타인 명의를 모용하여 발급받은 신용카드를 이용하여 현금자동지급기에서 현금을 인출한 행위는 현금자동지급기의 관리자에 대한 절도죄가, ARS 전화서비스 등을 이용하여 신용대출을 받은 행위에 관하여는 카드회사에 대한 사기죄가 각 성립한다.
② 은행이 발급한 직불카드를 사용하여 타인의 예금계좌에서 자기의 예금계좌로 돈을 이체한 후 그 직불카드를 곧 반환한 경우 직불카드에 대한 절도죄는 성립하지 않는다.
③ 정상적으로 발급받은 자기 명의의 신용카드를 사용한 경우라 하더라도 신용카드 사용으로 인한 대출금채무를 변제할 의사나 능력이 없는 상황에서 계속하여 신용카드를 사용하였다면 사기죄가 성립할 수 있다.
④ 예금주인 현금카드 소유자로부터 일정액의 현금을 인출해 오라는 부탁과 함께 현금카드를 건네받았는데 그 위임받은 금액을 초과한 현금을 인출하였다면 컴퓨터등사용사기죄가 성립한다.

정선
핵심

① 타인명의의 신용카드로 현금을 인출을 하거나 ARS 전화서비스로 신용대출을 받은 경우 → 절도죄와 컴퓨터등사용사기죄의 실체적 경합 ○
② 직불카드를 사용하여 돈을 이체시킨 후 반환한 경우 → 절도죄 ×
③ 대출금채무의 변제의사나 능력이 없으나 계속 신용카드를 사용한 경우 → 사기죄 ○
④ 위임받은 금액을 초과하여 현금을 인출한 경우 → 컴퓨터등사용사기죄 ○

[❶▸✕] 피고인이 공소외인의 명의를 모용하여 신용카드를 발급받았다고 하더라도 카드회사가 피고인에게 공소외인 명의의 신용카드를 사용할 권한을 주었다고 볼 수 없는 이상, 피고인이 각 신용카드를 사용하여 현금자동지급기에서 현금을 인출한 행위는 현금자동지급기의 관리자에 대한 절도죄가, ARS 전화서비스 등을 이용하여 신용대출을 받은 행위에 관하여는 대출금융기관에 대한 컴퓨터등사용사기죄가 각 성립할 뿐이며, 이를 카드회사에 대한 사기죄가 된다고 볼 수는 없다(대판 2006.7.27. 2006도3126).

[❷▸○] 판례의 취지를 고려하면, 직불카드에 대한 불법영득의 의사는 없다고 보아야 하므로 절도죄는 성립하지 않는다.

> 은행이 발급한 직불카드를 사용하여 타인의 예금계좌에서 자기의 예금계좌로 돈을 이체시켰다 하더라도 직불카드 자체가 가지는 경제적 가치가 계좌이체된 금액만큼 소모되었다고 할 수는 없으므로, 이를 일시 사용하고 곧 반환한 경우에는 그 직불카드에 대한 불법영득의 의사는 없다고 보아야 한다(대판 2006.3.9. 2005도7819).

[❸▸○] 대판 2005.8.19. 2004도6859

[❹▸○] 대판 2006.3.24. 2005도3516

답 ❶

373

□□□

甲의 죄책에 대한 판례의 태도로 옳은 것은?

`14` 국가7급

① 甲은 A로부터 공장을 매수하여 인수하면서 그 공장에 있던 乙소유의 기계를 함께 인도받아 보관하던 중 은행에 구 공장저당법에 따른 근저당을 설정하고 대출받으면서 공장 내의 乙소유의 기계들도 자기소유인 것처럼 근저당권 목적물 목록에 포함시켰다. (횡령죄 불성립)

② 종중으로부터 토지를 명의신탁받아 보관 중이던 甲이 개인 채무 변제에 사용할 돈을 차용하기 위해 위 토지에 근저당권을 설정하여 횡령죄가 성립한 후 다시 甲이 위 토지를 乙에게 매도하였다. (횡령죄의 불가벌적 사후행위)

③ A회사의 이사인 甲은 계약명의신탁 약정에 따라 명의신탁 약정이 있다는 것을 모르는 소유자(원매도인)와 체결한 분양권 매수계약에 기하여 취득한 아파트에 관하여 신탁자인 A회사의 반환요구를 거절하고 자기명의로 그 소유권이전등기를 경료하였다. (업무상배임죄 불성립)

④ 사채업자 甲은 대출희망인인 乙로부터 대출을 의뢰받은 다음 乙이 자동차의 실제 구입자가 아니어서 자동차할부금융의 대상이 되지 아니함에도 乙이 실제로 자동차를 할부로 구입하는 것처럼 乙명의의 대출신청서 등 관련 서류를 작성한 후 이를 A할부금융회사에 제출하여 자동차할부금융으로 대출금을 받았다. (사기죄 불성립)

① 乙소유의 기계를 보관 중 근저당권을 설정하고 목적물 목록에 포함시킨 경우 → 횡령죄 ○
② 종중재산의 명의수탁자가 수탁부동산에 근저당권설정등기를 경료한 후 乙에게 매도한 경우 → 횡령죄 ○
③ 계약명의신탁의 명의수탁자(소유자의 선의)가 자기명의로 소유권이전등기를 경료한 경우 → 업무상배임죄 ✕
④ 자동차할부금융의 대상이 아닌 乙명의의 대출신청서로 대출금을 받은 경우 → 사기죄 ○

[❶▸✕] 다른 사람의 재물을 보관하는 사람이 그 사람의 동의 없이 함부로 이를 담보로 제공하는 행위는 불법영득의 의사를 표현하는 횡령행위로서 사법(私法)상 그 담보제공행위가 무효이거나 그 재물에 대한 소유권이 침해되는 결과가 발생하는지 여부에 관계없이 횡령죄를 구성한다(대판 2002.11.13. 2002도2219).

[❷▸✕] 판례(대판 2013.2.21. 2010도10500[전합])의 취지를 고려하면, 명의수탁자 甲이 토지를 乙에게 매도한 것은 새로운 법익침해의 결과를 발생시킨 것이므로 별도로 횡령죄를 구성한다.

[**❸ ▸ O**] 계약명의신탁의 매도인이 선의인 경우 명의수탁자 甲은 완전한 소유권을 취득하게 되므로 명의신탁자 A회사와의 관계상 타인의 사무를 처리하는 자라고 할 수 없어 명의신탁자 A회사의 반환요구를 거절하고 자기명의로 그 소유권이전등기를 경료하였더라도 업무상배임죄는 성립하지 아니한다(대판 2004.4.27. 2003도6994).

[**❹ ▸ ×**] 사채업자 甲은 사전에 A할부금융회사에게 乙이 자동차를 구입하여 보유할 의사 없이 자동차할부금융대출의 방법으로 자금을 융통하려는 사정을 고지할 의무가 있으나 이를 고지하지 아니하고 A할부금융회사에 乙명의의 대출신청서 등 관련 서류를 작성한 후 제출하여 자동차할부금융으로 대출금을 받았으므로 사기죄가 성립한다.

> 사채업자가 대출희망자로부터 대출을 의뢰받은 다음 <u>대출희망자가 자동차의 실제 구입자가 아니어서 자동차할부금융의 대상이 되지 아니함에도 그가 실제로 자동차를 할부로 구입하는 것처럼 그 명의의 대출신청서 등 관련 서류를 작성한 후 이를 할부금융회사에 제출하여 자동차할부금융으로 대출금을 받은 경우, 사기죄가 성립한다(대판 2004.4.9. 2003도7828).</u>

비교판례 대판 1998.4.14. 98도231

중고자동차 매매에 있어서 매도인의 할부금융회사 또는 보증보험에 대한 할부금 채무가 매수인에게 당연히 승계되는 것이 아니므로 그 할부금 채무의 존재를 매수인에게 고지하지 아니한 것이 부작위에 의한 기망에 해당하지 아니한다.

답 ❸

374

다음 설명 중 옳지 않은 것은?(다툼이 있는 경우 판례에 의함) `16` 국가7급

① 송금인이 송금 절차의 착오로 인하여 甲명의의 은행 계좌에 잘못 송금한 돈을 甲이 임의로 인출하여 소비한 경우 송금인과 甲사이에 별다른 거래관계가 없다고 하더라도 甲에게 횡령죄가 성립한다.

② 매도인 甲이 매매잔금을 교부받으면서 매수인 乙이 착오에 빠져 자기앞수표 1장을 추가로 교부하였는데, 甲이 교부받던 중에 그 사정을 알면서도 알리지 않고 그대로 수령한 경우 甲에게 사기죄가 성립한다.

③ 채무자 甲이 차용금을 변제하지 못할 경우 어머니 소유 부동산에 대한 유증상속분을 대물변제하기로 乙과 약정한 후, 막상 부동산을 상속받자 甲이 이를 乙이 아닌 제3자에게 매도한 경우 甲에게 배임죄가 성립하지 않는다.

④ 부동산을 매수한 명의신탁자 甲이 명의수탁자 乙과 맺은 명의신탁약정에 따라 매도인 丙에게서 바로 명의수탁자 乙에게 중간생략의 소유권이전등기를 하였는데 명의수탁자 乙이 신탁받은 부동산을 임의로 처분한 경우 乙에게 횡령죄가 성립한다.

정선 핵심

① 송금절차의 착오로 자신의 계좌에 입금된 돈을 인출하여 소비한 경우 → 횡령죄 O
② 매매잔금이 초과지급된 사실을 알면서 수령한 경우 → 부작위에 의한 사기죄 O
③ 대물변제예약을 체결한 채무자가 부동산을 제3자에게 처분한 경우 → 배임죄 ×
④ 중간생략등기형 명의신탁의 명의수탁자가 부동산을 임의로 처분한 경우 → 횡령죄 ×

정선 해설

[**❶ ▸ O**] 대판 2010.12.9. 2010도891

[**❷ ▸ O**] 판례(대판 2004.5.27. 2003도4531)의 취지를 고려하면, 부동산 매도인 甲이 매수인이 착오로 1,000만원권 자기앞수표 1장을 초과지급한 사실을 알면서도 수령한 경우, 부작위에 의한 사기죄가 성립한다.

[**❸ ▸ O**] 대판 2014.8.21. 2014도3363[전합]

[**④** ▶ ✕]   명의신탁자가 매수한 부동산에 관하여 부동산실명법을 위반하여 명의수탁자와 맺은 명의신탁약정에 따라 매도인에게서 바로 명의수탁자 명의로 소유권이전등기를 마친 이른바 중간생략등기형 명의신탁을 한 경우, 명의신탁자는 신탁부동산의 소유권을 가지지 아니하고, 명의신탁자와 명의수탁자 사이에 위탁신임관계를 인정할 수도 없다. 따라서 명의수탁자가 명의신탁자의 재물을 보관하는 자라고 할 수 없으므로, 명의수탁자가 신탁받은 부동산을 임의로 처분하여도 명의신탁자에 대한 관계에서 횡령죄가 성립하지 아니한다(대판 2016.5.19. 2014도6992[전합]).

답 **④**

375
□□□ **다음 설명 중 옳지 않은 것을 모두 고른 것은?**   20 법원행시

> ㄱ. 주권발행 전 주식 양도인은 양수인으로 하여금 회사 이외의 제3자에게 대항할 수 있도록 확정일자 있는 증서에 의한 양도통지 또는 승낙을 갖추어 주어야 할 채무를 부담하므로 이는 타인의 사무라고 보아야 한다. 따라서 주권발행 전 주식에 대한 양도계약에서의 양도인이 위와 같은 제3자에 대한 대항요건을 갖추어 주지 아니하고 이를 타에 처분하였다면 형법상 배임죄가 성립한다.
> ㄴ. 문서의 내용 중 권한 없는 자에 의하여 이미 변조된 부분을 다시 권한 없이 변경하였다고 하더라도 사문서변조죄는 성립하지 않는다.
> ㄷ. 부동산 매매계약에서 중도금이 지급되는 등 계약이 본격적으로 이행되었더라도, 매도인이 매수인에게 순위보전의 효력이 있는 가등기를 마쳐주었다면 매도인으로서는 소유권을 이전하여 줄 의무에서 벗어날 수 있으므로 배임죄가 성립하지 않는다.
> ㄹ. 이익대립관계에 있는 통상의 계약관계에서 채무자의 성실한 급부이행에 의해 상대방이 계약상 권리의 만족 내지 채권의 실현이라는 이익을 얻게 되는 관계에 있다거나, 계약을 이행함에 있어 상대방을 보호하거나 배려할 부수적인 의무가 있다는 것만으로는 채무자를 타인의 사무를 처리하는 자라고 할 수 없다.
> ㅁ. 발기인 등이 회사를 설립할 당시 회사를 실제로 운영할 의사 없이 회사를 이용한 범죄 의도나 목적이 있었다거나 회사로서의 인적·물적 조직 등 영업의 실질을 갖추지 않았다는 이유만으로는 부실의 사실을 법인등기부에 기록하게 한 것으로 볼 수 없다.

① ㄱ, ㄷ
② ㄱ, ㄷ, ㅁ
③ ㄱ, ㄴ, ㄷ, ㄹ
④ ㄷ, ㄹ, ㅁ
⑤ ㄱ, ㄴ, ㄷ, ㄹ, ㅁ

정선 핵심
ㄱ. 주권발행 전 주식의 양도인이 양수인에게 대항요건을 갖추어주지 않고 제3자에게 처분한 경우 → 배임죄 ✕
ㄴ. 무권한자에 의하여 변조된 부분을 다시 권한 없이 변경한 경우 → 사문서변조죄 ✕
ㄷ. 중도금을 지급받은 매도인이 매수인에게 가등기를 경료해 주었으나 제3자에게 부동산을 처분한 경우 → 배임죄 ○
ㄹ. 이익대립관계에 있는 통상의 계약관계의 경우 → 채무자는 타인의 사무를 처리하는 자 ✕
ㅁ. 회사설립 시 회사를 이용한 범죄의도가 있거나 영업의 실질을 갖추지 않은 경우 → 부실의 사실을 기록하게 한 것 ✕

[ㄱ ▸ ✕] 주권발행 전 주식의 양도인이 양수인으로 하여금 회사 이외의 제3자에게 대항할 수 있도록 확정일자 있는 증서에 의한 양도통지 또는 승낙을 갖추어 주어야 할 채무를 부담한다 하더라도 <u>이는 자기의 사무라고 보아야</u> <u>하고, 이를 양수인과의 신임관계에 기초하여 양수인의 사무를 맡아 처리하는 것으로 볼 수 없으므로,</u> 양도인이 위와 같은 제3자에 대한 대항요건을 갖추어 주지 아니하고 이를 타에 처분하였다 하더라도 형법상 배임죄가 성립하는 것은 아니다(대판 2020.6.4. 2015도6057).

[ㄴ ▸ ○] 대판 2017.12.5. 2014도14924

[ㄷ ▸ ✕] 판례의 취지를 고려하면, 매수인으로부터 중도금을 지급받은 매도인은 매수인인 타인의 사무를 처리하는 자에 해당하고 이러한 법리는 매수인에게 순위보전의 효력이 있는 가등기를 마쳐 준 경우에도 마찬가지라고 보아야 하므로 매도인이 제3자에게 부동산을 처분한 경우에는 배임죄가 성립하게 된다.

<u>부동산 매매계약에서 중도금이 지급되는 등 계약이 본격적으로 이행되는 단계에 이른 때에는 계약이 취소되거나 해제되지 않는 한 매도인은 매수인에게 부동산의 소유권을 이전해 줄 의무에서 벗어날 수 없다. 따라서 그때부터 매도인은 배임죄에서 말하는 '타인의 사무를 처리하는 자'에 해당한다고 보아야 한다. 그러한 지위에 있는 매도인 이 매수인에게 순위보전의 효력이 있는 가등기를 마쳐 준 경우, 이는 향후 매수인에게 손해를 회복할 수 있는 방안을 마련하여 준 것일 뿐 그 자체로 물권변동의 효력이 있는 것은 아니어서 매도인으로서는 소유권을 이전하여 줄 의무에서 벗어날 수 없으므로, 그와 같은 가등기로 인하여 매수인의 재산보전에 협력하여 재산적 이익을 보호·관리할 신임관계의 전형적·본질적 내용이 변경된다고 할 수 없다</u>(대판 2020.5.14. 2019도16228).

[ㄹ ▸ ○] 대판 2020.2.20. 2019도9756[전합]

[ㅁ ▸ ○] 대판 2020.2.27. 2019도9293

답

376
□□□

다음 설명 중 옳은 것은?(다툼이 있는 경우 판례에 의함) [20] 국가9급

① 강제추행죄는 정범 자신이 직접 범죄를 실행하여야 성립하는 자수범이지만, 피해자를 도구로 삼아 피해자의 신체를 이용하여 추행행위를 한 경우에도 강제추행죄의 간접정범에 해당할 수 있다.

② 피해자가 심신상실 또는 항거불능의 상태에 있다고 인식하고 그러한 상태를 이용하여 간음할 의사로 피해자를 간음하였으나 피해자가 실제로는 심신상실 또는 항거불능의 상태에 있지 않았던 경우, 준강간죄의 미수범이 성립한다.

③ 계좌명의인이 개설한 예금계좌가 사기범행에 이용되어 그 계좌에 피해자가 사기피해금을 송금 ·이체한 경우, 해당 계좌의 명의인은 피해자를 위하여 사기피해금을 보관하는 지위에 있다고 볼 수 없다.

④ 손자가 할아버지 소유 예금통장을 절취하여 이를 현금자동지급기에 넣고 조작하는 방법으로 예금 잔고를 자신의 거래은행 계좌로 이체한 경우, 손자에게 형법상 친족상도례를 적용할 수 있다.

① 처벌되지 아니하는 피해자인 타인을 도구로 삼아 강제로 추행하는 경우 → 강제추행죄의 간접정범 ○
② 피해자가 심신상실 또는 항거불능의 상태에 있다고 오인하고 간음한 경우 → 준강간죄의 불능미수 ○
③ 계좌명의인의 예금계좌로 피해자가 사기피해금을 송금·이체한 경우 → 계좌 명의인은 보관자의 지위 ○
④ 손자가 할아버지 소유 농협 예금통장을 절취하여 이체한 경우 → 친족상도례 적용 ✕

정선 해설

[❶ ▸ ×] 강제추행죄는 자수범이라고 볼 수 없으므로, 처벌되지 아니하는 타인을 도구로 삼아 피해자를 강제로 추행하는 간접정범의 형태로도 범할 수 있다. 여기서 강제추행에 관한 간접정범의 의사를 실현하는 도구로서의 타인에는 피해자도 포함될 수 있으므로, 피해자를 도구로 삼아 피해자의 신체를 이용하여 추행행위를 한 경우에도 강제추행죄의 간접정범에 해당할 수 있다(대판 2018.2.8. 2016도17733).

[❷ ▸ ○] 대판 2010.9.20. 2010도10002[전합]

[❸ ▸ ×] 계좌명의인이 개설한 예금계좌가 전기통신금융사기범행에 이용되어 그 계좌에 피해자가 사기피해금을 송금·이체한 경우, 계좌명의인은 피해자와 사이에 아무런 법률관계 없이 송금·이체된 사기피해금 상당의 돈을 피해자에게 반환하여야 하므로, 피해자를 위하여 사기피해금을 보관하는 지위에 있다고 보아야 하고, 만약 계좌명의인이 그 돈을 영득할 의사로 인출하면 피해자에 대한 횡령죄가 성립한다(대판 2018.7.19. 2017도17494).

[❹ ▸ ×] 손자가 할아버지 소유 농업협동조합 예금통장을 절취하여 이를 현금자동지급기에 넣고 조작하는 방법으로 예금 잔고를 자신의 거래 은행 계좌로 이체한 경우, 위 농업협동조합이 컴퓨터등사용사기범행 부분의 피해자라는 이유로 친족상도례를 적용할 수 없다(대판 2007.3.15. 2006도2704).

답 ❷

377

□□□

다음 설명 중 가장 적절하지 않은 것은?(다툼이 있는 경우 판례에 의함) `19` 경찰채용

① 보험금을 지급받을 수 있는 사유가 있다 하더라도 이를 기화로 실제 지급받을 수 있는 보험금보다 다액의 보험금을 편취할 의사로 장기간의 입원 등을 통하여 과다한 보험금을 지급받는 경우에는 지급받은 보험금 전체에 대하여 사기죄가 성립한다.

② 준강도죄의 기수 여부는 절도행위의 기수 여부를 기준으로 하여 판단하여야 한다.

③ 채무자가 대물변제예약에 따라 부동산에 관한 소유권이전등기절차를 이행할 의무는 배임죄에서 말하는 신임관계에 기초하여 채권자의 재산을 보호 또는 관리하여야 하는 '타인의 사무'에 해당한다.

④ 강도예비·음모죄가 성립하기 위해서는 예비·음모행위자에게 미필적으로라도 '강도'를 할 목적이 있음이 인정되어야 하고 그에 이르지 않고 단순히 '준강도'할 목적이 있음에 그치는 경우에는 강도예비·음모죄로 처벌할 수 없다.

정선 핵심

① 장기간 입원으로 과다한 보험금을 지급받는 경우 → 지급받은 보험금 전체에 대한 사기죄 ○

② 준강도죄의 기수 여부 판단기준 → 절도행위의 기수 여부

③ 채무자가 대물변제예약에 따라 소유권이전등기절차를 이행할 의무 → 타인의 사무 ×

④ 준강도할 목적이 있음에 그치는 경우 → 강도예비·음모죄 ×

정선 해설

[❶ ▸ ○] 대판 2009.5.28. 2008도4665

[❷ ▸ ○] 강도죄와 준강도죄의 구성요건인 재물탈취와 폭행·협박 사이에 시간적 순서상 전후의 차이가 있을 뿐 실질적으로 위법성이 같다고 보기 때문인바, 이와 같은 준강도죄의 입법취지, 강도죄와의 균형 등을 종합적으로 고려해 보면, 준강도죄의 기수 여부는 절도행위의 기수 여부를 기준으로 하여 판단하여야 한다(대판 2004.11.18. 2004도5074[전합]).

[❸ ▸ ×] 채무자가 대물변제예약에 따라 부동산에 관한 소유권이전등기절차를 이행할 의무는 궁극적 목적을 달성하기 위해 채무자에게 요구되는 부수적 내용이어서 이를 가지고 배임죄에서 말하는 신임관계에 기초하여 채권자의 재산을 보호 또는 관리하여야 하는 '타인의 사무'에 해당한다고 볼 수는 없다(대판 2014.8.21. 2014도3363).

[❹ ▸ ○] 대판 2006.9.14. 2004도6432

답 ❸

다음 설명 중 옳은 것은?(다툼이 있는 경우 판례에 의함)

① 체포면탈의 목적으로 사용할 흉기를 휴대하고 원래 의도한 대로 타인의 재물을 절취하여 나오 던 중 경찰에 의하여 저항 없이 그대로 체포된 경우 특수절도죄가 성립하고 강도예비·음모죄 는 성립하지 않는다.

② 식품제조회사를 상대로 지정한 예금계좌에 1억 원을 입금하지 않으면 식품에 독극물을 투입하 겠다고 협박하여 그 예금계좌에 1억 원을 입금 받고 아직 인출하지 않은 경우 공갈죄의 미수가 된다.

③ 방송국 프로듀서가 특정 가수의 노래만을 자주 방송하여 달라는 청탁과 함께 그 대가로 1,000만 원을 받은 후 그 청탁대로 이행하지 않은 경우는 배임수재죄의 미수가 된다.

④ 법률상의 정당한 경계를 침범하는 행위가 있는 때에는 그로 인하여 사실상의 경계에 대한 인식불능의 결과가 발생하지 않더라도 경계침범죄가 성립한다.

정선 핵심

① 체포면탈의 목적으로 흉기를 휴대하고 타인의 재물을 절취한 경우 → 특수절도죄 ○
② 식품에 독극물을 넣겠다고 협박하여 입금 받고 인출하지 않은 경우 → 공갈죄 ○
③ 방송국 프로듀서가 청탁에 대한 대가를 받았으나 이행하지 않은 경우 → 배임수재죄의 기수 ○
④ 경계를 침범하는 행위로 사실상의 경계에 대한 인식불능 결과가 발생하지 않은 경우 → 경계침범죄 ×

정선 해설

[❶ ▸ ○] 흉기휴대절도(형법 제331조 제2항)가 성립하나 단순히 체포를 면탈할 목적으로 휴기를 휴대한 것에 불과하여 준강도할 목적이 있음에 그치므로 흉기휴대절도 외에 강도예비·음모죄는 성립하지 아니한다.

강도예비·음모죄가 성립하기 위해서는 예비·음모행위자에게 미필적으로라도 '강도'를 할 목적이 있음이 인정 되어야 하고 그에 이르지 않고 단순히 '준강도'할 목적이 있음에 그치는 경우에는 강도예비·음모죄로 처벌할 수 없다(대판 2006.9.14. 2004도6432).

[❷ ▸ ×] 피해자들을 공갈하여 피해자들로 하여금 지정한 예금구좌에 돈을 입금케 한 이상, 위 돈은 범인이 자유 로이 처분할 수 있는 상태에 놓인 것으로서 공갈죄는 이미 기수에 이르렀다 할 것이다(대판 1985.9.24. 85도1687).

[❸ ▸ ×] 배임수재죄가 성립하기 위하여 배임행위에 나아갈 것을 요하지 아니하므로 프로듀서가 대가로 1,000 만원을 받은 시점에 배임수재죄는 기수에 이르게 된다.

방송국에서 프로그램의 제작연출 등의 사무를 처리하는 프로듀서가 특정 가수의 노래만을 편파적으로 선곡하여 계속 방송하여서는 아니되고 청취자들의 인기도, 호응도 등을 고려하여 여러 가수들의 노래를 공정성실하게 방송하여야 할 임무가 있음에도 담당 방송프로그램에 특정 가수의 노래만을 자주 방송하여 달라는 청탁은 사회상규나 신의성실의 원칙에 반하는 부정한 청탁이라 할 것이다(대판 1991.1.15. 90도2257).

[❹ ▸ ×] 경계침범죄에서 말하는 경계는 법률상의 정당한 경계인지 여부와는 상관없이 종래부터 경계로서 일반 적으로 승인되어 왔거나 이해관계인들의 명시적 또는 묵시적 합의가 존재하는 등 어느 정도 객관적으로 통용되어 오던 사실상의 경계를 의미한다 할 것이므로, 설령 법률상의 정당한 경계를 침범하는 행위가 있었다 하더라도 그로 말미암아 위와 같은 토지의 사실상의 경계에 대한 인식불능의 결과가 발생하지 않는 한 경계침범죄가 성립하지 아니한다 할 것이다(대판 2010.9.9. 2008도8973).

정답 ❶

다음 설명 중 가장 옳지 않은 것은?

① 주식회사의 대표이사가 대표권을 남용하는 등 그 임무에 위배하여 약속어음을 발행한 경우, 설령 그 어음발행이 무효라 하더라도 그 어음이 실제로 제3자에게 유통되었다면 회사로서는 어음채무를 부담할 위험이 구체적으로 발생하였으므로 배임죄의 기수범이 된다. 그러나 그 어음이 아직 유통되지 않았다면 배임죄의 기수범이 아니라 배임미수죄가 된다.

② 채무자가 채무이행의 담보를 위하여 동산에 관한 양도담보계약을 체결하고 점유개정의 방법으로 여전히 그 동산을 점유하는 경우 그 동산을 다른 사유에 의하여 보관하게 된 채권자는 타인 소유의 물건을 보관하는 자로서 횡령죄의 주체가 된다.

③ 양도담보가 처분정산형이든 귀속정산형이든 담보권자가 청산금을 담보제공자에게 반환할 의무는 담보계약에 따라 부담하는 자신의 정산의무이므로 그 의무를 이행하는 사무는 타인인 채무자의 사무처리에 속한다고 볼 수 없다. 따라서 그 정산의무를 이행하지 아니한 행위는 배임죄를 구성하지 않는다.

④ 장물인 정을 모르고 장물을 보관하였다가 나중에 장물인 정을 알게 된 경우, 그 정을 알면서도 계속하여 보관하는 것은 장물보관죄에 해당하고, 이는 설령 해당 장물을 점유할 권한을 갖는 경우에도 마찬가지이다.

**정선
핵심**

① 대표이사의 약속어음발행행위(상대방의 악의·과실)
→ 약속어음발행행위는 무효이고 약속어음이 유통되지 아니한 경우 : 배임죄의 미수 ○
→ 약속어음발행행위는 무효이나 약속어음이 유통된 경우 : 배임죄의 기수 ○
② 점유개정에 의한 양도담보목적물인 동산을 보관하는 채권자 → 타인 소유의 물건을 보관하는 자 ○
③ 양도담보담보권자가 정산의무를 이행하지 아니하는 경우 → 배임죄 ✕
④ 장물인 정을 알고서도 계속 보관하였으나 점유할 권한이 있는 경우 → 장물보관죄 ✕

**정선
해설**

[❶ ▶ ○] 대판 2017.7.20. 2014도1104[전합]
[❷ ▶ ○] 채무자가 채무이행의 담보를 위하여 동산에 관한 양도담보계약을 체결하고 점유개정의 방법으로 여전히 그 동산을 점유하는 경우 그 계약이 채무의 담보를 위하여 양도의 형식을 취하였을 뿐이고 실질은 채무의 담보와 담보권실행의 청산절차를 주된 내용으로 하는 것이라면 별단의 사정이 없는 한 그 동산의 소유권은 여전히 채무자에게 남아 있고, 채권자는 단지 양도담보물권을 취득하는 데 지나지 않으므로 그 동산을 다른 사유에 의하여 보관하게 된 채권자는 타인 소유의 물건을 보관하는 자로서 횡령죄의 주체가 될 수 있다(대판 1989.4.11. 88도906).
[❸ ▶ ○] 양도담보가 처분정산형의 경우이건 귀속정산형의 경우이건 간에 담보권자가 변제기 경과 후에 담보권을 실행하여 그 환가대금 또는 평가액을 채권원리금과 담보권 실행비용 등의 변제에 충당하고 환가대금 또는 평가액의 나머지가 있어 이를 담보제공자에게 반환할 의무는 담보계약에 따라 부담하는 자신의 정산의무이므로 그 의무를 이행하는 사무는 곧 자기의 사무처리에 속하는 것이라 할 것이고 이를 부동산매매에 있어서의 매도인의 등기의무와 같이 타인인 채무자의 사무처리에 속하는 것이라고 볼 수는 없어 그 정산의무를 이행하지 아니한 소위는 배임죄를 구성하지 않는다(대판 1985.11.26. 85도1493[전합]).
[❹ ▶ ✕] 장물인 정을 모르고 장물을 보관하였다가 그 후에 장물인 정을 알게 된 경우 그 정을 알고서도 이를 계속하여 보관하는 행위는 장물죄를 구성하는 것이나 이 경우에도 점유할 권한이 있는 때에는 이를 계속하여 보관하더라도 장물보관죄가 성립하지 않는다(대판 1986.1.21. 85도2472).

답 ❹

재산죄에 관한 설명 중 옳은 것은?(다툼이 있으면 판례에 의함) `15` 사시

① 절도범인으로부터 그가 훔친 자기앞수표를 그 정을 알고 교부받은 甲이 이를 음식대금으로 지급하고 거스름돈을 환불받은 경우 장물취득죄와 사기죄가 성립한다.

② 금융기관의 직원 甲이 A거래처의 기존대출금에 대한 원리금 및 연체이자에 충당하기 위하여 A거래처가 신규대출을 받은 것처럼 서류상 정리하고 금융기관이 실제로 A거래처에 대출금을 새로 교부하지는 않은 경우 그것만으로도 금융기관에 손해발생의 위험을 발생시켰으므로 업무상배임죄가 성립한다.

③ A주식회사 대표이사인 甲이 상법과 정관에 위반되어 무효인 주식매수선택권부여계약을 이러한 사정을 잘 알고 있는 자신을 비롯한 임직원들과 체결하면서, 행사가액을 주식의 실질 가치보다 현저히 낮게 정하였고 이후 위 계약대로 주식매수선택권이 행사되어 신주가 발행된 경우, 위 계약 체결시 A주식회사에 손해발생의 위험이 발생하므로 업무상배임죄의 기수시기는 위 계약을 체결한 때이다.

④ 대표이사 甲에게 개인적으로 돈을 빌려 준 채권자가 甲이 구속되어 돈을 받기 어려워지자 甲을 면회하여 회사로부터 위 대여금을 받을 수 있도록 甲이 종전에 개인 명의로 작성하여 교부한 차용증에 회사의 법인인감을 날인해 달라고 요구하자 이후 甲이 자신의 처를 통해 위 차용증에 법인인감을 날인해 준 경우, 甲에게 업무상배임죄가 성립하지 않는다.

⑤ 회사에 대하여 개인적인 채권을 가지고 있는 대표이사 甲이 회사를 위하여 보관하고 있는 회사 소유의 금전을 자신의 채권의 변제에 충당하는 행위는 회사와 이사의 이해가 충돌하는 자기거래에 해당하므로, 이사회의 승인 등의 절차 없이 그와 같이 자신의 회사에 대한 채권을 변제하였다면 업무상횡령죄가 성립한다.

정선
핵심

① 절도범이 훔친 자기앞수표를 교부받아 음식대금으로 지급하고 거스름돈을 환불받은 경우 → 장물취득죄 ○
② 신규대출을 받은 것으로 정리하였으나 대출금을 새로 교부하지 않은 경우 → 업무상배임죄 ×
③ 무효인 주식매수선택권부여계약을 근거로 신주가 발행된 경우 → 업무상배임죄의 기수시기는 신주발행시점
④ 대표이사의 차용금 채무에 관한 차용증에 추가로 법인 인감을 날인한 경우 → 업무상배임죄의 미수 ○
⑤ 대표이사가 회사 소유의 금전으로 채권 변제에 충당하는 경우 → 업무상횡령죄 ×

정선
해설

[❶ ▸ ✕] 절도범인이 훔친 자기앞수표를 그 정을 알고 교부받은 甲은 장물취득죄가 성립하나, 거스름돈을 환불받은 행위는 절도의 불가벌적 사후행위로 별도로 사기죄는 성립하지 아니한다.

> 절취한 자기앞수표를 음식대금으로 교부하고 거스름돈을 환불받은 행위는 절도의 불가벌적 사후처분행위로서 사기죄가 되지 아니한다(대판 1987.1.20. 86도1728).

[❷ ▸ ✕] 금융기관이 거래처의 기존 대출금에 대한 원리금 및 연체이자에 충당하기 위하여 위 거래처가 신규대출을 받은 것처럼 서류상 정리하였더라도 금융기관이 실제로 위 거래처에게 대출금을 새로 교부한 것이 아니라면 그로 인하여 금융기관에게 어떤 새로운 손해가 발생하는 것은 아니라고 할 것이므로 따로 업무상배임죄가 성립된다고 볼 수 없다(대판 2000.6.27. 2000도1155).

[❸ ▸ ✕] 판례(대판 2011.11.24. 2010도11394)의 취지를 고려하면, 대표이사 甲이 임직원들과 주식매수선택권부여계약을 체결한 때가 아니라 주식매수선택권이 행사되고 그에 따라 신주가 발행된 시점에 업무상배임죄가 성립한다고 보아야 한다.

[❹ ▸ ○] 지문과 동일한 사안에서 판례(대판 2004.4.9. 2004도771)는 대표이사의 업무상배임 부분에 대하여 무죄를 선고한 원심판결을 수긍하였으나, 전합판결(대판 2017.7.20. 2014도1104[전합])의 취지를 고려하면 대표이사 甲에게 업무상배임죄의 미수가 성립한다고 이해하는 것이 타당하다.

주식회사의 대표이사가 대표권을 남용하는 등 그 임무에 위배하여 회사 명의로 의무를 부담하는 행위를 하더라도 일단 회사의 행위로서 유효하고, 다만 상대방이 대표이사의 진의를 알았거나 알 수 있었을 때에는 회사에 대하여 무효가 된다. 따라서 상대방이 대표권남용 사실을 알았거나 알 수 있었던 경우 그 의무부담행위는 원칙적으로 회사에 대하여 효력이 없고, 경제적 관점에서 보아도 이러한 사실만으로는 회사에 현실적인 손해가 발생하였다거나 실해 발생의 위험이 초래되었다고 평가하기 어려우므로, 달리 그 의무부담행위로 인하여 실제로 채무의 이행이 이루어졌다거나 회사가 민법상 불법행위책임을 부담하게 되었다는 등의 사정이 없는 이상 배임죄의 기수에 이른 것은 아니다. 그러나 이 경우에도 대표이사로서는 배임의 범의로 임무위배행위를 함으로써 실행에 착수한 것이므로 배임죄의 미수범이 된다(대판 2017.7.20. 2014도1104[전합]).

[❺ ▸ ✕] 회사에 대하여 개인적인 채권을 가지고 있는 대표이사가 회사를 위하여 보관하고 있는 회사 소유의 금원으로 자신의 채권 변제에 충당하는 행위는 회사와 이사의 이해가 충돌하는 자기거래행위에 해당하지 않는 것이므로, 대표이사가 이사회의 승인 등의 절차 없이 그와 같이 자신의 회사에 대한 채권을 변제하였더라도, 이는 대표이사의 권한 내에서 한 회사 채무의 이행행위로서 유효하고, 따라서 불법영득의 의사가 인정되지 아니하여 횡령죄의 죄책을 물을 수 없다고 할 것이다(대판 2008.11.13. 2008도6982).

답 ❹

381
☐☐☐

재산범죄에 대한 설명으로 옳은 것(○)과 옳지 않은 것(×)을 바르게 연결한 것은?(다툼이 있는 경우 판례에 의함)

`19` `국가7급`

> ㄱ. 甲이 자신의 명의로 개설된 예금계좌가 보이스피싱 범행에 이용될 것임을 인식하지 못하고 그 접근매체를 보이스피싱 조직원 乙에게 양도한 후, 사기피해자 A가 乙에게 속아 甲의 계좌로 송금하였는데, 甲이 송금된 피해금의 일부를 별도로 마련된 접근매체를 이용하여 임의로 인출하였다면, 甲에게 사기방조죄는 성립하지 않지만 乙에 대한 횡령죄는 성립한다.
>
> ㄴ. 甲이 사실혼 관계에 있는 乙 명의로 자동차를 구입하여 피해자 A에게 근저당권을 설정한 후 그 자동차를 성명불상자에게 대포차로 매각한 경우, 乙에게 고의가 없어 권리행사방해죄가 성립하지 않더라도 甲에게는 권리행사방해죄가 성립한다.
>
> ㄷ. 예금계좌가 압류된 근로자 甲은 장차 지급받게 될 급여가 기존의 압류된 예금계좌로 입금될 경우 그 급여를 사용할 수 없게 되기에, 새로운 예금계좌를 개설하여 그 새로운 예금계좌로 급여를 지급받았다면, 甲에게는 강제집행면탈죄가 성립한다.
>
> ㄹ. 지입차주인 乙이 지입회사 A와 지입계약을 체결한 후 운행관리권을 위임받아 보관하다가 甲에게 차량의 보관을 위임하였는데, 甲이 지입차량을 乙의 허락없이 임의처분한 경우 甲에게는 횡령죄가 성립하지 않는다.

① ㄱ(○) ㄴ(×) ㄷ(○) ㄹ(○)
② ㄱ(○) ㄴ(○) ㄷ(×) ㄹ(×)
③ ㄱ(×) ㄴ(○) ㄷ(○) ㄹ(×)
④ ㄱ(×) ㄴ(×) ㄷ(×) ㄹ(×)

ㄱ. 계좌명의인이 영득의 의사로써 전기통신금융사기 피해금을 인출한 경우
　　→ 계좌명의인이 사기의 공범이 아닌 경우 : 전기통신금융사기의 범인에 대한 횡령죄 ×
ㄴ. 乙 명의로 자동차를 구입하여 근저당권을 설정한 후 대포차로 매각한 경우 → 권리행사방해죄 ×
ㄷ. 예금계좌가 압류되어 새로운 계좌로 급여를 지급받은 경우 → 강제집행면탈죄 ×
ㄹ. 차량보관을 위임받은 사람이 지입차주의 승낙 없이 사실상 처분한 경우 → 횡령죄 ○

[ㄱ ▸ ×]　판례(대판 2018.7.19. 2017도17494[전합])의 취지를 고려하면, 甲에게는 방조의 고의가 인정되지 아니하여 사기방조는 성립하지 아니하고, 보이스피싱 조직원 乙에 대한 관계에서 피해금을 보관하는 지위에 있다고 할 수 없으므로 乙에 대한 횡령죄 역시 성립하지 아니한다.

[ㄴ ▸ ×]　甲이 성명불상자에게 매각한 자동차는 A에 대한 관계에서는 등록명의자인 乙의 소유이므로 甲에게 권리행사방해죄는 성립하지 아니한다.

> 피고인이 차량을 구입하면서 피해자로부터 차량 매수대금을 차용하고 담보로 차량에 피해자 명의의 저당권을 설정해 주었는데, 그 후 대부업자로부터 돈을 차용하면서 차량을 대부업자에게 담보로 제공하여 이른바 '대포차'로 유통되게 한 경우, 피고인이 피해자의 권리의 목적이 된 피고인의 물건을 은닉하여 권리행사방해죄가 성립한다(대판 2016.11.10. 2016도13734).

[ㄷ ▸ ×]　압류금지채권의 목적물이 채무자의 예금계좌에 입금된 경우에는 그 예금채권에 대하여 더 이상 압류금지의 효력이 미치지 아니하므로 그 예금은 압류금지채권에 해당하지 않지만, 압류금지채권의 목적물이 채무자의 예금계좌에 입금되기 전까지는 여전히 강제집행 또는 보전처분의 대상이 될 수 없으므로, 압류금지채권의 목적물을 수령하는 데 사용하던 기존 예금계좌가 채권자에 의해 압류된 채무자가 압류되지 않은 다른 예금계좌를 통하여 그 목적물을 수령하더라도 강제집행이 임박한 채권자의 권리를 침해할 위험이 있는 행위라고 볼 수 없어 강제집행면탈죄가 성립하지 않는다(대판 2017.8.18. 2017도6229).

[ㄹ ▸ ×]　소유권의 취득에 등록이 필요한 타인 소유의 차량을 인도받아 보관하고 있는 사람이 이를 사실상 처분하면 횡령죄가 성립하며, 보관 위임자나 보관자가 차량의 등록명의자일 필요는 없다. 그리고 이와 같은 법리는 지입회사에 소유권이 있는 차량에 대하여 지입회사에서 운행관리권을 위임받은 지입차주가 지입회사의 승낙 없이 보관 중인 차량을 사실상 처분하거나 지입차주에게서 차량 보관을 위임받은 사람이 지입차주의 승낙 없이 보관 중인 차량을 사실상 처분한 경우에도 마찬가지로 적용된다(대판 2015.6.25. 2015도1944[전합]).

답 ❹

'재산에 대한 죄'에 대한 설명으로 가장 적절한 것은?(다툼이 있는 경우 판례에 의함)

18 경찰승진

① 甲이 A 자동차를 절취한 후 자동차등록번호판을 떼어내는 행위는 새로운 법익의 침해로 볼 수 없으므로, 절취한 A 자동차의 자동차등록번호판을 떼어내는 행위는 절도범행의 불가벌적 사후행위에 해당한다.

② 甲이 점유자 또는 소유자의 승낙 없이 물건을 갖고 나오다 경비원에게 발각되어 경비원이 절도범인 체포사실을 파출소에 신고전화하려는데 甲이 경비원에게 대들면서 폭행을 가한 경우 준강도가 성립하지 않는다.

③ 특정 권원에 기하여 민사소송을 진행하던 중 법원에 조작된 증거를 제출하면서 종전에 주장하던 특정 권원과 별개의 허위의 권원을 추가로 주장하는 경우 소송사기의 실행의 착수로 볼 수 있다.

④ 피고인이 타인의 권리의 목적이 된 자기의 물건을 그 점유자의 점유로부터 자기의 점유로 옮긴 경우, 그것이 피고인의 기망에 의한 하자 있는 의사에 기한 것이었다면 권리행사방해죄가 성립한다.

정선 핵심

① 자동차를 절취한 자가 자동차등록판을 떼어낸 경우 → 자동차관리법위반죄 ○
② 승낙없이 물건을 갖고 나오는 甲을 신고하려는 경비원을 폭행한 경우 → 준강도죄 ○
③ 특정 권원과 별개의 허위의 권원을 추가로 주장하는 경우 → 소송사기의 실행의 착수 ○
④ 타인의 권리의 목적이 된 자기의 물건을 하자있는 의사를 이용하여 자기의 점유로 옮긴 경우 → 권리행사방해죄 ×

정선 해설

[❶ ▸ ×] 판례(대판 2007.9.6. 2007도4739)의 취지를 고려하면, 甲이 절취한 A 자동차의 자동차등록번호판을 떼어낸 행위는 별도의 자동차관리법위반죄를 구성한다.

[❷ ▸ ×] 피고인이 점유자 또는 소유자의 승락없이 물건을 갖고 나오다 경비원에게 발각되어 동인이 절도범인 체포사실을 파출소에 신고전화하려는데 피고인이 잘해 보자며 대들면서 폭행을 가한 경우에는, 그곳이 체포현장이었고 주위 사람에게 도주를 방지케 부탁한 상태아래 일어난 것이라면 준강도 행위에 해당한다(대판 1984.7.24. 84도1167).

[❸ ▸ ○] 피고인이 특정 권원에 기하여 민사소송을 진행하던 중 법원에 조작된 증거를 제출하면서 종전에 주장하던 특정 권원과 별개의 허위의 권원을 추가로 주장하는 경우에 <u>그 당시로서는 종전의 특정권원의 인정 여부가 확정되지 아니하였고, 만약 종전의 특정 권원이 배척될 때에는 조작된 증거에 의하여 법원을 기망하여 추가된 허위의 권원을 인정받아 승소판결을 받을 가능성이 있으므로</u>, 가사 나중에 법원이 종전의 특정 권원을 인정하여 피고인에게 승소판결을 선고하였다고 하더라도, 피고인의 이러한 행위는 특별한 사정이 없는 한 소송사기의 실행의 착수에 해당된다(대판 2004.6.25. 2003도7124).

[❹ ▸ ×] 권리행사방해죄에 있어서의 취거라 함은 타인의 점유 또는 권리의 목적이 된 자기의 물건을 그 점유자의 의사에 반하여 그 점유자의 점유로부터 자기 또는 제3자의 점유로 옮기는 것을 말하므로 점유자의 의사나 그의 하자있는 의사에 기하여 점유가 이전된 경우에는 여기에서 말하는 취거로 볼 수는 없다(대판 1988.2.23. 87도1952).

답 **❸**

다음 설명 중 틀린 것은 모두 몇 개인가?(다툼이 있는 경우 판례에 의함) 13 경찰채용

> ㄱ. 갑이 을의 돈을 절취한 다음 다른 금전과 섞거나 교환하지 않고 쇼핑백 등에 넣어 자신의 집에 숨겨두었는데, 피고인이 을의 지시로 병과 함께 갑에게 겁을 주어 위 돈을 교부받아 갈취한 경우 공갈죄가 성립된다.
>
> ㄴ. 피고인이 갑과 특정 토지를 매수하여 전매한 후 전매이익금을 정산하기로 약정한 다음 갑이 조달한 돈 등을 합하여 토지를 매수하고 소유권이전등기는 피고인 등의 명의로 마쳐 두었는데, 위 토지를 제3자에게 임의로 매도한 후 갑에게 전매이익금 반환을 거부한 경우 피고인에게 횡령죄가 성립하지 않는다(단, 갑은 토지의 매수 및 전매를 피고인에게 전적으로 일임하고 그 과정에 전혀 관여하지 않았음).
>
> ㄷ. 피고인이 자신의 모(母) 명의를 빌려 자동차를 매수하면서 피해자 갑 주식회사에서 필요한 자금을 대출받고 자동차에 저당권을 설정하였는데, 저당권자인 갑 회사의 동의 없이 이를 성명 불상의 제3자에게 양도담보로 제공하였다면 피고인의 행위는 갑 회사의 담보가치를 실질적으로 상실시키는 것으로서 배임죄는 성립하지 않는다.
>
> ㄹ. 피고인이 내연관계에 있는 갑과 아파트에서 동거하다가, 갑의 사망으로 갑의 상속인인 을 및 병 소유에 속하게 된 부동산 등기권리증 등 서류들이 들어있는 가방을 위 아파트에서 가지고 간 것은 을 등에 대한 점유를 침해하여 절도죄를 구성한다(단, 을 및 병은 동 아파트엔 전혀 거주한 일이 없고, 해당 가방 등의 인도 등을 요구한 일이 전혀 없다).

① 1개   ② 2개
③ 3개   ④ 4개

**정선
핵심**

ㄱ. 절도범이 쇼핑백에 넣어 둔 자신의 돈을 위협하여 다시 교부받은 경우 → 공갈죄 ×

ㄴ. 익명조합과 유사한 계약을 체결하였으나 전매이익금 반환을 거부한 경우 → 횡령죄 ×

ㄷ. 모(母) 명의의 자동차에 저당권을 설정한 후 저당권자의 동의 없이 양도담보로 제공한 경우 → 배임죄 ×

ㄹ. 피고인이 내연관계에 있던 갑의 상속인들의 부동산등기권리증이 들어 있는 가방을 가지고 간 경우 → 절도죄 ×

**정선
해설**

[ㄱ ▸ ×] 甲이 乙의 돈을 절취한 다음 다른 금전과 섞거나 교환하지 않고 쇼핑백 등에 넣어 자신의 집에 숨겨두었는데, 피고인이 乙의 지시로 丙과 함께 甲에게 겁을 주어 위 돈을 교부받아 갈취한 경우, 위 금전은 타인인 甲의 재물이라고 할 수 없어 공갈죄가 성립된다고 볼 수 없다(대판 2012.8.30. 2012도6157).

[ㄴ ▸ ○] 대판 2011.11.24. 2010도5014

[ㄷ ▸ ○] 피고인이 甲회사에 담보로 제공한 자동차의 담보가치를 유지·보전하는 의무는 자신의 급부의무이므로 저당권자인 甲회사와의 관계에서 피고인을 타인의 사무를 처리하는 자라고 할 수 없어 피고인이 자동차를 제3자에게 양도담보로 제공하였더라도 피고인의 행위는 배임죄를 구성하지 아니한다(대판 2020.10.22. 2020도6258[전합]).

[ㄹ ▸ ×] 乙 및 丙이 甲 사망 후 피고인이 가방을 가지고 가기까지 그들의 소유권 등에 기하여 아파트 또는 그곳에 있던 가방의 인도 등을 요구한 일이 전혀 없는 사정 등에 비추어, 피고인이 가방을 들고 나온 시점에 乙 및 丙이 아파트에 있던 가방을 사실상 지배하여 점유하고 있었다고 볼 수 없어 피고인의 행위가 乙 등의 가방에 대한 점유를 침해하여 절도죄를 구성한다고 할 수 없다(대판 2012.4.26. 2010도6334).

답 ②

01 회사의 사무를 처리하는 자가 회사로 하여금 자신의 채무에 관하여 연대보증채무를 부담하게 한 다음, 회사의 자금을 보관하는 자의 지위에서 회사의 이익이 아닌 자신의 채무를 변제하려는 의사로 회사의 자금을 임의로 인출한 후 위 개인채무의 변제에 사용한 행위는 배임죄와 별도로 횡령죄를 구성한다. 12 법원9급   O | X

02 장난감 권총을 생산·판매하는 甲은 경영난에 봉착하자 경리사원 乙과 함께 이중장부를 만들어 세무공무원을 기망하여 조세를 면탈한 경우 甲에게 사기죄는 성립하지 않는다. 14 국가7급   O | X

01 대판 2011.4.14. 2011도277

02 기망행위에 의하여 조세를 포탈하거나 조세의 환급·공제를 받은 경우에는 조세범처벌법 위반죄가 성립함은 별론으로 하고, 형법상 사기죄는 성립하지 않는다(대판 2008.11.27. 2008도7303).

정답

01 ○   02 ○

사회적 법익에 관한 죄

제1절 공공의 안전과 평온에 관한 죄

제1관 | 공안을 해하는 죄

001
☐☐☐

다음 설명 중 가장 옳지 않은 것은?   15 법원9급

① 형법 제114조의 범죄단체조직죄에 있어서 단체나 조직이 목적으로 하는 범죄에는 아무런 제한이 없다.

② 형법 제114조의 범죄를 목적으로 하는 단체는 특정다수인이 일정한 범죄를 수행한다는 공동목적 아래 이루어진 계속적인 결합체로서 그 단체를 주도하는 최소한의 통솔체제를 갖추고 있음을 요한다.

③ 매개물을 통한 점화에 의하여 건조물을 불태우는 형태의 방화죄의 경우, 범인이 매개물에 불을 켜서 붙였거나 범인의 행위로 매개물에 불이 붙게 됨으로써 연소작용이 계속될 수 있는 상태에 이르렀다면, 방화죄의 실행의 착수가 있다.

④ 현주건조물방화죄는 화력이 매개물을 떠나 목적물인 건조물 스스로 연소할 수 있는 상태에 이름으로써 기수가 된다.

**정선
핵심**

① 범죄단체조직죄의 적용범위
  → 사형, 무기 또는 장기 4년 이상의 징역에 해당하는 범죄에 대하여만 적용
  → 국가보안법상 반국가단체의 구성·가입죄는 적용제외
② 범죄단체조직죄의 구성요건
  → 범죄를 목적으로 하는 단체 : 공동목적을 가진 계속적인 결합체로서 최소한의 통솔체제 필요
③ 매개물에 불이 붙어 연소작용이 계속될 수 있는 상태에 이른 경우 → 방화죄의 실행의 착수 ○
④ 화력이 매개물을 떠나 목적물이 스스로 연소할 수 있는 상태에 이른 경우 → 현주건조물방화죄의 기수 ○

**정선
해설**

[❶ ▸ ✕] 형법 제114조에 의하여 사형, 무기 또는 장기 4년 이상의 징역에 해당하는 범죄로 제한된다. 또한 특별법상의 범죄도 포함되지만 단체의 조직·가입 자체를 처벌하는 조직범죄(국가보안법상 반국가단체의 구성·가입죄)는 제외된다.
[❷ ▸ ○] 대판 1985.10.8. 85도1515
[❸ ▸ ○] 매개물을 통한 점화에 의하여 건조물을 불태우는 것을 내용으로 하는 형태의 방화죄의 경우에, 범인이 그 매개물에 불을 켜서 붙였거나 또는 범인의 행위로 인하여 매개물에 불이 붙게 됨으로써 연소작용이 계속될 수 있는 상태에 이르렀다면, 그것이 곧바로 진화되는 등의 사정으로 인하여 목적물인 건조물 자체에는 불이 옮겨 붙지 못하였다고 하더라도, 방화죄의 실행의 착수가 있었다고 보아야 할 것이다(대판 2002.3.26. 2001도6641).

피고인이 방화의 의사로 뿌린 휘발유가 인화성이 강한 상태로 주택주변과 피해자의 몸에 적지 않게 살포되어 있는 사정을 알면서도 라이터를 켜 불꽃을 일으킴으로써 피해자의 몸에 불이 붙은 경우, 비록 외부적 사정에 의하여 불이 방화 목적물인 주택 자체에 옮겨 붙지는 아니하였다 하더라도 현존건조물방화죄의 실행의 착수가 있었다고 봄이 상당하다고 한 사례(대판 2002.3.26. 2001도6641).

[**❹** ▸ ○] 대판 2007.3.16. 2006도9164

답 **❶**

002
□□□

형법상 범죄단체조직죄에 대한 설명으로 가장 적절하지 않은 것은?(다툼이 있는 경우 판례에 의함)

`21` 경찰승진

① 사형, 무기 또는 장기 4년 이상의 징역에 해당하는 범죄를 목적으로 하는 단체 또는 집단을 조직하거나 이에 가입 또는 그 구성원으로 활동한 사람은 그 목적한 죄에 정한 형으로 처벌한다. 다만, 그 형을 감경할 수 있다.

② 범죄를 목적으로 하는 단체라 함은 특정 다수인이 일정한 범죄를 수행한다는 공동목적 아래 구성한 계속적인 결합체로서 그 단체를 주도하거나 내부의 질서를 유지하는 최소한의 통솔체계를 갖추고 있음을 요한다.

③ 사기범죄를 목적으로 구성된 다수인의 계속적인 결합체로서 총책을 중심으로 간부급 조직원들과 상담원들, 현금인출책 등으로 구성되어 내부의 위계질서가 유지되고 조직원의 역할 분담이 이루어지는 최소한의 통솔체계를 갖추고 있는 보이스피싱 사기조직은 형법상의 범죄단체에 해당한다.

④ 사기범죄를 목적으로 구성된 범죄단체에 가입하는 행위 또는 그 범죄단체 구성원으로서 활동하는 행위와 목적된 범죄인 사기행위는 법조경합 관계로 사기죄만 성립한다.

정선 핵심

① 범죄단체조직죄 → 목적한 죄에 정한 형으로 처벌하나 임의적 감경
② 범죄단체조직죄의 구성요건
   → 범죄를 목적으로 하는 단체 : 공동목적을 가진 계속적인 결합체로서 최소한의 통솔체제 필요
③ 보이스피싱 사기조직 → 범죄단체 ○
④ 범죄단체 가입행위 또는 구성원으로서 활동하는 행위와 사기행위 → 상상적 경합 ○

정선 해설

[**❶** ▸ ○] 형법 제114조 참조

> **법령** 범죄단체 등의 조직(형법 제114조)　　사형, 무기 또는 장기 4년 이상의 징역에 해당하는 범죄를 목적으로 하는 단체 또는 집단을 조직하거나 이에 가입 또는 그 구성원으로 활동한 사람은 그 목적한 죄에 정한 형으로 처벌한다. 다만, 형을 감경할 수 있다.

[**❷** ▸ ○] 대판 1985.10.8. 85도1515
[**❸** ▸ ○] 대판 2017.10.26. 2017도8600
[**❹** ▸ ×] 범죄단체 가입행위 또는 범죄단체 구성원으로서 활동하는 행위와 사기행위는 각각 별개의 범죄구성요건을 충족하는 독립된 행위이고 서로 보호법익도 달라 법조경합 관계로 목적된 범죄인 사기죄만 성립하는 것은 아니다(대판 2017.10.26. 2017도8600).

답 **❹**

범죄단체 등 조직죄에 관한 설명으로 가장 적절하지 않은 것은?(다툼이 있는 경우 판례에 의함)

① 범죄단체등조직죄는 사형, 무기 또는 장기 4년 이상의 징역에 해당하는 범죄를 범할 목적이 있어야 한다.

② 형법 제114조 소정의 범죄를 목적으로 하는 단체라 함은 특정·다수인이 일정한 범죄를 수행한 다는 공동목적 아래 이루어진 계속적인 결합체로서 그 단체를 주도하는 최소한의 통솔체제를 갖추고 있음을 요한다.

③ 피고인들이 총책을 중심으로 간부급 조직원들과 상담원들, 현금 인출책 등으로 구성된 보이스 피싱 사기 조직을 구성하고 이에 가담하여 조직원으로 활동한 경우는 형법상의 범죄단체에 해당한다.

④ 범죄단체 가입행위 또는 범죄단체 구성원으로서 활동하는 행위와 사기행위는 포괄일죄의 관계 에 있다.

정선 핵심

①·② 범죄단체등조직죄의 구성요건
　↳ 주관적 구성요건 : 사형·무기·장기 4년 이상의 징역에 해당하는 범죄를 범할 목적
　↳ 범죄를 목적으로 하는 단체 : 공동목적을 가진 계속적인 결합체로서 최소한의 통솔체제 필요

③ 보이스피싱 사기 조직을 구성·가담하여 조직원으로 활동한 경우 → 범죄단체 ○

④ 범죄단체 가입행위 또는 구성원으로서 활동하는 행위와 사기행위 → 상상적 경합 ○

정선 해설

[❶▸○] 형법 제114조 참조

> **법령** ● 범죄단체 등의 조직(형법 제114조)　　사형, 무기 또는 장기 4년 이상의 징역에 해당하는 범죄를 목적으로 하는 단체 또는 집단을 조직하거나 이에 가입 또는 그 구성원으로 활동한 사람은 그 목적한 죄에 정한 형으로 처벌한다. 다만, 형을 감경할 수 있다.

[❷▸○] 대판 1985.10.8. 85도1515

[❸▸○] 피고인들이 불특정 다수의 피해자들에게 전화하여 금융기관 등을 사칭하면서 신용등급을 올려 낮은 이자로 대출을 해주겠다고 속여 신용관리비용 명목의 돈을 송금받아 편취할 목적으로 보이스피싱 사기 조직을 구성하고 이에 가담하여 조직원으로 활동함으로써 범죄단체를 조직하거나 이에 가입·활동하였다는 내용으로 기소 된 경우, 위 보이스피싱 조직은 보이스피싱이라는 사기범죄를 목적으로 구성된 다수인의 계속적인 결합체로서 총책을 중심으로 간부급 조직원들과 상담원들, 현금인출책 등으로 구성되어 내부의 위계질서가 유지되고 조직원의 역할 분담이 이루어지는 최소한의 통솔체계를 갖춘 형법상의 범죄단체에 해당하고, 보이스피싱 조직의 업무를 수행한 피고인들에게 범죄단체 가입 및 활동에 대한 고의가 인정되며, 피고인들의 보이스피싱 조직에 의한 사기범죄 행위는 범죄단체 활동에 해당한다(대판 2017.10.26. 2017도8600).

[❹▸✕] 범죄단체 가입행위 또는 범죄단체 구성원으로서 활동하는 행위와 사기행위는 각각 별개의 범죄구성요 건을 충족하는 독립된 행위이고 서로 보호법익도 달라 법조경합 관계로 목적된 범죄인 사기죄만 성립하는 것은 아니다(대판 2017.10.26. 2017도8600).

> **비교판례** ▶ **대판 2015.9.10. 2015도7081**
> 범죄단체를 구성하거나 이에 가입한 자가 더 나아가 구성원으로 활동하는 경우, 이는 포괄일죄의 관계에 있다.

답 ❹

01 사람의 생명, 신체 또는 재산을 해할 정도의 성능이 없거나, 사람의 신체 또는 재산을 경미하게 손상시킬 수 있는 정도에 그쳐 사회의 안전과 평온에 직접적이고 구체적인 위험을 초래하여 공공의 안전을 문란하게 하기에 현저히 부족한 파괴력과 위험성 정도만 가진 물건은 폭발물사용죄에서의 '폭발물'에 해당하지 않는다. **17** 경찰간부

ㅇ | X

01 대판 2012.4.26, 2011도17254

정답

01 ○

004

방화와 실화의 죄에 대한 설명으로 가장 적절하지 않은 것은?(다툼이 있는 경우 판례에 의함)

`19` 경찰승진

① 방화 등 예비·음모죄에 있어 실행에 이르기 전에 자수한 경우 형을 감경 또는 면제한다.

② 공무집행을 방해하는 집단행위의 과정에서 일부 집단원이 고의로 현주건조물에 방화행위를 하여 공무원에게 사상의 결과를 초래한 경우 그 방화행위 자체에 공모가담하지 않은 다른 집단원은 현주건조물방화치사상죄로 의율할 수 없다.

③ 방화죄의 객체인 건조물은 반드시 사람의 주거용이어야 하는 것은 아니라도 사람이 사실상 기거·취침에 사용할 수 있는 정도는 되어야 한다.

④ 노상에서 전봇대 주변에 놓인 재활용품과 쓰레기 등을 발견하고 자신의 라이터를 이용하여 불을 붙인 후, 가연물을 집어넣어 그 화염을 키움으로써 전선을 비롯한 주변의 가연물에 손상을 입히거나 바람에 의하여 다른 곳으로 불이 옮아 붙을 수 있는 공공의 위험을 발생하게 하였다면 형법 제167조 제1항의 타인소유일반물건방화죄가 성립한다.

정선 핵심

① 방화예비·음모죄를 범한 자가 목적한 죄의 실행 전에 자수한 경우 → 필요적 감면

② 일부 집단원이 고의로 현주건조물에 방화행위를 하여 사상의 결과를 초래하였으나 다른 집단원은 공모가담하지 않은 경우 → 현주건조물방화치사상죄 ×

③ 방화죄의 객체 → 건조물은 사람이 사실상 기거·취침에 사용할 수 있는 정도

④ 불을 놓아 재활용품 쓰레기 등 무주물을 불태워 공공의 위험을 발생하게 한 경우 → 자기소유일반물건방화죄 ○

정선 해설

[❶ ▸ ○] 방화 등 예비·음모죄에 있어 실행에 이르기 전에 자수한 경우 형을 감경 또는 면제한다(형법 제175조, 제164조 제1항).

[❷ ▸ ○] 대판 1990.6.26. 90도765

[❸ ▸ ○] 형법상 방화죄의 객체인 건조물은 토지에 정착되고 벽 또는 기둥과 지붕 또는 천장으로 구성되어 사람이 내부에 기거하거나 출입할 수 있는 공작물을 말하고, 반드시 사람의 주거용이어야 하는 것은 아니라도 사람이 사실상 기거·취침에 사용할 수 있는 정도는 되어야 한다(대판 2013.12.12. 2013도3950).

[❹ ▸ ✕] 노상에서 전봇대 주변에 놓인 재활용품과 쓰레기 등에 불을 놓아 불태운 경우, 그 재활용품과 쓰레기 등은 '무주물'로서 형법 제167조 제2항에 정한 '자기 소유의 물건'에 준하는 것으로 보아야 하므로, 여기에 불을 붙인 후 불상의 가연물을 집어넣어 그 화염을 키움으로써 공공의 위험을 발생하게 하였다면, 일반물건방화죄가 성립한다(대판 2009.10.15. 2009도7421).

답 ❹

방화와 실화의 죄에 대한 설명으로 가장 적절한 것은?(다툼이 있는 경우 판례에 의함)

① 전기 석유난로를 켜 놓은 채 귀가하여 전기 석유난로 과열로 화재가 발생하였다면 화재원인을 살펴볼 필요 없이 피고인에게 중실화죄를 인정할 수 있다.

② 사람이 현존하는 자동차에 방화한 경우 일반건조물 등 방화죄가 성립한다.

③ 지붕과 문짝, 창문이 없고 담장과 일부 벽체가 붕괴된 철거 대상 건물로서 사실상 기거·취침에 사용할 수 없는 상태의 타인의 폐가에 대해 방화한 경우 타인소유일반건조물방화죄가 성립한다.

④ 유조차운전사가 석유구판점의 위험물취급주임의 지시를 받아 유조차의 석유를 구판점 탱크로 급유하다가 탱크주입구에서 급유호스가 빠지는 바람에 화기에 인화되어 화재가 발생한 경우 유조차운전사의 업무상과실이 인정되지 않는다.

정선 핵심

① 전기 석유난로를 켜 놓은 채 귀가하여 과열로 화재가 발생한 경우 → 중실화죄 ✕

② 사람이 현존하는 자동차에 방화한 경우 → 현주건조물등방화죄 ○

③ 철거 대상 건물로서 기거·취침에 사용할 수 없는 폐가를 방화한 경우 → 불가벌

④ 유조차운전사가 급유하다가 화재가 발생한 경우 → 업무상과실 ✕

정선 해설

[**❶** ▸ ✕] 전기석유난로를 켜 놓은 채 귀가하여 전기석유난로 과열로 화재가 발생하였다 하여 중실화를 유죄로 이정한 원심판결을 화재발생원인의 인정에 있어 심리미진의 위법이 있다(대판 1994.3.11. 93도3001).

[**❷** ▸ ✕] 형법 제164조 참조

> **법령**
> **현주건조물 등 방화(형법 제164조)** ① 불을 놓아 사람이 주거로 사용하거나 사람이 현존하는 건조물, 기차, 전차, 자동차, 선박, 항공기 또는 지하채굴시설을 불태운 자는 무기 또는 3년 이상의 징역에 처한다.

[**❸** ▸ ✕] 지붕과 문짝, 창문이 없고 담장과 일부 벽체가 붕괴된 철거 대상 건물로서 사실상 기거·취침에 사용할 수 없는 상태인 이 사건 폐가는 형법 제166조의 건조물이 아닌 형법 제167조의 물건에 해당하고, 피고인이 폐가의 내부와 외부에 쓰레기를 모아놓고 태워 그 불길이 이 사건 폐가 주변 수목 4~5그루를 태우고 폐가의 벽을 일부 그을리게 하는 정도만으로는 방화죄의 기수에 이르렀다고 보기 어려우며, 일반물건방화죄에 관하여는 미수범의 처벌규정이 없으므로 피고인은 불가벌이다(대판 2013.12.12. 2013도3950).

[**❹** ▸ ○] 유조차의 운전사에게 어떠한 사유로 인하여 급유장애가 발생하는지 여부를 확인하기 위하여 급유가 끝날 때까지 그와 함께 또는 그와 교대로 급유호스가 주입구에서 빠지려고 할 때는 즉시 대응조치를 할 수 있는 자세를 갖추어야 할 업무상의 주의의무가 있다고 할 수는 없으므로, 유조차운전사가 석유구판점의 위험물취급주임의 지시를 받아 유조차의 석유를 구판점 탱크로 급유하다가 급유호스가 탱크주입구에서 빠지는 바람에 분출된 석유가 화기에 인화되어 화재가 발생한 경우 운전사에게 화재발생에 대하여 과실이 있다고 책임을 물을 수는 없다(대판 1990.11.13. 90도2011).

답 ❹

006 □□□ 현주건조물방화치사상죄에 관한 설명 중 옳은 것과 틀린 것을 올바르게 표기한 것은?(다툼이 있는 경우 판례에 의함) 15 경찰간부

> ㄱ. 현주건조물 내에 있는 피해자를 구타하여 실신케 한 후 건조물에 방화하여 소사케 한 경우 현주건조물방화죄와 살인죄의 상상적 경합으로 처벌된다.
> ㄴ. 존속을 살해할 의도로 현주건조물에 방화하여 존속을 사망하게 한 때에는 존속살해죄와 현주건조물방화치사죄는 상상적 경합관계에 있다.
> ㄷ. 불을 놓은 집에서 빠져 나오려는 피해자들을 막아 소사케 한 경우 방화행위와 살인행위는 법률상 별개의 고의에 의하여 별개의 법익을 해하는 별개의 행위라고 할 것이므로 현주건조물방화죄와 살인죄의 실체적 경합으로 처벌된다.
> ㄹ. 공범 중의 일부가 사람을 상해 또는 살해할 의도로 현주건조물에 방화하여 사람을 상해 또는 사망하게 한 경우 상해 또는 사망의 결과에 대한 예견가능성이 인정되더라도 다른 공범은 현주건조물방화치사상죄의 죄책을 지지 아니한다.

① ㄱ(×) ㄴ(○) ㄷ(○) ㄹ(○)
② ㄱ(○) ㄴ(×) ㄷ(○) ㄹ(○)
③ ㄱ(×) ㄴ(○) ㄷ(○) ㄹ(×)
④ ㄱ(○) ㄴ(○) ㄷ(×) ㄹ(×)

정선 핵심

ㄱ. 현주건조물 내의 피해자를 구타하여 실신케 한 후 방화하여 소사케 한 경우 → 현주건조물방화치사죄 ○
ㄴ. 존속살인죄와 현주건조물방화치사죄 → 상상적 경합 ○
ㄷ. 빠져 나오려는 피해자들을 막아 소사케 한 경우 → 현주건조물방화죄와 살인죄의 실체적 경합 ○
ㄹ. 공범의 일부가 현주건조물에 방화하여 사람을 상해 또는 사망하게 한 때 다른 공범의 예견가능성이 인정되는 경우 → 다른 공범은 현주건조물방화치사상죄 ○

정선 해설

[ㄱ ▸ ×] 판례의 취지를 고려하면, 지문의 경우에는 현주건조물방화치사죄(형법 제164조 제2항)로 처벌된다.

현주건조물내에 있는 사람을 강타하여 실신케 한 후 동 건조물에 방화하여 소사케 한 피고인을 현주건조물에의 방화죄와 살인죄의 상상적 경합으로 의율할 것은 아니다(대판 1983.1.18. 82도2341).

[ㄴ ▸ ○] 대판 1996.4.26. 96도485
[ㄷ ▸ ○] 불을 놓은 집에서 빠져 나오려는 피해자들을 막아 소사케 한 행위는 1개의 행위가 수개의 죄명에 해당하는 경우라고 볼 수 없고, 위 방화행위와 살인행위는 법률상 별개의 범의에 의하여 별개의 법익을 해하는 별개의 행위라고 할 것이니, 현주건조물방화죄와 살인죄는 실체적 경합관계에 있다(대판 1983.1.18. 82도2341).
[ㄹ ▸ ×] 현존건조물방화치상죄와 같은 이른바 부진정결과적가중범은 예견가능한 결과를 예견하지 못한 경우뿐만 아니라 그 결과를 예견하거나 고의가 있는 경우까지도 포함하는 것이므로 <u>사람이 현존하는 건조물을 방화하는 집단행위의 과정에서 일부 집단원이 고의행위로 살상을 가한 경우에도 다른 집단원에게 그 사상의 결과가 예견가능한 것이었다면 다른 집단원도 그 결과에 대하여 현존건조물방화치사상의 책임을 면할 수 없다</u>(대판 1996.4.12. 96도215).

답 ❸

다음 중 방화의 죄에 대한 설명으로 가장 옳지 않은 것은?(다툼이 있는 경우 판례에 의함)

`19` 해경간부

① 방화의 의사로 뿌린 휘발유가 인화성이 강한 상태로 주택 주변과 피해자의 몸에 적지 않게 살포되어 있는 사정을 알면서 라이터를 켜 불꽃을 일으킴으로써 피해자의 몸에 불이 붙었더라도, 방화 목적물인 주택 자체에는 옮겨 붙지 아니하였다면 현주건조물방화죄의 실행의 착수가 인정되지 않는다.

② 불을 놓아 노상에서 전봇대 주변에 놓은 재활용품 쓰레기 등 '무주물'을 불태워 공공의 위험을 발생하게 한 경우에는 형법 제167조 제2항의 자기소유일반물건방화죄가 성립한다.

③ 공무집행을 방해하는 집단행위의 과정에서 일부집단원이 고의로 현주건조물에 방화행위를 하여 공무원에게 사상의 결과를 초래한 경우, 그 방화행위 자체에 공모에 가담하지 않은 다른 집단원은 현주건조물방화치사상죄로 의율할 수 없다.

④ 모텔 방에 투숙한 자가 과실로 담뱃불이 휴지와 침대시트에 옮겨 붙게 함으로써 화재를 발생하게 한 후, 화재발생사실을 안 상태에서 모텔을 빠져나오면서 모텔 주인이나 다른 투숙객들에게 이를 알리지 아니하여 사상에 이르게 하였더라도 그 사정만으로는 부작위에 의한 현주건조물방화치사상죄가 성립하지 아니한다.

정선 핵심

① 라이터를 켜 피해자의 몸에 불이 붙었으나 주택 자체에 옮겨 붙지 않은 경우 → 현주건조물방화죄의 실행의 착수 ○

② 불을 놓아 재활용품 쓰레기 등 무주물을 불태워 공공의 위험을 발생하게 한 경우 → 자기소유일반물건방화죄 ○

③ 일부집단원이 현주건조물에 방화하여 공무원에게 사상의 결과를 초래하였으나 다른 집단원에게 예견가능성이 인정되는 경우 → 다른 집단원은 현주건조물방화치사상죄 ○

④ 모텔 투숙자가 과실로 화재를 발생하게 한 후 이를 알리지 않은 경우 → 부작위에 의한 현주건조물방화치사상죄 ✕

정선 해설

[**❶ ▸ ✕**] 피고인이 방화의 의사로 뿌린 휘발유가 인화성이 강한 상태로 주택주변과 피해자의 몸에 적지 않게 살포되어 있는 사정을 알면서도 라이터를 켜 불꽃을 일으킴으로써 피해자의 몸에 불이 붙은 경우, 비록 외부적 사정에 의하여 불이 방화 목적물인 주택 자체에 옮겨 붙지는 아니하였다 하더라도 현존건조물방화죄의 실행의 착수가 있었다고 봄이 상당하다(대판 2002.3.26. 2001도6641).

> **비교판례** 대판 1960.7.22. 4293형상213
> 피고인이 선박에 침입하여 준비하였던 휘발유 1통을 동 선박 갑판부에 살포하고 소지 중이던 라이터를 꺼내어 점화하려 한 사실은 인정되나 피고인이 아직 불을 방화목적물 내지 그 도화물체에 점화하지 아니한 이상 차를 즉시 방화의 착수로 논단하지 못할 것이다.

[**❷ ▸ ○**] 대판 2009.10.15. 2009도7421

[**❸ ▸ ○**] 대판 1996.4.12. 96도215

[**❹ ▸ ○**] 대판 2010.1.14. 2009도12109

답 ❶

방화와 실화의 죄에 대한 설명으로 가장 적절하지 않은 것은?(다툼이 있는 경우 판례에 의함)

`21` 경찰승진

① 형법상 방화죄의 객체인 건조물은 토지에 정착되고 벽 또는 기둥과 지붕 또는 천장으로 구성되어 사람이 내부에 기거하거나 출입할 수 있는 공작물을 말하고, 반드시 사람의 주거용이어야 하는 것은 아니라도 사람이 사실상 기거·취침에 사용할 수 있는 정도는 되어야 한다.

② 노상에서 전봇대 주변에 놓인 재활용품과 쓰레기 등을 발견하고 소지하고 있던 라이터를 이용하여 불을 붙인 다음 불상의 가연물을 집어넣어 화염을 키움으로써 공공의 위험을 발생하게 한 경우 형법 제167조 제1항에 정한 타인소유일반물건방화죄가 성립한다.

③ 피고인이 방화의 의사로 뿌린 휘발유가 인화성이 강한 상태로 주택주변과 피해자의 몸에 적지 않게 살포되어 있는 사정을 알면서도 라이터를 켜 불꽃을 일으킴으로써 피해자의 몸에 불이 붙은 경우, 비록 외부적 사정에 의하여 불이 방화 목적물인 주택 자체에 옮겨 붙지는 아니하였다 하더라도 현존건조물방화죄의 실행의 착수가 있었다고 봄이 상당하다.

④ 피해자의 사체 위에 옷가지 등을 올려놓고 불을 붙인 천조각을 던져서 그 불길이 방안을 태우면서 천정에까지 옮겨 붙었다면 도중에 진화되었다고 하더라도 일단 천정에 옮겨 붙은 때에 이미 현주건조물방화죄의 기수에 이른 것이다.

**정선
핵심**

① 방화죄의 객체 → 건조물은 사람이 사실상 기거·취침에 사용할 수 있는 정도

② 불을 놓아 재활용품 쓰레기 등 무주물을 불태워 공공의 위험을 발생하게 한 경우 → 자기소유일반물건방화죄
○

③ 라이터를 켜 피해자의 몸에 불이 붙었으나 주택 자체에 옮겨 붙지 않은 경우 → 현주건조물방화죄의 실행의
착수 ○

④ 불길이 천정까지 옮겨 붙었으나 도중에 진화된 경우 → 현주건조물방화죄의 기수 ○

**정선
해설**

[❶ ▸ ○] 형법상 방화죄의 객체인 건조물은 토지에 정착되고 벽 또는 기둥과 지붕 또는 천장으로 구성되어 사람이 내부에 기거하거나 출입할 수 있는 공작물을 말하고, 반드시 사람의 주거용이어야 하는 것은 아니라도 사람이 사실상 기거·취침에 사용할 수 있는 정도는 되어야 한다(대판 2013.12.12. 2013도3950).

[❷ ▸ ×] 노상에 놓인 재활용품과 쓰레기 등은 무주물이라고 보아야 하므로 자기소유물에 준하여 자기소유 일반물건방화죄(형법 제167조 제2항)가 성립한다고 보는 것이 타당하다.

> 노상에서 전봇대 주변에 놓인 재활용품과 쓰레기 등에 불을 놓아 불태운 경우, 그 재활용품과 쓰레기 등은
> '무주물'로서 형법 제167조 제2항에 정한 '자기 소유의 물건'에 준하는 것으로 보아야 하므로, 여기에 불을
> 붙인 후 불상의 가연물을 집어넣어 그 화염을 키움으로써 공공의 위험을 발생하게 하였다면, 일반물건방화죄가
> 성립한다(대판 2009.10.15. 2009도7421).

[❸ ▸ ○] 대판 2002.3.26. 2001도6641

[❹ ▸ ○] 대판 2007.3.16. 2006도9164

답 ❷

방화죄에 대한 설명으로 옳지 않은 것은?(다툼이 있는 경우 판례에 의함) `13` 국가9급

① 피해자의 방 안에 옷가지 등을 모아놓고 불을 붙인 천조각을 던져서 그 불길이 방안을 태우면서 천상까지 옮겨 붙었다면 도중에 진화되었다고 하더라도 현주건조물방화죄의 기수가 성립한다.

② 장롱 안에 있는 옷가지에 불을 놓아 건물을 불태우려 하였으나 불길이 치솟는 것을 보고 겁이 나서 물을 부어 불을 끈 경우에는 중지미수로 볼 수 없다.

③ 노상에서 전봇대 주변에 놓인 재활용품과 쓰레기 등에 불을 붙인 후 가연물을 집어넣어 그 화염을 키움으로써 전선을 비롯한 주변의 가연물에 손상을 입히거나 바람에 의하여 다른 곳으로 불이 옮겨 붙을 수 있는 공공의 위험을 발생하게 하였다면 일반물건방화죄가 성립한다.

④ 방화의 의사로 뿌린 휘발유가 인화성이 강한 상태로 주택주변과 피해자의 몸에 적지 않게 살포되어 있는 사정을 알면서도 라이터를 켜 불꽃을 일으킴으로써 피해자의 몸에 불이 붙었으나 방화 목적물인 주택 자체에는 옮겨 붙지 아니하였다면 현존건조물방화죄의 실행의 착수가 인정되지 않는다.

정선
핵심

① 피해자의 사체에 옷가지를 올려놓고 불을 붙여 불길이 천장까지 옮겨 붙은 경우 → 현주건조물방화죄의 기수 ○

② 불길이 치솟는 것을 보고 겁이 나서 중지한 경우 → 중지미수 ✕

③ 불을 놓아 재활용품 쓰레기 등 무주물을 불태워 공공의 위험을 발생하게 한 경우 → 자기소유일반물건방화죄 ○

④ 라이터를 켜 피해자의 몸에 불이 붙었으나 주택 자체에 옮겨 붙지 않은 경우 → 현주건조물방화죄의 실행의 착수 ○

정선
해설

[**❶ ▶ ○**] 현주건조물방화죄는 화력이 매개물을 떠나 목적물인 건조물 스스로 연소할 수 있는 상태에 이름으로써 기수가 되므로, 피해자의 사체 위에 옷가지 등을 올려놓고 불을 붙인 천조각을 던져서 그 불길이 방안을 태우면서 천정에까지 옮겨 붙었다면 도중에 진화되었다고 하더라도 일단 천정에 옮겨 붙은 때에 이미 현주건조물방화죄의 기수에 이른 것이라고 보아야 한다(대판 2007.3.16. 2006도9164).

[**❷ ▶ ○**] 대판 1997.6.13. 97도957

[**❸ ▶ ○**] 대판 2009.10.15. 2009도7421

[**❹ ▶ ✕**] 피고인이 방화의 의사로 뿌린 휘발유가 인화성이 강한 상태로 주택주변과 피해자의 몸에 적지 않게 살포되어 있는 사정을 알면서도 라이터를 켜 불꽃을 일으킴으로써 피해자의 몸에 불이 붙은 경우, 비록 외부적 사정에 의하여 불이 방화 목적물인 주택 자체에 옮겨 붙지는 아니하였다 하더라도 현존건조물방화죄의 실행의 착수가 있었다고 봄이 상당하다(대판 2002.3.26. 2001도6641).

답 ❹

방화죄에 관한 다음 설명 중 가장 적절하지 않은 것은?(다툼이 있으면 판례에 의함)

14 경찰채용

① 타인 소유의 현주건조물에 방화하자 불이 옆에 있는 자기 소유의 일반건조물에 옮겨 붙은 경우 연소죄가 성립한다.

② 불을 놓아 무주물의 일반물건을 불태워 공공의 위험을 발생하게 한 경우에는 형법 제167조 제2항의 자기소유일반물건방화죄가 성립한다.

③ 강도가 피해자로부터 재물을 강취한 후 피해자를 살해할 목적으로 주거를 방화하여 사망에 이르게 한 때에는 강도살인죄와 현주건조물방화치사죄의 상상적 경합이 성립한다.

④ 甲이 동거인과 가정불화로 홧김에 죽은 동생의 유품으로 보관 중이던 서적 등을 뒷마당에 내어놓고 불태우는 과정에서 건물에 불이 번진 때에는 현주건조물에 대한 방화의 범의를 인정하기 곤란하다.

**정선
핵심**

① 타인 소유의 현주건조물에 방화하여 자기 소유의 일반건조물에 옮겨 붙은 경우 → 연소죄 ✕
② 무주물의 일반물건을 불태워 공공의 위험을 발생하게 한 경우 → 자기소유일반물건방화죄 ○
③ 강도살인죄와 현주건조물방화치사죄 → 상상적 경합 ○
④ 홧김에 죽은 동생의 유품인 서적을 불태워 버리려 한 경우 → 현주건조물방화의 범의 ✕

**정선
해설**

[❶ ▸ ✕] 연소죄(형법 제168조)는 자기소유물에 대한 방화를 기본범죄로 하므로 지문의 경우에는 현주건조물방화죄의 포괄일죄가 성립함을 유의하여야 한다.

[❷ ▸ ○] 대판 2009.10.15, 2009도7421

[❸ ▸ ○] 피고인들이 피해자들의 재물을 강취한 후 그들을 살해할 목적으로 현주건조물에 방화하여 사망에 이르게 한 경우, 피고인들의 행위는 강도살인죄와 현주건조물방화치사죄에 모두 해당하고 그 두 죄는 상상적 경합범 관계에 있다(대판 1998.12.8. 98도3416).

[❹ ▸ ○] 피고인이 동거하던 공소외인과 가정불화가 악화되어 헤어지기로 작정하고 홧김에 죽은 동생의 유품으로 보관하던 서적 등을 뒷마당에 내어 놓고 불태워 버리려 했던 점이 인정될 뿐 피고인이 위 공소외인 소유의 가옥을 불태워 버리겠다고 결의하여 불을 놓았다고 볼 수 없다면 피고인의 위 소위를 가리켜 방화의 범의가 있었다고 할 수 없다(대판 1984.7.24. 84도1245).

답 ❶

다음 설명 중 옳지 않은 것은 모두 몇 개인가?(다툼이 있는 경우 판례에 의함)

ㄱ. 피고인들이 피해자들의 재물을 강취한 후 그들을 살해할 목적으로 현주건조물에 방화하여 사망에 이르게 한 경우, 피고인들의 행위는 강도살인죄와 현주건조물방화치사죄에 모두 해당하고 그 두 죄는 상상적 경합관계에 있다.

ㄴ. 피고인이 피해자의 사체 위에 옷가지 등을 올려놓고 불을 붙인 천 조각을 던져 그 불길이 방안을 태우면서 천정에까지 옮겨 붙었다면, 설령 그 불이 완전연소에 이르지 못하고 도중에 진화되었다고 하더라도, 일단 천정에 옮겨 붙은 이상 그 때에 이미 현주건조물방화죄는 기수에 해당한다.

ㄷ. 불을 놓아 무주물의 일반물건을 불태워 공공의 위험을 발생하게 한 경우에는 형법 제167조 제2항의 자기소유일반물건방화죄가 성립한다.

ㄹ. 타인소유일반건조물 등 방화죄의 예비·음모는 처벌한다.

① 0개   ② 1개
③ 2개   ④ 3개

**정선
핵심**

ㄱ. 강도살인죄와 현주건조물방화치사죄 → 상상적 경합 ○
ㄴ. 피해자의 사체에 옷가지를 올려놓고 불을 붙여 불길이 천장까지 옮겨 붙은 경우 → 현주건조물방화죄의 기수 ○
ㄷ. 불을 놓아 무주물을 불태워 공공의 위험을 발생하게 한 경우 → 자기소유일반물건방화죄 ○
ㄹ. 타인소유일반건조물 등 방화죄예비·음모죄 → 처벌규정 ○

**정선
해설**

[ㄱ ▸ ○] 대판 1998.12.8. 98도3416

[ㄴ ▸ ○] 현주건조물방화죄는 화력이 매개물을 떠나 목적물인 건조물 스스로 연소할 수 있는 상태에 이름으로써 기수가 되므로, 피해자의 사체 위에 옷가지 등을 올려놓고 불을 붙인 천조각을 던져서 그 불길이 방안을 태우면서 천정에까지 옮겨 붙었다면 도중에 진화되었다고 하더라도 일단 천정에 옮겨 붙은 때에 이미 현주건조물방화죄의 기수에 이른 것이라고 보아야 한다(대판 2007.3.16. 2006도9164).

[ㄷ ▸ ○] 노상에서 전봇대 주변에 놓인 재활용품과 쓰레기 등에 불을 놓아 불태운 경우, 그 재활용품과 쓰레기 등은 '무주물'로서 형법 제167조 제2항에 정한 '자기 소유의 물건'에 준하는 것으로 보아야 하므로, 여기에 불을 붙인 후 불상의 가연물을 집어넣어 그 화염을 키움으로써 공공의 위험을 발생하게 하였다면, 일반물건방화죄가 성립한다(대판 2009.10.15. 2009도7421).

[ㄹ ▸ ○] 타인소유일반건조물 등 방화죄의 예비·음모죄는 처벌한다(형법 제175조, 제166조 제1항).

답 ❶

방화와 실화의 죄에 관한 다음 설명 중 옳지 않은 것은 모두 몇 개인가?(다툼이 있으면 판례에 의함)

ㄱ. 노상에서 전봇대 주변에 놓인 재활용품과 쓰레기 등에 불을 붙인 후 가연물을 집어넣어 그 화염을 키움으로써 전선을 비롯한 주변의 가연물에 손상을 입히거나 바람에 의하여 다른 곳으로 불이 옮겨 붙을 수 있는 공공의 위험을 발생하게 하였다면 일반물건방화죄가 성립한다.

ㄴ. 방화의 의사로 뿌린 휘발유가 인화성이 강한상태로 주택주변과 피해자의 몸에 적지 않게 살포되어 있는 사정을 알면서도 라이터를 켜 불꽃을 일으킴으로써 피해자의 몸에 불이 붙은 경우, 현존건조물방화죄의 실행의 착수가 인정된다.

ㄷ. 동거인과 가정불화가 악화되어 홧김에 죽은 동생의 유품으로 보관하던 서적 등을 뒷마당에 내어 놓고 불태워 버리려 했던 점이 인정될 뿐 동거인 소유의 가옥을 불태워 버리겠다고 결정하여 불을 놓았다고 볼 수 없다면 현주건조물방화의 범의가 있었다고 할 수 없다.

ㄹ. 공용·공익건조물방화죄는 '공공의 위험'의 발생을 요하지 않는 추상적 위험범이다.

① 0개 ② 1개
③ 2개 ④ 3개

정선 핵심

ㄱ. 불을 놓아 재활용품 쓰레기 등 무주물을 불태워 공공의 위험을 발생하게 한 경우 → 자기소유일반물건방화죄 ○

ㄴ. 라이터를 켜 피해자의 몸에 불이 붙었으나 주택 자체에 옮겨 붙지 않은 경우 → 현주건조물방화죄의 실행의 착수 ○

ㄷ. 홧김에 죽은 동생의 유품인 서적을 불태워 버리려 한 경우 → 현주건조물방화의 범의 ×

ㄹ. 공용·공익건조물방화죄 → 추상적 위험범 ○

정선 해설

[ㄱ ▶ ○] 대판 2009.10.15. 2009도7421

[ㄴ ▶ ○] 대판 2002.3.26. 2001도6641

[ㄷ ▶ ○] 피고인이 동거하던 공소외인과 가정불화가 악화되어 헤어지기로 작정하고 홧김에 죽은 동생의 유품으로 보관하던 서적 등을 뒷마당에 내어 놓고 불태워 버리려 했던 점이 인정될 뿐 피고인이 위 공소외인 소유의 가옥을 불태워 버리겠다고 결의하여 불을 놓았다고 볼 수 없다면 피고인의 위 소위를 가리켜 방화의 범의가 있었다고 할 수 없다(대판 1984.7.24. 84도1245).

[ㄹ ▶ ○] 공용건조물 방화죄(형법 제165조)는 추상적 위험범으로 공공의 위험발생을 요하지 아니한다.

법령 | 공용건조물 등 방화(형법 제165조) 불을 놓아 공용(公用)으로 사용하거나 공익을 위해 사용하는 건조물, 기차, 전차, 자동차, 선박, 항공기 또는 지하채굴시설을 불태운 자는 무기 또는 3년 이상의 징역에 처한다.

답 ❶

방화죄에 대한 설명으로 옳은 것은?(다툼이 있는 경우 판례에 의함)

① 방화의 의사로 뿌린 휘발유가 사람이 현존하는 주택 주변과 피해자의 몸에 적지 않게 살포되어 있는 상경을 일면서도 다이터글 커 불꽃을 일으킴으로써 피해자의 몸에 불이 붙은 경우, 비록 불이 방화 목적물인 주택 자체에 옮겨 붙지는 아니하였다 하더라도 현주건조물방화죄의 실행의 착수가 인정된다.

② 피해자의 사체 위에 옷가지 등을 올려놓고 불을 붙인 천 조각을 던져 그 불길이 방안을 태우면서 천장에까지 옮겨 붙었으나, 그 불이 도중에 진화되었다면 현주건조물방화죄의 미수에 그친다.

③ 강도가 피해자로부터 재물을 강취한 후 그를 살해할 목적으로 주거에 방화하여 사망에 이르게 한 때에는 강도살인죄와 현주건조물방화치사죄가 성립하고 양 죄는 실체적 경합관계에 있다.

④ 주택에 불을 놓고 빠져 나오려는 피해자들을 막아 소사케 한 경우, 현주건조물방화죄와 살인죄가 성립하고 양 죄는 상상적 경합관계에 있다.

정선 핵심

① 라이터를 켜 피해자의 몸에 불이 붙었으나 주택 자체에 옮겨 붙지 않은 경우 → 현주건조물방화죄의 실행의 착수 ○

② 피해자의 사체에 옷가지를 올려놓고 불을 붙여 불길이 천장까지 옮겨 붙은 경우 → 현주건조물방화죄의 기수 ○

③ 강도살인죄와 현주건조물방화치사죄 → 상상적 경합 ○

④ 주택에 불을 놓고 빠져 나오려는 피해자들을 막아 소사케 한 경우 → 현주건조물방화죄와 살인죄의 실체적 경합 ○

정선 해설

[❶ ▸ ○] 대판 2002.3.26. 2001도6641

[❷ ▸ ×] 현주건조물방화죄는 화력이 매개물을 떠나 목적물인 건조물 스스로 연소할 수 있는 상태에 이름으로써 기수가 되므로, 피해자의 사체 위에 옷가지 등을 올려놓고 불을 붙인 천조각을 던져서 그 불길이 방안을 태우면서 천정에까지 옮겨 붙었다면 도중에 진화되었다고 하더라도 일단 천정에 옮겨 붙은 때에 이미 현주건조물방화죄의 기수에 이른 것이라고 보아야 한다(대판 2007.3.16. 2006도9164).

[❸ ▸ ×] 피고인들이 피해자들의 재물을 강취한 후 그들을 살해할 목적으로 현주건조물에 방화하여 사망에 이르게 한 경우, 피고인들의 행위는 강도살인죄와 현주건조물방화치사죄에 모두 해당하고 그 두 죄는 상상적 경합범 관계에 있다(대판 1998.12.8. 98도3416).

[❹ ▸ ×] 불을 놓은 집에서 빠져 나오려는 피해자들을 막아 소사케 한 행위는 1개의 행위가 수개의 죄명에 해당하는 경우라고 볼 수 없고, 위 방화행위와 살인행위는 법률상 별개의 범의에 의하여 별개의 법익을 해하는 별개의 행위라고 할 것이니, 현주건조물방화죄와 살인죄는 실체적 경합관계에 있다(대판 1983.1.18. 82도2341).

답 ❶

014
□□□

방화와 실화의 죄에 대한 설명 중 옳은 것은 모두 몇 개인가?(다툼이 있는 경우 판례에 의함)

> ㄱ. 형법은 방화죄의 객체를 소유권 귀속에 따라 자기소유물과 타인소유물 및 무주물로 구분하고 법정형에 차등을 두고 있다.
> ㄴ. 형법 제13장(방화와 실화의 죄)은 구체적 위험범을 규정하고 있고, 구체적 위험의 내용으로는 '공공의 위험'만을 규정하고 있다.
> ㄷ. 자기소유물에 대한 방화죄는 모두 구체적 위험범의 형태로 규정되어 있으며, 구체적 위험의 발생은 구성요건요소로서 고의의 인식대상이 된다.
> ㄹ. 구체적 위험범으로 규정된 구성요건에서 구체적 위험이 발생하지 않은 경우 미수가 되며, 형법 제13장에 규정된 구체적 위험범들은 모두 미수범 규정을 두고 있다.
> ㅁ. 연소죄는 자기소유물에 대한 방화가 확대되어 타인소유물 또는 현주건조물 등의 불태움이라는 중한 결과를 야기한 경우를 처벌하기 위한 결과적 가중범이다.

① 1개   ② 2개
③ 3개   ④ 4개

정선 핵심

ㄱ. 방화죄의 객체 → 자기소유물과 타인소유물은 법정형에 차등을 두고 있으나 무주물은 자기소유물에 준하여 취급(판례)
ㄴ. 방화와 실화의 죄에 규정된 구체적 위험의 내용
　→ 공공의 위험
　→ 사람의 생명·신체 또는 재산에 대한 위험
ㄷ. 자기소유물에 대한 방화죄 → 구체적 위험범으로 동 위험은 고의의 인식대상
ㄹ. 자기소유일반건조물방화죄, 일반물건방화죄 → 구체적 위험범이나 미수범처벌규정 ✕
ㅁ. 연소죄 → 자기소유일반건조물·일반물건방화죄의 결과적 가중범

정선 해설

[ㄱ ▸ ✕] 형법은 방화죄의 객체를 자기소유물과 타인소유물로 구분하여 타인소유물에 대한 방화죄의 경우에는 더 중하게 처벌하고 있다(형법 제166조, 제167조). 무주물의 경우에는 별도로 구분하고 있지 아니하나 판례(대판 2009.10.15. 2009도7421)는 자기소유물에 준하여 취급하고 있음을 유의하여야 한다.
[ㄴ ▸ ✕] 폭발성물건파열죄(형법 제172조 제1항), 가스·전기 등 방류죄(형법 제172조의2 제1항)는 사람의 생명·신체 또는 재산에 대한 위험을 구체적 위험으로 규정하고 있다.
[ㄷ ▸ ○] 자기소유일반건조물방화죄(형법 제166조 제2항)와 자기소유일반물건방화죄(형법 제167조 제2항)는 구체적 위험범이고 이 경우 공공의 위험을 인식하여야 고의가 인정된다.
[ㄹ ▸ ✕] 구체적 위험범으로 규정된 구성요건에서 구체적 위험이 발생하지 않은 경우 미수가 되나, 자기소유일반건조물방화죄(형법 제166조 제2항)와 일반물건방화죄(형법 제167조)는 구체적 위험범이지만 미수범처벌규정이 없다.
[ㅁ ▸ ○] 연소죄는 자기소유일반건조물 또는 물건에 대한 방화죄가 확대되어 현주·공용 또는 타인소유일반건조물·물건을 연소한 경우에 성립하는 범죄이다(형법 제168조). 즉 본죄는 자기소유일반건조물·일반물건방화죄의 결과적 가중범이다.

답 ②

방화의 죄에 대한 설명으로 옳지 않은 것은?(다툼이 있는 경우 판례에 의함)

① 노상에서 전봇대 주변에 놓인 재활용품과 쓰레기 등을 발견하고 자신의 라이터를 이용하여 불을 붙인 후, 가연물을 집어넣어 그 화염을 키움으로써 전선을 비롯한 주변의 가연물에 손상을 입히거나 바람에 의하여 다른 곳으로 불이 옮아 붙을 수 있는 공공의 위험을 발생하게 하였다면 형법 제167조 제1항의 타인소유 일반물건방화죄가 성립한다.

② 공무집행을 방해하는 집단행위의 과정에서 일부 집단원이 고의로 현주건조물에 방화행위를 하여 공무원에게 사상의 결과를 초래한 경우, 그 방화행위 자체에 공모가담하지 않은 다른 집단원은 현주건조물방화치사상죄로 의율할 수 없다.

③ 방화범이 불을 놓은 집에서 빠져나오려는 피해자를 막아 소사케 하였다면 현주건조물방화죄와 살인죄의 실체적 경합범이 성립한다.

④ 모텔 방에 투숙한 자가 과실로 담뱃불이 휴지와 침대시트에 옮겨 붙게 함으로써 화재를 발생하게 한 후, 화재발생사실을 안 상태에서 모텔을 빠져나오면서 모텔 주인이나 다른 투숙객들에게 이를 알리지 아니하여 사상에 이르게 하였더라도 그 사정만으로는 부작위에 의한 현주건조물방화치사상죄가 성립하지 아니한다.

정선 핵심

① 불을 놓아 재활용품 쓰레기 등 무주물을 불태워 공공의 위험을 발생하게 한 경우 → 자기소유일반물건방화죄 ○

② 일부 집단원이 고의로 현주건조물에 방화행위를 하여 사상의 결과를 초래하였으나 다른 집단원은 공모가담하지 않은 경우 → 현주건조물방화치사상죄 ×

③ 주택에 불을 놓고 빠져 나오려는 피해자들을 막아 소사케 한 경우 → 현주건조물방화죄와 살인죄의 실체적 경합 ○

④ 모텔 투숙자가 과실로 화재를 발생하게 한 후 이를 알리지 않은 경우 → 부작위에 의한 현주건조물방화치사상죄 ×

정선 해설

[❶ ▸ ×] 노상에서 전봇대 주변에 놓인 재활용품과 쓰레기 등에 불을 놓아 불태운 경우, 그 재활용품과 쓰레기 등은 '무주물'로서 형법 제167조 제2항에 정한 '자기 소유의 물건'에 준하는 것으로 보아야 하므로, 여기에 불을 붙인 후 불상의 가연물을 집어넣어 그 화염을 키움으로써 공공의 위험을 발생하게 하였다면, 일반물건방화죄가 성립한다(대판 2009.10.15. 2009도7421).

[❷ ▸ ○] 부진정결과적가중범인 특수공무방해치사상죄에 있어서 공무집행을 방해하는 집단행위의 과정에서 일부 집단원이 고의로 방화행위를 하여 사상의 결과를 초래한 경우에 다른 집단원이 그 방화행위로 인한 사상의 결과를 예견할 수 있는 상황이었다면 특수공무방해치사상의 죄책을 면할 수 없으나 그 방화행위 자체에 공모가담한 바 없는 이상 방화치사상죄로 의율할 수는 없다(대판 1990.6.26. 90도765).

[❸ ▸ ○] 대판 1983.1.18. 82도2341

[❹ ▸ ○] 대판 2010.1.14. 2009도12109

답 ❶

01 방화죄는 공공 위험범이면서도 재산죄의 속성을 가지므로 목적물의 경제적 효용이 상실된 때에 기수가 된다는 것이 판례의 입장이다.
`13` 경찰간부

02 방화죄는 공공의 안전을 보호법익으로 하므로 행위객체의 수가 아니라 보호법익을 기준으로 죄수가 결정된다. `13` 경찰간부

03 방화죄의 주된 보호법익은 공공의 안전으로서 방화죄의 기본적 성격은 공공위험죄이지만, 부차적으로는 개인의 재산도 보호법익에 포함된다. `14` 경찰간부

04 현주건조물방화죄·공용건조물방화죄는 추상적 위험범이고, 타인소유 일반건조물방화죄·일반물건방화죄는 구체적 위험범이다.
`14` 경찰간부

05 성냥불로 담배를 붙인 다음 그 성냥불이 꺼진 것을 확인하지 아니한 채 휴지가 들어 있는 플라스틱 휴지통에 던졌다면 중실화죄에 있어 중대한 과실에 해당하지 않는다. `15` 경찰승진

06 과실로 인하여 현주건조물이나 공용건조물을 불태운 경우에는 공공의 위험의 발생을 요구하지 않는 추상적 위험범으로 본다.
`18` 경찰간부

01 방화죄는 화력이 매개물로 떠나 스스로 연소할 수 있는 상태에 이르렀을 때에 기수가 되고 반드시 목적물의 중요부분이 소실하여 그 본래의 효용을 상실한 때라야만 기수가 되는 것이 아니다(대판 1970.3.24. 70도330).

02 예를 들면 1개의 방화행위로 수개의 건조물을 불태운 경우에는 1개의 방화죄가 성립한다.

03 대판 2009.10.15. 2009도7421

04 타인소유 일반건조물방화죄는 추상적 위험범이다.

05 중대한 과실에 해당한다(대판 1993. 7.27. 93도135).

06 현주건조물 및 공용건조물 실화죄(형법 제170조 제1항)는 추상적 위험범이나, 일반건조물 및 일반물건 실화죄(형법 제170조 제2항)는 구체적 위험범이다.

정답

01 ✕ **02** ○ **03** ○ **04** ✕
05 ✕ **06** ○

016 □□□

일반교통방해죄에 관한 다음 설명 중 가장 적절하지 않은 것은?(다툼이 있으면 판례에 의함)

15 경찰채용

① 소유자가 토지인도소송의 승소판결을 받아 그 집행을 하여 그 토지를 공터로 두었는데 인근주민들이 일시 지름길로 이용하자 그 통행을 방해한 경우 일반교통방해죄가 성립한다.

② 법률에 따라 옥외집회신고를 마쳤어도, 신고의 범위와 법률상의 제한을 현저히 일탈하여 주요도로 전차선을 점거하여 행진 등을 함으로써 교통소통에 현저한 장해를 일으켰다면 일반교통방해죄가 성립한다.

③ 불특정 다수인의 통행로로 이용되어 오던 도로의 토지 일부의 소유자라 하더라도 그 도로의 중간에 바위를 놓아두거나 이를 파헤침으로써 차량의 통행을 못하게 한 행위는 일반교통방해죄가 성립한다.

④ 우리 형법에는 업무상과실, 중과실에 의한 일반교통방해를 처벌하는 조항이 있다.

정선 핵심

일반교통방해죄의 성립 여부
① 토지인도소송의 승소판결을 받아 집행한 토지를 일시 지름길로 이용하자 통행을 방해한 경우 → ✕
② 옥외집회가 신고범위를 일탈하거나 집시법위반으로 교통소통에 현저한 장해를 일으킨 경우 → ○
③ 불특정 다수의 통행로로 이용되던 도로의 소유자가 차량통행을 못하게 한 경우 → ○
④ 업무상과실, 중과실에 의한 일반교통방해죄 → 처벌규정 ○

정선 해설

[❶ ▸ ✕] 판례의 취지를 고려하면, 토지 소유자가 공터로 둔 토지가 일반공중에 의해 공용되는 도로라고 할 수 없으므로 그 통행을 방해한 경우 일반교통방해죄가 성립하지 아니한다.

> 토지의 소유자가 자신의 토지의 한쪽 부분을 일시 공터로 두었을 때 인근주민들이 위 토지의 동서쪽에 있는 도로에 이르는 지름길로 일시 이용한 적이 있다 하여도 이를 일반공중의 내왕에 공용되는 도로라고 할 수 없으므로 형법 제185조 소정의 육로로 볼 수 없다(대판 1984.11.13. 84도2192).

[❷ ▸ ○] 구 집시법에 의하여 적법한 신고를 마친 집회 또는 시위가 신고된 범위 내에서 행해졌거나 신고된 내용과 다소 다르게 행해졌어도 신고된 범위를 현저히 일탈하지 않은 경우에는 그로 인하여 도로의 교통이 방해를 받았다고 하더라도 특별한 사정이 없는 한 형법 제185조 소정의 일반교통방해죄가 성립한다고 볼 수 없으나, 그 집회 또는 시위가 당초 신고된 범위를 현저히 일탈하거나 구 집시법 제12조의 규정에 의한 조건을 중대하게 위반하여 도로 교통을 방해함으로써 통행을 불가능하게 하거나 현저하게 곤란하게 하는 경우에는 형법 제185조 소정의 일반교통방해죄가 성립한다고 할 것이다(대판 2008.11.13. 2006도755).

> 전국민주노동조합총연맹 준비위원회가 주관한 도로행진시위가 사전에 구 집회 및 시위에 관한 법률에 따라 옥외집회신고를 마쳤어도, 신고의 범위와 위 법률 제12조에 따른 제한을 현저히 일탈하여 주요도로 전차선을 점거하여 행진 등을 함으로써 교통소통에 현저한 장해를 일으켰다면, 일반교통방해죄를 구성한다고 한 사례(대판 2008.11.13. 2006도755).

[❸ ▸ ○] 대판 2002.4.26. 2001도6903
[❹ ▸ ○] 형법 제189조 제2항 참조

> **법령** 업무상과실, 중과실(형법 제189조) ② 업무상과실 또는 중대한 과실로 인하여 제185조 내지 제187조의 죄를 범한 자는 3년 이하의 금고 또는 2천만원 이하의 벌금에 처한다.

답 ❶

일반교통방해죄에 관한 다음 설명 중 가장 옳지 않은 것은?(다툼이 있는 경우 판례에 의함)

① 일반교통방해죄는 교통이 불가능하거나 또는 현저히 곤란한 상태가 발생하더라도 교통방해의 결과가 현실적으로 발생하지 않은 경우에는 일반교통방해미수죄가 성립한다.

② 일반교통방해죄는 일반공중의 교통의 안전을 보호법익으로 하는 범죄로서 여기서의 '육로'라 함은 사실상 일반공중의 왕래에 공용되는 육상의 통로를 널리 일컫는 것으로서 그 부지의 소유관계나 통행권리관계 또는 통행인의 많고 적음 등을 가리지 않는다.

③ 집회 또는 시위가 당초 신고된 범위를 현저히 일탈하거나 교통질서 유지를 위한 조건을 중대하게 위반하여 도로 교통을 방해함으로써 통행을 불가능하게 하거나 현저하게 곤란하게 하는 경우에는 일반교통방해죄가 성립한다.

④ 피고인이 고속도로 2차로를 따라 자동차를 운전하다가 1차로를 진행하던 甲의 차량 앞에 급하게 끼어든 후 곧바로 정차하여, 甲의 차량 및 이를 뒤따르던 차량 두 대는 급정차하였으나 그 뒤를 따라오던 乙의 차량이 앞의 차량들을 연쇄적으로 추돌케 하여 乙을 사망에 이르게 하고 나머지 차량 운전자 등 피해자들에게 상해를 입힌 경우 일반교통방해치사상죄가 성립한다.

정선 핵심

① 교통이 불가능하거나 현저히 곤란한 상태가 발생하였으나 교통방해의 결과가 현실적으로 발생하지 않은 경우
→ 일반교통방해죄 ○

② 일반교통방해죄의 구성요건
↳ 육로 : 사실상 일반공중의 왕래에 공용되는 육상의 통로로 부지의 소유관계나 통행권리관계 또는 통행인의 많고 적음 불문

③ 집회·시위가 신고범위를 일탈하거나 집시법위반으로 통행을 불가능하게 하거나 현저하게 곤란하게 하는 경우
→ 일반교통방해죄 ○

④ 급하게 끼어든 후 정차하여 뒤따라오던 피해자들을 사망하게 하거나 상해를 입힌 경우 → 일반교통방해치사상죄 ○

정선 해설

[❶ ▸ ✕] 일반교통방해죄는 이른바 추상적 위험범으로서 교통이 불가능하거나 또는 현저히 곤란한 상태가 발생하면 바로 기수가 되고 교통방해의 결과가 현실적으로 발생하여야 하는 것은 아니다(대판 2007.12.14. 2006도4662).

[❷ ▸ ○] 대판 2002.4.26. 2001도6903

[❸ ▸ ○] 대판 2008.11.13. 2006도755

[❹ ▸ ○] 편도 2차로의 고속도로 1차로 한가운데에 정차한 피고인은 현장의 교통상황이나 일반인의 운전 습관·행태 등에 비추어 고속도로를 주행하는 다른 차량 운전자들이 제한속도 준수나 안전거리 확보 등의 주의의무를 완전하게 다하지 않을 수도 있다는 점을 알았거나 충분히 알 수 있었으므로, 피고인의 정차 행위와 사상의 결과 발생 사이에 상당인과관계가 있고, 사상의 결과 발생에 대한 예견가능성도 인정되므로, 피고인에게 일반교통방해치사상죄가 성립한다(대판 2014.7.24. 2014도6206).

답 ❶

다음의 행위 중 甲에게 일반교통방해죄가 성립하는 것은 모두 몇 개인가?(다툼이 있는 경우 판례에 의함)

19 경찰간부

> ㄱ. 甲은 집회 및 시위에 관한 법률에 따른 신고 범위를 현저히 벗어나 교통방해를 유발한 집회에 참가하였는데, 참가할 당시 이미 다른 참가자들에 의해 교통의 흐름이 차단된 상태였고 교통방해를 유발한 다른 참가자들과 암묵적·순차적 공모는 없었다.
> ㄴ. 甲은 자신의 카니발 밴 차량을 여객터미널 도로 중에서 공항리무진 버스들이 승객들을 승·하차시키는 장소에 40분 가량 주차하였는데, 이 곳은 일반 차량들의 주차가 금지된 구역이었으나 당시 주차한 장소의 옆 차로를 통하여 다른 차량들이 충분히 통행 가능하였고 공항리무진 버스도 후진을 하여 차로를 바꾸어야 하는 불편이 있기는 하나 통행자체는 가능하였다.
> ㄷ. 甲은 주민들에 의하여 공로로 통하는 유일한 통행로로 오랫동안 이용되어 온 폭 2m의 골목길을 자신의 소유라는 이유로 폭 50cm 내지 75cm 가량만 남겨두고 담장을 설치하여 주민들의 통행을 현저히 곤란하게 하였다.

① 없음 ② 1개
③ 2개 ④ 3개

정선 핵심

일반교통방해죄의 성립 여부

ㄱ. 이미 교통의 흐름이 차단된 후 다른 참가자들과 함께 교통방해의 위법상태를 지속하였으나 암묵적·순차적 공모는 없는 경우 → ×
ㄴ. 공항리무진 외의 다른 차량에 대한 주차금지구역에서 밴 차량으로 호객행위를 한 경우 → ×
ㄷ. 주민들의 통행로로 이용되는 골목길에 담장을 설치한 경우 → ○

정선 해설

[ㄱ ▶ ×] 일반교통방해죄에서 교통방해 행위는 계속범의 성질을 가지는 것이어서 교통방해의 상태가 계속되는 한 위법상태는 계속 존재한다. 따라서 교통방해를 유발한 집회에 참가한 경우 참가 당시 이미 다른 참가자들에 의해 교통의 흐름이 차단된 상태였더라도 교통방해를 유발한 다른 참가자들과 암묵적·순차적으로 공모하여 교통방해의 위법상태를 지속시켰다고 평가할 수 있다면 일반교통방해죄가 성립한다(대판 2018.5.11. 2017도9146).

[ㄴ ▶ ×] 공항 여객터미널 버스정류장 앞 도로 중 공항리무진 버스 외의 다른 차의 주차가 금지된 구역에서 밴 차량을 40분간 불법주차하고 호객행위를 한 경우, 주차한 장소의 옆 차로를 통하여 다른 차량들이 충분히 통행할 수 있었을 것으로 보이고, 피고인의 위와 같은 주차행위로 인하여 공항리무진 버스가 출발할 때 후진을 하여 차로를 바꾸어 진출해야 하는 불편을 겪기는 하였지만 통행이 불가능하거나 현저하게 곤란하지는 않았던 것으로 보이므로 형법 제185조의 일반교통방해죄를 구성하지 않는다(대판 2009.7.9. 2009도4266).

[ㄷ ▶ ○] 주민들에 의하여 공로로 통하는 유일한 통행로로 오랫동안 이용되어 온 폭 2m의 골목길을 자신의 소유라는 이유로 폭 50 내지 75cm 가량만 남겨두고 담장을 설치하여 주민들의 통행을 현저히 곤란하게 하였다면 일반교통방해죄를 구성한다(대판 1994.11.4. 94도2112).

답 ❷

교통방해의 죄에 대한 설명으로 가장 적절하지 않은 것은?(다툼이 있는 경우 판례에 의함)

19 경찰승진

① 주민들에 의하여 공로로 통하는 유일한 통행로로 오랫동안 이용되어 온 폭 2m의 골목길을 자신의 소유라는 이유로 폭 50 내지 75cm 가량만 남겨두고 담장을 설치하여 주민들의 통행을 현저히 곤란하게 하였다면 일반교통방해죄를 구성한다.

② 서울 중구 소공동의 왕복 4차로의 도로 중 편도 3개 차로 쪽에 차량 2, 3대와 간이테이블 수십개를 이용하여 길가쪽 2개 차로를 차지하는 포장마차를 설치하고 영업행위를 한 경우 교통량이 상대적으로 적은 야간에 이루어졌다면 일반교통방해죄를 구성하지 않는다.

③ 교통방해를 유발한 집회에 참가한 경우 참가 당시 이미 다른 참가자들에 의해 교통흐름이 차단된 상태였더라도 교통방해를 유발한 다른 참가자들과 암묵적·순차적으로 공모하여 교통방해의 위법상태를 지속시켰다고 평가할 수 있다면 일반교통방해죄가 성립한다.

④ 공항 여객터미널 버스정류장 앞 도로 중 공항리무진 버스 외의 다른 차의 주차가 금지된 구역에서 밴 차량을 40분간 불법주차하고 호객행위를 한 것은 다른 차량들의 통행을 현저히 곤란하게 한 것으로 볼 수 없어 일반교통방해죄를 구성하지 않는다.

정선 핵심

일반교통방해죄의 성립 여부

① 주민들의 통행로로 이용되는 골목길에 담장을 설치한 경우 → ○

② 왕복 4차로의 도로에 포장마차를 설치하고 영업행위를 한 경우 → ○

③ 이미 교통의 흐름이 차단된 후 다른 참가자들과 함께 암묵적·순차적으로 공모하여 교통방해의 위법상태를 지속한 경우 → ○

④ 공항리무진 외의 다른 차량에 대한 주차금지구역에서 밴 차량으로 호객행위를 한 경우 → ×

정선 해설

[**❶** ▸ ○] 대판 1994.11.4. 94도2112

[**❷** ▸ ×] 피고인들이 서울 중구 소공동의 왕복 4차로의 도로 중 편도 3개 차로 쪽에 차량 2, 3대와 간이테이블 수십개를 이용하여 길가쪽 2개 차로를 차지하는 포장마차를 설치하고 영업행위를 하였다면, 비록 <u>그와 같은 행위가 주로 주간에 비하여 차량통행이 적은 야간에 이루어진 것이라고 하더라도 그로 인하여 이 사건 도로의 교통을 방해하여 차량통행이 현저히 곤란한 상태가 발생하였다고 하지 않을 수 없고</u>, 이 사건 도로를 통행하는 차량이 나머지 1개 차로와 반대편 차로를 이용할 수 있었다고 하여 피고인들의 행위가 일반교통방해죄에 해당하지 않는다고 볼 수도 없다(대판 2007.12.14. 2006도4662).

> 구 도로교통법 제109조 제5호, 제63조 제2항은 교통에 방해가 될 만한 물건을 함부로 도로에 방치한 사람을 처벌하도록 규정하고 있는바, 원심이 확정한 바와 같은 포장마차를 도로에 설치하여 교통에 방해가 될 만한 물건을 함부로 도로에 방치한 행위와 그로 인하여 성립하는 형법 제185조의 일반교통방해죄는 한 개의 행위가 여러 개의 죄에 해당하는 형법 제40조 소정의 상상적 경합관계가 있다(대판 2007.12.14. 2006도4662).

[**❸** ▸ ○] 대판 2018.5.11. 2017도9146

[**❹** ▸ ○] 대판 2009.7.9. 2009도4266

답 ❷

교통방해의 죄에 관한 다음 설명 중 가장 옳지 않은 것은?(다툼이 있는 경우 판례에 의함)

① 적법한 신고를 마치고 도로에서 집회나 시위를 하는 경우, 그 집회 또는 시위가 신고된 범위 내에서 행해졌거나 신고된 내용과 다소 다르게 행해졌어도 신고된 범위를 현저히 일탈하지 않은 경우에는, 특별한 사정이 없는 한 일반교통방해죄가 성립한다고 볼 수 없다.

② 공항 여객터미널 버스정류장 앞 도로 중 공항리무진 버스 외의 다른 차의 주차가 금지된 구역에서 밴 차량을 40분간 불법주차하고 호객 영업을 하는 방법으로 그 곳을 통행하는 버스의 교통을 곤란하게 하였다면 일반교통방해죄가 성립한다.

③ 甲이 고속도로 2차로를 따라 자동차를 운전하다가 1차로를 진행하던 乙의 차량 앞에 급하게 끼어든 후 곧바로 정차하여, 乙의 차량 및 이를 뒤따르던 차량 두 대는 급정차하였으나, 그 뒤를 따라오던 丙의 차량이 앞의 차량들을 연쇄적으로 추돌케 하여 丙을 사망에 이르게 하고 나머지 차량 운전자 등에게 상해를 입혔다면 甲에게는 일반교통방해치사상죄가 성립한다.

④ 서울 중구 소공동의 왕복 4차로의 도로 중 편도 3개 차로 쪽에 차량 2, 3대와 간이테이블 수십개를 이용하여 길가쪽 2개 차로를 차지하는 포장마차를 설치하고 영업행위를 한 것은, 비록행위가 교통량이 상대적으로 적은 야간에 이루어졌다 하더라도 일반교통방해죄를 구성한다.

정선 핵심

일반교통방해죄의 성립 여부

① 집회 또는 시위가 신고된 범위 내에서 행해졌거나 신고된 범위를 현저히 일탈하지 않은 경우 → ✕

② 공항리무진 외의 다른 차량에 대한 주차금지구역에서 밴 차량으로 호객행위를 한 경우 → ✕

③ 급하게 끼어든 후 정차하여 뒤따라오던 피해자들을 사망하게 하거나 상해를 입힌 경우 → 일반교통방해치사상죄 ○

④ 왕복 4차로의 도로에 포장마차를 설치하고 영업행위를 한 경우 → ○

정선 해설

[**❶** ▶ ○] 구 집시법에 의하여 적법한 신고를 마친 집회 또는 시위가 신고된 범위 내에서 행해졌거나 신고된 내용과 다소 다르게 행해졌어도 신고된 범위를 현저히 일탈하지 않는 경우에는 그로 인하여 도로의 교통이 방해를 받았다고 하더라도 특별한 사정이 없는 한 형법 제185조 소정의 일반교통방해죄가 성립한다고 볼 수 없다(대판 2008.11.13. 2006도755).

[**❷** ▶ ✕] 공항 여객터미널 버스정류장 앞 도로 중 공항리무진 버스 외의 다른 차의 주차가 금지된 구역에서 밴 차량을 40분간 불법주차하고 호객행위를 한 경우, 주차한 장소의 옆 차로를 통하여 다른 차량들이 충분히 통행할 수 있었을 것으로 보이고, 피고인의 위와 같은 주차행위로 인하여 공항리무진 버스가 출발할 때 후진을 하여 차로를 바꾸어 진출해야 하는 불편을 겪기는 하였지만 통행이 불가능하거나 현저하게 곤란하지는 않았던 것으로 보이므로 형법 제185조의 일반교통방해를 구성하지 않는다(대판 2009.7.9. 2009도4266).

[**❸** ▶ ○] 대판 2014.7.24. 2014도6206

[**❹** ▶ ○] 대판 2007.12.14. 2006도4662

 답 ❷

021

□□□

다음은 일반교통방해죄에 대한 설명이다. 가장 적절하지 않은 것은?(다툼이 있으면 판례에 의함)

14 경찰채용

① 주민들에 의하여 공로로 통하는 유일한 통행로로 오랫동안 이용되어 온 폭 2m의 골목길을 자신의 소유라는 이유로 폭 50cm 내지 75cm 가량만 남겨두고 담장을 설치하여 주민들의 통행을 현저히 곤란하게 하였다면 일반교통방해죄를 구성한다.

② 전국민주노동조합총연맹 준비위원회가 주관한 도로행진시위가 사전에 구 집회및시위에관한법률(2007.5.11. 법률 제8424호로 전문 개정되기 전의 것)에 따라 옥외집회신고를 마쳤어도, 신고의 범위와 위 법률 제12조에 따른 제한을 현저히 일탈하여 주요도로 전차선을 점거하여 행진 등을 함으로써 교통소통에 현저한 장해를 일으켰다면, 일반교통방해죄를 구성한다.

③ 피고인 등 약 600명의 노동조합원들이 차도만 설치되어 있을 뿐 보도는 따로 마련되어 있지 아니한 도로 우측의 편도 2차선의 대부분을 차지하면서 대오를 이루어 행진하는 방법으로 시위를 하고 이로 인하여 나머지 편도 2차선으로 상·하행차량이 통행하느라 차량의 소통이 방해된 경우 피고인 등의 시위행위에 대하여 일반교통방해죄를 적용할 수 있다.

④ 자기 소유의 토지를 포함한 구도로 옆으로 신도로가 개설되었다고 하더라도 그 토지가 신도로에 의해 대체될 수 없는 상태여서 여전히 일반인과 차량이 통행하고 있는 경우 그 통행을 방해하면 일반교통방해죄에 해당한다.

정선 핵심

일반교통방해죄의 성립 여부
① 주민들의 통행로로 이용되는 골목길에 담장을 설치한 경우 → ○
② 민노총준비위가 옥외집회신고를 마쳤으나 교통소통에 현저한 장해를 일으킨 경우 → ○
③ 노동조합들이 행진하는 방법으로 시위를 하여 차량의 소통이 방해된 경우 → ×
④ 토지가 신도로에 의해 대체될 수 없어 일반인과 차량이 통행하고 있는 경우 → ○

정선 해설

[❶ ▸ ○] 대판 1994.11.4. 94도2112

[❷ ▸ ○] 대판 2008.11.13. 2006도755

[❸ ▸ ×] 피고인 등 약 600명의 노동조합원들이 차도만 설치되어 있을 뿐 보도는 따로 마련되어 있지 아니한 도로 우측의 편도 2차선의 대부분을 차지하면서 대오를 이루어 행진하는 방법으로 시위를 하고 이로 인하여 나머지 편도 2차선으로 상, 하행차량이 통행하느라 차량의 소통이 방해되었다 하더라도 피고인 등의 시위행위에 대하여 일반교통방해죄를 적용할 수 없다(대판 1992.8.18. 91도2771).

[❹ ▸ ○] 판례의 취지를 고려하면, 지문의 토지는 여전히 공공성을 가지고 있으므로 그 통행을 방해하면 일반교통방해죄가 성립한다.

> 이 사건 토지는 여전히 사실상 도로로서의 필요성이 있으며 신도로에 의하여 대체될 수 없는 상태로 되어 있어 여전히 일반인 및 차량이 통행하고 있는 사실을 알 수 있는바, 이와 같은 점에 비추어 보면 이 사건 토지는 신도로가 개통되었다고 하여 더 이상 공공성을 가진 도로가 아니게 되었다고 보기는 어렵다(대판 1999.7.27. 99도1651).

 ❸

① 집회 및 시위에 관한 법률에 따른 신고 없이 이루어진 집회에 참석한 참가자들이 차로 위를 행진하는 등으로 도로 교통을 방해함으로써 통행을 불가능하게 하거나 현저하게 곤란하게 하는 경우에 일반교통방해죄가 성립하고, 이때 실제로 참가자가 교통방해를 유발하는 직접적인 행위를 하였는지 여부, 참가자의 참가 경위나 관여 정도 등을 불문하고 공모공동정범의 죄책을 물을 수 있다.

② 교통방해를 유발한 집회에 참가한 경우 참가 당시 이미 다른 참가자들에 의해 교통의 흐름이 차단된 상태였다고 하더라도 교통방해를 유발한 다른 참가자들과 암묵적·순차적으로 공모하여 교통방해의 위법상태를 지속시켰다고 평가할 수 있다면 일반교통방해죄가 성립한다.

③ 공로에 출입할 수 있는 다른 도로가 있는 상태에서 토지 소유자로부터 일시적인 사용승낙을 받아 통행하거나 토지 소유자가 개인적으로 사용하면서 부수적으로 타인의 통행을 묵인한 장소도 일반교통방해죄의 객체인 육로에 해당한다.

④ 교통방해치사상죄가 성립하려면 교통방해 행위와 사상의 결과 사이에 상당인과관계가 있어야 하고 행위 시에 결과의 발생을 예견할 수 있어야 하는데, 그 행위와 결과 사이에 피해자나 제3자의 과실 등 다른 사실이 개재된 경우에는 그와 같은 사실이 통상 예견될 수 있는 경우라고 하더라도 상당인과관계를 인정할 수 없다.

⑤ 형법 제187조의 선박파괴죄에서 정한 파괴란 본죄가 공공위험죄인 본질에 비추어 불특정 다수인의 생명·신체에 위험을 생기게 할 정도의 손괴임을 요한다.

정선 핵심

① 참가자가 교통방해를 유발하는 직접적인 행위를 하였거나, 참가 경위나 관여 정도에 비추어 공모공동정범의 죄책을 물을 수 있는 경우 → 일반교통방해죄 ○

② 교통의 흐름이 차단된 상태이나 암묵적·순차적으로 공모하여 교통방해의 위법상태를 지속시켰다고 평가할 수 있는 경우 → 일반교통방해죄 ○

③ 다른 도로가 있으나 일시적인 사용승낙을 받아 통행하는 장소 → 육로 ✕

④ 교통방해 행위와 사상의 결과 사이에 다른 사실이 개재되었으나 통상 예견될 수 있는 경우 → 인과관계 ○

⑤ 선박파괴죄의 구성요건
　　→ 파괴 : 불특정 다수인의 생명·신체에 위험을 생기게 할 정도의 손괴

정선 해설

[❶▸✕] 집회 및 시위에 관한 법률에 따른 신고 없이 이루어진 집회에 참석한 참가자들이 차로 위를 행진하는 등으로 도로 교통을 방해함으로써 통행을 불가능하게 하거나 현저하게 곤란하게 하는 경우에 일반교통방해죄가 성립한다. 그러나 이 경우에도 참가자 모두에게 당연히 일반교통방해죄가 성립하는 것은 아니고, 실제로 참가자가 집회·시위에 가담하여 교통방해를 유발하는 직접적인 행위를 하였거나, 참가자의 참가 경위나 관여 정도 등에 비추어 참가자에게 공모공동정범의 죄책을 물을 수 있는 경우라야 일반교통방해죄가 성립한다(대판 2018.5.11. 2017도9146).

[❷▸○] 대판 2018.5.11. 2017도9146

[❸▸✕] 통행로를 이용하는 사람이 적은 경우에도 육로에 해당할 수 있으나, 공로에 출입할 수 있는 다른 도로가 있는 상태에서 토지 소유자로부터 일시적인 사용승낙을 받아 통행하거나 토지 소유자가 개인적으로 사용하면서 부수적으로 타인의 통행을 묵인한 장소에 불과한 도로는 위 규정에서 말하는 육로에 해당하지 않는다(대판 2017.4.7. 2016도12563).

[❹▸✕] 교통방해에 의한 치사상죄는 결과적 가중범이므로, 위 죄가 성립하려면 교통방해 행위와 사상(死傷)의 결과 사이에 상당인과관계가 있어야 하고 행위 시에 결과의 발생을 예견할 수 있어야 한다. 그리고 교통방해 행위가 피해자의 사상이라는 결과를 발생하게 한 유일하거나 직접적인 원인이 된 경우만이 아니라, 그 행위와 결과 사이에 피해자나 제3자의 과실 등 다른 사실이 개재된 때에도 그와 같은 사실이 통상 예견될 수 있는 것이라면 상당인과관계를 인정할 수 있다(대판 2014.7.24. 2014도6206).

[**❺ ▸ ✕**] 선박파괴죄에서 정한 '파괴'란 다른 구성요건 행위인 전복, 매몰, 추락 등과 같은 수준으로 인정할 수 있을 만큼 교통기관으로서의 기능·용법의 전부나 일부를 불가능하게 할 정도의 파손을 의미하고, 그 정도에 이르지 아니하는 단순한 손괴는 포함되지 않는다(대판 2009.4.23. 2008도11921).

답 ❷

023
□□□ **다음 중 선박매몰죄 등에 관한 설명으로 가장 옳지 않은 것은?(다툼이 있는 경우 판례에 의함)**
19 해경채용

① 형법 제187조에서 정한 '파괴'란 다른 구성요건 행위인 전복·매몰·추락 등과 같은 수준으로 인정할 수 있는 만큼 교통기관으로서의 기능·용법의 전부나 일부를 불가능하게 할 정도의 파손을 의미한다.

② 사람이 현존하는 선박에 대해 매몰행위의 실행을 개시하고 그로 인하여 선박을 매몰시켰더라도, 매몰의 결과 발생 시 사람이 현존하지 않았거나 범인이 선박에 있는 사람을 안전하게 대피시켰다면 선박매몰죄의 미수가 성립한다.

③ 선박매몰죄의 고의가 성립하기 위해서는 행위시에 사람이 현존하는 것이라는 점에 대한 인식과 함께 이를 매몰한다는 결과발생에 대한 인식이 필요하며, 현존하는 사람을 사상에 이르게 한다는 등 공공의 위험에 대한 인식까지는 필요하지 않다.

④ 도선사가 강제도선구역 내에서 조기 하선함으로 인하여 적기에 충돌회피동작을 취하지 못하여 결국 선박충돌사고가 발생한 경우, 도선사의 업무상과실과 선박충돌사고 사이에 상당인과관계가 인정된다.

정선핵심

①·③ 선박매몰죄의 구성요건
→ 선박파괴 : 교통기관으로서의 기능의 전부나 일부를 불가능하게 할 정도의 파손
→ 고의 : 행위시에 사람이 현존하는 것이라는 점과 결과발생에 대한 인식 필요
② 사람이 현존하는 선박을 매몰시켰으나 결과발생 시 사람이 현존하지 않았거나 사람을 안전하게 대피시킨 경우
→ 선박매몰죄 ○
④ 도선사가 조기 하선함으로 선박충돌사고가 발생한 경우 → 인과관계 ○

정선해설

[**❶ ▸ ○**] 대판 2009.4.23. 2008도11921
[**❷ ▸ ✕**] [**❸ ▸ ○**] 선박매몰죄의 고의가 성립하기 위하여는 행위시에 사람이 현존하는 것이라는 점에 대한 인식과 함께 이를 매몰한다는 결과발생에 대한 인식이 필요하며, 현존하는 사람을 사상에 이르게 한다는 등 공공의 위험에 대한 인식까지는 필요하지 않고,**❸** <u>사람의 현존하는 선박에 대해 매몰행위의 실행을 개시하고 그로 인하여 선박을 매몰시켰다면 매몰의 결과 발생 시 사람이 현존하지 않았거나 범인이 선박에 있는 사람을 안전하게 대피시켰다고 하더라도 선박매몰죄의 기수로 보아야 할 것이지 이를 미수로 볼 것은 아니다</u>**❷**(대판 2000.6.23. 99도4688).
[**❹ ▸ ○**] 도선사인 피고인이 강제도선구역 내에서 조기 하선함으로 인하여 그 후 하모니호의 선장 공소 외 1은 부산항 항만교통정보센터로부터 입항선인 판시 씨에스씨엘 칭다오호의 행동이 의심스러우니 주의하라는 경고를 받았음에도 적기에 충돌회피동작을 취하지 못하여 결국 이 사건 선박충돌사고가 발생하게 하였으므로, 피고인의 위와 같은 업무상과실과 이 사건 사고발생 사이의 상당인과관계도 인정된다(대판 2007.9.21. 2006도6949).

답 ❷

024 교통방해의 죄에 대한 설명으로 옳지 않은 것은?(다툼이 있는 경우 판례에 의함)

20 국가9급

① 일반교통방해죄는 교통이 불가능하거나 현저히 곤란한 상태가 발생하면 바로 기수가 되고 교통방해의 결과가 현실적으로 발생해야 하는 것은 아니다.

② 목장 소유자가 그 운영을 위해 목장용지 내에 임도를 개설하고 차량 출입을 통제하면서 인근 주민들의 일부 통행을 부수적으로 묵인한 경우, 그 임도는 일반교통방해죄의 객체인 '육로'에 해당한다.

③ 공항 여객터미널 버스정류장 앞 도로 중 공항리무진 버스 외의 다른 차의 주차가 금지된 구역에서 밴 차량을 40분간 불법주차하고 호객행위를 한 것만으로는 일반교통방해죄에 해당하지 아니한다.

④ 업무상과실로 교량을 손괴하여 자동차의 교통을 방해하고 그 결과 승객이 탑승한 자동차를 교량에서 추락시킨 경우에는 업무상과실일반교통방해죄와 업무상과실자동차추락죄가 성립하고, 양 죄는 상상적 경합관계에 있다.

정선 핵심

① 교통이 불가능하거나 현저히 곤란한 상태가 발생하였으나 교통방해의 결과가 현실적으로 발생하지 않은 경우 → 일반교통방해죄 ○

② 임도를 개설하고 차량 출입을 통제하면서 주민들의 통행을 묵인한 경우 → 육로 ×

③ 공항리무진 외의 다른 차량에 대한 주차금지구역에서 밴 차량으로 호객행위를 한 경우 → 일반교통방해죄 ×

④ 업무상과실일반교통방해죄와 업무상과실자동차추락죄 → 상상적 경합 ○

정선 해설

[**❶** ▸ ○] 대판 2007.12.14. 2006도4662

[**❷** ▸ ×] 목장 소유자가 목장운영을 위해 목장용지 내에 임도를 개설하고 차량 출입을 통제하면서 인근 주민들의 일부 통행을 부수적으로 묵인한 경우, 위 임도는 공공성을 지닌 장소가 아니어서 일반교통방해죄의 '육로'에 해당하지 않는다(대판 2007.10.11. 2005도7573).

[**❸** ▸ ○] 대판 2009.7.9. 2009도4266

[**❹** ▸ ○] 업무상과실로 인하여 교량을 손괴하여 자동차의 교통을 방해하고 그 결과 자동차를 추락시킨 경우에는 구 형법 제189조 제2항, 제185조 소정의 업무상과실일반교통방해죄와 같은 법 제189조 제2항, 제187조 소정의 업무상과실자동차추락죄가 성립하고, 위 각 죄는 형법 제40조 소정의 상상적 경합관계에 있다(대판 1997.11.28. 97도1740).

 답 ❷

025
☐☐☐

공공의 안전과 평온에 대한 죄에 관한 설명 중 가장 옳지 않은 것은?(다툼이 있는 경우 판례에 의함)

`18` 해경간부

① 선박매몰죄의 고의가 성립하기 위하여는 행위시에 사람이 현존하는 것이라는 점에 대한 인식과 함께 이를 매몰한다는 결과발생에 대한 인식이 필요하며, 현존하는 사람을 사상에 이르게 한다는 등 공공의 위험에 대한 인식까지는 필요하지 않다.

② 사람이 현존하는 선박에 대해 매몰행위의 실행을 개시하고 그로 인하여 선박을 매몰시켰다면 매몰의 결과 발생 시 사람이 현존하지 않았거나 범인이 선박에 있는 사람을 안전하게 대피시켰다고 하더라도 선박매몰죄의 기수로 보아야 한다.

③ 총 길이 338m, 갑판 높이 28.9m, 총 톤수 146,848톤, 유류탱크 13개, 평형수탱크 4개인 대형 유조선의 유류탱크 일부에 구멍이 생기고 선수마스트, 위성통신안테나, 항해등 등이 파손된 경우 형법 제187조에 정한 선박의 '파괴'에 해당하지 않는다.

④ 도선사가 강제도선구역 내에서 조기 하선함으로 인하여 적기에 충돌회피동작을 취하지 못하여 결국 선박충돌사고가 발생한 경우, 도선사가 하선 후 발생한 충돌사고이므로 도선사의 업무상 과실과 사고발생 사이의 상당인과관계가 인정되지 않는다.

정선 핵심

① 선박매몰죄의 구성요건
  → 고의 : 행위시에 사람이 현존하는 것이라는 점과 결과발생에 대한 인식 필요
② 사람이 현존하는 선박을 매몰시켰으나 결과발생 시 사람이 현존하지 않았거나 사람을 안전하게 대피시킨 경우
  → 선박매몰죄 ○
③ 대형 유조선의 유류탱크 일부에 구멍이 생기고 선수마스트 등이 파손된 경우 → 파괴 ×
④ 도선사가 조기 하선함으로 선박충돌사고가 발생한 경우 → 인과관계 ○

정선 해설

[❶ ▶ ○] [❷ ▶ ○] 대판 2000.6.23. 99도4688

[❸ ▶ ○] 선박파괴죄에서 정한 '파괴'란 다른 구성요건 행위인 전복, 매몰, 추락 등과 같은 수준으로 인정할 수 있을 만큼 교통기관으로서의 기능·용법의 전부나 일부를 불가능하게 할 정도의 파손을 의미하고, 그 정도에 이르지 아니하는 단순한 손괴는 포함되지 않는다(대판 2009.4.23. 2008도11921).

> **[판시사항]** 총 길이 338m, 갑판 높이 28.9m, 총 톤수 146,848톤, 유류탱크 13개, 평형수탱크 4개인 대형 유조선의 유류탱크 일부에 구멍이 생기고 선수마스트, 위성통신 안테나, 항해등 등이 파손된 정도에 불과한 것은 형법 제187조에 정한 선박의 '파괴'에 해당하지 않는다고 한 사례(대판 2009.4.23. 2008도11921).

[❹ ▶ ×] 도선사인 피고인이 강제도선구역 내에서 조기 하선함으로 인하여 그 후 하모니호의 선장 공소 외 1은 부산항 항만교통정보센터로부터 입항선인 판시 씨에스씨엘 칭다오호의 행동이 의심스러우니 주의하라는 경고를 받았음에도 적기에 충돌회피동작을 취하지 못하여 결국 이 사건 선박충돌사고가 발생하게 하였으므로, 피고인의 위와 같은 업무상과실과 이 사건 사고발생 사이의 상당인과관계도 인정된다(대판 2007.9.21. 2006도6949).

답 ❹

01 노조원들이 적법절차 없이 철제 옷장으로 광업소 출입구를 봉쇄하고 바리케이트를 설치하여 통근버스 운행을 방해한 경우 본죄가 성립하지 않는다. `19` `해경간부` ○ | ✕

01 피고인들이 한 통근버스 운행방해, 탈의실 농성점거, 농성행위 등의 행위가 적법한 절차를 거치지 않고 이루어진 것이어서 업무방해죄, 일반교통방해죄의 구성요건에 해당하는 것이라면 정당한 노동조합 활동이라고 볼 수 없어 법령에 의한 행위 또는 업무로 인한 행위라고 할 수 없다(대판 1990.7.10. 90도755).

정답

01 ✕

제2절 공공의 신용에 관한 죄

제1관 | 통화에 관한 죄

026
□□□

통화위조죄에 대한 설명으로 옳은 것은?(다툼이 있는 경우 판례에 의함)   `21` 경찰간부

① 위조통화를 행사하여 재물을 불법영득한 때에는 위조통화행사죄와 사기죄가 성립하며, 양 죄는 상상적 경합관계에 있다.

② 통화위조죄를 범할 목적으로 예비·음모한 자가 목적한 죄의 실행에 이르기 전에 자수한 때에는 그 형을 감경 또는 면제할 수 있다.

③ 형법은 행사할 목적으로 외국에서 유통하는 외국의 화폐, 지폐 또는 은행권을 위조 또는 변조한 자에 대한 처벌규정을 두고 있다.

④ 행사할 목적으로 통용하는 대한민국의 화폐, 지폐 또는 은행권을 위조 또는 변조한 행위에 대해서는 외국인의 국외범에 대해서도 대한민국 형법이 적용된다.

정선
핵심

① 위조통화행사죄와 사기죄 → 실체적 경합 ○
② 통화위조예비·음모죄를 범한 자가 목적한 죄의 실행 전에 자수한 경우 → 필요적 감면
③ 외국유통 외국통화위·변조죄 → 처벌규정 ×
④ 통화에 관한 죄에 대한 외국인의 국외범 → 형법적용 ○

정선
해설

[**❶ ▸ ×**] 통화위조죄에 관한 규정은 공공의 거래상의 신용 및 안전을 보호하는 공공적인 법익을 보호함을 목적으로 하고 있고, 사기죄는 개인의 재산법익에 대한 죄이어서 양죄는 그 보호법익을 달리하고 있으므로 위조통화를 행사하여 재물을 불법영득한 때에는 위조통화행사죄와 사기죄의 양죄가 성립된다(대판 1979.7.10. 79도840).

[**❷ ▸ ×**] 제207조 제1항 내지 제3항의 죄를 범할 목적으로 예비 또는 음모한 자는 5년 이하의 징역에 처한다. 단, 그 목적한 죄의 실행에 이르기 전에 자수한 때에는 <u>그 형을 감경 또는 면제한다</u>(형법 제213조).

[**❸ ▸ ×**] 형법은 외국유통 외국통화 위·변조죄에 대하여는 처벌규정을 두고 있지 아니하다.

[**❹ ▸ ○**] 형법 제5조 제4호 참조

법령 외국인의 국외범(형법 제5조)   본법은 대한민국영역 외에서 다음에 기재한 죄를 범한 외국인에게 적용한다.
　　4. 통화에 관한 죄

🗒 **❹**

통화위·변조죄에 대한 설명으로 옳지 않은 것은?(다툼이 있는 경우 판례에 의함)

17 5급승진

① 형법 제207조 제1항의 '통용하는'이란 법률에 의한 강제통용력이 인정되는 것을 의미한다.
② 형법 제207조 제2항의 '유통하는' 외국통화는 내국에서 강제통용력을 가질 필요는 없으나, 그 외국에서 강제통용력을 지니고 있어야 한다.
③ 통화위조의 정도는 객관적으로 보아 일반인이 진정한 통화로 오인할 수 있는 정도의 외관을 가지면 충분하다.
④ 일본국의 자동판매기 등에 500엔(¥)짜리 주화처럼 투입하여 사용하기 위하여 한국은행 발행 500원짜리 주화의 표면 일부를 깎아내어 손상을 가한 경우 통화변조에 해당하지 않는다.
⑤ 한국은행 발행 10원짜리 주화의 표면에 하얀 약칠을 하여 100원짜리 주화와 유사한 색채를 갖도록 변경한 경우 통화위조에 해당하지 않는다.

**정선
핵심**

①·② 통화위조죄의 구성요건
  → 통용하는 : 법률에 의한 강제통용력이 인정되는 것을 의미
  → 유통하는 : 사실상 국내에서 사용되고 있는 것으로 외국에서 강제통용력을 가질 필요가 없음
③ 통화위조의 정도 → 일반인이 진정한 통화로 오인할 수 있는 정도의 외관
④ 한국은행 발행 500원짜리 주화의 표면을 깎아 손상을 가한 경우 → 통화변조 ×
⑤ 한국은행 발행 10원짜리 주화의 표면에 약칠을 하여 100원짜리 주화와 유사한 색채를 갖도록 변경한 경우
  → 통화위조죄 ×

**정선
해설**

[❶ ▸ O] [❷ ▸ ×] '통용하는'이란 법률에 의한 강제통용력이 인정되는 것을 의미하므로 사실상 국내에서 사용되고 있는 유통과는 구별하여야 한다. 한편 유통하는 외국통화는 그 외국에서 강제통용력을 가질 필요가 없음을 유의하여야 한다.
[❸ ▸ O] 위조의 정도는 객관적으로 보아 일반인이 진정한 통화로 오인할 수 있는 정도의 외관을 가지면 충분하고 진화와 식별이 불가능할 것을 요하지 아니한다.
[❹ ▸ O] 피고인들이 한국은행발행 500원짜리 주화의 표면 일부를 깎아내어 손상을 가하였지만 그 크기와 모양 및 대부분의 문양이 그대로 남아 있어, 이로써 기존의 500원짜리 주화의 명목가치나 실질가치가 변경되었다거나, 객관적으로 보아 일반인으로 하여금 일본국의 500¥짜리 주화로 오신케 할 정도의 새로운 화폐를 만들어 낸 것이라고 볼 수 없다(대판 2002.1.11. 2000도3950).
[❺ ▸ O] 대판 1979.8.28. 79도639

답 ❷

'통화에 관한 죄'에 대한 설명으로 가장 적절한 것은?(다툼이 있는 경우 판례에 의함)

18 경찰승진

① 통화의 위조는 통화발행권이 없는 자가 외견상 진정한 통화와 유사한 것을 제조하는 행위로 누구든지 쉽게 그 진부를 식별하기 불가능할 정도의 것임을 요한다.

② 통화의 변조는 권한 없이 진정한 통화에 가공하여 그 진실한 가치를 변경시키는 행위를 말하며 항상 진정한 통화를 그 재료로 삼는다.

③ 외국에서 통용하지 아니하는 지폐, 즉 강제통용력을 가지지 아니하는 지폐라도 일반인의 관점에서 통용할 것이라고 오인할 가능성이 있으므로 '외국에서 통용하는 외국의 지폐'에 해당한다.

④ 자신의 신용력을 증명하기 위하여 타인에게 보일 목적으로 통화를 위조한 경우에는 행사할 목적이 있다고 할 수 있다.

**정선
핵심**

① 통화위조 → 누구든지 쉽게 진부를 식별하기 불가능할 정도의 것 불요

② 통화변조 → 진정한 통화를 전제

③ 강제통용력이 없는 외국지폐가 일반인의 관점에서 통용될 것이라고 오인할 가능성이 있는 경우 → 외국에서 통용하는 외국지폐 ×

④ 신용력을 증명하기 위하여 통화를 위조한 경우 → 행사할 목적 ×

**정선
해설**

[❶ ▸ ✕] 위조의 정도는 객관적으로 보아 일반인이 진정한 통화로 오인할 수 있는 정도의 외관을 가지면 충분하고 진화와 식별이 불가능할 것을 요하지 아니한다.

[❷ ▸ ○] 변조는 진화에 가공하여 그 가치를 변경시키는 것으로 진정한 통화를 전제로 한다.

[❸ ▸ ✕] 형법 제207조 제3항에서 외국에서 통용한다고 함은 그 외국에서 강제통용력을 가지는 것을 의미하는 것이므로 외국에서 통용하지 아니하는 즉, 강제통용력을 가지지 아니하는 지폐는 그것이 비록 일반인의 관점에서 통용할 것이라고 오인할 가능성이 있다고 하더라도 위 형법 제207조 제3항에서 정한 외국에서 통용하는 외국의 지폐에 해당한다고 할 수 없다(대판 2004.5.14. 2003도3487).

미합중국 100만 달러 지폐와 10만 달러 지폐가 막연히 일반인의 관점에서 미합중국에서 강제통용력을 가졌다고 오인할 수 있다는 이유로 형법 제207조 제3항의 외국에서 통용하는 지폐에 포함된다고 판단한 원심판결을 파기한 사례(대판 2004.5.14. 2003도3487).

[❹ ▸ ✕] 형법 제207조에서 정한 '행사할 목적'이란 유가증권위조의 경우와 달리 위조·변조한 통화를 진정한 통화로서 유통에 놓겠다는 목적을 말하므로, 자신의 신용력을 증명하기 위하여 타인에게 보일 목적으로 통화를 위조한 경우에는 행사할 목적이 있다고 할 수 없다(대판 2012.3.29. 2011도7704).

답 ❷

통화에 관한 죄에 대한 설명 중 가장 옳은 것은?(다툼이 있는 경우 판례에 의함)

① 신성한 통화인 미화 1달러 및 2달러 지폐의 발행연도, 발행번호, 미국 재무부를 상징하는 문양, 재무부장관의 사인, 일부 색상을 고친 경우에는 통화가 변조되었다고 볼 수 있다.

② 자신의 신용력을 증명하기 위하여 타인에게 보일 목적으로 통화를 위조한 경우에는 통화위조죄가 성립한다.

③ 한국은행권 10원짜리 주화의 표면에 하얀 약칠을 하여 100원짜리 주화와 유사한 색채를 갖도록 색채의 변경만을 한 경우에는 통화위조죄가 성립하지 않는다.

④ 위조통화를 행사하여 재물을 불법영득한 경우 위조통화 행사는 언제나 기망적인 요소를 포함하고 있을 뿐 아니라 그 법정형이 가중되어 있으므로 사기죄는 위조통화행사죄에 흡수된다.

정선핵심

① 진정한 통화인 미화 1달러, 2달러 지폐의 발행연도 등을 고친 경우 → 통화변조죄 ×

② 신용력을 증명하기 위하여 통화를 위조한 경우 → 통화위조죄 ×

③ 한국은행 발행 10원짜리 주화의 표면에 약칠을 하여 100원짜리 주화와 유사한 색채를 갖도록 변경한 경우 → 통화위조죄 ×

④ 위조통화행사죄와 사기죄 → 실체적 경합 ○

정선해설

[❶ ▸ ×] 진정한 통화인 미화 1달러 및 2달러 지폐의 발행연도, 발행번호, 미국 재무부를 상징하는 문양, 재무부장관의 사인, 일부 색상을 고친 것만으로는 통화가 변조되었다고 볼 수 없다(대판 2004.3.26. 2003도5640).

[❷ ▸ ×] 형법 제207조에서 정한 '행사할 목적'이란 유가증권위조의 경우와 달리 위조·변조한 통화를 진정한 통화로서 유통에 놓겠다는 목적을 말하므로, 자신의 신용력을 증명하기 위하여 타인에게 보일 목적으로 통화를 위조한 경우에는 행사할 목적이 있다고 할 수 없다(대판 2012.3.29. 2011도7704).

[❸ ▸ ○] 대판 1979.8.28. 79도639

[❹ ▸ ×] 통화위조죄에 관한 규정은 공공의 거래상의 신용 및 안전을 보호하는 공공적인 법익을 보호함을 목적으로 하고 있고, 사기죄는 개인의 재산법익에 대한 죄이어서 양죄는 그 보호법익을 달리하고 있으므로 위조통화를 행사하여 재물을 불법영득한 때에는 위조통화행사죄와 사기죄의 양죄가 성립된다(대판 1979.7.10. 79도840).

답 ❸

다음 설명 중 옳은 것은 모두 몇 개인가?(다툼이 있으면 판례에 의함) 16 경찰채용

> ㄱ. 위조통화임을 알고 있는 자에게 그 위조통화를 교부한 경우에 피교부자가 이를 유통시키리라는 것을 예상 내지 인식하면서 교부하였다면, 그 교부행위 자체가 통화에 대한 공공의 신용 또는 거래의 안전을 해할 위험이 있으므로 위조통화행사죄가 성립한다.
> ㄴ. 통화에 관한 죄는 외국인의 국내범은 처벌하지만 외국인의 국외범은 처벌하지 아니한다.
> ㄷ. 형법 제207조 제3항의 외국에서 통용하는 지폐에 일반인의 관점에서 통용할 것이라고 오인할 가능성이 있는 지폐까지 포함시킨다면 이는 유추해석 내지 확장해석하여 적용하는 것이 되어 죄형법정주의의 원칙에 어긋나는 것으로 허용되지 않는다.
> ㄹ. 일본국의 자동판매기 등에 투입하여 일본국의 500¥(엔)짜리 주화처럼 사용하기 위해 한국은행 발행 500원짜리 주화의 표면 일부를 깎아내어 손상을 가한 경우 통화변조에 해당한다.

① 1개   ② 2개
③ 3개   ④ 4개

**정선
핵심**

ㄱ. 위조통화임을 알고 있는 자에게 위조통화를 교부한 경우 → 위조통화행사죄 ○
ㄴ. 통화에 관한 죄에 대한 외국인의 국외범 → 형법적용 ○
ㄷ. 외국에서 통용하는 지폐에 일반인의 관점에서 통용할 것이라고 오인할 가능성이 있는 지폐까지 포함시키는 경우 → 죄형법정주의 원칙 위반 ○
ㄹ. 한국은행 발행 500원짜리 주화의 표면을 깎아 손상을 가한 경우 → 통화변조죄 ×

**정선
해설**

[ㄱ ▸ ○] 위조통화임을 알고 있는 자에게 그 위조통화를 교부한 경우에 피교부자가 이를 유통시키리라는 것을 예상 내지 인식하면서 교부하였다면, 그 교부행위 자체가 통화에 대한 공공의 신용 또는 거래의 안전을 해할 위험이 있으므로 위조통화행사죄가 성립한다(대판 2003.1.10. 2002도3340).

> 스위스 화폐로서 1998년까지 통용되었으나 현재는 통용되지 않고 다만 스위스 은행에서 신권과의 교환이 가능한 진폐(眞幣)가 형법 제207조 제2항 소정의 내국에서 '유통하는' 외국의 화폐에 해당하지 아니한다고 한 사례(대판 2003.1.10. 2002도3340).

[ㄴ ▸ ×] 통화에 관한 죄에 대해서는 형법 제2조의 속지주의에 의하여 외국인의 국내범뿐만 아니라 형법 제5조의 보호주의에 의하여 외국인의 국외범에게도 우리 형법이 적용된다.
[ㄷ ▸ ○] 대판 2004.5.14. 2003도3487
[ㄹ ▸ ×] 피고인들이 한국은행발행 500원짜리 주화의 표면 일부를 깎아내어 손상을 가하였지만 그 크기와 모양 및 대부분의 문양이 그대로 남아 있어, 이로써 기존의 500원짜리 주화의 명목가치나 실질가치가 변경되었다거나, 객관적으로 보아 일반인으로 하여금 일본국의 500¥짜리 주화로 오신케 할 정도의 새로운 화폐를 만들어 낸 것이라고 볼 수 없다(대판 2002.1.11. 2000도3950).

답 ❷

01 진정한 통화라고 하여 위조통화를 다른 사람에게 증여하는 경우에도
위조통화행사죄가 성립한다. `12` 경찰간부   ○ | ×

01 대판 1979.7.10. 79도840

정답

01 ○

031
□□□

다음 중 유가증권이라고 볼 수 있는 것은 모두 몇 개인가?(다툼이 있는 경우 판례에 의함)

15 경찰간부

> ㄱ. 신용카드업자가 발행한 신용카드
> ㄴ. 전자복사기를 사용해 복사한 유가증권 사본
> ㄷ. 문방구 약속어음 용지로 작성된 주권
> ㄹ. 리프트 탑승권
> ㅁ. 정기예탁금 증서

① 2개   ② 3개
③ 4개   ④ 5개

정선 핵심

유가증권인지의 여부
ㄱ. 신용카드업자가 발행한 신용카드 → ×
ㄴ. 복사한 유가증권 사본 → ×
ㄷ. 문방구 약속어음 용지로 작성된 주권 → ○
ㄹ. 리프트 탑승권 → ○
ㅁ. 정기예탁금 증서 → ×

정선 해설

[ㄱ ▸ ×] 신용카드업자가 발행한 신용카드는 이를 소지함으로써 신용구매가 가능하고 금융의 편의를 받을 수 있다는 점에서 경제적 가치가 있다 하더라도, 그 자체에 경제적 가치가 화체되어 있거나 특정의 재산권을 표창하는 유가증권이라고 볼 수 없다(대판 1999.7.9. 99도857).

> **비교판례**   **대판 1984.11.27. 84도1862**
>
> 한국외환은행 소비조합이 그 소속조합원에게 발행한 신용카드는 그 카드에 의해서만 신용구매의 권리를 행사할 수 있는 점에서 재산권이 증권에 화체되었다고 볼 수 있으므로 유가증권이라 할 것이다.

[ㄴ ▸ ×] 위조유가증권행사죄에 있어서의 유가증권이라 함은 위조된 유가증권의 원본을 말하는 것이지 전자복사기 등을 사용하여 기계적으로 복사한 사본은 이에 해당하지 않는다(대판 1998.2.13. 97도2922).
[ㄷ ▸ ○] 대판 2001.8.24. 2001도2832
[ㄹ ▸ ○] 대판 1998.11.24. 98도2967
[ㅁ ▸ ×] 정기예탁금증서는 예탁금반환채권의 유통이나 행사를 목적으로 작성된 것이 아니고 채무자가 그 증서 소지인에게 변제하여 책임을 면할 목적으로 발행된 이른바 면책증권에 불과하여 위 증서의 점유가 예탁금반환채권을 행사함에 있어 그 조건이 된다고 볼 수 없는 것이라면 위 증권상에 표시된 권리가 그 증권에 화체되었다고 볼 수 없을 것이므로 위 증서는 형법 제216조, 제217조에서 규정된 유가증권에 해당하지 아니한다(대판 1984.11.27. 84도2147).

답 ❶

다음 중 옳지 않은 것은?(다툼이 있는 경우 판례에 의함)

① 행사할 목적으로 폐공중전화카드의 자기기록부분에 전자정보를 기록하여 사용가능한 공중전화카드를 만든 경우, 유가증권위조죄가 성립한다.

② 행사할 목적으로 허무인 명의의 약속어음을 작성하여도 일반인을 오신케 할 수 있을 정도이면 유가증권위조죄가 성립한다.

③ 위조된 유가증권을 그 정을 알고 있는 자에게 교부하였더라도 피교부자가 이를 유통시킬 것을 인식하고 교부하였다면 위조유가증권행사죄가 성립한다.

④ 위조된 백지어음임을 알면서 행사할 목적으로 이를 구입하여 금액란을 보충하였더라도 별도의 유가증권위조죄가 성립하지 않는다.

⑤ 행사할 목적으로 발행일자의 기재가 없는 수표를 위조한 경우, 수표위조의 부정수표단속법위반죄가 성립한다.

정선 핵심

유가증권위조죄, 동 행사죄의 성립 여부

① 폐공중전화카드에 전자정보를 기록하여 사용가능한 공중전화카드를 만든 경우 → ○

② 일반인을 오신케 할 수 있을 정도의 허무인 명의의 약속어음을 작성한 경우 → ○

③ 유통시킬 것을 인식하고 위조된 유가증권을 그 정을 알고 있는 자에게 교부한 경우 → 위조유가증권행사죄 ○

④ 위조된 백지어음을 구입하여 금액란을 보충한 경우 → ○

⑤ 발행일자의 기재가 없는 수표를 위조한 경우 → 부정수표단속법위반죄 ○

정선 해설

[❶ ▶ ○] 공중전화카드는 문자로 기재된 부분과 자기기록 부분이 일체로써 공중전화 서비스를 제공받을 수 있는 재산상의 권리를 화체하고 있고, 이를 카드식 공중전화기의 카드 투입구에 투입함으로써 그 권리를 행사하는 것으로 볼 수 있으므로, 공중전화카드는 형법 제214조의 유가증권에 해당한다(대판 1998.2.27. 97도2483).

[❷ ▶ ○] 대판 1979.9.25. 78도1980

[❸ ▶ ○] 위조유가증권임을 알고 있는 자에게 교부하였더라도 피교부자가 이를 소통시킬 것임을 인식하고 교부하였다면 그 교부행위 그 자체가 유가증권의 유통질서를 해할 우려가 있어 위조유가증권행사죄가 성립한다(대판 1983.6.14. 81도2492).

> **관련판례** 대판 2003.1.10. 2002도3340
>
> 위조통화임을 알고 있는 자에게 그 위조통화를 교부한 경우에 피교부자가 이를 유통시키리라는 것을 예상 내지 인식하면서 교부하였다면, 그 교부행위 자체가 통화에 대한 공공의 신용 또는 거래의 안전을 해할 위험이 있으므로 위조통화행사죄가 성립한다.

[❹ ▶ ✕] 타인이 위조한 액면과 지급기일이 백지로 된 약속어음을 구입하여 행사의 목적으로 백지인 액면란에 금액을 기입하여 그 위조어음을 완성하는 행위는 백지어음 형태의 위조행위와는 별개의 유가증권위조죄를 구성한다(대판 1982.6.22. 82도677).

[❺ ▶ ○] 대판 1973.6.12. 72도1796

답 ❹

유가증권에 관한 죄에 대한 설명이다. 아래 ㄱ.부터 ㄹ.까지의 설명 중 옳고 그름의 표시(○, ×)가 바르게 된 것은?(다툼이 있는 경우 판례에 의함)　<u>19</u> 경찰승진

> ㄱ. 유가증권이란 증권상에 표시된 재산상의 권리의 행사와 처분에 그 증권의 점유를 필요로 하는 것을 총칭하는 것으로서 재산권이 증권에 화체된다는 것, 그 권리의 행사와 처분에 증권의 점유를 필요로 한다는 것과 반드시 유통성을 가질 것을 필요로 한다.
> ㄴ. 甲이 백지 약속어음의 액면란을 부당 보충하여 위조한 후 乙이 甲과 공모하여 금액란을 임의로 변경한 경우 乙의 행위는 유가증권위조나 변조에 해당하지 않는다.
> ㄷ. A회사의 대표이사로 재직한 바 있는 甲이 A회사의 대표이사가 이미 乙로 변경된 이후임에도 불구하고, 이전부터 사용하여 오던 자기 명의로 된 A회사 대표이사 명판을 이용하여 여전히 자신을 A회사 대표이사로 표시하여 약속어음을 발행하고 행사한 경우 유가증권위조죄 및 동 행사죄가 성립한다.
> ㄹ. 위조유가증권의 교부자와 피교부자가 서로 유가증권위조를 공모한 경우 그들 사이의 위조유가증권교부행위는 유가증권의 유통질서를 해할 우려가 있어 위조유가증권행사죄가 성립한다.

① ㄱ(○)　ㄴ(×)　ㄷ(○)　ㄹ(×)
② ㄱ(×)　ㄴ(○)　ㄷ(×)　ㄹ(○)
③ ㄱ(×)　ㄴ(○)　ㄷ(×)　ㄹ(×)
④ ㄱ(×)　ㄴ(×)　ㄷ(×)　ㄹ(○)

**정선
핵심**

ㄱ. 유가증권의 요건 → 재산권의 화체와 점유 외에 유통성 불요
ㄴ. 백지 약속어음의 액면란을 부당 보충한 후 금액란을 임의로 변경한 경우 → 유가증권위조나 변조죄 ×
ㄷ. 대표이사가 변경되었음에도 甲이 자신을 A회사 대표이사로 표시하여 약속어음을 발행하고 행사한 경우 → 자격모용유가증권작성죄 및 동 행사죄의 실체적 경합 ○
ㄹ. 유가증권위조를 공모한 자들 사이에 위조유가증권을 교부하는 경우 → 위조유가증권행사죄 ×

**정선
해설**

[ㄱ ▸ ×]　유가증권이란 증권상에 표시된 재산상의 권리의 행사와 처분에 그 증권의 점유를 필요로 하는 것을 총칭하는 것으로서 재산권이 증권에 화체된다는 것과 그 권리의 행사와 처분에 증권의 점유를 필요로 한다는 두 가지 요소를 갖추면 족하지 반드시 유통성을 가질 필요는 없고, 또한 위 유가증권은 일반인이 진정한 것으로 오신할 정도의 형식과 외관을 갖추고 있으면 되는 것이다(대판 2007.7.13. 2007도3394).

[ㄴ ▸ ○]　甲이 백지 약속어음의 액면란 등을 부당 보충하여 위조한 후 乙이 甲과 공모하여 금액란을 임의로 변경한 경우, 乙의 행위는 유가증권위조나 변조에 해당하지 않는다.

> [1] 유가증권변조죄에 있어서 변조라 함은 진정으로 성립된 유가증권의 내용에 권한 없는 자가 그 유가증권의 동일성을 해하지 않는 한도에서 변경을 가하는 것을 말하므로, <u>이미 타인에 의하여 위조된 약속어음의 기재사항을 권한 없이 변경하였다고 하더라도 유가증권변조죄는 성립하지 아니한다.</u>
> [2] 약속어음의 액면금액을 권한 없이 변경하는 것은 유가증권변조에 해당할 뿐 유가증권위조는 아니므로, <u>약속어음의 액면금액을 권한 없이 변경하는 행위가 당초의 위조와는 별개의 새로운 유가증권위조로 된다고 할 수 없다</u>(대판 2008.12.24. 2008도9494).

[ㄷ ▸ ×]　주식회사 대표이사로 재직하던 피고인이 대표이사가 타인으로 변경되었음에도 불구하고 이전부터 사용하여 오던 피고인 명의로 된 위 회사 대표이사의 명판을 이용하여 여전히 피고인을 위 회사의 대표이사로 표시하여 약속어음을 발행, 행사하였다면, <u>설사 약속어음을 작성, 행사함에 있어 후임 대표이사의 승낙을 얻었다거나 위 회사의 실질적인 대표이사로서의 권한을 행사하는 피고인이 은행과의 당좌계약을 변경하는데에 시일이 걸려 잠정적으로 전임 대표이사인 그의 명판을 사용한 것이라 하더라도 이는 합법적인 대표이사로서의 권한 행사라 할 수 없어 자격모용유가증권작성 및 동 행사죄에 해당한다</u>(대판 1991.2.26. 90도577).

[ㄹ ▸ ✕] 위조유가증권의 교부자와 피교부자가 서로 유가증권위조를 공모하였거나 위조유가증권을 타에 행사하여 그 이익을 나누어 가질 것을 공모한 공범의 관계에 있다면, 그들 사이의 위조유가증권 교부행위는 그들 이외의 자에게 행사함으로써 범죄를 실현하기 위한 전단계의 행위에 불과한 것으로서 위조유가증권은 아직 범인들의 수중에 있다고 볼 것이지 행사되었다고 볼 수는 없다(대판 2010.12.9. 2010도12553).

> 피고인과 甲은 甲이 피고인으로부터 돈을 차용하는 것처럼 가장하기로 공모한 다음, 피고인이 위조된 자기앞수표가 들어 있는 봉투를 乙을 통해 공범 甲과 그 위조사실을 모르는 丙이 함께 있는 자리에서 甲에게 교부하였는데, 이때 甲은 위조된 자기앞수표를 봉투에서 꺼내거나 丙에게 보여 주지도 않은 사안에서, 피고인에 대한 위 위조유가증권행사의 공소사실을 유죄로 인정한 원심판결에 법리오해의 위법이 있다고 한 사례(대판 2010.12.9. 2010도12553).

답 ❸

034

유가증권에 관한 죄에 대한 다음 설명 중 가장 옳지 않은 것은?(다툼이 있는 경우 판례에 의함)

`13` 법원행시

① 유가증권위조·변조죄에 관한 형법 제214조 제1항과 달리 수표위조·변조에 의한 부정수표단속법 제5조 위반죄의 성립에는 '행사할 목적'이 요구되지 않는다.

② 문방구 약속어음 용지를 이용하여 작성되었다고 하더라도 그 전체적인 형식·내용에 비추어 일반인이 진정한 것으로 오신할 정도의 약속어음 요건을 갖추고 있으면 당연히 형법상 유가증권에 해당한다.

③ 위조유가증권의 교부자와 피교부자가 서로 유가증권위조를 공모하였거나 위조유가증권을 타에 행사하여 그 이익을 나누어 가질 것을 공모한 공범의 관계에 있다면, 그들 사이에 위조유가증권을 교부하였다 하더라도 위조유가증권행사죄가 성립하지 않는다.

④ 유가증권의 내용 중 이미 변조된 부분을 다시 권한 없이 변경한 경우에도 유가증권변조죄가 성립한다.

⑤ 약속어음의 위조는 적어도 행사할 목적으로 외형상 일반인으로 하여금 진정하게 작성된 유가증권이라고 오신케 할 수 있을 정도로 작성된 것이라면 그 발행명의인이 가령 실재하지 않은 사자 또는 허무인이라 하더라도 그 위조죄가 성립된다.

정선 핵심

① 부정수표단속법 제5조 위반죄 → 행사할 목적 불요
② 문방구 약속어음 용지를 이용한 약속어음 → 유가증권 ○
③ 유가증권위조를 공모한 자들 사이에 위조유가증권을 교부하는 경우 → 위조유가증권행사죄 ✕
④ 유가증권의 변조된 부분을 다시 권한 없이 변경한 경우 → 유가증권변조죄 ✕
⑤ 약속어음의 발행명의인이 사자 또는 허무인인 경우 → 유가증권위조죄 ○

정선 해설

[❶ ▸ ○] 부정수표단속법 제5조의 문언상 본조는 수표의 강한 유통성과 거래수단으로서의 중요성을 감안하여 유가증권 중 수표의 위·변조행위에 관하여는 범죄성립요건을 완화하여 초과주관적 구성요건인 '행사할 목적'을 요구하지 아니한다(대판 2008.2.14. 2007도10100).

[❷ ▸ ○] 대판 2001.8.24. 2001도2832

[❸ ▸ ○] 대판 2010.12.9. 2010도12553

[**❹** ▸ ✕] 유가증권변조죄에서 '변조'는 진정하게 성립된 유가증권의 내용에 권한 없는 자가 유가증권의 동일성을 해하지 않는 한도에서 변경을 가하는 것을 의미하고, 이와 같이 권한 없는 자에 의해 변조된 부분은 진정하게 성립된 부분이라 할 수 없다. 따라서 유가증권의 내용 중 권한 없는 자에 의하여 이미 변조된 부분을 다시 권한 없이 변경하였다고 하더라도 유가증권변조죄는 성립하지 않는다(대판 2012.9.27. 2010도15206).

[**❺** ▸ ○] 약속어음과 같이 유통성을 가진 유가증권의 위조는 일반거래의 신용을 해하게 될 위험성이 매우 크다는 점에서 적어도 행사할 목적으로 외형상 일반인으로 하여금 진정하게 작성된 유가증권이라고 오신케 할 수 있을 정도로 작성된 것이라면 그 발행명의인이 가령 실재하지 않은 사자 또는 허무인이라 하더라도 그 위조죄가 성립된다고 해석함이 상당하다(대판 2011.7.14. 2010도1025).

> 사자 명의로 된 약속어음을 작성함에 있어 사망자의 처로부터 사망자의 인장을 교부받아 생존 당시 작성한 것처럼 약속어음의 발행일자를 그 명의자의 생존 중의 일자로 소급하여 작성한 때에는 발행명의인의 승낙이 있었다고 볼 수 없다(대판 2011.7.14. 2010도1025).

답 ❹

---

035 □□□ 다음의 설명 중 가장 적절한 것은?(다툼이 있는 경우 판례에 의함)   `21` 경찰승진

① 일본국의 자동판매기 등에 투입하여 일본국의 500¥짜리 주화처럼 사용하기 위하여 한국은행 발행 500원짜리 주화의 표면일부를 깎아내어 손상을 가한 경우, 그 크기와 모양 및 대부분의 문양이 그대로 남아 있더라도 형법 제207조 통화변조죄가 성립한다.

② 형법 제207조 통화위조죄에서 정한 '행사할 목적'은 자신의 신용력을 증명하기 위하여 타인에게 보일 목적으로 통화를 위조한 경우에도 인정할 수 있다.

③ 유가증권의 내용 중 권한 없는 자에 의하여 이미 변조된 부분을 다시 권한 없이 변경하였다고 하더라도 형법 제214조 유가증권변조죄는 성립하지 않는다.

④ 위조우표취득죄 및 위조우표행사죄에 관한 형법 제219조 및 제218조 제2항 소정의 "행사"라 함은 위조된 대한민국 또는 외국의 우표를 진정한 우표로서 사용하는 것으로 우편요금의 납부용으로 사용하는 것에 한정되고 우표수집의 대상으로서 매매하는 경우는 이에 해당하지 않는다.

정선 핵심

① 한국은행 발행 500원짜리 주화의 표면을 깎아 손상을 가한 경우 → 통화변조죄 ✕
② 신용력을 증명하기 위하여 통화를 위조한 경우 → 행사할 목적 ✕
③ 유가증권의 변조된 부분을 다시 권한 없이 변경한 경우 → 유가증권변조죄 ✕
④ 위조우표취득죄 및 위조우표행사죄의 구성요건
   ⋯▸ 행사 : 우편요금의 납부용으로 사용하는 것뿐만 아니라 우표수집의 대상으로서 매매하는 경우도 포함

정선 해설

[**❶** ▸ ✕] 한국은행발행 500원짜리 주화의 표면에 손상을 가하였지만 일반인으로 하여금 일본국의 500¥짜리 주화로 오신케 할 정도가 아니라면 형법 제207조 제1항의 통화변조죄가 성립하지 아니한다.

> 피고인들이 한국은행발행 500원짜리 주화의 표면 일부를 깎아내어 손상을 가하였지만 그 크기와 모양 및 대부분의 문양이 그대로 남아 있어, 이로써 기존의 500원짜리 주화의 명목가치나 실질가치가 변경되었다거나, 객관적으로 보아 일반인으로 하여금 일본국의 500¥짜리 주화로 오신케 할 정도의 새로운 화폐를 만들어 낸 것이라고 볼 수 없다(대판 2002.1.11. 2000도3950).

[❷ ▸ ✕] 형법 제207조에서 정한 '행사할 목적'이란 유가증권위조의 경우와 달리 위조·변조한 통화를 진정한 통화로서 유통에 놓겠다는 목적을 말하므로, 자신의 신용력을 증명하기 위하여 타인에게 보일 목적으로 통화를 위조한 경우에는 행사할 목적이 있다고 할 수 없다(대판 2012.3.29. 2011도7704).
[❸ ▸ ○] 대판 2012.9.27. 2010도15206
[❹ ▸ ✕] 위조우표취특쇠 및 위소우표행사쇠에 관한 형법 제219조 및 제218조 제2항 소정의 "행사"라 함은 위조된 대한민국 또는 외국의 우표를 진정한 우표로서 사용하는 것으로 반드시 우편요금의 납부용으로 사용하는 것에 한정되지 않고 우표수집의 대상으로서 매매하는 경우도 이에 해당된다(대판 1989.4.11. 88도1105).

답 ❸

036

다음 중 유가증권에 관한 죄에 대한 설명으로 옳지 않은 것은 모두 몇 개인가?(다툼이 있는 경우 판례에 의함)   19 해경간부

ㄱ. 타인에게 속한 자기명의의 유가증권에 무단히 변경을 가하였다 하더라도 그것이 문서손괴죄나 허위유가증권작성죄에 해당하는 경우가 있음은 별론으로 하고, 유가증권변조죄를 구성하는 것은 아니다.
ㄴ. 이미 타인에 의하여 위조된 약속어음의 기재 사항을 권한 없이 변경하였다고 하더라도 유가증권위조죄는 성립하지 아니한다.
ㄷ. 유가증권위조죄에서 유가증권이라 함은 형식상 일반인으로 하여금 유효한 유가증권이라고 오인할 수 있을 정도의 외관을 갖추고 있으면 충분하고, 그것이 비록 허무인의 명의로 작성되었거나 유가증권으로서 요건의 흠결 등의 사유로 무효한 것이라도 유가증권위조죄의 성립에는 아무런 영향이 없다.
ㄹ. 원인채무관계가 존재하지 아니함에도 약속어음을 발행한 경우 원인채무관계가 존재하지 아니한다는 이유만으로는 약속어음의 발행행위를 허위유가증권작성죄로 의율할 수는 없다고 봄이 상당하다.
ㅁ. 타인이 백지 약속어음의 액면란 등을 부당하게 보충하여 위조한 후 피고인이 타인과 공모하여 금액란을 임의로 변경한 경우, 피고인의 행위는 유가증권위조나 변조에 해당하지 않는다.

① 없음
② 1개
③ 2개
④ 3개

정선 핵심

ㄱ. 타인에게 속한 자기명의의 유가증권에 무단히 변경을 가한 경우 → 문서손괴죄나 허위유가증권작성죄 ○
ㄴ. 위조된 약속어음의 기재사항을 권한 없이 변경한 경우 → 유가증권변조죄 ✕
ㄷ. 허무인의 명의로 작성되었거나 요건의 흠결로 무효인 경우 → 유가증권위조죄 ○
ㄹ. 원인채무관계가 존재하지 아니함에도 약속어음을 발행한 경우 → 허위유가증권작성죄 ✕
ㅁ. 백지 약속어음의 액면란을 부당 보충한 후 금액란을 임의로 변경한 경우 → 유가증권위조나 변조죄 ✕

정선 해설

[ㄱ ▸ ○] 대판 1978.11.14. 78도1904
[ㄴ ▸ ○] 유가증권변조죄에 있어서 변조라 함은 진정으로 성립된 유가증권의 내용에 권한 없는 자가 그 유가증권의 동일성을 해하지 않는 한도에서 변경을 가하는 것을 말하므로, 이미 타인에 의하여 위조된 약속어음의 기재사항을 권한 없이 변경하였다고 하더라도 유가증권변조죄는 성립하지 아니한다(대판 2008.12.24. 2008도9494).

비교판례 대판 1982.6.22. 82도677

타인이 위조한 액면과 지급기일이 백지로 된 약속어음을 구입하여 행사의 목적으로 백지인 액면란에 금액을 기입하여 그 위조어음을 완성하는 행위는 백지어음 형태의 위조행위와는 별개의 유가증권위조죄를 구성한다.

[ㄷ ▶ ○]   대판 1979.9.25. 78도1980

[ㄹ ▶ ○]   발행된 약속어음은 원인채무의 존부와 관계없이 그 어음상의 문언에 따라 어음상의 권리의무관계가 생기는 것이 약속어음의 무인증권성과 설권증권성의 원리에 비추어 명백하다 할 것이므로 원인채무관계가 존재하지 아니하다는 이유만으로는 약속어음의 발행행위를 허위유가증권작성죄로 문의할 수는 없다고 봄이 상당하다(대판 1977.5.24 76도4132).

[ㅁ ▶ ○]   갑(甲)이 백지 약속어음의 액면란 등을 부당 보충하여 위조한 후 을(乙)이 갑(甲)과 공모하여 금액란을 임의로 변경한 경우, 을(乙)의 행위는 유가증권위조나 변조에 해당하지 않는다(대판 2008.12.24. 2008도9494).

답 ❶

037

다음 중 허위유가증권작성죄가 성립하지 않는 것은?(판례에 따름)   13 경찰간부

① 약속어음작성권자의 승낙 내지 위임을 받아 약속어음을 발행함에 있어서 발행인의 명의 아래 피고인의 인장을 날인하여 약속어음의 발행·교부한 경우

② 선하증권 기재의 화물을 인수하거나 확인하지도 아니하고 또한 선적할 선편조차 예약하거나 확보하지도 않는 상태에서 수출면장만을 확인한 채 실제로 선적한 사실이 없는 화물을 선적하였다는 내용의 선하증권을 발행한 경우

③ 유가증권의 허위작성행위 자체에는 직접 관여한 바 없이 타인에게 그 작성을 부탁하여 그 타인으로 하여금 범행을 하게 한 경우

④ 자기앞수표의 발행인이 수표의뢰인으로부터 수표자금을 입금받지 아니한 채 자기앞수표를 발행한 경우

정선 핵심

허위유가증권작성죄의 성립 여부

① 승낙을 받아 발행인 명의 아래 피고인 인장을 날인하여 약속어음의 발행·교부한 경우 → ○

② 수출면장만을 확인한 채 선적사실이 없는 화물에 대한 선하증권을 발행한 경우 → ○

③ 타인에게 유가증권의 허위작성을 부탁하여 범행을 하게 한 경우 → ○

④ 수표자금을 입금받지 아니한 채 자기앞수표를 발행한 경우 → ×

정선 해설

[❶ ▶ ○]   대판 1975.6.10. 74도2594

[❷ ▶ ○]   선하증권 기재의 화물을 인수하거나 확인하지도 아니하고 또한 선적할 선편조차 예약하거나 확보하지도 않은 상태에서 수출면장만을 확인한 채 실제로 선적한 사실이 없는 화물을 선적하였다는 내용의 선하증권을 발행였다면 허위유가증권작성죄가 성립한다(대판 1995.9.29. 95도803).

허위작성된 유가증권을 피교부자가 그것을 유통하게 한다는 사실을 인식하고 교부한 때에는 허위작성유가증권행사죄에 해당하고, 행사할 의사가 분명한 자에게 교부하여 그가 이를 행사한 때에는 허위작성유가증권행사죄의 공동정범이 성립된다(대판 1995.9.29. 95도803).

[**❸** ▶ O] 유가증권의 허위작성행위 자체에는 직접 관여한 바 없다 하더라도 타인에게 그 작성을 부탁하여 의사연락이 되고 그 타인으로 하여금 범행을 하게 하였다면 공모공동정범에 의한 허위작성죄가 성립한다(대판 1985.8.20. 83도2575).

[**❹** ▶ ×] 자기앞수표의 발행인이 수표의뢰인으로부터 수표자금을 입금받지 아니한 채 자기앞수표를 발행하더라도 그 수표의 효력에는 아무런 영향이 없으므로 허위유가증권작성죄가 성립하지 아니한다(대판 2005.10.27. 2005도4528).

답 **❹**

---

038 □□□

유가증권에 관한 죄에 대한 설명 중 가장 적절하지 않은 것은?(다툼이 있는 경우 판례에 의함)

<u>18</u> 경찰채용

① 자기앞수표의 발행인이 수표의뢰인으로부터 수표자금을 입금받지 아니한 채 자기앞수표를 발행한 경우에는 허위유가증권작성죄가 성립한다.

② 형법 제214조의 유가증권이 되기 위해서는 재산권이 증권에 화체된다는 것과 그 권리의 행사와 처분에 증권의 점유를 필요로 한다는 두 가지 요소를 갖추면 족하지 반드시 유통성을 가질 필요는 없다.

③ 이미 타인에 의하여 위조된 약속어음의 기재사항을 권한 없이 변경하였다고 하더라도 유가증권변조죄는 성립하지 않는다.

④ 타인이 위조한 액면과 지급기일이 백지로 된 약속어음을 구입하여 행사의 목적으로 백지인 액면란에 금액을 기입하여 그 위조어음을 완성하는 행위는 백지어음 형태의 위조행위와 별개의 유가증권위조죄를 구성한다.

정선 핵심

① 수표자금을 입금받지 아니한 채 자기앞수표를 발행한 경우 → 허위유가증권작성죄 ×
② 유가증권의 요건 → 재산권의 화체와 점유 외에 유통성 불요
③ 위조된 약속어음의 기재사항을 권한 없이 변경한 경우 → 유가증권변조죄 ×
④ 액면과 지급기일이 백지로 된 위조약속어음을 구입하여 액면란에 금액을 기입한 경우 → 유가증권위조죄 O

정선 해설

[**❶** ▶ ×] 자기앞수표의 발행인이 수표의뢰인으로부터 수표자금을 입금받지 아니한 채 자기앞수표를 발행하더라도 그 수표의 효력에는 아무런 영향이 없으므로 허위유가증권작성죄가 성립하지 아니한다(대판 2005.10.27. 2005도4528).

[**❷** ▶ O] 대판 2007.7.13. 2007도3394

[**❸** ▶ O] 유가증권변조죄에 있어서 변조라 함은 진정으로 성립된 유가증권의 내용에 권한 없는 자가 그 유가증권의 동일성을 해하지 않는 한도에서 변경을 가하는 것을 말하므로, 이미 타인에 의하여 위조된 약속어음의 기재사항을 권한 없이 변경하였다고 하더라도 유가증권변조죄는 성립하지 아니한다(대판 2006.1.26. 2005도4764).

[**❹** ▶ O] 대판 1982.6.22. 82도677

답 **❶**

정선지문OX

01 배서인이 약속어음 배서인의 주소를 허위로 기재한 경우, 배서인의 인적 동일성을 해하여 배서인이 누구인지를 알 수 없는 경우가 아니라고 하더라도 형법 제216조 소정의 허위유가증권작성죄가 성립한다. 13 경찰승진　　　　　　　　　　　　　　　　　　○ㅣ✕

01 약속어음상의 권리에 아무런 영향을 미치지 않는 사항은 그것을 허위로 기재하더라도 형법 제216조 소정의 허위유가증권작성죄에 해당되지 않는다(대판 1986.6.24. 84도547).

정답

01 ✕

039

문서죄에 관한 설명 중 옳지 않은 것은?(다툼이 있는 경우에는 판례에 의함) `12` `변시`

① 전자복사기를 사용하여 원본을 기계적 방법으로 복사한 사본도 문서에 해당한다.
② 행사할 목적으로 권한 없이 타인 명의의 휴대전화 신규 가입신청서를 작성한 후 이를 스캔한 이미지 파일을 제3자에게 이메일로 전송하여 컴퓨터 화면상으로 보게 한 경우, 사문서위조죄 및 위조사문서행사죄가 성립한다.
③ 문서위조죄가 성립하기 위해서는 공문서와 달리 사문서는 작성명의인이 실재하여야 한다.
④ 담뱃갑의 표면에 담배 제조회사와 담배의 종류를 구별·확인할 수 있는 특유의 도안이 표시되어 있는 경우, 담뱃갑은 문서 등 위조의 대상인 도화에 해당한다.
⑤ 타인명의의 문서를 위조한 뒤 사후승낙을 받았다고 하더라도 위조에 해당한다.

정선 핵심

①·④ 문서에 관한 죄의 구성요건
　⟶ 문서인지 여부 : 전자복사기를 사용하여 복사한 사본 ○
　⟶ 도화인지 여부 : 특유의 도안이 표시되어 있는 담뱃갑 ○
② 휴대전화 가입신청서를 위조하여 이미지 파일로 만들어 이메일로 전송한 경우 → 사문서위조죄와 위조사문서행사죄의 실체적 경합 ○
③ 사문서의 명의인이 허무인이거나 사자인 경우 → 사문서위조죄 ○
⑤ 타인명의의 문서를 위조한 뒤 사후승낙을 받은 경우 → 위조 ○

정선 해설

[❶ ▶ ○] 이 장의 죄에 있어서 전자복사기, 모사전송기 기타 이와 유사한 기기를 사용하여 복사한 문서 또는 도화의 사본도 문서 또는 도화로 본다(형법 제237조의2).

[❷ ▶ ○] 판례(대판 2008.10.23. 2008도5200)의 취지를 고려하면, 위조한 휴대전화 신규 가입신청서를 스캔한 이미지파일 자체는 문서에 해당하지 아니하나, 이를 전송하여 컴퓨터 화면상으로 보게 한 행위는 위조한 가입신청서를 행사한 것에 해당하므로 사문서위조죄와 위조사문서행사죄가 성립한다고 보는 것이 타당하다.

[❸ ▶ ✕] 문서위조죄는 문서의 명의인이 실재하지 않는 허무인이거나 또는 문서의 작성일자 전에 이미 사망하였다고 하더라도 그러한 문서 역시 공공의 신용을 해할 위험성이 있으므로 문서위조죄가 성립한다고 봄이 상당하며, 이는 공문서뿐만 아니라 사문서의 경우에도 마찬가지라고 보아야 한다(대판 2005.2.24. 2002도18[전합]).

[❹ ▶ ○] 담뱃갑은 적어도 그 담뱃갑 안에 들어 있는 담배가 특정 제조회사가 제조한 특정한 종류의 담배라는 사실을 증명하는 기능을 하고 있으므로, 그러한 담뱃갑은 문서 등 위조의 대상인 도화에 해당한다(대판 2010.7.29. 2010도2705).

> 중국산 가짜 담배를 밀수입하여 판매하면서 그 담뱃갑을 위조 및 행사였다는 공소사실에 대하여, 무죄를 선고한 원심판단에 사문서 등 위조죄의 대상인 '도화'에 관한 법리오해의 위법이 있다고 한 사례(대판 2010.7.29. 2010도2705).

[❺ ▶ ○] 대판 2007.6.28. 2007도2714

 답 ❸

문서에 관한 죄에 관한 설명으로 가장 옳지 않은 것은?(다툼이 있는 경우에는 판례에 의함)

① 복사문서가 문서위조죄에 있어서의 문서가 될 수 있는지에 대하여 판례가 문서성을 인정하던 것을 형법 제237조의2의 입법을 통하여 복사문서의 문서성을 명문화하였다.

② 자신의 이름과 나이를 속이는 용도로 사용할 목적으로 주민등록증의 이름·주민등록번호란에 글자를 오려붙인 후 이를 컴퓨터 스캔 장치를 이용하여 이미지 파일로 만들어 컴퓨터 모니터 화면에 이미지가 나타나도록 하는 한편 타인에게 그 이미지가 저장되어 있는 파일을 이메일로 전송한 행위는 공문서 위조 및 위조공문서행사죄를 구성하지 않는다.

③ 甲이 운영하는 A회사 사무실에서 행사할 목적으로 권한 없이 임대인 乙과 甲이 작성한 사무실 전세계약서 원본을 스캐너로 복사하여 컴퓨터 화면에 띄운 후 포토샵을 이용하여 보증금액 "일천만원, 10,000,000원"을 지워 보증금액을 공란으로 만든 후 그 자리에서 사무실전세계약서를 프린터로 출력하고, 검정색볼펜으로 보증금액 공란에 "삼천만원, 30,000,000원"으로 기재하여 丙에게 출력한 사무실전세계약서를 팩스로 송부한 것에 불과하다면 변조사문서행사죄가 성립하지 아니한다.

④ 중국산 가짜 담배를 밀수입하여 판매하면서 그 담뱃갑을 위조한 경우 담뱃갑은 문서 등 위조의 대상인 도화에 해당한다.

정선 핵심

① 형법 제237조의2 → 복사문서의 문서성 명문화

② 주민등록증 이미지 파일로 만들어 컴퓨터 모니터로 출력하거나 이메일로 전송한 경우 → 공문서 위조 및 위조공문서행사죄 ×

③ 보증금액을 공란으로 한 사무실전세계약서를 출력하고 보증금액을 기재하여 전세계약서를 팩스로 송부한 경우 → 변조사문서행사죄 ○

④ 문서에 관한 죄의 구성요건 ○
→ 도화인지 여부 : 특유의 도안이 표시되어 있는 담뱃갑 ○

정선 해설

[❶ ▸ O] 종래 판례(대판 1989.9.12. 87도506[전합])는 전합판결로 복사문서의 문서성을 인정해 왔으며, 형법은 1995.12.29. 형법 제237조의2를 신설하여 명문으로 복사문서의 문서성을 인정하고 있다.

[❷ ▸ O] 대판 2007.11.29. 2007도7480

[❸ ▸ ×] 공소사실에서 적시된 범죄사실은 '컴퓨터 모니터 화면상의 이미지'를 변조하고 이를 행사한 행위가 아니라 '프린터로 출력된 문서'인 사무실전세계약서를 변조하고 이를 행사한 행위임을 알 수 있으므로 변조사문서행사죄가 성립한다(대판 2011.11.10. 2011도10468).

[❹ ▸ O] 담뱃갑은 적어도 그 담뱃갑 안에 들어 있는 담배가 특정 제조회사가 제조한 특정한 종류의 담배라는 사실을 증명하는 기능을 하고 있으므로, 그러한 담뱃갑은 문서 등 위조의 대상인 도화에 해당한다(대판 2010.7.29. 2010도2705).

답 ❸

문서에 관한 죄에 대한 설명 중 옳고 그름의 표시(○, ×)가 바르게 된 것은?(다툼이 있는 경우 판례에 의함)

17 경찰채용

ㄱ. 컴퓨터 모니터 화면에 나타나는 이미지는 이미지 파일을 보기 위한 프로그램을 실행할 경우에 그때마다 계속적으로 화면에 고정된 것으로 볼 수 있으므로, 형법상 문서에 관한 죄에 있어서의 문서에 해당한다.

ㄴ. 형법상 문서에 관한 죄에 있어서 전자복사기를 사용하여 복사한 문서의 사본도 문서로 본다.

ㄷ. 문서위조죄의 요건을 구비한 이상 그 문서의 명의인이 실재하지 않는 허무인이거나 또는 문서의 작성일자 전에 이미 사망하였다고 하더라도 문서위조죄가 성립한다.

ㄹ. 컴퓨터 스캔 작업을 통하여 만들어낸 공인중개사 자격증의 이미지 파일은 전자기록으로서 전자기록 장치에 전자적 형태로서 고정되어 계속성이 있다고 볼 수는 있으나, 그러한 형태는 그 자체로서 시각적 방법에 의해 이해할 수 있는 것이 아니어서 이를 형법상 문서에 관한 죄에 있어서의 '문서'로 보기 어렵다.

ㅁ. 휴대전화 신규 가입신청서를 위조한 후, 이를 스캔한 이미지파일을 제3자에게 이메일로 전송하여 컴퓨터 화면상으로 보게 한 행위는 위조사문서행사죄가 성립하지 않는다.

① ㄱ(○) ㄴ(○) ㄷ(×) ㄹ(×) ㅁ(○)
② ㄱ(×) ㄴ(○) ㄷ(○) ㄹ(○) ㅁ(×)
③ ㄱ(×) ㄴ(×) ㄷ(○) ㄹ(×) ㅁ(○)
④ ㄱ(○) ㄴ(×) ㄷ(×) ㄹ(○) ㅁ(×)

정선 핵심

ㄱ · ㄴ · ㄹ. 문서에 관한 죄의 구성요건
→ 문서인지 여부
• 컴퓨터 화면에 나타나는 이미지 : ×
• 공인중개사 자격증의 이미지 파일 : ×
• 전자복사기를 사용하여 복사한 사본 : ○
ㄷ. 문서의 명의인이 허무인이거나 사자인 경우 → 문서위조죄 ○
ㅁ. 휴대전화 가입신청서를 위조하여 이미지 파일로 만들어 이메일로 전송한 경우 → 위조사문서행사죄 ○

정선 해설

[ㄱ ▸ ×] 컴퓨터 모니터 화면에 나타나는 이미지는 이미지 파일을 보기 위한 프로그램을 실행할 경우에 그때마다 전자적 반응을 일으켜 화면에 나타나는 것에 지나지 않아서 계속적으로 화면에 고정된 것으로는 볼 수 없으므로, 형법상 문서에 관한 죄에 있어서의 '문서'에는 해당되지 않는다고 할 것이다(대판 2008.4.10. 2008도1013).

[ㄴ ▸ ○] 이 장의 죄에 있어서 전자복사기, 모사전송기 기타 이와 유사한 기기를 사용하여 복사한 문서 또는 도화의 사본도 문서 또는 도화로 본다(형법 제237조의2).

[ㄷ ▸ ○] 문서위조죄는 문서의 명의인이 실재하지 않는 허무인이거나 또는 문서의 작성일자 전에 이미 사망하였다고 하더라도 그러한 문서 역시 공공의 신용을 해할 위험성이 있으므로 문서위조죄가 성립한다고 봄이 상당하며, 이는 공문서뿐만 아니라 사문서의 경우에도 마찬가지라고 보아야 한다(대판 2005.2.24. 2002도18[전합]).

> **관련판례** 대판 1979.9.25. 78도1980
>
> 유가증권위조죄에 있어서의 유가증권이라 함은 형식상 일반인으로 하여금 유효한 유가증권이라고 오신할 수 있을 정도의 외관을 갖추고 있으면 되므로 그것이 비록 허무인명의로 작성되었거나 유가증권으로서의 요건의 흠결 등 사유로 무효한 것이라 하여도 유가증권위조죄의 성립에는 아무런 영향이 없다.

[ㄹ ▸ ○] 대판 2008.4.10. 2008도1013

[ㅁ ▸ ×] 휴대전화 신규 가입신청서를 위조한 후 이를 스캔한 이미지 파일을 제3자에게 이메일로 전송한 경우, 이미지 파일 자체는 문서에 관한 죄의 '문서'에 해당하지 않으나, 이를 전송하여 컴퓨터 화면상으로 보게 한 행위는 이미 위조한 가입신청서를 행사한 것에 해당하므로 위조사문서행사죄가 성립한다(대판 2008.10.23. 2008도5200).

정답 ❷

042

문서에 대한 설명으로 옳지 않은 것은?(다툼이 있는 경우 판례에 의함) `21` 경찰간부

① 문서라 함은 문자 또는 이에 대신할 수 있는 가독적 부호로 계속적으로 물체상에 기재된 의사 또는 관념의 표시인 원본 또는 이와 사회적 기능, 신용성 등을 동일시할 수 있는 기계적 방법에 의한 복사본으로서 그 내용이 법률상, 사회생활상 주요사항에 관한 증거로 될 수 있는 것을 말한다.

② 컴퓨터 화면에 나타나는 이미지 파일은 프로그램을 실행할 때마다 전자적 반응을 일으켜 화면에 나타나는 것에 지나지 않아서 계속적으로 화면에 고정된 것으로는 볼 수 없으므로, 형법상 문서에 관한 죄에 있어서 '문서'에 해당되지 않는다.

③ 주민등록증의 이름·주민등록번호란에 글자를 오려붙인 후 이를 컴퓨터 스캔 장치를 이용하여 이미지 파일로 만들어 컴퓨터모니터로 출력하는 한편 타인에게 이메일로 전송한 경우, 공문서 위조 및 위조공문서행사죄를 구성하지 않는다.

④ 이미지 파일은 '문서'에 해당하지 않으므로, 휴대전화 가입신청서를 위조한 후 이를 스캔한 이미지 파일을 제3자에게 이메일로 전송하여 컴퓨터 화면상으로 보게 한 행위는 위조사문서행사죄를 구성하지 않는다.

정선 핵심

①·② 문서에 관한 죄의 구성요건
→ 문서의 의의 : 내용이 법률상, 사회생활상 주요사항에 관한 증거로 될 수 있는 것
→ 문서인지 여부 : 컴퓨터 화면에 나타나는 이미지 파일 ×
③ 주민등록증 이미지 파일로 만들어 컴퓨터 모니터로 출력하거나 이메일로 전송한 경우 → 공문서 위조 및 위조공문서행사죄 ×
④ 휴대전화 가입신청서를 위조하여 이미지 파일로 만들어 이메일로 전송한 경우 → 위조사문서행사죄 ○

정선 해설

[❶ ▸ ○] 대판 2018.5.15. 2017도19499

[❷ ▸ ○] 대판 2008.4.10. 2008도1013

[❸ ▸ ○] 자신의 이름과 나이를 속이는 용도로 사용할 목적으로 주민등록증의 이름·주민등록번호란에 글자를 오려붙인 후 이를 컴퓨터 스캔 장치를 이용하여 이미지 파일로 만들어 컴퓨터 모니터로 출력하는 한편 타인에게 이메일로 전송한 경우, 컴퓨터 모니터 화면에 나타나는 이미지는 형법상 문서에 관한 죄의 문서에 해당하지 않으므로 공문서 위조 및 위조공문서행사죄를 구성하지 않는다(대판 2007.11.29. 2007도7480).

[❹ ▸ ×] 휴대전화 신규 가입신청서를 위조한 후 이를 스캔한 이미지 파일을 제3자에게 이메일로 전송한 경우, 이미지 파일 자체는 문서에 관한 죄의 '문서'에 해당하지 않으나, 이를 전송하여 컴퓨터 화면상으로 보게 한 행위는 이미 위조한 가입신청서를 행사한 것에 해당하므로 위조사문서행사죄가 성립한다(대판 2008.10.23. 2008도5200).

정답 ❹

다음 설명 중 옳은 것을 모두 고른 것은?(다툼이 있는 경우 판례에 의함) ▣ 18 경찰승진

> ㄱ. 주식회사의 지배인이 자신을 그 회사의 대표이사로 표시하여 연대보증채무를 부담하는 취지의 회사 명의 차용증을 작성한 경우에 그 문서에 일부 허위의 내용이 포함되어 있더라도 사문서 위조죄를 구성하지 않는다.
>
> ㄴ. 사문서에 2인 이상의 작성명의인이 있는 때에는 그 명의자 가운데 1인이 나머지 명의자와 합의 없이 행사할 목적으로 그 문서의 내용을 변경하더라도 사문서변조죄를 구성하지 않는다.
>
> ㄷ. 휴대전화 신규 가입신청서를 위조한 후 이를 스캔한 이미지파일을 제3자에게 이메일로 전송하여 컴퓨터 화면상으로 보게 한 행위는 위조사문서행사죄에 해당한다.
>
> ㄹ. 사문서의 작성명의자의 인장이 압날되지 아니하고 주민등록번호가 기재되지 않았더라도, 일반인으로 하여금 그 작성명의자가 진정하게 작성한 사문서로 믿기에 충분할 정도의 형식과 외관을 갖추었으면 사문서위조죄 및 동 행사죄의 객체가 되는 사문서에 해당한다.
>
> ㅁ. '문서의 원본인지 여부'가 중요한 거래에서 문서의 사본을 진정한 원본인 것처럼 행사할 목적으로 문서의 원본을 다른 조작을 가함이 없이 그대로 컬러복사기로 복사한 후 복사한 문서의 사본을 원본인 것처럼 행사하였다면 사문서 위조, 위조사문서행사죄에 해당하지 않는다.

① ㄴ, ㄷ
② ㄱ, ㄷ, ㄹ
③ ㄷ, ㄹ
④ ㄴ, ㄹ, ㅁ

정선핵심

ㄱ. 주식회사의 지배인이 연대보증채무를 부담하는 취지의 회사 명의 차용증을 작성한 경우 → 사문서위조죄 ×

ㄴ. 사문서의 명의자 중 1인이 나머지 명의자와 합의 없이 문서의 내용을 변경한 경우 → 사문서변조죄 ○

ㄷ. 휴대전화 가입신청서를 위조하여 이미지 파일로 만들어 이메일로 전송한 경우 → 위조사문서행사죄 ○

ㄹ. 인장이 압날되지 않고 주민등록번호가 기재되지 않았으나 진정하게 작성한 사문서로 믿기에 충분한 형식과 외관을 갖춘 경우 → 사문서위조죄, 동 행사죄의 객체 ○

ㅁ. 원본을 컬러복사기로 복사한 사본을 원본처럼 행사한 경우 → 사문서위조죄와 위조사문서행사죄의 실체적 경합 ○

정선해설

[ㄱ ▶ ○] 주식회사의 지배인이 자신을 그 회사의 대표이사로 표시하여 연대보증채무를 부담하는 취지의 회사 명의 차용증을 작성·교부한 경우, 연대보증행위가 공소 외 1 주식회사 아산지점의 영업 범위에 포함되지 않는다고 볼 자료가 없는 이 사건에서 공소 외 1 주식회사의 적법한 지배인인 피고인 1이 공소 외 1 주식회사 명의 문서를 작성하는 행위가 사문서 위조에 해당할 수는 없는 것이고, 이는 문서의 내용이 진실에 반하는 허위인지, 대표권을 남용하여 자기 또는 제3자의 이익을 도모할 목적으로 문서를 작성한 것인지에 따라 달라지는 것도 아니기 때문에 그 문서에 일부 허위내용이 포함되거나 위 연대보증행위가 회사의 이익에 반하는 것이더라도 사문서 위조 및 위조사문서 행사에 해당하지 않는다(대판 2010.5.13. 2010도1040).

[ㄴ ▶ ×] 문서에 2인 이상의 작성명의인이 있는 때에 그 명의자의 한사람이 타명의자와 합의없이 행사할 목적으로 그 문서의 내용을 변경하였을 때는 사문서변조죄가 성립된다(대판 1977.7.12. 77도1736).

[ㄷ ▶ ○] 대판 2008.10.23. 2008도5200

[ㄹ ▶ ○] 대판 1989.8.8. 88도2209

[ㅁ ▶ ×] 문서위조 및 동 행사죄의 보호법익은 문서에 대한 공공의 신용이므로 '문서가 원본인지 여부'가 중요한 거래에서 문서의 사본을 진정한 원본인 것처럼 행사할 목적으로 다른 조작을 가함이 없이 문서의 원본을 그대로 컬러복사기로 복사한 후 복사한 문서의 사본을 원본인 것처럼 행사한 행위는 사문서위조죄 및 동 행사죄에 해당한다(대판 2016.7.14. 2016도2081).

변호사인 피고인이 대량의 저작권법 위반 형사고소 사건을 수임하여 피고소인 30명을 각 형사고소하기 위하여 20건 또는 10건의 고소장을 개별적으로 수사관서에 제출하면서 각 하나의 고소위임장에만 소속 변호사회에서 발급받은 진정한 경유증표 원본을 첨부한 후 이를 일체로 하여 컬러복사기로 20장 또는 10장의 고소위임장을 각 복사한 다음 고소위임장과 일체로 복사한 경유증표를 고소장에 첨부하여 접수한 사안에서, 피고인의 행위가 사문서위조죄 및 동 행사죄에 해당한다고 한 사례.

답 ❷

044 □□□ 사문서위·변조죄에 관한 설명 중 옳은 것은?(다툼이 있는 경우 판례에 의함) `17` 변시

① 사문서를 변조할 당시 그 명의인의 명시적·묵시적 승낙이 없었더라도 변조된 문서가 그 명의인에게 유리하여 결과적으로 그 의사에 합치되는 때에는 사문서변조죄를 구성하지 않는다.

② 사문서에 2인 이상의 작성명의인이 있는 때에는 그 명의자 가운데 1인이 나머지 명의자와 합의 없이 행사할 목적으로 그 문서의 내용을 변경하더라도 사문서변조죄를 구성하지 않는다.

③ 주식회사의 지배인이 자신을 그 회사의 대표이사로 표시하여 연대보증채무를 부담하는 취지의 회사 명의의 차용증을 작성한 경우에 그 문서에 허위의 내용이 포함되어 있더라도 사문서위조죄를 구성하지 않는다.

④ 사문서의 작성명의자의 인장이 압날되지 않고 주민등록번호가 기재되지 않았다면 일반인이 그 작성명의자에 의해 작성된 사문서라고 믿을만한 정도의 형식과 외관을 갖추었더라도 사문서위조죄의 객체가 되지 않는다.

⑤ 직접적인 법률관계에 단지 간접적으로 연관된 의사표시 내지 권리·의무의 변동에 사실상으로 영향을 줄 수 있는 의사표시를 내용으로 하는 문서는 사문서위조죄의 객체가 되지 않는다.

정선 핵심

① 승낙 없이 변조한 사문서가 결과적으로 명의인의 의사에 합치하게 된 경우 → 사문서변조죄 ○

② 사문서의 명의자 중 1인이 나머지 명의자와 합의 없이 문서의 내용을 변경한 경우 → 사문서변조죄 ○

③ 주식회사의 지배인이 연대보증채무를 부담하는 취지의 회사 명의의 차용증을 작성한 경우 → 사문서위조죄 ×

④ 인장이 압날되지 않고 주민등록번호가 기재되지 않았으나 진정하게 작성한 사문서로 믿기에 충분한 형식과 외관을 갖춘 경우 → 사문서위조죄의 객체 ○

⑤ 간접적으로 연관된 의사표시 내지 권리·의무의 변동에 사실상으로 영향을 줄 수 있는 의사표시를 내용으로 하는 문서 → 사문서위조죄의 객체 ○

정선 해설

[❶ ▸ ×] 사문서 변조에 있어서 그 변조 당시 명의인의 명시적, 묵시적 승락없이 한 것이면 변조된 문서가 명의인에게 유리하여 결과적으로 그 의사에 합치한다 하더라도 사문서변조죄의 구성요건을 충족한다(대판 1985.1.22. 84도2422).

[❷ ▸ ×] 문서에 2인 이상의 작성명의인이 있는 때에 그 명의자의 한사람이 타명의자와 합의없이 행사할 목적으로 그 문서의 내용을 변경하였을 때는 사문서변조죄가 성립된다(대판 1977.7.12. 77도1736).

[❸ ▸ ○] 대판 2010.5.13. 2010도1040

[❹ ▸ ×] 사문서의 작성명의자의 인장이 압날되지 아니하고 주민등록번호가 기재되지 않았더라도, 일반인으로 하여금 그 작성명의자가 진정하게 작성한 사문서로 믿기에 충분할 정도의 형식과 외관을 갖추었으면 사문서위조죄 및 동 행사죄의 객체가 되는 사문서라고 보아야 한다(대판 1989.8.8. 88도2209).

[❺ ▸ ✕] 자격모용사문서작성죄 및 자격모용작성사문서행사죄의 객체 중 사실증명에 관한 문서는 권리·의무에 관한 문서 이외의 문서로서 거래상 중요한 사실을 증명하는 문서를 의미한다. 그리고 거래상 중요한 사실을 증명하는 문서는, 법률관계의 발생·존속·변경·소멸의 전후과정을 증명하는 것이 주된 취지인 문서뿐만 아니라 직접적인 법률관계에 단지 간접적으로만 연관된 의사표시 내지 권리·의무의 변동에 사실상으로만 영향을 줄 수 있는 의사표시를 내용으로 하는 문서도 포함될 수 있다(대판 2012.5.9. 2010도2690).

답 ❸

045 □□□

문서에 관한 죄에 대한 설명 중 옳고 그름의 표시(○, ×)가 바르게 된 것은?(다툼이 있는 경우 판례에 의함)

`18` 경찰채용

> ㄱ. 타인 명의의 문서를 위조하여 행사하였다고 하더라도 그 명의인이 실재하지 않는 허무인이거나 또는 문서의 작성일자 전에 이미 사망한 경우에는 사문서위조죄 및 동 행사죄가 성립하지 않는다.
> ㄴ. 법원이 이혼의사확인서등본 뒤에 이혼신고서를 첨부하고 간인하여 교부하였는데 당사자가 이혼의사확인서등본과 간인으로 연결된 이혼신고서를 떼어내고 원래 이혼신고서의 내용과는 다른 이혼신고서를 작성하여 이혼의사확인서등본과 함께 호적관서에 제출한 경우, 공문서 변조 및 변조공문서행사죄가 성립하지 않는다.
> ㄷ. 다른 공무원 등이 작성권자의 결재를 받지 않고 직인 등을 보관하는 담당자를 기망하여 작성권자의 직인을 날인하도록 하여 공문서를 완성한 때에는 공문서위조죄가 성립한다.
> ㄹ. 주식회사의 지배인이 자신을 그 회사의 대표이사로 표시하여 연대보증채무를 부담하는 취지의 회사 명의의 차용증을 작성·교부한 경우, 그 문서에 일부 허위내용이 포함되거나 위 연대보증 행위가 회사의 이익에 반하는 것이더라도 사문서 위조 및 위조사문서 행사에 해당하지 않는다.

① ㄱ(○) ㄴ(○) ㄷ(○) ㄹ(○)
② ㄱ(○) ㄴ(×) ㄷ(○) ㄹ(×)
③ ㄱ(×) ㄴ(○) ㄷ(×) ㄹ(○)
④ ㄱ(×) ㄴ(○) ㄷ(○) ㄹ(○)

정선 핵심

ㄱ. 사문서의 명의인이 허무인이거나 사자인 경우 → 사문서위조죄와 동 행사죄의 실체적 경합 ○
ㄴ. 이혼신고서를 떼어내고 다른 이혼신고서를 작성하여 제출한 경우 → 공문서변조죄, 변조공문서행사죄 ×
ㄷ. 직인을 보관하는 담당자를 기망하여 작성권자의 직인을 날인하도록 한 경우 → 공문서위조죄 ○
ㄹ. 주식회사의 지배인이 연대보증채무를 부담하는 취지의 회사 명의 차용증을 작성한 경우 → 사문서위조죄, 위조사문서행사죄 ×

정선 해설

[ㄱ ▸ ✕] 문서위조죄는 문서의 명의인이 실재하지 않는 허무인이거나 또는 문서의 작성일자 전에 이미 사망하였다고 하더라도 그러한 문서 역시 공공의 신용을 해할 위험성이 있으므로 문서위조죄가 성립한다고 봄이 상당하며, 이는 공문서뿐만 아니라 사문서의 경우에도 마찬가지라고 보아야 한다(대판 2005.2.24. 2002도18[전합]).
[ㄴ ▸ ○] 대판 2009.1.30. 2006도7777
[ㄷ ▸ ○] 작성권자의 직인 등을 보관하는 담당자는 일반적으로 작성권자의 결재가 있는 때에 한하여 보관 중인 직인 등을 날인할 수 있을 뿐이므로 다른 공무원 등이 작성권자의 결재를 받지 않고 직인 등을 보관하는 담당자를 기망하여 작성권자의 직인을 날인하도록 하여 공문서를 완성한 때에도 공문서위조죄가 성립한다(대판 2017.5.17. 2016도13912).

[ㄹ ▸ O] 판례(대판 2010.5.13. 2010도1040)의 취지를 고려하면, 지배인은 회사의 영업에 관하여 재판상 또는 재판 외의 모든 행위를 할 권한이 있으므로 회사 명의의 차용증을 작성·교부한 경우에도 사문서 위조 및 위조사문서 행사죄는 성립하지 아니한다.

답 ❹

046

문서에 관한 죄의 설명으로 가장 적절하지 않은 것은?(다툼이 있는 경우 판례에 의함)

20 경찰채용

① 타인의 주민등록증사본의 사진란에 자신의 사진을 붙여 복사한 행위와 타인의 주민등록증을 복사기와 컴퓨터를 이용하여 전혀 별개의 주민등록증사본을 창출시킨 행위는 공문서 위조에 해당한다.
② 식당의 주·부식 구입 업무를 담당하는 공무원 甲이 계약 등에 의하여 공무소의 주·부식의 구입·검수 업무 등을 담당하는 조리장·영양사 등의 명의를 위조하여 검수결과보고서를 작성한 경우 공문서위조죄에 해당한다.
③ 세금계산서상의 공급받는 자는 그 문서 내용의 일부에 불과할 뿐 세금계산서의 작성명의인은 아니라 할 것이니, 공급받는 자란에 임의로 다른 사람을 기재하였다 하여 그 사람에 대한 관계에서 사문서위조죄가 성립된다고 할 수 없다.
④ 사문서변조죄는 권한 없는 자가 이미 진정하게 성립된 타인 명의의 문서 내용에 대하여 동일성을 해 하지 않을 정도로 변경을 가하여 새로운 증명력을 작출케 함으로써 공공적 신용을 해할 위험성이 있을 때 성립한다. 따라서 이미 진정하게 성립된 타인 명의의 문서가 존재하지 않는다면 사문서변조죄가 성립할 수 없다.

정선
핵심

①·② 공문서위조죄의 성립 여부
⟶ 타인의 주민등록증사본의 사진란에 자신의 사진을 붙여 복사한 경우 : O
⟶ 타인의 주민등록증으로 별개의 주민등록증사본을 창출시킨 경우 : O
⟶ 조리장·영양사의 명의를 위조하여 검수결과보고서를 작성한 경우 : ✕
③ 세금계산서상의 공급받는 자란에 다른 사람을 기재한 경우 → 사문서위조죄 ✕
④ 진정하게 성립된 타인 명의의 문서가 존재하지 않는 경우 → 사문서변조죄 ✕

정선
해설

[❶ ▸ O] 형법 제237조의2에 따라 전자복사기, 모사전송기 기타 이와 유사한 기기를 사용하여 복사한 문서의 사본도 문서원본과 동일한 의미를 가지는 문서로서 이를 다시 복사한 문서의 재사본도 문서위조죄 및 동 행사죄의 객체인 문서에 해당한다 할 것이고, 진정한 문서의 사본을 전자복사기를 이용하여 복사하면서 일부 조작을 가하여 그 사본 내용과 전혀 다르게 만드는 행위는 공공의 신용을 해할 우려가 있는 별개의 문서사본을 창출하는 행위로서 문서위조행위에 해당한다(대판 2000.9.5. 2000도2855).

> 타인의 주민등록증사본의 사진란에 피고인의 사진을 붙여 복사하여 행사한 행위가 공문서위조죄 및 동 행사죄에 해당한다고 한 사례(대판 2000.9.5. 2000도2855).

[❷ ▸ ✕] 검수결과보고서 중 담당자 경사 명의 부분을 제외한 종사자 조리장, 영양사 명의 부분의 경우에는 후생계 조리장 및 영양사라는 사실만으로 그 신분이 공무원이거나 공무원으로 의제되는 자에 해당한다고 단정할 수 없으므로 일반인으로 하여금 공무원 또는 공무소의 권한 내에서 작성된 문서라고 믿을 수 있는 형식과 외관을 구비한 문서라고 보기 어려워, 피고인이 위 종사자들의 서명을 임의로 기재함으로써 공문서위조죄를 범하였다고 단정하기 어렵다(대판 2008.1.17. 2007도6987).

[❸ ▸ ○] 공급자가 세금계산서를 작성함에 있어 공급받은 자의 동의나 협조가 요구되지도 않는 점 등에 비추어 세금계산서상의 공급받는 자는 그 문서 내용의 일부에 불과할 뿐 세금계산서의 작성명의인은 아니라 할 것이니, 공급받는 자란에 임의로 다른 사람을 기재하였다 하여 그 사람에 대한 관계에서 사문서위조죄가 성립된다고 할 수 없다(대판 2007.3.15. 2007도169).

[❹ ▸ ○] 대판 2017.12.5. 2014노14924

답 ❷

047

□□□

문서위조의 죄에 관한 다음 설명 중 가장 옳지 않은 것은?(다툼이 있는 경우 판례에 의함)

`20` 해경승진

① 명의자의 명시적인 승낙이나 동의가 없다는 것을 알고 있었더라도 명의자가 문서작성사실을 알았다면 승낙하였을 것이라고 기대하거나 예측한 경우에는 문서위조죄가 성립하지 않는다.

② 연대보증인이 될 것을 허락한 자의 인감도장과 인감증명서를 교부받아 그를 차주로 하는 차용금증서를 작성한 경우에는 위조죄가 성립하지 않는다.

③ 다른 조작을 가함이 없이 문서의 원본을 그대로 컬러복사기로 복사한 후 복사한 문서의 사본을 원본인 것처럼 행사한 행위도 사문서위조죄 및 동 행사죄에 해당할 수 있다.

④ 공무원 아닌 자가 관공서에 허위내용의 증명원을 제출하여 그 내용이 허위인 정을 모르는 담당공무원으로부터 그 증명원 내용과 같은 증명서를 발급받은 경우에는 공문서위조죄의 간접정범이 성립하지 않는다.

정선핵심

① 명의자가 알았다면 승낙하였을 것이라고 기대하거나 예측한 경우 → 문서위조죄 ○
② 연대보증인이 될 것을 허락한 자를 차주로 하는 차용금증서를 작성한 경우 → 사문서위조죄 ✕
③ 원본을 컬러복사기로 복사한 사본을 원본처럼 행사한 경우 → 사문서위조죄와 위조사문서행사죄의 실체적 경합 ○
④ 허위내용의 증명원을 제출하여 선의의 공무원으로부터 같은 내용의 증명서를 발급받은 경우 → 공문서위조죄의 간접정범 ✕

정선해설

[❶ ▸ ✕] 명의자의 명시적인 승낙이나 동의가 없다는 것을 알고 있으면서도 명의자 이외의 자의 의뢰로 문서를 작성하는 경우 명의자가 문서작성사실을 알았다면 승낙하였을 것이라고 기대하거나 예측한 것만으로는 그 승낙이 추정된다고 단정할 수 없다(대판 2008.4.10. 2007도9987).

> 법무사가 위임인이 문서명의자로부터 문서작성권한을 위임받지 않았음을 알면서도 법무사법 제25조에 따른 확인절차를 거치지 아니하고 권리의무에 중대한 영향을 미칠 수 있는 문서를 작성한 경우, 사문서 위조 및 동 행사죄의 고의를 인정할 수 있다고 한 사례(대판 2008.4.10. 2007도9987).

[❷ ▸ ○] 피해자들이 일정한도액에 관한 연대보증인이 될 것을 허락하고 이에 필요한 문서를 작성하는데 쓰일 인감도장과 인감증명서(대출보증용)를 채무자에게 건네준 취지는 채권자에 대해 동액상당의 채무를 부담하겠다는 내용의 문서를 작성하도록 허락한 것으로 보아야 할 것이므로 비록 차용금증서에 동 피해자들을 연대보증인으로 하지 않고 직접 차주로 하였을 지라도 그 문서는 정당한 권한에 기하여 그 권한의 범위 안에서 적법하게 작성된 것으로 보아야 한다(대판 1984.10.10. 84도1566).

[❸ ▸ ○] 대판 2016.7.14. 2016도2081

[❹ ▸ ○] 대판 2001.3.9. 2000도938

답 ❶

사문서위조·변조죄에 관한 다음 설명 중 옳지 않은 것은 모두 몇 개인가?(다툼이 있으면 판례에 의함)

`14` 경찰채용

ㄱ. 타인 명의의 문서를 위조하여 행사하였다고 하더라도 그 명의인이 실재하지 않는 허무인이거나 또는 문서의 작성일자 전에 이미 사망한 경우에는 사문서위조죄 및 동 행사죄가 성립하지 않는다.

ㄴ. 사문서 변조에 있어서 그 변조 당시 명의인의 명시적·묵시적 승낙 없이 한 것이면 변조된 문서가 명의인에게 유리하여 결과적으로 그 의사에 합치한다 하더라도 사문서변조죄의 구성요건을 충족한다.

ㄷ. 명의인을 기망하여 문서를 작성하게 하는 경우는 서명·날인이 정당히 성립된 경우에도 기망자는 명의인을 이용하여 서명·날인자의 의사에 반하는 문서를 작성하게 하는 것이므로 사문서위조죄가 성립한다.

ㄹ. 문서를 작성할 권한을 위임받지 아니한 문서기안자가 문서작성권한을 가진 사람의 결재를 받은 바 없이 권한을 초과하여 문서를 작성하였다면 이는 사문서위조죄가 된다.

ㅁ. 매수인으로부터 매도인과의 토지매매계약체결에 관하여 포괄적 권한을 위임받은 자는 위임자 명의로 토지매매계약서를 작성할 적법한 권한이 있다 할 것이므로 매수인으로부터 그 권한을 위임받은 피고인이 실제 매수가격 보다 높은 가격을 매매대금으로 기재하여 매수인 명의의 매매계약서를 작성하였다 하여도 그것은 작성권한 있는 자가 허위내용의 문서를 작성한 것일 뿐 사문서위조죄가 성립될 수는 없다.

① 1개   ② 2개
③ 3개   ④ 4개

정선 핵심

ㄱ. 사문서의 명의인이 허무인이거나 사자인 경우 → 사문서위조죄와 동 행사죄의 실체적 경합 ○
ㄴ. 승낙 없이 변조한 사문서가 결과적으로 명의인의 의사에 합치하게 된 경우 → 사문서변조죄 ○
ㄷ. 명의인을 기망하여 의사에 반하는 문서를 작성하게 하는 경우 → 사문서위조죄 ○
ㄹ. 문서기안자가 권한을 초과하여 문서를 작성한 경우 → 사문서위조죄 ○
ㅁ. 매수위임을 받은 피고인이 실제보다 높은 가격을 매매대금으로 하여 매매계약서를 작성한 경우 → 사문서위조죄 ×

정선 해설

[ㄱ ▸ ✕] 문서위조죄는 문서의 명의인이 실재하지 않는 허무인이거나 또는 문서의 작성일자 전에 이미 사망하였다고 하더라도 그러한 문서 역시 공공의 신용을 해할 위험성이 있으므로 문서위조죄가 성립한다고 봄이 상당하며, 이는 공문서뿐만 아니라 사문서의 경우에도 마찬가지라고 보아야 한다(대판 2005.2.24. 2002도18[전합]).
[ㄴ ▸ ○] 대판 1985.1.22. 84도2422
[ㄷ ▸ ○] 대판 2000.6.13. 2000도778
[ㄹ ▸ ○] 문서를 작성할 권한을 위임받지 아니한 문서기안자가 문서 작성권한을 가진 사람의 결재를 받은 바 없이 권한을 초과하여 문서를 작성하였다면 이는 사문서위조죄가 된다(대판 1997.2.14. 96도2234).
[ㅁ ▸ ○] 매수인으로부터 매도인과의 토지매매계약체결에 관하여 포괄적 권한을 위임받은 자는 위임자 명의로 토지매매계약서를 작성할 적법한 권한이 있다 할 것이므로 매수인으로부터 그 권한을 위임받은 피고인이 실제 매수가격 보다 높은 가격을 매매대금으로 기재하여 매수인 명의의 매매계약서를 작성하였다 하여도 그것은 작성권한 있는 자가 허위내용의 문서를 작성한 것일 뿐 사문서위조죄가 성립될 수는 없다(대판 1984.7.10. 84도1146).

답 ❶

문서에 관한 죄에 대한 설명으로 옳은 것만을 모두 고른 것은?(다툼이 있는 경우 판례에 의함)

16 국가7급

ㄱ. 형법 제237조의2에 따라 전자복사기, 모사전송기 기타 이와 유사한 기기를 사용하여 복사한 문서의 사본도 문서원본과 동일한 의미를 가지는 문서로서 이를 다시 복사한 문서의 재사본도 문서위조죄 및 동 행사죄의 객체인 문서에 해당한다.

ㄴ. 공무원 아닌 자가 관공서에 허위내용의 증명원을 제출하여 그 내용이 허위인 정을 모르는 담당공무원으로부터 그 증명원 내용과 같은 증명서를 발급받은 경우 공문서위조죄의 간접정범이 성립한다.

ㄷ. 식당의 주·부식 구입 업무를 담당하는 공무원이 주·부식구입요구서의 과장결재란에 권한 없이 자신의 서명을 한 경우 공문서위조죄는 성립하지 않는다.

ㄹ. 법원이 이혼의사확인서등본 뒤에 이혼신고서를 첨부하고 간인하여 교부하였는데 당사자가 이를 떼어내고 다른 내용의 이혼신고서를 붙여 호적관서에 제출한 경우 공문서변조죄 및 동 행사죄는 성립하지 않는다.

① ㄱ, ㄷ
② ㄴ, ㄹ
③ ㄱ, ㄴ, ㄷ
④ ㄱ, ㄷ, ㄹ

**정선
핵심**

ㄱ. 문서에 관한 죄의 구성요건
  → 문서인지 여부 : 복사한 사본의 재사본 ○
ㄴ. 허위내용의 증명원을 제출하여 선의의 공무원으로부터 같은 내용의 증명서를 발급받은 경우 → 공문서위조죄의 간접정범 ×
ㄷ. 주·부식구입요구서의 과장결재란에 권한 없이 공무원 자신의 서명을 한 경우 → 공문서위조죄 ×
ㄹ. 이혼신고서를 떼어내고 다른 이혼신고서를 작성하여 제출한 경우 → 공문서변조죄, 변조공문서행사죄 ×

**정선
해설**

[ㄱ ▸ ○] 대판 2000.9.5. 2000도2855

[ㄴ ▸ ×] 어느 문서의 작성권한을 갖는 공무원이 그 문서의 기재 사항을 인식하고 그 문서를 작성할 의사로써 이에 서명날인하였다면, 설령 그 서명날인이 타인의 기망으로 착오에 빠진 결과 그 문서의 기재사항이 진실에 반함을 알지 못한 데 기인한다고 하여도, 그 문서의 성립은 진정하며 여기에 하등 작성명의를 모용한 사실이 있다고 할 수는 없으므로, 공무원 아닌 자가 관공서에 허위내용의 증명원을 제출하여 그 내용이 허위인 정을 모르는 담당공무원으로부터 그 증명원 내용과 같은 증명서를 발급받은 경우 공문서위조죄의 간접정범으로 의율할 수는 없다(대판 2001.3.9. 2000도938).

[ㄷ ▸ ○] 공문서위조죄는 공문서의 작성권한 없는 자가 공무소, 공무원의 명의를 이용하여 문서를 작성하는 것을 말하고, 공문서의 작성권한 없는 자가 공무원의 자격을 모용하여 공문서를 작성하는 경우에는 자격모용공문서작성죄가 성립한다. 피고인은 공문서인 위 각 주·부식구입요구서의 과장결재란에 피고인 자신의 서명을 하였다는 것인바, 이러한 경우는 피고인이 과장의 자격을 모용하여 자신의 이름으로 공문서를 작성한 것이므로 자격모용공문서작성죄가 성립함은 별론으로 하고 공문서위조죄가 성립할 수는 없는 것이다(대판 2008.1.17. 2007도6987).

[ㄹ ▸ ○] 대판 2009.1.30. 2006도7777

답 ❹

문서에 관한 죄에 대한 설명으로 가장 적절하지 않은 것은?(다툼이 있는 경우 판례에 의함)

21 경찰채용

① 허위공문서작성죄의 객체가 되는 문서는 문서상 작성명의인이 명시된 경우뿐 아니라 작성명의인이 명시되어 있지 않더라도 문서의 형식, 내용 등 문서 자체에 의하여 누가 작성하였는지를 추지할 수 있을 정도의 것이면 된다.

② 실제의 본명 대신 가명이나 위명을 사용하여 사문서를 작성한 경우, 그 문서의 작성명의인과 실제 작성자의 인격이 상이할 때에는 위조죄가 성립할 수 있다.

③ 가정법원의 서기관이 이혼의사확인서등본을 작성한 후 그 뒤에 이혼신고서를 첨부하고 직인을 간인하여 교부한 경우, 당사자가 이를 떼어내고 다른 내용의 이혼신고서를 붙여 관련 행정관서에 제출하였다면 공문서 변조 및 변조공문서행사죄가 성립한다.

④ 사립학교 법인 이사가 이사회 회의록에 서명 대신 서명거부사유를 기재하고 그에 대한 서명을 한 경우, 이사회 회의록의 작성권한자인 이사장이라 하더라도 임의로 이를 삭제하면 특별한 사정이 없는 한 사문서 변조에 해당한다.

정선 핵심

① 작성명의인이 명시된 경우뿐 아니라 작성명의인이 명시되지 않더라도 작성자를 추지할 수 있을 정도의 문서 → 허위공문서작성죄의 객체 ○

② 가명·위명을 사용한 작성명의인과 실제 작성자의 인격이 상이한 경우 → 위조죄 ○

③ 이혼신고서를 떼어내고 다른 이혼신고서를 작성하여 제출한 경우 → 공문서변조죄, 변조공문서행사죄 ×

④ 사립학교 법인 이사가 이사회 회의록에 기재한 내용을 이사장이 임의로 삭제한 경우 → 사문서변조죄 ○

정선 해설

[❶ ▸ ○] 대판 2019.3.14. 2018도18646

[❷ ▸ ○] 실제의 본명 대신 가명이나 위명을 사용하여 사문서를 작성한 경우에 그 문서의 작성명의인과 실제 작성자 사이에 인격의 동일성이 그대로 유지되는 때에는 위조가 되지 않으나, 명의인과 작성자의 인격이 상이할 때에는 위조죄가 성립할 수 있다(대판 2010.11.11. 2010도1835).

> 피고인이 다방 업주로부터 선불금을 받고 그 반환을 약속하는 내용의 현금보관증을 작성하면서 가명과 허위의 출생연도를 기재한 후 이를 교부한 행위가, 사문서위조죄 및 동 행사죄에 해당하지 않는다고 본 원심판단에 법리오해의 위법이 있다고 한 사례(대판 2010.11.11. 2010도1835).

[❸ ▸ ×] 당사자가 이혼의사확인서등본과 간인으로 연결된 이혼신고서를 떼어내고 원래 이혼신고서의 내용과는 다른 이혼신고서를 작성하여 이혼의사확인서등본과 함께 호적관서에 제출하였다고 하더라도, 공문서인 이혼의사확인서등본을 변조하였다거나 변조된 이혼의사확인서등본을 행사하였다고 할 수 없다(대판 2009.1.30. 2006도7777).

[❹ ▸ ○] 이사가 이사회 회의록에 서명 대신 서명거부사유를 기재하고 그에 대한 서명을 하면, 특별한 사정이 없는 한 그 내용은 이사회 회의록의 일부가 되고, 이사회 회의록의 작성권한자인 이사장이라 하더라도 임의로 이를 삭제한 경우에는 이사회 회의록 내용에 변경을 가하여 새로운 증명력을 가져오게 되므로 사문서 변조에 해당한다(대판 2018.9.13. 2016도20954).

답 ❸

문서에 관한 죄에 대한 설명으로 가장 적절하지 않은 것은?(다툼이 있는 경우 판례에 의함)

① 甲이 콘도미니엄 입주민들의 모임인 A시설운영위원회의 대표로 선출된 후 A위원회가 대표성을 갖춘 단체라는 외양을 작출할 목적으로, 행정용 봉투에 A위원회의 한자와 한글 직인을 날인한 다음 자신의 인감증명서 중앙에 있는 '용도'란 부분에 이를 오려 붙이는 방법으로 인감증명서 1매를 작성하고, 이를 휴대전화로 촬영한 사진 파일을 입주민들이 참여하는 메신저 단체대화방에 게재한 경우에는 공문서 위조 및 동 행사죄가 성립하지 아니한다.

② 변호사 甲이 대량의 저작권법 위반 형사고소 사건을 수임하여 피고소인 30명을 각각 형사고소하기 위하여 20건 또는 10건의 고소장을 개별적으로 수사관서에 제출하면서 하나의 고소위임장에만 소속 변호사회에서 발급받은 진정한 경유증표 원본을 첨부한 후 이를 일체로 하여 컬러복사기로 20장 또는 10장의 고소위임장을 각 복사한 다음 고소위임장과 일체로 복사한 경유증표를 고소장에 첨부하여 접수한 경우에는 사문서 위조 및 동 행사죄가 성립한다.

③ 법무사 甲이 위임인 A가 문서명의자로부터 문서작성권한을 위임받지 않았음을 알면서도 법무사법 제25조에 따른 확인절차를 거치지 아니하고 권리의무에 중대한 영향을 미칠 수 있는 문서를 작성한 경우에는 사문서위조죄가 성립한다.

④ 공무원 아닌 甲이 관공서에 허위내용의 증명원을 제출하여 그 내용이 허위인 정을 모르는 담당공무원 A로부터 그 증명원내용과 같은 증명서를 발급받은 경우에는 공문서위조죄의 간접정범으로 처벌된다.

정선 핵심

① 행정용 봉투에 날인한 A시설운영위원회의 직인을 오려붙여 인감증명서를 작성하고 이를 촬영한 사진을 메신저 단체대화방에 게재한 경우 → 공문서 위조, 동 행사죄 ×

② 고소위임장과 일체로 복사한 경유증표를 고소장에 첨부하여 접수한 경우 → 사문서위조죄와 동 행사죄의 실체적 경합 ○

③ 법무사 甲이 위임 여부에 대한 확인절차 없이 권리의무에 중대한 영향을 미칠 수 있는 문서를 작성한 경우 → 사문서위조죄 ○

④ 허위내용의 증명원을 제출하여 선의의 공무원으로부터 같은 내용의 증명서를 발급받은 경우 → 공문서위조죄의 간접정범 ×

정선 해설

[❶ ▸ ○] 피고인이 만든 문서의 용도란은 인감증명서의 다른 부분과 재질과 색깔이 다른 종이가 붙어 있음이 눈에 띄고, 글자색과 활자체도 다르며, 인감증명서의 피고인 인감은 검정색인 반면 피고인이 용도란에 날인한 한자 직인과 한글 직인은 모두 붉은색이어서 평균 수준의 사리분별력을 갖는 사람이 조금만 주의를 기울여 살펴보면 피고인이 만든 문서는 공무원 또는 공무소가 갑 위원회를 등록된 단체라거나 피고인이 위 단체의 대표임을 증명하기 위해 작성한 문서가 아님을 쉽게 알아볼 수 있는 점 등을 종합하면, <u>피고인이 만든 문서가 공문서로서의 외관과 형식을 갖추었다고 인정하기 어렵고, 공문서위조죄가 성립한다고 보기 어려운 이상 이를 사진촬영한 파일을 단체대화방에 게재한 행위가 위조공문서행사죄에 해당할 수도 없다</u>(대판 2020.12.24. 2019도8443).

[❷ ▸ ○] 대판 2016.7.14. 2016도2081

[❸ ▸ ○] <u>법무사가 타인의 권리의무에 중대한 영향을 미칠 수 있는 문서를 작성함에 있어 이 규정에 위반하여 문서명의자 본인의 동의나 승낙이 있었는지에 대한 아무런 확인절차를 거치지 아니하고 오히려 명의자 본인의 동의나 승낙이 없음을 알면서도 권한 없이 문서를 작성한 경우에는</u> 사문서 위조 및 동 행사죄의 고의를 인정할 수 있다(대판 2008.4.10. 2007도9987).

[❹ ▸ ×] 어느 문서의 작성권한을 갖는 공무원이 그 문서의 기재 사항을 인식하고 그 문서를 작성할 의사로써 이에 서명날인하였다면, 설령 그 서명날인이 타인의 기망으로 착오에 빠진 결과 그 문서의 기재사항이 진실에 반함을 알지 못한 데 기인한다고 하여도, 그 문서의 성립은 진정하며 여기에 하등 작성명의를 모용한 사실이 있다고

할 수는 없으므로, 공무원 아닌 자가 관공서에 허위내용의 증명원을 제출하여 그 내용이 허위인 정을 모르는 담당공무원으로부터 그 증명원 내용과 같은 증명서를 발급받은 경우 공문서위조죄의 간접정범으로 의율할 수는 없다(대판 2001.3.9. 2000도938).

답 ❹

052

문서죄에 대한 설명으로 옳지 않은 것은?(다툼이 있는 경우 판례에 의함)

① 사문서 위조나 공정증서원본 부실기재가 성립한 후 피해자의 동의 또는 추인 등으로 문서에 기재된 대로 효과의 승인을 받거나 등기가 실체적 권리관계에 부합하게 되었더라도 이미 성립한 범죄에는 영향이 없다.
② 행사할 목적으로 권한 없이 타인 명의의 휴대전화 신규 가입신청서를 작성한 후 이를 스캔한 이미지 파일을 제3자에게 이메일로 전송하여 컴퓨터 화면상으로 보게 한 경우 사문서위조죄 및 위조사문서행사죄가 성립한다.
③ 담뱃갑의 표면에 담배 제조회사와 담배의 종류를 구별·확인할 수 있는 특유의 도안이 표시되어 있는 경우 그 담뱃갑은 문서 등 위조의 대상인 도화에 해당한다.
④ 공문서위조죄와 달리 사문서위조죄가 성립하기 위해서는 작성명의인이 실재하여야 한다.

정선 핵심

① 사문서 위조나 공정증서원본 부실기재가 성립한 후 효과의 승인을 받거나 등기가 실체적 권리관계에 부합하게 된 경우 → 성립한 범죄에 영향 ✕
② 휴대전화 가입신청서를 위조하여 이미지 파일로 만들어 이메일로 전송한 경우 → 사문서위조죄와 위조사문서행사죄의 실체적 경합 ○
③ 문서에 관한 죄의 구성요건
　→ 도화인지 여부 : 특유의 도안이 표시되어 있는 담뱃갑 ○
④ 사문서의 명의인이 허무인이거나 사자인 경우 → 사문서위조죄 ○

정선 해설

[❶ ▸ ○]　대판 2007.6.28. 2007도2714
[❷ ▸ ○]　판례(대판 2008.10.23. 2008도5200)의 취지를 고려하면, 위조한 휴대전화 신규 가입신청서를 스캔한 이미지파일 자체는 문서에 해당하지 아니하나, 이를 전송하여 컴퓨터 화면상으로 보게 한 행위는 위조한 가입신청서를 행사한 것에 해당하므로 사문서위조죄와 위조사문서행사죄가 성립한다고 보는 것이 타당하다.
[❸ ▸ ○]　대판 2010.7.29. 2010도2705
[❹ ▸ ✕]　문서위조죄는 문서의 명의인이 실재하지 않는 허무인이거나 또는 문서의 작성일자 전에 이미 사망하였다고 하더라도 그러한 문서 역시 공공의 신용을 해할 위험성이 있으므로 문서위조죄가 성립한다고 봄이 상당하며, 이는 공문서뿐만 아니라 사문서의 경우에도 마찬가지라고 보아야 한다(대판 2005.2.24. 2002도18[전합]).

답 ❹

문서위조(변조)죄에 관한 설명 중 가장 적절한 것은?(다툼이 있는 경우 판례에 의함)

① 문서위조죄가 성립하기 위해서는 공문서와 달리 사문서는 자신명이인이 신재해야 한다.

② 문서의 작성에는 작성자가 자필로 작성할 필요는 없고 명의인의 착각을 이용하여 명의인으로 하여금 진의에 반하는 문서를 작성·서명하도록 하는 것과 같이 간접정범에 의한 위조도 가능하다.

③ 공립학교 교사가 작성하는 교원의 인적사항과 전출희망사항 등을 기재하는 부분과 학교장이 작성하는 학교장의견란 등으로 구성되어 있는 교원실태조사카드의 교사 명의 부분을 명의자의 의사에 반하여 작성한 행위는 공문서위조죄를 구성한다.

④ 문서위조죄의 죄수는 침해된 보호법익의 수를 기준으로 결정해야 한다.

정선 핵심

① 사문서의 명의인이 허무인이거나 사자인 경우 → 사문서위조죄 ○

② 명의인의 착각을 이용하여 진의에 반하는 문서를 작성·서명하도록 한 경우 → 간접정범에 의한 위조 ○

③ 교원실태조사카드의 교사 명의 부분을 그 의사에 반하여 작성한 경우 → 공문서위조죄 ×

④ 문서위조죄의 죄수결정기준 → 보호법익을 기준으로 행위와 범죄의사 고려

정선 해설

[**❶** ▸ ×] 문서위조죄는 문서의 명의인이 실재하지 않는 허무인이거나 또는 문서의 작성일자 전에 이미 사망하였다고 하더라도 그러한 문서 역시 공공의 신용을 해할 위험성이 있으므로 문서위조죄가 성립한다고 봄이 상당하며, 이는 공문서뿐만 아니라 사문서의 경우에도 마찬가지라고 보아야 한다(대판 2005.2.24. 2002도18[전합]).

[**❷** ▸ ○] 명의인을 기망하여 문서를 작성케 하는 경우는 서명, 날인이 정당히 성립된 경우에도 기망자는 명의인을 이용하여 서명 날인자의 의사에 반하는 문서를 작성케 하는 것이므로 사문서위조죄가 성립한다고 할 것이다(대판 2000.6.13. 2000도778).

> **비교판례** 대판 2001.3.9. 2000도938
>
> 어느 문서의 작성권한을 갖는 공무원이 그 문서의 기재 사항을 인식하고 그 문서를 작성할 의사로써 이에 서명날인하였다면, 설령 그 서명날인이 타인의 기망으로 착오에 빠진 결과 그 문서의 기재사항이 진실에 반함을 알지 못한 데 기인한다고 하여도, 그 문서의 성립은 진정하며 여기에 하등 작성명의를 모용한 사실이 있다고 할 수는 없으므로, 공무원 아닌 자가 관공서에 허위내용의 증명원을 제출하여 그 내용이 허위인 정을 모르는 담당공무원으로부터 그 증명원 내용과 같은 증명서를 발급받은 경우 공문서위조죄의 간접정범으로 의율할 수는 없다.

[**❸** ▸ ×] 공립학교 교사가 작성하는 교원의 인적사항과 전출희망사항 등을 기재하는 부분과 학교장이 작성하는 학교장의견란 등으로 구성되어 있는 교원실태조사카아드는 학교장의 작성명의 부분은 공문서라고 할 수 있으나, 작성자가 교사 명의로 된 부분은 개인적으로 전출을 희망하는 의사표시를 한 것에 지나지 아니하여 이것을 가리켜 공무원이 직무상 작성한 공문서라고 할 수는 없을 것이므로 위 카드의 교사 명의 부분을 명의자의 의사에 반하여 작성하였다고 하여도 공문서를 위조한 것이라고 할 수 없다(대판 1991.9.24. 91도1733).

[**❹** ▸ ×] 문서에 관한 죄의 죄수는 보호법익을 기준으로 하면서 행위와 범죄의사도 동시에 고려하여야 한다.

> 문서에 2인 이상의 작성명의인이 있을 때에는 각 명의자 마다 1개의 문서가 성립되므로 2인 이상의 연명으로 된 문서를 위조한 때에는 작성명의인의 수대로 수개의 문서위조죄가 성립하고 또 그 연명문서를 위조하는 행위는 자연적 관찰이나 사회통념상 하나의 행위라 할 것이어서 위 수개의 문서위조죄는 형법 제40조가 규정하는 상상적 경합범에 해당한다(대판 1987.7.21. 87도564).

답 **❷**

형법 제20장(문서에 관한 죄)에 관한 다음 설명 중 옳은 것은 모두 몇 개인가?

`21` 법원행시

ㄱ. 피고인이 인터넷을 통하여 열람·출력한 등기사항전부증명서 하단의 열람 일시 부분을 수정 테이프로 지우고 복사한 행위는 등기사항전부증명서가 나타내는 권리·사실관계와 다른 새로운 증명력을 가진 문서를 만든 것에 해당하고 그로 인하여 공공적 신용을 해할 위험성도 발생한 경우에 해당하므로 공문서변조죄가 성립한다.

ㄴ. 금융위원회의 설치 등에 관한 법률 제29조, 제69조 제1항에서 정한 금융감독원 집행간부인 금융감독원장 명의의 문서를 위조, 행사한 행위는 사문서위조죄, 위조사문서행사죄에 해당한다.

ㄷ. 피고인이 음주운전으로 단속되자 동생 甲의 이름을 대며 조사를 받다가 휴대용정보단말기(PDA)에 표시된 음주운전단속결과통보 중 운전자 甲의 서명란에 甲의 이름 대신 의미를 알 수 없는 부호를 기재한 행위는 甲의 서명을 위조한 것에 해당한다.

ㄹ. 사전자기록위작죄에서 정한 '위작'이란 전자기록의 생성에 관여할 권한이 없는 사람이 전자기록을 작성하거나 전자기록의 생성에 필요한 단위정보를 입력하는 경우만을 의미한다고 해석하여야 한다.

ㅁ. 중국인인 피고인이 콘도미니엄 입주민들의 모임인 甲시설운영위원회의 대표로 선출된 후 甲위원회가 대표성을 갖춘 단체라는 외양을 작출할 목적으로, 주민센터에서 가져온 행정용 봉투의 좌측 상단에 미리 제작해 둔 甲위원회 한자 직인과 한글 직인을 날인한 다음 주민센터에서 발급받은 피고인의 인감증명서 중앙에 있는 '용도'란 부분에 이를 오려 붙이는 방법으로 인감증명서 1매를 작성하고, 이를 휴대전화로 촬영한 사진 파일을 甲위원회에 가입한 입주민들이 참여하는 메신저 단체대화방에 게재한 경우, 피고인이 만든 문서는 공문서에 해당하지 않고, 이를 사진촬영한 파일을 단체대화방에 게재한 행위 역시 위조공문서행사죄에 해당하지 않는다.

① 1개
② 2개
③ 3개
④ 4개
⑤ 5개

정선
핵심

ㄱ. 등기사항전부증명서 하단의 열람 일시 부분을 수정 테이프로 지우고 복사한 경우 → 공문서변조죄 ○

ㄴ. 금융감독원장 명의의 문서를 위조, 행사한 경우 → 공문서위조죄와 위조공문서행사죄의 실체적 경합 ○

ㄷ. 음주운전단속결과통보 중 운전자 서명란에 동생의 이름 대신 의미를 알 수 없는 부호를 기재한 경우 → 사서명위조죄 ○

ㄹ. 사전자기록위작죄의 구성요건
  → 위작
    • 권한이 없는 사람이 전자기록을 작출하거나 전자기록의 생성에 필요한 단위정보를 입력하는 경우
    • 단위정보의 입력 권한을 부여받은 사람이 그 권한을 남용하여 허위의 정보를 입력하는 경우

ㅁ. 행정용 봉투에 날인한 甲시설운영위원회의 직인을 오려붙여 인감증명서를 작성하고 이를 촬영한 사진을 메신저 단체대화방에 게재한 경우 → 공문서 위조, 동 행사죄 ×

정선
해설

[ㄱ ▶ ○] 피고인이 인터넷을 통하여 열람·출력한 등기사항전부증명서 하단의 열람 일시 부분을 수정 테이프로 지우고 복사해 두었다가 이를 타인에게 교부하여 공문서 변조 및 변조공문서 행사로 기소된 경우, <u>등기사항전부증명서의 열람 일시는 등기부상 권리관계의 기준 일시를 나타내는 역할을 하는 것으로서 권리관계나 사실관계의 증명에서 중요한 부분에 해당한다는</u> 점을 고려하면, 피고인이 등기사항전부증명서의 열람 일시를 삭제하여 복사한 행위는 등기사항전부증명서가 나타내는 권리·사실관계와 다른 새로운 증명력을 가진 문서를 만든 것에 해당하고 그로 인하여 공공적 신용을 해할 위험성도 발생하였으므로, 공문서 변조가 성립한다(대판 2021.2.25. 2018도19043).

[ㄴ ▸ X] 금융위원회법 제29조, 제69조 제1항에서 정한 금융감독원 집행간부인 금융감독원장 명의의 문서를 위조, 행사한 행위는 사문서위조죄, 위조사문서행사죄에 해당하는 것이 아니라 공문서위조죄, 위조공문서행사죄에 해당한다(대판 2021.3.11. 2020도14666).

[ㄷ ▸ O] 피고인이 음주운전으로 단속되자 동생 甲의 이름을 대며 조사를 받다가 경찰관으로부터 음주운전 단속내역이 입력된 휴대용정보단말기(PDA)에 전자 서명할 것을 요구받자, 甲이라는 서면 옆에 서명을 하고 이를 경찰전산망에 전송하게 하여 사서명위조 및 위조사서명행사로 기소된 경우, 피고인이 휴대용정보단말기(PDA)에 표시된 음주운전단속결과통보 중 운전자 甲의 서명란에 甲의 이름 대신 의미를 알 수 없는 부호를 기재한 행위는 甲의 서명을 위조한 것에 해당한다(대판 2020.12.30. 2020도14045).

[ㄹ ▸ X] 형법 제232조의2의 사전자기록등(이하 '전자기록등'을 '전자기록')위작죄에서 정한 '위작'에 전자기록의 생성에 관여할 권한이 없는 사람이 전자기록을 작출하거나 전자기록의 생성에 필요한 단위정보를 입력하는 경우는 물론, 전자 시스템의 설치·운영 주체로부터 단위정보의 입력 권한을 부여받은 사람이 그 권한을 남용하여 허위의 정보를 입력하는 경우도 포함된다고 한다(대판 2020.8.27. 2019도11294[전합]).

[ㅁ ▸ O] 피고인이 만든 문서의 용도란은 인감증명서의 다른 부분과 재질과 색깔이 다른 종이가 붙어 있음이 눈에 띄고, 글자색과 활자체도 다르며, 인감증명서의 피고인 인감은 검정색인 반면 피고인이 용도란에 날인한 한자 직인과 한글 직인은 모두 붉은색이어서 평균 수준의 사리분별력을 갖는 사람이 조금만 주의를 기울여 살펴보면 피고인이 만든 문서는 공무원 또는 공무소가 갑 위원회를 등록된 단체라거나 피고인이 위 단체의 대표임을 증명하기 위해 작성한 문서가 아님을 쉽게 알아볼 수 있는 점 등을 종합하면, 피고인이 만든 문서가 공문서로서의 외관과 형식을 갖추었다고 인정하기 어렵고, 공문서위조죄가 성립한다고 보기 어려운 이상 이를 사진촬영한 파일을 단체대화방에 게재한 행위가 위조공문서행사죄에 해당할 수도 없다(대판 2020.12.24. 2019도8443).

답 ❸

055
☐☐☐

다음 사례와 괄호 안의 죄책이 올바르게 연결된 것으로만 묶인 것은?(다툼이 있는 경우에는 판례에 의함)   `10` 사시

> ㄱ. 컴퓨터 스캔 및 이미지 편집 프로그램을 이용하여 공인중개사 자격증의 이미지 파일을 만들어 낸 후 이를 이메일에 첨부하여 전송함으로써 다른 사람으로 하여금 모니터 화면을 통해 그 이미지 파일을 열어 보도록 한 경우(공문서 위조 및 위조공문서 행사)
>
> ㄴ. 경찰서에서 조사를 받던 사람이 제3자로 행세하면서 피의자신문조서에 제3자의 서명을 기재하였으나 조사 경찰관의 서명날인 등이 완료되기 전에 그 서명위조사실이 발각된 경우(사서명위조 및 위조사서명행사)
>
> ㄷ. 일반으로 하여금 명의인인 주식회사의 권한 내에서 작성된 문서라고 믿게 할 수 있는 정도의 형식과 외관을 갖춘 문서를 작성·제시하였으나, 문서의 작성·제시가 이미 해산 등기를 마쳐 그 주식회사의 법인격이 소멸한 이후에 이루어진 경우(무죄)
>
> ㄹ. 시청 공무원이 시청 청사신축공사 현장에 출장을 나간 적이 없는 동료 공무원이 마치 현장출장을 간 것처럼 시청 행정지식관리시스템에 허위의 정보를 입력하여 출장복명서를 생성한 후 그 사실을 모르는 결재권자에게 이를 전송한 경우(공전자기록등위작 및 위작공전자기록등행사)
>
> ㅁ. 주식회사에서 사용하는 컴퓨터 임시 기억장치 중 하나인 램(RAM)에 올려진 전자기록에 허구의 내용을 권한 없이 수정 입력하였으나 원본파일의 변경까지는 초래하지 아니한 경우(사전자기록등변작)

① ㄱ, ㄴ, ㄹ, ㅁ   ② ㄱ, ㄹ, ㅁ
③ ㄴ, ㄷ   ④ ㄴ, ㄹ, ㅁ
⑤ ㄷ, ㅁ

정선
핵심

ㄱ. 공인중개사 자격증의 이미지 파일을 만들어 이메일로 전송함으로써 열어 보도록 한 경우 → 공문서위조죄, 위조공문서행사죄 ✕

ㄴ. 피의자신문조서에 제3자의 서명을 기재하였으나 조사 경찰관의 서명날인이 완료되기 전에 발각된 경우 → 사서명위조죄와 위조사서명행사죄의 실체적 경합 ○

ㄷ. 주식회사명의 문서의 작성·제시가 주식회사의 법인격이 소멸한 이후에 이루어진 경우 → 사문서위조죄와 위조사문서행사죄의 실체적 경합 ○

ㄹ. 시청 행정지식관리시스템에 허위의 정보를 입력하여 출장복명서를 생성한 후 그 사실을 모르는 결재권자에게 전송한 경우 → 공전자기록위작죄와 위작공전자기록행사죄의 실체적 경합 ○

ㅁ. 램(RAM)에 올려진 전자기록에 허구의 내용을 권한 없이 수정 입력하였으나 원본파일의 변경까지는 초래하지 아니한 경우 → 사전자기록변작죄 ○

정선
해설

[ㄱ ▸ ✕] 판례(대판 2008.4.10. 2008도1013)의 취지를 고려하면, 공인중개사 자격증의 이미지 파일은 시각적 방법에 의해 이해할 수 있는 것이 아니므로 문서로 볼 수 없어 다른 사람으로 하여금 모니터 화면을 통해 그 이미지 파일을 열어 보도록 한 경우 공문서 위조 및 위조공문서 행사는 성립하지 아니한다.

[ㄴ ▸ ○] 대판 2005.12.23. 2005도4478

[ㄷ ▸ ✕] 명의인이 실재하지 않는 허무인이거나 또는 문서의 작성일자 전에 이미 사망하였다고 하더라도 그러한 문서 역시 공공의 신용을 해할 위험성이 있으므로 공문서와 사문서를 가리지 아니하고 문서위조죄가 성립한다고 봄이 상당하며, 이러한 법리는 법률적, 사회적으로 자연인과 같이 활동하는 법인 또는 단체에도 그대로 적용된다고 할 것이다(대판 2005.3.25. 2003도4943).

> 해산등기를 마쳐 그 법인격이 소멸한 법인 명의의 사문서를 위조한 행위가 사문서위조죄에 해당된다고 한 사례(대판 2005.3.25. 2003도4943).

[ㄹ ▸ ○] 각 출장복명서상 실제 체비지 현장에 출장을 나가서 그 현황을 파악한 공무원이 누구인지 여부에 관한 허위의 정보를 입력하는 것은 그 사무처리를 그르치게 할 목적으로 위 부천시청 행정지식관리시스템을 설치·운영하는 주체의 의사에 반하는 전자기록인 허위의 출장복명서를 생성하는 것으로서 공전자기록 등 위작의 범의가 충분히 인정된다고 할 것이고, 그 출장복명서상 기타 내용이 사실과 다르지 않다는 사정이나 업무관행상 그와 같이 작성하여 왔다는 사정만으로는 위작의 범의를 부정할 수는 없다(대판 2007.7.27. 2007도3798).

[ㅁ ▸ ○] 대판 2003.10.9. 2000도4993

 답 ❹

문서에 관한 죄에 대한 설명으로 가장 적절하지 않은 것은?(다툼이 있는 경우 판례에 의함)

① 명의인이 실재하지 않는 허무인이거나 또는 문서의 작성일자 전에 이미 사망하였다고 하더라도 그러한 문서 역시 공공의 신용을 해할 위험성이 있으므로 문서위조죄의 객체가 되며, 이는 공문서뿐만 아니라 사문서의 경우에도 마찬가지이다.

② 문서가 원본인지 여부가 중요한 거래에서 문서의 사본을 진정한 원본인 것처럼 행사할 목적으로 다른 조작을 가함이 없이 문서의 원본을 그대로 컬러복사기로 복사한 후 복사한 문서의 사본을 원본인 것처럼 행사한 행위는 문서위조죄 및 동 행사죄에 해당한다.

③ 간접정범을 통한 위조문서행사범행에 있어 도구로 이용된 자라고 하더라도 문서가 위조된 것임을 알지 못하는 자에게 행사한 경우에는 위조문서행사죄가 성립한다.

④ 허위공문서 작성의 주체는 직무상 그 문서를 작성할 권한이 있는 공무원에 한하므로 작성권한이 없는 기안담당 공무원 갑이 그 직위를 이용하여 행사할 목적으로 허위의 내용이 기재된 문서초안을 그 정을 모르는 작성권한이 있는 상사에게 제출하여 결재하도록 하는 등의 방법으로 허위의 공문서를 작성하게 한 경우에는 갑에게 허위공문서작성죄의 간접정범이 성립하지 않는다.

**정선
핵심**

① 문서의 명의인이 허무인이거나 사자인 경우 → 문서위조죄 ○
② 원본을 컬러복사기로 복사한 사본을 원본처럼 행사한 경우 → 사문서위조죄와 위조사문서행사죄의 실체적 경합 ○
③ 위조문서행사범행에 있어 도구로 이용된 자가 위조된 것임을 알지 못하는 경우 → 위조문서행사죄 ○
④ 기안담당 공무원이 허위의 내용의 문서초안을 그 정을 모르는 상사에게 제출하여 결재하도록 한 경우 → 허위공문서작성죄의 간접정범 ○

**정선
해설**

[**❶** ▶ ○] 대판 2005.2.24. 2002도18[전합]

[**❷** ▶ ○] 대판 2016.7.14. 2016도2081

[**❸** ▶ ○] 위조문서행사죄에 있어서 행사는 위조된 문서를 진정한 것으로 사용함으로써 문서에 대한 공공의 신용을 해칠 우려가 있는 행위를 말하므로 그 행사의 상대방에는 아무런 제한이 없고, 다만 문서가 위조된 것임을 이미 알고 있는 공범자 등에게 행사하는 경우에는 위조문서행사죄가 성립할 수 없으나, 간접정범을 통한 위조문서행사범행에 있어 도구로 이용된 자라고 하더라도 문서가 위조된 것임을 알지 못하는 자에게 행사한 경우에는 위조문서행사죄가 성립한다(대판 2012.2.23. 2011도14441).

> 피고인이 위조·변조한 공문서의 이미지 파일을 甲 등에게 이메일로 송부하여 프린터로 출력하게 함으로써 '행사'하였다는 내용으로 기소되었는데, 甲 등은 출력 당시 위 파일이 위조된 것을 알지 못한 사안에서, 피고인의 행위가 위조·변조공문서행사죄를 구성한다고 보아야 하는데도, 이와 달리 보아 무죄를 선고한 원심판결에 법리오해의 위법이 있다고 한 사례(대판 2012.2.23. 2011도14441).

[**❹** ▶ ✕] 허위공문서작성죄의 주체는 문서를 작성할 권한이 있는 명의인인 공무원에 한하고 그 공무원의 문서작성을 보조하는 직무에 종사하는 공무원은 허위공문서작성죄의 주체가 될 수 없다. 따라서 보조 직무에 종사하는 공무원이 허위공문서를 기안하여 허위임을 모르는 작성권자의 결재를 받아 공문서를 완성한 때에는 허위공문서작성죄의 간접정범이 될 것이지만, 이러한 결재를 거치지 않고 임의로 작성권자의 직인 등을 부정 사용함으로써 공문서를 완성한 때에는 공문서위조죄가 성립한다(대판 2017.5.17. 2016도13912).

답 ❹

다음 중 사전자기록 위작 · 변작죄 또는 공전자기록 위작 · 변작죄가 성립하는 것은 모두 몇 개인가?(다툼이 있는 경우 판례에 의함)

`16` 경찰간부

> ㄱ. 인터넷 포털사이트에 개설한 카페의 설치 · 운영 주체로부터 글쓰기 권한을 부여받은 사람이 위 카페에 접속하여 자신의 아이디로 허위내용의 글을 작성 · 게시한 경우
> ㄴ. 새마을금고 직원이 금고의 전 이사장에 대한 채권확보를 위해 금고의 예금 관련 컴퓨터 프로그램에 전 이사장 명의의 예금계좌 비밀번호를 동의 없이 입력하여 위 예금계좌에 입금된 상조금을 위 금고의 가수금계정으로 이체한 경우
> ㄷ. 자동차등록 담당공무원이 여객자동차운수사업법상 차량충당연한 규정에 위배되어 영업용으로 변경 및 이전등록을 할 수 없는 차량인 것을 알면서 자동차등록정보 처리시스템의 자동차등록원부 용도란에 영업용이라고 입력하고 최초등록일 등은 사실대로 기재한 경우
> ㄹ. 경찰관이 고소사건을 처리하지 아니하였음에도 경찰범죄정보시스템에 그 사건을 검찰에 송치한 것으로 입력한 경우

① 1개   ② 2개
③ 3개   ④ 4개

정선 핵심

- ㄱ. 인터넷 포털사이트에 개설한 카페로부터 권한을 부여받은 사람이 자신의 아이디로 허위내용의 글을 작성 · 게시한 경우 → 사전자기록위작죄 ✕
- ㄴ. 새마을금고 직원이 금고의 전 이사장에 대한 채권확보를 위해 전 이사장 명의의 예금계좌 비밀번호를 동의 없이 입력하여 이체한 경우 → 사전자기록변작죄 ✕
- ㄷ. 자동차등록 담당공무원이 관련규정에 위배하여 자동차등록원부 용도란에 영업용이라고 입력한 경우 → 공전자기록위작죄 ✕
- ㄹ. 경찰관이 고소사건을 처리하지 아니하였음에도 경찰범죄정보시스템에 검찰에 송치한 것으로 입력한 경우 → 공전자기록위작죄 ○

정선 해설

[ㄱ ▸ ✕] 피고인이 위작하였다는 이 사건 전자기록은 그 내용이 중립적인 입장을 천명한 위 원로회의가 마치 위 입주자대표회의에 반대하는 입장에 있는 듯하게 보일 수 있는 것이라는 사실을 알 수 있는바, 사정이 그러하다면 당시 피고인이 비록 위 카페에 허위내용의 전자기록을 작성하여 게시하였다고 하여 그러한 점만으로 피고인에게 위 카페나 위 사이트의 설치 · 운영 주체의 사무처리를 그르치게 할 목적이 있었다고 단정하기도 어렵다고 할 것이다(대판 2008.4.24. 2008도294).

[ㄴ ▸ ✕] <u>위 금고의 내부규정이나 여신거래기본약관의 규정에 비추어 이는 위 금고의 업무에 부합하는 행위로서 피해자의 비밀번호를 임의로 사용한 잘못이 있다고 하더라도 사전자기록위작 · 변작죄의 '사무처리를 그르치게 할 목적'을 인정할 수 없다(대판 2008.6.12. 2008도938).

[ㄷ ▸ ✕] <u>자동차등록원부상 '영업용으로의 용도변경 및 이전'에 관한 등록정보가 확인 · 공시하는 내용에 자동차가 영업용으로 용도변경되어 이전되었다는 사실 외에 변경 및 이전등록에 필요한 법령상 자격의 구비 사실까지 포함한다고 볼 법적인 근거가 없고, 최초등록일 등 등록과 관련된 사실관계에 대한 내용에 거짓이 있다고 볼 수 없는 이상, 위 행위가 공전자기록등위작죄의 '위작'에 해당한다고 할 수 없다(대판 2011.5.13. 2011도1415).</u>

[ㄹ ▸ ○] 시스템을 설치 · 운영하는 주체와의 관계에서 전자기록의 생성에 관여할 권한이 없는 사람이 전자기록을 작출하거나 전자기록의 생성에 필요한 단위 정보의 입력을 하는 경우는 물론 시스템의 설치 · 운영 주체로부터 각자의 직무 범위에서 개개의 단위정보의 입력 권한을 부여받은 사람이 그 권한을 남용하여 허위의 정보를 입력함으로써 시스템 설치 · 운영 주체의 의사에 반하는 전자기록을 생성하는 경우도 형법 제227조의2에서 말하는 전자기록의 '위작'에 포함된다(대판 2005.6.9. 2004도6132).

> 경찰관이 고소사건을 처리하지 아니하였음에도 경찰범죄정보시스템에 그 사건을 검찰에 송치한 것으로 허위사실을 입력한 행위가 공전자기록위작죄에서 말하는 위작에 해당한다고 한 사례(대판 2005.6.9. 2004도6132).

답 ❶

甲에게 허위공문서작성죄가 성립하지 않는 경우는?(다툼이 있는 경우 판례에 의함)

① 준공검사관 공무원 甲이 정산실계시에 의히여 준공검사를 하지 않고도 준공검사를 히였다고 준공검사조서에 기재하였지만, 준공검사조서의 내용이 객관적으로 정산설계서 초안이나 그 후에 작성된 정산설계서 원본의 내용과 일치한 경우

② 건축담당 공무원 甲이 건축허가신청서를 접수·처리함에 있어 건축법상의 요건을 갖추지 못하고 설계된 사실을 알면서도 기안서인 건축허가통보서를 작성하여 건축허가서의 작성명의인인 군수의 결재를 받아 건축허가서를 작성한 경우

③ 공무원 甲이 폐기물처리사업계획이 관계 법령의 규정에 적합하지 않음을 알았음에도 불구하고 적합하다는 내용의 통보서를 작성한 경우

④ 공무원 甲이 A의 부탁을 받아 A가 세대주임에도 불구하고 A의 동거가족 B를 세대주인 것처럼 된 주민등록표를 작성한 경우

**정선
핵심**

허위공문서작성죄의 성립 여부
① 준공검사를 하지 않고 준공검사조서에 기재하였지만, 그 내용이 정산설계서 원본의 내용과 일치한 경우 → ○
② 건축법상의 요건미비사실을 알면서 군수의 결재를 받아 건축허가서를 작성한 경우 → ×
③ 폐기물처리사업계획이 관계법령상 부적합함에도 적합통보서를 작성한 경우 → ○
④ A가 세대주임에도 동거가족 B를 세대주인 것처럼 주민등록표를 작성한 경우 → ○

**정선
해설**

[❶ ▸ ○] 준공검사조서를 작성함에 있어서 정산설계서를 확인하고 준공검사를 한 것이 아님에도 마치 한 것처럼 준공검사용지에 "정산설계서에 의하여 준공검사"를 하였다는 내용을 기입하였다면 허위공문서 작성의 범의가 있었음이 명백하여 그것만으로 곧 허위공문서작성죄가 성립하고 위 준공검사조서의 내용이 객관적으로 정산설계서 초안이나 그 후에 작성된 정산설계서 원본의 내용과 일치한다거나 공사현장의 준공상태에 부합한다 하더라도 그 성립에 아무런 영향을 미치지 못한다(대판 1983.12.27. 82도3063).

[❷ ▸ ×] 건축허가서는 그 작성명의인인 군수가 건축허가신청에 대하여 이를 관계 법령에 따라 허가한다는 내용에 불과하고 위 건축허가신청서와 그 첨부서류에 기재된 내용(건축물의 건축계획)이 건축법의 규정에 적합하다는 사실을 확인하거나 증명하는 것은 아니라 할 것이므로 군수가 위 건축허가통보서에 결재하여 위 건축허가신청을 허가하였다면 위 건축허가서에 표현된 허가의 의사표시 내용 자체에 어떠한 허위가 있다고 볼 수는 없다 할 것이어서, 위 건축허가서를 작성한 행위를 허위공문서작성죄로 처벌할 수는 없다(대판 2000.6.27. 2000도1858).

> **관련판례** **대판 1996.5.14. 96도554**
>
> 고의로 법령을 잘못 적용하여 공문서를 작성하였다고 하더라도 그 법령적용의 전제가 된 사실관계에 대한 내용에 거짓이 없다면 허위공문서작성죄가 성립될 수 없는바 당사자로부터 뇌물을 받고 고의로 적용하여서는 안될 조항을 적용하여 과세표준을 결정하고 그 과세표준에 기하여 세액을 산출하였다고 하더라도, 그 세액계산서에 허위내용의 기재가 없다면 허위공문서작성죄에는 해당하지 않는다.

[❸ ▸ ○] 공무원 甲이 폐기물처리사업계획이 위법함을 알면서 적합하다는 통보서를 작성하였으므로 허위공문서작성죄가 성립한다.

> 폐기물처리사업계획 적합 통보서는 단순히 폐기물처리사업을 관계 법령에 따라 허가한다는 내용이 아니라, 폐기물처리업을 하려는 자가 폐기물관리법에 따라 제출한 폐기물처리사업계획이 폐기물관리법 및 관계 법령의 규정에 적합하다는 사실을 확인하거나 증명하는 것이라 할 것이므로, 그 폐기물처리사업계획이 관계 법령의 규정에 적합하지 아니함을 알면서 적합하다는 내용으로 통보서를 작성한 것이라면 그 통보서는 허위의 공문서라고 보지 아니할 수 없다(대판 2003.2.11. 2002도4293).

[❹ ▸ ○]   지방공무원인 피고인이 갑으로부터 부탁을 받고 1989.4.15.까지는 갑이 세대주이고 처인 을은 동거가 족에 불과하였음에도 불구하고 마치 1988.3.26.부터 을이 세대주인 것처럼 된 세대별 주민등록표 1장을 작성하여 동사무소의 주민등록표 보관함에 비치한 행위는 허위공문서 작성 및 동 행사죄에 해당한다(대판 1990.10.16. 90도 1199).

답 ❷

059

□□□

허위공문서작성죄에 대한 설명으로 옳지 않은 것은?(다툼이 있는 경우 판례에 의함)

21 국가9급

① 허위공문서작성죄의 객체가 되는 문서는 문서상 작성명의인이 명시되어 있지 않더라도 문서의 형식, 내용 등 문서 자체에 의하여 누가 작성하였는지를 추지할 수 있을 정도의 것이면 된다.
② '직무에 관한 문서'라 함은 공무원이 직무권한 내에서 작성하는 문서를 말하며, 법률뿐 아니라 명령, 내규 또는 관례에 의한 직무집행의 권한으로 작성하는 경우도 포함된다.
③ 공증담당 변호사가 법무사의 직원으로부터 인증촉탁서류를 제출받은 후, 법무사가 공증사무실 에 출석하여 사서증서의 날인이 당사자 본인의 것임을 확인한 바 없지만, 업계의 관행에 따라 그러한 확인을 한 것처럼 인증서에 기재한 경우에는 허위공문서작성죄가 성립하지 아니한다.
④ 공무원이 고의로 법령을 잘못 적용하여 공문서를 작성한 경우에도 그 법령적용의 전제가 된 사실관계에 대한 내용에 거짓이 없다면 허위공문서작성죄가 성립하지 않는다.

정선 핵심

① 작성명의인이 명시된 경우뿐 아니라 작성명의인이 명시되지 않더라도 작성자를 추지할 수 있을 정도의 문서 → 허위공문서작성죄의 객체 ○
② 직무에 관한 문서 → 법률뿐 아니라 명령 등에 의한 권한으로 작성하는 경우 포함
③ 사서증서의 날인이 당사자 본인의 것임을 법무사가 확인한 것처럼 인증서에 기재한 경우 → 허위공문서작성죄 ○
④ 법령적용의 전제가 된 사실관계에 거짓이 없는 경우 → 허위공문서작성죄 ×

정선 해설

[❶ ▸ ○]   대판 2019.3.14. 2018도18646
[❷ ▸ ○]   허위공문서작성죄에 있어서의 '직무에 관한 문서'라 함은 공무원이 그 직무권한 내에서 작성하는 문서 를 말하고, 그 문서는 대외적인 것이거나 내부적인 것(본건의 경우 대내적인 기안문서인 예산품의서)을 구별하지 아니하며, 그 직무권한이 반드시 법률상 근거가 있음을 필요로 하는 것이 아니고, 널리 명령, 내규 또는 관례에 의한 직무집행의 권한으로써 작성 하는 경우를 포함한다(대판 1981.12.8. 81도943).
[❸ ▸ ×]   인증촉탁 대리인이 법무사일 경우 그 직원이 공증사무실에 촉탁서류를 제출할 뿐 법무사 본인이 사서증 서의 날인 또는 서명이 당사자 본인의 것임을 확인하지 아니하는 것이 업계의 관행이라고 할지라도 그와 같은 업계의 관행이 정당하다고 볼 수 없어 허위공문서작성죄가 성립한다(대판 2007.1.25. 2006도3844).
[❹ ▸ ○]   대판 1996.5.14. 96도554

답 ❸

060

□□□

문서에 관한 죄에 관한 다음 설명 중 옳지 않은 것으로 짝지어진 것은?(다툼이 있는 경우 판례에 의함)

18 경찰간부

> ㄱ. 외국에서 발행되어 유효기간이 경과한 타인의 국제운전면허증에 붙어있던 타인의 사진을 떼어 내고 그 자리에 자신의 사진을 붙였다면 사문서위조죄가 성립한다.
>
> ㄴ. 허위로 작성된 공문서를 그 동일성을 해하지 아니하는 정도로 변경을 가하였다면 공문서변조 죄가 성립한다.
>
> ㄷ. 공무원이 허위공문서를 기안하여 그 정을 모르는 작성권자의 결재를 받아 공문서를 완성한 때에는 허위공문서작성죄의 간접정범이 성립한다.
>
> ㄹ. 고소사건의 담당 경찰관은 경찰 범죄정보시스템에 접근하여 당해 사건의 처리정보를 입력할 수 있는 정당한 권한을 가진 자이므로 고소사건을 처리하지 아니하였더라도 그 사건을 검찰에 송치한 것으로 입력한 행위만으로는 공전자기록위작죄가 성립하지 아니한다.

① ㄱ, ㄴ   ② ㄱ, ㄹ

③ ㄴ, ㄷ   ④ ㄴ, ㄹ

정선 핵심

ㄱ. 유효기간이 경과한 타인의 국제운전면허증의 사진을 떼어내고 자신의 사진을 붙인 경우 → 사문서위조죄 ○

ㄴ. 허위작성된 공문서에 동일성을 해하지 아니하는 변경을 한 경우 → 공문서변조죄 ×

ㄷ. 공문서 작성의 보조자가 허위공문서를 기안하여 선의의 작성권자의 결재를 받아 공문서를 완성한 경우 → 허위공문서작성죄의 간접정범 ○

ㄹ. 경찰관이 고소사건을 처리하지 아니하였음에도 경찰범죄정보시스템에 검찰에 송치한 것으로 입력한 경우 → 공전자기록위작죄 ○

정선 해설

[ㄱ ▸ ○] 피고인이 위조하였다는 국제운전면허증이 그 유효기간을 경과하여 본래의 용법에 따라 사용할 수는 없게 되었다고 하더라도, 이를 행사하는 경우 그 상대방이 유효기간을 쉽게 알 수 없도록 되어 있거나 위 문서 자체가 진정하게 작성된 것으로서 피고인이 명의자로부터 국제운전면허를 받은 것으로 오신하기에 충분한 정도의 형식과 외관을 갖추고 있다면 피고인의 행위는 문서위조죄에 해당한다(대판 1998.4.10. 98도164).

[ㄴ ▸ ×] 공문서 변조라 함은 권한 없이 이미 진정하게 성립된 공무원 또는 공무소명의의 문서내용에 대하여 그 동일성을 해하지 아니할 정도로 변경을 가하는 것을 말한다 할 것이므로 이미 허위로 작성된 공문서는 형법 제225조 소정의 공문서변조죄의 객체가 되지 아니한다(대판 1986.11.11. 86도1984).

[ㄷ ▸ ○] 대판 1990.2.27. 89도1816

[ㄹ ▸ ×] 경찰관이 고소사건을 처리하지 아니하였음에도 경찰범죄정보시스템에 그 사건을 검찰에 송치한 것으로 허위사실을 입력한 행위는 공전자기록위작죄에서 말하는 위작에 해당한다(대판 2005.6.9. 2004도6132).

답 ④

허위공문서작성죄에 대한 설명으로 옳지 않은 것은?(다툼이 있는 경우 판례에 의함)

13 국가7급

① 공무원이 아닌 자가 공무원과 공동하여 허위공문서작성죄를 범한 때에는 허위공문서작성죄의 공동정범이 성립한다.

② 건축 담당 공무원이 건축허가신청서를 접수·처리함에 있어 건축법상의 요건을 갖추지 못하고 설계된 사실을 알면서도 기안서인 건축허가통보서를 작성하여 건축허가서의 작성명의인인 군수의 결재를 받아 건축허가서를 작성한 경우에는 허위공문서작성죄가 성립하지 않는다.

③ 공무원이 아닌 자가 공무원에게 허위사실을 기재한 증명원을 제출하여 그것을 알지 못하는 공무원으로부터 증명서를 받아 낸 경우에는 허위공문서작성죄의 간접정범이 성립한다.

④ 공문서 작성권한이 있는 공무원을 보좌하여 공문서 기안을 담당하는 공무원이 그 직위를 이용하여 허위공문서를 기안하여 그 사실을 모르는 상사에게 서명날인을 받아 공문서를 완성한 경우에는 허위공문서작성죄의 간접정범이 성립한다.

**정선
핵심**

허위공문서작성죄의 성립 여부

① 공무원 아닌 자가 공무원과 공동하여 허위공문서작성죄를 범한 경우 → 공동정범 ○

② 건축법상의 요건미비사실을 알면서 군수의 결재를 받아 건축허가서를 작성한 경우 → ×

③ 공무원이 아닌 자가 허위사실을 기재한 증명원을 제출하여 그것을 알지 못하는 공무원으로부터 증명서를 받아 낸 경우 → 허위공문서작성죄의 간접정범 ×

④ 기안을 담당하는 공무원이 허위공문서를 기안하여 그 사실을 모르는 상사에게 서명날인을 받아 공문서를 완성한 경우 → 허위공문서작성죄의 간접정범 ○

**정선
해설**

[**❶ ▸ ○**] 대판 2006.5.11. 2006도1663

[**❷ ▸ ○**] 대판 2000.6.27. 2000도1858

[**❸ ▸ ×**] 공무원 아닌 자가 공무원을 기망하여 허위내용의 증명서를 작성케 한 후 행사하였다고 하더라도 허위공문서 작성 및 동 행사죄는 성립되지 않는다(대판 1976.8.24. 76도151).

[**❹ ▸ ○**] 허위공문서 작성의 주체는 직무상 그 문서를 작성할 권한이 있는 공무원에 한하고 작성권자를 보조하는 직무에 종사하는 공무원은 허위공문서작성죄의 주체가 되지 못한다. 다만 공문서의 작성권한이 있는 공무원의 직무를 보좌하는 사람이 그 직위를 이용하여 행사할 목적으로 허위의 내용이 기재된 문서 초안을 그 정을 모르는 상사에게 제출하여 결재하도록 하는 등의 방법으로 작성권한이 있는 공무원으로 하여금 허위의 공문서를 작성하게 한 경우에는 허위공문서작성죄의 간접정범이 성립한다(대판 2011.5.13. 2011도1415).

공무원 甲이 허위의 사실을 기재한 자동차운송사업변경(증차)허가신청 검토조서를 작성한 다음 이를 자동차운송사업변경(증차)허가신청 검토보고에 첨부하여 결재를 상신하였고, 담당계장으로서 그와 같은 사정을 알고 있는 중간 결재자인 피고인과 담당과장으로서 그와 같은 사정을 모르는 최종 결재자인 乙이 차례로 결재를 하여 자동차운송사업 변경허가가 이루어진 사안에서, 피고인과 甲의 행위가 허위공문서작성죄의 간접정범에 해당하는데도 공동정범에 해당한다고 본 원심판단은 잘못이지만, 그러한 잘못은 판결에 영향이 없다고 한 사례(대판 2011.5.13. 2011도1415).

답 **❸**

다음 설명 중 가장 적절한 것은?(다툼이 있으면 판례에 의함)

① 주식회사의 지배인이 자신을 그 회사의 대표이사로 표시하여 연대보증채무를 부담하는 취지의 회사 명의의 차용증을 직성·교부한 경우, 그 문서에 일부 허위내용이 포함되거나 위 연대보증 행위가 회사의 이익에 반하는 것이더라도 사문서 위조 및 위조사문서 행사에 해당하지 않는다.

② 공무원이 여러 차례의 출장반복의 번거로움을 회피하고 민원사무를 신속히 처리한다는 방침에 따라 사전에 출장조사한 다음 출장조사 내용이 변동없다는 확신하에 출장복명서를 작성하고 다만 그 출장일자를 작성일자로 기재한 경우 허위공문서작성죄가 성립한다.

③ 공립학교 교사가 작성하는 교원의 인적사항과 전출희망사항 등을 기재하는 부분과 학교장이 작성하는 학교장의견란 등으로 구성되어 있는 교원실태조사카드의 교사 명의 부분을 명의자의 의사에 반하여 작성한 행위는 공문서위조죄를 구성한다.

④ 권한 없는 자가 임의로 인감증명서의 사용용도란에 나오는 기재사항을 고쳐 쓴 경우에는 공문서변조죄가 성립한다.

정선 핵심

① 주식회사의 지배인이 연대보증채무를 부담하는 취지의 회사 명의의 차용증을 작성한 경우 → 사문서위조죄, 위조사문서행사죄 ✕

② 출장반복을 회피하기 위해 출장복명서를 작성하고 출장일자를 작성일자로 기재한 경우 → 허위공문서작성죄 ✕

③ 교원실태조사카드의 교사 명의 부분을 의사에 반하여 작성한 경우 → 공문서위조죄 ✕

④ 권한 없는 자가 인감증명서의 사용용도란의 기재사항을 고친 경우 → 공문서변조죄 ✕

정선 해설

[❶ ▸ ○] 대판 2010.5.13. 2010도1040

[❷ ▸ ✕] 공무원이 여러 차례의 출장반복의 번거로움을 회피하고 민원사무를 신속히 처리한다는 방침에 따라 사전에 출장조사한 다음 출장조사내용이 변동없다는 확신하에 출장복명서를 작성하고 다만 그 출장일자를 작성일자로 기재한 것이라면 허위공문서 작성의 범의가 있었다고 볼 수 없다(대판 2001.1.5. 99도4101).

> **비교판례** 대판 1993.12.24. 92도3334
>
> 공무원이 어떠한 위법사실을 발견하고도 직무상 의무에 따른 적절한 조치를 취하지 아니하고 위법사실을 적극적으로 은폐할 목적으로 허위공문서를 작성·행사한 경우에는 직무위배의 위법상태는 허위공문서 작성 당시부터 그 속에 포함되는 것으로 작위범인 허위공문서 작성, 동 행사죄만이 성립하고 부작위범인 직무유기죄는 따로 성립하지 아니하나, 위 복명서 및 심사의견서를 허위작성한 것이 농지일시전용허가를 신청하자 이를 허가하여 주기 위하여 한 것이라면 직접적으로 농지불법전용 사실을 은폐하기 위하여 한 것은 아니므로 위 허위공문서 작성, 동 행사죄와 직무유기죄는 실체적 경합범의 관계에 있다.

[❸ ▸ ✕] 공립학교 교사가 작성하는 교원의 인적사항과 전출희망사항 등을 기재하는 부분과 학교장이 작성하는 학교장의견란 등으로 구성되어 있는 교원실태조사카드는 학교장의 작성명의 부분은 공문서라고 할 수 있으나, 작성자가 교사 명의로 된 부분은 개인적으로 전출을 희망하는 의사표시를 한 것에 지나지 아니하여 이것을 가리켜 공무원이 직무상 작성한 공문서라고 할 수는 없을 것이므로 위 카드의 교사 명의 부분을 명의자의 의사에 반하여 작성하였다고 하여도 공문서를 위조한 것이라고 할 수 없다(대판 1991.9.24. 91도1733).

[❹ ▸ ✕] 인감증명서의 사용용도란의 기재는 증명청인 동장이 작성한 증명문구에 의하여 증명되는 부분과는 아무런 관계가 없다고 할 것이므로, 권한 없는 자가 임의로 인감증명서의 사용용도란의 기재를 고쳐 썼다고 하더라도 공무원 또는 공무소의 문서 내용에 대하여 변경을 가하여 새로운 증명력을 작출한 경우라고 볼 수 없으므로 공문서변조죄나 이를 전제로 하는 변조공문서행사죄가 성립되지는 않는다(대판 2004.8.20. 2004도2767).

 답 ❶

063

공정증서원본 부실기재에 관한 다음 설명 중 가장 옳은 것은?(다툼이 있는 경우 판례에 의함)

`14` 법원9급

① 협의상 이혼의 의사표시가 기망에 의하여 이루어져 호적에 그 협의상 이혼사실이 기재되었다면 공정증서원본부실기재죄가 성립한다.

② 가장매매로 인한 소유권이전등기를 경료한 경우에는 공정증서원본 부실기재 및 동 행사죄가 성립한다.

③ 발행인과 수취인이 통모하여 진정한 어음채무 부담이나 어음채권 취득 의사 없이 단지 발행인의 채권자에게서 채권추심이나 강제집행을 받는 것을 회피하기 위하여 형식적으로만 약속어음의 발행을 가장한 후 공증인에게 마치 진정한 어음발행행위가 있는 것처럼 허위로 신고하여 어음공정증서원본을 작성·비치하게 한 경우에 공정증서원본 부실기재 및 동 행사죄가 성립한다.

④ 타인의 부동산을 자기의 소유라고 허위의 사실을 신고하여 소유권이전등기를 경료한 이후라면 그 부동산이 자기의 소유인 것처럼 가장하여 그 부동산에 관하여 자기 명의로 채권자와의 사이에 근저당권설정등기를 경료한 경우 별도로 공정증서원본 부실기재 및 동 행사죄가 성립하지 않는다.

정선 핵심

공정증서원본부실기재죄, 동 행사죄의 성립 여부
① 호적에 기망에 의한 협의상 이혼사실이 기재된 경우 → ×
② 가장매매로 인한 소유권이전등기를 경료한 경우 → ×
③ 발행인과 수취인이 통모하여 공증인에게 허위신고하여 어음공정증서원본을 작성·비치하게 한 경우 → ○
④ 허위의 소유권이전등기를 경료한 자가 채권자와 합의로 근저당설정등기를 경료한 경우 → ○

정선 해설

[❶ ▸ ×] 협의상 이혼의 의사표시가 기망에 의하여 이루어진 것일지라도 그것이 취소되기까지는 유효하게 존재하는 것이므로, 협의상 이혼의사의 합치에 따라 이혼신고를 하여 호적에 그 협의상 이혼사실이 기재되었다면, 이는 공정증서원본부실기재죄에 정한 부실의 사실에 해당하지 않는다(대판 1997.1.24. 95도448).

[❷ ▸ ×] 피고인이 부동산에 관하여 가장매매를 원인으로 소유권이전등기를 경료하였더라도, 그 당사자 사이에는 소유권이전등기를 경료시킬 의사는 있었다고 할 것이므로 공정증서원본부실기재죄 및 동 행사죄는 성립하지 않는다(대판 1991.9.24. 91도1164).

[❸ ▸ ○] 대판 2012.4.26. 2009도5786

[❹ ▸ ×] 근저당권은 근저당물의 소유자가 아니면 설정할 수 없으므로 타인의 부동산을 자기 또는 제3자의 소유라고 허위의 사실을 신고하여 소유권이전등기를 경료한 후 나아가 그 부동산이 자기 또는 당해 제3자의 소유인 것처럼 가장하여 그 부동산에 관하여 자기 또는 당해 제3자 명의로 채권자와의 사이에 근저당권설정등기를 경료한 경우에는 공정증서원본 부실기재 및 동 행사죄가 성립한다(대판 1997.7.25. 97도605).

답 ❸

다음 중 공정증서원본등부실기재죄가 성립하는 경우는 몇 개인가?(다툼이 있는 경우 판례에 의함)

`16` 경찰간부

ㄱ. 등기부에 거래가액을 부풀려서 기재하게 한 경우

ㄴ. 허위의 소유권 이전등기를 경료한 자가 자신의 채권자와 합의에 의하여 그 부동산에 근저당설 정등기를 경료한 경우

ㄷ. 총발행주식의 과반수를 소유한 대주주가 적법한 소집절차나 임시주주총회의 개최 없이 자신이 임시의장이 되어 임시주주총회 의사록을 작성하여 법인등기를 마친 경우

ㄹ. 당사자의 합의에 의하여 진정한 채무자가 아닌 제3자를 채무자로 기재한 근저당설정등기를 한 경우

ㅁ. 주식회사의 임시주주총회가 법령 및 정관상 요구되는 이사회의 결의나 소집절차 없이 이루어 졌다고 하더라도, 주주 전원이 참석하여 총회를 개최하는 데 동의하고 아무런 이의 없이 만장일 치로 결의가 되었고 그 결의에 따라 등기가 이루어진 경우

ㅂ. 신주발행이 무효로 확정되기 이전에 그 신주발행의 사실을 담당 공무원에게 신고하여 법인등 기부에 기재하게 한 경우

---

① 0개
② 1개
③ 2개
④ 3개

정선 핵심

공정증서원본등부실기재죄의 성립 여부

ㄱ. 사실과 다른 거래가액이 부동산등기부에 등재되도록 한 경우 → ✕

ㄴ. 허위의 소유권이전등기를 경료한 자가 채권자와 합의로 근저당설정등기를 경료한 경우 → ○

ㄷ. 대주주가 적법한 소집절차 없이 임시주주총회 의사록을 작성하여 법인등기를 마친 경우 → ✕

ㄹ. 진정한 채무자가 아닌 제3자를 채무자로 기재한 근저당설정등기를 한 경우 → ✕

ㅁ. 임시주주총회가 법정절차 없이 이루어졌으나, 주주 전원이 만장일치로 한 결의에 따라 등기가 이루어진 경우 → ✕

ㅂ. 신주발행이 무효로 확정되기 이전에 신고하여 법인등기부에 기재하게 한 경우 → ✕

정선 해설

[ㄱ ▸ ✕] 부동산등기부에 기재되는 거래가액은 당해 부동산의 권리의무관계에 중요한 의미를 갖는 사항에 해당 한다고 볼 수 없다. 따라서 부동산의 거래당사자가 거래가액을 시장 등에게 거짓으로 신고하여 신고필증을 받은 뒤 이를 기초로 사실과 다른 내용의 거래가액이 부동산등기부에 등재되도록 하였다면, 형법상의 공전자기록등부실 기재죄 및 부실기재공전자기록등행사죄가 성립하지는 아니한다(대판 2013.1.24. 2012도12363).

[ㄴ ▸ ○] 대판 1997.7.25. 97도605

[ㄷ ▸ ✕] 피고인이 적법한 주주총회 소집절차를 거치지 않았을 뿐 아니라 실제로 주주총회를 개최하지도 않았지 만 주주 전원의 의사에 따라 그 내용의 유효한 결의가 있었던 것으로 볼 것이고, 따라서 그 결의에 따른 공소사실 기재 각 등기는 실체관계에 부합하는 것으로 이를 부실의 사항을 기재한 등기라고 할 수 없다(대판 2008.6.26. 2008도1044).

[1] 대주주가 적법한 소집절차나 임시주주총회의 개최 없이 나머지 주주들의 의결권을 위임받아 자신이 임시의장 이 되어 임시주주총회 의사록을 작성하여 법인등기를 마친 사안에서, 공정증서원본부실기재죄가 성립하지 않는 다고 한 사례

[2] 주주총회 의장의 선임에 관한 법령 및 정관의 규정을 준수하지 않고 대주주가 임시의장이 되어 임시주주총회 의사록을 작성한 사안에서, 해당 주주총회 결의가 유효함을 전제로 의장의 지위에 관한 자격모용사문서작성죄 및 동 행사죄의 성립을 부정한 사례(대판 2008.6.26. 2008도1044).

[ㄹ ▸ ×] 근저당설정등기는 등기권리자인 채권자와 등기의무자인 근저당권설정자와의 합의를 기초로 이루어지는 것이므로 설사 등기의 편의상 진정한 채무자가 아닌 제3자를 채무자로 등기부상 등재케 하였다 하더라도 그것이 계약당사자간의 합의에 의하여 이루어진 것이라면 당사자 사이에 이와 같은 등기를 경료하게 할 의사가 있었던 것이므로 이 경우 공정증서원본부실기재죄는 성립되지 않는다(대판 1985.10.8. 84도2461).

[ㅁ ▸ ×] 주식회사의 임시주주총회가 법령 및 정관상 요구되는 이사회의 결의나 소집절차 없이 이루어졌다고 하더라도, 주주 전원이 참석하여 총회를 개최하는 데 동의하고 아무런 이의 없이 만장일치로 결의가 이루어졌다면 그 결의는 특별한 사정이 없는 한 유효하고, 그 결의에 따른 등기는 실체관계에 부합하는 것으로 이를 부실의 사항을 기재한 등기라고 할 수 없다(대판 2014.5.16. 2013도15895).

[ㅂ ▸ ×] 주식회사의 신주발행의 경우 신주발행에 법률상 무효사유가 존재한다고 하더라도 그 무효는 신주발행 무효의 소에 의해서만 주장할 수 있고, 신주발행무효의 판결이 확정되더라도 그 판결은 장래에 대하여만 효력이 있으므로(상법 제429조, 제431조 제1항), 그 신주발행이 판결로써 무효로 확정되기 이전에 그 신주발행사실을 담당공무원에게 신고하여 공정증서인 법인등기부에 기재하게 하였다고 하여 그 행위가 공무원에 대하여 허위신고를 한 것이라거나 그 기재가 부실기재에 해당하는 것이라고 할 수는 없다(대판 2007.5.31. 2006도8488).

정답 ❷

065

□□□

공정증서원본부실기재죄에 관한 설명 중 적절한 것을 모두 고른 것은?(다툼이 있는 경우 판례에 의함)

`17` 경찰승진

ㄱ. 부동산 매수인이 매도인과 사이에 부동산의 소유권이전에 관한 물권적 합의가 없는 상태에서, 소유권이전등기신청에 관한 대리권이 없이 단지 소유권이전등기에 필요한 서류를 보관하고 있을 뿐인 법무사를 기망하여 매수인 명의의 소유권이전등기를 신청하게 하여 그 등기가 완료된 경우, 이는 단지 소유권이전등기신청절차에 하자가 있는 것에 불과하여 공정증서원본부실기재죄가 성립하지 않는다.

ㄴ. 토지거래 허가구역 안의 토지에 관하여 실제로는 매매계약을 체결하고서도 처음부터 토지거래허가를 잠탈하려는 목적으로 등기원인을 '증여'로 하여 소유권이전등기를 경료한 경우 공정증서원본부실기재죄가 성립한다.

ㄷ. 종중 소유의 토지를 자신의 개인 소유로 신고하여 토지대장에 올린 경우 공정증서원본부실기재죄가 성립한다.

ㄹ. 발행인과 수취인이 통모하여 진정한 어음채무 부담이나 어음채권 취득 의사 없이 단지 발행인의 채권자에게서 채권추심이나 강제집행을 받는 것을 회피하기 위하여 형식적으로만 약속어음의 발행을 가장한 후 공증인에게 마치 진정한 어음발행행위가 있는 것처럼 허위로 신고하여 어음공정증서원본을 작성·비치하게 한 경우에 공정증서원본 부실기재 및 동 행사죄가 성립한다.

---

① ㄱ, ㄴ   ② ㄱ, ㄹ

③ ㄴ, ㄷ   ④ ㄴ, ㄹ

정선 핵심

공정증서원본부실기재죄, 동 행사죄의 성립 여부

ㄱ. 물권적 합의가 없는 상태에서 매수인 명의의 소유권이전등기를 신청하게 하여 등기가 완료된 경우 → ○

ㄴ. 토지거래허가를 잠탈하려는 목적으로 소유권이전등기를 경료한 경우 → ○

ㄷ. 종중 소유의 토지를 개인 소유로 신고하여 토지대장에 올린 경우 → ×

ㄹ. 발행인과 수취인이 통모하여 공증인에게 허위신고하여 어음공정증서원본을 작성·비치하게 한 경우 → ○

[ㄱ ▸ X] 부동산 매수인이 매도인과 사이에 부동산의 소유권이전에 관한 물권적 합의가 없는 상태에서, 소유권이전등기신청에 관한 대리권이 없이 단지 소유권이전등기에 필요한 서류를 보관하고 있을 뿐인 법무사를 기망하여 매수인 명의의 소유권이전등기를 신청하게 한 경우, 이는 단지 소유권이전등기신청절차에 하자가 있는 것에 불과한 것이 아니라 허위의 사실을 신고한 것이라고 보아야 하고, 위 소유권이전등기는 원인무효의 등기로서 부실기재에 해당한다는 이유로, 공정증서원본부실기재죄가 성립한다(대판 2006.3.10. 2005도9402).

> **비교판례** **대판 1996.6.11. 96도233**
>
> 피고인과 매도인과의 사이에 매매계약이 이루어졌고 그 계약금과 대부분의 중도금이 지급되었으며 매도인이 법무사에게 소유권이전등기에 필요한 서류일체를 맡기고 나중에 잔금지급이 되면 그 등기신청을 하도록 위임하였는데, 피고인이 법무사를 기망하였고 그가 피고인에게 기망당하여 잔금이 모두 지급된 것으로 잘못 알고 등기신청을 하여 그 소유권이전등기를 경료한 것이라면 피고인이 위 법무사를 통하여 등기공무원에게 허위의 사실을 신고하여 등기부에 부실의 사실을 기재하게 한 것이라고는 할 수 없다.

[ㄴ ▸ O] 토지거래 허가구역 안의 토지에 관하여 실제로는 매매계약을 체결하고서도 처음부터 토지거래허가를 잠탈하려는 목적으로 등기원인을 '증여'로 하여 소유권이전등기를 경료한 경우, 비록 매도인과 매수인 사이에 실제의 원인과 달리 '증여'를 원인으로 한 소유권이전등기를 경료할 의사의 합치가 있더라도, 허위신고를 하여 공정증서원본에 부실의 사실을 기재하게 한 때에 해당한다(대판 2007.11.30. 2005도9922).

[ㄷ ▸ X] 토지대장은 공정증서에 해당하지 아니하므로 종중 소유의 토지를 자신의 개인 소유로 신고하여 토지대장에 올렸더라고 공정증서원본부실기재죄는 성립하지 아니한다.

공정증서란 권리의무에 관한 공정증서만을 가리키는 것이고 사실증명에 관한 것은 이에 포함되지 아니하므로 권리의무에 변동을 주는 효력이 없는 토지대장은 위에서 말하는 공정증서에 해당되지 아니한다(대판 1988.5.24. 87도2696).

[ㄹ ▸ O] 대판 2012.4.26. 2009도5786

정답 ❹

문서에 관한 죄에 대한 설명 중 가장 적절한 것은?(다툼이 있는 경우 판례에 의함)

`20` 경찰승진

① A주식회사의 대표이사 甲이 실질적 운영자인 1인 주주 B의 구체적인 위임이나 승낙 없이 이미 퇴임한 전(前) 대표이사 C를 대표이사로 표시하여 A회사 명의의 문서를 작성한 경우 사문서위조죄가 성립한다.

② 공무원이 아닌 자가 공무원에게 허위사실을 기재한 증명원을 제출하여 그것을 알지 못하는 공무원으로부터 증명서를 받아 낸 경우 허위공문서작성죄의 간접정범이 성립한다.

③ 부동산의 소유자로 하여금 근저당권자를 자금주라고 믿도록 속여서 근저당권설정등기를 경료케 한 경우라도 정당한 권한 있는 자에 의하여 작성된 문서를 제출하여 그 등기가 이루어진 것이라면 공정증서원본부실기재죄가 성립하지 않는다.

④ 부동산 거래 당사자가 '거래가액'을 시장 등에게 거짓으로 신고하여 받은 신고필증을 기초로 사실과 다른 내용의 거래가액이 부동산 등기부에 등재되도록 한 경우 공전자기록등부실기재죄 및 부실기재공전자기록등행사죄가 성립한다.

정선 핵심

① 대표이사 甲이 1인 주주의 구체적인 위임 없이 전임자를 대표이사로 표시하여 A회사 명의의 문서를 작성한 경우 → 사문서위조죄 ×

② 공무원이 아닌 자가 허위사실을 기재한 증명원을 제출하여 그것을 알지 못하는 공무원으로부터 증명서를 받아 낸 경우 → 허위공문서작성죄의 간접정범 ×

③ 소유자로 하여금 근저당권설정등기를 경료케 하였으나 권한 있는 자의 문서를 제출하여 등기가 이루어진 경우 → 공정증서원본부실기재죄 ×

④ 사실과 다른 거래가액이 부동산등기부에 등재되도록 한 경우 → 공전자기록등부실기재죄 및 부실기재공전자기록등행사죄 ×

정선 해설

[❶▸×] 주식회사 대표이사의 대표권은 정관이나 주주총회 또는 이사회 결의 등에 의하여 적법하게 제한할 수 있지만, <u>회사의 운영을 실질적으로 장악·통제하고 있는 1인 주주가 적법한 대표이사의 권한 행사를 사실상 제한하고 있다는 것만으로는 대표이사의 대표권을 적법하게 제한하였다고 할 수 없으므로</u>, 대표이사가 권한을 행사하는 과정에서 단순히 그 1인 주주의 위임 또는 승낙을 받지 않았다고 하여 그 대표권 행사가 권한을 넘어서는 행위가 되는 것은 아니다(대판 2008.11.27. 2006도9194).

주식회사의 대표이사가 실질적 운영자인 1인 주주의 구체적인 위임이나 승낙을 받지 않고 이미 퇴임한 전 대표이사를 대표이사로 표시하여 회사 명의의 문서를 작성한 사안에서, 문서위조죄의 성립을 부정한 사례(대판 2008.11.27. 2006도9194).

[❷▸×] 공무원 아닌 자가 공무원을 기망하여 허위내용의 증명서를 작성케 한 후 행사하였다고 하더라도 허위공문서 작성 및 동 행사죄는 성립되지 않는다(대판 1976.8.24. 76도151).

[❸▸O] <u>부동산의 소유자로 하여금 근저당권자를 자금주라고 믿도록 속여서 근저당권설정등기를 경료케 한 경우라도 정당한 권한있는 자에 의하여 작성된 문서를 제출하여 그 등기가 이루어진 것이라면</u> 당사자의 의사에 합치되는 등기라 할 것이므로 공정증서본 부실기재죄가 성립하지 않는다(대판 1982.7.13. 82도39).

[❹▸×] 부동산등기부에 기재되는 거래가액은 당해 부동산의 권리의무관계에 중요한 의미를 갖는 사항에 해당한다고 볼 수 없다. 따라서 부동산의 거래당사자가 거래가액을 시장 등에게 거짓으로 신고하여 신고필증을 받은 뒤 이를 기초로 사실과 다른 내용의 거래가액이 부동산등기부에 등재되도록 하였다면, '공인중개사의 업무 및 부동산 거래신고에 관한 법률'에 따른 과태료의 제재를 받게 됨은 별론으로 하고, 형법상의 공전자기록등부실기재죄 및 부실기재공전자기록등행사죄가 성립하지는 아니한다(대판 2013.1.24. 2012도12363).

답 ❸

공정증서원본등부실기재죄에 관한 설명이다. 다음 중 옳은 것은 모두 몇 개인가?(다툼이 있으면 판례에 의함)

15 경찰채용

> ㄱ. 사업자등록증은 공정증서원본등부실기재죄의 대상인 등록증에 해당하지 않는다.
> ㄴ. 자동차운전면허증 재교부신청서의 사진란에 본인의 사진이 아닌 다른 사람의 사진을 붙여 제출함으로써 담당 공무원으로 하여금 자동차운전면허대장에 부실의 사실을 기재하게 한 경우 공정증서원본등부실기재죄가 성립한다.
> ㄷ. 민사조정법상의 조정절차에서 작성되는 조정조서는 형법 제228조 제1항에서 말하는 공정증서원본에 해당한다.
> ㄹ. 종중 소유의 토지를 자신의 개인 소유로 신고하여 토지대장에 올린 경우 공정증서원본등부실기재죄가 성립하지 않는다.
> ㅁ. 원래 자신소유인 부동산에 대하여 허위의 보증서를 작성한 후 등기소에 제출하여 자기 명의로 소유권을 이전받은 경우 공정증서원본등부실기재죄가 성립한다.
> ㅂ. 종중의 적법한 대표 권한이 없는 자가 종중 소유의 토지에 보존등기를 신청하면서 자신이 대표자인 것처럼 허위신고를 함으로써 부동산등기부에 종중의 대표자로 기재된 경우에는 공정증서원본등부실기재죄가 성립하지 않는다.

① 1개 ② 2개
③ 3개 ④ 4개

**정선
핵심**

공정증서원본등부실기재죄의 성립 여부
ㄱ. 사업자등록증 → 등록증 ×
ㄴ. 자동차운전면허대장에 부실의 사실을 기재하게 한 경우 → ×
ㄷ. 조정조서 → 공정증서원본 ×
ㄹ. 종중 소유의 토지를 개인 소유로 신고하여 토지대장에 올린 경우 → ×
ㅁ. 허위의 보증서를 제출하여 자신소유인 부동산에 대하여 자기 명의로 소유권을 이전받은 경우 → ×
ㅂ. 부동산등기부에 대표 권한이 없는 자가 종중의 대표자로 기재된 경우 → ○

**정선
해설**

[ㄱ ▸ ○] 대판 2005.7.15. 2003도6934
[ㄴ ▸ ×] 자동차운전면허대장은 그에 대한 기재를 통해 당해 운전면허 취득자에게 어떠한 권리의무를 부여하거나 변동 또는 상실시키는 효력을 발생하게 하는 것으로 볼 수는 없고, 따라서 자동차운전면허대장은 사실증명에 관한 것에 불과하므로 형법 제228조 제1항에서 말하는 공정증서원본이라고 볼 수 없어, 자동차운전면허증 재교부신청서의 사진란에 본인의 사진이 아닌 다른 사람의 사진을 붙여 제출함으로써 담당공무원으로 하여금 자동차운전면허대장에 부실의 사실을 기재하여 이를 비치하게 한 경우, 공정증서원본등부실기재죄는 성립하지 아니한다(대판 2010.6.10. 2010도1125).
[ㄷ ▸ ×] 민사조정법상 조정신청에 의한 조정제도는 원칙적으로 조정신청인의 신청 취지에 구애됨이 없이 조정담당판사 등이 제반 사정을 고려하여 당사자들에게 상호 양보하여 합의하도록 권유·주선함으로써 화해에 이르게 하는 제도인 점에 비추어, 그 조정절차에서 작성되는 조정조서는 그 성질상 허위신고에 의해 부실한 사실이 그대로 기재될 수 있는 공문서로 볼 수 없어 공정증서원본에 해당하는 것으로 볼 수 없다(대판 2010.6.10. 2010도3232).
[ㄹ ▸ ○] 판례(대판 1988.5.24. 87도2696)의 취지를 고려하면, 토지대장은 공정증서에 해당하지 아니하므로 종중 소유의 토지를 자신의 개인 소유로 신고하여 토지대장에 올렸더라고 공정증서원본부실기재죄는 성립하지 아니한다.
[ㅁ ▸ ×] 허위의 보증서를 발급받아 부동산소유권이전등기부에관한특별조치법에 의거 소유권이전등기를 거쳤더라도 그것이 권리의 실체관계에 부합하는 등기라면 공정증서에 부실의 사실을 기재하였다고는 할 수 없다(대판 1984.12.11. 84도2285).

[ㅂ ▸ ✕] 종중 소유의 부동산은 종중 총회의 결의를 얻어야 유효하게 처분할 수 있다 하더라도 거래 상대방으로서는 부동산등기부상에 표시된 종중 대표자를 신뢰하고 거래하는 것이 일반적이라는 점 등에 비추어 보면, 종중 대표자의 기재는 당해 부동산의 처분권한과 관련된 중요한 부분의 기재로서 이에 대한 공공의 신용을 보호할 필요가 있으므로 이를 허위로 등재한 경우에는 공정증서원본부실기재죄의 대상이 되는 부실의 기재에 해당한다(대판 2006.1.13. 2005도4790).

답 ❷

068

□□□

다음 설명 중 옳지 않은 것은?(다툼이 있는 경우 판례에 의함)   18 국가7급

① 공정증서원본에 기재된 사항이나 그 원인된 법률행위가 객관적으로 존재하고 다만 거기에 취소사유인 하자가 있는 경우 취소되기 전후를 불문하고 공정증서원본에 기재된 이상 그 기재는 공정증서원본의 부실기재에 해당한다.

② 공무원이 아닌 자는 형법 제228조의 경우를 제외하고는 허위공문서작성죄의 간접정범으로 처벌할 수 없으나, 공무원이 아닌 자가 공무원과 공동하여 허위공문서작성죄를 범한 때에는 공무원이 아닌 자도 형법 제33조, 제30조에 의하여 허위공문서작성죄의 공동정범이 성립한다.

③ 공문서 작성을 보조하는 공무원 甲이 작성권자 A의 결재를 거치지 않고 임의로 작성권자 명의의 허위내용의 공문서를 작성한 경우 甲에게는 허위공문서작성죄가 아니라 공문서위조죄가 성립하지만, 甲이 공문서의 내용이 허위인 정을 모르는 작성권자 A의 결재를 받아 공문서를 완성했다면 甲에게는 공문서위조죄가 아니라 허위공문서작성죄의 간접정범이 성립한다.

④ 부동산 거래당사자가 거래가액을 시장 등에게 거짓으로 신고하여 받은 신고필증을 기초로 사실과 다른 내용의 거래가액이 부동산등기부에 등재되도록 한 경우 공전자기록등부실기재죄 및 부실기재공전자기록등행사죄가 성립하지 않는다.

정선
핵심

① 공정증서원본에 취소사유인 하자가 있는 경우 → 공정증서원본부실기재죄 ✕
②·③ 허위공문서작성죄의 성립 여부
  → 공무원이 아닌 자는 원칙적으로 허위공문서작성죄의 간접정범 : ✕
  → 공무원이 아닌 자가 공무원과 공동하여 허위공문서작성죄를 범한 경우 : 허위공문서작성죄의 공동정범 ○
  → 공문서 작성을 보조하는 공무원 甲이 임의로 작성권자 명의의 공문서를 작성한 경우 : 공문서위조죄 ○
  → 그 정을 모르는 작성권자 A의 결재를 받아 공문서를 완성한 경우 : 허위공문서작성죄의 간접정범 ○
④ 사실과 다른 거래가액이 부동산등기부에 등재되도록 한 경우 → 공전자기록등부실기재죄 및 부실기재공전자기록등행사죄 ✕

정선
해설

[❶ ▸ ✕] 공정증서원본부실기재죄는 공무원에 대하여 허위신고를 함으로써 공정증서원본에 부실의 사실을 기재하게 하는 경우에 성립하는바, 공정증서원본에 기재된 사항이 부존재하거나 외관상 존재한다고 하더라도 무효에 해당되는 하자가 있다면 그 기재는 부실기재에 해당하는 것이나, 기재된 사항이나 그 원인된 법률행위가 객관적으로 존재하고 다만 거기에 취소사유인 하자가 있을 뿐인 경우 취소되기 전에 공정증서원본에 기재된 이상 그 기재는 공정증서원본의 부실기재에 해당하지는 않는다(대판 2004.9.24. 2004도4012).

기망에 의하여 체결된 증여계약에 기하여 소유권이전등기를 경료한 경우 공정증서원본부실기재죄가 성립하지 아니한다고 한 사례(대판 2004.9.24. 2004도4012).

[**❷** ▸ ○] 대판 2006.5.11. 2006도1663

[**❸** ▸ ○] 판례(대판 2017.5.17. 2016도13912)의 취지를 고려하면, 공문서 작성을 보조하는 공무원 甲이 작성권자 A의 결재를 거치지 않은 경우에는 공문서위조죄가 성립하지만, 그 정을 알지 못하는 작성권자 A의 결재를 받아 공문서를 완성했다면 甲에게는 허위공문서작성죄의 간접정범이 성립한다.

[**❹** ▸ ○] 대판 2013.1.24. 2012도12363

답 ❶

---

069 □□□

다음 설명 중 옳은 것과 옳지 않은 것이 바르게 표시된 것은?(다툼이 있는 경우 판례에 의함)

`19` 경찰간부

ㄱ. 甲이 타인 행세를 하며 피의자로서 조사를 받은 다음 경찰관에 의하여 작성된 피의자신문조서의 말미에 타인의 서명 및 무인을 하고 타인의 이름이 기재된 수사과정확인서에 무인을 한 경우 甲에게는 사서명등위조죄 및 동 행사죄가 인정된다.

ㄴ. 위조인장행사죄에 있어서 행사라 함은 위조된 인장을 진정한 것처럼 용법에 따라 사용하는 행위를 말한다 할 것이므로 위조된 인영을 타인에게 열람할 수 있는 상태에 두거나 위조된 인과 그 자체를 타인에게 교부하는 경우에 성립한다.

ㄷ. 사인위조죄는 그 명의인의 의사에 반하여 위법하게 행사할 목적으로 권한 없이 타인의 인장을 위조한 경우에 성립하므로, 타인의 인장을 조각할 당시에 그 명의자로부터 명시적이거나 묵시적인 승낙 내지 위임을 받았다면 인장위조죄는 성립하지 않는다.

ㄹ. 어떤 문서에 권한 없는 자가 타인의 서명 등을 기재하는 경우에는 그 문서가 완성되기 전이라도 일반인으로서는 그 문서에 기재된 타인의 서명 등을 그 명의인의 진정한 서명으로 오신할 수 있으므로, 일단 서명 등이 완성된 이상 문서가 완성되지 아니한 경우에도 서명 등의 위조죄는 성립한다.

ㅁ. 아파트 동대표로 당선된 甲이 사실은 대학을 졸업하지 않았음이 사립대학 교무처장 명의로 된 학력조회 회보서를 통해 확인되자 아파트 주민대표회 간부들이 甲의 허위학력사실을 아파트 주민들에게 공고문 형식으로 알리면서 그 공고문의 신뢰성 제고를 위해 공고문 안에 대학 교무처장 명의의 직인을 함께 나타낸 경우에는 사인위조죄가 성립한다.

① ㄱ(○) ㄴ(○) ㄷ(×) ㄹ(×) ㅁ(○)
② ㄱ(×) ㄴ(○) ㄷ(×) ㄹ(○) ㅁ(×)
③ ㄱ(×) ㄴ(○) ㄷ(○) ㄹ(×) ㅁ(○)
④ ㄱ(○) ㄴ(×) ㄷ(○) ㄹ(○) ㅁ(○)

정선 핵심

ㄱ. 피의자신문조서 및 수사과정확인서에 타인의 서명 또는 무인을 한 경우 → 사서명위조죄와 동 행사죄의 실체적 경합 ○

ㄴ. 위조된 인과 자체를 타인에게 교부하는 경우 → 위조인장행사죄 ×

ㄷ. 인장을 조각할 당시에 명시적, 묵시적인 승낙이 있는 경우 → 인장위조죄 ×

ㄹ. 서명이 완성되었으나 문서가 완성되지 아니한 경우 → 서명위조죄 ○

ㅁ. 아파트 동대표로 당선된 甲의 허위학력사실을 사립대학 교무처장 명의로 된 공고문 형식으로 알린 경우 → 사인위조죄 ○

[ㄱ ▸ ○] [ㄹ ▸ ○]　어떤 문서에 권한 없는 자가 타인의 서명 등을 기재하는 경우에는 그 문서가 완성되기 전이라도 일반인으로서는 그 문서에 기재된 타인의 서명 등을 그 명의인의 진정한 서명 등으로 오신할 수도 있으므로, 일단 서명 등이 완성된 이상 문서가 완성되지 아니한 경우에도 서명 등의 위조죄는 성립하고, 그 권한 없는 자가 마치 타인인 양 행세하며 타인의 서명 등을 기재한 경우 그 서명 등을 수사기관이 열람하기 전에 즉시 파기하였다는 등의 특별한 사정이 없는 이상 그 서명 등 기재와 동시에 위조사서명등행사죄가 성립하는 것이며, 그와 같이 위조사서명등행사죄가 성립된 직후에 수사기관이 위 서명 등이 위조된 것임을 알게 되었다고 하더라도 이미 성립한 위조사서명등행사죄를 부정할 수 없다 (대판 2011.3.10. 2011도503).

> 피고인이 타인 행세를 하며 피의자로서 조사를 받은 다음 경찰관에 의하여 작성된 피의자신문조서의 말미에 타인의 서명 및 무인을 하고, 타인의 이름이 기재된 수사과정확인서에 무인을 한 사안에서, 피고인에게 사서명 등 위조죄 및 위조사서명 등 행사죄의 유죄를 인정한 원심판단을 수긍한 사례 (대판 2011.3.10. 2011도503).

[ㄴ ▸ ✕]　위조인장행사죄에 있어서 행사라 함은 위조된 인장을 진정한 것처럼 용법에 따라 사용하는 행위를 말한다 할 것이므로 위조된 인영을 타인에게 열람할 수 있는 상태에 두든지, 인과의 경우에는 날인하여 일반인이 열람할 수 있는 상태에 두면 그것으로 행사가 되는 것이고, 위조된 인과 그 자체를 타인에게 교부한 것만으로는 위조인장행사죄를 구성한다고 할 수 없다 (대판 1984.2.28. 84도90).

[ㄷ ▸ ○]　대판 2014.9.26. 2014도9213

[ㅁ ▸ ○]　판례의 취지를 고려하면, 아파트 동대표로 당선된 甲의 허위학력사실을 알리면서 그 공고문에 사립대학 교무처장 명의의 직인을 함께 나타낸 경우에는 그 직인은 일반인으로 하여금 진정한 직인으로 오신하게 할 정도에 이르렀다고 할 것이므로 사인위조죄가 성립한다.

> 피고인들은 고려대학교 교무처장으로부터 받은 회신을 첨부하거나 게시하지 않고 그 회신의 직인 부분만을 이 사건 공고문에 현출함으로써 이 사건 공고문 자체의 신뢰도를 높이기 위한 의도에서 위 교무처장 직인을 현출한 것이고 달리 이 사건 공고문 자체에 위 교무처장의 직인을 현출할 필요성이 있었다고 보이지 않는 점 등을 알 수 있는바, 사정이 이러하다면 이 사건 공고문에 현출된 "고려대학교 교무처장" 직인은 일반인으로 하여금 진정한 직인으로 오신하게 할 정도에 이르렀다고 할 것이므로 사인위조죄가 성립한다 (대판 2010.1.14. 2009도5929).

답 ❹

다음 설명 중 옳은 것을 모두 고른 것은?(다툼이 있는 경우 판례에 의함) 17 경찰채용

ㄱ. 변호사인 피고인이 대량의 저작권법 위반 형사고소 사건을 수임하여 피고소인 30명을 각 형사고소하기 위해 20건 또는 10건의 고소장을 개별적으로 수사관서에 제출하면서 각 하나의 고소위임장에만 소속 변호사회에서 발급받은 진정한 경유증표 원본을 첨부한 후 이를 일체로 하여 컬러복사기로 20장 또는 10장의 고소위임장을 각 복사한 다음 고소위임장과 일체로 복사한 경유증표를 고소장에 첨부하여 접수한 경우 사문서위조죄 및 동 행사죄에 해당한다.

ㄴ. 인감증명서 발급업무를 담당하는 공무원이 발급을 신청한 본인이 직접 출두한 바 없음에도 불구하고 본인이 직접 신청하여 발급받은 것처럼 인감증명서에 기재하였다면 공문서위조죄를 구성한다.

ㄷ. 신청인에게 농업경영능력이나 영농의사가 없음을 알거나 이를 제대로 알지 못하면서도 농지취득자격에 아무런 문제가 없다는 내용으로 농지취득자격증명통보서를 작성한 경우 허위공문서작성죄가 성립한다.

ㄹ. 자동차운전면허증 재교부신청서의 사진란에 본인의 사진이 아닌 다른 사람의 사진을 붙여 제출함으로써 담당공무원으로 하여금 자동차운전면허대장에 부실의 사실을 기재하여 이를 비치하게 한 경우 공정증서원본부실기재죄 및 부실기재공정증서원본행사죄가 성립하지 않는다.

ㅁ. 재건축조합 임시총회의 소집절차나 결의방법이 법령이나 정관에 위반되어 임원개임결의가 사법상 무효라면 실제로 재건축조합의 조합총회에서 그와 같은 내용의 임원개임결의가 이루어졌고 그 결의에 따라 임원변경등기를 마쳤다 하더라도 공정증서원본부실기재죄가 성립한다.

① ㄱ, ㄷ, ㄹ   ② ㄷ, ㄹ

③ ㄴ, ㅁ   ④ ㄱ, ㄹ, ㅁ

**정선
핵심**

ㄱ. 고소위임장과 일체로 복사한 경유증표를 고소장에 첨부하여 접수한 경우 → 사문서위조죄 및 동 행사죄의 실체적 경합 ○

ㄴ. 인감증명서 발급담당 공무원이 본인이 직접 신청하여 발급받은 것처럼 인감증명서에 기재한 경우 → 허위공문서작성죄 ○

ㄷ. 농지취득자격에 문제가 없다는 농지취득자격증명통보서를 작성한 경우 → 허위공문서작성죄 ○

ㄹ. 자동차운전면허대장에 부실의 사실을 기재하게 한 경우 → 공정증서원본부실기재죄, 동 행사죄 ×

ㅁ. 재건축조합 임시총회의 임원개임결의가 무효라고 하더라도, 조합총회에서 결의가 이루어졌고 임원변경등기를 마친 경우 → 공정증서원본부실기재죄 ×

**정선
해설**

[ㄱ ▸ ○] 대판 2016.7.14. 2016도2081

[ㄴ ▸ ×] 인감증명서 발급업무를 담당하는 공무원이 발급을 신청한 본인이 직접 출두한 바 없음에도 불구하고 본인이 직접 신청하여 발급받은 것처럼 인감증명서에 기재하였다면, 이는 공문서위조죄가 아닌 허위공문서작성죄를 구성한다(대판 1997.7.11. 97도1082).

> **비교판례** 대판 2004.8.20. 2004도2767
>
> 인감증명서의 사용용도란의 기재는 증명청인 동장이 작성한 증명문구에 의하여 증명되는 부분과는 아무런 관계가 없다고 할 것이므로, 권한 없는 자가 임의로 인감증명서의 사용용도란의 기재를 고쳐 썼다고 하더라도 공무원 또는 공무소의 문서 내용에 대하여 변경을 가하여 새로운 증명력을 작출한 경우라고 볼 수 없으므로 공문서변조죄나 이를 전제로 하는 변조공문서행사죄가 성립되지는 않는다.

[ㄷ ▸ ○] 농지취득자격증명은 농지를 취득하는 자가 그 소유권에 관한 등기를 신청할 때에 첨부하여야 할 서류로 서(농지법 제8조 제4항), 농지를 취득하는 자에게 농지취득의 자격이 있다는 것을 증명하는 것이므로, 신청인에게 농업경영능력이나 영농의사가 없음을 알거나 이를 제대로 알지 못하면서도 농지취득자격에 아무런 문제가 없다는 내용으로 농지취득자격증명통보서를 작성하였다면, 허위공문서작성죄가 성립한다(대판 2007.1.25. 2006도3996).
[ㄹ ▸ ○] 대판 2010.6.10. 2010도1125
[ㅁ ▸ ×] 재건축조합 임시총회의 소집절차나 결의방법이 법령이나 정관에 위반되어 임원개임결의가 사법상 무효라고 하더라도, 실제로 재건축조합의 조합총회에서 그와 같은 내용의 임원개임결의가 이루어졌고 그 결의에 따라 임원변경등기를 마쳤다면 공정증서원본부실기재죄가 성립하지 아니한다(대판 2004.10.15. 2004도3584).

답 ❶

071 □□□ 다음 중 공정증서원본부실기재죄 등에 관한 설명으로 가장 옳지 않은 것은?(다툼이 있는 경우 판례에 의함)

① 유한회사의 사원이 상법 등 법령에 정한 회사설립의 요건과 절차에 따라 회사설립등기를 함으로써 회사가 성립되었다고 하더라도 회사를 성립할 당시 회사를 실제로 운영할 의사가 없이 회사를 이용한 범죄의도나 목적이 있었다거나 회사로서의 물적·인적조직 등 영업실질을 갖추지 않고 있는 경우에는 공전자기록등부실기재죄가 성립한다.

② 실제로는 채권·채무관계가 존재하지 아니함에도 공증인에게 허위신고를 하여 가장된 금전채권에 대하여 집행력이 있는 공정증서원본을 작성하고 이를 비치하게 한 것이라면 공정증서원본부실기재죄 및 부실기재공정증서원본행사죄가 성립한다.

③ 재건축조합 임시총회의 소집절차나 결의방법이 법령이나 정관에 위반되어 임원개임결의가 사법상 무효라고 하더라도, 실제로 재건축조합의 조합총회에서 그와 같은 내용의 임원개임결의가 이루어졌고 그 결의에 따라 임원변경등기를 마쳤다면 특별한 사정이 없는 한 공정증서원본부실기재죄가 성립하지 않는다.

④ 유상증자 등기의 신청 시 발행주식 총수 및 자본의 총액이 증가한 사실이 허위임을 알면서 증자등기를 신청하여 상업등기부 원본에 그 기재를 하게 한 경우, 등기신청서류로 제출된 주금납입금보관증명서가 위조된 것임을 몰랐다고 하더라도 공정증서원본부실기재죄가 성립한다.

정선 핵심

공정증서원본등부실기재죄, 동 행사죄의 성립 여부
① 유한회사가 성립하였으나 회사를 이용한 범죄의도가 있었거나 영업실질을 갖추지 않고 있는 경우 → ×
② 공증인에게 허위신고를 하여 공정증서원본을 작성하여 비치하게 한 경우 → ○
③ 재건축조합 임시총회의 임원개임결의가 무효라고 하더라도, 조합총회에서 결의가 이루어졌고 임원변경등기를 마친 경우 → ×
④ 허위의 사실을 기초로 유상증자등기를 신청하여 상업등기부 원본에 기재를 하게 한 경우 → ○

정선 해설

[❶ ▸ ×] 유한회사의 사원이 상법 등 법령에 정한 회사설립의 요건과 절차에 따라 회사설립등기를 함으로써 회사가 성립하였다고 볼 수 있는 경우 회사설립등기와 그 기재 내용은 특별한 사정이 없는 한 형법 제228조 제1항에서 정한 공정증서원본부실기재죄나 공전자기록등부실기재죄에서 말하는 부실의 사실에 해당하지 않는다. 유한회사의 사원 등 회사설립에 관여하는 사람이 회사를 설립할 당시 회사를 실제로 운영할 의사 없이 회사를 이용한 범죄의도나 목적이 있었다거나, 회사로서의 인적·물적 조직 등 영업의 실질을 갖추지 않았다는 이유만으로는 부실의 사실을 법인등기부에 기록하게 한 것으로 볼 수 없다(대판 2020.3.26. 2019도7729).

[**②** ▸ ○] 대판 2008.12.24. 2008도7836
[**③** ▸ ○] 대판 2004.10.15. 2004도3584
[**④** ▸ ○] 공정증서원본부실기재죄는 공무원에 대하여 허위신고를 하여 공정증서원본에 진실에 반하는 사실을 기재하게 함으로써 성립하는 것이므로, 유상증자 등기의 신청시 발행주식 총수 및 자본의 총액이 증가한 사실이 허위임을 알면서 등기공자를 신청하여 상업등기부인본에 그 기재를 하게 한 이상, 등기신청서류로 제출된 주금납입 금보관증명서가 위조된 것임을 몰랐다고 하더라도 공정증서원본부실기재죄가 성립한다고 할 것이다(대판 2006.10.26. 2006도5147).

답 **❶**

072

문서의 죄에 대한 설명으로 옳지 않은 것은?(다툼이 있는 경우 판례에 의함)

20 국가9급

① 위조의 요건을 구비한 이상 그 명의인이 허무인이거나 문서의 작성일자 전에 이미 사망하였다고 하더라도 문서위조죄가 성립하며, 이는 공문서뿐만 아니라 사문서의 경우에도 마찬가지이다.
② 문서 작성권한의 위임이 있는 경우라고 하더라도 그 위임을 받은 자가 위임받은 권한을 초월하여 문서를 작성한 경우 사문서위조죄가 성립한다.
③ 타인의 대표자 또는 대리자가 그 대표 또는 대리명의로 문서를 작성할 권한을 가지는 경우, 그 지위를 남용하여 자기 또는 제3자의 이익을 도모할 목적으로 문서를 작성하였다 하더라도 자격모용사문서작성죄는 성립하지 아니한다.
④ 부실의 사실이 기재된 공정증서의 정본을 그 정을 모르는 법원 직원에게 교부한 행위는 부실기재공정증서원본행사죄에 해당한다.

정선 핵심

① 명의인이 허무인이거나 작성일자 전에 사망한 경우 → 문서위조죄 ○
② 작성권한을 위임을 받은 자가 권한을 초월하여 문서를 작성한 경우 → 사문서위조죄 ○
③ 대표자·대리자가 지위를 남용하여 문서를 작성한 경우 → 자격모용사문서작성죄 ×
④ 부실의 사실이 기재된 공정증서정본을 법원 직원에게 교부한 경우 → 부실기재공정증서원본행사죄 ×

정선 해설

[**❶** ▸ ○] 대판 2005.2.24. 2002도18[전합]
[**❷** ▸ ○] 문서 작성권한의 위임이 있는 경우라고 하더라도 그 위임을 받은 자가 그 위임받은 권한을 초월하여 문서를 작성한 경우는 사문서위조죄가 성립하고, 단지 위임받은 권한의 범위 내에서 이를 남용하여 문서를 작성한 것에 불과하다면 사문서위조죄가 성립하지 아니한다고 할 것이다(대판 2005.10.28. 2005도6088).

> 피고인이 회사를 인수하면서 회사 대표이사의 명의를 계속 사용하기로 승낙을 받았다고 하더라도, 사기범행을 목적으로 실제로는 위 회사에 근무한 바 없는 제3자의 재직증명서 및 근로소득원천징수영수증 등 허위의 문서를 작성한 행위는 위임된 권한의 범위를 벗어나는 것으로서 사문서위조죄를 구성한다고 한 사례(대판 2005.10.28. 2005도6088).

[**❸** ▸ ○] 타인의 대표자 또는 대리자가 그 대표명의 또는 대리명의를 써서 또는 직접 본인의 명의를 사용하여 문서를 작성할 권한을 가지는 경우에 그 지위를 남용하여 단순히 자기 또는 제3자의 이익을 도모할 목적으로 마음대로 문서를 작성한 때라고 할지라도 문서위조죄는 성립하지 아니한다(대판 1983.4.12. 83도332).
[**❹** ▸ ×] '공정증서원본'에는 공정증서의 정본이 포함된다고 볼 수 없으므로 부실의 사실이 기재된 공정증서의 정본을 그 정을 모르는 법원 직원에게 교부한 행위는 형법 제229조의 부실기재공정증서원본행사죄에 해당하지 아니한다(대판 2002.3.26. 2001도6503).

답 **❹**

문서에 관한 죄에 대한 설명으로 가장 적절한 것은?(다툼이 있는 경우 판례에 의함)

`19` 경찰승진

① 직접적인 법률관계에 단지 간접적으로 연관된 의사표시 내지 권리·의무의 변동에 사실상으로 영향을 줄 수 있는 의사표시를 내용으로 하는 문서는 사문서위조죄의 객체가 되지 않는다.

② 사문서위조죄는 명의자가 진정으로 작성한 문서가 아님을 전제로 하므로 '문서가 원본인지 여부'가 중요한 거래에서 문서의 사본을 진정한 원본인 것처럼 행사할 목적으로 다른 조작을 가함이 없이 문서의 원본을 그대로 컬러복사기로 복사하여 사본을 행사한 경우, 사문서위조죄 및 동 행사죄는 성립하지 아니한다.

③ 실제로는 채권·채무관계가 존재하지 아니함에도 공증인에게 허위신고를 하여 가장된 금전채권에 대하여 집행력이 있는 공정증서원본을 작성하고 이를 비치하게 한 것이라면 공정증서원본부실기재죄 및 부실기재공정증서원본행사죄가 성립한다.

④ 공무원이 고의로 법령을 잘못 적용하여 공문서를 작성하였다면 그 법령적용의 전제가 된 사실관계에 대한 내용에 거짓이 없다고 하더라도 허위공문서작성죄가 성립한다.

**정선
핵심**

① 직접적인 법률관계에 간접적으로 연관된 의사표시 내지 권리·의무의 변동에 사실상으로 영향을 줄 수 있는 의사표시를 내용으로 하는 문서 → 사문서위조죄의 객체 ○

② 원본을 컬러복사기로 복사한 사본을 원본처럼 행사한 경우 → 사문서위조죄와 위조사문서행사죄의 실체적 경합 ○

③ 공증인에게 허위신고를 하여 공정증서원본을 작성하여 비치하게 한 경우 → 공정증서원본부실기재죄와 동 행사죄의 실체적 경합 ○

④ 법령적용의 전제가 된 사실관계에 거짓이 없는 경우 → 허위공문서작성죄 ×

**정선
해설**

[❶ ▸ ✕] 사문서 위조, 동 행사죄의 객체인 거래상 중요한 사실을 증명하는 문서는, 법률관계의 발생·존속·변경·소멸의 전후과정을 증명하는 것이 주된 취지인 문서뿐만 아니라 직접적인 법률관계에 단지 간접적으로만 연관된 의사표시 내지 권리·의무의 변동에 사실상으로만 영향을 줄 수 있는 의사표시를 내용으로 하는 문서도 포함될 수 있다(대판 2009.4.23. 2008도8527).

> ○○작가협회 회원이 타인의 명의를 도용하여 협회 교육원장을 비방하는 내용의 호소문을 작성한 후 이를 협회 회원들에게 우편으로 송달한 경우, 사문서위조죄와 명예훼손죄가 각 성립하고, 이는 실체적 경합관계라고 한 사례(대판 2009.4.23. 2008도8527).

[❷ ▸ ✕] 문서위조 및 동 행사죄의 보호법익은 문서에 대한 공공의 신용이므로 '문서가 원본인지 여부'가 중요한 거래에서 문서의 사본을 진정한 원본인 것처럼 행사할 목적으로 다른 조작을 가함이 없이 문서의 원본을 그대로 컬러복사기로 복사한 후 복사한 문서의 사본을 원본인 것처럼 행사한 행위는 사문서위조죄 및 동 행사죄에 해당한다(대판 2016.7.14. 2016도2081).

[❸ ▸ ○] 대판 2008.12.24. 2008도7836

[❹ ▸ ✕] 허위공문서작성죄란 공문서에 진실에 반하는 기재를 하는 때에 성립하는 범죄이므로, 고의로 법령을 잘못 적용하여 공문서를 작성하였다고 하더라도 그 법령적용의 전제가 된 사실관계에 대한 내용에 거짓이 없다면 허위공문서작성죄가 성립될 수 없다(대판 1996.5.14. 96도554).

답 ❸

다음은 통화·유가증권·문서에 관한 죄에서 '행사'와 관련한 설명이다. 이 중 옳지 않은 것은 모두 몇 개인가?(다툼이 있는 경우 판례에 의함) `19` 경찰간부

ㄱ. 甲이 자신의 신용력을 증명하기 위하여 타인에게 보일 목적으로 통화를 위조한 경우에는 행사할 목적이 있다고 할 수 없어 통화위조죄가 성립하지 않는다.

ㄴ. 유가증권을 위조한 甲이 그 위조의 정을 알고 있는 乙에게 위조유가증권을 교부하였더라도 乙이 이를 유통시킬 것임을 甲이 인식하고 교부하였다면 甲에게는 위조유가증권행사죄가 성립한다.

ㄷ. 甲이 유가증권을 위조하여 乙에게 교부하면 乙이 위조유가증권을 A에게 행사하여 그 이익을 나누어 가지기로 甲과 乙사이에 공모가 이루어진 경우, 甲이 공범 乙에게 위조유가증권을 교부하는 행위는 그 자체로서 위조유가증권행사죄를 구성한다.

ㄹ. 허위로 선박 사고신고를 하면서 그 선박의 국적증명서와 선박검사증서를 함께 제출한 경우 공문서부정행사죄를 구성한다.

① 1개 ② 2개
③ 3개 ④ 4개

정선 핵심

ㄱ. 신용력을 증명하기 위하여 통화를 위조한 경우 → 통화위조죄 ×
ㄴ. 유통시킬 것을 인식하고 위조된 유가증권을 그 정을 알고 있는 자에게 교부한 경우 → 위조유가증권행사죄 ○
ㄷ. 유가증권위조를 공모한 자들 사이에 위조유가증권을 교부하는 경우 → 위조유가증권행사죄 ×
ㄹ. 허위신고를 하면서 선박의 국적증명서와 선박검사증서를 제출한 경우 → 공문서부정행사죄 ×

정선 해설

[ㄱ ▸ ○] 대판 2012.3.29. 2011도7704
[ㄴ ▸ ○] 대판 1983.6.14. 81도2492
[ㄷ ▸ ×] 위조유가증권의 교부자와 피교부자가 서로 유가증권위조를 공모하였거나 위조유가증권을 타에 행사하여 그 이익을 나누어 가질 것을 공모한 공범의 관계에 있다면, 그들 사이의 위조유가증권 교부행위는 그들 이외의 자에게 행사함으로써 범죄를 실현하기 위한 전단계의 행위에 불과한 것으로서 위조유가증권은 아직 범인들의 수중에 있다고 볼 것이지 행사되었다고 볼 수는 없다(대판 2010.12.9. 2010도12553).
[ㄹ ▸ ×] 어떤 선박이 사고를 낸 것처럼 허위로 사고신고를 하면서 그 선박의 선박국적증서와 선박검사증서를 함께 제출하였다고 하더라도, <u>선박국적증서와 선박검사증서는 위 선박의 국적과 항행할 수 있는 자격을 증명하기 위한 용도로 사용된 것일 뿐 그 본래의 용도를 벗어나 행사된 것으로 보기는 어려우므로</u>, 이와 같은 행위는 공문서부정행사죄에 해당하지 않는다(대판 2009.2.26. 2008도10851).

 답 ❷

문서에 관한 죄에 대한 다음 설명 중 가장 옳은 것은?(다툼이 있는 경우 판례에 의함)

16 법원9급

① 주취운전자 적발보고서 및 주취운전자 정황진술보고서의 각 운전자란에 타인의 서명을 한 다음 이를 경찰관에게 제출하였다면 허위공문서작성죄의 간접정범이 성립한다.

② 제3자로부터 신분확인을 위하여 신분증명서의 제시를 요구받고 다른 사람의 운전면허증을 제시한 행위는 운전면허증의 사용목적에 따른 행사라고 할 수 없으므로, 공문서부정행사죄가 성립하지 아니한다.

③ 타인의 주민등록증 사본의 사진란에 자신의 사진을 붙여 복사하여 행사하였다면 공문서 위조 및 동 행사죄가 성립한다.

④ 기왕에 습득한 타인의 주민등록증을 자신의 가족의 것이라고 제시하면서 그 주민등록증상의 명의로 이동전화 가입신청을 한 경우 공문서부정행사죄가 성립한다.

**정선
핵심**

① 주취운전자 적발보고서 및 정황진술보고서에 타인의 서명을 하여 경찰관에게 제출한 경우 → 허위공문서작성죄의 간접정범 ✕

② 신분을 확인하는 경찰관에게 타인의 운전면허증을 제시하는 경우 → 공문서부정행사죄 ○

③ 타인의 주민등록증사본의 사진란에 자신의 사진을 붙여 복사하여 행사한 경우 → 공문서 위조와 동 행사죄의 실체적 경합 ○

④ 타인의 주민등록증상의 명의로 이동전화가입신청을 한 경우 → 공문서부정행사죄 ✕

**정선
해설**

[❶ ▸ ✕] 주취운전자 적발보고서 및 주취운전자 정황진술보고서의 각 운전자란에 타인의 서명을 한 다음 이를 경찰관에게 제출한 것은 사문서위조 및 동 행사죄에 해당한다(대판 2004.12.23. 2004도6483).

[❷ ▸ ✕] 제3자로부터 신분확인을 위하여 신분증명서의 제시를 요구받고 다른 사람의 운전면허증을 제시한 행위는 그 사용목적에 따른 행사로서 공문서부정행사죄에 해당한다고 보는 것이 옳다(대판 2001.4.19. 2000도1985 [전합]).

> **비교판례** **대판 2019.12.12. 2018도2560**
>
> 자동차 등의 운전자가 운전 중에 도로교통법 제92조 제2항에 따라 경찰공무원으로부터 운전면허증의 제시를 요구받은 경우 운전면허증의 특정된 용법에 따른 행사는 도로교통법 관계 법령에 따라 발급된 운전면허증 자체를 제시하는 것이라고 보아야 한다. 이 경우 자동차 등의 운전자가 경찰공무원에게 다른 사람의 운전면허증 자체가 아니라 이를 촬영한 이미지파일을 휴대전화 화면 등을 통하여 보여 주는 행위는 운전면허증의 특정된 용법에 따른 행사라고 볼 수 없는 것이어서 그로 인하여 경찰공무원이 그릇된 신용을 형성할 위험이 있다고 할 수 없으므로, 이러한 행위는 결국 공문서부정행사죄를 구성하지 아니한다.

[❸ ▸ ○] 대판 2000.9.5. 2000도2855

[❹ ▸ ✕] 피고인이 기왕에 습득한 타인의 주민등록증을 피고인 가족의 것이라고 제시하면서 그 주민등록증상의 명의 또는 가명으로 이동전화 가입신청을 한 경우, 타인의 주민등록증을 본래의 사용용도인 신분확인용으로 사용한 것이라고 볼 수 없으므로 공문서부정행사죄가 성립하지 않는다(대판 2003.2.26. 2002도4935).

달 ❸

다음 설명 중 옳지 않은 것은 모두 몇 개인가?(다툼이 있으면 판례에 의함) 16 경찰채용

ㄱ. 형법 제225조의 공문서 변조나 위조죄의 객체인 공문서는 공무원 또는 공무소가 그 직무에 관하여 작성하는 문서이고, 그 행위주체가 공무원과 공무소가 아닌 경우에는 형법 또는 기타 특별법에 의하여 공무원 등으로 의제되는 경우를 제외하고는 계약 등에 의하여 공무와 관련되는 업무를 일부 대행하는 경우가 있다 하더라도 공무원 또는 공무소가 될 수는 없다.

ㄴ. 휴대전화 신규 가입신청서를 위조한 후 이를 스캔한 이미지파일을 제3자에게 이메일로 전송하여 컴퓨터 화면상으로 보게 한 행위는, 이미지 파일 자체는 문서에 관한 죄의 '문서'에 해당하지 않으므로 위조사문서행사죄가 성립하지 않는다.

ㄷ. 부동산의 거래당사자가 거래가액을 시장 등에게 거짓으로 신고하여 신고필증을 받은 뒤 이를 기초로 사실과 다른 내용의 거래가액이 부동산등기부에 등재되도록 한 경우 공전자기록등부실 기재죄가 성립하지 않는다.

ㄹ. 권한 없는 자가 임의로 인감증명서의 사용용도란의 기재를 고쳐 썼다고 하더라도 공문서변조죄나 이를 전제로 하는 변조공문서행사죄가 성립되지는 않는다.

ㅁ. 甲 구청장이 乙 구청장으로 전보된 후 甲 구청장의 권한에 속하는 건축허가에 관한 기안용지의 결재란에 서명을 한 것은 허위공문서작성죄를 구성한다.

① 1개   ② 2개
③ 3개   ④ 4개

정선 핵심

ㄱ. 계약 등에 의하여 공무관련 업무를 일부 대행하는 경우 → 공무원 또는 공무소 ✕
ㄴ. 휴대전화 가입신청서를 위조하여 이미지 파일로 만들어 이메일로 전송한 경우 → 위조사문서행사죄 ○
ㄷ. 사실과 다른 거래가액이 부동산등기부에 등재되도록 한 경우 → 공전자기록등부실기재죄 및 부실기재공전자기록등행사죄 ✕
ㄹ. 권한 없는 자가 인감증명서의 사용용도란의 기재를 변경한 경우 → 공문서변조죄, 변조공문서행사죄 ✕
ㅁ. 甲 구청장이 전보된 후 구청장의 권한에 속하는 건축허가 결재란에 서명한 경우 → 허위공문서작성죄 ✕

정선 해설

[ㄱ ▸ ○] 공문서 변조나 위조죄의 객체인 공문서는 공무원 또는 공무소가 그 직무에 관하여 작성하는 문서라고 할 것이고, 그 행위주체가 공무원과 공무소가 아닌 경우에는 형법 또는 기타 특별법에 의하여 공무원 등으로 의제되는 경우(예컨대 정부투자기관관리기본법 제18조)를 제외하고는 계약 등에 의하여 공무와 관련되는 업무를 일부 대행하는 경우가 있다 하더라도 공무원 또는 공무소가 될 수는 없다(대판 1996.3.26. 95도3073).

> 지방세의 수납업무를 일부 관장하는 시중은행의 직원이나 은행이 형법 제225조 소정의 공무원 또는 공무소가 되는 것은 아니고 세금수납영수증도 공문서에 해당하지 않는다는 이유로 공문서변조죄 및 동 행사죄를 유죄로 인정한 원심판결을 파기한 사례(대판 1996.3.26. 95도3073).

[ㄴ ▸ ✕] 휴대전화 신규 가입신청서를 위조한 후 이를 스캔한 이미지 파일을 제3자에게 이메일로 전송한 경우, 이미지 파일 자체는 문서에 관한 죄의 '문서'에 해당하지 않으나, 이를 전송하여 컴퓨터 화면상으로 보게 한 행위는 이미 위조한 가입신청서를 행사한 것에 해당하므로 위조사문서행사죄가 성립한다(대판 2008.10.23. 2008도5200).

[ㄷ ▸ ○] 대판 2013.1.24. 2012도12363

[ㄹ ▸ ○] 대판 2004.8.20. 2004도2767

[ㅁ ▸ ✕] 甲 구청장에 대한 전보명령이 효력을 발생한 후 甲 구청장에게 종전 구청장으로서의 권한은 없으므로 종전 구청장의 자격을 모용하여 건축허가에 관한 기안용지의 결재란에 서명을 한 것은 자격모용에 의한 공문서작성죄를 구성한다.

피고인이 제2 구청장으로 전보된 후에 제1 구청장의 권한에 속하는 이 사건 건축허가에 관한 기안용지의 결재란에 서명을 하였다면 이는 자격모용에 의한 공문서작성죄를 구성한다 할 것이다(대판 1993.4.27. 92도2688).

답 ❷

077
□□□

다음 중 공문서부정행사죄가 성립하는 것을 모두 고른 것은?(다툼이 있는 경우에는 판례에 의함)

`14` 변시

> ㄱ. 신분을 확인하려는 경찰관에게 자신의 인적 사항을 속이기 위하여 미리 소지하고 있던 타인의 운전면허증을 제시하는 경우
> ㄴ. 타인의 주민등록표등본을 그와 아무런 관련이 없는 사람이 마치 자신의 것인 것처럼 행사한 경우
> ㄷ. 허위로 선박사고신고를 하면서 그 선박의 국적증명서와 선박검사증서를 함께 제출한 경우
> ㄹ. 기왕에 습득한 타인의 주민등록증을 자신의 가족의 것이라고 제시하면서 그 주민등록증상의 명의로 이동전화가입신청을 한 경우

① ㄱ
② ㄱ, ㄴ
③ ㄱ, ㄹ
④ ㄷ, ㄹ
⑤ ㄱ, ㄴ, ㄷ

정선 핵심

공문서부정행사죄의 성립 여부
ㄱ. 신분을 확인하는 경찰관에게 타인의 운전면허증을 제시하는 경우 → ○
ㄴ. 타인의 주민등록표등본을 마치 자신의 것인 것처럼 행사한 경우 → ×
ㄷ. 허위신고를 하면서 선박의 국적증명서와 선박검사증서를 제출한 경우 → ×
ㄹ. 타인의 주민등록증상의 명의로 이동전화가입신청을 한 경우 → ×

정선 해설

[ㄱ ▸ ○] 대판 2001.4.19. 2000도1985[전합]

[ㄴ ▸ ×] 주민등록표등본은 그 사용권한자가 특정되어 있다고 할 수 없고, 또 용도도 다양하며, 반드시 본인이나 세대원만이 사용할 수 있는 것이 아니므로, 타인의 주민등록표등본을 그와 아무런 관련 없는 사람이 마치 자신의 것인 것처럼 행사하였다고 하더라도 공문서부정행사죄가 성립되지 아니한다(대판 1999.5.4. 99도206).

> **관련판례** 대판 1983.6.28. 82도1985
>
> 인감증명서와 같이 사용권한자가 특정되어 있지도 않고 그 용도도 다양한 공문서는 그 명의자 아닌 자가 그 명의자의 의사에 반하여 함부로 행사하더라도 문서 본래의 취지에 따른 용도에 합치된다면 공문서등 부정행사죄는 성립되지 않는다.

[ㄷ ▸ ×] 어떤 선박이 사고를 낸 것처럼 허위로 사고신고를 하면서 그 선박의 선박국적증서와 선박검사증서를 함께 제출하였다고 하더라도, 선박국적증서와 선박검사증서는 위 선박의 국적과 항행할 수 있는 자격을 증명하기 위한 용도로 사용된 것일 뿐 본래의 용도를 벗어나 행사된 것으로 보기는 어려우므로, 이와 같은 행위는 공문서부정행사죄에 해당하지 않는다(대판 2009.2.26. 2008도10851).

[ㄹ▸×] 피고인이 기왕에 습득한 타인의 주민등록증을 피고인 가족의 것이라고 제시하면서 그 주민등록증상의 명의 또는 가명으로 이동전화 가입신청을 한 경우, 타인의 주민등록증을 본래의 사용용도인 신분확인용으로 사용한 것이라고 볼 수 없으므로 공문서부정행사죄가 성립하지 않는다(대판 2003.2.26. 2002도4935).

답 ❶

078

다음 설명 중 옳지 않은 것은 모두 몇 개인가?(다툼이 있는 경우 판례에 의함)

16 경찰간부

ㄱ. 위조문서행사죄에 있어서 행사의 상대방에는 아무런 제한이 없고 위조된 문서의 작성 명의인이라고 하여 행사의 상대방이 될 수 없는 것은 아니나, 문서가 위조된 것임을 이미 알고 있는 공범자 등에게 행사하는 경우에는 위조문서행사죄가 성립될 수 없다.

ㄴ. 간접정범을 통한 위조문서행사범행에 있어 도구로 이용된 자라고 하더라도 문서가 위조된 것임을 알지 못하는 자에게 행사한 경우에는 위조문서행사죄가 성립한다.

ㄷ. 타인의 인장을 조각할 당시에 그 명의자로부터 명시적이거나 묵시적인 승낙 내지 위임을 받았다면 인장위조죄가 성립하지 않는다.

ㄹ. 의사인 피고인이 환자의 인적사항, 병명, 입원기간 및 그러한 입원사실을 확인하는 내용이 기재된 '입퇴원확인서'를 허위로 작성하였다면 허위진단서작성죄가 성립한다.

ㅁ. 위조된 외국의 화폐, 지폐 또는 은행권이 강제통용력을 가지지 않고, 국내에서 사실상 거래 대가의 지급수단이 되고 있지 않는 경우에는 그 화폐 등을 행사하더라도 위조통화행사죄를 구성하지 않고, 또한 위조사문서행사죄 또는 위조사도화행사죄로 의율할 수도 없다.

ㅂ. 위조통화임을 알고 있는 자에게 그 위조통화를 교부한 경우에 피교부자가 이를 유통시키리라는 것을 예상 내지 인식하면서 교부하였다면 위조통화행사죄가 성립한다.

① 1개   ② 2개
③ 3개   ④ 4개

정선 핵심

ㄱ. 위조사문서행사죄의 성립 여부
　⟶ 작성명의인에게 행사하는 경우 : ○
　⟶ 공범자에게 행사하는 경우 : ×

ㄴ. 위조문서행사범행에 있어 도구로 이용된 자가 위조된 것임을 알지 못하는 경우 → 위조문서행사죄 ○

ㄷ. 인장을 조각할 당시에 명시적, 묵시적인 승낙이 있는 경우 → 인장위조죄 ×

ㄹ. 입퇴원확인서를 허위로 작성한 경우 → 허위진단서작성죄 ×

ㅁ. 위조된 외국통화가 외국에서 강제통용력을 가지지 않고 국내에서 사실상 유통되지도 않는 경우 → 위조사문서행사죄 또는 위조사도화행사죄 ○

ㅂ. 피교부자에 의한 유통을 예상하면서 위조통화임을 알고 있는 자에게 교부한 경우 → 위조통화행사죄 ○

정선 해설

[ㄱ▸○] 판례에 의하면 위조문서행사죄에 있어서의 행사의 상대방에는 아무런 제한이 없고 위조된 문서의 작성 명의인이라고 하여 행사의 상대방이 될 수 없는 것은 아니나(대판 2005.1.28. 2004도4663), 그 문서가 위조되었다는 정을 아는 공범자 등에게 제시, 교부하는 경우 등에 있어서는 위조문서행사죄가 성립할 여지가 없다(대판 1986.2.25. 85도2798).

[ㄴ▸○] 대판 2012.2.23. 2011도14441

[ㄷ ▸ O] 사인위조죄는 그 명의인의 의사에 반하여 위법하게 행사할 목적으로 권한 없이 타인의 인장을 위조한 경우에 성립하므로, 타인의 인장을 조각할 당시에 그 명의자로부터 명시적이거나 묵시적인 승낙 내지 위임을 받았다면 인장위조죄가 성립하지 않는다고 할 것이다(대판 2014.9.26. 2014도9213).

관련판례 대판 1992.10.27. 92도1578

인장위조죄는 그 명의인의 의사에 반하여 위법하게 행사할 목적이 인정되어야 하며, 타인의 인장을 조각할 당시에는 미처 그 명의인의 승낙을 얻지 아니하였다고 하더라도 인장을 조각하여 그 명의인의 승낙을 얻어 그 명의인의 문서를 작성하는 데 사용할 의도로 인장을 조각하였으나 그 명의인의 승낙을 얻지 못하여 이를 사용하지 아니하고 명의인에게 돌려 주었다면, 특별한 사정이 없는 한 행사의 목적이 있었다고 인정할 수 없다.

[ㄹ ▸ X] 의사인 피고인이 환자의 인적사항, 병명, 입원기간 및 그러한 입원사실을 확인하는 내용이 기재된 '입퇴원확인서'를 허위로 작성하였다고 하여 허위진단서작성으로 기소된 경우, 위 '입퇴원확인서'는 의사의 전문적 지식에 의한 진찰이 없더라도 확인 가능한 환자들의 입원 여부 및 입원기간의 증명이 주된 목적인 서류로서 환자의 건강상태를 증명하기 위한 서류라고 볼 수 없어 허위진단서작성죄는 성립하지 아니한다(대판 2013.12.12. 2012도3173).

[ㅁ ▸ X] 위조된 외국의 화폐, 지폐 또는 은행권이 강제통용력을 가지지 않는 경우에는 형법 제207조 제3항에서 정한 '외국에서 통용하는 외국의 화폐 등'에 해당하지 않고, 나아가 그 화폐 등이 국내에서 사실상 거래 대가의 지급수단이 되고 있지 않는 경우에는 형법 제207조 제2항에서 정한 '내국에서 유통하는 외국의 화폐 등'에도 해당하지 않으므로, 그 화폐 등을 행사하더라도 형법 제207조 제4항에서 정한 위조통화행사죄를 구성하지 않는다고 할 것이고, 따라서 이러한 경우에는 형법 제234조에서 정한 위조사문서행사죄 또는 위조사도화행사죄로 의율할 수 있다고 보아야 한다(대판 2013.12.12. 2012도2249).

[ㅂ ▸ O] 대판 2003.1.10. 2002도3340

답 ❷

079

문서에 관한 죄에 대한 설명으로 옳은 것은?(다툼이 있는 경우 판례에 의함)

14 국가9급

① 공무원인 의사가 공무소의 명의로 허위진단서를 작성한 경우에는 허위공문서작성죄와 허위진단서작성죄가 성립하며, 양 죄는 상상적 경합의 관계에 있다.

② 등기 경료 당시에는 실체권리관계에 부합하지 아니한 등기라 하더라도 사후에 이해관계인들의 동의 또는 추인 등의 사정으로 실체권리관계에 부합하게 된다면 공정증서원본불실기재죄는 성립하지 않는다.

③ 위조문서행사죄에 있어 행사의 상대방에는 아무런 제한이 없으므로 행사의 상대방이 문서가 위조된 것임을 이미 알고 있는 공범자라 하더라도 위조문서행사죄가 성립한다.

④ 타인의 주민등록증을 가족의 것이라고 제시하면서 그 주민등록증상의 명의로 이동전화 가입신청을 한 경우, 이는 타인의 주민등록증을 본래의 사용용도인 신분확인용으로 사용한 것이라고 볼 수 없어 공문서부정행사죄가 성립하지 않는다.

정선 핵심

① 공무원인 의사가 허위진단서를 작성한 경우 → 허위공문서작성죄 O
② 실체권리관계에 부합하지 아니하였으나 사후의 동의로 부합하게 된 경우 → 공정증서원본불실기재죄 O
③ 문서가 위조된 것임을 알고 있는 공범자에게 위조문서를 행사하는 경우 → 위조문서행사죄 X
④ 타인의 주민등록증상의 명의로 이동전화가입신청을 한 경우 → 공문서부정행사죄 X

[**❶** ▸ ✕] 형법 제233조 소정의 허위진단서작성죄의 대상은 공무원이 아닌 의사가 사문서로서 진단서를 작성한 경우에 한정되고, 공무원인 의사가 공무소의 명의로 허위진단서를 작성한 경우에는 허위공문서작성죄만이 성립하고 허위진단서작성죄는 별도로 성립하지 아니한다(대판 2004.4.9. 2003도7762).

[**❷** ▸ ✕] 소유권보존등기나 소유권이전등기 경료 당시에는 실체권리관계에 부합하지 아니한 등기인 경우에는 사후에 이해관계인들의 동의 또는 추인 등의 사정으로 실체권리관계에 부합하게 된다 하더라도 공정증서원본 부실기재 및 동 행사죄의 성립에는 아무런 영향이 없다(대판 2001.11.9. 2001도3959).

[**❸** ▸ ✕] 위조문서행사죄에 있어서 행사는 위조된 문서를 진정한 것으로 사용함으로써 문서에 대한 공공의 신용을 해칠 우려가 있는 행위를 말하므로 그 행사의 상대방에는 아무런 제한이 없고, 다만 문서가 위조된 것임을 이미 알고 있는 공범자 등에게 행사하는 경우에는 위조문서행사죄가 성립할 수 없다(대판 2012.2.23. 2011도14441).

[**❹** ▸ ○] 대판 2003.2.26. 2002도4935

답 ❹

080
□□□

문서에 관한 죄에 대한 다음 설명 중 옳지 않은 것은 모두 몇 개인가?   20 법원행시

> ㄱ. 문서위조 및 동 행사죄의 보호법익은 문서에 대한 공공의 신용이므로 '문서가 원본인지 여부'가 중요한 거래에 있어서 문서의 사본을 진정한 원본인 것처럼 행사할 목적으로 다른 조작을 가함이 없이 문서의 원본을 그대로 컬러복사기로 복사한 후 위와 같이 복사한 문서의 사본을 원본인 것처럼 행사한 행위는 사문서위조죄 및 동 행사죄에 해당한다.
>
> ㄴ. 부동산의 거래당사자가 거래가액을 시장 등에게 거짓으로 신고하여 신고필증을 받은 뒤 이를 기초로 사실과 다른 내용의 거래가액이 부동산등기부에 등재되도록 하였다면, '공인중개사의 업무 및 부동산 거래신고에 관한 법률'에 따른 과태료의 제재를 받게 됨은 별론으로 하고, 형법상의 공전자기록등부실기재죄 및 부실기재공전자기록등행사죄가 성립하지는 아니한다.
>
> ㄷ. 형법 제233조의 허위진단서작성죄에서 허위진단서 작성에 해당하는 허위의 기재는 사실에 관한 것이건 판단에 관한 것이건 불문하므로, 현재의 진단명과 증상에 관한 기재뿐만 아니라 현재까지의 진찰 결과로서 발생가능한 합병증과 향후 치료에 대한 소견을 기재한 경우에도 그로써 환자의 건강상태를 나타내고 있는 이상 허위진단서 작성의 대상이 될 수 있다.
>
> ㄹ. 이사가 이사회 회의록에 서명 대신 서명거부사유를 기재하고 그에 대한 서명을 하면, 특별한 사정이 없는 한 그 내용은 이사회 회의록의 일부가 되고, 이사회 회의록의 작성권한자인 이사장이라 하더라도 임의로 이를 삭제한 경우에는 이사회 회의록 내용에 변경을 가하여 새로운 증명력을 가져오게 되므로 사문서 변조에 해당한다.
>
> ㅁ. 자동차 등의 운전자가 운전 중에 도로교통법 제92조 제2항에 따라 경찰공무원으로부터 운전면허증의 제시를 요구받은 경우 운전면허증의 특정된 용법에 따른 행사는 도로교통법 관계 법령에 따라 발급된 운전면허증 자체를 제시하는 것이라고 보아야 한다. 이 경우 자동차 등의 운전자가 경찰공무원에게 다른 사람의 운전면허증 자체가 아니라 이를 촬영한 이미지파일을 휴대전화화면 등을 통하여 보여 주는 행위는 운전면허증의 특정된 용법에 따른 행사라고 볼 수 없는 것이어서 그로 인하여 경찰공무원이 그릇된 신용을 형성할 위험이 있다고 할 수 없으므로, 이러한 행위는 결국 공문서부정행사죄를 구성하지 아니한다.

① 1개   ② 2개
③ 3개   ④ 4개
⑤ 없음

정선 핵심

ㄱ. 원본을 컬러복사기로 복사한 사본을 원본처럼 행사한 경우 → 사문서위조죄와 위조사문서행사죄의 실체적 경합 ○

ㄴ. 사실과 다른 거래가액이 부동산등기부에 등재되도록 한 경우 → 공전자기록등부실기재죄 및 부실기재공전자기록등행사죄 ×

ㄷ. 진단명 등과 발생 가능한 합병증과 소견을 기재한 경우 → 허위진단서작성의 대상 ○

ㄹ. 사립학교 법인 이사가 이사회 회의록에 기재한 내용을 이사장이 임의로 삭제한 경우 → 사문서변조죄 ○

ㅁ. 신분을 확인하는 경찰관에게 타인의 운전면허증을 촬영한 이미지파일을 보여 주는 경우 → 공문서부정행사죄 ×

정선 해설

[ㄱ ▸ ○] 대판 2016.7.14. 2016도2081

[ㄴ ▸ ○] 부동산등기부에 기재되는 거래가액은 당해 부동산의 권리의무관계에 중요한 의미를 갖는 사항에 해당한다고 볼 수 없다. 따라서 부동산의 거래당사자가 거래가액을 시장 등에게 거짓으로 신고하여 신고필증을 받은 뒤 이를 기초로 사실과 다른 내용의 거래가액이 부동산등기부에 등재되도록 하였다면, '공인중개사의 업무 및 부동산 거래신고에 관한 법률'에 따른 과태료의 제재를 받게 됨은 별론으로 하고, 형법상의 공전자기록등부실기재죄 및 부실기재공전자기록등행사죄가 성립하지는 아니한다(대판 2013.1.24. 2012도12363).

[ㄷ ▸ ○] 대판 2017.11.9. 2014도15129

[ㄹ ▸ ○] 대판 2018.9.13. 2016도20954

[ㅁ ▸ ○] 자동차 등의 운전자가 운전 중에 도로교통법 제92조 제2항에 따라 경찰공무원으로부터 운전면허증의 제시를 요구받은 경우 자동차 등의 운전자가 경찰공무원에게 다른 사람의 운전면허증 자체가 아니라 이를 촬영한 이미지파일을 휴대전화 화면 등을 통하여 보여 주는 행위는 운전면허증의 특정된 용법에 따른 행사라고 볼 수 없는 것이어서 그로 인하여 경찰공무원이 그릇된 신용을 형성할 위험이 있다고 할 수 없으므로, 이러한 행위는 결국 공문서부정행사죄를 구성하지 아니한다(대판 2019.12.12. 2018도2560).

답 ⑤

081
☐☐☐

문서에 관한 죄, 인장에 관한 죄에 대한 다음 설명 중 가장 옳은 것은? `20` 법원9급

① 형법 제239조 제1항에 규정된 사인(私印)위조죄를 범한 사람에 대하여 벌금형으로 처벌할 수 있다.

② 허위공문서작성죄의 객체가 되는 문서는 문서상 작성명의인이 명시된 경우여야 하므로, 작성명의인이 명시되어 있지 않은 문서는 허위공문서작성죄의 객체가 될 수 없다.

③ 위조사문서행사죄에 있어서의 행사는 위조된 사문서를 진정한 것으로 사용함으로써 사문서에 대한 공공의 신용을 해칠 우려가 있는 행위를 말하므로, 위조된 사문서의 작성명의인은 행사의 상대방이 절대로 될 수 없고, 사문서가 위조된 것임을 이미 알고 있는 공범자 등에게 행사하는 경우에도 위조사문서행사죄가 성립될 수 없다.

④ 휴대전화 신규 가입신청서를 위조한 후 이를 스캔한 이미지 파일을 제3자에게 이메일로 전송한 경우, 그 이미지 파일을 전송하여 컴퓨터 화면상으로 보게 한 행위는 이미 위조한 가입신청서를 행사한 것에 해당하므로 위조사문서행사죄가 성립한다.

정선 핵심

① 사인위조죄를 범한 사람 → 3년 이하의 징역으로 처벌

② 작성명의인이 명시된 경우뿐 아니라 작성명의인이 명시되지 않더라도 작성자를 추지할 수 있을 정도의 문서 → 허위공문서작성죄의 객체 ○

③ 위조사문서행사죄의 성립 여부
  ▸ 작성명의인에게 행사하는 경우 : ○
  ▸ 공범자에게 행사하는 경우 : ×

④ 휴대전화 가입신청서를 위조하여 이미지 파일로 만들어 이메일로 전송한 경우 → 위조사문서행사죄 ○

[**❶** ▸ ×] 형법 제239조 제1항 참조

법령   사인 등의 위조(형법 제239조)   ① 행사할 목적으로 타인의 인장, 서명, 기명 또는 기호를 위조 또는 부정사용한 자는 3년 이하의 징역에 처한다.

[**❷** ▸ ×] 허위공문서작성죄의 객체가 되는 문서는 문서상 작성명의인이 명시된 경우뿐 아니라 작성명의인이 명시되어 있지 않더라도 문서의 형식, 내용 등 문서 자체에 의하여 누가 작성하였는지를 추지할 수 있을 정도의 것이면 된다(대판 2019.3.14. 2018도18646).

[**❸** ▸ ×] 위조문서행사죄에 있어서의 행사는 위조된 문서를 진정한 것으로 사용함으로써 문서에 대한 공공의 신용을 해칠 우려가 있는 행위를 말하므로, 행사의 상대방에는 아무런 제한이 없고 위조된 문서의 작성 명의인이라고 하여 행사의 상대방이 될 수 없는 것은 아니다(대판 2005.1.28. 2004도4663).

비교판례 대판 1986.2.25. 85도2798

위조, 변조, 허위작성된 문서의 행사죄는 이와 같은 문서를 진정한 것 또는 그 내용이 진실한 것으로 각 사용하는 것을 말하는 것이므로, 그 문서가 위조, 변조, 허위작성되었다는 정을 아는 공범자등에게 제시, 교부하는 경우등에 있어서는 행사죄가 성립할 여지가 없다.

[**❹** ▸ ○] 대판 2008.10.23. 2008도5200

답 ❹

정선지문OX

01 외부 전문기관이 작성·보고하고 지방자치단체의 장 또는 계약담당자가 결재·승인한 검사조서는 공문서에 해당한다. `18` 해경채용

O | X

02 甲이 경력증명서 양식에 실재하지 않는 A한의원의 이름을 적고 임의로 만든 A한의원의 직인을 날인하여 작성한 경우 마치 명의인의 권한 내에서 작성된 문서라고 믿게 할 만한 형식과 외관의 경력증명서를 작성하였다면 사문서위조죄가 성립한다. `16` 국가9급

O | X

03 피고인이 이사들의 참석 및 의결권 행사에 관한 권한을 위임받았다 하더라도 그 이사들이 이사회에 불참했음에도 마치 참석하여 의결권을 행사한 것처럼 이사회 회의록을 작성하였다면 사문서위조죄가 성립한다. `18` 경찰채용

O | X

04 건설업자가 공무원에게 내용이 허위인 수주실적증명원을 제출하여 이 사실을 모르는 공무원으로부터 증명원 내용과 같은 공사실적증명서를 발급받은 경우, 공문서위조죄가 성립한다. `19` 해경채용

O | X

05 십지지문 지문대조표는 수사기관이 피의자의 신원을 특정하고 지문대조조회를 하기 위하여 직무상 작성하는 서류로서 비록 자서란에 피의자로 하여금 스스로 성명 등의 인적 사항을 기재하도록 하고 있다 하더라도 이를 사문서로 볼 수는 없다. `14` 경찰승진

O | X

06 면사무소 호적계장이 면장의 결재 없이 호적의 출생년도, 주민등록번호란에 허위내용의 호적정정기재를 한 경우, 허위공문서작성죄가 성립한다. `14` 경찰간부

O | X

01 대판 2010.4.29. 2010도875

02 대판 2005.2.24. 2002도18[전합]

03 사문서의 무형위조에 해당할 따름이어서 처벌대상이 되지 아니한다(대판 1985.10.22. 85도1732).

04 어느 문서의 작성권한을 갖는 공무원이 그 문서의 기재 사항을 인식하고 그 문서를 작성할 의사로써 이에 서명날인하였다면, 설령 그 서명날인이 타인의 기망으로 착오에 빠진 결과 그 문서의 기재사항이 진실에 반함을 알지 못한 데 기인한다고 하여도, 그 문서의 성립은 진정하며 여기에 하등 작성명의를 모용한 사실이 있다고 할 수는 없으므로, 공무원 아닌 자가 관공서에 허위내용의 증명원을 제출하여 그 내용이 허위인 정을 모르는 담당공무원으로부터 그 증명원 내용과 같은 증명서를 발급받은 경우 공문서위조죄의 간접정범으로 의율할 수는 없다(대판 2001.3.9. 2000도938).

05 대판 2000.8.22. 2000도2393

06 공문서 위조 및 동 행사죄를 구성하는 것은 별론으로 하고 형법 제227조가 규정한 허위공문서작성죄에 해당할 수는 없다(대판 1990.10.12. 90도1790). 다만, 면의 호적계장이 정을 모른 면장의 결재를 받아 허위내용의 호적부를 작성한 경우 허위공문서 작성, 동 행사죄의 간접정범이 성립된다(대판 1990.10.30. 90도1912).

정답
01 ○ **02** ○ **03** × **04** ×
05 ○ **06** ×

07 사망한 乙의 단독상속인인 甲이 사망자 명의로 된 아파트에 대한 채권자의 강제집행을 면하기 위하여 乙이 증여한 사실이 없음에도 불구하고 증여를 원인으로 丙명의의 소유권이전등기를 한 경우 공정증서원본부실기재죄 및 동 행사죄가 성립한다. `19` 경찰간부 O | X

08 어떤 부동산에 관하여 피상속인에게 실체상의 권리가 없었음에도 피상속인 명의의 소유권이전등기가 경료되어 있었고, 이에 따라 재산상속인이 상속을 원인으로 한 소유권이전 등기를 경료한 경우, 재산상속인에게 공정증서원본 부실기재 및 동 행사죄가 성립한다.
`20` 해경승진 O | X

07 피고인이 부동산에 관하여 가장매매를 원인으로 소유권이전등기를 경료하였더라도, 그 당사자 사이에는 소유권이전등기를 경료시킬 의사는 있었다고 할 것이므로 공정증서원본부실기재죄 및 동 행사죄는 성립하지 않고, 또한 등기의무자와 등기권리자(피고인) 간의 소유권이전등기신청의 합의에 따라 소유권이전등기가 된 이상, 등기의무자 명의의 소유권이전등기가 원인이 무효인 등기로서 피고인이 그 점을 알고 있었다고 하더라도, 특별한 사정이 없는 한 바로 피고인이 등기부에 부실의 사실을 기재하게 하였다고 볼 것은 아니다 (대판 2011.7.14. 2010도1025).

08 그 등기는 당시의 등기부상의 권리관계를 나타내는 것에 불과하므로 그와 같은 등기절차를 밟았다 하여 공정증서원본 부실기재나 동 행사죄가 성립할 수 없다(대판 1987.4.14. 85도2661).

정답

07 × **08** ×

082
□□□

다음 중 사례와 괄호 안의 죄책이 올바르게 연결된 것은 모두 몇 개인가?(다툼이 있는 경우 판례에 의함)

20 해경채용

ㄱ. 甲선박에 의해 발생한 사고를 마치 乙선박에 의해 발생한 것처럼 허위신고를 하면서 그에 대한 검정용 자료로서 乙선박의 선박국적증서와 선박검사증서를 함께 제출한 경우(공문서부정행사)

ㄴ. 경찰서에서 조사를 받던 사람이 제3자로 행세하면서 피의자신문조서에 제3자의 서명을 기재하였으나, 조사 경찰관의 서명·날인 등이 완료되기 전에 그 서명위조 사실이 발각된 경우(사서명위조 및 위조사서명행사)

ㄷ. 일반인으로 하여금 명의인인 주식회사의 권한 내에서 작성된 문서라고 믿게 할 수 있는 정도의 형식과 외관을 갖춘 문서를 작성·제시하였으나, 문서의 작성·제시가 이미 해산 등기를 마쳐 그 주식회사의 법인격이 소멸한 이후에 이루어진 경우(무죄)

ㄹ. 시청 공무원이, 시청 청사신축공사 현장에 출장을 나간 적이 없는 동료 공무원이 마치 현장출장을 간 것처럼 시청 행정지식관리시스템에 허위의 정보를 입력하여 출장 복명서를 생성한 후 그 사실을 모르는 결재권자에게 이를 전송한 경우(공전자기록등위작 및 위작공전자기록등행사)

ㅁ. 컴퓨터 스캔 및 이미지 편집 프로그램을 이용하여 공인중개사 자격증의 이미지 파일을 만들어 낸 후 이를 이메일에 첨부하여 전송함으로써 다른 사람으로 하여금 모니터 화면을 통해 그 이미지파일을 열어보도록 한 경우(공문서 위조 및 위조공문서 행사)

---

① 0개   ② 1개

③ 2개   ④ 3개

정선 핵심

ㄱ. 허위신고를 하면서 선박의 국적증명서와 선박검사증서를 제출한 경우 → 공문서부정행사 ×

ㄴ. 피의자신문조서에 제3자의 서명을 기재하였으나 조사 경찰관의 서명날인이 완료되기 전에 발각된 경우 → 사서명위조와 위조사서명행사죄의 실체적 경합 ○

ㄷ. 주식회사명의 문서의 작성·제시가 주식회사의 법인격이 소멸한 이후에 이루어진 경우 → 사문서위조죄와 위조사문서행사죄의 실체적 경합 ○

ㄹ. 시청 행정지식관리시스템에 허위의 정보를 입력하여 출장복명서를 생성한 후 그 사실을 모르는 결재권자에게 전송한 경우 → 공전자기록위작죄와 위작공전자기록행사죄의 실체적 경합 ○

ㅁ. 공인중개사 자격증의 이미지 파일을 만들어 이메일로 전송함으로써 열어 보도록 한 경우 → 공문서위조죄, 위조공문서행사죄 ×

정선 해설

[ㄱ ▶ ×] 어떤 선박이 사고를 낸 것처럼 허위로 사고신고를 하면서 그 선박의 선박국적증서와 선박검사증서를 함께 제출하였다고 하더라도, 선박국적증서와 선박검사증서는 위 선박의 국적과 항행할 수 있는 자격을 증명하기 위한 용도로 사용된 것일 뿐 그 본래의 용도를 벗어나 행사된 것으로 보기는 어려우므로, 이와 같은 행위는 공문서부정행사죄에 해당하지 않는다(대판 2009.2.26. 2008도10851).

[ㄴ ▶ ○] 대판 2005.12.23. 2005도4478

[ㄷ ▶ ×] 해산등기를 마쳐 그 법인격이 소멸한 법인 명의의 사문서를 위조한 행위는 사문서위조죄에 해당된다(대판 2005.3.25. 2003도4943).

[ㄹ ▶ ○] 대판 2007.7.27. 2007도3798

[ㅁ ▶ ×] 판례(대판 2008.4.10. 2008도1013)의 취지를 고려하면, 공인중개사 자격증의 이미지 파일은 시각적 방법에 의해 이해할 수 있는 것이 아니므로 문서로 볼 수 없어 다른 사람으로 하여금 모니터 화면을 통해 그 이미지 파일을 열어 보도록 한 경우 공문서 위조 및 위조공문서 행사는 성립하지 아니한다.

답 ❸

다음 중 甲의 행위와 그 행위에 대해 인정되는 죄명의 짝으로 옳지 않은 것을 모두 고르면? (다툼이 있는 경우 판례에 의함)   `17` 경찰간부

ㄱ. 면사무소 호적계장인 甲이 호적정정사유가 없음을 알면서도 행사할 목적으로 乙의 호적부편제 중 乙의 딸의 호적기재출생란, 주민등록번호란에 허위내용의 호적정정 기재를 한 후, 자신이 소지하고 있던 면장 丙의 실인을 찍고는 그 호적부가 정당하게 작성된 것처럼 비치한 경우 - 허위공문서작성죄 및 동 행사죄

ㄴ. 甲이 권리의무에 관한 사문서인 乙명의의 신탁증서 1통을 작성한 후 마치 다른 내용의 문서인 것처럼 乙에게 제시하여 날인을 받고, 이를 법원에 증거로 제출한 경우 - 사문서위조죄 및 동 행사죄

ㄷ. 甲이 미리 서명날인만 받아 놓은 乙명의의 백지어음에 자기마음대로 발행일, 금액, 수취인을 기재한 후, 乙을 상대로 약속어음금반환청구의 소를 제기하고, 그 청구를 대여금청구로 변경하면서 위 백지어음의 복사본을 증거로 제출한 경우 - 유가증권위조죄 및 동 행사죄

ㄹ. A구청장 甲은 자신이 B구청장으로 전보되었다는 내용의 인사발령을 전화로 통보받은 후, A구청장의 권한에 속하는 건축허가에 관한 결재용지의 결재란에 서명한 경우 -자격모용에 의한 공문서작성죄

ㅁ. A회사의 대표이사로 재직한 바 있는 甲이 A회사의 대표이사가 이미 乙로 변경된 이후임에도 불구하고, 이전부터 사용하여 오던 자기 명의로 된 A회사 대표이사의 명판을 이용하여 여전히 자신을 A회사의 대표이사로 표시하여 약속어음을 발행하고 행사한 경우 - 유가증권위조죄 및 동 행사죄

① ㄱ, ㄴ, ㄷ
② ㄱ, ㄷ, ㅁ
③ ㄴ, ㄹ, ㅁ
④ ㄷ, ㄹ, ㅁ

정선 핵심

ㄱ. 면사무소 호적계장이 허위내용의 호적정정 기재를 한 후 면장의 실인을 찍어 비치한 경우 → 공문서위조죄와 동 행사죄의 실체적 경합 ○

ㄴ. 乙명의의 신탁증서를 작성한 후 날인을 받고, 증거로 제출한 경우 → 사문서위조죄와 동 행사죄의 실체적 경합 ○

ㄷ. 乙명의의 백지어음에 임의로 어음요건을 기재한 후, 복사본을 증거로 제출한 경우 → 유가증권위조죄 ○

ㄹ. A구청장이 전보된 후 구청장의 권한에 속하는 건축허가 결재란에 서명한 경우 → 자격모용에 의한 공문서작성죄 ○

ㅁ. 대표이사가 변경되었음에도 甲이 자신을 A회사 대표이사로 표시하여 약속어음을 발행하고 행사한 경우 → 자격모용유가증권작성죄 및 동 행사죄의 실체적 경합 ○

정선 해설

[ㄱ ▸ ✕] 공무원을 보조하는 직무에 종사하는 공무원이 작성권한을 가진 공무원의 결재도 받지 아니하고 임의로 허위내용의 공문서를 작성권자 명의로 작성한 때에는 공문서위조죄가 성립한다고 할 것인바, 면사무소 호적계장이 면장의 결재 없이 호적의 출생년란, 주민등록번호란에 허위내용의 호적정정 기재를 한 경우에는 공문서 위조 및 동 행사죄를 구성하는 것은 별론으로 하고 형법 제227조가 규정한 허위공문서작성죄에 해당할 수는 없다(대판 1990.10.12. 90도1790).

[ㄴ ▸ ○] 대판 1983.6.28. 83도1036

[ㄷ ▸ ✕] 甲이 乙명의의 백지어음에 자기마음대로 어음요건을 기재하여 유가증권위조죄는 성립하나, 판례에 의하면 위조유가증권행사죄의 객체는 유가증권의 원본이어야 하므로 위조한 백지어음의 복사본을 법원에 증거로 제출한 경우 별도로 위조유가증권행사죄는 성립하지 아니한다.

> 위조유가증권행사죄에 있어서의 유가증권이라 함은 위조된 유가증권의 원본을 말하는 것이지 전자복사기 등을 사용하여 기계적으로 복사한 사본은 이에 해당하지 않는다(대판 1998.2.13. 97도2922).

[ㄹ ▸ ○] 대판 1993.4.27. 92도2688

[ㅁ ▸ ×] 주식회사 대표이사로 재직하던 피고인이 대표이사가 타인으로 변경되었음에도 불구하고 이전부터 사용하여 오던 피고인 명의로 된 위 회사 대표이사의 명판을 이용하여 여전히 피고인을 위 회사의 대표이사로 표시하여 약속어음을 발행, 행사하였다면, 설사 약속어음을 작성, 행사함에 있어 후임 대표이사의 승낙을 얻었다거나 위 회사의 실질적인 대표이사로서의 권한을 행사하는 피고인이 은행과의 당좌계약을 변경하는데에 시일이 걸려 잠정적으로 전임 대표이사인 그의 명판을 사용한 것이라 하더라도 이는 합법적인 대표이사로서의 권한 행사라 할 수 없어 자격모용유가증권작성 및 동 행사죄에 해당한다(대판 1991.2.26. 90도577).

답 ❷

084

다음 설명 중 가장 옳지 않은 것은?   21 법원9급

① 법인이 설치·운영하는 전산망 시스템에 제공되어 정보의 생성·처리·저장·출력이 이루어지는 전자기록 등 특수매체기록은 그 법인의 임직원과의 관계에서 '타인'의 전자기록 등 특수매체기록에 해당한다.

② 시스템의 설치·운영 주체로부터 각자의 직무 범위에서 개개의 단위정보의 입력 권한을 부여받은 사람이 그 권한을 남용하여 허위의 정보를 입력함으로써 시스템 설치·운영 주체의 의사에 반하는 전자기록을 생성하는 경우에는 사전자기록등위작죄에서 말하는 전자기록의 '위작'에 포함되지 않는다.

③ 공문서의 작성권한 없는 사람이 허위공문서를 기안하여 작성권자의 결재를 받지 않고 공문서를 완성한 경우, 공문서위조죄가 성립한다.

④ 자동차 등의 운전자가 경찰공무원에게 다른 사람의 운전면허증 자체가 아니라 이를 촬영한 이미지파일을 휴대전화 화면 등을 통하여 보여 주는 행위는 공문서부정행사죄를 구성하지 아니한다.

정선 핵심

① 법인의 전자기록 등 특수매체기록 → 임직원과의 관계에서 타인의 전자기록 등 특수매체기록 ○

② 사전자기록등위작죄의 구성요건
→ 위작 : 단위정보의 입력 권한을 부여받은 사람이 그 권한을 남용하여 허위의 정보를 입력하는 경우 포함

③ 권한 없는 사람이 허위공문서를 기안하여 작성권자의 결재를 받지 않고 공문서를 완성한 경우 → 공문서위조죄 ○

④ 타인의 운전면허증을 촬영한 이미지파일을 보여 준 경우 → 공문서부정행사죄 ×

정선 해설

[❶ ▸ ○] [❷ ▸ ×] [1] 법인이 설치·운영하는 전산망 시스템에 제공되어 정보의 생성·처리·저장·출력이 이루어지는 전자기록 등 특수매체기록은 그 법인의 임직원과의 관계에서 '타인'의 전자기록 등 특수매체기록에 해당한다.❶

[2] 개인 또는 법인이 전자적 방식에 의한 정보의 생성·처리·저장·출력을 목적으로 구축하여 설치·운영하는 시스템을 설치·운영하는 주체와의 관계에서 전자기록의 생성에 관여할 권한이 없는 사람이 전자기록을 작출하거나 전자기록의 생성에 필요한 단위정보의 입력을 하는 경우는 물론 시스템의 설치·운영 주체로부터 각자의 직무 범위에서 개개의 단위정보의 입력 권한을 부여받은 사람이 그 권한을 남용하여 허위의 정보를 입력함으로써 시스템 설치·운영 주체의 의사에 반하는 전자기록을 생성하는 경우도 형법 제227조의2에서 말하는 전자기록의 '위작'에 포함된다. 위 법리는 형법 제232조의2의 사전자기록등위작죄에서 행위의 태양으로 규정한 '위작'에 대해서도 마찬가지로 적용된다❷(대판 2020.8.27. 2019도11294[전합]).

[❸ ▸ ○] 공문서의 작성권한 없는 사람이 허위공문서를 기안하여 작성권자의 결재를 받지 않고 공문서를 완성한 경우에는 공문서위조죄가 성립한다(대판 2017.5.17. 2016도13912).

[❹ ▸ ○] 대판 2019.12.12. 2018도2560

답 ❷

01 대리인이 대리권을 단순히 남용하여 사문서를 작성한 경우에도 자격모용에 의한 사문서작성죄가 성립한다. 15 경찰간부　　　○ | ×

02 절취한 후불식 전화카드를 사용하여 공중전화를 건 경우에는 편의시설부정이용죄가 성립하는 것은 별문제로 하고 사문서부정행사죄는 성립하지 않는다. 13 국가9급　　　○ | ×

01 타인의 대표자 또는 대리자가 그 대표 또는 대리명의로 문서를 작성할 권한을 가지는 경우에 그 지위를 남용하여 단순히 자기 또는 제3자의 이익을 도모할 목적으로 문서를 작성하였다 하더라도 자격모용 사문서작성죄는 성립하지 아니한다(대판 2007.10.11, 2007도5838).

02 절취한 전화카드를 공중전화기에 넣어 사용한 것은 권리의무에 관한 타인의 사문서를 부정행사한 경우에 해당한다(대판 2002.6.25, 2002도461).

정답

01 × **02** ×

제1관 | 성풍속에 관한 죄

085
□□□

공연음란죄 등에 관한 설명 중 옳은 것은 모두 몇 개인가?(다툼이 있는 경우 판례에 의함)

18 해경간부

> ㄱ. 불특정다수인이 인터넷링크를 이용하여 별다른 제한 없이 음란한 부호 등에 바로 접할 수 있는 상태가 실제로 조성되었다면 이는 음란한 부호 등을 공연히 전시한다는 구성요건을 충족한다.
> ㄴ. 형법 제245조 소정의 '음란한 행위'라 함은 일반 보통인의 성욕을 자극하여 성적 흥분을 유발하고 정상적인 성적 수치심을 해하여 성적 도의관념에 반하는 행위를 가리키는 것이고, 그 행위는 반드시 성행위를 묘사하거나 성적인 의도를 표출할 것을 요한다.
> ㄷ. 고속도로에서 행패를 부리다가 경찰관이 출동하여 이를 제지하려고 하자 주위에 운전자 등 많은 사람이 운집한 가운데 시위조로 옷을 모두 벗고 알몸의 상태로 바닥에 드러눕거나 돌아다닌 행위는 공연음란죄에 해당한다.
> ㄹ. 말다툼을 한 후 항의의 표시로 엉덩이를 노출시킨 행위는 음란한 행위에 해당하지 않는다.
> ㅁ. 공연음란죄는 주관적으로 성욕의 흥분, 만족 등의 성적 목적이 있어야 성립하는 것은 아니고, 그 행위의 음란성에 대한 의미의 인식이 있으면 족하다.

① 1개 　　　　　　　　　② 2개
③ 3개 　　　　　　　　　④ 4개

**정선
핵심**

ㄱ. 인터넷링크를 이용하여 음란한 부호에 바로 접할 수 있는 경우 → 공연히 전시 ○
ㄴ.・ㅁ. 공연음란죄의 구성요건
　→ 음란한 행위 : 성욕을 자극하여 성적 흥분을 유발하고 정상적인 성적 수치심을 해하여 성적 도의관념에 반하는 행위
　→ 반드시 성행위를 묘사하거나 성적인 의도를 표출할 것 불요
　→ 주관적으로 성욕의 흥분, 만족 등의 성적 목적 불요
ㄷ. 고속도로에서 행패를 부리던 자가 경찰관에게 성기를 노출한 경우 → 공연음란죄 ○
ㄹ. 말다툼을 한 후 항의의 표시로 엉덩이를 노출시킨 경우 → 공연음란죄 ×

**정선
해설**

[ㄱ ▶ ○] 불특정・다수인이 이러한 링크를 이용하여 별다른 제한 없이 음란한 부호 등에 바로 접할 수 있는 상태가 실제로 조성되었다면, 그러한 행위는 전체로 보아 음란한 부호 등을 공연히 전시한다는 구성요건을 충족한다고 봄이 상당하다(대판 2003.7.8. 2001도1335).
[ㄴ ▶ ×] 형법 제245조 소정의 '음란한 행위'라 함은 일반 보통인의 성욕을 자극하여 성적 흥분을 유발하고 정상적인 성적 수치심을 해하여 성적 도의관념에 반하는 행위를 가리키는 것이고, 그 행위가 반드시 성행위를 묘사하거나 성적인 의도를 표출할 것을 요하는 것은 아니다(대판 2006.1.13. 2005도1264).
[ㄷ ▶ ○] 고속도로에서 승용차를 손괴하거나 타인에게 상해를 가하는 등의 행패를 부리던 자가 이를 제지하려는 경찰관에 대항하여 공중 앞에서 알몸이 되어 성기를 노출한 경우, 음란한 행위에 해당하고 그 인식도 있었으므로 공연음란죄가 성립한다(대판 2000.12.22. 2000도4372).
[ㄹ ▶ ○] 대판 2004.3.12. 2003도6514
[ㅁ ▶ ○] 대판 2004.3.12. 2003도6514

답 ❹

성풍속에 관한 죄에 대한 다음 설명 중 옳은 것은 모두 몇 개인가?(다툼이 있는 경우 판례에 의함)

19 경찰간부

> ㄱ. 음란한 영상화면을 수록한 컴퓨터 프로그램파일을 컴퓨터통신망을 통하여 전송하는 방법으로 판매한 경우 형법 제243조의 음화등판매죄에 해당한다.
> ㄴ. 말다툼을 한 후 항의의 표시로 바지와 팬티를 무릎까지 내린 후 엉덩이를 노출시킨 행위는 음란한 행위에 해당하여 공연음란죄가 성립한다.
> ㄷ. 형법 제245조 소정의 '음란한 행위'라 함은 일반 보통인의 성욕을 자극하여 성적 흥분을 유발하고 정상적인 성적 수치심을 해하여 성적 도의관념에 반하는 것을 가리킨다고 할 것이므로, 주관적으로 성욕의 흥분 또는 만족 등의 성적인 목적이 있어야 성립한다.

① 없음　　　　　　　　　　② 1개
③ 2개　　　　　　　　　　④ 3개

**정선
핵심**

ㄱ. 음란영상화면을 수록한 컴퓨터 프로그램파일을 판매한 경우 → 음화등판매죄 ✕
ㄴ. 말다툼을 한 후 항의의 표시로 엉덩이를 노출시킨 경우 → 공연음란죄 ✕
ㄷ. 공연음란죄의 구성요건
　⟶ 음란한 행위 : 성욕을 자극하여 성적 흥분을 유발하고 정상적인 성적 수치심을 해하여 성적 도의관념에 반하는 행위
　⟶ 주관적으로 성욕의 흥분, 만족 등의 성적인 목적 불요

**정선
해설**

[ㄱ ▸ ✕]　형법 제243조는 음란한 문서, 도화, 필름 기타 물건을 반포, 판매 또는 임대하거나 공연히 전시 또는 상영한 자에 대한 처벌규정으로서 컴퓨터 프로그램파일은 위 규정에서 규정하고 있는 문서, 도화, 필름 기타 물건에 해당한다고 할 수 없으므로, 음란한 영상화면을 수록한 컴퓨터 프로그램파일을 컴퓨터 통신망을 통하여 전송하는 방법으로 판매한 행위에 대하여 전기통신기본법 제48조의2의 규정을 적용할 수 있음은 별론으로 하고, 형법 제243조의 규정을 적용할 수 없다(대판 1999.2.24. 98도3140).

[ㄴ ▸ ✕]　말다툼을 한 후 항의의 표시로 엉덩이를 노출시킨 경우에는 단순히 다른 사람에게 부끄러운 느낌이나 불쾌감을 주는 정도에 불과하다고 인정될 뿐이므로 그와 같은 행위는 경범죄처벌법 제1조 제41호에 해당할지언정, 형법 제245조의 음란행위에 해당한다고 할 수 없다(대판 2004.3.12. 2003도6514).

[ㄷ ▸ ✕]　형법 제245조 소정의 '음란한 행위'라 함은 일반 보통인의 성욕을 자극하여 성적 흥분을 유발하고 정상적인 성적 수치심을 해하여 성적 도의관념에 반하는 것을 가리킨다고 할 것이고, 위 죄는 주관적으로 성욕의 흥분, 만족 등의 성적인 목적이 있어야 성립하는 것은 아니고 그 행위의 음란성에 대한 의미의 인식이 있으면 족하다(대판 2004.3.12. 2003도6514).

 답 ❶

087

☐☐☐

다음 사례 중 공연음란죄의 성립이 인정된 것만을 모두 고른 것은?(다툼이 있는 경우 판례에 의함)

21 경찰간부

> ㄱ. 말다툼을 한 후 항의의 표시로 엉덩이가 드러날 만큼 바지와 팬티를 내린 다음 엉덩이를 들이밀며 "똥구멍에 술을 부어 보아라"라고 말한 경우
> ㄴ. 다수인이 통행하는 참전비 앞길에서 바지와 팬티를 내리고 성기와 엉덩이를 노출한 채 한 쪽 방향으로 걸어가다가 돌아서서 걷기도 하는 등 주위를 서성인 경우
> ㄷ. 요구르트 제품의 홍보를 위하여 전라의 여성 누드모델들이 관람객 수십 명이 있는 자리에서 알몸을 완전히 드러낸 채 관람객들을 향하여 요구르트를 던진 경우
> ㄹ. 아파트 엘리베이터 내에 피해자(여, 11세)와 단둘이 탄 다음 신체접촉 없이 피해자를 향하여 성기를 노출하고 이를 보고 놀란 피해자에게 다가간 경우
> ㅁ. 고속도로에서 승용차를 손괴하는 등의 행패를 부리던 자가 이를 제지하려는 경찰관에 대항하여 공중 앞에서 알몸이 되어 성기를 노출한 경우

① ㄱ, ㄴ, ㅁ
② ㄱ, ㄷ, ㄹ
③ ㄴ, ㄷ, ㅁ
④ ㄴ, ㄷ, ㄹ

정선 핵심

공연음란죄의 성립 여부

ㄱ. "똥구멍에 술을 부어 보아라"라고 말한 경우 → ✕
ㄴ. 참전비 앞길에서 성기와 엉덩이를 노출한 채 주위를 서성인 경우 → ○
ㄷ. 홍보를 위하여 여성 누드모델들이 관람객들을 향하여 요구르트를 던진 경우 → ○
ㄹ. 엘리베이터에서 여아를 향하여 성기를 꺼내어 움직이다가 다가간 경우 → 위력에 의한 추행 ○
ㅁ. 고속도로에서 행패를 부리던 자가 경찰관에게 성기를 노출한 경우 → ○

정선 해설

[ㄱ ▸ ✕] 말다툼을 한 후 항의의 표시로 엉덩이를 노출시킨 경우에는 단순히 다른 사람에게 부끄러운 느낌이나 불쾌감을 주는 정도에 불과하다고 인정될 뿐이므로 그와 같은 행위는 경범죄처벌법 제1조 제41호에 해당할지언정, 형법 제245조의 음란행위에 해당한다고 할 수 없다(대판 2004.3.12. 2003도6514).

[ㄴ ▸ ○] 대판 2020.1.16. 2019도14056

[ㄷ ▸ ○] 대판 2006.1.13. 2005도1264

[ㄹ ▸ ✕] 피고인의 행위는 성폭력범죄의 처벌 등에 관한 특례법 제7조 제5항 소정의 13세 미만의 자에 대한 위력에 의한 추행에 해당한다.

피고인은 나이 어린 갑을 범행 대상으로 삼아, 의도적으로 협소하고 폐쇄적인 엘리베이터 내 공간을 이용하여 갑이 도움을 청할 수 없고 즉시 도피할 수도 없는 상황을 만들어 범행을 한 점 등 제반 사정에 비추어 볼 때, 비록 피고인이 갑의 신체에 직접적인 접촉을 하지 아니하였고 엘리베이터가 멈춘 후 갑이 위 상황에서 바로 벗어날 수 있었다고 하더라도, 피고인의 행위는 갑의 성적 자유의사를 제압하기에 충분한 세력에 의하여 추행행위에 나아간 것으로서 위력에 의한 추행에 해당한다고 보아야 한다(대판 2013.1.16. 2011도7164).

[ㅁ ▸ ○] 대판 2000.12.22. 2000도4372

답 ❸

다음 설명 중 가장 옳지 않은 것은?(다툼이 있는 경우 판례에 의함) 14 경찰간부

① 음화반포등죄(형법 제243조)에 규정된 '음란한 문서 또는 도화'라 함은 성욕을 자극하여 흥분시기고 일반인의 정상적인 성적 정서와 선량한 사회풍속을 해칠 가능성이 있는 도서를 말하며, 그 음란성의 존부는 작성자의 주관적인 의도가 아니라 객관적으로 도서 자체에 의하여 판단하여야 한다.

② 문학작품이라고 하여 무한정의 표현의 자유를 누려 어떠한 성적 표현도 가능하다고 할 수는 없고, 그것이 건전한 성적 풍속이나 성도덕을 침해하는 경우에는 형법규정에 의하여 이를 처벌할 수 있다.

③ 고속도로에서 승용차를 손괴하거나 타인에게 상해를 가하는 등의 행패를 부리던 자가 신고를 받고 출동한 경찰관이 이를 제지하려고 하자, 시위조로 주위에 운전자 등 사람이 많이 있는 가운데 옷을 모두 벗어 알몸의 상태로 바닥에 드러눕거나 돌아다녔다 하더라도 이렇게 공중 앞에서 단순히 알몸을 노출시킨 행위만으로는 공연음란죄(형법 제245조)에 해당한다고 보기 어렵다.

④ 음화반포등죄(형법 제243조) 소정의 음란성을 판단함에 있어 법관이 자신의 정서가 아닌 일반 보통인의 정서를 규준으로 하여 이를 판단하면 족한 것이지, 법관이 일일이 일반 보통인을 상대로 과연 당해 문서나 도화 등이 그들의 성욕을 자극하여 성적 흥분을 유발하거나 정상적인 성적 수치심을 해하여 성적 도의관념에 반하는 것인지의 여부를 묻는 절차를 거쳐야만 되는 것은 아니다.

정선 핵심

① 음화반포등죄의 구성요건
　→ 음란한 문서 또는 도화 : 성욕을 자극하여 흥분시키고 일반인의 정상적인 성적 정서와 선량한 사회풍속을 해칠 가능성이 있는 도서
　→ 음란성의 존부 : 객관적으로 도서 자체에 의하여 판단
② 문학작품이 건전한 성적 풍속이나 성도덕을 침해하는 경우 → 처벌가능
③ 고속도로에서 행패를 부리던 자가 경찰관에게 성기를 노출한 경우 → 공연음란죄 ○
④ 음란성 판단 → 일반 보통인의 정서를 규준으로 판단

정선 해설

[❶ ▸ ○] 대판 1991.9.10. 91도1550

[❷ ▸ ○] 대판 1995.6.16. 94도2413

[❸ ▸ ✕] 고속도로에서 승용차를 손괴하거나 타인에게 상해를 가하는 등의 행패를 부리던 자가 이를 제지하려는 경찰관에 대항하여 공중 앞에서 알몸이 되어 성기를 노출한 경우, 음란한 행위에 해당하고 그 인식도 있었으므로 공연음란죄가 성립한다(대판 2000.12.22. 2000도4372).

[❹ ▸ ○] 음란성을 판단함에 있어 법관이 자신의 정서가 아닌 일반 보통인의 정서를 규준으로 하여 이를 판단하면 족한 것이지 법관이 일일이 일반 보통인을 상대로 과연 당해 문서나 도화 등이 그들의 성욕을 자극하여 성적 흥분을 유발하거나 정상적인 성적 수치심을 해하여 성적 도의관념에 반하는 것인지의 여부를 묻는 절차를 거쳐야만 되는 것은 아니라고 할 것이다(대판 1995.2.10. 94도2266).

답 ❸

다음은 형법상 성풍속에 관한 죄에 대한 설명이다. 옳은 것(○)과 옳지 않은 것(×)을 바르게 연결한 것은?(다툼이 있는 경우 판례에 의함) `13` 경찰채용

> ㄱ. 음란한 영상화면을 수록한 컴퓨터 프로그램 파일을 컴퓨터 통신망을 통하여 전송하는 방법으로 판매한 경우 형법상 음화반포판매죄가 성립한다.
>
> ㄴ. 음란한 부호 등이 전시된 웹페이지에 대한 링크행위로 인해 불특정 다수인이 별다른 제한 없이 음란한 부호 등에 바로 접할 수 있는 상태가 실제로 조성되었다고 한다면 이러한 링크행위는 음란한 부호 등을 공연히 전시한 경우에 해당한다.
>
> ㄷ. 고속도로에서 행패를 부리다가 경찰관이 출동하여 이를 제지하려고 하자 주위에 운전자 등 많은 사람이 운집한 가운데 시위조로 옷을 모두 벗고 알몸의 상태로 바닥에 드러눕거나 돌아다닌 행위는 공연음란죄에 해당한다.
>
> ㄹ. 피고인이 甲과 주차문제로 말다툼을 할 때 甲이 피고인에게 "술을 먹었으면 입으로 먹었지 똥구멍으로 먹었냐"라고 말한 것에 격분하여 甲이 운영하는 상점으로 찾아가 "상점카운터를 지키고 있던 甲의 딸인 乙(여, 23세)을 보고 주인 어디 갔냐"고 소리를 지르다가 등을 돌려 엉덩이가 드러날 만큼 바지와 팬티를 내린 다음 엉덩이를 들이밀며 "똥구멍으로 어떻게 술을 먹느냐, 똥구멍에 술을 부어 보아라"라고 말한 경우 공연음란죄가 성립한다.

① ㄱ(×) ㄴ(○) ㄷ(○) ㄹ(○)
② ㄱ(○) ㄴ(×) ㄷ(×) ㄹ(○)
③ ㄱ(×) ㄴ(○) ㄷ(○) ㄹ(×)
④ ㄱ(○) ㄴ(×) ㄷ(×) ㄹ(×)

**정선
핵심**

ㄱ. 음란영상화면을 수록한 컴퓨터 프로그램파일을 판매한 경우 → 음화반포판매죄 ×
ㄴ. 음란한 부호 등이 전시된 웹페이지를 링크한 경우 → 공연히 전시 ○
ㄷ. 고속도로에서 행패를 부리던 자가 경찰관에게 성기를 노출한 경우 → 공연음란죄 ○
ㄹ. "똥구멍에 술을 부어 보아라"라고 말한 경우 → 공연음란죄 ×

**정선
해설**

[ㄱ▸×] 형법 제243조는 음란한 문서, 도화, 필름 기타 물건을 반포, 판매 또는 임대하거나 공연히 전시 또는 상영한 자에 대한 처벌규정으로서 컴퓨터 프로그램파일은 위 규정에서 규정하고 있는 문서, 도화, 필름 기타 물건에 해당한다고 할 수 없으므로, 음란한 영상화면을 수록한 컴퓨터 프로그램파일을 컴퓨터 통신망을 통하여 전송하는 방법으로 판매한 행위에 대하여 전기통신기본법 제48조의2의 규정을 적용할 수 있음은 별론으로 하고, 형법 제243조의 규정을 적용할 수 없다(대판 1999.2.24. 98도3140).

[ㄴ▸○] 대판 2003.7.8. 2001도1335

[ㄷ▸○] 대판 2000.12.22. 2000도4372

[ㄹ▸×] 말다툼을 한 후 항의의 표시로 엉덩이를 노출시킨 경우에는 단순히 다른 사람에게 부끄러운 느낌이나 불쾌감을 주는 정도에 불과하다고 인정될 뿐이므로 그와 같은 행위는 경범죄처벌법 제1조 제41호에 해당할지언정, 형법 제245조의 음란행위에 해당한다고 할 수 없다(대판 2004.3.12. 2003도6514).

답 ❸

다음 설명 중 가장 옳지 않은 것은?(다툼이 있는 경우 판례에 의함)　

① 요구르트 제품의 홍보를 위하여 전라의 여성 누드모델들이 일반 관람객과 다수의 기자 등이 있는 가리에서, 알몸에 밀기루를 바르고 무대에 나의 분무기로 요구르트를 몸에 뿌려 밀기루를 벗겨내는 방법으로 알몸을 완전히 드러낸 채 음부 및 유방 등이 노출된 상태에서 무대를 돌며 관람객들을 향하여 요구르트를 던진 행위가 공연음란죄에 해당한다.

② 말다툼을 한 후 항의의 표시로 엉덩이를 노출시킨 행위는 공연음란죄에서의 음란한 행위에 해당한다고 보기 어렵다.

③ 고속도로에서 승용차를 손괴하거나 타인에게 상해를 가하는 등의 행패를 부리던 자가 이를 제지하려는 경찰관에 대항하여 공중 앞에서 알몸이 되어 성기를 노출한 경우, 공연음란죄에서의 음란한 행위에 해당한다고 보기 어렵다.

④ 연극공연행위의 음란성의 유무는 그 공연행위 자체로서 객관적으로 판단해야 할 것이고, 그 행위자의 주관적인 의사에 따라 좌우되는 것은 아니다.

⑤ 공연윤리위원회의 심의를 마친 영화의 장면으로써 제작한 포스타 등의 광고물이라 하더라도 건전한 성풍속이나 성도덕관념에 반하는 것이라면 음화에 해당할 수 있다.

**정선
핵심**

① 홍보를 위하여 여성 누드모델들이 관람객들을 향하여 요구르트를 던진 경우 → 공연음란죄 ○

② 말다툼을 한 후 항의의 표시로 엉덩이를 노출시킨 경우 → 공연음란죄 ×

③ 고속도로에서 행패를 부리던 자가 경찰관에 대항하여 성기를 노출한 경우 → 공연음란죄 ○

④ 연극공연행위의 음란성 → 공연행위 자체로서 객관적으로 판단

⑤ 심의를 마친 광고물이 건전한 성풍속이나 성도덕관념에 반하는 경우 → 음화 ○

**정선
해설**

[**❶** ▸ ○] 대판 2006.1.13. 2005도1264

[**❷** ▸ ○] 대판 2004.3.12. 2003도6514

[**❸** ▸ ×] 고속도로에서 승용차를 손괴하거나 타인에게 상해를 가하는 등의 행패를 부리던 자가 이를 제지하려는 경찰관에 대항하여 공중 앞에서 알몸이 되어 성기를 노출한 경우, 음란한 행위에 해당하고 그 인식도 있었으므로 공연음란죄가 성립한다(대판 2000.12.22. 2000도4372).

[**❹** ▸ ○] 대판 1996.6.11. 96도980

[**❺** ▸ ○] 공연윤리위원회의 심의를 마친 영화작품이라 하더라도 이것을 영화관에서 상영하는 것이 아니고 관람객을 유치하기 위하여 영화장면의 일부를 포스타나 스틸사진 등으로 제작하였고, 제작된 포스타 등 도화가 그 영화의 예술적 측면이 아닌 선정적 측면을 특히 강조하여 그 표현이 과도하게 성감을 자극시키고 일반인의 정상적인 성적 정서를 해치는 것이어서 건전한 성풍속이나 성도덕 관념에 반하는 것이라면 그 포스타 등 광고물은 음화에 해당한다(대판 1990.10.16. 90도1485).

답 ❸

정선지문 OX

01 음행의 상습이 있는 미성년자를 영리의 목적으로 매개하여 간음하게 한 경우에는 형법 제242조의 음행매개죄가 성립한다. `18` 해경승진

OΙX

02 유흥주점 여종업원들이 웃옷을 벗고 브래지어만 착용하거나 치마를 허벅지가 다 드러나도록 걷어 올리고 가슴이 보일 정도로 어깨끈을 밑으로 내린 채 손님을 접대한 경우 (구) 풍속영업의규제에관한법률 제3조 제1호에 정한 '음란행위'에 해당한다. `13` 경찰승진

OΙX

01 대판 1955.7.8. 4288형상37

02 위 종업원들의 행위와 노출 정도가 형사법상 규제의 대상으로 삼을 만큼 사회적으로 유해한 영향을 끼칠 위험성이 있다고 평가할 수 있을 정도로 노골적인 방법에 의하여 성적 부위를 노출하거나 성적 행위를 표현한 것이라고 단정하기에 부족하다 (대판 2009.2.26. 2006도3119).

정답

01 ○ **02** ×

091

다음 설명 중 가장 옳지 않은 것은?(다툼이 있는 경우 판례에 의함) `14` 경찰간부

① 사기도박에 필요한 준비를 갖추고 그 실행에 착수한 후에 사기도박을 숨기기 위하여 얼마간 정상적인 도박을 하였더라도 이는 사기죄의 실행행위에 포함되는 것이므로 사기죄만 성립하고 도박죄는 따로 성립하지 아니한다.

② 도박의 습벽이 있는 자가 도박을 하고 또 도박방조를 하였을 경우, 상습도박의 죄가 성립하는 이외에 별도로 상습도박방조의 죄가 성립하므로 이를 포괄시켜 1죄로서 처단하여서는 아니된다.

③ 성인피시방 운영자가 손님들로 하여금 컴퓨터에 접속하여 인터넷도박게임을 하고 게임머니의 충전과 환전을 하도록 하면서 게임머니의 일정 금액을 수수료 명목으로 받은 행위는 도박장소 등개설죄에 해당한다.

④ 사기도박에 있어서는 사기적인 방법으로 도금을 편취하려고 하는 자가 상대방에게 도박에 참가할 것을 권유하는 등 기망행위를 개시한 때에 실행의 착수가 있다.

정선 핵심

① 사기도박을 숨기기 위하여 얼마간 정상적인 도박을 한 경우 → 사기죄만 성립 ○

② 도박의 습벽이 있는 자가 도박을 하고 도박을 방조한 경우 → 상습도박죄 ○

③ 성인피시방 운영자가 인터넷도박게임을 하게 하고 게임머니의 일부를 수수료로 받은 경우 → 도박장소등개설죄 ○

④ 도박참가를 권유하는 등 기망행위를 개시한 경우 → 사기죄의 실행의 착수 ○

정선 해설

[**❶** ▶ ○] 대판 2011.1.13. 2010도9330

[**❷** ▶ ✕] 상습도박의 죄나 상습도박방조의 죄에 있어서의 상습성은 행위의 속성이 아니라 행위자의 속성으로서 도박을 반복해서 거듭하는 습벽을 말하는 것인 바, 도박의 습벽이 있는 자가 타인의 도박을 방조하면 상습도박방조의 죄에 해당하는 것이며, 도박의 습벽이 있는 자가 도박을 하고 또 도박방조를 하였을 경우 상습도박방조의 죄는 무거운 상습도박의 죄에 포괄시켜 1죄로서 처단하여야 한다(대판 1984.4.24. 84도195).

[**❸** ▶ ○] 피고인이 성인피시방에서 그곳을 찾은 손님들을 상대로 카운터에 설치된 컴퓨터장치를 이용하여 도박에 사용되는 손님 아이디로 현금을 충전해 주고, 현금을 충전 받은 손님들이 이를 이용해 게임머니를 구입하여 '아마존' 도박게임을 이용하게 하고, 게임종료 후 남은 게임머니를 환전 사이트에서 환전을 받게 하며, 손님들이 게임머니를 구입한 금액의 5%를 수수료 명목으로 지급받아 이익을 취한 경우, 도박장소등개설죄가 성립한다(대판 2008.10.23. 2008도3970).

[**❹** ▶ ○] 대판 2011.1.13. 2010도9330

답 ❷

다음 설명 중 가장 적절하지 않은 것은?(다툼이 있는 경우 판례에 의함) `13` 경찰채용

① 내국인의 출입을 허용하는 폐광지역 카지노에 출입하는 것은 법령에 의한 행위로 위법성이 조각되지만, 도박죄를 처벌하지 않는 외국 카지노에서의 도박은 위법성이 조각되지 아니한다.

② 인터넷 고스톱게임 사이트를 유료화하는 과정에서 사이트를 홍보하기 위하여 고스톱대회를 개최하면서 참가자들로부터 참가비를 받고 입상자들에게 상금을 지급한 경우에는 도박장소등 개설죄가 성립한다.

③ 피고인이 가맹점을 모집하여 인터넷 도박게임이 가능하도록 시설 등을 설치하고 도박게임 프로그램을 가동하던 중 문제가 발생하여 더 이상의 영업으로 나아가지 못한 경우, 실제로 이용자들이 도박게임 사이트에 접속하여 도박을 한 사실이 없다면 도박장소등개설죄는 기수에 이르렀다고 볼 수 없다.

④ 인터넷 게임사이트의 온라인 게임에서 통용되는 사이버머니를 구입하고자 하는 사람을 유인하여 돈을 받고 위 게임사이트에 접속하여 일부러 패하는 방법으로 사이버머니를 판매한 사람에 대하여, 정범인 위 게임사이트 개설자의 도박장소등개설죄를 인정할 수 없는 이상 종범인 도박장소등개설방조죄도 성립하지 않는다.

정선 핵심

① 도박죄의 위법성 조각 여부
→ 폐광지역개발지원에관한특별법 등에 따라 카지노에 출입하는 경우 : 법령에 의한 행위로 위법성 조각 ○
→ 도박죄를 처벌하지 않는 외국 카지노에서의 도박을 한 경우 : 위법성 조각 ×

② 고스톱게임 사이트를 유료화하면서 대회를 통해 참가비를 받고 입상자들에게 상금을 지급한 경우 → 도박장소등개설죄 ○

③ 인터넷 도박게임이 가능한 시설을 설치하였으나 영업으로 나아가지 못한 경우 → 도박장소등개설죄 ○

④ 사이버 머니를 구입하고자 하는 사람에게 돈을 받고 판매한 경우 → 도박장소등개설방조죄 ×

정선 해설

[**❶** ▶ ○] 국가 정책적 견지에서 도박죄의 보호법익보다 좀더 높은 국가이익을 위하여 예외적으로 내국인의 출입을 허용하는 폐광지역개발지원에관한특별법 등에 따라 카지노에 출입하는 것은 법령에 의한 행위로 위법성이 조각된다고 할 것이나, 도박죄를 처벌하지 않는 외국 카지노에서의 도박이라는 사정만으로 그 위법성이 조각된다고 할 수 없다(대판 2004.4.23. 2002도2518).

[**❷** ▶ ○] 대판 2002.4.12. 2001도5802

[**❸** ▶ ×] 피고인이 단순히 가맹점만을 모집한 상태에서 도박게임 프로그램을 시험가동한 정도에 그친 것이 아니라, 가맹점을 모집하여 인터넷 도박게임이 가능하도록 시설 등을 설치하고 도박게임 프로그램을 가동하던 중 문제가 발생하여 더 이상의 영업으로 나아가지 못한 것으로 볼 여지가 있다면 이로써 도박장소등개설죄는 이미 '기수'에 이르렀다고 볼 수 있다(대판 2009.12.10. 2008도5282).

[**❹** ▶ ○] 대판 2007.11.29. 2007도8050

답 ❸

도박장소등개설죄에 대한 설명 중 옳은 것은?(다툼이 있는 경우 판례에 의함)

① 영리의 목적은 필요로 하는 목적범이다.
② 도박장소등개설죄는 현실적으로 그 이익을 얻었을 것을 요한다.
③ 피씨방 업주들이 가맹점을 모집하여 인터넷 도박게임이 가능하도록 시설 등을 설치하고 도박게임 프로그램을 가동하던 중 문제가 발생하여 더 이상의 영업으로 나아가지 못한 경우 도박장소등개설죄는 미수에 그친 것이다.
④ 인터넷 게임사이트의 온라인 게임에서 통용되는 사이버 머니를 구입하고자 하는 사람을 유인하여 돈을 받고 위 게임사이트에 접속하여 일부러 패하는 방법으로 사이버머니를 판매한 사람에 대하여, 정범인 위 게임사이트 개설자의 도박장소 등 개설행위를 인정할 수 없다고 하더라도 종범인 도박장소등개설방조죄는 성립한다.

**정선
핵심**

① 도박장소등개설죄 → 목적범 ○
② 도박장소등개설죄의 구성요건
 ⇢ 영리의 목적
  • 도박장소 등 개설의 대가로 불법한 직·간접의 재산상의 이익을 얻으려는 의사
  • 현실적으로 그 이익을 얻었을 것 불요
③ 인터넷 도박게임이 가능한 시설을 설치하였으나 영업으로 나아가지 못한 경우 → 도박장소등개설죄 ○
④ 사이버 머니를 구입하고자 하는 사람에게 돈을 받고 판매한 경우 → 도박장소등개설방조죄 ×

**정선
해설**

[❶ ▸ ○] 형법 제247조 참조

법령 **도박장소등개설(형법 제247조)** 　　영리의 목적으로 도박을 하는 장소나 공간을 개설한 사람은 5년 이하의 징역 또는 3천만원 이하의 벌금에 처한다.

[❷ ▸ ×] 도박장소등개설죄에서의 '영리의 목적'이란 도박장소 등 개설의 대가로 불법한 재산상의 이익을 얻으려는 의사를 의미하는 것으로, 반드시 도박장소 등 개설의 직접적 대가가 아니라 도박장소 등 개설을 통하여 간접적으로 얻게 될 이익을 위한 경우에도 영리의 목적이 인정되고, 또한 현실적으로 그 이익을 얻었을 것을 요하지는 않는다(대판 2002.4.12. 2001도5802).

인터넷 고스톱게임 사이트를 유료화하는 과정에서 사이트를 홍보하기 위하여 고스톱대회를 개최하면서 참가자들로부터 참가비를 받고 입상자들에게 상금을 지급한 행위에 대하여 도박장소등개설죄를 인정한 사례(대판 2002.4.12. 2001도5802).

[❸ ▸ ×] 피고인이 단순히 가맹점만을 모집한 상태에서 도박게임 프로그램을 시험가동한 정도에 그친 것이 아니라, 가맹점을 모집하여 인터넷 도박게임이 가능하도록 시설 등을 설치하고 도박게임 프로그램을 가동하던 중 문제가 발생하여 더 이상의 영업으로 나아가지 못한 것으로 볼 여지가 있다면 이로써 도박장소등개설죄는 이미 '기수'에 이르렀다고 볼 수 있고, 나아가 피고인이 모집한 피씨방의 업주들이 그곳을 찾은 이용자들에게 피고인이 개설한 도박게임 사이트에 접속하여 도박을 하게 한 사실이 없다고 하여 도박장소등개설죄의 성립이 부정된다고 할 수 없다(대판 2009.12.10. 2008도5282).

[❹ ▸ ×] 인터넷 게임사이트의 온라인게임에서 통용되는 사이버머니를 구입하고자 하는 사람을 유인하여 돈을 받고 위 게임사이트에 접속하여 일부러 패하는 방법으로 사이버머니를 판매한 경우, 정범인 위 게임사이트 개설자의 도박장소 등 개설행위를 인정할 수 없는 이상 종범인 도박장소등개설방조죄도 성립하지 않는다(대판 2007.11.29. 2007도8050).

답 ❶

다음 설명 중 가장 옳지 않은 것은?(다툼이 있는 경우 판례에 의함) 14 경찰간부

① 도박장소등개설죄는 영리의 목적으로 도박장소 등을 개설하면 기수에 이르고, 현실로 도박이 행하여졌음은 묻지 않는다.

② 동종의 수개의 도박행위에 상습성이 인정된다면 그중 형이 중한 상습도박죄에 나머지 행위를 포괄시켜 1죄로 처단하여야 한다.

③ 피해자들을 유인하여 사기도박으로 도금을 편취한 경우, 피해자들에 대한 각 사기죄는 실체적 경합의 관계에 있는 것으로 보아야 한다.

④ 유료낚시터를 운영하는 사람이 입장료 명목으로 요금을 받은 후, 낚인 물고기에 부착된 번호가 시간별로 우연적으로 변동되는 프로그램상의 시상번호와 일치하는 경우 경품을 지급한 행위는 도박장소등개설죄에 해당한다.

**정선
핵심**

① 도박장소등개설죄의 구성요건
  ┈▶ 기수 : 영리를 목적으로 도박장소 등을 개설하면 그러하고 현실적으로 도박이 행하여질 것 불요

② 동종의 수개의 도박행위에 상습성이 인정되는 경우 → 상습도박죄 ○

③ 피해자들에게 사기도박으로 도금을 편취한 경우 → 각 사기죄의 상상적 경합 ○

④ 유료낚시터를 운영하는 사람이 낚인 물고기에 따라 경품을 지급한 경우 → 도박장소등개설죄 ○

**정선
해설**

[❶ ▸ ○] 대판 2009.12.10. 2008도5282

[❷ ▸ ○] 판례의 취지를 고려하면, 동종의 수개의 도박행위에 상습성이 인정된다면 그중 형이 중한 상습도박죄에 나머지 행위를 포괄하여 상습도박죄로 처단하는 것이 타당하다.

> 동종의 수개의 행위에 상습성이 인정된다면 그중 형이 중한 죄에 나머지 행위를 포괄시켜 처단하는 것이 상당하다(대판 1982.9.28. 82도1669).

[❸ ▸ ×] 피고인 등이 피해자들을 유인하여 사기도박으로 도금을 편취한 행위는 사회관념상 1개의 행위로 평가함이 상당하므로, 피해자들에 대한 각 사기죄는 상상적 경합의 관계에 있다(대판 2011.1.13. 2010도9330).

[❹ ▸ ○] 손님들이 내는 입장료는 이 사건 낚시터에 입장하기 위한 대가로서의 성격과 경품을 타기 위해 미리 거는 금품으로서의 성격을 아울러 지니고 있다고 볼 수 있고, 피고인이 손님들에게 경품을 제공하기로 한 것은 '재물을 거는 행위'로 볼 수 있으므로, 피고인은 영리의 목적으로 도박장소인 이 사건 낚시터를 개설하였다고 봄이 상당하다(대판 2009.2.26. 2008도10582).

 답 ❸

도박죄에 대한 설명으로 옳은 것만을 모두 고르면?(다툼이 있는 경우 판례에 의함)

`14` 국가9급

> ㄱ. 사기도박의 실행에 착수한 후에 사기도박을 숨기기 위하여 얼마간 정상적인 도박을 한 경우,
> 사기죄만이 성립하고 도박죄는 따로 성립하지 않는다.
> ㄴ. 도박에 참여한 수인의 피해자로부터 사기도박으로 도금을 편취한 경우 피해자들에 대한 각
> 사기죄는 실체적 경합의 관계에 있다.
> ㄷ. 도박행위를 처벌하지 않는 외국 카지노에서의 내국인의 도박에 대해서는, 내국인의 폐광지역
> 카지노출입을 허용하는 국내법을 유추적용하여 위법성이 조각되는 것으로 보아야 한다.
> ㄹ. 도박은 '재물을 걸고 우연에 의하여 재물의 득실을 결정하는 것'을 의미하는 바, 당사자의 능력
> 이 승패의 결과에 영향을 미친다면 다소간 우연성의 영향을 받는다고 하여도 도박죄는 성립하
> 지 않는다.
> ㅁ. 도박의 습벽이 있는 자가 타인의 도박을 방조하면 상습도박방조의 죄가 성립한다.
> ㅂ. 유료낚시터에서 입장료 명목으로 요금을 받은 후 낚인 물고기에 부착된 시상번호에 따라 경품
> 을 지급한 경우 도박장소등개설죄가 성립한다.

① ㄱ, ㅁ, ㅂ   ② ㄴ, ㄹ, ㅂ
③ ㄱ, ㄴ, ㄷ, ㅁ   ④ ㄱ, ㄹ, ㅁ, ㅂ

**정선
핵심**

ㄱ. 사기도박을 숨기기 위하여 얼마간 정상적인 도박을 한 경우 → 사기죄만 성립 ○
ㄴ. 사기도박에 참여한 수인의 피해자로부터 도금을 편취한 경우 → 사기죄의 상상적 경합 ○
ㄷ. 도박죄의 위법성 조각 여부
   → 폐광지역개발지원에관한특별법 등에 따라 카지노에 출입하는 경우 : 법령에 의한 행위로 위법성 조각 ○
   → 도박죄를 처벌하지 않는 외국 카지노에서의 도박을 한 경우 : 위법성 조각 ×
ㄹ. 능력이 승패결과에 영향을 미치나 다소간 우연성의 영향을 받는 경우 → 도박죄 ○
ㅁ. 도박의 습벽이 있는 자가 타인의 도박을 방조한 경우 → 상습도박방조죄 ○
ㅂ. 유료낚시터를 운영하는 사람이 낚인 물고기에 따라 경품을 지급한 경우 → 도박장소등개설죄 ○

**정선
해설**

[ㄱ ▸ ○] 대판 2011.1.13. 2010도9330
[ㄴ ▸ ×] 피고인 등이 피해자들을 유인하여 사기도박으로 도금을 편취한 행위는 사회관념상 1개의 행위로 평가함이 상당하므로, 피해자들에 대한 각 사기죄는 상상적 경합의 관계에 있다(대판 2011.1.13. 2010도9330).
[ㄷ ▸ ×] 국가 정책적 견지에서 도박죄의 보호법익보다 좀더 높은 국가이익을 위하여 예외적으로 내국인의 출입을 허용하는 폐광지역개발지원에관한특별법 등에 따라 카지노에 출입하는 것은 법령에 의한 행위로 위법성이 조각된다고 할 것이나, 도박죄를 처벌하지 않는 외국 카지노에서의 도박이라는 사정만으로 그 위법성이 조각된다고 할 수 없다(대판 2004.4.23. 2002도2518).
[ㄹ ▸ ×] 도박은 '재물을 걸고 우연에 의하여 재물의 득실을 결정하는 것'을 의미하는바, 여기서 '우연'이란 주관적으로 '당사자에 있어서 확실히 예견 또는 자유로이 지배할 수 없는 사실에 관하여 승패를 결정하는 것'을 말하고, 객관적으로 불확실할 것을 요구하지 아니한다. 따라서, 당사자의 능력이 승패의 결과에 영향을 미친다고 하더라도 다소라도 우연성의 사정에 의하여 영향을 받게 되는 때에는 도박죄가 성립할 수 있다(대판 2008.10.23. 2006도736).

> 피고인들이 각자 핸디캡을 정하고 홀마다 또는 9홀마다 별도의 돈을 걸고 총 26 내지 32회에 걸쳐 내기 골프를 한 행위가 도박에 해당한다고 한 사례(대판 2008.10.23. 2006도736).

[ㅁ ▸ ○] 대판 1984.4.24. 84도195
[ㅂ ▸ ○] 대판 2009.2.26. 2008도10582

답 ❶

도박죄에 관한 설명 중 가장 적절하지 않은 것은?(다툼이 있으면 판례에 의함)

16 경찰승진

① 사기도박과 같이 도박당사자의 일방이 사기의 수단으로써 승패의 수를 지배하는 경우에는 도박에서의 우연성이 결여되어 사기죄만 성립하고 도박죄는 별도로 성립하지 않는다.

② 도박장소등개설죄는 영리의 목적으로 스스로 주재자가 되어 그 지배하에 도박 장소를 개설함으로써 성립하는 것이며, 영리를 목적으로 도박장소 등을 개설하면 기수에 이르고, 현실로 도박이 행하여졌음을 묻지 않는다.

③ 도박행위를 처벌하지 않는 외국 카지노에서의 내국인의 도박에 대해서는, 내국인의 폐광지역 카지노출입을 허용하는 국내법을 유추적용하여 위법성이 조각되는 것으로 보아야 한다.

④ 도박의 습벽이 있는 자가 타인의 도박을 방조하면 상습도박방조의 죄가 성립한다.

**정선
핵심**

① 사기도박 → 우연성이 결여되어 사기죄만 성립

② 도박장소등개설죄의 구성요건

→ 기수 : 영리를 목적으로 도박장소 등을 개설하면 그러하고 현실적으로 도박이 행하여질 것 불요

③ 도박죄의 위법성 조각 여부

→ 폐광지역개발지원에관한특별법 등에 따라 카지노에 출입하는 경우 : 법령에 의한 행위로 위법성 조각 ○

→ 도박죄를 처벌하지 않는 외국 카지노에서의 도박을 한 경우 : 위법성 조각 ×

④ 도박의 습벽이 있는 자가 타인의 도박을 방조한 경우 → 상습도박방조죄 ○

**정선
해설**

[❶ ▸ ○] 대판 2011.1.13. 2010도9330

[❷ ▸ ○] 도박장소등개설죄는 영리의 목적으로 도박을 개장하면 기수에 이르고, 현실로 도박이 행하여졌음은 묻지 않는다(대판 2009.12.10. 2008도5282).

[❸ ▸ ×] 국가 정책적 견지에서 도박죄의 보호법익보다 좀더 높은 국가이익을 위하여 예외적으로 내국인의 출입을 허용하는 폐광지역개발지원에관한특별법 등에 따라 카지노에 출입하는 것은 법령에 의한 행위로 위법성이 조각된다고 할 것이나, 도박죄를 처벌하지 않는 외국 카지노에서의 도박이라는 사정만으로 그 위법성이 조각된다고 할 수 없다(대판 2004.4.23. 2002도2518).

[❹ ▸ ○] 대판 1984.4.24. 84도195

답 ❸

097
□□□

'성풍속 및 도박에 관한 죄'에 대한 설명으로 가장 적절하지 않은 것은?(다툼이 있는 경우 판례에 의함)
`18` 경찰승진

① 고속도로에서 앞서가던 차량이 진로를 비켜주지 않는다는 이유로 그 차를 추월하여 정차하게 한 다음, 주위에 사람이 많은 가운데 옷을 모두 벗고 성기를 노출시킨 상태로 바닥에 드러눕거나 돌아다녔다면 공연음란죄가 성립한다.

② 인터넷사이트에 집단 성행위 목적의 비공개카페를 개설, 운영한 자가 남녀 회원을 모집한 후 특별모임을 빙자하여 집단으로 성행위를 하고 그 촬영물이나 사진 등을 카페에 게시한 경우, 음란물을 공연히 전시한 것에 해당하지 않는다.

③ 피고인들은 서로 친숙하게 지내온 사이로서 이 사건 당일 우연히 다방에서 만나게 되어 약 3,000원 상당의 음식내기 화투놀이를 약 30분 동안 한 사실은 도박죄를 구성하지 않는다.

④ 인터넷 고스톱게임 사이트를 유료화하는 과정에서 사이트를 홍보하기 위하여 고스톱대회를 개최하면서 참가자들로부터 참가비를 받고 입상자들에게 상금을 지급한 행위는 도박장소등 개설죄를 구성한다.

**정선
핵심**

① 고속도로에서 옷을 모두 벗고 바닥에 드러눕거나 돌아다닌 경우 → 공연음란죄 ○
② 집단성행위를 하고 촬영물 등을 비공개카페에 게시한 경우 → 공연히 전시 ○
③ 약 3,000원 상당의 음식내기 화투놀이를 약 30분 동안 한 경우 → 도박죄 ×
④ 고스톱게임 사이트를 유료화하면서 대회를 통해 참가비를 받고 입상자들에게 상금을 지급한 경우 → 도박장소등 개설죄 ○

**정선
해설**

[**❶** ▸ ○] 대판 2000.12.22. 2000도4372
[**❷** ▸ ×] 인터넷사이트에 집단 성행위 목적의 카페를 개설, 운영한 자가 남녀 회원을 모집한 후 특별모임을 빙자하여 집단으로 성행위를 하고 그 촬영물이나 사진 등을 카페에 게시한 사안에서, 카페가 회원제로 운영되는 등 제한적이고 회원들 상호간에 음란물을 게시, 공유해 온 사정이 있다고 하더라도, 위 카페의 회원수에 비추어 위 게시행위가 음란물을 공연히 전시한 것에 해당한다(대판 2009.5.14. 2008도10914).

> 지문의 행위는 구 정보통신망 이용촉진 및 정보보호 등에 관한 법률 제65조 제1항 제2호의 정보통신망을 통하여 음란한 부호·문언·음향·화상 또는 영상을 배포·판매·임대하거나 공연히 전시한 경우에 해당한다.

[**❸** ▸ ○] 대판 1984.4.10. 84도194
[**❹** ▸ ○] 비록 피고인들이 고스톱대회를 개최하게 된 직접적인 목적이 그들이 운영하는 인터넷 사이트를 유료로 전환하는 과정에서 홍보를 위한 것이었고, 고스톱대회를 개최한 결과 이득을 보지 못하고 오히려 손해를 보았다고 하더라도, 피고인들로서는 고스톱대회를 통하여 장차 유료로 전환하게 될 그들 운영의 인터넷 사이트를 홍보함으로써 궁극적으로는 사이트의 유료 수입을 극대화하려는 목적으로 고스톱대회를 개최한 것이고, 또한 피고인들이 고스톱대회를 개최한 결과 손해를 보았다는 사정은 대회 참가자의 수가 적었다는 우연한 사정으로 발생한 것에 불과하므로, 피고인들에게 있어서 '영리의 목적'은 인정된다 할 것이다(대판 2002.4.12. 2001도5802).

답 ❷

01 도박죄의 객체에는 재물뿐만 아니라 재산상의 이익도 포함된다.
　　18　경찰간부

02 편면적 도박, 즉 사기도박의 경우에 사기행위자에게는 사기죄가, 그
상대방에게는 도박죄가 성립한다.　18　경찰간부

01 도박죄의 객체는 제한이 없으므로
재물뿐만 아니라 재산상 이익도 이
에 포함된다.

02 사기도박과 같이 도박당사자의 일방
이 사기의 수단으로써 승패의 수를
지배하는 경우에는 도박에서의 우연
성이 결여되어 사기죄만 성립하고
도박죄는 성립하지 아니한다(대판
2011.1.13. 2010도9330).

정답

01 ○　**02** ✕

098
□□□

甲은 A교회를 떠난 후 乙이 그 예배당 건물을 점유·관리하고 있음에도, 乙의 의사에 반하여 A교회 교인들의 총유인 교회현판, 나무십자가 등을 떼어 내고 위 예배당 건물에 들어가서 예배의자를 밀쳐 내고 甲의 장롱을 들여 놓은 후 교인들의 출입을 막았다. 甲의 죄책은?(다툼이 있는 경우 판례에 의함)   `16 경찰간부`

① 건조물침입죄와 예배방해죄의 실체적 경합
② 손괴죄와 건조물침입죄의 상상적 경합
③ 손괴죄와 건조물침입죄의 실체적 경합
④ 건조물침입죄와 예배방해죄의 상상적 경합

**정선
핵심**

③ 乙의 의사에 반하여 A교회의 교회현판 등을 떼어내고 교인들의 출입을 막은 경우 → 손괴죄와 건조물침입죄의 실체적 경합 ○

**정선
해설**

피고인이 2004.6.2. 공소외인의 의사에 반하여 교회 교인들의 총유인 교회 현판, 나무십자가 등을 떼어 내고 위 예배당 건물에 들어가서 예배의자를 밀쳐 내고 피고인의 장롱을 들여 놓은 후 교인들의 출입을 막은 사실을 인정할 수 있고, 이에 따르면 피고인이 위 물건들의 효용을 해하였다고 볼 수 있고, 또 피고인이 단순히 교회의 교인으로서 이 사건 예배당 건물에 출입한 것이 아니라 이 사건 예배당 건물에 침입하였다고 보아야 할 것이므로, 같은 취지의 원심판단은 정당하고, 거기에 상고이유에서 주장하는 바와 같은 채증법칙 위반으로 인한 사실오인 및 재물손괴죄와 건조물침입죄에 관한 법리오해 등의 위법이 있다고 할 수 없다(대판 2008.2.1. 2007도5296).

> 교회의 교인이었던 사람이 교인들의 총유인 교회 현판, 나무십자가 등을 떼어 내고 예배당 건물에 들어가 출입문 자물쇠를 교체하여 7개월 동안 교인들의 출입을 막은 사안에서, 장기간 예배당 건물의 출입을 통제한 위 행위는 교인들의 예배 내지 그와 밀접불가분의 관계에 있는 준비단계를 계속하여 방해한 것으로 볼 수 없어 예배방해죄가 성립하지 않는다고 한 사례(대판 2008.2.1. 2007도5296).

답 **③**

다음 설명 중 옳고 그름의 표시(○, ×)가 바르게 된 것은?(다툼이 있는 경우 판례에 의함)

18 경찰채용

> ㄱ. 범행을 은폐할 목적으로 피해자의 시신을 화장하였더라도 일반 화장절차에 따라 장제의 의례를 갖추었다면 사체유기죄가 성립하지 아니한다.
>
> ㄴ. 법률, 계약 또는 조리상 사체에 대한 장제 또는 감호의 의무가 없는 자도 장소적 이전을 함이 없이 소극적으로 단순히 사체를 방치함으로써 사체유기죄를 범할 수 있다.
>
> ㄷ. 살인 등의 목적으로 사람을 살해한 자가 살해의 목적을 수행할 때 사후 사체의 발견을 심히 곤란하게 하려는 의도로 인적이 드문 장소로 피해자를 유인하여 그곳에서 살해하고 사체를 그대로 두고 도주한 경우에는 살인죄 외에 별도로 사체은닉죄가 성립한다.
>
> ㄹ. 질병으로 의사의 치료를 받아 오다가 약효가 없어 사망하여 그 사인이 명백한 자라도 그 사체에 대한 검시를 방해하는 것은 변사체검시방해죄를 구성한다.

① ㄱ(○) ㄴ(○) ㄷ(×) ㄹ(×)
② ㄱ(○) ㄴ(×) ㄷ(×) ㄹ(×)
③ ㄱ(×) ㄴ(×) ㄷ(○) ㄹ(○)
④ ㄱ(○) ㄴ(×) ㄷ(×) ㄹ(○)

정선
핵심

ㄱ. 범행을 은폐할 목적으로 시신을 화장하였으나 화장절차에 따라 장제의 의례를 갖춘 경우 → 사체유기죄 ×
ㄴ. 장제 또는 감호의 의무가 없는 자가 단순히 사체를 방치한 경우 → 사체유기죄 ×
ㄷ. 피해자를 유인하여 살해하고 사체를 그대로 둔 경우 → 살인죄 외에 사체은닉죄 ×
ㄹ. 사인이 명백한 사체에 대한 검시를 방해하는 경우 → 변사체검시방해죄 ×

정선
해설

[ㄱ ▶ ○] 판례의 취지를 고려하면, 범행을 은폐할 목적이 있었으나 일반 장제의 의례를 갖추었다면 사체유기죄는 성립하지 아니하는 것으로 보는 것이 타당하다.

사체유기죄는 사자에 대한 사회풍습으로서의 종교적 감정을 그 보호법익으로 하는 것인데 피고인들이 일반화장 절차에 따라 피해자의 시신을 위와 같이 화장하여 일반 장제의 의례를 갖추었다면 비록 그것이 자신들의 범행을 은폐할 목적이었다고 하더라도 사자에 대한 종교적 감정을 침해한 것이라고 보기 어렵다(대판 1998.3.10, 98도 51).

[ㄴ ▶ ×] 장제 또는 감호의무가 없는 자가 단순히 사체를 방치한 경우에는 사체유기죄는 성립하지 아니한다.

사체유기죄의 성립에 있어서 적극적으로 사체를 다른 곳에 옮겨 유기하는 경우에는 유기하는 자의 그 사체에 대한 감호의무의 유무를 불문하나 소극적으로 단순히 사체를 방치함에 그친 경우에는 법령 또는 관습에 의하여 장제 또는 감호의무가 있어야 한다(대판 1948.6.8, 4281형상48).

[ㄷ ▶ ×] 인적이 드문 장소로 피해자를 유인하거나 실신한 피해자를 끌고 가서 그곳에서 살해하고 사체를 그대로 둔 채 도주한 경우에는 비록 결과적으로 사체의 발견이 현저하게 곤란을 받게 되는 사정이 있다 하더라도 별도로 사체은닉죄가 성립되지 아니한다(대판 1986.6.24, 86도891).

[ㄹ ▶ ×] 변사자라 함은 부자연한 사망으로서 그 사인이 분명하지 않은 자를 의미하고 그 사인이 명백한 경우는 변사자라 할 수 없으므로, 범죄로 인하여 사망한 것이 명백한 자의 사체는 같은 법조 소정의 변사체검시방해죄의 객체가 될 수 없다(대판 2003.6.27, 2003도1331).

답 ❷

다음 설명 중 옳지 않은 것은 몇 개인가?(다툼이 있는 경우 판례에 의함) 18 경찰간부

ㄱ. 도박죄의 객체에는 재물뿐만 아니라 재산상의 이익도 포함된다.

ㄴ. 편면적 도박, 즉 사기도박의 경우에 사기행위자에게는 사기죄가, 그 상대방에게는 도박죄가 성립한다.

ㄷ. 인터넷 고스톱게임 사이트를 유료화하는 과정에서 사이트를 홍보하기 위하여 고스톱대회를 개최하면서 참가자들로부터 참가비를 받고 입상자들에게 상금을 지급한 행위만으로는 도박장 소등개설죄가 성립하지 않는다.

ㄹ. 예배방해죄는 예배중이거나 예배와 시간적으로 밀접불가분의 관계에 있는 준비단계에서 이를 방해하는 경우에만 성립한다.

ㅁ. 범죄로 인하여 사망한 것이 명백한 자의 사체는 변사체검시방해죄의 객체가 된다.

① 1개　　　　　　　　　　② 2개
③ 3개　　　　　　　　　　④ 4개

**정선
핵심**

ㄱ. 도박죄의 객체 → 재물뿐만 아니라 재산상의 이익도 포함

ㄴ. 사기도박 → 우연성이 결여되어 사기죄만 성립

ㄷ. 고스톱게임 사이트를 유료화하면서 대회를 통해 참가비를 받고 입상자들에게 상금을 지급한 경우 → 도박장소 등개설죄 ○

ㄹ. 예배중이거나 예배의 준비단계에서 방해하는 경우 → 예배방해죄 ○

ㅁ. 범죄로 인하여 사망한 것이 명백한 사체 → 변사체검시방해죄의 객체 ×

**정선
해설**

[ㄱ ▸ ○] 도박죄의 객체는 제한이 없으므로 재물뿐만 아니라 재산상 이익도 이에 포함된다.

[ㄴ ▸ ×] 사기도박과 같이 도박당사자의 일방이 사기의 수단으로써 승패의 수를 지배하는 경우에는 도박에서의 우연성이 결여되어 사기죄만 성립하고 도박죄는 성립하지 아니한다(대판 2011.1.13. 2010도9330).

[ㄷ ▸ ×] 비록 피고인들이 고스톱대회를 개최하게 된 직접적인 목적이 그들이 운영하는 인터넷 사이트를 유료로 전환하는 과정에서 홍보를 위한 것이었고, 고스톱대회를 개최한 결과 이득을 보지 못하고 오히려 손해를 보았다고 하더라도, 피고인들로서는 고스톱대회를 통하여 장차 유료로 전환하게 될 그들 운영의 인터넷 사이트를 홍보함으로 써 궁극적으로는 사이트의 유료 수입을 극대화하려는 목적으로 고스톱대회를 개최한 것이고, 또한 피고인들이 고스톱대회를 개최한 결과 손해를 보았다는 사정은 대회 참가자의 수가 적었다는 우연한 사정으로 발생한 것에 불과하므로, 피고인들에게 있어서 '영리의 목적'은 인정된다 할 것이다(대판 2002.4.12. 2001도5802).

[ㄹ ▸ ○] 대판 2008.2.1. 2007도5296

[ㅁ ▸ ×] 변사자라 함은 부자연한 사망으로서 그 사인이 분명하지 않은 자를 의미하고 그 사인이 명백한 경우는 변사자라 할 수 없으므로, 범죄로 인하여 사망한 것이 명백한 자의 사체는 같은 법조 소정의 변사체검시방해죄의 객체가 될 수 없다(대판 2003.6.27. 2003도1331).

답 ❸

다음 설명 중 가장 옳지 않은 것은?(다툼이 있는 경우에는 판례에 의함) `13` 경찰간부

① 피고인이 관리하는 과수원에서 노무자로서 종사하던 자가 자살한 경우에 비록 법률상 또는 계약상 보호할 의무는 아니라 할지라도 의당 관할관서에의 신고 또는 그 유가족에의 통보 연락 등 상당한 조처를 취하였어야 할 조리상 의무를 기대할 수 있는 것인 바, 피고인이 이에 반하여 임의로 사체를 지하에 매몰한 행위는 사체유기죄가 성립한다.

② 사체은닉죄는 사체의 발견을 불가능 또는 심히 곤란하게 하는 것을 구성요건으로 하고 있는 바, 살인, 강도살인 등의 목적으로 사람을 살해한 자가 그 살해의 목적을 수행함에 있어 사후 사체의 발견이 불가능 또는 심히 곤란하게 하려는 의사로 인적이 드문 장소로 피해자를 유인하거나 실신한 피해자를 끌고 가서 그곳에서 살해하고 사체를 그대로 둔 채 도주한 경우에도 사체은닉죄가 성립한다.

③ 사람을 살해한 자가 그 사체를 다른 장소로 옮겨 유기하였을 때에는 살인죄와 사체유기죄의 경합범이 성립한다.

④ 변사체검시방해죄에서 사인(死因)이 명백한 경우는 변사자라 할 수 없으므로, 범죄로 인하여 사망한 것이 명백한 자의 사체는 변사체검시방해죄의 객체가 될 수 없다.

정선 핵심

① 과수원에서 종사자가 자살하였으나 사체를 지하에 매몰한 경우 → 사체유기죄 ○
② 피해자를 유인하여 살해하고 사체를 그대로 둔 경우 → 사체은닉죄 ×
③ 사람을 살해한 자가 사체를 옮겨 유기한 경우 → 살인죄와 사체유기죄의 실체적 경합 ○
④ 범죄로 사망한 것이 명백한 사체 → 변사체검시방해죄의 객체 ×

정선 해설

[❶ ▸ ○] 대판 1961.1.18. 4293형상859
[❷ ▸ ×] 살인, 강도살인 등의 목적으로 사람을 살해한 자가 그 살해의 목적을 수행함에 있어 사후 사체의 발견이 불가능 또는 심히 곤란하게 하려는 의사로 인적이 드문 장소로 피해자를 유인하거나 실신한 피해자를 끌고가서 그곳에서 살해하고 사체를 그대로 둔 채 도주한 경우에는 비록 결과적으로 사체의 발견이 현저하게 곤란을 받게 되는 사정이 있다 하더라도 별도로 사체은닉죄가 성립되지 아니한다(대판 1986.6.24. 86도891).
[❸ ▸ ○] 사람을 살해한 다음 그 범죄의 흔적을 은폐하기 위하여 그 시체를 다른 장소로 옮겨 유기하였을 때에는 살인죄와 사체유기죄의 경합범이 성립하고 사체유기를 불가벌적 사후행위라 할 수 없다(대판 1984.11.27. 84도2263).
[❹ ▸ ○] 대판 2003.6.27. 2003도1331

달 ❷

01 예배방해죄는 예배중이거나 예배와 시간적으로 밀접불가분의 관계에 있는 준비단계에서 이를 방해하는 경우에만 성립한다.

18 경찰간부 ○ | X

01 대판 2008.2.1. 2007도5296

정답

01 ○

국가적 법익에 관한 죄

제1장

제2장

제3장

제1절　국가의 존립과 권위에 관한 죄

제1관 | 내란의 죄

001
☐☐☐

내란음모죄, 내란선동죄에 관한 다음 설명 중 가장 옳지 않은 것은?(다툼이 있는 경우 판례에 따르고 전원합의체 판결의 경우 다수의견에 의함) `17` 법원9급

① 내란음모에 해당하는 합의를 인정하기 위하여는 객관적으로 내란범죄의 실행을 위한 합의라는 것이 명백히 인정될 뿐만 아니라 그 합의에 실질적인 위험성이 인정되어야 한다.

② 내란을 실행시킬 목표가 있더라도 특정한 정치적 사상을 옹호·교시하는 것만으로는 내란선동이 될 수 없고 피선동자에게 내란 결의를 유발하거나 증대시킬 위험성이 인정되어야만 내란선동으로 볼 수 있다.

③ 내란선동에 있어서는 시기와 장소, 대상과 방식 등 내란실행행위의 주요 내용이 선동 단계에서 구체적으로 제시되어야 할 것은 아니나 선동에 따라 피선동자가 내란의 실행행위로 나아갈 개연성은 인정되어야 한다.

④ 내란음모를 인정하기 위하여 개별 범죄행위에 관한 세부적 합의가 있을 필요는 없으나, 공격의 대상과 목표가 설정되어 있고 그 밖의 실행계획에 있어서 주요 사항의 윤곽을 공통적으로 인식할 정도의 합의가 있어야 한다.

**정선
핵심**

① · ④ 내란음모죄의 성립요건
→ 객관적으로 내란범죄의 실행을 위한 합의라는 것이 명백히 인정되고, 합의에 실질적인 위험성 인정
→ 세부적 합의가 있을 필요는 없으나, 공격의 대상과 목표가 설정되어 있고 실행계획의 주요 사항을 인식할 정도의 합의 필요

② · ③ 내란선동죄의 성립요건
→ 선동
• 내란을 실행시킬 목표가 있고 특정한 정치적 사상을 옹호·교시한 경우 ×
• 내란결의를 유발하거나 증대시킬 위험성 필요
• 내란실행행위의 주요 내용이 구체적으로 제시될 것 불요
• 선동에 따라 피선동자가 내란의 실행행위로 나아갈 개연성 불요

[**❶** ▸ ○] 대판 2015.1.22. 2014도10978[전합]

[**❷** ▸ ○] 대판 2015.1.22. 2014도10978[전합]

[**❸** ▸ ×] 내란선동에 있어 시기와 장소, 대상과 방식, 역할분담 등 내란실행행위의 주요 내용이 선동 단계에서 구체적으로 제시되어야 하는 것은 아니고, 또 선동에 따라 피선동자가 내란의 실행행위로 나아갈 개연성이 있다고 인정되어야만 내란선동의 위험성이 있는 것으로 볼 수도 없다(대판 2015.1.22. 2014도10978[전합]).

[**❹** ▸ ○] 내란음모가 성립하였다고 하기 위해서는 개별 범죄행위에 관한 세부적인 합의가 있을 필요는 없으나, 공격의 대상과 목표가 설정되어 있고, 그 밖의 실행계획에 있어서 주요 사항의 윤곽을 공통적으로 인식할 정도의 합의가 있어야 한다(대판 2015.1.22. 2014도10978[전합]).

답 ❸

002

☐☐☐

다음 설명 중 옳은 것은 모두 몇 개인가?

20 법원행시

> ㄱ. 내란선동죄는 내란이 실행되는 것을 목표로 선동함으로써 성립하는 독립한 범죄이고, 선동으로 말미암아 피선동자들에게 반드시 범죄의 결의가 발생할 것을 요건으로 하지 않는다.
>
> ㄴ. 형법상 내란죄의 구성요건인 폭동의 내용으로서의 폭행 또는 협박은 일체의 유형력의 행사나 외포심을 생기게 하는 해악의 고지를 의미하는 최광의의 폭행·협박을 말하는 것으로서, 이를 준비하거나 보조하는 행위를 전체적으로 파악한 개념이며, 그 정도가 한 지방의 평온을 해할 정도의 위력이 있음을 요한다.
>
> ㄷ. 내란선동죄의 선동행위는 선동자에 의하여 일방적으로 행해지고, 그 이후 선동에 따른 범죄의 결의 여부 및 그 내용은 선동자의 지배영역을 벗어나 피선동자에 의하여 결정될 수 있으며, 내란선동을 처벌하는 근거가 선동행위 자체의 위험성과 불법성에 있다는 점 등을 전제하면, 내란선동에 있어 시기와 장소, 대상과 방식, 역할분담 등 내란 실행행위의 주요 내용이 선동 단계에서 구체적으로 제시되어야 하는 것은 아니고, 또 선동에 따라 피선동자가 내란의 실행행위로 나아갈 개연성이 있다고 인정되어야만 내란선동의 위험성이 있는 것으로 볼 수도 없다.
>
> ㄹ. 내란음모가 성립하였다고 하기 위해서, 공격의 대상과 목표가 설정되어 있고, 그 밖의 실행계획에 있어서 주요 사항의 윤곽을 공통적으로 인식할 정도의 합의가 있을 것까지를 요하는 것은 아니다.
>
> ㅁ. 내란음모죄의 음모는 실행의 착수 이전에 2인 이상의 자 사이에 성립한 범죄실행의 합의로서, 합의 자체는 행위로 표출되지 않은 합의 당사자들 사이의 의사표시에 불과한 만큼 실행행위로서의 정형이 없고, 따라서 합의의 모습 및 구체성의 정도도 매우 다양하게 나타날 수밖에 없다. 그런데 어떤 범죄를 실행하기로 막연하게 합의한 경우나 특정한 범죄와 관련하여 단순히 의견을 교환한 경우까지 모두 범죄실행의 합의가 있는 것으로 보아 음모죄가 성립한다고 한다면 음모죄의 성립범위가 과도하게 확대되어 국민의 기본권인 사상과 표현의 자유가 위축되거나 그 본질이 침해되는 등 죄형법정주의 원칙이 형해화될 우려가 있으므로, 음모죄의 성립범위도 이러한 확대해석의 위험성을 고려하여 엄격하게 제한하여야 한다.

① 1개
② 2개
③ 3개
④ 4개
⑤ 없음

ㄱ. 내란선동죄의 법적 성격 → 독립한 범죄이고, 선동으로 범죄결의가 발생할 것 불요
ㄴ. 내란죄의 성립요건
　⟶ 폭행 또는 협박 : 한 지방의 평온을 해할 정도의 위력 필요
ㄷ. 내란선동죄의 성립요건
　⟶ 선동
　　• 내란실행행위의 주요 내용이 구체적으로 제시될 것 불요
　　• 선동에 따라 피선동자가 내란의 실행행위로 나아갈 개연성 불요
ㄹ. 내란음모죄의 성립요건
　⟶ 세부적 합의가 있을 필요는 없으나, 공격의 대상과 목표가 설정되어 있고 실행계획의 주요 사항을 인식할
　　정도의 합의 필요
ㅁ. 내란음모죄의 성립범위 → 확대해석의 위험성을 고려하여 엄격하게 제한하여야 함

[ㄱ ▸ ○]　내란선동죄는 내란이 실행되는 것을 목표로 선동함으로써 성립하는 독립한 범죄이고, 선동으로 말미암아 피선동자들에게 반드시 범죄의 결의가 발생할 것을 요건으로 하지 않는다(대판 2015.1.22. 2014도10978[전합]).
[ㄴ ▸ ○]　대판 1997.4.17. 96도3376[전합]
[ㄷ ▸ ○]　대판 2015.1.22. 2014도10978[전합]
[ㄹ ▸ ×]　내란음모가 성립하였다고 하기 위해서는 개별 범죄행위에 관한 세부적인 합의가 있을 필요는 없으나, 공격의 대상과 목표가 설정되어 있고, 그 밖의 실행계획에 있어서 주요 사항의 윤곽을 공통적으로 인식할 정도의 합의가 있어야 한다(대판 2015.1.22. 2014도10978[전합]).
[ㅁ ▸ ○]　어떤 범죄를 실행하기로 막연하게 합의한 경우나 특정한 범죄와 관련하여 단순히 의견을 교환한 경우까지 모두 범죄실행의 합의가 있는 것으로 보아 음모죄가 성립한다고 한다면 음모죄의 성립범위가 과도하게 확대되어 국민의 기본권인 사상과 표현의 자유가 위축되거나 그 본질이 침해되는 등 죄형법정주의 원칙이 형해화될 우려가 있으므로, 음모죄의 성립범위도 이러한 확대해석의 위험성을 고려하여 엄격하게 제한하여야 한다(대판 2015.1.22. 2014도10978[전합]).

 답 ❹

내란의 죄에 관한 다음의 설명 중 가장 옳은 것은?(다툼이 있으면 판례에 의함)

① 내란을 실행시킬 목표가 있으며 이에 더하여 특정한 정치적 사상을 옹호·교시하였다면 내란선동은 성립하는 것이며, 피선동자에게 내란결의를 유발하거나 증대시킬 위험성까지 인정되어야 할 것은 아니다.

② 객관적으로 내란범죄의 실행을 위한 합의라는 것이 명백히 인정된다면 그 합의의 실질적인 위험성 인정 여부와 관계없이 내란음모죄에 해당하는 합의로 인정할 수 있다.

③ 내란선동죄는 내란이 실행되는 것을 목표로 선동함으로써 성립하는 독립한 범죄이고, 선동으로 말미암아 피선동자들에게 반드시 범죄의 결의가 발생할 것을 요건으로 하지 않는다.

④ 내란선동에 있어서는 시기와 장소, 대상과 방식 등 내란실행행위의 주요 내용이 선동단계에서 구체적으로 제시되어야 할 것은 아니나 선동에 따라 피선동자가 내란의 실행행위로 나아갈 개연성은 인정되어야 한다.

**정선
핵심**

①·④ 내란선동죄의 성립요건
　⋯ 선동
　　• 내란을 실행시킬 목표가 있고 특정한 정치적 사상을 옹호·교시한 경우 ✕
　　• 내란결의를 유발하거나 증대시킬 위험성 필요
　　• 내란실행행위의 주요 내용이 구체적으로 제시될 것 불요
　　• 선동에 따라 피선동자가 내란의 실행행위로 나아갈 개연성 불요
② 내란음모죄의 성립요건 → 객관적으로 내란범죄의 실행을 위한 합의라는 것이 명백히 인정되고, 합의에 실질적인 위험성 인정
③ 내란선동죄의 법적 성격 → 독립한 범죄이고, 선동으로 범죄결의가 발생할 것 불요

**정선
해설**

[❶ ▸ ✕]　내란을 실행시킬 목표를 가지고 있다 하여도 단순히 특정한 정치적 사상이나 추상적인 원리를 옹호하거나 교시하는 것만으로는 내란선동이 될 수 없고, 그 내용이 내란에 이를 수 있을 정도의 폭력적인 행위를 선동하는 것이어야 하고, 나아가 피선동자의 구성 및 성향, 선동자와 피선동자의 관계 등에 비추어 피선동자에게 내란 결의를 유발하거나 증대시킬 위험성이 인정되어야만 내란선동으로 볼 수 있다(대판 2015.1.22. 2014도10978[전합]).

> [1] 특정 정당 소속의 국회의원 피고인 甲 및 지역위원장 피고인 乙이 공모하여, 이른바 조직원들과 두 차례 회합을 통하여 회합 참석자 130여 명에게 한반도에서 전쟁이 발발하는 등 유사시에 상부 명령이 내려지면 바로 전국 각 권역에서 국가기간시설 파괴 등 폭동을 할 것을 주장함으로써 내란죄를 범할 것을 선동하였다는 내용으로 기소된 사안에서, 피고인들에게 유죄를 인정한 원심판단을 정당하다고 한 사례.
> [2] 특정 정당 소속의 국회의원 피고인 甲 및 지역위원장 피고인 乙을 비롯한 피고인들이, 이른바 조직원들과 회합을 통하여 회합 참석자 130여 명과 한반도에서 전쟁이 발발하는 등 유사시에 상부 명령이 내려지면 바로 전국 각 권역에서 국가기간시설 파괴 등 폭동할 것을 통모함으로써 내란죄를 범할 목적으로 음모하였다는 내용으로 기소된 사안에서, 피고인들에게 무죄를 선고한 원심판단을 정당하다고 한 사례(대판 2015.1.22. 2014도10978[전합]).

[❷ ▸ ✕]　내란음모죄에 해당하는 합의가 있다고 하기 위해서는 단순히 내란에 관한 범죄결심을 외부에 표시·전달하는 것만으로는 부족하고 객관적으로 내란범죄의 실행을 위한 합의라는 것이 명백히 인정되고, 그러한 합의에 실질적인 위험성이 인정되어야 한다(대판 2015.1.22. 2014도10978[전합]).

[❸ ▸ ○]　대판 2015.1.22. 2014도10978[전합]

[❹ ▸ ✕]　내란선동에 있어 시기와 장소, 대상과 방식, 역할분담 등 내란실행행위의 주요 내용이 선동 단계에서 구체적으로 제시되어야 하는 것은 아니고, 또 선동에 따라 피선동자가 내란의 실행행위로 나아갈 개연성이 있다고 인정되어야만 내란선동의 위험성이 있는 것으로 볼 수도 없다(대판 2015.1.22. 2014도10978[전합]).

 ❸

정선지문 OX

01 내란죄는 대한민국 영토의 전부 또는 일부에서 국가권력을 배제하거나 국헌을 문란하게 할 목적으로 폭동을 일으키는 행위로서, 그 목적이 달성되었을 때 내란죄의 기수가 된다. **13** 경찰간부 ○ | ✕

02 범죄는 어느 행위로 인하여 처벌되지 아니하는 자를 이용하여서도 이를 실행할 수 있으므로 내란죄의 경우에도 국헌문란의 목적을 가진 자가 그러한 목적이 없는 자를 이용하여 이를 실행할 수 있다. **13** 경찰간부 ○ | ✕

01 내란죄는 대한민국 영토의 전부 또는 일부에서 국가권력을 배제하거나 국헌을 문란하게 할 목적으로 폭동을 일으키는 행위로서, 다수인이 결합하여 위와 같은 목적으로 한 지방의 평온을 해할 정도의 폭행·협박행위를 하면 기수가 되고, 그 목적의 달성 여부는 이와 무관하다(대판 1997.4.17. 96도3376[전합]).

02 대판 1997.4.17. 96도3376[전합]

정답

01 ✕ **02** ○

004
□□□

간첩죄 등에 대한 설명 중 가장 옳은 것은?(다툼이 있는 경우 판례에 의함) `19` 경찰간부

① 간첩방조죄는 간첩죄에 비하여 형을 감경한다.
② 간첩행위를 할 목적으로 외국 또는 북한에서 국내에 침투·상륙한 때에 간첩죄의 실행의 착수가 있다.
③ 편면적으로 지득하였던 군사상의 기밀사항을 제보한 행위도 간첩죄에 해당한다.
④ 국가기밀과 관련해 국내에서 공지에 속하거나 국민에게 널리 알려진 사실도 국가기밀이 될 수 있다.

**정선
핵심**

① 간첩방조죄 → 종범감경 ×
② 간첩의 목적으로 국내에 침투·상륙한 경우 → 간첩죄의 실행의 착수 ○
③ 편면적으로 지득한 군사상의 기밀사항을 제보한 경우 → 간첩죄 ×
④ 국내에서 공지에 속하거나 널리 알려진 사실 → 국가기밀 ×

**정선
해설**

[❶ ▶ ×] 간첩방조죄는 정범인 간첩죄와 대등한 독립죄로서 간첩죄와 동일한 법정형으로 처단하게 되어 있어 형법 총칙 제32조 소정의 감경대상이 되는 종범과는 그 실질이 달라 종범감경을 할 수 없다(대판 1986.9.23. 86도1429).

[❷ ▶ ○] 간첩의 목적으로 외국 또는 북한에서 국내에 침투 또는 월남하는 경우에는 기밀탐지가 가능한 국내에 침투 상륙함으로써 간첩죄의 실행의 착수가 있다고 할 것이다(대판 1984.9.11. 84도1381).

> **비교판례** 대판 1968.7.30. 68도754
>
> 외국에서 우리나라로 귀국함에 있어 반국가단체의 구성원으로부터 국내에서의 동지포섭 및 지하당조직과 같은 지령만 받았을 뿐 국가기밀을 탐지, 보고하라는 지령을 전혀 받은 바 없다면 귀국행위가 바로 간첩죄의 착수가 된다고 할 수 없다.

[❸ ▶ ×] 북괴의 지령사주 기타의 의사의 연락 없이 단편적으로 지득하였던 군사상의 기밀사항을 북괴에 납북된 상태하에서 제보한 행위는 위 법조 소정의 간첩죄에 해당하지 아니한다(대판 1975.9.23. 75도1773).

[❹ ▶ ×] 국가기밀은 정치, 경제, 사회, 문화 등 각 방면에 관하여 반국가단체에 대하여 비밀로 하거나 확인되지 아니함이 대한민국의 이익이 되는 모든 사실, 물건 또는 지식으로서, 그것들이 국내에서의 적법한 절차 등을 거쳐 이미 일반인에게 널리 알려진 공지의 사실, 물건 또는 지식에 속하지 아니한 것이어야 하고, 또 그 내용이 누설되는 경우 국가의 안전에 위험을 초래할 우려가 있어 기밀로 보호할 실질가치를 갖춘 것이어야 한다(대판 1997.7.16. 97도985[전합]).

답 ❷

국가의 존립과 권위에 대한 죄와 관련된 다음 설명 중 옳은 것은 모두 몇 개인가?(다툼이 있는 경우 판례에 의함)

14 법원행시

> ㄱ. 내란죄는 대한민국 영토의 전부 또는 일부에서 국가권력을 배제하거나 국헌을 문란하게 할 목적으로 폭동을 일으키는 행위로서, 다수인이 결합하여 위와 같은 목적으로 한 지방의 평온을 해할 정도의 폭행·협박행위를 하면 기수가 되고, 그 목적의 달성 여부는 이와 무관한 것으로 해석되므로, 다수인이 한 지방의 평온을 해할 정도의 폭동을 하였을 때 이미 내란의 구성요건은 완전히 충족된다고 할 것이어서 상태범으로 봄이 상당하다.
>
> ㄴ. 내란의 실행과정에서 폭동행위에 수반하여 개별적으로 발생한 살인행위는 내란행위의 한 구성요소를 이루는 것이므로 내란행위에 흡수되어 내란목적살인의 별죄를 구성하지 아니하고, 특정인 또는 일정한 범위 내의 한정된 집단에 대한 살해가 내란의 와중에 폭동에 수반하여 일어난 것이 아니라 그것 자체가 의도적으로 실행된 경우에도 마찬가지라고 보아야 한다.
>
> ㄷ. 내란죄는 대한민국 영토의 전부 또는 일부에서 국가권력을 배제하거나 국헌을 문란하게 할 목적이 있어야 하고 이러한 목적에 대한 인식은 내란죄의 보호법익 등에 비추어 확정적 인식을 요한다.
>
> ㄹ. 간첩행위는 적국에 알리기 위하여 기밀에 속한 사항 또는 도서, 물건을 탐지·수집하는 것이므로 간첩이 이미 탐지·수집하여 지득하고 있는 사항을 타인에게 보고·누설하는 행위도 간첩행위 자체라고 보아야 한다.
>
> ㅁ. 간첩의 목적으로 외국 또는 북한에서 국내에 침투 또는 월남하는 경우에는 기밀탐지가 가능한 국내에 침투 상륙함으로써 간첩죄의 실행의 착수가 있다고 보아야 한다.

① 없음　　　　　　　　　　　② 1개
③ 2개　　　　　　　　　　　④ 3개
⑤ 4개

정선 핵심

ㄱ. 내란죄 → 상태범
ㄴ. 내란목적살인죄의 성립 여부
　　→ 내란의 실행과정에서 폭동행위에 수반하여 개별적으로 살인행위가 발생한 경우 : 내란행위에 흡수
　　→ 한정된 집단에 대한 살해가 의도적으로 실행된 경우 : ○
ㄷ. 대한민국 영토의 전부 또는 일부에서 국가권력을 배제하거나 국헌문란의 목적 → 미필적 인식으로 충분
ㄹ. 탐지·수집하여 지득하고 있는 사항을 보고·누설하는 경우 → 간첩행위 자체 ✕
ㅁ. 간첩의 목적으로 국내에 침투 상륙한 경우 → 간첩죄의 실행의 착수 ○

정선 해설

［ㄱ▸○］ 대판 1997.4.17. 96도3376[전합]
［ㄴ▸✕］ <u>내란의 실행과정에서 폭동행위에 수반하여 개별적으로 발생한 살인행위는 내란행위의 한 구성요소를 이루는 것이므로 내란행위에 흡수되어 내란목적살인의 별죄를 구성하지 아니하나</u>, 특정인 또는 일정한 범위 내의 한정된 집단에 대한 살해가 내란의 와중에 폭동에 수반하여 일어난 것이 아니라 그것 자체가 의도적으로 실행된 경우에는 이러한 살인행위는 내란에 흡수될 수 없고 내란목적살인의 별죄를 구성한다(대판 1997.4.17. 96도3376[전합]).
［ㄷ▸✕］ 국헌문란의 목적은 범죄 성립을 위하여 고의 외에 요구되는 초과주관적 위법요소로서 엄격한 증명사항에 속하나, 확정적 인식임을 요하지 아니하며, 다만 미필적 인식이 있으면 족하다(대판 2015.1.22. 2014도10978[전합]).
［ㄹ▸✕］ 간첩이 이미 탐지·수집하여 지득하고 있는 사항을 타인에게 보고·누설하는 행위는 간첩의 사후행위로서 위 조항에 의하여 처단의 대상이 되는 간첩행위 자체라고 할 수 없다(대판 2011.1.20. 2008재도11[전합]).
［ㅁ▸○］ 대판 1984.9.11. 84도1381

답 ❸

다음 중 가장 옳지 않은 것은?(다툼이 있는 경우 판례에 의함) `14` 법원9급

① 간첩죄에 있어서의 국가(군사)기밀이란 순전한 의미에서의 국가(군사)기밀에만 국한할 것이 아니고 정치, 경제, 사회, 문화 등 각 방면에 걸쳐 북한괴뢰집단의 지, 부지에 불구하고 국방성 책상 위 집단에 알리지 아니하거나 확인되지 아니함을 우리나라의 이익으로 하는 모든 기밀사항을 포함한다.
② 일간신문에 보도되는 사항이라 하더라도 북한괴뢰집단에 대하여 비밀로 하는 것이 대한민국의 이익을 위하여 필요하다고 생각되는, 군사에 관계되는 정보라면 그것을 수집, 탐지하는 것도 간첩행위가 된다.
③ 간첩이 무전기를 비닐에 싸서 땅에 매몰할 때 그 망을 보아주는 행위는 간첩방조행위가 된다.
④ 간첩행위에 의하여 탐지, 모집한 기밀을 적국에 제보하여 누설하였다고 하더라도 이는 따로 별개의 죄가 성립되는 것이 아니다.

정선 핵심
① 국가(군사)기밀 → 북한괴뢰집단에 알리지 아니하거나 확인되지 아니함이 이익이 되는 기밀사항 포함
② 군사관계정보인 일간신문의 보도사항을 수집, 탐지하는 경우 → 간첩죄 ○
③ 간첩이 무전기를 땅에 매몰할 때 망을 보아주는 경우 → 간첩방조죄 ×
④ 탐지, 모집한 기밀을 적국에 제보하여 누설한 경우 → 간첩죄 ○

정선 해설
[**❶** ▸ ○] 대판 1986.7.8. 86도861
[**❷** ▸ ○] 종전 판례는 공지의 사실인 일간신문에 보도되는 사항을 수집, 탐지하는 것도 간첩행위가 된다고 판시하였으나, 최근 판례는 공지의 사실은 국기기밀에 포함되지 아니한다고 보고 있음에 유의하여야 한다. 이 지문은 종전 판례에 의하여 해설하였음을 밝힌다.

> 일간신문에 보도되는 사항이라 하더라도 북한괴뢰집단에 대하여 비밀로 하는 것이 대한민국의 이익을 위하여 필요하다고 생각되는 군사에 관계되는 정보라면 그것을 수집탐지하는 것도 간첩행위가 된다(대판 1983.4.26. 83도416).

> **비교판례** **대판 1997.7.16. 97도985[전합]**
> 국가기밀은 정치, 경제, 사회, 문화 등 각 방면에 관하여 반국가단체에 대하여 비밀로 하거나 확인되지 아니함이 대한민국의 이익이 되는 모든 사실, 물건 또는 지식으로서, 그것들이 국내에서의 적법한 절차 등을 거쳐 이미 일반인에게 널리 알려진 공지의 사실, 물건 또는 지식에 속하지 아니한 것이어야 하고, 또 그 내용이 누설되는 경우 국가의 안전에 위험을 초래할 우려가 있어 기밀로 보호할 실질가치를 갖춘 것이어야 한다.

[**❸** ▸ ×] 간첩이란 적국을 위하여 국가기밀 사항을 탐지수집하는 행위를 지칭하는 것이므로 무전기를 매몰하는 행위를 간첩행위로 볼 수 없다 하겠으니 이를 망보아 준 행위는 간첩방조죄를 구성하지 않는다(대판 1983.4.26. 83도416).
[**❹** ▸ ○] 간첩죄를 범한 자가 그 탐지·수집한 기밀을 누설한 경우나 구 국가보안법 제3조 제1호의 국가기밀을 탐지·수집한 자가 그 기밀을 누설한 경우에는 양죄를 포괄하여 1죄를 범한 것으로 보아야 하고, 간첩죄와 군사기밀누설죄 또는 국가기밀탐지수집죄와 국가기밀누설 등 두 가지 죄를 범한 것으로 인정할 수 없다(대판 1982.4.27. 82도285).

 ❷

다음은 간첩죄에 대한 설명이다. 가장 적절하지 않은 것은?(다툼이 있는 경우 판례에 의함)

13 경찰채용

① 형법 제98조 제1항의 간첩이라 함은 적국을 위하여 적국의 지령 사주 기타 의사의 연락 하에 군사상 기밀사항 또는 도서 물건을 탐지·수집하는 것을 의미하는 것이므로 북괴의 지령 사주 기타의 의사의 연락 없이 편면적으로 지득하였던 군사상의 기밀사항을 북괴에 납북된 상태 하에서 제보한 행위는 위 법조 소정의 간첩죄에 해당하지 아니한다.

② 간첩으로서 군사기밀을 탐지·수집하면 그로써 간첩행위는 기수가 되고 그 수집한 자료가 지령자에게 도달됨으로써 범죄의 기수가 되는 것은 아니다.

③ 직무에 관하여 군사상 기밀을 지득한 자가 이를 적국에 누설한 경우에는 형법 제98조 제2항(군사상의 기밀누설죄)에, 직무와 관계없이 지득한 군사상 기밀을 적국에 누설한 경우에는 형법 제99조(일반이적죄)에 각 해당한다.

④ 간첩죄를 범한 자가 그 탐지·수집한 기밀을 누설한 경우는 간첩죄와 군사기밀누설죄 등 두 가지 죄를 범한 것으로 인정할 수 있다.

**정선
핵심**

① 편면적으로 지득한 군사상의 기밀사항을 제보한 경우 → 간첩죄 ×
② 간첩으로서 군사기밀을 탐지·수집한 경우 → 간첩죄는 기수 ○
③ 군사상기밀을 누설한 경우
   ↳ 직무에 관하여 군사상 기밀을 적국에 누설한 경우 : 군사상의 기밀누설죄 ○
   ↳ 직무와 관계없이 지득한 군사상 기밀을 적국에 누설한 경우 : 일반이적죄 ○
④ 탐지, 수집한 기밀을 누설한 경우 → 간첩죄 ○

**정선
해설**

[❶ ▸ ○] 대판 1975.9.23. 75도1773
[❷ ▸ ○] 대판 1963.12.12. 63도312
[❸ ▸ ○] 직무에 관하여 군사상 기밀을 지득한 자가 이를 적국에 누설한 경우에는 형법 제98조 제2항에, 직무와 관계없이 지득한 군사상 기밀을 적국에 누설한 경우에는 형법 제99조에 각 해당한다(대판 1982.11.23. 82도2201).
[❹ ▸ ×] 간첩죄를 범한 자가 그 탐지·수집한 기밀을 누설한 경우나 구 국가보안법 제3조 제1호의 국가기밀을 탐지수집한 자가 그 기밀을 누설한 경우에는 양죄를 포괄하여 1죄를 범한 것으로 보아야 하고, 간첩죄와 군사기밀누설죄 또는 국가기밀탐지수집죄와 국가기밀누설 등 두가지 죄를 범한 것으로 인정할 수 없다(대판 1982.4.27. 82도285).

답 ❹

정선지문 OX

01 북한의 대남공작원을 상륙시키는 행위는 간첩방조죄에 해당한다.

18 해경승진   ○ | ✕

01 대판 1961.1.27. 4293형상807

정답

01 ○

008

□□□ **다음 설명 중 옳지 않은 것은 모두 몇 개인가?** 18 법원행시

> ㄱ. 국기모독죄는 대한민국을 모욕할 목적을 필요로 하는 목적범이다.
> ㄴ. 외국사절의 숙소 앞에서 시위를 벌이다가 숙소에서 나오던 외국사절을 태운 승용차를 발견하고 5m가 되지 않는 거리에서 승용차를 향하여 계란을 던져 운전석 유리부분과 본네트부분에 맞혔다고 하더라도, 외국사절폭행죄에 해당하지 않는다.
> ㄷ. 외국언론에 이미 보도된 바 있는 우리나라의 외교정책이나 활동에 관련된 사항들에 관하여 정부가 이른바 보도지침의 형식으로 국내언론기관의 보도 여부 등을 통제하고 있다는 사실을 알리는 것은, 외교상의 기밀을 누설한 경우에 해당하지 않는다.
> ㄹ. 제3자로부터 북한의 지령을 전달받고 그로부터 금품 등을 수수하고 그에게 이미 지득한 남한의 정세 등에 관한 문건을 전달하여 북한에 제공하였다면, 형법 제98조 제1항에 정한 적국을 위하여 간첩하는 행위에 해당한다.
> ㅁ. 내란이나 내란목적살인을 예비, 음모, 선동, 선전한 자가 내란이나 내란목적살인에 이르기 전에 자수한 때에는 그 형을 감경 또는 면제한다.

① 0개   ② 1개
③ 2개   ④ 3개
⑤ 4개

정선 핵심

ㄱ. 국기모독죄 → 목적범 ○
ㄴ. 외국사절을 태운 승용차를 향하여 계란을 던진 경우 → 외국사절폭행죄 ○
ㄷ. 외국언론에 보도된 사항들에 관하여 정부가 보도지침으로 통제하는 것을 알리는 경우 → 외교상기밀누설죄 ×
ㄹ. 이미 지득한 남한의 정세에 관한 문건을 전달한 경우 → 간첩죄 ×
ㅁ. 선동, 선전한 자가 목적한 죄의 실행에 이르기 전에 자수한 경우 → 필요적 감면 ×

정선 해설

[ㄱ ▶ ○] 형법 제105조 참조

 법령 국기, 국장의 모독(형법 제105조) 대한민국을 모욕할 목적으로 국기 또는 국장을 손상, 제거 또는 오욕한 자는 5년 이하의 징역이나 금고, 10년 이하의 자격정지 또는 700만원 이하의 벌금에 처한다.

[ㄴ ▶ ×] 피고인이 공소 외 1과 공모공동하여 외국사절의 숙소 앞에서 시위를 벌이다가 숙소에서 나오던 외국사절을 태운 승용차를 발견하고는 불과 5m도 되지 않는 거리에서 위 승용차를 향하여 연이어 계란 4개를 던져 그중 두 개를 위 승용차 운전석 유리창 및 본넷트에 맞힌 경우, 피고인의 이와 같은 행위는 외국사절폭행죄에서의 폭행에 해당한다(대판 2003.7.11. 2003도1800).
[ㄷ ▶ ○] 대판 1995.12.5. 94도2379
[ㄹ ▶ ×] 진보당의 중앙위원장인 피고인이 이미 지득하고 있던 관련 문건 등을 보고·누설한 행위에 불과하여 그 사실 자체로서 형법 제98조 제1항에 규정된 간첩행위로 보기 어렵다(대판 2011.1.20. 2008재도11[전합]).
[ㅁ ▶ ×] 예비·음모는 별론, 선전 또는 선동한 자는 목적한 죄의 실행에 이르기 전에 자수한 때라도 그 형을 필요적으로 감경 또는 면제할 수 없다.

예비, 음모, 선동, 선전(형법 제90조) ① 제87조 또는 제88조의 죄를 범할 목적으로 예비 또는 음모한 자는 3년 이상의 유기징역이나 유기금고에 처한다. 단, 그 목적한 죄의 실행에 이르기 전에 자수한 때에는 그 형을 감경 또는 면제한다.
② 제87조 또는 제88조의 죄를 범할 것을 선동 또는 선전한 자도 전항의 형과 같다.

답 ❹

009 □□□ 다음 설명 중 가장 옳지 않은 것은?(다툼이 있는 경우 판례에 의함) `18` 경찰간부

① 내란선동죄는 내란이 실행되는 것을 목표로 선동함으로써 성립하는 독립한 범죄이고, 선동으로 말미암아 피선동자들에게 반드시 범죄의 결의가 발생할 것을 요건으로 하지 않는다.
② 간첩방조죄는 정범인 간첩죄와 대등한 독립적 범죄로서 간첩죄와 동일한 법정형으로 처단한다.
③ 외국언론에 이미 보도된 바 있는 우리 나라의 외교정책이나 활동에 관련된 사항들에 관하여 정부가 이른바 보도지침의 형식으로 국내언론기관의 보도 여부 등을 통제하고 있다는 사실을 알리는 것은 외교상의 기밀을 누설한 경우에 해당한다.
④ 국기모독죄는 '대한민국을 모욕할 목적'을 필요로 하는 목적범이다.

정선 핵심

① 내란선동죄의 법적 성격 → 독립한 범죄이고, 선동으로 범죄결의가 발생할 것 불요
② 간첩방조죄 → 독립범죄로 간첩죄와 동일한 법정형으로 처단
③ 외국언론에 보도된 사항들에 관하여 정부가 보도지침으로 통제하는 것을 알리는 경우 → 외교상기밀누설죄 ×
④ 국기모독죄 → 목적범 ○

정선 해설

[❶ ▸ ○] 내란선동죄는 내란이 실행되는 것을 목표로 선동함으로써 성립하는 독립한 범죄이고, 선동으로 말미암아 피선동자들에게 반드시 범죄의 결의가 발생할 것을 요건으로 하지 않는다(대판 2015.1.22. 2014도10978[전합]).
[❷ ▸ ○] 대판 1986.9.23. 86도1429
[❸ ▸ ×] 외국언론에 이미 보도된 바 있는 우리 나라의 외교정책이나 활동에 관련된 사항들에 관하여 정부가 이른바 보도지침의 형식으로 국내언론기관의 보도 여부 등을 통제하고 있다는 사실을 알리는 것은 외교상의 기밀을 누설한 경우에 해당하지 않는다(대판 1995.12.5. 94도2379).
[❹ ▸ ○] 형법 제105조 참조

국기, 국장의 모독(형법 제105조) 대한민국을 모욕할 목적으로 국기 또는 국장을 손상, 제거 또는 오욕한 자는 5년 이하의 징역이나 금고, 10년 이하의 자격정지 또는 700만원 이하의 벌금에 처한다.

답 ❸

정선지문OX

01 외국사절모욕죄는 외국사절명예훼손죄와 법정형이 동일하다.

13 경찰간부

O | X

01 외국사절에 대하여 모욕을 가하거나 명예를 훼손한 자는 3년 이하의 징역이나 금고에 처한다(형법 제108조 제2항).

정답

01 ○

제1관 | 공무원의 직무에 관한 죄

010
□□□

직무유기죄에 관한 다음 설명 중 가장 옳지 않은 것은?　　18 법원9급

① 경찰관이 압수물을 범죄 혐의의 입증에 사용하도록 하는 등의 조치를 취하지 않고 피압수자에게 돌려준 경우 증거인멸죄와 직무유기죄가 모두 성립하고, 양 죄는 상상적 경합관계에 있다.

② 경찰관이 불법체류자의 신병을 출입국관리사무소에 인계하지 않고 훈방하면서 이들의 인적사항조차 기재해 두지 아니하였다면 직무유기죄가 성립한다.

③ 일단 직무집행의 의사로 자신의 직무를 수행하였다면 그 직무집행의 내용이 위법하다 하더라도 직무유기죄는 성립하지 않는다.

④ 농지사무를 담당한 군 직원이 농지불법전용 사실을 알고도 아무런 조치를 취하지 않다가 해당 농지의 농지전용허가를 내주기 위해 불법농지전용사실은 일체 기재하지 않은 허위의 출장복명서 및 심사의견서를 작성한 경우 허위공문서작성죄, 동 행사죄와 직무유기죄가 별도 성립하고, 각 죄는 실체적 경합관계에 있다.

정선 핵심

① 경찰서 방범과장이 압수물을 피압수자에게 돌려준 경우 → 증거인멸죄 ○

② 경찰관이 불법체류자를 훈방하면서 인적 사항을 기재해 두지 않은 경우 → 직무유기죄 ○

③ 직무집행의 의사로 직무를 수행하였으나 내용이 위법한 경우 → 직무유기죄 ×

④ 허위공문서작성죄, 동 행사죄의 성립 여부

⋯→ 위법사실을 적극적으로 은폐할 목적으로 허위공문서를 작성·행사한 경우 : ○

⋯→ 농지일시전용허가를 허가하여 주기 위한 경우 : 허위공문서작성죄, 동 행사죄와 직무유기죄의 실체적 경합 ○

정선 해설

[❶ ▸ ×] 경찰서 방범과장이 직무상의 의무에 따라 압수물을 수사계에 인계하고 검찰에 송치하여 범죄 혐의의 입증에 사용하도록 하는 등의 적절한 조치를 취하지 않고, 오히려 부하직원에게 압수한 변조 기판을 돌려주라고 지시하여 오락실 업주에게 이를 돌려준 경우, <u>작위범인 증거인멸죄만이 성립하고 부작위범인 직무유기(거부)죄는 따로 성립하지 아니한다</u>(대판 2006.10.19. 2005도3909[전합]).

[❷ ▸ ○] 대판 2008.2.14. 2005도4202

[❸ ▸ ○] 일단 직무집행의 의사로 자신의 직무를 수행한 경우에는 그 직무집행의 내용이 위법한 것으로 평가된다는 점만으로 직무유기죄의 성립을 인정할 것은 아니고, 공무원이 태만·분망 또는 착각 등으로 인하여 직무를 성실히 수행하지 아니한 경우나 형식적으로 또는 소홀히 직무를 수행한 탓으로 적절한 직무수행에 이르지 못한 것에 불과한 경우에도 직무유기죄는 성립하지 아니한다(대판 2013.4.26. 2012도15257).

[❹ ▸ ○] <u>공무원이 어떠한 위법사실을 발견하고도 직무상 의무에 따른 적절한 조치를 취하지 아니하고 위법사실을 적극적으로 은폐할 목적으로 허위공문서를 작성·행사한 경우</u>에는 직무위배의 위법상태는 허위공문서 작성 당시부터 그 속에 포함되는 것으로 작위범인 허위공문서 작성, 동 행사죄만이 성립하고 부작위범인 직무유기죄는 따로 성립하지 아니하나, 위 <u>복명서 및 심사의견서를 허위작성한 것이 농지일시전용허가를 신청하자 이를 허가하여 주기 위하여 한 것이라면</u> 직접적으로 농지불법전용 사실을 은폐하기 위하여 한 것은 아니므로 위 허위공문서 작성, 동 행사죄와 직무유기죄는 실체적 경합범의 관계에 있다(대판 1993.12.24. 92도3334).

답 ❶

011

□□□

직무유기죄에 관한 설명이다. 다음 중 가장 적절하지 않은 것은?(다툼이 있으면 판례에 의함)

15 경찰채용

① 경찰관이 방치된 오토바이가 있다는 신고를 받거나 순찰 중 이를 발견하고 오토바이 상회 운영자에게 연락하여 오토바이를 수거해 가도록 하고 그 대가를 받은 경우에 직무유기죄가 성립한다.

② 경찰관인 피고인이 벌금 미납자에 대한 노역장유치 집행을 위하여 검사의 지휘를 받아 형집행장을 집행하는 경우에 벌금 미납자로 지명수배되어 있던 甲을 세 차례에 걸쳐 만나고도 그를 검거하여 검찰청에 신병을 인계하는 등 필요한 조치를 취하지 않은 경우에 피고인은 직무유기죄가 성립하지 않는다.

③ 교육기관 등의 장이 징계의결을 집행하지 못할 법률상·사실상의 장애가 없는데도 징계 의결서를 통보받은 날로부터 법정 시한이 지나도록 그 집행을 유보하였으나 그러한 유보가 의식적인 직무의 방임이나 포기에 해당한다고 볼 수 없는 경우에 직무유기죄가 성립하지 않는다.

④ 경찰관이 불법체류자의 신병을 출입국관리사무소에 인계하지 않고 훈방하면서 이들의 인적사항조차 기재해 두지 아니한 경우에 직무유기죄가 성립한다.

정선 핵심

직무유기죄의 성립 여부

① 경찰관이 오토바이를 수거해가도록 하고 대가를 받은 경우 → ○

② 경찰관이 형집행장을 집행하는 경우에 필요한 조치를 취하지 않은 경우 → ○

③ 징계의결을 집행을 유보하였으나 의식적인 방임이나 포기로 볼 수 없는 경우 → ×

④ 경찰관이 불법체류자를 훈방하면서 인적 사항을 기재해 두지 않은 경우 → ○

정선 해설

[❶ ▸ ○] 대판 2002.5.17. 2001도6170

[❷ ▸ ×] 판례의 취지를 고려하면, 벌금미납자 검거는 사법경찰관리의 직무범위에 속한다고 보아야 하므로 경찰관인 피고인이 지명수배되어 있던 甲의 신병을 인계하는 등 필요한 조치를 취하지 않은 경우 직무유기죄가 성립한다.

경찰관인 피고인이 벌금미납자로 지명수배되어 있던 甲을 세 차례에 걸쳐 만나고도 그를 검거하여 검찰청에 신병을 인계하는 등 필요한 조치를 취하지 않아 정당한 이유 없이 직무를 유기하였다는 내용으로 예비적으로 기소된 경우, 벌금미납자에 대한 노역장유치 집행을 위하여 검사의 지휘를 받아 형집행장을 집행하는 경우 벌금미납자 검거는 사법경찰관리의 직무범위에 속한다고 보아야 한다(대판 2011.9.8. 2009도13371).

[❸ ▸ ○] 대판 2014.4.10. 2013도229

[❹ ▸ ○] 경찰관이 불법체류자임을 알면서도 신병을 출입국관리사무소에 인계하지 않고 근무일지에 허위의 사실을 기재하고, 이들이 불법체류자라는 사실은 기재하지도 않은 채 자신이 혼자 소내 근무 중임을 이용하여 이들을 훈방하였으며, 훈방을 함에 있어서도 통상의 절차와 달리 이들의 인적사항조차 기재해 두지 아니한 행위는 직무유기죄에 해당한다(대판 2008.2.14. 2005도4202).

답 ❷

직무유기죄에 대한 설명으로 가장 적절하지 않은 것은?(다툼이 있으면 판례에 의함)

① 교육기관·교육행정기관·지방자치단체 또는 교육연구기관의 장이 징계의결을 집행하지 못할 법률상·사실상의 장애가 없는데도 징계의결서를 통보받은 날로부터 법정 시한이 지나도록 집행을 유보하는 모든 경우에 직무유기죄가 성립한다.

② 당직사관으로 주번근무를 하던 육군 중위가 당직근무를 함에 있어서 훈육관실에서 학군사관후보생 2명과 함께 술을 마시고 내무반에서 학군사관후보생 2명 및 애인 등과 함께 화투놀이를 한 다음 애인과 함께 자고 난 뒤 교대할 당직근무자에게 당직근무의 인계, 인수도 하지 아니한 채 퇴근하였다면 직무유기죄가 성립한다.

③ 직무유기라 함은 공무원이 법령, 내규 등에 의한 추상적인 충근의무를 태만히 하는 일체의 경우를 이르는 것이 아니고, 직장의 무단이탈, 직무의 의식적인 포기 등과 같이 그것이 국가의 기능을 저해하며 국민에게 피해를 야기시킬 가능성이 있는 경우를 말한다.

④ 경찰관이 불법체류자의 신병을 출입국관리사무소에 인계하지 않고 훈방하면서 이들의 인적사항조차 기재해 두지 아니하였다면 직무유기죄가 성립한다.

정선 핵심

직무유기죄의 성립 여부
① 징계의결의 집행을 유보하였으나 의식적인 방임이나 포기로 볼 수 없는 경우 → ×
② 학생군사교육단의 당직사관이 당직근무자에게 인계, 인수도 하지 아니한 채 퇴근한 경우 → ○
③ 충근의무의 태만이 국가의 기능을 저해하며 국민에게 피해를 야기시킬 가능성이 있는 경우 → ○
④ 불법체류자를 인계하지 않고 훈방하면서 인적사항을 기재해 두지 않은 경우 → ○

정선 해설

[❶ ▶ ×] 교육기관·교육행정기관·지방자치단체 또는 교육연구기관의 장이 징계의결을 집행하지 못할 법률상·사실상의 장애가 없는데도 징계의결서를 통보받은 날로부터 법정 시한이 지나도록 집행을 유보하는 모든 경우에 직무유기죄가 성립하는 것은 아니고, 그러한 유보가 직무에 관한 의식적인 방임이나 포기에 해당한다고 볼 수 있는 경우에 한하여 직무유기죄가 성립한다고 보아야 한다(대판 2014.4.10. 2013도229).

[❷ ▶ ○] 대판 1990.12.21. 90도2425

[❸ ▶ ○] 직무유기죄에서 '직무를 유기한 때'란 공무원이 법령, 내규 등에 의한 추상적 충근의무를 태만히 하는 일체의 경우를 이르는 것이 아니고 직장의 무단이탈, 직무의 의식적인 포기 등과 같이 그것이 국가의 기능을 저해하며 국민에게 피해를 야기시킬 가능성이 있는 경우를 말하는 것으로서, 이는 특정범죄 가중처벌 등에 관한 법률 제15조에서 정한 특수직무유기죄의 경우에도 마찬가지이다(대판 2011.7.28. 2011도1739).

> 해군본부 고등검찰부장인 피고인이 甲의 구 특정범죄 가중처벌 등에 관한 법률 위반(알선수재)의 범죄 혐의사실을 인지하고도 정당한 이유 없이 직무를 유기하였다고 하여 같은 법 위반(특수직무유기)으로 기소된 사안에서, 피고인에게 무죄를 인정한 원심판단을 수긍한 사례(대판 2011.7.28. 2011도1739).

[❹ ▶ ○] 대판 2008.2.14. 2005도4202

 답 ❶

직무유기죄가 성립되는 경우로 가장 적절하지 않은 것은?(다툼이 있으면 판례에 의함)

16 경찰승진

① 예비군 중대장 甲은 그 소속 예비군대원의 훈련불참사실을 알았지만, 예비군대원의 훈련불참 사실을 고의로 은폐할 목적으로 당해 예비군대원이 훈련에 참석한 양 허위내용의 학급편성명부 를 작성, 행사한 경우

② 당직사관이 술을 마시고 내무반에서 화투놀이를 한 후 애인과 함께 자고나서 당직근무의 인수 · 인계 없이 퇴근한 경우

③ 경찰관이 방치된 오토바이가 있다는 신고를 받거나 순찰 중 이를 발견하고 오토바이 상회 운영자에게 연락하여 오토바이를 수거해가도록 하고 그 대가를 받은 경우

④ 경찰관 甲이 불법체류자의 신병을 출입국관리사무소에 인계하지 않고 훈방하면서 이들의 인적 사항을 기재해 두지 않은 경우

**정선
핵심**

직무유기죄의 성립 여부
① 예비군 중대장이 허위의 학급편성명부를 작성, 행사한 경우 → 허위공문서작성죄 ○
② 학생군사교육단의 당직사관이 당직근무자에게 인계, 인수도 하지 아니한 채 퇴근한 경우 → ○
③ 경찰관이 오토바이를 수거해가도록 하고 대가를 받은 경우 → ○
④ 경찰관이 불법체류자를 훈방하면서 인적사항을 기재해 두지 않은 경우 → ○

**정선
해설**

[❶ ▸ ✕] 예비군 중대장이 그 소속 예비군대원의 훈련불참사실을 알았다면 이를 소속 대대장에게 보고하는 등의 조치를 취할 직무상의 의무가 있음은 물론이나, 그 소속 예비군대원의 훈련불참사실을 고의로 은폐할 목적으로 당해 예비군대원이 훈련에 참석한 양 허위내용의 학급편성명부를 작성, 행사하였다면, 직무위배의 위법상태는 허위 공문서 작성 당시부터 그 속에 포함되어 있는 것이고 그 후 소속대대장에게 보고하지 아니하였다 하더라도 당초에 있었던 직무위배의 위법상태가 그대로 계속된 것에 불과하다고 보아야 하고, 별도의 직무유기죄가 성립하여 양죄가 실체적 경합범이 된다고 할 수 없다(대판 1982.12.28. 82도2210).

[❷ ▸ ○] 대판 1990.12.21. 90도2425

[❸ ▸ ○] 경찰관이 장기간에 걸쳐 여러 번 오토바이를 오토바이 상회 운영자에게 보관시키고도 경찰관 스스로 소유자를 찾아 반환하도록 처리하거나 상회 운영자에게 반환 여부를 확인한 일이 전혀 없고, 상회 운영자로부터 오토바이를 보내준 대가 또는 그 처분대가로 돈까지 지급받았다면, 상회 운영자에게 그 습득물에 대한 임의적인 처분까지 용인한 것으로서 습득물 처리 지침에 따른 직무를 의식적으로 방임 내지 포기하고 정당한 사유 없이 직무를 수행하지 아니한 경우에 해당한다(대판 2002.5.17. 2001도6170).

[❹ ▸ ○] 대판 2008.2.14. 2005도4202

답 ❶

다음 중 직무유기죄에 대한 설명으로 가장 적절하지 않은 것은?(다툼이 있는 경우 판례에 의함)

20 해경채용

① 경찰관이 상당기간에 걸쳐 여러 번 오토바이를 오토바이 상회 운영자에게 보관시키고도 경찰관 스스로 소유자를 찾아 반환하도록 처리하거나 상회 운영자에게 반환 여부를 확인한 일이 전혀 없고, 상회 운영자로부터 오토바이를 보내준 대가로 돈까지 지급받았다면 직무유기죄에 해당한다.

② 경찰관인 피고인이 벌금 미납자에 대한 노역장유치 집행을 위하여 검사의 지휘를 받아 형집행장을 집행하는 경우에 벌금 미납자로 지명수배되어 있던 甲을 세 차례에 걸쳐 만나고도 그를 검거하여 검찰청에 신병을 인계하는 등 필요한 조치를 취하지 않은 경우 직무유기죄가 성립한다.

③ 경찰관이 불법체류자의 신병을 출입국관리사무소에 인계하지 않고 훈방하면서 이들의 인적사항조차 기재해 두지 아니하였다면 직무유기죄가 성립한다.

④ 경찰관인 피고인이 도박범행사실을 적발하고도 조치를 다하지 아니하고 묵인해달라는 부탁을 받고 도박사실을 발견하지 못한 것처럼 근무일지를 허위로 작성·보고하였다면, 허위공문서작성 및 동 행사죄가 성립하고 직무유기죄도 별도로 성립한다.

정선 핵심

직무유기죄의 성립 여부

① 경찰관이 오토바이를 수거해가도록 하고 대가를 받은 경우 → ○

② 경찰관이 형집행장을 집행하는 경우에 필요한 조치를 취하지 않은 경우 → ○

③ 경찰관이 불법체류자를 훈방하면서 인적사항을 기재해 두지 않은 경우 → ○

④ 경찰관이 도박사실을 발견하지 못한 것처럼 근무일지를 허위로 작성·보고한 경우 → 허위공문서작성죄와 동 행사죄의 실체적 경합 ○

정선 해설

[❶ ▸ ○] 대판 2002.5.17. 2001도6170

[❷ ▸ ○] 판례의 취지를 고려하면, 벌금미납자 검거는 사법경찰관리의 직무범위에 속한다고 보아야 하므로 경찰관인 피고인이 지명수배되어 있던 甲의 신병을 인계하는 등 필요한 조치를 취하지 않은 경우 직무유기죄가 성립한다.

> 경찰관인 피고인이 벌금미납자로 지명수배되어 있던 甲을 세 차례에 걸쳐 만나고도 그를 검거하여 검찰청에 신병을 인계하는 등 필요한 조치를 취하지 않아 정당한 이유 없이 직무를 유기하였다는 내용으로 예비적으로 기소된 경우, 벌금미납자에 대한 노역장유치 집행을 위하여 검사의 지휘를 받아 형집행장을 집행하는 경우 벌금미납자 검거는 사법경찰관리의 직무범위에 속한다고 보아야 한다(대판 2011.9.8. 2009도13371).

[❸ ▸ ○] 대판 2008.2.14. 2005도4202

[❹ ▸ ×] 피고인들은 공소외인 등의 도박범행을 은폐하는 데 행사할 목적으로 공문서인 근무일지를 허위로 작성, 행사하였다는 것이므로 수사업무에 종사하는 피고인들의 직무위배의 위법상태는 그 근무일지를 허위로 작성할 당시부터 그 속에 포함되어 판시 허위공문서 작성, 동 행사죄만이 성립하고 직무유기죄는 따로 성립하지 아니한다 할 것이다(대판 1999.12.24. 99도2240).

> **관련판례** 　대판 1982.12.28. 82도2210
>
> 예비군 중대장이 그 소속 예비군대원의 훈련불참사실을 고의로 은폐할 목적으로 당해 예비군대원이 훈련에 참석한 양 허위내용의 학급편성명부를 작성, 행사하였다면, 직무위배의 위법상태는 허위공문서 작성 당시부터 그 속에 포함되어 있는 것이고 그 후 소속대대장에게 보고하지 아니하였다 하더라도 당초에 있었던 직무위배의 위법상태가 그대로 계속된 것에 불과하다고 보아야 하고, 별도의 직무유기죄가 성립하여 양죄가 실체적 경합범이 된다고 할 수 없다.

답 ❹

직무유기죄에 관한 다음 설명 중 가장 옳지 않은 것은?(다툼이 있는 경우 판례에 의함)

16 법원9급

① 직무유기죄에서 '직무를 유기한 때'란 공무원이 법령, 내규 등에 의한 추상적 성실의무를 태만히 하는 일체의 경우에 성립하는 것이 아니라 직장의 무단이탈, 직무의 의식적인 포기 등과 같이 국가의 기능을 저해하고 국민에게 피해를 야기시킬 가능성이 있는 경우를 가리킨다.

② 직무유기죄는 그 직무를 수행하여야 하는 작위의무의 존재와 그에 대한 위반을 전제로 하고 있는바, 그 작위의무를 수행하지 아니함으로써 즉시 성립하고 그와 동시에 완성되는 즉시범이므로 그 범죄성립과 동시에 공소시효가 진행한다.

③ 병가 중인 공무원의 경우에는 구체적인 작위의무 내지 국가기능의 저해에 대한 구체적인 위험성이 있다고 할 수 없으므로 직무유기죄의 주체로 될 수 없다.

④ 공무원이 어떠한 위법사실을 발견하고도 직무상 의무에 따른 적절한 조치를 취하지 아니하고 위법사실을 적극적으로 은폐할 목적으로 허위공문서를 작성, 행사한 경우에는 직무위배의 위법상태는 허위공문서 작성 당시부터 그 속에 포함되는 것으로 작위범인 허위공문서 작성, 동 행사죄만이 성립하고 부작위범인 직무유기죄는 따로 성립하지 아니한다.

정선 핵심

① 직무를 유기한 때 → 국가기능을 저해하고 국민에게 피해 가능성이 있는 경우
② 직무유기죄 → 계속범이므로 가벌적 위법상태가 소멸하여야 공소시효 진행
③ 병가 중인 공무원 → 직무유기죄의 주체 ○
④ 허위공문서작성죄, 동 행사죄의 성립 여부
　→ 위법사실을 적극적으로 은폐할 목적으로 허위공문서를 작성·행사한 경우 : ○

정선 해설

[❶ ▸ ○] 대판 2011.7.28. 2011도1739

[❷ ▸ ×] 직무유기죄는 구체적으로 그 직무를 수행하여야 할 작위의무가 있는데도 불구하고 이러한 직무를 버린다는 인식 아래 그 작위의무를 수행하지 아니하면 성립하고 그 직무를 수행하여야 할 작위의무의 존재나 이를 수행하지 않는 부작위상태가 해소되지 않는 한 가벌적 위법상태가 지속되는 계속범이므로, 이와 같은 가벌적 위법상태가 소멸하여야 비로소 공소시효가 진행하게 된다(대판 2009.1.30. 2008도8130).

[❸ ▸ ○] 병가 중인 자의 경우 구체적인 작위의무 내지 국가기능의 저해에 대한 구체적인 위험성이 있다고 할 수 없어 본죄의 주체로 될 수는 없다고 할 것이나 신분이 없는 자라 하더라도 신분이 있는 자의 행위에 가공하는 경우 본죄의 공동정범이 성립하는 것이고, 병가 중인 피고인들과 나머지 피고인들 사이에 직무유기의 공범관계가 인정되는 터이므로 병가 중인 피고인들도 직무유기죄의 공동정범으로 처벌받아야 할 것이다(대판 1997.4.22. 95도748).

[❹ ▸ ○] 대판 2004.3.26. 2002도5004

답 ❷

직무유기죄에 관한 설명 중 가장 적절하지 않은 것은?(다툼이 있는 경우 판례에 의함)

14 경찰승진

① 직무유기죄는 구체적으로 그 직부를 수행하여야 할 작위의무가 있는 사람이 이러한 직부를 버린다는 인식하에 그 작위의무를 수행하지 아니하면 성립하는 것이다.

② 경찰관이 불법체류자의 신병을 출입국관리사무소에 인계하지 않고 훈방하면서 이들의 인적 사항조차 기재해 두지 아니한 경우 직무유기죄가 성립한다.

③ 경찰관인 피고인이 벌금미납자에 대한 노역장유치 집행을 위하여 검사의 지휘를 받아 형집행장을 집행하는 경우에 벌금미납자로 지명수배되어 있던 甲을 세 차례에 걸쳐 만나고도 그를 검거하여 검찰청에 신병을 인계하는 등 필요한 조치를 취하지 않은 경우 직무유기죄가 성립한다.

④ 경찰서 방범과장이 부하직원으로부터 음반·비디오물 및 게임물에 관한 법률 위반 혐의로 오락실을 단속하여 증거물로 오락기의 변조기판을 압수하여 사무실에 보관 중임을 보고받아 알고 있었음에도 부하직원에게 위와 같이 압수한 변조기판을 돌려주라고 지시하여 오락실 업주에게 이를 돌려준 경우 직무유기죄가 성립한다.

정선 핵심

직무유기죄의 성립 여부
① 작위의무가 있는 사람이 직무를 버린다는 인식하에 의무를 수행하지 아니하는 경우 → ○
② 경찰관이 불법체류자를 훈방하면서 인적 사항을 기재해 두지 않은 경우 → ○
③ 경찰관이 형집행장을 집행하는 경우에 필요한 조치를 취하지 않은 경우 → ○
④ 경찰서 방범과장이 압수물을 피압수자에게 돌려준 경우 → 증거인멸죄 ○

정선 해설

[❶ ▸ ○] 직무유기죄는 구체적으로 그 직무를 수행하여야 할 작위의무가 있는데도 불구하고 이러한 직무를 버린다는 인식하에 그 작위의무를 수행하지 아니하면 성립하는 것이다(대판 2008.2.14. 2005도4202).

[❷ ▸ ○] 대판 2008.2.14. 2005도4202

[❸ ▸ ○] 판례(대판 2011.9.8. 2009도13371)의 취지를 고려하면, 벌금미납자 검거는 사법경찰관리의 직무범위에 속한다고 보아야 하므로 경찰관인 피고인이 지명수배되어 있던 甲의 신병을 인계하는 등 필요한 조치를 취하지 않은 경우 직무유기죄가 성립한다.

[❹ ▸ ×] 경찰서 방범과장이 직무상의 의무에 따라 압수물을 수사계에 인계하고 검찰에 송치하여 범죄 혐의의 입증에 사용하도록 하는 등의 적절한 조치를 취하지 않고, 오히려 부하직원에게 압수한 변조기판을 돌려주라고 지시하여 오락실 업주에게 이를 돌려준 경우, 작위범인 증거인멸죄만이 성립하고 부작위범인 직무유기(거부)죄는 따로 성립하지 아니한다(대판 2006.10.19. 2005도3909[전합]).

답 ❹

직무유기죄에 대한 설명으로 옳지 않은 것은?(다툼이 있는 경우 판례에 의함)

① '직무를 유기한 때'란 직장의 무단이탈, 직무의 의식적인 포기 등과 같이 국가의 기능을 저해하고 국민에게 피해를 야기시킬 가능성이 있는 경우를 가리킨다.

② 경찰관이 불법체류자의 신병을 출입국관리사무소에 인계하지 않고 훈방하면서 이들의 인적사항조차 기재해 두지 아니하였다면 직무유기죄가 성립한다.

③ 교육기관 등의 장이 징계의결을 집행하지 못할 법률상·사실상의 장애가 없는데도 징계의결서를 통보받은 날로부터 법정 시한이 지나도록 그 집행을 유보하는 모든 경우에 직무유기죄가 성립하는 것은 아니고, 그 유보가 의식적인 직무의 방임이나 포기에 해당한다고 볼 수 있는 경우에만 성립한다.

④ 직무집행의 의사로 자신의 직무를 수행한 경우에는 그 직무집행의 내용이 위법한 것으로 평가되는 경우뿐만 아니라 형식적으로 또는 소홀히 직무를 수행한 탓으로 적절한 직무수행에 이르지 못한 경우에도 직무유기죄는 성립한다.

**정선
핵심**

직무유기죄의 성립 여부

① 직무를 유기한 때 → 국가기능을 저해하고 국민에 피해 가능성이 있는 경우

② 경찰관이 불법체류자를 훈방하면서 인적 사항을 기재해 두지 않은 경우 → ○

③ 징계의결의 집행을 유보하였으나 의식적인 방임이나 포기로 볼 수 있는 경우 → ○

④ 직무집행의 의사로 자신의 직무를 수행한 경우
　→ 직무집행의 내용이 위법한 것으로 평가되는 경우 : ×
　→ 형식적으로 직무를 수행하여 적절한 직무수행에 이르지 못한 경우 : ×

**정선
해설**

[❶ ▸ ○] 대판 2011.7.28. 2011도1739

[❷ ▸ ○] 경찰관이 불법체류자임을 알면서도 신병을 출입국관리사무소에 인계하지 않고 근무일지에 허위의 사실을 기재하고, 이들이 불법체류자라는 사실은 기재하지도 않은 채 자신이 혼자 소내 근무 중임을 이용하여 이들을 훈방하였으며, 훈방을 함에 있어서도 통상의 절차와 달리 이들의 인적사항조차 기재해 두지 아니한 행위는 직무유기죄에 해당한다(대판 2008.2.14. 2005도4202).

[❸ ▸ ○] 대판 2014.4.10. 2013도229

[❹ ▸ ×] 일단 직무집행의 의사로 자신의 직무를 수행한 경우에는 그 직무집행의 내용이 위법한 것으로 평가된다는 점만으로 직무유기죄의 성립을 인정할 것은 아니고, 공무원이 태만·분망 또는 착각 등으로 인하여 직무를 성실히 수행하지 아니한 경우나 형식적으로 또는 소홀히 직무를 수행한 탓으로 적절한 직무수행에 이르지 못한 것에 불과한 경우에도 직무유기죄는 성립하지 아니한다(대판 2013.4.26. 2012도15257).

답 ❹

공무상비밀누설죄에 대한 다음 설명 중 타당하지 않은 것은 모두 몇 개인가?(다툼이 있으면 판례에 의함)

> ㄱ. 공무상비밀누설죄 소정의 "직무상 비밀"은 법령에 의해서 비밀로 규정되었거나 비밀로 분류 명시된 사항에 한한다.
>
> ㄴ. 甲이 법원공무원 乙을 교사하여 체포영장 발부자 명단을 받은 경우에 乙은 공무상비밀누설죄, 甲은 공무상비밀누설죄의 교사범의 죄책을 진다.
>
> ㄷ. 본죄는 기밀 그 자체를 보호하기 위한 것이 아니라 공무원의 비밀준수의무 침해에 의해 위협받는 국가기능을 보호하기 위한 것이다.
>
> ㄹ. 검찰고위간부 甲이 사건에 대한 수사가 진행 중인 상태에서 해당 사안에 관한 수사책임자 乙의 잠정적인 판단 등 수사팀의 내부 상황을 확인하고 그 내용을 수사 대상자에게 전달한 행위는 본 죄를 구성한다.

① 1개
② 2개
③ 3개
④ 4개

정선 핵심

ㄱ. 공무상비밀누설죄의 구성요건
  → 직무상 비밀
  • 법령에 의하여 비밀로 규정되었거나 비밀로 분류 명시된 사항
  • 정치, 군사, 외교, 경제, 사회적 필요에 따라 비밀로 된 사항
  • 외부에 알려지지 않는 것에 상당한 이익이 있는 사항도 포함하나 비밀로서 보호할 가치가 있어야 함
ㄴ. 甲이 법원공무원 乙을 교사하여 체포영장 발부자 명단을 누설받은 경우 → 甲은 공무상비밀누설교사죄 ×
ㄷ. 공무상비밀누설죄의 보호법익 → 비밀준수의무 침해에 의해 위협받는 국가기능
ㄹ. 검찰고위간부가 사건에 대한 수사팀의 내부 상황을 확인하고 대상자에게 전달한 경우 → 공무상비밀누설죄
  ○

정선 해설

[ㄱ ▸ ×] 형법 제127조는 공무원 또는 공무원이었던 자가 법령에 의한 직무상 비밀을 누설하는 것을 구성요건으로 하고, 같은 조에서 '법령에 의한 직무상 비밀'이란 반드시 법령에 의하여 비밀로 규정되었거나 비밀로 분류 명시된 사항에 한하지 아니하고, 정치, 군사, 외교, 경제, 사회적 필요에 따라 비밀로 된 사항은 물론 정부나 공무소 또는 국민이 객관적, 일반적인 입장에서 외부에 알려지지 않는 것에 상당한 이익이 있는 사항도 포함하나, 실질적으로 그것을 비밀로서 보호할 가치가 있다고 인정할 수 있는 것이어야 한다(대판 2012.3.15. 2010도14734).

구청에서 체납차량 영치 및 공매 등의 업무를 담당하던 공무원인 피고인이 甲의 부탁을 받고 차적 조회 시스템을 이용하여 범죄 현장 부근에서 경찰의 잠복근무에 이용되고 있던 경찰청 소속 차량의 소유관계에 관한 정보를 알아내 甲에게 알려줌으로써 공무상비밀을 누설하였다는 내용으로 기소된 사안에서, 위 정보가 공무상비밀누설죄의 '법령에 의한 직무상 비밀'에 해당한다고 볼 수 없는데도, 이와 달리 보아 유죄를 인정한 원심판결에 법리오해의 위법이 있다고 한 사례(대판 2012.3.15. 2010도14734).

[ㄴ ▸ ×] 판례(대판 2017.6.19. 2017도4240)의 취지를 고려하면, 乙에게는 공무상비밀누설죄가 성립하나 체포영장 발부자 명단을 누설받은 甲에 대하여는 형법총칙상 공범이나 방조범 규정의 적용되지 아니하므로 甲을 공무상비밀누설교사죄로 처벌할 수 없다.

[ㄷ ▸ ○] 대판 2012.3.15. 2010도14734

[ㄹ ▸ ○] 검찰의 고위 간부가 특정 사건에 대한 수사가 계속 진행 중인 상태에서 해당 사안에 관한 수사책임자의 잠정적인 판단 등 수사팀의 내부 상황을 확인한 뒤 그 내용을 수사 대상자 측에 전달한 행위는 형법 제127조에 정한 공무상비밀누설에 해당한다(대판 2007.6.14. 2004도5561).

[1] 특정 사건에 대하여 수사를 진행하고 있는 상태에서 수사기관의 자료 확보 내역, 사안의 죄책 여하, 신병처리 의견 등의 정보가 수사기관 내부의 비밀에 해당한다고 한 사례
[2] 검찰의 고위 간부가 내사 담당 검사로 하여금 내사를 중도에서 그만두고 종결처리토록 한 행위가 직권남용권리행사방해죄에 해당한다고 한 사례(대판 2007.6.14. 2004도5561).

답 ❷

019

□□□

직무유기죄와 직권남용죄에 대한 설명으로 옳지 않은 것은?(다툼이 있는 경우 판례에 의함)

`21` 경찰간부

① 직무유기죄는 그 직무를 수행하여야 하는 작위의무의 존재와 그에 대한 위반을 전제로 하고 있는바, 공무원이 정당한 이유 없이 그 직무수행을 거부하거나 그 직무를 유기한 때 즉시 성립하는 즉시범이다.

② 직무유기죄는 공무원이 추상적 성실의무를 태만히 하는 일체의 경우에 성립하는 것이 아니라 직장의 무단이탈, 직무의 의식적인 포기 등과 같이 국가의 기능을 저해하고 국민에게 피해를 야기시킬 가능성이 있는 경우에 한하여 성립한다.

③ 직권남용죄에서 '직권남용'은 '사람으로 하여금 의무 없는 일을 하게 한 것'과 '사람의 권리행사를 방해한 것'과 구별되는 별개의 범죄성립요건으로, 공무원이 한 행위가 직권남용에 해당한다고 하여 바로 상대방이 한 일이 '의무 없는 일'에 해당한다고 인정할 수는 없다.

④ '권리행사를 방해함으로 인한 직권남용권리행사방해죄'와 '의무 없는 일을 하게 함으로 인한 직권남용권리행사방해죄'의 두 가지 행위태양에 모두 해당하는 경우, 전자만 성립하고 후자는 따로 성립하지 아니하는 것으로 봄이 상당하다.

정선 핵심

① 직무유기죄 → 즉시범 ✕
② 충근의무의 태만이 국가의 기능을 저해하고 국민에게 피해를 야기시킬 가능성이 있는 경우 → 직무유기죄 ○
③ 공무원이 한 행위가 직권남용에 해당하는 경우 → 상대방이 한 일은 의무 없는 일에 해당 ✕
④ 직권남용권리행사방해죄의 행위태양에 모두 해당하는 경우 → 권리행사를 방해함으로 인한 직권남용권리행사방해죄만 성립

정선 해설

[❶ ▸ ✕] 직무유기죄는 그 직무를 수행하여야 하는 작위의무의 존재와 그에 대한 위반을 전제로 하고 있는바, 그 작위의무를 수행하지 아니함으로써 구성요건에 해당하는 사실이 있었고 그 후에도 계속하여 그 작위의무를 수행하지 아니하는 위법한 부작위상태가 계속되는 한 가벌적 위법상태는 계속 존재하고 있다고 할 것이며 형법 제122조 후단은 이를 전체적으로 보아 1죄로 처벌하는 취지로 해석되므로 이를 즉시범이라고 할 수 없다(대판 1997.8.29. 97도675).

[❷ ▸ ○] 대판 2011.7.28. 2011도1739

[❸ ▸ ○] '사람으로 하여금 의무 없는 일을 하게 한 것'과 '사람의 권리행사를 방해한 것'은 형법 제123조가 규정하고 있는 객관적 구성요건요소인 '결과'로서 둘 중 어느 하나가 충족되면 직권남용권리행사방해죄가 성립한다. 이는 '공무원이 직권을 남용하여'와 구별되는 별개의 범죄성립요건이다. 따라서 공무원이 한 행위가 직권남용에 해당한다고 하여 그러한 이유만으로 상대방이 한 일이 '의무 없는 일'에 해당한다고 인정할 수는 없다(대판 2020.1.30. 2018도2236[전합]).

[1] 대통령비서실장을 비롯한 피고인들 등이 문화체육관광부 공무원을 통하여 문화예술진흥기금 등 정부의 지원을 신청한 개인·단체의 이념적 성향이나 정치적 견해 등을 이유로 한국문화예술위원회·영화진흥위원회·한국출판문화산업진흥원이 수행한 각종 사업에서 이른바 좌파 등에 대한 지원배제를 지시함으로써 한국문화예술위원회·영화진흥위원회·한국출판문화산업진흥원 직원들로 하여금 의무 없는 일을 하게 하였다는 직권남용권리행사방해의 공소사실로 기소된 사안에서, 피고인들의 위와 같은 지원배제 지시는 '직권남용'에 해당하고, 위 지원배제 지시로써 문화체육관광부 공무원이 한국문화예술위원회·영화진흥위원회·한국출판문화산업진흥원 직원들로 하여금 지원배제방침이 관철될 때까지 사업진행 절차를 중단하는 행위, 지원배제 대상자에게 불리한 사정을 부각시켜 심의위원에게 전달하는 행위 등을 하게 한 것은 '의무 없는 일을 하게 한 때'에 해당하나, 문화체육관광부 공무원에게 각종 명단을 송부하게 한 행위, 공모사업 진행 중 수시로 심의 진행 상황을 보고하게 한 행위 부분은 의무 없는 일에 해당하기 어렵다고 볼 여지가 있다고 한 사례.

[2] 대통령비서실장을 비롯한 피고인들 등이 문화체육관광부 공무원들을 통하여 문화예술진흥기금 등 정부의 지원을 신청한 개인·단체의 이념적 성향이나 정치적 견해 등을 이유로 한국문화예술위원회·영화진흥위원회·한국출판문화산업진흥원이 수행한 각종 사업에서 이른바 좌파 등에 대한 지원배제에 이르는 과정에서, 공무원 갑 및 지원배제 적용에 소극적인 문화체육관광부 1급 공무원 을 등에 대하여 사직서를 제출하도록 요구하고, 한국문화예술위원회·영화진흥위원회·한국출판문화산업진흥원 직원들로 하여금 지원심의 등에 개입하도록 지시함으로써 업무상·신분상 불이익을 당할 위험이 있다는 위구심을 일으켜 의무 없는 일을 하게 하였다는 강요의 공소사실로 기소된 사안에서, 피고인들이 상대방의 의사결정의 자유를 제한하거나 의사실행의 자유를 방해할 정도로 겁을 먹게 할 만한 해악을 고지하였다는 점에 대한 증명이 부족하다고 본 원심판단을 수긍한 사례(대판 2020.1.30. 2018도2236[전합]).

[❹ ▸ ○] 대판 2010.1.28. 2008도7312

답 ❶

020

□□□

다음 설명 중 옳은 것만을 모두 고른 것은?(다툼이 있는 경우 판례에 의함) `17` 국가9급

> ㄱ. 외교상기밀누설죄는 공무원 또는 공무원이었던 자가 직무와 관련하여 알게 된 외교상 기밀을 누설한 때에 성립하는 신분범이다.
> ㄴ. 직무유기죄에서 '직무를 유기한 때'란 공무원이 법령, 내규 등에 의한 추상적 충근의무를 태만히 하는 일체의 경우를 의미한다.
> ㄷ. 인신구속에 관한 직무를 보조하는 자가 피해자를 구속하기 위하여 진술조서 등을 허위로 작성한 후 검사와 영장전담판사를 기망하여 구속영장을 발부받아 피해자를 구금한 경우 직권남용감금죄가 성립한다.
> ㄹ. 공무상비밀누설죄의 보호법익은 비밀 그 자체가 아니라 비밀의 누설에 의하여 위협받는 국가의 기능이다.

① ㄱ, ㄴ
② ㄱ, ㄷ
③ ㄴ, ㄷ
④ ㄷ, ㄹ

정선
핵심

ㄱ. 외교상기밀누설죄 → 신분범 ×
ㄴ. 직무를 유기한 때 → 국가기능을 저해하고 국민에게 피해 가능성이 있는 경우
ㄷ. 선의의 검사와 영장전담판사를 기망하여 구속영장을 발부받은 후 그 영장에 의하여 피해자를 구금하게 한 경우 → 직권남용감금죄 ○
ㄹ. 공무상비밀누설죄의 보호법익 → 비밀누설에 의하여 위협받는 국가의 기능

[ㄱ ▸ ×]   외교상기밀누설죄의 주체는 제한이 없다는 점에서 신분범인 공무상비밀누설죄와 구별된다(형법 제127조 참조).

[ㄴ ▸ ×]   직무유기죄에서 '직무를 유기한 때'란 공무원이 법령, 내규 등에 의한 추상적 충근의무를 태만히 하는 일체의 경우를 이르는 것이 아니고 직장의 무단이탈, 직무의 의식적인 포기 등과 같이 그것이 국가의 기능을 저해하며 국민에게 피해를 야기시킬 가능성이 있는 경우를 말한다(대판 2011.7.28. 2011도1739).

[ㄷ ▸ ○]   감금죄는 간접정범의 형태로도 행하여질 수 있는 것이므로, 인신구속에 관한 직무를 행하는 자 또는 이를 보조하는 자가 피해자를 구속하기 위하여 진술조서 등을 허위로 작성한 후 이를 기록에 첨부하여 구속영장을 신청하고, 진술조서 등이 허위로 작성된 정을 모르는 검사와 영장전담판사를 기망하여 구속영장을 발부받은 후 그 영장에 의하여 피해자를 구금하였다면 형법 제124조 제1항의 직권남용감금죄가 성립한다(대판 2006.5.25. 2003도3945).

[ㄹ ▸ ○]   대판 2012.3.15. 2010도14734

답 ❹

021

뇌물죄에 대한 설명으로 옳지 않은 것은?(다툼이 있는 경우 판례에 의함)   `19` 국가7급

① 공무원이 직무와 관련하여 뇌물수수를 약속하고 퇴직 후 이를 수수한 경우에 뇌물약속과 뇌물수수가 시간적으로 근접하여 연속되어 있는 때에는 형법 제129조 제1항의 뇌물수수죄가 성립한다.

② 증뢰자가 일방적으로 뇌물을 두고 가므로 후일 기회를 보아 반환할 의사로 일시 보관하다가 반환한 경우에는 뇌물을 수수한 것으로 볼 수 없다.

③ 사무분장에 따라 현실적으로 담당하지 않는 직무도 법령상 일반적인 직무권한에 속하는 직무라면 뇌물죄에서 말하는 직무에 포함된다.

④ 뇌물을 수수함에 있어서 공여자를 기망한 경우에는 뇌물을 수수한 공무원을 뇌물죄와 사기죄의 상상적 경합으로 처단하여야 한다.

① 뇌물수수를 약속하고 퇴직 후 수수하였으나 뇌물약속과 뇌물수수가 시간적으로 근접하고 연속되어 있는 경우 → 뇌물약속죄 및 사후수뢰죄 ○

② 후일 반환할 의사로 일시 보관하다가 반환한 경우 → 뇌물수수죄 ×

③ 사무분장에 따라 현실적으로 담당하지 않는 직무 → 직무에 포함

④ 공무원이 기망하여 뇌물을 수수한 경우 → 뇌물죄와 사기죄의 상상적 경합 ○

[❶ ▸ ×]   뇌물수수죄는 공무원 또는 중재인이 그 직무에 관하여 뇌물을 수수한 때에 성립하는 것이어서 그 주체는 현재 공무원 또는 중재인의 직에 있는 자에 한정되므로, 공무원이 직무와 관련하여 뇌물수수를 약속하고 퇴직 후 이를 수수하는 경우에는, 뇌물약속과 뇌물수수가 시간적으로 근접하여 연속되어 있다고 하더라도, 뇌물약속죄 및 사후수뢰죄가 성립할 수 있음은 별론으로 하고, 뇌물수수죄는 성립하지 않는다(대판 2008.2.1. 2007도5190).

[❷ ▸ ○]   뇌물을 수수한다는 것은 영득의 의사로 금품을 수수하는 것을 말하므로, 뇌물인지 모르고 이를 수수하였다가 뇌물임을 알고 즉시 반환하거나, 증뢰자가 일방적으로 뇌물을 두고 가므로 후일 기회를 보아 반환할 의사로 어쩔 수 없이 일시 보관하다가 반환하는 등 그 영득의 의사가 없었다고 인정되는 경우라면 뇌물을 수수하였다고 할 수 없다(대판 2007.3.29. 2006도9182).

[❸ ▸ ○]   대판 2003.6.13. 2003도1060

[❹ ▸ ○]   대판 2015.10.29. 2015도12838

답 ❶

직권남용죄에 관한 다음 설명 중 가장 옳지 않은 것은?

① 어떠한 직무가 공무원의 일반적 직무권한에 속하는 사항이라고 하기 위해서는 그에 관한 법령상 근거가 필요하다. 법령상 근거는 반드시 명문의 규정만을 요구하는 것이 아니라 명문의 규정이 없더라도 법령과 제도를 종합적, 실질적으로 살펴보아 그것이 해당 공무원의 직무권한에 속한다고 해석되고, 이것이 남용된 경우 상대방으로 하여금 사실상 의무 없는 일을 하게 하거나 권리를 방해하기에 충분한 것이라고 인정되는 경우에는 직권남용죄에서 말하는 일반적 직무권한에 포함된다.

② 공무원이 한 행위가 직권남용에 해당한다고 하여 그러한 이유만으로 상대방이 한 일이 '의무 없는 일'에 해당한다고 인정할 수는 없다.

③ 직권남용 행위의 상대방이 일반 사인인 경우 특별한 사정이 없는 한 '의무 없는 일'에 해당하는지는 직권을 남용하였는지와 별도로 그에게 그러한 일을 할 법령상 의무가 있는지를 살펴 개별적으로 판단하여야 한다.

④ 남용에 해당하는가를 판단하는 기준은 구체적인 공무원의 직무행위가 본래 법령에서 그 직권을 부여한 목적에 따라 이루어졌는지, 직무행위가 행해진 상황에서 볼 때 필요성·상당성이 있는 행위인지, 직권행사가 허용되는 법령상의 요건을 충족했는지 등을 종합하여 판단하여야 한다.

**정선
핵심**

① 직권남용죄의 구성요건
→ 일반적 직무권한에 속하는 사항 : 명문의 근거가 있는 경우뿐만 아니라 없는 경우에도 직무권한에 속하는 직무가 남용될 때 의무 없는 일을 하게 하거나 권리를 방해하기에 충분한 것이라고 인정되는 경우
② 공무원이 한 행위가 직권남용에 해당하는 경우 → 상대방이 한 일은 의무 없는 일에 해당 ×
③ 직권남용 행위의 상대방이 일반 사인인 경우 → 특별한 사정이 없는 한 의무 없는 일을 하게 한 때에 해당
④ 직권남용 해당 여부의 판단기준 → 직무행위가 직권을 부여한 목적에 따라 이루어졌는지 등을 종합하여 판단

**정선
해설**

[**❶** ▸ ○] 대판 2011.7.28. 2011도1739
[**❷** ▸ ○] [**❸** ▸ ×] [**❹** ▸ ○] 직권남용에 해당하는가를 판단하는 기준은 구체적인 공무원의 직무행위가 본래 법령에서 그 직권을 부여한 목적에 따라 이루어졌는지, 직무행위가 행해진 상황에서 볼 때 필요성·상당성이 있는 행위인지, 직권행사가 허용되는 법령상의 요건을 충족했는지 등을 종합하여 판단하여야 한다. **❹** 공무원이 한 행위가 직권남용에 해당한다고 하여 그러한 이유만으로 상대방이 한 일이 '의무 없는 일'에 해당한다고 인정할 수는 없다. **❷** '의무 없는 일'에 해당하는지는 직권을 남용하였는지와 별도로 상대방이 그러한 일을 할 법령상 의무가 있는지를 살펴 개별적으로 판단하여야 한다. 직권남용 행위의 상대방이 일반 사인인 경우 특별한 사정이 없는 한 직권에 대응하여 따라야 할 의무가 없으므로 그에게 어떠한 행위를 하게 하였다면 '의무 없는 일을 하게 한 때'에 해당할 수 있다 **❸**(대판 2020.2.13. 2019도5186).

대통령비서실장 및 정무수석비서관실 소속 공무원들인 피고인들이, 2014~2016년도의 3년 동안 각 연도별로 전국경제인연합회에 특정 정치성향 시민단체들에 대한 자금지원을 요구하고 그로 인하여 전국경제인연합회 부회장 갑으로 하여금 해당 단체들에 자금지원을 하도록 하였다고 하여 직권남용권리행사방해 및 강요의 공소사실로 기소된 사안에서, 피고인들이 자금지원을 요구한 행위는 대통령비서실장과 정무수석비서관실의 일반적 직무권한에 속하는 사항으로서 직권을 남용한 경우에 해당하고, 갑은 위 직권남용 행위로 인하여 자금지원결정이라는 의무 없는 일을 하였다는 등의 이유로 직권남용권리행사방해죄가 성립한다고 본 원심판단을 수긍하고, 한편 피고인들의 자금지원요구를 강요죄의 성립 요건인 협박, 즉 해악의 고지에 해당한다고 단정할 수 없다는 이유로, 이와 달리 본 원심판단에 강요죄의 협박에 관한 법리오해의 잘못이 있다고 한 사례(대판 2020.2.13. 2019도5186).

답 **❸**

다음 설명 중 옳지 않은 것은 몇 개인가?(다툼이 있는 경우 판례에 의함) `18` 경찰간부

> ㄱ. 직무유기죄에서 '직무를 유기한 때'란 공무원이 법령, 내규 등에 의한 추상적 성실의무를 태만히 하는 일체의 경우에 성립하는 것이 아니라 직장의 무단이탈, 직무의 의식적인 포기 등과 같이 국가의 기능을 저해하고 국민에게 피해를 야기시킬 가능성이 있는 경우를 가리킨다.
> ㄴ. 직권남용권리행사방해죄에서 공무원이 직무와는 상관없이 단순히 개인적인 친분에 근거하여 문화예술 활동에 대한 지원을 권유하거나 협조를 의뢰한 경우에는 직권남용에 해당하지 않는다.
> ㄷ. 직무유기교사죄는 피교사자인 공무원이 수인이라고 하더라도 1개의 직무유기교사죄만 성립한다.
> ㄹ. 직권남용권리행사방해죄에서 말하는 '권리'는 법률에 명기된 권리에 한하지 않고 법령상 보호되어야 할 이익이면 족하고, 그것이 공법상의 권리인지 사법상의 권리인지를 묻지 않는다.
> ㅁ. 뇌물을 받는 주체가 아닌 자가 수고비로 받은 부분이나 뇌물을 받기 위하여 형식적으로 체결된 용역계약에 따른 비용으로 사용된 부분은 뇌물의 가액과 추징액에서 공제할 항목에 해당한다.

① 2개 　　　　　　　　　　　　② 3개
③ 4개 　　　　　　　　　　　　④ 5개

**정선
핵심**

ㄱ. 직무를 유기한 때 → 국가기능을 저해하고 국민에게 피해 가능성이 있는 경우
ㄴ. 개인적인 친분으로 문화예술 활동에 대한 지원을 권유하거나 협조를 의뢰한 경우 → 직권남용권리행사방해죄 ×
ㄷ. 수인의 공무원에 대해 직무유기를 교사한 경우 → 직무유기교사죄의 실체적 경합 또는 상상적 경합 ○
ㄹ. 직권남용권리행사방해죄의 구성요건
　→ 권리 : 법령상 보호되어야 할 이익으로 공법상, 사법상의 권리 불문
ㅁ. 뇌물을 받는 데 필요한 경비를 지출한 경우 → 뇌물가액과 추징액에서 공제 ×

**정선
해설**

[ㄱ ▸ ○] 대판 2014.4.10. 2013도229
[ㄴ ▸ ○] 공무원이 직무와는 상관없이 단순히 개인적인 친분에 근거하여 문화예술 활동에 대한 지원을 권유하거나 협조를 의뢰한 것에 불과한 경우까지 직권남용에 해당한다고 할 수는 없다(대판 2009.1.30. 2008도6950).

[1] 대통령비서실 정책실장이 공무원으로 하여금 특별교부세 교부대상이 아닌 특정 사찰의 증·개축사업을 지원하는 특별교부세 교부신청 및 교부결정을 하도록 하게 한 행위가 직권남용권리행사죄를 구성한다고 한 사례
[2] 대통령비서실 정책실장이 기업관계자들에게 기업 메세나(Mecenat) 활동의 일환인 미술관 전시회 후원을 요청하여 기업관계자들이 특정 미술관에 후원금을 지급한 사안에서, 직권남용권리행사방해죄 및 제3자뇌물공여죄가 성립하지 않는다고 한 사례(대판 2009.1.30. 2008도6950).

[ㄷ ▸ ×] 직무유기교사죄는 피교사자인 공무원별로 1개의 죄가 성립되는 것이므로 피교사자인 공무원별로 사실을 특정할 수 있도록 공소사실을 기재하여야 한다(대판 1997.8.22. 95도984).
[ㄹ ▸ ○] 대판 2010.1.28. 2008도7312
[ㅁ ▸ ×] 공무원이 뇌물을 받는 데에 필요한 경비를 지출한 경우 그 경비는 뇌물수수의 부수적 비용에 불과하여 뇌물의 가액과 추징액에서 공제할 항목에 해당하지 않는다. 뇌물을 받는 주체가 아닌 자가 수고비로 받은 부분이나 뇌물을 받기 위하여 형식적으로 체결된 용역계약에 따른 비용으로 사용된 부분은 뇌물수수의 부수적 비용에 지나지 않는다(대판 2017.3.22. 2016도21536).

답 ❶

직권남용권리행사방해죄에 관한 설명 중 옳지 않은 것은?(다툼이 있는 경우 판례에 의함)

`20` 변시

① 직권남용권리행사방해죄에서 '권리'는 법률에 명기된 권리에 한하지 않고 법령상 보호되어야 할 이익이면 족하고 공법상 권리인지 사법상 권리인지를 묻지 않으며, '의무'는 법률상 의무를 가리키고 단순한 심리적 의무감 또는 도덕적 의무는 이에 해당하지 아니한다.

② 어떠한 직무가 공무원의 일반적 권한에 속하는 사항이라고 하기 위해서는 그에 관한 법령상의 근거가 필요하고, 법령상 명문의 근거가 없는 경우에는 직권남용권리행사방해죄가 성립하지 아니한다.

③ 공무원이 자신의 직무권한에 속하는 사항에 관하여 실무 담당자로 하여금 그 직무집행을 보조하는 사실행위를 하도록 하더라도 이는 공무원 자신의 직무집행으로 귀결될 뿐이므로 원칙적으로 직권남용권리행사방해죄에서 말하는 의무 없는 일을 하게 한 때에 해당한다고 할 수 없다.

④ 공무원의 행위가 권리행사를 방해함으로 인한 직권남용권리행사방해죄와 의무 없는 일을 하게 함으로 인한 직권남용권리행사방해죄 두 가지 행위태양에 모두 해당하는 것으로 기소된 경우, 권리행사를 방해함으로 인한 직권남용권리행사방해죄만 성립하고 의무 없는 일을 하게 함으로 인한 직권남용권리행사방해죄는 따로 성립하지 아니한다.

⑤ 공무원의 직권남용행위가 있었다 할지라도 현실적으로 권리행사의 방해라는 결과가 발생하지 아니하였다면 직권남용권리행사방해죄의 기수를 인정할 수 없다.

정선 핵심

①·⑤ 직권남용권리행사방해죄의 구성요건
  → 권리 : 법령상 보호되어야 할 이익으로 공법상, 사법상의 권리 불문
  → 의무 : 법률상 의무를 가리키고 단순한 심리적 의무, 도덕적 의무 ✕
  → 기수시기 : 권리행사의 방해라는 결과가 발생하였을 때

② 직권남용죄의 구성요건
  → 일반적 직무권한에 속하는 사항 : 명문의 근거가 있는 경우뿐만 아니라 없는 경우에도 직무권한에 속하는 직무가 남용될 때 의무 없는 일을 하게 하거나 권리를 방해하기에 충분한 것이라고 인정되는 경우

③ 공무원이 실무 담당자에게 직무집행을 보조하는 사실행위를 하도록 한 경우 → 의무 없는 일을 하게 한 때 ✕

④ 직권남용권리행사방해죄의 행위태양에 모두 해당하는 경우 → 권리행사를 방해함으로 인한 직권남용권리행사방해죄만 성립

정선 해설

[❶ ▸ ○] 직권남용권리행사방해죄에서 말하는 '권리'는 법률에 명기된 권리에 한하지 않고 법령상 보호되어야 할 이익이면 족한 것으로서, 공법상의 권리인지 사법상의 권리인지를 묻지 아니하고(대판 2010.1.28. 2008도7312), "의무"란 법률상 의무를 가리키고, 단순한 심리적 의무감 또는 도덕적 의무는 이에 해당하지 아니한다(대판 1991.12.27. 90도2800).

[❷ ▸ ✕] 어떠한 직무가 공무원의 일반적 권한에 속하는 사항이라고 하기 위해서는 그에 관한 법령상의 근거가 필요하지만, 명문이 없는 경우라도 법·제도를 종합적, 실질적으로 관찰해서 그것이 해당 공무원의 직무권한에 속한다고 해석되고, 남용된 경우 상대방으로 하여금 사실상 의무 없는 일을 행하게 하거나 권리를 방해하기에 충분한 것이라고 인정되는 경우에는 직권남용죄에서 말하는 '일반적 권한'에 포함된다고 보아야 한다(대판 2011.7.28. 2011도1739).

[❸ ▸ ○] 대판 2019.3.14. 2018도18646

[❹ ▸ ○] 대판 2010.1.28. 2008도7312

[❺ ▸ ○] 직권남용죄에 있어서 직권남용이란 공무원이 그 일반적 직무권한에 속하는 사항에 관하여 직권의 행사에 가탁하여 실질적, 구체적으로 위법·부당한 행위를 하는 경우를 의미하고, 위 죄에 해당하려면 현실적으로 다른 사람이 의무 없는 일을 하였거나 다른 사람의 구체적인 권리행사가 방해되는 결과가 발생하여야 하며, 또한 그 결과의 발생은 직권남용 행위로 인한 것이어야 한다(대판 2005.4.15. 2002도3453).

답 ❷

다음의 ㄱ.부터 ㄹ.까지의 설명 중 옳고 그름의 표시(○, ×)가 모두 바르게 된 것은?(다툼이 있는 경우 판례에 의함)

21 경찰채용

> ㄱ. 직권남용 행위의 상대방이 공무원이거나 법령에 따라 일정한 공적 임무를 부여받고 있는 공공기관 등의 임직원인 경우에는 법령에 따라 임무를 수행하는 지위에 있으므로 그가 직권에 대응하여 어떠한 일을 한 것이 의무 없는 일인지 여부는 관계 법령 등의 내용에 따라 개별적으로 판단하여야 한다.
>
> ㄴ. 공무원이 자신의 직무와 관련된 상대방에게 공무원 자신 또는 자신이 지정한 제3자를 위하여 재산적 이익 등의 제공을 요구하고 상대방은 어떠한 이익을 기대하며 그에 대한 대가로 요구에 응하였다면, 다른 사정이 없는 한 협박을 요건으로 하는 강요죄가 성립하지 않는다.
>
> ㄷ. 공무원이 자신의 직무권한에 속하는 사항에 관하여 실무담당자로 하여금 그 직무집행을 보조하는 사실행위를 하도록 하였다면, 이는 원칙적으로 직권남용권리행사방해죄에서 말하는 '의무 없는 일을 하게 한 때'에 해당한다.
>
> ㄹ. 학대죄는 자기의 보호 또는 감독을 받는 사람에게 육체적으로 고통을 주거나 정신적으로 차별 대우를 하는 행위가 있음과 동시에 범죄가 완성되는 상태범 또는 즉시범이다.

① ㄱ(○) ㄴ(○) ㄷ(×) ㄹ(○)
② ㄱ(○) ㄴ(×) ㄷ(×) ㄹ(×)
③ ㄱ(×) ㄴ(○) ㄷ(○) ㄹ(○)
④ ㄱ(○) ㄴ(○) ㄷ(×) ㄹ(×)

정선 핵심

ㄱ. 직권남용 행위의 상대방이 공무원 등인 경우 → 의무 없는 일인지 여부는 개별적으로 판단
ㄴ. 공무원이 이익의 제공을 요구하였더라도 해악의 고지가 없었던 경우 → 강요죄 ×
ㄷ. 공무원이 실무담당자에게 직무집행을 보조하는 사실행위를 하도록 한 경우 → 의무 없는 일을 하게 한 때 ×
ㄹ. 학대죄 → 즉시범 ○

정선 해설

[ㄱ ▸ ○] 대판 2020.1.30. 2018도2236[전합]
[ㄴ ▸ ○] 대판 2019.8.29. 2018도13792[전합]
[ㄷ ▸ ×] 직권남용권리행사방해죄에서 말하는 '사람으로 하여금 의무 없는 일을 하게 한 때'란 공무원이 직권을 남용하여 다른 사람으로 하여금 법령상 의무 없는 일을 하게 한 때를 의미한다. 따라서 공무원이 자신의 직무권한에 속하는 사항에 관하여 실무 담당자로 하여금 직무집행을 보조하는 사실행위를 하도록 하더라도 이는 공무원 자신의 직무집행으로 귀결될 뿐이므로 원칙적으로 의무 없는 일을 하게 한 때에 해당한다고 할 수 없다(대판 2020.1.9. 2019도11698).

법무부 검찰국장인 피고인이, 검찰국이 마련하는 인사안 결정과 관련한 업무권한을 남용하여 검사인사담당 검사 갑으로 하여금 2015년 하반기 검사인사에서 부치지청에 근무하고 있던 경력검사 을을 다른 부치지청으로 다시 전보시키는 내용의 인사안을 작성하게 함으로써 의무 없는 일을 하게 하였다고 하여 직권남용권리행사방해로 기소된 사안에서, 피고인이 갑으로 하여금 위 인사안을 작성하게 한 것을 두고 피고인의 직무집행을 보조하는 갑으로 하여금 그가 지켜야 할 직무집행의 기준과 절차를 위반하여 법령상 의무 없는 일을 하게 한 때에 해당한다고 보기 어렵다고 한 사례(대판 2020.1.9. 2019도11698).

[ㄹ ▸ ○] 대판 1986.7.8. 84도2922

답 **➊**

공무원의 직무에 관한 죄에 대한 설명으로 가장 적절하지 않은 것은?(다툼이 있는 경우 판례에 의함)

19 경찰승진

① 직무유기죄에서 공무원이 직무를 유기한 때라 함은 주관적으로 직무집행의사를 포기하고 객관적으로 정당한 이유없이 직무집행을 하지 아니하는 부작위상태가 있어 국가기능을 저해하는 경우를 말한다.

② 상급 경찰관이 직권을 남용하여 부하 경찰관들의 수사를 중단시키거나 사건을 다른 경찰관서로 이첩하게 한 경우, '의무 없는 일을 하게 함으로 인한 직권남용권리행사방해죄'만 성립하고 '권리행사를 방해함으로 인한 직권남용권리행사방해죄'는 따로 성립하지 아니한다.

③ 검찰 고위간부 甲이 사건에 대한 수사가 진행 중인 상태에서 해당 사안에 관한 수사책임자 乙의 잠정적인 판단 등 수사팀의 내부 상황을 확인하고 그 내용을 수사 대상자에게 전달한 행위는 공무상비밀누설죄를 구성한다.

④ 교육기관 등의 장이 징계의결을 집행하지 못할 법률상·사실상의 장애가 없는데도 징계의결서를 통보받은 날로부터 법정 시한이 지나도록 집행을 유보하는 모든 경우에 직무유기죄가 성립하는 것은 아니고, 그 유보가 의식적인 직무의 방임이나 포기에 해당한다고 볼 수 있는 경우에만 직무유기죄가 성립한다.

**정선
핵심**

① 공무원이 직무를 유기한 때 → 직무집행의사를 포기하고 정당한 이유없이 직무집행을 하지 아니하는 부작위상태가 있어 국가기능을 저해하는 경우

② 상급 경찰관이 수사를 중단시키거나 사건을 이첩하게 한 경우 → 권리행사를 방해함으로 인한 직권남용권리행사방해죄 ○

③ 검찰고위간부가 사건에 대한 수사팀의 내부 상황을 확인하고 대상자에게 전달한 경우 → 공무상비밀누설죄 ○

④ 징계의결의 집행을 유보하였으나 의식적인 방임이나 포기로 볼 수 있는 경우 → 직무유기죄 ○

**정선
해설**

[❶ ▸ ○] 공무원이 직무를 유기한 때라 함은 공무원이 법령 내규 또는 지시 통첩에 의한 추상적인 충근의무를 게을리한 일체의 경우를 지칭하는 것이 아니라 주관적으로 직무집행의사를 포기하고 객관적으로 정당한 이유없이 직무집행을 하지 아니하는 부작위상태가 있어 국가기능을 저해하는 경우를 말한다(대판 1982.6.8. 82도117).

[❷ ▸ ×] 권리행사를 방해함으로 인한 직권남용권리행사방해죄'와 '의무 없는 일을 하게 함으로 인한 직권남용권리행사방해죄'의 두 가지 행위 태양에 모두 해당하는 것으로 기소된 경우, '권리행사를 방해함으로 인한 직권남용권리행사방해죄'만 성립하고 '의무 없는 일을 하게 함으로 인한 직권남용권리행사방해죄'는 따로 성립하지 아니하는 것으로 봄이 상당하다(대판 2010.1.28. 2008도7312).

[❸ ▸ ○] 대판 2007.6.14. 2004도5561

[❹ ▸ ○] 대판 2014.4.10. 2013도229

답 ❷

027

국가의 기능에 대한 죄의 설명으로 가장 적절하지 않은 것은?(다툼이 있는 경우 판례에 의함)

`20` 경찰채용

① 직무유기죄는 공무원이 정당한 이유 없이 그 직무수행을 거부하거나 그 '직무를 유기한 때'에 성립하며, 직무집행의 의사로 자신의 직무를 수행한 경우라도 그 직무집행의 내용이 위법한 것으로 평가된다면 직무유기죄가 성립한다.

② 검찰의 고위 간부가 특정 사건에 대한 수사가 계속 중인 상태에서 해당 사안에 관한 수사책임자의 잠정적인 판단 등 수사팀의 내부 상황을 확인한 뒤 그 내용을 수사 대상자측에 전달한 행위는 공무상비밀누설에 해당한다.

③ 형식적·외형적으로는 직무집행으로 보이나 실질적으로는 정당한 권한 외의 행위를 한 경우도 직권남용권리행사방해죄에 해당한다.

④ 공무원이 직무와 관련하여 뇌물수수를 약속하고 퇴직 후 이를 수수하는 경우에는, 뇌물약속과 뇌물수수가 시간적으로 근접하여 연속되어 있다고 하더라도, 뇌물수수죄는 성립하지 않는다.

**정선
핵심**

① 직무집행의 의사로 직무를 수행하였으나 내용이 위법한 경우 → 직무유기죄 ×

② 검찰고위간부가 사건에 대한 수사팀의 내부 상황을 확인하고 대상자에게 전달한 경우 → 공무상비밀누설죄 ○

③ 형식적·외형적으로는 직무집행으로 보이나 실질적으로는 정당한 권한 외의 행위를 한 경우 → 직권남용권리행사방해죄 ○

④ 뇌물수수를 약속하고 퇴직 후 수수하였으나 뇌물약속과 뇌물수수가 시간적으로 근접하고 연속되어 있는 경우 → 뇌물약속죄 및 사후수뢰죄 ○

**정선
해설**

[❶ ▸ ×] 일단 직무집행의 의사로 자신의 직무를 수행한 경우에는 그 직무집행의 내용이 위법한 것으로 평가된다는 점만으로 직무유기죄의 성립을 인정할 것은 아니고, 공무원이 태만·분망 또는 착각 등으로 인하여 직무를 성실히 수행하지 아니한 경우나 형식적으로 또는 소홀히 직무를 수행한 탓으로 적절한 직무수행에 이르지 못한 것에 불과한 경우에도 직무유기죄는 성립하지 아니한다(대판 2013.4.26. 2012도15257).

[❷ ▸ ○] 대판 2007.6.14. 2004도5561

[❸ ▸ ○] 직권남용죄의 "직권남용"이란 공무원이 그의 일반적 권한에 속하는 사항에 관하여 그것을 불법하게 행사하는 것, 즉 형식적, 외형적으로는 직무집행으로 보이나 그 실질은 정당한 권한 이외의 행위를 하는 경우를 의미한다(대판 1991.12.27. 90도2800).

치안본부장이 국립과학수사연구소 법의학1과장에게 고문치사자의 사인에 관하여 기자간담회에 참고할 메모를 작성하도록 요구해서 그의 의사에 반하는 메모를 작성토록 하여 교부받은 행위가 직권남용죄에 해당하지 아니한다는 사례(대판 1991.12.27. 90도2800).

[❹ ▸ ○] 대판 2008.2.1. 2007도5190

답 ❶

공무원의 직무에 관한 죄에 대한 다음 설명 중 가장 옳지 않은 것은? 20 법원9급

① 형법 제123조의 직권남용죄에 있어서 직권남용이란 공무원이 그 일반적 직무권한에 속하는 사항에 관하여 직권의 행사에 가탁하여 실질적, 구체적으로 위법·부당한 행위를 하는 경우를 의미하고, 위 죄에 해당하려면 현실적으로 다른 사람이 의무 없는 일을 하였거나 다른 사람의 구체적인 권리행사가 방해되는 결과가 발생하여야 하며, 또한 그 결과의 발생은 직권남용 행위로 인한 것이어야 한다.

② 형법 제128조의 선거방해죄의 주체는 검찰, 경찰 또는 군의 직에 있는 공무원이다.

③ 경찰관이 압수물을 범죄 혐의의 입증에 사용하도록 하는 등의 적절한 조치를 취하지 아니하고 피압수자에게 돌려 주어 증거인멸죄를 범한 경우에 별도로 부작위범인 직무유기죄가 성립한다.

④ 뇌물을 수수함에 있어서 공여자를 기망한 점이 있다 하여도 뇌물수수죄, 뇌물공여죄의 성립에는 영향이 없다.

**정선
핵심**

① 직권남용권리행사방해죄의 구성요건
  → 직권남용 : 공무원이 일반적 직무권한에 속하는 사항에 관하여 실질적, 구체적으로 위법·부당한 행위를 하는 경우
  → 기수시기 : 권리행사의 방해라는 결과가 발생하였을 때
② 선거방해죄의 주체 → 검찰, 경찰 또는 군의 직에 있는 공무원
③ 경찰서 방범과장이 압수물을 피압수자에게 돌려준 경우 → 증거인멸죄 ○
④ 뇌물을 수수함에 있어서 공여자를 기망한 경우 → 뇌물수수죄, 뇌물공여죄 ○

**정선
해설**

[❶ ▸ ○] 대판 2005.4.15. 2002도3453
[❷ ▸ ○] 형법 제128조 참조

 법령 선거방해(형법 제128조)　검찰, 경찰 또는 군의 직에 있는 공무원이 법령에 의한 선거에 관하여 선거인, 입후보자 또는 입후보자되려는 자에게 협박을 가하거나 기타 방법으로 선거의 자유를 방해한 때에는 10년 이하의 징역과 5년 이상의 자격정지에 처한다.

[❸ ▸ ×] 경찰서 방범과장이 부하직원으로부터 음반·비디오물 및 게임물에 관한 법률 위반 혐의로 오락실을 단속하여 증거물로 오락기의 변조 기판을 압수하여 사무실에 보관중임을 보고받아 알고 있었음에도 그 직무상의 의무에 따라 위 압수물을 수사계에 인계하고 검찰에 송치하여 범죄 혐의의 입증에 사용하도록 하는 등의 적절한 조치를 취하지 않고, 오히려 부하직원에게 위와 같이 압수한 변조 기판을 돌려주라고 지시하여 오락실 업주에게 이를 돌려준 경우, 작위범인 증거인멸죄만이 성립하고 부작위범인 직무유기(거부)죄는 따로 성립하지 아니한다(대판 2006.10.19. 2005도3909[전합]).
[❹ ▸ ○] 대판 2015.10.29. 2015도12838

답 ❸

뇌물죄 일반에 관한 다음 설명 중 가장 옳지 않은 것은?　　　19 법원9급

① 뇌물죄에서 말하는 직무에는 공무원이 법령상 관장하는 직무 그 자체뿐만 아니라 직무와 밀접한 관계가 있는 행위 또는 관례상이나 사실상 관여하는 직무행위도 포함되나, 과거에 담당하였던 직무는 현재 그 직무관련성이 인정되지 않으므로 이에 포함되지 않는다.

② 뇌물죄는 직무집행의 공정과 이에 대한 사회의 신뢰에 기하여 직무행위의 불가매수성을 그 직접적 보호법익으로 하고 있으므로 뇌물성은 의무위반행위의 유무와 청탁의 유무 및 금품 수수시기와 직무집행행위의 전후를 가리지 아니한다.

③ 뇌물죄에서 뇌물의 내용인 이익이라 함은 금전, 물품 기타의 재산적 이익뿐만 아니라 사람의 수요 욕망을 충족시키기에 족한 일체의 유형, 무형의 이익을 포함한다고 해석되고, 투기적 사업에 참여할 기회를 얻는 것도 이에 해당한다.

④ 甲이 뇌물 수수의 의사로 1,000만원을 지급받아 그중 300만원을 함께 일하는 다른 공무원 乙에게 교부한 경우에도 1,000만원 전액에 대하여 뇌물수수죄가 성립한다.

정선 핵심	① 과거에 담당하였던 직무 → 직무에 포함 ② 뇌물성 인정 → 의무위반행위의 유무와 청탁의 유무 및 금품 수수시기와 직무집행행위의 전후 불문 ③ 뇌물의 내용인 이익 → 투기적 사업에 참여할 기회를 얻는 것 포함 ④ 1,000만원을 받아 300만원을 다른 공무원에게 교부한 경우 → 전액에 대한 뇌물수수죄 ○

**정선
해설**

[❶ ▸ ×]　뇌물죄에서 말하는 '직무'에는 법령에 정하여진 직무뿐만 아니라 그와 관련 있는 직무, 과거에 담당하였거나 장래에 담당할 직무 외에 사무분장에 따라 현실적으로 담당하지 않는 직무라도 법령상 일반적인 직무권한에 속하는 직무 등 공무원이 그 직위에 따라 공무로 담당할 일체의 직무를 포함한다(대판 2003.6.13. 2003도1060).

[❷ ▸ ○]　대판 2013.11.28. 2013도9003

[❸ ▸ ○]　대판 2002.5.10. 2000도2251

[❹ ▸ ○]　판례의 취지를 고려하면, 공무원 甲이 받은 금품 중 300만원을 함께 일하는 다른 공무원 乙에게 교부한 경우, 이는 1,000만원을 지급받아 소비하는 방법에 지나지 아니하므로 공무원 甲에게 1,000만원 전액에 대하여 뇌물수수죄가 성립한다.

> 공무원의 직무에 속한 사항의 알선에 관하여 금품을 받은 자가 그 금품 중의 일부를 다른 알선행위자에게 청탁의 명목으로 교부하였다 하더라도 당초 금품을 받을 당시 그와 같이 사용하기로 예정되어 있어서 그 받은 취지에 따라 그와 같이 사용한 것이 아니라, 범인의 독자적인 판단에 따라 경비로 사용한 것이라면 이는 범인이 받은 금품을 소비하는 방법의 하나에 지나지 아니하므로, 그 가액 역시 범인으로부터 추징하지 않으면 안된다(대판 1999.6.25. 99도1900).

　답 ❶

030

뇌물의 죄에 대한 설명 중 가장 적절하지 않은 것은?(다툼이 있는 경우 판례에 의함)

18 경찰채용

① 뇌물죄에서 뇌물의 내용인 이익이다 힘은 금진, 물품 기디의 재신적 이익뿐인 이니니 시람비 수요·욕망을 충족시키기에 족한 일체의 유형·무형의 이익을 포함하며, 제공된 것이 성적 욕구의 충족이라고 하여 달리 볼 것이 아니다.

② 구 해양수산부 해운정책과 소속 공무원인 피고인이 甲해운회사의 대표이사 등에게서 중국의 선박운항허가 담당부서가 관장하는 중국 국적선사의 선박에 대한 운항허가를 받을 수 있도록 노력해 달라는 부탁을 받고 돈을 받은 경우, 뇌물수수죄가 성립한다.

③ 음주운전을 적발하여 단속에 관련된 제반 서류를 작성한 후 운전면허 취소업무를 담당하는 직원에게 이를 인계하는 업무를 담당하는 경찰관이 피단속자로부터 운전면허가 취소되지 않도록 하여 달라는 청탁을 받고 금원을 교부받은 경우, 뇌물수수죄가 성립한다.

④ 임용될 당시 공무원법상 임용결격자에 해당하여 임용행위는 무효였지만 그 후 공무원으로 계속 근무하면서 직무에 관하여 뇌물을 수수한 경우, 수뢰죄가 성립한다.

정선 핵심

① 뇌물죄에서의 이익 → 성적 욕구의 충족 포함
② 해운정책과 공무원이 중국 국적선사의 선박에 대한 운항허가를 얻도록 부탁을 받고 돈을 수수한 경우 → 뇌물수수죄 ×
③ 음주운전 단속경찰관이 운전면허가 취소되지 않도록 청탁을 받고 금원을 교부받은 경우 → 뇌물수수죄 ○
④ 임용결격자가 직무에 관하여 뇌물을 수수한 경우 → 뇌물수수죄 ○

정선 해설

[❶ ▸ ○] 대판 2014.1.29. 2013도13937
[❷ ▸ ×] 해운정책과의 업무는 대한민국 국적선사의 선박에 관한 것일 뿐 외국 국적선사의 선박에 대한 행정처분에 관한 것은 포함되어 있지 않고, 또한 외국 국적선사의 선박에 대한 구체적인 행정처분은 해운정책과 소속 공무원에게 이를 좌우할 수 있는 어떠한 영향력이 있다고 할 수도 없어 해운정책과 소속 공무원의 직무와 밀접한 관계에 있는 행위라거나 또는 그가 관여하는 행위에 해당한다고 볼 수 없어 뇌물수수죄는 성립하지 아니한다(대판 2011.5.26. 2009도2453).

> [1] 구 해양수산부 소속 공무원인 피고인이 甲 해운회사의 대표이사 등에게서 중국의 선박운항허가 담당부서가 관장하는 중국 국적선사의 선박에 대한 운항허가를 받을 수 있도록 노력해 달라는 부탁을 받고 돈을 받은 사안에서, 직무관련성이 없어 뇌물수수죄가 성립하지 않는다고 본 원심판단을 수긍한 사례
> [2] 구 해양수산부 소속 공무원인 피고인이 甲 해운회사의 전·현직 대표이사에게서 직무관련성이 없는 '중국 교통부로부터 선박운항허가를 받을 수 있도록 해달라는 명목'과 직무관련성이 있는 '甲 회사의 업무편의를 도모하여 달라는 명목'으로 돈을 교부받은 사안에서, 명확한 근거없이 비율적 방법으로 직무관련성이 있는 업무와 대가관계에 있는 수뢰액을 추산하여 추징한 원심판결에 법리오해 및 심리미진의 위법이 있다고 한 사례(대판 2011.5.26. 2009도2453).

[❸ ▸ ○] 음주운전을 적발하여 단속에 관련된 제반 서류를 작성한 후 운전면허 취소업무를 담당하는 직원에게 이를 인계하는 업무를 담당하는 경찰관이 피단속자로부터 운전면허가 취소되지 않도록 하여 달라는 청탁을 받고 금원을 교부받은 경우, 뇌물수수죄가 성립한다(대판 1999.11.9. 99도2530).
[❹ ▸ ○] 대판 2014.3.27. 2013도11357

답 ❷

뇌물죄에 대한 다음 설명 중 옳지 않은 것은 모두 몇 개인가?(다툼이 있는 경우 판례에 의함)

19 경찰간부

ㄱ. 뇌물죄에서 뇌물의 내용인 이익이라 함은 금전, 물품 기타의 재산적 이익뿐만 아니라 사람의 수요·욕망을 충족시키기에 족한 일체의 유형·무형의 이익을 포함하지만, 제공된 것이 성적 욕구의 충족은 포함되지 않는다고 보아야 한다.

ㄴ. 뇌물죄에서 직무란 공무원이 그 지위에 수반하여 공무로서 처리하는 일체의 직무를 말하며, 과거에 담당하였거나 또는 장래 담당할 직무 및 사무분장에 따라 현실적으로 담당하지 않는 직무라고 하더라도 법령상 일반적인 직무권한에 속하는 직무 등 공무원이 그 지위에 따라 공무로 담당할 일체의 직무를 말하므로, 뇌물의 수수 등을 할 당시 이미 공무원의 지위를 떠난 경우라도 형법 제129조 제1항의 수뢰죄로 처벌할 수 있다.

ㄷ. 형법 제133조 제2항의 제3자 증뢰물전달죄는 제3자가 증뢰자로부터 교부받은 금품을 수뢰할 사람에게 전달하였는지 여부에 관계없이 제3자가 그 사정을 알면서 금품을 교부받음으로써 성립하고, 나아가 제3자가 그 교부받은 금품을 수뢰할 사람에게 전달하면 증뢰물전달죄와 별도로 뇌물공여죄가 성립한다.

ㄹ. 공무원이 그 직무에 관하여 금전을 무이자로 차용하여 금융이익 상당의 뇌물을 수수한 경우에 공소시효는 차용금변제기로부터 기산한다.

① 1개   ② 2개
③ 3개   ④ 4개

정선 핵심

ㄱ. 뇌물죄에서의 이익 → 성적 욕구의 충족 포함

ㄴ. 뇌물을 수수할 때 공무원의 지위를 떠난 경우 → 요건에 해당할 경우 사후수뢰죄 ○

ㄷ. 제3자가 교부받은 금품을 수뢰할 사람에게 전달한 경우 → 증뢰물전달죄 외에 뇌물공여죄 ×

ㄹ. 금전을 무이자로 차용하여 금융이익 상당의 뇌물을 수수한 경우 → 공소시효는 차용한 때부터 기산

정선 해설

[ㄱ ▸ ×] 뇌물죄에서 뇌물의 내용인 이익이라 함은 금전, 물품 기타의 재산적 이익뿐만 아니라 사람의 수요·욕망을 충족시키기에 족한 일체의 유형·무형의 이익을 포함하며, 제공된 것이 성적 욕구의 충족이라고 하여 달리 볼 것이 아니다(대판 2014.1.29. 2013도13937).

[ㄴ ▸ ×] 형법은 공무원이었던 자가 재직 중에 청탁을 받고 직무상 부정한 행위를 한 후 뇌물을 수수, 요구 또는 약속을 한 때에는 제131조 제3항에서 사후수뢰죄로 처벌하도록 규정하고 있으므로, 뇌물의 수수 등을 할 당시 이미 공무원의 지위를 떠난 경우에는 제129조 제1항의 수뢰죄로는 처벌할 수 없고 사후수뢰죄의 요건에 해당할 경우에 한하여 그 죄로 처벌할 수 있을 뿐이다(대판 2013.11.28. 2013도10011).

[1] 뇌물죄에서 '직무'의 의미 및 공무원이었던 자가 재직 중에 청탁을 받고 직무상 부정한 행위를 한 후 뇌물의 수수 등을 할 당시 이미 공무원의 지위를 떠난 경우, 형법 제129조 제1항의 수뢰죄로 처벌할 수 없다고 한 사례

[2] 공무원이 구 건설기술관리법 제5조 제1항에 따른 '지방건설기술심의위원회' 위원으로서 직무를 처리하는 경우, 그 직무가 그 공무원이 취급하는 원래의 직무 범위에 속하지 않더라도 지방건설기술심의위원회 위원의 직무와 관련하여 부당한 금품을 수수한 때에는 뇌물죄가 성립한다고 한 사례

[3] 공무원이 고유의 직무와 관련이 없는 일에 관하여 별도의 위촉절차 등을 거쳐 다른 직무를 수행하고 위촉 종료 이후에 종전에 위촉받아 수행한 직무에 관하여 금품을 수수한 경우, 일반 수뢰죄로 처벌할 수 없다고 한 사례(대판 2013.11.28. 2013도10011).

[ㄷ ▸ ×]　형법 제133조 제2항은 증뢰자가 뇌물에 제공할 목적으로 금품을 제3자에게 교부하거나 또는 그 사정을 알면서 교부받는 증뢰물전달행위를 독립한 구성요건으로 하여 이를 같은 조 제1항의 뇌물공여죄와 같은 형으로 처벌하는 규정으로서, 제3자의 증뢰물전달죄는 제3자가 증뢰자로부터 교부받은 금품을 수뢰할 사람에게 전달하였는지 여부에 관계 없이 제3자가 그 사정을 알면서 금품을 교부받음으로써 성립하는 것이며, 나아가 제3자가 그 교부받은 금품을 수뢰할 사람에게 선달하였다고 하여 증뢰물선달죄 외에 별노로 뇌물공어죄가 성립하는 것은 아니다(대판 1997.9.5. 97도1572).

[ㄹ ▸ ×]　공소시효는 범죄행위를 종료한 때로부터 진행하는데(형사소송법 제252조 제1항), 공무원이 직무에 관하여 금전을 무이자로 차용한 경우에는 차용 당시에 금융이익 상당의 뇌물을 수수한 것으로 보아야 하므로, 공소시효는 금전을 무이자로 차용한 때로부터 기산한다(대판 2012.2.23. 2011도7282).

답 ❹

032
□□□

뇌물죄에 관한 설명 중 옳은 것(○)과 옳지 않은 것(×)을 올바르게 조합한 것은?(다툼이 있는 경우 판례에 의함)　🄱🄱 변시

ㄱ. 수수된 금품의 뇌물성을 인정하기 위하여는 그 금품이 개개의 직무행위와 대가적 관계에 있음이 증명되어야 한다.

ㄴ. 임용될 당시 지방공무원법상 임용결격자임에도 공무원으로 임용되어 계속 근무하던 중 직무에 관하여 뇌물을 수수한 경우, 임용행위의 무효에도 불구하고 뇌물수수죄의 성립을 인정할 수 있다.

ㄷ. 뇌물공여죄가 성립하기 위하여는 반드시 상대방 측에서 뇌물수수죄가 성립하여야 하는 것은 아니다.

ㄹ. 뇌물을 수수한 자가 공동수수자가 아닌 교사범 또는 종범에게 뇌물 중 일부를 사례금 등의 명목으로 교부한 경우, 실제 수익은 뇌물에서 사례금을 공제한 금액이므로, 전체 뇌물 액수에서 사례금 상당액을 공제한 금액을 뇌물수수자에게서 몰수·추징하여야 한다.

ㅁ. 공무원이 직접 뇌물을 받지 않고 증뢰자로 하여금 자신이 채무를 부담하고 있었던 제3자에게 뇌물을 공여하게 함으로써 자신의 지출을 면하였다면 형법 제130조의 제3자뇌물제공죄가 성립한다.

---

① ㄱ(○)　ㄴ(×)　ㄷ(×)　ㄹ(×)　ㅁ(○)
② ㄱ(○)　ㄴ(×)　ㄷ(×)　ㄹ(○)　ㅁ(○)
③ ㄱ(×)　ㄴ(×)　ㄷ(○)　ㄹ(○)　ㅁ(×)
④ ㄱ(×)　ㄴ(○)　ㄷ(○)　ㄹ(×)　ㅁ(○)
⑤ ㄱ(×)　ㄴ(○)　ㄷ(○)　ㄹ(×)　ㅁ(×)

정선
핵심

ㄱ. 수수된 금품의 뇌물성 → 개개의 직무행위와 대가적 관계 불요
ㄴ. 임용결격자가 직무에 관하여 뇌물을 수수한 경우 → 뇌물수수죄 ○
ㄷ. 뇌물공여죄의 성립 → 상대방의 뇌물수수죄 성립불요
ㄹ. 뇌물을 수수한 자가 교사범 또는 종범에게 사례금의 명목으로 교부한 경우 → 뇌물수수자에게 수뢰액 전부 추징 ○
ㅁ. 채무를 부담하고 있던 제3자에게 공여하게 하여 지출을 면한 경우 → 뇌물수수죄 ○

[ㄱ ▸ ×] 뇌물죄는 공무원의 직무집행의 공정과 이에 대한 사회의 신뢰 및 직무행위의 불가매수성을 그 보호법익으로 하고 있고 직무에 관한 청탁이나 부정한 행위를 필요로 하는 것은 아니기 때문에 수수된 금품의 뇌물성을 인정하는 데 특별한 청탁이 있어야만 하는 것은 아니며, 또한 금품이 직무에 관하여 수수된 것으로 족하고 개개의 직무행위와 대가적 관계가 있을 필요는 없다(대판 2014.10.15. 2014도8113).

甲 생명보험 주식회사의 보험설계사이자 도시 및 주거환경정비법상 재건축정비사업조합의 조합장인 피고인이, 乙에게서 시공사 선정 등에 도움을 달라는 청탁을 받고 乙로 하여금 甲 회사 보험상품에 대한 보험계약을 체결하게 한 후 그에 대한 보험계약 모집수수료를 교부받음으로써 직무에 관하여 뇌물을 수수하였다는 내용으로 기소된 사안에서, 피고인이 乙에게서 제공받은 뇌물은 '보험계약 체결에 따라 모집수수료 등을 지급받을 수 있는 지위 또는 기회'이고, 재산적 가치는 적어도 보험계약 모집수수료 상당은 된다고 한 사례(대판 2014.10.15. 2014도8113).

[ㄴ ▸ ○] 대판 2014.3.27. 2013도11357

[ㄷ ▸ ○] 대판 2006.2.24. 2005도4737

[ㄹ ▸ ×] 뇌물을 수수한 자가 공동수수자가 아닌 교사범 또는 종범에게 뇌물 중 일부를 사례금 등의 명목으로 교부하였다면 이는 뇌물을 수수하는 데 따르는 부수적 비용의 지출 또는 뇌물의 소비행위에 지나지 아니하므로, 뇌물수수자에게서 수뢰액 전부를 추징하여야 한다(대판 2011.11.24. 2011도9585).

[ㅁ ▸ ×] 공무원이 직접 뇌물을 받지 아니하고 증뢰자로 하여금 다른 사람에게 뇌물을 공여하도록 한 경우, 그 다른 사람이 공무원의 사자 또는 대리인으로서 뇌물을 받은 경우나, 그 다른 사람이 뇌물을 받음으로써 공무원은 그만큼 지출을 면하게 되는 경우 등 사회통념상 그 다른 사람이 뇌물을 받은 것을 공무원이 직접 받은 것과 같이 평가할 수 있는 관계가 있는 경우에는 형법 제129조 제1항의 뇌물수수죄가 성립한다(대판 2009.10.15. 2009도6422).

정답 ⑤

033 □□□ 다음 설명 중 가장 틀린 것은?(다툼이 있는 경우 판례에 의함)   11 법원행시

① 뇌물수수죄는 직무집행의 공정과 이에 대한 사회의 신뢰 및 직무행위의 불가매수성을 그 보호법익으로 하고 있고, 직무에 관한 청탁이나 부정한 행위를 필요로 하는 것은 아니다.

② 뇌물수수죄에 있어 수수된 금품의 뇌물성을 인정하는 데 특별한 청탁이 있어야만 하는 것은 아니고, 또한 금품이 직무에 관하여 수수된 것으로 족하고 개개의 직무행위와 대가적 관계에 있을 필요는 없으며, 그 직무행위가 특정된 것일 필요도 없다.

③ 공무원으로 의제되는 정비사업전문관리업자의 임·직원이 직무에 관하여 자신이 아닌 법인인 정비사업전문관리업자에 뇌물을 공여하게 하는 경우, 위 임·직원이 법인인 정비사업전문관리업자를 사실상 1인 회사로서 개인기업과 같이 운영한다면 형법 제130조의 제3자 뇌물제공죄가 아니라 형법 제129조 제1항의 뇌물수수죄가 성립한다.

④ 수의계약을 체결하는 공무원이 해당 공사업자와 적정한 금액 이상으로 계약금액을 부풀려서 계약하고 부풀린 금액을 자신이 되돌려 받기로 사전에 약정한 다음 그에 따라 수수한 돈은 성격상 뇌물이 아니고 횡령금에 해당한다.

⑤ 오로지 공무원을 함정에 빠뜨릴 의사로 직무와 관련되었다는 형식을 빌려 그 공무원에게 금품을 공여한 경우에는 공무원이 그 금품을 직무와 관련하여 수수한다는 의사를 가지고 받아들이더라도 뇌물수수죄가 성립하지 않는다.

① 뇌물수수죄의 성립 → 직무에 관한 청탁이나 부정한 행위 불요
② 수수된 금품의 뇌물성
  → 특별한 청탁이 있어야 하는 것은 아니나, 금품이 직무에 관하여 수수된 것으로 충분
  → 개개의 직무행위와 대가적 관계에 있을 필요는 없으며, 직무행위가 특정될 것 불요
③ 공무원으로 의제되는 정비사업전문관리업자의 임·직원이 사실상 1인 회사로 운영되는 법인인 성비사업선분관
  리업자에 뇌물을 공여하게 하는 경우 → 뇌물수수죄 ○
④ 수의계약을 체결한 공무원이 부풀려 수수한 계약금 → 횡령금 ○
⑤ 함정에 빠뜨릴 의사로 금품을 공여하여 공무원이 수수한 경우 → 뇌물수수죄 ○

[❶ ▸ ○] [❷ ▸ ○] 뇌물죄는 직무집행의 공정과 이에 대한 사회의 신뢰에 기하여 직무행위의 불가매수성을
그 직접의 보호법익으로 하고 있고, 직무에 관한 청탁이나 부정한 행위를 필요로 하지 아니하여❶ 수수된 금품의
뇌물성을 인정하는 데 특별히 의무위반행위나 청탁의 유무 등을 고려할 필요가 없으므로, 뇌물은 직무에 관하여
수수된 것으로 족하고 개개의 직무행위와 대가 관계에 있을 필요는 없으며, 그 직무행위가 특정된 것일 필요도
없다❷(대판 1997.4.17. 96도3378).
[❸ ▸ ○] 공무원으로 의제되는 정비사업전문관리업자의 임·직원이 직무에 관하여 자신이 아닌 정비사업전문
관리업자에 뇌물을 공여하게 하는 경우, 위 임·직원이 법인인 정비사업전문관리업자를 사실상 1인 회사로서 개인기
업과 같이 운영하거나, 사회통념상 정비사업전문관리업자에 뇌물을 공여한 것이 곧 그 임·직원에게 공여한 것과
같다고 볼 수 있을 정도로 경제적·실질적 이해관계를 같이하는 것으로 평가되는 경우에 한하여 형법 제129조
제1항의 뇌물수수죄가 성립한다(대판 2008.9.25. 2008도2590).
[❹ ▸ ○] 대판 2007.10.12. 2005도7112
[❺ ▸ ×] 공무원을 함정에 빠뜨릴 의사로 직무와 관련되었다는 형식을 빌려 그 공무원에게 금품을 공여한 경우에
도 공무원이 그 금품을 직무와 관련하여 수수한다는 의사를 가지고 받아들이면 뇌물수수죄가 성립한다(대판
2008.3.13. 2007도10804).

답 ❺

034

**뇌물죄에 관련된 몰수 및 추징에 관한 사례 설명 중 옳은 내용을 모두 고른 것은?(다툼이
있는 경우에는 판례에 의함)** `09` 사시

> ㄱ. 공무원인 甲이 乙로부터 1,000만원을 뇌물로 받아 그중 500만원을 술을 마시느라 소비하고
>   나머지 500만원을 은행에 예금해 두었다가 이를 인출하여 乙에게 반환한 경우 甲으로부터
>   500만원을 추징하고 乙로부터 500만원을 몰수 또는 추징한다.
> ㄴ. 공무원인 甲이 乙로부터 1,000만원을 뇌물로 받은 후 뇌물액수가 과다하다고 판단하여 그중
>   500만원을 그대로 乙에게 돌려준 경우 甲과 乙로부터 각각 500만원을 몰수 또는 추징한다.
> ㄷ. 공무원인 甲이 乙로부터 같은 관공서에 근무하는 丙의 직무에 관한 사항의 알선에 관하여
>   1,000만원을 받고 그 취지에 따라 그중 300만원을 丙에게 乙의 청탁과 관련하여 다시 뇌물로
>   공여한 경우, 甲으로부터 700만원을, 丙으로부터 300만원을 각각 몰수 또는 추징한다.
> ㄹ. 공무원인 甲이 乙로부터 뇌물로 1,000만원을 받고 甲의 고등학교 동창생 A, B를 불러 4명이
>   함께 골프를 치고 술을 마심으로써 乙로 하여금 400만원을 추가로 지출하게 하였을 경우 甲으
>   로부터 합계 1,100만원{1,000만원 +100만원(400만원×1/4)}을 몰수 또는 추징한다.

① ㄱ ② ㄴ
③ ㄱ, ㄹ ④ ㄴ, ㄷ
⑤ ㄴ, ㄹ

ㄱ. 乙로부터 1,000만원을 뇌물로 받아 일부는 소비하고 일부는 인출하여 증뢰자에게 반환한 경우 → 甲으로부터 1,000만원 전액 추징 ○

ㄴ. 乙로부터 1,000만원을 뇌물로 받은 후 과다하다고 판단하여 500만원을 그대로 돌려준 경우 → 甲과 乙로부터 각각 500만원을 몰수·추징 ○

ㄷ. 1,000만원 중 300만원을 그 취지에 따라 丙에게 다시 뇌물로 공여한 경우 → 甲으로부터 700만원, 丙으로부터 300만원을 각각 몰수·추징 ○

ㄹ. 뇌물로 1,000만원을 받고 甲의 동창생들을 불러 400만원을 추가로 지출하게 한 경우 → 1,300만원을 甲으로부터 몰수·추징 ○

[ㄱ ▸ ×] 판례의 취지를 고려하면, 공무원 甲이 1,000만원 중 500만원을 소비하여 몰수하기 불능하더라도 甲으로부터 추징하여야 하고, 나머지 500만원을 인출하여 乙에게 반환한 경우 뇌물 자체의 반환이라고 할 수 없으므로 결국 甲으로부터 1,000만원 전액을 추징하여야 한다.

수뢰죄에 있어서 수뢰자가 일단 수수한 뇌물을 소비하여 몰수하기 불능하게 되었을 때에는 그후에 동액의 금원을 증뢰자에게 반환하였다 하여도 수뢰자로부터 그 가액을 추징하여야 한다(대판 1986.10.14. 86도1189). 뇌물로 받은 돈을 은행에 예금한 경우 그 예금행위는 뇌물의 처분행위에 해당하므로 그 후 수뢰자가 같은 액수의 돈을 증뢰자에게 반환하였다 하더라도 이를 뇌물 그 자체의 반환으로 볼 수 없으니 이러한 경우에는 수뢰자로부터 그 가액을 추징하여야 한다(대판 1996.10.25. 96도2022).

[ㄴ ▸ ○] 공무원 甲이 乙로부터 1,000만원 중 500만원을 그대로 乙에게 돌려준 경우, 이 500만원 부분은 乙로부터 추징하는 것이 타당하므로 각각 甲에게 500만원, 乙에게 500만원을 몰수 또는 추징한다.

수뢰자가 뇌물을 그대로 보관하였다가 증뢰자에게 반환한 때에는 증뢰자로 부터 몰수·추징할 것이므로 수뢰자로 부터 추징함은 위법하다(대판 1984.2.28. 83도2783).

[ㄷ ▸ ○] 공무원 甲이 乙로부터 금품을 받은 취지에 따라 다시 300만원을 丙에게 뇌물로 공여하였다면 이 부분은 甲에게 귀속된 것이 아니므로 甲으로부터 700만원, 丙으로부터 300만원을 각각 몰수 또는 추징한다.

공무원의 직무에 속한 사항의 알선에 관하여 금품을 받고 그 금품 중의 일부를 받은 취지에 따라 청탁과 관련하여 관계 공무원에게 뇌물로 공여하거나 다른 알선행위자에게 청탁의 명목으로 교부한 경우에는 그 부분의 이익은 실질적으로 범인에게 귀속된 것이 아니어서 이를 제외한 나머지 금품만을 몰수하거나 그 가액을 추징하여야 한다(대판 2002.6.14. 2002도1283).

[ㄹ ▸ ×] 공무원 甲이 받은 1,000만원 및 공무원 甲의 접대에 소요된 비용 100만원과 甲의 고등학교 동창생인 A, B에게 소요된 비용 200만원을 합하여 1,300만원을 甲으로부터 몰수 또는 추징한다.

피고인이 증뢰자와 함께 향응을 하고 증뢰자가 이에 소요되는 금원을 지출한 경우 이에 관한 피고인의 수뢰액을 인정함에 있어서는 먼저 피고인의 접대에 요한 비용과 증뢰자가 소비한 비용을 가려내어 전자의 수액을 가지고 피고인의 수뢰액으로 하여야 하고 만일 각자에 요한 비용액이 불명일 때에는 이를 평등하게 분할한 액을 가지고 피고인의 수뢰액으로 인정하여야 할 것이고, 피고인이 향응을 제공받는 자리에 피고인 스스로 제3자를 초대하여 함께 접대를 받은 경우에는, 그 제3자가 피고인과는 별도의 지위에서 접대를 받는 공무원이라는 등의 특별한 사정이 없는 한 그 제3자의 접대에 요한 비용도 피고인의 접대에 요한 비용에 포함시켜 피고인의 수뢰액으로 보아야 한다(대판 2001.10.12. 99도5294).

답 ❹

뇌물죄에 대한 설명으로 옳지 않은 것은?(다툼이 있는 경우 판례에 의함) 21 경찰간부

① 뇌물공여죄가 성립하기 위하여는 뇌물을 공여하는 행위와 상대방 측에서 이를 받아들이는 행위가 필요할 뿐 반드시 상대방 측에서 뇌물수수죄가 성립하여야 하는 것은 아니다.

② 수의계약을 체결하는 공무원이 해당 공사업자와 계약금액을 부풀려서 계약하고 부풀린 금액을 자신이 되돌려 받기로 사전에 약정한 다음 그에 따라 수수한 돈은 뇌물에 해당한다.

③ 법령에 기한 임명권자에 의하여 임용되어 공무에 종사하여 온 사람이 나중에 그가 임용결격자였음이 밝혀져 당초의 임용행위가 무효라고 하더라도, 그가 재직 중 그 직무에 관하여 뇌물을 수수한 때에는 수뢰죄로 처벌할 수 있다.

④ 공무원이 직무와 관련하여 뇌물수수를 약속하고 퇴직 후 이를 수수하는 경우, 뇌물약속과 뇌물수수가 시간적으로 근접하여 연속되어 있다 하더라도 뇌물약속죄 및 사후수뢰죄가 성립할 수 있음은 별론으로 하고, 뇌물수수죄는 성립하지 않는다.

정선 핵심

① 뇌물공여죄의 성립 → 상대방의 뇌물수수죄 성립불요
② 수의계약을 체결한 공무원이 부풀려 수수한 계약금 → 횡령금 ○
③ 임용결격자가 직무에 관하여 뇌물을 수수한 경우 → 뇌물수수죄 ○
④ 뇌물수수를 약속하고 퇴직 후 수수하였으나 뇌물약속과 뇌물수수가 시간적으로 근접하고 연속되어 있는 경우 → 뇌물약속죄 및 사후수뢰죄 ○

정선 해설

[❶ ▸ ○] 대판 2006.2.24. 2005도4737
[❷ ▸ ×] 수의계약을 체결하는 공무원이 해당 공사업자와 적정한 금액 이상으로 계약금액을 부풀려서 계약하고 부풀린 금액을 자신이 되돌려 받기로 사전에 약정한 다음 그에 따라 수수한 돈은 성격상 뇌물이 아니고 횡령금에 해당한다(대판 2007.10.12. 2005도7112).
[❸ ▸ ○] 법령에 기한 임명권자에 의하여 임용되어 공무에 종사하여 온 사람이 나중에 그가 임용결격자이었음이 밝혀져 당초의 임용행위가 무효라고 하더라도, 그가 임용행위라는 외관을 갖추어 실제로 공무를 수행한 이상 공무 수행의 공정과 그에 대한 사회의 신뢰 및 직무행위의 불가매수성은 여전히 보호되어야 한다. 따라서 이러한 사람은 형법 제129조에서 규정한 공무원으로 봄이 타당하고, 그가 그 직무에 관하여 뇌물을 수수한 때에는 수뢰죄로 처벌할 수 있다(대판 2014.3.27. 2013도11357).
[❹ ▸ ○] 대판 2008.2.1. 2007도5190

답 ❷

뇌물수수죄에 대한 설명으로 가장 적절하지 않은 것은?(다툼이 있는 경우 판례에 의함)
18 경찰채용

① 형사피고사건의 공판참여주사는 공판에 참여하여 양형에 관한 사항의 심리내용을 공판조서에 기재하므로 형사사건의 양형은 참여주사의 직무와 밀접한 관계가 있는 사무이며, 따라서 참여주사가 형량을 감경케 하여 달라는 청탁과 함께 금품을 수수하였다면 뇌물수수죄의 주체가 된다.

② 공무원이 직접 뇌물을 받지 않고 증뢰자로 하여금 다른 사람에게 뇌물을 공여하도록 한 경우에는 사회통념상 다른 사람이 뇌물을 받은 것을 공무원이 직접 받은 것과 같이 평가할 수 있는 경우에 한하여 뇌물수수죄가 성립한다.

③ 뇌물을 수수한 자가 공동수수자가 아닌 교사범에게 뇌물 중 일부를 사례금으로 교부하였다면, 이는 부수적 비용의 지출 또는 뇌물의 소비행위에 지나지 않으므로 뇌물수수자에게서 수뢰액 전부를 추징하여야 한다.

④ 공무원이 직무집행의 의사 없이 타인을 공갈하여 재물을 교부하게 한 경우에는 공갈죄만이 성립하고 뇌물수수죄는 성립하지 않는다.

정선 핵심

① 공판참여주사가 형량을 감경케 하여 달라는 청탁과 함께 금품을 수수한 경우 → 뇌물수수죄의 주체 ×
② 다른 사람이 뇌물을 받은 것을 직접 받은 것과 같이 평가할 수 있는 경우 → 뇌물수수죄 ○
③ 뇌물을 수수한 자가 교사범에게 사례금의 명목으로 교부한 경우 → 뇌물수수자에게 수뢰액 전부 추징 ○
④ 공무원이 직무집행의 의사 없이 타인을 공갈하여 재물을 교부하게 한 경우
   → 공무원 : 공갈죄 ○

정선 해설

[❶ ▸ ×] 법원의 참여주사가 공판에 참여하여 양형에 관한 사항의 심리내용을 공판조서에 기재한다고 하더라도 이를 가지고 형사사건의 양형이 참여주사의 직무와 밀접한 관계가 있는 사무라고는 할 수 없으므로 참여주사가 형량을 감경케 하여 달라는 청탁과 함께 금품을 수수하였다고 하더라도 뇌물수수죄의 주체가 될 수 없다(대판 1980.10.14. 80도1373).

[❷ ▸ ○] 공무원이 직접 뇌물을 받지 아니하고 증뢰자로 하여금 다른 사람에게 뇌물을 공여하도록 한 경우, 그 다른 사람이 공무원의 사자 또는 대리인으로서 뇌물을 받은 경우나 그 밖에 사회통념상 그 다른 사람이 뇌물을 받은 것을 공무원이 직접 받은 것과 같이 평가할 수 있는 관계가 있는 경우에는 형법 제130조의 제3자 뇌물제공죄가 아니라, 형법 제129조 제1항의 뇌물수수죄가 성립한다(대판 2004.3.26. 2003도8077).

공무원이 실질적인 경영자로 있는 회사가 청탁 명목의 금원을 회사 명의의 예금계좌로 송금받은 경우에 뇌물수수죄가 성립한다고 한 사례(대판 2004.3.26. 2003도8077).

[❸ ▸ ○] 대판 2011.11.24. 2011도9585

[❹ ▸ ○] 공무원이 직무집행의 의사 없이 또는 직무처리와 대가적 관계없이 타인을 공갈하여 재물을 교부하게 한 경우에는 공갈죄만이 성립하고, 이러한 경우 재물의 교부자가 공무원의 해악의 고지로 인하여 외포의 결과 금품을 제공한 것이라면 그는 공갈죄의 피해자가 될 것이고 뇌물공여죄는 성립될 수 없다고 하여야 할 것이다(대판 1994.12.22. 94도2528).

세무공무원에게 회사에 대한 세무조사라는 직무집행의 의사가 있었고, 과다계상된 손금항목에 대한 조사를 하지 않고 이를 묵인하는 조건으로, 다시 말하면 그 직무처리에 대한 대가관계로서 금품을 제공받았으며, 회사의 대표이사는 공무원의 직무행위를 매수하려는 의사에서 금품을 제공하였고, 그 세무공무원은 세무조사 당시 타회사 명의의 세금계산서가 위장거래에 의하여 계상된 허위의 계산서라고 판단하고 이를 바로잡아 탈루된 세금을 추징할 경우 추징할 세금이 모두 50억 원에 이를 것이라고 알려 주었음이 명백하다면, 문제된 세금계산서가 진정한 거래에 기하여 제출된 것인지, 세무공무원의 묵인행위로 인하여 회사에게 추징된 세금액수가 실제적으로 줄어든 것이 있는지 여부에 관계없이 그 세무공무원 및 대표이사의 행위가 뇌물죄를 구성한다고 한 사례(대판 1994.12.22. 94도2528).

 답 ❶

뇌물죄에 대한 다음 설명 중 가장 적절하지 않은 것은?(다툼이 있으면 판례에 의함)

16 경찰채용

① 수의계약을 체결하는 공무원이 해당 공사업자와 적정한 금액 이상으로 계약금액을 부풀려서 계약하고 부풀린 금액을 자신이 되돌려 받기로 사전에 약정한 다음 그에 따라 돈을 수수한 경우 뇌물수수죄가 성립한다.

② 뇌물죄에서 뇌물의 내용인 이익이라 함은 금전, 물품 기타의 재산적 이익뿐만 아니라 사람의 수요·욕망을 충족시키기에 족한 일체의 유형·무형의 이익을 포함하며, 제공된 것이 성적 욕구의 충족이라고 하여 달리 볼 것이 아니다.

③ 도시 및 주거환경정비법상 정비사업조합의 임원이 조합 임원의 지위를 상실하거나 직무수행권을 상실한 후에도 조합 임원으로 등기되어 있는 상태에서 계속하여 실질적으로 조합 임원으로서 직무를 수행하여 온 경우, 그 조합 임원을 같은 법 제84조에 따라 형법상 뇌물죄의 적용에서 '공무원'으로 보아야 한다.

④ 음주운전을 적발하여 단속에 관련된 제반 서류를 작성한 후 운전면허 취소업무를 담당하는 직원에게 이를 인계하는 업무를 담당하는 경찰관이 피단속자로부터 운전면허가 취소되지 않도록 하여 달라는 청탁을 받고 금원을 교부받은 경우, 뇌물수수죄가 성립한다.

**정선
핵심**

① 수의계약을 체결한 공무원이 계약금을 부풀려 되돌려 받은 경우 → 횡령죄 O
② 뇌물죄에서의 이익 → 성적 욕구의 충족 포함
③ 정비사업조합의 임원이 임원등기가 되어 있는 상태로 직무를 수행한 경우 → 공무원
④ 음주운전 단속경찰관이 운전면허가 취소되지 않도록 청탁을 받고 금원을 교부받은 경우 → 뇌물수수죄 O

**정선
해설**

[❶ ▸ ✕] 수의계약을 체결하는 공무원이 해당 공사업자와 적정한 금액 이상으로 계약금액을 부풀려서 계약하고 부풀린 금액을 자신이 되돌려 받기로 사전에 약정한 다음 그에 따라 수수한 돈은 성격상 뇌물이 아니고 횡령금에 해당한다(대판 2007.10.12, 2005도7112).

[❷ ▸ O] 대판 2014.1.29, 2013도13937

[❸ ▸ O] 도시 및 주거환경정비법(이하 '도시정비법') 제84조의 문언과 취지, 형법상 뇌물죄의 보호법익 등을 고려하면, 정비사업조합의 임원이 정비구역 안에 있는 토지 또는 건축물의 소유권 또는 지상권을 상실함으로써 조합 임원의 지위를 상실한 경우나 임기가 만료된 정비사업조합의 임원이 관련 규정에 따라 후임자가 선임될 때까지 계속하여 직무를 수행하다가 후임자가 선임되어 직무수행권을 상실한 경우, 그 조합 임원이 그 후에도 조합의 법인 등기부에 임원으로 등기되어 있는 상태에서 계속하여 실질적으로 조합 임원으로서의 직무를 수행하여 왔다면 도시정비법 제84조에 따라 형법 제129조 내지 제132조의 적용에서 공무원으로 보아야 한다(대판 2016.1.14, 2015도 15798).

[❹ ▸ O] 대판 1999.11.9, 99도2530

 답 ❶

공무원의 직무에 관한 죄에 대한 설명으로 가장 적절하지 않은 것은?(다툼이 있는 경우 판례에 의함)

`21` 경찰채용

① (구)해양수산부 해운정책과 소속 공무원이 해운회사의 대표이사에게 중국의 선박운항 허가 담당부서가 관장하는 중국 국적선사의 선박에 대한 운항허가를 받을 수 있도록 노력해 달라는 부탁을 받고 돈을 받은 경우에는 직무관련성이 없어 뇌물수수죄가 성립하지 아니한다.

② 국회의원이 대한치과의사협회로부터 요청받은 자료를 제공하고 그 대가로서 후원금 명목으로 금원 1,000만원을 교부받은 경우에는 직무관련성이 있어 뇌물수수죄가 성립한다.

③ 공무원이 어촌계장에게 선물을 받을 명단을 보내 자신의 이름으로 새우젓을 택배로 발송하게 하고, 그 대금을 지급하지 않는 방법으로 직무에 관하여 뇌물을 받은 경우에는 공여자와 수뢰자 사이에 직접 금품이 수수되지 않았더라도 뇌물공여죄 및 뇌물수수죄가 성립한다.

④ 공무원이 직무의 대상이 되는 사람으로부터 사교적 의례의 형식을 빌어 금품을 주고 받은 것이 개인적인 친분관계가 있어서 교분상의 필요에 의한 것이라고 명백하게 인정할 수 있는 경우라도 직무관련성이 있어 뇌물공여죄 및 뇌물수수죄가 성립한다.

정선 핵심

뇌물공여죄, 뇌물수수죄의 성립 여부

① 해운정책과 공무원이 중국 국적선사의 선박에 대한 운항허가를 얻도록 부탁을 받고 돈을 수수한 경우 → 뇌물수수죄 ×

② 국회의원이 대한치과의사협회에게 자료를 제공하고 후원금을 교부받은 경우 → 뇌물수수죄 ○

③ 어촌계장에게 공무원 자신의 이름으로 새우젓을 발송하게 한 경우 → 뇌물공여죄 및 뇌물수수죄 ○

④ 사교적 의례의 형식을 빈 것이 개인적인 친분관계상의 필요에 의한 것이라고 명백하게 인정할 수 있는 경우 → 뇌물공여죄 및 뇌물수수죄 ×

정선 해설

[❶ ▶ ○] 대판 2011.5.26. 2009도2453

[❷ ▶ ○] 대판 2009.5.14. 2008도8852

[❸ ▶ ○] 피고인 을은 도내 어촌계장이고, 피고인 갑은 도청 공무원으로 재직하면서 어민들의 어업지도, 보조금 관련 사업과 어로행위 관련 단속 업무 등을 총괄하고 있던 점, 피고인 을은 이전에도 같은 방식으로 피고인 갑이 재직 중이던 도청 담당과에 새우젓을 보낼 사람들의 명단을 요청하여 직원으로부터 명단을 받아 피고인 갑의 이름으로 새우젓을 발송한 점 등 여러 사정을 종합하면, 피고인 을의 새우젓 출연에 의한 피고인 갑의 영득의사가 실현되어 형법 제129조 제1항의 뇌물공여죄 및 뇌물수수죄가 성립하고, 공여자와 수뢰자 사이에 직접 금품이 수수되지 않았다는 사정만으로 이와 달리 볼 수 없다(대판 2020.9.24. 2017도12389).

[❹ ▶ ×] 금품이 직무에 관하여 수수된 것으로 족하고 개개의 직무행위와 대가적 관계에 있을 필요는 없고, 공무원이 그 직무의 대상이 되는 사람으로부터 금품 기타 이익을 받은 때에는 사회상규에 비추어 볼 때에 의례상의 대가에 불과한 것이라고 여겨지거나, 개인적인 친분관계가 있어서 교분상의 필요에 의한 것이라고 명백하게 인정할 수 있는 경우 등 특별한 사정이 없는 한 직무와의 관련성이 없는 것으로 볼 수 없으며, 공무원이 직무와 관련하여 금품을 수수하였다면 비록 사교적 의례의 형식을 빌어 금품을 주고 받았다고 하더라도 그 수수한 금품은 뇌물이 된다(대판 2008.2.1. 2007도5190).

 답 ❹

뇌물죄와 관련된 설명 중 가장 옳지 않은 것은?(다툼이 있는 경우 판례에 의함)

20 경찰간부

① 뇌물수수의 공범자들 사이에 직무와 관련하여 금품이나 이익을 수수하기로 하는 명시적 또는 암묵적 공모관계가 성립하고 공모 내용에 따라 공범자 중 1인이 금품이나 이익을 수수하였다면 수수한 금품이나 이익 전부에 관하여 뇌물수수죄의 공모공동정범이 성립할 수 있다.

② 공무원이 직무관련자에게 제3자와 계약을 체결하도록 요구하여 계약 체결을 하게 한 행위가 제3자뇌물수수죄의 구성요건과 직권남용권리행사방해죄의 구성요건에 모두 해당하는 경우 두 범죄는 상상적 경합관계에 있다.

③ 제3자뇌물수수죄에서 제3자란 행위자, 공동정범 그리고 교사자 이외의 사람을 의미하나 방조자는 제3자에 포함될 수 있다.

④ 공무원 또는 중재인이 부정한 청탁을 받고 제3자에게 뇌물을 제공하게 하고 제3자가 그러한 공무원 또는 중재인의 범죄행위를 알면서 방조한 경우에는 그에 대한 별도의 처벌규정이 없더라도 방조범에 관한 형법총칙의 규정이 적용되어 제3자뇌물수수방조죄가 인정될 수 있다.

**정선
핵심**

① 공모에 따라 공범자 중 1인이 금품이나 이익을 수수한 경우 → 금품이나 이익 전부에 관해 뇌물수수죄의 공모공동정범 ○

② 제3자뇌물수수죄와 직권남용권리행사방해죄 → 상상적 경합 ○

③ 제3자뇌물수수죄의 제3자란 행위자, 공동정범 이외의 자 → 교사자와 방조자는 제3자에 포함

④ 제3자가 공무원 또는 중재인의 범죄행위를 알면서 방조한 경우 → 제3자뇌물수수방조죄 ○

**정선
해설**

[❶ ▸ ○] 뇌물수수의 공범자들 사이에 직무와 관련하여 금품이나 이익을 수수하기로 하는 명시적 또는 암묵적 공모관계가 성립하고 그 공모 내용에 따라 공범자 중 1인이 금품이나 이익을 수수하였다면, 사전에 특정 금액 이하로만 받기로 약정하였다든가 수수한 금액이 공모 과정에서 도저히 예상할 수 없는 고액이라는 등과 같은 특별한 사정이 없는 한, 그 수수한 금품이나 이익 전부에 관하여 특정범죄가중법 위반(뇌물)죄 또는 뇌물수수죄의 공모공동정범이 성립하며, 수수할 금품이나 이익의 규모나 정도 등에 대하여 사전에 서로 의사의 연락이 있거나 수수한 금품 등의 구체적 금액을 공범자가 알아야 공모공동정범이 성립하는 것은 아니라고 할 것이다(대판 2014.12.24. 2014도10199).

[❷ ▸ ○] 대판 2017.3.15. 2016도19659

[❸ ▸ ✕] 제3자뇌물수수죄에서 제3자란 행위자와 공동정범 이외의 사람을 말하고, 교사자나 방조자도 포함될 수 있다(대판 2017.3.15. 2016도19659).

[❹ ▸ ○] 제3자뇌물수수죄에서 제3자란 행위자와 공동정범 이외의 사람을 말하고, 교사자나 방조자도 포함될 수 있다. 그러므로 공무원 또는 중재인이 부정한 청탁을 받고 제3자에게 뇌물을 제공하게 하고 제3자가 그러한 공무원 또는 중재인의 범죄행위를 알면서 방조한 경우에는 그에 대한 별도의 처벌규정이 없더라도 방조범에 관한 형법총칙의 규정이 적용되어 제3자뇌물수수방조죄가 인정될 수 있다(대판 2017.3.15. 2016도19659).

답 ❸

040

□□□

다음 설명 중 가장 옳지 않은 것은?

① 공무원이 수수·요구 또는 약속한 금품에 그 직무행위에 대한 대가로서의 성질과 직무 외의 행위에 대한 사례로서의 성질이 불가분적으로 결합되어 있는 경우에는, 그 수수·요구 또는 약속한 금품 전부가 불가분적으로 직무행위에 대한 대가로서의 성질을 가진다.

② 공무원이 장래에 담당할 직무에 대한 대가로 이익을 수수한 경우에도 뇌물수수죄가 성립할 수 있지만, 그 이익을 수수할 당시 장래에 담당할 직무에 속하는 사항이 그 수수한 이익과 관련된 것임을 확인할 수 없을 정도로 막연하고 추상적이거나, 장차 그 수수한 이익과 관련지을 만한 직무권한을 행사할지 자체를 알 수 없다면, 그 이익이 장래에 담당할 직무에 관하여 수수되었다거나 그 대가로 수수되었다고 단정하기 어렵다.

③ 임명권자에 의하여 임용되어 공무에 종사하여 온 사람이 나중에 임용결격자이었음이 밝혀져 당초의 임용행위가 무효인 경우 형법 제129조의 수뢰죄에서 규정한 공무원에 해당하지 아니한다.

④ 뇌물약속죄에서 뇌물의 약속은 직무와 관련하여 장래에 뇌물을 주고받겠다는 양 당사자의 의사표시가 확정적으로 합치하면 성립하고, 뇌물의 가액이 얼마인지는 문제되지 아니하며, 또한 뇌물의 목적물이 이익인 경우에 그 가액이 확정되어 있지 않아도 뇌물약속죄가 성립하는 데에는 영향이 없다.

**정선
핵심**

① 금품에 대가로서의 성질과 사례로서의 성질이 불가분적으로 결합되어 있는 경우 → 금품 전부가 대가로서의 성질

② 장래에 담당할 직무에 대한 대가로 이익을 수수하였으나 직무에 속하는 사항이 막연하고 추상적이거나 직무권한을 행사할지 자체를 알 수 없는 경우 → 뇌물수수죄 ×

③ 공무에 종사하여 온 사람이 임용결격자로 밝혀진 경우 → 수뢰죄의 공무원 ○

④ 뇌물의 가액이 확정되어 있지 않은 경우 → 뇌물약속죄 ○

**정선
해설**

[❶ ▸ ○]　대판 2012.1.12. 2011도12642

[❷ ▸ ○]　뇌물수수죄가 성립하려면 공무원이 그 직무에 관하여 뇌물을 수수하여야 한다. 따라서 공무원이 이익을 수수한 행위가 공무원의 직무와 관련이 없다면 뇌물수수죄는 성립하지 않는다. 공무원이 장래에 담당할 직무에 대한 대가로 이익을 수수한 경우에도 뇌물수수죄가 성립할 수 있지만, 그 이익을 수수할 당시 장래에 담당할 직무에 속하는 사항이 그 수수한 이익과 관련된 것임을 확인할 수 없을 정도로 막연하고 추상적이거나, 장차 그 수수한 이익과 관련지을 만한 직무권한을 행사할지 자체를 알 수 없다면, 그 이익이 장래에 담당할 직무에 관하여 수수되었다거나 그 대가로 수수되었다고 단정하기 어렵다(대판 2017.12.22. 2017도12346).

[❸ ▸ ×]　법령에 기한 임명권자에 의하여 임용되어 공무에 종사하여 온 사람이 나중에 그가 임용결격자이었음이 밝혀져 당초의 임용행위가 무효라고 하더라도, 그가 임용행위라는 외관을 갖추어 실제로 공무를 수행한 이상 공무수행의 공정과 그에 대한 사회의 신뢰 및 직무행위의 불가매수성은 여전히 보호되어야 한다. 따라서 이러한 사람은 형법 제129조에서 규정한 공무원으로 봄이 타당하고, 그가 그 직무에 관하여 뇌물을 수수한 때에는 수뢰죄로 처벌할 수 있다(대판 2014.3.27. 2013도11357).

[❹ ▸ ○]　뇌물약속죄에서 뇌물의 약속은 직무와 관련하여 장래에 뇌물을 주고받겠다는 양 당사자의 의사표시가 확정적으로 합치하면 성립하고, 뇌물의 가액이 얼마인지는 문제되지 아니한다. 또한 뇌물의 목적물이 이익인 경우에 그 가액이 확정되어 있지 않아도 뇌물약속죄가 성립하는 데에는 영향이 없다(대판 2016.6.23. 2016도3753).

　지방공기업법 제83조에 따라 공무원으로 의제되는 지방공사 임직원이 직무와 관련 있는 사람에게서 금품 기타 이익을 받은 경우, 뇌물죄를 구성한다고 한 사례(대판 2016.6.23. 2016도3753).

 ❸

041

뇌물죄에 관한 다음 설명 중 가장 옳지 않은 것은?

① 공무원이 직접 뇌물을 받지 않고 증뢰자로 하여금 다른 사람에게 뇌물을 공여하도록 한 경우에는 그 다른 사람이 공무원의 사자 또는 대리인으로서 뇌물을 받은 경우 등과 같이 사회통념상 그 다른 사람이 뇌물을 받은 것을 공무원이 직접 받은 것과 같이 평가할 수 있는 관계가 있는 경우에는 형법 제129조 제1항의 뇌물수수죄가 성립한다.

② 뇌물의 내용인 이익은 금전, 물품 기타의 재산적 이익에 한하고 뇌물약속죄에 있어서 뇌물의 목적물인 이익은 약속 당시에 현존하여야 하므로 공무원이 오랫동안 처분을 하지 못하고 있던 부동산을 개발이 예상되는 다른 토지와 교환계약을 체결한 것만으로는 뇌물약속죄가 성립한다고 할 수 없다.

③ 타인을 기망하여 그로부터 뇌물을 수수한 경우라도 뇌물수수죄, 뇌물공여죄가 성립할 수 있고, 이 경우 뇌물을 수수한 공무원에 대하여는 뇌물죄와 사기죄의 상상적 경합범이 성립한다.

④ 뇌물을 공여한 사람과 뇌물을 수수한 사람 사이에서는 상대방의 범행에 대하여 총칙상 공범관계가 성립되지 않는다.

정선핵심

① 다른 사람이 뇌물을 받은 것을 직접 받은 것과 같이 평가할 수 있는 경우 → 뇌물수수죄 ○
② 처분하지 못하던 부동산을 개발이 예상되는 토지와 교환계약을 체결한 경우 → 뇌물약속죄 ○
③ 공무원이 기망하여 뇌물을 수수한 경우 → 뇌물죄와 사기죄의 상상적 경합 ○
④ 뇌물수수 당사자 사이 → 총칙상 공범관계 ×

정선해설

[❶ ▸ ○] 공무원이 직접 뇌물을 받지 아니하고 증뢰자로 하여금 다른 사람에게 뇌물을 공여하도록 한 경우, 그 다른 사람이 공무원의 사자 또는 대리인으로서 뇌물을 받은 경우나 그 밖에 예컨대, 평소 공무원이 그 다른 사람의 생활비 등을 부담하고 있었다거나 혹은 그 다른 사람에 대하여 채무를 부담하고 있었다는 등의 사정이 있어서 그 다른 사람이 뇌물을 받음으로써 공무원은 그만큼 지출을 면하게 되는 경우 등 사회통념상 그 다른 사람이 뇌물을 받은 것을 공무원이 직접 받은 것과 같이 평가할 수 있는 관계가 있는 경우에는 형법 제130조의 제3자뇌물제공죄가 아니라, 형법 제129조 제1항의 뇌물수수죄가 성립한다(대판 2004.3.26. 2003도8077).

[❷ ▸ ×] 피고인이 그 소유의 갑 토지를 을 토지와 교환한 경우, 갑 토지의 시가가 을 토지의 시가보다 비싸다고 하더라도 피고인으로서는 장기간 처분하지 못하던 토지를 처분하는 한편 매수를 희망하던 전원주택지로 향후 개발이 되면 가격이 많이 상승할 토지를 매수하게 되는 무형의 이익을 얻었다고 봄이 상당하므로 뇌물죄가 성립한다(대판 2001.9.18. 2000도5438).

[❸ ▸ ○] 대판 2015.10.29. 2015도12838
[❹ ▸ ○] 대판 1971.3.9. 70도2536

답 ❷

뇌물에 관한 죄에 대한 설명 중 가장 적절하지 않은 것은?(다툼이 있는 경우 판례에 의함)

20 경찰승진

① 배임수재자가 배임증재자에게서 무상으로 빌린 물건을 인도받아 사용하던 중 공무원이 되었고, 배임증재자가 뇌물공여 의사를 밝히면서 배임수재자가 물건을 계속 사용하도록 한 경우 처음에 정한 사용기간을 연장해 주는 등 새로운 이익을 제공한 것으로 평가할 만한 사정이 없다면 뇌물공여죄가 성립하지 않는다.

② 제3자뇌물공여죄에서 막연히 선처하여 줄 것이라는 기대에 의하거나 직무집행과는 무관한 다른 동기에 의하여 제3자에게 금품을 공여한 경우에는 묵시적인 의사표시에 의한 부정한 청탁이 있다고 보기 어렵다.

③ 뇌물약속죄에서 뇌물의 약속은 양 당사자의 뇌물수수의 합의를 말하고, 여기에서 '합의'란 그 방법에 아무런 제한이 없고 명시적일 필요도 없으므로, 양 당사자의 의사표시가 확정적으로 합치할 필요까지는 없다.

④ 공무원인 甲이 乙로부터 1,000만원을 뇌물로 받아 그중 500만원을 소비하고 나머지 500만원을 은행에 예금하여 두었다가 이를 인출하여 乙에게 반환한 경우, 甲으로부터 1,000만원을 추징하여야 한다.

정선 핵심

① 배임증재자가 뇌물공여 의사로 공무원 된 배임수재자가 물건을 계속 사용하도록 한 경우 → 일정사정이 없다면 뇌물공여죄 ×

② 선처하여 줄 것이라는 기대에 의하거나 직무집행과는 무관한 다른 동기에 의하여 제3자에게 금품을 공여한 경우 → 부정한 청탁 ×

③ 뇌물약속죄의 약속 → 뇌물을 주고받겠다는 의사표시가 확정적으로 합치하면 성립

④ 乙로부터 1,000만원을 뇌물로 받아 일부는 소비하고 일부는 인출하여 증뢰자에게 반환한 경우 → 甲으로부터 1,000만원 전액 추징 ○

정선 해설

[❶ ▸ ○] 배임수재자가 배임증재자에게서 그가 무상으로 빌려준 물건을 인도받아 사용하고 있던 중에 공무원이 된 경우, 그 사실을 알게 된 배임증재자가 배임수재자에게 앞으로 물건은 공무원의 직무에 관하여 빌려주는 것이라고 하면서 뇌물공여의 뜻을 밝히고 물건을 계속하여 배임수재자가 사용할 수 있는 상태로 두더라도, 처음에 배임증재로 무상 대여할 당시에 정한 사용기간을 추가로 연장해 주는 등 새로운 이익을 제공한 것으로 평가할 만한 사정이 없다면, 이는 종전에 이미 제공한 이익을 나중에 와서 뇌물로 하겠다는 것에 불과할 뿐 새롭게 뇌물로 제공되는 이익이 없어 뇌물공여죄가 성립하지 않는다(대판 2015.10.15. 2015도6232).

[❷ ▸ ○] 묵시적인 의사표시에 의한 부정한 청탁이 있다고 하기 위하여는, 당사자 사이에 청탁의 대상이 되는 직무집행의 내용과 제3자에게 제공되는 금품이 그 직무집행에 대한 대가라는 점에 대하여 공통의 인식이나 양해가 존재하여야 하고, 그러한 인식이나 양해 없이 막연히 선처하여 줄 것이라는 기대에 의하거나 직무집행과는 무관한 다른 동기에 의하여 제3자에게 금품을 공여한 경우에는 묵시적인 의사표시에 의한 부정한 청탁이 있다고 보기 어렵다. 공무원이 먼저 제3자에게 금품을 공여할 것을 요구한 경우에도 마찬가지이다(대판 2009.1.30. 2008도6950).

[❸ ▸ ×] 뇌물약속죄에서 뇌물의 약속은 직무와 관련하여 장래에 뇌물을 주고받겠다는 양 당사자의 의사표시가 확정적으로 합치하면 성립하고, 뇌물의 가액이 얼마인지는 문제되지 아니한다. 또한 뇌물의 목적물이 이익인 경우에 그 가액이 확정되어 있지 않아도 뇌물약속죄가 성립하는 데에는 영향이 없다(대판 2016.6.23. 2016도3753).

[❹ ▸ ○] 판례(대판 1986.10.14. 86도1189 ; 대판 1996.10.25. 96도2022)의 취지를 고려하면, 공무원 甲이 乙로부터 받은 1,000만원 중 500만원을 소비하여 몰수하기 불능하더라도 甲으로부터 추징하여야 하고, 나머지 500만원을 인출하여 乙에게 반환한 경우 뇌물 자체의 반환이라고 할 수 없으므로 결국 甲으로부터 1,000만원 전액을 추징하여야 한다.

 ❸

뇌물죄에 관한 설명 중 가장 적절하지 않은 것은?(다툼이 있는 경우 판례에 의함)

① 공무원이 직접 뇌물을 받지 아니하고 증뢰자로 하여금 공무원 자신의 채권자에게 뇌물을 공여하도록 하여 공무원이 그만큼 지출을 면하게 된 경우에는 뇌물수수죄가 아니라 제3자뇌물제공죄가 성립한다.

② 수의계약을 체결하는 공무원이 해당 공사업자와 적정한 금액 이상으로 계약금액을 부풀려서 계약하고 부풀린 금액을 자신이 되돌려 받기로 사전에 약정한 다음 그에 따라 수수한 돈은 성격상 뇌물이 아니고 횡령금에 해당한다.

③ 자동차를 뇌물로 공여한 경우 자동차등록원부에 뇌물수수자가 그 소유자로 등록되지 않았다고 하더라도 자동차의 사실상 소유자로서 자동차에 대한 실질적인 사용 및 처분권한이 있다면 자동차 자체를 뇌물로 취득한 것으로 보아야 한다.

④ 공무원이 수수한 뇌물가액이 3천만원 이상이면 특정범죄 가중처벌 등에 관한 법률이 적용된다.

**정선
핵심**

① 채권자에게 공여하게 하여 지출을 면한 경우 → 뇌물수수죄 ○
② 수의계약을 체결한 공무원이 부풀려 수수한 계약금 → 횡령금 ○
③ 뇌물수수자가 소유자로 등록되지 않았더라도 사실상 소유자로서 사용 및 처분권한이 있는 경우 → 자동차 자체를 뇌물로 취득 ○
④ 수수한 뇌물가액이 3천만원 이상인 경우 → 특가법 적용

**정선
해설**

[❶ ▸ ✕] 공무원이 직접 뇌물을 받지 아니하고 증뢰자로 하여금 다른 사람에게 뇌물을 공여하도록 한 경우, 그 다른 사람이 공무원의 사자 또는 대리인으로서 뇌물을 받은 경우나 그 밖에 예컨대, 평소 공무원이 그 다른 사람의 생활비 등을 부담하고 있었다거나 혹은 그 다른 사람에 대하여 채무를 부담하고 있었다는 등의 사정이 있어서 그 다른 사람이 뇌물을 받음으로써 공무원은 그만큼 지출을 면하게 되는 경우 등 사회통념상 그 다른 사람이 뇌물을 받은 것을 공무원이 직접 받은 것과 같이 평가할 수 있는 관계가 있는 경우에는 형법 제130조의 제3자뇌물제공죄가 아니라, 형법 제129조 제1항의 뇌물수수죄가 성립한다(대판 2004.3.26. 2003도8077).

[❷ ▸ ○] 대판 2007.10.12. 2005도7112

[❸ ▸ ○] 자동차를 뇌물로 제공한 경우 자동차등록원부에 뇌물수수자가 그 소유자로 등록되지 않았다고 하더라도 자동차의 사실상 소유자로서 자동차에 대한 실질적인 사용 및 처분권한이 있다면 자동차 자체를 뇌물로 취득한 것으로 보아야 한다(대판 2006.4.27. 2006도735).

> 피고인에게 뇌물로 제공되었다는 자동차는 리스차량으로 리스회사 명의로 등록되어 있는 점, 피고인이 처분승낙서, 권리확인서 등 원하는 경우 소유권이전을 할 수 있는 서류를 소지하고 있지도 아니한 점, 리스계약상 리스계약이 기간만료 또는 리스료 연체로 종료되어 리스회사에서 위 승용차의 반환을 구하는 경우 피고인은 이에 응할 수밖에 없다고 보이는 점 등에 비추어 볼 때 피고인에게 위 승용차에 대한 실질적 처분권한이 있다고 할 수 없어 자동차 자체를 뇌물로 수수한 것으로 볼 수 없다고 한 사례(대판 2006.4.27. 2006도735).

[❹ ▸ ○] 특가법 제2조 제1항 제3호 참조

법령 뇌물죄의 가중처벌(특가법 제2조) ① 형법 제129조·제130조 또는 제132조에 규정된 죄를 범한 사람은 그 수수(收受)·요구 또는 약속한 뇌물의 가액(價額)(이하 "수뢰액")에 따라 다음 각 호와 같이 가중처벌한다.
3. 수뢰액이 3천만원 이상 5천만원 미만인 경우에는 5년 이상의 유기징역에 처한다.

답 ❶

044 뇌물죄에 대한 설명으로 가장 적절한 것은?(다툼이 있는 경우 판례에 의함) `19` 경찰승진

① 제3자뇌물공여죄에 있어서 묵시적인 의사표시에 의한 부정한 청탁이 있다고 하기 위하여는, 당사자 사이에 청탁의 대상이 되는 직무집행의 내용과 제3자에게 제공되는 금품이 그 직무집행에 대한 대가라는 점에 대하여 공통의 인식이나 양해가 존재하여야 한다.

② 공무원이 직무와 관련하여 뇌물수수를 약속하고 퇴직 후 이를 수수하는 경우에 뇌물약속과 뇌물수수가 시간적으로 근접하여 연속되어 있다면 뇌물수수죄가 성립한다.

③ 수의계약을 체결하는 공무원이 해당 공사업자와 적정한 금액 이상으로 계약금액을 부풀려서 계약하고 부풀린 금액을 자신이 되돌려 받기로 사전에 약정한 다음 그에 따라 돈을 수수하였다면 수뢰죄가 성립한다.

④ 알선수뢰죄에서 '공무원이 그 지위를 이용하여'라 함은 친구, 친족관계 등 사적인 관계를 이용하는 경우뿐만 아니라 다른 공무원이 취급하는 사무의 처리에 법률상이거나 사실상으로 영향을 줄 수 있는 관계에 있는 공무원이 그 지위를 이용하는 경우를 말한다.

**정선
핵심**

① 제3자뇌물공여죄의 부정한 청탁 → 직무집행의 내용과 제공되는 금품이 대가라는 점에 대한 공통의 인식이나 양해 필요

② 뇌물수수를 약속하고 퇴직 후 수수하였으나 뇌물약속과 뇌물수수가 시간적으로 근접하고 연속되어 있는 경우 → 뇌물약속죄 및 사후수뢰죄 ○

③ 수의계약을 체결한 공무원이 계약금을 부풀려 되돌려 받은 경우 → 횡령죄 ○

④ 공무원이 그 지위를 이용하여
  ↳ 사적인 관계를 이용하는 경우 ✕
  ↳ 다른 공무원의 사무의 처리에 영향을 줄 수 있는 공무원이 지위를 이용하는 경우 ○

**정선
해설**

[❶ ▸ ○] 제3자뇌물공여죄에서 묵시적인 의사표시에 의한 부정한 청탁이 있다고 하기 위하여는, 당사자 사이에 청탁의 대상이 되는 직무집행의 내용과 제3자에게 제공되는 금품이 그 직무집행에 대한 대가라는 점에 대하여 공통의 인식이나 양해가 존재하여야 하고, 그러한 인식이나 양해 없이 막연히 선처하여 줄 것이라는 기대에 의하거나 직무집행과는 무관한 다른 동기에 의하여 제3자에게 금품을 공여한 경우에는 묵시적인 의사표시에 의한 부정한 청탁이 있다고 보기 어렵다. 공무원이 먼저 제3자에게 금품을 공여할 것을 요구한 경우에도 마찬가지이다(대판 2009.1.30. 2008도6950).

<u>대통령비서실 정책실장이 기업관계자들에게 기업 메세나(Mecenat) 활동의 일환인 미술관 전시회 후원을 요청하여 기업관계자들이 특정 미술관에 후원금을 지급한 사안에서, 직권남용권리행사방해죄 및 제3자뇌물공여죄가 성립하지 않는다고 한 사례(대판 2009.1.30. 2008도6950).</u>

[❷ ▸ ✕] 뇌물수수죄는 공무원 또는 중재인이 그 직무에 관하여 뇌물을 수수한 때에 성립하는 것이어서 그 주체는 현재 공무원 또는 중재인의 직에 있는 자에 한정되므로, 공무원이 직무와 관련하여 뇌물수수를 약속하고 퇴직 후 이를 수수하는 경우에는, 뇌물약속과 뇌물수수가 시간적으로 근접하여 연속되어 있다고 하더라도, 뇌물약속죄 및 사후수뢰죄가 성립할 수 있음은 별론으로 하고, 뇌물수수죄는 성립하지 않는다(대판 2008.2.1. 2007도5190).

[❸ ▸ ✕] 수의계약을 체결하는 공무원이 해당 공사업자와 적정한 금액 이상으로 계약금액을 부풀려서 계약하고 부풀린 금액을 자신이 되돌려 받기로 사전에 약정한 다음 그에 따라 수수한 돈은 성격상 뇌물이 아니고 횡령금에 해당한다(대판 2007.10.12. 2005도7112).

[❹ ▸ ✕] 알선수뢰죄에 있어서 '공무원이 그 지위를 이용하여'라 함은 친구, 친족관계 등 사적인 관계를 이용하는 경우에는 여기에 해당한다고 할 수 없으나, 다른 공무원이 취급하는 사무처리에 법률상이거나 사실상으로 영향을 줄 수 있는 관계에 있는 공무원이 그 지위를 이용하는 경우에는 여기에 해당하고 그 사이에 반드시 상하관계, 협동관계, 감독권한 등의 특수한 관계에 있음을 요하지 않는다(대판 1995.1.12. 94도2687).

답 ❶

뇌물죄에 대한 설명으로 가장 적절하지 않은 것은?(다툼이 있는 경우 판례에 의함)

`21` 경찰채용

① 뇌물죄에서 말하는 '직무'에는 결정권자를 보좌하거나 영향을 줄 수 있는 직무행위 뿐만 아니라, 관례상이나 사실상 소관하는 직무행위도 포함된다.

② 알선뇌물요구죄가 성립하기 위하여는 알선행위가 장래의 것이라도 무방하므로 뇌물을 요구할 당시 반드시 상대방에게 알선에 의하여 해결을 도모해야 할 현안이 존재하여야 할 필요는 없다.

③ 공무원이 장래에 담당할 직무에 대한 대가로 이익을 수수한 경우에도 뇌물수수죄가 성립할 수 있지만, 이익을 수수할 당시 장래에 담당할 직무에 속하는 사항이 그 수수한 이익과 관련된 것임을 확인할 수 없을 정도로 막연하고 추상적이거나, 장차 그 수수한 이익과 관련지을 만한 직무권한을 행사할지 자체도 알 수 없다면, 그 이익이 장래에 담당할 직무에 관하여 수수되었다고는 단정하기 어렵다.

④ 공무원이 직무와 관련하여 뇌물수수를 약속하고 퇴직 후 이를 수수하였다면, 뇌물약속과 뇌물수수 사이의 시간적 근접 여부를 불문하고 뇌물수수죄가 성립한다.

정선 핵심

① 뇌물죄의 직무 → 결정권자를 보좌하거나 영향을 줄 수 있는 직무행위 뿐만 아니라, 관례상이나 사실상 소관하는 직무행위도 포함

② 알선수뢰죄의 성립
→ 상대방에게 알선으로 해결을 도모하여야 할 현안이 존재할 것 불요

③ 장래에 담당할 직무에 대한 대가로 이익을 수수하였으나 직무에 속하는 사항이 막연하고 추상적이거나 직무권한을 행사할지 자체를 알 수 없는 경우 → 뇌물수수죄 ✕

④ 뇌물수수를 약속하고 퇴직 후 수수하였으나 뇌물약속과 뇌물수수가 시간적으로 근접하고 연속되어 있는 경우 → 뇌물약속죄 및 사후수뢰죄 ○

정선 해설

[❶ ▶ ○] 뇌물죄에서 '직무'란 공무원이 법령상 관장하는 직무 그 자체뿐만 아니라 직무와 밀접한 관계가 있는 행위 또는 관례상이나 사실상 소관하는 직무행위 및 결정권자를 보좌하거나 영향을 줄 수 있는 직무행위도 포함한다 (대판 2011.3.24. 2010도17797).

시(市) 도시계획국장인 피고인 甲이 건설회사를 운영하는 피고인 乙의 부탁을 받고 위 회사로 하여금 자신이 관리·감독하는 공사 중 일부를 하도급받도록 해 준 다음 그 대가로 돈을 받은 사안에서, 위 행위가 뇌물수수죄에 해당한다고 본 원심판단을 수긍한 사례(대판 2011.3.24. 2010도17797).

[❷ ▶ ○] 형법 제132조에서 말하는 '다른 공무원의 직무에 속한 사항의 알선에 관하여 뇌물을 수수한다'라고 함은, 다른 공무원의 직무에 속한 사항을 알선한다는 명목으로 뇌물을 수수하는 행위로서 반드시 알선의 상대방인 다른 공무원이나 그 직무의 내용을 구체적으로 특정할 필요까지는 없다. 알선행위는 장래의 것이라도 무방하므로, 뇌물을 수수할 당시 상대방에게 알선에 의하여 해결을 도모하여야 할 현안이 반드시 존재하여야 할 필요는 없지만, 알선뇌물수수죄가 성립하려면 알선할 사항이 다른 공무원의 직무에 속하는 사항으로서 뇌물수수의 명목이 그 사항의 알선에 관련된 것임이 어느 정도는 구체적으로 나타나야 한다(대판 2017.12.22. 2017도12346).

[❸ ▶ ○] 대판 2017.12.22. 2017도12346

[❹ ▶ ✕] 뇌물수수죄는 공무원 또는 중재인이 그 직무에 관하여 뇌물을 수수한 때에 성립하는 것이어서 그 주체는 현재 공무원 또는 중재인의 직에 있는 자에 한정되므로, 공무원이 직무와 관련하여 뇌물수수를 약속하고 퇴직 후 이를 수수하는 경우에는, 뇌물약속과 뇌물수수가 시간적으로 근접하여 연속되어 있다고 하더라도, 뇌물약속죄 및 사후수뢰죄가 성립할 수 있음은 별론으로 하고, 뇌물수수죄는 성립하지 않는다(대판 2008.2.1. 2007도5190).

目 ❹

뇌물죄에 대한 설명으로 옳지 않은 것은?(다툼이 있는 경우 판례에 의함) 18 국가9급

① 임명권자에 의하여 임용되어 공무에 종사하여 온 甲이 나중에 임용결격자이었음이 밝혀져 당초의 임용행위가 무효라고 하더라도 그가 공무원으로 계속 근무하면서 직무에 관하여 뇌물을 수수한 경우 수뢰죄로 처벌할 수 있다.

② 알선수뢰죄에서 '공무원이 그 지위를 이용하여'라 함은 친구 등 사적 관계를 이용하는 경우뿐만 아니라 다른 공무원이 취급하는 사무처리에 법률상이거나 사실상으로 영향을 줄 수 있는 관계에 있는 공무원이 그 지위를 이용하는 경우도 포함한다.

③ 공무원 甲이 A주식회사로부터 뇌물을 받은 후 A회사에 유리하게 관계 법령을 해석하여 감액처분을 하였는데, 과세 대상에 관한 규정이 명확하지 않고 그에 관한 확립된 선례도 없어 甲의 처분이 위법하지 않은 경우 甲에게 수뢰후부정처사죄가 성립하지 않는다.

④ A가 오로지 공무원 甲을 함정에 빠뜨릴 의사로 직무와 관련되었다는 형식을 빌려 甲에게 금품을 공여한 경우 甲이 그 금품을 직무와 관련하여 수수한다는 의사를 가지고 받아들이면 수뢰죄가 성립한다.

정선
핵심

① 임용결격자가 직무에 관하여 뇌물을 수수한 경우 → 뇌물수수죄 ○

② 공무원이 그 지위를 이용하여
→ 사적인 관계를 이용하는 경우 ×
→ 다른 공무원의 사무의 처리에 영향을 줄 수 있는 공무원이 지위를 이용하는 경우 ○

③ 과세 대상에 관한 규정이 명확하지 않고 확립된 선례도 없어 감액처분이 위법하지 않은 경우 → 수뢰후부정처사죄 ×

④ 함정에 빠뜨릴 의사로 금품을 공여하여 공무원이 수수한 경우 → 뇌물수수죄 ○

정선
해설

[❶ ▸ ○] 대판 2014.3.27. 2013도11357

[❷ ▸ ×] 알선수뢰죄에 있어서 "공무원이 그 지위를 이용하여"라 함은 친구, 친족관계 등 사적인 관계를 이용하는 경우에는 여기에 해당한다고 할 수 없으나, 다른 공무원이 취급하는 사무처리에 법률상이거나 사실상으로 영향을 줄 수 있는 관계에 있는 공무원이 그 지위를 이용하는 경우에는 여기에 해당하고 그 사이에 반드시 상하관계, 협동관계, 감독권한 등의 특수한 관계에 있음을 요하지 않는다(대판 1995.1.12. 94도2687).

[❸ ▸ ○] 판례의 취지를 고려하면, 공무원 甲이 A주식회사로부터 뇌물을 받은 후 감액처분을 하였는데, 관계 법령에 비추어 전혀 터무니없는 판단을 한 것이 아니고 이견의 여지가 있는 범위 내에서 나름대로의 판단을 한 것이라면 甲에게 수뢰후부정처사죄가 성립하지 않는다.

<u>과세 대상에 관한 규정이 명확하지 않고 그에 관한 확립된 선례도 없었던 경우, 공무원이 주식회사로부터 뇌물을 받은 후 관계 법령에 대한 충분한 연구, 검토 없이 위 회사에 유리한 쪽으로 법령을 해석하여 감액처분하였더라도 위 감액처분이 위법하지 않으면 그 공무원이 수뢰 후 '부정한 행위'를 한 것으로서 수뢰후부정처사죄를 범하였다고 볼 수는 없다(대판 1995.12.12. 95도2320).</u>

[❹ ▸ ○] 대판 2008.3.13. 2007도10804

답 ❷

뇌물죄에 대한 다음 설명 중 옳지 않은 것은?(다툼이 있는 경우 판례에 의함)

① 공무원이 증뢰사로부터 뇌물인지 모르고 수수하였다가 뇌물임을 알고 즉시 반환한 경우 단순수 뢰죄가 성립하지 아니한다.

② 공무원이 증뢰자로부터 뇌물을 받고 부정한 행위를 한 경우에는 수뢰후부정처사죄가 성립한다.

③ 공무원으로 의제되는 정비사업전문관리업체의 대표이사인 피고인이 여러 회사들에게서 재개 발정비사업 시공사로 선정되도록 도와달라는 취지의 부탁을 받고 자신이 실질적으로 장악하고 있는 컨설팅회사 명의 계좌로 돈을 교부받은 경우 제3자 뇌물공여죄가 성립한다.

④ 공무원이었던 자가 그 재직 중에 청탁을 받고 직무상 부정한 행위를 한 후 퇴직하고 뇌물을 수수한 경우에는 사후수뢰죄가 성립한다.

정선 핵심

① 뇌물인지 모르고 수수하였다가 뇌물임을 알고 즉시 반환한 경우 → 단순수뢰죄 ✕
② 증뢰자로부터 뇌물을 받고 부정한 행위를 한 경우 → 수뢰후부정처사죄 ○
③ 정비사업전문관리업체의 대표이사가 자신이 실질적으로 장악하고 있는 컨설팅회사 명의 계좌로 돈을 교부받은 경우 → 뇌물수수죄 ○
④ 재직 중 청탁을 받고 부정한 행위를 한 후 퇴직하고 뇌물을 수수한 경우 → 사후수뢰죄 ○

정선 해설

[❶ ▸ ○] 뇌물을 수수한다는 것은 영득의 의사로 금품을 수수하는 것을 말하므로, 뇌물인지 모르고 이를 수수하였다가 뇌물임을 알고 즉시 반환하거나, 증뢰자가 일방적으로 뇌물을 두고 가므로 후일 기회를 보아 반환할 의사로 어쩔 수 없이 일시 보관하다가 반환하는 등 그 영득의 의사가 없었다고 인정되는 경우라면 뇌물을 수수하였다고 할 수 없겠지만, 일단 피고인이 영득의 의사로 뇌물을 수령한 이상 나중에 이를 반환하였다고 하더라도 뇌물죄의 성립에는 영향이 없다(대판 2013.11.28. 2013도9003).

[❷ ▸ ○] [❹ ▸ ○] 형법 제131조 참조

 법령

> 수뢰후부정처사(형법 제131조) ① 공무원 또는 중재인이 전2조의 죄를 범하여 부정한 행위를 한 때에는 1년 이상의 유기징역에 처한다.
> ③ 공무원 또는 중재인이었던 자가 그 재직 중에 청탁을 받고 직무상 부정한 행위를 한 후 뇌물을 수수, 요구 또는 약속한 때에는 5년 이하의 징역 또는 10년 이하의 자격정지에 처한다.

[❸ ▸ ✕] 피고인이 건설회사와 컨설팅회사 간의 용역계약을 가장하여 건설회사들에게서 뇌물을 수수하는 과정에서 건설회사들이 형식적인 용역계약 상대방인 컨설팅회사 계좌로 뇌물을 입금한 것은 사회통념상 피고인에게 직접 뇌물을 공여한 것과 동일하게 평가할 수 있으므로 형법 제129조 제1항의 뇌물수수죄가 성립한다(대판 2011.11.24. 2011도9585).

 답 ❸

048
□□□
알선수뢰죄에 대한 설명으로 옳지 않은 것은?(다툼이 있는 경우 판례에 의함)

`19` 국가9급

① 알선수뢰죄가 성립하기 위해서는 적어도 다른 공무원이 취급하는 사무의 처리에 법률상 또는 사실상으로 영향을 줄 수 있는 관계에 있는 공무원이 그 지위를 이용하는 경우이어야 한다.
② 알선수뢰죄가 성립하기 위해서는 뇌물을 수수할 당시 반드시 상대방에게 알선에 의하여 해결을 도모하여야 할 현안이 존재하여야 할 필요는 없다.
③ 상대방으로 하여금 뇌물을 수수하는 자에게 잘 보이면 손해를 입을 염려가 없다는 정도의 막연한 기대감을 갖게 하고, 뇌물을 수수하는 자도 상대방이 그러한 기대감을 가질 것이라고 짐작하면서 뇌물을 수수하였다면 알선수뢰죄가 성립한다.
④ 자동차를 뇌물로 제공한 경우 자동차등록원부에 뇌물수수자가 그 소유자로 등록되지 않았다고 하더라도 자동차의 사실상 소유자로서 실질적인 사용 및 처분권한이 있다면 자동차 자체를 뇌물로 취득한 것으로 보아야 한다.

정선 핵심

①·② 알선수뢰죄의 성립
　→ 다른 공무원의 사무의 처리에 영향을 줄 수 있는 공무원이 지위를 이용하는 경우 ○
　→ 상대방에게 알선으로 해결을 도모하여야 할 현안이 존재할 것 불요
③ 뇌물을 수수하는 자가 상대방에게 막연한 기대감을 갖게 하고, 상대방이 기대감을 가질 것이라고 짐작하면서 뇌물을 수수한 경우 → 알선수뢰죄 ✕
④ 뇌물수수자가 소유자로 등록되지 않았더라도 사실상 소유자로서 사용 및 처분권한이 있는 경우 → 자동차 자체를 뇌물로 취득 ○

정선 해설

[❶ ▸ ○] 대판 1995.1.12. 94도2687
[❷ ▸ ○] [❸ ▸ ✕] 형법 제132조에서 말하는 '다른 공무원의 직무에 속한 사항의 알선에 관하여 뇌물을 수수한다'라고 함은, 다른 공무원의 직무에 속한 사항을 알선한다는 명목으로 뇌물을 수수하는 행위로서 반드시 알선의 상대방인 다른 공무원이나 그 직무의 내용을 구체적으로 특정할 필요까지는 없다. <u>알선행위는 장래의 것이라도 무방하므로, 뇌물을 수수할 당시 상대방에게 알선에 의하여 해결을 도모하여야 할 현안이 반드시 존재하여야 할 필요는 없지만,</u>❷ 알선뇌물수수죄가 성립하려면 알선할 사항이 다른 공무원의 직무에 속하는 사항으로서 뇌물수수의 명목이 그 사항의 알선에 관련된 것임이 어느 정도는 구체적으로 나타나야 한다. 단지 상대방으로 하여금 뇌물을 수수하는 자에게 잘 보이면 어떤 도움을 받을 수 있다거나 손해를 입을 염려가 없다는 정도의 막연한 기대감을 갖게 하는 정도에 불과하고, 뇌물을 수수하는 자 역시 상대방이 그러한 기대감을 가질 것이라고 짐작하면서 수수하였다는 사정만으로는 알선뇌물수수죄가 성립하지 않는다❸(대판 2017.12.22. 2017도12346).
[❹ ▸ ○] 자동차를 뇌물로 제공한 경우 자동차등록원부에 뇌물수수자가 그 소유자로 등록되지 않았다고 하더라도 자동차의 사실상 소유자로서 자동차에 대한 실질적인 사용 및 처분권한이 있다면 자동차 자체를 뇌물로 취득한 것으로 보아야 한다(대판 2006.4.27. 2006도735).

관련판례 | **대판 2019.8.29. 2018도2738[전합]**

뇌물수수자가 뇌물공여자에 대한 내부관계에서 물건에 대한 실질적인 사용·처분권한을 취득하였으나 뇌물수수 사실을 은닉하거나 뇌물공여자가 계속 그 물건에 대한 비용 등을 부담하기 위하여 소유권 이전의 형식적 요건을 유보하는 경우에는 뇌물수수자와 뇌물공여자 사이에서는 소유권을 이전받은 경우와 다르지 않으므로 그 물건을 뇌물로 수수하고 공여하였다고 보아야 한다. 뇌물수수자가 교부받은 물건을 뇌물공여자에게 반환할 것이 아니므로 뇌물수수자에게 영득의 의사도 인정되고, 뇌물공여자가 교부한 물건을 뇌물수수자로부터 반환받을 것이 아니므로 뇌물공여자에게 고의도 인정된다.

답 ❸

뇌물죄에 대한 설명으로 가장 적절하지 않은 것은?(다툼이 있으면 판례에 의함)

21 경찰승진

① 법령에 기한 임명권자에 의하여 임용되어 공무에 종사하여 온 사람이 나중에 그가 임용결석사 이었음이 밝혀져 당초의 임용행위가 무효라고 하더라도 그가 임용행위라는 외관을 갖추어 실제로 공무를 수행한 이상 형법 제129조에서 규정한 공무원으로 봄이 타당하고, 그가 그 직무에 관하여 뇌물을 수수한 때에는 수뢰죄로 처벌할 수 있다.

② 뇌물공여죄가 성립하기 위하여는 뇌물을 공여하는 행위와 상대방 측에서 금전적으로 가치가 있는 그 물품 등을 받아들이는 행위가 필요할 뿐 반드시 상대방 측에서 뇌물수수죄가 성립하여야 하는 것은 아니다.

③ 뇌물약속죄에서 뇌물의 약속은 직무와 관련하여 장래에 뇌물을 주고받겠다는 양 당사자의 의사표시가 확정적으로 합치하면 성립하고, 뇌물의 가액이 얼마인지는 문제되지 않는다.

④ 알선뇌물수수죄와 관련하여 상대방으로 하여금 뇌물을 수수하는 자에게 잘 보이면 어떤 도움을 받을 수 있다거나 손해를 입을 염려가 없다는 정도의 막연한 기대감을 갖게 하고, 뇌물을 수수하는 자 역시 상대방이 그러한 기대감을 가질 것이라고 짐작하면서 수수하였다면 알선뇌물수수죄가 성립한다.

정선 핵심

① 임용결격자가 직무에 관하여 뇌물을 수수한 경우 → 뇌물수수죄 ○
② 뇌물공여죄의 성립 → 상대방의 뇌물수수죄 성립불요
③ 뇌물약속죄의 약속 → 뇌물 가액을 불문하고 의사표시가 확정적으로 합치하면 성립
④ 뇌물을 수수하는 자가 상대방에게 막연한 기대감을 갖게 하고, 상대방이 기대감을 가질 것이라고 짐작하면서 뇌물을 수수한 경우 → 알선수뢰죄 ×

정선 해설

[❶ ▶ ○] 대판 2014.3.27. 2013도11357

[❷ ▶ ○] 뇌물공여죄가 성립하기 위하여는 뇌물을 공여하는 행위와 상대방측에서 금전적으로 가치가 있는 그 물품 등을 받아들이는 행위가 필요할 뿐 반드시 상대방측에서 뇌물수수죄가 성립하여야 함을 뜻하는 것은 아니다(대판 2006.2.24. 2005도4737).

[❸ ▶ ○] 대판 2016.6.23. 2016도3753

[❹ ▶ ×] 상대방으로 하여금 뇌물을 수수하는 자에게 잘 보이면 어떤 도움을 받을 수 있다거나 손해를 입을 염려가 없다는 정도의 막연한 기대감을 갖게 하는 정도에 불과하고, 뇌물을 수수하는 자 역시 상대방이 그러한 기대감을 가질 것이라고 짐작하면서 수수하였다는 사정만으로는 알선뇌물수수죄가 성립하지 않는다(대판 2017.12.22. 2017도12346).

답 ❹

국가적 법익에 대한 죄에 관한 설명 중 옳은 것은?(다툼이 있으면 판례에 의함)

`13` 사시

① 사전수뢰죄에서 '공무원 또는 중재인이 될 자'란 공무원 또는 중재인이 될 것이 예정되어 있는 자를 말하며 공직취임에 대하여 어느 정도 개연성을 갖추었더라도 그 가능성이 확실하지 않은 경우는 포함되지 않는다.

② 뇌물의 내용인 이익이라 함은 금전, 물품 기타의 재산적 이익뿐만 아니라 사람의 수요·욕망을 충족시키기에 족한 일체의 유형·무형의 이익을 포함하는데, 이는 개인적 법익에 대한 죄인 배임수재죄의 재산상 이익과 내용이 같다.

③ 공무원이 예전에 자신의 부하로 근무한 자의 직무에 관한 사항에 대해 알선하고 그 대가로 일정한 이익을 취득한 경우 그 부하가 취급하는 업무처리에 사실상 영향력을 행사할 수 있는 지위에 있다면 그 부하가 이미 부서를 옮겨 가서 상하관계나 협동관계에 있지 않더라도, 공무원 에게 알선수뢰죄가 성립한다.

④ 직권남용권리행사방해죄의 직권남용이란 공무원이 그의 일반적 권한에 속하는 사항에 관하여 그것을 불법하게 행사하는 것으로 세무공무원이 세금미납자를 감금하는 것은 직권남용권리행 사방해죄에 해당한다.

⑤ 수의계약을 체결하는 공무원이 공사업자와 계약금액을 부풀려서 계약하고 부풀린 금액을 자신 이 되돌려 받기로 사전에 약정한 다음 그에 따라 계약을 체결한 후 부풀린 금액을 공사업자로부 터 수수하였다면 부정처사후수뢰죄가 성립한다.

정선 핵심

① 공무원 또는 중재인이 될 자 → 공직취임 개연성은 있으나 확실하지 않은 경우 포함
② 뇌물죄와 배임수재죄의 구별
  ⤷ 뇌물의 내용인 이익 : 사람의 수요·욕망을 충족시키기에 족한 일체의 이익
  ⤷ 배임수재죄의 재산상 이익 : 재산적 가치 있는 일체의 이익
③ 부하가 이미 부서를 옮겨 상하관계나 협동관계에 있지 않은 경우 → 알선수뢰죄 ○
④ 세무공무원이 세금미납자를 감금하는 경우 → 직권남용권리행사방해죄 ×
⑤ 수의계약을 체결한 공무원이 계약금을 부풀려 되돌려 받은 경우 → 횡령죄 ○

정선 해설

[❶ ▸ ×] 형법 제129조 제2항에 정한 '공무원 또는 중재인이 될 자'란 공무원채용시험에 합격하여 발령을 대기하고 있는 자 또는 선거에 의해 당선이 확정된 자 등 공무원 또는 중재인이 될 것이 예정되어 있는 자뿐만 아니라 공직취임의 가능성이 확실하지는 않더라도 어느 정도의 개연성을 갖춘 자를 포함한다고 할 것이다(대판 2010.5.13. 2009도7040).

도시개발조합의 임원인 조합장 또는 상무이사로 선출될 상당한 개연성이 있는 피고인들이 그 담당할 직무에 관하여 청탁을 받고 소유권이전등기를 마칠 수 있는 기회를 제공받는 방법으로 이익을 수수한 사안에서, 사전수뢰죄의 성립을 긍정한 사례(대판 2010.5.13. 2009도7040).

[❷ ▸ ×] 뇌물죄에서 뇌물의 내용인 이익이라 함은 금전, 물품 기타의 재산적 이익뿐만 아니라 사람의 수요·욕망을 충족시키기에 족한 일체의 유형·무형의 이익을 포함하며, 제공된 것이 성적 욕구의 충족이라고 하여 달리 볼 것이 아니나(대판 2014.1.29. 2013도13937), 배임수재죄에서 재산상의 이익이란 재산적 가치 있는 일체의 이익을 의미한다는 점에서 구별된다.

[❸ ▸ ○] 알선수뢰죄가 성립하기 위해서는 부하가 같은 부서에 근무할 것을 요하지 아니하므로 그 부하가 이미 부서를 옮겨 상하관계나 협동관계에 있지 않더라도, 공무원에게 알선수뢰죄가 성립한다.

알선수뢰죄에 있어서 "공무원이 그 지위를 이용하여"라고 함은 친구, 친족관계 등 사적인 관계를 이용하는 경우이거나 단순히 공무원으로서의 신분이 있다는 것만을 이용하는 경우에는 여기에 해당한다고 볼 수 없으나, 다른 공무원이 취급하는 업무처리에 법률상 또는 사실상으로 영향을 줄 수 있는 공무원이 그 지위를 이용하는 경우에는 여기에 해당하고 그 사이에 반드시 상하관계, 협동관계, 감독권한 등의 특수한 관계에 있거나 같은 부서에 근무할 것을 요하는 것은 아니다(대판 1994.10.21. 94도852).

[**④** ▸ ×] 판례의 취지를 고려하면, 세무공무원이 세금미납자를 감금하는 것은 그의 일반적인 직무권한에 속하지 않는 행위를 한 것이므로 직권남용권리행사방해죄는 성립하지 아니한다.

직권남용권리행사방해죄는 공무원이 그 일반적 직무권한에 속하는 사항에 관하여 직권의 행사에 가탁하여 실질적, 구체적으로 위법·부당한 행위를 한 경우에 성립한다. 따라서 여기서의 직권남용은 공무원이 그의 일반적 권한에 속하는 사항에 관하여 그것을 불법하게 행사하는 것, 즉 형식적·외형적으로는 직무집행으로 보이나 실질적으로는 정당한 권한 외의 행위를 하는 경우를 의미하고, 공무원이 그의 일반적 권한에 속하지 않는 행위를 하는 경우인 지위를 이용한 불법행위와는 구별된다(대판 2014.12.24. 2012도4531).

[**⑤** ▸ ×] 수의계약을 체결하는 공무원이 해당 공사업자와 적정한 금액 이상으로 계약금액을 부풀려서 계약하고 부풀린 금액을 자신이 되돌려 받기로 사전에 약정한 다음 그에 따라 수수한 돈은 성격상 뇌물이 아니고 횡령금에 해당한다(대판 2007.10.12. 2005도7112).

답 **❸**

051 다음 설명 중 옳지 않은 것을 모두 고른 것은? 20 법원행시

ㄱ. 형법 제122조에서 정하는 직무유기죄에서 '직무를 유기한 때'란 공무원이 법령, 내규 등에 의한 추상적 성실의무를 태만히 하는 일체의 경우에 성립하는 것이 아니라 직장의 무단이탈, 직무의 의식적인 포기 등과 같이 국가의 기능을 저해하고 국민에게 피해를 야기시킬 가능성이 있는 경우를 가리킨다.

ㄴ. 공무원 또는 중재인이 부정한 청탁을 받고 제3자에게 뇌물을 제공하게 하고 제3자가 그러한 공무원 또는 중재인의 범죄행위를 알면서 방조한 경우에는 그에 대한 별도의 처벌규정이 없는 한 제3자뇌물수수방조죄가 인정될 수 없다.

ㄷ. 어떠한 형태로든 직무집행의 의사로 자신의 직무를 수행한 경우에는 그 직무집행의 내용이 위법한 것으로 평가된다는 점만으로 직무유기죄의 성립을 인정할 것은 아니고, 공무원이 태만 ·분망·착각 등으로 인하여 직무를 성실히 수행하지 아니한 경우나 형식적으로 또는 소홀히 직무를 수행하였기 때문에 성실한 직무수행을 못한 것에 불과한 경우에도 직무유기죄는 성립하지 아니한다.

ㄹ. 직무유기죄는 그 직무를 수행하여야 하는 작위의무의 존재와 그에 대한 위반을 전제로 하고 있는바, 그 작위의무를 수행하지 아니함으로써 구성요건에 해당하는 사실이 있었고 그 후에도 계속하여 그 작위의무를 수행하지 아니하는 위법한 부작위상태가 계속되는 한 가벌적 위법상 태는 계속 존재하고 있다고 할 것이며 형법 제122조 후단은 이를 전체적으로 보아 일죄로 처벌하는 취지로 해석되므로 이를 즉시범이라고 할 수 없다.

ㅁ. 공무원이 직무관련자에게 제3자와 계약을 체결하도록 요구하여 계약 체결을 하게 한 행위가 제3자뇌물수수죄의 구성요건과 직권남용권리행사방해죄의 구성요건에 모두 해당하는 경우에는, 제3자뇌물수수죄와 직권남용권리행사방해죄가 각각 성립하고, 실체적 경합범의 관계에 있다.

① ㄱ, ㄴ, ㄷ   ② ㄴ, ㄹ, ㅁ

③ ㄴ, ㅁ   ④ ㄴ, ㄷ, ㅁ

⑤ ㄱ, ㄴ, ㅁ

**정선
핵심**

ㄱ. 직무를 유기한 때 → 국가기능을 저해하고 국민에게 피해 가능성이 있는 경우

ㄴ. 제3자가 공무원 또는 중재인의 범죄행위를 알면서 방조한 경우 → 제3자뇌물수수방조죄 ○

ㄷ. 직무유기죄의 성립 여부

→ 직무집행의 의사로 직무를 수행하였으나 내용이 위법한 경우 ×

→ 태만·분망·착각으로 직무를 성실히 수행하지 아니한 경우 ×

→ 형식적으로 직무를 수행하였기 때문에 성실한 직무수행을 못한 것에 불과한 경우 ×

ㄹ. 직무유기죄 → 계속범 ○

ㅁ. 제3자뇌물수수죄와 직권남용권리행사방해죄 → 상상적 경합 ○

**정선
해설**

[ㄱ ▸ ○] 대판 2014.4.10. 2013도229

[ㄴ ▸ ×] 제3자뇌물수수죄에서 제3자란 행위자와 공동정범 이외의 사람을 말하고, 교사자나 방조자도 포함될 수 있다. 그러므로 공무원 또는 중재인이 부정한 청탁을 받고 제3자에게 뇌물을 제공하게 하고 제3자가 그러한 공무원 또는 중재인의 범죄행위를 알면서 방조한 경우에는 <u>그에 대한 별도의 처벌규정이 없더라도 방조범에 관한 형법총칙의 규정이 적용되어 제3자뇌물수수방조죄가 인정될 수 있다</u>(대판 2017.3.15. 2016도19659).

[ㄷ ▸ ○] 어떠한 형태로든 직무집행의 의사로 자신의 직무를 수행한 경우에는 그 직무집행의 내용이 위법한 것으로 평가된다는 점만으로 직무유기죄의 성립을 인정할 것은 아니고, 공무원이 태만·분망·착각 등으로 인하여 직무를 성실히 수행하지 아니한 경우나 형식적으로 또는 소홀히 직무를 수행하였기 때문에 성실한 직무수행을 못한 것에 불과한 경우에도 직무유기죄는 성립하지 아니한다(대판 2012.8.30. 2010도13694).

[ㄹ ▸ ○] 대판 1997.8.29. 97도675

[ㅁ ▸ ×] 공무원이 직무관련자에게 제3자와 계약을 체결하도록 요구하여 계약 체결을 하게 한 행위가 제3자뇌물 수수죄의 구성요건과 직권남용권리행사방해죄의 구성요건에 모두 해당하는 경우에는, 제3자뇌물수수죄와 직권남 용권리행사방해죄가 각각 성립하되, 이는 사회 관념상 하나의 행위가 수개의 죄에 해당하는 경우이므로 두 죄는 형법 제40조의 상상적 경합관계에 있다(대판 2017.3.15. 2016도19659).

답 ❸

뇌물죄에 대한 설명으로 옳지 않은 것은?(다툼이 있는 경우 판례에 의함) `17` 국가7급

① 뇌물을 수수한 공무원이 뇌물을 받는 데에 필요한 경비를 지출한 경우 그 경비는 뇌물수수의 부수적 비용이므로 뇌물의 가액과 추징액에서 공제할 항목에 해당된다.

② 뇌물수수의 공범자들 사이에 직무와 관련하여 금품이나 이익을 수수하기로 하는 명시적 또는 암묵적 공모관계가 성립하고 그 공모 내용에 따라 공범자 중 1인이 금품이나 이익을 수수하였다면, 사전에 특정 금액 이하로만 받기로 약정하였다든가 수수한 금액이 공모 과정에서 도저히 예상할 수 없는 고액이라는 등과 같은 특별한 사정이 없는 한, 공모자 전원에게 그 수수한 금품이나 이익 전부에 관하여 뇌물수수죄의 공모공동정범이 성립한다.

③ 뇌물약속죄는 직무와 관련하여 장래에 뇌물을 주고받겠다는 양 당사자의 의사표시가 확정적으로 합치하면 성립하고, 뇌물의 목적물이 이익인 경우에는 그 가액이 확정되어 있지 않더라도 문제되지 아니한다.

④ 제3자뇌물제공죄에 있어서 묵시적 의사표시에 의한 부정한 청탁이 있다고 하려면 청탁의 대상이 되는 직무집행의 내용과 제3자에게 제공되는 이익이 그 직무집행에 대한 대가라는 점에 대하여 공무원과 이익 제공자 사이에 공통의 인식이나 양해가 있어야 한다.

정선 핵심

① 뇌물을 받는 데 필요한 경비를 지출한 경우 → 뇌물가액과 추징액에서 공제 ×
② 공모에 따라 공범자 중 1인이 금품이나 이익을 수수한 경우 → 금품이나 이익 전부에 관해 뇌물수수죄의 공모공동정범 ○
③ 뇌물의 가액이 확정되어 있지 않은 경우 → 뇌물약속죄 ○
④ 제3자뇌물공여죄의 부정한 청탁 → 직무집행의 내용과 대가에 대한 공통의 인식이나 양해 필요

정선 해설

[❶ ▸ ✕] 공무원이 뇌물을 받는 데에 필요한 경비를 지출한 경우 그 경비는 뇌물수수의 부수적 비용에 불과하여 뇌물의 가액과 추징액에서 공제할 항목에 해당하지 않는다(대판 2017.3.22. 2016도21536).

[❷ ▸ ○] 뇌물수수의 공범자들 사이에 직무와 관련하여 금품이나 이익을 수수하기로 하는 명시적 또는 암묵적 공모관계가 성립하고 그 공모 내용에 따라 공범자 중 1인이 금품이나 이익을 수수하였다면, 사전에 특정 금액 이하로만 받기로 약정하였다든가 수수한 금액이 공모 과정에서 도저히 예상할 수 없는 고액이라는 등과 같은 특별한 사정이 없는 한, 그 수수한 금품이나 이익 전부에 관하여 특정범죄가중법 위반(뇌물)죄 또는 뇌물수수죄의 공모공동정범이 성립한다(대판 2014.12.24. 2014도10199).

[❸ ▸ ○] 뇌물약속죄에서 뇌물의 약속은 직무와 관련하여 장래에 뇌물을 주고받겠다는 양 당사자의 의사표시가 확정적으로 합치하면 성립하고, 뇌물의 가액이 얼마인지는 문제되지 아니한다. 또한 뇌물의 목적물이 이익인 경우에 그 가액이 확정되어 있지 않아도 뇌물약속죄가 성립하는 데에는 영향이 없다(대판 2016.6.23. 2016도3753).

[❹ ▸ ○] 대판 2009.1.30. 2008도6950

답 ❶

뇌물죄에 대한 설명으로 가장 적절한 것은?(다툼이 있는 경우 판례에 의함) 18 경찰채용

① 공무원이 직무와 관련하여 금품을 수수하였더라도 특별한 청탁이 없이 사교적 의례의 형식을 갖추어 금품을 주고 받았다면 형법 제129조 제1항의 뇌물수수죄가 성립하지 않는다.

② 공무원이 직접 금품을 받지 않고 증뢰자로 하여금 다른 사람에게 금품을 공여하도록 한 경우라도 그가 직무에 관하여 부정한 청탁을 받은 사정이 없다면 이를 형법 제130조의 제3자뇌물제공죄로 처벌하지 못한다.

③ 공무원이 그 지위를 이용하여 다른 공무원의 직무에 관한 사항의 알선에 관하여 금품을 수수한 경우에는 그가 특별한 청탁을 받고 그 같은 행위를 한 사정이 없는 이상 이를 형법 제132조의 알선수뢰죄로 처벌하지 못한다.

④ 공무원에게 뇌물로 공여하기 위한 목적이라는 사정을 알면서 증뢰자로부터 금품을 교부받은 자는 그가 실제로 그 금품을 공무원에게 전달하지 않고 있는 이상 형법상 아무런 처벌을 받지 않는다.

정선 핵심

① 직무와 관련하여 사교적 의례의 형식으로 금품을 수수한 경우 → 뇌물수수죄 ○
② 다른 사람에게 금품을 공여하도록 한 때라도 공무원이 부정한 청탁을 받지 않은 경우 → 제3자뇌물제공죄 ×
③ 공무원이 지위를 이용하여 알선에 관한 금품을 수수하였으나 청탁이 없는 경우 → 알선수뢰죄 ○
④ 제3자가 교부받은 금품을 수뢰할 사람에게 전달한 경우 → 증뢰물전달죄 외에 뇌물공여죄 ×

정선 해설

[❶ ▸ ×] 공무원의 직무와 관련하여 금품을 수수하였다면 그 수수한 금품은 뇌물이 되는 것이고, 그것이 사교적 의례의 형식을 사용하고 있다 하여도 직무행위의 대가로서의 의미를 가질 때에는 뇌물이 된다(대판 1999.1.29. 98도3584).

[❷ ▸ ○] 형법 제130조 참조

 법령 제삼자뇌물제공(형법 제130조)   공무원 또는 중재인이 그 직무에 관하여 <u>부정한 청탁을 받고</u> 제3자에게 뇌물을 공여하게 하거나 공여를 요구 또는 약속한 때에는 5년 이하의 징역 또는 10년 이하의 자격정지에 처한다.

[❸ ▸ ×] 알선수뢰죄는 공무원이 특별한 청탁을 받은 사정이 없더라도 성립함을 유의하여야 한다.

 법령 알선수뢰(형법 제132조)   공무원이 그 지위를 이용하여 다른 공무원의 직무에 속한 사항의 알선에 관하여 뇌물을 수수, 요구 또는 약속한 때에는 3년 이하의 징역 또는 7년 이하의 자격정지에 처한다.

[❹ ▸ ×] 형법 제133조 제2항은 증뢰자가 뇌물에 제공할 목적으로 금품을 제3자에게 교부하거나 또는 그 사정을 알면서 교부받는 증뢰물전달행위를 독립한 구성요건으로 하여 이를 같은 조 제1항의 뇌물공여죄와 같은 형으로 처벌하는 규정으로서, 제3자의 증뢰물전달죄는 제3자가 증뢰자로부터 교부받은 금품을 수뢰할 사람에게 전달하였는지 여부에 관계 없이 제3자가 그 사정을 알면서 금품을 교부받음으로써 성립하는 것이며, 나아가 제3자가 그 교부받은 금품을 수뢰할 사람에게 전달하였다고 하여 증뢰물전달죄 외에 별도로 뇌물공여죄가 성립하는 것은 아니다(대판 1997.9.5. 97도1572).

 답 ❷

뇌물죄에 대한 설명으로 옳지 않은 것은?(다툼이 있는 경우 판례에 의함) `16` 경찰간부

① 형법 제133조 제2항의 제3자뇌물취득죄는 제3자가 증뢰자로부터 교부받은 금품을 수뢰할 사람에게 전달하였는지의 여부에 관계없이 제3자가 그 사정을 알면서 금품을 교부받음으로써 성립한다.

② 뇌물을 여러 차례에 걸쳐 수수함으로써 그 행위가 여러 개이더라도 그것이 단일하고 계속적 범의에 의하여 이루어지고 동일법익을 침해한 때에는 포괄일죄로 처벌함이 상당하다.

③ 병역면제를 위해 1억원의 뇌물을 받은 헌병수사관 甲이 독자적 판단에 따라 군의관 乙에게 5천만원을 공여한 경우 甲에게 추징해야 할 금액은 5천만원이다.

④ 피고인이 향응을 제공받는 자리에 피고인 스스로 제3자를 초대하여 함께 접대를 받은 경우 그 제3자가 피고인과는 별도의 지위에서 접대를 받는 공무원이라는 등의 특별한 사정이 없는 한 그 제3자의 접대에 요한 비용도 피고인의 수뢰액으로 보아야 한다.

정선 핵심

① 제3자가 증뢰에 공할 금품이라는 정을 알면서 금품을 교부받은 경우 → 제3자뇌물취득죄 O

② 단일·계속적 범의로 뇌물을 여러 차례 수수한 경우 → 뇌물수수죄의 포괄일죄 O

③ 1억원을 받은 헌병수사관 甲이 독자적 판단에 따라 군의관에게 5천만원을 공여한 경우 → 甲에게 1억원 전액 추징 O

④ 피고인 스스로 제3자를 초대하여 함께 접대를 받은 경우 → 접대비용도 피고인의 수뢰액

정선 해설

[**❶** ▸ O] 대판 1997.9.5. 97도1572

[**❷** ▸ O] 대판 1999.1.29. 98도3584

[**❸** ▸ ×] 판례의 취지를 고려하면, 1억원의 뇌물을 받은 헌병수사관 甲이 독자적 판단에 따라 군의관 乙에게 5천만원을 공여한 경우, 이는 甲이 받은 뇌물을 소비하는 방법에 지나지 아니하므로, 甲에게 1억원 전액을 추징해야 한다.

> 공무원의 직무에 속한 사항의 알선에 관하여 금품을 받은 자가 그 금품 중의 일부를 다른 알선행위자에게 청탁의 명목으로 교부하였다 하더라도 당초 금품을 받을 당시 그와 같이 사용하기로 예정되어 있어서 그 받은 취지에 따라 그와 같이 사용한 것이 아니라, 범인의 독자적인 판단에 따라 경비로 사용한 것이라면 이는 범인이 받은 금품을 소비하는 방법의 하나에 지나지 아니하므로, 그 가액 역시 범인으로부터 추징하지 않으면 안된다(대판 1999.6.25. 99도1900).

[**❹** ▸ O] 피고인이 향응을 제공받는 자리에 피고인 스스로 제3자를 초대하여 함께 접대를 받은 경우에는, 그 제3자가 피고인과는 별도의 지위에서 접대를 받는 공무원이라는 등의 특별한 사정이 없는 한 그 제3자의 접대에 요한 비용도 피고인의 접대에 요한 비용에 포함시켜 피고인의 수뢰액으로 보아야 한다(대판 2001.10.12. 99도5294).

답 ❸

정선지문OX

01 가축검사원으로 재직하는 공무원이 퇴근 시 소 계류장의 시정·봉인 조치를 취하지 아니하고 그 관리를 도축장 직원에게 방치한 경우라도 직무유기죄가 성립한다고 볼 수 없다. `20` 해경간부

02 어업허가신청자가 어업허가를 받을 수 없는 자임을 알면서도 담당공무원이 실태조사를 하지 않고 오히려 부하직원에게 어업허가처리기안문을 작성하게 한 다음 스스로 중간결재를 한 후 그 정을 모르는 농수산국장의 최종결재를 받았다면 위계에 의한 공무집행방해죄와 직무유기죄의 상상적 경합범이 성립한다. `20` 해경승진

03 뇌물죄에 있어서 금품을 수수한 장소가 공개된 장소이고, 금품을 수수한 공무원이 이를 개인적 용도가 아닌 회식비나 직원들의 휴가비로 소비하였을 뿐 자신의 사리를 취한 바 없다 하더라도 뇌물죄가 성립한다. `19` 해경승진

04 뇌물죄는 직무에 관한 청탁이나 부정한 행위를 필요로 하므로 수수된 금품의 뇌물성을 인정하는 데 특별한 청탁이 있어야만 한다. `17` 경찰채용

05 문교부 편수국 공무원인 피고인들이 교과서의 내용검토 및 개편수정 작업을 의뢰받고 그에 소요되는 비용을 받은 경우, 뇌물죄의 직무관련성이 인정된다. `15` 경찰승진

06 경찰관이 재건축조합 직무대행자에 대한 진정사건을 수사하면서 진정인 측의 재건축 설계업체로 선정되기를 희망하던 건축사사무소 대표로부터 금원을 수수한 경우, 뇌물죄의 직무관련성이 인정된다. `15` 경찰승진

07 지방의회의 의장 선거에서 투표권을 가지고 있는 군의원들이 의장선거와 관련하여 금품 등을 수수한 경우, 뇌물죄의 직무관련성이 인정된다. `15` 경찰승진

08 경찰청 정보과에 근무하는 甲이 乙로부터 그가 경영하는 회사가 외국인산업연수생에 대한 국내관리업체로 선정되도록 중소기업협동조합중앙회 회장인 丙에게 힘써 달라는 부탁을 받고 각종 향응을 받은 경우 수뢰죄가 성립한다. `14` 경찰채용

01 퇴근 시 소 계류장의 시정·봉인조치를 취하지 아니하고 그 관리를 도축장 직원에게 방치한 행위는 직무유기죄에 해당된다(대판 1990.5.25. 90도191).

02 작위범인 위계에 의한 공무집행방해죄만이 성립하고 부작위범인 직무유기죄는 따로 성립하지 아니한다(대판 1997.2.28. 96도2825).

03 대판 1985.5.14. 83도2050

04 뇌물성은 의무위반 행위나 청탁의 유무 및 금품수수 시기와 직무집행 행위의 전후를 가리지 아니한다(대판 2013.11.28. 2013도9003).

05 검정교과서의 내용검토 및 개편수정은 공무원의 직무가 아니므로 공무원이 이를 의뢰받고 그 비용 및 보수를 받은 경우에도 수뢰죄가 성립하지 아니한다(대판 1979.5.22. 78도296).

06 대판 2007.4.27. 2005도4204

07 대판 2002.5.10. 2000도2251

08 경찰청 정보과 근무 경찰관의 직무와 중소기업협동조합중앙회장의 외국인산업연수생에 대한 국내 관리업체 선정업무는 직무관련성이 없다(대판 1999.6.11. 99도275).

정답

01 ×	02 ×	03 ○	04 ×
05 ×	06 ○	07 ○	08 ×

09 수뢰죄에서 물건을 취득하면서 그 대가를 지급하였다고 하더라도 범죄행위로 취득한 것은 물건 자체이고 이는 몰수되어야 할 것이나, 이미 처분되어 없다면 그 가액 상당을 추징할 것이고, 그 가액에서 이를 취득하기 위한 대가로 지급한 금원을 뺀 나머지를 추징해야 하는 것은 아니다. `16` 5급승진 ○ | X

10 금품이나 이익 전부에 관하여 뇌물수수죄의 공동정범이 성립한 이후에 뇌물이 실제로 공동정범인 공무원 또는 비공무원 중 누구에게 귀속되었는지는 이미 성립한 뇌물수수죄에 영향을 미치지 않는다. 공무원과 비공무원이 사전에 뇌물을 비공무원에게 귀속시키기로 모의하였거나 뇌물의 성질상 비공무원이 사용하거나 소비할 것이라고 하더라도 이러한 사정은 뇌물수수죄의 공동정범이 성립한 이후 뇌물의 처리에 관한 것에 불과하므로 뇌물수수죄가 성립하는 데 영향이 없다. `20` 법원행시 ○ | X

09 대판 1999.10.8. 99도1638

10 대판 2019.8.29. 2018도2738[전합]

정답

09 ○ **10** ○

055
□□□

공무집행방해죄 및 업무방해죄에 관한 설명으로 가장 옳은 것은?(다툼이 있는 경우 판례에 의함)

`14` 법원9급

① 피고인이 甲등과 공모하여 위력으로 시장 乙 및 丙회사 관계자 등의 기자회견 업무를 방해하였을 경우, 공무원 乙의 기자회견 업무에 대하여 업무방해죄가 성립하지 아니한다.

② 경찰청 민원실에서 말똥을 책상 및 민원실 바닥에 뿌리고 소리를 지르는 등 난동을 부린 행위가 '위력'으로 경찰관의 민원접수 업무를 방해한 경우, 경찰청 민원실 근무 경찰공무원에 대하여 업무방해죄가 성립한다.

③ 공무원의 직무수행에 대한 비판이나 시정 등을 요구하는 집회·시위 과정에서 일시적으로 상당한 소음이 발생하였다는 사정만으로도, 이를 공무집행방해죄에서의 음향으로 인한 폭행이 있었다고 할 수 있다.

④ 불법주차 차량에 불법주차 스티커를 붙였다가 이를 다시 떼어 낸 직후에 있는 주차단속 공무원을 폭행한 경우, 폭행 당시 주차단속 공무원은 불법주차 단속의 직무수행을 하고 있지 않았다고 보아야 하므로 공무집행방해죄가 성립하지 않는다.

정선 핵심

① 시장의 기자회견을 위력에 의하여 방해한 경우 → 업무방해죄 ×
② 위력으로 경찰관의 민원접수 업무를 방해한 경우 → 업무방해죄 ×
③ 공무원의 직무수행을 비판하는 집회·시위 과정에서 일시적으로 상당한 소음이 발생한 경우 → 공무집행방해죄의 폭행 ×
④ 불법주차 스티커를 떼어 낸 직후 단속 공무원을 폭행한 경우 → 공무집행방해죄 ○

정선 해설

[❶ ▸ ○] 대판 2011.7.28. 2009도11104

[❷ ▸ ×] 피고인이 제1심 공동피고인 2와 함께 경찰청 민원실에서 말똥을 책상 및 민원실 바닥에 뿌리고 소리를 지르는 등 난동을 부린 행위가 위력으로 경찰관의 민원접수 업무를 방해한 것이라는 이유로 판시 업무방해의 공소사실을 유죄로 인정한 제1심판결을 그대로 유지한 원심의 판단은 업무방해죄의 성립범위에 관한 법리를 오해한 것이다(대판 2010.2.25. 2008도9049).

[❸ ▸ ×] 민주사회에서 공무원의 직무수행에 대한 시민들의 건전한 비판과 감시는 가능한 한 널리 허용되어야 한다는 점에서 볼 때, 공무원의 직무수행에 대한 비판이나 시정 등을 요구하는 집회·시위 과정에서 일시적으로 상당한 소음이 발생하였다는 사정만으로는 이를 공무집행방해죄에서의 음향으로 인한 폭행이 있었다고 할 수는 없다(대판 2009.10.29. 2007도3584).

[❹ ▸ ×] 불법주차 차량에 불법주차 스티커를 붙였다가 이를 다시 떼어 낸 직후에 있는 주차단속 공무원을 폭행한 경우, 폭행 당시 주차단속 공무원은 일련의 직무수행을 위하여 근무 중인 상태에 있었다고 보아야 한다는 이유로 공무집행방해죄가 성립한다(대판 1999.9.21. 99도383).

 답 ❶

공무집행방해죄의 성립에 대한 설명으로 옳지 않은 것은?(다툼이 있는 경우 판례에 의함)

`17` 5급승진

① 공무원의 직무집행이 적법한 경우에 한하여 성립한다.
② 공무집행방해죄의 범의에는 직무집행을 방해한다는 의사가 필요하다.
③ 공무원임을 알았더라도 직무집행 중이라는 점을 인식하지 못한 때에는 성립하지 않는다.
④ 공무원에 대한 폭행 또는 협박은 객관적으로 그 직무집행을 방해할 수 있을 정도여야 하므로 그 공무원이 개의치 않을 정도로 경미한 때에는 성립하지 않는다.
⑤ 노역장유치집행을 위하여 경찰관이 형집행장을 소지하지 않고 피고인의 집을 방문하여 체포·구인하려 하자 피고인이 이를 거부하면서 경찰관을 폭행한 때에는 성립하지 않는다.

**정선
핵심**

공무집행방해죄의 성립 여부
① 공무집행방해죄 → 직무집행이 적법한 경우에 성립
② 공무집행방해죄의 고의 → 직무 집행을 방해할 의사 ×
③ 공무원이 직무집행 중이라는 점을 인식하지 못한 경우 → ×
④ 폭행 또는 협박이 공무원이 개의치 않을 정도로 경미한 경우 → ×
⑤ 형집행장을 소지하지 않고 체포·구인하려 하자 거부하면서 경찰관을 폭행한 경우 → ×

**정선
해설**

[❶ ▸ ○] 공무집행방해죄는 공무원의 직무집행이 적법한 경우에 한하여 성립하고, 여기서 적법한 공무집행은 그 행위가 공무원의 추상적 권한에 속할 뿐 아니라 구체적 직무집행에 관한 법률상 요건과 방식을 갖춘 경우를 가리킨다(대판 2006.9.8. 2006도148).

> 검사가 참고인 조사를 받는 줄 알고 검찰청에 자진출석한 변호사사무실 사무장을 합리적 근거 없이 긴급체포하자 그 변호사가 이를 제지하는 과정에서 위 검사에게 상해를 가한 것이 정당방위에 해당한다고 본 사례(대판 2006.9.8. 2006도148).

[❷ ▸ ×] 공무집행방해죄에 있어서의 범의는 상대방이 직무를 집행하는 공무원이라는 사실, 그리고 이에 대하여 폭행 또는 협박을 한다는 사실을 인식하는 것을 그 내용으로 하고, 그 인식은 불확정적인 것이라도 소위 미필적 고의가 있다고 보아야 하며, 그 직무집행을 방해할 의사를 필요로 하지 아니하다(대판 1995.1.24. 94도1949).

> **비교판례** 대판 1974.12.10. 74도2841
> 경찰관서에 허위신고를 하였으나 위계행위로 인하여 공무집행을 방해하려는 의사가 없는 경우에 위계에 의한 공무집행방해죄는 성립하지 아니한다.

[❸ ▸ ○] 판례의 취지를 고려하면, 공무원이 직무집행 중이라는 점을 인식하지 못한 때에는 공무집행방해죄의 고의가 조각되므로 공무집행방해죄는 성립하지 아니한다.

> 시청 소속 수도검침원인 피해자가 수도검침차 피고인 집으로 가다가 그 집과 약 32미터 떨어진 공터에서 피고인으로부터 폭행을 당한 경우, 피고인이 피해자가 공무원인 사실을 알았다거나 나아가 위 피해자가 폭행을 당할 당시 공무집행중이었고 또는 공무집행중이라고 불만한 근접한 행위가 있었다고 볼 수 없으면 범죄의 증명이 없는 경우에 해당된다(대판 1979.7.24. 79도1201).

[❹ ▸ ○] 대판 1989.12.26. 89도1204
[❺ ▸ ○] 경찰관이 노역장 유치의 집행을 위하여 형집행장을 소지하지 아니한 채 피고인을 구인할 목적으로 임의동행의 형식으로 데리고 가다가, 피고인이 동행을 거부하며 다른 곳으로 가려는 것을 제지하면서 체포·구인하려고 하자 피고인이 이를 거부하면서 경찰관을 폭행한 경우, 위와 같이 피고인을 체포·구인하려고 한 것은 노역장

유치의 집행에 관한 법규정에 반하는 것으로서 적법한 공무집행행위라고 할 수 없으며, 또한 그 경우에 형집행장의 제시 없이 구인할 수 있는 '급속을 요하는 경우'(형사소송법 제85조 제3항)에 해당한다고 할 수 없으므로 공무집행방해죄는 성립하지 아니한다(대판 2010.10.14. 2010도8591).

답 ❷

057

□□□

다음 설명 중 옳은 것을 모두 고른 것은?(다툼이 있는 경우 판례에 의함) `18` 경찰채용

> ㄱ. 경찰관이 도로를 순찰하던 중 벌금 미납으로 수배된 피고인과 조우(遭遇)하여 형집행장을 소지하지 아니한 채 급속을 요하여 그에게 형집행 사유와 더불어 형집행장이 발부되어 있는 사실을 고지하고 벌금 미납으로 인한 노역장 유치의 집행을 위해 구인하려 하였는데, 피고인이 이에 저항하여 그 경찰관을 폭행한 경우 공무집행방해죄가 성립한다.
> ㄴ. 형법상 공무집행방해죄는 직무를 집행하는 공무원에 대하여 폭행 또는 협박한 경우에 성립하는 범죄로서 여기서의 폭행은 반드시 신체에 대한 것임을 요하지 아니하며, 또한 구체적 위험범으로서 구체적으로 직무집행의 방해라는 결과발생을 필요로 한다.
> ㄷ. 피고인이 지구대 내에서 약 1시간 이상 경찰관에게 큰소리로 욕을 하고 의자에 드러눕거나 다른 사람들에게 시비를 걸고, 경찰관들이 피고인을 내보낸 뒤 문을 잠그자 다시 들어오기 위해 출입문을 계속해서 두드리는 등 소란을 피운 경우, 공무원에 대한 간접적인 유형력의 행사로 볼 수 있어 공무집행방해죄가 성립할 수 있다.
> ㄹ. 피고인이 같은 장소에서 함께 출동한 경찰관들 중 먼저 경찰관 A를 폭행하고 곧이어 이를 제지하는 경찰관 B를 폭행한 경우, 위와 같이 동일한 장소에서 동일한 기회에 이루어진 폭행행위는 사회관념상 1개의 행위로 평가하는 것이 상당하므로 A와 B에 대한 공무집행방해죄는 포괄일죄의 관계에 있다.

① ㄱ, ㄴ   ② ㄱ, ㄷ
③ ㄴ, ㄷ   ④ ㄷ, ㄹ

정선 핵심

공무집행방해죄의 성립 여부
ㄱ. 형집행장을 소지하지 아니하였으나 급속을 요하여 일정사실을 고지하고 구인하려 하였는데, 경찰관을 폭행한 경우 → ○
ㄴ. 공무집행방해죄 → 추상적 위험범으로서 직무집행의 방해라는 결과발생 불요
ㄷ. 지구대 내에서 욕설을 하거나 시비를 거는 피고인을 내보내자 출입문을 계속해서 두드리는 등 소란을 피운 경우 → ○
ㄹ. 두 명의 경찰관에게 욕설을 하면서 폭행을 하여 직무집행을 방해한 경우 → 각 공무집행방해죄는 상상적 경합 ○

정선 해설

[ㄱ ▸ ○] 경찰관들이 피고인에게 신분증을 제시하면서 벌금 미납으로 인하여 지명수배가 되어 있으며 형집행장이 발부되어 있음을 고하고 임의동행을 요구하였으나 피고인은 계속 동행을 거부하였고, 피고인이 가족과 연락할 수 있도록 경찰관들이 시간을 주었음에도 벌금 납부가 이루어지지 아니하자 경찰관들은 피고인을 경찰차에 태워 경찰서로 연행하고자 하였으나 피고인이 경찰차에 타지 아니하려고 하면서 경찰관 중 한 명의 왼쪽 턱 부위를 발로 찬 경우, 경찰관들의 형집행장 집행이 위법하지 아니하고 피고인에 대한 검거행위가 적법한 공무집행에 해당하므로 피고인에게는 공무집행방해죄와 상해죄가 성립한다(대판 2013.9.12. 2012도2349).

비교판례 대판 2017.9.26. 2017도9458

경찰관 갑이 도로를 순찰하던 중 벌금 미납으로 지명수배된 피고인과 조우하게 되어 벌금 미납 사실을 고지하고 벌금납부를 유도하였으나 피고인이 이를 거부하자 벌금 미납으로 인한 노역장 유치의 집행을 위하여 구인하려 하였는데, 피고인이 이에 저항하여 갑이 가슴을 양손으로 수차례 밀침으로써 벌금수배 검거를 위한 경찰관의 공무집행을 방해하였다는 내용으로 기소된 경우, 피고인에 대하여 확정된 벌금형의 집행을 위하여 형집행장이 이미 발부되어 있었으나, 갑이 피고인을 구인하는 과정에서 형집행장이 발부되어 있는 사실은 고지하지 않았던 사정에 비추어 갑의 위와 같은 직무집행은 위법하다고 보아 공소사실을 무죄로 판단한 원심판결은 정당하다.

[ㄴ ▸ ×] 공무집행방해죄는 직무를 집행하는 공무원에 대하여 폭행 또는 협박한 경우에 성립하는 범죄로서 여기서의 폭행은 사람에 대한 유형력의 행사로 족하고 반드시 그 신체에 대한 것임을 요하지 아니하며, 또한 추상적 위험범으로서 구체적으로 직무집행의 방해라는 결과발생을 요하지도 아니한다(대판 2018.3.29. 2017도21537).

피고인이 갑과 주차문제로 언쟁을 벌이던 중, 112 신고를 받고 출동한 경찰관 을이 갑을 때리려는 피고인을 제지하자 자신만 제지를 당한 데 화가 나서 손으로 을의 가슴을 밀치고, 피고인을 현행범으로 체포하며 순찰차 뒷좌석에 태우려고 하는 을의 정강이 부분을 양발로 걷어차는 등 폭행함으로써 경찰관의 112 신고처리에 관한 직무집행을 방해하였다는 내용으로 기소된 사안에서, 공소사실을 무죄라고 판단한 원심판결에 공무집행방해죄의 폭행이나 직무집행, 현행범 체포의 요건 등에 관한 법리오해 등의 잘못이 있다고 한 사례(대판 2018.3.29. 2017도21537)

[ㄷ ▸ ○] 대판 2013.12.26. 2013도11050
[ㄹ ▸ ×] 동일한 공무를 집행하는 여럿의 공무원에 대하여 폭행·협박 행위를 한 경우에는 공무를 집행하는 공무원의 수에 따라 여럿의 공무집행방해죄가 성립하고, 위와 같은 폭행·협박 행위가 동일한 장소에서 동일한 기회에 이루어진 것으로서 사회관념상 1개의 행위로 평가되는 경우에는 여럿의 공무집행방해죄는 상상적 경합의 관계에 있다(대판 2009.6.25. 2009도3505).

답 ❷

---

058 □□□

공무집행방해에 관한 죄에 대한 설명으로 가장 적절하지 않은 것은?(다툼이 있는 경우 판례에 의함)   21 경찰채용

① 甲은 평소 집에서 심한 고성과 욕설 등으로 이웃 주민들로부터 수회에 걸쳐 112신고가 있어 왔던 사람으로, 한밤중에 甲의 집이 소란스러워 잠을 이룰 수 없다는 112신고를 받고 출동한 경찰관들이 인터폰으로 문을 열어달라고 하였으나 욕설을 하며 소란행위를 계속하였다. 이에 경찰관들이 甲을 만나기 위해 일시적으로 전기차단기를 내리자 식칼을 들고 나와 욕설을 하며 경찰관들을 향해 찌를 듯이 협박하였더라도 경찰관들의 단전조치를 적법한 공무집행으로 볼 수 없어 甲에게는 특수공무집행방해죄가 성립하지 아니한다.

② 국립대학교의 전임교원 공채심사위원인 학과장 甲이 지원자 A의 부탁을 받고 이미 논문접수가 마감된 학회지에 A의 논문이 게재되도록 돕고, 그 후 연구실적심사의 기준을 강화하자고 제안한 경우에는 설사 甲의 행위가 결과적으로는 A에게 유리한 결과가 되었다 하더라도 위계공무집행방해죄가 성립하지 아니한다.

③ 음주운전 신고를 받고 출동한 경찰관 A는 만취한 상태로 시동이 걸린 차량 운전석에 앉아있는 甲을 발견하고 음주측정을 위해 하차를 요구하였고, 甲이 차량을 운전하지 않았다고 다투자 지구대로 가서 차량 블랙박스를 확인하자고 하였다. 이에 甲이 명시적인 거부 의사표시 없이 도주하자, A가 甲을 10m 정도 추격하여 앞을 막고 제지하는 과정에서 甲이 A를 폭행하였다면 공무집행방해죄가 성립한다.

④ 甲이 허위의 매매계약서 및 영수증을 소명자료로 첨부하여 가처분신청을 하여 법원으로부터 유체동산에 대한 가처분결정을 받은 경우에는 甲의 행위만으로 법원의 구체적이고 현실적인 어떤 직무집행이 방해되었다고 볼 수 없으므로 위계공무집행방해죄가 성립하지 아니한다.

**정선
핵심**

① 전기차단기를 내리자 식칼을 들고 찌를 듯이 협박한 경우 → 특수공무집행방해죄 ○
② 공채심사위원인 학과장이 부탁을 받고 논문접수가 마감된 학회지에 논문이 게재되도록 돕고, 기준을 강화하자고 제안한 경우 → 위계에 의한 공무집행방해죄 ×
③ 음주운전의 의심이 있어 경찰관 A가 블랙박스를 확인하려고 하자 도주하는 피고인을 제지하는 과정에서 A를 폭행한 경우 → 공무집행방해죄 ○
④ 허위의 소명자료로 유체동산 가처분결정을 받은 경우 → 위계에 의한 공무집행방해죄 ×

**정선
해설**

[❶ ▸ ×]   갑과 을이 피고인의 집으로 통하는 전기를 일시적으로 차단한 것은 피고인을 집 밖으로 나오도록 유도한 것으로서, 피고인의 범죄행위를 진압·예방하고 수사하기 위해 필요하고도 적절한 조치로 보이고, 경찰관 직무집행법 제1조의 목적에 맞게 제2조의 직무 범위 내에서 제6조에서 정한 즉시강제의 요건을 충족한 적법한 직무집행으로 볼 여지가 있다(대판 2018.12.13. 2016도19417).

[❷ ▸ ○]   국립대학교의 전임교원 공채심사위원인 학과장 甲이 지원자 乙의 부탁을 받고 이미 논문접수가 마감된 학회지에 乙의 논문이 게재되도록 돕고, 그 후 연구실적심사의 기준을 강화하자고 제안한 것은 해당 학과의 전임교원 임용 목적에 부합하는 것으로서 공정한 경우에 해당하므로 형법 제137조에서 말하는 '위계'에 해당하지 않는다(대판 2009.4.23. 2007도1554).

국립대학교의 전임교원 공채 지원자인 乙이 학과장 甲의 도움으로 이미 논문접수가 마감된 학회지에 논문을 추가게재하여 심사요건 이상의 전공논문실적을 확보하였더라도, 이는 乙이 자신의 노력에 의한 연구결과물로서 심사기준을 충족한 것이고 이후 다른 전형절차들을 모두 거쳐 최종 선발된 것이라면, 乙의 행위가 형법 제137조에 정한 '위계'에 해당하지 않는다고 한 사례(대판 2009.4.23. 2007도1554).

[❸ ▸ ○]   음주운전 신고를 받고 출동한 경찰관이 만취한 상태로 시동이 걸린 차량 운전석에 앉아있는 피고인을 발견하고 음주측정을 위해 하차를 요구함으로써 도로교통법 제44조 제2항이 정한 음주측정에 관한 직무에 착수하였다고 할 것이고, 피고인이 차량을 운전하지 않았다고 다투자 경찰관이 지구대로 가서 차량 블랙박스를 확인하자고 한 것은 음주측정에 관한 직무 중 '운전' 여부 확인을 위한 임의동행 요구에 해당하고, 피고인이 차량에서 내리자마자 도주한 것을 임의동행 요구에 대한 거부로 보더라도, 경찰관이 음주측정에 관한 직무를 계속하기 위하여 피고인을 추격하여 도주를 제지한 것은 앞서 본 바와 같이 도로교통법상 음주측정에 관한 일련의 직무집행 과정에서 이루어진 행위로써 정당한 직무집행에 해당한다(대판 2020.8.20. 2020도7193).

[❹ ▸ ○]   대판 2012.4.26. 2011도17125

답 ❶

공무방해에 관한 죄에 대한 설명으로 옳지 않은 것은?(다툼이 있는 경우 판례에 의함)

14 국가9급

① 공무집행방해죄에서의 협박은 공무를 집행하는 공무원으로 하여금 객관적으로 공포심을 느끼게 하는 것만으로는 부족하고, 현실로 공포심을 일으킬 것까지 요구되는 것이다.

② 형법이 업무방해죄와는 별도로 공무집행방해죄를 규정하고 있는 것은 공무에 관해서는 폭행·협박 또는 위계의 방법으로 그 집행을 방해하는 경우에 한하여 처벌하겠다는 취지이며, 따라서 공무집행을 방해하는 행위에 대해서는 업무방해죄로 의율할 수 없다.

③ 행정청이 당사자의 신청에 따라 인·허가처분을 함에 있어 사실을 충분히 확인하지 아니한 채 신청인이 제출한 사실과 다른 신청사유나 소명자료를 믿고 인·허가를 한 경우에는 위계에 의한 공무집행방해죄는 성립하지 않는다.

④ 범죄신고를 받고 출동한 두 명의 경찰관에게 욕설을 하면서 폭행을 한 경우에는 공무를 집행하는 경찰관의 수에 따라 공무 집행방해죄가 성립한다.

정선 핵심

① 공무집행방해죄의 협박 → 상대방에게 현실적으로 공포심을 일으킬 것 불요

② 공무원이 직무상 수행하는 공무를 방해하는 경우 → 업무방해죄 ×

③ 행정관청의 불충분한 심사에 의해 허위의 소명자료를 믿고 인·허가를 해 준 경우 → 위계에 의한 공무집행방해죄 ×

④ 두 명의 경찰관에게 욕설을 하면서 폭행을 하여 직무집행을 방해한 경우 → 각 공무집행방해죄는 상상적 경합 ○

정선 해설

[❶ ▸ ×] 공무집행방해죄에 있어서 협박이라 함은 상대방에게 공포심을 일으킬 목적으로 해악을 고지하는 행위를 의미하는 것으로서 행위 당시의 여러 사정을 종합하여 객관적으로 상대방으로 하여금 공포심을 느끼게 하기에 족하면 되고, 상대방이 현실로 공포심을 품게 될 것까지 요구되는 것은 아니다(대판 1989.12.26. 89도1204).

[❷ ▸ ○] 대판 2009.11.19. 2009도4166[전합]

[❸ ▸ ○] 행정관청이 출원에 의한 인허가처분을 할 때에는 그 출원사유가 사실과 부합하지 아니하는 경우가 있음을 전제로 하여 인허가할 것인지 여부를 심사·결정하는 것이므로, 행정관청이 그러한 사실을 충분히 확인하지 아니한 채 출원자가 제출한 허위의 출원사유나 허위의 소명자료를 가볍게 믿고 인가 또는 허가를 하였다면 이는 행정관청의 불충분한 심사에 기인한 것이어서 출원자의 위계가 결과발생의 주된 원인이라 할 수 없으므로, 위계에 의한 공무집행방해죄를 구성하지 않는다(대판 2010.10.28. 2008도9590).

[❹ ▸ ○] 대판 2009.6.25. 2009도3505

답 ❶

060
□□□

甲이 주점에서 술에 취하여 옆 자리 손님을 폭행하였는데, 이를 신고받은 경찰관 A와 B가 출동하였다. 甲은 경찰관 A와 B에게 욕설을 하며 경찰관 A의 얼굴을 주먹으로 때리고, 곧이어 이를 제지하는 B의 다리를 걷어차 폭행하였다. 위 사안과 관련한 다음 설명 중 가장 옳은 것은?   `19` 법원9급

① 위 사안에서 甲의 폭행으로 경찰관 A가 상해를 입었다면, 공무집행방해치상죄가 성립한다.
② 공무집행방해죄에 있어서 '직무를 집행하는'이라 함은 공무원이 직무수행에 직접 필요한 행위를 현실적으로 행하고 있는 때만을 가리키므로, 출동만 한 상태의 경찰관 A, B에 대하여는 공무집행방해죄가 성립하지 않는다.
③ 공무집행방해죄는 국가적 법익에 관한 죄이나, 위 사안과 같이 甲이 같은 목적으로 출동한 경찰관 A, B를 폭행한 경우에, 두 개의 공무집행방해죄가 성립한다.
④ 위 사안과 같은 경우, 동일한 장소에서 동일한 기회에 폭행이 이루어졌으나, 두 명의 공무원에 대한 폭행은 실체적 경합관계이다.

**정선
핵심**

① 甲의 폭행으로 신고받고 출동한 경찰관 A가 상해를 입은 경우 → 공무집행방해죄와 상해죄(또는 폭행치상죄)의 상상적 경합 ○
② 출동만 한 상태의 경찰관 A, B에 대하여 폭행한 경우 → 공무집행방해죄 ○
③·④ 두 명의 경찰관에게 욕설을 하면서 폭행을 하여 직무집행을 방해한 경우 → 각 공무집행방해죄는 상상적 경합 ○

**정선
해설**

[❶ ▸ ×]   甲의 폭행으로 경찰관 A가 상해를 입었다면 이론상 공무집행방해치상죄에 해당하나 우리 형법상 이에 대한 구성요건이 없으므로 결국 공무집행방해죄와 상해죄(또는 폭행치상죄)의 상상적 경합이 성립한다.
[❷ ▸ ×]   판례(대판 2002.4.12. 2000도3485)의 취지를 고려하면, 출동만 한 상태의 경찰관 A, B에 대하여 폭행한 경우에는 공무집행방해죄가 성립한다.
[❸ ▸ ○] [❹ ▸ ×]   동일한 공무를 집행하는 여럿의 공무원에 대하여 폭행·협박 행위를 한 경우에는 공무를 집행하는 공무원의 수에 따라 여럿의 공무집행방해죄가 성립하고,❸ 위와 같은 폭행·협박 행위가 동일한 장소에서 동일한 기회에 이루어진 것으로서 사회관념상 1개의 행위로 평가되는 경우에는 여럿의 공무집행방해죄는 상상적 경합의 관계에 있다❹(대판 2009.6.25. 2009도3505).

답 ❸

공무집행방해죄에 관한 설명 중 가장 적절하지 않은 것은?(다툼이 있으면 판례에 의함)

19 해경승진

① 공무집행방해죄는 공무원의 적법한 공무집행이 전제로 되는데, 추상적 권한에 속하는 공무원의 어떠한 공무집행이 적법한지 여부는 행위 당시의 구체적 상황에 기하여 객관적·합리적으로 판단하여야 한다.

② 직무수행에 직접 필요한 행위를 현실적으로 행하고 있는 공무원뿐만 아니라 직무수행을 위하여 근무 중인 공무원에 대한 폭행도 공무집행방해죄를 구성한다.

③ 직무를 집행하는 공무원에게 해악을 고지하였더라도 상대방이 전혀 개의치 않을 정도의 경미한 것인 때에는 공무집행방해죄를 구성하는 협박에 해당되지 않는다.

④ 감척어선 입찰자격이 없는 자가 제3자와 공모하여 제3자의 대리인 자격으로 제3자 명의로 입찰에 참가하고 낙찰받은 후 자신의 자금으로 낙찰대금을 지급하여 감척어선에 대한 실질적 소유권을 취득한 경우 위계에 의한 공무집행방해죄가 성립하지 않는다.

정선 핵심

① 공무집행의 적법성 → 행위 당시의 구체적 상황에 의해 객관적·합리적으로 판단
② 직무수행을 위하여 근무 중인 공무원을 폭행한 경우 → 공무집행방해죄 ○
③ 고지된 해악이 상대방이 전혀 개의치 않을 정도의 경미한 경우 → 공무집행방해죄 ×
④ 감척어선 입찰자격이 없는 자가 제3자 명의로 입찰에 참가하고 낙찰받은 경우 → 위계에 의한 공무집행방해죄 ○

정선 해설

[❶ ▶ ○] 대판 2013.2.15. 2010도11281

[❷ ▶ ○] 판례의 취지를 고려하면, 직무수행을 위하여 근무 중인 공무원에 대한 폭행도 공무집행방해죄를 구성한다.

> 공무집행방해죄에서 '직무를 집행하는'이라 함은 공무원이 직무수행에 직접 필요한 행위를 현실적으로 행하고 있는 때만을 가리키는 것이 아니라 공무원이 직무수행을 위하여 근무 중인 상태에 있는 때를 포괄한다(대판 2002.4.12. 2000도3485).

[❸ ▶ ○] 대판 1989.12.26. 89도1204

[❹ ▶ ×] 피고인이 이와 같이 감척어선 입찰에 참가할 자격이 없음에도 불구하고 이를 숨기고 원심공동피고인의 명의로 감척어선을 낙찰받은 것은, 원심공동피고인이 감척어선을 낙찰받는 것으로 오인한 담당공무원의 착각을 이용하여 법령의 위임에 따른 담당공무원의 적법한 직무집행인 입찰참가자격 심사·낙찰자 결정·감척어선매매계약 체결 등 일련의 직무집행을 위계로써 방해한 것으로 볼 수 있다(대판 2003.12.26. 2001도6349).

 답 ❹

위계에 의한 공무집행방해죄에 관한 다음의 설명 중 가장 옳지 않은 것은?(다툼이 있는 경우 판례에 의함)

13 법원행시

① 공무원의 직무집행이란 법령의 위임에 따른 공무원의 적법한 직무집행인 이상 공권력의 행사를 내용으로 하는 권력적 작용뿐만 아니라 사경제주체로서의 활동을 비롯한 비권력적 작용도 포함된다.

② 변호사가 접견을 핑계로 수용자를 위하여 휴대전화와 증권거래용 단말기를 구치소 내로 몰래 반입하여 이용하게 한 행위는 위계에 의한 공무집행방해죄에 해당한다.

③ 피의자나 참고인이 아닌 자가 자발적이고 계획적으로 피의자를 가장하여 수사기관에서 허위진술을 한 경우라도 곧바로 위계에 의한 공무집행방해죄가 성립하지 않는다.

④ 가처분신청 시 당사자가 법원에 대하여 허위의 주장을 하거나 허위의 증거를 제출하였다 하더라도 바로 위계에 의한 공무집행방해죄가 성립하는 것은 아니다.

⑤ 범죄행위로 인하여 강제출국당한 전력이 있는 사람이 외국 주재 한국영사관 담당직원에게 허위의 호구부 및 외국인등록신청서 등을 제출하여 사증 및 외국인등록증을 발급받은 경우에 업무담당자가 충분히 심사하였으나 신청사유 및 소명자료가 허위임을 발견하지 못하여 신청을 수리한 경우라도 이는 행정청의 불충분한 심사에 기인한 것이므로 위계에 의한 공무집행방해죄가 성립되지 않는다.

정선
핵심

위계에 의한 공무집행방해죄의 성립 여부

① 직무집행 → 권력적 작용뿐만 아니라 비권력적 작용도 포함

② 변호사가 휴대전화와 증권거래용 단말기를 몰래 반입하여 이용하게 한 경우 → ○

③ 피의자나 참고인이 아닌 자가 자발적이고 계획적으로 피의자를 가장하여 허위진술을 한 경우 → ×

④ 가처분 신청 시 허위의 소명자료를 제출한 경우 → ×

⑤ 강제출국당한 전력이 있는 사람이 허위의 호구부 및 외국인등록신청서를 제출하여 사증 및 외국인등록증을 발급받은 경우 → ○

정선
해설

[**❶** ▸ ○] 대판 2003.12.26. 2001도6349

[**❷** ▸ ○] 변호사가 접견을 핑계로 수용자를 위하여 휴대전화와 증권거래용 단말기를 구치소 내로 몰래 반입하여 이용하게 한 행위는 위계에 의한 공무집행방해죄에 해당한다(대판 2005.8.25. 2005도1731).

> **비교판례** 대판 2003.11.13. 2001도7045
>
> 법령에서 교도소 수용자에게는 흡연하거나 담배를 소지·수수·교환하거나 허가 없이 전화 등의 방법으로 다른 사람과 연락하는 등의 규율위반행위를 하여서는 아니될 금지의무가 부과되어 있고, 교도관은 수용자의 규율위반행위를 감시, 단속, 적발하여 상관에게 보고하고 징벌에 회부되도록 하여야 할 일반적인 직무상 권한과 의무가 있다고 할 것인바, 구체적이고 현실적으로 감시, 단속업무를 수행하는 교도관에 대하여 위계를 사용하여 그 업무집행을 못하게 한다면 이에 대하여 위계에 의한 공무집행방해죄가 성립한다고 할 것이지만, 수용자가 교도관의 감시, 단속을 피하여 규율위반행위를 하는 것만으로는 단순히 금지규정에 위반되는 행위를 한 것에 지나지 아니할 뿐 이로써 위계에 의한 공무집행방해죄가 성립한다고는 할 수 없고, 수용자가 아닌 자가 교도관의 검사 또는 감시를 피하여 금지물품을 교도소 내로 반입되도록 하였다고 하더라도 교도관에게 교도소 등의 출입자와 반출·입 물품을 단속, 검사하거나 수용자의 거실 또는 신체 등을 검사하여 금지물품 등을 회수하여야 할 권한과 의무가 있는 이상, 그러한 수용자 아닌 자의 행위를 위계에 의한 공무집행방해죄에 해당하는 것으로는 볼 수 없으며, 교도관이 수용자의 규율위반행위를 알면서도 이를 방치하거나 도와주었더라도, 이를 다른 교도관 등에 대한 관계에서 위계에 의한 공무집행방해죄가 성립하는 것으로 볼 수는 없다고 한 사례.

[**❸** ▸ ○] 피의자나 참고인이 아닌 자가 자발적이고 계획적으로 피의자를 가장하여 수사기관에 대하여 허위사실을 진술하였다 하여 바로 이를 위계에 의한 공무집행방해죄가 성립된다고 할 수 없다(대판 1977.2.8. 76도3685).
[**❹** ▸ ○] 대판 2012.4.26. 2011도17125
[**❺** ▸ ×] 범죄행위로 인하여 강제출국당한 전력이 있는 사람이 외국 주재 한국영사관 담당직원에게 허위의 호구부 및 외국인등록신청서 등을 제출하여 사증 및 외국인능복승을 발급받은 경우, 사증 및 외국인능복승을 말납한 것이 행정청의 불충분한 심사로 인한 것이 아니라 출원인의 적극적인 위계에 의한 것으로서 위계에 의한 공무집행방해죄가 성립한다고 할 것이다(대판 2009.2.26. 2008도11862).

답 **❺**

063
□□□
공무방해에 관한 죄에 대한 설명으로 가장 적절하지 않은 것은?(다툼이 있으면 판례에 의함)

21 경찰승진

① 공무집행방해죄는 공무원의 적법한 공무집행이 전제로 되는데, 추상적인 권한에 속하는 공무원의 어떠한 공무집행이 적법한지 여부는 행위 당시의 구체적 상황에 기하여 객관적·합리적으로 판단하여야 하고 사후적으로 순수한 객관적 기준에서 판단할 것은 아니다.

② 불심검문을 하게 된 경우, 불심검문 당시의 현장상황과 검문을 하는 경찰관들의 복장, 피고인이 공무원증 제시나 신분 확인을 요구하였는지 여부 등을 종합적으로 고려하여, 검문하는 사람이 경찰관이고 검문하는 이유가 범죄행위에 관한 것임을 피고인이 충분히 알고 있었다고 보이는 경우에는 신분증을 제시하지 않았다고 하여 그 불심검문이 위법한 공무집행이라고 할 수 없다.

③ 음주운전을 하다가 교통사고를 야기한 후 그 형사처벌을 면하기 위하여 타인의 혈액을 자신의 혈액인 것처럼 교통사고 조사경찰관에게 제출하여 감정하도록 한 행위는 위계에 의한 공무집행방해죄에 해당한다.

④ 외국 주재 한국영사관의 비자발급 업무와 같이 상대방에게서 신청을 받아 일정한 자격요건 등을 갖춘 경우에 한하여 그에 대한 수용 여부를 결정하는 업무는 신청서에 기재된 사유가 사실과 부합하지 않을 수 있는 것을 전제로 그 자격요건 등을 심사 판단하는 것이므로, 업무담당자가 사실을 충분히 확인하지 아니한 채 신청인이 제출한 허위의 신청사유나 허위의 소명자료를 가볍게 믿고 이를 수용하였더라도 신청인에게 위계에 의한 공무집행방해죄가 성립한다.

정선 핵심

① 공무집행의 적법성 → 행위 당시의 구체적 상황에 의해 객관적·합리적으로 판단
② 불심검문하는 이유를 충분히 알고 있는 경우 → 신분증을 제시하지 않은 것은 위법한 공무집행 ×
③ 타인의 혈액을 자신의 혈액인 것처럼 제출한 경우 → 위계에 의한 공무집행방해죄 ○
④ 비자발급 업무담당자가 허위의 소명자료를 가볍게 믿고 수용한 경우 → 위계에 의한 공무집행방해죄 ×

정선 해설

[**❶** ▸ ○] 대판 2013.8.23. 2011도4763
[**❷** ▸ ○] 불심검문을 하게 된 경우, 불심검문 당시의 현장상황과 검문을 하는 경찰관들의 복장, 피고인이 공무원증 제시나 신분 확인을 요구하였는지 여부 등을 종합적으로 고려하여, 검문하는 사람이 경찰관이고 검문하는 이유가 범죄행위에 관한 것임을 피고인이 충분히 알고 있었다고 보이는 경우에는 신분증을 제시하지 않았다고 하여 그 불심검문이 위법한 공무집행이라고 할 수 없다(대판 2014.12.11. 2014도7976).
[**❸** ▸ ○] 대판 2003.7.25. 2003도1609
[**❹** ▸ ×] 외국 주재 한국영사관의 비자발급 업무와 같이, 상대방에게서 신청을 받아 일정한 자격요건 등을 갖춘 경우에 한하여 그에 대한 수용 여부를 결정하는 업무는 신청서에 기재된 사유가 사실과 부합하지 않을 수 있는 것을 전제로 그 자격요건 등을 심사·판단하는 것이므로, <u>업무담당자가 사실을 충분히 확인하지 아니한 채 신청인이</u>

제출한 허위의 신청사유나 허위의 소명자료를 가볍게 믿고 이를 수용하였다면, 이는 업무담당자의 불충분한 심사에 기인한 것이어서 위계에 의한 공무집행방해죄를 구성하지 아니한다(대판 2011.4.28. 2010도14696).

불법체류를 이유로 강제출국 당한 중국 동포인 피고인이 중국에서 이름과 생년월일을 변경한 호구부(戶口簿)를 발급받아 중국 주재 대한민국 총영사관에 제출하여 입국사증을 받은 다음, 다시 입국하여 외국인등록증을 발급받고 귀화허가신청서까지 제출한 사안에서, 피고인에게 각 '위계에 의한 공무집행방해죄'를 인정한 원심판단을 수긍한 사례(대판 2011.4.28. 2010도14696).

답 ❹

064 공무집행방해죄에 대한 설명으로 옳지 않은 것은?(다툼이 있는 경우 판례에 의함)

21 국가9급

① 공무원의 직무적법성 여부는 행위 당시의 구체적 상황을 기초로 판단하여야 한다.
② 등기신청인이 제출한 허위의 소명자료 등에 대하여 심사권이 있는 등기공무원이 나름대로 충분히 심사를 하였음에도 이를 발견하지 못하여 등기가 마쳐지게 된 경우 위계에 의한 공무집행방해죄가 성립하지 않는다.
③ 피의자가 적극적으로 허위의 증거를 조작하여 제출하고 그 증거조작의 결과 수사기관이 그 진위에 관하여 나름대로 충실한 수사를 하더라도 제출된 증거가 허위임을 발견하지 못할 정도에 이르렀다면 위계에 의한 공무집행방해죄가 성립한다.
④ 가처분 신청 시 당사자가 허위의 주장을 하거나 허위의 증거를 제출한 경우 그것만으로는 법원에 대한 위계에 의한 공무집행방해죄가 성립하지 않는다.

정선 핵심

위계에 의한 공무집행방해죄의 성립 여부
① 공무집행의 적법성 → 행위 당시의 구체적 상황에 의해 객관적·합리적으로 판단
② 등기공무원이 충분히 심사를 하였음에도 등기가 마쳐지게 된 경우 → ○
③ 수사기관이 충실한 수사를 하더라도 증거가 허위임을 발견하지 못한 경우 → ○
④ 가처분 신청 시 허위의 소명자료를 제출한 경우 → ×

정선 해설

[❶ ▸ ○] 공무집행방해죄는 공무원의 적법한 공무집행이 전제로 되는데, 추상적인 권한에 속하는 공무원의 어떠한 공무집행이 적법한지 여부는 행위 당시의 구체적 상황에 기하여 객관적·합리적으로 판단하여야 하고 사후적으로 순수한 객관적 기준에서 판단할 것은 아니다. 마찬가지로 현행범 체포의 적법성은 체포 당시의 구체적 상황을 기초로 객관적으로 판단하여야 하고, 사후에 범인으로 인정되었는지에 의할 것은 아니다(대판 2013.8.23. 2011도4763).
[❷ ▸ ×] 등기신청은 단순한 '신고'가 아니라 신청에 따른 등기관의 심사 및 처분을 예정하고 있으므로, 등기신청인이 제출한 허위의 소명자료 등에 대하여 등기관이 나름대로 충분히 심사를 하였음에도 이를 발견하지 못하여 등기가 마쳐지게 되었다면 위계에 의한 공무집행방해죄가 성립할 수 있다(대판 2016.1.28. 2015도17297).
[❸ ▸ ○] 대판 2003.7.25. 2003도1609
[❹ ▸ ○] 대판 2012.4.26. 2011도17125

답 ❷

공무집행방해죄에 관한 다음 설명 중 가장 적절하지 않은 것은?(다툼이 있으면 판례에 의함)

15 경찰채용

① 공무집행방해죄는 공무원의 적법한 공무집행이 전제로 되는데, 추상적 권한에 속하는 공무원의 어떠한 공무집행이 적법한지 여부는 행위 당시의 구체적 상황에 기하여 객관적·합리적으로 판단하여야 하고 사후적으로 순수한 객관적 기준에서 판단할 것은 아니다.

② 직무수행에 직접 필요한 행위를 현실적으로 행하고 있는 공무원뿐만 아니라 직무수행을 위하여 근무 중인 공무원에 대한 폭행도 공무집행방해죄를 구성한다.

③ 직무를 집행하는 공무원에게 해악을 고지하였더라도 상대방이 전혀 개의치 않을 정도의 경미한 것인 때에는 공무집행방해죄를 구성하는 협박에 해당되지 않는다.

④ 동일한 공무를 집행하는 수인(數人)의 공무원에 대하여 폭행을 가한 경우에 그 폭행이 동일한 장소 및 기회에 이루어진 때에는 여럿의 공무집행방해죄는 실체적 경합의 관계에 있다 할 것이다.

정선 핵심

공무집행방해죄의 성립 여부

① 공무집행의 적법성 → 행위 당시의 구체적 상황에 의해 객관적·합리적으로 판단

② 직무수행을 위하여 근무 중인 공무원을 폭행한 경우 → ○

③ 고지된 해악이 상대방이 전혀 개의치 않을 정도의 경미한 경우 → ×

④ 동일한 공무를 집행하는 수인(數人)의 공무원에 대하여 폭행을 가한 경우 → 여럿의 공무집행방해죄는 상상적 경합 ○

정선 해설

[❶ ▸ ○] 대판 2013.8.23. 2011도4763

[❷ ▸ ○] 판례의 취지를 고려하면, 직무수행을 위하여 근무 중인 공무원에 대한 폭행도 공무집행방해죄를 구성한다.

> 공무집행방해죄에서 '직무를 집행하는'이라 함은 공무원이 직무수행에 직접 필요한 행위를 현실적으로 행하고 있는 때만을 가리키는 것이 아니라 공무원이 직무수행을 위하여 근무 중인 상태에 있는 때를 포괄한다(대판 2002.4.12. 2000도3485).

[❸ ▸ ○] 공무집행방해죄에 있어서 협박이라 함은 상대방에게 공포심을 일으킬 목적으로 해악을 고지하는 행위를 의미하는 것으로서 행위 당시의 여러 사정을 종합하여 객관적으로 상대방으로 하여금 공포심을 느끼게 하기에 족하면 되고, 상대방이 현실로 공포심을 품게 될 것까지 요구되는 것은 아니며, 다만 그 협박이 경미하여 상대방이 전혀 개의치 않을 정도인 경우에는 협박에 해당하지 않는다고 할 것이다(대판 1989.12.26. 89도1204).

[❹ ▸ ×] 동일한 공무를 집행하는 여럿의 공무원에 대하여 폭행·협박 행위를 한 경우에는 공무를 집행하는 공무원의 수에 따라 여럿의 공무집행방해죄가 성립하고, 위와 같은 폭행·협박 행위가 동일한 장소에서 동일한 기회에 이루어진 것으로서 사회관념상 1개의 행위로 평가되는 경우에는 여럿의 공무집행방해죄는 상상적 경합의 관계에 있다(대판 2009.6.25. 2009도3505).

 답 ❹

□□□

위계에 의한 공무집행방해죄에 대한 설명 중 가장 적절한 것은?(다툼이 있는 경우 판례에 의함)

`17` 경찰채용

① 상대방에게 오인, 착각, 부지를 일으키게 하는 행위가 구체적인 직무집행을 저지하거나 현실적으로 곤란하게 하는 데까지 이르지 않은 경우에도 위계에 의한 공무집행방해죄로 처벌할 수 있다.

② 법원에 가처분 신청 시 당사자가 허위의 주장을 하거나 허위의 증거를 제출하였다면 그 즉시 위계에 의한 공무집행방해죄가 성립한다.

③ 화물자동차 운송주선사업자인 피고인이 관할 행정청에 주기적으로 허가기준에 관한 사항을 신고하는 과정에서 가장납입에 의해 발급받은 허위의 예금잔액증명서를 제출하는 부정한 방법으로 허가를 받은 경우 위계에 의한 공무집행방해죄가 성립하지 않는다.

④ 위계에 의한 공무집행방해죄에서 공무원의 직무집행이란 법령의 위임에 따른 공무원의 적법한 공무집행인 이상 공권력의 행사를 내용으로 하는 권력적 작용뿐만 아니라 사경제주체로서의 활동을 제외한 비권력적 작용도 포함된다.

정선 핵심

위계에 의한 공무집행방해죄의 성립 여부

① 범죄행위가 공무집행을 저지하거나 곤란하게 하는 데까지 이르지 아니한 경우 → ✕

② 가처분 신청 시 허위의 소명자료를 제출한 경우 → ✕

③ 화물자동차 운송주선사업자인 피고인이 허위의 예금잔액증명서를 제출하여 허가를 받은 경우 → ✕

④ 직무집행 → 권력적 작용뿐만 아니라 사경제주체로서의 활동을 비롯한 비권력적 작용도 포함

정선 해설

[❶ ▸ ✕] 위계에 의한 공무집행방해죄에서 '위계'라 함은 행위자의 행위목적을 이루기 위하여 상대방에게 오인, 착각, 부지를 일으키게 하여 그 오인, 착각, 부지를 이용하는 것으로서, 상대방이 이에 따라 그릇된 행위나 처분을 하여야만 위 죄가 성립한다. 만약 그러한 행위가 구체적인 직무집행을 저지하거나 현실적으로 곤란하게 하는 데까지는 이르지 않은 경우에는 위계에 의한 공무집행방해죄로 처벌할 수 없다(대판 2015.2.26. 2013도13217).

[❷ ▸ ✕] 법원은 당사자의 허위 주장 및 증거 제출에도 불구하고 진실을 밝혀야 하는 것이 그 직무이므로, 가처분 신청 시 당사자가 허위의 주장을 하거나 허위의 증거를 제출하였다 하더라도 그것만으로 법원의 구체적이고 현실적인 어떤 직무집행이 방해되었다고 볼 수 없으므로 이로써 바로 위계에 의한 공무집행방해죄가 성립한다고 볼 수 없다(대판 2012.4.26. 2011도17125).

[❸ ▸ ○] 판례의 취지를 고려하면, 피고인은 관할 행정청으로부터 이미 허가를 받아 적법하게 사업을 영위하고 있어 허위의 서류를 첨부하여 제출하였다고 하더라도 그로써 곧 구체적이고 현실적인 직무집행이 방해받았다고 볼 수 없으므로 위계에 의한 공무집행방해죄는 성립하지 아니한다.

피고인이 위조된 예금잔액증명서를 정상적으로 발급받은 것처럼 신고서에 첨부하여 담당공무원에게 제출한 경우, 이미 허가를 받아 적법하게 사업을 영위하는 피고인이 이 사건 신고를 하는 과정에서 신고서에 허위사실을 기재하고 그에 관한 허위의 서류를 첨부하여 제출하였다고 하더라도 그로써 곧 구체적이고 현실적인 직무집행이 방해받았다고 볼 수 없을 뿐 아니라, 행정청이 신고내용의 진실성이나 첨부자료의 진위 여부를 조사하지 아니하여 위 허위신고에 대한 적정한 행정권의 행사에 나아가지 못하였다고 하더라도 그러한 결과가 위 허위신고로 인한 것이라고 보기도 어렵다(대판 2011.9.8. 2010도7034).

[❹ ▸ ✕] 위계에 의한 공무집행방해죄는 행위목적을 이루기 위하여 상대방에게 오인, 착각, 부지를 일으키게 하여 이를 이용함으로써 법령에 의하여 위임된 공무원의 적법한 직무에 관하여 그릇된 행위나 처분을 하게 하는 경우에 성립하고, 여기에서 공무원의 직무집행이란 법령의 위임에 따른 공무원의 적법한 직무집행인 이상 공권력의 행사를 내용으로 하는 권력적 작용뿐만 아니라 사경제주체로서의 활동을 비롯한 비권력적 작용도 포함되는 것으로 봄이 상당하다(대판 2003.12.26. 2001도6349).

답 ❸

제3장 국가적 법익에 관한 죄 **615**

공무방해의 죄에 대한 설명 중 가장 적절한 것은?(다툼이 있는 경우 판례에 의함)

`20` 경찰승진

① 허위의 매매계약서 및 영수증을 소명자료로 첨부하여 가처분신청을 한 후 법원으로부터 유체동산에 대한 가처분 결정을 받은 경우 위계에 의한 공무집행방해죄가 성립하지 않는다.

② 과속단속카메라에 촬영되더라도 불빛을 반사시켜 차량 번호판이 식별되지 않도록 하는 기능의 제품을 차량 번호판에 뿌린 상태로 차량을 운행하는 경우 교통단속 경찰공무원이 충실히 직무를 수행하더라도 사실상 적발하기가 어려워 위계에 의한 공무집행방해죄가 성립한다.

③ 위계에 의한 공무집행방해죄에 있어서 범죄행위가 구체적인 공무집행을 저지하거나 현실적으로 곤란하게 하는 데까지는 이르지 아니하고 미수에 그친 경우 위계에 의한 공무집행방해죄의 미수죄가 성립한다.

④ 출동한 두 명의 경찰관에게 욕설을 하면서 차례로 폭행을 하여 신고처리 업무에 관한 정당한 직무집행을 방해한 경우, 동일한 장소에서 동일한 기회에 이루어진 폭행행위는 사회관념상 1개의 행위로 평가하는 것이 상당하므로 두 명의 경찰관에 대한 공무집행방해죄는 포괄일죄의 관계에 있다.

**정선
핵심**

① 허위의 소명자료로 유체동산 가처분결정을 받은 경우 → 위계에 의한 공무집행방해죄 ✕

② 파워매직세이퍼를 차량 번호판에 뿌린 상태로 차량을 운행한 경우 → 위계에 의한 공무집행방해죄 ✕

③ 범죄행위가 공무집행을 저지하거나 곤란하게 하는 데까지 이르지 아니한 경우 → 불가벌

④ 두 명의 경찰관에게 욕설을 하면서 폭행을 하여 직무집행을 방해한 경우 → 각 공무집행방해죄는 상상적 경합 ○

**정선
해설**

[❶ ▸ ○] 대판 2012.4.26. 2011도17125

[❷ ▸ ✕] 과속으로 인하여 과속단속카메라에 촬영되더라도 불빛을 반사시켜 차량 번호판이 식별되지 않도록 하는 기능이 있는 이 사건 '파워매직세이퍼'를 차량 번호판에 뿌린 상태로 차량을 운행한 행위만으로는 경찰청의 교통단속업무를 구체적이고 현실적으로 수행하는 경찰공무원에 대하여 그가 충실히 직무를 수행한다고 하더라도 통상적인 업무처리과정하에서는 사실상 적발이 어려운 위계를 사용하여 그 업무집행을 하지 못하게 한 것이라고 보기 어렵다(대판 2010.4.15. 2007도8024).

[❸ ▸ ✕] 행위자의 범죄행위가 구체적인 공무집행을 저지하거나 현실적으로 곤란하게 하는 데까지는 이르지 아니하고 미수에 그친 경우, 위계에 의한 공무집행방해죄는 미수처벌규정이 없으므로 행위자는 불가벌이다.

> 위계에 의한 공무집행방해죄에서 '위계'라 함은 행위자의 행위목적을 이루기 위하여 상대방에게 오인, 착각, 부지를 일으키게 하여 그 오인, 착각, 부지를 이용하는 것으로서, 상대방이 이에 따라 그릇된 행위나 처분을 하여야만 위 죄가 성립한다. 만약 그러한 행위가 구체적인 직무집행을 저지하거나 현실적으로 곤란하게 하는 데까지는 이르지 않은 경우에는 위계에 의한 공무집행방해죄로 처벌할 수 없다(대판 2015.2.26. 2013도13217).

[❹ ▸ ✕] 피해 신고를 받고 출동한 두 명의 경찰관에게 욕설을 하면서 순차로 폭행을 하여 신고 처리 및 수사 업무에 관한 정당한 직무집행을 방해한 경우, 각 공무집행방해죄는 상상적 경합의 관계에 있다(대판 2009.6.25. 2009도3505).

답 ❶

다음 중 옳은 것은 모두 몇 개인가?(다툼이 있는 경우 판례에 의함) `19` 경찰간부

> ㄱ. 공무집행방해죄에 있어서의 범의는 상대방이 직무를 집행하는 공무원이라는 사실, 그리고 이에 대하여 폭행 또는 협박을 가한다는 사실에 대한 인식과 그 직무집행을 방해할 의사가 있어야 인정할 수 있다.
> ㄴ. 위계에 의한 공무집행방해죄에 있어서 고의 이외에 직무집행을 방해할 의사는 요구되지 않는다.
> ㄷ. 공무집행방해죄에 있어서 적법한 공무집행이라고 함은 그 행위가 해당공무원의 추상적 직무권한에 속하면 되고 구체적 직무집행에 관한 법률상 요건과 방식을 갖출 필요는 없다.
> ㄹ. 폭행·협박·위계가 아닌 방법으로 공무원이 직무상 수행하는 공무를 방해한 경우에는 공무집행방해죄는 물론 업무방해죄로도 처벌할 수 없다.

① 1개 ② 2개
③ 3개 ④ 4개

정선 핵심

ㄱ. 공무집행방해죄의 고의 → 직무 집행을 방해할 의사 ×
ㄴ. 위계에 의한 공무집행방해죄의 고의 → 직무 집행을 방해할 의사 ○
ㄷ. 공무집행의 적법성 → 행위가 추상적 권한에 속하고 구체적 직무집행에 관한 법률상 요건과 방식을 갖춘 경우
ㄹ. 공무원이 직무상 수행하는 공무를 방해하는 경우 → 업무방해죄 ×

정선 해설

[ㄱ ▶ ×] 공무집행방해죄에 있어서의 범의는 상대방이 직무를 집행하는 공무원이라는 사실, 그리고 이에 대하여 폭행 또는 협박을 한다는 사실을 인식하는 것을 그 내용으로 하고, 그 인식은 불확정적인 것이라도 소위 미필적 고의가 있다고 보아야 하며, 그 직무집행을 방해할 의사를 필요로 하지 아니하다(대판 1995.1.24. 94도1949).
[ㄴ ▶ ×] 경찰관서에 허위신고를 하였으나 위계행위로 인하여 공무집행을 방해하려는 의사가 없는 경우에 위계에 의한 공무집행방해죄는 성립하지 아니한다(대판 1974.12.10. 74도2841).
[ㄷ ▶ ×] 공무집행방해죄는 공무원의 직무집행이 적법한 경우에 한하여 성립하고, 여기서 적법한 공무집행은 그 행위가 공무원의 추상적 권한에 속할 뿐 아니라 구체적 직무집행에 관한 법률상 요건과 방식을 갖춘 경우를 가리킨다(대판 2006.9.8. 2006도148).
[ㄹ ▶ ○] 대판 2009.11.19. 2009도4166[전합]

답 ❶

069

☐☐☐

위계에 의한 공무집행방해죄에 관한 설명이다. 다음 중 가장 적절하지 않은 것은?(다툼이 있으면 판례에 의함)

`15` 경찰채용

① 화물사봉사 운송주선사엽사가 관할 행성성에 수기석으로 허가기순에 관한 사항을 신고하는 과정에서 가장납입에 의하여 발급받은 허위의 예금잔액증명서를 제출하는 부정한 방법으로 허가를 받는 행위는 위계에 의한 공무집행방해죄를 구성하지 않는다.

② 개인택시 운송사업 양도·양수를 위하여 허위의 출원사유를 주장하면서 의사로부터 허위 진단서를 발급받아 이를 소명자료로 제출하여 행정관청으로부터 양도·양수 인가처분을 받은 경우 위계에 의한 공무집행방해죄가 성립한다.

③ 위계에 의한 공무집행방해죄에서의 공무집행이란 법령의 위임에 따른 공무원의 적법한 직무집행인 이상 공권력의 행사를 내용으로 하는 권력적 작용뿐만 아니라 사경제주체로서의 활동을 비롯한 비권력적 작용도 포함되는 것으로 봄이 상당하다.

④ 민사소송을 제기함에 있어 피고의 주소를 허위로 기재하여 법원공무원으로 하여금 변론기일소환장 등을 허위 주소로 송달케 한 행위는 위계에 의한 공무집행방해죄가 성립한다.

정선 핵심

위계에 의한 공무집행방해죄의 성립 여부

① 화물자동차 운송주선사업자인 피고인이 허위의 예금잔액증명서를 제출하여 허가를 받은 경우 → ✕
② 허위의 소명자료를 제출하여 개인택시운송사업 양도·양수인가처분을 받은 경우 → ○
③ 공무집행 → 권력적 작용뿐만 아니라 비권력적 작용도 포함
④ 변론기일소환장을 허위주소로 송달하게 한 경우 → ✕

정선 해설

[❶ ▸ ○] 대판 2011.9.8. 2010도7034

[❷ ▸ ○] 행정관청의 업무담당자가 양도인이 출원사유에 대한 소명자료로 제출한 의사 작성의 양도인에 대한 진단서의 기재 내용을 신뢰하여 양도인이 1년 이상의 치료를 요하는 질병에 걸려 직접 운전할 수 없다고 인정한 후 개인택시 운송사업 양도·양수 인가처분을 하였다면 설령 사후에 그 진단서의 기재 내용이 허위인 것으로 밝혀졌다고 하더라도 행정관청으로서는 인가요건의 존부 여부에 관하여 충분히 심사를 한 것으로 보아야 할 것이고, 그 경우 허가관청이 개인택시 운송사업의 양도·양수에 대한 인가처분을 하게 된 것은 허가관청의 불충분한 심사에 의한 것이 아니라 출원인의 위계에 의한 것으로서 위계에 의한 공무집행방해죄가 성립한다고 볼 것이다(대판 2002.9.4. 2002도2064).

[❸ ▸ ○] 대판 2003.12.26. 2001도6349

[❹ ▸ ✕] 민사소송을 제기함에 있어 피고의 주소를 허위로 기재하여 법원공무원으로 하여금 변론기일소환장 등을 허위주소로 송달하였다는 사실만으로는 이로 인하여 법원공무원의 구체적이고 현실적인 어떤 직무집행이 방해되었다고 할 수는 없으므로, 이로써 바로 위계에 의한 공무집행방해죄가 성립한다고 볼 수는 없다(대판 1996.10.11. 96도312).

 답 ❹

다음 설명 중 위계에 의한 공무집행방해죄가 성립하지 않는 경우는?(다툼이 있는 경우 판례에 의함)

① 불법체류를 이유로 강제출국 당한 중국 동포가 중국에서 이름과 생년월일을 변경한 호구부를 발급받아 중국 주재대한민국 총영사관에 제출하여 입국사증을 받은 다음, 다시 입국하여 외국인등록증을 발급받고 귀화허가신청서를 제출한 경우
② 음주운전을 하다가 교통사고를 야기한 후 그 형사처벌을 면하기 위하여 타인의 혈액을 자신의 혈액인 것처럼 교통사고 조사 경찰관에게 제출하여 감정하도록 한 경우
③ 당사자가 법원에 가처분신청을 하면서 허위의 주장을 하거나 허위의 증거를 제출한 경우
④ 병역법상의 지정업체에서 산업기능요원으로 근무할 의사가 없음에도 해당 지정업체의 장과 공모하여 허위내용의 편입신청서를 제출하여 관할관청으로부터 산업기능요원편입을 승인받고, 관할관청의 실태조사를 회피하기 위하여 허위서류를 작성·제출하는 등의 방법으로 파견근무를 신청하여 관할관청으로부터 파견근무를 승인받은 경우

정선 핵심	**위계에 의한 공무집행방해죄의 성립 여부** ① 강제출국 당한 후 다시 입국하여 외국인등록증을 발급받고 귀화허가신청서를 제출한 경우 → ○ ② 타인의 혈액을 자신의 혈액인 것처럼 제출한 경우 → ○ ③ 가처분 신청 시 허위의 소명자료를 제출한 경우 → × ④ 허위의 서류를 제출하여 산업기능요원편입과 파견근무를 승인받은 경우 → ○

정선
해설

[❶ ▸ ○] 대판 2011.4.28. 2010도14696
[❷ ▸ ○] 대판 2003.7.25. 2003도1609
[❸ ▸ ×] 법원은 당사자의 허위 주장 및 증거 제출에도 불구하고 진실을 밝혀야 하는 것이 그 직무이므로, <u>허위의 매매계약서 및 영수증을 소명자료로 첨부한 가처분신청 시 당사자가 허위의 주장을 하거나 허위의 증거를 제출하였다 하더라도 그것만으로 법원의 구체적이고 현실적인 어떤 직무집행이 방해되었다고 볼 수 없으므로 이로써 바로 위계에 의한 공무집행방해죄가 성립한다고 볼 수 없다</u>(대판 2012.4.26. 2011도17125).
[❹ ▸ ○] 구 병역법상의 지정업체에서 산업기능요원으로 근무할 의사가 없음에도 해당 지정업체의 장과 공모하여 허위내용의 편입신청서를 제출하여 관할관청으로부터 산업기능요원 편입을 승인받고, 나아가 관할관청의 실태조사를 회피하기 위하여 허위서류를 작성·제출하는 등의 방법으로 파견근무를 신청하여 관할관청으로부터 파견근무를 승인받았다면, 이러한 파견근무의 승인 등은 관할관청의 불충분한 심사가 원인이 된 것이 아니라 출원인의 위계행위가 원인이 된 것이어서 위계에 의한 공무집행방해죄가 성립한다(대판 2009.3.12. 2008도1321).

 ❸

위계에 의한 공무집행방해죄가 성립하는 것은 모두 몇 개인가?(다툼이 있는 경우 판례에 의함)

`14` 경찰승진

> ㄱ. 감척어선 입찰자격이 없는 자가 제3자와 공모하여 제3자의 대리인 자격으로 제3자 명의로 입찰에 참가하고 낙찰받은 후 자신의 자금으로 낙찰대금을 지급하여 감척어선에 대한 실질적 소유권을 취득한 경우
> ㄴ. 지방자치단체의 공사입찰에 있어서 허위서류를 제출하여 입찰참가자격을 얻고 낙찰자로 결정되어 계약을 체결한 경우
> ㄷ. 민사소송을 제기함에 있어 피고의 주소를 허위로 기재하여 변론기일소환장 등 소송서류를 허위주소로 송달하게 한 경우
> ㄹ. 음주운전을 하다가 교통사고를 야기한 후 형사처벌을 면하기 위하여 타인의 혈액을 자신의 혈액인 것처럼 교통사고 조사 경찰관에게 제출하여 감정하도록 한 경우

① 없음 　　　　　　　　　　　② 1개
③ 2개 　　　　　　　　　　　④ 3개

**정선
핵심**

위계에 의한 공무집행방해죄의 성립 여부
ㄱ. 감척어선 입찰자격이 없는 자가 제3자 명의로 입찰에 참가하고 낙찰받은 경우 → ○
ㄴ. 지방자치단체의 공사입찰에 있어서 허위서류를 제출하여 계약을 체결한 경우 → ○
ㄷ. 변론기일소환장을 허위주소로 송달하게 한 경우 → ×
ㄹ. 타인의 혈액을 자신의 혈액인 것처럼 제출한 경우 → ○

**정선
해설**

[ㄱ ▶ ○] 피고인이 이와 같이 감척어선 입찰에 참가할 자격이 없음에도 불구하고 이를 숨기고 원심공동피고인의 명의로 감척어선을 낙찰받은 것은, 원심공동피고인이 감척어선을 낙찰받는 것으로 오인한 담당공무원의 착각을 이용하여 법령의 위임에 따른 담당공무원의 적법한 직무집행인 입찰참가자격 심사·낙찰자 결정·감척어선매매계약 체결 등 일련의 직무집행을 위계로써 방해한 것으로 볼 수 있다(대판 2003.12.26. 2001도6349).
[ㄴ ▶ ○] 대판 2003.10.9. 2000도4993
[ㄷ ▶ ×] 민사소송을 제기함에 있어 피고의 주소를 허위로 기재하여 법원공무원으로 하여금 변론기일소환장 등을 허위주소로 송달케 하였다는 사실만으로는 이로 인하여 법원공무원의 구체적이고 현실적인 어떤 직무집행이 방해되었다고 할 수는 없으므로, 이로써 바로 위계에 의한 공무집행방해죄가 성립한다고 볼 수는 없다(대판 1996.10.11. 96도312).
[ㄹ ▶ ○] 대판 2003.7.25. 2003도1609

 ❹

공무집행에 관한 다음 설명 중 가장 옳지 않은 것은? 18 법원9급

① 폭행·협박·위계가 아닌 방법으로 공무원이 직무상 수행하는 공무를 방해한 경우에는 공무집행방해죄는 물론 업무방해죄로도 처벌할 수 없다.

② 음주운전을 하다가 교통사고를 야기한 후 그 형사처벌을 면하기 위하여 타인의 혈액을 자신의 혈액인 것처럼 교통사고 조사 경찰관에게 제출하여 감정하도록 한 행위에 대하여 위계에 의한 공무집행방해죄가 성립한다.

③ 민사소송을 제기하면서 피고의 주소를 허위로 기재하여 법원공무원으로 하여금 변론기일소환장 등을 허위주소로 송달하게 하더라도 위계에 의한 공무집행방해죄가 성립하지 않는다.

④ 과속단속카메라에 촬영되더라도 불빛을 반사시켜 차량 번호판이 식별되지 않도록 하는 기능이 있는 제품('파워매직세이퍼')을 차량 번호판에 뿌린 상태로 차량을 운행하여 교통단속 경찰공무원의 업무를 방해한 행위는 위계에 의한 공무집행방해죄를 구성한다.

**정선
핵심**

위계에 의한 공무집행방해죄의 성립 여부

① 폭행·협박·위계가 아닌 방법으로 공무수행을 방해한 경우 → 공무집행방해죄 ×, 업무방해죄 ×

② 타인의 혈액을 자신의 혈액인 것처럼 제출한 경우 → ○

③ 변론기일소환장을 허위주소로 송달하게 한 경우 → ×

④ 파워매직세이퍼를 차량 번호판에 뿌린 상태로 차량을 운행한 경우 → ×

**정선
해설**

[❶ ▸ ○] 대판 2009.11.19. 2009도4166[전합]

[❷ ▸ ○] 음주운전을 하다가 교통사고를 야기한 후 그 형사처벌을 면하기 위하여 타인의 혈액을 자신의 혈액인 것처럼 교통사고 조사 경찰관에게 제출하여 감정하도록 한 행위는, 단순히 피의자가 수사기관에 대하여 허위사실을 진술하거나 자신에게 불리한 증거를 은닉하는 데 그친 것이 아니라 수사기관의 착오를 이용하여 적극적으로 피의사실에 관한 증거를 조작한 것으로서 위계에 의한 공무집행방해죄가 성립한다(대판 2003.7.25. 2003도1609).

[❸ ▸ ○] 대판 1996.10.11. 96도312

[❹ ▸ ×] 과속으로 인하여 과속단속카메라에 촬영되더라도 불빛을 반사시켜 차량 번호판이 식별되지 않도록 하는 기능이 있는 이 사건 '파워매직세이퍼'를 차량 번호판에 뿌린 상태로 차량을 운행한 행위만으로는 경찰청의 교통단속업무를 구체적이고 현실적으로 수행하는 경찰공무원에 대하여 그가 충실히 직무를 수행한다고 하더라도 통상적인 업무처리과정하에서는 사실상 적발이 어려운 위계를 사용하여 그 업무집행을 하지 못하게 한 것이라고 보기 어렵다(대판 2010.4.15. 2007도8024).

답 ❹

공무방해에 관한 죄에 대한 다음 설명 중 가장 옳지 않은 것은?(다툼이 있는 경우 판례에 의함)

① '위계'라 함은 행위자의 행위목적을 이루기 위하여 상대방에게 오인, 착각, 부지를 일으키게 하여 그 오인, 착각, 부지를 이용하는 것으로서 그러한 행위가 구체적인 직무집행을 저지하거나 현실적으로 곤란하게 하는 데까지는 이르지 않았다고 하더라도 위계에 의한 공무집행방해죄의 미수죄로 처벌할 수 있다.

② 경찰관이 적법절차를 준수하지 않은 채 실력으로 현행범인을 연행하려 하였다면 공무집행방해죄에서 말하는 적법한 공무집행이라고 할 수 없다.

③ 달아나는 피의자를 쫓아가 붙들거나 폭력으로 대항하는 피의자를 실력으로 제압하는 경우에 적법한 현행범인 체포라고 하려면, 피의자를 붙들거나 제압하는 과정에서 피의사실의 요지 등을 고지하거나, 그것이 여의치 않은 경우에는 일단 붙들거나 제압한 후에 지체 없이 고지하여야 한다.

④ 등기신청인이 제출한 허위의 소명자료 등에 대하여 등기관이 나름대로 충분히 심사를 하였음에도 이를 발견하지 못하여 등기가 마쳐지게 되었다면 위계에 의한 공무집행방해죄가 성립할 수 있다.

**정선
핵심**

① 범죄행위가 공무집행을 저지하거나 곤란하게 하는 데까지 이르지 아니한 경우 → 불가벌
② 불법한 현행범체포를 면하려는 과정에서 상해를 가한 경우 → 공무집행방해죄 ×
③ 피의자를 제압하는 과정이나 제압 후에 지체없이 피의사실의 요지 등을 고지한 경우 → 적법한 현행범체포 ○
④ 등기관이 충분히 심사를 하였음에도 등기가 마쳐지게 된 경우 → 위계에 의한 공무집행방해죄 ○

**정선
해설**

[❶ ▸ ×] 행위자의 범죄행위가 구체적인 공무집행을 저지하거나 현실적으로 곤란하게 하는 데까지는 이르지 아니하고 미수에 그친 경우, 위계에 의한 공무집행방해죄는 미수처벌규정이 없으므로 행위자는 불가벌이다(대판 2015.2.26. 2013도13217).

[❷ ▸ ○] 대판 2000.7.4. 99도4341

[❸ ▸ ○] 사법경찰관리가 현행범인을 체포하는 경우에는 반드시 범죄사실의 요지, 체포의 이유와 변호인을 선임할 수 있음을 말하고 변명할 기회를 주어야 하고, 이와 같은 고지는 체포를 위한 실력행사에 들어가기 이전에 미리 하여야 하는 것이 원칙이나, 달아나는 피의자를 쫓아가 붙들거나 폭력으로 대항하는 피의자를 실력으로 제압하는 경우에는 붙들거나 제압하는 과정에서 하거나, 그것이 여의치 않은 경우에라도 일단 붙들거나 제압한 후에 지체없이 행하였다면 경찰관의 현행범인 체포는 적법한 공무집행이라고 할 수 있다(대판 2008.10.9. 2008도3640).

[❹ ▸ ○] 대판 2016.1.28. 2015도17297

정답 ❶

074
□□□

공무방해에 관한 죄에 대한 설명 중 가장 적절하지 않은 것은?(다툼이 있는 경우 판례에 의함)

`18` 경찰채용

① 동일한 공무를 집행하는 여럿의 공무원에 대하여 폭행·협박행위를 한 경우에는 공무를 집행하는 공무원의 수에 따라 여럿의 공무집행방해죄가 성립하고, 위와 같은 폭행·협박 행위가 동일한 장소에서 동일한 기회에 이루어진 것으로서 사회관념상 1개의 행위로 평가되는 경우에는 여럿의 공무집행방해죄는 상상적 경합의 관계에 있다.

② 불법주차 차량에 불법주차 스티커를 붙였다가 이를 다시 떼어 낸 직후에 있는 주차단속 공무원을 폭행한 경우, 공무집행방해죄가 성립한다.

③ 음주운전을 하다가 교통사고를 야기한 후 그 형사처벌을 면하기 위하여 타인의 혈액을 자신의 혈액인 것처럼 교통사고 조사경찰관에게 제출하여 감정하도록 한 경우, 위계에 의한 공무집행방해죄가 성립하지 않는다.

④ 변호사가 접견을 핑계로 수용자를 위하여 휴대전화와 증권거래용단말기를 구치소 내로 몰래 반입하여 이용하게 한 행위는 위계에 의한 공무집행방해죄에 해당한다.

**정선
핵심**

① 두 명의 경찰관에게 욕설을 하면서 폭행을 하여 직무집행을 방해한 경우 → 각 공무집행방해죄는 상상적 경합
○

② 불법주차 스티커를 떼어 낸 직후 단속 공무원을 폭행한 경우 → 공무집행방해죄 ○

③ 타인의 혈액을 자신의 혈액인 것처럼 제출한 경우 → 위계에 의한 공무집행방해죄 ○

④ 변호사가 휴대전화와 증권거래용 단말기를 몰래 반입하여 이용하게 한 경우 → 위계에 의한 공무집행방해죄
○

**정선
해설**

[❶ ▸ ○] 피해 신고를 받고 출동한 두 명의 경찰관에게 욕설을 하면서 순차로 폭행을 하여 신고 처리 및 수사 업무에 관한 정당한 직무집행을 방해한 경우, 각 공무집행방해죄는 상상적 경합의 관계에 있다(대판 2009.6.25. 2009도3505).

[❷ ▸ ○] 대판 1999.9.21. 99도383

[❸ ▸ ×] 음주운전을 하다가 교통사고를 야기한 후 그 형사처벌을 면하기 위하여 타인의 혈액을 자신의 혈액인 것처럼 교통사고 조사 경찰관에게 제출하여 감정하도록 한 행위는, 단순히 피의자가 수사기관에 대하여 허위사실을 진술하거나 자신에게 불리한 증거를 은닉하는 데 그친 것이 아니라 수사기관의 착오를 이용하여 적극적으로 피의사실에 관한 증거를 조작한 것으로서 위계에 의한 공무집행방해죄가 성립한다(대판 2003.7.25. 2003도1609).

[❹ ▸ ○] 대판 2005.8.25. 2005도1731

답 ❸

공무집행방해의 죄에 대한 다음 설명 중 판례의 태도에 합치되지 않는 것은 모두 몇 개인가?

13 경찰간부

> ㄱ. 민사소송을 제기하면서 피고의 주소를 허위로 기재하여 법원공무원으로 하여금 변론기일소환장 등을 허위주소로 송달케 한 행위는 위계에 의한 공무집행방해죄를 구성한다.
> ㄴ. 위계에 의한 공무집행방해죄에 있어서 고의 이외에 직무집행을 방해할 의사는 요구되지 않는다.
> ㄷ. 음주운전을 하다가 교통사고를 내고 형사처벌을 면하기 위하여 타인의 혈액을 자신의 혈액인 것처럼 경찰관에게 제출하여 감정하도록 한 경우, 위계에 의한 공무집행방해죄가 성립한다.
> ㄹ. 위계를 행사하여 공무집행을 방해한 경우에 위계에 의한 공무집행방해죄 이외에 별도로 업무방해죄가 성립한다.

① 1개   ② 2개
③ 3개   ④ 4개

정선 핵심

ㄱ. 변론기일소환장을 허위주소로 송달하게 한 경우 → 위계에 의한 공무집행방해죄 ×
ㄴ. 위계에 의한 공무집행방해죄의 고의 → 직무집행을 방해할 의사 필요
ㄷ. 타인의 혈액을 자신의 혈액인 것처럼 제출한 경우 → 위계에 의한 공무집행방해죄 ○
ㄹ. 위계를 행사하여 공무집행을 방해한 경우 → 업무방해죄 ×

정선 해설

[ㄱ ▸ ×] 민사소송을 제기함에 있어 피고의 주소를 허위로 기재하여 법원공무원으로 하여금 변론기일소환장 등을 허위주소로 송달케 하였다는 사실만으로는 이로 인하여 법원공무원의 구체적이고 현실적인 어떤 직무집행이 방해되었다고 할 수는 없으므로, 이로써 바로 위계에 의한 공무집행방해죄가 성립한다고 볼 수는 없다(대판 1996.10.11. 96도312).

[ㄴ ▸ ×] 경찰관서에 허위신고를 하였으나 위계행위로 인하여 공무집행을 방해하려는 의사가 없는 경우에 위계에 의한 공무집행방해죄는 성립하지 아니한다(대판 1974.12.10. 74도2841).

> **비교판례** | **대판 1995.1.24. 94도1949**
> 공무집행방해죄에 있어서의 범의는 상대방이 직무를 집행하는 공무원이라는 사실, 그리고 이에 대하여 폭행 또는 협박을 한다는 사실을 인식하는 것을 그 내용으로 하고, 그 인식은 불확정적인 것이라도 소위 미필적 고의가 있다고 보아야 하며, 그 직무집행을 방해할 의사를 필요로 하지 아니하다.

[ㄷ ▸ ○] 대판 2003.7.25. 2003도1609

[ㄹ ▸ ×] 형법이 업무방해죄와는 별도로 공무집행방해죄를 규정하고 있는 것은 사적 업무와 공무를 구별하여 공무에 관해서는 공무원에 대한 폭행, 협박 또는 위계의 방법으로 그 집행을 방해하는 경우에 한하여 처벌하겠다는 취지라고 보아야 한다. 따라서 공무원이 직무상 수행하는 공무를 방해하는 행위에 대해서는 업무방해죄로 의율할 수는 없다고 해석함이 상당하다(대판 2009.11.19. 2009도4166[전합]).

 답 **❸**

076

공무집행방해죄에 관한 다음 설명 중 가장 옳지 않은 것은?

① 위계에 의한 공무집행방해죄는 상대방의 오인, 착각, 부지를 일으키고 이를 이용하는 위계에 의해 상대방이 그릇된 행위나 처분을 하게 함으로써 성립한다.

② 행정청에 대한 일방적 통고로 효과가 완성되는 '신고'의 경우 신고인이 신고서에 허위사실을 기재하였다 하더라도 그것만으로는 담당 공무원의 구체적이고 현실적인 직무집행이 방해받았다고 볼 수 없어 위계에 의한 공무집행방해죄는 성립하지 않는다.

③ 등기관은 등기신청이 실체법상의 권리관계와 일치하는지를 심사할 권한이 없으므로 등기관이 등기신청인이 제출한 허위의 소명자료에 대해 충분히 심사를 하였으나 이를 발견하지 못한 채 등기가 마쳐졌다 하더라도 위계에 기한 공무집행방해죄는 성립하지 않는다.

④ 외국 주재 한국영사관에 허위의 소명자료를 제출하여 비자를 신청하였는데 업무담당자가 사실을 충분히 확인하지 아니한 채 신청인 제출의 허위의 소명자료를 가볍게 믿고 비자를 발급하였다면 위계에 의한 공무집행방해죄는 성립하지 않는다.

정선 핵심

위계에 의한 공무집행방해죄의 성립 여부
① 오인, 착각, 부지를 이용하는 위계에 의해 상대방이 그릇된 행위나 처분을 하게 하는 경우 → ○
② 신고인이 자기완결적 신고서에 허위사실을 기재한 경우 → ×
③ 실질적 심사권이 없는 등기관이 충분히 심사를 하였음에도 등기가 마쳐진 경우 → ○
④ 비자발급 업무담당자가 허위의 소명자료를 가볍게 믿고 수용한 경우 → 위계에 의한 공무집행방해죄 ×

정선 해설

[❶ ▶ ○] [❷ ▶ ○] 위계에 의한 공무집행방해죄는 상대방의 오인, 착각, 부지를 일으키고 이를 이용하는 위계에 의하여 상대방이 그릇된 행위나 처분을 하게 함으로써 공무원의 구체적이고 현실적인 직무집행을 방해하는 경우에 성립한다.❶ 따라서 행정청에 대한 일방적 통고로 효과가 완성되는 '신고'의 경우에는 신고인이 신고서에 허위사실을 기재하거나 허위의 소명자료를 제출하였더라도, 그것만으로는 담당 공무원의 구체적이고 현실적인 직무집행이 방해받았다고 볼 수 없어 특별한 사정이 없는 한 허위 신고가 위계에 의한 공무집행방해죄를 구성한다고 볼 수 없다❷(대판 2016.1.28. 2015도17297).

[❸ ▶ ×] 등기신청은 단순한 '신고'가 아니라 신청에 따른 등기관의 심사 및 처분을 예정하고 있으므로, 등기신청인이 제출한 허위의 소명자료 등에 대하여 등기관이 나름대로 충분히 심사를 하였음에도 이를 발견하지 못하여 등기가 마쳐지게 되었다면 위계에 의한 공무집행방해죄가 성립할 수 있다. 등기관이 등기신청에 대하여 부동산등기법상 등기신청에 필요한 서면이 제출되었는지 및 제출된 서면이 형식적으로 진정한 것인지를 심사할 권한은 갖고 있으나 등기신청이 실체법상의 권리관계와 일치하는지를 심사할 실질적인 심사권한은 없다고 하여 달리 보아야 하는 것은 아니다(대판 2016.1.28. 2015도17297).

[❹ ▶ ○] 대판 2011.4.28. 2010도14696

답 ❸

공무방해의 죄에 대한 설명으로 옳지 않은 것은?(다툼이 있는 경우 판례에 의함)

① 민원인이 경찰청 민원실에서 욕설을 하고 소란을 피우는 등 위력으로 공무원의 직무 집행을 방해한 경우, 공무집행방해죄는 물론 업무방해죄도 성립하지 아니한다.

② 법원에 가처분신청 시 당사자가 허위주장을 하거나 허위증거를 제출한 경우, 위계에 의한 공무집행방해죄가 성립하지 아니한다.

③ 등기신청인이 제출한 허위의 소명자료 등에 대하여 등기관이 나름대로 충분히 심사를 하였음에도 이를 발견하지 못하여 등기가 마쳐진 경우, 등기관에게 등기신청이 실체법상의 권리관계와 일치하는지를 심사할 실질적인 권한이 없다면 위계에 의한 공무집행방해죄가 성립하지 아니한다.

④ 운전자가 과속단속카메라에 촬영되더라도 불빛을 반사시켜 차량 번호판이 식별되지 않도록 하는 기능이 있는 제품을 차량 번호판에 뿌린 상태로 차량을 운행한 경우, 위계에 의한 공무집행방해죄가 성립하지 아니한다.

정선
핵심

(위계에 의한) 공무집행방해죄의 성립 여부

① 지방경찰청장과의 면담을 요구하며 큰소리로 욕설을 하고 행패를 부린 경우 → 공무집행방해죄 ×, 업무방해죄 ×

② 가처분 신청 시 허위의 소명자료를 제출한 경우 → ×

③ 실질적 심사권이 없는 등기관이 충분히 심사를 하였음에도 등기가 마쳐진 경우 → ○

④ 파워매직세이퍼를 차량 번호판에 뿌린 상태로 차량을 운행한 경우 → ×

정선
해설

[❶ ▸ ○] 대판 2009.11.19. 2009도4166[전합]

[❷ ▸ ○] 법원은 당사자의 허위 주장 및 증거 제출에도 불구하고 진실을 밝혀야 하는 것이 그 직무이므로, 허위의 매매계약서 및 영수증을 소명자료로 첨부한 가처분신청 시 당사자가 허위의 주장을 하거나 허위의 증거를 제출하였다 하더라도 그것만으로 법원의 구체적이고 현실적인 어떤 직무집행이 방해되었다고 볼 수 없으므로 이로써 바로 위계에 의한 공무집행방해죄가 성립한다고 볼 수 없다(대판 2012.4.26. 2011도17125).

[❸ ▸ ×] 등기신청은 단순한 '신고'가 아니라 신청에 따른 등기관의 심사 및 처분을 예정하고 있으므로, 등기신청인이 제출한 허위의 소명자료 등에 대하여 등기관이 나름대로 충분히 심사를 하였음에도 이를 발견하지 못하여 등기가 마쳐지게 되었다면 위계에 의한 공무집행방해죄가 성립할 수 있다. 등기관이 등기신청에 대하여 부동산등기법상 등기신청에 필요한 서면이 제출되었는지 및 제출된 서면이 형식적으로 진정한 것인지를 심사할 권한은 갖고 있으나 등기신청이 실체법상의 권리관계와 일치하는지를 심사할 실질적인 심사권한은 없다고 하여 달리 보아야 하는 것은 아니다(대판 2016.1.28. 2015도17297).

[❹ ▸ ○] 대판 2010.4.15. 2007도8024

정답 ❸

공무원의 직무에 관한 죄에 대한 설명 중 옳지 않은 것은 몇 개인가?(다툼이 있는 경우 판례에 의함)

16 경찰간부

> ㄱ. 행정관청이 출원에 의한 인·허가처분을 함에 있어 출원자가 행정관청에 허위의 출원사유를 주장하면서 이에 부합하는 허위의 소명자료를 첨부하여 제출한 경우 허가관청이 나름대로 충분히 심사를 하였으나 출원사유 및 소명자료가 허위임을 발견하지 못하여 인·허가처분을 하게 되었다면 위계에 의한 공무집행방해죄가 성립된다.
> ㄴ. 공무원의 직권남용행위가 있었다면 현실적으로 권리행사의 방해라는 결과가 발생하지 않았더라도 직권남용권리행사방해죄가 성립한다.
> ㄷ. 뇌물죄에서 뇌물의 내용인 이익이라 함은 금전, 물품 기타의 재산적 이익뿐만 아니라 사람의 수요·욕망을 충족시키기에 족한 일체의 유형·무형의 이익을 포함하므로, 제공된 것이 성적 욕구의 충족이라고 하여 달리 볼 것이 아니다.
> ㄹ. 뇌물은 직무에 관하여 수수된 것으로 족하고 개개의 직무행위와 대가적 관계에 있을 필요는 없으나, 죄형법정주의의 원칙상 그 직무행위는 특정된 것임을 요한다.

① 1개   ② 2개
③ 3개   ④ 4개

정선 핵심

ㄱ. 충분히 심사를 하였으나 소명자료가 허위임을 발견하지 못하여 인·허가처분을 하게 된 경우 → 위계에 의한 공무집행방해죄 ○
ㄴ. 직권남용행위가 있었으나 권리행사방해의 결과가 발생하지 않은 경우 → 직권남용권리행사방해죄 ✕
ㄷ. 뇌물죄에서의 이익 → 성적 욕구의 충족 포함
ㄹ. 수수된 금품의 뇌물성
  → 개개의 직무행위와 대가적 관계에 있을 필요는 없으며, 직무행위가 특정될 것 불요

정선 해설

[ㄱ ▸ ○] 출원자가 행정관청에 허위의 출원사유를 주장하면서 이에 부합하는 허위의 소명자료를 첨부하여 제출한 경우 허가관청이 관계 법령이 정한 바에 따라 인·허가요건의 존부 여부에 관하여 나름대로 충분히 심사를 하였으나 출원사유 및 소명자료가 허위임을 발견하지 못하여 인·허가처분을 하게 되었다면 이는 허가관청의 불충분한 심사가 그의 원인이 된 것이 아니라 출원인의 위계행위가 원인이 된 것이어서 위계에 의한 공무집행방해죄가 성립된다(대판 2002.9.4. 2002도2064).

[ㄴ ▸ ✕] 직권남용권리행사방해죄에서 권리행사를 방해한다 함은 법령상 행사할 수 있는 권리의 정당한 행사를 방해하는 것을 말한다고 할 것이므로 이에 해당하려면 구체화된 권리의 현실적인 행사가 방해된 경우라야 할 것이고, 또한 공무원의 직권남용행위가 있었다 할지라도 현실적으로 권리행사의 방해라는 결과가 발생하지 아니하였다면 본죄의 기수를 인정할 수 없다(대판 2006.2.9. 2003도4599).

[ㄷ ▸ ○] 대판 2014.1.29. 2013도13937

[ㄹ ▸ ✕] 뇌물죄는 수수된 금품의 뇌물성을 인정하는 데 특별히 의무위반행위나 청탁의 유무 등을 고려할 필요가 없으므로, 뇌물은 직무에 관하여 수수된 것으로 족하고 개개의 직무행위와 대가적 관계에 있을 필요는 없으며, 그 직무행위가 특정된 것일 필요도 없다(대판 1997.4.17. 96도3378).

 답 ❷

079
☐☐☐

공무방해에 관한 죄에 관한 다음 설명 중 가장 옳지 않은 것은?　　**15** 법원9급

① 노동조합관계자들과 사용자측 사이의 다툼을 수습하려 하였으나 노동조합측이 지시에 따르지 않자 경비실 밖으로 나와 회사의 노사분규 동향을 파악하거나 파악하기 위해 대기 또는 준비 중이던 근로감독관을 폭행한 행위는 공무집행방해죄를 구성한다.

② 공무집행방해죄는 공무원의 적법한 공무집행이 전제로 된다 할 것이고, 그 공무집행이 적법하기 위하여는 그 행위가 당해 공무원의 추상적 직무 권한에 속할 뿐 아니라 구체적으로도 그 권한 내에 있어야 한다.

③ 행정관청이 사실을 충분히 확인하지 아니한 채 출원자가 제출한 허위의 출원사유나 허위의 소명자료를 가볍게 믿고 인가 또는 허가를 하였다면, 이는 행정관청의 불충분한 심사에 기인한 것으로서 출원자의 위계에 의한 것이었다고 할 수 없어 위계에 의한 공무집행방해죄를 구성하지 않는다.

④ 직무를 집행하는 공무원에 대하여 위험한 물건을 휴대하여 고의로 상해를 가한 경우에는 특수공무집행방해치상죄뿐만 아니라, 이와 별도로 폭력행위 등 처벌에 관한 법률위반(집단·흉기 등 상해)죄를 구성한다.

정선 핵심

① 노사분규 동향을 파악하기 위해 대기 또는 준비 중이던 근로감독관을 폭행한 경우 → 공무집행방해죄 ○
② 공무집행의 적법성 → 1. 행위가 추상적 권한에 속할 것, 2. 구체적 권한 내에 있을 것, 3. 직무행위로서의 요건과 방식을 갖출 것
③ 행정관청의 불충분한 심사에 의해 허위의 소명자료를 믿고 인·허가를 해 준 경우 → 위계에 의한 공무집행방해죄 ×
④ 위험한 물건으로 공무원의 공무집행을 방해하고 상해를 입힌 경우 → 특수공무집행방해치상죄 ○

정선 해설

[❶ ▶ ○] 근로감독관인 피해자가 피고인으로부터 폭행을 당할 당시에는 피고인 등이 그러한 피해자의 요구에 따르지 않자 경비실 밖으로 나와 그 회사의 노사분규 동향을 파악하거나 파악하기 위해 대기 또는 준비하던 중이었던 것으로 보이므로, 피해자는 그러한 여러 종류의 행위를 포괄하여 근로감독관으로서 일련의 직무를 수행하던 중이었다고 보아야 할 것이므로, 동 근로감독관을 폭행한 행위는 공무집행방해죄를 구성한다(대판 2002.4.12. 2000도3485).

[1] 노사분규 동향을 파악하거나 파악하기 위해 현장에서 대기 중이던 근로감독관을 폭행한 행위는 공무집행방해죄를 구성한다고 한 사례
[2] 집회 및 시위에 참가한 노동조합원 중 일부가 시위진압 경찰관들과의 몸싸움 과정에서 경찰관들에게 상해를 입게 한 사안에서 금속연맹 지역 본부장의 직책을 가지고 그 집회 및 시위에 적극적으로 참가한 피고인에게 특수공무집행방해치상의 공모공동정범으로서의 죄책을 인정한 사례(대판 2002.4.12. 2000도3485).

[❷ ▶ ○] 공무집행방해죄는 공무원의 적법한 공무집행이 전제로 된다 할 것이고, 그 공무집행이 적법하기 위하여는 그 행위가 당해 공무원의 추상적 직무 권한에 속할 뿐 아니라 구체적으로도 그 권한 내에 있어야 하며 또한 직무행위로서의 중요한 방식을 갖추어야 한다(대판 1991.5.10. 91도453).

법정형이 긴급구속사유에 해당하지 않는 범죄혐의로 기소중지된 공소외인을 경찰관들이 검거하는 과정에서 그 구원을 요청받은 피고인 등의 폭행으로 공무집행이 방해되었다는 공소사실에 대하여 경찰관들이 임의동행을 거절하는 공소외인을 강제로 연행하려고 한 것이라면 이는 적법한 공무집행에 해당하지 아니하므로 강제적인 임의동행을 거부하는 방법으로서 경찰관을 폭행·협박을 하여도 공무집행방해죄는 성립하지 아니한다고 본 사례(대판 1991.5.10. 91도453).

[**❸** ▸ ○]   행정관청이 출원에 의한 인허가처분을 할 때에는 그 출원사유가 사실과 부합하지 아니하는 경우가 있음을 전제로 하여 인허가할 것인지 여부를 심사·결정하는 것이므로, 행정관청이 그러한 사실을 충분히 확인하지 아니한 채 출원자가 제출한 허위의 출원사유나 허위의 소명자료를 가볍게 믿고 인가 또는 허가를 하였다면 이는 행정관청의 불충분한 심사에 기인한 것이어서 출원자의 위계가 결과발생의 주된 원인이라 할 수 없으므로, 위계에 의한 공무집행방해죄를 구성하지 않는다(대판 2010.10.28. 2008도9590).

<u>수출입화물방제업체 운영자인 피고인이 국립식물검역소 출장소에 허위의 소독작업결과서가 첨부된 수출식물검사신청서를 제출하여 수출검사합격증명서를 발급받음으로써 위계로써 위 출장소의 업무집행을 방해하였다는 공소사실에 대하여</u>, 담당공무원이 신청사유의 사실 여부를 정당하게 조사하지 아니한 채 위 합격증명서를 발급한 것이라면, 피고인의 행위로 그 공무집행이 방해되었다고 단정할 수는 없다고 한 사례(대판 2010.10.28. 2008도9590).

[**❹** ▸ ×]   직무를 집행하는 공무원에 대하여 위험한 물건을 휴대하여 고의로 상해를 가한 경우에는 특수공무집행방해치상죄만 성립할 뿐, 이와는 별도로 폭력행위 등 처벌에 관한 법률 위반(집단·흉기 등 상해)죄를 구성하지 않는다(대판 2008.11.27. 2008도7311).

📄 **❹**

080
□□□   **공무집행방해죄에 대한 설명으로 가장 적절하지 않은 것은?(다툼이 있는 경우 판례에 의함)**

`18` 경찰승진

① 甲이 과속단속카메라에 촬영되더라도 불빛을 반사시켜 차량번호판이 식별되지 않도록 하는 기능이 있는 제품을 자신의 차량 번호판에 뿌린 상태로 차량을 운행한 행위는 교통단속경찰공무원이 충실히 직무를 수행하더라도 사실상 적발이 어려운 위계를 사용한 공무집행방해에 해당한다.

② 재개발지역 내 주민들이 철거에 반대하여 건물 옥상에 망루를 설치하고 농성하던 중 피고인 등이 던진 화염병에 의해 발생한 화재로 일부 농성자 및 진압작전 중이던 일부 경찰관이 사망하거나 상해를 입은 경우, 경찰의 위 농성 진압작전을 위법한 직무수행으로 볼 수 없으므로 피고인들에게 특수공무집행방해치사상죄 등이 성립한다.

③ 경찰관 甲이 음주운전을 종료한 후 40분 이상이 경과한 시점에서 길가에 앉아 있던 운전자를 술냄새가 난다는 점만을 근거로 음주운전의 현행범으로 체포한 것은 적법한 공무집행으로 볼 수 없다.

④ 경찰관의 체포행위가 적법한 공무집행을 벗어나 불법하게 체포한 것으로 볼 수밖에 없다면, 피의자가 그 체포를 면하려고 반항하는 과정에서 경찰관에게 상해를 가한 경우, 공무집행방해죄 및 상해죄가 성립하지 아니한다.

정선
핵심

① 파워매직세이퍼를 차량 번호판에 뿌린 상태로 차량을 운행한 경우 → 위계에 의한 공무집행방해죄 ×
② 화염병에 의해 발생한 화재로 일부 농성자 및 일부 경찰관이 사망하거나 상해를 입은 경우 → 특수공무집행방해치사상죄 ○
③ 음주운전 후 40분 이상이 경과한 때 술냄새가 난다며 음주운전의 현행범으로 체포한 경우 → 위법한 공무집행
④ 모욕죄의 현행범으로 불법체포하려는 경찰관에게 상해를 입힌 경우 → 공무집행방해죄 및 상해죄 ×

[❶ ▸ ✕]　과속으로 인하여 과속단속카메라에 촬영되더라도 불빛을 반사시켜 차량 번호판이 식별되지 않도록 하는 기능이 있는 이 사건 '파워매직세이퍼'를 차량 번호판에 뿌린 상태로 차량을 운행한 행위만으로는 경찰청의 교통단속업무를 구체적이고 현실적으로 수행하는 경찰공무원에 대하여 그가 충실히 직무를 수행한다고 하더라도 통상적인 업무처리과정 하에서는 사실상 적발이 어려운 위계를 사용하여 그 업무집행을 하지 못하게 한 것이라고 보기 어렵다(대판 2010.4.15. 2007노8024).

[❷ ▸ ○]　재개발지역 내 주민들이 철거에 반대하여 건물 옥상에 망루를 설치하고 농성하던 중 피고인 등이 던진 화염병에 의해 발생한 화재로 일부 농성자 및 진압작전 중이던 일부 경찰관이 사망하거나 상해를 입은 경우, <u>진압작전을 현장에서 지휘한 경찰관이 망루에 1차 진입하여 대부분의 농성자들을 검거한 다음 곧바로 2차 진입을 지시한 것은 당시 현장 상황을 고려한 결정으로서 현저히 합리성을 갖추지 못하여 객관적 정당성을 상실한 것이라고 할 수는 없고</u>, 화재사고의 예방이라는 측면이 고려되지 못하였다거나, 경찰지휘부와의 의사소통 없이 이루어진 것이라고 하여 달리 볼 것은 아닌 점 등에 비추어, 경찰이 진행한 이 사건 진압작전을 위법한 직무집행이라고 볼 수 없으므로 피고인들에게 특수공무집행방해치사상죄가 성립한다(대판 2010.11.11. 2010도7621).

[❸ ▸ ○]　대판 2007.4.13. 2007도1249

[❹ ▸ ○]　경찰관이 현행범인 체포 요건을 갖추지 못하였는데도 실력으로 현행범인을 체포하려고 하였다면 적법한 공무집행이라고 할 수 없고, 현행범인 체포행위가 적법한 공무집행을 벗어나 불법인 것으로 볼 수밖에 없다면, 현행범이 체포를 면하려고 반항하는 과정에서 경찰관에게 상해를 가한 것은 불법체포로 인한 신체에 대한 현재의 부당한 침해에서 벗어나기 위한 행위로서 정당방위에 해당하여 위법성이 조각된다(대판 2011.5.26. 2011도3682).

<u>피고인이 경찰관의 불심검문을 받아 운전면허증을 교부한 후 경찰관에게 큰 소리로 욕설을 하였는데, 경찰관이 피고인을 모욕죄의 현행범으로 체포하려고 하자 피고인이 반항하면서 경찰관에게 상해를 가한 사안에서, 위</u> 행위가 정당방위에 해당한다는 이유로, 피고인에 대한 '상해' 및 '공무집행방해'의 공소사실을 무죄로 인정한 원심판단을 수긍한 사례(대판 2011.5.26. 2011도3682).

 ❶

다음 중 공무상표시무효죄가 인정된 경우로 옳은 것을 모두 고르면?(다툼이 있는 경우 판례에 의함)

19 경찰간부

> ㄱ. 출입금지가처분의 대상이 된 건조물 등에 가처분 채권자의 승낙을 얻어 출입했는데 가처분결정이나 그 결정의 집행으로서 집행관이 실시한 고시에는 그러한 취지가 명시되어 있지 않은 경우
> ㄴ. 집행관이 채무자 겸 소유자의 건물에 대한 점유를 해제하고 이를 채권자에게 인도한 후 채무자의 출입을 봉쇄하기 위하여 출입문을 판자로 막아둔 것을 채무자가 뜯어내고 그 건물에 들어간 경우
> ㄷ. 직접점유자(임차인)에 대한 점유이전금지가처분결정이 집행된 후 직접점유자가 그 가처분 목적물의 간접점유자(소유자)에게 그 점유를 이전한 경우
> ㄹ. 변호사의 자문을 받아 문제가 없다는 말을 듣고 압류물을 집행관의 승인 없이 관할구역 밖으로 옮긴 경우
> ㅁ. 압류된 골프장시설을 보관하는 회사의 대표이사가 압류시설의 사용 및 봉인의 훼손을 방지할 수 있는 적절한 조치 없이 골프장을 개장하여 봉인이 훼손된 경우

① ㄱ, ㄴ
② ㄴ, ㄷ, ㄹ
③ ㄷ, ㄹ, ㅁ
④ ㄹ, ㅁ

정선 핵심

공무상표시무효죄의 성립 여부
ㄱ. 가처분 채권자의 승낙을 얻어 건조물에 출입하였으나 고시에 그 취지가 명시되지 않은 경우 → ×
ㄴ. 채권자에게 인도된 건물의 출입문을 막아둔 판자를 채무자가 뜯어내고 들어간 경우 → ×
ㄷ. 점유이전금지가처분결정이 집행된 후 간접점유자에게 점유를 이전한 경우 → ○
ㄹ. 변호사의 자문을 받은 후 압류물을 승인 없이 관할구역 밖으로 옮긴 경우 → ○
ㅁ. 압류된 골프장시설에 대한 적절한 조치 없이 개장하여 봉인이 훼손된 경우 → ○

정선 해설

[ㄱ ▸ ×] 출입금지가처분은 그 성질상 가처분 채권자의 의사에 반하여 건조물 등에 출입하는 것을 금지하는 것이므로 비록 가처분결정이나 그 결정의 집행으로서 집행관이 실시한 고시에 그러한 취지가 명시되어 있지 않다고 하더라도 가처분 채권자의 승낙을 얻어 그 건조물 등에 출입하는 경우에는 출입금지가처분 표시의 효용을 해한 것이라고 할 수 없다(대판 2006.10.13. 2006도4740).

> 관련판례 **대판 2004.7.9. 2004도3029**
> 집행관이 그 점유를 옮기고 압류표시를 한 다음 채무자에게 보관을 명한 유체동산에 관하여 채무자가 이를 다른 장소로 이동시켜야 할 특별한 사정이 있고, 그 이동에 앞서 채권자에게 이동사실 및 이동장소를 고지하여 승낙을 얻은 때에는 비록 집행관의 승인을 얻지 못한 채 압류물을 이동시켰다 하더라도 형법 제140조 제1항 소정의 '기타의 방법으로 그 효용을 해한' 경우에 해당한다고 할 수 없다고 할 것이다.

[ㄴ ▸ ×] 집행관이 채무자 겸 소유자의 건물에 대한 점유를 해제하고 이를 채권자에게 인도한 후 채무자의 출입을 봉쇄하기 위하여 출입문을 판자로 막아둔 것을 채무자가 이를 뜯어내고 그 건물에 들어갔다 하더라도 이는 강제집행이 완결된 후의 행위로서 채권자들의 점유를 침범하는 것은 별론으로 하고 공무상표시무효죄에 해당하지는 않는다(대판 1985.7.23. 85도1092).
[ㄷ ▸ ○] 직접 점유자에 대한 점유이전금지가처분결정이 집행된 후 그 피신청인인 직접점유자가 가처분 목적물의 간접점유자에게 그 점유를 이전한 경우에는 그 가처분표시의 효용을 해한 것이 된다(대판 1980.12.23. 80도1963).
[ㄹ ▸ ○] 대판 1992.5.26. 91도894
[ㅁ ▸ ○] 대판 2005.7.22. 2005도3034

답 **❸**

공무집행방해죄에 관한 설명 중 가장 적절하지 않은 것은?(다툼이 있는 경우 판례에 의함)

`17` 경찰승진

① 공무집행방해죄는 공무원의 적법한 공무집행이 전제로 된다 할 것이고, 그 공무집행이 적법하기 위하여는 그 행위가 당해 공무원의 추상적 직무 권한에 속할 뿐 아니라 구체적으로도 그 권한 내에 있어야 한다.

② 위계에 의한 공무집행방해죄에서의 공무원의 직무집행이란 법령의 위임에 따른 공무원의 적법한 직무집행인 이상 사경제주체로서의 활동을 비롯한 비권력적 작용도 포함된다.

③ 피고인이 노조원들과 함께 경찰관이 파업투쟁 중인 공장에 진입할 경우에 대비하여 그들의 부재중에 미리 윤활유나 철판조각을 바닥에 뿌려 놓아 위 경찰관들이 이에 미끄러져 넘어지거나 철판조각에 찔려 다쳤다면, 특수공무집행방해치상죄가 성립한다.

④ 위계에 의한 공무집행방해죄가 성립되려면 자기의 위계행위로 인하여 공무집행을 방해하려는 의사가 있어야 한다.

정선 핵심

① 공무집행의 적법성 → 1. 행위가 추상적 권한에 속할 것, 2. 구체적 권한 내에 있을 것, 3. 직무행위로서의 요건과 방식을 갖출 것

② 직무집행 → 권력적 작용뿐만 아니라 비권력적 작용도 포함

③ 윤활유나 철판조각을 뿌려 놓아 진입하던 경찰관들이 다친 경우 → 특수공무집행방해치상죄 ✕

④ 위계에 의한 공무집행방해죄의 고의 → 직무집행을 방해할 의사 필요

정선 해설

[❶ ▸ ○] 대판 1991.5.10. 91도453

[❷ ▸ ○] 위계에 의한 공무집행방해죄는 행위목적을 이루기 위하여 상대방에게 오인, 착각, 부지를 일으키게 하여 이를 이용함으로써 법령에 의하여 위임된 공무원의 적법한 직무에 관하여 그릇된 행위나 처분을 하게 하는 경우에 성립하고, 여기에서 공무원의 직무집행이란 법령의 위임에 따른 공무원의 적법한 직무집행인 이상 공권력의 행사를 내용으로 하는 권력적 작용뿐만 아니라 사경제주체로서의 활동을 비롯한 비권력적 작용도 포함되는 것으로 봄이 상당하다(대판 2003.12.26. 2001도6349).

[❸ ▸ ✕] 피고인이 노조원들과 함께 경찰관인 피해자들이 파업투쟁 중인 공장에 진입할 경우에 대비하여 그들의 부재 중에 미리 윤활유나 철판조각을 바닥에 뿌려 놓은 것에 불과하고, 위 피해자들이 이에 미끄러져 넘어지거나 철판조각에 찔려 다쳤다는 것에 지나지 않은 경우, 피고인 등이 위 윤활유나 철판조각을 위 피해자들의 면전에서 그들의 공무집행을 방해할 의도로 뿌린 것이라는 등의 특별한 사정이 있는 경우는 별론으로 하고 이를 가리켜 위 피해자들에 대한 유형력의 행사, 즉 폭행에 해당하는 것으로 볼 수 없으므로 피고인의 위 행위는 특수공무집행방해치상죄를 구성하지 아니한다(대판 2010.12.23. 2010도7412).

[❹ ▸ ○] 경찰관서에 허위신고를 하였으나 위계행위로 인하여 공무집행을 방해하려는 의사가 없는 경우에 위계에 의한 공무집행방해죄는 성립하지 아니한다(대판 1974.12.10. 74도2841).

 답 ❸

다음 설명 중 가장 옳지 않은 것은?(다툼이 있는 경우 판례에 의함)　　

① 공무상비밀표시무효죄와 공용물파괴죄는 미수범 처벌규정이 있으나 공무집행방해죄와 국회의 장모욕죄는 미수범 처벌규정이 없다.

② 출입국관리공무원이 관리자의 사전 동의 없이 사업장에 진입하여 불법체류자 단속업무를 개시 하였다면 그 상태에서 피고인이 단속공무원을 칼로 찔렀다 할지라도 특수공무집행방해죄는 성립하지 않는다.

③ 법원은 당사자의 허위 주장 및 증거 제출에도 불구하고 진실을 밝혀야 하는 것이 그 직무이므로 가처분신청 시 당사자가 허위의 주장을 하거나 허위의 증거를 제출하였다 하더라도 이로써 바로 위계에 의한 공무집행방해죄가 성립한다고 볼 수 없다.

④ 교육인적자원부 장관이 약학대학 학제개편에 관한 공청회를 개최하면서 행정절차법상 통지 절차를 위반했다면 다중이 위력으로 공청회 진행을 방해했을지라도 특수공무집행방해죄는 성립하지 않는다.

**정선
핵심**

① 공무집행방해죄와 국회의장모욕죄 → 미수범 처벌규정 ×

② 사전동의 없이 불법체류자 단속업무를 하던 출입국관리공무원이 칼에 찔려 상해를 입은 경우 → 특수공무집행방 해죄 ×

③ 가처분신청 시 허위의 주장이나 증거를 제출한 경우 → 위계에 의한 공무집행방해죄 ×

④ 통지절차를 위반하여 교육인적자원부 장관이 개최한 공청회를 다중이 위력으로 방해한 경우 → 특수공무집행방 해죄 ○

**정선
해설**

[❶ ▸ ○]　공무상비밀표시무효죄와 공용물파괴죄는 미수범 처벌규정(형법 제143조, 제140조, 제141조)이 있으나 공무집행방해죄와 국회의장모욕죄는 미수범 처벌규정이 없다.

[❷ ▸ ○]　법무부 의정부출입국관리소 소속 피해자 등이 이 사건 당시 공장장의 동의나 승낙 없이 공장에 들어가 그 공장 내에서 일하고 있던 피고인 등을 상대로 불법체류자 단속업무를 개시한 경우, 이 사건 불법체류자 단속업무 는 적법한 공무집행행위로 볼 수 없어 피고인이 피해자를 칼로 찌른 행위는 특수공무집행방해죄를 구성하지 않는다 (대판 2009.3.12. 2008도7156).

[❸ ▸ ○]　대판 2012.4.26. 2011도17125

[❹ ▸ ×]　교육인적자원부 장관이 약학대학 학제개편에 관한 공청회를 개최하면서 행정절차법상 통지 절차를 위반하였더라도 공청회 개최 통지 절차 위반은 경미한 흠에 불과하고 이 사건 각 공청회 개최를 형법상 보호대상에서 제외되는 부적법한 직무행위라고 평가할 수 있는 정도는 아니라고 보이므로 다중이 위력으로 공청회 진행을 방해했 다면 특수공무집행방해죄가 성립한다(대판 2007.10.12. 2007도6088).

답 ❹

084
□□□

공무방해에 관한 죄에 대한 설명 중 가장 적절하지 않은 것은?(다툼이 있는 경우 판례에 의함)

`19` 경찰채용

① 공무집행방해죄에서 공무원의 공무집행이 적법한지 여부는 행위당시의 구체적 상황에 기하여 객관적·합리적으로 판단하여야 하고 사후적으로 순수한 객관적 기준에서 판단할 것은 아니다.

② 공무집행방해죄에서 협박이란 상대방에게 공포심을 일으킬 목적으로 해악을 고지하는 행위를 의미하는 것으로서 그 협박이 경미하여 상대방이 전혀 개의치 않을 정도인 경우에는 협박에 해당하지 않는다.

③ 부동산강제집행효용침해죄의 객체인 강제집행으로 명도 또는 인도된 부동산에는 강제집행으로 퇴거집행된 부동산은 포함되지 않는다.

④ 공무집행방해죄는 추상적 위험범으로서 구체적으로 직무집행의 방해라는 결과발생을 요하지 않는다.

정선 핵심

① 공무집행의 적법성 → 행위 당시의 구체적 상황에 의해 객관적·합리적으로 판단
② 고지된 해악이 상대방이 전혀 개의치 않을 정도의 경미한 경우 → 공무집행방해죄 ×
③ 부동산강제집행효용침해죄의 객체 → 퇴거집행된 부동산 포함
④ 공무집행방해죄 → 추상적 위험범으로서 직무집행의 방해라는 결과발생 불요

정선 해설

[❶ ▸ ○] 대판 2013.8.23. 2011도4763
[❷ ▸ ○] 대판 1989.12.26. 89도1204
[❸ ▸ ×] 부동산강제집행효용침해죄의 입법취지와 체제 및 내용과 구조를 살펴보면, 부동산강제집행효용침해죄의 객체인 강제집행으로 명도 또는 인도된 부동산에는 강제집행으로 퇴거집행된 부동산을 포함한다고 해석된다(대판 2003.5.13. 2001도3212).

[❹ ▸ ○] 공무집행방해죄는 직무를 집행하는 공무원에 대하여 폭행 또는 협박한 경우에 성립하는 범죄로서 여기서의 폭행은 사람에 대한 유형력의 행사로 족하고 반드시 그 신체에 대한 것임을 요하지 아니하며, 또한 추상적 위험범으로서 구체적으로 직무집행의 방해라는 결과발생을 요하지도 아니한다(대판 2018.3.29. 2017도21537).

> 비교판례 **대판 2015.2.26. 2013도13217**
> 위계에 의한 공무집행방해죄에서 '위계'라 함은 행위자의 행위목적을 이루기 위하여 상대방에게 오인, 착각, 부지를 일으키게 하여 그 오인, 착각, 부지를 이용하는 것으로서, 상대방이 이에 따라 그릇된 행위나 처분을 하여야만 위 죄가 성립한다. 만약 그러한 행위가 구체적인 직무집행을 저지하거나 현실적으로 곤란하게 하는 데까지는 이르지 않은 경우에는 위계에 의한 공무집행방해죄로 처벌할 수 없다.

답 ❸

공무방해에 관한 죄에 대한 설명으로 적절하지 않은 것을 모두 고른 것은?(다툼이 있는 경우 판례에 의함)

18 경찰채용

> ㄱ. 공무집행방해죄의 '직무를 집행하는'이라 함은 공무원이 직무수행에 직접 필요한 행위를 현실적으로 행하고 있는 때만을 가리키는 것이 아니라 공무원이 직무수행을 위하여 근무 중인 상태에 있는 때를 포괄한다.
>
> ㄴ. 참고인이 수사기관에 대하여 허위진술을 한 사실만으로는 위계에 의한 공무집행방해죄가 성립하지 않는다.
>
> ㄷ. 공무집행방해죄는 공무원의 직무집행이 적법한 경우에 한하여 성립하고, 여기서 적법한 공무집행이라고 함은 그 행위가 공무원의 추상적 권한에 속하면 충분하며, 구체적으로 그 권한 내에 있어야 할 필요는 없다.
>
> ㄹ. 유체동산의 가압류집행에 있어 가압류공시서의 기재에 다소의 흠이 있다면, 그 기재 내용을 전체적으로 보아 가압류공시서에 그 가압류목적물이 특정되었다고 인정할 수 있더라도 그 가압류는 당연무효이고, 해당 가압류공시서는 공무상표시무효죄의 객체가 될 수 없다.

① ㄱ, ㄴ   ② ㄴ, ㄷ
③ ㄴ, ㄹ   ④ ㄷ, ㄹ

정선 핵심

ㄱ. 직무를 집행하는 → 직무수행에 직접 필요한 행위를 현실적으로 행하고 있는 때뿐만 아니라 직무수행을 위하여 근무 중인 상태에 있는 때를 포함

ㄴ. 참고인이 수사기관에 대하여 허위진술을 한 경우 → 위계에 의한 공무집행방해죄 ×

ㄷ. 공무집행의 적법성 → 1. 행위가 추상적 권한에 속할 것, 2. 구체적 권한 내에 있을 것, 3. 직무행위로서의 요건과 방식을 갖출 것

ㄹ. 기재에 다소의 흠이 있는 가압류공시서 → 공무상표시무효죄의 객체 ○

정선 해설

[ㄱ ▶ ○] 대판 2002.4.12. 2000도3485

[ㄴ ▶ ○] 수사기관에서의 참고인은 형사소송절차에서 선서를 한 증인이 허위로 공술을 한 경우에 위증죄가 성립하는 것과 달리 반드시 진실만을 말하도록 법률상의 의무가 부과되어 있는 것은 아니므로, 피의자나 참고인이 피의자의 무고함을 입증하는 등의 목적으로 수사기관에 대하여 허위사실을 진술하거나 허위의 증거를 제출하였다 하더라도, 수사기관이 충분한 수사를 하지 아니한 채 이와 같은 허위의 진술과 증거만으로 잘못된 결론을 내렸다면, 이는 수사기관의 불충분한 수사에 의한 것으로서 피의자 등의 위계에 의하여 수사가 방해되었다고 볼 수 없어 위계에 의한 공무집행방해죄가 성립된다고 할 수 없다(대판 2003.7.25. 2003도1609).

[ㄷ ▶ ×] 공무집행방해죄는 공무원의 직무집행이 적법한 경우에 한하여 성립하고, 여기서 적법한 공무집행이라고 함은 그 행위가 공무원의 추상적 권한에 속할 뿐 아니라 구체적으로도 그 권한 내에 있어야 하며 또한 직무행위로서의 요건과 방식을 갖추어야 하고, 공무원의 어떠한 공무집행이 적법한지 여부는 행위 당시의 구체적 상황에 기하여 객관적·합리적으로 판단하여야 한다(대판 2013.2.15. 2010도11281).

[ㄹ ▶ ×] 유체동산의 가압류집행에 있어 가압류공시서에 다소의 흠이 있다고 하더라도 가압류공시서의 기재 내용을 전체적으로 보면 농장 안에 있던 비육돈 전체가 가압류목적물이 되었음을 알 수 있으므로, 가압류공시서는 여전히 공무상표시무효죄의 객체로 된다고 할 것이다(대판 2001.1.16. 2000도1757).

답 ❹

01 폭행·협박은 적극적인 행위에 의할 것을 요하고 소극적인 거동이나 불복종만으로는 본죄가 성립하지 않는다. `13` 경찰간부 ○ㅣ×

02 국민기초생활보장법상 자활근로자로 선정되어 주민자치센터 사회복지담당 공무원의 복지도우미로 근무하던 사람을 협박하여 그 직무집행을 방해한 경우 공무집행방해죄가 성립하지 않는다. `13` 경찰간부 ○ㅣ×

03 방으로 피하여 문을 잠그고 면도칼로 가슴을 그어 피를 내어 죽어버리겠다고 한 경우 공무집행방해죄에 해당하지 않는다. `18` 해경승진 ○ㅣ×

04 검문 중이던 경찰관들이 자전거를 이용한 날치기 사건범인과 흡사한 인상착의의 피고인이 자전거를 타고 다가오는 것을 발견, 정지를 요구하였으나 멈추지 않아, 앞을 가로막고 소속과 성명을 고지한 후 검문에 협조해 달라는 취지로 말하였음에도 불응하고 그대로 전진하자 따라가서 재차 앞을 막고 검문에 응하라고 요구한 경우, 앞을 가로막고 제지한 행위는 불심검문의 한계를 벗어나 위법하므로 적법성을 전제로 하는 공무집행방해죄는 성립하지 않는다. `14` 경찰채용 ○ㅣ×

05 보험회사 임원이 회사 전산시스템에서 관리하고 있던 보험금 출금 관련 데이터가 압수될 상황에 이르게 되자 특정기간의 위 전산 데이터를 삭제한 경우, 위계로써 특별검사 등의 직무수행을 방해한 것이라고 볼 수 있다. `20` 해경간부 ○ㅣ×

06 국립대학교의 교원 공채 지원자인 피고인이 학과장의 도움으로 이미 논문접수가 마감된 학회지에 논문을 추가 게재하여 심사요건 이상의 전공논문 실적을 확보하였다하더라도 형법 제137조에서 정한 위계에 해당하지 않는다. `20` 해경간부 ○ㅣ×

07 도시개발공사의 공고상 보상계획 및 이주대책대상인 종교시설이 되기 위한 기준일 이전에 사찰을 창건하여 주지로서 재직한 바가 없거나 그 사찰이 위 기준일 이전에 불교종단에 등록된 바가 없음에도 위 사찰의 등록일을 위 기준일 이전으로 소급한 등록증을 발급받아 이를 위 사찰의 존치요청신청서에 첨부하여 제출한 것이 위계에 의한 공무집행방해죄에서 말하는 위계에 해당한다. `20` 해경간부 ○ㅣ×

01 폭행·협박은 적극적인 행위에 의할 것을 요하므로 예를 들면 연행하려는 경찰의 손을 뿌리친 정도의 것으로는 본죄가 성립하지 아니한다.

02 사회복지담당 공무원의 복지도우미로 근무하던 자는 공무원으로서 공무를 담당하고 있었다고 볼 수 없다(대판 2011.1.27. 2010도14484).

03 자해자학행위는 위 경찰관에 대한 유형력의 행사나 해악의 고지표시가 되는 폭행 또는 협박으로 볼 수 없다(대판 1976.3.9. 75도3779).

04 경찰관들은 목적 달성에 필요한 최소한의 범위 내에서 사회통념상 용인될 수 있는 상당한 방법을 통하여 경찰관직무집행법 제3조 제1항에 규정된 자에 대해 의심되는 사항을 질문하기 위하여 정지시킨 것으로 보아야 하므로 공무집행방해죄가 성립한다(대판 2012.9.13. 2010도6203).

05 특정 기간의 전산데이터를 삭제한 행위가 '위계로써 특별검사 등의 직무수행을 방해한 것'이라고 볼 수 없다(대판 2009.6.11. 2008도9437).

06 대판 2009.4.23. 2007도1554

07 대판 2005.3.10. 2004도8470

정답

01 ○ **02** ○ **03** ○ **04** ×
05 × **06** ○ **07** ○

08 피의자나 참고인이 피의자의 무고함을 입증하는 등의 목적으로 적극적으로 허위의 증거를 조작하여 제출하였고 그 증거 조작의 결과 수사기관이 그 진위에 관하여 나름대로 충실한 수사를 하더라도 제출된 증거가 허위임을 발견하지 못하여 잘못된 결론을 내리게 될 정도에 이르렀다면, 이는 위계에 의하여 수사기관의 수사행위를 적극적으로 방해한 것으로서 위계에 의한 공무집행방해죄가 성립된다.
　19　해경간부　　　　　　　　　　　　　　　　　　　 O I X

09 법령에서 어떤 행위의 금지를 명하면서 이를 위반하는 행위에 대한 벌칙을 두는 한편, 공무원으로 하여금 그 금지규정의 위반 여부를 감시, 단속하게 하고 있는 경우 그 공무원에게는 금지규정 위반행위의 유무를 감시하여 확인하고 단속할 권한과 의무가 있으므로 단순히 공무원의 감시, 단속을 피하여 금지규정에 위반하는 행위를 한 것에 불과하다면 그에 대하여 벌칙을 적용하는 것은 별론으로 하고 그 행위가 위계에 의한 공무집행방해죄에 해당하는 것이라고는 할 수 없다.　17　경찰채용　　　　　　　　　　　　　　　　　　 O I X

10 자가용차를 운전하다가 교통사고를 낸 사람이 경찰관서에 신고함에 있어 가해차량이 자가용일 경우 피해자와 합의하는데 불리하다고 생각하여 영업용 택시를 운전하다가 사고를 내었다고 허위신고를 한 경우 위계에 의한 공무집행방해죄가 성립하지 않는다.　14　경찰채용　 O I X

08 대판 2003.7.25. 2003도1609

09 대판 2010.4.15. 2007도8024

10 대판 1974.12.10. 74도2841

정답

08 ○ **09** ○ **10** ○

086

범인도피죄에 대한 설명 중 옳은 것만을 모두 고른 것은?(다툼이 있는 경우 판례에 의함)

2U 성례신부

ㄱ. 범인 아닌 자가 수사기관에서 범인임을 자처하고 허위사실을 진술하여 진범의 체포와 발견에 지장을 초래하게 한 행위는 범인은닉죄에 해당한다.

ㄴ. 범인이 기소중지자임을 알고도 그의 부탁으로 다른 사람의 명의로 대신 임대차계약을 체결해 주는 데 그친 행위는 범인도피죄에 해당하지 않는다.

ㄷ. 폭행사건 현장의 참고인이 출동한 경찰관에게 범인의 이름 대신 허무인의 이름을 대면서 구체적인 인적사항에 대한 언급을 피한 경우 범인도피죄가 성립하지 않는다.

ㄹ. 참고인이 수사기관에서 진범이 아닐지 모른다고 생각하면서도 특정인을 범인으로 지목하는 허위진술을 하여 그 사람이 구속됨으로써 실제 범인이 용이하게 도피하는 결과를 초래한 경우, 그 참고인을 범인도피죄로 처벌할 수 있다.

ㅁ. 범인이 자신을 위하여 타인으로 하여금 허위자백을 하게 하여 범인도피죄를 범하게 하는 행위는 방어권 남용으로 범인도피교사죄에 해당하는바, 그 타인이 형법 제151조 제2항에 의하여 처벌을 받지 아니하는 친족에 해당한다 하여 달리 볼 것은 아니다.

① ㄱ, ㄴ, ㄷ
② ㄱ, ㄷ, ㅁ
③ ㄱ, ㄹ, ㅁ
④ ㄴ, ㄹ, ㅁ

정선 핵심

범인은닉 · 도피(교사)죄의 성립 여부

ㄱ. 범인 아닌 자가 허위진술을 하여 진범의 체포와 발견에 지장을 초래한 경우 → ○

ㄴ. 기소중지자임을 알고도 다른 사람의 명의로 임대차계약을 체결해 준 경우 → ○

ㄷ. 참고인이 허무인의 이름을 대면서 인적사항에 대한 언급을 피한 경우 → ×

ㄹ. 참고인이 특정인을 범인으로 지목하는 허위진술을 하여 범인이 용이하게 도피하는 결과를 초래한 경우 → ×

ㅁ. 자신을 위하여 타인으로 하여금 범인도피죄를 범하게 한 경우 → 범인도피교사죄 ○

정선 해설

[ㄱ ▸ ○] 범인이 아닌 자가 수사기관에 범인임을 자처하고 허위사실을 진술하여 진범의 체포와 발견에 지장을 초래하게 한 행위는 범인은닉죄에 해당한다(대판 2000.11.24. 2000도4078).

범인에 대하여 적용 가능한 죄가 도로교통법위반죄로부터 교통사고처리특례법위반죄를 거쳐 상해죄에 이르기까지 다양하고, 그 죄들은 모두 벌금 이상의 형을 정하고 있으며 범인에게 적용될 수 있는 죄가 교통사고처리특례법위반죄에 한정된다고 하더라도 자동차종합보험 가입사실만으로 범인의 행위가 형사소추 또는 처벌을 받을 가능성이 없는 경우에 해당한다고 단정할 수 없을 뿐 아니라, 피고인이 수사기관에 적극적으로 범인임을 자처하고 허위사실을 진술함으로써 실제 범인을 도피하게 하였다는 이유로 범인도피죄의 성립을 인정한 사례(대판 2000.11.24. 2000도4078).

[ㄴ ▸ ×] 범인이 기소중지자임을 알고도 범인의 부탁으로 다른 사람의 명의로 대신 임대차계약을 체결해 준 경우, 비록 임대차계약서가 공시되는 것은 아니라 하더라도 수사기관이 탐문수사나 신고를 받아 범인을 발견하고 체포하는 것을 곤란하게 하여 범인도피죄에 해당한다(대판 2004.3.26. 2003도8226).

[ㄷ ▸ ○] 대판 2008.6.26. 2008도1059

[ㄹ ▸ ×]   참고인이 실제의 범인이 누군지도 정확하게 모르는 상태에서 수사기관에서 실제의 범인이 아닌 어떤 사람을 범인이 아닐지도 모른다고 생각하면서도 그를 범인이라고 지목하는 허위의 진술을 한 경우에는 참고인의 허위 진술에 의하여 범인으로 지목된 사람이 구속기소됨으로써 실제의 범인이 용이하게 도피하는 결과를 초래한다고 하더라도 그것만으로는 그 참고인에게 적극적으로 실제의 범인을 도피시켜 국가의 형사사법의 작용을 곤란하게 할 의사가 있었다고 볼 수 없어 그 참고인을 범인도피죄로 처벌할 수는 없다(대판 1997.9.9. 97도1596).
[ㅁ ▸ ○]   대판 2006.12.7. 2005도3707

 답 ❷

087
□□□

도주와 범인은닉의 죄에 대한 설명 중 가장 적절하지 않은 것은?(다툼이 있는 경우 판례에 의함)

20 경찰승진

① 도주죄는 즉시범으로서 범인이 간수자의 실력적 지배를 이탈한 상태에 이르렀을 때에 기수가 되어 도주행위가 종료하는 것이고, 도주죄의 범인이 도주행위를 하여 기수에 이른 이후에 범인의 도피를 도와주는 행위는 범인도피죄에 해당할 수 있을 뿐 도주원조죄에 해당하지 아니한다.
② 가석방 보석 중에 있는 자와 형집행정지·구속집행정지 중에 있는 자도 도주죄의 주체가 될 수 있다.
③ 범인이 기소중지자임을 알고도 범인의 부탁으로 다른 사람의 명의로 대신 임대차계약을 체결해 준 경우 범인도피죄가 성립한다.
④ 공범 중 1인이 그 범행에 관한 수사절차에서 참고인 또는 피의자로 조사받으면서 자기의 범행을 구성하는 사실관계에 관하여 허위로 진술하고 허위 자료를 제출하는 것은 자신의 범행에 대한 방어권행사의 범위를 벗어난 것으로 볼 수 없어, 이러한 행위가 다른 공범을 도피하게 하는 결과가 된다고 하더라도 범인도피죄로 처벌할 수 없다.

**정선
핵심**

범인도피죄의 성립 여부
① 도주죄가 기수에 이른 후에 그의 도피를 도와주는 경우 → ○
② 가석방 보석 중에 있는 자와 형집행정지·구속집행정지 중에 있는 자 → 도주죄의 주체 ×
③ 기소중지자임을 알고도 다른 사람의 명의로 임대차계약을 체결해 준 경우 → ○
④ 공범 중 1인이 허위진술을 하고 허위자료를 제출하여 다른 공범을 도피하게 하는 결과가 된 경우 → ×

**정선
해설**

[❶ ▸ ○]   도주죄는 즉시범으로서 범인이 간수자의 실력적 지배를 이탈한 상태에 이르렀을 때에 기수가 되어 도주행위가 종료하는 것이고, 도주원조죄는 도주죄에 있어서의 범인의 도주행위를 야기시키거나 이를 용이하게 하는 등 그와 공범관계에 있는 행위를 독립한 구성요건으로 하는 범죄이므로, 도주죄의 범인이 도주행위를 하여 기수에 이르른 이후에 범인의 도피를 도와 주는 행위는 범인도피죄에 해당할 수 있을 뿐 도주원조죄에는 해당하지 아니한다(대판 1991.10.11. 91도1656).
[❷ ▸ ×]   가석방 보석 중에 있는 자와 형집행정지·구속집행정지 중에 있는 자는 법률에 의하여 구금된 자가 아니므로 도주죄의 주체가 되지 아니한다.
[❸ ▸ ○]   대판 2004.3.26. 2003도8226
[❹ ▸ ○]   공범 중 1인이 그 범행에 관한 수사절차에서 참고인 또는 피의자로 조사받으면서 자기의 범행을 구성하는 사실관계에 관하여 허위로 진술하고 허위 자료를 제출하는 것은 자신의 범행에 대한 방어권 행사의 범위를 벗어난 것으로 볼 수 없다. 이러한 행위가 다른 공범을 도피하게 하는 결과가 된다고 하더라도 범인도피죄로 처벌할 수 없다. 이때 공범이 이러한 행위를 교사하였더라도 범죄가 될 수 없는 행위를 교사한 것에 불과하여 범인도피교사죄가 성립하지 않는다(대판 2018.8.1. 2015도20396).

 답 ❷

범인은닉·도피죄에 관한 설명으로 가장 적절하지 않은 것은?(다툼이 있는 경우 판례에 의함)

20 경찰채용

① 주점 개업식날 찾아 온 범인에게 '도망다니면서 이렇게 와 주니 고맙다. 항상 몸조심하고 주의하여 다녀라. 열심히 살면서 건강에 조심해라'고 말한 것은 단순히 안부를 묻거나 통상적인 인사말에 불과하므로 범인도피죄에 해당하지 않는다.

② 범인이 타인으로 하여금 허위의 자백을 하게 하는 등으로 범인도피죄를 범하게 하는 경우와 같이 그것이 방어권의 남용으로 볼 수 있을 때에는 범인도피교사죄에 해당할 수 있다.

③ 범인도피죄는 그 자체로 도피시키는 것을 직접적인 목적으로 하였다고 보기 어려운 행위를 한 결과 간접적으로 범인이 안심하여 도피할 수 있게 한 경우도 포함된다.

④ 범인도피죄는 범인을 도피하게 함으로써 기수에 이르지만 범인도피행위가 계속되는 동안에는 범죄행위도 계속되고 행위가 끝날 때 비로소 범죄행위가 종료되며, 공범자의 범인도피행위 도중에 그 범행을 인식하면서 그와 공동의 범의를 가지고 기왕의 범인도피상태를 이용하여 스스로 범인도피행위를 계속한 자에 대하여는 범인도피죄의 공동정범이 성립한다.

**정선
핵심**

범인은닉·도피(교사)죄의 성립 여부

① '도망다니면서 이렇게 와 주니 고맙다'고 말한 경우 → ✕

② 자신을 위하여 타인으로 하여금 범인도피죄를 범하게 한 경우 → 범인도피교사죄 ○

③ 어떤 행위의 결과 간접적으로 범인이 안심하고 도피할 수 있게 한 경우 → ✕

④ 공범과 공동의 범의로 기왕의 도피상태를 이용하여 도피행위를 계속한 경우 → 범인도피죄의 공동정범 ○

**정선
해설**

[❶ ▸ ○] 주점 개업식 날 찾아 온 범인에게 '도망다니면서 이렇게 와 주니 고맙다. 항상 몸조심하고 주의하여 다녀라. 열심히 살면서 건강에 조심하라.'고 말한 것은 단순히 안부인사에 불과한 것으로 범인을 도피하게 한 것으로 볼 수 없다(대판 1992.6.12. 92도736).

[❷ ▸ ○] 대판 2006.12.7. 2005도3707

[❸ ▸ ✕] 범인도피죄에서 '도피하게 하는 행위'는 은닉행위에 비견될 정도로 수사기관의 발견·체포를 곤란하게 하는 행위 즉 직접 범인을 도피시키는 행위 또는 도피를 직접적으로 용이하게 하는 행위에 한정된다고 해석함이 상당하고, 그 자체로는 도피시키는 것을 직접적인 목적으로 하였다고 보기 어려운 어떤 행위의 결과 간접적으로 범인이 안심하고 도피할 수 있게 한 경우까지 포함되는 것은 아니다(대판 2003.2.14. 2002도5374).

> 도로교통법위반으로 체포된 범인이 타인의 성명을 모용한다는 정을 알면서 신원보증인으로서 신원보증서에 자신의 인적 사항을 허위로 기재하여 제출한 경우, 범인도피죄가 성립되지 않는다고 한 사례(대판 2003.2.14. 2002도5374).

[❹ ▸ ○] 대판 2012.8.30. 2012도6027

답 ❸

다음 중 도주와 범죄은닉의 죄에 관한 설명으로 옳은 것과 옳지 않은 것을 바르게 연결한 것은?(다툼이 있는 경우 판례에 의함)

`21` 해경간부

ㄱ. 도주죄에서 체포, 구금의 적법성은 형식적 적법성을 의미하며 실질적 적법성까지 요하는 것은 아니므로 미결구금된 자가 나중에 무죄판결이 확정되어도 도주죄의 성립에 영향이 없고, 사법 경찰관이 피고인을 수사관서까지 동행한 것이 사실상의 강제연행 즉 불법체포에 해당하고, 불법체포로부터 6시간 상당이 경과한 후에 이루어진 긴급체포 또한 위법하다 할지라도 도주죄의 주체가 된다.

ㄴ. 검사로부터 범인을 검거하라는 지시를 받은 경찰관이 그 직무상의 의무에 따른 적절한 조치를 취하지 아니하고 오히려 범인에게 전화로 도피하라고 권유하여 그를 도피케 한 경우 범인도피 죄와 직무유기죄가 성립한다.

ㄷ. 범인이 기소중지자임을 알고도 범인의 부탁으로 다른 사람의 명의로 대신 임대차계약을 체결해 준 경우 임대차계약서는 공시되는 것이 아니므로 범인을 발견하고 체포하는 것을 곤란하게 하는 것이 아니어서 범인도피죄가 성립하지 않는다.

ㄹ. 범인도피죄는 범인을 도피하게 함으로써 기수에 이르지만 범인도피행위가 계속되는 동안에는 범죄행위도 계속되어 행위가 끝날 때 비로소 범죄행위가 종료되고, 공범자의 범인도피행위의 도중에 그 범행을 인식하면서 그와 공동의 범의를 가지고 기왕의 범인도피상태를 이용하여 스스로 범인도피행위를 계속한 자에 대하여는 범인도피죄의 공동정범이 성립한다.

ㅁ. 甲이 수감되어 있던 병원에서 간수자를 폭행하고 병원 밖으로 도주해 나오자, 甲이 보다 먼 지역으로 달아날 수 있도록 甲의 친형인 피고인이 승용차를 甲에게 인도하여 준 경우 도주원조 죄가 성립한다.

① ㄱ(○) ㄴ(×) ㄷ(×) ㄹ(○) ㅁ(×)
② ㄱ(×) ㄴ(○) ㄷ(○) ㄹ(×) ㅁ(×)
③ ㄱ(×) ㄴ(×) ㄷ(×) ㄹ(○) ㅁ(×)
④ ㄱ(×) ㄴ(×) ㄷ(×) ㄹ(○) ㅁ(○)

정선 핵심

ㄱ. 불법체포로부터 6시간이 경과한 후의 긴급체포가 위법한 경우 → 도주죄의 주체 ×
ㄴ. 경찰공무원이 지명수배 중인 범인에 대한 적절한 조치없이 도피하게 한 경우 → 범인도피죄 ○
ㄷ. 기소중지자임을 알고도 다른 사람의 명의로 임대차계약을 체결해 준 경우 → 범인도피죄 ○
ㄹ. 공범과 공동의 범의로 기왕의 도피상태를 이용하여 도피행위를 계속한 경우 → 범인도피죄의 공동정범 ○
ㅁ. 피고인이 승용차를 병원 밖으로 나온 甲에게 인도하여 준 경우 → 도주원조죄 ×

정선 해설

[ㄱ ▸ ×] 사법경찰관이 피고인을 수사관서까지 동행한 것이 사실상의 강제연행, 즉 불법 체포에 해당하고, 불법 체포로부터 6시간 상당이 경과한 후에 이루어진 긴급체포 또한 위법하므로 피고인이 불법체포된 자로서 형법 제145 조 제1항에 정한 '법률에 따라 체포되거나 구금된 자'가 아니어서 도주죄의 주체가 될 수 없다(대판 2006.7.6. 2005도6810).

[ㄴ ▸ ×] 피고인이 검사로부터 범인을 검거하라는 지시를 받고서도 그 직무상의 의무에 따른 적절한 조치를 취하지 아니하고 오히려 범인에게 전화로 도피하라고 권유하여 그를 도피케 하였다는 범죄사실만으로는 직무위배의 위법상태가 범인도피행위 속에 포함되어 있는 것으로 보아야 할 것이므로, 이와 같은 경우에는 작위범인 범인도피죄 만이 성립하고 부작위범인 직무유기죄는 따로 성립하지 아니한다(대판 1996.5.10. 96도51).

[ㄷ ▸ ×] 범인이 기소중지자임을 알고도 범인의 부탁으로 다른 사람의 명의로 대신 임대차계약을 체결해 준 경우, 비록 임대차계약서가 공시되는 것은 아니라 하더라도 수사기관이 탐문수사나 신고를 받아 범인을 발견하고 체포하는 것을 곤란하게 하여 범인도피죄에 해당한다(대판 2004.3.26. 2003도8226).

[ㄹ ▸ ○] 범인도피죄는 범인을 도피하게 함으로써 기수에 이르지만, 범인도피행위가 계속되는 동안에는 범죄행위도 계속되고 행위가 끝날 때 비로소 범죄행위가 종료된다. 따라서 공범자의 범인도피행위 도중에 그 범행을 인식하면서 그와 공동의 범의를 가지고 기왕의 범인도피상태를 이용하여 스스로 범인도피행위를 계속한 경우에는 범인도피죄의 공동정범이 성립하고, 이는 공범자의 범행을 방조한 종범의 경우도 마찬가지이다(대판 2012.8.30. 2012도6027).

[ㅁ ▸ ×] 甲의 친형인 피고인이 승용차를 병원 밖으로 나온 甲에게 인도하여 준 경우, 甲의 도주행위는 이미 기수에 이르렀으므로 피고인에게 범인도피죄의 성립 여부가 문제되나 피고인은 甲의 친형이므로 친족간의 특례(형법 제151조 제2항)가 적용되어 결국 불가벌이 된다.

> 도주죄는 즉시범으로서 범인이 간수자의 실력적 지배를 이탈한 상태에 이르렀을 때에 기수가 되어 도주행위가 종료하는 것이고, 도주원조죄는 도주죄에 있어서의 범인의 도주행위를 야기시키거나 이를 용이하게 하는 등 그와 공범관계에 있는 행위를 독립한 구성요건으로 하는 범죄이므로, 도주죄의 범인이 도주행위를 하여 기수에 이르른 이후에 범인의 도피를 도와 주는 행위는 범인도피죄에 해당할 수 있을 뿐 도주원조죄에는 해당하지 아니한다(대판 1991.10.11. 91도1656).

답 ❸

090
□□□

도주와 범인은닉의 죄에 대한 설명으로 가장 적절하지 않은 것은?(다툼이 있는 경우 판례에 의함)

`19` 경찰승진

① 법률에 의하여 체포되거나 구금된 자가 수용설비 또는 기구를 손괴하거나 위험한 물건을 휴대하거나 2인 이상이 합동하여 도주한 때에는 특수도주죄로 가중처벌 된다.

② 형법 제151조 제2항은 친족 또는 동거의 가족이 본인을 위하여 범인도피죄를 범한 때에는 처벌하지 아니한다고 규정하고 있는데, 여기서 말하는 친족에는 사실혼 관계에 있는 자는 포함되지 않는다.

③ 참고인이 수사기관에서 범인에 관하여 조사를 받으면서 그가 알고 있는 사실을 묵비하거나 허위로 진술하였다고 하더라도, 그것이 적극적으로 수사기관을 기만하여 착오에 빠지게 함으로써 범인의 발견 또는 체포를 곤란 내지 불가능하게 할 정도가 아닌 한 범인도피죄를 구성하지 않고, 이러한 법리는 피의자가 수사기관에서 공범에 관하여 묵비하거나 허위로 진술한 경우에도 그대로 적용된다.

④ 공범자의 범인도피 행위 도중에 그 범행을 인식하면서 그와 공동의 범의를 가지고 기왕의 범인도피상태를 이용하여 스스로 범인도피행위를 계속한 경우에는 범인도피죄의 공동정범이 성립하고, 이는 공범자의 범행을 방조한 종범의 경우도 마찬가지이다.

정선 핵심

① 수용설비 또는 기구를 손괴하거나 폭행 또는 협박을 가하거나 2인 이상이 합동하여 도주한 경우 → 특수도주죄 ○

② 친족간의 특례 → 사실혼 관계에 있는 자 포함 ×

③ · ④ 범인은닉 · 도피죄의 성립 여부
  ⤷ 참고인이 자기가 알고 있는 사실을 묵비하거나 허위로 진술한 경우 : ×
  ⤷ 피의자가 공범에 관하여 묵비하거나 허위로 진술한 경우 : ×
  ⤷ 공범과 공동의 범의로 기왕의 도피상태를 이용하여 도피행위를 계속한 경우 : 범인도피죄의 공동정범 ○

정선
해설

[❶ ▸ ✕] 형법 제146조 참조

⚖️ **법령** 특수도주(형법 제146조) 수용설비 또는 기구를 손괴하거나 사람에게 폭행 또는 협박을 가하거나 2인 이상이 합동하여 전조 제1항의 죄를 범한 자는 7년 이하의 징역에 처한다.

[❷ ▸ ○] 대판 2003.12.12. 2003도4533

[❸ ▸ ○] 참고인이 수사기관에서 범인에 관하여 조사를 받으면서 그가 알고 있는 사실을 묵비하거나 허위로 진술하였다고 하더라도, 그것이 적극적으로 수사기관을 기만하여 착오에 빠지게 함으로써 범인의 발견 또는 체포를 곤란 내지 불가능하게 할 정도가 아닌 한 범인도피죄를 구성하지 않는다. 이러한 법리는 피의자가 수사기관에서 공범에 관하여 묵비하거나 허위로 진술한 경우에도 그대로 적용된다(대판 2008.12.24. 2007도11137).

사행행위 등 규제 및 처벌 특례법위반죄의 피의자가 수사기관에서 조사받으며 오락실을 단독 운영하였다고 허위진술하여 오락실 공동운영자인 공범의 존재를 숨긴 것이 범인도피죄에 해당하지 않는다고 한 사례(대판 2008.12.24. 2007도11137).

[❹ ▸ ○] 대판 2012.8.30. 2012도6027

답 ❶

091
☐☐☐

도주와 범인은닉의 죄에 관한 다음 설명 중 가장 적절하지 않은 것은?(다툼이 있으면 판례에 의함)

`14` 경찰채용

① 벌금 이상의 형에 해당하는 죄를 범한 자라는 것을 인식하면서도 도피하게 한 경우에는 그 자가 당시에는 아직 수사대상이 되어 있지 않았다고 하더라도 범인도피죄가 성립한다.
② 수사기관에서 조사받는 피의자가 사실은 게임장의 실제 업주가 아님에도 불구하고 자신이 실제 업주라고 허위로 진술하는 행위만으로도 범인도피죄를 구성한다.
③ 사실혼관계에 있는 처(妻)가 범인인 남편을 위하여 범인은닉죄를 범한 경우에는 처벌된다.
④ 참고인이 범인이 아닌 사람을 범인이 아닐지도 모른다고 생각하면서도 그가 범인이라고 지목하는 허위진술을 하여 구속기소되게 하였다면 범인도피죄가 성립하지 아니한다.

정선
핵심

범인은닉 · 도피죄의 성립 여부
① 수사대상이 되어 있지 않은 자를 도피하게 한 경우 → ○
② 피의자(종업원)가 게임장의 실제업주라고 허위 진술하는 경우 → ✕
③ 사실혼관계에 있는 처(妻)가 범인은닉죄를 범한 경우 → ○
④ 참고인이 범인이 아닌 사람을 범인이라고 허위진술을 하여 구속기소되게 한 경우 → ✕

정선
해설

[❶ ▸ ○] 대판 2003.12.12. 2003도4533
[❷ ▸ ✕] 게임산업진흥에 관한 법률 위반, 도박개장 등의 혐의로 수사기관에서 조사받는 피의자가 사실은 게임장 · 오락실 · 피씨방 등의 실제 업주가 아니라 그 종업원임에도 불구하고 자신이 실제 업주라고 허위로 진술하였다고 하더라도, 그 자체만으로 범인도피죄를 구성하는 것은 아니다(대판 2010.1.28. 2009도10709).
[❸ ▸ ○] 판례의 취지를 고려하면, 사실혼관계에 있는 처(妻)가 범인인 남편을 위하여 범인은닉죄를 범한 경우 친족간의 특례가 적용되지 아니하므로 처는 범인은닉죄로 처벌된다.

형법 제151조 제2항 및 제155조 제4항은 친족, 호주 또는 동거의 가족이 본인을 위하여 범인도피죄, 증거인멸죄 등을 범한 때에는 처벌하지 아니한다고 규정하고 있는바, 사실혼관계에 있는 자는 민법 소정의 친족이라 할 수 없어 위 조항에서 말하는 친족에 해당하지 않는다(대판 2003.12.12. 2003도4533).

[**❹** ▶ ○] 대판 1997.9.9. 97도1596

답 ❷

범인도피죄에 관한 다음 설명 중 가장 옳지 않은 것은?   18 법원9급

① 범인 스스로 도피하는 행위는 처벌되지 않으므로 범인이 도피를 위하여 타인에게 도움을 요청하였고 실제 그 타인이 범인도피에 도움을 주었다 하더라도 타인에게 도움을 요청한 행위가 통상적 도피행위의 범주에 속하는 한 범인도피교사죄는 성립하지 않는다.

② 공범자의 범인도피행위의 도중에 그 범행을 인식하면서 그와 공동의 범의를 가지고 기왕의 범인도피상태를 이용하여 스스로 범인도피행위를 계속한 경우에는 범인도피죄의 공동정범이 성립한다.

③ 피의자가 사실은 게임장·오락실·피씨방 등의 실제 업주가 아니라 그 종업원임에도 불구하고 자신이 실제 업주라고 허위로 진술하였다고 하더라도 그 자체만으로 범인도피죄를 구성하는 것은 아니다.

④ 신원보증인이 수사기관에 대하여 피의자의 신분, 직업, 주거 등을 보증하고 향후 수사기관이나 법원의 출석요구에 사실상 협조하겠다는 의사를 표시한 신원보증서에 피의자의 인적 사항을 허위로 기재하여 제출한 행위는 범인도피죄를 구성한다.

정선 핵심

범인도피죄의 성립 여부
① 범인이 타인에게 도움을 요청한 것이 통상적 도피행위에 속하는 경우 → 범인도피교사죄 ✕
② 공범과 공동의 범의로 기왕의 도피상태를 이용하여 도피행위를 계속한 경우 → 범인도피죄의 공동정범 ○
③ 피의자(종업원)가 게임장의 실제업주라고 허위 진술하는 경우 → ✕
④ 신원보증서에 피의자의 인적 사항을 허위로 기재하여 제출한 경우 → ✕

정선 해설

[**❶** ▶ ○] 공소외인은 피고인이 평소 가깝게 지내던 후배인 점, 피고인은 자신의 휴대폰을 사용할 경우 소재가 드러날 것을 염려하여 공소외인에게 요청하여 대포폰을 개설하여 받고, 공소외인에게 전화를 걸어 자신이 있는 곳으로 오도록 한 다음 공소외인이 운전하는 자동차를 타고 청주시 일대를 이동하여 다닌 것으로서, <u>피고인의 이러한 행위는 형사사법에 중대한 장애를 초래한다고 보기 어려운 통상적 도피의 한 유형으로 볼 여지가 충분하다</u>(대판 2014.4.10. 2013도12079).

[**❷** ▶ ○] 대판 2012.8.30. 2012도6027

[**❸** ▶ ○] 대판 2010.1.28. 2009도10709

[**❹** ▶ ✕] 신원보증서를 작성하여 수사기관에 제출하는 보증인이 피의자의 인적 사항을 허위로 기재하였다고 하더라도 그로써 적극적으로 수사기관을 기망한 결과 피의자를 석방하게 하였다는 등 특별한 사정이 없는 한, 그 행위만으로 범인도피죄가 성립되지 않는다(대판 2003.2.14. 2002도5374).

답 ❹

도주와 범인은닉의 죄에 관한 다음 설명 중 가장 옳은 것은?(다툼이 있는 경우 판례에 의함)

13 경찰승진

① 형법 제151조 제2항은 친족 또는 동거의 가족이 본인을 위하여 전항의 죄를 범한 때에는 처벌하지 아니한다고 규정하고 있는데 여기서 말하는 친족에는 사실혼관계에 있는 자도 포함된다.

② 범인도피죄에 있어서 '죄를 범한 자'라 함은 범죄의 혐의를 받아 수사 대상이 되어 있는 자도 포함되므로 그가 나중에 혐의없음 처분을 받거나 무죄판결을 선고받은 경우에도 성립에 영향이 없으나 아직 수사기관에 포착되지 않아 수사대상이 되어 있지 않은 자는 포함되지 아니한다.

③ 참고인이 수사기관에서 범인에 관하여 조사를 받으면서 그가 알고 있는 사실을 묵비하거나 허위로 진술하였다고 하더라도, 그것이 적극적으로 수사기관을 기만하여 착오에 빠지게 함으로써 범인의 발견 또는 체포를 곤란 내지 불가능하게 할 정도의 것이 아니라면 범인도피죄를 구성하지 않는다.

④ 도주죄의 범인이 도주행위를 하여 기수에 이른 이후에 범인의 도피를 도와주는 행위는 도주원조죄에 해당할 수 있을 뿐 범인도피죄에는 해당하지 않는다.

**정선
핵심**

① 친족간의 특례 → 사실혼 관계에 있는 자 포함 ×

② 아직 수사대상이 되어 있지 않은 자 → 죄를 범한 자 ○

③ 참고인이 알고 있는 사실을 묵비하거나 허위로 진술하였으나 범인의 발견 또는 체포를 곤란 내지 불가능하게 할 정도는 아닌 경우 → 범인도피죄 ×

④ 도주죄가 기수에 이른 후에 그의 도피를 도와주는 경우 → 범인도피죄 ○

**정선
해설**

[❶ ▸ ×] 형법 제151조 제2항 및 제155조 제4항은 친족, 호주 또는 동거의 가족이 본인을 위하여 범인도피죄, 증거인멸죄 등을 범한 때에는 처벌하지 아니한다고 규정하고 있는바, 사실혼관계에 있는 자는 민법 소정의 친족이라 할 수 없어 위 조항에서 말하는 친족에 해당하지 않는다(대판 2003.12.12. 2003도4533).

[❷ ▸ ×] 범인도피죄에서 '죄를 범한 자'라 함은 범죄의 혐의를 받아 수사 대상이 되어 있는 자를 포함한다. 따라서 구속수사의 대상이 된 소송외인이 그 후 무혐의로 석방되었거나(대판 1982.1.26. 81도1931), 후일 판결에 의하여 무죄가 확정(대판 1960.2.24. 4292형상555)된 경우에 이에 포함된다. 나아가 아직 수사대상이 되어 있지 않았다고 하더라도(대판 2003.12.12. 2003도4533) 범인도피죄가 성립한다고 할 것이다.

[❸ ▸ ○] 대판 2008.12.24. 2007도11137

[❹ ▸ ×] 도주죄의 범인이 도주행위를 하여 기수에 이른 이후에 범인의 도피를 도와 주는 행위는 범인도피죄에 해당할 수 있을 뿐 도주원조죄에는 해당하지 아니한다(대판 1991.10.11. 91도1656).

 답 ❸

도주와 범인은닉의 죄에 관한 설명 중 옳은 것은?(다툼이 있으면 판례에 의함) 15 사시

① 벌금 이상의 형에 해당하는 죄를 범하고 도피 중이던 甲이 친구에게 그런 사실을 설명하고 수사기관의 추적을 피하기 위해 위 친구에게 요청하여 속칭 '대포폰'을 개설하여 받고 위 친구를 전화로 불러 그가 운전하는 차를 타고 시내를 이동하여 다닌 경우, 범인도피교사죄가 성립하지 않는다.

② 검사로부터 필로폰 투약사범으로 지명수배된 자를 검거하라는 지시를 받은 경찰관이 오히려 범인으로부터 1,300만원을 받고 휴대전화를 제공해 도피를 권유하여 범인을 도피케 한 경우, 직무유기죄도 별도로 성립한다.

③ 범인이 기소중지자임을 알고도 범인의 부탁으로 다른 사람의 명의로 대신 임대차계약을 체결해 준 경우, 범인도피죄가 성립하지 않는다.

④ 음주운전 혐의로 체포되었다가 사안이 경미하다는 이유로 석방될 예정에 있었던 乙에 대한 신원보증인으로서 경찰서에 출석한 甲이, 당시 乙이 경찰에서 A의 성명을 모용한다는 사실을 알고 있었음에도 이를 묵비하고 신원보증서에 甲 자신의 인적사항을 B로 기재하여 제출한 경우, 당시 乙이 다른 범죄로 기소중지된 상태였다는 사실을 알지 못했다 하더라도 甲에 대해서는 범인도피죄가 성립한다.

⑤ 범죄의 혐의를 받고 수사의 대상이 되어 있는 乙을 甲이 은닉했는데 후에 乙이 무혐의로 석방되었다면 甲에 대하여는 범인은닉죄가 성립하지 않는다.

정선 핵심	**범인도피(교사)죄의 성립 여부** ① 도피사실을 들은 친구로부터 대포폰을 받고 그가 운전하는 차를 타고 다닌 경우 → 범인도피교사죄 × ② 경찰공무원이 지명수배 중인 범인에 대한 적절한 조치없이 도피하게 한 경우 → ○ ③ 기소중지자임을 알고도 다른 사람의 명의로 임대차계약을 체결해 준 경우 → ○ ④ 신원보증서에 자신의 인적사항을 허위로 기재하여 제출한 경우 → × ⑤ 수사의 대상이 되어 있는 乙을 은닉했는데 후에 乙이 무혐의로 석방된 경우 → ○

정선 해설	[❶ ▸ ○] 판례의 취지를 고려하면, 甲이 친구에게 요청하여 대포폰을 개설하여 받거나 친구가 운전하는 차를 타고 시내를 이동하여 다닌 경우, 통상적 도피의 한 유형으로 볼 여지가 충분하므로 범인도피교사죄는 성립하지 아니한다. 공소외인은 피고인이 평소 가깝게 지내던 후배인 점, 피고인은 자신의 휴대폰을 사용할 경우 소재가 드러날 것을 염려하여 공소외인에게 요청하여 대포폰을 개설하여 받고, 공소외인에게 전화를 걸어 자신이 있는 곳으로 오도록 한 다음 공소외인이 운전하는 자동차를 타고 청주시 일대를 이동하여 다닌 것으로서, 피고인의 이러한 행위는 형사사법에 중대한 장애를 초래한다고 보기 어려운 통상적 도피의 한 유형으로 볼 여지가 충분하다(대판 2014.4.10. 2013도12079). [❷ ▸ ×] 피고인이 검사로부터 범인을 검거하라는 지시를 받고서도 그 직무상의 의무에 따른 적절한 조치를 취하지 아니하고 오히려 범인에게 전화로 도피하라고 권유하여 그를 도피케 하였다는 범죄사실만으로는 직무위배의 위법상태가 범인도피행위 속에 포함되어 있는 것으로 보아야 할 것이므로, 이와 같은 경우에는 작위범인 범인도피죄만이 성립하고 부작위범인 직무유기죄는 따로 성립하지 아니한다(대판 1996.5.10. 96도51). [❸ ▸ ×] 범인이 기소중지자임을 알고도 범인의 부탁으로 다른 사람의 명의로 대신 임대차계약을 체결해 준 경우, 비록 임대차계약서가 공시되는 것은 아니라 하더라도 수사기관이 탐문수사나 신고를 받아 범인을 발견하고 체포하는 것을 곤란하게 하여 범인도피죄에 해당한다(대판 2004.3.26. 2003도8226). [❹ ▸ ×] 甲이 작성한 신원보증서는 신원보증인에게 심리적인 부담을 줌으로써 수사기관에의 출석 등 형사사법 절차상의 편의를 도모하는 것에 불과하므로, 신원보증서에 甲이 자신의 인적사항을 B로 기재하여 제출하였더라도 甲에게 범인도피죄는 성립하지 아니한다.

신원보증서를 작성하여 수사기관에 제출하는 보증인이 피의자의 인적 사항을 허위로 기재하였다고 하더라도 그로써 적극적으로 수사기관을 기망한 결과 피의자를 석방하게 하였다는 등 특별한 사정이 없는 한, 그 행위만으로 범인도피죄가 성립되지 않는다(대판 2003.2.14. 2002도5374).

[❺ ▸ ×] 甲이 乙을 은닉하였는데 그 후 무혐의로 석방되었다 하더라도 甲에게는 범인은닉죄가 성립한다.

범인은닉죄는 형사사법에 관한 국권의 행사를 방해하는 자를 처벌하고자 하는 것이므로 형법 제151조 제1항 소정의 '죄를 범한 자'라 함은 범죄의 혐의를 받아 수사 대상이 되어 있는 자를 포함한다. 따라서 구속수사의 대상이 된 소송외인이 그 후 무혐의로 석방되었다 하더라도 위 죄의 성립에 영향이 없다(대판 1982.1.26. 81도1931).

冒 ❶

095 □□□

도주와 범인은닉(도피)죄에 관한 설명 중 가장 적절하지 않은 것은?(다툼이 있으면 판례에 의함)

`16` 경찰승진

① 범인이 아닌 자가 수사기관에서 범인임을 자처하고 허위사실을 진술하여 진범의 체포와 발견에 지장을 초래하게 한 경우 범인은닉죄가 성립한다.
② 범인이 자신을 위하여 타인으로 하여금 허위의 자백을 하게 하여 범인도피죄를 범하게 하더라도 이는 자신을 방어하기 위한 것으로서 범인도피교사죄로 벌할 수 없다.
③ 범인이 기소중지자임을 알고도 범인의 부탁으로 다른 사람의 명의로 대신 임대차계약을 체결해 준 행위는 범인도피죄에 해당한다.
④ 참고인이 범인이 아닌 사람을 범인이 아닐지도 모른다고 생각하면서도 그가 범인이라고 지목하는 허위진술을 하여 구속기소되게 하였다면 범인도피죄가 성립하지 아니한다.

**정선
핵심**

범인은닉 · 도피(교사)죄의 성립 여부
① 범인 아닌 자가 허위진술을 하여 진범의 체포와 발견에 지장을 초래한 경우 → ○
② 자신을 위하여 타인으로 하여금 범인도피죄를 범하게 한 경우 → 범인도피교사죄 ○
③ 기소중지자임을 알고도 다른 사람의 명의로 임대차계약을 체결해 준 경우 → ○
④ 참고인이 허위진술을 하여 범인 아닌 사람을 구속기소되게 한 경우 → ×

**정선
해설**

[❶ ▸ ○] 범인이 아닌 자가 수사기관에 범인임을 자처하고 허위사실을 진술하여 진범의 체포와 발견에 지장을 초래하게 한 행위는 범인은닉죄에 해당한다(대판 2000.11.24. 2000도4078).
[❷ ▸ ×] 범인이 자신을 위하여 타인으로 하여금 허위의 자백을 하게 하여 범인도피죄를 범하게 하는 행위는 방어권의 남용으로 범인도피교사죄에 해당하는바, 이 경우 그 타인이 형법 제151조 제2항에 의하여 처벌을 받지 아니하는 친족, 호주 또는 동거 가족에 해당한다 하여 달리 볼 것은 아니다(대판 2006.12.7. 2005도3707).
[❸ ▸ ○] 범인이 기소중지자임을 알고도 범인의 부탁으로 다른 사람의 명의로 대신 임대차계약을 체결해 준 경우, 비록 임대차계약서가 공시되는 것은 아니라 하더라도 수사기관이 탐문수사나 신고를 받아 범인을 발견하고 체포하는 것을 곤란하게 하여 범인도피죄에 해당한다(대판 2004.3.26. 2003도8226).
[❹ ▸ ○] 대판 1997.9.9. 97도1596

冒 ❷

다음 중 범인은닉(도피)죄에 대한 설명으로 가장 옳지 않은 것은?(다툼이 있으면 판례에 의함)

① 범인 스스로 도피하는 행위는 처벌되지 아니하므로, 범인이 도피를 위하여 타인에게 도움을 요청하는 행위 역시 도피행위의 범주에 속하는 한 처벌되지 아니하며, 범인의 요청에 응하여 범인을 도운 타인의 행위가 범인도피죄에 해당한다고 하더라도 마찬가지이다. 다만 범인이 타인으로 하여금 허위의 자백을 하게 하는 등으로 범인도피죄를 범하게 하는 경우와 같이 그것이 방어권의 남용으로 볼 수 있을 때에는 범인도피교사죄에 해당할 수 있다.

② 수사기관에서 조사받는 피의자가 사실은 게임장의 종업원임에도 불구하고 자신이 실제 업주라고 허위로 진술하여 오락실 공동운영자인 공범의 존재를 숨긴 것은 범인도피죄에 해당하지 않는다.

③ 공범 중 1인이 그 범행에 관한 수사절차에서 참고인 또는 피의자로 조사받으면서 자기의 범행을 구성하는 사실관계에 관하여 허위로 진술하고 허위 자료를 제출하는 것은 자신의 범행에 대한 방어권 행사의 범위를 벗어난 것으로 볼 수 없어, 이러한 행위가 다른 공범을 도피하게 하는 결과가 된다고 하더라도 범인도피죄로 처벌할 수 없다.

④ 범인도피죄는 범인은닉 이외의 방법으로 범인에 대한 수사, 재판 형의집행 등 형사사법의 작용을 곤란 또는 불가능하게 하는 행위를 말하는 것으로서, 그 방법에는 제한이 없고, 이는 위험범으로서 현실적으로 형사사법의 작용을 방해하는 결과가 초래될 것이 요구된다.

정선 핵심

범인은닉ㆍ도피(교사)죄의 성립 여부
① 범인이 타인으로 하여금 허위자백을 하게 하여 범인도피죄를 범하게 하는 경우 → 범인도피교사죄 ○
② 피의자(종업원)가 허위진술하여 오락실 공동운영자인 공범의 존재를 숨긴 경우 → ×
③ 공범 중 1인이 허위진술을 하고 허위자료를 제출하여 다른 공범을 도피하게 하는 결과가 된 경우 → ×
④ 범인도피죄 → 위험범으로 현실적으로 형사사법 작용을 방해하는 결과초래 불요

정선 해설

[❶ ▶ ○] 범인 스스로 도피하는 행위는 처벌되지 아니하므로, 범인이 도피를 위하여 타인에게 도움을 요청하는 행위 역시 도피행위의 범주에 속하는 한 처벌되지 아니하며, 범인의 요청에 응하여 범인을 도운 타인의 행위가 범인도피죄에 해당한다고 하더라도 마찬가지이다. 다만 범인이 타인으로 하여금 허위의 자백을 하게 하는 등으로 범인도피죄를 범하게 하는 경우와 같이 그것이 방어권의 남용으로 볼 수 있을 때에는 범인도피교사죄에 해당할 수 있다(대판 2014.4.10. 2013도12079).

벌금 이상의 형에 해당하는 죄를 범하고 도피 중이던 피고인이 공소외인에게 자동차를 이용하여 원하는 목적지로 이동시켜 달라고 요구하거나 속칭 '대포폰'을 구해 달라고 부탁함으로써 공소외인으로 하여금 피고인의 요청에 응하도록 하였다는 것만으로는 범인도피교사가 성립하지 아니한다는 사례(대판 2014.4.10. 2013도12079).

[❷ ▶ ○] 게임산업진흥에 관한 법률 위반, 도박개장 등의 혐의로 수사기관에서 조사받는 피의자가 사실은 게임장ㆍ오락실ㆍ피씨방 등의 실제 업주가 아니라 그 종업원임에도 불구하고 자신이 실제 업주라고 허위로 진술하였다고 하더라도, 그 자체만으로 범인도피죄를 구성하는 것은 아니다(대판 2010.1.28. 2009도10709).

다만, 그 피의자가 실제 업주로부터 금전적 이익 등을 제공받기로 하고 단속이 되면 실제 업주를 숨기고 자신이 대신하여 처벌받기로 하는 역할(이른바 '바지사장')을 맡기로 하는 등 수사기관을 착오에 빠뜨리기로 하고, 단순히 실제 업주라고 진술하는 것에서 나아가 게임장 등의 운영 경위, 자금 출처, 게임기 등의 구입 경위, 점포의 임대차계약 체결 경위 등에 관해서까지 적극적으로 허위로 진술하거나 허위 자료를 제시하여 그 결과 수사기관이 실제 업주를 발견 또는 체포하는 것이 곤란 내지 불가능하게 될 정도에까지 이른 것으로 평가되는 경우 등에는 범인도피죄를 구성할 수 있다(대판 2010.1.28. 2009도10709).

[**❸** ▸ ○] 대판 2018.8.1. 2015도20396

[**❹** ▸ ×] 범인도피죄에서 '도피하게 하는 행위'는 은닉 이외의 방법으로 범인에 대한 수사, 재판 및 형의 집행 등 형사사법 작용을 곤란 또는 불가능하게 하는 일체의 행위로서 그 수단과 방법에는 아무런 제한이 없다. 또한 위 죄는 위험범으로서, 현실적으로 형사사법 작용을 방해하는 결과를 초래할 필요는 없다(대판 2011.4.28. 2009도 3642).

답 **❹**

097
□□□

범인은닉죄와 범인도피죄에 관한 다음 설명 중 가장 옳지 않은 것은?(다툼이 있는 경우 판례 에 의함)   `16` 법원9급

① 범인 아닌 자가 수사기관에 범인임을 자처하고 허위사실을 진술하여 진범의 체포와 발견에 지장을 초래하게 한 행위는 범인은닉죄 또는 범인도피죄에 해당한다.

② 참고인이 수사기관에서 범인에 관하여 조사를 받으면서 그가 알고 있는 사실을 묵비하거나 허위로 진술하였다고 하더라도, 그것이 적극적으로 수사기관을 기만하여 착오에 빠지게 함으 로써 범인의 발견 또는 체포를 곤란 내지 불가능하게 할 정도가 아닌 한 범인도피죄를 구성하지 않고, 이러한 법리는 피의자가 수사기관에서 공범에 관하여 묵비하거나 허위로 진술한 경우에 도 그대로 적용된다.

③ 범인도피죄는 범인을 도피하게 함으로써 기수에 이르지만, 범인도피행위가 계속되는 동안에는 범죄행위도 계속되고 행위가 끝날 때 비로소 범죄행위가 종료되므로, 공범자의 범인도피행위 도중에 그 범행을 인식하면서 그와 공동의 범의를 가지고 기왕의 범인도피 상태를 이용하여 스스로 범인도피 행위를 계속한 경우에는 범인도피죄의 공동정범이 성립한다.

④ 범인이 자신을 위하여 타인으로 하여금 허위의 자백을 하게 하여 범인도피죄를 범하게 하는 행위는 방어권의 남용으로 범인도피교사죄에 해당하나, 이 경우 그 타인이 형법 제151조 제2항 에 의하여 처벌을 받지 아니하는 친족 또는 동거의 가족에 해당하는 경우에는 범인도피교사죄 에 해당하지 않는다.

정선 핵심

범인은닉·도피(교사)죄의 성립 여부

① 범인 아닌 자가 허위진술을 하여 진범의 체포와 발견에 지장을 초래한 경우 → ○

② 참고인의 묵비나 허위진술의 경우

　↳ 참고인이 자기가 알고 있는 사실을 묵비하거나 허위로 진술한 경우 : ×

　↳ 피의자가 공범에 관하여 묵비하거나 허위로 진술한 경우 : ×

③ 공범과 공동의 범의로 기왕의 도피상태를 이용하여 도피행위를 계속한 경우 → 범인도피죄의 공동정범 ○

④ 자신을 위하여 타인으로 하여금 범인도피죄를 범하게 한 경우

　↳ 방어권의 남용으로 범인도피교사죄 : ○

　↳ 타인이 친족 또는 동거의 가족 : 범인도피교사죄 ○

정선 해설

[**❶** ▸ ○] 범인이 아닌 자가 수사기관에 범인임을 자처하고 허위사실을 진술하여 진범의 체포와 발견에 지장을 초래하게 한 행위는 범인은닉죄에 해당한다(대판 2000.11.24. 2000도4078).

[**❷** ▸ ○] 대판 2008.12.24. 2007도11137

[**❸** ▸ ○] 대판 2012.8.30. 2012도6027

[**❹** ▸ ×] 범인이 자신을 위하여 타인으로 하여금 허위의 자백을 하게 하여 범인도피죄를 범하게 하는 행위는 방어권의 남용으로 범인도피교사죄에 해당하는바, 이 경우 그 타인이 형법 제151조 제2항에 의하여 처벌을 받지 아니하는 친족, 호주 또는 동거 가족에 해당한다 하여 달리 볼 것은 아니다(대판 2006.12.7. 2005도3707).

답 **❹**

다음 설명 중 옳은 것은 모두 몇 개인가?(다툼이 있으면 판례에 의함) 16 경찰채용

ㄱ. 친족 또는 동거의 가족이 본인을 위하여 범인은닉·도피죄(형법 제151조 제1항)를 범한 때에는 처벌하지 아니한다.

ㄴ. 범인도피죄는 범인을 도피하게 함으로써 기수에 이르지만, 범인도피행위가 계속되는 동안에는 범죄행위도 계속되고 행위가 끝날 때 비로소 범죄행위가 종료된다. 따라서 공범자의 범인도피행위 도중에 그 범행을 인식하면서 그와 공동의 범의를 가지고 기왕의 범인도피상태를 이용하여 스스로 범인도피행위를 계속한 경우에는 범인도피죄의 공동정범이 성립한다.

ㄷ. 범인이 기소중지자임을 알고도 범인의 부탁으로 다른 사람의 명의로 대신 임대차계약을 체결해 준 경우, 비록 임대차계약서가 공시되는 것은 아니라 하더라도 수사기관이 탐문수사나 신고를 받아 범인을 발견하고 체포하는 것을 곤란하게 하여 범인도피죄에 해당한다.

① 0개   ② 1개
③ 2개   ④ 3개

정선 핵심

범인도피죄의 성립 여부
ㄱ. 친족 또는 동거의 가족이 본인을 위하여 범인은닉·도피죄를 범한 경우 → ×
ㄴ. 공범과 공동의 범의로 기왕의 도피상태를 이용하여 도피행위를 계속한 경우 → 범인도피죄의 공동정범 ○
ㄷ. 기소중지자임을 알고도 다른 사람의 명의로 임대차계약을 체결해 준 경우 → ○

정선 해설

[ㄱ ▸ ○] 형법 제151조 제2항 참조

법령 범인은닉과 친족간의 특례(형법 제151조) ① 벌금 이상의 형에 해당하는 죄를 범한 자를 은닉 또는 도피하게 한 자는 3년 이하의 징역 또는 500만원 이하의 벌금에 처한다.
② 친족 또는 동거의 가족이 본인을 위하여 전항의 죄를 범한 때에는 처벌하지 아니한다.

[ㄴ ▸ ○] 대판 2012.8.30. 2012도6027
[ㄷ ▸ ○] 범인이 기소중지자임을 알고도 범인의 부탁으로 다른 사람의 명의로 대신 임대차계약을 체결해 준 경우, 비록 임대차계약서가 공시되는 것은 아니라 하더라도 수사기관이 탐문수사나 신고를 받아 범인을 발견하고 체포하는 것을 곤란하게 하여 범인도피죄에 해당한다(대판 2004.3.26. 2003도8226).

비교판례 대판 2003.2.14. 2002도5374
도로교통법위반으로 체포된 범인이 타인의 성명을 모용한다는 정을 알면서 신원보증인으로서 신원보증서에 자신의 인적 사항을 허위로 기재하여 제출한 경우, 범인도피죄가 성립되지 않는다.

답 ❹

099
□□□

범인도피죄에 대한 설명으로 옳지 않은 것은?(다툼이 있는 경우 판례에 의함)

13 국가7급

① 범인도피죄는 범인에 대한 수사·재판 및 형의 집행 등 형사사법의 작용을 곤란 또는 불가능하게 하는 것으로서, 현실적으로 형사사법의 작용을 방해하는 결과가 초래될 것을 요하지는 않는다.

② 범인도피죄에 관한 친족간의 특례에 있어서 '친족 또는 동거의 가족'의 범위에 사실혼관계에 있는 자는 포함되지 않는다.

③ 범인도피죄의 객체인 '죄를 범한 자'에는 범죄의 혐의를 받아 수사의 대상이 되어 있는 자도 포함된다.

④ 범인이 자신을 위하여 그 친족 또는 동거의 가족으로 하여금 허위의 자백을 하게 하여 범인도피죄를 범하게 하는 것은 범인도피교사죄를 구성하지 않는다.

정선
핵심

범인도피죄의 성립 여부
① 현실적으로 형사사법의 작용을 방해하는 결과의 초래 → 불요
② 친족간의 특례 → 사실혼 관계에 있는 자 포함 ×
③ 범죄의 혐의를 받아 수사의 대상이 되어 있는 자 → 죄를 범한 자 ○
④ 자신을 위하여 타인으로 하여금 범인도피죄를 범하게 한 경우
　　→ 타인이 친족 또는 동거의 가족 : 범인도피교사죄 ○

정선
해설

[❶ ▸ ○] 대판 2011.4.28. 2009도3642
[❷ ▸ ○] 대판 2003.12.12. 2003도4533
[❸ ▸ ○] 범인도피죄의 이른바, 죄를 범한 자라 함은 범죄의 혐의를 받아 수사대상이 되어 있는 자를 포함하며, 나아가 벌금 이상의 형에 해당하는 죄를 범한 자라는 것을 인식하면서도 도피하게 한 경우에는 그 자가 당시에는 아직 수사대상이 되어 있지 않았다고 하더라도 범인도피죄가 성립한다고 할 것이고, 한편, 증거인멸죄의 이른바 타인의 형사사건이란 인멸행위시에 아직 수사절차가 개시되기 전이라도 장차 형사사건이 될 수 있는 것까지 포함한다(대판 2003.12.12. 2003도4533).
[❹ ▸ ×] 범인이 자신을 위하여 타인으로 하여금 허위의 자백을 하게 하여 범인도피죄를 범하게 하는 행위는 방어권의 남용으로 범인도피교사죄에 해당하는바, 이 경우 그 타인이 형법 제151조 제2항에 의하여 처벌을 받지 아니하는 친족, 호주 또는 동거 가족에 해당한다 하여 달리 볼 것은 아니다(대판 2006.12.7. 2005도3707).

 답 ❹

정선지문OX

01 범인도피죄에 있어서 벌금 이상의 형에 해당하는 자에 대한 인식은 실제로 벌금 이상의 형에 해당하는 범죄를 범한 자라는 것을 인식함으로써 족하고 그 법정형이 벌금이상이라는 것까지 알 필요는 없는 것이다. 14 경찰승진 ○ | X

01 대판 1995.12.26. 93도904

정답

01 ○

제4관 | 위증과 증거인멸의 죄

100 위증죄에 관한 다음 설명 중 가장 옳지 않은 것은? `19` 법원9급

① 선서한 증인이 일단 기억에 반하는 허위의 진술을 하였다면 위증죄는 기수에 달하고 그 신문이 끝나기 전에 그 진술을 철회·시정한 경우에도 위증죄의 성립에 어떤 영향을 주는 것은 아니다.
② 심문절차로 진행되는 가처분 신청사건에서 증인으로 선서를 하고 허위의 공술을 하였다고 하더라도 위증죄는 성립하지 않는다.
③ 타인으로부터 전해 들은 금품의 전달사실을 마치 증인 자신이 전달한 것처럼 진술한 것은 증인의 기억에 반하는 허위진술이라고 할 것이므로 그 진술부분은 위증에 해당한다.
④ 단순위증죄와 마찬가지로 모해위증죄를 범한 자도 그 공술한 사건의 재판 또는 징계처분이 확정되기 전에 자백 또는 자수한 때에는 그 형을 감경 또는 면제한다.

정선 핵심

위증죄의 성립 여부
① 허위의 진술을 한 증인이 신문이 끝나기 전에 진술을 철회·시정한 경우 → ×
② 가처분 신청사건에서 증인으로 출석하여 허위 공술을 한 경우 → ×
③ 전해 들은 금품의 전달사실을 증인 자신이 전달한 것처럼 진술한 경우 → ○
④ 모해위증죄를 범한 자가 자백 또는 자수한 경우 → 필요적 감면

정선 해설

[❶ ▸ ×] 증인의 증언은 그 전부를 일체로 관찰·판단하는 것이므로 선서한 증인이 일단 기억에 반하는 허위의 진술을 하였더라도 그 신문이 끝나기 전에 그 진술을 철회·시정한 경우 위증이 되지 아니한다고 할 것이다(대판 2010.9.30. 2010도7525).

[❷ ▸ ○] 가처분사건이 변론절차에 의하여 진행될 때에는 제3자를 증인으로 선서하게 하고 증언을 하게 할 수 있으나 심문절차에 의할 경우에는 법률상 명문의 규정도 없고, 또 구 민사소송법의 증인신문에 관한 규정이 준용되지도 아니하므로 선서를 하게 하고 증언을 시킬 수 없다고 할 것이고, 따라서 제3자가 심문절차로 진행되는 가처분 신청사건에서 증인으로 출석하여 선서를 하고 진술함에 있어서 허위의 공술을 하였다고 하더라도 그 선서는 법률상 근거가 없어 무효라고 할 것이므로 위증죄는 성립하지 않는다(대판 2003.7.25. 2003도180).

> **관련판례** 대판 1995.4.11. 95도186
> 제3자가 심문절차로 진행되는 소송비용확정신청사건에서 증인으로 출석하여 선서를 하고 진술함에 있어서 허위의 공술을 하였다고 하더라도 그 선서는 법률상 근거가 없어 무효라고 할 것이므로 위증죄는 성립하지 않는다.

[❸ ▸ ○] 타인으로부터 전해 들은 금품의 전달사실을 마치 증인 자신이 전달한 것처럼 진술한 것은 증인의 기억에 반하는 허위진술이라고 할 것이므로 그 진술부분은 위증에 해당한다(대판 1990.5.8. 90도448).
[❹ ▸ ○] 형법 제153조

 법령 자백, 자수(형법 제153) 전조의 죄(위증죄, 모해위증죄─註)를 범한 자가 그 공술한 사건의 재판 또는 징계처분이 확정되기 전에 자백 또는 자수한 때에는 <u>그 형을 감경 또는 면제한다.</u>

답 ❶

위증죄에 대한 설명으로 옳은 것만을 모두 고른 것은?(다툼이 있는 경우 판례에 의함)

> ㄱ. 민사소송의 당사자는 증인능력이 없으므로 당해 사건의 증인으로 출석하여 선서하고 증언하였다고 하더라도 위증죄의 주체가 될 수 없다.
> ㄴ. 민사소송절차에서 증인이 선서 후 증인진술서에 기재된 구체적인 내용에 관하여 진술함이 없이 단지 그 증인진술서에 기재된 내용이 사실대로라는 취지의 진술만을 한 경우, 그것이 증인진술서에 기재된 내용 중 특정사항을 구체적으로 진술한 것과 같이 볼 수 있는 등의 특별한 사정이 없는 한 기재된 내용에 일부 허위가 있다고 하더라도 위증죄가 성립하지 아니한다.
> ㄷ. 증인이 증인신문절차에서 허위의 진술을 하고 그대로 증인신문절차가 종료된 후, 별도의 증인 신청 및 채택 절차를 거쳐 그 증인이 다시 신문을 받는 과정에서 종전 증인신문절차에서의 진술을 철회·시정하더라도 종전 증인신문절차에서 행한 위증죄의 성립에는 영향이 없다.
> ㄹ. 증인이 소송사건의 같은 심급에서 변론기일을 달리하여 수차 증인으로 나가 수개의 허위진술을 하였더라도 최초에 한 선서의 효력을 유지시킨 후 증언하였다면 1개의 위증죄가 성립한다.

① ㄴ, ㄷ
② ㄱ, ㄴ, ㄹ
③ ㄱ, ㄷ, ㄹ
④ ㄱ, ㄴ, ㄷ, ㄹ

정선 핵심

위증죄의 성립 여부
ㄱ. 민사소송의 당사자가 증인으로 출석하여 증언한 경우 → 위증죄의 주체 ×
ㄴ. 증인진술서의 내용이 사실대로라는 취지의 진술을 하였으나 일부 허위가 있는 경우 → ×
ㄷ. 증인신문절차가 종료된 후, 별도의 절차에서 종전의 진술을 철회·시정한 경우 → ○
ㄹ. 같은 심급에서 변론기일을 달리하여 수개의 허위진술을 한 경우 → 1개의 위증죄 ○

정선 해설

[ㄱ ▸ ○] 대판 1998.3.10. 97도1168
[ㄴ ▸ ○] 민사소송절차에서 증인이 법정에서 선서 후 증인진술서에 기재된 구체적인 내용에 관하여 진술함이 없이 단지 그 증인진술서에 기재된 내용이 사실대로라는 취지의 진술만을 한 경우에는 그것이 증인진술서에 기재된 내용 중 특정 사항을 구체적으로 진술한 것과 같이 볼 수 있는 등의 특별한 사정이 없는 한 증인이 그 증인진술서에 기재된 구체적인 내용을 기억하여 반복 진술한 것으로는 볼 수 없으므로, 가사 거기에 기재된 내용에 허위가 있다 하더라도 그 부분에 관하여 법정에서 증언한 것으로 보아 위증죄로 처벌할 수는 없다고 할 것이다(대판 2010.5.13. 2007도1397).
[ㄷ ▸ ○] 증인이 1개의 증인신문절차에서 허위의 진술을 하고 그 진술이 철회·시정된 바 없이 그대로 증인신문절차가 종료된 경우 그로써 위증죄는 기수에 달하고, 그 후 별도의 증인 신청 및 채택 절차를 거쳐 그 증인이 다시 신문을 받는 과정에서 종전 신문절차에서의 진술을 철회·시정한다 하더라도 그러한 사정은 형법 제153조가 정한 형의 감면사유에 해당할 수 있을 뿐, 이미 종결된 종전 증인신문절차에서 행한 위증죄의 성립에 어떤 영향을 주는 것은 아니다(대판 2010.9.30. 2010도7525).
[ㄹ ▸ ○] 대판 2007.3.15. 2006도9463

답 ❹

위증죄에 대한 설명으로 가장 적절하지 않은 것은?(다툼이 있는 경우 판례에 의함)

18 경찰승진

① 증인의 증언은 그 전부를 일체로 관찰·판단하는 것이므로 선서한 증인이 일단 기억에 반하는 허위의 진술을 하였더라도 그 신문이 끝나기 전에 그 진술을 철회·시정한 경우 위증이 되지 아니한다.

② 허위의 진술이란 그 객관적 사실이 허위라는 것이 아니라 스스로 체험한 사실을 기억에 반하여 진술하는 것을 뜻하고, 법률에 의하여 선서한 증인의 진술이 경험한 객관적 사실에 대한 증인 나름의 법률적·주관적 평가나 의견을 부연한 부분에 다소의 오류나 모순이 있더라도 위증죄가 성립하는 것은 아니다.

③ 하나의 사건에 관하여 한 번 선서한 증인이 같은 기일에 수개의 사실에 관하여 기억에 반하는 허위의 진술을 한 경우 한 개의 위증죄가 성립한다.

④ 민사소송의 당사자인 법인의 대표자 甲이 선서하고 증언을 한 경우 위증죄의 주체가 될 수 있다.

정선
핵심

위증죄의 성립 여부

① 허위의 진술을 한 증인이 신문이 끝나기 전에 진술을 철회·시정한 경우 → ✕

② 증인의 법률적·주관적 평가를 부연한 부분에 다소의 오류나 모순이 있는 경우 → ✕

③ 하나의 사건에 관하여 한 번 선서한 증인이 같은 기일에 여러 가지 사실에 관하여 기억에 반하는 허위의 진술을 한 경우 → 위증죄의 포괄일죄 ○

④ 민사소송의 당사자인 법인의 대표자가 선서하고 허위 진술한 경우 → 위증죄 ✕

정선
해설

[❶ ▸ ○] 증인의 증언은 그 전부를 일체로 관찰·판단하는 것이므로 선서한 증인이 일단 기억에 반하는 허위의 진술을 하였더라도 그 신문이 끝나기 전에 그 진술을 철회·시정한 경우 위증이 되지 아니한다고 할 것이다(대판 2010.9.30. 2010도7525).

피고인으로부터 위증의 교사를 받은 甲이 관련사건의 제1심 제9회 공판기일에 증인으로 출석하여 한 허위 진술이 철회·시정된 바 없이 증인신문절차가 종료되었다가, 그 후 증인으로 다시 신청·채택된 甲이 위 관련사건의 제21회 공판기일에 다시 출석하여 종전 선서의 효력이 유지됨을 고지받고 증언하면서 종전 기일에 한 허위 진술을 철회한 사안에서, 甲의 위증죄는 이미 기수에 이르렀음에도 이와 달리 본 원심판단에 법리오해의 위법이 있다고 한 사례(대판 2010.9.30. 2010도7525).

[❷ ▸ ○] 대판 1984.2.28. 84도114, 대판 2009.3.12. 2008도11007

[❸ ▸ ○] 대판 1998.4.14. 97도3340

[❹ ▸ ✕] 민사소송의 당사자는 증인능력이 없으므로 증인으로 선서하고 증언하였다고 하더라도 위증죄의 주체가 될 수 없고, 이러한 법리는 민사소송에서의 당사자인 법인의 대표자의 경우에도 마찬가지로 적용된다(대판 1998.3.10. 97도1168).

🔖 ❹

다음 중 위증과 증거인멸의 죄에 대한 설명으로 가장 옳지 않은 것은?(다툼이 있는 경우 판례에 의함)

21 해경간부

① 자신의 강도범행을 일관되게 부인하였으나 법원으로부터 유죄판결이 확정된 피고인이 별건으로 기소된 공범의 형사사건에서 선서 후 범행사실을 부인하는 증언을 하였다면, 피고인에게 사실대로 진술할 것이라는 기대가능성이 있으므로 위증죄가 성립한다.

② 선서한 증인이 자기의 기억에 반하는 증언을 하였다면, 그 증언 내용이 객관적 사실과 부합한다 하더라도 위증죄가 성립한다.

③ 피고인이 자기의 형사사건에 관하여 타인을 교사하여 위증죄를 범하게 하였더라도, 이러한 피고인의 행위는 방어권의 정당한 행사로 위증죄의 교사범이 성립하지 않는다.

④ 증거은닉죄에 있어서 '타인의 형사사건 또는 징계사건'에는 이미 수사가 개시되거나 징계절차가 개시된 사건만이 아니라 수사 또는 징계절차 개시 전이라도 장차 형사사건 또는 징계사건이 될 수 있는 사건도 포함된다.

**정선
핵심**

① 유죄판결이 확정된 피고인이 공범사건에서 범행사실을 부인하는 증언을 한 경우 → 위증죄 ○

② 기억에 반하는 증언을 하였으나 객관적 사실과 부합하는 경우 → 위증죄 ○

③ 자기의 형사사건에 타인을 교사하여 위증죄를 범하게 한 경우 → 위증교사죄 ○

④ 장차 형사사건 또는 징계사건이 될 수 있는 사건 → 타인의 형사사건 또는 징계사건 ○

**정선
해설**

[❶ ▸ ○] 대판 2008.10.23. 2005도10101

[❷ ▸ ○] 위증죄에 있어서의 위증은 선서한 증인이 자기의 기억에 반하는 사실을 진술함으로써 성립되고 설사 그 증언이 객관적 사실에 부합된다고 하더라도 기억에 반하는 진술을 한 때에는 위증죄의 성립에 영향이 없다(대판 1982.9.14. 81도105).

[❸ ▸ ×] 피고인이 자기의 형사사건에 관하여 허위의 진술을 하는 행위는 피고인의 형사소송에 있어서의 방어권을 인정하는 취지에서 처벌의 대상이 되지 않으나, 법률에 의하여 선서한 증인이 타인의 형사사건에 관하여 위증을 하면 형법 제152조 제1항의 위증죄가 성립되므로 자기의 형사사건에 관하여 타인을 교사하여 위증죄를 범하게 하는 것은 이러한 방어권을 남용하는 것이라고 할 것이어서 교사범의 죄책을 부담케 함이 상당하다(대판 2004.1.27. 2003도5114).

[❹ ▸ ○] 대판 2013.11.28. 2011도5329

 답 ❸

위증죄에 관한 설명 중 가장 적절하지 않은 것은?(다툼이 있는 경우 판례에 의함)

15 경찰승진

① 타인으로부터 전해들은 금품전달사실을 마치 증인 자신이 전달한 것처럼 진술한 경우 위증죄가 성립한다.

② 위증죄는 법률에 의하여 선서한 증인 본인만이 행위주체가 되는 진정신분범이다.

③ 증인이 설령 객관적인 사실과 일치하더라도, 자기의 기억에 반하는 진술을 하였다면 위증죄가 성립한다.

④ 위증죄에 있어서 진술의 내용은 요증사실에 관한 것으로 판결에 영향을 미친 것에만 한정된다.

정선 핵심

① 전해들은 금품의 전달사실을 증인 자신이 전달한 것처럼 진술한 경우 → 위증죄 ○

② 위증죄 → 진정신분범 ○

③ 기억에 반하는 증언을 하였으나 객관적 사실과 부합하는 경우 → 위증죄 ○

④ 위증죄의 구성요건

　　⟶ 진술의 내용 : 요증사실에 관한 것으로 판결에 영향을 미칠 수 있는 것 불요

정선 해설

[❶ ▸ ○]　대판 1990.5.8. 90도448

[❷ ▸ ○]　위증죄는 법률에 의하여 선서한 증인이 허위의 진술을 할 때 성립하는 진정신분범이다.

[❸ ▸ ○]　위증죄에 있어서의 위증은 선서한 증인이 자기의 기억에 반하는 사실을 진술함으로써 성립되고 설사 그 증언이 객관적 사실에 부합된다고 하더라도 기억에 반하는 진술을 한 때에는 위증죄의 성립에 영향이 없다(대판 1982.9.14. 81도105).

> **비교판례**　대판 1991.10.11. 91도1950
>
> 무고죄는 타인으로 하여금 형사처분 등을 받게 할 목적으로 신고한 사실이 객관적 진실에 반하는 허위사실인 경우에 성립되는 범죄로서, 신고자가 그 신고내용을 허위라고 믿었다 하더라도 그것이 객관적으로 진실한 사실에 부합할 때에는 허위사실의 신고에 해당하지 않아 무고죄는 성립하지 않는다.

[❹ ▸ ✕]　위증죄는 법률에 의하여 선서한 증인이 허위의 공술을 한 때에 성립하는 것으로서, 그 공술의 내용이 당해 사건의 요증사실에 관한 것인지의 여부나 판결에 영향을 미친 것인지의 여부는 위증죄의 성립과 아무런 관계가 없다(대판 1990.2.23. 89도1212).

답 ❹

105

□□□ **위증과 증거인멸의 죄에 관한 다음 설명 중 가장 옳은 것은?(다툼이 있는 경우 판례에 의함)**

① 민사소송에서의 당사자인 법인의 대표가 증인으로 선서하고 증언한 경우, 위증죄의 주체가 될 수 있다.
② 하나의 사건에 관하여 한 번 선서한 증인이 같은 기일에 여러 가지 사실에 관하여 기억에 반하는 허위의 공술을 한 경우, 각 진술마다 수개의 위증죄를 구성한다.
③ 법률에 의하여 선서한 증인의 허위의 공술의 내용이 당해 사건의 요증사실에 관한 것인지의 여부나 판결에 영향을 미친 것인지의 여부는 위증죄의 성립과 아무런 관계가 없다.
④ 위증죄를 범한 자가 그 공술한 사건의 재판이 확정되기 전에 자수한 경우 그 형을 필요적으로 감경한다.

정선 핵심

① 민사소송의 당사자인 법인의 대표자가 선서하고 허위 진술한 경우 → 위증죄 ✕
② 하나의 사건에 관하여 한 번 선서한 증인이 같은 기일에 여러 가지 사실에 관하여 기억에 반하는 허위의 진술을 한 경우 → 위증죄의 포괄일죄 ○
③ 위증죄의 구성요건
   → 진술의 내용 : 요증사실에 대한 것으로서 판결에 영향을 미칠 수 있는 것 불요
④ 위증죄를 범한 자가 자백 또는 자수한 경우 → 필요적 감면

정선 해설

[❶ ▸ ✕] 민사소송의 당사자는 증인능력이 없으므로 증인으로 선서하고 증언하였다고 하더라도 위증죄의 주체가 될 수 없고, 이러한 법리는 민사소송에서의 당사자인 법인의 대표자의 경우에도 마찬가지로 적용된다(대판 1998.3.10. 97도1168).
[❷ ▸ ✕] 하나의 사건에 관하여 한 번 선서한 증인이 같은 기일에 여러 가지 사실에 관하여 기억에 반하는 허위의 진술을 한 경우 이는 하나의 범죄의사에 의하여 계속하여 허위의 진술을 한 것으로서 포괄하여 1개의 위증죄를 구성한다(대판 1998.4.14. 97도3340).
[❸ ▸ ○] 위증죄는 법률에 의하여 선서한 증인이 허위의 공술을 한 때에 성립하는 것으로서, 그 공술의 내용이 당해 사건의 요증사실에 관한 것인지의 여부나 판결에 영향을 미친 것인지의 여부는 위증죄의 성립과 아무런 관계가 없다(대판 1990.2.23. 89도1212).
[❹ ▸ ✕] 형법 제153조 참조

 법령 자백, 자수(형법 제153조) 전조(위증죄-註)의 죄를 범한 자가 그 공술한 사건의 재판 또는 징계처분이 확정되기 전에 자백 또는 자수한 때에는 그 형을 감경 또는 면제한다.

 답 ❸

위증죄에 대한 다음 설명 중 옳지 않은 것은?(다툼이 있는 경우 판례에 의함)

15 경찰간부

① 증인이 선서를 하고서 진술한 증언내용이 자신이 그 증언내용사실을 잘 알지 못하면서도 잘 아는 것으로 증언한 것이라면 위증죄가 성립한다.

② 자기의 형사사건에 관하여 타인을 교사하여 위증죄를 범하게 한 경우에는 방어권남용으로서 위증죄의 교사범이 성립한다.

③ 이미 유죄판결이 확정된 증인이 증언에 앞서 증언거부권을 고지받지 못한 상황에서 허위진술을 하면 위증죄가 성립하지 아니한다.

④ 甲이 A를 모해할 목적으로 B에게 위증을 교사하여 B가 위증을 한 경우, B에게 모해의 목적이 없었던 경우에도 甲을 모해위증교사죄로 처단할 수 있다.

정선 핵심

① 증언내용 사실을 잘 알지 못하면서도 잘 아는 것으로 증언한 경우 → 위증죄 ○

② 자기의 형사사건에 타인을 교사하여 위증죄를 범하게 한 경우 → 위증교사죄 ○

③ 유죄판결이 확정된 증인이 증언거부권을 고지받지 못한 상황에서 허위진술을 한 경우 → 위증죄 ○

④ 모해할 목적으로 위증을 교사하였으나 B에게 모해의 목적이 없는 경우 → 모해위증죄의 교사범 ○

정선 해설

[❶ ▸ ○] 선서를 하고서 진술한 증언내용이 자신이 그 증언내용사실을 잘 알지 못하면서도 잘 아는 것으로 증언한 것이라면 그 증언은 기억에 반한 진술이어서 위증죄가 성립된다(대판 1986.9.9. 86도57).

[❷ ▸ ○] 대판 2004.1.27. 2003도5114

[❸ ▸ ✕] 피고인의 이 사건 증언은 자신에 대한 유죄판결이 확정된 후에 이루어진 것임이 분명하여 피고인에게 공범에 대한 피고사건에서 증언을 거부할 권리가 없으므로, 그 증언에 앞서 피고인이 증언거부권을 고지받지 못하였더라도 증인신문절차상 잘못이 없으므로 피고인이 공범 甲에 대한 피고사건의 증인으로 출석하여 허위의 진술을 하였다면 위증죄가 성립한다(대판 2011.11.24. 2011도11994).

> 피고인이 마약류관리에 관한 법률 위반(향정)죄로 이미 유죄판결을 받아 확정된 후 별건으로 기소된 공범 甲에 대한 피고사건의 증인으로 출석하여 허위의 진술을 한 사안에서, 피고인에게 증언을 거부할 권리가 없으므로 증언에 앞서 증언거부권을 고지받지 못하였더라도 증인신문절차상 잘못이 없다고 판단하여 위증죄를 인정한 원심판단을 수긍한 사례(대판 2011.11.24. 2011도11994).

[❹ ▸ ○] 판례(대판 1994.12.23. 93도1002)의 취지를 고려하면, 모해할 목적은 형법 제33조 단서 소정의 "신분 때문에 형의 경중이 달라지는 경우"에 해당하여 동 규정이 형법 제31조 제1항보다 우선 적용되므로 A를 모해할 목적으로 B에게 위증을 교사한 경우 B에게 모해의 목적이 없더라도 甲을 모해위증죄의 교사범으로 처벌할 수 있다.

 답 ❸

① 제3자가 심문절차로 진행되는 가처분 신청사건에서 증인으로 출석하여 선서를 하고 진술함에 있어서 허위의 공술을 하였다고 하더라도 위증죄는 성립하지 않는다.

② 사촌관계에 있는 甲의 도박사실 여부에 관하여 증언거부사유가 발생하게 되었는데도 재판장으로부터 증언거부권을 고지받지 못한 상태에서 허위 진술을 하게 된 경우 위증죄가 성립하지 않는다.

③ 민사소송의 당사자는 증인능력이 없으므로 증인으로 선서하고 증언하였다고 하더라도 위증죄의 주체가 될 수 없으나 민사소송에서의 당사자인 법인의 대표자의 경우에는 위증죄의 주체가 될 수 있다.

④ 민사소송절차에서 재판장이 증인에게 증언거부권을 고지하지 아니하였다 하여 절차위반의 위법이 있다고 할 수 없으므로 적법한 선서절차를 마쳤음에도 허위진술을 한 증인에 대해서는 달리 특별한 사정이 없는 한 위증죄가 성립한다.

정선 핵심

위증죄의 성립 여부

① 가처분 신청사건에서 증인으로 출석하여 허위 공술을 한 경우 → ×

② 증언거부권을 고지받지 못한 상태에서 허위 진술을 하게 된 경우 → ×

③ 위증죄의 주체 여부

⋯→ 민사소송의 당사자가 증인으로 출석하여 증언한 경우 ×

⋯→ 법인의 대표자의 경우 ×

④ 민사소송절차에서 증언거부권을 고지받지 아니한 상태에서 허위진술한 경우 → ○

정선 해설

[❶ ▸ ○] 대판 2003.7.25. 2003도180

[❷ ▸ ○] 사촌관계에 있는 甲의 도박 사실 여부에 관하여 증언거부사유가 발생하게 되었는데도 재판장으로부터 증언거부권을 고지받지 못한 상태에서 허위 진술을 하게 된 경우, 증언거부권을 고지받지 못함으로 인하여 피고인이 그 증언거부권을 행사하는 데 사실상 장애가 초래되었다고 볼 수 있으므로, 피고인에게 위증죄의 죄책을 물을 수 없다(대판 2010.2.25. 2009도13257).

> **비교판례** **대판 2010.2.25. 2007도6273**
>
> 전 남편에 대한 도로교통법 위반(음주운전) 사건의 증인으로 법정에 출석한 전처(前妻)가 증언거부권을 고지받지 않은 채 공소사실을 부인하는 전 남편의 변명에 부합하는 내용을 적극적으로 허위 진술한 사안에서, 증인으로 출석하여 증언한 경위와 그 증언 내용, 증언거부권을 고지받았더라도 그와 같이 증언을 하였을 것이라는 취지의 진술 내용 등을 전체적·종합적으로 고려하면, 선서 전에 재판장으로부터 증언거부권을 고지받지 아니하였다 하더라도 이로 인하여 증언거부권이 사실상 침해당한 것으로 평가할 수는 없다는 이유로 위증죄의 성립을 긍정한 사례.

[❸ ▸ ×] 민사소송의 당사자는 증인능력이 없으므로 증인으로 선서하고 증언하였다고 하더라도 위증죄의 주체가 될 수 없고, 이러한 법리는 민사소송에서의 당사자인 법인의 대표자의 경우에도 마찬가지로 적용된다(대판 1998.3.10. 97도1168).

[❹ ▸ ○] 대판 2011.7.28. 2009도14928

 답 ❸

위증죄에 관한 다음 설명 중 판례의 태도와 일치하지 않는 것은?

① 선서한 증인이 기억에 반하는 허위의 진술을 하였더라도 그 진술을 철회·시정하면 위증이 되지 아니하므로, 증인이 증인신문절차에서 허위의 진술을 하고 증인신문절차가 종료된 후, 다시 증인 신청 및 채택 절차를 거쳐 신문을 받는 과정에서 종전 신문절차에서의 진술을 철회·시정하면 위증죄가 성립하지 아니한다.

② 민사소송의 당사자인 법인의 대표자가 선서하고 증언하였더라도 위증죄가 성립하지 아니한다.

③ 자기의 형사사건에 관하여 타인을 교사하여 위증죄를 범하게 하는 것은 방어권을 남용하는 것으로 위증교사죄가 성립한다.

④ 하나의 사건에 관하여 한 번 선서한 증인이 같은 기일에 여러 가지 사실에 관하여 기억에 반하는 허위의 진술을 한 경우 이는 하나의 범죄의사에 의하여 계속하여 허위의 진술을 한 것으로서 포괄하여 1개의 위증죄를 구성한다.

정선 핵심

위증죄의 성립 여부

① 증인신문절차가 종료된 후, 별도의 절차에서 종전의 진술을 철회·시정한 경우 → ○

② 민사소송의 당사자인 법인의 대표자가 선서하고 허위 진술한 경우 → ✕

③ 자기의 형사사건에 타인을 교사하여 위증죄를 범하게 한 경우 → 위증교사죄 ○

④ 하나의 사건에 관하여 한 번 선서한 증인이 같은 기일에 여러 가지 사실에 관하여 기억에 반하는 허위의 진술을 한 경우 → 위증죄의 포괄일죄 ○

정선 해설

[❶ ▸ ✕]　증인이 1개의 증인신문절차에서 허위의 진술을 하고 그 진술이 철회·시정된 바 없이 그대로 증인신문절차가 종료된 경우 그로써 위증죄는 기수에 달하고, 그 후 별도의 증인 신청 및 채택 절차를 거쳐 그 증인이 다시 신문을 받는 과정에서 종전 신문절차에서의 진술을 철회·시정한다 하더라도 그러한 사정은 형법 제153조가 정한 형의 감면사유에 해당할 수 있을 뿐, 이미 종결된 종전 증인신문절차에서 행한 위증죄의 성립에 어떤 영향을 주는 것은 아니다(대판 2010.9.30. 2010도7525).

[❷ ▸ ○]　대판 1998.3.10. 97도1168

[❸ ▸ ○]　대판 2004.1.27. 2003도5114

[❹ ▸ ○]　하나의 사건에 관하여 한 번 선서한 증인이 같은 기일에 여러 가지 사실에 관하여 기억에 반하는 허위의 진술을 한 경우 이는 하나의 범죄의사에 의하여 계속하여 허위의 진술을 한 것으로서 포괄하여 1개의 위증죄를 구성한다(대판 1998.4.14. 97도3340).

 답 ❶

위증죄에 관한 설명 중 가장 적절하지 않은 것은?(다툼이 있으면 판례에 의함)

16 경찰승진

① 진술의 내용은 반드시 요증사실에 대한 것으로서 판결에 영향을 미칠 수 있는 것임을 요하지 아니한다.

② 자기의 형사사건에 관하여 타인을 교사하여 위증죄를 범하게 한 경우에는 방어권남용으로서 위증죄의 교사범이 성립한다.

③ 하나의 사건에 관하여 한 번 선서한 증인이 같은 기일에 여러 가지 사실에 관하여 기억에 반하는 허위의 진술을 한 경우, 각 진술마다 수개의 위증죄를 구성한다.

④ 피고인 자신이 증언내용 사실을 잘 알지 못하면서도 잘 아는 것으로 증언했다면 피고인의 증언은 기억에 반한 진술이 될 것이고 위증죄가 성립하는 것이다.

정선 핵심

① 위증죄의 구성요건
→ 진술의 내용 : 요증사실에 대한 것으로서 판결에 영향을 미칠 수 있는 것 불요

② 자기의 형사사건에 타인을 교사하여 위증죄를 범하게 한 경우 → 위증교사죄 ○

③ 하나의 사건에 관하여 한 번 선서한 증인이 같은 기일에 여러 가지 사실에 관하여 기억에 반하는 허위의 진술을 한 경우 → 위증죄의 포괄일죄 ○

④ 증언내용 사실을 잘 알지 못하면서도 잘 아는 것으로 증언한 경우 → 위증죄 ○

정선 해설

[❶ ▸ ○] 위증죄는 법률에 의하여 선서한 증인이 허위의 공술을 한 때에 성립하는 것으로서, 그 공술의 내용이 당해 사건의 요증사실에 관한 것인지의 여부나 판결에 영향을 미친 것인지의 여부는 위증죄의 성립과 아무런 관계가 없다(대판 1990.2.23. 89도1212).

[❷ ▸ ○] 대판 2004.1.27. 2003도5114

[❸ ▸ ×] 하나의 사건에 관하여 한 번 선서한 증인이 같은 기일에 여러 가지 사실에 관하여 기억에 반하는 허위의 진술을 한 경우 이는 하나의 범죄의사에 의하여 계속하여 허위의 진술을 한 것으로서 포괄하여 1개의 위증죄를 구성한다(대판 1998.4.14. 97도3340).

[❹ ▸ ○] 선서를 하고서 진술한 증언내용이 자신이 그 증언내용사실을 잘 알지 못하면서도 잘 아는 것으로 증언한 것이라면 그 증언은 기억에 반한 진술이어서 위증죄가 성립된다(대판 1986.9.9. 86도57).

 답 ❸

판례의 태도에 대한 설명으로 옳지 않은 것은?

① 아파트 등 공동주택의 내부에 있는 공용계단과 복도는 특별한 사정이 없는 한 주거침입죄의 객체인 '사람의 주거'에 해당하고, 위 장소에 거주자의 의사에 반하여 침입하는 행위는 주거침입죄를 구성한다.

② 공무상비밀누설죄는 공무상 비밀의 누설행위만을 처벌하고 있을 뿐 이와 대향범관계에 있는 '비밀을 누설받은 행위'에 대해서는 처벌규정이 없으므로 이에 대해서는 공범에 관한 형법 총칙 규정이 적용될 수 없고, 따라서 일반인이 공무원을 교사하여 직무상 비밀을 누설받은 경우 공무상비밀누설교사죄는 성립하지 않는다.

③ 계약상 부수의무로서의 민사적 부조의무 또는 보호의무가 인정되는 경우 형법상 유기죄의 '계약상 보호할 의무'는 당연히 긍정되므로, 자신이 운영하는 주점에서 수일 동안 계속하여 술을 마시고 만취한 피해자를 방치하여 저체온증으로 사망에 이르게 한 경우, 주점 주인에게는 계약상 부조의무가 인정되어 유기치사죄가 성립한다.

④ 형사소송절차에서 증인이 증언거부권을 고지받지 못함으로 인하여 그 증언거부권을 행사하는 데 사실상 장애가 초래되었다고 볼 수 있는 경우에는 위증죄의 성립을 부정하여야 한다.

정선 핵심

① 공용계단과 복도에 거주자의 의사에 반하여 침입하는 경우 → 주거침입죄 ○

② 공무원으로부터 직무상 비밀누설을 받은 자 → 공무상비밀누설교사죄 ✕

③ 계약상 부수의무로서의 민사적 부조의무 또는 보호의무가 인정되는 경우
　↳ 유기죄의 계약상 보호할 의무가 당연히 긍정 : ✕
　↳ 자신의 주점에서 만취한 피해자를 방치하여 저체온증 등으로 사망에 이르게 한 경우 : 유기치사죄 ○

④ 형사소송절차에서 증언거부권을 고지받지 못하여 증언거부권 행사에 사실상 장애가 초래된 경우 → 위증죄 ✕

정선 해설

[❶ ▸ ○]　대판 2009.9.10. 2009도4335

[❷ ▸ ○]　판례의 취지를 고려하면, 대향범관계에 있는 '비밀을 누설받은 행위'에 대하여 처벌규정이 없고 이에 대하여 공범에 관한 형법 총칙 규정도 적용되지 아니하므로, 일반인이 공무원을 교사하여 직무상 비밀을 누설받은 경우는 불가벌이다.

> 2인 이상 서로 대향된 행위의 존재를 필요로 하는 대향범에 대하여는 공범에 관한 형법총칙 규정이 적용될 수 없는데, 형법 제127조는 공무원 또는 공무원이었던 자가 법령에 의한 직무상 비밀을 누설하는 행위만을 처벌하고 있을 뿐 직무상 비밀을 누설받은 상대방을 처벌하는 규정이 없는 점에 비추어, 직무상 비밀을 누설받은 자에 대하여는 공범에 관한 형법총칙 규정이 적용될 수 없다고 보는 것이 타당하다(대판 2011.4.28. 2009도3642).

[❸ ▸ ✕]　계약관계의 목적이 달성될 수 있도록 상대방의 신체 또는 생명에 대하여 주의와 배려를 한다는 부수의무로서의 민사적 부조의무 또는 보호의무가 인정된다고 해서 형법 제271조 소정의 '계약상 보호할 의무'가 당연히 긍정된다고도 말할 수 없고, 당해 계약관계의 성질 등 기타 제반 사정을 고려하여 위 '계약상의 부조의무'의 유무를 신중하게 판단하여야 한다. 따라서 만취한 피해자를 방치하여 저체온증으로 사망에 이르게 한 경우, 피고인은 주점의 운영자로서 피해자의 생명 또는 신체에 대한 위해가 발생하지 아니하도록 피해자를 주점 내실로 옮기거나 인근에 있는 여관에 데려다 주어 쉬게 하거나 피해자의 지인 또는 경찰에 연락하는 등 필요한 조치를 강구하여야 할 계약상의 부조의무를 부담한다고 할 것이므로 피고인에게는 유기치사죄가 성립한다(대판 2011.11.24. 2011도12302).

[❹ ▸ ○]　대판 2010.1.21. 2008도942[전합]

답 **❸**

증거인멸의 죄에 대한 설명 중 옳은 것은 모두 몇 개인가?(다툼이 있는 경우 판례에 의함)

21 경찰간부

ㄱ. 형법 제155조 제1항의 증거인멸 등 죄에서 말하는 '징계사건'에는 국가의 징계사건은 물론 사인 간의 징계사건도 포함된다.

ㄴ. 형법 제155조 제1항에서 타인의 형사사건에 관한 증거를 위조한다 함은, 증거 자체를 위조하는 것뿐 아니라 널리 참고인이 수사기관에서 허위의 진술을 하는 것까지를 포함하는 개념으로 보아야 한다.

ㄷ. 형법 제155조 제1항의 증거위조죄에서 '타인의 형사사건'이란 증거위조 행위 시에 아직 수사절차가 개시되기 전이라도 장차 형사사건이 될 수 있는 것까지 포함하지만, 이후 그 형사사건이 기소되지 아니하거나 무죄가 선고된 경우 증거위조죄는 성립하지 않는다.

ㄹ. 형법 제155조 제3항의 모해목적 증거인멸 등 죄에서 '피의자'라고 하기 위해서는 수사기관에 의하여 수사가 개시되어 있을 것을 필요로 하고, 그 이전의 단계에서는 장차 형사입건될 가능성이 크다고 하더라도 피의자에 해당한다고 볼 수는 없다.

① 1개 　　　　　　　　　② 2개
③ 3개 　　　　　　　　　④ 4개

정선 핵심

ㄱ. 증거인멸죄의 징계사건 → 사인 간의 징계사건 ✕

ㄴ. 증거위조죄의 성립 여부
　⋯→ 증거 자체를 위조하는 경우 ○
　⋯→ 참고인이 수사기관에서 허위의 진술을 하는 경우 ✕

ㄷ. 증거를 위조한 타인의 형사사건이 기소되지 아니하거나 무죄가 선고된 경우 → 증거위조죄 ○

ㄹ. 모해목적 증거인멸죄의 피의자 → 수사개시 이전의 단계에서는 형사입건될 가능성이 크더라도 피의자 ✕

정선 해설

[ㄱ ▸ ✕] 증거인멸 등 죄는 위증죄와 마찬가지로 국가의 형사사법작용 내지 징계작용을 그 보호법익으로 하므로, 위 법조문에서 말하는 '징계사건'이란 국가의 징계사건에 한정되고 사인(私人) 간의 징계사건은 포함되지 않는다(대판 2007.11.30. 2007도4191).

[ㄴ ▸ ✕] 형법 제155조 제1항에서 타인의 형사사건에 관한 증거를 위조한다 함은 증거 자체를 위조함을 말하는 것이고, 참고인이 수사기관에서 허위의 진술을 하는 것은 이에 포함되지 아니한다(대판 1995.4.7. 94도3412).

[ㄷ ▸ ✕] 증거위조죄에서 타인의 형사사건이란 증거위조 행위시에 아직 수사절차가 개시되기 전이라도 장차 형사사건이 될 수 있는 것까지 포함하고, 그 형사사건이 기소되지 아니하거나 무죄가 선고되더라도 증거위조죄의 성립에 영향이 없다(대판 2011.2.10. 2010도15986).

[ㄹ ▸ ○] 형법 제155조 제3항에서 말하는 '피의자'라고 하기 위해서는 수사기관에 의하여 범죄의 인지 등으로 수사가 개시되어 있을 것을 필요로 하고, 그 이전의 단계에서는 장차 형사입건될 가능성이 크다고 하더라도 그러한 사정만으로 '피의자'에 해당한다고 볼 수는 없다(대판 2010.6.24. 2008도12127).

 답 ❶

증거인멸 및 증거위조죄에 대한 다음 설명 중 옳은 것은?(다툼이 있는 경우 판례에 의함)

ㄱ. 피고인 자신이 직접 형사처분이나 징계처분을 받게 될 것을 두려워한 나머지 자기의 이익을 위하여 그 증거가 될 자료를 인멸하였다 하더라도, 그 행위가 동시에 다른 공범자의 형사사건이나 징계사건에 관한 증거를 인멸한 결과가 되는 경우, 증거인멸죄가 성립하지 않는다.

ㄴ. 자기의 형사사건에 관한 증거를 인멸하기 위하여 타인을 교사하여 증거인멸죄를 범하게 한 자에 대하여는 증거인멸죄의 교사범이 성립하지 않는다.

ㄷ. 참고인이 타인의 형사사건 등에 관하여 제3자와 대화를 하면서 허위로 진술하고 그 진술이 담긴 대화 내용을 녹음한 녹음파일 또는 이를 녹취한 녹취록을 만들어 수사기관 등에 제출하는 행위는 증거위조죄를 구성한다.

ㄹ. 참고인이 타인의 형사사건 등에서 직접 진술 또는 증언하는 것을 대신하거나 그 진술 등에 앞서서 허위의 사실확인서나 진술서를 작성하여 수사기관 등에 제출하는 행위는 증거위조죄를 구성한다.

ㅁ. 증거위조죄에서 '타인의 형사사건'이란 증거위조 행위 시에 아직 수사절차가 개시되기 전이라도 장차 형사사건이 될 수 있는 것까지 포함하나 그 형사사건이 기소되지 아니하거나 무죄가 선고될 경우 증거위조죄가 성립하지 않는다.

① ㄱ, ㄷ   　　　　② ㄴ, ㄷ

③ ㄷ, ㅁ   　　　　④ ㄱ, ㄹ

**정선
핵심**

ㄱ. 피고인의 이익을 위하여 증거를 인멸한 것이 공범자(공범자가 아닌 자)의 증거를 인멸한 결과가 되는 경우 → 증거인멸죄 ✕

ㄴ. 자기의 형사사건에 관한 증거를 인멸하기 위하여 타인을 교사하여 증거인멸죄를 범하게 한 경우 → 증거인멸교사죄 ○

ㄷ. 참고인의 허위진술이 담긴 녹음파일 또는 녹취록을 제출하는 경우 → 증거위조죄 ○

ㄹ. 참고인이 허위의 사실확인서나 진술서를 작성하여 제출하는 경우 → 증거위조죄 ✕

ㅁ. 증거를 위조한 타인의 형사사건이 기소되지 아니하거나 무죄가 선고된 경우 → 증거위조죄 ○

**정선
해설**

[ㄱ ▸ ○] 대판 1995.9.29. 94도2608

[ㄴ ▸ ✕] 자기의 형사 사건에 관한 증거를 인멸하기 위하여 타인을 교사하여 죄를 범하게 한 자에 대하여는 증거인멸교사죄가 성립한다(대판 2000.3.24. 99도5275).

[ㄷ ▸ ○] 참고인이 타인의 형사사건 등에 관하여 제3자와 대화를 하면서 허위로 진술하고 위와 같은 허위 진술이 담긴 대화 내용을 녹음한 녹음파일 또는 이를 녹취한 녹취록을 만들어 수사기관 등에 제출하는 것은, 참고인이 타인의 형사사건 등에 관하여 수사기관에 허위의 진술을 하거나 이와 다를 바 없는 것으로서 허위의 사실확인서나 진술서를 작성하여 수사기관 등에 제출하는 것과는 달리, 증거위조죄를 구성한다(대판 2013.12.26. 2013도8085).

[ㄹ ▸ ✕] 참고인이 타인의 형사사건 등에서 직접 진술 또는 증언하는 것을 대신하거나 그 진술 등에 앞서서 허위의 사실확인서나 진술서를 작성하여 수사기관 등에 제출하거나 또는 제3자에게 교부하여 제3자가 이를 제출한 것은 존재하지 않는 문서를 이전부터 존재하고 있는 것처럼 작출하는 등의 방법으로 새로운 증거를 창조한 것이 아닐뿐더러, 참고인이 수사기관에서 허위의 진술을 하는 것과 차이가 없으므로, 증거위조죄를 구성하지 않는다고 할 것이다(대판 2015.10.29. 2015도9010).

[ㅁ ▸ ✕] 증거위조죄에서 타인의 형사사건이란 증거위조 행위시에 아직 수사절차가 개시되기 전이라도 장차 형사사건이 될 수 있는 것까지 포함하고, 그 형사사건이 기소되지 아니하거나 무죄가 선고되더라도 증거위조죄의 성립에 영향이 없다(대판 2011.2.10. 2010도15986).

답 ❶

증거위조죄에 대한 설명으로 옳지 않은 것은?(다툼이 있는 경우 판례에 의함)

17 국가9급

① 피의자에 대한 모해목적의 증거위조죄에서 '피의자'에는 수사개시 이전의 단계에서 장차 형사 입건될 가능성이 있는 대상자도 포함된다.

② 선서무능력자로서 범죄현장을 목격하지 않은 사람으로 하여금 형사법정에서 범죄현장을 목격한 양 허위의 증언을 하도록 하는 것은 증거위조죄를 구성하지 않는다.

③ 참고인이 타인의 형사사건 등에 관하여 제3자와 대화를 하면서 허위로 진술하고 위와 같은 허위 진술이 담긴 대화 내용을 녹음한 녹음파일 또는 이를 녹취한 녹취록을 만들어 수사기관에 제출하는 것은 증거위조죄를 구성한다.

④ 타인의 형사사건과 관련하여 수사기관이나 법원에 제출하거나 현출되게 할 의도로 법률행위 당시에는 존재하지 아니하였던 처분문서를 사후에 그 작성일을 소급하여 작성하는 것은 증거위 조죄를 구성한다.

정선 핵심

증거위조죄의 성립 여부
① 모해목적 증거인멸죄의 피의자 → 수사개시 이전의 단계에서는 형사입건될 가능성이 크더라도 피의자 ×
② 범죄현장을 목격한 양 선서무능력자에게 허위의 증언을 하도록 한 경우 → ×
③ 참고인의 허위진술이 담긴 녹음파일 또는 녹취록을 제출하는 경우 → ○
④ 존재하지 아니하였던 처분문서를 사후에 작성일을 소급하여 작성하는 경우 → ○

정선 해설

[❶ ▶ ×] 형법 제155조 제3항에서 말하는 '피의자'라고 하기 위해서는 수사기관에 의하여 범죄의 인지 등으로 수사가 개시되어 있을 것을 필요로 하고, 그 이전의 단계에서는 장차 형사입건될 가능성이 크다고 하더라도 그러한 사정만으로 '피의자'에 해당한다고 볼 수는 없다(대판 2010.6.24. 2008도12127).

[❷ ▶ ○] 형법 제155조 제1항에서 타인의 형사사건에 관하여 증거를 위조한다 함은 증거 자체를 위조함을 말하는 것으로서, 선서무능력자로서 범죄 현장을 목격하지도 못한 사람으로 하여금 형사법정에서 범죄 현장을 목격한 양 허위의 증언을 하도록 하는 것은 위 조항이 규정하는 증거위조죄를 구성하지 아니한다(대판 1998.2.10. 97도 2961).

[❸ ▶ ○] 대판 2013.12.26. 2013도8085

[❹ ▶ ○] 타인의 형사사건과 관련하여 수사기관이나 법원에 제출하거나 현출되게 할 의도로 법률행위 당시에는 존재하지 아니하였던 처분문서, 즉 그 외형 및 내용상 법률행위가 그 문서 자체에 의하여 이루어진 것과 같은 외관을 가지는 문서를 사후에 그 작성일을 소급하여 작성하는 것은, 가사 그 작성자에게 해당 문서의 작성권한이 있고, 또 그와 같은 법률행위가 당시에 존재하였다거나 그 법률행위의 내용이 위 문서에 기재된 것과 큰 차이가 없다 하여도 증거위조죄의 구성요건을 충족시키는 것이라고 보아야 한다(대판 2007.6.28. 2002도3600).

 ❶

114

☐☐☐

위증과 증거인멸의 죄에 대한 설명으로 가장 적절하지 않은 것은?(다툼이 있는 경우 판례에 의함)

[18] 경찰채용

① 자신의 강도범행을 일관되게 부인하였으나 법원으로부터 유죄판결이 확정된 피고인이 별건으로 기소된 공범의 형사사건에서 선서 후 범행사실을 부인하는 증언을 하였다면, 피고인에게 사실대로 진술할 것이라는 기대가능성이 있으므로 위증죄가 성립한다.

② 피고인이 자기의 형사사건에 관하여 타인을 교사하여 위증죄를 범하게 하였더라도, 이러한 피고인의 행위는 방어권의 정당한 행사로 위증죄의 교사범이 성립하지 않는다.

③ 선서한 증인이 자기의 기억에 반하는 증언을 하였다면, 그 증언내용이 객관적 사실과 부합한다 하더라도 위증죄가 성립한다.

④ 증거은닉죄에 있어서 '타인의 형사사건 또는 징계사건'에는 이미 수사가 개시되거나 징계절차가 개시된 사건만이 아니라 수사 또는 징계절차 개시 전이라도 장차 형사사건 또는 징계사건이 될 수 있는 사건도 포함된다.

정선 핵심

① 유죄판결이 확정된 피고인이 공범사건에서 범행사실을 부인하는 증언을 한 경우 → 위증죄 ○

② 자기의 형사사건에 타인을 교사하여 위증죄를 범하게 한 경우 → 위증교사죄 ○

③ 기억에 반하는 증언을 하였으나 객관적 사실과 부합하는 경우 → 위증죄 ○

④ 장차 형사 또는 징계사건이 될 수 있는 사건 → 타인의 형사사건 또는 징계사건 ○

정선 해설

[❶ ▸ ○] 대판 2008.10.23. 2005도10101

[❷ ▸ ×] 피고인이 자기의 형사사건에 관하여 허위의 진술을 하는 행위는 피고인의 형사소송에 있어서의 방어권을 인정하는 취지에서 처벌의 대상이 되지 않으나, 법률에 의하여 선서한 증인이 타인의 형사사건에 관하여 위증을 하면 형법 제152조 제1항의 위증죄가 성립되므로 자기의 형사사건에 관하여 타인을 교사하여 위증죄를 범하게 하는 것은 이러한 방어권을 남용하는 것이라고 할 것이어서 교사범의 죄책을 부담케 함이 상당하다(대판 2004.1.27. 2003도5114).

[❸ ▸ ○] 대판 1982.9.14. 81도105

[❹ ▸ ○] 증거인멸죄에 있어서 타인의 형사사건 또는 징계사건이란 인멸행위 시에 아직 수사 또는 징계절차가 개시되기 전이라도 장차 형사 또는 징계사건이 될 수 있는 것까지를 포함한다(대판 2013.11.28. 2011도5329).

정답 ❷

115

☐☐☐

위증과 증거인멸의 죄에 대한 설명 중 가장 적절하지 않은 것은?(다툼이 있는 경우 판례에 의함)

`17` 경찰채용

① 제3자가 심문실자로 신행되는 가처분 신청사건에서 증인으로 출석하여 신서를 하고 허위 공술을 한 경우 위증죄가 성립하지 않는다.

② 모해위증죄에서 모해의 목적은 허위의 진술을 함으로써 피고인에게 불리하게 될 것이라는 인식이 있으면 충분하고 그 결과의 발생까지 희망할 필요는 없다.

③ 증거위조죄에서 '타인의 형사사건'이란 증거위조 행위 시에 아직 수사절차가 개시되기 전이라도 장차 형사사건이 될 수 있는 것까지 포함하나 그 형사사건이 기소되지 아니하거나 무죄가 선고될 경우 증거위조죄가 성립하지 않는다.

④ 타인의 형사사건과 관련하여 수사기관이나 법원에 제출하거나 현출되게 할 의도로 법률행위 당시에는 존재하지 아니하였던 처분문서를 사후에 그 작성일을 소급하여 작성하는 것은 증거위조죄의 구성요건을 충족시키는 것이라고 보아야 하고, 비록 그 내용이 진실하다 하여도 국가의 형사사법기능에 대한 위험이 있다는 점은 부인할 수 없다.

정선 핵심

① 가처분 신청사건에서 증인으로 출석하여 허위 공술을 한 경우 → 위증죄 ✕

② 모해위증죄의 구성요건

→ 모해할 목적 : 허위의 진술을 함으로써 피고인에게 불리하게 될 것이라는 인식이 있으면 충분하고 결과의 발생까지 희망할 것 불요

③ 증거를 위조한 타인의 형사사건이 기소되지 아니하거나 무죄가 선고된 경우 → 증거위조죄 ○

④ 존재하지 아니하였던 처분문서를 사후에 작성일을 소급하여 작성하는 경우 → 증거위조죄 ○

정선 해설

[❶ ▸ ○] 대판 2003.7.25. 2003도180

[❷ ▸ ○] 모해위증죄에 있어서 모해할 목적은 허위의 진술을 함으로써 피고인에게 불리하게 될 것이라는 인식이 있으면 충분하고 그 결과의 발생까지 희망할 필요는 없다(대판 2007.12.27. 2006도3575).

[❸ ▸ ✕] 증거위조죄에서 타인의 형사사건이란 증거위조 행위시에 아직 수사절차가 개시되기 전이라도 장차 형사사건이 될 수 있는 것까지 포함하고, 그 형사사건이 기소되지 아니하거나 무죄가 선고되더라도 증거위조죄의 성립에 영향이 없다(대판 2011.2.10. 2010도15986).

[❹ ▸ ○] 타인의 형사사건과 관련하여 수사기관이나 법원에 제출하거나 현출되게 할 의도로 법률행위 당시에는 존재하지 아니하였던 처분문서, 즉 그 외형 및 내용상 법률행위가 그 문서 자체에 의하여 이루어진 것과 같은 외관을 가지는 문서를 사후에 그 작성일을 소급하여 작성하는 것은, 가사 그 작성자에게 해당 문서의 작성권한이 있고, 또 그와 같은 법률행위가 당시에 존재하였다거나 그 법률행위의 내용이 위 문서에 기재된 것과 큰 차이가 없다 하여도 증거위조죄의 구성요건을 충족시키는 것이라고 보아야 한다(대판 2007.6.28. 2002도3600).

 ❸

위증과 증거인멸의 죄에 관한 다음 설명 중 옳지 않은 것은 몇 개인가?(다툼이 있는 경우 판례에 의함)

> ㄱ. 민사소송절차에 증인으로 출석한 자가 재판장으로부터 증언거부권을 고지받지 않은 상태에서 허위의 증언을 하였다면 비록 증인으로서 적법하게 선서를 마치고 한 허위진술이라도 위증죄는 성립하지 않는다.
> ㄴ. 형사소송절차에서 재판장이 신문 전에 증인에게 증언거부권을 고지하지 않은 경우, 자기부죄거부특권에 관한 것이거나 증언거부사유가 있음에도 증인이 증언거부권을 고지받지 못함으로 인하여 증언거부권을 행사하는 데 사실상 장애가 초래되었다면 위증죄는 성립하지 않는다.
> ㄷ. 참고인이 타인의 형사사건에 관하여 제3자와 대화를 하면서 허위로 진술하고 그 진술이 담긴 대화 내용을 녹음한 녹음파일 또는 이를 녹취한 녹취록을 만들어 수사기관에 제출하는 행위는 증거위조죄를 구성한다.
> ㄹ. 참고인이 타인의 형사사건에 관하여 직접 진술하기에 앞서 허위의 사실확인서나 진술서를 작성하여 수사기관에 제출한 것은 존재하지 않는 문서를 이전부터 존재하고 있는 것처럼 작출하는 방법으로 새로운 증거를 창조한 것이어서 증거위조죄를 구성한다.

① 1개   ② 2개
③ 3개   ④ 4개

**정선
핵심**

ㄱ. 민사소송절차에서 증언거부권을 고지받지 아니한 상태에서 허위진술한 경우 → 위증죄 ○
ㄴ. 형사소송절차에서 증언거부권을 고지받지 못하여 증언거부권 행사에 사실상 장애가 초래된 경우 → 위증죄 ×
ㄷ. 참고인의 허위진술이 담긴 녹음파일 또는 녹취록을 제출하는 경우 → 증거위조죄 ○
ㄹ. 참고인이 허위의 사실확인서나 진술서를 작성하여 제출하는 경우 → 증거위조죄 ×

**정선
해설**

[ㄱ ▸ ×] 민사소송절차에서 재판장이 증인에게 증언거부권을 고지하지 아니하였다 하여 절차위반의 위법이 있다고 할 수 없고, 따라서 적법한 선서절차를 마쳤는데도 허위진술을 한 증인에 대해서는 달리 특별한 사정이 없는 한 위증죄가 성립한다고 보아야 한다(대판 2011.7.28. 2009도14928).

[ㄴ ▸ ○] 형사소송절차에서 헌법 제12조 제2항에 정한 불이익 진술의 강요금지원칙을 구체화한 자기부죄거부특권에 관한 것이거나 기타 증언거부사유가 있음에도 증인이 증언거부권을 고지받지 못함으로 인하여 그 증언거부권을 행사하는 데 사실상 장애가 초래되었다고 볼 수 있는 경우에는 위증죄의 성립을 부정하여야 할 것이다(대판 2010.1.21. 2008도942[전합]).

[ㄷ ▸ ○] 대판 2013.12.26. 2013도8085

[ㄹ ▸ ×] 참고인이 타인의 형사사건 등에서 직접 진술 또는 증언하는 것을 대신하거나 그 진술 등에 앞서서 허위의 사실확인서나 진술서를 작성하여 수사기관 등에 제출하거나 또는 제3자에게 교부하여 제3자가 이를 제출한 것은 존재하지 않는 문서를 이전부터 존재하고 있는 것처럼 작출하는 등의 방법으로 새로운 증거를 창조한 것이 아닐뿐더러, 참고인이 수사기관에서 허위의 진술을 하는 것과 차이가 없으므로, 증거위조죄를 구성하지 않는다고 할 것이다(대판 2015.10.29. 2015도9010).

답 ❷

위증과 증거인멸의 죄에 관한 설명 중 가장 적절한 것은?(다툼이 있는 경우 판례에 의함)

① 증인이 1회 또는 수회의 기일에 걸쳐 이루어진 1개의 증인신문절차에서 허위의 진술을 하고 그 진술이 철회·시정된 바 없이 그대로 증인신문절차가 종료된 경우 그로써 위증죄는 기수에 달하고 그 후 별도의 증인 신청 및 채택 절차를 거쳐 그 증인이 다시 신문을 받는 과정에서 종전 신문절차에서의 진술을 철회·시정한다 하더라도 이미 종결된 종전 증인신문절차에서 행한 위증죄의 성립에 어떤 영향을 주는 것은 아니다.

② 증언거부사유가 있음에도 증언거부권을 고지받지 못함으로 인하여 그 증언거부권을 행사하는 데 사실상 장애가 초래되었다고 볼 수 있는 경우 위증죄가 성립한다.

③ 형법 제155조 제1항에서 말하는 '징계사건'이란 국가의 징계사건에 한정되는 것이 아니라 사인 간의 징계사건도 포함한다.

④ 자기의 형사사건에 관한 증거를 인멸하기 위하여 타인을 교사하여 죄를 범하게 한 자에 대하여 는 증거인멸죄의 교사범이 성립하지 아니한다.

정선 핵심

① 증인신문절차가 종료된 후, 별도의 절차에서 종전의 진술을 철회·시정한 경우 → 위증죄 ○
② 형사소송절차에서 증언거부권을 고지받지 못하여 증언거부권 행사에 사실상 장애가 초래된 경우 → 위증죄 ×
③ 증거인멸죄의 징계사건 → 사인 간의 징계사건 ×
④ 자기의 형사사건에 관한 증거를 인멸하기 위하여 타인을 교사하여 증거인멸죄를 범하게 한 경우 → 증거인멸교사 죄 ○

정선 해설

[❶ ▸ ○] 대판 2010.9.30. 2010도7525
[❷ ▸ ×] 형사소송절차에서 헌법 제12조 제2항에 정한 불이익 진술의 강요금지원칙을 구체화한 자기부죄거부특권에 관한 것이거나 기타 증언거부사유가 있음에도 증인이 증언거부권을 고지받지 못함으로 인하여 그 증언거부권을 행사하는 데 사실상 장애가 초래되었다고 볼 수 있는 경우에는 위증죄의 성립을 부정하여야 할 것이다(대판 2010.1.21. 2008도942[전합]).
[❸ ▸ ×] 증거인멸 등 죄는 위증죄와 마찬가지로 국가의 형사사법작용 내지 징계작용을 그 보호법익으로 하므로, 위 법조문에서 말하는 '징계사건'이란 국가의 징계사건에 한정되고 사인(私人) 간의 징계사건은 포함되지 않는다(대판 2007.11.30. 2007도4191).
[❹ ▸ ×] 자기의 형사 사건에 관한 증거를 인멸하기 위하여 타인을 교사하여 죄를 범하게 한 자에 대하여는 증거인멸교사죄가 성립한다(대판 2000.3.24. 99도5275).

 ❶

증거인멸 등에 관한 다음 설명 중 옳지 않은 것은 모두 몇 개인가? 20 법원행시

> ㄱ. 피고인이 자기의 이익을 위하여 그 증거가 될 자료를 인멸하였다면, 그 행위가 동시에 다른 공범자의 형사사건이나 징계사건에 관한 증거를 인멸한 결과가 된다고 하더라도 이는 증거은 닉죄에 해당하지 않는다.
>
> ㄴ. 피고인이 자기의 이익을 위하여 제3자와 공동하여 증거가 될 자료를 은닉하는 행위를 하였다면 증거은닉죄에 해당하지 않는다.
>
> ㄷ. 피고인이 타인을 교사하여 자기의 형사 사건에 관한 증거를 인멸하게 하였다면 증거인멸교사 죄가 성립한다.
>
> ㄹ. 참고인이 타인의 형사사건과 관련하여 수사기관에서 조사를 받기에 앞서서 허위의 내용을 담은 진술서를 작성하여 수사기관에 제출한 경우 증거위조죄를 구성한다.
>
> ㅁ. 참고인이 타인의 형사사건과 관련하여 수사기관에서 조사를 받으면서 허위로 진술하여 그 정을 모르는 담당 공무원으로 하여금 허위의 내용이 담긴 참고인진술조서를 작성토록 한 경우 증거위조죄의 간접정범이 성립한다.

① 1개 ② 2개
③ 3개 ④ 4개
⑤ 없음

정선 핵심

ㄱ. 피고인의 이익을 위하여 증거를 인멸한 것이 공범자(공범자가 아닌 자)의 증거를 인멸한 결과가 되는 경우 → 증거인멸죄 ×

ㄴ. 피고인이 제3자와 공동하여 증거가 될 자료를 은닉한 경우 → 증거은닉죄 ×

ㄷ. 자기의 형사사건에 관한 증거를 인멸하기 위하여 타인을 교사하여 증거인멸죄를 범하게 한 경우 → 증거인멸교사죄 ○

ㄹ. 참고인이 허위의 진술서를 작성하여 제출하는 경우 → 증거위조죄 ×

ㅁ. 참고인이 담당 공무원으로 하여금 허위의 참고인진술조서를 작성토록 한 경우 → 증거위조죄의 간접정범 ×

정선 해설

[ㄱ ▶ ○] 대판 1995.9.29. 94도2608

[ㄴ ▶ ○] 피고인 자신이 직접 형사처분을 받게 될 것을 두려워한 나머지 자기의 이익을 위하여 그 증거가 될 자료를 은닉하였다면 증거은닉죄에 해당하지 않고, 제3자와 공동하여 그러한 행위를 하였다고 하더라도 마찬가지이다(대판 2018.10.25. 2015도1000).

[ㄷ ▶ ○] 대판 2000.3.24. 99도5275

[ㄹ ▶ ×] 참고인이 타인의 형사사건 등에서 직접 진술 또는 증언하는 것을 대신하거나 그 진술 등에 앞서서 허위의 사실확인서나 진술서를 작성하여 수사기관 등에 제출하거나 또는 제3자에게 교부하여 제3자가 이를 제출한 것은 존재하지 않는 문서를 이전부터 존재하고 있는 것처럼 작출하는 등의 방법으로 새로운 증거를 창조한 것이 아닐뿐더러, 참고인이 수사기관에서 허위의 진술을 하는 것과 차이가 없으므로, 증거위조죄를 구성하지 않는다고 할 것이다(대판 2015.10.29. 2015도9010).

[ㅁ ▶ ×] 판례의 취지를 고려하면, 참고인이 수사기관에서 허위의 진술을 하는 것은 증거위조죄에 해당하지 아니하므로 허위진술의 정을 모르는 담당공무원으로 하여금 참고인진술조서를 작성토록 한 경우에도 증거위조죄의 간접정범은 성립하지 아니한다.

> 형법 제155조 제1항에서 타인의 형사사건에 관한 증거를 위조한다 함은 증거 자체를 위조함을 말하는 것이고, 참고인이 수사기관에서 허위의 진술을 하는 것은 이에 포함되지 아니한다(대판 1995.4.7. 94도3412).

답 ❷

다음 사례를 읽고 甲과 乙의 죄책에 대한 〈보기〉의 설명 중 옳지 않은 것을 모두 고른 것은? (다툼이 있으면 판례에 의함)

12 사시

○○조합 조합장 甲은, 방송에서 조합에 기부된 돈을 자신이 횡령하였다는 의혹이 보도되자 장차 수사가 진행될 것에 대비하여 자신이 그 기부금을 횡령한 사실을 잘 알고 있는 직원 乙에게 해당 기부금이 조합을 위해 사용되었다는 내용의 자료를 만들라고 지시하였다. 甲의 처벌을 원하지 않던 乙은 甲의 지시에 따라 자신의 명의로 허위의 기부금 사용내역서를 작성하였다. 甲에 대한 검찰 수사가 개시된 후 乙은 甲의 지시에 따라 검찰에서 '기부금이 조합을 위해 사용되었다'는 취지로 진술하면서 그 기부금사용내역서를 제출하였다. 그 후 甲은 기부금 횡령 등의 혐의로 공소 제기되자 乙에게 '甲으로부터 허위 기부금사용내역서를 작성하라는 지시를 받은 적이 없다'고 허위 진술해 줄 것을 부탁하였고 이에 따라 乙은 甲에 대한 형사사건의 법정에 증인으로 출석하여 선서하고 甲의 지시대로 허위의 진술을 하였다.

〈보기〉

ㄱ. 乙이 甲에 대한 검찰 수사개시 전에 기부금사용내역서를 작성한 것은 증거위조죄에 해당한다.
ㄴ. 乙이 검찰에서 허위진술한 것은 증거위조죄에 해당한다.
ㄷ. 만약 위 횡령사건에 대하여 甲이 불기소처분을 받았다면 甲에게는 증거위조교사죄 및 위조증 거사용교사죄가 성립하지 아니한다.
ㄹ. 乙의 위증에 대하여 甲에게는 위증교사죄가 성립한다.

① ㄱ, ㄴ   ② ㄴ, ㄷ
③ ㄷ, ㄹ   ④ ㄱ, ㄴ, ㄷ
⑤ ㄴ, ㄷ, ㄹ

정선 핵심

ㄱ. 甲에 대한 검찰 수사개시 전에 기부금사용내역서를 작성한 경우 → 증거위조죄 ○
ㄴ. '기부금이 조합을 위해 사용되었다'는 취지로 허위 진술한 경우 → 증거위조죄 ×
ㄷ. 甲이 기부금사용내역서를 작성하라는 지시를 하였으나 불기소처분을 받은 경우 → 증거위조교사죄 및 위조증거 사용교사죄 ○
ㄹ. 乙에게 위증죄가 성립하는 경우 → 甲에게는 위증교사죄 ○

정선 해설

[ㄱ ▸ ○] 사안과 동일한 사례에 관한 판례에 의하면 乙이 甲의 지시에 따라 甲에 대한 검찰 수사개시 전에 자신의 명의로 허위의 기부금사용내역서를 작성한 것은 증거위조죄에 해당한다.

기부금 횡령 사건의 수사가 개시되기 전이라도 장차 형사사건이 될 수 있는 상태에서 풍어제 경비 지출 관련 공문을 허위로 작성한 행위는 공문 작성일자로 기재된 날에 실제 존재하지 아니한 문서를 그 당시 존재하는 것처럼 작출하는 것으로서 문서의 작성 명의, 내용의 진위 여부에 불구하고 증거위조 행위에 해당한다(대판 2011.2.10. 2010도15986).

[ㄴ ▸ ×] 타인의 형사사건에 관한 증거를 위조한다 함은 증거 자체를 위조하는 것을 말하므로 乙이 甲의 지시에 따라 검찰에서 '기부금이 조합을 위해 사용되었다'는 취지로 허위 진술한 것은 증거위조죄에 해당하지 아니한다.

형법 제155조 제1항에서 타인의 형사사건에 관한 증거를 위조한다 함은 증거 자체를 위조함을 말하는 것이고, 참고인이 수사기관에서 허위의 진술을 하는 것은 이에 포함되지 아니한다(대판 1995.4.7. 94도3412).

[ㄷ ▸ ×] 기부금 횡령 사건에 관하여 甲이 불기소처분을 받았다고 하더라도 증거위조교사죄 및 위조증거사용교사죄가 성립함을 유의하여야 한다.

기부금 횡령 사건의 수사가 개시되기 전이라도 장차 형사사건이 될 수 있는 상태에서 경비 지출 관련 공문을 허위로 작성한 행위는 위 공문 작성일자로 기재된 날에 실제 존재하지 아니한 문서를 그 당시 존재하는 것처럼 작출하는 것으로서 문서의 작성 명의, 내용의 진위 여부에 불구하고 증거위조 행위에 해당하고, 피고인 2가 자신의 형사사건에 관하여 위 공소외인 등에게 증거위조 및 위조증거의 사용을 교사한 이상 나중에 기부금 횡령 사건에 관하여 불기소처분을 받았다고 하더라도 증거위조교사죄 및 위조증거사용교사죄가 성립된다(대판 2011.2.10. 2010도15986).

[ㄹ ▸ ○] 乙의 위증죄는 甲에게는 방어권의 남용이라고 할 수 있으므로 甲의 행위는 위증교사죄를 구성한다.

피고인이 자기의 형사사건에 관하여 허위의 진술을 하는 행위는 피고인의 형사소송에 있어서의 방어권을 인정하는 취지에서 처벌의 대상이 되지 않으나, 법률에 의하여 선서한 증인이 타인의 형사사건에 관하여 위증을 하면 형법 제152조 제1항의 위증죄가 성립되므로 자기의 형사사건에 관하여 타인을 교사하여 위증죄를 범하게 하는 것은 이러한 방어권을 남용하는 것이라고 할 것이어서 교사범의 죄책을 부담케 함이 상당하다(대판 2004.1.27. 2003도5114).

답 ❷

120

다음 설명 중 가장 적절하지 않은 것은?(다툼이 있는 경우 판례에 의함)   `13` 경찰채용

① 타인의 형사사건과 관련하여 수사기관이나 법원에 제출하거나 현출되게 할 의도로 법률행위 당시에는 존재하지 아니하였던 처분문서를 사후에 그 작성일을 소급하여 작성하는 것은 그 작성자에게 해당 문서의 작성권한이 있고, 또 그와 같은 법률행위가 당시에 존재하였다거나 그 법률행위의 내용이 위 문서에 기재된 것과 큰 차이가 없다면 증거위조죄에 해당하지 않는다.
② 증거은닉죄에 있어서 타인의 형사사건 또는 징계사건이란 은닉행위 시에 아직 수사 또는 징계 절차가 개시되기 전이라도 장차 형사 또는 징계사건이 될 수 있는 것까지를 포함한다.
③ 범죄현장을 목격하지도 않은 선서무능력자에게 형사법정에서 현장을 목격한 것처럼 허위증언 하도록 하는 경우는 증거위조죄를 구성하지 아니한다.
④ 친족 또는 동거의 가족이 본인을 위하여 증거인멸죄를 범한 때에는 처벌하지 아니한다.

정선 핵심

① 존재하지 아니하였던 처분문서를 사후에 작성일을 소급하여 작성하는 경우 → 증거위조죄 ○
② 장차 형사 또는 징계사건이 될 수 있는 사건 → 타인의 형사사건 또는 징계사건 ○
③ 범죄현장을 목격한 양 선서무능력자에게 허위의 증언을 하도록 한 경우 → 증거위조죄 ×
④ 친족 또는 동거의 가족이 본인을 위하여 증거인멸죄를 범한 경우 → 증거인멸죄 ×

정선 해설

[❶ ▸ ×] 타인의 형사사건과 관련하여 수사기관이나 법원에 제출하거나 현출되게 할 의도로 법률행위 당시에는 존재하지 아니하였던 처분문서, 즉 그 외형 및 내용상 법률행위가 그 문서 자체에 의하여 이루어진 것과 같은 외관을 가지는 문서를 사후에 그 작성일을 소급하여 작성하는 것은, 가사 그 작성자에게 해당 문서의 작성권한이 있고, 또 그와 같은 법률행위가 당시에 존재하였다거나 그 법률행위의 내용이 위 문서에 기재된 것과 큰 차이가 없다 하여도 증거위조죄의 구성요건을 충족시키는 것이라고 보아야 한다(대판 2007.6.28. 2002도3600).
[❷ ▸ ○] 대판 2013.11.28. 2011도5329
[❸ ▸ ○] 대판 1998.2.10. 97도2961
[❹ ▸ ○] 형법 제155조 제4항 참조

법령 증거인멸 등과 친족간의 특례(형법 제155조)   ④ 친족 또는 동거의 가족이 본인을 위하여 본조의 죄(증거인멸죄-註)를 범한 때에는 처벌하지 아니한다.

답 ❶

121

□□□

甲은 처 乙과 부부싸움을 하다가 화가 나서 폭행의 고의로 乙의 가슴을 세게 밀쳤고, 乙은 그 충격으로 사망하고 말았다. 이후 甲은 자신의 집이 화재보험에 들어 있다는 사실을 인지하고, 범행을 은폐하기 위하여 탁자에 불을 붙인 후 밖으로 나와 버렸고 집은 전소되었다. 그 후 甲은 경찰에 자신이 집을 비운 사이에 불이 나서 乙이 사망하였다고 신고하고 보험회사에 보험금지급청구서를 제출하였다. 甲의 형사책임에 대한 설명으로 옳지 않은 것은?(다툼이 있는 경우 판례에 의함)   `19` 국가7급

① 처 乙에 대해서는 폭행치사죄, 집에 대해서는 방화죄가 성립한다.
② 만약 살인의 고의로 처 乙을 실신케 한 후 집에 방화하여 소사케 하였다면 현주건조물방화치사죄만 성립한다.
③ 보험금지급청구와 관련하여, 허위의 보험금지급청구서작성행위는 사문서의 무형위조에 해당하여 처벌할 수 없으나, 보험회사에 그 보험금지급청구서를 제출한 행위는 사기미수죄가 성립한다.
④ 범행을 은폐하기 위하여 탁자에 불을 붙인 후 밖으로 나왔으므로 증거인멸죄가 성립한다.

정선 핵심

① 폭행의 고의로 乙을 사망하게 하였고 불을 놓아 집이 전소된 경우 → 폭행치사죄와 타인소유일반건조물방화죄의 실체적 경합 ○
② 살인의 고의로 乙을 실신케 한 후 방화하여 소사케 한 경우 → 현주건조물방화치사죄 ○
③ 보험회사에 보험금지급청구서를 제출한 경우 → 사기미수죄 ○
④ 범행을 은폐하기 위하여 탁자에 불을 붙인 후 밖으로 나온 경우 → 불가벌

정선 해설

[❶ ▸ ○] 甲이 폭행의 고의로 乙의 가슴을 세게 밀쳤고, 乙은 그 충격으로 사망하였다면 중한 결과에 대한 예견가능성도 인정된다고 할 것이므로 폭행치사죄(형법 제262조)가 성립한다. 한편 甲의 집은 화재보험의 목적물이므로 범행을 은폐하기 위하여 방화하였다면 타인소유일반건조물방화죄(형법 제166조 제1항)가 성립하고 양 죄는 실체적 경합의 관계에 있다.

[❷ ▸ ○] 판례의 취지를 고려하면, 甲에게는 현주건조물방화죄와 살인죄의 상상적 경합이 아니라 현주건조물방화치사죄가 성립한다.

> 형법 제164조 제2항이 규정하는 현주건조물 방화치사상죄는 그 전단에 규정하는 죄에 대한 일종의 가중처벌규정으로서 과실이 있는 경우뿐만 아니라 고의가 있는 경우도 포함된다고 볼 것이므로, 현주건조물 내에 있는 사람을 강타하여 실신케 한 후 동건조물에 방화하여 소사케 한 피고인을 현주건조물에의 방화죄와 살인죄의 상상적 경합으로 의율할 것은 아니다(대판 1983.1.18. 82도2341).

[❸ ▸ ○] 甲이 자기의 명의로 허위의 보험금지급청구서를 작성한 것은 사문서의 무형위조에 해당하여 처벌할 수 없으나, 보험회사에 보험금을 지급청구한 때에 사기죄의 실행의 착수가 인정되므로 甲이 보험금지급청구서를 제출한 것은 보험금을 아직 취득하지 않았다면 사기미수죄가 성립한다.

[❹ ▸ ×] 甲이 자기의 범행을 은폐하기 위하여 탁자에 불을 붙인 것은 자기증거인멸에 해당하여 증거인멸죄의 구성요건해당성이 인정되지 않으므로 증거인멸죄는 성립하지 아니한다.

답 ❹

위증죄에 관한 설명 중 옳지 않은 것은?(다툼이 있는 경우 판례에 의함)　　19 변시

① 위증죄와 모해위증죄의 관계에서 '모해할 목적'을 가지고 있었는가 아니면 그러한 목적이 없었는가 하는 범인의 특수한 상태는 형법 제33조 단서 소정의 '신분관계'에 해당된다.

② 甲이 자신의 강도상해범행을 일관되게 부인하였으나 유죄판결이 확정된 후, 별건으로 기소된 공범의 형사사건에서 자신의 강도상해범행사실을 부인하는 위증을 한 경우, 甲에게 위증죄가 성립한다.

③ 하나의 사건에 관하여 한 번 선서한 증인 甲이 같은 기일에 여러 가지 사실에 관하여 기억에 반하는 허위의 진술을 하는 경우에는 포괄하여 1개의 위증죄를 구성한다.

④ 甲이 자기의 형사사건에서 허위의 진술을 하는 경우 위증죄로 처벌되지 않으나, 자기의 형사사건에 관하여 타인을 교사하여 위증죄를 범하게 하는 경우에는 위증교사범의 죄책을 부담한다.

⑤ 甲이 제9회 공판기일에 증인으로 출석하여 선서한 후 기억에 반하는 허위 진술한 것을 철회·시정한 바 없이 증인신문절차가 그대로 종료되었지만, 그 후 다시 증인으로 신청된 甲이 위 사건의 제21회 공판기일에 다시 출석하여 선서한 후 종전의 제9회 기일에서 한 진술이 허위 진술임을 시인하고 이를 철회하는 취지의 진술을 하였다면 甲에게 위증죄가 성립하지 않는다.

**정선
핵심**

① 모해할 목적 → 신분관계 ○
② 유죄판결이 확정된 피고인이 공범사건에서 범행사실을 부인하는 증언을 한 경우 → 위증죄 ○
③ 하나의 사건에 관하여 한 번 선서한 증인이 같은 기일에 여러 가지 사실에 관하여 기억에 반하는 허위의 진술을 한 경우 → 위증죄의 포괄일죄 ○
④ 자기의 형사사건에 타인을 교사하여 위증죄를 범하게 한 경우 → 위증교사죄 ○
⑤ 제9회 공판기일에서 허위진술을 한 후 증인신문절차가 종료되었으나 다시 증인으로 신청되어 제21회 공판기일에 출석하여 종전의 진술을 철회한 경우 → ○

**정선
해설**

[❶ ▸ ○] 대판 1994.12.23. 93도1002

[❷ ▸ ○] 판례의 취지를 고려하면, 이미 유죄의 확정판결을 받은 甲은 공범의 형사사건에서 그 범행에 대한 증언을 거부할 수 없을 뿐만 아니라 甲에게 사실대로 진술할 것을 기대할 가능성이 없다고 볼 수는 없으므로 위증죄가 성립한다.

> 자신의 강도상해범행을 일관되게 부인하였으나 유죄판결이 확정된 피고인이 별건으로 기소된 공범의 형사사건에서 자신의 범행사실을 부인하는 증언을 한 경우, 이미 유죄의 확정판결을 받은 피고인은 공범의 형사사건에서 그 범행에 대한 증언을 거부할 수 없을 뿐만 아니라 나아가 사실대로 증언하여야 하고, 설사 피고인이 자신의 형사사건에서 시종일관 그 범행을 부인하였다 하더라도 이러한 사정은 위증죄에 관한 양형참작사유로 볼 수 있음은 별론으로 하고 이를 이유로 피고인에게 사실대로 진술할 것을 기대할 가능성이 없다고 볼 수는 없으므로 위증죄가 성립한다(대판 2008.10.23. 2005도10101).

[❸ ▸ ○] 대판 1998.4.14. 97도3340

[❹ ▸ ○] 대판 2004.1.27. 2003도5114

[❺ ▸ ✕] 피고인으로부터 위증의 교사를 받은 甲이 관련사건의 제1심 제9회 공판기일에 증인으로 출석하여 한 허위 진술이 철회·시정된 바 없이 증인신문절차가 종료되었다가, 그 후 증인으로 다시 신청·채택된 甲이 위 관련사건의 제21회 공판기일에 다시 출석하여 종전 선서의 효력이 유지됨을 고지받고 증언하면서 종전 기일에 한 허위 진술을 철회한 경우, 甲이 관련사건 제9회 공판기일에 증인으로 출석하여 허위의 진술을 하고 그 신문절차가 그대로 종료됨으로써 甲의 위증죄는 이미 기수에 이른 것으로 보아야 하고, 그 후 甲이 다시 증인으로 신청·채택되어 제21회 공판기일에 출석하여 종전 신문절차에서 한 허위 진술을 철회하였다 하더라도 이미 성립한 위증죄에 영향을 미친다고 볼 수는 없다(대판 2010.9.30. 2010도7525).

🔲 답 ❺

정선지문OX

01 모해위증의 죄를 범한 자가 그 공술한 사건의 재판 또는 징계처분이 확정되기 전에 자백 또는 자수한 때에는 그 형을 감경 또는 면제한다. `20` 법원행시　　○｜✕

02 친족 또는 동거의 가족이 본인을 위하여 모해위증의 죄를 범한 때에는 처벌하지 아니한다. `20` 법원행시　　○｜✕

01 형법 제153조

02 위증죄에는 친족 간의 특례규정이 적용되지 아니한다.

정답

01 ○　**02** ✕

123
□□□

다음 중 무고죄에 대한 설명으로 가장 옳은 것은?(다툼이 있는 경우 판례에 의함)

20 해경채용

① 형법 제156조 무고의 죄는 예비는 처벌되지 않으나 미수는 처벌된다.

② 甲이 자기 자신을 무고하기로 乙과 공모하고 이에 따라 무고행위에 가담한 경우, 甲과 乙은 무고죄의 공동정범으로 처벌된다.

③ 금원을 대여한 고소인이 차용금을 갚지 않는 차용인을 사기죄로 고소함에 있어서, 단순히 차용인이 변제의사와 능력의 유무에 관하여 기망하였다는 내용으로 고소한 경우에는 차용금의 용도와 무관하게 다른 자료만으로도 충분히 차용인의 변제의사나 능력의 유무에 관한 기망사실을 인정할 수 있는 경우도 있을 것이므로 그 차용금의 실제 용도에 관하여 사실과 달리 신고하였다 하더라도 그것만으로는 범죄사실의 성부에 영향을 줄 정도의 중요한 부분을 허위로 신고하였다고 볼 수 없다.

④ 피고인이 타인에게 도박자금으로 금원을 빌려준 사실을 감추고 단순히 대여금인 것처럼 하여 타인이 대여금을 변제하지 않는다며 처벌하여 달라는 취지로 고소한 경우에는 무고죄가 성립하지 않는다.

정선 핵심

무고죄의 성립 여부
① 무고죄 → 미수, 예비·음모죄 처벌규정 ×
② 자기 자신을 무고하기로 공모하고 무고행위에 가담한 경우 → 무고죄의 공동정범 ×
③ 변제의사와 능력의 유무에 관하여 기망하였다고 고소한 경우 → ×
④ 도박자금으로 빌려준 것을 감추고 대여금을 변제하지 않는다며 고소한 경우 → ○

정선 해설

[❶ ▸ ×] 형법 제156조 무고의 죄는 미수뿐만 아니라 예비·음모죄의 처벌규정이 없다.

[❷ ▸ ×] 자기 자신을 무고하는 행위는 무고죄의 구성요건에 해당하지 않아 무고죄가 성립하지 않는다. 따라서 자기 자신을 무고하기로 제3자와 공모하고 이에 따라 무고행위에 가담하였더라도 이는 자기 자신에게는 무고죄의 구성요건에 해당하지 않아 범죄가 성립할 수 없는 행위를 실현하고자 한 것에 지나지 않아 무고죄의 공동정범으로 처벌할 수 없다(대판 2017.4.26. 2013도12592).

[❸ ▸ ○] 금원을 대여한 고소인이 차용금을 갚지 않는 차용인을 사기죄로 고소함에 있어서, 피고소인이 차용금의 용도를 사실대로 이야기하였더라면 금원을 대여하지 않았을 것인데 차용금의 용도를 속이는 바람에 대여하였다고 주장하는 사안이라면 무고죄에 있어서의 허위의 사실을 신고한 경우에 해당한다 할 것이나, 단순히 차용인이 변제의사와 능력의 유무에 관하여 기망하였다는 내용으로 고소한 경우에는 그 차용금의 실제 용도에 관하여 사실과 달리 신고하였다 하더라도 그것만으로는 범죄사실의 성부에 영향을 줄 정도의 중요한 부분을 허위로 신고하였다고 할 수 없는 것이고, 이와 같은 법리는 고소인이 차용사기로 고소함에 있어서 묵비하거나 사실과 달리 신고한 차용금의 실제 용도가 도박자금이었다고 하더라도 달리 볼 것은 아니다(대판 2004.12.9. 2004도2212).

[❹ ▸ ×] 피고인이 공소외인에게 도박자금으로 대여하였음에도 불구하고 단순히 그 대여금의 용도를 묵비한 것을 넘어서 실제와는 다른 장소에서 공소외인에게 사고 처리비용조로 금전을 대여하였고 공소외인이 그 다음날 바로 변제하겠다고 약속하였다는 내용으로 고소하여 그 대여한 금전의 용도에 대하여 허위로 진술한 것은 무고죄가 성립한다(대판 2004.1.16. 2003도7178).

답 ❸

124
□□□

무고죄에 대한 다음 설명 중 가장 옳지 않은 것은?(다툼이 있는 경우 판례에 의함)

[20] 경찰간부

① 타인으로 하여금 형사처분을 받게 할 목적으로 공무소에 허위의 사실을 신고하였다면 신고사실이 친고죄로서 고소기간이 경과하였음이 분명할지라도 당해 국가기관의 직무를 그르치게 할 위험은 인정되므로 무고죄 성립에는 아무런 지장이 없다.

② 신고자가 신고내용을 허위로 믿었다 할지라도 신고내용이 객관적으로 진실한 사실과 부합할 때에는 허위사실의 신고에 해당하지 않으므로 무고죄는 성립하지 않는다.

③ 무고죄는 신고한 사실이 객관적 진실에 반하는 허위사실이라는 점에 관해 적극적인 증명이 있어야 하고 신고사실의 진실성을 인정할 수 없다는 점만으로는 무고죄의 성립을 인정할 수 없다.

④ 무고죄에 있어서 형의 필요적 감면사유인 형법 제153조의 '재판이 확정되기 전'에는 피고인의 고소사건 수사 결과 피고인의 무고혐의가 밝혀져 피고인에 대한 공소가 제기되고 피고소인에 대해서는 불기소결정이 내려져 재판절차가 개시되지 않은 경우도 포함된다.

**정선
핵심**

무고죄의 성립 여부
① 신고사실이 친고죄로서 고소기간이 경과하였음이 분명한 경우 → ×
② 신고내용이 객관적으로 진실한 사실과 부합한 경우 → ×
③ 신고한 사실의 진실성을 인정할 수 없는 경우 → ×
④ 자백·자수의 특례인 재판이 확정되기 전 → 피고소인에게 불기소결정이 내려져 재판절차가 개시되지 않은 경우도 포함

**정선
해설**

[❶ ▶ ×]   타인으로 하여금 형사처분을 받게 할 목적으로 공무소에 대하여 허위의 사실을 신고하였다고 하더라도, 그 사실이 친고죄로서 그에 대한 고소기간이 경과하여 공소를 제기할 수 없음이 그 신고내용 자체에 의하여 분명한 때에는 당해 국가기관의 직무를 그르치게 할 위험이 없으므로 이러한 경우에는 무고죄는 성립하지 아니한다(대판 1998.4.14. 98도150).

> **관련판례** 대판 1994.2.8. 93도3445
>
> 타인으로 하여금 형사처분을 받게 할 목적으로 공무소에 대하여 허위사실을 신고하였다고 하더라도, 신고된 범죄사실에 대한 공소시효가 완성되었음이 신고 내용 자체에 의하여 분명한 경우에는 형사처분의 대상이 되지 않는 것이므로 무고죄가 성립하지 아니한다.

[❷ ▶ ○]   대판 1991.10.11. 91도1950

[❸ ▶ ○]   대판 2014.2.13. 2011도15767

[❹ ▶ ○]   형법 제153조에서 정한 '재판이 확정되기 전'에는 피고인의 고소사건 수사 결과 피고인의 무고 혐의가 밝혀져 피고인에 대한 공소가 제기되고 피고소인에 대해서는 불기소결정이 내려져 재판절차가 개시되지 않은 경우도 포함된다(대판 2018.8.1. 2018도7293).

답 ❶

무고죄에 관한 다음 설명 중 옳지 않은 것은 모두 몇 개인가?(다툼이 있는 경우 판례에 의함)

> ㄱ. 위법성조각사유가 있음을 알면서도 이를 숨기고 범죄가 되는 사실만 신고한 때에는 허위의 사실을 신고한 때에 해당한다.
> ㄴ. 허위사실의 적시정도는 수사기관·감독기관에 대해 수사권, 징계권의 발동을 촉구할 수 있을 정도를 넘어서 구체적으로 명시하거나 법률적 평가까지 기재하여야 한다.
> ㄷ. 신고한 사실이 객관적 진실에 반하는 허위사실이라는 점에 관하여는 적극적 증명이 없더라도 신고사실의 진실성을 인정할 수 없다면 무고죄의 성립을 인정할 수 있다.
> ㄹ. 금원을 대여한 甲은 차용금을 갚지 않은 乙을 '乙이 변제의사와 능력도 없이 차용금 명목으로 돈을 편취하였으니 사기죄로 처벌해 달라'는 내용으로 고소하면서 대여금의 용도에 관하여 '도박자금'으로 빌려준 사실을 감추고 '내비게이션 구입에 필요한 자금'이라고 허위 기재한 경우 무고죄가 성립한다.

① 1개 ② 2개
③ 3개 ④ 4개

**정선
핵심**

무고죄의 성립 여부
ㄱ. 위법성조각사유가 있음을 알면서도 이를 숨기고 신고한 경우 → ○
ㄴ. 허위사실 적시 → 수사권 또는 징계권의 발동을 촉구하는 정도
ㄷ. 신고한 사실이 허위사실이라는 점에 관한 적극적 증명은 없으나 진실성을 인정할 수 없는 경우 → ×
ㄹ. 변제의사와 능력도 없이 차용금 명목으로 돈을 편취하였다고 고소한 경우 → ×

**정선
해설**

[ㄱ ▸ ○] 범죄성립을 조각하는 사유인 위법성조각사유가 있음을 알면서도 이를 숨기고 구성요건적 사실만을 신고하는 것도 허위신고에 해당한다.

위법성조각사유가 있음을 알면서도 "피고소인이 허위사실을 공표하였다."고 고소함으로써 결국 적극적으로 위법성조각사유가 적용되지 않는 공직선거및선거부정방지법 제250조의 허위사실공표죄로 처벌되어야 한다고 주장한 경우에는 무고죄가 성립한다(대판 1998.3.24. 97도2956).

[ㄴ ▸ ×] 무고죄에 있어서 허위사실의 적시는 수사관서 또는 감독관서에 대하여 수사권 또는 징계권의 발동을 촉구하는 정도의 것이라면 충분하고, 그 사실이 해당될 죄명 등 법률적 평가까지 명시하여야 하는 것은 아니다(대판 2009.3.26. 2008도6895).

[ㄷ ▸ ×] 무고죄는 타인으로 하여금 형사처분이나 징계처분을 받게 할 목적으로 신고한 사실이 객관적 진실에 반하는 허위사실인 경우에 성립되는 범죄이므로 신고한 사실이 객관적 진실에 반하는 허위사실이라는 점에 관하여는 적극적인 증명이 있어야 하며, 신고사실의 진실성을 인정할 수 없다는 점만으로 곧 그 신고사실이 객관적 진실에 반하는 허위사실이라고 단정하여 무고죄의 성립을 인정할 수는 없다(대판 2014.2.13. 2011도15767).

[ㄹ ▸ ×] 피고인이 돈을 갚지 않는 乙을 차용금 사기로 고소하면서 대여금의 용도에 관하여 '도박자금'으로 빌려준 사실을 감추고 '내비게이션 구입에 필요한 자금'이라고 허위 기재한 경우, 피고인의 고소 내용은 乙이 변제의사와 능력도 없이 차용금 명목으로 돈을 편취하였으니 사기죄로 처벌하여 달라는 것이고, 乙이 차용금의 용도를 속이는 바람에 대여하게 되었다는 취지로 주장한 사실은 없으며, 비록 피고인이 도박자금으로 대여한 사실을 숨긴 채 고소장에 대여금의 용도에 관하여 허위로 기재하고 대여 일시·장소 등 변제의사나 능력의 유무와 관련성이 크지 아니한 사항에 관하여 사실과 달리 기재한 사정만으로는 사기죄 성립 여부에 영향을 줄 정도의 중요한 부분을 허위 신고하였다고 보기 어려워 무고죄는 성립하지 아니한다(대판 2011.9.8. 2011도3489).

답 ❸

무고죄에 대한 설명으로 적절하지 않은 것을 모두 고른 것은?(다툼이 있는 경우 판례에 의함)

21 경찰승진

> ㄱ. 무고죄에서의 허위사실 적시의 정도는 수사관서 또는 감독관서에 대하여 수사권 또는 징계권의 발동을 촉구하는 정도의 것이면 충분하고 반드시 범죄구성요건 사실이나 징계요건 사실을 구체적으로 명시하여야 하는 것은 아니다.
> ㄴ. 신고한 사실이 객관적 진실에 반하는 허위사실이라는 점에 관하여는 적극적인 증명이 있어야 하며, 신고사실의 진실성을 인정할 수 없다는 점만으로 곧 그 신고사실이 객관적 진실에 반하는 허위사실이라고 단정하여 무고죄의 성립을 인정할 수는 없다.
> ㄷ. 피고인이 돈을 갚지 않는 갑을 차용금 사기로 고소하면서 대여금의 용도에 관하여 '도박자금'으로 빌려준 사실을 감추고 '내비게이션 구입에 필요한 자금'이라고 허위 기재했을 뿐 갑이 차용금의 용도를 속이는 바람에 대여하게 되었다는 취지로 주장한 사실이 없더라도, 피고인이 대여의 일시 장소를 사실과 달리 기재하였다면 무고죄가 성립한다.
> ㄹ. 갑이 자기 자신을 무고하기로 을과 공모하고 이에 따라 무고행위에 가담하였다면 갑은 을과 함께 무고죄의 공동정범으로 처벌된다.

① ㄱ, ㄴ   ② ㄱ, ㄹ
③ ㄴ, ㄷ   ④ ㄷ, ㄹ

정선 핵심

무고죄의 성립 여부
ㄱ. 허위사실 적시의 정도 → 범죄구성요건 사실·징계요건 사실의 구체적인 명시 불요
ㄴ. 신고한 사실의 진실성을 인정할 수 없는 경우 → ×
ㄷ. '내비게이션 구입에 필요한 자금'이라고 허위 기재하여 고소한 경우 → ×
ㄹ. 자기 자신을 무고하기로 공모하고 무고행위에 가담한 경우 → 무고죄의 공동정범 ×

정선 해설

[ㄱ ▶ ○] 대판 2006.5.25. 2005도4642
[ㄴ ▶ ○] 대판 2014.2.13. 2011도15767
[ㄷ ▶ ×] 피고인이 돈을 갚지 않는 甲을 차용금 사기로 고소하면서 대여금의 용도에 관하여 '도박자금'으로 빌려준 사실을 감추고 '내비게이션 구입에 필요한 자금'이라고 허위 기재한 경우, 피고인의 고소 내용은 甲이 변제의 사와 능력도 없이 차용금 명목으로 돈을 편취하였으니 사기죄로 처벌하여 달라는 것이고, 甲이 차용금의 용도를 속이는 바람에 대여하게 되었다는 취지로 주장한 사실은 없으며, 비록 피고인이 도박자금으로 대여한 사실을 숨긴 채 고소장에 대여금의 용도에 관하여 허위로 기재하고 대여 일시·장소 등 변제의사나 능력의 유무와 관련성이 크지 아니한 사항에 관하여 사실과 달리 기재한 사정만으로는 사기죄 성립 여부에 영향을 줄 정도의 중요한 부분을 허위 신고하였다고 보기 어려워 무고죄는 성립하지 아니한다(대판 2011.9.8. 2011도3489).
[ㄹ ▶ ×] 甲의 자기무고는 무고죄의 구성요건에 해당하지 아니하므로 乙에게 무고죄의 단독정범이 성립할 뿐이다.

> 자기 자신을 무고하는 행위는 무고죄의 구성요건에 해당하지 않아 무고죄가 성립하지 않는다. 따라서 자기 자신을 무고하기로 제3자와 공모하고 이에 따라 무고행위에 가담하였더라도 이는 자기 자신에게는 무고죄의 구성요건에 해당하지 않아 범죄가 성립할 수 없는 행위를 실현하고자 한 것에 지나지 않아 무고죄의 공동정범으로 처벌할 수 없다(대판 2017.4.26. 2013도12592).

답 ❹

무고죄에 관한 다음 설명 중 가장 옳지 않은 것은?　　　

① 타인으로 하여금 형사처분 또는 징계처분을 받게 할 목적으로 공무소 또는 공무원에 대하여 허위의 사실을 신고함으로써 성립한다.

② 허위의 사실을 신고하여야 하므로 신고 당시 그 사실 자체가 형사범죄를 구성하지 않으면 무고죄는 성립하지 않는다.

③ 무고죄를 범한 자가 그 신고한 사건의 재판 또는 징계처분이 확정되기 전에 자백 또는 자수한 때에는 그 형을 감경 또는 면제할 수 있다.

④ 상대방의 범행에 공범으로 가담한 사람이 자신의 가담 사실을 숨기고 상대방을 고소한 경우에는 무고죄가 성립하지 않는다.

정선
핵심

무고죄의 성립 여부
① 형사처분 또는 징계처분을 받게 할 목적으로 허위의 사실을 신고한 경우 → ○
② 신고 당시 사실 자체가 형사범죄를 구성하지 않는 경우 → ×
③ 무고죄를 범한 자가 자백 또는 자수한 경우 → 필요적 감면
④ 공범으로 가담한 사람이 가담 사실을 숨기고 상대방을 고소한 경우 → ×

정선
해설

[❶ ▸ ○]　형법 제156조 참조

 법령　무고(형법 제156조)　　타인으로 하여금 형사처분 또는 징계처분을 받게 할 목적으로 공무소 또는 공무원에 대하여 허위의 사실을 신고한 자는 10년 이하의 징역 또는 1천500만원 이하의 벌금에 처한다.

[❷ ▸ ○]　타인에게 형사처분을 받게 할 목적으로 '허위의 사실'을 신고한 행위가 무고죄를 구성하기 위해서는 신고된 사실 자체가 형사처분의 원인이 될 수 있는 것이어야 하고, 만약 그 사실 자체가 형사범죄로 구성되지 아니한다면 허위의 사실을 신고하였다 하더라도 무고죄는 성립하지 아니한다(대판 2002.11.8. 2002도3738).

[❸ ▸ ×]　무고죄를 범한 자가 그 허위사실을 신고한 사건의 재판 또는 징계처분이 확정되기 전에 자백 또는 자수한 때에는 <u>그 형을 감경 또는 면제한다</u>(형법 제157조, 제153조).

[❹ ▸ ○]　대판 2008.8.21. 2008도3754

 답 ❸

128
□□□

다음 설명 중 옳지 않은 것은?(다툼이 있는 경우 판례에 의함)

① 甲은 도로교통법위반으로 체포된 범인 乙이 타인의 성명을 모용한다는 정을 알면서도 甲이 乙의 신원보증인으로서 신원보증서에 자신의 인적 사항을 허위로 기재하여 제출한 경우 범인도 피죄가 성립한다.

② 甲이 자기 자신을 무고하기로 乙과 공모하고 이에 따라 乙의 무고행위에 가담한 경우 甲은 무고죄의 공동정범으로 처벌될 수 없지만, 甲의 교사·방조하에 乙이 甲에 대한 허위의 사실을 신고한 경우 甲은 무고죄의 교사·방조범으로 처벌된다.

③ 甲이 자기와 동거하여 사실혼관계에 있는 乙이 교통사고를 내자 사건 당일 그 증거물인 사고차량을 치워 수리하고, 乙을 외국으로 도피하게 한 경우 甲은 형법 제151조(범인은닉과 친족간의 특례)에 의하여 처벌받지 않는 친족에 해당하지 않는다.

④ 허위로 신고한 사실이 무고행위 당시 형사처분의 대상이 될 수 있었다면 무고죄는 기수에 이르고, 이후 그 사실이 형사범죄가 되지 않는 것으로 판례가 변경되었다고 하더라도 특별한 사정이 없는 한 이미 성립한 무고죄에는 영향을 미치지 않는다.

정선 핵심

① 신원보증서에 자신의 인적사항을 허위로 기재하여 제출한 경우 → 범인도피죄 ×
② 무고죄의 성립 여부
　⋯ 자기 자신을 무고하기로 공모하고 무고행위에 가담한 경우 : 무고죄의 공동정범 ×
　⋯ 피무고자의 교사·방조로 피무고자에 대한 허위의 사실을 신고한 경우 : 무고죄의 교사·방조범 ○
③ 사실혼관계에 있는 乙이 교통사고를 내자 도피하게 한 경우 → 범인도피죄 ○
④ 행위시법에 의해 무고죄가 성립한 경우 → 판례변경에 의해 영향 ×

정선 해설

[❶ ▸ ×] 판례(대판 2003.2.14. 2002도5374)의 취지를 고려하면, 甲이 작성한 신원보증서는 신원보증인에게 심리적인 부담을 줌으로써 수사기관에의 출석 등 형사사법절차상의 편의를 도모하는 것에 불과하므로, 신원보증서에 甲이 자신의 인적사항을 허위로 기재하여 제출하였더라도 甲에게 범인도피죄는 성립하지 아니한다.

[❷ ▸ ○] 자기 자신을 무고하는 행위는 무고죄의 구성요건에 해당하지 않아 무고죄가 성립하지 않는다. 따라서 자기 자신을 무고하기로 제3자와 공모하고 이에 따라 무고행위에 가담하였더라도 이는 자기 자신에게는 무고죄의 구성요건에 해당하지 않아 범죄가 성립할 수 없는 행위를 실현하고자 한 것에 지나지 않아 무고죄의 공동정범으로 처벌할 수 없다(대판 2017.4.26. 2013도12592).

> **비교판례** | **대판 2008.10.23. 2008도4852**
>
> 피무고자의 교사·방조 하에 제3자가 피무고자에 대한 허위의 사실을 신고한 경우에는 제3자의 행위는 무고죄의 구성요건에 해당하여 무고죄를 구성하므로, 제3자를 교사·방조한 피무고자도 교사·방조범으로서의 죄책을 부담한다.

[❸ ▸ ○] 乙과 사실혼관계에 있는 甲에게는 친족 간의 특례가 적용되지 아니하므로 甲은 범인도피죄로 처벌된다.

　　형법 제151조 제2항 및 제155조 제4항은 친족, 호주 또는 동거의 가족이 본인을 위하여 범인도피죄, 증거인멸죄 등을 범한 때에는 처벌하지 아니한다고 규정하고 있는바, 사실혼관계에 있는 자는 민법 소정의 친족이라 할 수 없어 위 조항에서 말하는 친족에 해당하지 않는다(대판 2003.12.12. 2003도4533).

[❹ ▸ ○] 대판 2017.5.30. 2015도15398

답 ❶

무고죄에 대한 설명으로 가장 적절한 것은?(다툼이 있는 경우 판례에 의함) `17` 경찰채용

① 신고자가 객관적 사실관계를 사실 그대로 신고한 이상 그 객관적 사실을 토대로 한 나름대로의 주관적 법률평가를 잘못하고 이를 신고하였다 하여 그 사실만을 가지고 허위사실을 신고한 것에 해당하여 무고죄가 성립한다고 할 수 없다.

② 신고자가 그 신고내용을 허위라고 믿었다면 그것이 객관적으로 진실한 사실에 부합할 때에도 허위사실의 신고에 해당하여 무고죄가 성립한다.

③ 무고죄는 국가의 형사사법권 또는 징계권의 적정한 행사를 주된 보호법익으로 하는 죄이므로, 스스로 본인을 무고하는 자기무고는 무고죄의 구성요건에 해당하여 무고죄를 구성한다.

④ 무고죄에 있어서 신고한 사실이 객관적 사실에 반하는 허위사실이라는 요건은 신고사실의 진실성을 인정할 수 없다는 소극적 증명만으로 곧 그 신고사실이 객관적 진실에 반하는 허위사실 이라고 단정하여 무고죄의 성립을 인정할 수 있고, 적극적인 증명이 있어야만 하는 것은 아니다.

정선 핵심

무고죄의 성립 여부
① 객관적 사실관계를 그대로 신고하였으나 주관적 법률평가를 잘못한 경우 → ×
② 신고내용이 객관적으로 진실한 사실과 부합한 경우 → ×
③ 자기무고 → ×
④ 신고한 사실이 객관적 진실에 반하는 허위사실이라는 점 → 적극적인 증명 필요

정선 해설

[❶ ▸ ○] 대판 1985.6.25. 83도3245

[❷ ▸ ×] 무고죄는 타인으로 하여금 형사처분 등을 받게 할 목적으로 신고한 사실이 객관적 진실에 반하는 허위사실인 경우에 성립되는 범죄로서, 신고자가 그 신고내용을 허위라고 믿었다 하더라도 그것이 객관적으로 진실한 사실에 부합할 때에는 허위사실의 신고에 해당하지 않아 무고죄는 성립하지 않는다(대판 1991.10.11. 91도1950).

[❸ ▸ ×] 무고죄는 국가의 형사사법권 또는 징계권의 적정한 행사를 주된 보호법익으로 하는 죄이나, 스스로 본인을 무고하는 자기무고는 무고죄의 구성요건에 해당하지 아니하여 무고죄를 구성하지 않는다(대판 2008.10.23. 2008도4852).

[❹ ▸ ×] 무고죄는 타인으로 하여금 형사처분이나 징계처분을 받게 할 목적으로 신고한 사실이 객관적 진실에 반하는 허위사실인 경우에 성립되는 범죄이므로 신고한 사실이 객관적 진실에 반하는 허위사실이라는 점에 관하여 는 적극적인 증명이 있어야 하며, 신고사실의 진실성을 인정할 수 없다는 점만으로 곧 그 신고사실이 객관적 진실에 반하는 허위사실이라고 단정하여 무고죄의 성립을 인정할 수는 없다(대판 2014.2.13. 2011도15767).

 답 ❶

130 □□□ 무고죄에 대한 다음 설명 중 옳지 않은 것은?(다툼이 있는 경우 판례에 의함)

16 경찰간부

① 무고죄에서 신고한 사실이 객관적 진실에 반하는 허위사실이라는 섬에 관하여는 적극적인 증명이 있어야 하며, 신고사실의 진실성을 인정할 수 없다는 점만으로 곧 그 신고사실이객관적 진실에 반하는 허위사실이라고 단정하여 무고죄의 성립을 인정할 수는 없다.

② 위법성조각사유가 있음을 알면서도 이를 숨기고 범죄사실만 고소한 경우에는 무고죄의 허위신고가 되지 않는다.

③ 비록 신고내용에 일부 객관적 진실에 반하는 내용이 포함되었다고 하더라도 그것이 독립하여 형사처분 등의 대상이 되지 아니하고 단지 신고사실의 정황을 과장하는 데 불과하거나 허위의 일부 사실의 존부가 전체적으로 보아 범죄사실의 성립 여부에 직접 영향을 줄 정도에 이르지 아니하는 내용에 관계되는 것이라면 무고죄가 성립하지 않는다.

④ 객관적으로 고소사실에 대한 공소시효가 완성되었더라도 고소를 제기하면서 마치 공소시효가 완성되지 아니한 것처럼 고소한 경우에는 무고죄를 구성한다.

정선 핵심

무고죄의 성립 여부
① 신고한 사실의 진실성을 인정할 수 없는 경우 → ×
② 위법성조각사유가 있음을 알면서도 이를 숨기고 고소한 경우 → ○
③ 객관적 진실에 반하는 내용이 포함되었으나 정황을 과장하는 데 불과한 경우 → ×
④ 공소시효가 완성되었으나 완성되지 아니한 것처럼 고소한 경우 → ○

정선 해설

[❶ ▸ ○] 대판 2014.2.13. 2011도15767
[❷ ▸ ×] 범죄성립을 조각하는 사유인 위법성조각사유가 있음을 알면서도 이를 숨기고 구성요건적 사실만을 신고하는 것도 허위신고에 해당한다.

> 위법성조각사유가 있음을 알면서도 "피고소인이 허위사실을 공표하였다."고 고소함으로써 결국 적극적으로 위법성조각사유가 적용되지 않는 공직선거및선거부정방지법 제250조의 허위사실공표죄로 처벌되어야 한다고 주장한 경우에는 무고죄가 성립한다(대판 1998.3.24. 97도2956).

[❸ ▸ ○] 비록 신고내용에 일부 객관적 진실에 반하는 내용이 포함되었다 하더라도 그것이 독립하여 형사처분 등의 대상이 되지 아니하고 단지 신고사실의 정황을 과장하는 데 불과하거나 허위의 일부사실의 존부가 전체적으로 보아 범죄사실의 성부에 직접 영향을 줄 정도에 이르지 아니하는 내용에 관계되는 것이라면 무고죄가 성립하지 아니한다(대판 2010.2.25. 2009도1302).

> 피고인이 甲, 乙과 공모하여 은행으로부터 대출금을 편취한 것과는 별도로 甲이 피고인을 기망하여 위 대출금을 편취하였으니 처벌해 달라는 취지로 고소하여 甲에 대해 사기죄로 공소제기까지 된 사안에서, 위 고소는 甲에 대한 관계에서 독립하여 형사처분 등의 대상이 되는 허위사실의 고소로 볼 여지가 있음에도 피고인이 공범이었다는 이유로 무고죄가 성립하지 않는다고 판단한 원심판결에 법리오해의 위법이 있다고 한 사례(대판 2010.2.25. 2009도1302).

[❹ ▸ ○] 대판 1995.12.5. 95도1908

답 ❷

무고죄에 관한 다음 설명 중 가장 옳지 않은 것은?

① 성폭행 등의 피해를 입었다는 신고사실에 관하여 불기소처분 내지 무죄판결이 내려졌다고 하여, 그 자체를 무고를 하였다는 적극적인 근거로 삼아 신고내용을 허위라고 단정하여서는 아니 된다.

② 개별적, 구체적인 사건에서 성폭행 등의 피해자임을 주장하는 자가 처하였던 특별한 사정을 충분히 고려하지 아니한 채 진정한 피해자라면 마땅히 이렇게 하였을 것이라는 기준을 내세워 성폭행 등의 피해를 입었다는 점 및 신고에 이르게 된 경위 등에 관한 변소를 쉽게 배척하여서는 아니 된다.

③ 타인으로 하여금 형사처분을 받게 할 목적으로 공무소에 대하여 허위의 사실을 신고하였다면, 그 사실이 친고죄로서 그에 대한 고소기간이 경과하여 공소를 제기할 수 없음이 그 신고내용 자체에 의하여 분명한 경우에도 당해 국가기관의 직무를 그르치게 할 위험이 없다고 할 수 없으므로 무고죄가 성립한다.

④ 무고죄에서 신고한 사실이 객관적 진실에 반하는 허위사실이라는 요건은 적극적 증명이 있어야 하고, 신고사실의 진실성을 인정할 수 없다는 소극적 증명만으로 곧 그 신고사실이 객관적 진실에 반하는 허위의 사실이라 단정하여 무고죄의 성립을 인정할 수는 없다.

정선 핵심

① 성폭행 신고사실에 관해 불기소처분·무죄판결이 내려진 경우 → 신고내용이 허위 ✕
② 성폭행의 피해자임을 주장하는 자의 사정을 고려하지 않은 경우 → 일정기준을 내세워 피해를 입었다는 점 및 신고경위 등에 관한 변소를 쉽게 배척 ✕
③ 신고사실이 친고죄로서 고소기간이 경과하였음이 분명한 경우 → 무고죄 ✕
④ 신고한 사실의 진실성을 인정할 수 없는 경우 → 무고죄 ✕

정선 해설

[❶ ▸ ○] [❷ ▸ ○] 성폭행 등의 피해를 입었다는 신고사실에 관하여 불기소처분 내지 무죄판결이 내려졌다고 하여, 그 자체를 무고를 하였다는 적극적인 근거로 삼아 신고내용을 허위라고 단정하여서는 아니 됨은 물론,❶ 개별적, 구체적인 사건에서 피해자임을 주장하는 자가 처하였던 특별한 사정을 충분히 고려하지 아니한 채 진정한 피해자라면 마땅히 이렇게 하였을 것이라는 기준을 내세워 성폭행 등의 피해를 입었다는 점 및 신고에 이르게 된 경위 등에 관한 변소를 쉽게 배척하여서는 아니 된다❷(대판 2019.7.11. 2018도2614).

[❸ ▸ ✕] 타인으로 하여금 형사처분을 받게 할 목적으로 공무소에 대하여 허위의 사실을 신고하였다고 하더라도, 그 사실이 친고죄로서 그에 대한 고소기간이 경과하여 공소를 제기할 수 없음이 그 신고내용 자체에 의하여 분명한 때에는 당해 국가기관의 직무를 그르치게 할 위험이 없으므로 이러한 경우에는 무고죄는 성립하지 아니한다(대판 1998.4.14. 98도150).

[❹ ▸ ○] 대판 2014.2.13. 2011도15767

정답 ❸

무고죄에 관한 다음 설명 중 옳은 것은 몇 개인가?(다툼이 있는 경우 판례에 의함)

18 경찰간부

> ㄱ. 무고죄는 부수적으로 개인이 부당하게 처벌받거나 징계를 받지 않을 이익도 보호하지만, 국가
> 의 형사사법권 또는 징계권의 적정한 행사를 주된 보호법익으로 한다.
> ㄴ. 허위의 사실을 신고하였더라도 신고 당시 그 사실 자체가 형사범죄를 구성하지 않으면 무고죄
> 는 성립하지 않는다.
> ㄷ. 허위로 신고한 사실이 무고행위 당시 형사처분의 대상이 될 수 있었던 경우라면, 이후 그러한
> 사실이 형사범죄가 되지 않는 것으로 판례가 변경되었더라도 특별한 사정이 없는 한 이미 성립
> 한 무고죄에는 영향을 미치지 않는다.
> ㄹ. 甲이 자기 자신을 무고하기로 乙·丙과 공모하고 이에 따라 무고행위에 가담하였더라도 甲을
> 무고죄의 공동정범으로 처벌할 수 없다.

① 1개   ② 2개
③ 3개   ④ 4개

**정선
핵심**

ㄱ. 무고죄의 주된 보호법익 → 형사사법권 또는 징계권의 적정한 행사
ㄴ. 신고 당시 사실 자체가 형사범죄를 구성하지 않는 경우 → 무고죄 ×
ㄷ. 행위시법에 의해 무고죄가 성립한 경우 → 판례변경에 의해 영향 ×
ㄹ. 자기 자신을 무고하기로 공모하고 무고행위에 가담한 경우 → 무고죄의 공동정범 ×

**정선
해설**

[ㄱ ▶ ○] 무고죄는 국가의 형사사법권 또는 징계권의 적정한 행사를 주된 보호법익으로 하고 다만, 개인의 부당
하게 처벌 또는 징계받지 아니할 이익을 부수적으로 보호하는 죄이므로, 설사 무고에 있어서 피무고자의 승낙이
있었다고 하더라도 무고죄의 성립에는 영향을 미치지 못한다 할 것이다(대판 2005.9.30. 2005도2712).
[ㄴ ▶ ○] 타인에게 형사처분을 받게 할 목적으로 '허위의 사실'을 신고한 행위가 무고죄를 구성하기 위해서는
신고된 사실 자체가 형사처분의 원인이 될 수 있는 것이어야 하고, 만약 그 사실 자체가 형사범죄로 구성되지
아니한다면 허위의 사실을 신고하였다 하더라도 무고죄는 성립하지 아니한다(대판 2002.11.8. 2002도3738).
[ㄷ ▶ ○] 허위로 신고한 사실이 무고행위 당시 형사처분의 대상이 될 수 있었던 경우에는 국가의 형사사법권의
적정한 행사를 그르치게 할 위험과 부당하게 처벌받지 않을 개인의 법적 안정성이 침해될 위험이 이미 발생하였으므
로 무고죄는 기수에 이르고, 이후 그러한 사실이 형사범죄가 되지 않는 것으로 판례가 변경되었더라도 특별한
사정이 없는 한 이미 성립한 무고죄에는 영향을 미치지 않는다(대판 2017.5.30. 2015도15398).
[ㄹ ▶ ○] 대판 2017.4.26. 2013도12592

답 **④**

무고죄에 대한 설명으로 가장 적절하지 않은 것은?(다툼이 있는 경우 판례에 의함)

① 무고죄에서의 무고는 '타인으로 하여금 형사처분 또는 징계처분'을 받게 할 목적으로 허위의 사실을 신고하는 행위를 말하며 이때 '징계처분'에는 변호사에 대한 징계처분도 포함된다.

② 피무고자의 승낙을 받아 허위사실을 기재한 고소장을 제출하였다면 피무고자에 대한 형사처분 이라는 결과발생을 의욕하지 않았더라도 그러한 결과발생에 대한 미필적 인식은 있었으므로 무고죄가 인정될 수 있다.

③ 피고인이 허위사실을 신고하였지만 신고된 범죄사실에 대한 공소시효가 완성되었음이 신고내 용 자체에 의하여 분명한 경우 무고죄가 성립하지 않는다.

④ 피고인 자신이 상대방의 범행에 가담하였음에도 자신의 가담사실을 숨기고 상대방만을 고소한 경우에 무고죄가 성립한다.

정선 핵심

무고죄의 성립 여부

① 징계처분 → 변호사에 대한 징계처분도 포함

② 피무고자의 승낙을 받아 허위사실을 기재한 고소장을 제출한 경우 → ○

③ 공소시효가 완성되었음이 신고내용 자체에 의하여 분명한 경우 → ×

④ 공범으로 가담한 사람이 가담 사실을 숨기고 상대방을 고소한 경우 → ×

정선 해설

[❶ ▶ ○] 변호사에 대한 징계처분은 형법 제156조에서 정하는 '징계처분'에 포함된다고 봄이 상당하고, 구 변호 사법 제97조의2 등 관련 규정에 의하여 그 징계 개시의 신청권이 있는 지방변호사회의 장은 형법 제156조에서 정한 '공무소 또는 공무원'에 포함된다(대판 2010.11.25. 2010도10202).

> 피고인이 변호사인 피해자로 하여금 징계처분을 받게 할 목적으로 서울지방변호사회에 위 변호사회 회장을 수취인으로 하는 허위내용의 진정서를 제출한 사안에서, 무고죄를 인정한 원심판단을 수긍한 사례(대판 2010.11.25. 2010도10202).

[❷ ▶ ○] 대판 2005.9.30. 2005도2712

[❸ ▶ ○] 타인으로 하여금 형사처분을 받게 할 목적으로 공무소에 대하여 허위사실을 신고하였다고 하더라도, 신고된 범죄사실에 대한 공소시효가 완성되었음이 신고 내용 자체에 의하여 분명한 경우에는 형사처분의 대상이 되지 않는 것이므로 무고죄가 성립하지 아니한다(대판 1994.2.8. 93도3445).

> **비교판례** **대판 1995.12.5. 95도1908**
>
> 객관적으로 고소사실에 대한 공소시효가 완성되었더라도 고소를 제기하면서 마치 공소시효가 완성되지 아니 한 것처럼 고소한 경우에는 국가기관의 직무를 그르칠 염려가 있으므로 무고죄를 구성한다.

[❹ ▶ ×] 피고인 자신이 상대방의 범행에 공범으로 가담하였음에도 자신의 가담사실을 숨기고 상대방만을 고소 한 경우, 피고인의 고소내용이 상대방의 범행 부분에 관한 한 진실에 부합하므로 이를 허위의 사실로 볼 수 없고, 상대방의 범행에 피고인이 공범으로 가담한 사실을 숨겼다고 하여도 전체적으로 보아 상대방의 범죄사실의 성립 여부에 직접 영향을 줄 정도에 이르지 아니하는 내용에 관계되는 것이므로 무고가 성립하지 않는다(대판 2008.8.21. 2008도3754).

답 ❹

무고죄에 관한 다음 설명 중 가장 옳지 않은 것은?(다툼이 있는 경우 판례에 의함)

① 신고한 사실이 객관적 진실에 반하는 허위사실이라는 점에 관하여는 적극적인 증명이 없더라도 신고사실의 진실성을 인정할 수 없다면 무고죄의 성립을 인정할 수 있다.

② 형법 제156조는 타인으로 하여금 형사처분 또는 징계처분을 받게 할 목적으로 공무소 또는 공무원에 대하여 허위의 사실을 신고한 자를 처벌하도록 정하고 있고, 여기서 '징계처분'이란 공법상의 감독관계에서 질서유지를 위하여 과하는 신분적 제재를 말한다.

③ 무고죄에 있어서 형사처분 또는 징계처분을 받게 할 목적은 허위신고를 함에 있어서 다른 사람이 그로 인하여 형사 또는 징계처분을 받게 될 것이라는 인식이 있으면 족한 것이고 그 결과발생을 희망하는 것을 요하는 것은 아닌바, 피고인이 고소장을 수사기관에 제출한 이상 그러한 인식은 있었다 할 것이니 피고인이 고소를 한 목적이 피고소인들을 처벌받도록 하는 데에 있지 아니하고 단지 회사 장부상의 비리를 밝혀 정당한 정산을 구하는 데에 있다 하여 무고의 범의가 없다 할 수 없다.

④ 무고죄는 국가의 형사사법권 또는 징계권의 적정한 행사를 주된 보호법익으로 하고 다만 개인의 부당하게 처벌 또는 징계받지 아니할 이익을 부수적으로 보호하는 죄이므로, 설사 무고에 있어서 피무고자의 승낙이 있었다고 하더라도 무고죄의 성립에는 영향을 미치지 못한다.

⑤ 1통의 고발장에 의하여 수개의 혐의사실을 들어 고발한 경우, 그중 일부 사실이 진실이라 하더라도 다른 사실이 허위이면 그 허위사실 부분은 독립하여 무고죄를 구성한다.

정선
핵심

무고죄의 성립 여부
① 신고한 사실이 허위사실이라는 점에 관한 적극적 증명은 없으나 진실성을 인정할 수 없는 경우 → ×
② 징계처분 → 공법상의 감독관계에서 질서유지를 위하여 과하는 신분적 제재
③ 고소를 한 목적이 장부상의 비리를 밝혀 정당한 정산을 구하는 데 있는 경우 → ○
④ 피무고인이 무고사실에 대하여 승낙한 경우 → ○
⑤ 1통의 고발장으로 수개의 혐의사실을 고발하였으나 일부 사실이 허위인 경우 → ○

정선
해설

[❶▸×] 무고죄는 타인으로 하여금 형사처분이나 징계처분을 받게 할 목적으로 신고한 사실이 객관적 진실에 반하는 허위사실인 경우에 성립되는 범죄이므로 신고한 사실이 객관적 진실에 반하는 허위사실이라는 점에 관하여는 적극적인 증명이 있어야 하며, 신고사실의 진실성을 인정할 수 없다는 점만으로 곧 그 신고사실이 객관적 진실에 반하는 허위사실이라고 단정하여 무고죄의 성립을 인정할 수는 없다(대판 2014.2.13. 2011도15767).

[❷▸○] 형법 제156조는 타인으로 하여금 형사처분 또는 징계처분을 받게 할 목적으로 공무소 또는 공무원에 대하여 허위의 사실을 신고한 자를 처벌하도록 정하고 있고, 여기서 '징계처분'이란 공법상의 감독관계에서 질서유지를 위하여 과하는 신분적 제재를 말한다(대판 2014.7.24. 2014도6377).

> 피고인이 사립대학교 교수인 피해자들로 하여금 징계처분을 받게 할 목적으로 범정부 국민포털인 국민신문고에 민원을 제기한 사안에서, 피해자들은 사립학교 교원이므로 피고인의 행위가 무고죄에 해당하지 않음에도, 이와 달리 보아 유죄를 인정한 원심판결에 법리오해의 잘못이 있다고 한 사례(대판 2014.7.24. 2014도6377).

[❸▸○] 대판 1991.5.10. 90도2601
[❹▸○] 대판 2005.9.30. 2005도2712
[❺▸○] 1통의 고발장에 의하여 수개의 혐의사실을 들어 고발한 경우, 그중 일부 사실이 진실이라 하더라도 다른 사실이 허위이면 그 허위사실 부분은 독립하여 무고죄를 구성한다(대판 2007.3.29. 2006도8638).

답 ❶

위증과 무고의 죄에 대한 설명 중 가장 적절한 것은?(다툼이 있는 경우 판례에 의함)

`20` 경찰승진

① 유죄판결이 확정된 피고인이 별건으로 기소된 공범의 형사사건에서 자신의 범행사실을 부인하는 증언을 한 경우 피고인에게 사실대로 진술할 것이라는 기대가능성이 없으므로 위증죄가 성립하지 않는다.

② 별도의 증인신청 및 채택 절차를 거쳐 그 증인이 다시 신문을 받는 과정에서 종전 신문절차에서 한 허위의 진술을 철회·시정한 경우 위증죄가 성립하지 아니한다.

③ 상대방의 범행에 공범으로 가담한 자가 자신의 범죄 가담사실을 숨기고 상대방인 공범자만을 고소하였다면 무고죄가 성립한다.

④ 위증죄에 있어서 형의 감면 규정은 재판 확정전의 자백을 형의 필요적 감면 사유로 한다는 것이고, 자발적인 고백은 물론 법원이나 수사기관의 심문에 의한 고백도 위 자백의 개념에 포함된다.

정선 핵심

① 유죄판결이 확정된 피고인이 공범사건에서 범행사실을 부인하는 증언을 한 경우 → 위증죄 ○

② 별도의 절차에서 종전의 허위진술을 철회·시정한 경우 → 위증죄 ○

③ 공범으로 가담한 사람이 가담 사실을 숨기고 상대방을 고소한 경우 → 무고죄 ×

④ 위증죄를 범한 자가 자백한 경우
  ┈→ 재판 확정전의 자백을 의미
  ┈→ 자발적인 고백은 물론 법원이나 수사기관의 심문에 의한 고백도 포함

정선 해설

[❶ ▸ ×] 자신의 강도상해범행을 일관되게 부인하였으나 유죄판결이 확정된 피고인이 별건으로 기소된 공범의 형사사건에서 자신의 범행사실을 부인하는 증언을 한 경우, 이미 유죄의 확정판결을 받은 피고인은 공범의 형사사건에서 그 범행에 대한 증언을 거부할 수 없을 뿐만 아니라 나아가 사실대로 증언하여야 하고, 이를 이유로 피고인에게 사실대로 진술할 것을 기대할 가능성이 없다고 볼 수는 없으므로 위증죄가 성립한다(대판 2008.10.23. 2005도10101).

[❷ ▸ ×] 증인이 1회 또는 수회의 기일에 걸쳐 이루어진 1개의 증인신문절차에서 허위의 진술을 하고 그 진술이 철회·시정된 바 없이 그대로 증인신문절차가 종료된 경우 그로써 위증죄는 기수에 달하고, 그 후 별도의 증인신청 및 채택 절차를 거쳐 그 증인이 다시 신문을 받는 과정에서 종전 신문절차에서의 진술을 철회·시정한다 하더라도 그러한 사정은 형법 제153조가 정한 형의 감면사유에 해당할 수 있을 뿐, 이미 종결된 종전 증인신문절차에서 행한 위증죄의 성립에 어떤 영향을 주는 것은 아니다(대판 2010.9.30. 2010도7525).

[❸ ▸ ×] 피고인 자신이 상대방의 범행에 공범으로 가담하였음에도 자신의 가담사실을 숨기고 상대방만을 고소한 경우, 피고인의 고소내용이 상대방의 범행 부분에 관한 한 진실에 부합하므로 이를 허위의 사실로 볼 수 없고, 상대방의 범행에 피고인이 공범으로 가담한 사실을 숨겼다고 하여도 전체적으로 보아 상대방의 범죄사실의 성립 여부에 직접 영향을 줄 정도에 이르지 아니하는 내용에 관계되는 것이므로 무고죄가 성립하지 않는다(대판 2008.8.21. 2008도3754).

[❹ ▸ ○] 대판 1973.11.27. 73도1639

답 ❹

무고죄에 관한 설명 중 옳지 않은 것을 모두 고른 것은?(다툼이 있는 경우 판례에 의함)

`20` 변시

> ㄱ. 甲의 교사·방조하에 乙이 甲에 대한 허위의 사실을 신고한 경우, 乙의 행위는 무고죄를 구성하고 乙을 교사·방조한 甲도 무고죄의 교사·방조범으로 처벌된다.
>
> ㄴ. 甲이 자기 자신을 무고하기로 乙과 공모하고 이에 따라 무고행위에 가담한 경우, 甲과 乙은 무고죄의 공동정범으로 처벌된다.
>
> ㄷ. 타인으로 하여금 형사처분을 받게 할 목적으로 공무소에 대하여 허위의 사실을 신고하였다고 하더라도 그 사실이 친고죄로서 그에 대한 고소기간이 경과하여 공소를 제기할 수 없음이 그 신고내용 자체에 의하여 분명한 경우에는 무고죄가 성립하지 아니한다.
>
> ㄹ. 타인으로 하여금 형사처분을 받게 할 목적으로 공무소에 대하여 허위의 사실을 고소하면서 객관적으로 그 고소사실에 대한 공소시효가 완성되었음에도 마치 공소시효가 완성되지 아니한 것처럼 고소하였다면 형사소추의 실익이 없어 무고죄가 성립하지 아니한다.
>
> ㅁ. 타인으로 하여금 형사처분을 받게 할 목적으로 공무소 또는 공무원에 대하여 허위로 신고한 사실이 무고행위 당시 형사처분의 대상이 될 수 있었던 경우에는 무고죄가 기수에 이르고, 이후 그 사실이 형사범죄가 되지 않는 것으로 판례가 변경되었더라도 특별한 사정이 없는 한 이미 성립한 무고죄에는 영향을 미치지 않는다.

① ㄴ, ㄹ   ② ㄷ, ㅁ
③ ㄱ, ㄴ, ㅁ   ④ ㄱ, ㄷ, ㄹ
⑤ ㄴ, ㄹ, ㅁ

정선
핵심

무고죄의 성립 여부
ㄱ. 甲의 교사·방조로 甲에 대한 허위의 사실을 신고한 경우 → 무고죄의 교사·방조범 ○
ㄴ. 자기 자신을 무고하기로 공모하고 무고행위에 가담한 경우 → 무고죄의 공동정범 ✕
ㄷ. 고소기간이 경과하여 기소할 수 없음이 신고내용 자체에 의하여 분명한 경우 → ✕
ㄹ. 공소시효가 완성되었으나 완성되지 아니한 것처럼 고소한 경우 → ○
ㅁ. 행위시법에 의해 무고죄가 성립한 경우 → 판례변경에 의해 영향 ✕

정선
해설

[ㄱ ▸ ○] 대판 2008.10.23. 2008도4852
[ㄴ ▸ ✕] 자기 자신을 무고하는 행위는 무고죄의 구성요건에 해당하지 않아 무고죄가 성립하지 않는다. 따라서 자기 자신을 무고하기로 제3자와 공모하고 이에 따라 무고행위에 가담하였더라도 이는 자기 자신에게는 무고죄의 구성요건에 해당하지 않아 범죄가 성립할 수 없는 행위를 실현하고자 한 것에 지나지 않아 무고죄의 공동정범으로 처벌할 수 없다(대판 2017.4.26. 2013도12592).
[ㄷ ▸ ○] 대판 1995.12.5. 95도1908
[ㄹ ▸ ✕] 객관적으로 고소사실에 대한 공소시효가 완성되었더라도 고소를 제기하면서 마치 공소시효가 완성되지 아니한 것처럼 고소한 경우에는 국가기관의 직무를 그르칠 염려가 있으므로 무고죄를 구성한다(대판 1995.12.5. 95도1908).
[ㅁ ▸ ○] 대판 2017.5.30. 2015도15398

 답 ❶

무고죄에 관한 다음 설명 중 가장 옳은 것은?(다툼이 있는 경우 판례에 의함)

① 무고죄에서 형사처분 또는 징계처분을 받게 할 목적은 허위신고를 함에 있어서 다른 사람이 그로 인하여 형사 또는 징계처분을 받게 될 것이라는 인식이 있으면 족하고 그 결과발생을 희망하는 것까지를 요하는 것은 아니다.

② 타인으로 하여금 형사처분을 받게 할 목적으로 허위의 사실을 신고한 이상, 그 사실 자체가 형사범죄로 구성되지 아니하더라도 무고죄가 성립한다.

③ 피고인 자신이 상대방의 범행에 공범으로 가담하였음에도 자신의 가담사실을 숨기고 상대방만을 고소한 경우에는 무고죄가 성립한다.

④ 무고죄에서의 허위사실 적시의 정도는 수사관서 또는 감독관서에 대하여 수사권 또는 징계권의 발동을 촉구하는 정도로는 부족하고 범죄구성요건 사실이나 징계요건 사실을 구체적으로 명시하여야 한다.

**정선
핵심**

① 형사처분 또는 징계처분을 받게 할 목적 → 결과발생의 희망 불요
② 신고 당시 사실 자체가 형사범죄를 구성하지 않는 경우 → 무고죄 ×
③ 공범으로 가담한 사람이 가담 사실을 숨기고 상대방을 고소한 경우 → 무고죄 ×
④ 허위사실 적시의 정도 → 범죄구성요건 사실·징계요건 사실의 구체적인 명시 불요

**정선
해설**

[❶ ▸ ○] 무고죄에 있어서 형사처분 또는 징계처분을 받게 할 목적은 허위신고를 함에 있어서 다른 사람이 그로 인하여 형사 또는 징계처분을 받게 될 것이라는 인식이 있으면 족한 것이고 그 결과발생을 희망하는 것까지를 요하는 것은 아니다(대판 2005.9.30. 2005도2712).

[❷ ▸ ×] 타인에게 형사처분을 받게 할 목적으로 '허위의 사실'을 신고한 행위가 무고죄를 구성하기 위해서는 신고된 사실 자체가 형사처분의 원인이 될 수 있는 것이어야 하고, 만약 그 사실 자체가 형사범죄로 구성되지 아니한다면 허위의 사실을 신고하였다 하더라도 무고죄는 성립하지 아니한다(대판 2002.11.8. 2002도3738).

[❸ ▸ ×] 피고인 자신이 상대방의 범행에 공범으로 가담하였음에도 자신의 가담사실을 숨기고 상대방만을 고소한 경우, 피고인의 고소내용이 상대방의 범행 부분에 관한 한 진실에 부합하므로 이를 허위의 사실로 볼 수 없고, 상대방의 범행에 피고인이 공범으로 가담한 사실을 숨겼다고 하여도 전체적으로 보아 상대방의 범죄사실의 성립 여부에 직접 영향을 줄 정도에 이르지 아니하는 내용에 관계되는 것이므로 무고죄가 성립하지 않는다(대판 2008.8.21. 2008도3754).

[❹ ▸ ×] 무고죄에 있어서 허위사실 적시의 정도는 수사관서 또는 감독관서에 대하여 수사권 또는 징계권의 발동을 촉구하는 정도의 것이면 충분하고 반드시 범죄구성요건 사실이나 징계요건 사실을 구체적으로 명시하여야 하는 것은 아니다(대판 2006.5.25. 2005도4642).

답 ❶

다음 설명 중 가장 옳지 않은 것은?

① 고소인이 甲에게 대여하였다가 이미 변제받은 금원에 관하여 甲이 수개월간 변제치 않고 있었던 점을 들어 위 금원을 착복하였다고 고소장에 기재한 경우 그것이 甲으로부터 아직 변제받지 못한 금원에 관한 고소내용의 정황을 과장한 것이라면 특별의 사정이 없는 한 무고죄가 성립하지 않는다.

② 피고인이 '피고소인 甲이 2010.1.1. 피고인과의 사이에 피고인이 10년간 甲소유의 임야에 자생하는 송이를 채취하고 甲에게 그 대가를 지급하기로 하는 계약을 체결하였는데, 甲이 이후 乙에게 위 임야에 자생하는 송이 채취권을 이중으로 넘겨주어 피고인으로 하여금 손해를 입게 하였다'는 고소장을 제출하였는데, 피고인이 2010.1.1. 피고소인 甲과 위 내용과 같은 계약을 체결한 사실이 없는 것으로 드러난 경우 피고인의 위 고소 행위는 무고죄에 해당한다.

③ 무고죄에서 허위사실의 신고방식은 구두에 의하건 서면에 의하건 관계가 없다.

④ 피무고자의 승낙을 받아 허위사실을 기재한 고소장을 제출한 경우 무고죄가 성립될 수 있다.

정선
핵심

무고죄의 성립 여부
① 고소장에 금원을 착복하였다고 기재하였으나 정황을 과장한 것에 불과한 경우 → ×
② 송이 채취권을 이중으로 넘겨주어 손해를 입혔다는 고소장을 제출한 경우 → ×
③ 허위사실의 신고방식 → 구두, 서면 불문
④ 피무고자의 승낙을 받아 허위사실을 기재한 고소장을 제출한 경우 → ○

정선
해설

[❶ ▸ ○]　고소인이 甲에게 대여하였다가 이미 변제받은 금원에 관하여 甲이 이를 수개월간 변제치 않고 있었던 점을 들어 위 금원을 착복하였다는 표현으로 고소장에 기재하였다 하여도 이것이 甲으로 부터 아직 변제받지 못한 나머지 금원에 관한 고소내용의 정황을 과장한 것이거나 또는 주관적 법률평가를 잘못하였음에 지나지 아니한 것이라면 특별의 사정이 없는 한 이로써 허위의 사실을 들어 고소하였다고 단정할 수는 없다(대판 1987.6.9. 87도 1029).

[❷ ▸ ×]　송이채취권 같은 채권의 이중양도는 횡령죄나 배임죄를 구성하지 아니하기 때문에 피고인이 甲을 고소하였더라도 무고죄는 성립하지 아니한다.

> "피고소인이 송이의 채취권을 이중으로 양도하여 손해를 입었으니 엄벌하여 달라"는 내용의 고소사실이 횡령죄나 배임죄 기타 형사범죄를 구성하지 않는 내용의 신고에 불과하므로 그 신고 내용이 허위라고 하더라도 무고죄는 성립할 수 없다(대판 2007.4.13. 2006도558).

[❸ ▸ ○]　대판 2014.12.24. 2012도4531

[❹ ▸ ○]　무고죄는 국가의 형사사법권 또는 징계권의 적정한 행사를 주된 보호법익으로 하고 다만, 개인의 부당하게 처벌 또는 징계받지 아니할 이익을 부수적으로 보호하는 죄이므로, 설사 무고에 있어서 피무고자의 승낙이 있었다고 하더라도 무고죄의 성립에는 영향을 미치지 못한다 할 것이다(대판 2005.9.30. 2005도2712).

답 ❷

위증죄 및 무고죄에 대한 다음 설명 중 가장 적절한 것은?(다툼이 있으면 판례에 의함)

① 제3자가 심문절차로 진행되는 가처분 신청사건에서 증인으로 출석하여 선서를 하고 진술함에 있어서 허위의 공술을 하였다면 위증죄가 성립한다.

② 자신의 강도상해범행을 일관되게 부인하였으나 유죄판결이 확정된 피고인이 별건으로 기소된 공범의 형사사건에서 자신의 범행사실을 부인하는 증언을 한 사안에서, 피고인에게 사실대로 진술할 것이라는 기대가능성이 없으므로 위증죄가 성립하지 않는다.

③ 무고죄에 있어 신고한 사실이 객관적 사실에 반하는 허위사실이라는 요건은 신고사실의 진실성을 인정할 수 없다는 소극적 증명만으로 충분하다.

④ 피고인이 변호사인 피해자로 하여금 징계처분을 받게 할 목적으로 서울지방변호사회에 위 변호사회 회장을 수취인으로 하는 허위내용의 진정서를 제출한 경우 피고인에 대하여는 무고죄가 성립한다.

정선 핵심

① 가처분 신청사건에서 증인으로 출석하여 허위 공술을 한 경우 → 위증죄 ×
② 유죄판결이 확정된 피고인이 공범사건에서 범행사실을 부인하는 증언을 한 경우 → 위증죄 ○
③ 신고한 사실이 객관적 진실에 반하는 허위사실이라는 점 → 적극적인 증명 필요
④ 서울지방변호사회에 허위내용의 진정서를 제출한 경우 → 무고죄 ○

정선 해설

[❶ ▸ ×] 가처분사건이 변론절차에 의하여 진행될 때에는 제3자를 증인으로 선서하게 하고 증언을 하게 할 수 있으나 심문절차에 의할 경우에는 법률상 명문의 규정도 없고, 또 구 민사소송법의 증인신문에 관한 규정이 준용되지도 아니하므로 선서를 하게 하고 증언을 시킬 수 없다고 할 것이고, 따라서 제3자가 심문절차로 진행되는 가처분 신청사건에서 증인으로 출석하여 선서를 하고 진술함에 있어서 허위의 공술을 하였다고 하더라도 그 선서는 법률상 근거가 없어 무효라고 할 것이므로 위증죄는 성립하지 않는다(대판 2003.7.25. 2003도180).

[❷ ▸ ×] 자신의 강도상해범행을 일관되게 부인하였으나 유죄판결이 확정된 피고인이 별건으로 기소된 공범의 형사사건에서 자신의 범행사실을 부인하는 증언을 한 경우, 이미 유죄의 확정판결을 받은 피고인은 공범의 형사사건에서 그 범행에 대한 증언을 거부할 수 없을 뿐만 아니라 나아가 사실대로 증언하여야 하고, 이를 이유로 피고인에게 사실대로 진술할 것을 기대할 가능성이 없다고 볼 수는 없으므로 위증죄가 성립한다(대판 2008.10.23. 2005도10101).

[❸ ▸ ×] 무고죄는 타인으로 하여금 형사처분이나 징계처분을 받게 할 목적으로 신고한 사실이 객관적 진실에 반하는 허위사실인 경우에 성립되는 범죄이므로 신고한 사실이 객관적 진실에 반하는 허위사실이라는 점에 관하여는 적극적인 증명이 있어야 한다(대판 2014.2.13. 2011도15767).

[❹ ▸ ○] 대판 2010.11.25. 2010도10202

답 ❹

위증의 죄 및 무고의 죄에 대한 설명 중 가장 적절하지 않은 것은?(다툼이 있는 경우 판례에 의함)

`18` 경찰채용

① 헌법 제12조 제2항에 정한 불이익 진술의 강요금지원칙을 구체화한 자기부죄거부특권에 관한 것이거나 기타 증언거부사유가 있음에도 증인이 증언거부권을 고지받지 못함으로 인하여 그 증언거부권을 행사하는 데 사실상 장애가 초래되었다고 볼 수 있는 경우에는 증언거부권자가 위증을 하였을지라도 위증죄가 성립하지 않는다.

② 위증죄를 범한 자가 그 공술한 사건의 재판 또는 징계처분이 확정되기 전에 자백 또는 자수한 때에는 그 형을 감경 또는 면제한다.

③ 무고죄에 있어 신고한 사실이 객관적 사실에 반하는 허위사실이라는 요건은 신고사실의 진실성을 인정할 수 없다는 소극적 증명만으로 충분하다.

④ 피고인이 사립대학교 교수인 甲, 乙로 하여금 징계처분을 받게 할 목적으로 국민권익위원회에서 운영하는 범정부 국민포털인 국민신문고에 민원을 제기한 경우, 무고죄가 성립하지 않는다.

정선 핵심

① 형사소송절차에서 증언거부권을 고지받지 못하여 증언거부권 행사에 사실상 장애가 초래된 경우 → 위증죄 ✕

② 위증죄를 범한 자가 자백 또는 자수한 경우 → 필요적 감면

③ 신고한 사실이 객관적 진실에 반하는 허위사실이라는 점 → 적극적인 증명 필요

④ 국민신문고에 민원을 제기한 경우 → 무고죄 ✕

정선 해설

[❶ ▸ ○] 대판 2010.1.21. 2008도942[전합]

[❷ ▸ ○] 형법 제153조 참조

법령 자백, 자수(형법 제153조)   전조(위증죄-註)의 죄를 범한 자가 그 공술한 사건의 재판 또는 징계처분이 확정되기 전에 자백 또는 자수한 때에는 <u>그 형을 감경 또는 면제한다.</u>

[❸ ▸ ✕] 무고죄는 타인으로 하여금 형사처분이나 징계처분을 받게 할 목적으로 신고한 사실이 객관적 진실에 반하는 허위사실인 경우에 성립되는 범죄이므로 신고한 사실이 객관적 진실에 반하는 허위사실이라는 점에 관하여는 적극적인 증명이 있어야 한다(대판 2014.2.13. 2011도15767).

[❹ ▸ ○] 피고인이 사립대학교 교수인 피해자들로 하여금 징계처분을 받게 할 목적으로 국민권익위원회에서 운영하는 범정부 국민포털인 국민신문고에 민원을 제기한 경우, <u>피해자들은 사립학교 교원이므로</u> 피고인의 행위가 무고죄에 해당하지 아니한다(대판 2014.7.24. 2014도6377).

답 ❸

위증죄 및 무고죄에 대한 설명으로 옳지 않은 것은?(다툼이 있는 경우 판례에 의함)

`20` 국가7급

① 증인이 착오에 빠져 기억에 반한다는 인식 없이 증언하였음이 밝혀진 경우에는 위증의 범의를 인정할 수 없다.

② 자기 자신을 무고하기로 제3자와 공모하고 이에 따라 무고행위에 가담하였다면 무고죄의 공동정범으로 처벌할 수 있다.

③ 자기 자신을 형사처분받게 할 목적으로 허위의 사실을 신고하더라도 무고죄의 구성요건에 해당하지 않아 무고죄가 성립하지 않는다.

④ 증언거부사유가 있음에도 증인이 증언거부권을 고지받지 못함으로 인하여 그 증언거부권을 행사하는 데 사실상 장애가 초래되었다고 볼 수 있는 경우에는 위증죄가 성립하지 않는다.

**정선
핵심**

① 착오에 빠져 기억에 반한다는 인식 없이 증언한 경우 → 위증의 범의 ×

② 자기 자신을 무고하기로 공모하고 무고행위에 가담한 경우 → 무고죄의 공동정범 ×

③ 자기무고 → 무고죄 ×

④ 형사소송절차에서 증언거부권을 고지받지 못하여 증언거부권 행사에 사실상 장애가 초래된 경우 → 위증죄 ×

**정선
해설**

[❶ ▶ ○] 증인이 무엇인가 착오에 빠져 기억에 반한다는 인식 없이 증언하였음이 밝혀진 경우에는 위증의 범의를 인정할 수 없다(대판 1991.5.10. 89도1748).

[❷ ▶ ×] 자기 자신을 무고하는 행위는 무고죄의 구성요건에 해당하지 않아 무고죄가 성립하지 않는다. 따라서 자기 자신을 무고하기로 제3자와 공모하고 이에 따라 무고행위에 가담하였더라도 이는 자기 자신에게는 무고죄의 구성요건에 해당하지 않아 범죄가 성립할 수 없는 행위를 실현하고자 한 것에 지나지 않아 무고죄의 공동정범으로 처벌할 수 없다(대판 2017.4.26. 2013도12592).

[❸ ▶ ○] 대판 2008.10.23. 2008도4852

[❹ ▶ ○] 대판 2010.1.21. 2008도942[전합]

답 ❷

01 신고사실이 진실하더라도 형사책임을 부담할 자를 잘못 신고한 경우 무고죄에 해당한다. `19` 해경간부 ○ | ×

02 고소당한 범죄가 유죄로 인정되는 경우 고소를 당한 사람이 고소인에 대하여 '고소당한 죄의 혐의가 없는 것으로 인정된다면 고소인이 자신을 무고한 것에 해당하므로 고소인을 처벌해 달라.'는 내용의 고소장을 제출하였다면 무고죄의 고의를 인정할 수 있다. `18` 해경승진 ○ | ×

03 피고인이 최초에 작성한 허위내용의 고소장을 경찰관에게 제출한 이상 그 후에 그 고소장을 되돌려 받았다 하더라도 무고죄의 성립에 영향이 없다. `16` 경찰승진 ○ | ×

04 무고죄에 있어서의 신고는 자발적인 것이어야 하고 수사기관 등의 추문에 대하여 허위의 진술을 하는 것은 무고죄를 구성하지 않는 것이지만, 당초 고소장에 기재하지 않는 사실을 수사기관에서 고소보충조서를 받을 때 자진하여 진술하였다면 이 진술부분까지 신고한 것으로 보아야 한다. `13` 경찰승진 ○ | ×

05 타인 명의의 고소장을 대리하여 작성하고 제출하는 형식으로 고소가 이루어진 경우, 명의자를 대리한 자가 실제 고소의 의사를 가지고 고소행위를 주도했더라도 그 명의자를 무고죄의 주체로 보아야 한다. `13` 경찰간부 ○ | ×

06 공동피고인 중 1인이 타 범죄로 조사를 받는 과정에서 사법경찰관 및 검사의 신문에 따라 다른 공동피고인의 범죄사실을 허위로 진술한 경우에도 무고죄가 인정된다. `19` 해경채용 ○ | ×

07 공범인 공동피고인은 당해 소송절차에서는 피고인의 지위에 있으므로 다른 공동피고인에 대한 공소사실에 관하여 증인이 될 수 없으나, 소송절차가 분리되어 피고인의 지위에서 벗어나게 되면 다른 공동피고인에 대한 공소사실에 관하여 증인이 될 수 있다. `16` 5급승진 ○ | ×

08 형법 제156조의 무고죄는 국가의 형사사법권 또는 징계권의 적정한 행사를 보호법익으로 하며, 부당하게 처벌 또는 징계받지 않을 개인적 이익을 보호하기 위한 구성요건이 아니다. `18` 경찰채용 ○ | ×

---

01 허위사실을 신고한 것이 아닌 이상 그 신고된 사실에 대한 형사책임을 부담할 자를 잘못 택하였다고 해도 무고죄는 성립하지 아니한다(대판 1982.4.27. 81도2341).

02 대판 2007.3.15. 2006도9453

03 대판 1985.2.8. 84도2215

04 대판 1996.2.9. 95도2652

05 그 명의자를 대리한 자를 신고자로 보아 무고죄의 주체로 인정하여야 할 것이다(대판 2007.3.30. 2006도6017).

06 무고죄는 당국의 추문을 받음이 없이 자진하여 타인으로 하여금 형사처분등을 받게 할 목적으로 공무소 또는 공무원에 대하여 허위의 사실을 신고한 경우에 성립되는 것이므로 공동피고인중 1인이 타범죄로 조사를 받는 과정에서 사법경찰관 및 검사의 심문에 따라 다른 공동피고인의 범죄사실을 진술한 경우라면 가사 위 진술내용이 허위라 하더라도 이를 무고라고는 할 수 없다(대결 1985.7.26. 85모14).

07 대판 2008.6.26. 2008도3300

08 무고죄는 국가의 형사사법권 또는 징계권의 적정한 행사를 주된 보호법익으로 하고 다만, 개인의 부당하게 처벌 또는 징계받지 아니할 이익을 부수적으로 보호하는 죄이다(대판 2005.9.30. 2005도2712).

정답

01 × **02** ○ **03** ○ **04** ○
05 × **06** × **07** ○ **08** ×

142
□□□

직권남용권리행사방해죄에 관한 다음 설명 중 옳지 않은 것은 모두 몇 개인가?

20 법원행시

ㄱ. 공무원이 한 행위가 직권남용에 해당한다고 하여 그러한 이유만으로 상대방이 한 일이 '의무 없는 일'에 해당한다고 인정할 수는 없다. '의무 없는 일'에 해당하는지는 직권을 남용하였는지 와 별도로 상대방이 그러한 일을 할 법령상 의무가 있는지를 살펴 개별적으로 판단하여야 한다. 직권남용 행위의 상대방이 일반 사인인 경우 특별한 사정이 없는 한 직권에 대응하여 따라야 할 의무가 없으므로 그에게 어떠한 행위를 하게 하였다면 '의무 없는 일을 하게 한 때'에 해당할 수 있다.

ㄴ. '직권남용'이란 공무원이 일반적 직무권한에 속하는 사항에 관하여 그 권한을 위법·부당하게 행사하는 것을 뜻한다. 어떠한 직무가 공무원의 일반적 직무권한에 속하는 사항이라고 하기 위해서는 그에 관한 법령상 근거가 필요하고, 명문의 규정 없이 법령과 제도를 종합적, 실질적 으로 살펴보아 그것이 해당 공무원의 직무권한에 속한다고 해석된다는 이유만으로 직권남용죄 에서 말하는 일반적 직무권한에 포함된다고 보아서는 아니 된다.

ㄷ. 직권남용권리행사방해죄는 공무원에게 직권이 존재하는 것을 전제로 하는 범죄이고, 직권은 국가의 권력 작용에 의해 부여되거나 박탈되는 것이므로, 공무원이 공직에서 퇴임하면 해당 직무에서 벗어나고 그 퇴임이 대외적으로도 공표된다. 공무원인 피고인이 퇴임한 이후에는 위와 같은 직권이 존재하지 않으므로, 퇴임 후의 범행에 관하여는 공범으로서 책임을 지지 않는다고 보아야 하고, 퇴임 후에도 실질적 영향력을 행사하는 등으로 퇴임 전 공모한 범행에 관한 기능적 행위지배가 계속되었다고 인정할 만한 사정이 있다고 달리 볼 것은 아니다.

ㄹ. 공무원인 행위자가 상대방에게 어떠한 이익 등의 제공을 요구한 경우 발생 가능한 것으로 생각 할 수 있는 정도의 구체적인 해악의 고지로 인정될 수 없다면 직권남용이나 뇌물 요구 등이 될 수는 있어도 협박을 요건으로 하는 강요죄가 성립하기는 어렵다.

ㅁ. 직권남용권리행사방해죄는 단순히 공무원이 직권을 남용하는 행위를 하였다는 것만으로 곧바 로 성립하는 것이 아니다. 직권을 남용하여 현실적으로 다른 사람이 법령상 의무 없는 일을 하게 하였거나 다른 사람의 구체적인 권리행사를 방해하는 결과가 발생하여야 하고, 그 결과의 발생은 직권남용 행위로 인한 것이어야 한다.

① 1개 　　　　　　　　② 2개
③ 3개 　　　　　　　　④ 4개
⑤ 없음

**정선
핵심**

ㄱ. 직권남용 행위의 상대방이 일반 사인인 경우 → 특별한 사정이 없는 한 의무 없는 일을 하게 한 때에 해당
ㄴ. 직권남용죄의 구성요건
　→ 직권남용 : 공무원이 일반적 직무권한에 속하는 사항에 관하여 그 권한을 위법·부당하게 행사하는 것
　→ 일반적 직무권한에 속하는 사항 : 명문의 근거가 있는 경우뿐만 아니라 없는 경우에도 직무권한에 속하는 직무가 남용될 때 의무 없는 일을 하게 하거나 권리를 방해하기에 충분한 것이라고 인정되는 경우
ㄷ. 퇴임 전 공모한 범행에 관한 기능적 행위지배가 인정되는 경우 → 퇴임 후 범행에 대한 직권남용권리행사방해죄 의 공범 ○
ㄹ. 공무원이 이익의 제공을 요구하였더라도 해악의 고지가 없었던 경우 → 강요죄 ✕
ㅁ. 직권남용 행위로 의무 없는 일을 하게 하였거나 권리행사를 방해하는 결과가 발생한 경우 → 직권남용권리행사 방해죄 ○

[ㄱ ▸ ○] 대판 2020.1.30. 2018도2236[전합]

[ㄴ ▸ ×] 직권남용권리행사방해죄에서 '직권의 남용'이란 공무원이 '일반적 권한'에 속하는 사항을 불법하게 행사하는 것, 즉 형식적, 외형적으로는 직무집행으로 보이나 실질은 정당한 권한 외의 행위를 하는 경우를 의미한다. 그리고 어떠한 직무가 공무원의 일반적 권한에 속하는 사항이라고 하기 위해서는 그에 관한 법령상의 근거가 필요하지만, ~~명문이 있는 경우라도 법·제도를 종합적, 실질적으로 관찰해서 그것이 해당 공무원의 직무권한에 속한다고~~ 해석되고, 남용된 경우 상대방으로 하여금 사실상 의무 없는 일을 행하게 하거나 권리를 방해하기에 충분한 것이라고 인정되는 경우에는 직권남용죄에서 말하는 '일반적 권한'에 포함된다고 보아야 한다(대판 2011.7.28. 2011도1739).

[ㄷ ▸ ×] 직권남용권리행사방해죄는 공무원에게 직권이 존재하는 것을 전제로 하는 범죄이고, 직권은 국가의 권력 작용에 의해 부여되거나 박탈되는 것이므로, 공무원이 공직에서 퇴임하면 해당 직무에서 벗어나고 그 퇴임이 대외적으로도 공표된다. 공무원인 피고인이 퇴임한 이후에는 위와 같은 직권이 존재하지 않으므로, 퇴임 후에도 실질적 영향력을 행사하는 등으로 퇴임 전 공모한 범행에 관한 기능적 행위지배가 계속되었다고 인정할 만한 특별한 사정이 없는 한, 퇴임 후의 범행에 관하여는 공범으로서 책임을 지지 않는다고 보아야 한다(대판 2020.2.13. 2019도5186).

[ㄹ ▸ ○] 대판 2019.8.29. 2018도13792[전합]

[ㅁ ▸ ○] 대판 2020.1.30. 2018도2236[전합]

답 ❷

143
□□□

공무원의 직무에 관한 범죄에 대한 다음 설명 중 가장 옳지 않은 것은?(다툼이 있는 경우 판례에 의함)

`18` 해경간부

① 어업허가신청권자가 어업허가를 받을 수 없는 자임을 알면서도 담당공무원이 실태조사를 하지 않고 오히려 부하 직원에게 어업허가처리 기안문을 작성하게 한 다음 스스로 중간결재를 한 후 그 정을 모르는 농수산국장의 최종결재를 받았다면, 작위범인 위계에 의한 공무집행방해죄 만이 성립하고 부작위범인 직무유기죄는 따로 성립하지 아니한다.

② 해군본부 법무실장인 피고인이 국방부 검찰수사관 甲에게 군내 납품비리 수사와 관련한 수사기 밀사항을 보고하게 하였는데, 甲으로서는 외부에 유출될 경우 검찰단의 수사기능에 현저한 장애를 초래할 수 있는 검찰단 내부 수사내용을 피고인에게 보고할 법률상의 의무가 없었던 경우, 피고인에게 직권남용권리행사방해죄가 성립한다.

③ 경찰관이 직무와 관련하여 증거물로 압수한 오락기의 변조기판을 범죄 혐의의 입증에 사용하기 위한 적절한 조치를 취하지 않고 피압수자에게 돌려준 경우, 작위범인 증거인멸죄만이 성립하 고 부작위범인 직무유기(거부)죄는 따로 성립하지 아니한다.

④ 세금계산서 관련 업무를 담당하는 세무공무원 甲은 乙이 실제 거래 없이 교부받은 허위세금계 산서를 사용하여 세금을 포탈한 사실을 확인하였음에도, 乙에 대한 세금추징조치만 취하였을 뿐 권한 있는 자에게 乙에 대한 통고처분이나 고발조치의 건의 등의 절차를 취하지 않았다면 직무유기죄가 성립한다.

① 허위의 어업허가처리 기안문을 작성하게 한 다음 중간결재를 한 후 정을 모르는 농수산국장의 최종결재를 받은 경우 → 위계에 의한 공무집행방해죄 ○

② 해군본부 법무실장이 검찰수사관에게 수사기밀사항을 보고하게 한 경우 → 직권남용권리행사방해죄 ○

③ 경찰서 방범과장이 압수물을 피압수자에게 돌려준 경우 → 증거인멸죄 ○

④ 세금포탈사실을 확인하였으나 통고처분이나 고발조치건의 절차를 취하지 않은 경우 → 직무유기죄 ×

정선
해설

[❶ ▸ ○] 피고인이, 출원인이 어업허가를 받을 수 없는 자라는 사실을 알면서도 그 직무상의 의무에 따른 적절한 조치를 취하지 않고 오히려 부하직원으로 하여금 어업허가 처리기안문을 작성하게 한 다음 피고인 스스로 중간결재를 하는 등 위계로써 농수산국장의 최종결재를 받았다면, 직무위배의 위법상태가 위계에 의한 공무집행해행위 속에 포함되어 있는 것이라고 보아야 할 것이므로, 이와 같은 경우에는 작위범인 위계에 의한 공무집행방해죄만이 성립하고 부작위범인 직무유기죄는 따로 성립하지 아니한다(대판 1997.2.28. 96도2825).

[❷ ▸ ○] 해군본부 법무실장인 피고인이 국방부 검찰수사관 甲에게 군내 납품비리 수사와 관련한 수사기밀사항을 보고하게 하여 직무상 권한을 남용하였다는 내용으로 기소된 경우, 피고인은 법무업무 전반에 관하여 해군참모총장을 보좌하는 자로서 해군 소속 인원의 사법처리와 관련된 중요 사항에 관하여 보고를 받을 일반적인 직무권한이 있으나, 甲으로서는 외부에 유출될 경우 검찰단의 수사 기능에 현저한 장애를 초래할 수 있는 검찰단 내부 수사 내용을 피고인에게 보고할 법률상의 의무가 없으므로 피고인에게 직권남용권리행사방해죄가 인정된다(대판 2011.7.28. 2011도1739).

[❸ ▸ ○] 대판 2006.10.19. 2005도3909[전합]

[❹ ▸ ×] 통고처분이나 고발을 할 권한이 없는 세무공무원이 그 권한자에게 범칙사건 조사 결과에 따른 통고처분이나 고발조치를 건의하는 등의 조치를 취하지 않았다고 하더라도, 범칙사건을 조사한 세무공무원에게는 조세범처벌절차법에 따른 통고처분이나 고발을 할 권한이 없으므로, 구체적 사정에 비추어 그것이 직무를 성실히 수행하지 못한 것이라고 할 수 있을지언정 그 직무를 의식적으로 방임 내지 포기하였다고 볼 수 없어 직무유기죄는 성립하지 아니한다(대판 1997.4.11. 96도2753).

답 ❹

144
□□□

국가의 기능과 관련한 죄에 대한 설명으로 옳은 것은?(다툼이 있는 경우 판례에 의함)

19 국가7급

① 甲이 자기 자신을 무고하기로 제3자와 공모하고 이에 따라 무고행위에 가담한 경우, 甲에게 무고죄의 공동정범이 성립한다.

② 甲이 허위로 신고한 사실이 무고행위 당시에는 형사처분의 대상이 될 수 있었으나, 이후 그러한 사실이 형사범죄가 되지 않는 것으로 판례가 변경된 경우, 甲에게 무고죄가 성립하지 않는다.

③ 甲이 자신에 대한 형사처분이나 징계처분을 피하기 위하여 증거를 인멸한 것이 동시에 다른 공범자의 증거를 인멸한 결과가 된 경우, 甲에게 증거인멸죄가 성립한다.

④ 공무원인 甲이 직무관련자에게 제3자와 계약을 체결하도록 요구하여 계약 체결을 하게 한 행위가 제3자뇌물수수죄의 구성요건과 직권남용권리행사방해죄의 구성요건에 모두 해당하는 경우, 제3자뇌물수수죄와 직권남용권리행사방해죄는 상상적 경합의 관계에 있다.

정선
핵심

① 자기 자신을 무고하기로 공모하고 무고행위에 가담한 경우 → 무고죄의 공동정범 ×
② 행위시법에 의해 무고죄가 성립한 경우 → 판례변경에 의해 영향 ×
③ 증거를 인멸한 것이 동시에 공범자의 증거를 인멸한 결과가 된 경우 → 증거인멸죄 ×
④ 제3자뇌물수수죄와 직권남용권리행사방해죄 → 상상적 경합 ○

정선
해설

[❶ ▸ ×] 자기 자신을 무고하는 행위는 무고죄의 구성요건에 해당하지 않아 무고죄가 성립하지 않는다. 따라서 자기 자신을 무고하기로 제3자와 공모하고 이에 따라 무고행위에 가담하였더라도 이는 자기 자신에게는 무고죄의 구성요건에 해당하지 않아 범죄가 성립할 수 없는 행위를 실현하고자 한 것에 지나지 않아 무고죄의 공동정범으로 처벌할 수 없다(대판 2017.4.26. 2013도12592).

[**❷** ▶ ✕] 허위로 신고한 사실이 무고행위 당시 형사처분의 대상이 될 수 있었던 경우에는 국가의 형사사법권의 적정한 행사를 그르치게 할 위험과 부당하게 처벌받지 않을 개인의 법적 안정성이 침해될 위험이 이미 발생하였으므로 무고죄는 기수에 이르고, 이후 그러한 사실이 형사범죄가 되지 않는 것으로 판례가 변경되었더라도 특별한 사정이 없는 한 이미 성립한 무고죄에는 영향을 미치지 않는다(대판 2017.5.30. 2015도15398).

[**❸** ▶ ✕] 증거인멸죄는 타인의 형사사건 또는 징계사건에 관한 증거를 인멸하는 경우에 성립하는 것으로서, 피고인 자신이 직접 형사처분이나 징계처분을 받게 될 것을 두려워한 나머지 자기의 이익을 위하여 그 증거가 될 자료를 인멸하였다면, 그 행위가 동시에 다른 공범자의 형사사건이나 징계사건에 관한 증거를 인멸한 결과가 된다고 하더라도 이를 증거인멸죄로 다스릴 수 없다(대판 2013.11.28. 2011도5329).

[**❹** ▶ ○] 대판 2017.3.15. 2016도19659

답 ❹

145

□□□

다음 설명 중 옳지 않은 것은 모두 몇 개인가?(다툼이 있는 경우 판례에 의함)

`18` 해경간부

ㄱ. 피고인 자신이 직접 형사처분이나 징계처분을 받게 될 것을 두려워한 나머지 자기의 이익을 위하여 그 증거가 될 자료를 인멸하였더라도, 그 행위가 동시에 다른 공범자의 형사사건이나 징계사건에 관한 증거를 인멸한 결과가 된다면 증거인멸죄가 성립한다.

ㄴ. 범인이 자신을 위하여 타인으로 하여금 허위의 자백을 하게 하여 범인도피죄를 범하게 하는 행위는 방어권의 남용으로 범인도피교사죄에 해당한다.

ㄷ. 자신의 강도상해범행을 일관되게 부인하였으나 유죄판결이 확정된 피고인이 별건으로 기소된 공범의 형사사건에서 자신의 범행사실을 부인하는 증언을 한 사안에서, 피고인에게 사실대로 진술할 것이라는 기대가능성이 없으므로 위증죄가 성립하지 않는다.

ㄹ. 증언거부사유가 있음에도 증언거부권을 고지받지 못함으로 인하여 그 증언거부권을 행사하는 데 사실상 장애가 초래되었다고 볼 수 있는 경우 위증죄가 성립한다.

ㅁ. 무고죄에서 신고한 사실이 객관적 진실에 반하는 허위사실이라는 점에 관하여는 적극적인 증명이 있어야 하며, 신고사실의 진실성을 인정할 수 없다는 점만으로 곧 그 신고사실이 객관적 진실에 반하는 허위사실이라고 단정하여 무고죄의 성립을 인정할 수는 없다.

① 1개   ② 2개
③ 3개   ④ 4개

**정선
핵심**

ㄱ. 증거를 인멸한 것이 동시에 공범자의 증거를 인멸한 결과가 된 경우 → 증거인멸죄 ✕

ㄴ. 자신을 위하여 타인으로 하여금 범인도피죄를 범하게 한 경우 → 방어권의 남용으로 범인도피교사죄 ○

ㄷ. 유죄판결이 확정된 피고인이 공범사건에서 범행사실을 부인하는 증언을 한 경우 → 위증죄 ○

ㄹ. 형사소송절차에서 증언거부권을 고지받지 못하여 증언거부권 행사에 사실상 장애가 초래된 경우 → 위증죄 ✕

ㅁ. 신고한 사실의 진실성을 인정할 수 없는 경우 → 무고죄 ✕

[ㄱ ▸ ×] 증거인멸죄는 타인의 형사사건 또는 징계사건에 관한 증거를 인멸하는 경우에 성립하는 것으로서, 피고인 자신이 직접 형사처분이나 징계처분을 받게 될 것을 두려워한 나머지 자기의 이익을 위하여 그 증거가 될 자료를 인멸하였다면, 그 행위가 동시에 다른 공범자의 형사사건이나 징계사건에 관한 증거를 인멸한 결과가 된다고 하더라도 이를 증거인멸죄로 다스릴 수 없다(대판 2013.11.28. 2011도5329).

[ㄴ ▸ ○] 대판 2006.12.7. 2005도3707

[ㄷ ▸ ×] 자신의 강도상해범행을 일관되게 부인하였으나 유죄판결이 확정된 피고인이 별건으로 기소된 공범의 형사사건에서 자신의 범행사실을 부인하는 증언을 한 경우, 이미 유죄의 확정판결을 받은 피고인은 공범의 형사사건에서 그 범행에 대한 증언을 거부할 수 없을 뿐만 아니라 나아가 사실대로 증언하여야 하고, 이를 이유로 피고인에게 사실대로 진술할 것을 기대할 가능성이 없다고 볼 수는 없으므로 위증죄가 성립한다(대판 2008.10.23. 2005도10101).

[ㄹ ▸ ×] 형사소송절차에서 헌법 제12조 제2항에 정한 불이익 진술의 강요금지원칙을 구체화한 자기부죄거부특권에 관한 것이거나 기타 증언거부사유가 있음에도 증인이 증언거부권을 고지받지 못함으로 인하여 그 증언거부권을 행사하는 데 사실상 장애가 초래되었다고 볼 수 있는 경우에는 위증죄의 성립을 부정하여야 할 것이다(대판 2010.1.21. 2008도942[전합]).

[ㅁ ▸ ○] 대판 2014.2.13. 2011도15767

답 ❸

146

국가기능에 대한 죄에 관한 설명으로 가장 적절하지 않은 것은?(다툼이 있는 경우 판례에 의함)

19 경찰채용

① 증인이 기억에 반하는 진술을 한 경우에는 그 진술내용이 진실과 일치하는 때에도 위증죄가 성립한다.

② 무고의 고의로 신고내용이 허위라고 믿고 신고하였으나 우연히 그 신고내용이 객관적 진실에 부합하는 경우, 무고죄가 성립하지 않는다.

③ 도주죄의 범인이 도주행위를 하여 기수에 이른 이후에 범인의 도피를 도와주는 경우, 도주원조죄가 성립할 수 있을 뿐 범인도피죄는 성립하지 않는다.

④ 사실혼관계에 있는 자가 범인 본인을 위하여 증거를 인멸한 경우, 친족간의 특례(형법 제155조 제4항)가 적용되지 않아 증거인멸죄로 처벌된다.

① 기억에 반하는 증언을 하였으나 객관적 사실과 부합하는 경우 → 위증죄 ○
② 신고내용이 객관적으로 진실한 사실과 부합한 경우 → 무고죄 ×
③ 도주죄가 기수에 이른 후에 그의 도피를 도와주는 경우 → 범인도피죄 ○
④ 사실혼관계에 있는 자가 본인을 위하여 증거를 인멸한 경우 → 증거인멸죄 ○

[❶ ▸ ○] 대판 1982.9.14. 81도105

[❷ ▸ ○] 무고죄는 타인으로 하여금 형사처분 등을 받게 할 목적으로 신고한 사실이 객관적 진실에 반하는 허위사실인 경우에 성립되는 범죄로서, 신고자가 그 신고내용을 허위라고 믿었다 하더라도 그것이 객관적으로 진실한 사실에 부합할 때에는 허위사실의 신고에 해당하지 않아 무고죄는 성립하지 않는다(대판 1991.10.11. 91도1950).

[❸ ▸ ×] 도주죄의 범인이 도주행위를 하여 기수에 이르른 이후에 범인의 도피를 도와 주는 행위는 범인도피죄에 해당할 수 있을 뿐 도주원조죄에는 해당하지 아니한다(대판 1991.10.11. 91도1656).

[❹ ▸ ○] 대판 2003.12.12. 2003도4533

답 ❸

147 □□□

'공무원의 직무에 관한 죄'에 대한 설명으로 가장 적절한 것은?(다툼이 있는 경우 판례에 의함)

`18` 경찰승진

① 교도소 계장이 재소자들을 호송함에 있어 호송교도관들에게 업무를 대강 지시하고 구체적인 감독을 하지 아니하여 피호송자들이 집단도주한 경우 직무유기죄가 성립한다.

② 정보통신부장관이 개인휴대통신 사업자선정과 관련하여 서류심사는 완결된 상태에서 직권을 남용하여 청문심사의 배점방식을 변경하였다면 직권남용죄가 성립한다.

③ 공무원이었던 자가 재직 중에 청탁을 받고 직무상 부정한 행위를 한 후 뇌물의 수수 등을 할 당시 이미 공무원의 지위를 떠난 경우에도, 형법 제129조 제1항의 수뢰죄로 처벌할 수 있다.

④ 공무원이 수수·요구 또는 약속한 금품에 그 직무행위에 대한 대가로서의 성질과 직무 외의 행위에 대한 사례로서의 성질이 불가분적으로 결합되어 있는 경우에는, 그 수수·요구 또는 약속한 금품전부가 불가분적으로 직무행위에 대한 대가로서의 성질을 가진다.

정선 핵심

① 교도소 계장이 구체적인 감독을 하지 아니하여 피호송자들이 집단도주한 경우 → 직무유기죄 ✕

② 정보통신부장관이 개인휴대통신 사업자선정과 관련하여 청문심사의 배점방식을 변경한 경우 → 직권남용권리 행사방해죄 ✕

③ 뇌물을 수수할 때 공무원의 지위를 떠난 경우 → 요건에 해당할 경우 사후수뢰죄 ○

④ 금품에 대가로서의 성질과 사례로서의 성질이 불가분적으로 결합되어 있는 경우 → 금품 전부가 대가로서의 성질

정선 해설

[❶ ▸ ✕] 교도소 보안과 출정계장과 감독교사가 호송교도관들을 지휘하여 재소자의 호송계호업무를 수행함에 있어서 성실하게 그 직무를 수행하지 아니한 잘못으로 집단도주사고가 발생한 경우, 출정계장과 감독교사가 재소자의 호송계호업무를 수행함에 있어서 성실하게 그 직무를 수행하지 아니하여 충근의무에 위반한 잘못은 인정되나 고의로 호송계호업무를 포기하거나 직무 또는 직장을 이탈한 것이라고는 볼 수 없으므로 형법상 직무유기죄를 구성하지 아니한다(대판 1991.6.11. 91도96).

[❷ ▸ ✕] 정보통신부장관이 개인휴대통신 사업자선정과 관련하여 서류심사는 완결된 상태에서 청문심사의 배점 방식을 변경함으로써 직권을 남용하였다 하더라도, 이로 인하여 최종 사업권자로 선정되지 못한 경쟁업체가 가진 구체적인 권리의 현실적 행사가 방해되는 결과가 발생하지는 아니하였으므로, 직권남용권리행사방해는 성립하지 아니한다(대판 2006.2.9. 2003도4599).

[❸ ▸ ✕] 형법은 공무원이었던 자가 재직 중에 청탁을 받고 직무상 부정한 행위를 한 후 뇌물을 수수, 요구 또는 약속을 한 때에는 제131조 제3항에서 사후수뢰죄로 처벌하도록 규정하고 있으므로, 뇌물의 수수 등을 할 당시 이미 공무원의 지위를 떠난 경우에는 제129조 제1항의 수뢰죄로는 처벌할 수 없고 사후수뢰죄의 요건에 해당할 경우에 한하여 그 죄로 처벌할 수 있을 뿐이다(대판 2013.11.28. 2013도10011).

[❹ ▸ ○] 대판 2012.1.12. 2011도12642

답 ❹

甲의 행위에 대한 설명으로 옳지 않은 것은?(다툼이 있는 경우 판례에 의함)

① 침몰하고 있는 선박에서 승객이나 다른 승무원들이 스스로 생명에 대한 위협에 대처할 수 없는 급박한 상황이 발생한 경우 선장 甲에게는 적극적인 구호활동을 통해 보호능력이 없는 승객이나 다른 승무원의 사망 결과를 방지하여야 할 작위의무가 있다.

② 지입회사에 소유권이 있는 차량에 대하여 지입회사로부터 운행관리권을 위임받은 지입차주 甲이 지입회사의 승낙 없이 그 보관 중인 차량을 사실상 처분한 경우에는 횡령죄가 성립한다.

③ 甲은 투자금반환채무의 변제를 위하여 투자자 A에게 甲명의의 임차권을 담보로 제공하였음에도 불구하고 甲이 임차인의 지위 등 권리 일체를 B에게 양도한 경우 배임죄가 성립하지 않는다.

④ 甲이 필로폰을 매수하려는 A에게서 단순히 필로폰을 구해 달라는 부탁과 함께 대금명목으로 돈을 지급받았지만 매매행위에 근접·밀착한 상태가 아닌 경우에는 필로폰 매매행위의 실행의 착수에 이른 것이라고 볼 수 없다.

⑤ 국민권익위원회 운영지원과 소속 기간제근로자로서 청사 안전관리 및 민원인 안내 등의 사무를 담당한 A의 직무집행을 甲이 방해한 경우 공무집행방해죄가 성립한다.

정선 핵심

① 침몰하고 있는 선박의 선장 → 보호능력이 없는 자의 사망 결과를 방지의무 ○
② 차량의 운행관리권을 위임받은 지입차주가 지입회사의 승낙 없이 사실상 처분한 경우 → 횡령죄 ○
③ 투자금 반환채무의 변제를 위한 임차권 등을 제3자에게 양도한 경우 → 배임죄 ×
④ 단순히 필로폰을 구해 달라는 부탁과 대금을 지급받은 경우 → 필로폰 매매행위의 실행의 착수 ×
⑤ 국민권익위원회 소속 기간제근로자의 직무집행을 방해한 경우 → 공무집행방해죄 ×

정선 해설

[❶ ▶ ○] 대판 2015.11.12. 2015도6809[전합]

[❷ ▶ ○] 판례(대판 2015.6.25. 2015도1944[전합])의 취지를 고려하면, 지입회사가 소유하고 있는 차량에 대하여 지입차주 甲에게 그 차량에 대한 사실상 또는 법률상 지배력이 인정되므로 甲이 지입회사의 승낙 없이 보관 중인 차량을 사실상 처분한 경우에는 횡령죄가 성립한다.

[❸ ▶ ○] 채무자 甲에게 타인의 사무를 처리하는 자의 지위가 인정되지 아니하므로 甲이 B에게 임차인의 지위 등 권리 일체를 양도하였더라도 배임죄가 성립하지 아니한다.

채무자가 투자금반환채무의 변제를 위하여 담보로 제공한 임차권 등의 권리를 그대로 유지할 계약상 의무가 있다고 하더라도, 이는 기본적으로 투자금반환채무의 변제의 방법에 관한 것이고, 성실한 이행에 의하여 채권자가 계약상 권리의 만족이라는 이익을 얻는다고 하여도 이를 가지고 통상의 계약에서의 이익대립관계를 넘어서 배임죄에서 말하는 신임관계에 기초하여 채권자의 재산을 보호 또는 관리하여야 하는 '타인의 사무'에 해당한다고 볼 수 없다(대판 2015.3.26. 2015도1301).

[❹ ▶ ○] 대판 2015.3.20. 2014도16920

[❺ ▶ ×] 피고인 甲이, 국민권익위원회 운영지원과 소속 기간제근로자로서 청사 안전관리 및 민원인 안내 등의 사무를 담당한 A의 공무집행을 방해하였다는 내용으로 기소된 경우, A는 법령의 근거에 기하여 국가 등의 사무에 종사하는 형법상 공무원이라고 보기 어려워, 공무집행방해죄는 성립하지 아니한다(대판 2015.5.29. 2015도3430).

답 ❺

149
□□□

공범에 관한 설명 중 옳은 것(○)과 옳지 않은 것(×)을 올바르게 조합한 것은?(다툼이 있는 경우 판례에 의함)

변시

> ㄱ. 공무원이 부정한 청탁을 받고 제3자에게 뇌물을 제공하게 하고 제3자가 그러한 공무원의 범죄행위를 알면서 방조한 경우, 그에 대한 별도의 처벌규정이 없더라도 제3자에게는 방조범에 관한 형법총칙의 규정이 적용되어 제3자뇌물수수방조죄가 인정될 수 있다.
> ㄴ. 물건의 소유자가 아닌 사람이 소유자의 권리행사방해범행에 가담한 경우에는 형법 제33조 본문에 따라 권리행사방해죄의 공범이 될 수 있으며, 공범으로 기소된 물건의 소유자에게 고의가 없어 범죄가 성립하지 않더라도 권리행사방해범행을 공동으로 하였음이 인정되는 한 공동정범의 죄책을 진다.
> ㄷ. 공범 중 1인이 그 범행에 관한 수사절차에서 참고인 또는 피의자로 조사받으면서 자기의 범행을 구성하는 사실관계에 관하여 허위로 진술하고 허위 자료를 제출하는 것이 다른 공범을 도피하게 하는 결과가 된다고 하더라도 범인도피죄로 처벌되지 않으나, 공범이 이러한 행위를 교사하였다면 범인도피교사의 죄책을 면할 수 없다.
> ㄹ. 신분관계가 없는 사람이 신분관계로 인하여 성립될 범죄에 가공한 경우, 신분관계가 없는 사람에게 공동가공의 의사와 이에 기초한 기능적 행위지배를 통한 범죄의 실행이라는 주관적·객관적 요건이 충족되면 공동정범으로 처벌된다.

① ㄱ(×) ㄴ(×) ㄷ(×) ㄹ(○)
② ㄱ(○) ㄴ(×) ㄷ(○) ㄹ(×)
③ ㄱ(○) ㄴ(×) ㄷ(×) ㄹ(○)
④ ㄱ(×) ㄴ(○) ㄷ(○) ㄹ(×)
⑤ ㄱ(×) ㄴ(○) ㄷ(×) ㄹ(○)

정선 핵심

ㄱ. 제3자가 공무원 또는 중재인의 범죄행위를 알면서 방조한 경우 → 제3자뇌물수수방조죄 ○
ㄴ. 비신분자가 소유자의 권리행사방해의 범행에 가담한 경우 → 권리행사방해죄의 공범 ○
ㄷ. 범인도피(교사)죄의 성립 여부
  ⤷ 공범 중 1인이 허위진술을 하고 허위자료를 제출하여 다른 공범을 도피하게 하는 결과가 된 경우 : ×
  ⤷ 공범이 이러한 행위를 교사한 경우 : 범인도피교사죄 ×
ㄹ. 신분관계로 인하여 성립될 범죄에 가공한 경우 → 신분관계가 없는 사람에게 공동가공의 의사와 기능적 행위지배를 통한 범죄의 실행이라는 요건이 충족되면 공동정범으로 처벌

정선 해설

[ㄱ ▸ ○] 대판 2017.3.15. 2016도19659
[ㄴ ▸ ×] 물건의 소유자가 아닌 사람은 형법 제33조 본문에 따라 소유자의 권리행사방해 범행에 가담한 경우에 한하여 그의 공범이 될 수 있을 뿐이나 권리행사방해죄의 공범으로 기소된 물건의 소유자에게 고의가 없는 등으로 범죄가 성립하지 않는다면 공동정범이 성립할 여지가 없다(대판 2017.5.30. 2017도4578).
[ㄷ ▸ ×] 공범 중 1인이 그 범행에 관한 수사절차에서 참고인 또는 피의자로 조사받으면서 자기의 범행을 구성하는 사실관계에 관하여 허위로 진술하고 허위 자료를 제출하는 것은 자신의 범행에 대한 방어권 행사의 범위를 벗어난 것으로 볼 수 없다. 이러한 행위가 다른 공범을 도피하게 하는 결과가 된다고 하더라도 범인도피죄로 처벌할 수 없다. 이때 공범이 이러한 행위를 교사하였더라도 범죄가 될 수 없는 행위를 교사한 것에 불과하여 범인도피교사죄가 성립하지 않는다(대판 2018.8.1. 2015도20396).
[ㄹ ▸ ○] 대판 2019.8.29. 2018도13792[전합]

답 ❸

150 □□□ 다음 설명 중 옳지 않은 것은?(다툼이 있으면 판례에 의함) `13` 사시

① 무고죄에서 무고는 '타인으로 하여금 형사처분 또는 징계처분'을 받게 할 목적으로 허위의 사실을 신고하는 행위를 말하며, '징계처분'에는 변호사에 대한 징계처분도 포함된다.

② 재산세 과세대장을 작성할 권한이 있던 자가 인사이동되어 그 권한이 없어진 후 그 기재내용을 변경한 경우, 공문서변조죄가 성립한다.

③ 자신의 강도상해범행을 일관되게 부인하였으나 유죄판결이 확정된 甲이 별건으로 공소제기된 강도상해 공범 乙의 형사사건에서 범행사실을 부인하는 증언을 한 경우, 甲에게는 사실대로 진술할 기대가능성이 있으므로 위증죄가 성립한다.

④ 돈을 갚지 않는 차용인을 사기죄로 고소하면서 변제의사와 능력의 유무에 관하여 기망하였다는 내용으로 고소한 경우, 고소인이 차용금의 '용도'를 묵비하거나 사실과 달리 신고하더라도 무고죄의 허위사실신고에 해당하지 않아 무고죄가 성립하지 않는다.

⑤ 증언거부권자가 증언거부권을 고지받지 못하고 허위진술한 경우라도 증언거부권을 고지받았어도 그와 같이 증언했을 것이라는 취지의 증언거부권자의 진술 내용이 있다면 위증죄가 성립하지 않는다.

정선 핵심

① 무고죄의 징계처분 → 변호사에 대한 징계처분도 포함
② 재산세과세대장의 작성권한이 없어진 후 기재내용을 변경한 경우 → 공문서변조죄 ○
③ 유죄판결이 확정된 피고인이 공범사건에서 범행사실을 부인하는 증언을 한 경우 → 위증죄 ○
④ 변제의사와 능력의 유무에 관하여 기망하였다고 고소한 경우 → 무고죄 ×
⑤ 증언거부권을 고지받았어도 허위진술했을 것이라는 진술이 있는 경우 → 위증죄 ○

정선 해설

[❶ ▸ ○] 대판 2010.11.25. 2010도10202

[❷ ▸ ○] 재산세 과세대장의 작성 권한이 있던 자가 인사이동되어 그 권한이 없어진 후 그 기재내용을 변경한 경우, 공문서변조죄에 해당한다(대판 1996.11.22. 96도1862).

[❸ ▸ ○] 판례(대판 2008.10.23. 2005도10101)의 취지를 고려하면, 이미 유죄의 확정판결을 받은 甲은 공범 乙의 형사사건에서 그 범행에 대한 증언을 거부할 수 없을 뿐만 아니라 甲에게 사실대로 진술할 것을 기대할 가능성이 없다고 볼 수는 없으므로 위증죄가 성립한다.

[❹ ▸ ○] 대판 2011.9.8. 2011도3489

[❺ ▸ ×] 피고인은 공판기일에 재판장이 증언을 하지 않을 수 있다는 사실을 알았다면 증언을 거부했을 것이냐는 신문에 대하여 그렇다 하더라도 증언을 하였을 것이라는 취지로 답변을 하였던 사실 등을 알 수 있는바, 피고인이 위 형사사건의 증인으로 출석하여 증언을 한 경위와 그 증언 내용, 피고인의 이 사건 공판기일에서의 진술 내용 등을 전체적·종합적으로 고려하여 보면 피고인이 선서 전에 재판장으로부터 증언거부권을 고지받지 아니하였다 하더라도 이로 인하여 피고인의 증언거부권이 사실상 침해당한 것으로 평가할 수는 없다 할 것이므로 위증죄가 성립한다(대판 2010.2.25. 2007도6273).

<u>전 남편에 대한 도로교통법 위반(음주운전) 사건의 증인으로 법정에 출석한 전처(前妻)가 증언거부권을 고지받지 않은 채 공소사실을 부인하는 전 남편의 변명에 부합하는 내용을 적극적으로 허위 진술한 사안에서, 증인으로 출석하여 증언한 경위와 그 증언 내용, 증언거부권을 고지받았더라도 그와 같이 증언을 하였을 것이라는 취지의 진술 내용 등을 전체적·종합적으로 고려하면, 선서 전에 재판장으로부터 증언거부권을 고지받지 아니하였다 하더라도 이로 인하여 증언거부권이 사실상 침해당한 것으로 평가할 수는 없다는 이유로 위증죄의 성립을 긍정한 사례(대판 2010.2.25. 2007도6273).</u>

 답 ❺

甲의 형사책임에 관한 설명 중 옳은 것은?(다툼이 있는 경우 판례에 의하고, 지문에서 제시된 범죄 외에 다른 범죄의 성립은 고려하지 아니함)　**15** 사시

① 甲이 절노혐의로 사법경찰관에 의해 위법한 동행의 형식으로 강제연행 되었으나, 그로부터 6시간 경과 후 긴급체포된 상태에서, 감시가 소홀한 틈을 타 도주한 경우 도주죄가 성립한다.

② 乙이 수감되어 있던 병원에서 간수자를 폭행하고 병원 밖으로 도주해 나오자, 乙이 보다 먼 지역으로 달아날 수 있도록 乙의 친형인 甲이 승용차를 乙에게 인도하여 준 경우 도주원조죄가 성립한다.

③ 甲이 건축허가 관련 뇌물로 구청공무원에게 전달해 달라는 부탁과 함께 1,000만원을 乙로부터 교부받아, 위 1,000만원을 위 구청공무원에게 뇌물로 전달한 경우 뇌물공여죄가 성립하지 않는다.

④ 甲이 자신과 사실혼 관계에 있던 乙이 벌금 이상의 형에 해당하는 죄를 범한 자라는 것을 인식하면서도 그 죄의 증거물인 사고차량을 치워 수리하게 한 경우 증거인멸죄로 처벌할 수 없다.

⑤ 甲이 절취한 신용카드로 지하철역 내에 있는 현금자동인출기에서 이미 알고 있던 비밀번호를 입력하여 현금서비스로 50만원을 인출한 경우 여신전문금융업법 제70조 제1항 제3호의 신용카드부정사용죄가 성립하지 않는다.

**정선
핵심**

① 강제연행 되었으나 6시간 경과 후 긴급체포된 상태에서 도주한 경우 → 도주죄 ×
② 도주죄가 기수에 이른 후에 그의 도피를 도와주는 경우 → 도주원조죄 ×
③ 甲이 교부받은 금품을 구청공무원에게 전달한 경우 → 증뢰물전달죄 외에 뇌물공여죄 ×
④ 甲이 사실혼관계에 있던 乙이 범한 죄의 증거물인 사고차량을 치워 수리하게 한 경우 → 증거인멸죄 ○
⑤ 절취한 신용카드로 현금대출을 받은 경우 → 절도죄와 신용카드부정사용죄의 실체적 경합 ○

**정선
해설**

[❶ ▸ ×] 甲에 대한 긴급체포는 위법하므로 甲은 법률에 의하여 체포되거나 구금된 자가 아니어서 감시가 소홀한 틈을 타 도주한 경우에도 도주죄는 성립하지 아니한다.

　사법경찰관이 피고인을 수사서까지 동행한 것이 사실상의 강제연행, 즉 불법 체포에 해당하고, 불법 체포로부터 6시간 상당이 경과한 후에 이루어진 긴급체포 또한 위법하므로 피고인이 불법체포된 자로서 형법 제145조 제1항에 정한 '법률에 따라 체포되거나 구금된 자'가 아니어서 도주죄의 주체가 될 수 없다(대판 2006.7.6. 2005도6810).

[❷ ▸ ×] 乙의 친형인 甲이 승용차를 병원 밖으로 나온 乙에게 인도하여 준 경우, 乙의 도주행위는 이미 기수에 이르렀으므로 甲에게 범인도피죄의 성립여부가 문제되나 甲은 乙의 친형이므로 친족간의 특례(형법 제151조 제2항)가 적용되어 결국 불가벌이 된다.

　도주죄의 범인이 도주행위를 하여 기수에 이르른 이후에 범인의 도피를 도와 주는 행위는 범인도피죄에 해당할 수 있을 뿐 도주원조죄에는 해당하지 아니한다(대판 1991.10.11. 91도1656).

[❸ ▸ ○] 甲이 乙로부터 1,000만원을 받은 이상, 금품을 수뢰할 사람에게 전달하였는지 여부를 불문하고 제3자증뢰물전달죄는 성립하는 것이며 이에 나아가 甲이 구청공무원에게 금품을 뇌물로 전달한 경우에도 별도로 뇌물공여죄는 성립하지 않는다.

　제3자의 증뢰물전달죄는 제3자가 증뢰자로부터 교부받은 금품을 수뢰할 사람에게 전달하였는지 여부에 관계없이 제3자가 그 사정을 알면서 금품을 교부받음으로써 성립하는 것이며, 나아가 제3자가 그 교부받은 금품을 수뢰할 사람에게 전달하였다고 하여 증뢰물전달죄 외에 별도로 뇌물공여죄가 성립하는 것은 아니다(대판 1997.9.5. 97도1572).

[❹ ▸ ×] 증거인멸죄에 적용되는 친족 간의 특례(형법 제155조 제4항)는 사실혼관계에 있는 배우자에게는 적용되지 아니하므로 甲이 乙에 의한 범죄의 증거물인 사고차량을 치워 수리하게 한 경우 증거인멸죄로 처벌될 수 있다.

형법 제151조 제2항 및 제155조 제4항은 친족, 호주 또는 동거의 가족이 본인을 위하여 범인도피죄, 증거인멸죄 등을 범한 때에는 처벌하지 아니한다고 규정하고 있는바, 사실혼관계에 있는 자는 민법 소정의 친족이라 할 수 없어 위 조항에서 말하는 친족에 해당하지 않는다(대판 2003.12.12. 2003도4533).

[❺ ▸ ×] 피해자 명의의 신용카드를 부정사용하여 현금자동인출기에서 현금을 인출하고 그 현금을 취득까지 한 행위는 여신전문금융업법상의 신용카드부정사용죄에 해당할 뿐 아니라 그 현금을 취득함으로써 현금자동인출기 관리자의 의사에 반하여 그의 지배를 배제하고 그 현금을 자기의 지배하에 옮겨 놓는 것이 되므로 별도로 절도죄를 구성하고, 위 양 죄의 관계는 그 보호법익이나 행위태양이 전혀 달라 실체적 경합관계에 있는 것으로 보아야 한다(대판 1995.7.28. 95도997).

 ❸

정선지문 OX

01 대통령비서실 정책실장이 공무원으로 하여금 특별교부세 교부대상이 아닌 특정 사찰의 중·개축사업을 지원하는 특별교부세 교부신청 및 교부결정을 하도록 하게 한 경우에는 직권남용죄가 성립한다.
`12` 경찰간부 ○ | X

02 수인이 공동하여 뇌물수수죄를 범한 경우에는 특정범죄가중처벌등에관한법률 제2조 제1항의 적용 여부를 가리는 수뢰액을 정함에 있어서는 각 공범자들이 실제로 취득한 금액이나 분배받기로 한 금액을 기준으로 할 것이다. `12` 경찰채용 ○ | X

03 법외 단체인 전국공무원노동조합의 지부가 당초 공무원직장협의회의 운영에 이용되던 군(郡) 청사시설인 사무실을 임의로 사용하자, 지방자치단체장이 자진폐쇄 요청 후 행정대집행법에 따라 행정대집행을 하였는데, 피고인들과 위 지부 소속 공무원들이 위 집행을 행하던 공무원들에게 대항하여 폭행 등 행위를 한 경우, 특수공무집행방해죄가 성립한다. `13` 경찰승진 ○ | X

04 농업협동조합중앙회나 그 회장은 무고죄의 공무소나 공무원에 해당하지 않는다. `12` 경찰간부 ○ | X

05 피고인이 위조수표에 대한 부정수표단속법 제7조의 고발의무가 있는 은행원을 도구로 이용하여 수사기관에 고발을 하게하고, 이어 수사기관에 대하여 특정인을 위조자로 지목한 경우, 이는 사법경찰관의 질문에 답변으로 한 것이라 할지라도 자발성이 인정되어 무고죄가 성립한다. `12` 경찰채용 ○ | X

01 대판 2009.1.30. 2008도6950

02 특정범죄가중처벌등에관한법률 제2조 제1항의 적용 여부를 가리는 수뢰액을 정함에 있어서는 그 공범자 전원의 수뢰액을 합한 금액을 기준으로 하여야 할 것이고, 각 공범자들이 실제로 취득한 금액이나 분배받기로 한 금액을 기준으로 할 것이 아니다 (대판 1999.8.20. 99도1557).

03 대판 2011.4.28. 2007도7514

04 대판 1980.2.12. 79도3109

05 대판 2005.12.22. 2005도3203

정답

01 ○ **02** × **03** ○ **04** ○
05 ○

PASSCODE

경찰 형법각론

부록 · 2022년 기출문제

SD에듀
(주)시대고시기획

개인적 법익에 관한 죄

제1절 생명과 신체에 관한 죄

제1관 | 상해와 폭행의 죄

001
☐☐☐

상해와 폭행의 죄에 관한 설명으로 가장 적절하지 않은 것은?(다툼이 있는 경우 판례에 의함)

`22` 경찰채용

① 형법은 태아를 임산부 신체의 일부로 보거나, 낙태행위가 임산부의 태아양육, 출산 기능의 침해라는 측면에서 임산부에 대한 상해죄를 구성하는 것으로 보지는 않는다고 해석된다.

② 다방 종업원 숙소에 이르러 종업원들 중 1인이 자신을 만나주지 않는다는 이유로 시정된 탁구장 문과 주방문을 부수고 주방으로 들어가 방문을 열어주지 않으면 모두 죽여버린다고 폭언하면서 시정된 방문을 단순히 수회 발로 찬 甲의 행위도 종업원들의 신체에 대한 유형력의 행사로 볼 수 있어 폭행죄에 해당한다.

③ 식당의 운영자인 甲이 식당 밖에서 당겨 열도록 표시되어 있는 출입문을 열고 음식 배달차 밖으로 나가던 중 이웃 가게 손님으로 마침 위 식당 출입문 앞쪽 길가에 서 있던 A의 오른발 뒤꿈치 부위를 위 출입문 모서리 부분으로 충격하여 상해를 입게 한 행위는 업무상과실치상죄의 성립을 인정할 수 없다.

④ 甲이 상습으로 A를 폭행하고, 어머니 B를 존속폭행하였다는 내용으로 기소된 사안에서, 甲에게 폭행 범행을 반복하여 저지르는 습벽이 있고 이러한 습벽에 의하여 단순폭행, 존속폭행 범행을 저지른 사실이 인정된다면 단순폭행, 존속폭행의 각 죄별로 상습성을 판단할 것이 아니라 포괄하여 그중 법정형이 가장 중한 상습존속폭행죄만 성립할 여지가 있다.

정선 핵심

① 낙태행위 → 임산부에 대한 상해 ×
② 방문을 열어주지 않으면 죽여 버린다고 하며 방문을 발로 차는 경우 → 폭행죄 ×
③ 식당의 운영자인 甲이 A의 오른발 뒤꿈치 부위를 식당 출입문 모서리 부분으로 충격하여 상해를 입게 한 경우 → 업무상과실치상죄 ×
④ 상습으로 A를 폭행하고, 어머니 B를 폭행한 경우 → 상습존속폭행죄 ○

[❶ ▸ ○] 태아를 사망에 이르게 하는 행위가 임산부 신체의 일부를 훼손하는 것이라거나 태아의 사망으로 인하여 그 태아를 양육, 출산하는 임산부의 생리적 기능이 침해되어 임산부에 대한 상해가 된다고 볼 수는 없다(대판 2007.6.29. 2005도3832).

[❷ ▸ ×] 공소외인이 피고인을 만나주지 않는다는 이유로 시정된 탁구장문과 주방문을 부수고 주방으로 들어가 방문을 열어주지 않으면 모두 죽여버린다고 폭언하면서 시정된 방문을 수회 발로 찬 피고인의 행위는 재물손괴죄 또는 숙소 안의 자에게 해악을 고지하여 외포케 하는 단순 협박죄에 해당함은 별론으로 하고, 단순히 방문을 발로 몇 번 찼다고 하여 그것이 피해자들의 신체에 대한 유형력의 행사로는 볼 수 없어 폭행죄에 해당한다 할 수 없다(대판 1984.2.14. 83도3186).

[❸ ▸ ○] 이 사건 공소사실 기재 행위는 식당(분식점)의 운영자인 피고인이 그 업무상 하여야 할 구체적이고도 직접적인 주의의무를 위반한 때에 해당한다고 보기 어렵고, 오히려 위와 같이 출입문을 여닫는 행위는 음식을 배달하기 위한 경우 이외에도 일상생활에서 얼마든지 자연적으로 행하여질 수 있는 일이라는 점에서 단순히 일상생활상의 주의의무를 위반한 경우에 불과하다 할 것이므로 업무상과실치상죄의 성립을 인정할 수 없다 할 것이다(대판 2009.10.29. 2009도5753).

[❹ ▸ ○] 피고인이 상습으로 갑을 폭행하고, 어머니 을을 존속폭행하였다는 내용으로 기소된 경우, 피고인에게 폭행 범행을 반복하여 저지르는 습벽이 있고 이러한 습벽에 의하여 단순폭행, 존속폭행 범행을 저지른 사실이 인정된다면 단순폭행, 존속폭행의 각 죄별로 상습성을 판단할 것이 아니라 포괄하여 그중 법정형이 가장 중한 상습존속폭행죄만 성립할 여지가 있다(대판 2018.4.24. 2017도10956).

답 ❷

002

□□□

폭행에 대한 설명으로 옳지 않은 것은?(다툼이 있는 경우 판례에 의함) `22` 국가9급

① 피해자에게 근접하여 욕설을 하면서 때릴 듯이 손발을 휘두르거나 물건을 던지는 행위는 직접 피해자의 신체에 접촉하지 않더라도 이는 피해자에 대한 불법한 유형력의 행사로서 폭행에 해당한다.

② 피고인이 피해자에게 욕설을 한 것만을 가지고 당연히 폭행을 한 것이라고 할 수는 없을 것이고, 피해자 집의 대문을 발로 찬 것이 막바로 또는 당연히 피해자의 신체에 대하여 유형력을 행사한 경우에 해당한다고 할 수도 없다.

③ 공무원의 직무 수행에 대한 비판이나 시정 등을 요구하는 집회 시위 과정에서 일시적으로 상당한 소음이 발생하였다는 사정만으로도 공무집행방해죄에서의 음향으로 인한 폭행이 인정된다.

④ 거리상 멀리 떨어져 있는 사람에게 전화기를 이용하여 전화하면서 고성을 내거나 그 전화 대화를 녹음 후 듣게 하더라도 수화자의 청각기관을 자극하여 그 수화자로 하여금 고통스럽게 느끼게 할 정도의 음향이 아닌 경우에는 신체에 대한 유형력의 행사를 한 것으로 보기 어렵다.

폭행인지의 여부
① 근접하여 욕설을 하면서 때릴 듯이 손발이나 물건을 휘두르거나 던지는 경우 → ○
② 피해자 집의 대문을 발로 찬 경우 → ×
③ 공무원의 직무 수행을 비판하는 집회·시위 과정에서 일시적으로 상당한 소음이 발생한 경우 → 공무집행방해죄의 폭행 ×
④ 전화하면서 고성을 내거나 전화 대화를 녹음 후 듣게 하더라도 청각기관을 자극하여 고통스럽게 느끼게 할 정도가 아닌 경우 → ×

[❶ ▸ ○] 피해자에게 근접하여 욕설을 하면서 때릴 듯이 손발이나 물건을 휘두르거나 던지는 행위는 직접 피해자의 신체에 접촉하지 않았다고 하여도 피해자에 대한 불법한 유형력의 행사로서 폭행에 해당한다(대판 1990.2.13. 89도1406).

> 피고인들이 피해자 1에게 "너의 가족 씨를 말려 버린다. 저놈이 이 재산을 빼앗아 국회의원에 나놀려고 안나. 이 도둑놈"이라고 욕설을 하면서 곧 때릴 것처럼 위세를 보여 폭행하고, 또 피해자 2에게 "이년 왜 문중 산을 빼앗아 갈려고 그러느냐, 선거 때 남편을 위하여 쓴 100,000원을 빨리 내놓아라"고 소리를 치면서 동인을 때릴 듯이 위력을 보인 경우, 위와 같이 때릴 듯이 위세 또는 위력을 보인 구체적인 행위내용이 적시되어 있지 않으므로 결국 욕설을 함으로써 위세 또는 위력을 보였다는 취지로 볼 수밖에 없고 이와 같이 욕설을 한 것 외에 별다른 행위를 한 것이 없다면 유형력의 행사라고 보기 어렵다고 한 사례(대판 1990.2.13. 89도1406).

[❷ ▸ ○] 대판 1991.1.29. 90도2153

[❸ ▸ ×] 민주사회에서 공무원의 직무수행에 대한 시민들의 건전한 비판과 감시는 가능한 한 널리 허용되어야 한다는 점에서 볼 때, 공무원의 직무 수행에 대한 비판이나 시정 등을 요구하는 집회·시위 과정에서 일시적으로 상당한 소음이 발생하였다는 사정만으로는 이를 공무집행방해죄에서의 음향으로 인한 폭행이 있었다고 할 수는 없다(대판 2009.10.29. 2007도3584).

[❹ ▸ ○] 거리상 멀리 떨어져 있는 사람에게 전화기를 이용하여 전화하면서 고성을 내거나 그 전화 대화를 녹음 후 듣게 하는 경우에는 특수한 방법으로 수화자의 청각기관을 자극하여 그 수화자로 하여금 고통스럽게 느끼게 할 정도의 음향을 이용하였다는 등의 특별한 사정이 없는 한 신체에 대한 유형력의 행사를 한 것으로 보기 어렵다(대판 2003.1.10. 2000도5716).

답 ❸

003 학대의 죄에 관한 설명 중 가장 적절하지 않은 것은?(다툼이 있는 경우 판례에 의함)

22 경찰채용

① 아동학대범죄의 처벌 등에 관한 특례법(2014.1.28. 제정, 2014.9.29. 시행)은 제34조 제1항(공소시효의 정지와 효력)의 소급적용에 관하여 명시적인 경과규정을 두고 있지 않지만, 동법 시행일 당시 범죄행위가 종료되었으나 아직 공소시효가 완성되지 않은 아동학대범죄에 대해서도 적용된다.

② 아동복지법 제71조 제1항에 따라 처벌되는 동법 제17조 제2호 금지행위(아동에게 음란한 행위를 시키거나 이를 매개하는 행위 또는 아동에게 성적 수치심을 주는 성희롱 등의 성적 학대행위)의 처벌대상은 아동의 복지를 보장하는 동법의 취지에 비추어 성인에게만 한정된다.

③ 친아버지가 자신의 아들(만 1세)을 양육하면서 집안 내부에 먹다 남은 음식물 쓰레기, 소주병, 담배꽁초가 방치된 상태로 청소를 하지 않아 악취가 나는 비위생적인 환경에서 제대로 세탁하지 않아 음식물이 묻어 있는 옷을 입히고, 목욕을 주기적으로 시키지 않아 몸에서 악취를 풍기게 하는 등의 행위를 한 경우, 생존에 필요한 최소한의 보호를 하였거나 아들에게 애정을 표현했다는 사정이 있더라도 이는 아들에 대한 방임행위에 해당한다.

④ 어린이집 보육교사가 아동(만 4세)이 창틀에 매달리는 등 위험한 행동을 한다는 이유로 그를 안아 바닥에서 약 78cm 높이의 교구장(110cm×29cm×63cm) 위에 올려둔 후 교구장을 1회 흔들고, 아동의 몸을 잡고는 교구장 뒤 창 쪽으로 흔들어 보이는 등 약 40분 동안 앉혀둔 경우, 이는 비록 안전을 위한 조치라 할지라도 아동에 대한 학대행위에 해당한다.

정선 핵심

① 특례법상 공소시효 정지규정 → 공소시효 미완성인 아동학대범죄에 대하여 적용 ○
② 아동복지법상 금지행위의 처벌대상 → 성인에게만 한정 ×
③ 친아버지가 아들(만 1세)을 양육하면서 비위생적인 환경에 방치한 경우 → 방임행위 ○
④ 보육교사가 아동(만 4세)을 교구장에 약 40분 동안 앉혀둔 경우 → 학대행위 ○

정선 해설

[❶ ▶ ○] 아동학대처벌법이 제34조 제1항의 소급적용 등에 관하여 명시적인 경과규정을 두고 있지는 아니하나, 위 규정은 완성되지 아니한 공소시효의 진행을 일정한 요건 아래에서 장래를 향하여 정지시키는 것으로서, 시행일인 2014.9.29. 당시 범죄행위가 종료되었으나 아직 공소시효가 완성되지 아니한 아동학대범죄에 대하여도 적용된다(대판 2016.9.28. 2016도7273).

[❷ ▶ ×] 아동복지법 규정의 각 문언과 조문의 체계 등을 종합하여 보면, 누구든지 아동복지법 제17조 제2호에서 정한 금지행위를 한 경우 제71조 제1항에 따라 처벌되는 것이고, 성인이 아니라고 하여 위 금지행위규정 및 처벌규정의 적용에서 배제된다고 할 수는 없다(대판 2020.10.15. 2020도6422).

[❸ ▶ ○] 생존에 필요한 최소한의 보호를 하였다는 사정이나 갑이 피고인에게 애정을 표현했다는 사정만으로는 피고인이 갑의 친권자로서 갑의 건강과 안전, 행복을 위하여 필요한 책무를 다했다고 보기 어려우므로, 피고인이 비위생적인 환경에서 갑을 양육하였고 갑의 의복과 몸을 청결하게 유지해 주지 않았으며 갑을 집에 두고 외출하기도 하는 등 의식주를 포함한 기본적인 보호·양육·치료 및 교육을 소홀히 하는 방임행위를 하였다고 보는 것이 타당하다(대판 2020.9.3. 2020도7625).

[❹ ▶ ○] 피고인이 강압적이고 부정적인 태도를 보이며 4세인 갑을 높이 78cm에 이르는 교구장 위에 약 40분 동안 앉혀놓은 것은 그 자체로 위험한 행위일 뿐만 아니라 그 과정에서 갑은 공포감 내지 소외감을 느꼈을 것으로 보이고, 실제로 갑이 정신적 고통 등을 호소하며 일주일이 넘도록 어린이집에 등원하지 못한 점 등 여러 사정에 비추어 피고인이 갑을 정서적으로 학대하였다고 보는 것이 타당하다(대판 2020.3.12. 2017도5769).

답 ❷

제1관 | 약취·유인·인신매매의 죄

004

□□□

형법 제287조 미성년자약취죄에 관한 다음 설명 중 가장 옳지 않은 것은?(다툼이 있는 경우 판례에 의하고, 전원합의체 판결의 경우 다수의견에 의함) `22` 법원9급

① 미성년자를 보호·감독하는 사람이라고 하더라도 다른 보호감독자의 보호·양육권을 침해하거나 자신의 보호·양육권을 남용하여 미성년자 본인의 이익을 침해하는 때에는 형법 제287조 미성년자약취죄의 주체가 될 수 있다.

② 부모가 이혼하였거나 별거하는 상황에서 미성년의 자녀를 부모의 일방이 평온하게 보호·양육하고 있는데, 상대방 부모가 폭행, 협박 또는 불법적인 사실상의 힘을 행사하여 그 보호·양육 상태를 깨뜨리고 자녀를 탈취하여 자기 또는 제3자의 사실상 지배하에 옮긴 경우, 그와 같은 행위는 특별한 사정이 없는 한 미성년자에 대한 약취죄를 구성한다고 볼 수 있다.

③ 미성년의 자녀를 부모가 함께 동거하면서 보호·양육하여 오던 중 부모의 일방이 상대방 부모나 그 자녀에게 어떠한 폭행, 협박이나 불법적인 사실상의 힘을 행사함이 없이 그 자녀를 데리고 종전의 거소를 벗어나 다른 곳으로 옮겨 자녀에 대한 보호·양육을 계속하였다면, 그 행위가 보호·양육권의 남용에 해당한다는 등 특별한 사정이 없는 한 설령 이에 관하여 법원의 결정이나 상대방 부모의 동의를 얻지 아니하였다고 하더라도 그러한 행위에 대하여 곧바로 형법상 미성년자에 대한 약취죄의 성립을 인정할 수는 없다.

④ 부모가 별거하는 상황에서 비양육친이 면접교섭권을 행사하여 미성년 자녀를 데리고 갔다가 면접교섭 기간이 종료하였음에도 불구하고 자녀를 양육친에게 돌려주지 않은 경우에는 그러한 부작위를 폭행, 협박이나 불법적인 사실상의 힘을 행사한 것으로 볼 수는 없으므로, 미성년자약취죄가 성립할 수 없다.

정선 핵심

미성년자약취죄의 성립 여부
① 보호감독자가 다른 보호감독자의 감호권을 침해하거나 감호권을 남용하는 경우 → ○
② 평온하게 보호·양육받는 미성년자를 상대방 부모가 폭행등을 행사하여 사실상 지배하에 옮긴 경우 → ○
③ 법원의 결정이나 상대방 부모의 동의없이 다른 곳으로 옮겨 자녀에 대한 보호·양육을 계속한 경우 → ×
④ 면접교섭권을 행사하여 미성년 자녀를 데리고 갔다가 면접교섭 기간이 종료하였음에도 양육친에게 돌려주지 않은 경우 → ○

정선 해설

[❶ ▸ ○] [❷ ▸ ○] 미성년자를 보호·감독하는 사람이라고 하더라도 다른 보호감독자의 보호·양육권을 침해하거나 자신의 보호·양육권을 남용하여 미성년자 본인의 이익을 침해하는 때에는 미성년자에 대한 약취죄의 주체가 될 수 있으므로,❶ 부모가 이혼하였거나 별거하는 상황에서 미성년의 자녀를 부모의 일방이 평온하게 보호·양육하고 있는데, 상대방 부모가 폭행, 협박 또는 불법적인 사실상의 힘을 행사하여 그 보호·양육 상태를 깨뜨리고 자녀를 자기 또는 제3자의 사실상 지배하에 옮긴 경우 그와 같은 행위는 특별한 사정이 없는 한 미성년자에 대한 약취죄를 구성한다❷(대판 2021.9.9. 2019도16421).

[❸ ▸ ○] <u>미성년의 자녀를 부모가 함께 동거하면서 보호·양육하여 오던 중 부모의 일방이 상대방 부모나 그 자녀에게 어떠한 폭행, 협박이나 불법적인 사실상의 힘을 행사함이 없이 그 자녀를 데리고 종전의 거소를 벗어나 다른 곳으로 옮겨 자녀에 대한 보호·양육을 계속하였다면, 설령 이에 관하여 법원의 결정이나 상대방 부모의 동의를 얻지 아니하였다고 하더라도</u> 그러한 행위에 대하여 곧바로 형법상 미성년자에 대한 약취죄의 성립을 인정할 수는 없다(대판 2013.6.20. 2010도14328[전합]).

[**❹** ▸ ✕] 판례의 취지를 고려할 때 비양육친의 행위는 불법적인 사실상의 힘을 수단으로 미성년 자녀를 그 의사와 복리에 반하여 자유로운 생활 및 보호관계로부터 이탈시켜 자기의 사실상 지배하에 옮긴 적극적 행위와 형법적으로 같은 정도의 행위로 평가할 수 있으므로 미성년자약취죄에 해당한다.

<u>피고인과 갑은 각각 한국과 프랑스에서 따로 살며 이혼소송 중인 부부로서 자녀인 피해아동 을(만 5세)은 프랑스에서 갑과 함께 생활하였는데, 피고인이 을을 면접교섭하기 위하여 그를 보호·양육하던 갑으로부터 을을 인계받아 국내로 데려온 후 면접교섭 기간이 종료하였음에도 을을 데려다주지 아니한 채 갑과 연락을 두절한 후 법원의 유아인도명령 등에도 불응한 사안에서, 피고인의 행위가 미성년자약취죄의 약취행위에 해당한다고 한 사례(대판 2021.9.9. 2019도16421).</u>

답 **❹**

제2관 | 강간과 추행의 죄

005
□□□

강간과 추행의 죄에 관한 설명으로 가장 적절하지 않은 것은?(다툼이 있는 경우 판례에 의함)

`22` 경찰채용

① 위계에 의한 간음죄에 해당하는지 여부를 판단할 때에는 구체적인 범행 상황에 놓인 피해자의 입장과 관점이 충분히 고려되어야 하고, 일반적 평균적 판단능력을 갖춘 성인 또는 충분한 보호와 교육을 받은 또래의 시각에서 인과관계를 쉽사리 부정하여서는 안 된다.

② 강제추행죄는 상대방에 대하여 폭행 또는 협박을 가하여 항거를 곤란하게 한 뒤에 추행행위를 하는 경우뿐만 아니라 폭행행위 자체가 추행행위라고 인정되는 경우도 포함되며, 이 경우의 폭행은 반드시 상대방의 의사를 억압할 정도의 것이어야 한다.

③ 강간죄에서의 폭행·협박과 간음 사이에는 인과관계가 있어야 하나, 폭행·협박이 반드시 간음행위보다 선행되어야 하는 것은 아니다.

④ 구 성폭력범죄의 처벌 등에 관한 특례법 제11조의 '공중밀집장소에서의 추행'이 기수에 이르기 위하여는 행위자의 행위로 인하여 대상자가 성적 수치심이나 혐오감을 반드시 실제로 느껴야 하는 것은 아니고, 객관적으로 일반인에게 성적 수치심이나 혐오감을 일으키게 할 만한 행위로서 선량한 성적 도덕관념에 반하는 행위를 실행하는 것으로 충분하다.

**정선
핵심**

① 위계에 의한 간음죄 해당 여부를 판단할 경우 → 일반적 성인 또는 또래의 시각에서 인과관계를 쉽게 부정 ✕
② 강제추행죄의 구성요건
　⋯⋗ 폭행행위
　　• 폭행행위 자체가 추행행위라고 인정되는 경우도 포함
　　• 상대방의 의사를 억압할 정도의 것을 요하지 않고 힘의 대소강약 불문
③ 강간죄의 구성요건
　⋯⋗ 폭행·협박
　　• 간음과 인과관계 필요
　　• 간음행위보다 선행할 것 불요
④ 공중밀집장소에서의 추행 → 선량한 성적 도덕관념에 반하는 행위를 실행하는 때 기수

[❶ ▶ ○]　위계에 의한 간음죄가 보호대상으로 삼는 아동·청소년, 미성년자, 심신미약자, 피보호자·피감독자, 장애인 등의 성적 자기결정 능력은 그 나이, 성장과정, 환경, 지능 내지 정신기능 장애의 정도 등에 따라 개인별로 차이가 있으므로 간음행위와 인과관계가 있는 위계에 해당하는지 여부를 판단할 때에는 구체적인 범행 상황에 놓인 피해자의 입장과 관점이 충분히 고려되어야 하고, 일반적·평균적 판단능력을 갖춘 성인 또는 충분한 보호와 교육을 받은 또래의 시각에서 인과관계를 쉽사리 부정하여서는 안 된다(대판 2020.8.27. 2015도9436[전합]).

> 피고인이 스마트폰 채팅 애플리케이션을 통하여 알게 된 14세의 피해자에게 자신을 '고등학교 2학년인 갑'이라고 거짓으로 소개하고 채팅을 통해 교제하던 중 자신을 스토킹하는 여성 때문에 힘들다며 그 여성을 떼어내려면 자신의 선배와 성관계를 하여야 한다는 취지로 피해자에게 이야기하고, 피고인과 헤어지는 것이 두려워 피고인의 제안을 승낙한 피해자를 마치 자신이 갑의 선배인 것처럼 행세하여 간음한 사안에서, 피고인은 간음의 목적으로 피해자에게 오인, 착각, 부지를 일으키고 피해자의 그러한 심적 상태를 이용하여 피해자를 간음한 것이므로 피고인의 간음행위는 위계에 의한 것이라고 평가할 수 있다고 한 사례(대판 2020.8.27. 2015도9436[전합]).

[❷ ▶ ×]　강제추행죄는 상대방에 대하여 폭행 또는 협박을 가하여 항거를 곤란하게 한 뒤에 추행행위를 하는 경우뿐만 아니라 폭행행위 자체가 추행행위라고 인정되는 경우도 포함되며, 이 경우의 폭행은 반드시 상대방의 의사를 억압할 정도의 것임을 요하지 않고 상대방의 의사에 반하는 유형력의 행사가 있는 이상 그 힘의 대소강약을 불문한다(대판 2012.6.14. 2012도3893).

[❸ ▶ ○]　대판 2017.10.12. 2016도16948

[❹ ▶ ○]　구 성폭력범죄의 처벌 등에 관한 특례법 위반죄(공중밀집장소에서의 추행)가 기수에 이르기 위해서는 객관적으로 일반인에게 성적 수치심이나 혐오감을 일으키게 할 만한 행위로서 선량한 성적 도덕관념에 반하는 행위를 행위자가 대상자를 상대로 실행하는 것으로 충분하고, 행위자의 행위로 말미암아 대상자가 성적 수치심이나 혐오감을 반드시 실제로 느껴야 하는 것은 아니다(대판 2020.6.25. 2015도7102).

답 ❷

006
☐☐☐

강간과 추행의 죄에 대한 설명으로 옳지 않은 것은?(다툼이 있는 경우 판례에 의함)

`22` 국가9급

① 피고인이 아파트 엘리베이터 내에 A(여, 11세)와 단둘이 탄 다음 A를 향하여 성기를 꺼내어 잡고 여러 방향으로 움직이다가 이를 보고 놀란 A 쪽으로 가까이 다가간 경우, 피고인이 A의 신체에 직접적인 접촉을 하지 아니하였고, 엘리베이터가 멈춘 후 A가 위 상황에서 바로 벗어날 수 있었으므로 피고인의 행위는 성폭력범죄의 처벌 등에 관한 특례법 제7조 제5항에서 정한 위력에 의한 추행에 해당하지 않는다.

② '미성년자 또는 심신미약자에 대하여 위계 또는 위력으로써 간음 또는 추행'한 자를 처벌하는 형법 제302조는, 미성년자나 심신미약자와 같이 판단능력이나 대처능력이 일반인에 비하여 낮은 사람은 낮은 정도의 유·무형력의 행사에 의해서도 저항을 제대로 하지 못하고 피해를 입을 가능성이 있기 때문에 범죄의 성립요건을 강간죄나 강제추행죄보다 완화된 형태로 규정한 것이다.

③ 피해자가 깊은 잠에 빠져 있거나 술·약물 등에 의해 일시적으로 의식을 잃은 상태 또는 완전히 의식을 잃지는 않았더라도 그와 같은 사유로 정상적인 판단능력과 대응 조절능력을 행사할 수 없는 상태에 있었다면 이는 준강간죄 또는 준강제추행죄에서의 심신상실 또는 항거불능 상태에 해당한다.

④ 성폭력범죄의 처벌 등에 관한 특례법 제10조 제1항에서 정한 '업무, 고용이나 그 밖의 관계로 인하여 자기의 보호, 감독을 받는 사람'에는 직장 안에서 보호 또는 감독을 받거나 사실상 보호 또는 감독을 받는 상황에 있는 사람뿐만 아니라 채용 절차에서 영향력의 범위 안에 있는 사람도 포함된다.

정선 핵심	① 엘리베이터에서 여아를 향하여 성기를 꺼내어 움직이다가 다가간 경우 → 위력에 의한 추행 ○ ② 미성년자·심신미약자 간음·추행죄 → 낮은 정도의 유·무형력의 행사에도 피해를 입을 가능성이 있어 범죄의 성립요건을 완화된 형태로 규정 ③ 준강간죄 또는 준강제추행죄의 구성요건 ┈▸ 심신상실 또는 항거불능 상태 : 정상적인 판단능력과 대응·조절능력을 행사할 수 없는 상태 ④ 업무상 위력 등에 의한 추행죄의 구성요건 ┈▸ 업무, 고용 등의 관계로 인하여 자기의 보호, 감독을 받는 사람 : 직장 안에서 또는 사실상 보호, 감독을 받는 사람과 채용 절차에서 영향력의 범위 안에 있는 사람도 포함

정선 해설	[❶ ▸ ✕] 피고인의 행위는 성폭력범죄의 처벌 등에 관한 특례법 제7조 제5항 소정의 13세 미만의 자에 대한 위력에 의한 추행에 해당한다.

피고인은 나이 어린 갑을 범행 대상으로 삼아, 의도적으로 협소하고 폐쇄적인 엘리베이터 내 공간을 이용하여 갑이 도움을 청할 수 없고 즉시 도피할 수도 없는 상황을 만들어 범행을 한 점 등 제반 사정에 비추어 볼 때, 비록 피고인이 갑의 신체에 직접적인 접촉을 하지 아니하였고 엘리베이터가 멈춘 후 갑이 위 상황에서 바로 벗어날 수 있었다고 하더라도, 피고인의 행위는 갑의 성적 자유의사를 제압하기에 충분한 세력에 의하여 추행행위에 나아간 것으로서 위력에 의한 추행에 해당한다고 보아야 한다(대판 2013.1.16. 2011도7164).

[❷ ▸ ○] 형법 제32장의 죄의 기본적 구성요건은 강간죄(제297조)나 강제추행죄(제298조)인데, 이 죄는 미성년자나 심신미약자와 같이 판단능력이나 대처능력이 일반인에 비하여 낮은 사람은 낮은 정도의 유·무형력의 행사에 의해서도 저항을 제대로 하지 못하고 피해를 입을 가능성이 있기 때문에 범죄의 성립요건을 보다 완화된 형태로 규정한 것이다(대판 2019.6.13. 2019도3341).

[❸ ▸ ○] 대판 2021.2.4. 2018도9781

[❹ ▸ ○] 성폭력범죄의 처벌 등에 관한 특례법 제10조는 '업무상 위력 등에 의한 추행'에 관한 처벌 규정인데, 제1항에서 "업무, 고용이나 그 밖의 관계로 인하여 자기의 보호, 감독을 받는 사람에 대하여 위계 또는 위력으로 추행한 사람은 3년 이하의 징역 또는 1천 500만원 이하의 벌금에 처한다."라고 정하고 있다. '업무, 고용이나 그 밖의 관계로 인하여 자기의 보호, 감독을 받는 사람'에는 직장 안에서 보호 또는 감독을 받거나 사실상 보호 또는 감독을 받는 상황에 있는 사람뿐만 아니라 채용 절차에서 영향력의 범위 안에 있는 사람도 포함된다(대판 2020.7.9. 2020도5646).

편의점 업주인 피고인이 아르바이트 구인 광고를 보고 연락한 갑을 채용을 빌미로 불러내 면접을 한 후 자신의 집으로 유인하여 갑의 성기를 만지고 갑에게 피고인의 성기를 만지게 하였다고 하여 성폭력범죄의 처벌 등에 관한 특례법 위반(업무상 위력 등에 의한 추행)으로 기소된 사안에서, 피고인이 채용 권한을 가지고 있는 지위를 이용하여 갑의 자유의사를 제압하여 갑을 추행하였다고 본 원심판단이 정당하다고 한 사례(대판 2020.7.9. 2020도5646).

 답 ❶

다음에 관한 설명으로 가장 적절하지 않은 것은?(다툼이 있는 경우 판례에 의함)

① 甲은 A가 심신상실 또는 항거불능의 상태에 있다고 인식하고 그러한 상태를 이용하여 간음할 의사로 A를 간음하였으나 A가 실제로는 심신상실 또는 항거불능의 상태에 있지 않은 경우에는 준강간죄의 장애미수가 성립한다.

② 성적 자기결정권에는 자신이 하고자 하는 성행위를 결정할 권리라는 적극적 측면과 함께 원치 않는 성행위를 거부할 권리라는 소극적 측면이 함께 존재하는데, 위계에 의한 간음죄를 비롯한 강간과 추행의 죄는 소극적 성적자기결정권을 침해하는 것을 내용으로 한다.

③ 술에 취한 甲이 간음할 목적으로 초등학교 5학년 여학생인 A의 소매를 갑자기 잡아끌면서 "우리 집에 같이 자러 가자."고 한 행위는 간음목적 약취행위의 수단으로서 폭행에 해당한다.

④ 입찰방해죄는 위계 또는 위력 기타의 방법으로 입찰의 공정을 해하는 경우에 성립하는 위태범으로서 결과의 불공정이 현실적으로 나타나는 것을 필요로 하지 않는다.

**정선
핵심**

① 피해자가 심신상실 또는 항거불능의 상태에 있다고 오인하고 간음한 경우 → 준강간죄의 불능미수 ○

② 위계에 의한 간음죄 등 강간과 추행의 죄 → 소극적 성적 자기결정권의 침해

③ 초등학교 5학년 여학생의 소매를 잡아 끌면서 "우리 집에 같이 자러 가자"고 한 경우 → 추행목적 약취행위의 수단인 폭행 ○

④ 입찰방해죄의 구성요건
  → 결과의 불공정이 현실적으로 나타나는 것 불요

**정선
해설**

[❶ ▸ ✕] 피고인이 피해자가 심신상실 또는 항거불능의 상태에 있다고 인식하고 그러한 상태를 이용하여 간음할 의사로 피해자를 간음하였으나 피해자가 실제로는 심신상실 또는 항거불능의 상태에 있지 않은 경우에는, 실행의 수단 또는 대상의 착오로 인하여 준강간죄에서 규정하고 있는 구성요건적 결과의 발생이 처음부터 불가능하였고 실제로 그러한 결과가 발생하였다고 할 수 없다. 피고인이 행위 당시에 인식한 사정을 놓고 일반인이 객관적으로 판단하여 보았을 때 준강간의 결과가 발생할 위험성이 있었으므로 준강간죄의 불능미수가 성립한다(대판 2019.3.28. 2018도16002[전합]).

[❷ ▸ ○] 성적 자기결정권은 자신이 하고자 하는 성행위를 결정할 권리라는 적극적 측면과 함께 원치 않는 성행위를 거부할 권리라는 소극적 측면이 함께 존재하는데, 위계에 의한 간음죄를 비롯한 강간과 추행의 죄는 소극적 성적 자기결정권을 침해하는 것을 내용으로 한다(대판 2020.8.27. 2015도9436[전합]).

[❸ ▸ ○] 대판 2009.7.9. 2009도3816

[❹ ▸ ○] 입찰방해죄는 위계 또는 위력 기타의 방법으로 입찰의 공정을 해하는 경우에 성립하는 위태범으로서, 입찰의 공정을 해할 행위를 하면 그것으로 족한 것이지 현실적으로 입찰의 공정을 해한 결과가 발생할 필요는 없다(대판 1994.5.24. 94도600).

정답 ❶

다음 사례에 관한 설명 중 가장 적절한 것은?(다툼이 있는 경우 판례에 의함)

`22` 경찰채용

① 甲은 A(만 10세)를 약취한 후 강간을 목적으로 상해 등을 가하고 나아가 강간 및 살해하고자 하였으나 미수에 그친 경우, 甲에게는 약취한 미성년자에 대한 상해 등으로 인한 특정범죄 가중처벌 등에 관한 법률위반죄와 미성년자에 대한 강간 및 살인미수행위로 인한 성폭력범죄의 처벌 등에 관한 특례법위반죄가 성립하고, 양자는 상해의 결과가 피해자에 대한 강간 및 살인미 수행위 과정에서 발생한 것이기에 상상적 경합의 관계에 있다.

② 甲이 상대방에게 성적 수치심을 일으키는 그림 등이 담겨 있는 웹페이지에 대한 인터넷 링크를 A에게 보낸 경우, A가 그 링크를 이용하여 별다른 제한 없이 이에 바로 접할 수 있는 상태가 조성되었는지 여부를 묻지 않고 甲에게는 성폭력범죄의 처벌 등에 관한 특례법위반(통신매체 이용음란)죄가 성립한다.

③ 甲이 용변을 보고 있는 사람을 촬영하기 위해 자신의 휴대전화의 카메라 기능을 켜고 A가 있는 화장실 칸 너머로 휴대전화를 든 손을 넘겼으나, A가 놀라 소리를 질러 실제 촬영은 하지 못한 경우, 甲의 행위는 성폭력범죄의 처벌 등에 관한 특례법위반(카메라등이용촬영)죄의 실행에 착수했다고 볼 수 없다.

④ 군인 甲은 자신의 독신자 숙소에서 군인 A와 서로 키스, 구강성교나 항문성교를 하는 방법으로 추행하고, 군인 乙은 자신의 독신자숙소에서 동일한 방법으로 甲과 추행한 경우, 이는 독신자 숙소에서 휴일 또는 근무시간 이후에 성인 남성들의 자유로운 의사에 기초한 합의된 행위로 군형법 제92조의6에서 처벌대상으로 규정한 '항문성교나 그 밖의 추행'에 해당하지 아니한다.

**정선
핵심**

① 미성년자를 약취한 후 강간 목적으로 상해를 가하고 나아가 강간 및 살인미수를 범한 경우 → 특가법위반죄와 성폭력처벌법위반죄의 실체적 경합 ○

② 상대방이 받은 인터넷 링크를 통해 제한 없이 웹페이지에 접속할 수 있는 상태가 조성된 경우 → 통신매체이용음 란죄 ○

③ 화장실 칸 너머로 휴대전화를 든 손을 넘겼으나, 용변을 보고 있는 사람을 촬영하지 못한 경우 → 카메라등이용촬 영죄의 실행의 착수 ○

④ 군인인 성인 남성들의 자유로운 의사에 기초한 성행위 → 군형법상 항문성교나 그 밖의 추행 ×

**정선
해설**

[❶ ▸ ✕] 미성년자인 피해자를 약취한 후에 강간을 목적으로 피해자에게 가혹한 행위 및 상해를 가하고 나아가 그 피해자에 대한 강간 및 살인미수를 범하였다면, 이에 대하여는 약취한 미성년자에 대한 상해 등으로 인한 특정범 죄 가중처벌 등에 관한 법률위반죄 및 미성년자인 피해자에 대한 강간 및 살인미수행위로 인한 성폭력범죄의 처벌 등에 관한 특례법위반죄가 각 성립하고, 설령 상해의 결과가 피해자에 대한 강간 및 살인미수행위 과정에서 발생한 것이라 하더라도 위 각 죄는 서로 형법 제37조 전단의 실체적 경합범 관계에 있다(대판 2014.2.27. 2013도12301).

[❷ ▸ ✕] 상대방에게 성적 수치심을 일으키는 그림 등이 담겨 있는 웹페이지 등에 대한 인터넷 링크(internet link)를 보내는 행위를 통해 그와 같은 그림 등이 상대방에 의하여 인식될 수 있는 상태에 놓이고 실질에 있어서 이를 직접 전달하는 것과 다를 바 없다고 평가되고, 이에 따라 상대방이 이러한 링크를 이용하여 별다른 제한 없이 성적 수치심을 일으키는 그림 등에 바로 접할 수 있는 상태가 실제로 조성되었다면, 그러한 행위는 전체로 보아 성적 수치심을 일으키는 그림 등을 상대방에게 도달하게 한다는 구성요건을 충족한다(대판 2017.6.8. 2016도 21389).

[❸ ▸ ✕] 휴대전화를 든 피고인의 손이 피해자가 용변을 보고 있던 화장실 칸 너머로 넘어온 점, 카메라 기능이 켜진 위 휴대전화의 화면에 피해자의 모습이 보인 점 등에 비추어 보면, 피고인은 촬영대상을 피해자로 특정하고 휴대전화의 카메라 렌즈를 통하여 피해자에게 초점을 맞추는 등 휴대전화에 영상정보를 입력하기 위한 구체적이고 직접적인 행위를 개시함으로써 성폭력처벌법위반(카메라등이용촬영)죄의 실행에 착수하였음이 인정된다(대판 2021.3.25. 2021도749).

[❹ ▸ ○] 피고인들과 을은 모두 남성 군인으로 동성애 채팅 애플리케이션을 통해 만났고 같은 부대 소속이 아니었는데, 당시 피고인들의 독신자 숙소에서 휴일 또는 근무시간 이후에 <u>자유로운 의사를 기초로 한 합의에 따라 항문성교나 그 밖의 성행위</u>를 하였고, 그 과정에 폭행·협박, 위계·위력은 없었으며 의사에 반하는 행위인지 여부가 문제된 사정도 전혀 없는 점, 피고인들의 행위가 군이라는 공동체 내의 공적, 업무적 영역 또는 이에 준하는 상황에서 이루어져 군이라는 공동체의 건전한 생활과 군기를 직접적이고 구체적으로 침해한 경우에 해당한다는 사정은 증명되지 않은 점에 비추어 피고인들의 행위는 <u>군형법 제92조의6에서 처벌대상으로 규정한 '항문성교나 그 밖의 추행'에 해당하지 않는다</u>(대판 2022.4.21. 2019도3047[전합]).

답 ❹

제3절 **명예·신용·업무·경매에 관한 죄**

제1관 | 명예에 관한 죄

009
☐☐☐

명예에 관한 죄에 대한 아래 ㄱ.부터 ㅁ.까지의 설명 중 옳고 그름의 표시(○, ×)가 모두 바르게 된 것은?(다툼이 있는 경우 판례에 의함) `22` 경찰채용

> ㄱ. 인터넷 댓글에 의하여 모욕을 당한 피해자의 인터넷 아이디(ID)만을 알 수 있을 뿐 그 밖의 주위사정을 종합해보더라도 그와 같은 인터넷 아이디를 가진 사람이 동 피해자임을 알아차릴 수 없는 경우라면 명예훼손죄 또는 모욕죄가 성립하지 않는다.
>
> ㄴ. 어떠한 표현이 상대방의 인격적 가치에 대한 사회적 평가를 저하시킬 만한 것이 아니라면 설령 그 표현이 다소 무례한 방법으로 표시되었다 하더라도 이를 두고 모욕죄의 구성요건에 해당한 다고 볼 수 없다.
>
> ㄷ. 모욕죄는 피해자의 외부적 명예를 저하시킬 만한 추상적 판단이나 경멸적 감정을 공연히 표시 함으로써 성립하는 것으로, 피해자의 외부적 명예가 현실적으로 침해되거나 적어도 구체적 현실적으로 침해될 위험이 발생하여야 한다.
>
> ㄹ. 형법 제307조 명예훼손죄에 있어서의 사실의 적시는 가치판단이나 평가를 내용으로 하는 의견 표현에 대치되는 개념으로서 시간적으로나 공간적으로 구체적인 과거 또는 현재의 사실관계에 관한 보고나 진술을 뜻한다.
>
> ㅁ. 정보통신망을 이용한 명예훼손의 경우에는 게재행위의 종료만으로 범죄행위가 종료하는 것은 아니고 원래 게시물이 삭제되어 정보의 송·수신이 불가능해지는 시점을 범죄의 종료시기로 보아야 한다.

① ㄱ(○) ㄴ(×) ㄷ(○) ㄹ(×) ㅁ(○)
② ㄱ(○) ㄴ(○) ㄷ(×) ㄹ(○) ㅁ(×)
③ ㄱ(×) ㄴ(×) ㄷ(○) ㄹ(×) ㅁ(×)
④ ㄱ(○) ㄴ(○) ㄷ(×) ㄹ(○) ㅁ(○)

ㄱ. 모욕을 당한 피해자의 인터넷 아이디(ID)만을 알 수 있는 경우 → 명예훼손죄 또는 모욕죄 ×
ㄴ. 표현이 다소 무례한 방법으로 표시되었으나 인격적 가치에 대한 사회적 평가를 저하시킬 만한 것이 아닌 경우
    → 모욕죄 ×
ㄷ. 모욕죄의 구성요건
    → 모욕 : 외부적 명예가 침해되거나 구체적・현실적으로 침해될 위험의 발생 불요
ㄹ. 명예훼손죄의 구성요건
    → 사실의 적시 : 시간적・공간적으로 구체적인 사실관계에 관한 보고나 진술
ㅁ. 정보통신망을 이용한 명예훼손의 범죄종료시기 → 게재행위의 종료 시

[ㄱ ▸ ○] 인터넷 댓글에 의하여 모욕을 당한 피해자의 인터넷 아이디(ID)만을 알 수 있을 뿐 그 밖의 주위사정을
종합해보더라도 그와 같은 인터넷 아이디를 가진 사람이 청구인이라고 알아차릴 수 없는 경우에 있어서는 외부적
명예를 보호법익으로 하는 명예훼손죄 또는 모욕죄의 피해자가 청구인으로 특정된 경우로 볼 수 없으므로, 특정인인
청구인에 대한 명예훼손죄 또는 모욕죄가 성립하지 않는다(헌재 2008.6.26. 2007헌마461).
[ㄴ ▸ ○] 대판 2015.12.24. 2015도6622
[ㄷ ▸ ×] 모욕죄는 피해자의 외부적 명예를 저하시킬 만한 추상적 판단이나 경멸적 감정을 공연히 표시함으로써
성립하므로, 피해자의 외부적 명예가 현실적으로 침해되거나 구체적・현실적으로 침해될 위험이 발생하여야 하는
것도 아니다(대판 2016.10.13. 2016도9674).
[ㄹ ▸ ○] 명예훼손죄에서의 사실의 적시란 가치판단이나 평가를 내용으로 하는 의견표현에 대치되는 개념으로
서 시간과 공간적으로 구체적인 과거 또는 현재의 사실관계에 관한 보고 내지 진술을 의미하며, 그 표현내용이
증거에 의한 입증이 가능한 것을 말한다(대판 2017.5.11. 2016도19255).
[ㅁ ▸ ×] 서적・신문 등 기존의 매체에 명예훼손적 내용의 글을 게시하는 경우에 그 게시행위로써 명예훼손의
범행은 종료하는 것이며 그 서적이나 신문을 회수하지 않는 동안 범행이 계속된다고 보지는 않는다는 점을 고려해
보면, 정보통신망을 이용한 명예훼손의 경우에, 게시행위 후에도 독자의 접근가능성이 기존의 매체에 비하여 좀
더 높다고 볼 여지가 있다 하더라도 그러한 정도의 차이만으로 정보통신망을 이용한 명예훼손의 경우에 범죄의
종료시기가 달라진다고 볼 수는 없다(대판 2007.10.25. 2006도346).

 ❷

명예에 관한 죄에 대한 설명으로 옳지 않은 것은?(다툼이 있는 경우 판례에 의함)

① 甲은 A의 집 뒷길에서 자신의 남편과 A의 친척이 듣는 가운데 다른 사람들이 들을 수 있을 정도의 큰 소리로 A에게 "저것이 징역 살다 온 전과자다."라고 말한 경우, 자신의 남편과 A의 친척에게 말한 것이라 할지라도 명예훼손죄의 구성요건요소인 '공연성'이 인정된다.

② 인터넷 신문사 소속 기자 A가 인터넷 포털 사이트에 제품의 안전성에 관한 논란이 되고 있는 제품을 옹호하는 기사를 게재하자, 그 기사를 읽은 상당수의 독자들이 A를 비판하는 댓글을 달고 있는 상황에서 甲이 "이런 걸 기레기라고 하죠?"라는 댓글을 게시한 경우, 이는 모욕적 표현에 해당하나 사회상규에 위배되지 않는 행위로서 형법 제20조에 의하여 위법성이 조각된다.

③ 글의 집필의도, 논리적 흐름, 서술체계 및 전개방식, 해당 글과 비평의 대상이 된 말 또는 글의 전체적인 내용 등을 종합하여 볼 때, 평균적인 독자의 관점에서 문제된 부분이 실제로는 비평자의 주관적 의견에 해당하고, 다만 비평자가 자신의 의견을 강조하기 위한 수단으로 그와 같은 표현을 사용한 것이라고 이해된다 하더라도 명예훼손죄에서 말하는 사실의 적시에 해당한다.

④ 공연히 사실을 적시하여 사람의 명예를 훼손한 경우, 그것이 진실한 사실이고 행위자의 주요한 동기 내지 목적이 공공의 이익을 위한 것이라면 부수적으로 다른 사익적 목적이나 동기가 내포되어 있더라도 형법 제310조의 적용을 배제할 수 없다.

정선
핵심

① "저것이 징역 살다 온 전과자다."라고 말한 경우 → 공연성 ○
② "이런 걸 기레기라고 하죠?"라는 댓글을 게시한 경우 → 사회상규에 위배되지 않는 행위 ○
③ 자신의 의견을 강조하기 위해 입증 가능한 구체적인 사실관계를 서술하는 표현을 사용하였으나 실제로는 비평자의 주관적 의견에 해당하는 경우 → 사실의 적시 ×
④ 부수적으로 사익적 목적이나 동기가 내포되어 있는 경우 → 형법 제310조 적용 ○

정선
해설

[❶ ▶ ○] 피고인이 갑의 집 뒷길에서 피고인의 남편 을 및 갑의 친척인 병이 듣는 가운데 갑에게 '저것이 징역 살다 온 전과자다' 등으로 큰 소리로 말함으로써 공연히 사실을 적시하여 갑의 명예를 훼손하였다는 내용으로 기소된 경우, 병이 갑과 친척관계에 있다는 이유만으로 전파가능성이 부정된다고 볼 수 없고, 오히려 피고인은 갑과의 싸움 과정에서 단지 갑을 모욕 내지 비방하기 위하여 공개된 장소에서 큰 소리로 말하여 다른 마을 사람들이 들을 수 있을 정도였던 것으로 불특정 또는 다수인이 인식할 수 있는 상태였다고 봄이 타당하므로, 피고인의 위 발언은 공연성이 인정된다(대판 2020.11.19. 2020도5813[전합]).

[❷ ▶ ○] 대판 2021.3.25. 2017도17643

[❸ ▶ ×] 다른 사람의 말이나 글을 비평하면서 사용한 표현이 겉으로 보기에 증거에 의해 입증 가능한 구체적인 사실관계를 서술하는 형태를 취하고 있더라도, 글의 집필의도, 논리적 흐름, 서술체계 및 전개방식, 해당 글과 비평의 대상이 된 말 또는 글의 전체적인 내용 등을 종합하여 볼 때, 평균적인 독자의 관점에서 문제된 부분이 실제로는 비평자의 주관적 의견에 해당하고, 다만 비평자가 자신의 의견을 강조하기 위한 수단으로 그와 같은 표현을 사용한 것이라고 이해된다면 명예훼손죄에서 말하는 사실의 적시에 해당한다고 볼 수 없다. 그리고 이러한 법리는 어떠한 의견을 주장하기 위해 다른 사람의 견해나 그 근거를 비판하면서 사용한 표현의 경우에도 다를 바 없다(대판 2017.12.5. 2017도15628).

"피고인은 ○○△씨□□□□□□△◇◇공 종중(이하 '이 사건 종중')의 사무총장으로서 종중 이사회의 결의에 따라, 2014.4.10.경 및 2014.5.경 두 차례에 걸쳐 '○○△씨의 적통'이라는 제목의 두 권으로 이루어진 책(이하 '이 사건 책자')을 각 출간하여 안내문과 함께 ○○△씨 각종 계파 회장, 임원들에게 배포하였으나, 이 사건 책자와 안내문에는 '☆☆공 공소외 1이 ▽▽공 공소외 2의 맏형 또는 공소외 3의 장자가 될 수 없다는 사실이 입증된다'거나 '☆☆☆공이 실존인물이라고 볼 확실한 근거가 없는데도 그 후손이 실존성을 조작하였다'는 등의 내용이 기재되어 있던 경우, 이 사건 책자에서 문제된 표현은 결국 피고인의 주관적 의견이나 견해 또는 주장에 해당하고, 다만 이를 강조하거나 달리 표현하기 위해 구체적인 사실관계를 단정하는 형태로 서술한 것에 불과하다고 할 것이므로, 문제된 표현이 형법 제309조 제2항의 출판물에 의한 명예훼손죄에서 말하는 <u>사실의 적시에 해당한다고 보기 어렵다고 한 사례</u>(대판 2017.12.5. 2017도15628).

[❹ ▸ ○] 행위자의 주요한 동기 내지 목적이 공공의 이익을 위한 것이라면 부수적으로 다른 사익적 목적이나 동기가 내포되어 있더라도 형법 제310조의 적용을 배제할 수 없다(대판 1999.6.8. 99도1543).

답 ❸

011
□□□

명예훼손죄 및 모욕죄에 관한 다음 설명 중 가장 옳지 않은 것은?(다툼이 있는 경우 판례에 의하고, 전원합의체 판결의 경우 다수의견에 의함) `22` 법원9급

① 공연성의 존부는 발언자와 상대방 또는 피해자 사이의 관계나 지위, 대화를 하게 된 경위와 상황, 사실적시의 내용, 적시의 방법과 장소 등 행위 당시의 객관적 제반 사정에 관하여 심리한 다음, 그로부터 상대방이 불특정 또는 다수인에게 전파할 가능성이 있는지 여부를 검토하여 종합적으로 판단하여야 한다. 발언 이후 실제 전파되었는지 여부는 전파가능성 유무를 판단하는 고려요소가 될 수 있으나, 발언 후 실제 전파 여부라는 우연한 사정은 공연성 인정 여부를 판단함에 있어 소극적 사정으로만 고려되어야 한다.

② 사실적시의 내용이 사회 일반의 일부 이익에만 관련된 사항이라도 다른 일반인과의 공동생활에 관계된 사항이라면 공익성을 지닌다고 할 것이고, 이에 나아가 개인에 관한 사항이더라도 그것이 공공의 이익과 관련되어 있고 사회적인 관심을 획득한 경우라면 직접적으로 국가·사회 일반의 이익이나 특정한 사회집단에 관한 것이 아니라는 이유만으로 형법 제310조의 적용을 배제할 것은 아니다.

③ 어떤 글이 모욕적 표현을 담고 있는 경우에도 그 글이 객관적으로 타당성이 있는 사실을 전제로 하여 그 사실관계나 이를 둘러싼 문제에 관한 자신의 판단과 피해자의 태도 등이 합당한가 하는 데 대한 자신의 의견을 밝히고, 자신의 판단과 의견이 타당함을 강조하는 과정에서 부분적으로 모욕적인 표현이 사용된 것에 불과하다면 사회상규에 위배되지 않는 행위로서 형법 제20조에 의하여 위법성이 조각될 수 있다.

④ 명예훼손죄에서 '사실의 적시'란 가치판단이나 평가를 내용으로 하는 '의견표현'에 대치되는 개념으로서 시간적으로나 공간적으로 구체적인 과거 또는 현재의 사실관계에 관한 보고나 진술을 뜻하고, 표현 내용을 증거로 증명할 수 있는 것을 말한다. 따라서 객관적으로 피해자의 사회적 평가를 저하시키는 사실에 관한 발언이 보도, 소문이나 제3자의 말을 인용하는 방법으로 단정적인 표현이 아닌 전문 또는 추측의 형태로 표현되었다면 표현 전체의 취지로 보아 사실이 존재할 수 있다는 것을 암시하는 방식으로 이루어졌더라도 사실을 적시한 것으로 볼 수 없다.

정선
핵심

① 발언 이후 실제 전파되었는지 여부 → 공연성 인정 여부 판단의 소극적 사정
② 개인에 관한 사항이 공공의 이익과 관련되고 사회적인 관심을 획득한 경우 → 형법 제310조 적용 ○
③ 자신의 의견을 밝히고, 자신의 판단과 의견이 타당함을 강조하는 과정에서 부분적으로 모욕적인 표현이 사용된 경우 → 사회상규에 위배되지 않는 행위 ○
④ 보도내용이 사실이 존재할 수 있다는 것을 암시하는 방식으로 이루어진 경우 → 사실의 적시 ○

[❶ ▶ ○] 대판 2020.11.19. 2020도5813[전합]

[❷ ▶ ○] 사실적시의 내용이 사회 일반의 일부 이익에만 관련된 사항이라도 다른 일반인과 공동생활에 관계된 사항이라면 공익성을 지니고, 여기에서 나아가 개인에 관한 사항이더라도 공공의 이익과 관련되어 있고 사회적인 과실을 회득한 경우라면 직접적으로 국가·사회 일반의 이익이나 특정한 사회집단에 관한 것이 아니라는 이유만으로 형법 제310조의 적용을 배제할 것은 아니다(대판 2022.7.28. 2020도8421).

> 피고인이 2017.11.14. 일산 ○○대학교 병원 정문 앞길에서 "잘못된 만행을 알리고자 합니다!! ○○대 병원에서 무릎 인공관절 수술을 하다 돌아가신 공소외 1 아들 공소외 2입니다. 수술을 한 국제 인공관절 포럼 초청 강연 및 수술 시연에서 큰 호응을 얻었다는 정형외과 공소외 3은 의사가 하는 말 – 최초 수술한 △△병원은 돌팔이 의사가 수술한 것이 '운이 좋아 살았다'라고 하고 ○○대 병원 공소외 3은 의사 자기가 수술하다 죽은 게 '재수가 없어 죽었다' 이런 막말을 하고 있습니다. 어떻게 의사란 사람이 상식 밖의 말을 하는지 ○○대학병원 관계자는 이런 사실을 알고 있는지 궁금합니다!! ○○대학병원을 찾고 있는 모든 환자와 가족분들께 알리고자 합니다. 이런 형태로 의료행위를 한다는 것을 반드시 만천하에 알려야 한다고 생각합니다."라는 문구와 수술경과 모습이 촬영된 사진을 첨부한 전단지(이하 '이 사건 전단지')를 병원을 출입하는 불특정 다수인들에게 배포한 경우, 이 사건 전단지의 내용이 진실한 사실이라고 한다면 피고인이 이 사건 전단지를 배포한 행위는 공공의 이익을 위한 것으로 볼 여지가 있다고 한 사례(대판 2022.7.28. 2020도8421).

[❸ ▶ ○] 어떤 글이 모욕적 표현을 담고 있는 경우에도 그 글이 객관적으로 타당성이 있는 사실을 전제로 하여 그 사실관계나 이를 둘러싼 문제에 관한 자신의 판단과 피해자의 태도 등이 합당한가 하는 데 대한 자신의 의견을 밝히고, 자신의 판단과 의견이 타당함을 강조하는 과정에서 부분적으로 모욕적인 표현이 사용된 것에 불과하다면 사회상규에 위배되지 않는 행위로서 형법 제20조에 의하여 위법성이 조각될 수 있다(대판 2021.3.25. 2017도17643).

[❹ ▶ ✕] 객관적으로 피해자의 사회적 평가를 저하시키는 사실에 관한 보도내용이 소문이나 제3자의 말, 보도를 인용하는 방법으로 단정적인 표현이 아닌 전문 또는 추측한 것을 기사화한 형태로 표현하였지만, 그 표현 전체의 취지로 보아 그 사실이 존재할 수 있다는 것을 암시하는 방식으로 이루어진 경우에는 사실을 적시한 것으로 보아야 한다(대판 2008.11.27. 2007도5312).

답 ❹

다음 사례 중 甲에게 모욕죄(또는 상관모욕죄)가 성립하는 것은?(다툼이 있는 경우 판례에 의함)

22 경찰채용

① 甲이 소속 노동조합 위원장 A를 '어용', '앞잡이' 등으로 지칭하여 표현한 현수막, 피켓 등을 장기간 반복하여 일반인의 왕래가 잦은 도로변 등에 게시한 경우

② 부사관 교육생 甲이 동기들과 함께 사용하는 단체채팅방에서 지도관 A가 목욕탕 청소 담당에게 과실 지적을 많이 한다는 이유로 "도라이 ㅋㅋㅋ 습기가 그렇게 많은데"라는 글을 게시한 경우

③ A주식회사 해고자 신분으로 노동조합 사무장직을 맡아 노조활동을 하는 甲이 노사 관계자 140여 명이 있는 가운데 큰 소리로 자신보다 15세 연장자인 A회사 부사장 B를 향해 "야 ○○아, ○○이 여기 있네, 니 이름이 ○○이잖아, ○○아 나오니까 좋지?" 등으로 여러 차례 B의 이름을 부른 경우

④ 甲이 인터넷 포털 사이트의 'A추진운동본부'에 접속하여 '자칭타칭 B 하면 떠오르는 키워드!!!'라는 제목의 게시글에 '공황장애 ㅋ'라는 댓글을 게시한 경우

정선 핵심

모욕죄(상관모욕죄)의 성립 여부

① 노조 위원장 A를 '어용', '앞잡이' 등으로 표현한 현수막을 도로변에 게시한 경우 → ○

② 부사관 교육생이 "도라이 ㅋㅋㅋ 습기가 그렇게 많은데"라는 글을 게시한 경우 → ×

③ "야, ○○아, 니 이름이 ○○이잖아, ○○아 나오니까 좋지?" 등으로 여러 차례 이름을 부른 경우 → ×

④ '자칭타칭 B 하면 떠오르는 키워드!!!'라는 게시글에 '공황장애 ㅋ'라는 댓글을 게시한 경우 → ×

정선 해설

[❶ ▸ ○] '어용'이란 자신의 이익을 위하여 권력이나 권력 기관에 영합하여 줏대 없이 행동하는 것을 낮잡아 이르는 말, '앞잡이'란 남의 사주를 받고 끄나풀 노릇을 하는 사람을 뜻하는 말로서 언제나 위 표현들이 지칭된 상대방에 대한 모욕에 해당한다거나 사회상규에 비추어 허용되지 않는 것은 아니지만, 제반 사정에 비추어 피고인들의 위 행위는 갑에 대한 모욕적 표현으로서 사회상규에 위배되지 않는 행위로 보기 어렵다(대판 2021.9.9. 2016도88).

[❷ ▸ ×] '도라이'는 상관인 피해자를 경멸적으로 비난한 것으로 모욕적인 언사라고 볼 수 있으나, 피고인의 위 표현은 동기 교육생들끼리 고충을 토로하고 의견을 교환하는 사이버공간에서 상관인 피해자에 대하여 일부 부적절한 표현을 사용하게 된 것에 불과하고 이로 인하여 군의 조직질서와 정당한 지휘체계가 문란하게 되었다고 보이지 않으므로, 이러한 행위는 사회상규에 위배되지 않는다(대판 2021.8.19. 2020도14576).

[❸ ▸ ×] 제반 사정을 종합하면, 피고인의 발언은 상대방을 불쾌하게 할 수 있는 무례하고 예의에 벗어난 표현이기는 하지만 객관적으로 을의 인격적 가치에 대한 사회적 평가를 저하시킬 만한 모욕적 언사에 해당하지 않는다(대판 2018.11.29. 2017도2661).

[❹ ▸ ×] 피고인이 댓글로 게시한 '공황장애 ㅋ'라는 표현이 상대방을 불쾌하게 할 수 있는 무례한 표현이기는 하나, 상대방의 인격적 가치에 대한 사회적 평가를 저하시킬 만한 표현에 해당한다고 보기는 어렵다(대판 2018.5.30. 2016도20890).

답 ❶

013
☐☐☐

업무방해죄에 관한 다음 설명 중 가장 옳지 않은 것은?(다툼이 있는 경우 판례에 의하고, 전원합의체 판결의 경우 다수의견에 의함) `22` 법원9급

① 위계에 의한 업무방해죄에서 '위계'란 행위자가 행위목적을 달성하기 위하여 상대방에게 오인, 착각 또는 부지를 일으키게 하여 이를 이용하는 것을 말한다.

② 컴퓨터 등 정보처리장치에 정보를 입력하는 등의 행위가 그 입력된 정보 등을 바탕으로 업무를 담당하는 사람의 오인, 착각 또는 부지를 일으킬 목적으로 행해진 경우에는 그 행위가 업무를 담당하는 사람을 직접적인 대상으로 이루어진 것이 아니라고 하여 위계가 아니라고 할 수는 없다.

③ 금융기관이 설치·운영하는 자동화기기(ATM)를 통한 무통장·무카드 입금을 하면서 '1인 1일 100만원' 한도를 준수하는 것처럼 가장하기 위하여 제3자의 이름과 주민등록번호를 자동화기기에 입력한 후 100만원 이하의 금액으로 나누어 여러 차례 현금을 입금하는 행위는 자동화기기를 설치·운영하는 금융기관 관리자로 하여금 정상적인 입금인 것과 같은 오인, 착각을 일으키게 하여 금융기관의 자동화기기를 통한 입금거래 업무를 방해한 것으로서 위계에 의한 업무방해죄가 성립한다.

④ 업무방해죄의 성립에는 업무방해의 결과가 실제로 발생함을 요하지 않고 업무방해의 결과를 초래할 위험이 발생하면 족하며, 업무수행 자체가 아니라 업무의 적정성 내지 공정성이 방해된 경우에도 업무방해죄가 성립한다.

**정선
핵심**

① 위계 → 상대방에게 오인, 착각 또는 부지를 일으키게 하여 이를 이용하는 것

② 컴퓨터 등 정보처리장치에 정보를 입력하는 행위가 업무를 담당하는 사람을 직접적인 대상으로 이루어진 것이 아닌 경우 → 위계에 의한 업무방해죄 ○

③ 1인 1일 100만원 한도를 준수하는 것처럼 가장하기 위하여 100만원 이하의 금액으로 나누어 여러 차례 현금을 입금하는 경우 → 위계에 의한 업무방해죄 ×

④ 업무방해죄의 구성요건
⋯▸ 업무방해의 결과가 실제로 발생할 것 불요
⋯▸ 업무의 적정성·공정성이 방해된 경우 : 업무방해죄 ○

**정선
해설**

[❶▸○] [❸▸×] 위계에 의한 업무방해죄에서 '위계'란 행위자가 행위 목적을 달성하기 위하여 상대방에게 오인, 착각 또는 부지를 일으키게 하여 이를 이용하는 것을 말한다.❶ 컴퓨터 등 정보처리장치에 정보를 입력하는 등의 행위도 그 입력된 정보 등을 바탕으로 업무를 담당하는 사람의 오인, 착각 또는 부지를 일으킬 목적으로 행해진 경우에는 여기서 말하는 위계에 해당할 수 있으나, 위와 같은 행위로 말미암아 업무와 관련하여 오인, 착각 또는 부지를 일으킨 상대방이 없었던 경우에는 위계가 있었다고 볼 수 없다❸(대판 2022.2.11. 2021도12394).

보이스피싱 조직원으로부터 제3자의 주민등록번호 명단을 전송받은 A는 2020년 5월 26일경 보이스피싱 범죄수익금을 입금하면서 제3자 명의 주민등록번호를 8회 이용하여 마치 8명이 각 100만원 이하의 금액을 입금하는 것처럼 가장하여 100만원 7회, 80만원 1회 합계 780만원을 입금한 것을 비롯하여 그때부터 그해 7월 7일경까지 19회에 걸쳐 7개 피해자 은행들에서 제3자 명의 주민등록번호를 사용하여 보이스피싱 범죄수익금 합계 1억 8,700여만원을 입금한 경우, 업무과 관련하여 오인, 착각 또는 부지를 일으킨 상대방이 없었던 경우이므로 위계가 있었다고 볼 수 없다고 한 사례(대판 2022.2.11. 2021도12394).

[❷▸○] 컴퓨터 등 정보처리장치에 정보를 입력하는 등의 행위가 그 입력된 정보 등을 바탕으로 업무를 담당하는 사람의 오인, 착각 또는 부지를 일으킬 목적으로 행해진 경우에는 그 행위가 업무를 담당하는 사람을 직접적인 대상으로 이루어진 것이 아니라고 하여 위계가 아니라고 할 수는 없다(대판 2013.11.28. 2013도5117).

甲 정당의 국회의원 비례대표 후보자 추천을 위한 당내 경선과정에서 피고인들이 선거권자들로부터 인증번호만을 전달받은 뒤 그들 명의로 특정 후보자에게 전자투표를 하는 방법으로 위계로써 甲 정당의 경선관리 업무를 방해하였다는 내용으로 기소된 사안에서, 당내 경선에도 직접·평등·비밀투표 등 일반적인 선거원칙이 적용되고 대리투표는 허용되지 않는다는 이유로 피고인들에게 유죄를 인정한 사례(대판 2013.11.28. 2013도5117).

[❹ ▸ ○] 대판 2021.3.11. 2016도14415

답 ❸

014

업무와 경매에 관한 죄의 설명 중 가장 적절한 것은?(다툼이 있는 경우 판례에 의함)

22 경찰채용

① 甲이 서울특별시 도시철도공사가 발주한 시각장애인용 음성유도기제작설치 입찰에 관한 담합에 가담하기로 하였다가 자신이 낙찰받기 위하여 당초의 합의에 따르지 아니한 채 원래 낙찰받기로 한 특정업체보다 저가로 입찰한 경우, 비록 입찰의 공정을 해할 우려가 있었으나 실제 입찰의 공정을 해하지 아니하였기에 甲에게는 입찰방해죄가 성립하지 아니한다.

② 甲이 일부 입찰참가자들과 가격을 합의하고, 낙찰이 되면 특정업체가 모든 공사를 하기로 합의하는 등 담합하여 투찰행위를 한 경우, 그 투찰에 참여한 업체의 수가 많아서 실제로 가격형성에 부당한 영향을 주지 않았다면 甲에게는 입찰방해죄가 성립하지 아니한다.

③ 한국토지공사 지역본부가 중고자동차매매단지를 분양하기 위하여 유자격 신청자들을 대상으로 무작위 공개추첨하여 1인의 수분양자를 선정하는 절차를 진행함에 있어, 신청자격이 없는 甲이 총 12인의 신청자 중 9인과 맺은 합작투자의 약정에 따라 그 신청자의 자격과 명의를 빌려 당첨확률을 약 75%까지 인위적으로 높여 분양을 신청한 경우, 분양업무의 적정성과 공정성 등을 방해하는 행위라고 볼 수 있어 甲에게는 입찰방해죄가 성립한다.

④ 甲과 乙이 공모하여, 甲은 A고등학교의 학생 丙이 약 10개월 동안 총 84시간의 봉사활동을 한 것처럼 허위로 기재된 봉사활동확인서를 발급받아 乙에게 교부하고, 乙은 이를 丙의 담임교사를 통하여 A학교에 제출하여 丙이 학교장 명의의 봉사상을 수상하게 한 경우, 甲과 乙에게는 업무방해죄가 성립한다.

정선 핵심

① 일부 입찰자가 낙찰받기로 한 특정업체보다 저가로 입찰한 경우 → 입찰방해죄 ○

② 일부 입찰자가 담합하였으나 업체의 수가 많아 실제로 가격형성에 부당한 영향을 주지 않은 경우 → 입찰방해죄 ○

③ 한국토지공사가 중고자동차매매단지를 분양하기 위하여 행한 공개추첨 절차에 명의를 빌려 분양을 신청한 경우 → 입찰방해죄 ×

④ 허위의 봉사활동확인서를 발급받아 학교장 명의의 봉사상을 수상하게 한 경우 → 업무방해죄 ○

정선 해설

[❶ ▸ ×] 입찰자들 상호 간에 특정업체가 낙찰받기로 하는 담합이 이루어진 상태에서 그 특정업체를 포함한 다른 입찰자들은 당초의 합의에 따라 입찰에 참가하였으나 일부 입찰자는 자신이 낙찰받기 위하여 당초의 합의에 따르지 아니한 채 오히려 낙찰받기로 한 특정업체보다 저가로 입찰하였다면, 이러한 일부 입찰자의 행위는 위와 같은 담합을 이용하여 낙찰을 받은 것이라는 점에서 적법하고 공정한 경쟁방법을 해한 것이 되고, 따라서 이러한 일부 입찰자의 행위 역시 입찰방해죄에 해당한다(대판 2010.10.14. 2010도4940).

[❷ ▸ ×] 일부 입찰참가자들이 가격을 합의하고, 낙찰이 되면 특정 업체가 모든 공사를 하기로 합의하는 등 담합하여 투찰행위를 한 경우, 이는 '적법하고 공정한 경쟁방법'을 해하는 행위로서 입찰의 공정을 해하는 경우에 해당하며, 결과적으로 위 투찰에 참여한 업체의 수가 많아서 실제로 가격형성에 부당한 영향을 주지 않았다고 하더라도 입찰방해죄가 성립한다(대판 2009.5.14. 2008도11361).

[❸ ▸ ✕] 분양절차는 공정한 자유경쟁을 통한 적정한 가격형성을 목적으로 하는 입찰절차에 해당하지 않고, 피고인이 분양절차에 참가한 것은 9인의 신청자와 맺은 합작투자의 약정에 따른 것으로서 위 분양업무의 주체인 한국토지공사가 예정하고 있던 범위 내의 행위이므로, 위 추첨방식의 분양업무의 적정성과 공정성 등을 방해하는 행위라고 볼 수 없어 입찰방해죄나 업무방해죄가 성립하지 않는다(대판 2008.5.29. 2007도5037).

[❹ ▸ ○] 봉사활동 및 봉사상 수상경력은 학교생활기록 사항에 포함되는 점, 학교장은 피고인 乙이 제출한 봉사활동확인서에 기재된 대로 丙이 봉사활동을 한 것으로 오인·착각하여 丙을 봉사상 수상자로 선정하였으므로, 피고인들의 허위 봉사활동확인서 제출로써 학교장의 봉사상 심사 및 선정 업무 방해의 결과를 초래할 위험이 발생한 점, A학교의 봉사상 심사 및 선정 업무는 봉사활동확인서의 내용이 사실과 부합하지 않을 수 있음을 전제로 봉사상 수상의 자격요건 등을 심사·판단하는 업무라고 볼 수 없는 점 등의 사정을 종합하면, 피고인 甲, 乙에게는 업무방해죄가 성립한다(대판 2020.9.24. 2017도19283).

답 ❹

제4절 **사생활의 평온에 관한 죄**

015
☐☐☐

주거침입죄에 관한 설명으로 가장 적절하지 않은 것은?(다툼이 있는 경우 판례에 의함)

`22` 경찰채용

① 건조물의 이용에 기여하는 인접의 부속 토지라고 하더라도 인적 또는 물적 설비 등에 의한 구획 내지 통제가 없어 통상의 보행으로 그 경계를 쉽사리 넘을 수 있는 정도라고 한다면, 이는 다른 특별한 사정이 없는 한 주거침입죄의 객체에 속하지 아니한다.

② 공동거주자 중 주거 내에 현재하는 거주자의 현실적인 승낙을 받아 통상적인 출입방법에 따라 들어갔다면, 설령 그것이 부재중인 다른 거주자의 의사에 반하는 것으로 추정되더라도 주거침입죄의 보호법익인 사실상 주거의 평온을 깨뜨렸다고 볼 수 없다.

③ 공동주거의 경우 여러 사람이 하나의 생활공간에서 거주하는 성질에 비추어 공동거주자 각자는 다른 거주자와의 관계로 인하여 주거에서 누리는 사실상 주거의 평온이라는 법익이 일정 부분 제약될 수밖에 없고, 공동거주자는 공동주거관계를 형성하면서 이러한 사정을 서로 용인하였다고 보아야 한다.

④ 공동거주자 중 한 사람인 A가 정당한 이유 없이 다른 공동거주자가 공동생활의 장소에 출입하는 것을 금지한 경우, 다른 공동거주자인 甲이 이에 대항하여 공동생활의 장소에 들어갔더라도 주거침입죄는 성립하지 않고, 다만 甲이 그 장소에 출입하기 위하여 출입문의 잠금장치를 손괴하는 등 다소간의 물리력을 행사한 경우에는 주거침입죄가 성립할 수 있다.

정선
핵심

① 주거침입죄의 구성요건
  ⤳ 객체 : 보행으로 부속 토지의 경계를 쉽사리 넘을 수 있는 정도라면 객체 ✕
②, ③, ④ 주거침입죄의 성립 여부
  ⤳ 공동거주자 중 주거 내의 거주자의 승낙을 받아 들어간 경우 → ✕
  ⤳ 공동거주자 : 사실상 주거의 평온이 제약되는 사정을 용인한 것
  ⤳ 공동거주자가 출입하기 위하여 다소간의 물리력을 행사한 경우 → ✕

해설

[**❶** ▶ ○] 대판 2010.4.29. 2009도14643

[**❷** ▶ ○] 외부인이 공동거주자의 일부가 부재중에 주거 내에 현재하는 거주자의 현실적인 승낙을 받아 통상적인 출입방법에 따라 공동주거에 들어간 경우라면, 설령 그것이 부재중인 다른 거주자의 의사에 반하는 것으로 추정된다고 하더라도 주거침입죄의 보호법익인 사실상 주거의 평온을 깨뜨렸다고 볼 수는 없다(대판 2021.9.9. 2020도12630[전합]).

[**❸** ▶ ○] 공동주거의 경우에는 여러 사람이 하나의 생활공간에서 거주하는 성질에 비추어 공동거주자 각자는 다른 거주자와의 관계로 인하여 주거에서 누리는 사실상 주거의 평온이라는 법익이 일정 부분 제약될 수밖에 없고, 공동거주자는 공동주거관계를 형성하면서 이러한 사정을 서로 용인하였다고 보아야 한다(대판 2021.9.9. 2020도12630[전합]).

[**❹** ▶ ×] 공동거주자 중 한 사람이 법률적인 근거 기타 정당한 이유 없이 다른 공동거주자가 공동생활의 장소에 출입하는 것을 금지한 경우, 다른 공동거주자가 이에 대항하여 공동생활의 장소에 들어갔더라도 이는 사전 양해된 공동주거의 취지 및 특성에 맞추어 공동생활의 장소를 이용하기 위한 방편에 불과할 뿐, 그의 출입을 금지한 공동거주자의 사실상 주거의 평온이라는 법익을 침해하는 행위라고는 볼 수 없으므로 주거침입죄는 성립하지 않는다. 설령 그 공동거주자가 공동생활의 장소에 출입하기 위하여 출입문의 잠금장치를 손괴하는 등 다소간의 물리력을 행사하여 그 출입을 금지한 공동거주자의 사실상 평온상태를 해쳤더라도 그러한 행위 자체를 처벌하는 별도의 규정에 따라 처벌될 수 있음은 별론으로 하고, 주거침입죄가 성립하지 아니함은 마찬가지이다(대판 2021.9.9. 2020도6085[전합]).

> 피고인 갑은 처 을과의 불화로 인해 을과 공동생활을 영위하던 아파트에서 짐 일부를 챙겨 나왔는데, 그 후 자신의 부모인 피고인 병, 정과 함께 아파트에 찾아가 출입문을 열 것을 요구하였으나 을은 외출한 상태로 을의 동생인 무가 출입문에 설치된 체인형 걸쇠를 걸어 문을 열어 주지 않자 공동하여 걸쇠를 손괴한 후 아파트에 침입하였다고 하여 폭력행위 등 처벌에 관한 법률 위반(공동주거침입)으로 기소된 사안에서, 아파트에 대한 공동거주자의 지위를 계속 유지하고 있던 피고인 갑에게 주거침입죄가 성립한다고 볼 수 없고, 피고인 병, 정에 대하여도 같은 법 위반(공동주거침입)죄가 성립하지 않는다고 한 사례(대판 2021.9.9. 2020도6085[전합]).

답 **❹**

제1관 | 재산죄의 일반이론

016
□□□

재산죄에 관한 설명 중 가장 적절하지 않은 것은?(다툼이 있는 경우 판례에 의함)

`22` 경찰채용

① 절도죄, 강도죄, 공갈죄는 탈취죄에 속한다.
② 영득죄는 범죄성립에 불법영득의사를 필요로 하고, 손괴죄는 이를 필요로 하지 않는다.
③ 강도죄, 사기죄, 공갈죄는 재물죄인 동시에 이득죄이다.
④ 영득죄는 침해방법에 따라 탈취죄와 편취죄로 나눌 수 있다.

**정선
핵심**

① 절도죄, 강도죄, 공갈죄 → 절도죄, 강도죄는 탈취죄이나 공갈죄는 편취죄
② 영득죄와 손괴죄 → 전자는 불법영득의사를 필요로 하나 후자는 불요
③ 강도죄, 사기죄, 공갈죄 → 재물죄인 동시에 이득죄
④ 영득죄를 침해방법에 따라 분류한 경우 → 탈취죄와 편취죄

**정선
해설**

[❶ ▸ ✕]　타인의 의사에 반하거나 적어도 그 의사에 의하지 아니하고 재산을 취득하는 범죄를 탈취죄라고 할 때 절도죄, 강도죄는 이에 해당하나, 공갈죄는 편취죄에 해당한다.
[❷ ▸ ○]　영득죄는 고의 이외에 초과주관적 구성요건요소로서 불법영득의사가 필요하나, 손괴죄는 불법영득의사를 필요로 하지 아니하고 타인의 재물의 효용가치를 해하는 것을 내용으로 하는 범죄라는 점에서 구별된다.
[❸ ▸ ○]　강도죄, 사기죄, 공갈죄는 재물 이외에 재산상의 이익도 객체로 하므로 재물죄인 동시에 이득죄로 볼 수 있다.
[❹ ▸ ○]　영득죄는 침해방법에 따라 타인의 의사에 반하거나 적어도 그 의사에 의하지 아니하고 재산을 취득하는 탈취죄와 타인의 하자 있는 의사에 의한 처분행위에 의하여 재산을 취득하는 편취죄로 구분할 수 있다.

답 ❶

제2관 | 절도의 죄

017
☐☐☐

절도의 죄에 관한 설명으로 가장 적절하지 않은 것은?(다툼이 있는 경우 판례에 의함)

`22` 경찰채용

① 어떠한 물건을 점유자의 의사에 반하여 취거하는 행위가 결과적으로 소유자의 이익으로 된다는 사정 또는 소유자의 추정적 승낙이 있다고 볼 만한 사정이 있다고 하더라도, 다른 특별한 사정이 없는 한 그러한 사유만으로 불법영득의 의사가 없다고 할 수는 없다.

② 주간에 절도의 목적으로 타인의 주거에 침입하였다고 하여도 아직 절취할 물건의 물색행위를 시작하기 전이라면 절도죄의 실행에 착수한 것으로 볼 수 없는 것이어서 절도미수죄는 성립하지 않는다.

③ 입목을 절취하기 위하여 이를 캐낸 때에는 그 시점에서 아직 소유자의 입목에 대한 점유가 침해되어 범인의 사실적 지배하에 놓였다고는 볼 수 없고 이를 운반하거나 반출하는 등의 행위가 있어야 그 점유를 취득하게 되는 것이므로, 이때 절도죄는 기수에 이르렀다고 할 것이다.

④ 상습절도 등의 범행을 한 자가 추가로 자동차등 불법사용의 범행을 한 경우에 그것이 절도 습벽의 발현이라고 보이는 이상 자동차등 불법사용의 범행은 상습절도 등의 죄에 흡수되어 1죄만이 성립한다.

정선 핵심

① 점유자의 의사에 반하는 취거가 결과적으로 소유자의 이익이 되는 경우 → 불법영득의사 ○
② 주간에 절도의 목적으로 주거에 침입하였으나 물색행위 전인 경우 → 절도미수죄 ✕
③ 입목을 절취하기 위하여 캐낸 경우 → 절도죄의 기수 ○
④ 상습절도 등의 범행을 한 자가 자동차등 불법사용의 범행을 한 경우 → 상습절도죄 ○

정선 해설

[❶ ▸ ○] 점유자의 의사에 반하여 취거하는 행위가 결과적으로 소유자의 이익으로 된다는 사정 또는 소유자의 추정적 승낙이 있다고 볼 만한 사정이 있다고 하더라도, 다른 특별한 사정이 없는 한 그러한 사유만으로 불법영득의 의사가 없다고 할 수는 없다(대판 2014.2.21. 2013도14139).

[❷ ▸ ○] 주간에 절도의 목적으로 타인의 주거에 침입하였다 하여도 아직 절취할 물건의 물색행위를 시작하기 전이라면 특수절도죄의 실행에는 착수한 것으로 볼 수 없다(대판 2009.12.24. 2009도9667).

[❸ ▸ ✕] 입목을 절취하기 위하여 캐낸 때에 소유자의 입목에 대한 점유가 침해되어 범인의 사실적 지배하에 놓이게 되므로 범인이 그 점유를 취득하고 절도죄는 기수에 이르렀다고 할 것이어서 이를 운반하거나 반출하는 등의 행위는 필요하지 않다(대판 2008.10.23. 2008도6080).

[❹ ▸ ○] 상습절도 등의 범행을 한 자가 추가로 자동차등 불법사용의 범행을 한 경우에 그것이 절도 습벽의 발현이라고 보이는 이상 자동차등 불법사용의 범행은 상습절도 등의 죄에 흡수되어 1죄만이 성립하고 이와 별개로 자동차등 불법사용죄는 성립하지 않는다고 보아야 한다(대판 2002.4.26. 2002도429).

 ❸

제3관 | 사기의 죄

018
□□□

소송사기에 관한 다음 설명 중 가장 옳지 않은 것은?(다툼이 있는 경우 판례에 의하고, 전원합의체 판결의 경우 다수의견에 의함) `22` 법원9급

① 유치권자가 피담보채권을 실제보다 허위로 부풀려 유치권에 의한 경매를 신청한 경우, 이는 소송사기죄의 실행의 착수에 해당한다.
② 소송절차에서 상대방에게 유리한 증거를 가지고 있더라도 상대방을 위하여 이를 현출하여야 할 의무가 있다고 할 수 없으므로 이러한 증거를 제출하지 아니한 행위만으로 소송사기의 기망행위가 있었다고 할 수 없다.
③ 소송사기에 의한 사기죄는 소를 제기한 때에 실행의 착수가 인정되고, 그 소장이 상대방에게 유효하게 도달할 것을 요하지 않는다.
④ 타인과 공모하여 그 공모자를 상대로 제소하여 의제자백의 판결을 받아 이에 기하여 부동산의 소유권이전등기를 한 경우에는 사기죄와 공정증서원본불실기재죄가 성립하고 양죄는 실체적 경합범 관계에 있다.

**정선
핵심**

① 공사대금 채권을 허위로 크게 부풀려 경매를 신청한 경우 → 소송사기죄의 실행의 착수 ○
② 소송절차에서 상대방에게 유리한 증거를 제출하지 아니한 경우 → 기망행위 ✕
③ 소송사기의 실행의 착수 → 소장이 상대방에게 유효하게 도달할 것 불요
④ 타인과 공모하여 자백간주 판결을 받아 소유권이전등기를 마친 경우 → 사기죄 ✕

**정선
해설**

[❶ ▸ ○] 대판 2012.11.15. 2012도9603
[❷ ▸ ○] 비록 자기가 상대방에게 유리한 증거를 가지고 있다거나 상대방에게 유리한 사실을 알고 있다고 하더라도 상대방을 위하여 이를 현출하여야 할 의무가 있다고 보기는 어려울 것이므로 상대방에게 유리한 증거를 제출하지 않거나 상대방에게 유리한 사실을 진술하지 않는 행위만으로는 소송사기에 있어 기망이 된다고 할 수 없다(대판 2002.6.28. 2001도1610).

> 피고인은 1997.2.4. 수원지방법원 여주지원에 수표금 1억원 및 이에 대한 지연손해금의 지급을 구하는 소를 제기하면서 그 청구원인을 "피고는 발행인 (주)세진종합건설, 발행일 1996.3.6. 액면금 1억원, 지급지 농협중앙회 장호원지점인 당좌수표 1장에 배서하여 원고에게 교부하였다. 원고는 위 수표의 소지인으로서 지급을 위한 제시를 하였으나 무거래로 지급거절되었다."라는 내용으로 기재하였고 위 소송에서 피고인 전부 승소판결이 선고되었고, 피고인의 수표금청구소송의 청구원인 자체에 허위라고 볼 요소는 없고, 피고인이 증거를 조작하려고 하였다고 볼 아무런 흔적도 찾아볼 수 없으나, 위 수표금 중 일부가 위 소송제기 전에 배당절차를 통하여 변제된 사정, 즉 자기에게 불이익한 사실을 적극적으로 진술하지 아니한 경우, 상대방에게 유리한 증거를 제출하지 않거나 상대방에게 유리한 사실을 진술하지 않는 행위만으로는 소송사기에 있어 기망이 된다고 할 수 없다고 한 사례(대판 2002.6.28. 2001도1610).

[❸ ▸ ○] 소송사기는 법원을 기망하여 자기에게 유리한 판결을 얻고 이에 터 잡아 상대방으로부터 재물의 교부를 받거나 재산상 이익을 취득하는 것을 말하는 것으로서 소송에서 주장하는 권리가 존재하지 않는 사실을 알고 있으면서도 법원을 기망한다는 인식을 가지고 소를 제기하면 이로써 실행의 착수가 있고 소장의 유효한 송달을 요하지 아니한다고 할 것이다(대판 2006.11.10. 2006도5811).
[❹ ▸ ✕] 소송사기에 있어 피기망자인 법원의 재판은 피해자의 처분행위에 갈음하는 내용과 효력이 있는 것이어야 하므로, 피고인이 타인과 공모하여 그 공모자를 상대로 제소하여 의제자백의 판결을 받아 이에 기하여 부동산의 소유권이전등기를 하였다고 하더라도 이는 소송 상대방의 의사에 부합하는 것으로서 착오에 의한 재산적 처분행위가 있다고 할 수 없다(대판 1997.12.23. 97도2430).

답 ❹

019
□□□

횡령의 죄에 관한 설명 중 가장 적절한 것은?(다툼이 있는 경우 판례에 의함)

22 경찰채용

① 횡령죄의 본질에 관한 학설 중 월권행위설에 따르면 본죄가 성립하기 위하여는 불법영득의사가 있어야 한다.

② 횡령죄에 있어서 재물의 보관이란 재물에 대한 사실상 또는 법률상 지배력이 있는 상태를 의미하며, 그것은 반드시 사용대차, 임대차, 위임 등이 계약에 의해 설정될 필요는 없고, 사무관리, 관습, 조리, 신의칙에 의해서도 성립한다.

③ 소유권의 취득에 등록이 필요한 차량에 대한 횡령죄에서는 타인의 재물을 보관하는 사람의 지위는 등록에 의하여 차량을 제3자에게 법률상 유효하게 처분할 수 있는 권능 유무에 따라 결정된다.

④ 횡령죄는 타인의 재물에 관한 소유권 등 본권을 보호법익으로 하는 범죄이므로 본권 침해의 결과가 발생하였을 때 성립하는 이른바 침해범이다.

정선
핵심

① 월권행위설 → 횡령죄 성립에 불법영득의사 불요
② 횡령죄의 구성요건
　→ 보관 : 재물의 보관은 계약에 의해 설정될 필요는 없고, 사무관리, 관습, 조리, 신의칙에 의해서도 성립
③ 차량에 대한 횡령죄에서 보관하는 사람의 지위 → 사실상 처분권능 유무에 따라 결정
④ 횡령죄 → 위태범

정선
해설

[❶ ▸ ✕]　횡령죄의 본질에 관한 학설 중 월권행위설에 의하면 월권행위만 있으면 영득행위를 하지 않더라도 횡령죄가 성립하므로 횡령죄 성립에 불법영득의사를 필요로 하지 않는다. 반면 영득행위설에 의하면 횡령죄가 성립하기 위하여는 불법영득의사를 필요로 한다.

[❷ ▸ ○]　대판 2014.2.27. 2011도48

[❸ ▸ ✕]　소유권의 취득에 등록이 필요한 타인 소유의 차량을 인도받아 보관하고 있는 사람이 이를 사실상 처분하면 횡령죄가 성립하며, 보관 위임자나 보관자가 차량의 등록명의자일 필요는 없다. 그리고 이와 같은 법리는 지입회사에 소유권이 있는 차량에 대하여 지입회사에서 운행관리권을 위임받은 지입차주가 지입회사의 승낙 없이 보관 중인 차량을 사실상 처분하거나 지입차주에게서 차량 보관을 위임받은 사람이 지입차주의 승낙 없이 보관 중인 차량을 사실상 처분한 경우에도 마찬가지로 적용된다(대판 2015.6.25. 2015도1944[전합]).

[❹ ▸ ✕]　횡령죄는 다른 사람의 재물에 관한 소유권 등 본권을 그 보호법익으로 하고, 본권이 침해될 위험성이 있으면 그 침해의 결과가 발생되지 아니하더라도 성립하는 이른바 위태범이므로, 다른 사람의 재물을 보관하는 사람이 그 사람의 동의 없이 함부로 이를 담보로 제공하는 행위는 불법영득의 의사를 표현하는 횡령행위로서, 사법(私法)상 그 담보제공행위가 무효이거나 그 재물에 대한 소유권이 침해되는 결과가 발생하는지 여부에 관계없이 횡령죄를 구성한다(대판 2009.2.12. 2008도10971).

답 ❷

횡령의 죄에 대한 설명으로 옳지 않은 것은?(다툼이 있는 경우 판례에 의함)

22 국가9급

① 회사의 대표이사 혹은 그에 준하여 회사 자금의 보관이나 운용에 관한 사실상의 사무를 처리하여 온 자가 이자나 변제기의 약정과 이사회 결의 등 적법한 절차 없이 회사를 위한 지출 이외의 용도로 거액의 회사 자금을 가지급금 등의 명목으로 인출, 사용한 행위는 횡령죄를 구성한다.

② 다른 사람의 유실물인 줄 알면서 당국에 신고하거나 피해자의 숙소에 운반하지 아니하고 자기 친구 집에 운반한 사실만으로는 점유이탈물횡령죄의 범의를 인정하기 어렵다.

③ 타인의 재물을 보관하는 자가 단순히 반환을 거부한 사실만으로는 횡령죄를 구성하는 것은 아니며, 반환거부의 이유 및 주관적인 의사 등을 종합하여 반환거부행위가 횡령행위와 같다고 볼 수 있을 정도이어야만 횡령죄가 성립한다.

④ 주식회사는 주주와 독립된 별개의 권리주체로서 이해가 반드시 일치하는 것은 아니므로, 주주나 대표이사 또는 그에 준하여 회사 자금의 보관이나 운용에 관한 사실상의 사무를 처리하는 자가 회사 소유 재산을 제3자의 자금 조달을 위하여 담보로 제공하는 등 사적인 용도로 임의처분하였고 그 처분에 관하여 주주총회나 이사회의 결의가 있었던 경우에는 횡령죄의 죄책을 면할 수 있다.

**정선
핵심**

(점유이탈물)횡령죄의 성립 여부
① 대표이사가 적법한 절차 없이 회사 자금을 가지급금의 명목으로 인출한 경우 → ○
② 다른 사람의 유실물인 줄 알면서 자기 친구 집에 운반한 경우 → 점유이탈물횡령죄 ✕
③ 타인의 재물보관자의 반환거부행위가 횡령행위와 같다고 볼 수 있는 경우 → ○
④ 대표이사가 주주총회 등의 결의를 얻어 회사의 재산을 임의로 처분하는 경우 → ○

**정선
해설**

[❶ ▶ ○] 대판 2014.12.24. 2014도11263

[❷ ▶ ○] 다른 사람의 유실물인 줄 알면서 당국에 신고하거나 피해자의 숙소에 운반하지 아니하고 자기 친구 집에 운반한 사실만으로는 점유이탈물횡령의 범의를 인정하기 어렵다(대판 1969.8.19. 69도1078).

[❸ ▶ ○] 타인의 재물을 보관하는 자가 단순히 반환을 거부한 사실만으로는 횡령죄를 구성하는 것은 아니며, 반환거부의 이유 및 주관적인 의사 등을 종합하여 반환거부행위가 횡령행위와 같다고 볼 수 있을 정도이어야만 횡령죄가 성립한다(대판 1992.11.27. 92도2079).

> 피고인이 반환을 거부한 이 사건 물건들은 피해자가 피고인으로부터 피고인 소유의 점포 1개를 임차하여 그곳에서 식품대리점을 운영하다가 경영난으로 임차기간이 만료하기 훨씬 전에 위 점포를 제3자에게 세를 놓아 달라고 부탁하고 위 점포를 비우면서 그곳에 두고 나온 것들을 피고인이 보관하고 있던 것으로서, 피고인은 피해자가 그때까지 연체한 2개월분의 월세를 지급받기 전까지는 피해자에게 위 점포에 보관중인 이 사건 물건들을 반환할 수 없다고 거부하였다는 것이니, 피고인의 위와 같은 위 물건에 대한 반환거부의 이유 및 그 주관적인 의사 등을 종합하여 볼 때 피고인이 불법영득의 의사를 가지고 그 물건의 반환을 거부한 것이라고는 할 수 없다(대판 1992.11.27. 92도2079).

[❹ ▶ ✕] 주식회사는 주주와 독립된 별개의 권리주체로서 그 이해가 반드시 일치하는 것은 아니므로, 회사 소유 재산을 주주나 대표이사가 제3자의 자금 조달을 위하여 담보로 제공하는 등 사적인 용도로 임의처분하였다면 그 처분에 관하여 주주총회나 이사회의 결의가 있었는지 여부와는 관계없이 횡령죄의 죄책을 면할 수는 없는 것이다(대판 2005.8.19. 2005도3045).

답 ❹

횡령죄에 관한 다음 설명 중 가장 옳지 않은 것은?(다툼이 있는 경우 판례에 의하고, 전원합의체 판결의 경우 다수의견에 의함) `22 법원9급`

① 건설기계등록원부에의 등록을 소유권 취득의 요건으로 하는 화물자동차에 대한 횡령죄에 있어서, 타인의 재물을 보관하는 자의 지위는 일반 동산의 경우와는 달리 화물자동차에 대한 점유의 여부가 아니라 화물자동차를 제3자에게 유효하게 처분할 수 있는 권능의 유무에 따라 결정하여야 할 것이므로, 화물자동차의 지입차주로부터 그 자동차에 관한 관리·운영권만을 위임받아 이를 점유하여 온 자는 그 화물자동차를 법률상 처분할 수 있는 지위에 있다고 할 수 없으므로 타인의 재물을 보관하는 자에 해당하지 않는다고 할 것이다.

② 부동산 실권리자명의 등기에 관한 법률을 위반한 양자 간 명의신탁의 경우 명의수탁자가 신탁받은 부동산을 임의로 처분하여도 명의신탁자에 대한 관계에서 횡령죄가 성립하지 아니한다.

③ 구분소유적 공유관계에서 구분소유하고 있는 특정 구분부분별로 독립한 필지로 분할되는 경우에는 특별한 사정이 없는 한 각자의 특정 구분부분에 해당하는 필지가 아닌 나머지 각 필지에 전사된 공유자 명의의 공유지분등기는 더 이상 당해 공유자의 특정 구분부분에 해당하는 필지를 표상하는 등기라고 볼 수 없고, 각 공유자 상호 간에 상호명의신탁관계만이 존속하므로, 각 공유자는 나머지 각 필지 위에 전사된 자신 명의의 공유지분에 관하여 다른 공유자에 대한 관계에서 그 공유지분을 보관하는 자의 지위에 있다고 할 것이므로, 다른 공유자의 특정 구분부분에 전사된 자신의 지분을 담보로 제공하는 경우 횡령죄가 성립한다.

④ 계좌명의인이 개설한 예금계좌가 전기통신금융사기 범행에 이용되어 그 계좌에 피해자가 사기피해금을 송금·이체한 경우 계좌명의인은 피해자와 사이에 아무런 법률관계 없이 송금·이체된 사기피해금 상당의 돈을 피해자에게 반환하여야 하므로, 피해자를 위하여 사기피해금을 보관하는 지위에 있다고 보아야 하고, 만약 계좌명의인이 그 돈을 영득할 의사로 인출하면 피해자에 대한 횡령죄가 성립한다고 할 것이나, 이때 계좌명의인이 사기의 공범이라면 자신이 가담한 범행의 결과 피해금을 보관하게 된 것일 뿐이어서 피해자와 사이에 위탁관계가 없고, 그가 송금·이체된 돈을 인출하더라도 이는 자신이 저지른 사기범행의 실행행위에 지나지 아니하여 새로운 법익을 침해한다고 볼 수 없으므로 사기죄 외에 별도로 횡령죄를 구성하지 않는다.

정선 핵심

① 화물자동차에 관한 관리·운영권만을 위임받아 점유하여 온 자 → 타인의 재물을 보관하는 자 ○
② 양자 간 명의신탁의 명의수탁자가 제3자에게 부동산을 처분하는 경우 → 횡령죄 ×
③ 구분소유적 공유관계에 있는 다른 공유자의 특정 구분부분에 전사된 자신의 지분을 담보로 제공하는 경우 → 횡령죄 ○
④ 계좌명의인이 영득의 의사로써 전기통신금융사기 피해금을 인출한 경우
　⋯ 계좌명의인이 사기의 공범이 아닌 경우 : 횡령죄 ○
　⋯ 계좌명의인이 사기의 공범인 경우 : 피해자에 대한 사기죄 외에 횡령죄 ×

정선 해설

[❶ ▸ ×] 소유권의 취득에 등록이 필요한 타인 소유의 차량을 인도받아 보관하고 있는 사람이 이를 사실상 처분하면 횡령죄가 성립하며, 보관 위임자나 보관자가 차량의 등록명의자일 필요는 없다. 그리고 <u>이와 같은 법리는 지입회사에 소유권이 있는 차량에 대하여 지입회사에서 운행관리권을 위임받은 지입차주가 지입회사의 승낙 없이 보관 중인 차량을 사실상 처분하거나 지입차주에게서 차량 보관을 위임받은 사람이 지입차주의 승낙 없이 보관 중인 차량을 사실상 처분한 경우에도 마찬가지로 적용된다</u>(대판 2015.6.25, 2015도1944[전합]).

[❷ ▸ ○] 부동산실명법을 위반한 양자 간 명의신탁의 경우 명의수탁자가 신탁받은 부동산을 임의로 처분하여도 명의신탁자에 대한 관계에서 횡령죄가 성립하지 아니한다(대판 2021.2.18, 2016도18761[전합]).

[**❸** ▸ ○] 판례의 취지를 고려할 때 각 공유자는 다른 공유자에 대한 관계에서 전사된 자신 명의의 공유지분을 보관하는 자의 지위에 있으므로, 다른 공유자의 특정 구분부분에 전사된 자신의 지분을 담보로 제공하는 경우 횡령죄가 성립한다.

> 구분소유적 공유관계에 의하여 소유하고 있는 특정 구분부분별로 독립한 필지로 분할되는 경우에는 특별한 사정이 없는 한 각자의 특정 구분부분에 해당하는 필지가 아닌 나머지 각 필지에 전사된 공유자 명의의 공유지분 등기는 더 이상 당해 공유자의 특정 구분부분에 해당하는 필지를 표상하는 등기라고 볼 수 없고, 각 공유자 상호 간에 상호명의신탁관계만이 존속하는 것이므로, 각 공유자는 나머지 각 필지 위에 전사된 자신 명의의 공유지분에 관하여 다른 공유자에 대한 관계에서 그 공유지분을 보관하는 자의 지위에 있다고 할 것이다(대판 2014.12.24. 2011도11084).

[**❹** ▸ ○] 계좌명의인이 개설한 예금계좌가 전기통신금융사기 범행에 이용된 경우, 계좌명의인은 피해자와 사이에 아무런 법률관계 없이 송금·이체된 사기피해금 상당의 돈을 피해자에게 반환하여야 하므로, 피해자를 위하여 사기피해금을 보관하는 지위에 있다고 보아야 하고, 만약 계좌명의인이 그 돈을 영득할 의사로 인출하면 피해자에 대한 횡령죄가 성립한다. 이때 계좌명의인이 사기의 공범이라면 자신이 가담한 범행의 결과 피해금을 보관하게 된 것일 뿐이어서 피해자와 사이에 위탁관계가 없고, 그가 송금·이체된 돈을 인출하더라도 이는 자신이 저지른 사기범행의 실행행위에 지나지 아니하여 새로운 법익을 침해한다고 볼 수 없으므로 사기죄 외에 별도로 횡령죄를 구성하지 않는다(대판 2018.7.19. 2017도17494[전합]).

> 피고인 갑, 을이 공모하여, 피고인 갑 명의로 개설된 예금계좌의 접근매체를 보이스피싱 조직원 병에게 양도함으로써 병의 정에 대한 전기통신금융사기 범행을 방조하고, 사기피해자 정이 병에게 속아 위 계좌로 송금한 사기피해금 중 일부를 별도의 접근매체를 이용하여 임의로 인출함으로써 주위적으로는 병의 재물을, 예비적으로는 정의 재물을 횡령하였다는 내용으로 기소되었는데, 원심이 피고인들에 대한 사기방조 및 횡령의 공소사실을 모두 무죄로 판단한 사안에서, 피고인들에게 사기방조죄가 성립하지 않는 이상 사기피해금 중 일부를 임의로 인출한 행위는 사기피해자 정에 대한 횡령죄가 성립한다고 한 사례(대판 2018.7.19. 2017도17494[전합]).

답 ❶

022
☐☐☐

(가)와 (나) 사례에 관한 설명 중 옳은 것은 모두 몇 개인가?(다툼이 있는 경우 판례에 의함)

`22` 경찰채용

> (가) 甲은 A주식회사에 본인 소유 토지를 양도하는 내용의 매매계약을 체결한 후 A주식회사로부터 계약금, 중도금 및 잔금 중 일부를 교부받았으나, 乙에게 이 사건 토지를 매도하고 소유권이전 등기를 경료해 주었다. 그런데 그 이전에 甲은 A주식회사로부터 계약금 중 3/4만 지급받은 상태에서 A주식회사 명의로 가등기를 경료해 주어 甲의 행위에도 불구하고 A주식회사가 甲의 아무런 협력 없이도 가등기의 순위보전 효력에 의해 자신 명의로 소유권이전등기를 마칠 수 있는 수단을 마련해 주었다.
>
> (나) 丙은 B에게 본인 소유 임야를 매도하고 일부 잔금까지 지급받았음에도 다시 그 임야를 丁에게 매도하여 계약금을 지급받은 후, 丁의 명의로 소유권이전청구권 보전을 위한 가등기를 경료해 주었다.

> ㄱ. 甲과 丙은 각각 A주식회사와 B와의 관계에서 타인의 사무를 처리하는 자에 해당한다.
> ㄴ. 甲과 丙의 행위로 인해 A주식회사와 B에게는 현실적인 손해가 발생하였다.
> ㄷ. 丙에게는 배임죄가 성립하지 않는다.
> ㄹ. 甲과 丙에게는 배임죄의 미수가 성립한다.

① 1개
② 2개
③ 3개
④ 4개

정선 핵심

ㄱ. 甲과 丙의 지위 → 부동산의 이중매도인으로서 타인의 사무를 처리하는 자에 해당
ㄴ., ㄹ. 甲과 丙의 이중매도행위
⋯→ A주식회사와 B에게 손해발생의 위험 발생
⋯→ 배임죄의 기수 ○
ㄷ. 丙이 제2매수인 丁에게 매도 후 가등기까지 경료하여 준 경우 → 배임죄 ○

정선 해설

[ㄱ ▸ ○] 관련판례 (가), (나)에서 설시한 판례의 취지를 고려할 때 甲과 丙은 각각 A주식회사와 B와의 관계에서 타인의 사무를 처리하는 자에 해당한다.
[ㄴ ▸ ✕] 甲과 丙의 행위로 인하여 A주식회사와 B에게 손해발생의 위험은 발생하였지만 현실적인 손해가 발생하였다고 볼 수 없다.
[ㄷ ▸ ✕] 부동산의 매도인인 丙이 본인 소유 임야를 丁에게 이중으로 매도하여 그에게 소유권이전청구권 보전을 위한 가등기를 마쳐 주었다면 이는 제1매수인 B에게 손해발생의 위험을 초래하는 행위로서 배임죄를 구성한다.
[ㄹ ▸ ✕] (가)에서 매도인 甲이 제1매수인 A주식회사에게 순위보전의 효력이 있는 가등기를 경료해 주었다고 하더라도 甲은 A주식회사에게 소유권을 이전하여 줄 의무에서 벗어날 수 없으므로, 제2매수인 乙에게 토지를 매도하고 등기를 경료해 주었다면 배임죄는 기수에 이르게 되고, (나)에서는 해설 ㄷ.에서 살핀 바와 같이 丙에게 배임죄의 기수가 성립한다.

| 관련판례 |

(가) 부동산 매매계약에서 중도금이 지급되는 등 계약이 본격적으로 이행되는 단계에 이른 때에 매도인은 매수인에 대하여 매수인의 재산보전에 협력하여 재산적 이익을 보호·관리할 신임관계에 있게 된다. 그때부터 매도인은 배임죄에서 말하는 '타인의 사무를 처리하는 자'에 해당한다고 보아야 한다. 그러한 지위에 있는 매도인이 매수인에게 계약 내용에 따라 부동산의 소유권을 이전해 주기 전에 그 부동산을 제3자에게 처분하고 제3자 앞으로 그 처분에 따른 등기를 마쳐 준 행위는 매수인의 부동산 취득 또는 보전에 지장을 초래하는 행위이다. 이는 매수인과의 신임관계를 저버리는 행위로서 배임죄가 성립한다. 그리고 매도인이 매수인에게 순위보전의 효력이 있는 가등기를 마쳐 주었더라도 그와 같은 가등기로 인하여 매수인의 재산보전에 협력하여 재산적 이익을 보호·관리할 신임관계의 전형적·본질적 내용이 변경된다고 할 수 없다(대판 2020.5.14. 2019도16228).

(나) 부동산의 매도인으로서 매수인에 대하여 그 앞으로의 소유권이전등기절차에 협력할 의무 있는 자가 그 임무에 위배하여 같은 부동산을 매수인 이외의 제3자에게 이중으로 매도하고 제3자 앞으로 소유권이전청구권 보전을 위한 가등기를 마쳐 주었다면, 이는 매수인에게 손해발생의 위험을 초래하는 행위로서 배임죄를 구성한다(대판 2008.7.10. 2008도3766).

답 ❶

023
☐☐☐

배임죄의 주체인 타인의 사무를 처리하는 자에 관한 다음 설명 중 가장 옳지 않은 것은?(다툼이 있는 경우 판례에 의하고, 전원합의체 판결의 경우 다수의견에 의함) 22 법원9급

① 동산 매매계약에서의 매도인은 매수인에 대하여 그의 사무를 처리하는 지위에 있지 아니하므로, 매도인이 목적물을 타에 처분하였다 하더라도 형법상 배임죄가 성립하지 아니하는데, 이러한 법리는 권리이전에 등기·등록을 요하는 동산에 대한 매매계약에서도 동일하게 적용되므로, 자동차 등의 매도인은 매수인에 대하여 그의 사무를 처리하는 지위에 있지 아니한다.

② 채무자가 채권자로부터 금원을 차용하는 등 채무를 부담하면서 채무 담보를 위하여 부동산에 관한 저당권설정계약을 체결한 경우, 위 약정의 내용에 좇아 채권자에게 부동산에 관한 저당권을 설정하여 줄 의무는 자기의 사무인 동시에 상대방의 재산보전에 협력할 의무에 해당하여 '타인의 사무'에 해당한다.

③ 채무자가 금전채무를 담보하기 위하여 그 소유의 동산을 채권자에게 양도담보로 제공함으로써 채권자인 양도담보권자에 대하여 담보물의 담보가치를 유지·보전할 의무 내지 담보물을 타에 처분하거나 멸실, 훼손하는 등으로 담보권 실행에 지장을 초래하는 행위를 하지 않을 의무를 부담하게 되었더라도, 이를 들어 채무자가 통상의 계약에서의 이익대립관계를 넘어서 채권자와의 신임관계에 기초하여 채권자의 사무를 맡아 처리하는 것으로 볼 수 없다. 따라서 채무자를 배임죄의 주체인 '타인의 사무를 처리하는 자'에 해당한다고 할 수 없다.

④ 주권발행 전 주식의 경우 양도인이 양수인으로 하여금 회사 이외의 제3자에게 대항할 수 있도록 확정일자 있는 증서에 의한 양도통지 또는 승낙을 갖추어 주어야 할 채무를 부담한다 하더라도 이는 자기의 사무라고 보아야 하고, 이를 양수인과의 신임관계에 기초하여 양수인의 사무를 맡아 처리하는 것으로 볼 수 없으므로, 주권발행 전 주식에 대한 양도계약에서의 양도인은 양수인에 대하여 그의 사무를 처리하는 지위에 있지 아니한다.

① 권리이전에 등록을 요하는 자동차의 매도인 → 매수인의 사무를 처리하는 지위 ×
② 채권자에게 저당권을 설정하여 줄 의무 → 자기의 사무 ○
③ 동산양도담보권자에 대하여 담보물의 담보가치를 유지·보전할 의무를 부담하는 채무자 → 타인의 사무를 처리하는 자 ×
④ 주권발행 전 주식의 양도인 → 양수인의 사무를 처리하는 지위 ×

[❶ ▸ ○] 동산 매매계약에서의 매도인은 매수인에 대하여 그의 사무를 처리하는 지위에 있지 아니하므로, 매도인이 목적물을 타에 처분하였다 하더라도 형법상 배임죄가 성립하지 아니한다. 위와 같은 법리는 권리이전에 등기·등록을 요하는 동산에 대한 매매계약에서도 동일하게 적용되므로, 자동차 등의 매도인은 매수인에 대하여 그의 사무를 처리하는 지위에 있지 아니하여, 매도인이 매수인에게 소유권이전등록을 하지 아니하고 타에 처분하였다고 하더라도 마찬가지로 배임죄가 성립하지 아니한다(대판 2020.10.22. 2020도6258[전합]).
[❷ ▸ ×] 채무자가 금전채무를 담보하기 위한 저당권설정계약에 따라 채권자에게 그 소유의 부동산에 관하여 저당권을 설정할 의무를 부담하게 되었다고 하더라도, 이를 들어 채무자가 통상의 계약에서 이루어지는 이익대립관계를 넘어서 채권자와의 신임관계에 기초하여 채권자의 사무를 맡아 처리하는 것으로 볼 수 없다. 채무자가 저당권설정계약에 따라 채권자에 대하여 부담하는 저당권을 설정할 의무는 계약에 따라 부담하게 된 채무자 자신의 의무이다(대판 2020.6.18. 2019도14340[전합]).

피고인이 갑으로부터 18억원을 차용하면서 담보로 피고인 소유의 아파트에 갑 명의의 4순위 근저당권을 설정해 주기로 약정하였음에도 제3자에게 채권최고액을 12억원으로 하는 4순위 근저당권을 설정하여 줌으로써 12억원 상당의 재산상 이익을 취득하고 갑에게 같은 금액 상당의 손해를 가하였다고 하여 특정경제범죄 가중처벌 등에 관한 법률 위반(배임)으로 기소된 사안에서, 피고인이 갑에 대한 관계에서 '타인의 사무를 처리하는 자'에 해당하지 않는다고 한 사례(대판 2020.6.18. 2019도14340[전합]).

[❸ ▸ ○] 채무자가 금전채무를 담보하기 위하여 그 소유의 동산을 채권자에게 점유개정 방식으로 양도담보로 제공함으로써 채권자인 양도담보권자에 대하여 담보물의 담보가치를 유지·보전할 의무 내지 담보물을 타에 처분하거나 멸실, 훼손하는 등으로 담보권 실행에 지장을 초래하는 행위를 하지 않을 의무를 부담하게 되었더라도, 이를 들어 채무자가 통상의 계약에서의 이익대립관계를 넘어서 채권자와의 신임관계에 기초하여 채권자의 사무를 맡아 처리하는 것으로 볼 수 없다. 따라서 채무자를 배임죄의 주체인 '타인의 사무를 처리하는 자'에 해당한다고 할 수 없다(대판 2020.2.20. 2019도9756[전합]).
[❹ ▸ ○] 주권발행 전 주식의 양도는 양도인과 양수인의 의사표시만으로 효력이 발생한다. 그 주식 양수인은 특별한 사정이 없는 한 양도인의 협력을 받을 필요 없이 단독으로 자신이 주식을 양수한 사실을 증명함으로써 회사에 대하여 명의개서를 청구할 수 있다. 따라서 양도인이 양수인으로 하여금 회사 이외의 제3자에게 대항할 수 있도록 확정일자 있는 증서에 의한 양도통지 또는 승낙을 갖추어 주어야 할 채무를 부담한다 하더라도 이는 자기의 사무라고 보아야 하고, 이를 양수인과의 신임관계에 기초하여 양수인의 사무를 맡아 처리하는 것으로 볼 수 없다(대판 2020.6.4. 2015도6057).

 ❷

024
☐☐☐

재물손괴죄에 관한 다음 설명 중 가장 옳지 않은 것은?(다툼이 있는 경우 판례에 의하고, 전원합의체 판결의 경우 다수의견에 의함) `22` 법원9급

① 형법 제366조는 "타인의 재물, 문서 또는 전자기록 등 특수매체기록을 손괴 또는 은닉 기타 방법으로 그 효용을 해한 자는 3년 이하의 징역 또는 700만원 이하의 벌금에 처한다."라고 규정하고 있다. 여기에서 '기타 방법'이란 형법 제366조의 규정 내용 및 형벌법규의 엄격해석 원칙 등에 비추어 손괴 또는 은닉에 준하는 정도의 유형력을 행사하여 재물 등의 효용을 해하는 행위를 의미하고, '재물의 효용을 해한다'고 함은 사실상으로나 감정상으로 그 재물을 본래의 사용목적에 제공할 수 없게 하는 상태로 만드는 것을 말하며, 일시적으로 그 재물을 이용할 수 없거나 구체적 역할을 할 수 없는 상태로 만드는 것도 포함한다.

② 피고인이 피해자가 홍보를 위해 설치한 광고판을 그 장소에서 제거하여 컨테이너로 된 창고로 옮겨 놓았다면 비록 물질적인 형태의 변경이나 멸실, 감손을 초래하지 않은 채 그대로 옮겼더라도 그 광고판은 본래적 역할을 할 수 없는 상태로 되었다고 보아야 하므로 재물손괴죄가 성립한다.

③ 피고인이 피해 차량의 앞뒤에 쉽게 제거하기 어려운 철근콘크리트 구조물 등을 바짝 붙여 놓아 차량을 운행할 수 없게 하였더라도 피해 차량 자체에 물리적 훼손이나 기능적 효용의 멸실 내지 감소가 발생하지 않았으므로 재물 본래의 효용을 해한 것이라고 볼 수 없다.

④ 자동문설치공사를 한 피고인이 대금을 지급받지 못하자 자동문의 자동작동중지 예약기능을 이용하여 자동문이 자동으로 여닫히지 않도록 설정하여 수동으로만 개폐가 가능하도록 한 경우 재물손괴죄가 성립한다.

정선 핵심

① 재물손괴죄의 구성요건
→ 기타 방법 : 손괴·은닉에 준하는 유형력을 행사하여 재물 등의 효용을 해하는 행위
→ 재물의 효용을 해함 : 일시적으로 재물을 이용할 수 없거나 구체적 역할을 할 수 없는 상태로 만드는 것도 포함
② 홍보를 위해 설치한 광고판을 창고로 옮겨 놓은 경우 → 재물손괴죄 ○
③ 피해 차량의 앞뒤에 철근콘크리트 구조물 등을 붙여 놓아 차량을 운행할 수 없게 한 경우 → 재물손괴죄 ○
④ 자동문을 수동으로만 작동하게 하여 자동잠금장치로서 역할을 할 수 없게 한 경우 → 재물손괴죄 ○

정선 해설

[❶ ▸ ○] 재물손괴죄의 구성요건 중 '기타 방법'이란 형법 제366조의 규정 내용 및 형벌법규의 엄격해석 원칙 등에 비추어 손괴 또는 은닉에 준하는 정도의 유형력을 행사하여 재물 등의 효용을 해하는 행위를 의미한다고 봄이 타당하고, '재물의 효용을 해한다'고 함은 사실상으로나 감정상으로 그 재물을 본래의 사용목적에 제공할 수 없게 하는 상태로 만드는 것을 말하며, 일시적으로 그 재물을 이용할 수 없거나 구체적 역할을 할 수 없는 상태로 만드는 것도 포함한다(대판 2021.5.7. 2019도13764).

[❷ ▸ ○] 피해자가 홍보를 위해 설치한 이 사건 각 광고판을 그 장소에서 제거하여 컨테이너로 된 창고로 옮겼다면, 비록 물질적인 형태의 변경이나 멸실, 감손을 초래하지 않은 채 그대로 옮겼다고 하더라도, 이 사건 각 광고판은 그 본래적 역할을 할 수 없는 상태로 되었다고 보아야 한다. 그러므로 앞서 본 법리에 비추어 보면, 피고인의 위와 같은 행위는 형법 제366조 재물손괴죄에서의 재물의 효용을 해하는 행위에 해당한다(대판 2018.7.24. 2017도18807).

[❸ ▸ ×] 판례의 취지를 고려할 때 피해자가 당해 차량을 일시적으로 본래의 사용목적에 이용할 수 없게 된 이상 차량 본래의 효용을 해한 것이라고 볼 수 있다.

피고인이 평소 자신이 굴삭기를 주차하던 장소에 갑의 차량이 주차되어 있는 것을 발견하고 갑의 차량 앞에 철근콘크리트 구조물을, 뒤에 굴삭기 크러셔를 바짝 붙여 놓아 갑이 17~18시간 동안 차량을 운행할 수 없게 된 사안에서, 차량 앞뒤에 쉽게 제거하기 어려운 구조물 등을 붙여 놓은 행위는 차량에 대한 유형력 행사로 보기에 충분하고, 차량 자체에 물리적 훼손이나 기능적 효용의 멸실 내지 감소가 발생하지 않았더라도 갑이 위 구조물로 인해 차량을 운행할 수 없게 됨으로써 일시적으로 본래의 사용목적에 이용할 수 없게 된 이상 차량 본래의 효용을 해한 경우라고 한 사례(대판 2021.5.7. 2019도13764).

[❹ ▸ ○] 대판 2016.11.25. 2016도9219

정답 ❸

---

025 ▢▢▢

다음 사례 중 재물손괴죄가 성립하지 않는 것은?(다툼이 있는 경우 판례에 의함)

`22` 경찰채용

① 타인 소유의 광고용 간판을 백색페인트로 도색하여 광고문안을 지워버린 행위
② 자동문을 수동으로만 개폐가 가능하게 하여 자동잠금장치로서 역할을 할 수 없도록 한 행위
③ 甲이 A의 차량 앞에는 철근콘크리트 구조물을, 뒤에는 굴삭기크러셔를 바짝 붙여 놓아 A의 차량을 17~18시간 동안 운행할 수 없게 한 행위
④ A주식회사 직원인 甲과 乙이 유색 페인트와 래커 스프레이를 이용하여 A회사 소유의 도로바닥에 직접 문구를 기재하거나 도로 위에 놓인 현수막 천에 문구를 기재하여 페인트가 바닥으로 배어나와 도로에 배게 한 행위

**정선
핵심**

재물손괴죄의 성립 여부
① 백색페인트로 도색하여 광고문안을 지워버린 경우 → ○
② 자동문을 수동으로만 작동하게 하여 자동잠금장치로서 역할을 할 수 없게 한 경우 → ○
③ A의 차량 앞뒤로 철근콘크리트 구조물, 굴삭기크러셔를 바짝 붙여 놓아 17~18시간 동안 운행할 수 없게 한 경우 → ○
④ 유색 페인트와 래커 스프레이로 도로바닥에 직접 문구를 기재하거나 현수막 천에 기재하여 페인트가 배어나오게 한 경우 → ×

**정선
해설**

[❶ ▸ ○] 타인 소유의 광고용 간판을 백색페인트로 도색하여 광고문안을 지워버린 행위는 재물손괴죄를 구성한다(대판 1991.10.22. 91도2090).
[❷ ▸ ○] 대판 2016.11.25. 2016도9219
[❸ ▸ ○] 피고인이 피해 차량의 앞뒤에 쉽게 제거하기 어려운 철근콘크리트 구조물 등을 바짝 붙여 놓은 행위는 피해 차량에 대한 유형력의 행사로 보기에 충분하다. 비록 피고인의 행위로 피해 차량 자체에 물리적 훼손이나 기능적 효용의 멸실 내지 감소가 발생하지 않았다고 하더라도, 피해자가 피고인이 놓아 둔 위 구조물로 인하여 피해 차량을 운행할 수 없게 됨으로써 일시적으로 본래의 사용목적에 이용할 수 없게 된 이상, 차량 본래의 효용을 해한 경우에 해당한다고 봄이 타당하다(대판 2021.5.7. 2019도13764).
[❹ ▸ ×] 위 도로 바닥에 기재된 문구에 갑 회사 임원들의 실명과 그에 대한 모욕적인 내용 등이 여럿 포함되어 있지만, 도로의 이용자들이 이 부분 도로를 통행할 때 그 문구로 인하여 불쾌감, 저항감을 느껴 이를 본래의 사용목적대로 사용할 수 없을 정도에 이르렀다고 보기 부족한 점, 도로 바닥에 페인트와 래커 스프레이로 쓰여 있는 여러 문구는 아스팔트 접착용 도료로 덧칠하는 등의 방법으로 원상회복되었는데, 그다지 많은 시간과 큰 비용이 들었다고 보이지 않는 점 등을 종합하면, 피고인들이 위와 같은 방법으로 도로 바닥에 여러 문구를 써놓은 행위가 위 도로의 효용을 해하는 정도에 이른 것이라고 보기 어렵다(대판 2020.3.27. 2017도20455).

정답 ❹

026

혓법상 권리행사를 방해하는 죄에 관한 다음 설명 중 가장 옳지 않은 것은?(다툼이 있는 경우 판례에 의하고, 전원합의체 판결의 경우 다수의견에 의함) `22` 법원9급

① 권리행사방해죄의 객체는 자기의 물건이어야 하므로 甲이 A에게 담보로 제공한 차량이 자동차 등록원부에 제3자 명의로 등록되어 있다면 甲이 A의 승낙 없이 미리 소지하고 있던 위 차량의 보조키를 이용하여 이를 운전하여 갔더라도 권리행사방해죄가 성립하지 않는다.

② 채무자가 가압류채권자의 지위에 있으면서 가압류집행해제를 신청함으로써 그 지위를 상실하는 행위는 강제집행면탈죄가 성립하지 않는다.

③ 직계혈족, 배우자, 동거친족, 동거가족 또는 그 배우자 간의 권리행사방해죄는 그 형을 면제한다.

④ 강제집행면탈죄는 강제집행을 면한다는 목적이 있어야 하는 목적범으로, 그와 같은 목적으로 허위의 채무를 부담하였더라도 강제집행 면탈의 목적을 달성하지 못하였다면 본죄의 기수가 아니라 미수범으로 처벌될 뿐이다.

정선 핵심

① 제3자 명의로 등록된 담보차량을 담보권자의 승낙 없이 운전하여 간 경우 → 권리행사방해죄 ×
② 가압류집행해제를 신청함으로써 가압류채권자의 지위를 상실한 경우 → 강제집행면탈죄 ×
③ 직계혈족, 배우자, 동거친족, 동거가족, 배우자 간의 권리행사방해죄 → 형면제 ○
④ 허위의 채무를 부담하였으나 강제집행 면탈의 목적을 달성하지 못한 경우 → 강제집행면탈죄 ○

정선 해설

[❶ ▶ ○] 피고인이 피해자에게 담보로 제공한 차량이 그 자동차등록원부에 타인 명의로 등록되어 있는 이상 그 차량은 피고인의 소유는 아니라는 이유로, 피고인이 피해자의 승낙 없이 미리 소지하고 있던 위 차량의 보조키를 이용하여 이를 운전하여 간 행위가 권리행사방해죄를 구성하지 않는다(대판 2005.11.10. 2005도6604).

[❷ ▶ ○] 채무자가 가압류채권자의 지위에 있으면서 가압류집행해제를 신청함으로써 그 지위를 상실하는 행위는 형법 제327조에서 정한 '은닉, 손괴, 허위양도 또는 허위채무부담' 등 강제집행면탈행위의 어느 유형에도 포함되지 않는 것이므로, 이러한 행위를 처벌대상으로 삼을 수 없다(대판 2008.9.11. 2006도8721).

[❸ ▶ ○] 직계혈족, 배우자, 동거친족, 동거가족 또는 그 배우자 간의 권리행사방해죄는 그 형을 면제한다(형법 제328조 제1항).

[❹ ▶ ×] 강제집행면탈죄는 이른바 위태범으로서 강제집행을 당할 구체적인 위험이 있는 상태에서 재산을 은닉, 손괴, 허위양도 또는 허위의 채무를 부담하면 바로 성립하는 것이고, 반드시 채권자를 해하는 결과가 야기되거나 이로 인하여 행위자가 어떤 이득을 취하여야 범죄가 성립하는 것은 아니며, 허위양도한 부동산의 시가액보다 그 부동산에 의하여 담보된 채무액이 더 많다고 하여 그 허위양도로 인하여 채권자를 해할 위험이 없다고 할 수 없다(대판 1999.2.12. 98도2474).

답 ❹

제8관 | 기타 재산에 관한 죄 종합문제

027
□□□

재산죄에 관한 설명으로 가장 적절하지 않은 것은?(다툼이 있는 경우 판례에 의함)

22 경찰채용

① 형법 제331조(특수절도) 제2항에서 규정한 흉기는 본래 살상용·파괴용으로 만들어진 것이거나 이에 준할 정도의 위험성을 가진 것으로 봄이 상당하다.

② 형법 제330조에 규정된 야간주거침입절도죄 및 형법 제331조 제1항에 규정된 특수절도(야간손괴침입절도)죄를 제외하고 일반적으로 주거침입은 절도죄의 구성요건이 아니므로 절도범인이 범행수단으로 주거침입을 한 경우에 주거침입행위는 절도죄에 흡수되지 아니하고 별개로 주거침입죄를 구성하여 절도죄와는 상상적 경합의 관계에 있다.

③ 甲이 술집 운영자 A로부터 술값의 지급을 요구받자 A를 유인·폭행하고 도주함으로써 술값의 지급을 면하여 재산상 이익을 취득하였다면, 형법 제335조에서 규정하는 준강도죄에는 해당하지 않는다.

④ 횡령죄에서 보관자가 자기 또는 제3자의 이익을 위한 것이 아니라 소유자의 이익을 위하여 이를 처분한 경우에는 특별한 사정이 없는 한 불법영득의 의사를 인정할 수 없다.

정선 핵심

① 특수절도의 흉기 → 본래 살상용·파괴용으로 만들어진 것이거나 위험성을 가진 것
② 절도범인이 범행수단으로 주거침입을 한 경우 → 절도와 주거침입죄는 실체적 경합 ○
③ 술값의 지급을 요구하는 술집 운영자를 유인·폭행하고 도주하여 술값의 지급을 면한 경우 → 준강도죄 ✕
④ 보관자가 소유자의 이익을 위하여 재물을 처분한 경우 → 불법영득의 의사 ✕

정선 해설

[❶ ▸ ○] 대판 2012.6.14. 2012도4175
[❷ ▸ ✕] 판례의 취지를 고려할 때 일반적으로 주거침입은 절도죄의 구성요건이 아니므로 절도범인이 범행수단으로 주거침입을 한 경우에도 단순절도와 주거침입죄는 실체적 경합관계가 되는 것으로 볼 수 있다.

> **관련판례** 대판 2015.10.15. 2015도8169
>
> 상습으로 단순절도를 범한 범인이 상습적인 절도범행의 수단으로 주간(낮)에 주거침입을 한 경우에 주간 주거침입행위의 위법성에 대한 평가가 형법 제332조, 제329조의 구성요건적 평가에 포함되어 있다고 볼 수 없다. 그러므로 형법 제332조에 규정된 상습절도죄를 범한 범인이 범행의 수단으로 주간에 주거침입을 한 경우 주간 주거침입행위는 상습절도죄와 별개로 주거침입죄를 구성한다. 또 형법 제332조에 규정된 상습절도죄를 범한 범인이 그 범행 외에 상습적인 절도의 목적으로 주간에 주거침입을 하였다가 절도에 이르지 아니하고 주거침입에 그친 경우에도 주간 주거침입행위는 상습절도죄와 별개로 주거침입죄를 구성한다.

> **비교판례** 대판 2017.7.11. 2017도4044
>
> 특정범죄 가중처벌 등에 관한 법률 제5조의4 제6항에 규정된 상습절도 등 죄를 범한 범인이 그 범행의 수단으로 주거침입을 한 경우에 주거침입행위는 상습절도 등 죄에 흡수되어 위 조문에 규정된 상습절도 등 죄의 1죄만이 성립하고 별개로 주거침입죄를 구성하지 않으며, 또 위 상습절도 등 죄를 범한 범인이 그 범행 외에 상습적인 절도의 목적으로 주거침입을 하였다가 절도에 이르지 아니하고 주거침입에 그친 경우에도 그것이 절도상습성의 발현이라고 보이는 이상 주거침입행위는 다른 상습절도 등 죄에 흡수되어 위 조문에 규정된 상습절도 등 죄의 1죄만을 구성하고 상습절도 등 죄와 별개로 주거침입죄를 구성하지 않는다.

[❸ ▸ ○] 피고인이 술집 운영자 甲으로부터 술값의 지급을 요구받자 甲을 유인·폭행하고 도주함으로써 술값의 지급을 면하여 재산상 이익을 취득하고 상해를 가하였다고 하여 강도상해로 기소되었는데, 원심이 위 공소사실을 '피고인이 甲에게 지급해야 할 술값의 지급을 면하여 재산상 이익을 취득하고 甲을 폭행하였다'는 범죄사실로 인정하여 준강도죄를 적용한 경우, 원심이 인정한 범죄사실에는 그 자체로 절도의 실행에 착수하였다는 내용이 포함되어 있지 않음에도 준강도죄를 적용하여 유죄로 인정한 원심판결에 준강도죄의 주체에 관한 법리오해의 잘못이 있다(대판 2014.5.16. 2014도2521).

[**❹ ▸ ○**] 횡령죄에서 불법영득의 의사는 타인의 재물을 보관하는 자가 위탁의 취지에 반하여 자기 또는 제3자의 이익을 위하여 권한 없이 재물을 자기의 소유인 것처럼 사실상 또는 법률상 처분하는 의사를 의미하므로, 보관자가 자기 또는 제3자의 이익을 위한 것이 아니라 소유자의 이익을 위하여 이를 처분한 경우에는 특별한 사정이 없는 한 불법영득의 의사를 인정할 수 없다(대판 2017.2.15. 2013도14777).

답 ❷

028
☐☐☐

재산죄에 관한 설명으로 옳지 않은 것은 모두 몇 개인가?(다툼이 있는 경우 판례에 의함)

`22` 경찰채용

> ㄱ. 채무자가 채권자에 대하여 소비대차 등으로 인한 채무를 부담하고 이를 담보하기 위하여 장래에 부동산의 소유권을 이전하기로 하는 내용의 대물변제예약에서, 약정의 내용에 좇은 이행을 하여야 할 채무는 특별한 사정이 없는 한 '타인의 사무'에 해당하는 것이 원칙이다.
> ㄴ. 횡령죄의 본질이 신임관계에 기초하여 위탁된 타인의 물건을 위법하게 영득하는 데 있음에 비추어 볼 때 위탁신임관계는 횡령죄로 보호할 만한 가치 있는 신임에 의한 것으로 한정함이 타당하다.
> ㄷ. 강제집행절차를 통한 소송사기는 집행절차의 개시신청을 한 때 또는 진행 중인 집행절차에 배당신청을 한 때에 실행에 착수하였다고 볼 것이다.
> ㄹ. 횡령죄는 타인의 재물에 대한 재산범죄로서 재물의 소유권 등 본권을 보호법익으로 하는 범죄이다. 따라서 횡령죄의 객체가 타인의 재물에 속하는 이상 구체적으로 누구의 소유인지는 횡령죄의 성립 여부에 영향이 없다.
> ㅁ. 침해행정 영역에서 일반 국민이 담당 공무원을 기망하여 권력작용에 의한 재산권 제한을 면하는 경우에는 부과권자의 직접적인 권력작용을 사기죄의 보호법익인 재산권과 동일하게 평가할 수 없는 것이므로 사기죄는 성립할 수 없다.

① 1개   ② 2개
③ 3개   ④ 4개

**정선
핵심**

ㄱ. 대물변제예약의 내용에 좇은 이행을 하여야 할 채무 → 타인의 사무 ×
ㄴ. 횡령죄의 위탁신임관계 → 보호할 만한 가치 있는 신임에 의한 것으로 한정
ㄷ. 강제집행절차의 개시신청을 했거나 배당신청을 한 경우 → 소송사기의 실행의 착수 ○
ㄹ. 타인의 재물이 누구의 소유인지 여부 → 횡령죄의 성립 여부에 영향 ×
ㅁ. 담당 공무원을 기망하여 권력작용에 의한 재산권 제한을 면하는 경우 → 사기죄 ×

**정선
해설**

[**ㄱ ▸ ✕**] 채무자가 대물변제예약에 따라 부동산에 관한 소유권이전등기절차를 이행할 의무는 궁극적 목적을 달성하기 위해 채무자에게 요구되는 부수적 내용이어서 이를 가지고 배임죄에서 말하는 신임관계에 기초하여 채권자의 재산을 보호 또는 관리하여야 하는 '타인의 사무'에 해당한다고 볼 수는 없다(대판 2014.8.21. 2014도3363[전합]).
[**ㄴ ▸ ○**] 횡령죄의 성립에 필요한 위탁관계는 사용대차·임대차·위임 등의 계약에 의하여서뿐만 아니라 사무관리·관습·조리·신의칙 등에 의해서도 성립될 수 있으나, 횡령죄의 본질이 신임관계에 기초하여 위탁된 타인의 물건을 위법하게 영득하는 데 있음에 비추어 볼 때 위탁관계는 횡령죄로 보호할 만한 가치 있는 신임에 의한 것으로 한정함이 타당하다(대판 2021.2.18. 2016도18761[전합]).
[**ㄷ ▸ ○**] 대판 2015.2.12. 2014도10086
[**ㄹ ▸ ○**] 횡령죄는 타인의 재물에 대한 재산범죄로서 재물의 소유권 등 본권을 보호법익으로 하는 범죄이다. 따라서 횡령죄의 객체가 타인의 재물에 속하는 이상 구체적으로 누구의 소유인지는 횡령죄의 성립 여부에 영향이 없다(대판 2019.12.24. 2019도9773).

[ㅁ▸○]　침해행정 영역에서 일반 국민이 담당 공무원을 기망하여 권력작용에 의한 재산권 제한을 면하는 경우에는 부과권자의 직접적인 권력작용을 사기죄의 보호법익인 재산권과 동일하게 평가할 수 없는 것이므로, 행정법규에서 그러한 행위에 대한 처벌규정을 두어 처벌함은 별론으로 하고, 사기죄는 성립할 수 없다(대판 2019.12.24. 2019도2003).

원심은 피고인이 담당 공무원을 기망하여 납부의무가 있는 농지보전부담금을 면제받아 재산상 이익을 취득하였다는 이 사건 공소사실에 대하여 범죄로 되지 아니하는 경우에 해당한다고 보아, 이를 무죄로 판단한 제1심 판결을 그대로 유지하였다. 원심판결 이유를 위 법리에 비추어 살펴보면, 원심의 판단에 사기죄의 성립에 관한 법리를 오해한 잘못이 없다(대판 2019.12.24. 2019도2003).

답 ❶

029

재물과 재산상의 이익에 관한 설명으로 가장 적절하지 않은 것은?(다툼이 있는 경우 판례에 의함)

22 경찰채용

① 비트코인은 경제적인 가치를 디지털로 표상하여 전자적으로 이전, 저장과 거래가 가능하도록 한 가상자산의 일종으로 사기죄의 객체인 재산상 이익에 해당한다.
② 甲이 乙의 돈을 절취한 다음 다른 금전과 섞거나 교환하지 않고 쇼핑백 등에 넣어 자신의 집에 숨겨두었는데, 丙이 乙의 지시로 甲에게 겁을 주어 쇼핑백 등에 들어 있던 절취된 돈을 교부받아 갈취하였다면, 위 돈은 타인인 甲의 재물이라고 볼 수 없다.
③ 형법 제333조(강도)에서의 '재산상 이익'은 반드시 사법상 유효한 재산상의 이득만을 의미하는 것은 아니나, 단지 외견상 재산상의 이득을 얻을 것이라고 인정할 수 있는 사실관계만으로는 재산상의 이익을 인정할 수 없다.
④ 배임죄에 있어서 재산상의 손해를 가한 때라 함은 현실적인 손해를 가한 경우뿐만 아니라 재산상 실해 발생의 위험을 초래한 경우도 포함된다.

정선 핵심

①, ③ 영득죄의 재산상 이익
　⋯▸ 비트코인 : 사기죄의 재산상 이익 ○
　⋯▸ 외견상 재산상의 이득을 얻을 것이라고 인정할 수 있는 사실관계 : 강도죄의 재산상 이익 ○
② 절도범이 쇼핑백에 넣어 둔 자신의 돈을 위협하여 다시 교부받은 경우 → 타인의 재물 ✕
④ 배임죄의 구성요건
　⋯▸ 배임행위가 법률상 무효라도 현실적인 손해를 가하였거나 재산상 실해 발생의 위험을 초래한 경우 : 재산상의 손해 ○

정선 해설

[❶▸○]　비트코인은 경제적인 가치를 디지털로 표상하여 전자적으로 이전, 저장과 거래가 가능하도록 한 가상자산의 일종으로 사기죄의 객체인 재산상 이익에 해당한다(대판 2021.11.11. 2021도9855).
[❷▸○]　甲이 乙의 돈을 절취한 다음 다른 금전과 섞거나 교환하지 않고 쇼핑백 등에 넣어 자신의 집에 숨겨두었는데, 피고인이 乙의 지시로 丙과 함께 甲에게 겁을 주어 위 돈을 교부받아 갈취한 경우, 위 금전은 타인인 甲의 재물이라고 할 수 없어 공갈죄가 성립된다고 볼 수 없다(대판 2012.8.30. 2012도6157).
[❸▸✕]　형법 제333조 후단의 강도죄, 이른바 강제이득죄의 요건인 재산상의 이익은 반드시 사법상 유효한 재산상의 이득만을 의미하는 것이 아니고 외견상 재산상의 이득을 얻을 것이라고 인정할 수 있는 사실관계만 있으면 된다(대판 1994.2.22. 93도428).
[❹▸○]　대판 2014.2.13. 2011도16763

답 ❸

다음 사례 중 甲의 행위가 동일한 범죄구성요건에 해당하는 것으로만 짝지어진 것은?(다툼이 있는 경우 판례에 의함)　`22` 경찰채용

> ㄱ. A는 B가 운영하는 피씨방을 이용하고 나오면서 자신의 핸드폰을 두고 왔는데, 그때 B의 피씨방을 이용하고 있던 甲이 A가 두고 간 핸드폰을 발견하고 그것을 가지고 갔다.
> ㄴ. 甲은 A로부터 그의 오토바이를 타고 심부름을 다녀와 달라는 부탁을 받고 다녀오던 중, 마음이 변하여 A에게 오토바이를 돌려주지 않고 그대로 타고 가버렸다.
> ㄷ. A는 지하철 선반 위에 올려둔 가방을 깜빡 잊고 그대로 지하철에서 내렸고, 이를 본 甲은 A가 가방을 두고 내린 것을 아무도 알아채지 못한 틈을 타 그 가방을 들고 지하철에서 내렸다.
> ㄹ. 甲은 자신의 토지를 임차하여 대나무를 식재하고 가꾸어 온 A의 대나무를 그의 의사에 반하여 벌채하여 갔다.
> ㅁ. 甲은 A의 토지 위에 권원 없이 식재한 자신의 감나무에 열린 감을 수확해 갔다.

① ㄱ, ㄴ, ㄹ
② ㄴ, ㄷ, ㅁ
③ ㄱ, ㄷ, ㄹ
④ ㄱ, ㄹ, ㅁ

정선 핵심

ㄱ. A가 피씨방에 두고 간 핸드폰을 발견하고 가지고 간 경우 → 절도죄 ○
ㄴ. A의 오토바이를 타고 심부름을 다녀오던 중 오토바이를 그대로 타고 간 경우 → 횡령죄 ○
ㄷ. A가 가방을 두고 내린 것을 아무도 모르는 틈을 타 가방을 들고 지하철에서 내린 경우 → 점유이탈물횡령죄 ○
ㄹ. 甲의 토지를 임차하여 A가 식재한 대나무를 甲이 벌채한 경우 → 절도죄 ○
ㅁ. A의 토지 위에 권원 없이 식재한 감나무의 감을 甲이 수확해 간 경우 → 절도죄 ○

정선 해설

[ㄱ ▸ 절도죄]　피해자가 피씨방에 두고 간 핸드폰은 피씨방 관리자의 점유하에 있어서 제3자가 이를 취한 행위는 절도죄를 구성한다고 할 것이므로(대판 2007.3.15. 2006도9338), B의 피씨방을 이용하고 있던 甲이 A가 두고 간 핸드폰을 발견하고 그것을 가지고 갔다면 절도죄를 구성한다.

[ㄴ ▸ 횡령죄]　피해자가 그 소유의 오토바이를 타고 심부름을 다녀오라고 하여서 그 오토바이를 타고 가다가 마음이 변하여 이를 반환하지 아니한 채 그대로 타고 가버렸다면 횡령죄를 구성함은 별론으로 하고 적어도 절도죄를 구성하지는 아니한다(대판 1986.8.19. 86도1093). 따라서 甲이 A에게 오토바이를 돌려주지 않고 그대로 타고 가버렸다면 횡령죄를 구성한다.

[ㄷ ▸ 점유이탈물횡령죄]　판례의 취지를 고려하면 A가 놓고 내린 가방에 대하여 아무도 점유를 개시하지 아니하였으므로 甲이 그 가방을 들고 지하철을 내린 경우 점유이탈물횡령죄를 구성한다.

> 승객이 놓고 내린 지하철의 전동차 바닥이나 선반 위에 있던 물건을 가지고 간 경우, 지하철의 승무원은 유실물법상 전동차의 관수자로서 승객이 잊고 내린 유실물을 교부받을 권능을 가질 뿐 전동차 안에 있는 승객의 물건을 점유한다고 할 수 없고, 그 유실물을 현실적으로 발견하지 않는 한 이에 대한 점유를 개시하였다고 할 수도 없으므로, 그 사이에 위와 같은 유실물을 발견하고 가져간 행위는 점유이탈물횡령죄에 해당함은 별론으로 하고 절도죄에 해당하지는 않는다(대판 1999.11.26. 99도3963).

[ㄹ ▸ 절도죄]　타인의 토지상에 권원 없이 식재한 수목의 소유권은 토지소유자에게 귀속되고, 권원에 의하여 식재한 경우에는 그 소유권이 식재한 자에게 있다(대판 1980.9.30. 80도1874). 권원에 의하여, 즉 A가 甲의 토지를 임차하여 식재한 대나무는 A의 소유이므로 甲이 그 대나무를 무단 벌채해 간 경우 절도죄를 구성한다.

[ㅁ ▸ 절도죄]　타인의 토지상에 권원 없이 식재한 수목의 소유권은 토지소유자에게 귀속하고 권원에 의하여 식재한 경우에는 그 소유권이 식재한 자에게 있으므로, 권원 없이 식재한 감나무에서 감을 수확한 것은 절도죄에 해당한다(대판 1998.4.24. 97도3425). 甲이 권원 없이 식재한 감나무는 A의 토지에 부합하여(민법 제256조) 감나무의 소유권은 A에게 귀속되므로 甲이 감을 수확하여 간 경우에는 절도죄를 구성한다.

🔖 **❹**

제 2 장

사회적 법익에 관한 죄

제1관 | 방화와 실화의 죄

031

□□□

방화죄 사례와 그에 대한 설명의 연결이 옳지 않은 것은?(다툼이 있는 경우 판례에 의함)

`22` 국가9급

① 甲과 乙은 공동으로 집에 방화를 하였는데 불길이 예상외로 크게 번지자, 乙은 도망하였고 甲은 후회하며 진화활동을 한 결과 그 집은 반소(半燒)에 그쳤다. – 甲과 乙 모두 방화죄의 기수범

② 甲은 자신의 아버지(A)와 형(B)을 살해할 목적으로 A와 B가 자고 있는 방에 불을 놓았고, 그 결과 A와 B 모두 사망하였다. – 甲은 살인죄, 존속살해죄, 현주건조물방화치사죄의 실체적 경합범

③ 甲은 지붕과 문짝, 창문이 없고 담장과 일부 벽체가 붕괴된 철거 대상 건물로서 사실상 기거·취침에 사용할 수 없는 상태인 폐가의 내부와 외부에 쓰레기를 모아놓고 태워 그 불길이 폐가의 벽을 일부 그을리게 하였다. – 甲은 일반물건방화죄의 미수범에 해당하나 미수범 처벌 규정이 없으므로 불가벌

④ 甲은 보험금을 편취할 목적으로 자신이 거주하는 건물에 방화를 하였으나 아직 보험금 청구를 하지 않았다. – 甲은 현주건조물방화죄의 기수범

**정선
핵심**

① 甲과 乙이 공동으로 방화를 하였는데 불길이 크게 번진 경우 → 방화죄의 기수 ○

② 아버지 A와 형 B가 자고 있는 방에 불을 놓아 A와 B 모두 사망한 경우

　⋯→ A : 존속살해죄와 현주건조물방화치사죄의 상상적 경합 ○

　⋯→ B : 현주건조물방화치사죄 ○

③ 기거·취침에 사용할 수 없는 폐가에 방화하여 미수에 그친 경우 → 불가벌

④ 보험금을 편취할 목적으로 자신이 거주하는 건물에 방화를 하였으나 보험금을 청구하지 아니한 경우 → 현주건조물방화죄의 기수 ○

[❶ ▸ ○] 甲과 乙의 방화로 불길이 예상외로 크게 번졌다는 것으로 보아 화력이 매개물을 떠나 스스로 연소할 수 있는 상태가 되었다고 보이므로(대판 1970.3.24. 70도330), 방화죄는 기수에 이르렀다고 보인다. 방화죄가 기수에 이르렀다면 그 후의 甲과 乙의 개별적 행위는 방화죄의 기수에 영향을 미치지 아니한다.

[❷ ▸ ×] 판례의 취지를 고려할 때 아버지(A)에 대하여는 존속살해죄와 현주건조물방화치사죄의 상상적 경합이 성립하고, 형(B)에 대하여는 현주건조물방화치사죄가 성립한다. 아버지(A)와 형(B)에 대한 범죄는 상상적 경합관계에 있다.

> 사람을 살해할 목적으로 현주건조물에 방화하여 사망에 이르게 한 경우에는 현주건조물방화치사죄로 의율하여 야 하고 이와 더불어 살인죄와의 상상적 경합범으로 의율할 것은 아니며, 다만 존속살인죄와 현주건조물방화치 사죄는 상상적 경합범 관계에 있으므로, 법정형이 중한 존속살인죄로 의율함이 타당하다(대판 1996.4.26. 96도 485).

[❸ ▸ ○] 대판 2013.12.12. 2013도3950

[❹ ▸ ○] 사안에서 건조물이 甲의 소유라면 건조물이 보험의 목적이 된 경우이므로 일반건조물방화죄의 기수가 성립하고, 공범 아닌 가족이 거주하고 있었다면 현주건조물방화죄의 기수가 성립한다. 지문 ④가 옳은 지문인지 의문이 있으나 상대적으로 판단하건대, 지문 ②가 명백하게 틀린 경우이므로 이 문제의 정답을 최종 정답과 마찬가지 로 ②로 하기로 한다.

답 ❷

제2절 공공의 신용에 관한 죄

제1관 | 문서에 관한 죄

032
□□□

공공의 신용에 대한 죄에 관한 설명으로 가장 적절하지 않은 것은?(다툼이 있는 경우 판례에 의함)

`22` 경찰채용

① 사용권한자와 용도가 특정되어 있는 공문서를 사용권한 없는 자가 사용한 경우 그 공문서 본래의 용도에 따른 사용이 아니라 하더라도 형법 제230조의 공문서부정행사죄가 성립된다.

② 문서가 위조된 것임을 이미 알고 있는 공범자 등에게 행사하는 경우에는 위조문서행사죄가 성립할 수 없으나, 간접정범을 통한 위조문서행사범행에 있어 도구로 이용된 자라고 하더라도 문서가 위조된 것임을 알지 못하는 자에게 행사한 경우에는 위조문서행사죄가 성립한다.

③ 인터넷을 통하여 열람·출력한 등기사항전부증명서 하단의 열람 일시 부분을 수정 테이프로 지우고 복사한 행위는 공문서변조에 해당한다.

④ 위조된 외국의 화폐, 지폐 또는 은행권이 강제통용력을 가지지 않고, 그 화폐 등이 국내에서 사실상 거래 대가의 지급수단이 되고 있지 않는 경우에는 그 화폐 등을 행사하더라도 위조통화 행사죄를 구성하지 않는다고 할 것이므로, 형법 제234조에서 정한 위조사문서행사죄 또는 위조사도화행사죄로 의율할 수 있다.

① 사용권한자와 용도가 특정되어 있는 공문서를 사용권한 없는 자가 본래의 용도 외로 사용한 경우 → 공문서부정
행사죄 ×
② 위조문서행사죄의 성립 여부
 ⋯⟩ 문서가 위조된 것임을 알고 있는 공범자에게 위조문서를 행사하는 경우 → ×
 ⋯⟩ 위조문서행사범행에 있어 도구로 이용된 자가 위조된 것임을 알지 못하는 경우 → ○
③ 등기사항전부증명서 하단의 열람 일시 부분을 수정 테이프로 지우고 복사한 경우 → 공문서변조죄 ○
④ 위조된 외국통화가 외국에서 강제통용력을 가지지 않고 국내에서 사실상 유통되지도 않는 경우 → 위조사문서행
사죄 또는 위조사도화행사죄 ○

[**❶** ▸ ×] 사용권한자와 용도가 특정되어 있는 공문서를 사용권한 없는 자가 사용한 경우에도 그 공문서 본래의
용도에 따른 사용이 아닌 경우에는 형법 제230조의 공문서부정행사죄가 성립되지 아니한다(대판 2003.2.26. 2002
도4935).

피고인이 기왕에 습득한 타인의 주민등록증을 피고인 가족의 것이라고 제시하면서 그 주민등록증상의 명의
또는 가명으로 이동전화 가입신청을 한 경우, 타인의 주민등록증을 본래의 사용용도인 신분확인용으로 사용한
것이라고 볼 수 없어 공문서부정행사죄가 성립하지 않는다고 한 사례(대판 2003.2.26. 2002도4935).

[**❷** ▸ ○] 위조문서행사죄에 있어서 행사는 위조된 문서를 진정한 것으로 사용함으로써 문서에 대한 공공의
신용을 해칠 우려가 있는 행위를 말하므로 그 행사의 상대방에는 아무런 제한이 없고, 다만 문서가 위조된 것임을
이미 알고 있는 공범자 등에게 행사하는 경우에는 위조문서행사죄가 성립할 수 없으나, 간접정범을 통한 위조문서행
사범행에 있어 도구로 이용된 자라고 하더라도 문서가 위조된 것임을 알지 못하는 자에게 행사한 경우에는 위조문서
행사죄가 성립한다(대판 2012.2.23. 2011도14441).

피고인이 위조·변조한 공문서의 이미지 파일을 甲 등에게 이메일로 송부하여 프린터로 출력하게 함으로써
'행사'하였다는 내용으로 기소되었는데, 甲 등은 출력 당시 위 파일이 위조된 것임을 알지 못한 사안에서, 피고인
의 행위가 위조·변조공문서행사죄를 구성한다고 보아야 하는데도, 이와 달리 보아 무죄를 선고한 원심판결에
법리오해의 위법이 있다고 한 사례(대판 2012.2.23. 2011도14441).

[**❸** ▸ ○] 피고인이 인터넷을 통하여 열람·출력한 등기사항전부증명서 하단의 열람 일시 부분을 수정 테이프로
지우고 복사해 두었다가 이를 타인에게 교부하여 공문서변조 및 변조공문서행사로 기소된 경우, 등기사항전부증명
서의 열람 일시는 등기부상 권리관계의 기준 일시를 나타내는 역할을 하는 것으로서 권리관계나 사실관계의 증명에
서 중요한 부분에 해당한다는 점을 고려하면, 피고인이 등기사항전부증명서의 열람 일시를 삭제하여 복사한 행위는
등기사항전부증명서가 나타내는 권리·사실관계와 다른 새로운 증명력을 가진 문서를 만든 것에 해당하고 그로
인하여 공공적 신용을 해할 위험성도 발생하였으므로, 공문서변조가 성립한다(대판 2021.2.25. 2018도19043).
[**❹** ▸ ○] 대판 2013.12.12. 2012도2249

답 **❶**

033

문서에 관한 죄에 대한 다음 설명 중 가장 옳지 않은 것은?(다툼이 있는 경우 판례에 의하고, 전원합의체 판결의 경우 다수의견에 의함) `22` 법원9급

① 형법상 문서에 관한 죄에서 문서란 문자 또는 이에 대신할 수 있는 가독적 부호로 계속적으로 물체상에 기재된 의사 또는 관념의 표시인 원본 또는 이와 사회적 기능, 신용성 등을 동일시할 수 있는 기계적 방법에 의한 복사본으로서 그 내용이 법률상, 사회생활상 주요 사항에 관한 증거로 될 수 있는 것을 말하고, 컴퓨터 모니터 화면에 나타나는 이미지는 이미지 파일을 보기 위한 프로그램을 실행할 경우에 그때마다 전자적 반응을 일으켜 화면에 나타나는 것에 지나지 않아서 계속적으로 화면에 고정된 것으로는 볼 수 없으므로, 형법상 문서에 관한 죄에서의 '문서'에는 해당되지 않는다.

② 위조문서행사죄에서 행사란 위조된 문서를 진정한 문서인 것처럼 그 문서의 효용방법에 따라 이를 사용하는 것을 말하고, 위조된 문서를 진정한 문서인 것처럼 사용하는 한 행사의 방법에 제한이 없으므로 위조된 문서를 스캐너 등을 통해 이미지화한 다음 이를 전송하여 컴퓨터 화면상에서 보게 하는 경우도 행사에 해당하지만, 이는 문서의 형태로 위조가 완성된 것을 전제로 하는 것이므로, 공문서로서의 형식과 외관을 갖춘 문서에 해당하지 않아 공문서위조죄가 성립하지 않는 경우에는 위조공문서행사죄도 성립할 수 없다.

③ 자동차 등의 운전자가 경찰공무원에게 다른 사람의 운전면허증 자체가 아니라 이를 촬영한 이미지파일을 휴대전화 화면 등을 통하여 보여주는 행위는 운전면허증의 특정된 용법에 따른 행사라고 볼 수 없는 것이어서 그로 인하여 경찰공무원이 그릇된 신용을 형성할 위험이 있다고 할 수 없으므로, 이러한 행위는 공문서부정행사죄를 구성하지 아니한다.

④ 공문서변조죄는 권한 없는 자가 공무소 또는 공무원이 이미 작성한 문서내용에 대하여 동일성을 해하지 않을 정도로 변경을 가하여 새로운 증명력을 작출케 함으로써 공공적 신용을 해할 위험성이 있을 때 성립하므로, 인터넷을 통하여 출력한 등기사항전부증명서 하단의 열람 일시 부분을 수정 테이프로 지우고 복사한 행위는 공공적 신용을 해할 위험이 있는 정도의 새로운 증명력을 작출한 것으로 보기 어려우므로 공문서변조죄에 해당하지 않는다.

정선 핵심

① 컴퓨터 화면에 나타나는 이미지 → 문서 ✕
② 공문서로서의 형식과 외관을 갖춘 문서가 아니어서 공문서위조죄가 성립하지 않는 경우 → 위조공문서행사죄 ✕
③ 경찰공무원에게 타인의 운전면허증을 촬영한 이미지파일을 보여주는 경우 → 공문서부정행사죄 ✕
④ 등기사항전부증명서 하단의 열람 일시 부분을 수정 테이프로 지우고 복사한 경우 → 공문서변조죄 ○

정선 해설

[❶ ▶ ○] 컴퓨터 모니터 화면에 나타나는 이미지는 이미지 파일을 보기 위한 프로그램을 실행할 경우에 그때마다 전자적 반응을 일으켜 화면에 나타나는 것에 지나지 않아서 계속적으로 화면에 고정된 것으로는 볼 수 없으므로, 형법상 문서에 관한 죄에서의 '문서'에는 해당되지 않는다(대판 2020.12.24. 2019도8443).

> 중국인인 피고인이 콘도미니엄 입주민들의 모임인 갑 시설운영위원회의 대표로 선출된 후 갑 위원회가 대표성을 갖춘 단체라는 외양을 작출할 목적으로, 주민센터에서 가져온 행정용 봉투의 좌측 상단에 미리 제작해 둔 갑 위원회 한자 직인과 한글 직인을 날인한 다음 주민센터에서 발급받은 피고인의 인감증명서 중앙에 있는 '용도'란 부분에 이를 오려 붙이는 방법으로 인감증명서 1매를 작성하고, 이를 휴대전화로 촬영한 사진 파일을 갑 위원회에 가입한 입주민들이 참여하는 메신저 단체대화방에 게재하였다고 하여 공문서위조 및 위조공문서행사로 기소된 사안에서, 피고인이 만든 문서가 공문서로서의 외관과 형식을 갖추었다고 인정하기 어렵고, 이를 사진촬영한 파일을 단체대화방에 게재한 행위가 위조공문서행사죄에 해당할 수도 없다고 한 사례(대판 2020.12.24. 2019도8443).

[❷ ▸ ○]   대판 2020.12.24. 2019도8443

[❸ ▸ ○]   자동차 등의 운전자가 경찰공무원에게 다른 사람의 운전면허증 자체가 아니라 이를 촬영한 이미지파일을 휴대전화 화면 등을 통하여 보여주는 행위는 운전면허증의 특정된 용법에 따른 행사라고 볼 수 없는 것이어서 그로 인하여 경찰공무원이 그릇된 신용을 형성할 위험이 있다고 할 수 없으므로, 이러한 행위는 결국 공문서부정행사죄를 구성하지 아니한다(대판 2019.12.12. 2018도2560).

[❹ ▸ ×]   피고인이 인터넷을 통하여 열람·출력한 등기사항전부증명서 하단의 열람 일시 부분을 수정 테이프로 지우고 복사해 두었다가 이를 타인에게 교부하여 공문서변조 및 변조공문서행사로 기소된 경우, 등기사항전부증명서의 열람 일시는 등기부상 권리관계의 기준 일시를 나타내는 역할을 하는 것으로서 권리관계나 사실관계의 증명에서 중요한 부분에 해당한다는 점을 고려하면, 피고인이 등기사항전부증명서의 열람 일시를 삭제하여 복사한 행위는 등기사항전부증명서가 나타내는 권리·사실관계와 다른 새로운 증명력을 가진 문서를 만든 것에 해당하고 그로 인하여 공공적 신용을 해할 위험성도 발생하였으므로, 공문서변조가 성립한다(대판 2021.2.25. 2018도19043).

답 ❹

034

문서에 관한 죄에 대한 설명으로 가장 적절한 것은?(다툼이 있는 경우 판례에 의함)

22 경찰채용

① 형법은 사문서의 경우 무형위조만을 처벌하면서 예외적으로 유형위조를 처벌하는 태도를 취하고 있다.

② 공무원인 의사가 공무소의 명의로 허위의 진단서를 작성한 경우 허위공문서작성죄와 허위진단서작성죄가 성립하고 두 죄는 상상적 경합관계에 있다.

③ 공문서와 달리 사문서에 있어서는 권한 있는 사람의 허위작성을 예외적으로만 처벌하는 형법의 태도를 고려할 때, 형법 제232조의2에서 정하는 사전자기록등위작죄에서의 '위작'에 시스템의 설치 운영 주체로부터 각자의 직무 범위에서 개개의 단위정보의 입력 권한을 부여받은 사람이 그 권한을 남용하여 허위의 정보를 입력함으로써 시스템 설치 운영 주체의 의사에 반하는 전자기록을 생성하는 경우는 포함되지 않는다고 보아야 한다.

④ A회사의 대표이사 甲이 B회사의 대표이사 乙로부터 포괄적 위임을 받아 두 회사의 대표이사 업무를 처리하면서 두 회사 명의로 허위 내용의 영수증과 세금계산서를 작성한 사안에서, B회사 명의 부분은 乙의 개별적·구체적 위임 또는 승낙 없는 행위로서 사문서위조 및 위조사문서행사죄가 성립하지만, A회사 명의 부분은 이미 퇴직한 종전의 대표이사를 승낙 없이 대표이사로 표시하였더라도 이에 해당하지 않는다.

정선
핵심

① 사문서에 관한 죄 → 원칙적으로 유형위조를 처벌하면서 예외적으로 무형위조 처벌

② 공무원인 의사가 허위진단서를 작성한 경우 → 허위공문서작성죄 ○

③ 사전자기록등위작죄의 구성요건
   ⇨ 위작 : 단위정보의 입력 권한을 부여받은 사람이 그 권한을 남용하여 허위의 정보를 입력하는 경우 포함

④ 사문서위조 및 위조사문서행사죄의 성립 여부
   ⇨ A회사의 대표이사 甲이 B회사의 대표이사 乙로부터 포괄적 위임을 받아 B회사 명의로 허위 내용의 영수증과 세금계산서를 작성한 경우 → ○
   ⇨ 종전의 대표이사를 대표이사로 표시하여 A회사 명의로 작성한 경우 → ×

정선
해설

[❶ ▸ ×]   무형위조는 문서의 작성권한 있는 자가 진실에 반하는 문서를 작성하는 것을 말하고, 유형위조는 문서의 작성권한 없는 자가 타인명의의 문서를 작성하는 것을 말한다고 할 때, 사문서의 경우에는 원칙적으로 유형위조를 처벌하면서 무형위조는 허위진단서작성죄(형법 제233조)의 경우에만 예외적으로 처벌하는 태도를 취하고 있다.

[**❷** ▸ ✕] 형법 제233조 소정의 허위진단서작성죄의 대상은 공무원이 아닌 의사가 사문서로서 진단서를 작성한 경우에 한정되고, 공무원인 의사가 공무소의 명의로 허위진단서를 작성한 경우에는 허위공문서작성죄만이 성립하고 허위진단서작성죄는 별도로 성립하지 않는다(대판 2004.4.9. 2003도7762).

[**❸** ▸ ✕] 개인 또는 법인이 전자적 방식에 의한 정보의 색색·처리·저장·출력을 목적으로 구축하여 설치·운영하는 시스템을 설치·운영하는 주체와의 관계에서 전자기록의 생성에 관여할 권한이 없는 사람이 전자기록을 작출하거나 전자기록의 생성에 필요한 단위정보의 입력을 하는 경우는 물론 시스템의 설치·운영 주체로부터 각자의 직무 범위에서 개개의 단위정보의 입력 권한을 부여받은 사람이 그 권한을 남용하여 허위의 정보를 입력함으로써 시스템 설치·운영 주체의 의사에 반하는 전자기록을 생성하는 경우도 형법 제227조의2에서 말하는 전자기록의 '위작'에 포함된다. 위 법리는 형법 제232조의2의 사전자기록등위작죄에서 행위의 태양으로 규정한 '위작'에 대해서도 마찬가지로 적용된다(대판 2020.8.27. 2019도11294[전합]).

[**❹** ▸ ○] 乙로부터 개별적·구체적으로 주식회사 명의의 문서 작성에 관하여 위임 또는 승낙을 받은 경우에만 예외적으로 적법하게 B회사 명의로 문서를 작성할 수 있으므로 A회사의 대표이사 甲에게 乙의 개별적·구체적 위임 또는 승낙이 없다면, B회사 명의 부분은 사문서위조 및 위조사문서행사죄가 성립하지만, 주식회사의 적법한 대표이사는 회사의 영업에 관하여 재판상 또는 재판 외의 모든 행위를 할 권한이 있기 때문에 A회사 명의 부분은 이미 퇴직한 종전의 대표이사를 승낙 없이 대표이사로 표시하였더라도 사문서위조 및 위조사문서행사죄가 성립하지 않는다(대판 2008.11.27. 2006도2016).

답 **❹**

035
☐☐☐

문서의 죄에 관한 설명 중 옳지 않은 것은 모두 몇 개인가?(다툼이 있는 경우 판례에 의함)

`22` 경찰채용

> ㄱ. 컴퓨터의 기억장치 중 하나인 램(RAM, Random Access Memory)은 기억장치 또는 저장매체이기는 하나 임시적인 기억 또는 저장에 활용되는 매체에 불과하여 램에 올려진 전자기록은 형법 제232조의2의 사전자기록위작·변작죄에서 말하는 전자기록에 해당하지 않는다.
>
> ㄴ. 공문서를 작성하는 과정에서 법령 등을 잘못 적용하거나 적용하여야 할 법령 등을 적용하지 아니한 잘못이 있는 경우에는 허위공문서작성죄가 성립하며, 그 적용의 전제가 된 사실관계에 관하여 거짓된 기재가 없더라도 그 성립을 부정할 수 없다.
>
> ㄷ. 형법 제228조 제2항의 공정증서원본부실기재죄에서 말하는 '등록증'은 공무원이 작성한 모든 등록증을 말하는 것이 아니라, 일정한 자격이나 요건을 갖춘 자에게 그 자격이나 요건에 상응한 활동을 할 수 있는 권능 등을 인정하기 위하여 공무원이 작성한 증서를 말하는 것으로서 사업자등록증은 단순한 사업사실의 등록을 증명하는 증서에 불과하여 동법 제228조 제2항의 등록증에 해당하지 않는다.
>
> ㄹ. 타인의 주민등록증을 습득한 자가 해당 주민등록증을 본인 가족의 것이라고 제시하면서 그 주민등록증상의 명의 또는 가명으로 이동전화 가입신청을 한 경우, 형법 제230조 공문서등부정행사죄가 성립한다.
>
> ㅁ. 형법 제228조 제1항이 규정하는 공정증서원본부실기재죄나 공전자기록등부실기재죄는 공무원에 대하여 진실에 반하는 허위신고를 하여 공정증서원본 또는 이와 동일한 전자기록 등 특수매체기록에 그 증명하는 사항에 관하여 실체관계에 부합하지 아니하는 '부실의 사실'을 기재 또는 기록하게 함으로써 성립하고, 여기서 '부실의 사실'이라 함은 권리의무관계에 중요한 의미를 갖는 사항이 객관적인 진실에 반하는 것을 말한다.

① 1개 ② 2개
③ 3개 ④ 4개

ㄱ. 램에 올려진 전자기록 → 사전자기록위작·변작죄에서 말하는 전자기록 ○

ㄴ. 법령 등을 잘못 적용하거나 적용하여야 할 법령 등을 적용하지 아니한 잘못이 있으나 전제가 된 사실관계에 관하여 거짓된 기재가 없는 경우 → 허위공문서작성죄 ✕

ㄷ. 사업자등록증 → 공정증서원본등부실기재죄의 등록증 ✕

ㄹ. 타인의 주민등록증상의 명의로 이동전화가입신청을 한 경우 → 공문서부정행사죄 ✕

ㅁ. 공정증서원본부실기재죄나 공전자기록등부실기재죄의 구성요건
　　→ 부실의 사실 : 권리의무관계에 중요한 의미를 갖는 사항이 객관적인 진실에 반하는 것

[ㄱ ▸ ✕]　컴퓨터의 기억장치 중 하나인 램(RAM, Random Access Memory)이 임시기억장치 또는 임시저장매체이기는 하지만, 형법이 전자기록위·변작죄를 문서위·변조죄와 따로 처벌하고자 한 입법취지, 저장매체에 따라 생기는 그 매체와 저장된 전자기록 사이의 결합강도와 각 매체별 전자기록의 지속성의 상대적 차이, 전자기록의 계속성과 증명적 기능과의 관계, 본죄의 보호법익과 그 침해행위의 태양 및 가벌성 등에 비추어 볼 때, 위 램에 올려진 전자기록 역시 사전자기록위작·변작죄에서 말하는 전자기록 등 특수매체기록에 해당한다(대판 2003.10.9. 2000도4993).

램에 올려진 전자기록은 원본파일과 불가분적인 것으로 원본파일의 개념적 연장선상에 있는 것이므로, 비록 원본파일의 변경까지 초래하지는 아니하였더라도 이러한 전자기록에 허구의 내용을 권한 없이 수정입력한 것은 그 자체로 그러한 사전자기록을 변작한 행위의 구성요건에 해당된다고 보아야 할 것이며 그러한 수정입력의 시점에서 사전자기록변작죄의 기수에 이르렀다고 한 사례(대판 2003.10.9. 2000도4993).

[ㄴ ▸ ✕]　허위공문서작성죄는 공문서에 진실에 반하는 기재를 하는 때에 성립하는 범죄이므로, 공문서를 작성하는 과정에서 법령 등을 잘못 적용하거나 적용하여야 할 법령 등을 적용하지 아니한 잘못이 있더라도 그 적용의 전제가 된 사실관계에 관하여 거짓된 기재가 없다면 허위공문서작성죄가 성립할 수 없고, 이는 그와 같은 잘못이 공무원의 고의에 기한 것이라도 달리 볼 수 없다(대판 2021.9.16. 2019도18394).

지방자치단체에서 발주·시행한 교량 공사의 현장감독관인 피고인이, '지방자치단체 입찰 및 계약 집행기준'에 따르면 자재의 제작이 완료되었더라도 현장에 반입되어 시공되지 않은 이상 기성부분으로 인정할 수 없고 예외적으로 제작 공장에서 기성검사를 실시·합격한 경우에 한하여 50% 한도 내에서만 기성고 비율을 인정하여야 함에도, 현장에 반입되지 않아 그 시공이 이루어지지 않은 교량 구조물인 '주탑'이 100% 제작되었음을 전제로 공사 전체의 기성고 비율과 기성부분 준공액을 산정·기재함으로써 허위의 기성검사조서를 작성하였다는 내용으로 기소된 사안에서, 위 조서에는 위 기준 적용의 전제가 되는 사실관계, 즉 주탑 등 자재의 제작 및 현장 반입 여부 등에 관하여 아무런 기재가 없으므로 피고인이 위 기준 적용의 전제가 되는 사실관계에 관하여 허위로 기재할 여지가 없다는 등의 이유로, 위 조서가 허위의 공문서에 해당한다고 본 원심판단에 법리오해의 잘못이 있다고 한 사례(대판 2021.9.16. 2019도18394).

[ㄷ ▸ ○]　대판 2005.7.15. 2003도6934

[ㄹ ▸ ✕]　피고인이 기왕에 습득한 타인의 주민등록증을 피고인 가족의 것이라고 제시하면서 그 주민등록증상의 명의 또는 가명으로 이동전화 가입신청을 한 경우, 타인의 주민등록증을 본래의 사용용도인 신분확인용으로 사용한 것이라고 볼 수 없으므로 공문서부정행사죄가 성립하지 않는다(대판 2003.2.26. 2002도4935).

[ㅁ ▸ ○]　공정증서원본부실기재죄나 공전자기록등부실기재죄는 공정증서원본 또는 이와 동일한 전자기록 등 특수매체기록에 그 증명하는 사항에 관하여 실체관계에 부합하지 아니하는 '부실의 사실'을 기재 또는 기록하게 함으로써 성립하고, 여기서 '부실의 사실'이라 함은 권리의무관계에 중요한 의미를 갖는 사항이 객관적인 진실에 반하는 것을 말한다(대판 2020.11.5. 2019도12042).

답 ❸

036
□□□

허위공문서작성죄에 관한 다음 설명 중 가장 옳지 않은 것은?(다툼이 있는 경우 판례에 의하고, 전원합의체 판결의 경우 다수의견에 의함) `22` 법원9급

① 피의자신문조서 말미에 작성자의 서명, 날인이 없으나, 첫머리에 작성 사법경찰리와 참여 사법경찰리의 직위와 성명을 적어 넣은 것이 있다면 그 문서 자체에 의하여 작성자를 추지할 수 있으므로, 그러한 피의자신문조서는 허위공문서작성죄의 객체가 되는 공문서로 볼 수 있다.

② 공무원이 아닌 피고인이 건축물조사 및 가옥대장 정리업무를 담당하는 공무원을 교사하여 무허가 건물을 허가받은 건축물인 것처럼 가옥대장 등에 등재케 하여 허위공문서 등을 작성케 한 사실이 인정된다면, 허위공문서작성죄의 교사범으로 처벌할 수 있다.

③ 등기공무원이 소유권이전등기와 근저당권설정등기의 신청이 동시에 이루어지고 그와 함께 등본의 교부신청이 있었음에도 고의로 일부를 누락하여 소유권이전등기만 기입하고 근저당권설정등기는 기입하지 않은 채 등기부등본을 발급한 경우 본죄가 성립한다.

④ 공무원인 甲이 문서작성자에게 전화로 문의하여 원본과 상이 없다는 사실을 확인하였고, 실제 그 사본이 원본과 다른 점이 없다면, 실제 원본과 대조함이 없이 공무원 甲이 그 직무에 관하여 사문서 사본에 "원본 대조필 토목 기사 甲"이라 기재하고 甲의 도장을 날인한 행위만으로는 허위공문서작성죄가 성립한다고 단정할 수 없다.

정선
핵심

① 피의자신문조서에 작성자의 서명, 날인이 없으나, 작성자의 직위와 성명을 적어 넣은 것이 있는 경우 → 공문서 ○

② 가옥대장업무 담당공무원을 교사하여 허가받은 건축물인 것처럼 등재하게 한 경우 → 허위공문서작성죄의 교사범 ○

③ 등본의 교부신청 사항을 일부 누락하여 소유권이전등기만 기입하여 등기부등본을 발급한 경우 → 허위공문서작성죄 ○

④ 실제 원본과 대조함이 없이 "원본 대조필"이라 기재하고 도장을 날인한 경우 → 허위공문서작성죄 ○

정선
해설

[❶ ▸ ○] 피의자들에 대한 각 피의자신문조서는 각 그 조서 말미에 작성자의 서명, 날인이 없으나, 위 각 피의자신문조서 첫머리에 작성 사법경찰리와 참여 사법경찰리의 직위와 성명을 적어 넣은 것이 있어 그 문서 자체에 의하여 작성자를 추지할 수 있으므로 위 각 피의자신문조서를 허위공문서작성죄의 객체가 되는 공문서로 볼 수 있다(대판 1995.11.10. 95도2088).

[❷ ▸ ○] 피고인이 건축물조사 및 가옥대장 정리업무를 담당하는 지방행정서기를 교사하여 무허가 건물을 허가받은 건축물인 것처럼 가옥대장 등에 등재케 하여 허위공문서 등을 작성케 한 사실이 인정된다면, 허위공문서작성죄의 교사범으로 처단한 것은 정당하다(대판 1983.12.13. 83도1458).

[❸ ▸ ○] 판례의 취지를 고려할 때 근저당권설정등기를 기입하지 않았다면 그 등기부등본은 내용이 진실하지 아니한 것으로 허위공문서작성죄가 성립한다.

> 소유권이전등기와 근저당권설정등기의 신청이 동시에 이루어지고 그와 함께 등본의 교부신청이 있는 경우, 등기공무원이 소유권이전등기만 기입하고 근저당권설정등기는 기입하지 아니한 채 등기부등본을 발급하였다면 비록 그 등기부등본의 기재가 등기부의 기재와 일치한다 하더라도, 그 등기부등본은 이미 접수된 신청서에 따라 기입하여야 할 사항 중 일부를 고의로 누락한 채 작성되어 내용이 진실하지 아니한 것으로서 허위공문서에 해당한다(대판 1996.10.15. 96도1669).

[❹ ▸ ✕] 공무원인 피고인이 그 직무에 관하여 이 건 문제로 된 사문서 사본에 "원본 대조필 토목 기사 피고인"이라 기재하고 도장을 날인하였다면 그 기재 자체가 공문서로 되고, 이 경우 피고인이 실제로 원본과 대조함이 없이 "원본 대조필"이라고 기재한 이상 그것만으로 곧 허위공문서작성죄가 성립하는 것이고, 피고인이 위 문서작성자에게 전화로 원본과 상이 없다는 사실을 확인하였다거나 객관적으로 그 사본이 원본과 다른 점이 없다고 하더라도 위 죄가 성립한다(대판 1981.9.22. 80도3180).

답 ❹

제2관 | 기타 공공의 신용에 관한 죄 종합문제

037
□□□

사회적 법익에 대한 죄에 관한 설명으로 가장 적절하지 않은 것은?(다툼이 있는 경우 판례에 의함)

`22` 경찰채용

① 민사조정법상의 조정절차에서 작성되는 조정조서는 공정증서원본불실기재죄에서의 공정증서원본에 해당한다.

② 단순히 자신의 신용력을 증명하기 위하여 타인에게 보일 목적으로 통화를 위조한 경우에는 통화위조죄가 성립하지 않는다.

③ 공무원의 문서작성을 보조하는 직무에 종사하는 공무원이 허위공문서를 기안하여 결재를 거치지 않고 임의로 작성권자의 직인 등을 부정 사용함으로써 공문서를 완성한 경우 공문서위조죄가 성립한다.

④ 불을 놓아 무주물을 불태워 공공의 위험을 발생하게 한 경우에는 형법 제167조 제2항의 자기소유일반물건방화죄가 성립한다.

정선 핵심

① 조정조서 → 공정증서원본 ×

② 신용력을 증명하기 위하여 통화를 위조한 경우 → 통화위조죄 ×

③ 문서작성을 보조하는 공무원이 허위공문서를 기안하여 작성권자의 직인 등을 부정 사용하여 공문서를 완성한 경우 → 공문서위조죄 ○

④ 불을 놓아 무주물을 불태워 공공의 위험을 발생하게 한 경우 → 자기소유일반물건방화죄 ○

정선 해설

[❶ ▸ ×] 민사조정법상 조정신청에 의한 조정제도는 원칙적으로 조정신청인의 신청 취지에 구애됨이 없이 조정담당판사 등이 제반 사정을 고려하여 당사자들에게 상호 양보하여 합의하도록 권유·주선함으로써 화해에 이르게 하는 제도인 점에 비추어, 그 조정절차에서 작성되는 조정조서는 그 성질상 허위신고에 의해 부실한 사실이 그대로 기재될 수 있는 공문서로 볼 수 없어 공정증서원본에 해당하는 것으로 볼 수 없다(대판 2010.6.10. 2010도3232).

[❷ ▸ ○] 대판 2012.3.29. 2011도7704

[❸ ▸ ○] 보조 직무에 종사하는 공무원이 허위공문서를 기안하여 허위임을 모르는 작성권자의 결재를 받아 공문서를 완성한 때에는 허위공문서작성죄의 간접정범이 될 것이지만, 이러한 결재를 거치지 않고 임의로 작성권자의 직인 등을 부정 사용함으로써 공문서를 완성한 때에는 공문서위조죄가 성립한다(대판 2017.5.17. 2016도13912).

[❹ ▸ ○] 노상에서 전봇대 주변에 놓인 재활용품과 쓰레기 등에 불을 놓아 불태운 경우, 그 재활용품과 쓰레기 등은 '무주물'로서 형법 제167조 제2항에 정한 '자기 소유의 물건'에 준하는 것으로 보아야 하므로, 여기에 불을 붙인 후 불상의 가연물을 집어넣어 그 화염을 키움으로써 공공의 위험을 발생하게 하였다면, 일반물건방화죄가 성립한다(대판 2009.10.15. 2009도7421).

 답 ❶

제1관 | 성풍속에 관한 죄

038
□□□

공연음란죄에 관한 설명 중 옳은 것은 모두 몇 개인가?(다툼이 있는 경우 판례에 의함)

`22` 경찰채용

ㄱ. 말다툼 후 항의하는 과정에서 바지와 팬티를 내리고 엉덩이를 노출시킨 행위는 사람에게 부끄러운 느낌이나 불쾌감을 주는 정도에 불과하고, 정상적인 성적 수치심을 해할 정도에 해당하지 않아 공연음란죄가 성립하지 않는다.

ㄴ. 음란성을 구체적으로 판단함에 있어서는 행위자의 주관적 의도가 아니라 사회 평균인의 입장에서 그 전체적인 내용을 관찰하여 건전한 사회통념에 따라 객관적이고 규범적으로 평가하여야 한다.

ㄷ. 공연음란죄에서 정하는 '음란한 행위'는 일반인의 성욕을 자극하여 성적 흥분을 유발하고 정상적인 성적 수치심을 해하여 성적 도의관념에 반하는 것을 의미하고, 그 행위의 음란성에 대한 의미의 인식뿐만 아니라 성욕의 흥분, 만족 등의 성적인 목적이 있어야 공연음란죄가 성립한다.

ㄹ. 공연음란죄에서 정하는 '음란한 행위'를 특정한 사람을 상대로 한다고 해서 반드시 강제추행죄가 성립하는 것은 아니다.

① 1개   ② 2개
③ 3개   ④ 4개

정선 핵심

ㄱ. 말다툼을 한 후 항의의 표시로 엉덩이를 노출시킨 경우 → 공연음란죄 ×
ㄴ. 음란성 판단 → 사회 평균인의 입장에서 객관적이고 규범적으로 평가
ㄷ. 공연음란죄의 구성요건
  → 음란한 행위 : 성욕을 자극하여 성적 흥분을 유발하고 정상적인 성적 수치심을 해하여 성적 도의관념에 반하는 행위
  → 성욕의 흥분, 만족 등의 성적인 목적 불요
ㄹ. 음란한 행위를 특정한 사람을 상대로 한 경우 → 반드시 강제추행죄 ×

정선 해설

[ㄱ ▶ ○] 말다툼을 한 후 항의의 표시로 엉덩이를 노출시킨 경우에는 단순히 다른 사람에게 부끄러운 느낌이나 불쾌감을 주는 정도에 불과하다고 인정될 뿐이므로 그와 같은 행위는 경범죄처벌법 제1조 제41호에 해당할지언정, 형법 제245조의 음란행위에 해당한다고 할 수 없다(대판 2004.3.12. 2003도6514).

[ㄴ ▶ ○] 대판 2020.1.16. 2019도14056

[ㄷ ▶ ×] 형법 제245조 소정의 '음란한 행위'라 함은 일반 보통인의 성욕을 자극하여 성적 흥분을 유발하고 정상적인 성적 수치심을 해하여 성적 도의관념에 반하는 것을 가리킨다고 할 것이고, 위 죄는 주관적으로 성욕의 흥분, 만족 등의 성적인 목적이 있어야 성립하는 것은 아니고 그 행위의 음란성에 대한 의미의 인식이 있으면 족하다(대판 2004.3.12. 2003도6514).

[ㄹ ▶ ○] 건전한 성풍속이라는 일반적인 사회적 법익을 보호하려는 목적을 가진 형법 제245조의 공연음란죄에서 정하는 '음란한 행위'가 특정한 사람을 상대로 행하여졌다고 해서 반드시 그 사람에 대하여 '추행'이 된다고 말할 수 없고, 무엇보다도 문제의 행위가 피해자의 성적 자유를 침해하는 것으로 평가될 수 있어야 한다(대판 2012.7.26. 2011도8805).

피고인이 피해자 甲(여, 48세)에게 욕설을 하면서 자신의 바지를 벗어 성기를 보여주는 방법으로 강제추행하였다는 내용으로 기소된 사안에서, 제반 사정을 고려할 때 단순히 피고인이 바지를 벗어 자신의 성기를 보여준 것만으로는 폭행 또는 협박으로 '추행'을 하였다고 볼 수 없는데도, 이와 달리 보아 유죄를 인정한 원심판결에 강제추행죄의 추행에 관한 법리오해의 위법이 있다고 한 사례(대판 2012.7.26. 2011도8805).

답 ❸

제2관 | 도박과 복표에 관한 죄

039
□□□

도박의 죄에 관한 설명 중 옳은 것은 모두 몇 개인가?(다툼이 있는 경우 판례에 의함)

22 경찰채용

> ㄱ. 영리의 목적으로 속칭 포커나 고스톱 등의 인터넷 도박게임 사이트를 개설하여 운영하는 경우, 게임이용자들이 그 도박게임 사이트에 접속하여 실제로 도박이 행하여진 때에 도박장소등개설죄는 기수에 이른다.
> ㄴ. 사기도박의 경우 도박에서의 우연성이 결여되어 사기죄만 성립하고, 사기도박에 필요한 준비를 갖추고 그러한 의도로 피해자들에게 도박에 참가하도록 권유한 때 또는 늦어도 그 정을 알지 못하는 피해자들이 도박에 참가한 때 실행의 착수가 인정된다.
> ㄷ. 상습도박죄에 있어서의 상습성이란 반복하여 도박행위를 하는 습벽으로서 행위자의 속성을 말하는데, 이러한 습벽의 유무를 판단함에 있어서는 도박의 전과나 도박횟수 등이 중요한 판단자료가 되나, 도박전과가 없다 하더라도 도박의 성질과 방법, 도금의 규모, 도박에 가담하게 된 태양 등의 제반사정을 참작하여 도박의 습벽이 인정되는 경우에는 상습성을 인정할 수 있다.
> ㄹ. 도박행위가 공갈죄의 수단이 된 경우, 공갈죄와 도박죄는 그 구성요건과 보호법익을 달리하고 있고, 공갈죄의 성립에 일반적·전형적으로 도박행위를 수반하는 것은 아니기에 공갈죄와 별도로 도박죄가 성립한다.

① 1개 ② 2개
③ 3개 ④ 4개

정선 핵심

ㄱ. 도박게임 사이트를 개설하여 재물이 오고 갈 수 있는 상태에 있게 된 경우 → 도박장소등개설죄는 기수
ㄴ. 사기도박에서 도박에 참가할 것을 권유한 때 또는 정을 알지 못하는 피해자들이 도박에 참가한 경우 → 사기죄의 실행의 착수 ○
ㄷ. 상습도박죄의 상습성 → 도박전과가 없다 하더라도 도박의 습벽이 있으면 인정 가능
ㄹ. 공갈죄와 도박죄 → 실체적 경합 ○

정선 해설

[ㄱ ▸ ✕] 영리의 목적으로 속칭 포커나 바둑이, 고스톱 등의 인터넷 도박게임 사이트를 개설하여 운영하는 경우, 현실적으로 게임이용자들로부터 돈을 받고 게임머니를 제공하고 게임이용자들이 위 도박게임 사이트에 접속하여 도박을 하여, 위 게임으로 획득한 게임머니를 현금으로 환전해 주는 방법 등으로 게임이용자들과 게임회사 사이에 있어서 재물이 오고 갈 수 있는 상태에 있으면, 게임이용자가 위 도박게임 사이트에 접속하여 실제 게임을 하였는지 여부와 관계없이 도박장소등개설죄는 '기수'에 이른다(대판 2009.12.10. 2008도5282).

[ㄴ ▸ ○] 사기도박과 같이 도박당사자의 일방이 사기의 수단으로써 승패의 수를 지배하는 경우에는 도박에서의 우연성이 결여되어 사기죄만 성립하고 도박죄는 성립하지 아니한다. 피고인 등이 사기도박에 필요한 준비를 갖추고 그러한 의도로 피해자들에게 도박에 참가하도록 권유한 때 또는 늦어도 그 정을 알지 못하는 피해자들이 도박에 참가한 때에는 이미 사기죄의 실행에 착수하였다고 할 것이다(대판 2011.1.13. 2010도9330).

피고인 등이 피해자들을 유인하여 사기도박으로 도금을 편취한 행위는 사회관념상 1개의 행위로 평가하는 것이 타당하므로, 피해자들에 대한 각 사기죄는 상상적 경합의 관계에 있다고 보아야 함에도, 위 각 죄가 실체적 경합의 관계에 있는 것으로 보고 경합범 가중을 한 원심판결에 사기죄의 죄수에 관한 법리오해의 위법이 있다고 한 사례(대판 2011.1.13. 2010도9330).

[ㄷ ▸ ○] 대판 2017.4.13. 2017도953

[ㄹ ▸ ○] 공갈죄와 도박죄는 그 구성요건과 보호법익을 달리하고 있고, 공갈죄의 성립에 일반적·전형적으로 도박행위를 수반하는 것은 아니며, 도박행위가 공갈죄에 비하여 별도로 고려되지 않을 만큼 경미한 것이라고 할 수도 없으므로, 도박행위가 공갈죄의 수단이 되었다 하여 그 도박행위가 공갈죄에 흡수되어 별도의 범죄를 구성하지 않는다고 할 수 없다(대판 2014.3.13. 2014도212).

답 ❸

국가적 법익에 관한 죄

제1관 | 공무원의 직무에 관한 죄

040
□□□

공무원의 직무에 관한 죄의 설명 중 가장 적절하지 않은 것은?(다툼이 있는 경우 판례에 의함)

22 경찰채용

① 지방자치단체의 장이 미리 승진후보자명부상 후보자들 중에서 승진대상자를 실질적으로 결정한 다음, 그 내용을 인사위원회 간사, 서기 등을 통해 인사위원회 위원들에게 '승진대상자 추천'이라는 명목으로 제시하여 인사위원회로 하여금 자신이 특정한 후보자들을 승진대상자로 의결하도록 유도하는 행위는 직권남용권리행사방해죄의 구성요건인 '직권의 남용' 및 '의무 없는 일을 하게 한 경우'로 볼 수 있다.

② 공무원이 직무상 알게 된 비밀을 그 직무와의 관련성 혹은 필요성에 기하여 해당 직무의 집행과 관련 있는 다른 공무원에게 직무집행의 일환으로 전달한 경우, 국가기능에 위험이 발생하리라고 볼 만한 특별한 사정이 인정되지 않는 한, 그 행위는 비밀의 누설에 해당하지 아니한다.

③ 직무집행의 의사로 자신의 직무를 수행한 경우에는 그 직무집행의 내용이 위법한 것으로 평가된다는 점만으로 직무유기죄의 성립을 인정할 것은 아니고, 공무원이 태만·분망 또는 착각 등으로 인하여 직무를 성실히 수행하지 아니한 경우나 형식적으로 또는 소홀히 직무를 수행한 탓으로 적절한 직무수행에 이르지 못한 것에 불과한 경우에도 직무유기죄는 성립하지 아니한다.

④ 경찰관들이 현행범으로 체포한 도박혐의자들에게 현행범인체포서 대신에 임의동행동의서를 작성하게 하고, 그나마 제대로 조사도 하지 않은 채 석방하였으며, 압수한 일부 도박자금에 관하여 압수조서 및 목록도 작성하지 않은 채 반환하고, 일부 도박혐의자의 명의도용 사실과 도박 관련 범죄로 수회 처벌받은 전력을 확인하고서도 아무런 추가조사도 없이 석방한 경우, 그 경찰관들에게는 직무유기죄가 성립한다.

정선
핵심

① 지방자치단체의 장이 미리 승진대상자 추천이라는 명목으로 제시한 경우 → 의무 없는 일을 하게 한 경우 ✕
② 직무상 비밀을 다른 공무원에게 직무집행의 일환으로 전달한 경우 → 비밀의 누설 ✕
③ 태만·분망·착각이나 형식적으로 또는 소홀히 직무를 수행한 경우 → 직무유기죄 ✕
④ 현행범으로 체포한 도박혐의자들에게 임의동행동의서를 작성하게 하고 추가조사 없이 석방한 경우 → 직무유기죄 ○

[❶ ▸ ✕] 승진후보자명부에 포함된 후보자들 중에서 승진대상자를 결정할 최종적인 권한은 임용권자에게 있다. 임용권자가 인사위원회의 심의·의결 결과와는 다른 내용으로 승진대상자를 결정하여 승진임용을 하는 것이 허용되는 이상, 임용권자가 미리 의견을 조율하는 차원에서 승진대상자 선정에 관한 자신의 의견을 인사위원회에 제시하는 것이 위법하다고 볼 수는 없고, 신분이 보장되는 외부위원이 1/2 이상 참여하는 회의에서 인사위원회가 심도 있는 심의를 하지 않은 채 임용권자가 제시한 특정 후보자들을 그대로 승진대상자로 의결하였다면, 이는 인사위원회 위원들 스스로가 자신들의 권한을 소극적으로 행사한 것일 뿐, '의무 없는 일을 한 것'이라고 볼 수는 없다(대판 2020.12.10. 2019도17879).

[❷ ▸ ○] 공무원이 직무상 알게 된 비밀을 그 직무와의 관련성 혹은 필요성에 기하여 해당 직무의 집행과 관련 있는 다른 공무원에게 직무집행의 일환으로 전달한 경우에는, 관련 각 공무원의 지위 및 관계, 직무집행의 목적과 경위, 비밀의 내용과 전달 경위 등 제반 사정에 비추어 비밀을 전달받은 공무원이 이를 그 직무집행과 무관하게 제3자에게 누설할 것으로 예상되는 등 국가기능에 위험이 발생하리라고 볼 만한 특별한 사정이 인정되지 않는 한, 위와 같은 행위가 비밀의 누설에 해당한다고 볼 수 없다(대판 2021.11.25. 2021도2486).

[❸ ▸ ○] 대판 2014.4.10. 2013도229

[❹ ▸ ○] 피고인들과 강력4팀 및 순찰3팀 경찰관들은 현행범으로 체포한 도박혐의자 17명에 대해 현행범인체포서 대신에 임의동행동의서를 작성하게 하고, 그나마 제대로 조사도 하지 않은 채 석방하였으며, 현행범인 석방사실을 검사에게 보고도 하지 않았고, 석방일시·사유를 기재한 서면을 작성하여 기록에 편철하지도 않았으며, 압수한 일부 도박자금에 관하여 압수조서 및 목록도 작성하지 않은 채 검사의 지휘도 받지 않고 반환하였고, 강력4팀 공소외 7이 공소외 14의 명의도용 사실과 도박 관련 범죄로 수회 처벌받은 전력을 확인하고서도 아무런 추가조사 없이 석방한 것은 단순히 업무를 소홀히 수행한 것이 아니라 정당한 사유 없이 의도적으로 수사업무를 방임 내지 포기한 것이라고 봄이 상당하므로, 피고인들에 대하여 직무유기죄가 성립한다(대판 2010.6.24. 2008도11226).

 ❶

직권남용죄에 관한 다음 설명 중 가장 옳지 않은 것은?(다툼이 있는 경우 판례에 의하고, 전원합의체 판결의 경우 다수의견에 의함) `22` 법원9급

① 형법 제123조 직권남용죄의 미수범은 처벌하지 아니한다.
② 공무원의 직권남용행위가 있었다 할지라도 현실적으로 권리행사의 방해라는 결과가 발생하지 아니하였다면 직권남용죄가 성립하지 않는다.
③ 직권남용죄는 공무원이 그 일반적 직무권한에 속하는 사항에 관하여 직권의 행사에 가탁하여 실질적, 구체적으로 위법·부당한 행위를 한 경우에 성립하고, 그 일반적 직무권한은 반드시 법률상의 강제력을 수반하는 것임을 요하지 않는다.
④ 공무원이 자신의 직무권한에 속하는 사항에 관하여 실무 담당자로 하여금 그 직무집행을 보조하는 사실행위를 하도록 한 경우 그 직무집행이 위법한 것이라면, 특별한 사정이 없는 이상 의무 없는 일을 하게 한 때에 해당한다.

정선 핵심

① 직권남용죄 → 미수범 처벌 ×
② 직권남용행위가 있었으나 권리행사방해의 결과가 발생하지 않은 경우 → 직권남용죄 ×
③ 직권남용죄의 구성요건
   → 일반적 직무권한에 속하는 사항 : 법률상의 강제력을 수반하는 것임을 불요
④ 공무원이 실무 담당자에게 직무집행을 보조하는 사실행위를 하도록 한 경우 → 의무 없는 일을 하게 한 때 ×

정선 해설

[❶ ▶ ○] 직권남용죄(형법 제123조)는 미수범 처벌규정이 없다.
[❷ ▶ ○] 공무원의 직권남용행위가 있었다 할지라도 현실적으로 권리행사의 방해라는 결과가 발생하지 아니하였다면 본죄의 기수를 인정할 수 없다(대판 2006.2.9. 2003도4599).

> 정보통신부장관이 개인휴대통신 사업자선정과 관련하여 서류심사는 완결된 상태에서 청문심사의 배점방식을 변경함으로써 직권을 남용하였다 하더라도, 이로 인하여 최종 사업권자로 선정되지 못한 경쟁업체가 가진 구체적인 권리의 현실적 행사가 방해되는 결과가 발생하지는 아니하였다는 이유로 무죄를 선고한 원심의 판단을 수긍한 사례(대판 2006.2.9. 2003도4599).

[❸ ▶ ○] 직권남용죄는 공무원이 그 일반적 직무권한에 속하는 사항에 관하여 직권의 행사에 가탁하여 실질적, 구체적으로 위법·부당한 행위를 한 경우에 성립하고, 그 일반적 직무권한은 반드시 법률상의 강제력을 수반하는 것임을 요하지 아니하며, 그것이 남용될 경우 직권행사의 상대방으로 하여금 법률상 의무 없는 일을 하게 하거나 정당한 권리행사를 방해하기에 충분한 것이면 된다(대판 2004.5.27. 2002도6251).

> 재정경제원장관이 대기업에 해당되지도 아니하며 회생 가능성도 불투명하여 대출이 가능한 요건을 갖추었다고 보기 어려운 기업에 대하여 그 주거래 은행의 은행장에게 대출을 실행하여 줄 것을 요구하고, 위 요구에 따라 대출이 이루어진 경우, 직권남용죄에 해당한다고 한 사례(대판 2004.5.27. 2002도6251).

[❹ ▶ ×] 공무원이 자신의 직무권한에 속하는 사항에 관하여 실무 담당자로 하여금 그 직무집행을 보조하는 사실행위를 하도록 하더라도 이는 공무원 자신의 직무집행으로 귀결될 뿐이므로 원칙적으로 의무 없는 일을 하게 한 때에 해당한다고 할 수 없다(대판 2021.9.16. 2021도2748).

답 ❹

뇌물죄에 관한 다음 설명 중 가장 옳지 않은 것은?(다툼이 있는 경우 판례에 의하고, 전원합의체 판결의 경우 다수의견에 의함) <u>22</u> 법원9급

① 뇌물죄에서 뇌물의 내용인 이익이라 함은 금전, 물품 기타의 재산적 이익뿐만 아니라 사람의 수요 욕망을 충족시키기에 족한 일체의 유형, 무형의 이익을 포함한다고 해석되고, 투기적 사업에 참여할 기회를 얻는 것도 이에 해당한다.

② 공무원이 뇌물로 투기적 사업에 참여할 기회를 제공받은 경우, 뇌물수수죄는 공무원이 투기적 사업에 참여하면 기수가 되고, 해당 사업 참여행위가 종료되었는지 여부는 범죄성립과는 관련이 없다.

③ 단일하고도 계속된 범의 아래 일정 기간 반복하여 일련의 뇌물수수 행위와 부정한 행위가 행하여졌고 그 뇌물수수 행위와 부정한 행위 사이에 인과관계가 인정되며 피해법익도 동일하다면, 수뢰후부정처사죄의 포괄일죄가 성립한다.

④ 임용결격자라는 사실이 사후적으로 밝혀져 임용행위가 무효로 된 경우라 하더라도, 그가 임용행위라는 외관을 갖추어 실제로 공무를 수행한 이상 이러한 사람은 형법 제129조에서 규정한 공무원으로 봄이 타당하고, 그가 그 직무에 관하여 뇌물을 수수한 때에는 수뢰죄로 처벌할 수 있다.

**정선
핵심**

① 뇌물의 내용인 이익 → 투기적 사업에 참여할 기회를 얻는 것 포함
② 뇌물수수죄의 기수 시기 → 투기적 사업에 참여하는 행위가 종료된 때
③ 단일하고도 계속된 범의 아래 뇌물수수 행위와 부정한 행위가 행하여졌고 그 사이에 인과관계가 인정되며 피해법익도 동일한 경우 → 수뢰후부정처사죄의 포괄일죄 ○
④ 임용결격자가 직무에 관하여 뇌물을 수수한 경우 → 뇌물수수죄 ○

**정선
해설**

[❶ ▸ ○] 뇌물죄에서 뇌물의 내용인 이익이라 함은 금전, 물품 기타의 재산적 이익뿐만 아니라 사람의 수요 욕망을 충족시키기에 족한 일체의 유형, 무형의 이익을 포함한다고 해석되고, 투기적 사업에 참여할 기회를 얻는 것도 이에 해당한다(대판 2002.5.10. 2000도2251).

　　　지방자치법 제42조 제1항의 규정에 의하면 지방의회는 의장을 의원들 간의 무기명투표로 선거하도록 되어 있으므로 의장선거에서의 투표권을 가지고 있는 군의원들이 이와 관련하여 금품 등을 수수할 경우 이는 군의원으로서의 직무와 관련된 것이라 할 것이므로 뇌물죄가 성립한다고 한 사례(대판 2002.5.10. 2000도2251).

[❷ ▸ ×] 공무원이 뇌물로 투기적 사업에 참여할 기회를 제공받은 경우, 뇌물수수죄의 기수 시기는 투기적 사업에 참여하는 행위가 종료된 때로 보아야 하며, 그 행위가 종료된 후 경제사정의 변동 등으로 인하여 당초의 예상과는 달리 그 사업 참여로 인한 아무런 이득을 얻지 못한 경우라도 뇌물수수죄의 성립에는 아무런 영향이 없다(대판 2002.5.10. 2000도2251).

[❸ ▸ ○] 단일하고도 계속된 범의 아래 일정 기간 반복하여 일련의 뇌물수수 행위와 부정한 행위가 행하여졌고 그 뇌물수수 행위와 부정한 행위 사이에 인과관계가 인정되며 피해법익도 동일하다면, 최후의 부정한 행위 이후에 저질러진 뇌물수수 행위도 최후의 부정한 행위 이전의 뇌물수수 행위 및 부정한 행위와 함께 수뢰후부정처사죄의 포괄일죄로 처벌함이 타당하다(대판 2021.2.4. 2020도12103).

[❹ ▸ ○] 대판 2014.3.27. 2013도11357

답 ❷

뇌물의 죄에 대한 설명으로 옳지 않은 것은?(다툼이 있는 경우 판례에 의함)

① 공무원이 뇌물로 투기적 사업에 참여할 기회를 제공받은 경우, 뇌물수수죄의 기수 시기는 투기적 사업에 참여하는 행위가 종료된 때로 보아야 하며, 그 행위가 종료된 후 경제사정의 변동 등으로 인하여 당초의 예상과는 달리 그 사업 참여로 인하여 아무런 이득을 얻지 못한 경우라도 뇌물수수죄의 성립에는 영향이 없다.

② 뇌물죄에서 말하는 '직무'라 함은 공무원이 법령상 관장하는 직무 그 자체뿐만 아니라 그 직무와 밀접한 관계가 있는 행위를 말하고, 관례상이나 사실상 소관하는 행위 및 결정자를 보좌하거나 영향을 줄 수 있는 행위는 포함하지 않는다.

③ 법령에 기한 임명권자에 의하여 임용되어 공무에 종사하여 온 사람이 나중에 그가 임용결격자이었음이 밝혀져 당초의 임용행위가 무효라고 하더라도, 그가 임용행위라는 외관을 갖추어 실제로 공무를 수행한 이상, 그가 그 직무에 관하여 뇌물을 수수한 때에는 수뢰죄로 처벌할 수 있다.

④ 뇌물공여죄가 성립하기 위하여는 뇌물을 공여하는 행위와 상대방 측에서 금전적으로 가치가 있는 그 물품 등을 받아들이는 행위가 필요할 뿐 반드시 상대방 측에서 뇌물수수죄가 성립하여야 함을 뜻하는 것은 아니다.

정선 핵심

① 뇌물수수죄의 기수 시기 → 투기적 사업에 참여하는 행위가 종료된 때
② 뇌물죄의 직무 → 관례상·사실상 소관하는 행위 및 결정자를 보좌하거나 영향을 줄 수 있는 행위도 포함
③ 임용결격자가 직무에 관하여 뇌물을 수수한 경우 → 뇌물수수죄 ○
④ 뇌물공여죄의 성립 → 상대방의 뇌물수수죄 성립 불요

정선 해설

[❶ ▸ ○] 공무원이 뇌물로 투기적 사업에 참여할 기회를 제공받은 경우, 뇌물수수죄의 기수 시기는 투기적 사업에 참여하는 행위가 종료된 때로 보아야 하며, 그 행위가 종료된 후 경제사정의 변동 등으로 인하여 당초의 예상과는 달리 그 사업 참여로 인한 아무런 이득을 얻지 못한 경우라도 뇌물수수죄의 성립에는 아무런 영향이 없다(대판 2002.5.10. 2000도2251).

[❷ ▸ ✕] 뇌물죄에 있어서 직무라 함은 공무원이 법령상 관장하는 직무 그 자체뿐만 아니라 그 직무와 밀접한 관계가 있는 행위 또는 관례상이나 사실상 소관하는 직무행위 및 결정권자를 보좌하거나 영향을 줄 수 있는 직무행위도 포함한다(대판 2002.5.10. 2000도2251).

[❸ ▸ ○] 대판 2014.3.27. 2013도11357

[❹ ▸ ○] 뇌물공여죄가 성립하기 위하여는 뇌물을 공여하는 행위와 상대방 측에서 금전적으로 가치가 있는 그 물품 등을 받아들이는 행위가 필요할 뿐 반드시 상대방 측에서 뇌물수수죄가 성립하여야 함을 뜻하는 것은 아니다(대판 2006.2.24. 2005도4737).

답 ❷

044
□□□

공무방해에 관한 죄에 대한 다음 설명 중 옳고 그름의 표시(○, ×)가 모두 바르게 된 것은?
(다툼이 있는 경우 판례에 의함)

22 경찰채용

ㄱ. 형법 제136조에서 정한 공무집행방해죄는 직무를 집행하는 공무원에 대하여 폭행 또는 협박한 경우에 성립하는 범죄로서 여기서의 폭행은 사람에 대한 유형력의 행사로 족하고 반드시 그 신체에 대한 것임을 요하지 아니하며, 또한 추상적 위험범으로서 구체적으로 직무집행의 방해라는 결과발생을 요하지도 아니한다.

ㄴ. 甲이 노조원들과 함께 경찰관 P 등이 파업투쟁 중인 공장에 진입할 경우에 대비하여 미리 윤활유나 철판조각을 바닥에 뿌려 놓았고, P 등이 이에 미끄러져 넘어지거나 철판조각에 찔려 다친 경우, 설령 甲 등이 그 윤활유나 철판조각을 P 등의 면전에서 그들의 공무집행을 방해할 의도로 뿌린 것이 아니라 하더라도 甲의 행위는 특수공무집행방해치상죄에 해당한다.

ㄷ. 야간 당직 근무 중인 청원경찰이 불법주차 단속요구에 응하여 현장을 확인만 하고 주간 근무자에게 전달하여 단속하겠다고 했다는 이유로 민원인이 청원경찰을 폭행한 경우, 야간 당직 근무자는 불법주차 단속권한이 없기 때문에 민원인의 행위는 공무집행방해죄에 해당하지 않는다.

ㄹ. 집회를 주최하거나 참가하는 것이 형사처벌의 대상이 되는 위법한 집회·시위가 장차 특정지역에서 개최될 것이 예상되자, 경찰관 P가 이와 시간적·장소적으로 근접하지 않은 다른 지역에서 그 집회·시위에 참가하기 위하여 출발 또는 이동하는 행위를 제지한 경우, 이는 공무집행방해죄의 보호대상이 되는 공무원의 적법한 직무집행에 해당하지 않는다.

① ㄱ(○) ㄴ(○) ㄷ(×) ㄹ(○)
② ㄱ(○) ㄴ(×) ㄷ(×) ㄹ(○)
③ ㄱ(×) ㄴ(○) ㄷ(○) ㄹ(○)
④ ㄱ(○) ㄴ(×) ㄷ(○) ㄹ(×)

**정선
핵심**

ㄱ. 공무집행방해죄 → 추상적 위험범으로서 직무집행의 방해라는 결과발생 불요
ㄴ. 윤활유나 철판조각을 뿌려 놓아 진입하던 경찰관들이 다친 경우 → 특수공무집행방해치상죄 ×
ㄷ. 현장만 확인하고 주간 근무자에게 전달하여 불법주차를 단속하겠다고 한 청원경찰을 폭행한 경우 → 공무집행방해죄 ○
ㄹ. 위법한 집회·시위가 개최될 특정지역과 근접하지 않은 지역에서 출발하는 행위를 제지한 경우 → 적법한 직무집행 ×

**정선
해설**

[ㄱ ▸ ○] 공무집행방해죄는 직무를 집행하는 공무원에 대하여 폭행 또는 협박한 경우에 성립하는 범죄로서 여기서의 폭행은 사람에 대한 유형력의 행사로 족하고 반드시 그 신체에 대한 것임을 요하지 아니하며, 또한 추상적 위험범으로서 구체적으로 직무집행의 방해라는 결과발생을 요하지도 아니한다(대판 2018.3.29. 2017도21537).

피고인이 갑과 주차문제로 언쟁을 벌이던 중, 112 신고를 받고 출동한 경찰관 을이 갑을 때리려는 피고인을 제지하자 자신만 제지를 당한 데 화가 나서 손으로 을의 가슴을 밀치고, 피고인을 현행범으로 체포하며 순찰차 뒷좌석에 태우려고 하는 을의 정강이 부분을 양발로 걷어차는 등 폭행함으로써 경찰관의 112 신고처리에 관한 직무집행을 방해하였다는 내용으로 기소된 사안에서, 공소사실을 무죄라고 판단한 원심판결에 공무집행방해죄의 폭행이나 직무집행, 현행범 체포의 요건 등에 관한 법리오해 등의 잘못이 있다고 한 사례(대판 2018.3.29. 2017도21537).

[ㄴ ▸ ✕]　피고인이 노조원들과 함께 경찰관인 피해자들이 파업투쟁 중인 공장에 진입할 경우에 대비하여 그들의 부재중에 미리 윤활유나 철판조각을 바닥에 뿌려 놓은 것에 불과하고, 위 피해자들이 이에 미끄러져 넘어지거나 철판조각에 찔려 다쳤다는 것에 지나지 않은 경우, 피고인 등이 위 윤활유나 철판조각을 위 피해자들의 면전에서 그들의 공무집행을 방해할 의도로 뿌린 것이라는 등의 특별한 사정이 있는 경우는 별론으로 하고 이를 가리켜 위 피해자들에 대한 유형력의 행사, 즉 폭행에 해당하는 것으로 볼 수 없으므로 피고인의 위 행위는 특수공무집행방해치상죄를 구성하지 아니한다(대판 2010.12.23. 2010도7412).

[ㄷ ▸ ✕]　야간 당직 근무 중인 청원경찰이 불법주차 단속요구에 응하여 현장을 확인만 하고 주간 근무자에게 전달하여 단속하겠다고 했다는 이유로 민원인이 청원경찰을 폭행한 경우 야간 당직 근무자는 불법주차 단속권한은 없지만 민원 접수를 받아 다음 날 관련 부서에 전달하여 처리하고 있으므로 불법주차 단속업무는 야간 당직 근무자들의 민원업무이자 경비업무로서 공무집행방해죄의 '직무집행'에 해당하여 공무집행방해죄가 성립한다(대판 2009.1.15. 2008도9919).

[ㄹ ▸ ○]　대판 2008.11.13. 2007도9794

답 ❷

045

공무집행방해죄에 관한 다음 설명 중 가장 옳지 않은 것은?(다툼이 있는 경우 판례에 의하고, 전원합의체 판결의 경우 다수의견에 의함)　22 법원9급

① 공무집행방해죄의 고의는 상대방이 직무를 집행하는 공무원이라는 사실 및 이에 대하여 폭행 또는 협박을 한다는 사실을 인식하는 것을 내용으로 하지만, 그 직무집행을 방해할 의사는 필요로 하지 않는다.

② 민사소송을 제기함에 있어 피고의 주소를 허위로 기재하여 법원공무원으로 하여금 변론기일소환장 등을 허위주소로 송달케 하였다는 사실만으로는 바로 위계에 의한 공무집행방해죄가 성립하지 않는다.

③ 범죄행위로 인하여 강제출국당한 전력이 있는 사람이 외국주재 한국영사관에 허위의 호구부 및 외국인등록신청서 등을 제출하여 사증 및 외국인등록증을 발급받았다면 위계에 의한 공무집행방해죄가 성립한다.

④ 甲이 자신을 현행범 체포하려는 경찰관에 대항하여 경찰관을 폭행하였는데, 사후에 甲이 범인으로 인정되지 아니하였다면, 甲은 최소한 공무집행방해죄의 죄책을 지지는 않는다.

정선 핵심

(위계에 의한) 공무집행방해죄의 성립 여부
① 공무집행방해죄의 고의 → 직무집행을 방해할 의사 ✕
② 변론기일소환장을 허위주소로 송달하게 한 경우 → ✕
③ 강제출국당한 전력이 있는 사람이 허위의 호구부 및 외국인등록신청서를 제출하여 사증 및 외국인등록증을 발급받은 경우 → ○
④ 甲이 자신을 현행범 체포하려는 경찰관을 폭행하였는데, 사후에 범인으로 인정되지 아니한 경우 → 공무집행방해죄 ○

정선 해설

[❶ ▸ ○]　공무집행방해죄에 있어서의 범의는 상대방이 직무를 집행하는 공무원이라는 사실, 그리고 이에 대하여 폭행 또는 협박을 한다는 사실을 인식하는 것을 그 내용으로 하고, 그 인식은 불확정적인 것이라도 소위 미필적 고의가 있다고 보아야 하며, 그 직무집행을 방해할 의사를 필요로 하지 아니하다(대판 1995.1.24. 94도1949).

> **비교판례**　대판 1974.12.10. 74도2841
>
> 경찰관서에 허위신고를 하였으나 위계행위로 인하여 공무집행을 방해하려는 의사가 없는 경우에 위계에 의한 공무집행방해죄는 성립하지 아니한다.

[**②** ▶ ○] 대판 1996.10.11. 96도312

[**③** ▶ ○] 범죄행위로 인하여 강제출국당한 전력이 있는 사람이 외국 주재 한국영사관 담당직원에게 허위의 호구부 및 외국인등록신청서 등을 제출하여 사증 및 외국인등록증을 발급받은 경우, 사증 및 외국인등록증을 발급한 것이 행정청의 불충분한 심사로 인한 것이 아니라 출원인의 적극적인 위계에 의한 것으로서 위계에 의한 공무집행방해죄가 성립한다고 할 것이다(대판 2009.2.26. 2008도11862).

[**④** ▶ ✕] 판례의 취지를 고려할 때 사후에 甲이 범인으로 인정되지 아니하더라도 체포 당시의 구체적 상황을 기초로 객관적으로 판단하여, 경찰관을 폭행한 甲에게 공무집행방해죄가 성립할 수도 있다.

공무집행방해죄는 공무원의 적법한 공무집행이 전제가 되는데, 추상적인 권한에 속하는 공무원의 어떠한 공무집행이 적법한지 여부는 행위 당시의 구체적 상황에 기하여 객관적·합리적으로 판단하여야 하고 사후적으로 순수한 객관적 기준에서 판단할 것은 아니다. 마찬가지로 현행범 체포의 적법성은 체포 당시의 구체적 상황을 기초로 객관적으로 판단하여야 하고, 사후에 범인으로 인정되었는지에 의할 것은 아니다(대판 2013.8.23. 2011도4763).

📑 **④**

제3관 | 무고의 죄

046
☐☐☐

무고죄에 관한 설명으로 옳지 않은 것을 모두 고른 것은?(다툼이 있는 경우 판례에 의함)

`22` 경찰채용

> ㄱ. 자기 자신을 무고하기로 제3자와 공모하고 이에 따라 무고행위에 가담한 경우 무고죄의 공동정범으로 처벌할 수 없다.
>
> ㄴ. 신고사실의 일부에 허위의 사실이 포함되어 있다고 하더라도 그 허위부분이 범죄의 성부에 영향을 미치는 중요한 부분이 아니고 단지 신고한 사실을 과장한 것에 불과한 경우에는 무고죄에 해당하지 아니하지만, 그 일부 허위인 사실이 국가의 심판작용을 그르치거나 부당하게 처벌을 받지 아니할 개인의 법적 안정성을 침해할 우려가 있을 정도로 고소사실 전체의 성질을 변경시키는 때에는 무고죄가 성립될 수 있다.
>
> ㄷ. 신고자가 진실이라고 확신하고 신고하였을 때에는 무고죄가 성립하지 않는다고 할 것이고, '진실이라고 확신한다' 함에는 신고자가 알고 있는 객관적 사실관계에 의하여 신고사실이 허위라거나 허위일 가능성이 있다는 인식을 하면서도 이를 무시한 채 무조건 자신의 주장이 옳다고 생각하는 경우까지 포함되는 것은 아니다.
>
> ㄹ. 무고죄에 있어서의 신고는 자발적인 것이어야 하고 수사기관 등의 추문에 대하여 허위의 진술을 하는 것은 무고죄를 구성하지 않는 것이므로, 당초 고소장에 기재하지 않은 사실을 수사기관에서 고소보충조서를 받을 때 자진하여 진술하였다 하더라도 이 진술 부분까지 신고한 것으로 볼 수는 없다.
>
> ㅁ. 타인에게 형사처분을 받게 할 목적으로 '허위의 사실'을 신고한 행위가 무고죄를 구성하기 위해서는 신고된 사실 자체가 형사처분의 대상이 될 수 있어야 하므로, 허위로 신고한 사실이 신고 당시에는 형사처분의 대상이 될 수 있었으나 이후 그러한 사실이 형사처분의 대상이 되지 않는 것으로 대법원 판례가 변경된 경우 무고죄는 성립하지 않는다.

① ㄱ, ㄴ ② ㄴ, ㄷ
③ ㄷ, ㄹ ④ ㄹ, ㅁ

안심Touch

ㄱ. 자기 자신을 무고하기로 공모하고 무고행위에 가담한 경우 → 무고죄의 공동정범 ×
ㄴ. 일부 허위인 신고사실이 고소사실 전체의 성질을 변경시키는 경우 → 무고죄 ○
ㄷ. 신고사실이 허위라거나 허위일 가능성이 있다는 인식을 하면서도 이를 무시한 채 무조건 자신의 주장이 옳다고 생각하는 경우 → 무고죄 ○
ㄹ. 무고죄의 구성요건
　　→ 신고 : 고소장에 기재하지 않은 사실을 고소보충조서를 받을 때 자진하여 진술한 경우에는 신고 ○
ㅁ. 행위시법에 의해 무고죄가 성립한 경우 → 판례변경에 의해 영향 ×

[ㄱ ▸ ○]　자기 자신을 무고하는 행위는 무고죄의 구성요건에 해당하지 않아 무고죄가 성립하지 않는다. 따라서 자기 자신을 무고하기로 제3자와 공모하고 이에 따라 무고행위에 가담하였더라도 이는 자기 자신에게는 무고죄의 구성요건에 해당하지 않아 범죄가 성립할 수 없는 행위를 실현하고자 한 것에 지나지 않아 무고죄의 공동정범으로 처벌할 수 없다(대판 2017.4.26. 2013도12592).

[ㄴ ▸ ○]　대판 2004.1.16. 2003도7178

[ㄷ ▸ ○]　무고죄에 있어서 신고사실이 객관적 사실과 일치하지 않는 것이라도 신고자가 진실이라고 확신하고 신고하였을 때에는 무고죄가 성립하지 않는다고 할 것이나, 신고자가 알고 있는 객관적 사실관계에 의하여 신고사실이 허위라거나 허위일 가능성이 있다는 인식을 하면서도 이를 무시한 채 무조건 자신의 주장이 옳다고 생각하는 경우까지 포함되는 것은 아니다(대판 2008.5.29. 2006도6347).

[ㄹ ▸ ×]　무고죄에 있어서의 신고는 자발적인 것이어야 하고 수사기관 등의 추문에 대하여 허위의 진술을 하는 것은 무고죄를 구성하지 않는 것이지만, 당초 고소장에 기재하지 않은 사실을 수사기관에서 고소보충조서를 받을 때 자진하여 진술하였다면 이 진술 부분까지 신고한 것으로 보아야 한다(대판 1996.2.9. 95도2652).

[ㅁ ▸ ×]　허위로 신고한 사실이 무고행위 당시 형사처분의 대상이 될 수 있었던 경우에는 국가의 형사사법권의 적정한 행사를 그르치게 할 위험과 부당하게 처벌받지 않을 개인의 법적 안정성이 침해될 위험이 이미 발생하였으므로 무고죄는 기수에 이르고, 이후 그러한 사실이 형사범죄가 되지 않는 것으로 판례가 변경되었더라도 특별한 사정이 없는 한 이미 성립한 무고죄에는 영향을 미치지 않는다(대판 2017.5.30. 2015도15398).

답 ❹

무고죄에 관한 다음 설명 중 가장 옳지 않은 것은?(다툼이 있는 경우 판례에 의하고, 전원합의체 판결의 경우 다수의견에 의함) `22` 법원9급

① 무고죄는 국가의 형사사법권 또는 징계권의 적정한 행사를 주된 보호법익으로 하는 것이지 개인의 부당하게 처벌 또는 징계받지 아니할 이익을 보호하는 죄는 아니므로, 설사 무고에 있어서 피무고자의 승낙이 있었다고 하더라도 무고죄의 성립에는 영향을 미치지 못한다 할 것이다.

② 고소인이 차용금을 갚지 않는 차용인을 사기죄로 고소함에 있어서, 피고소인이 차용금의 용도를 속이는 바람에 대여하였다고 주장하는 경우, 실제용도에 관하여 고소인이 허위로 신고를 할 경우에는 그것만으로도 무고죄에 있어서의 허위의 사실을 신고한 경우에 해당한다.

③ 무고죄에서 신고한 사실이 객관적 사실에 반하는 허위사실이라는 요건은 적극적인 증명이 있어야 하며, 신고사실의 진실성을 인정할 수 없다는 소극적 증명만으로 곧 그 신고사실이 객관적 진실에 반하는 허위사실이라고 단정하여 무고죄의 성립을 인정할 수는 없다.

④ 무고죄에 있어서 형사처분 또는 징계처분을 받게 할 목적은 허위신고를 함에 있어서 다른 사람이 그로 인하여 형사 또는 징계처분을 받게 될 것이라는 인식이 있으면 족한 것이고 그 결과발생을 희망하는 것까지를 요하는 것은 아니므로, 고소인이 고소장을 수사기관에 제출한 이상 그러한 인식은 있었다고 보아야 한다.

정선 핵심

① 보호법익 → 국가의 심판기능의 적정한 행사 및 피무고자의 법적 안정성
② 차용금의 용도를 속이는 바람에 대여하였다고 주장하는 경우 → 허위사실의 신고 ○
③ 신고한 사실이 객관적 진실에 반하는 허위사실이라는 점 → 적극적인 증명 필요
④ 고소장을 수사기관에 제출한 경우 → 형사·징계처분을 받게 될 것이라는 인식 ○

정선 해설

[❶ ▸ ✕] 무고죄는 국가의 형사사법권 또는 징계권의 적정한 행사를 주된 보호법익으로 하고 다만, 개인의 부당하게 처벌 또는 징계받지 아니할 이익을 부수적으로 보호하는 죄이므로, 설사 무고에 있어서 피무고자의 승낙이 있었다고 하더라도 무고죄의 성립에는 영향을 미치지 못한다 할 것이다(대판 2005.9.30. 2005도2712).

[❷ ▸ ○] 금원을 대여한 고소인이 차용금을 갚지 않은 차용인을 사기죄로 고소하는 데 있어서, 피고소인이 차용금의 용도를 사실대로 이야기하였더라면 금원을 대여하지 않았을 것인데 차용금의 용도를 속이는 바람에 대여하였다고 주장하는 사안이라면, 차용금의 실제 용도는 사기죄의 성립 여부에 영향을 미치는 것으로서 고소사실의 중요한 부분이 되고 따라서 실제 용도에 관하여 고소인이 허위로 신고할 경우에는 그것만으로도 무고죄에서 허위의 사실을 신고한 경우에 해당한다고 할 수 있다(대판 2011.9.8. 2011도3489).

피고인이 돈을 갚지 않는 甲을 차용금 사기로 고소하면서 대여금의 용도에 관하여 '도박자금'으로 빌려준 사실을 감추고 '내비게이션 구입에 필요한 자금'이라고 허위 기재하고, 대여의 일시·장소도 사실과 달리 기재하여 甲을 무고하였다는 내용으로 기소된 사안에서, 피고인에게 유죄를 인정한 원심판단에 법리오해의 위법이 있다고 한 사례(대판 2011.9.8. 2011도3489).

[❸ ▸ ○] 대판 2019.7.11. 2018도2614

[❹ ▸ ○] 무고죄에 있어서 형사처분 또는 징계처분을 받게 할 목적은 허위신고를 함에 있어서 다른 사람이 그로 인하여 형사 또는 징계처분을 받게 될 것이라는 인식이 있으면 족한 것이고 그 결과발생을 희망하는 것까지를 요하는 것은 아니므로, 고소인이 고소장을 수사기관에 제출한 이상 그러한 인식은 있었다고 보아야 한다(대판 2005.9.30. 2005도2712).

피무고자의 승낙을 받아 허위사실을 기재한 고소장을 제출하였다면 피무고자에 대한 형사처분이라는 결과발생을 의욕한 것은 아니라 하더라도 적어도 그러한 결과발생에 대한 미필적인 인식은 있었던 것으로 보아야 한다고 한 사례(대판 2005.9.30. 2005도2712).

답 ❶

048
□□□

국가의 기능에 대한 죄에 관한 설명으로 가장 적절하지 않은 것은?(다툼이 있는 경우 판례에 의함)

`22` 경찰채용

① 범인도피죄는 타인을 도피하게 하는 경우에 성립할 수 있고 여기에서 타인에는 공범도 포함되므로, 공범 중 1인이 그 범행에 관한 수사절차에서 참고인 또는 피의자로 조사받으면서 자기의 범행을 구성하는 사실관계에 관하여 허위로 진술하고 허위 자료를 제출하는 행위가 다른 공범을 도피하게 하는 결과가 되는 경우 범인도피죄가 성립할 수 있다.

② 피의자 등이 적극적으로 허위의 증거를 조작하여 제출하고 그 증거 조작의 결과 수사기관이 그 진위에 관하여 나름대로 충실한 수사를 하더라도 제출된 증거가 허위임을 발견하지 못할 정도에 이르렀다면, 이는 위계에 의하여 수사기관의 수사행위를 적극적으로 방해한 것으로서 위계공무집행방해죄가 성립된다.

③ 사실의 증명을 위해 작성된 문서가 그 사실에 관한 내용이나 작성명의 등에 아무런 허위가 없다면 증거위조죄에서의 '증거위조'에 해당한다고 볼 수 없는 것이고, 설령 사실증명에 관한 문서가 형사사건 또는 징계사건에서 허위의 주장에 관한 증거로 제출되어 그 주장을 뒷받침하게 되더라도 마찬가지이다.

④ 경찰공무원이 지명수배 중인 범인을 발견하고도 직무상 의무에 따른 적절한 조치를 취하지 아니하고 오히려 범인을 도피하게 하는 행위를 한 경우, 범인도피죄만이 성립하고 직무유기죄는 따로 성립하지 아니한다.

정선
핵심

① 공범 중 1인이 허위진술을 하고 허위자료를 제출하여 다른 공범을 도피하게 하는 결과가 된 경우 → 범인도피죄 ×
② 수사기관이 충실한 수사를 하더라도 증거가 허위임을 발견하지 못한 경우 → 위계에 의한 공무집행방해죄 ○
③ 허위가 없는 사실증명에 관한 문서가 형사·징계사건에서 허위주장에 관한 증거로 제출된 경우 → 증거위조 ×
④ 경찰공무원이 지명수배 중인 범인에 대한 적절한 조치 없이 도피하게 한 경우 → 범인도피죄 ○

정선
해설

[❶ ▶ ×] 공범 중 1인이 그 범행에 관한 수사절차에서 참고인 또는 피의자로 조사받으면서 자기의 범행을 구성하는 사실관계에 관하여 허위로 진술하고 허위 자료를 제출하는 것은 자신의 범행에 대한 방어권 행사의 범위를 벗어난 것으로 볼 수 없다. 이러한 행위가 다른 공범을 도피하게 하는 결과가 된다고 하더라도 범인도피죄로 처벌할 수 없다(대판 2018.8.1. 2015도20396).

[❷ ▶ ○] 피의자나 참고인이 피의자의 무고함을 입증하는 등의 목적으로 적극적으로 허위의 증거를 조작하여 제출하였고 그 증거 조작의 결과 수사기관이 그 진위에 관하여 나름대로 충실한 수사를 하더라도 제출된 증거가 허위임을 발견하지 못하여 잘못된 결론을 내리게 될 정도에 이르렀다면, 이는 위계에 의하여 수사기관의 수사행위를 적극적으로 방해한 것으로서 위계에 의한 공무집행방해죄가 성립된다(대판 2003.7.25. 2003도1609).

[❸ ▶ ○] 형법 제155조 제1항의 '위조'란 문서에 관한 죄의 위조 개념과는 달리 새로운 증거의 창조를 의미한다. 그러나 사실의 증명을 위해 작성된 문서가 그 사실에 관한 내용이나 작성명의 등에 아무런 허위가 없다면 '증거위조'에 해당한다고 볼 수 없다. 설령 사실증명에 관한 문서가 형사사건 또는 징계사건에서 허위의 주장에 관한 증거로 제출되어 그 주장을 뒷받침하게 되더라도 마찬가지이다(대판 2021.1.28. 2020도2642).

[❹ ▶ ○] 대판 2017.3.15. 2015도1456

답 ❶